पदमावत

(मलिक मुहम्मद जायसी कृत महाकाव्य)

(मूल और संजीवनी व्याख्या)

व्याख्याकार

श्री वासुदेवशरण अग्रवाल

काशी हिन्दू विश्वविद्यालय

साहित्य सदन, झाँसी
की ओर से

लोकभारती प्रकाशन

पहली बार 1955 में प्रकाशित

साहित्य सदन, झाँसी
की ओर से

लोकभारती प्रकाशन
पहली मंजिल, दरबारी बिल्डिंग, महात्मा गांधी मार्ग
प्रयागराज-211 001

वेबसाइट : www.lokbhartiprakashan.com
ईमेल : info@lokbhartiprakashan.com

शाखाएँ : 1-बी, नेताजी सुभाष मार्ग, दरियागंज
नई दिल्ली-110 002
अशोक राजपथ, साइंस कॉलेज के सामने
पटना-800 006
1, अनमोल सोराबजी संतुक लेन, धोबी तलाव,
मरीन लाइंस, मुम्बई-400 002

संस्करण : 2025

मूल्य : ₹ 2500

विकास कंप्यूटर एंड प्रिंटर्स
ट्रोनिका सिटी-201 102
द्वारा मुद्रित

PADMAVAT
Explained by Sri Vasudev Sharan Agrawal

ISBN : 978-93-522-1126-5

आचार्य श्री पं० रामचन्द्र जी शुक्ल

की पुण्य स्मृति में

जिनके अनुग्रह से पदमावत की ओर

मेरी पहली प्रवृत्ति हुई थी,

यह संजीवनी व्याख्या श्रद्धापूर्वक समर्पित है।

—वासुदेवशरण

मानुस पेम भएउ बैकुंठी ।
नाहिं त काह छार एक मूँठी ॥
पेम पंथ जौं पहुँचै पाराँ ।
बहुरि न आइ मिलै एहि छाराँ ॥

—जायसी

प्राक्कथन

हिंदी भाषा के प्रबंध-काव्यों में जायसी-कृत पदमावत शब्द और अर्थ दोनों दृष्टियों से अनूठा काव्य है। अवधी भाषा का जैसा ठेठ रूप और मर्मस्पर्शी माधुर्य यहाँ मिलता है वैसा अन्यत्र दुर्लभ है। इस कृति में श्रेष्ठतम प्रबंध-काव्यों के अनेक गुण एकत्र प्राप्त हैं। मार्मिक स्थलों की बहुलता, उदात्त ऐतिहासिक कथावस्तु, भाषा की विलक्षण शक्ति, जीवन के गंभीर सर्वांगीण अनुभव, सशक्त दार्शनिक चिंतन—ये इसकी अनेक विशेषताएँ हैं। पदमावत हिंदी-साहित्य का जगमगाता हुआ हीरा है। इसके बहुविध पहल और घाटों पर ज्यों-ज्यों साहित्य-मनीषियों की ध्यान-रश्मियाँ केंद्रित होंगी त्यों-त्यों इस लक्षण-संपन्न काव्य-रत्न का स्वरूप और भी उज्ज्वल दिखाई देगा। अवधी भाषा के इस उत्तम काव्य में मानव जीवन के चिरंतन सत्य प्रेमतत्त्व की उत्कृष्ट कल्पना है। पदमावत की प्रेमात्मक निर्मल ज्योति कितनी भास्वर है, उसमें कितना आकर्षण है, इसे शब्दों से प्रकट करना कठिन है। महाकवि ने एक ओर अनुत्तम रूप ज्योति का निर्माण किया और दूसरी ओर उस ज्योति को मानव के भाग्य में लिखी हुई अनिवार्य करुणा की सौभाग्य-विलोपी छाया के सम्मुख ला रखा। किंतु इस निर्मम कसौटी पर कसे जाने से वह आभा और भी अधिक प्रकाशित हो उठी। कवि के शब्दों में इस प्रेम-कथा का मर्म है—"गाढ़ी प्रीति नैन जल भेई (६५२।२)।" रत्नसेन और पद्मावती दोनों के जीवन का अंतर्यामी सूत्र है—प्रेम में जीवन का पूर्ण विकास और नेत्र-जल में उसकी समाप्ति। प्रेम तत्व की दृष्टि से पदमावत का जितना अध्ययन किया जाय कम है। संसार के उत्कृष्ट महाकाव्यों में इसकी गिनती होने योग्य है। इसे जो पद अभी तक प्राप्त हुआ है भविष्य में उसके और उच्चतर होने की संभावना है।

सोलहवीं शती में हिंदी भाषा का प्रखर सूर्य जब अपने मध्याह्न को छूने की तैयारी कर रहा था पदमावत की रचना उस उत्थान-शील युग में हुई। जैसा कि प्रायः ऐसे काव्यों में होता है, उस काल की भाषा और भाव-समृद्धि की संपूर्ण छाप इस पर लगी हुई है। जायसी अत्यंत संवेदनशील कवि थे। संस्कृत के महाकवि बाण की भाँति वे शब्दों में चित्र लिखने के धनी हैं—चित्र भी ऐसे जिनके पीछे अर्थों का अक्षय्य रस-स्रोत बहता है। अलंकार रस, भाव आदि की काव्य समृद्धि का तो यहाँ कोई अंत ही नहीं मिलता। किन्तु कवि की सहज प्रतिभा बाहरी वर्णनों में परिसमाप्त नहीं हो जाती। वह अलंकार-विधान के माध्यम से रस तक पहुँचने में सफल होती है। जायसी की चित्र-ग्राहणी शक्ति का उल्लेख करते हुए अनायास अंग्रेजी कवि ब्राउनिंग का स्मरण हो आता है। वह भी कल्पना जनित चित्र की पूरी रेखाओं को मानस में प्रत्यक्ष करते हुए उसका उतना ही अंश शब्द-परिगृहीत करता था जो उसकी दृष्टि में चित्र की व्यंजना के लिये न्यूनतम आवश्यक होता। फलतः बीच की कई कड़ियाँ छूट जाती हैं जिन्हें पाठक को अपनी ओर से स्फुट करना पड़ता है। ऐसे सैकड़ों उदाहरणों से जायसी की कविता भरी हुई है (विशेषतः देखिए ३२३।७; ३३८।२,३; ४२६।८,९)।

पदमावत का सूक्ष्म अध्ययन कई दृष्टियों से संभव है। अवधी भाषा की अद्‌भुत शक्ति जायसी की पहली विशेषता है। अपभ्रंश-साहित्य की शब्दार्थ परंपरा जिस प्रकार विकसित होकर हिंदी को प्राप्त हुई थी उसका पूरा स्वरूप जायसी में देखा जा सकता है। उत्तर-भारत की प्रधान साहित्यक भाषा के रूप में अवधी का विकास चौदहवीं शती में हो चुका था जैसा कि मौलाना दाऊद कृत उसके प्रथम

प्रेम काव्य 'चंदायन' या 'लौर चंदा' (१३७० ई०) से ज्ञात होता है। संस्कृत, प्राकृत, अपभ्रंश के बहुमुखी उत्तराधिकार को अवधी भाषा ने प्राप्त किया था। उसका संस्कृत-निष्ठ रूप पदमावत से पैंतीस वर्ष बाद लिखे गए रामचरितमानस में उसी प्रकार पूर्णतः प्रकट है जिस प्रकार अपभ्रंश की बहुमुखी अभिव्यक्ति से विकसित हुआ देश्य बोली का रूप जायसी के पदमावत में। कथ्था, पब्बै, सुक्ख, झरक्कि, दरक्कि, लष्षन, तप्प, कलप्प, भुम्मि, निचु, किचु, खग्गि, अग्गि, जग्गि, अकथ्थ, हत्थ आदि शब्दरूप अपभ्रंश-परंपरा के निकटतर हैं। जायसी के शब्दों का अन्य काव्यों के साथ तुलनात्मक अध्ययन हिंदी के अनेक प्राचीन काव्यों से उसका संबंध जोड़ देता है। इसी प्रकार उसकी भाषा का व्याकरण भी स्वतंत्र अध्ययन का विषय बनाया जा सकता है। मध्यकालीन सांस्कृतिक इतिहास की महत्त्वपूर्ण सामग्री पद्मावत के अध्ययन का इतर रोचक विषय है। जिस प्रकार बाण के हर्ष-चरित में सातवीं शती के भारत वर्ष का समृद्ध रूप देखने को मिलता है, उसी प्रकार सोलहवीं शती की भारतीय संस्कृति का पल्लवित रूप पद्मावत में प्राप्त होता है। उस पुष्कल सामग्री का तुलनात्मक अध्ययन जायसी के काव्य को विशिष्ट महत्त्व प्रदान करेगा। महाकवि खुसरो के फारसी ग्रंथ एवं आईन अकबरी के कितने ही उल्लेखों से जायसी के अर्थों पर प्रकाश पड़ता है। मध्यकालीन इतिहास के पुनर्निर्माण में हिंदी साहित्य की सामग्री का अभी तक कुछ उपयोग नहीं किया गया है। भविष्य में इस दिशा में पर्याप्त ध्यान देना आवश्यक होगा, विशेषतः सांस्कृतिक इतिहास के चित्र का रूप-रंग इस सामग्री के विना अधूरा ही रहेगा।

हिंदी के प्रबंध काव्यों की दीर्घकालीन परंपरा की दृष्टि से भी पदमावत का अध्ययन करने योग्य है। उसके प्रत्येक साहित्यिक अभिप्राय और वर्णन का पूर्व रूप कहाँ से किस प्रकार विकसित हुआ यह छानबीन का रोचक विषय है। संस्कृत, प्राकृत, अपभ्रंश के प्रबंध काव्यों का जो क्रम-प्राप्त आदर्श रूप विकसित हुआ था उसी के अनुसार जायसी ने पदमावत का रूप पल्लवित किया। साथ ही फारसी के प्रेम काव्य या मसनवी कथाओं का और भारतीय प्रेम कथाओं का तो पदमावत के वास्तु-विधान और रूप-विधान पर बहुत कुछ साक्षात् प्रभाव पड़ा ही। इसके अतिरिक्त सहज यानी सिद्धों की साधना चर्या, नाथ गुरुओं की योग और निर्गुण परंपरा एवं मुसलमानी संतों की सूफी-परंपरा का प्रभाव भी पूरी मात्रा में जायसी पर पड़ा था। उन सबके सारभूत ग्राह्य अंश को स्वीकार करते हुए जायसी ने अपने विशिष्ट आध्यात्मिक दृष्टिकोण का निर्माण किया जिसे उन्होंने स्वयं प्रेम-मार्ग यह उदात्त नाम दिया। प्रेम की विभूति से मनुष्य स्वर्गीय बन जाता है—मानुस पेम भएउ बैकुंठी।

प्रेम के प्रभाव से मानव का सीमा-भाव हट जाता है और वह ईश्वर का सान्निध्य प्राप्त कर लेता है, या विश्वात्मक ज्योति से तन्मय हो जाता है। प्रेम मार्ग में सिद्धि की प्राप्ति के लिये स्त्री की सत्ता अनिवार्य है। वस्तुतः वही परम ज्योति का रूप है। वही उस महापद्म का मधु है जिसके लिये साधक का मन रूपी भ्रमर रस-लोभी बनकर पहले सर्वस्व त्याग देता है और फिर सब कुछ प्राप्त करता है। प्रेम की साधना द्वारा दो पृथक् तत्त्व एक दूसरे से मिलकर अद्वय स्थिति प्राप्त करते हैं। इसी सम्मिलन को प्राचीन सिद्धों की परिभाषा में युगनद्ध भाव, समरस या महा सुख कहा गया। प्रेमी-प्रेमिका की नई परिभाषा में प्राचीन शिव-शक्ति या सूर्य-चंद्र के वर्णनों को नया रूप प्राप्त हुआ। पुरुष सूर्य और स्त्री चन्द्रमा है। दोनों एक अद्वय तत्त्व के दो रूप हैं। सिद्ध आचार्यों ने सूर्य-चंद्र या सोना-रूपा इन परिभाषाओं का बहुधा उल्लेख किया। बौद्ध आचार्य विनयश्री के एक गीत में आया है—

"चंदा आदिज समरस जोए।" *

---

* मैं इस पंक्ति के लिए श्री राहुल सांकृत्यायन का ऋणी हूँ। उन्हें तिब्बत से आचार्य विनयश्री की अपभ्रंश कविता के उदाहरण प्राप्त हुए हैं।

अर्थात् चंद्रमा और आदित्य का समरस देखना ही सिद्धि है। चंद्रमा और सूर्य जहाँ अपना-अपना प्रकाश एक में मिला देते हैं, अर्थात् समरस बनकर एक हो जाते हैं वहीं उज्वल प्रकाश होता है (जिहि घर चंद सूर नहिं ऊगै, तिहि घर होसि उजियारा—गोरखबारनी।) चंद्र और सूर्य के प्रतीक में सृष्टि और संहार, स्त्री और पुरुष, सोममयी उमा और कालाग्नि रुद्र, इड़ा और पिंगला आदि के प्राचीन प्रतीक पुनः प्रकट हो उठे। पदमावत में पदे-पदे सूर्य-चंद्र के प्रतीकों का उल्लेख किया गया है।

काव्य-साधन या कुंडली-योग जायसी से पूर्वकाल की धार्मिक साधना का प्रमुख अंग था। उसके अनुसार यह शरीर ब्रह्मांड का प्रतिनिधि है। जो इस घट में है वही बाहर है और जो बाहर है वही इस घट में है। सहज-यान, नाथ मत, योग, तांत्रिक या कापालिक मत, और निर्गुण संतमत में भी पिंड और ब्रह्मांड की यह एकता सर्वमान्य थी। इसकी परंपरा और भी पीछे तक ढूँढ़ी जा सकती है। वैदिक प्रतीकवाद या निदान-विद्या में उसका मूल था। जायसी को यह परंपरा अपने पूर्ववर्ती साधना-मार्गों से जिस रूप में प्राप्त हुई थी उसे उसी रूप में स्वीकार करके उन्होंने उसके द्वारा अपने काव्य वर्णनों की व्यंजना को बहुत आगे बढ़ाया। फिर भी तंत्र, कुंडलिनी योग, सहजयान, शिव-शक्ति, अथवा रसायनवाद के समस्त उपकरण, जिन्हें जायसी ने उन्मुक्त भाव से स्वीकार किया था, उनके निजी साधना-मार्ग में केवल गौण स्थान रखते हैं। प्रेम-मार्गीय साधना तो मुख्यतः मन की साधना है। काया-साधना उसके साथ आनुषंगिक है। जायसी ने स्पष्टता से बल-पूर्वक इस तथ्य का प्रतिपादन किया है। प्रेम के जगत् में मन ही चंद्रकांत मणि है। जिस क्षण प्रेमिकारूपी चंद्र की रश्मियों का संयोग उस मणि से हो जाता है; वह सर्वात्मना द्रवित हो उठती है। यही द्रव-भाव रत्नसेन की अध्यात्म आकुलता है। दार्शनिक क्षेत्र में जायसी प्रतिबिंबवाद के अनुयायी हैं। कोई चिदात्मक ज्योति ही यहाँ परम सत्य है। सारे विश्व में वही प्रतिबिंबित है। वही एक रूप विश्व का प्रत्येक रूप बन गया है। पद्मावती उसी चिदात्मक ज्योति का प्रतीक है। किंतु यह स्मरण रखना चाहिए कि शुष्क मतवाद के ऊहापोह में जायसी को रस न था। उनका मन तो वहाँ रमता है जहाँ काव्यमयी सरसता के साथ हृदय उस ज्योति तत्त्व का स्वयं साक्षात्कार करने या उससे तन्मय होने के लिये उमँगता है।

पदमावत काव्य का अनुशीलन करते हुए जिस बात की गहरी छाप मन पर पड़ती है वह यह कि इसके कवि ने भारत-भूमि की मिट्टी के साथ अपने को कितना मिला दिया था। जायसी सच्चे पृथिवी-पुत्र थे। वे भारतीय जनमानस के कितने संनिकट थे इसकी पूरी कल्पना करना कठिन है। गाँव में रहने वाली जनता का जो मानसिक धरातल है, उसके ज्ञान की जो उपकरण सामग्री है, उसके परिचय का जो क्षितिज है, उसी सीमा के भीतर हर्षित स्वर से कवि ने अपने गान का स्वर ऊँचा किया है। जनता की उक्तियाँ, भावनाएँ और मान्यताएँ मानों स्वयं छंद में बंधकर उनके काव्य में गुँथ गई हैं। तुलसी का रामचरितमानस उस समय तक अस्तित्व में न आया था। किंतु रामकथा अवध के ग्रामों में लोगों की जिह्वा पर थी। जायसी ने जनता के स्तर से ही रामकथा का संग्रह करके लगभग सौ बार पद्मावत में उसका उल्लेख किया है। इनके मिलाने से एक छोटी जायसी रामायण ही बन जाती है। राघौ जौं सीता सँग लाई। रावन हरी कवन सिधि पाई॥ (१३५।२); तहूँ एक बाउर मैं भेंटा। जैस राम दशरथ कर बेटा॥ ओहु मेहरी कर परा बिछोवा। एहि समुद महँ फिरि फिरि रोवा॥ (४१३।४-५,); अथवा भाइन्ह माहँ होइ जनि फूटी। घर के भेद लंक असि टूटी॥ (२७६।२)—इस प्रकार की उक्तियाँ जैसे जनता की बोल चाल से उठकर कवि की जिह्वा पर आ बैठी हैं। प्राचीन भारतीय आख्यान-गत उपकरणों का उपयोग कहीं-कहीं बहुत ही सटीक रूप में जायसी ने किया है। उदाहरण के लिये दो० २६५ में जब गंधर्वसेन अपने बल का बखान करते हुए इन्द्र, कृष्ण, ब्रह्मा, बलि, वासुकि, चंद्र, सूर्य, कुबेर, मेघ, बिजली

मंदर, मेरु एवं पाताल के कूर्म और शेषनाग—इन सबका एक ही सपाटे में अवहेलना पूर्वक उल्लेख कर जाता है तो ऐसा प्रतीत होता है मानों कवि ने भाषा और साहित्य के छिपे हुए भंडार से किसी नई सशक्त शैली को खोज निकाला है। गंधर्वसेन के पुष्पित वचनों का जो उत्तर भाट ने रावण के दृष्टांत से दिया है वह और भी उदात्त है। इन कथनोपकथनों में जैसे कवि का नाट्यकार स्वरूप अभिव्यक्त हो उठा है। ऊपर निर्दिष्ट कई दृष्टियों से पदमावत काव्य का आलोचनात्मक अध्यन विशेष आकर्षण की वस्तु रहेगा।

पदमावत की इस टीका में हमारा प्रथम और अंतिम कर्तव्य जायसी के शब्दों और अर्थों का स्पष्टीकरण ही रहा है। प्राचीन यूनानी कवि सोफोक्लीस के एक संपादक ने उसके काव्य के संबंध में कहा है कि उसका यथार्थ शब्दानुवाद ही उसकी सबसे अच्छी व्याख्या सम्भव है। जायसी के विषय में भी यह उक्ति चरितार्थ होती है जायसी की प्रतिभा से उद्भूत वर्णन पाठकों के मन पर स्वयं अपना चित्र बनाते हैं, किन्तु उनका सच्चा आधार कवि के मूल शब्दों का ठीक ठीक अर्थ ही हो सकता है। उस अर्थ तक पहुँचने की दिशा में ही यह प्रयत्न है। फिर भी कवि के अर्थों की इयत्ता पाना कठिन है। सहृदय पाठकों को और भी नए-नए अर्थों की प्रतीति होगी। मेरी अल्पज्ञता अथवा भूल से हुए दोष भी उनकी दृष्टि में आएँगे। उनके लिये मैं नम्रभाव से क्षमा-याचना करता हूँ। किंतु मैं यह विश्वास दिलाता हूँ कि जिस महाकवि के साथ मेरा इतना सान्निध्य रहा है उसके अर्थों का नया उन्मेष या संशोधन जिस किसी के द्वारा जब कभी होगा, मेरा मन प्रसन्नता से उसके प्रति कृतज्ञता का अनुभव करेगा।

यद्यपि पदमावत की रचना आज से लगभग चार सौ वर्ष पूर्व शेरशाह के समय में हुई, फिर भी हिंदी-जगत् में उसकी परंपरा एक प्रकार से लुप्तप्राय थी। हिंदी-संसार के सामने पदमावत को लाने का श्रेय आचार्य पं० रामचंद्र शुक्ल को है। यद्यपि शुक्लजी से पहले ही पं० सुधाकर द्विवेदी ने पदमावत के पचीस खंडों का (वर्तमान संस्करण के दो० २७४ तक) सटीक संस्करण प्रकाशित किया था तथापि इस काव्य को सार्वजनिक रूप से हिन्दी जगत् के दृष्टिपथ में लाने का कार्य शुक्ल जी ने ही किया। सन् १९२४ में काशी नागरी प्रचारिणी सभा से उन्होंने पदमावत का पहला संस्करण प्रकाशित किया। एक वर्ष बाद सन् १९२५ में मुझे इस ग्रंथ का प्रथम प्ररिचय मिला। उस समय मैं बी० ए० की प्रथम कक्षा में था। पदमावत के सबंध में शुक्लजी के एक व्याख्यान से इस काव्य की उत्तमता के विषय में मेरे मन पर जो संस्कार उस समय पड़ा वह आज तक अमिट है। १९२६ के ग्रीष्मावकाश में दो कार्य मैंने किए। एक तो विश्वविद्यालय की हिंदी-साहित्य-सभा के अंतर्गत जायसी-समिति का संगठन करके पदमावत की शब्दानुक्रमणी तैयार की जिसकी सब चिट कालिज खुलने पर बाबू श्यामसुन्दरदास जी को सौंप दी गई थीं। दूसरे लगभग तीन सौ दोहों की टीका भी उसी समय लिखी।

आज से दो वर्ष पूर्व १९५३ के ग्रीष्मावकाश में श्रद्धेय गुप्तजी ने साहित्य-सदन से पदमावत का सटीक संस्करण प्रकाशित करना स्वीकार किया। तब मैंने अपने पहले किये हुए कार्य को निकालकर देखा। पर अब उसका कुछ मूल्य न रह गया था। मैंने नए सिरे से टीका के काम में हाथ लगाया। आरम्भ में मुझे अनुमान न था कि पदमावत वस्तुतः कितना क्लिष्ट काव्य है। उसकी ऊपरी सरलता दिखावा मात्र है, उसके भीतर भाव और भाषा की वज्रमयी क्लिष्टता छिपी है। जैसे-जैसे ग्रंथ की प्रगति होती गई, जायसी की कवित्व-शक्ति और भाषा-सामर्थ्य के प्रति मेरी आस्था बढ़ती गई और मुझे शीघ्र विदित हो गया कि इस कवि के वर्णनों में उच्चतम साहित्य की अभिव्यक्ति हुई है। उसके शब्द नाप-तोल कर रखे गए हैं। भरती के लिए कहीं कुछ कह डालने की प्रवृत्ति का इस काव्य में नितांत अभाव है। कवि की शैली अल्पाक्षरविशिष्ट है। जहाँ चार शब्द कहने की संभावना हो वहाँ एक ही शब्द से वह अपना काम चलाना चाहता है। अपने समय के लोकजीवन, साहित्य

और संस्कृति के उदार अंतराल में भरे हुए शब्दों तक कवि की अव्याहत गति थी। समकालीन संस्कृति के नाम और रूपों का उसे सूक्ष्मतम परिचय था, श्रेष्ठ प्रबंध काव्य के सब विधान उसे हस्तामलक थे, अलंकार और काव्य गुणों पर उसका असामान्य अधिकार था, एवं छन्द की लय और स्वर में उसकी पूर्ण निष्ठा थी। इस प्रकार के बहुश्रुत, महिमा-शाली महाकवि के समक्ष अपने को पाकर मेरा मन एक बार ही उत्साह और आनंद से भर गया। मैंने कवि के प्रति उन्मुक्त कृतज्ञता प्रकट की जिसकी कृपा से हमारी भाषा के असामान्य समृद्ध रूप का ऐसा संपन्न कोश पदमावत के रूप में सुरक्षित रह गया है।

"जोरी लाइ रकत कै लेई" कवि की यह उक्ति सत्य है। काव्य के इस संस्थान में उसका कठोर परिश्रम निस्सन्देह ओतप्रोत है। इस प्रकार इस काव्य के प्रति नई आस्था से दीक्षित होकर मैं कार्य में लग गया। 'हर्ष चरित—एक सांस्कृतिक अध्ययन' लिखते समय मेरा जो सांस्कृतिक दृष्टिकोण बना था वही इस टीका के लिखने में भी रहा है। हिंदी के प्रत्येक शब्द की परंपरा अपने अतीत काल से जुड़ी है। कौन शब्द कहाँ से आया है, किस परंपरा के द्वारा कब हिंदी में उसका प्रवेश हुआ है, कहाँ-कहाँ उसका प्रयोग हुआ है, उसके मूल अर्थ का किस प्रकार विकास हुआ है, उसका निश्चित अर्थ क्या है, इत्यादि प्रश्नों की छान-बीन के प्रति हिंदी पाठकों का जागरूक होना आवश्यक है। इस दृष्टिकोण को एक बार साहित्य क्षेत्र में अपना लेने से बहुत लाभ होना संभव है। हिंदी के समस्त साहित्य की ऐसी निश्चित जाँत-पड़ताल होनी ही चाहिए।

जायसी के काव्य और अर्थों का इस प्रकार विचार करते हुए मेरा यह सौभाग्य था कि मेरे कार्यारम्भ करने से एक वर्ष पूर्व १९५२ में श्री माताप्रसाद गुप्त ने पदमावत के मूल पाठ का एक संशोधित संस्करण हिंदुस्तानी एकेडमी, प्रयाग द्वारा प्रकाशित कराया था। मुझे यह कहते हुए प्रसन्नता है कि गुप्त जी ने इस संस्करण के तैयार करने में बहुत ही परिश्रम किया है। यदि यह संस्करण मुझे उपलब्ध न होता तो जायसी के मूल अर्थों तक पहुँचने का मार्ग मुझे कभी मिल सकता इसमें संदेह है। पदमावत की इस टीका में कवि के मूल अर्थों तक पहुँचने में जो थोड़ी-बहुत सफलता मुझे मिली हो उस श्रेय में श्री माताप्रसाद जी गुप्त के उक्त जायसी संस्करण को मैं भाग देना चाहता हूँ। पदमावत के मूल पाठ पर जमी हुई काई को पाठ संशोधन की वैज्ञानिक युक्ति से हटा कर श्री माताप्रसादजी गुप्त ने हिंदी साहित्य के क्षेत्र में महत्त्वपूर्ण कार्य किया है। शुक्ल जी के संस्करण में पदमावत का जो पाठ है उसमें कितना अधिक अंश बाद में मिलाए हुए आगंतुक पाठ का है, इसका पता दोनों संस्करणों को साथ मिलाकर देखने से शीघ्र ही लग जायगा। प्रायः सभी क्लिष्ट स्थलों में आगन्तुक पाठ ने मूल श्रेष्ठ पाठ को दबा दिया है। मूल अच्य पाठ जाता रहा, आगन्तुक पाठ मनमाने रूप में मूल के स्थान पर चल रहा है। यह अत्यंत शोचनीय अवस्था है जिसका अंत होना ही चाहिए। जो कवि की मूल कृति है वही कवि को श्रेय दे सकती है। विश्व के साहित्य का यही सर्वमान्य नियम है। इसी दृष्टि से विद्वान् सब देशों के प्राचीन काव्य और साहित्य के संशोधन और पुनः मूल रूप के प्रतिष्ठापन का कार्य कर रहे हैं। इस सर्वमान्य पद्धति के निश्चित नियम हैं। श्री माताप्रसाद जी ने कोई चमत्कार या जादू नहीं किया। उन्होंने उपलब्ध हस्तलिखित प्रतियों की छानबीन करके पाठ शोधन की वैज्ञानिक प्रणाली से पाठ का निर्णय किया है। साथ ही जो पाठांतर थे उन्हें भी यथा संभव टिप्पणी में उद्धृत कर दिया है। जब भी कभी कोई विद्वान् पदमावत या अन्य किसी ग्रंथ के पाठ-निर्णय का प्रश्न हाथ में लेगा उसे इसी युक्ति का आश्रय लेना पड़ेगा। सौभाग्य से पदमावत की प्राचीन हस्तलिखित प्रतियाँ पर्याप्त संख्या में उपलब्ध हैं और खोज करने पर और भी मिलने की संभावना है। श्री गुप्तजी ने सोलह प्रतियों के आधार पर पाठ-संशोधन का कार्य किया था, जिनमें से पाँच प्रतियाँ बहुत ही अच्छी थीं। उनमें से चार प्रतियाँ लंदन के कामन वेल्थ रिलेशन्स आफिस, में हैं (संकेत पं० १, तृ० १,

तृ० २ तृ० ३)। पाँचवीं प्रति श्री गोपालचन्द्र जी के पास थी (संकेत च० १)। यह इस टीका के लिखते समय मेरे सामने भी रही है। इधर पटना कालेज के प्रोफेसर श्रीहसन असकरी ने बिहार में पदमावत की दो प्राचीन प्रतियों का पता लगाया है। उनका भी कुछ उपयोग मैं कर सका।

एक मनेर शरीफ के खानका पुस्तकालय की फारसी लिपि में लिखित प्रति है। इसमें ये ग्रंथ हैं— जायसी कृत 'पदमावत' 'अखरावट' और 'कहारा नामा' जिसे गुप्तजी ने 'महरी बाईसी' कहा था। इसके अतिरिक्त इसमें अवधी के अन्य काव्य भी हैं, जैसे बक्सन-कृत 'बारहमासा', साधनकृत 'मैना सत', बुरहान कृत अड़िल्ल छन्द में 'षड्ऋतु वर्णन' तथा किसी अन्य कवि कृत 'त्रियोगसागर'। अखरावट और त्रियोगसागर की पुष्पिकाओं के अन्त में सन् ९११ हिजरी है जो जायसी के समकालीन मूल प्रति की तिथि रही होगी। श्री असकरी के अनुसार यह प्रति सत्रहवीं शती में शाहजहाँ के समय में लिखी गई थी।

पाठ की दृष्टि से मनेर की प्रति काफी उच्च श्रेणी की है और वह गुप्त जी द्वारा निर्धारित पाठ का व्यापक समर्थन करती है। इस मूल प्रति की एक प्रतिलिपि पटना विश्वविद्यालय ने कराई है जो कुछ दिन के लिये मुझे भी देखने को मिल सकी।

दूसरी बिहारशरीफ खानका पुस्तकालय की प्रति (फारसी लिपि) है। यह ११३६ हिजरी या सन् १७२४ में मुहम्मदशाह बादशाह के राज्य-संवत् के पाँचवें वर्ष में लिखी गई थी। यह प्रति श्री प्रो० असकरी की कृपा से मुझे देखने को मिली, पर उस समय जब इस टीका का अधिकांश भाग छप चुका था। फिर भी ग्रंथ के अन्तिम भाग में और शुद्धि पत्र में इसके पाठों से मैं लाभ उठा सका। प्रति संपूर्ण और सुलिखित है और पाठ की दृष्टि से मूल्यवान् है।

इन दोनों के समान ही उत्तम एक हस्तलिखित प्रति मुझे रामपुर राज्य के पुस्तकालय में उस समय देखने को मिली जब यह टीका संपूर्ण छप चुकी थी। यह प्रति कई दृष्टियों से विलक्षण है। एक तो इसे मुहम्मद शाकिर नाम के एक सूफी ने बड़ी भक्ति से अपने ही उपयोग के लिये १०८६ हिजरी (१६७५ ई०) में कस्बा अमरोहे में लिखा था। दूसरे इसकी लिपि को फारसी न कह कर अरबी कहा जाय तो उपयुक्त होगा, क्यों कि अरबी लिपि के ज़ेर, ज़बर, पेश, जज़्म आदि सब चिह्नों और मात्राओं का उपयोग अवधी लिखने के लिये इसमें बड़ी सावधानी से किया गया है। जहाँ तक दोहों की संख्या का संबंध है इसमें माताप्रसाद जी के संस्करण के ६५३ दोहों से केवल छह दोहे अधिक हैं जिनकी संख्या गुप्तजी के प्रक्षिप्त दोहों के अनुसार यह है— १५६ अ, १८० अ, २६२ अ, ३६१ अ, ४१८ अ, ५२८ उ। इस प्रति की तीसरी विशेषता यह है कि जायसी की चौपाइयों के नीचे प्रत्येक शब्द का फारसी में पर्याय दिया गया है। इस प्रति के मूलपाठ की परंपरा अधिकांश में वही है जो गुप्तजी के संस्करण में है। किंतु यह ज्ञात होता है कि जायसी के सवा सौ वर्ष बाद ही उनके कितने ही अपरिचित शब्दों का पाठ परिवर्तित कर दिया गया था और अर्थ तो प्रायः लुप्त हो गए थे। उदाहरण के लिये २७६।४, ३२३।३, ३३२।३ में 'चतुरसम' (केसर, कपूर, कस्तूरी, अगुरु का समभाग मिलाकर बनाई हुई सुगंधि) शब्द को सर्वत्र 'चित्रसम' मानकर उसका अर्थ 'नवश मानंद' अर्थात् 'मूर्ति के समान' किया गया है। ३३६।५ में 'अगर पोति सुख नेत ओहारा' में 'नेत औधारा' पाठ परिवर्तित करके 'फर्श बिछया गया' ऐसा अशुद्ध अर्थ किया है। २४०।१ में 'राँध' का 'पास में रहने वाले' अर्थ न देकर 'पुख्ता' अर्थ किया है। इस प्रति के अंत में कहरा नामा (महरी बाईसी) का भी

इस प्रति के विशेष वर्णन के लिये देखिए बिहार रिसर्च सोसायटी की पत्रिका, भाग ३९, १९५३, पृ० १०-४०, श्री हसन असकरी का लेख 'अवधी ग्रंथों की एक नई हस्तलिखित प्रति एवं श्री माताप्रसाद गुप्त का लेख 'जायसी ग्रंथावली की एक अति प्राचीन प्रति और उसका पाठ'। साहित्य, जनवरी १९५४, पृ० ३८-५३।

सम्पूर्ण पाठ उसी प्रकार की सुनिश्चित लिपि में दिया गया है जो जायसी के इस छोटे पर सुन्दर ग्रन्थ के पुनः सम्पादन में सहायक होगा।

इन प्रतियों का अध्ययन पाठ की दृष्टि से करने पर एक तथ्य विदित होता है। वह यह है कि जायसी के कुछ समय बाद ही उनकी क्लिष्ट भाषा और गूढ़ अर्थों के कारण लोगों को परेशानी होने लगी थी। उससे बचने के लिये मूल शब्दों में फेरफार करके उनकी जगह सरल शब्द रखने की प्रवृत्ति शुरू हो गई। प्राचीन पाठों में परिवर्तन करने का प्रायः यह प्रमुख कारण माना जाता है। कठिन शब्द या वाक्य का अर्थ न समझने के कारण उसे हटा कर उसकी जगह कोई सरल पाठ रख देने का प्रलोभन संस्कृत, प्राकृत, अपभ्रंश आदि प्राचीन भाषाओं में सर्वत्र मिलता है। पदमावत में तो यह एक नियम सा बन गया था कि जहाँ कहीं मूल अर्थों के समझने में कठिनाई प्राप्त हुई वहाँ पाठ अवश्य बदल दिया गया। क्लिष्ट पाठ और सरल पाठ की जिन्हें हम मूल पाठ और पाठान्तर कह सकते हैं, दो परंपराएँ जायसी के पदमावत में स्पष्ट देखी जाती हैं। शुक्ल जी द्वारा निर्धारित पाठ सरल पाठ की परंपरा का अनुगामी है और गुप्त जी द्वारा गृहीत पदमावत का पाठ क्लिष्ट पाठ या कवि के मूल पाठ के निकटतम है। फिर भी कुछ स्थानों में जिनका टिप्पणी में निर्देश कर दिया गया है, मुझे गुप्तजी के पाठ से भिन्न पाठ मूल में स्वीकार करना पड़ा है। उदाहरण के लिये ३२३।७ पंक्ति का पाठ गुप्तजी के संस्करण में यह है—

चंदन चोंप पवन अस पीऊ। भइउ चित्र सम कस भा जीऊ॥

शुक्ल जी में यही पाठ है। केवल 'चोंप' की जगह 'चोव' है। बिहारशरीफ और रामपुर की नवीन प्रतियों में भी यही पाठ है जो गुप्त जी ने दिया है। इसका अर्थ शिरेफ ने जो सर्वत्र शुक्लजी के पाठ का अनुगमन करते हैं इस प्रकार किया है—

'(सखियाँ कहती हैं) तुम्हारा प्रियतम चंदन से सुगंधित पवन के समान है। तुम मूर्ति-सी हो गई हो। तुम्हारे जी को क्या हुआ है।' वस्तुतः इस पाठ और अर्थ से कवि के मूल आशय का तनिक भी बोध नहीं होता। चंदन से सुगंधित पवन से पति की उपमा देने की विशेष संगति नहीं बैठती। जायसी का मूल पाठ चित्रसम न होकर चतुरसम था। फारसी लिपि में दोनों शब्द एक जैसे लिखे जाते हैं। चतुर सम अप्रचलित शब्द था। इसीलिये उसे समझने में कठिनाई हुई होगी। कवि का मूल पाठ और अर्थ इस प्रकार था—

चंदन चोंप पवन अस पीऊ। भइउ चतुरसम कस भा जीऊ॥

सुहागरात के अगले दिन प्रातःकाल पद्मावती की सखियाँ उसे घेर कर पूछती हैं—"स्त्री रूपी चंदन की चेंप या स्वल्प रस को भी पति पा जाय तो उसे लेने के लिये वह पवन के समान दौड़ता है। पद्मिनी होने के कारण तुम तो साक्षात् चतुरसम सुगंधि थीं। तुम्हारे साथ पति ने क्या न किया होगा ? बताओ तुम पर क्या बीती ? तुम्हारा कैसा जी है ? स्पष्ट है कि कवि की अर्थ व्यंजना बहुत ही ऊँचे धरातल पर थी। जायसी ने अपनी संक्षिप्त शैली के अनुसार यहाँ केवल 'चंदन चोंप' शब्द रखा है। 'स्त्री-रूपी चंदन-रस' यह ऊहा पाठक को स्वयं करनी पड़ती है। इसीसे मिलती हुई पंक्ति ४१६।२ है—

मालति नारि भँवर अस पीऊ। कहँ तोंहि बास रहै थिर जीऊ॥

अर्थात् 'मालती-रूपी स्त्री का रस-पान करने के लिये प्रियतम भौंरे के समान होता है। तुझमें वह बास कहाँ जिससे उसका मन स्थिर हो ?' 'मालति नारि' में जो बात स्पष्ट है उसे 'चंदन चोंप' उपमान देकर केवल ध्वनि से कवि ने व्यक्त किया है। 'चतुरसम' हिंदी साहित्य का विशिष्ट शब्द था जो पदमावत में, रामचरितमानस में और विद्यापति की कीर्तिलता में भी प्रयुक्त हुआ है (दे० टि० २७६।४)।

दूसरा महत्वपूर्ण शब्द 'दंगवै' है जिसे गुप्त जी ने एक बार अँगवै (३६१।२), दो बार 'दिन

कोई' (५०८।९, ५२६।८) और एक बार ठीक 'दंगवै' पढ़ा है (६२९।६)। ३६।१२ में 'दंगवै' पाठांतर पाद-टिप्पणी में दिया गया है किन्तु श्रेष्ठ प्रतियों का पाठ वही है। 'दंगवै' (सं० द्रंगपति) का अर्थ था 'गढ़पति'। यह शब्द चारों बार रत्नसेन के लिये प्रयुक्त हुआ है। देवनागरी लिपि की प्रतियों में इस शब्द का रूप प्रायः ठीक ही मिलता है (दे० जायसी ग्रन्थावली, भूमिका, पृ०२०-२१ जिसमें नागरीलिपि की तीनों प्रतियों का पाठ दंगवै है)। वही कवि का वास्तविक पाठ था जिसे मैंने सर्वत्र मूल पाठ स्वीकार किया है। ४९९।३ में गुप्तजी के 'खड़ंगी पाठ की जगह 'खदंगी' स्वीकार किया गया है। मनेर, रामपुर, और गोपालचंद्र की प्रति में 'खदंगी' पाठ ही है। इसी प्रकार कई अन्य स्थानों में भी (१८९।२, ५७२।७, ५७५।६, ५७७।७, ६२८।८ आदि) मैंने गुप्तजी से भिन्न पाठ स्वीकार किए हैं जिनका कारण और प्रमाण सर्वत्र लिख दिया गया है।

अर्थ और पाठांतरों की दृष्टि से कुछ विशेष स्थलों की ओर ध्यान दिलाना आवश्यक है जिससे इस समस्या का पूरा महत्त्व पाठकों के ध्यान में आसके।

मूल अर्थों में जो व्यंजना और शैली का चमत्कार कवि ने रखा था, पाठांतर से वह सब जाता रहा। जायसी के पाठांतरों पर विचार करते समय उनके दोहों की ओर विशेष ध्यान जाता है। चंदायन और मृगावती में पाँच चौपाइयों के बाद दोहे का क्रम था, जैसा कि उनकी उपलब्ध खंडित प्रतियों से ज्ञात होता है। जायसी ने सात चौपाइयों के बाद दोहे का क्रम रखा। उनका चौपाई-छंद मात्रा और तुक दोनों दृष्टियों से नियमित है किंतु दोहे के विषय में यह बात पूरी नहीं उतरती। दोहा एक मात्रिक छंद है जिसकी गणना अर्ध-सम जाति के छंदों में की जाती है। इसके पहले और तीसरे चरणों में तेरह-तेरह मात्राएँ और दूसरे और चौथे चरणों में ग्यारह-ग्यारह मात्राएँ होती हैं। पहले और तीसरे पाद की तुक नहीं मिलती, दूसरे और चौथे चरणों की तुक मिलती है। जायसी के सैंकड़ों दोहे ऐसे हैं जिनके पहले और तीसरे चरणों में मात्राओं का यह नियम पूरा नहीं उतरता। किन्तु तेरह की जगह सोलह मात्राएँ पाई जाती हैं। कहीं केवल तीसरे चरण में और कहीं पहले और तीसरे दोनों चरणों में ही सोलह-सोलह मात्राएँ हैं। दोहों की यह विशेषता जायसी से पहले के प्रेम-काव्यों में भी विद्यमान थी। रामपुर राज्य के पुस्तकालय में पदमावत की जो हस्तलिखित प्रति है उसके पहले पृष्ठ पर चंदायन की निम्नलिखित चौपाइयाँ और एक दोहा उद्धृत है

कोयल जैस फिरौं सब रूखा। पिउ पिउ करत जीभ मोर सूखा ॥
बनखँड बिरिख रहा नहिं कोई। कवन डार जेहि लाग न रोई ॥

एक बाट गई हिरदैं, दोसर गई महोब।
ऊभ बाँह कै चाँदा बिनवै, कौन बाट हम होब ॥

ऊपर के दोहे के तीसरे चरण 'ऊभ बाँह कै चाँदा बिनवै' में सोलह मात्राएँ हैं। दोहे के अनेक भेदों में से यह भी एक मान्य भेद हिन्दी-काव्य में उस समय स्वीकृत था जिसकी परंपरा मुल्ला दाऊद के समय (१३७० ई०) से जायसी के काल तक अवश्य विद्यमान थी। ऐसे कुछ दोहों के उदाहरण गुप्तजी और शुक्लजी के संस्करणों में इस प्रकार हैं—

गुप्तजी का पाठ (१६ मात्राएँ)	शुक्लजी का पाठ (१३मात्राएँ)
(१) सेवरा खेवरा बान परस्ती (३०।८)।	सेवरा खेवरा बान पर (२।६।८)।
(२) चरपट चोर धूत गँठिछोरा (३९।८)।	चरपट चोर गँठिछोरा (२।१५।८)।
(३) जो तेहि नाँच सजग भा अगुमन (३९।९)।	जो ओहि हाट सजग भा (२।१५।९)।
(४) हिअ न समाइ दिस्टि नहिं पहुँचै (४०।८)।	हिय न समाई दीठि नहिं (२।१६।८)।

(५) रामा आइ अजोध्याँ उपने (५२।८)। राम अजोध्या ऊपने (३।३।८)।
(६) अस फँदवारे केस वै राजा (९९।८)। अस फँदवार केस वै (१०।१।८)।
(७) अस्टौकुरी नाग ओरागने (९९।९)। अस्टौ कुरी नाग सब (१०।१।९)।
(८) सेवा करहिं नखत औ तरई (१००।९)। सेवा करहिं नखत सब (१०।२।९)।
(९) खरग धनुख औ चक्र बान दुइ (१०१।८)। खरग धनुख चक्रबान दुइ (१०।३।९)।
(१०) जसमरजिया समुँद धँसि मारै (२१५।८)। जस मरजिया समुँद धँस (२२।९।८)।
(११) सुनि कै परा मुरुछि कै राजा (१०१।९)। सुनि कै परा मुरुछि कै [राजा] (१०।३।९)।
(१२) ढूँढ़ि लेहि ओहि सरग दुआरी (२१५।९)। ढूँढ़ि लेइ जो सरग दुआरी (२२।९।८)।
(१३) आपहि आप करै जो चाहै (२१६।९)। आपुहि आप करै जो चाहै (२१६।९)।
(१४) सकति हँकारि फाँद गियँ मेलै (९७।९)। सोकित हँकरि फाँद गिउ [मेलै] (९।६।९)।

इस प्रकार के उदाहरण और भी अनेक दोहों में हैं*। अधिकांश स्थानों में सोलह मात्राओं को हटाकर तेरह मात्राओं का पाटांतर कर लिया गया। यह प्रवृत्ति संभवतः आरम्भ में ही प्रतिलिपिकारों द्वारा चल पड़ी थी। इस दृष्टि से पदमावत की प्राचीन प्रतियों का विशेष अध्ययन करने से इस प्रश्न पर अधिक प्रकाश पड़ सकेगा। ज्ञात होता है कि गोस्वामी जी ने दोहे को तेरह+ग्यारह मात्राओं वाले टकसाली रूप में इतना पक्का ढाल दिया था कि उनके बाद सोलह मात्रा वाले चरण खटकने लगे होंगे। ऊपर लिखे हुए कुछ उदाहरणों में चार ऐसे हैं (११, १२, १३, १४,) जहाँ शुक्ल जी ने भी सोलह मात्राओं वाले चरण ही रखे हैं। रामचरित मानस में भी कम से कम एक जगह इस तरह का दोहा आया है—आगे होइ चलीं पंथ तेहि जेहि आवत नर भूप (बालकांड ५२।१०)।

अर्थ की उलझन के कारण क्लिष्ट पाठों को किस प्रकार सरल किया गया, इसके भी कुछ उदाहरणों पर तुलनात्मक दृष्टि से विचार करना आवश्यक है—

(१) सबै छत्रपति ओरँगन्ह राजा (२६।३)—यहाँ ओरँग शब्द अप्रचलित था। तख्त या सिंहासन के अर्थ में जायसी ने इसका प्रयोग अन्यत्र भी किया है (४४६।१)। लीथो की छपी दो प्रतियों में इसका पाठ सबै छत्रपति औगढ राजा' कर दिया गया जो शुक्ल जी में भी है।

(२) शुक्लजी—और खजहजा अनबन नाऊँ। देखा सब राउन अमराऊ ॥

अर्थ—राजाओं के बागों में और भी फल हैं जिनके नाम मैं नहीं जानता।

गुप्तजी—और खजहजा आव न नाऊँ। देखा सब रावन अँबराऊँ ॥ २८।६।

अर्थ—और जिन मेवों का मुझे नाम भी नहीं आता उन सब से वह बाग रमणीय दिखाई पड़ा। यहाँ रावन अपभ्रंश रमण्ण (=रमणीय) से बना है।

(३) शुक्लजी—भोर होत बोलहिं चुहचूही।

गुप्तजी—भोर होत बासहिं चुहचुही। २९।२।

यहाँ मूल पाठ 'बासहिं' था, बोलहिं उसका सरल अनुवाद है। ४३२।५। बासहिं रहसहिं करहिं बसेरा में भी यही शब्द है। वहाँ बासहिं का बिहसहिं पाठ कर दिया गया है। मुझ से भी भ्रान्ति वश दोनों जगह अर्थ अशुद्ध लिख गया था जो टिप्पणी में ठीक कर दिया है। प्राकृत और अपभ्रंभ

---

*जैसे १०८।८, १११।८-९, ११२।८-९, ११४।८, ११७।९, १२६।९, २०६।९, २१५।८-९, २२५।८-९, २५९।८, २६८।९, २७१।८, २७६।८-९, २७७।९, २८९।८-९, ३१३।८, ३१४।८, ३१७।८-९ ३२०।८, ३२१।९, ३२६।८, ३७५।८, ३९४।९, ३९५।८, ४२६।९, ४२८।९, ४३२।८, ४३३।९, ४४२।८-९, ४४५।८, ४४६।९, ४४८।८, ४५५।८-९, ४५६।८, ४६१।९, ४६३।८-९, ४६७।८, ४६९।८-९, ४७०।८-९, ४७२।९, ४७५।८-९, ४७९।९, ४८१।९, ५००।८, ५०७।९, ५१०।८-९, ५१२।९, ५४२।८-९, ५४७।२, ५४९।८, ५५४।८, ५५७।९, ६०३।८, ६०५।८-९, ६०१।८-९ ५८२।८-९, ६१२।८-९, ६२३।८-९, ६४०।८।

'वास' धातु का एक अर्थ है 'पक्षियों का बोलना' (पासद्द० ९४८, पउमचरिय ५४।३१)। वही धातु जायसी कालीन अवधी में प्रचलित थी।

(४) शुक्लजी—कोई सु ऋषीसुर कोइ सन्यासी। कोई रामजती बिसवासी॥

गुप्तजी—कोइ रिखेस्वर कोइ सन्यासी कोइ रामजन कोइ मसवासी॥ ३०।४।

अर्थ—यहाँ मसवासी (=एक मास का उपवास करने वाला) अप्रचलित शब्द था जिसे बदल कर भरती का बिसवासी पद डाल दिया गया।

(५) शुक्लजी—बोलहिं सोन ढेक बग लेदी। रही अबोल मीन जल-भेदी॥

गुप्तजी—केंवा सोन ढेक बग लेदी। रहे अपूरि मीन जल भेदी॥ ३३।७।

अर्थ—यहाँ 'केवा' एक प्रकार के जल पक्षी का नाम था जिसे ५४१।६ में जायसी ने केंब कहा है (विशेष अर्थ के लिये वहीं टिप्पणी देखिए)। उसकी जगह 'बोलहिं' सरल पाठ कर दिया गया।

(६) शुक्लजी—रचहि हथौड़ा रूपन ढारी। चित्र कटाव अनेक सवारी॥

गुप्तजी—रचे हँथौड़ा रूपइँ ढारी। चित्र कटाउ अनेग सँवारी॥ ३७।३।

अर्थ—(शिरेफ) वे चाँदी ढालते और हथौड़े से गहने बनाते हैं और बहुत भाँति की मूर्तियाँ बनाते हैं। इसमें हँथौड़ा शब्द का ठीक अर्थ है हाथ का कड़ा (सं० हस्त पाटक) जिसे लोक में 'पाटा' भी कहते हैं। कवि का आशय यह है कि चाँदी ढाल कर हाथ के कड़े बनाए गए थे और उनमें भाँति भाँति की सज के कटाव का काम चीथा जा रहा था।

(७) शुक्लजी—कतहुँ चिरहँटा पंखी लावा।

गुप्तजी—कतहुँ छरहटा पेखन लावा। ३९।५।

छरहटा और पेखन पाठों के विषय में विद्वानों में इधर काफी चर्चा रही है। मनेर, बिहार शरीफ, रामपुर और गोपाल चंद्र जी की प्रतियों में छरहटा और पेखन पाठ ही दिए हैं और अर्थ की दृष्टि से वे ही समीचीन हैं। व्याख्या यथास्थान देखिए।

(८) शुक्लजी—कंचन कोट जरे नग सीसा। २।१६।६

गुप्त जी ने भी यही पाठ माना है। और जरे कौसीसा पाठान्तर में दिया है। मनेर शरीफ और बिहार की प्रतियों में कौसीसा पाठ है जो क्लिष्ट पाठ होने के कारण मैंने मूल में स्वीकार किया है। यह सं० कपिशीर्षक का हिन्दी रूप है जो परकोटे के कंगूरों के लिये प्रयुक्त होता था। जायसी ने अन्यत्र भी इसका प्रयोग किया है—ओदरहिं बुरुज परहिं कौसीसा (५२५।७)। वर्ण रत्नाकर में कउसीस (पृ० ९) है और विद्यापति की कीर्तिलता में 'कौसीस प्राकार' का साथ उल्लेख आया है (कीर्ति० पृ० २८)। शब्द सागर में इस शब्द का समावेश नहीं हुआ।

(९) शुक्लजी—चंपावति जो रूप सँवारी। पदमावति चाहै औतारी॥

गुप्तजी—चंपावति जो रूप उतिमाहाँ। पदुमावति कि जोति मन छाहाँ॥५०।१।

इसके बाद की चौपाई दोनों में समान है—

भै चाहै असि कथा सलोनी। मेंटि न जाइ लिखी जसि होनी॥

ये दोनों पदमावती की क्लिष्ट चौपाइयाँ हैं। शिरेफ ने इनका अर्थ इस प्रकार किया है—जिसने चम्पावती का उत्तम रूप बनाया वह अब पद्मावती का उसमें अवतार कराना चाहता है। सुन्दरता की एक कहानी अब होने को है। भाग्य का लिखा कौन मेट सकता है?

वस्तुतः यहाँ जायसी ने अपनी कल्पना सोना साफ करने की प्रक्रिया से ली है।

शुद्ध सोने में जब शुद्ध चाँदी का मेल हो जाता है तो वह सोना ओखा हो जाता है। स्वर्ण को आभूषण मुद्रा आदि के रूप में लाने के लिये ऐसा करना आवश्यक भी है। सोने का मैल रूपा है उस मैल को निकाल कर पुनः शुद्ध सोना बनाने के लिये सोने को सलोनी नामक मसाले के साथ १८–२० बार आग में तपाते हैं यह प्रक्रिया सलोनी करना कहलाती है

(आईन अकबरी,आईन ७)। चंपावती रूप में उत्तम आभावाली (शुद्ध रूपा या चाँदी के समान) है। पदमावती रूपी शुद्ध ज्योति स्वर्ण के समान है । उसकी छाया चंपावती के मन में पड़ी अर्थात् वह मातृकुक्षि में आई। दोनों का यह सम्मिलन ऐसे हुआ जैसे शुद्ध सोना चाँदी के साथ मिल जाने से शोधनीय बन गया हो। पद्मावती का माता के उदर में दस मास रहना, यही उसकी सलोनी प्रक्रिया है। विधाता का यही विधान है। शुद्ध आत्म ज्योति को प्रतिबिम्बित होने के लिये मातृघट में आना ही पड़ता है

(१०) शुक्लजी—सूर प्रसंसै भएउ फिरीरा। किरिन जामि उपना नग हीरा ॥

गुप्तजी—सूर परस सौं भएउ किरीरा। किरिन जामि उपना नग हीरा ॥ ५२।५

किरीरा का अर्थ है क्रीड़ा। जायसी ने कई यार इस शब्द का प्रयोग किया है। (३१७।१-५)। ग्रियर्सन में गुरीरा और शुल्क जी में फिरीरा पाठान्तर एक प्रकार से निरर्थक ही है। कवि का तात्पर्य यह है कि सूर्य और पारस पत्थर दोनों का संपर्क हुआ। फलस्वरूप पारस में सूर्य की रश्मियों के जमने से हीरा नग बना। उससे भी अधिक पद्मावती की कला है।

(११) शुक्ल जी—हँसत सुआ पहँ आइ सो नारी। दीन्ह कसौटी ओपनिवारी ॥

अर्थ—वह स्त्री (रानी नागमती) सुग्गे के पास आई और उसके सामने चमकाने वाली कसौटी रक्खी। ओपनिवारी अति निकृष्ट पाठ है। केवल एक लीथो की छपी प्रति छोड़कर अन्य सब प्रतियों में 'बनवारी' पाठ है।

गुप्तजी—हँसत सुआ पह आइ सो नारी। दीन्ह कसौटी औ बनवारी ॥८३।५।

अर्थ—रानी हँसती हुई सुग्गे के पास आई और उसे कसौटी और बनवारी देकर कहा—हे सुग्गे बान देखकर कहो, मेरे रूप का सोना कैसा है ? बनवारी पारिभाषिक शब्द था उसकी व्याख्या ८३।५ के शुद्धिपत्र में (पृ० ७१८-१९) दी गई है।

(१२) शुक्लजी—बारहिं पार बनावरि साधा। जा सहुँ हेर लाग विष-बाधा।

गुप्तजी—बारहिं पार बनावरि साँधी। जासौं हेर लाग बिख बाँधी ॥१०४।३।

सभी प्रतियों में बिख बाँधी पाठ है। बाँधी का अर्थ है अंगों की ऐंठन, गात्र पीड़ा (सं० बंधिका दे० ३५५।५, ६१९।४)। बिख बाधा सरल पाठ में वह अर्थ जाता रहा।

(१३) शुक्लजी—टूटे मन नौ मोती फूटे मन दस काँच ।

लीन्ह समेटि सब अभरन होइगा दुख कर नाच ॥

गुप्तजी—टूट मनै नव मोती फूट मनै दस काँच ।

लीन्ह समेटि ओबरिन होइगा दुख कर नाँच ॥११३।८-९।

इस दोहे में ओबरिन कठिन पाठ था जिसे बहुत प्रकार से सरल किया गया, जैसे बैरनु, चोआरन, चेरिन, बोहेरन, सब्भ बैरन, अभरन। ओबरी का अर्थ था केठरी, रानियों का विशेष कमरा। उसी का बहुवचन ओबरिन है। ३२६।५ में भी ओबरी का प्रयोग हुआ है।

(१४) शुक्लजी—काया मिलि तेहि भसम मलीजा

गुप्तजी—कया मलै तेहि भसम मलीजा ॥ १३९।३।

मलै का अर्थ मलय या चंदन यहाँ संगत है। जिस देह में चंदन मला जाता था उस पर अब राख मली जाती थी। 'काया मिलि' निकृष्ट पाठान्तर है।

(१५) शुक्ल जी—अब एहि समुद परेउँ होइ मरा। मुए केर पानी का करा ॥

गुप्तजी—अब एहि समुँद परौं होइ मरा। प्रेम मोर पानी कै करा ॥१४३।५।

यहाँ कवि की जो व्यंजना थी वह पाठान्तर से जाती रही। रत्नसेन कहता है कि प्रेम में वही गुण है जो पानी में है। दोनों की एक सी कला है। पानी मृत व्यक्ति को डुबाता नहीं, अपने ऊपर तैरा कर बहा ले जाता है। मैं जान पर खेलकर प्रेम समुद में पड़ा हूँ। वह मुझे डुबा नहीं सकता।

उसी के सहारे बहता हुआ जहाँ ले जायगा वहाँ जा पहुँचूँगा।

(१६) शुक्लजी—जस बन रेंगि चलै गज ठाटी। बोहित चले समुँद गा पाटी॥

गुप्तजी—जस रथ रेंगि चलै गज ठाटी बोहित चले समुँद गा पाटी॥१४१।१

समुद्र की सतह पर मन्द हवा के सहारे जहाजों के धीरे धीरे बहने का जो सटीक उपमान जायसी ने दिया था वह 'रथ' की जगह 'बन' पाठान्तर से ओझल हो गया। 'ठाटना' धातु का रूप ठाटिय>ठाटी है। हाथी जुता हुआ रथ जैसे रेंगता चलता है वैसे ही बोहित धीरे से सरकने लगे।

(१७) शुक्लजी—रावन लंका हौं दही, वह हौं दाहै आव।
गए पहार सब औटि कै, को राखै गहि पाव॥

गुप्तजी—रावन लंका मैं डहीं ओइँ हम डाहन आइ।
कनै पहार होत है रावट को राखे गहि पाइ॥ २०६।८-९।

दोहे के तीसरे चरण के पाठ में असली भेद हुआ है। कवि का आशय था कि सोने का पहाड़ उस आग में जलकर रावट या लाजवर्द की तरह काला हुआ जा रहा है। 'कनै' और 'रावट' दोनों श्रेष्ठ पाठ लुप्त हो गए।

(१८) शुक्लजी—कहि कै सुआ जो छोड़ेसि पाती। जानहु दीप छुवत तस ताती॥

गुप्तजी—कहि कै सुअै छोड़ि दई पाती। जानहु दिब्ब छुअत तसि ताती॥२३०।१।

मूल पाठ दिब्ब था जिसका अर्थ था दिव्य परीक्षा लेने के लिये आग का गोला। उसी का सरल पाठान्तर 'दीप' किया गया जो अर्थ की दृष्टि से फीका है।

(१९) शुक्लजी—अब जौं सूर गगन चढ़ि आवै। राहु होइ तौ ससि कहँ पावै॥

गुप्तजी—अब जौं सूर गगन चढ़ि धावहु। राहु होहु तो ससि कहँ पावहु॥ २३३।१॥

श्री शिरेफ ने इसका अर्थ करने में भूल की है—अब यदि सूर्य आकाश में चढ़े तो वह राहु बनकर चन्द्रमा को पा लेगा। वस्तुतः कवि का आशय उल्टा था। पद्मावती सुग्गे के द्वारा संदेश भेजती हुई रत्नसेन से कहती है—यदि तू सूर्य है तो आकाश पर चढ़कर मेरे पास तक आ। यदि तू राहु है तो मुझ चन्द्रमा को कैसे पा सकेगा?

(२०) शुक्लजी—चित्त जो चिंता कीन्ह धनि, रोवै रोवँ समेत।
सहस साल सहि, आहि भरि, मुरुछि परी, गा चेत॥

(शिरेफ) उस बाला ने जैसे ही मन में उसकी चिन्ता की उसका रोम रोम रुदन कर उठा। सहस्र दुःख सहकर और आह भरकर वह मूर्छित हो गई और होश जाता रहा। किन्तु इस पाठान्तर से मूल का पाठ और भाव बिल्कुल जाता रहा।

गुप्तजी—चितहि जो चित्र कीन्ह धनि रोवँ रोवँ रंग समेटि।
सहस साल दुख आहि भरि मुरुछि परी गा मेंटि॥२४७।८ ९।

अपने रोम-रोम से रंग एकत्र करके (जिसके कारण बाहरी रंग पीला पड़ गया था) उस बाला ने चित्त में प्रियतम का चित्र बनाया था। किन्तु उन्हीं रोमकूपों से दुःख भीतर भर आया जिससे वह मूर्छित हो गई और चेत जाता रहा। चेत न रहने से चित्त में बना चित्र भी मिट गया।

(२१) शुक्लजी—करन फूल कानन्ह अति सोभा।

गुप्तजी—कनक फूल नासिक अति सोभा। २९८।४

यहाँ दोनों पाठ ठीक नहीं हैं। ४७५।५ में जायसी ने फिर इसी बात को दोहराया है। वहाँ नासिक की ही शोभा का वर्णन है। गुप्तजी के अनुसार सभी प्रतियों में 'करन फूल पहिरें उजियारा' पाठ था, पर उन्होंने 'कनक' पाठ कर लिया है। 'करन फूल' मूल पाठ की नासिका के साथ संगति न देखकर शुक्लजी में 'कानन्ह' पाठान्तर कर दिया गया। वस्तुतः 'करन फूल नासिक अति सोभा' ही ठीक पाठ था। करनफूल नाक का वह छोटा गहना था जो करना नामक फूल के

आकार का बनाया जाता था। ३५।७, १८८।३, ३७७।७, ४३३।५ में जायसी ने 'करना' पुष्प का उल्लेख किया है।

(२२) दोहे ३२९ (शुक्ल जी २७।४४) में जायसी के कुछ मौलिक पाठ अति सुन्दर थे जो शुक्ल जी की सरल पाठ परम्परा में लुप्त हो गए हैं, जैसे पुनिवहु के स्थान में पटुवन्ह मूल पाठ था। ऐसे ही बँद लाए का पँडुआए (= पंडुआ, बंगाल के बने हुए), चँदनौता का चँटनोटा (= चंदन पट्ट), खरदुक का खीरोदक (क्षीरोदक नामक का सुप्रसिद्ध वस्त्र)। श्रीलक्ष्मीधर जी ने भी पँडुआए और खीरोदक का पाठ और अर्थ शुद्ध नहीं समझा यद्यपि उनके सामने कामनवेल्थ रिलेशन्स की कई अच्छी प्रतियाँ विद्यमान थीं।

(२३) शुक्लजी—औ बड़ जूड़ तहाँ सोवनारा। अगर पोति सुख तने ओहारा।

लक्ष्मीधरजी—औ बरी जूड़ि तहाँ सोवनारा। अगर पोत सुख संपति धारा।

गुप्तजी—ओबरि जूड़ तहाँ सोवनारा। अगर पोति सुख नेति औधारा। ३३६।५

यहाँ कोई भी पाठ बिल्कुल शुद्ध नहीं बचा। ओबरी, नेत, ओहारा ये तीन क्लिष्ट शब्द थे। शुक्ल जी में ओहारा और माताप्रसाद जी में ओबरी ठीक रह गया, पर लक्ष्मीधर जी में एक भी शब्द मूल रूप में नहीं रहा, यद्यपि गुप्त जी और लक्ष्मीधर जी के दिये हुए पाठान्तरों में 'नेत' और 'ओहारा' दोनों विद्यमान हैं। लक्ष्मीधर की एक प्रति में ओबरी पाठ भी था, परिचित न होने के कारण वह मूल पाठ को न पकड़ सके। वैसे ओबरी और नेत दोनों शब्दों का जायसी ने स्वयं अन्यत्र प्रयोग किया है, एवं ओहारा अवधी का प्रचलित शब्द है जो रामचरित मानस में भी आया है। चौपाई का सीधा अर्थ था-शयनागार में शीतल कोटरी थी जिसे अगर से पोत कर नेत (एक रेशमी वस्त्र) के पर्दों से सजाया गया था (अगर पोति सुख नेत ओहारा)।

(२४) शुक्ल जी—पदमावति भइ पूनिउँ कला। चौदसि चाँद उई सिंघला।

गुप्त जी—पदुमावति भै पूनिवँ कला। चौदह चाँद उए सिंघला। ३३८।२

यह जायसी की अत्यन्त अर्थवती चौपाईयों में से है। लक्ष्मीधर में पाठ ठीक है किन्तु अर्थ नहीं समझा—'पद्मावती पूर्णिमा की कला हो गई मानों सिंहल में एक साथ चौदह चन्द्रमा उगे हों।' 'चौदह चाँद उए' की जगह शुक्ल जी का 'चौदसि चाँद उई' पाठ अर्थ को न समझने के कारण ही पहले की कुछ प्रतियों में आ गया था। जायसी का आशय यह था कि शरद ऋतु के आकाश में खिलता हुआ चंद्रमा ही पद्मावती हो गया था। पूर्णिमा का चन्द्रमा मुख बन गया और उससे पहले की तिथियों के जो चौदह चन्द्रमा उदित हो चुके थे उनसे उसके दूसरे अंगों का लावण्य पुष्ट हुआ। अगली चौपाई में कवि ने इसी अर्थ को और पल्लवित किया है। चन्द्रमा में सोलह कला मानी जाती हैं। पूर्णिमा को पन्द्रह कला पूरी हुई। सोलहवीं कला क्या थी? चन्द्रमा की सोलहवीं कला नक्षत्र मंडल की ज्योति है जिसके साथ चन्द्रमा पूनों की रात में चमकता है। पद्मावती रूपी चन्द्रमा के पक्ष में सोलहवीं कला क्या है? जो विविध आभूषणों के रूप में पद्मावती के शरीर की शोभा थी वही सोलहवीं कला है। इस प्रकार सोलह कला से पूर्ण शशि रूप पद्मावती को सूर्य रूप रत्नसेन ने प्राप्त किया। जायसी ने यहाँ अपनी चित्रग्राहिणी शक्ति से नायिका की खिली हुई सौन्दर्य ज्योति का न्यूनतम शब्दों द्वारा स्फुट चित्र प्रस्तुत किया है।

(२५) शुक्ल जी—चित्रा मित्र मीनकर आवा। पपिहा पीउ पुकारत पावा॥

गुप्त जी—चित्रा मित मीन घर आवा। कोकिल पीउ पुकारत पावा॥ ३४७।४

इस चौपाई में 'घर' का 'कर' हो जाने के कारण जायसी का अर्थ जाता रहा। नागमती कह रही है कि कुआर में चित्रा का मित्र अर्थात् चन्द्रमा मीन के घर में (मीन राशि में) आगया, कोयल ने भी पुकारते-पुकारते अपना प्रियतम पा लिया (और चुप हो गई), पर हे प्रियतम, तुम अभी तक न आए। लक्ष्मीधर का पाठ यही था पर उनकी टीका में या अन्य किसी भी टीका में

कवि का अर्थ स्पष्ट नहीं हो सका। लक्ष्मीधर ने लिखा है–चित्रा नक्षत्र में मित्र (सूर्य) मीन राशि में आगया, कोयल अब भी अपने प्रिय के लिये पुकार रही है। यह अर्थ जायसी से ठीक उल्टा हुआ। लोक प्रसिद्ध है कि कोयल तोरई का फूल देखकर अर्थात् शरद् ऋतु के आते-आते चली जाती है और उसका बोलना बन्द हो जाता है। इसी पर कवि ने यह कल्पना की है कि उसका प्रियतम से मिलन हो गया, पर कोयल के समान रटने वाली विरहिणी का प्रियतम नहीं लौटा।

[२६] शुक्लजी—आवा आजु हमार परेवा। पाती आनि दीन्ह मोहिं देवा।

गुप्तजी—आवा आजु हमार परेवा। पाती आनि दीन्ह पति देवा॥३७५।२

'पति देवा' का 'मोहिं देवा' पाठान्तर इस बात का अच्छा उदाहरण है कि अर्थ में थोड़ी भी अटक होने पर उससे बचने के लिये सरल पाठ का आश्रय लिया जाता था। पति देवा=देवा पति अर्थात् देवों का स्वामी इन्द्र। तुलना कीजिए नारि परेवा [४१५।१] = परेवा नारि, कबूतर की स्त्री, कबूतरी।

[२७] शुक्लजी—मन तिवानि कै रोवै हर मन्दिर कर टेकि॥

गुप्तजी—मन तेवान कै रोवै हरि भँडार कर टेकि॥३७८।९

नैहर से बिदा होते समय पद्मावती मन में चिन्ता करती हुई अपनी कटि पर हाथ रखकर रोती है। यहाँ हरि भँडार=सिंह का उदर या कटि, सिंह के समान पतली कटि। इस क्लिष्ट पाठ से बचने के लिए 'हर मंदिर कर टेकि' निरर्थक-से पाठ का आश्रय लिया गया। काशिराज की और कलाभवन की देवनागरी प्रतियों तक में हरि भँडार पाठ ही है। वस्तुतः इसका कोई पाठान्तर माताप्रसाद जी ने दिया भी नहीं। शिरेफ ने शुक्लजी के पाठ के आधार पर अर्थ किया है—हर एक भवन में रुक रुक कर वह रो रही थी।

[२८] शुक्लजी—साँठिहि रहै साधि तन निसँठहि आगरि भूख।

बिनु गथ बिरिछ निपात जिमि ठाढ़ ठाढ़ पै सूख॥

गुप्तजी—साँठ रहै सुधीनता निसठें आगरि भूख।

बिनु गथ पुरुख पतंग ज्यों ठाठ ठाढ़ पै सूख॥४२०।८-९

यहाँ अर्थ का सारा चमत्कार 'पतंग' पाठ में है। पतंग सघन पत्तियों वाला सुहावना वृक्ष होता है। पत्तियाँ ही उसकी शोभा हैं। बिना पूँजी के पुरुष उस पतंग वृक्ष की भाँति हो जाता है जिसका ठाठ तो खड़ा हो पर पत्तियाँ सूख गई हों।

[२९] शुक्लजी—दसवँ दावँ कै गा जो दसहरा। पलटा सोइ नाव लेइ महरा॥

गुप्तजी—दसौं दाउँ कै गा जो दसहरा। पलटा सोई नाँउँ लै महरा॥४२४।३

'नाँउँ लै महरा' हीरे के समान पाठ था जो 'नाव लेइ महरा' में कौड़ी के मोल का हो गया। नाव लेइ महरा = [शिरेफ] वह सरदार नाव या जहाज लेकर लौट आया। नाँउँ लै महरा = ससुर चित्रसेन का नाम ले कर, अर्थात् राजा रत्नसेन चित्र विचित्र सेना साथ में लेकर लौट आया। जायसी ने कई जगह इस शैली का प्रयोग किया है।

[३०] श्रेष्ठ पाठ के बिगड़ने का एक पैना नमूना यह है—

शुक्लजी—पुहुप गंध संसार महँ रूप बखानि न जाइ।

हेम सेत जनु उघरि गा जगत पात फहराइ॥

शिरेफ का अर्थ—संसार में फूल की गंध और रूप का बखान नहीं किया जा सकता। श्वेत बर्फ की तरह वह उघड़ गया। उसने अपने पत्ते जगत् में फैला दिए।

गुप्तजी—पुहुप सुगंध संसार मनि रूप बखानि न जाइ।

हेम सेत औ गौर गाजना जगत बात फिरि आइ॥४२६।८-९

ठीक अर्थ—पुष्प की सुगंधि और मणि का रूप—इन दोनों का यश संसार में फैलता हुआ

निःशेष नहीं होता। हिमालय से सेतु बन्ध रामेश्वर तक और गौड़ से गजना तक जगत में उसकी बात फैलती हुई जहाँ से उठी थी वहीं आ जाती है। अर्थात् उत्तम सुगंध और श्रेष्ठ मणि वही है जिसका यश अन्यत्र तिरोहित न हो सके। अपने स्वामी के पास की वस्तु ही अद्वितीय ठहरे। इस उक्ति की व्यंजना पद्मावती पर है कि वह भी इसी प्रकार चारों खंडों में अनुपम थी। ४६०।८ में पद्मावती को 'संसार मनि' कहा गया है (और भी दे० टीका पृ० ४३१)। हेम सेत औ गौर गाजना' का भौगोलिक सूत्र ४९८।८ में फिर आया है और वहाँ भी पाठ बदला हुआ है।

(३१) शुक्लजी—तेहि पर अलक मनिजरी डोला। छुवै सो नागिनि सुरँग कपोला।

गुप्तजी—तेहि पर अलक मंजरी डोला। छुअै सो नागिनि सुरँग कपोला ॥४८०।७

मूल पाठ मंजरी था जो शब्दसागर के अनुसार तिल के पौधे का वाचक है। 'मनिजरी' पाठ में उपमा का स्वारस्य ही जाता रहा। कपोल के तिल पर झूलती हुई अलक मानों उस तिल की मंजरी है।

(३२) शुक्लजी—अलक भुअंगिनि तेहि पर लोटा। हिय घर एक खेल दुइ गोटा ॥

गुप्तजी—अलक भुअंगिनि तेहि पर लोटा। हेँगुरि एक खेल दुइ गोटा ॥४८३।६

अर्थ की दृष्टि से मुख्य शब्द 'हेंगुर' था जो अपना मूल रूप खोकर निरर्थक 'हियघर' में बदल गया। पृ० ५०३ पर टिप्पणी लिखने के बाद बिहारशरीफ की नव प्राप्त प्रति में निश्चित रूप से हेंगुर पाठ, और उसके नीचे महीन अक्षरों में चौगान, उसका अर्थ भी लिखा हुआ मिला। जायसी ने ६२८।२ में चौगान से चौगान के बल्ले का अर्थ लिया है।

(३३) शुक्लजी—चली पंथ बेसर सुलतानी। तीख तुरंग बाँक कनकानी।

गुप्तजी—चली पंथ परिगह सुलतानी। तीख तुरंग बाँक कैकानी ॥४९६।१

यहाँ शुक्लजी ने 'बेसर' का 'पैगह' पाठान्तर टिप्पणी में दिया है। वस्तुतः वही मूल पाठ था। गुप्तजी का 'परिगह' भी सरल पाठ है। गोपालचन्द्र जी की प्रति में जिसका गुप्तजी ने उपयोग किया था 'पैगह' निश्चित पाठ है और हाल में बिहार शरीफ से प्राप्त प्रति में भी वही है। शिरेफ ने बेसर के अनुवाद में टिप्पणी देते हुए यथार्थ लिखा था कि यहाँ मूल में घोड़ों का वाची कोई शब्द अधिक उपयुक्त होता। सो 'पैगह' का वही अर्थ है अर्थात् घुड़साल, शाही अश्वशाला। इस अर्थ के प्रमाण विस्तार से टिप्पणी में लिखे गए हैं। १४५५ ई० के कान्हड़दे प्रबन्ध में भी पायगह शब्द मिल गया—घोड़ा तणी पायगई दीधी (१।७९)। विद्यापति में उससे भी दो सौ वर्ष पहले यह शब्द प्रयुक्त हो चुका था।

(३४) शुक्लजी—जीभा खोलि राग सौं मढ़े। लेजिम घालि एराकन्हि चढ़े।

शिरेफ ने कुछ संदेह के साथ पहली अर्द्धाली का अर्थ किया है—तोपों ने कुछ संगति के साथ अपना मुहँ खोला। वस्तुतः यह जायसी की अतिश्लिष्ट पंक्ति थी जिसका मूल पाठ इस प्रकार था—

गुप्तजी—जेबा खोलि राग सौं मढ़े।

इसमें जोबा, खोल, राग तीनों पारिभाषिक शब्द हैं। शाह की सेना के सरदारों के लिये कहा गया है कि वे जिरहबख्तर (जेबा), झिलमिल टोप (खोल) और टांगों के कवच (राग) से ढके थे। ५१२।४ में भी 'राग' मूलपाठ को बदलकर 'सजे' कर दिया गया।

(३५) शुक्लजी—कृपा करहु चित बाँधहु धीरा। नातरु हमहिं देहु हँसि बीरा ॥

शाही पक्ष के हिन्दू राजाओं का शाह से 'कृपा करो' कहना तो ठीक था, किन्तु 'चित्त में धैर्य रक्खो' यह उक्ति निरर्थक है। मूल पाठ का अर्थ एकदम संगत है—

गुप्तजी—किरिपा करसि त करसि समीरा। नाहिंत हमहिं देहु हँसि बीरा ॥५०२।६

यदि आप कृपा करेंगे तो उसकी वायु से यह झगड़ा ही शान्त हो जायगा। अन्यथा हमें चित्तौड़ की सहायता के लिये जाना ही पड़ेगा जिसके लिये प्रसन्न होकर हमें बीड़ा दीजिए।

[३६] शुक्लजी—औ बाँधे गढ़ गज मतवारे। फाटै भूमि होहिं जौ टारे॥

[शिरेफ] मतवाले हाथी गढ़ में बँधे थे। जहाँ वे खड़े थे वह भूमि फटी जाती थी।

गुप्तजी—औ बाँधे गढ़ि गढ़ि मतवारे। फाटै छाति होहिं जिवधारे॥५०४।६

इसमें मतवारे शब्द सारे अर्थ की कुंजी है। वह दोनों में समान है। मतवाले उन गोलों को या भारी पत्थरों को कहते थे जो किले के ऊपर से नीचे शत्रुओं पर गिराए जाते थे। अर्थ यह है कि पत्थरों को गढ़ गढ़ कर मतवाले बनाए गए थे। नीचे गिराने पर जब उनकी छाती फटती थी तो उनसे छिटकती हुई बारूद के कारण वे जीवधारी से जान पड़ते थे। दोनों अर्थों में आकाश पाताल का अन्तर है। यहाँ किले के परकोटे से होने वाले युद्ध के वर्णन का प्रसंग चल रहा है। उसमें यही अर्थ संगत होता है।

[३७] सरलपाठ—तैसे चँवर बनाए औ घाले गज झाँप।

कठिनपाठ—टैया चँवर बनाए औ घाले गजझाँप॥ ५१२।८

यहाँ टैया क्लिष्ट पाठ था। आईन अकबरी के अनुसार यह घोड़ों के गले का एक आभूषण विशेष था [दे० टिप्पणी]।

[३८] सरल पाठ—कोइ मैमंत सँभारहिं नाहीं। हवा जानहिं जब गुद सिर जाहीं॥

कोई हाथी ऐसे मैमंत थे कि उन्हें देह की सँभाल न थी। वे तब होश में आते थे जब उनका सिर गुद जाता था। वस्तुतः गुद सिर अपपाठ है और जायसी की शैली से शिथिल भी है। मूल पाठ इस प्रकार था—

गुप्तजी—कोइ मैमंत सँभारहिं नाहीं। तब जानहिं जब सिर गद खाहीं॥५१७।७

गद दो नोक वाला छोटा भाला होता था जिससे हाथी वश में किए जाते थे। यह सूचना अबुलफजल ने दी है। इससे अर्थ स्पष्ट हो जाता है और यह भी ज्ञात होता है कि जायसी ने स्वाभाविक रीति से समकालीन-शब्दावली को काव्य में गूंथ दिया है।

(३९) शुक्लजी—जगमग अनी देखिकै धाइ दिस्टि तेहि लागि।

छुए होइ जो लोहा माँझ आव तेहि आगि॥

(शिरेफ) राजा ने गढ़ पर से शाह की चमकती हुई सेना को देखा तो उसकी दृष्टि वहीं दौड़कर लग गई। जो व्यक्ति लोहा छूता है उस लोहे की गर्मी उसमें भर जाती है। इससे कुछ भी संगत अर्थ नहीं बनता अब कवि के मूल पाठ पर विचार कीजिए—

गुप्तजी—चकमक अनी देखि कै धाइ दिस्टि तस लागि।

छुई होइ जौं लोहें रुई माँझ उठ आगि॥५२०।८-९

राजा की सेना और शाह की सेना ने जैसे ही एक दूसरे को देखा दोनों की दृष्टियाँ टकराईं और उन से क्रोधाग्नि भड़क उठी। इस पर कवि ने कल्पना की है कि राजा की सेना चकमक थी, और लोहे से मढ़ी शाह की सेना मानो लोहा थी। दोनों के टकराने से ऐसे आग निकली जैसे चकमक और लोहे की टक्कर से बीच में रुई जल उठती है।

शुक्लजी—चारि पहर दिन जूझ भा गढ़ न टूट तस बाँक।

गरुअ होत पै आवै दिन दिन नाकहि नाक॥

(शिरेफ) दिन के चार पहर तक युद्ध होता रहा। गढ़ ऐसा बाँका था कि टूटा नहीं। किन्तु हर एक नाके पर प्रति दिन दबाव बढ़ता जाता था। देखने में यह अर्थ ठीक जान पड़ता है। पर जायसी ने जो कहना चाहा था यह उसकी ठठरी मात्र है। पहली पंक्ति के पाठ में विशेष अन्तर नहीं है, किन्तु दूसरे अर्ध भाग में नाकहि नाक का मूल पाठ 'टाँकहि टाँक' था। उसीसे अर्थ की अभीष्ट व्यंजना पूरी होती है।

गुप्तजी—चारि पहर दिन बीता गढ़ न टूट तस बाँक।

गरुव होत पै आवै दिन दिन टाँकहि टाँक ॥५२४।८-९

टाँक २५ सेर की एक तोल थी। उतने वजनी बटखरों को धनुष की मजबूती परखने के लिये धनुष की डोरी में लटकाते थे। जितने टाँक से डोरी पूरे खिंचाव पर आती धनुष उतने ही टाँक का समझा जाता था। इस दृष्टि से दोहे का अर्थ यह हुआ—चार पहर दिन बीतने पर भी गढ़ न टूटा वह ऐसा बाँका था। दिन प्रति दिन के युद्ध से मानों वह और भी दृढ़ होता जा रहा था जैसे एक-एक टाँक बढ़ाने से धनुष और अधिक मजबूत ज्ञात होता है।

(४१) अब एक ऐसी पंक्ति का उदाहरण दिया जाता है जिसमें जायसी की मौलिक शब्द योजना और संक्षिप्त शैली पराकाष्ठा को पहुँची हुई कही जा सकती है—

शुक्लजी—नाव जो माँझ भार हुत गीवा। सरजै कहा मंद वह जीवा ॥

(शिरेफ) सरजा ने उत्तर दिया—वह मंद जीव है जो बोझा उठाकर फिर बीच रास्ते में गर्दन झुका दे। यहाँ कवि की मूल व्यंजना कितनी चोखी और अर्थ गर्भित थी यह निम्नलिखित मूल पाठ के अर्थ पर विचार करने से ही समझी जा सकती है—

गुप्तजी—नाइत माँझ भँवर हति गीवाँ। सरजै कहा मंद यहु जीवाँ ॥ ५३७।६

इसमें 'नाइत' शब्द पूरे अर्थ की नाड़ी है। सामुद्रिक व्यापारी को नायत्त या नाइत कहते थे जैसा कि टिप्पणी में दिए हुए प्रमाणों से ज्ञात होगा (पृ० ५७६)। सरजा ने राजा को विश्वास दिलाने के लिए लोकोक्ति द्वारा झूठी शपथ खाली। उसके कहने का ऊपरी भाव यह था—नाइत को नाव पर बैठाकर बीच में ले जाना और वहाँ उसकी गरदन मार देना, यह नीच मनुष्यों का काम है। राजा ने समझा शपथ ठीक हुई। पर सरजा ने अपने मन में यह भाव रक्खा कि नाइत की मंझधार में गर्दन मारना, यही तो मेरे जैसे भेद जीव का काम है। इसी लिये कवि ने तुरन्त बाद ही लिखा है—सरजै कपट कीन्ह वर बैनन्हि मीठै मीठ। राजा का मन माना मानी तुरत बसीठ ॥

(४२) शुक्लजी—सत्रु कोट जो आइ अगोटी। मीठी खाँड जेंवाएहु रोटी ॥

गुप्तजी—सतुरु कोटि जौं पाइअ गोटी। मीठे खाँड जेंवाइअ रोटी ॥ ५५८।६ ॥

अर्थ—शत्रु की कोटि वाले व्यक्ति को यदि अपनी मुट्ठी में पा लिया जाय तो क्या मीठे बनकर उसे खाँड रोटी जिमानी चाहिए ?

(४३) शुक्लजी—आए कोहाइ मँदिर कहँ सिंघ छान अब गोन।

(शिरेफ) गोरा बादल गुस्से में भरकर अपने घर लौट आए और बोले—अब रस्सी शेर को बाँधना चाहती है।

गुप्तजी—आए कोहाइ मंदिल कहँ सिंघ जानु औगोन ॥ ५५९।९

इसमें 'औगोन' शब्द दोहे की कुंजी है। औगोन=हाथी, शेर, भेड़िए आदि को फँसाने का गड्ढा। 'गोरा बादल इस प्रकार क्रोध में भर कर अपने घर को लौट आए जैसे सिंह गड्ढे में गिरकर बँध गया हो।

[४४] शुक्लजी—फेरि पसाउ दीन्ह नग सूरू। लाभ देखाइ लीन्ह चह मूरू ॥

[शिरेफ] राजा की भेंट के बदले में शाह ने उसे रत्न दिया। लोभ का लाभ दिखाकर वह मूल भी ले लेना चाहता था।

गुप्तजी—बहुरि पसाउ दीन्ह जग सूरू। लाभ देखाइ लीन्ह चह मूरू ॥ ५६६।६

'बहुरि पसाउ' का पाठान्तर 'बहु बौसाऊ' मिलता है। नग, लाभ, मूर, दीन्ह, लीन्ह इन व्यापारिक शब्दों की शृंखला में पसाऊ की जगह बौसाउ [=व्यवसाय] पाठ ही संगत है। गुप्त जी ने मुझे लिखा है कि उनकी मुद्रित प्रति में जग छापे की भूल है, नग होना चाहिए। अतएव यह अर्थ हुआ—शाह (सूर्य) ने रत्नसेन को ऊपर से दिखाने के लिये तो अधिक व्यवसाय दिया, पर वस्तुतः वह लाभ दिखाकर मूल भी छीन लेना चाहता था, जैसा कवि ने आगे लिखा है—पहिलें

रतन हाथ कै चहै पदारथ लीन्ह।

(४५) शुक्लजी—राघव हेरत जिउ गएउ कित आछत जो असाध।

यह तन रख पाँख कै सकै न केहि अपराध॥

(शिरेफ) हे राघव, मेरा जी उसे ढूँढने गया है। जो असाध्य है वह कैसे होगा ? यदि मिट्टी का यह शरीर पंख नहीं उगा सकता, तो इसमें किसका अपराध है ? जायसी के मूल पाठ का यह कंकाल मात्र है। कविकृत पाठ इस प्रकार था—

गुप्तजी—राघौ आघौ होत जौं कत आछत जियँ साध।

ओहि बिनु आव बाव बर सकै त लै अपराध॥५७२।८-९

शाह ने कहा—'हे राघव, यदि मैं तृप्त होता तो मेरे मन में उसके लिये इच्छा ही क्यों होती ? अब उसके बिना यदि मुझे बाघ सूँघ जाय तो अच्छा। तुझमें शक्ति हो तो तू यह अपराध ले (मुझे बाघ के सामने डाल दे)। राघौ आघौ, आव बाव, आछत, साध शब्दों के प्रयोग से जायसी की भाषा यहाँ लगभग अपभ्रंश के साँचे में ढल गई है। इन शब्दों की व्युत्पत्ति और अर्थ के लिये टिप्पणी देखिए।

(४६) शुक्लजी—दुंदुहि डाँड दीन्ह जहँ ताईं। आइ दंडवत कीन्ह सबाईं॥

(शिरेफ) सर्वत्र दुदुंभियों पर डंडे की चोट पड़ी। सब ने आकर शाह को दंडवत प्रणाम किया।

गुप्तजी—डंडवै डाँड़ दीन्ह जहँ ताईं। आइ सो डँडवत कीन्ह सबाईं॥५७७।६

यहाँ डंडवै (=दंडपति) शब्द महत्त्वपूर्ण है। दंडपति शाह ने जहाँ तक अपराधी राजाओं पर दंड बैठाया, सबने क्षमा के लिये आकर उसे सिर झुकाया। इसके आगे की चौपाई में शुक्लजी का 'दुंद डाँडि' पाठ गुप्तजी के 'दुंद छाँड़ि से श्रेष्ठ है। वही मूल था। कवि का आशय था कि शाह की दुंदभि यहाँ सबको दंडित करती हुई स्वर्ग तक पहुँच गई।

(४७) शुक्लजी—जाकर छत्र सो बाहर छावा। सो उजार घर कौन बसावा॥

(शिरेफ) जिसका छत्र है (जो राजा है) यदि वह बाहर हो तो उजाड़ घर को कौन बसा सकता है ?

गुप्तजी—जाकर छतिवन बाहर छावा। सो उजार घर को बसावा॥५९२। ३

जिस घर के बाहर छतिवन का पेड़ बढ़ा हुआ हो उस उजाड़ घर को कौन बसा सकता है ? छतिवन या सतौने के पेड़ में इतनी उग्र गंध होती है कि घर में रहने वालों के सिर में दर्द हो जाता है। अतएव घर वालों के लिये अशुभ है। छत्र पाठ किसी भी हस्तलिखित प्रति में नहीं है। लीथो की दो प्रतियों में यह मनमाना पाठान्तर कर लिया गया था।

(४८) शुक्लजी—पदमिनि पुनि मसि बोल न बैना। सो मसि देखु दुहूँ तोर नैना॥

(शिरेफ) हे पद्मिनी, मसि की बात मत कह। देख तेरी दोनों आँखों में भी तो मसि ही है। इस पाठ में 'पुनि' केवल लीथो प्रतियों में है, सर्वत्र 'बिनु' पाठ था।

गुप्तजी—पदमिनि बिनु मसि बोलु न बैना। सो मसि चित्र दुहूँ तोर नैना॥५९८।१

पद्मावती ने पहले (५९१।१) कहा था कि हे कुमुदिनी, तू धाय नहीं, बैरिन है, जो अपने बोल से मेरे मुहँ पर मसि पोतने आई है। इसी के उत्तर में कुमुदिनी कहती है—हे पद्मिनी, बोल (वचन या एक प्रकार का गोंद जो काली स्याही में पड़ता था) और मसि (मैल या स्याही) का साथ है। बिना स्याही के बोल नहीं [मैं कुछ कहूँगी तो मसि रहेगी ही] और बोल के बिना मुहँ (वदन>वअन>वयन>बैन) नहीं। देख, स्वयं तेरे मुख में बोल और तेरी आँखों में मसि चित्रित है।

(४९) शुक्लजी—का सो भोग जेहि अंत न केऊ। यह दुख लेइ सो गएउ सुखदेऊ॥

(शिरेफ) वह कौनसा सुख है जिसका अन्त न हो ? वह जो तुम्हें सुख देता था यह दुःख उठाने के लिये चला गया।

गुप्तजी—का सो भोग जेहि अंत न केऊ। एहि दुख लिहें भई सुखदेऊ ॥६०४।५

इसमें 'सुखदेऊ' शब्द वाक्य की जान है। सौभाग्य से वह दोनों पाठों में समान है, फिर भी अर्थ में महान् अन्तर है। गएउ निरर्थक पाठ है, मूल पाठ भई या भइउँ था। शुक्लजी को सुखदेऊ का अर्थ सुख देने वाला प्रियतम अर्थात् रत्नसेन करना पड़ा। वस्तुतः कुमुदिनी का आशय है—मैं बंदीगृह में राजा के उस अपार दुःख को देखकर उस व्यथा से शुकदेव बन गई हूँ, अर्थात् जोगिन के वेश में छटपटाती हुई इधर उधर घूमती रहती हूँ, शुकदेव के समान दो घड़ी से अधिक कहीं नहीं ठहरती।

(५०) शुक्लजी—तौ लगि गाज न गाज सिंघेला। सौंह साह सौं जुरौं अकेला॥

(शिरेफ) वे हाथी तभी तक गर्जते हैं जब तक शेर का बच्चा न गर्जे। मैं अकेला शाह के सामने जाऊँगा।

गुप्तजी—तब गाजन गलगाज सिंघेला। सौंह साहि सौं जुरौं अकेला ॥६१४।३

बादल कहता है—हे माँ, तब मेरा गर्जना शेर के बच्चे की सच्ची दहाड़ (गलगाज) होगी जब मैं अकेला शाह से जा भिड़ूँगा। गाजन और गलगाज दोनों शब्द अपभ्रंश शैली के निकट हैं।

(५१) शुक्लजी—जेहि घर खडग मोंछ तेहि गाढ़ी। जहाँ न खडग मोंछ नहिं दाढ़ी॥

(शिरेफ) जिस के घर में तलवार है उसी की घनी मूँछ है। जहाँ खड्ग नहीं, वहाँ न मूछ है न दाढ़ी। वस्तुतः हस्तलिखित प्रतियों में इसका क्लिष्ट पाठ इस प्रकार है—

गुप्तजी—जेहि कर खरग मूठि तेहिं गाढी। जहाँ न आँड न मोंछ न दाढी ॥६१८।५

जिसके हाथ में तलवार है उसी की मुट्ठी (मूठ से) भरी हुई होती है। जहाँ आंड नहीं वहाँ मोंछ दाढी नहीं। आंड का अर्थ तलवार की मूठ की पुतली या अंबिया भी है। जिस योद्धा ने हाथ में मूठ की पुतली दृढ़ता से नहीं पकड़ी उसकी मूछ दाढ़ी व्यर्थ है।

(५२) शुक्लजी—लीन्ह अँकोर हाथ जेहँ जाकर जीउ दीन्ह तेहि हाथ।
जहाँ चलावै तहँ चलै फेरे फिरै न माथ॥

(शिरेफ) जिसने जिससे घूस ले ली उसने उसके हाथ में अपना प्राण सौंप दिया। जहाँ वह चलाता है उसे चलना पड़ता है। वह किसी तरह अपना सिर नहीं घुमा सकता।

गुप्तजी—लीन्ह अँकोर हाथ जेइँ जाकर जीव दीन्ह तेहि हाँथ।
जो वहु कहै सरै सो कीन्हे कनउड़ झार न माँथ ॥६२३।८-९

जिसने अपने हाथ में जिससे घूस ले ली, उसके बदले में उसके हाथ में अपनी जान सौंप दी। जो वह कहता है करते ही बनता है। जो जिसका कनौड़ी या अहसानमन्द है वह उसका घात नहीं कर सकता। 'कनउड़ झार न माथ' लोकोक्ति है। सं० शद् का धात्वादेश झड़ धातु थी, उसका प्रेरणार्थक रूप झाड़ना, मारना, गिराना (पासद्द० पृ० ४५५, जायसी ४९२।६ सीस न झाह)

(५३) शुक्लजी—मुहमद खेल प्रेम कर गहिर कठिन चौगान।

(शिरेफ) मुहम्मद –प्रेम का खेल चौगान की भाँति गहरा और कठिन है।

गुप्तजी—मुहमद खेल प्रेम कर खरी कठिन चौगान ॥६२८।८

यहाँ गुप्तजी ने जिसे 'खरी' पाठ माना है उसका मूल पाठ 'घरी' था। फारसी लिपि में 'खरी' 'घरी' एक समान लिखे जाते थे। मुहम्मद—खेल प्रेम से होता है (बैर से तो युद्ध किया जाता है)। चौगान के खेल की एक घड़ी भी कठिन है। आईनअकबरी के अनुसार उस समय चौगान के खिलाड़ी एक-एक घड़ी खेलने के बाद बदल जाते थे।

(५४) शुक्लजी—हौं होइ भीम आजु रन गाजा । पाछे घालि डुंगवै राजा ॥

(शिरेफ) मैंने भीम बन कर आज रण में गर्जन किया और राजा को डूँगरी या टीले के पीछे ओट में कर दिया।

गुप्तजी—हौं होइ भीवँ आज रन गाजा । पाछें घालि दंगवै राजा ॥६२९।६

दंगवै (सं० द्रंगपति)=गढ़पति । जायसी में यह शब्द चार बार आया है और चारों वार रत्नसेन के लिये प्रयुक्त हुआ है । उस समय चित्तौड़गढ़ ही सच्चा गढ़ कहलाता था—गढ़ तौ चित्तौर गढ़ और सब गढ़ैया । गोरा का कथन है कि मैं भीम की भांति आज रण में गर्जन करूँगा और द्रंगपति रत्नसेन को पीछे रक्खूँगा ।

(५५) शुक्लजी—पीलवान गज पेले बाँके । जानहुँ काल करहिं दुइ फाँके ॥

(शिरेफ) पीलवानों ने अपने बाँके हाथियों को ऐसे आगे ठेल दिया मानों वे हाथी काल के भी दो टुकड़े कर डालेंगे ।

गुप्तजी—कनकबान गजबेलि सो नाँगी । जानहुँ काल करहिं जिउ माँगी ॥६३१।४

गजबेल एक प्रकार का तात्र दिया हुआ पक्का लोहा होता था । जायसी से सौ वर्ष पहले के कान्हड़दे प्रबन्ध में गजबेल के बने खाँडे का उल्लेख आया है (का हड़० ४।४७, षांडा पटा तणा गजवेलि)। जायसी का मूल अर्थ पाठान्तर में बिल्कुल मिट गया—गजबेल की बनी नंगी तलवारों पर सोने का सा बान या चमक थी, मानों वे तलवारें काल के हाथों प्राण माँग रही थीं । तलवारें क्या थीं काल की भुजाएं थीं । यदि इस दोहे की सब चौपाईयों के पाठ शुक्लजी और गुप्तजी के संस्करण में मिलाकर देखें तो जहाँ मूल में कठिन शब्द या अर्थ था उसे नियमतः जैसे किसी ने बदल डाला है । 'पुरवाई अतिबानी' (चौ० १) का 'परलय आव तुलानी', 'निरंग' (चौ० ३) को 'तुरुक' हो गया । फारसी लिपि में गजबेलि वा गजपेले, बाँके का नाँगे नुकतों की घटाबढ़ी से पढ़ लिया जाना संभव है । किन्तु कनक बान की तुक नहीं बैठती थी, अतएव 'गज पेले बाँके' के साथ उसका भी 'पीलवान' पाठान्तर किसी ने जान बूझकर किया होगा ।

(५६) शुक्लजी—भाँट कहा धनि गोरा तू भा रावन राव ।

(शिरेफ) भाट ने कहा—हे गोरा, तू धन्य है । तू राजा रावण की तरह हो गया है । यहाँ भी कवि के मूल पाठ के साथ अनर्थ हुआ है । अर्थ की जो व्यंजना थी वह सब जाती रही ।

गुप्तजी—भाँट कहा धनि गोरा तू भोरा रन राव ॥६३५।८

भाट ने कहा—गोरा तू धन्य है । तू रण में 'भोरा राव' है । 'भोरा' गुजरात के भोलो भीम के लिये प्रयुक्त हुआ है जिसने अद्वितीय पराक्रम से दीर्घकाल तक (११७८–१२४१) राज्य किया और ११९७ ई० में मुहम्मद गोरी की सेनाओं के विरुद्ध अपनी सेनाएँ भेज कर चित्तौड़ के राजा की सहायता की थी और मुसलमानी सेना को हरा दिया था । आज गोरा उसी भोरा राव के पराक्रम को दोहरा रहा था । ६२९।६ में गोरा इस प्रकार की सहायता देने की प्रतिज्ञा कर चुका है । उसी यश को भाट कह रहा है । (दे० टिप्पणी ३६१।२, ६११।४, ६२९।६, ६३५।८) ।

(५७) शुक्लजी—गोरा परा खेत महँ सुर पहुँचावा पान ।

(शिरेफ) गोरा रण भूमि में गिर गया । देवता उसके लिए पान लाए ।

गुप्तजी—गोरा परा खेत महँ सिर पहुंचावा बान । ६३७।८

गोरा रण भूमि में काम आया । उसने अपना सिर शाह के पास वीरता की बानगी के रूप में भेज दिया । (शत्रु पक्ष के लोग उसका सिर काट कर शाह के पास ले गए, इसी पर कवि की कल्पना है) ।

(५८) शुक्लजी—मलिनि नीक दल कीन्ह अँकरू । बिगसा कँवल उवा जब सूरू ॥

(शिरेफ) कमलिनियों के सुन्दर समूह ने अँकुर लिया । सूर्य के उगने पर कमल खिला ।

गुप्तजी—नलिनि निकंदी लीन्ह अँकूरू। उठा कँवल उगवा सुनि सूरू ॥६३८।३

जो कमलिनी कंद रहित थी, वह अंकुरित हुई। सूर्य का उदय सुनकर कमल को नया जीवन मिला।

(५९) शुक्लजी—फूल बास घिउ छीर जेउँ नियर मिले एक ठाइँ।

तस कंता घट-घर कै जिइउँ अगिनि कहँ खाइँ ॥

(शिरेफ)—फूल में जैसे गंध और दूध में जैसे घी एक ही स्थान में घनिष्टता से मिले रहते हैं, वैसे ही अपने हृदय के महल में प्रियतम को रख कर मैं जीवित हूँ यद्यपि अग्नि मेरा भोजन बनी है।

गुप्तजी—बास फूल घिउ छीर जस निरमल नीर मठाहँ।

तस कि घटै घट पूरुख ज्यों रे अगिनि कटाहँ ॥६४४।८-९

जैसे फूल में गंध, दूध में घी, घड़े में निर्मल जल और काष्ठ में अग्नि रहती है, वैसे ही मेरे घट में रहने वाला मेरा प्रियतम क्या उससे कभी बिलग हो सकता है?

(६०) सरल पाठ—गढ़ सौंपा बादल कहँ गए टिकठि बसि देव।

छोड़ी राम अजोध्या जो भावै सो लेव ॥

(शिरेफ) राजा ने गढ़ बादल को सौंप दिया और स्वयं टिकटी पर बस गया। राम ने अयोध्या छोड़ दी। जिसका मन हो उसे ले। इसके कवि-कृत कठिन पाठ का अर्थ काव्य व्यंजना से युक्त है।

गुप्तजी—गढ़ सौंपा बादिल कहँ गए निकसि बसुदेउ।

छाँड़ी लंक भभीखन जेहि भावै सो लेउ ॥६४७।८-९

राजा ने मरने से पूर्व गढ़ बादल को सौंप दिया। फिर उसके भीतर बसने वाले देवता कूँच कर गए। विभीषण ने लंका छोड़ दी अब जिसका मन हो उसे ले ले।

यहाँ जायसी ने रामयण की एक लोक कथा की ओर संकेत करते हुए अर्थ की व्यंजना रक्खी है। आनन्द रामायण की कथा के अनुसार दशस्कंध रावण के वध के पश्चात् शतस्कंध रावण ने विभीषण को भगा कर लंका का राज्य ले लिया था।

(६१) पाठान्तर—बूढ़ी आऊ हीहु तुम केइ यह दीन्ह असीस।

अर्थ—तुम्हारी बूढ़ी आयु हो, किसने व्यर्थ ऐसा आशीर्वाद दिया। वस्तुतः आऊ का मूल पाठ आडे था जो गोपालचन्द्र की प्रति, मनेर शरीफ, बिहार शरीफ, रामपुर एवं माताप्रसादजी की श्रेष्ठ प्रतियों का सर्व सम्मत पाठ है। रामपुर की टीका में 'आडे' का अर्थ कबीर या बड़ा किया है।

मूल पाठ—बूढ़े आढे होहु तुम केइँ यह दीन्ह असीस ॥६५३।९

ज्ञात होता है बड़े बूढ़े की तरह बूढ़े आढ़े भी अपभ्रंश भाषा से आया हुआ मुहावरा था। अपभ्रंश में आढ़िअ का अर्थ सम्मानित, या मान्य होता था।

इन उदाहरणों से यह स्पष्ट हो जाता है कि कितने ही प्रकार के हल्के या अनर्थक पाठान्तरों ने जायसी के काव्य के मूल रूप को आच्छादित कर रक्खा था। शायद ही किसी कवि के मूल पाठ को संशोधित संपादन की प्रणाली से इतना लाभ हुआ हो जितना जायसी की कविता को। इस सफलता का एक बड़ा कारण यह है कि पदमावत काव्य की कितनी ही बढ़िया सुलिखित प्रतियाँ उपलब्ध हैं। जब श्री माताप्रसादजी ने वैज्ञानिक पाठ निर्धारण की दृष्टि से पदमावत के संपादन का कार्य हाथ में लिया तो प्रतियों के मिलाने से जो पाठ सामने आया उसे स्वीकार करने के अतिरिक्त और गति न थी। हमें हृदय से इस कार्य का आभार मानना चाहिए कि वैज्ञानिक संपादन कौशल से जायसी के महाकाव्य पदमावत का इतना प्रामाणिक रूप हिन्दी जगत को पुनः प्राप्त हो सका। हो सकता है कि भविष्य में और भी अच्छी प्रतियों के प्राप्त होने पर कहीं कहीं पाठों में सुधार करने की आवश्यकता जान पड़े।

पाठ और अर्थों के निश्चय करने में भरसक सावधानी रखने पर भी मुझ से कुछ भूलें रह गई थीं जिनकी ओर शुद्धिपत्र में ध्यान दिलाया गया है। पाठक कृपया उन्हें सुधार कर इस टीका का

उपयोग करेंगे, ऐसी प्रार्थना है। इस प्रकार की एक भ्रान्ति का मैं सविशेष उल्लेख करना चाहता हूँ क्योंकि वह इस बात का अच्छा नमूना है कि कवि के मूल पाठ के निश्चय करने में संशोधन शास्त्र के नियमों के पालन की कितनी आवश्यकता है और उसकी थोड़ी अवहेलना से भी कवि के अभीष्ट अर्थ को हम किस तरह खो बैठते हैं। १५२।४ का शुक्लजी का पाठ इस प्रकार है—

साँस डाँडि मन मथनी गाढी। हिये चोट बिनु फूट न साढी॥

माताप्रसादजी को डाँडि के स्थान पर वेध, वोठ, बैठ, वोइटा, बूध, दहि, दधि, दवाले, डीढ इतने पाठान्तर मिले। संभव है और प्रतियों में अभी और भी भिन्न पाठ मिलें। मनेर शरीफ की प्रति में ओढ पाठ है। गुप्तजी को इनमें से किसी पाठ से संतोष नहीं हुआ। अतएव उन्होंने अर्थ की आवश्यकता के अनुसार अपने मन से 'दहेंडि' इस पाठ का सुझाव दिया, पर उसके आगे प्रश्न चिह्न लगा दिया– स्वाँस दहेंड़ि (?) मन मँथनी गाढी। हिए चोट बिनु फूट न साढी॥ मैंने इस प्रश्न चिह्न पर उचित ध्यान न ठहरा कर 'साँस दही की हाँड़ी है, मन दृढ़ मथानी है'। ऐसा अर्थ कर डाला। प्रसंग वश श्री अम्बाप्रसाद सुमन के साथ इस पंक्ति पर पुनः विचार करते हुए इसके प्रत्येक पाटान्तर को जब मैं देखने लगा तो 'दवाले' शब्द पर ध्यान गया। 'श्री सुमन' जी ने सुनते ही कहा कि अलीगढ़ की बोली में द्वाली चमड़े की डोरी या तस्मे को कहते हैं। कोश देखने से ज्ञात हुआ कि फारसी में दवाल या दुवाल रकाब के तस्मे को कहते हैं (स्टाइनगास फारसी कोश, पृ० ५३९)। क्रुक ने दुआलि, दुआल का अर्थ चमड़े की बद्धी, हल आदि बाँधने का तस्मा किया है (ए रूरल ऐंड एग्रीकल्चुरल ग्लासरी, पृ० ९१)। शब्दसागर में भी यह शब्द तस्मा, खराद की बद्धी के अर्थ में है (पृ० १५८०)। जियाउद्दीन बरनी ने तारीखे फीरोजशाही में अलाउद्दीन कालीन वस्त्रों के विवरण में बुरद नामक वस्त्र को 'दवाले लाल' अर्थात् लाल डोरियों का धारीदार कपड़ा लिखा है (सैयद अतहर अब्बास रिजवी, खलजी कालीन भारत पृ० ८२, तारीखे फीरोज शाही का हिन्दी अनुवाद)। इन अर्थों पर विचार करने से मुझे निश्चय हो गया कि प्रस्तुत प्रसंग में डोरी का वाचक दुआल शब्द नितान्त क्लिष्ट पाठ था, और वही कविकृत मूल पाठ था। पदमावत की एक ही हस्तलिखित प्रति में अभी तक यह शुद्ध पाठ प्राप्त हुआ है (गोपालचन्द्रजी की फारसी लिपि की प्रति जो बहुत ही सुलिखित है—यही गुप्तजी की च० १ प्रति है)। सम्भव है भविष्य में किसी और अच्छी प्रति में भी यह पाठ मिल जावे। रामपुर की प्रति का पाठ इस समय विदित नहीं है। इस प्रकार इस पंक्ति का कविकृत पाठ यह हुआ—

साँस दुआलि मन मथनी गाढ़ी। हिएँ चोट बिनु फूट न सा.ी॥

साँस दुआली या डोरी है। शुक्लजी ने 'डाँड़ि' पाठान्तर को प्रसंगवश डोरी अर्थ में ही लिया है पर डाँडि पाठ किसी प्रति में नहीं मिला। मूल पाठ दुआलि होने में सन्देह नहीं। साँस का ठीक उपमान डोरी ही हो सकती है, दहेड़ी नहीं। मथनी गाढ़ी शब्दों पर भी फिर से विचार करना आवश्यक हुआ। शब्द सागर के अनुसार मथनी=दही मथने की मटकी, दहेंड़ी। यही इस शब्द का प्रधान अर्थ है। मथनी और मथानी में अन्तर है। गाढ़ी का अर्थ जायसी में गहरी प्रायः आता है। इस लिये कवि का आशय यह हुआ—साँस डोरी और मन (दही की) गहरी मटकी है। हृदय रूपी मथानी से उस दही पर चोट किए बिना उसकी साढ़ी फूट कर घी नहीं निकल सकता। यहाँ मन और हृदय को अलग अलग लेना पड़ता है जो जायसी की शैली से संगत है। जायसी ने जी या हिरंद को ही सत बाँधने वाला तत्व कहा है। हृदय के साथ मथानी या रई का अध्याहार कवि की शैली से अविरुद्ध है जहाँ बहुधा चित्र की एक-दो रेखाएँ स्वयं स्पष्ट करने के लिये छोड़ दी जाती हैं।

पदमावत में ऐसे भी कितने ही स्थल हैं जहाँ पाठ की समस्या न होने पर भी अर्थ अस्पष्ट बना रहा है। जायसी के चित्रों को स्पष्ट समझ कर ऐसे स्थलों को खोलने का प्रयत्न यहाँ किया गया

है। एक-दो उदाहरण पर्याप्त होंगे—

हौं सब कबिन्ह केर पछिलगा। किछु कहि चला तबल देइ डगा ॥२३।३

शुक्लजी में सब कविन्ह का पाठान्तर 'पंडितन्ह' है जो अधिक महत्त्व का नहीं। मुख्य शब्द 'डगा' है जिसका अर्थ शुक्लजी ने डुग्गी बजाने की लकड़ी किया है। शब्दसागर में डगा और डागा दो शब्द, इसी अर्थ में दिए गए हैं और दोनों जगह पदमावत की यही पंक्ति प्रमाण रूप में उद्धृत है। वस्तुतः यह भ्रान्ति है। इस अर्थ में डंका और डाँक शब्द हैं, डगा या डागा नहीं। डगा का मूल डग शब्द है जिसका सुप्रसिद्ध अर्थ कदम है। यहाँ भी वही अर्थ है। शिरेफ ने अर्थ किया है—'मैं पंडितों के पीछे चलने वाला हूँ। यही बात व्यक्त करने के लिये डुग्गी से ढोल बजा कर आगे बढ़ रहा हूँ।' किन्तु इस अर्थ से उन्हें संतुष्टि न हुई और पाद टिप्पणी में 'डग' का अर्थ लेते हुए दो अर्थ और सुझाए हैं, पर उसमें मूल पाठ को 'किछु कहि चलत बोल देइ डगा' सुधारने की सलाह दी है—'कुछ बोल कहते हुए मैं चलता हूँ और भाषा के डग रखता हूँ, या अपना डग कवियों के डग पर रखते हुए चलता हूँ'।

वस्तुतः जायसी ने यहाँ कूच करती हुई सेना से अपना चित्र लिया है—मैं कवियों के पीछे चलने वाला हूँ। तबल (नक्कारे) की चोट पर आगे वालों के साथ डग देकर (पैर उठाकर) मैं भी कुछ कहने के लिये चल पड़ा हूँ। इसमें कवि का वह नम्र भाव जो उसने अपने को पिछलगा कह कर व्यक्त किया है अक्षुण्ण बना रहता है, डंके की चोट कुछ कहने की दर्पोक्ति नहीं होती, डगा के अर्थ में खींच तान नहीं करनी पड़ती और आगे चलने वालों के साथ पैर बढ़ाए चलने की स्वाभाविक स्थिति भी स्पष्ट आ जाती है।

हम अस कसा कसौटी आरस। तहूँ देखु कंचन कस पारस ॥५६८।७

इसका पाठ शुक्लजी और गुप्तजी में समान है। गुप्तजी की मुद्रित प्रति में आरसि छपा है किन्तु उन्होंने अपने एक पत्र में मुझे सूचित किया है कि 'आरस' संभव पाठ है। वस्तुतः 'आरस' ही प्रतियों का पाठ है और उसका अर्थ है शीशा या काँच। शिरेफ का अर्थ इस प्रकार है—हमने दर्पण की कसौटी पर उसे कसा है। तू भी देख कि वह सोना कैसा है क्योंकि तू पारस पथरी है। कवि का आशय यह था—सखियाँ पद्मावती से कह रही हैं कि हमारी जैसी दासियाँ तो काँच ही कसौटी पर कसती रही हैं अर्थात् काँच ही परखने की अभ्यस्त हैं। तू रूप की पारस है, तू देख कि (शाह रूपी) कंचन कैसा है, खोटा या खरा ?

पदमावत के मूल पाठ और अर्थ के विषय में श्री माताप्रसादजी और मेरे इस प्रयत्न के बाद भी खोज के लिये अभी अवकाश बना हुआ है—यह बात निम्नलिखित उदाहरण पर विचार करने से ज्ञात होगी।

४७१।८-९—इस दोहे का जो पाठ मैंने रखा है वह माताप्रसाद जी के मुद्रित संस्करण के अनुसार है, किन्तु इस पाठ से मुझे पूरा संतोष नहीं हुआ था। मेरा किया हुआ उसका अर्थ तो और भी भ्रांत है। गोपालचन्दजी की प्रति, मनेर शरीफ की प्रति, बिहार शरीफ की प्रति, और रामपुर की प्रति, इन चारों श्रेष्ठ प्रतियों का सर्व सम्मत पाठ निम्नलिखित है—

"बेनी कारी पुहुप लै, निकसा जमुना आइ।"

पूजा नन्द अनन्द सौं सेंदुर सीस चढ़ाइ।"

इस दोहे में कवि ने वेणी, काले केश, श्वेत पुष्प और माँग का सिन्दूर इन चारों के लिये सम्मिलित उत्प्रेक्षा की है। वेणी=कालिया नाग; केश=यमुना; श्वेतपुष्प=कमलपुष्प, जो काली नाग अपने सिर पर लाद कर लाया था। कृष्ण द्वारा कालिय नाग के नाथने और फूल लादकर लाने की कथा तो प्रसिद्ध ही है। उसीके साथ कवि ने कृष्ण और कालिन्दी के विवाह की लोक कथा को मिलाकर कल्पना की है। भागवत (दशम स्कन्ध, ५८।११-२९) और प्रेम सागर में कथा है कि एक बार

कृष्ण और अर्जुन विहार के लिए यमुना तट पर गए। वहाँ उन्होंने एक परम सुन्दरी कन्या को तप करते देखा। कृष्ण के कहने से अर्जुन ने उसके पास जाकर परिचय पूछा। कन्या ने कहा—मेरा नाम कालिन्दी है। मेरे पिता सूर्य ने यमुना जल में मेरे लिए एक भवन बनवा दिया है उसी में मैं रहती हूँ। मैं भगवान् विष्णु को पति रूप में पाना चाहती हूँ। यह जान कर कृष्ण कालिन्दी को अपने साथ ले आए और उससे विवाह किया। इस प्रसङ्ग को ध्यान में रख कर दोहे का अर्थ इस प्रकार होगा—वेणी कालिया नाग फूल लेकर यमुना से बाहर निकला और उसने आनन्द से कृष्ण की पूजा की जिन्होंने यमुना के सिर पर सिन्दूर चढ़ाया।

मॉनियर विलियम्स और शब्दसागर में नन्द का एक अर्थ विष्णु है। रामपुर की सुलिखित प्रति के फ़ारसी अनुवाद में भी नन्द का अर्थ 'कृष्ण' किया है। इसी प्रकार ६१४।६ में 'हरि' का अप्रचलित अर्थ 'वायु' कवि ने रक्खा है (देखिए ६१४।६ की शुद्धिपत्र में टिप्पणी)। कालिय नाग ने कृष्ण को पूजा दी और उन्होंने यमुना के सिर पर सेंदुर चढ़ाया। जो परिस्थिति उस समय हुई थी वही मानों पद्मावती की वेणी, पुष्प, केश और सिन्दूर के विषय में घटित हो रही है। इस दोहे के 'निकसा' और 'नन्द' इन शब्दों का मिलान अभी अन्य प्रतियों से भी करने की आवश्यकता प्रतीत होती है। मुझे अभी तक एक भी अच्छी प्रति ऐसी नहीं मिली जिसमें निकसी और इन्द्र पाठ हो। श्री गुप्तजी ने मुझे २८।७।५५ के पत्र में सूचित किया है—"जिन प्रतियों में 'निकसी' और 'इन्द्र' पाठ हैं उनके संकेत मेरे पास लिखे नहीं हैं, केवल पाठान्तर की प्रतियों के संकेत हैं, इसलिए मेरे द्वारा स्वीकृत पाठ इन सभी मुख्य प्रतियों में मिलना चाहिए जिनका पाठान्तर पाद टिप्पणी में नहीं दिया हुआ है। भूल से एक आध प्रति रह गई हो तो दूसरी बात है।" ऐसी स्थिति में ऊपर लिखे हुए नए पाठ और अर्थ का सुझाव देते हुए भी मैं अपने मन को आश्वस्त नहीं पाता। पाठकों से अनुरोध करता हूँ कि मूल पाठ और अर्थ को अभी विचार्य कोटि में ही समझें।

अतएव जायसी के पाठ संशोधन और अर्थ विचार के सम्बन्ध में जो कार्य अब तक हुआ है। उसे अभी और आगे बढ़ाने की अवश्यकता है। सौभाग्य से पदमावत की अच्छी हस्त लिखित प्रतियों की संख्या काफी है और खोज में अभी वे मिलती जाती हैं। अतएव उनका उपयोग भी भविष्य के संपादकों को करना होगा जिससे मूल पाठ की समस्या को वे अधिक आश्वस्त होकर सुलझा सकें। इसी प्रकार जायसी की भाषा के व्याकरण का भी गहराई से अध्ययन आवश्यक है। जो पाठ निर्णय में सहायक हो सकेगा। जायसी की अवधी भाषाशास्त्रियों के लिये स्वर्ग है जहाँ उनकी रुचि की अपरिमित सामग्री सुरक्षित है। मैथिली के लिये जो स्थान विद्यापति का है, और मराठी के लिये जो महत्त्व ज्ञानेश्वरी का है, वही महत्त्व अवधी के लिये जायसी की भाषा का है। जायसी के पूर्व और पश्चात् का जो विस्तृत अवधी साहित्य है उसके संपादन और प्रकाशन की भी आवश्यकता है जिससे जायसी की शब्दावली का उसके साथ तुलनात्मक अध्ययन करके संदिग्ध शब्द के रूप और अर्थ का निश्चित परिज्ञान हो सके। आशा है भविष्य के कार्यकर्ता जायसी के अध्ययन को इन तीनों दिशाओं में क्रमशः आगे बढ़ाएंगे, और जो कठिनाइयाँ अभी तक बनी हुई हैं उनका संतोषप्रद समाधान प्रस्तुत करेंगे।

अवधी भाषा के साहित्य के उद्धार का प्रयत्न नए उत्साह से होना चाहिए। मुल्ला दाउद ने १३७० ई० में अपनी 'चंदायन' नामक प्रेम गाथा की रचना शुद्ध अवधी में रामचरित मानस से लगभग दो सौ वर्ष पूर्व और पदमावत से पौने दो सौ वर्ष पूर्व की थी। तब से इस विशिष्ट भाषा में जो साहित्य निर्माण की परम्परा शुरू हुई उसका क्रम उन्नीसवीं शती तक जारी रहा।* हमारा

---

* अवधी भाषा का साहित्य—

१ मुल्ला दाउद कृत चंदायन (१३७० ई०)—इसी की खंडित प्रति मनेरशरीफ खानकाह पुस्तकालय में प्रो० हसन असकरी को मिल गई है।

२ ईश्वरदास कृत अंगद पैज दिल्ली के बादशाह शाह सिकन्दर (सन् १४८९–१५१७) के समय की रचना। खोज विवरण, १९४४-४६, सं० २३।

३ ईश्वरदास (इशरदास) कृत भरतविलाप (या भरतमिलाप)—दिल्ली के बादशाह शाह सिकन्दर (सन् १४८९–१५१७ ई०राज्यकाल) के समय की रचना। खोज विवरण, १९४४-४६, सं०२१। सभा में दो प्रतियाँ, वर्ष ५६।१, पृ० ३-४।

४ ईश्वरदास कृत सत्यवती कथा (१५०१ ई०)।

५ कुतुबन कृत मृगावती (१५०३ ई०)—शेरशाह के पिता हुसेनशाह के काल में लिखी गई। अब इसकी संपूर्ण प्रति डा० रामकुमार वर्मा को फतेहपुर जिले में एकडला गाँव से मिल गई है।

६ चंदाकृत हितोपदेश (१५०६ ई०)।

७ बुरहान कृत अरील (रचनाकाल अज्ञात)।

८ बक्सन कृत छंद बारहमासा (रचनाकाल अज्ञात)।

९ साधन कृत मैनासत (रचनाकाल अज्ञात)—इसकी पूरी प्रति जोधपुर राजकीय पुस्तकालय में और मनेर शरीफ खानकाह पुस्तकालय में मिल गई है।

१० जायसी कृत पदमावत एवं अन्य ग्रन्थ (१५२७-१५४० ई०)

११ मंझन कृत मधुमालती (१५४५)।

१२ शेख रिज्कुल्ला कृत जोत निरंजन और प्रेमायन (१६ वीं शती का मध्य भाग, लेखक की मृत्यु १५८१ ई०)।

१३ वलवीर कृत दंगव पर्व (१५५२ ई०)।

१४ जटमल नाहर कृत प्रेम विलास प्रेमलता कथा (१५५६ ई०)।

१५ गोस्वामी तुलसीदास कृत रामचरितमानस एवं अन्य ग्रन्थ (१५७५ ई०)।

१६ दोस्तमुहम्मद कृत प्रेम कहानी (१५९३-१६८७ ई०)।

१७ बनारसीदास कृत अर्धकथानक (१६ वीं शती)।

१८ चतुर्भुजदास कृत मधुमालती (१६ वीं शती) लिपिकाल १७८० ई०, पता—राजकीय पुस्तकालय जोधपुर (२-४४,पं० २२-१९)।

१९ उस्मान कृत चित्रावली (१६१३ ई० महाराजा बनारस का पुस्तकालय, लिपिकाल १७४५ ई० रामनगर (४-३२)।

२० जौनपुर के शेख नबी कृत ज्ञानदीप (१६१४ ई०), लिपिकाल १८७५ ई०। मौलवी अब्दुल्ला, धुनियाना टोला, मिरजापुर (२, ११२)।

२१ पोहकर (पुहुकर) कृत रस रतन (१६१८ ई०), लिपिकाल १८०८ ई०; हनुमद मिरदहा, चरखारी (६-२०८), नागरी प्रचारिणी सभा, काशी (२०-१२८)।

२२ लालदास गुप्त कृत अवध बिलास (१६४३ ई०)।

२३ भक्त सकता का झगड़ा (१६४३ ई०) जहाँगीर के काल में रचा गया। इसमें अवधी व कन्नौजी का मिश्रण है।

२४ सबलसिंह कृत भागवत ((जन्म १६४५ ई० के लगभग)।

२५ धर्मदास कृत महाभारत सभापर्व (१६५६ ई०)।

२६ मऊनगर के श्रीपति कृत कर्णपर्व (१६६२ ई०)।

२७ दुखहरनदास कृत पुहुपावती (१६६८ ई०), लिपिकाल १८१० ई०, काशी नागरी प्रचारिणी सभा (४१-१०५ ग)।

२८ रतनरंग कृत छिताई वार्ता (१७ वीं शती), लिपिकाल १८२५ ई०, म्युनिसिपल म्यूजियम, इलाहाबाद (दे० ४१-२१२)।

२९ बाराबंकी जिले के क्षेम करण मिश्र कृत कृष्ण चरितामृत (१७१४-१८०४ ई०) ।
३० शिवराम कृत भक्ति जयमाल (१७३० ई०), लिपिकाल १७४६ ई० ।
(१) कीनाराम बाबा की धर्मशाला रामगढ़ बनारस (९-२९६) ।
(२) पं० जगदेवराय शर्मा वकील, नरही (बनारस (४१-२६६) ।
३१ सहजराम कृत प्रह्लाद चरित और रघुवंश दीपक (१७३२ ई० के लगभग) ।
३२ कासिमशाह दरयाबादी कृत हंस जवाहिर (१७३६ ई०) ।
(१) शेख कादिर बख्श, मकड़ीखोह, मिरजापुर (२-११) ।
(२) हबीबुल्ला, रखहाबाजार, डा० खास, प्रतापगढ़ (२६-२८७) ।
३३ कुंवर मुकुंदसिंह कृत नल चरित (१७४१ ई०) ।
३४ नूरमुहम्मद कृत इन्द्रावती (१७४३ ई०), लिपि १९०२ ई०, मौलवी अब्दुल्ला, धुनिया टोला, मिरजापुर (२-१०९) ।
३५ बुलाकीनाथ बाबा कृत रामायण (१७५० ई०), लिपि १७७६ ई० एवं १७८४ ई०, खोज विवरण १९४१-४३ सं०१६४ क, ख ।
३६ दूलनदास कृत शब्दावली (१७६० ई० के लगभग) ।
३७ झामदास कृत श्री रामायण (१७६१ ई०) ।
३८ सूरजदास कृत रामरहारी (लवकुश की कथा), लिपि १७६२ ई० खोज विवरण १९४४-सं०४५८ ।
३९ नवलदास कृत भागवत दशम स्कंध (१७६६ ई०) ।
४० जनकुंज कृत उषा चरित्र (१७७४ ई०) ।
४१ बेनीबक्स कृत हरिचन्द कथा (१७७९ ई०) ।
४२ चतुर्भुजदास कृत मधुमालती (१७८० ई०), लिपि १७८० ई०, राजकीय पुस्तकालय जोधपुर (२-४४, पं० २२-१९) ।
४३ मधुसूदनदास कृत रामाश्वमेध (१७८२ ई०) ।
४४ भवानी सहाय कृत बेताल पचीसी लिपि १७८२ ई०, मिश्रित अवधी ।
४५ उदयनाथ कृत सगुन बिलास (१७८४ ई०) ।
४६ शेखूपुर के शेख निसार कृत यूसुफ जुलेखा (१७९० ई०), लिपि १९०२ ई०, प्रतियाँ—
श्रीयुत गोपालचन्द्र सिंह, जिला जज, मेरठ (४४-४६ ई० का खोज विवरण) ।
हिन्दुस्तानी एकेडेमी, इलाहाबाद
४७ सेवाराम कृत नलदमयंती चरित्र (१७९६ ई० के पूर्व) ।
४८ भूपनारायण कृत कथा चार दरवेश (१७९७ ई०) ।
४९ सईद पहार कृत रस रत्नागर (रचनाकाल अज्ञात) ।
५० युगलानन्द कृत शरणकृत वचनावली (१८०७ ई०) ।
५१ पहलवानदास कृत उपाख्यान विवेक (१८०८ ई०) ।
५२ भदैनी, बनारस के भवानीशंकर कृत बेताल पचीसी (१८१४ ई०) ।
५३ गंगादास कृत सुमन घन (१८२२ ई०, गुलिस्ताँ का अनुवाद) ।
५४ जानकी चरण कृत सियारामरस मंजरी (१८२४ ई०) ।
५५ मुरलीदास कृत उषा चरित (१८२६ ई०) ।
५६ तँवरदास कृत शब्दाबली (१८३० ई०) ।
५७ हाफिज नजफ अलीशाह कृत प्रेम चिनगारी (१८४५ ई०) ।
५८ फाजिलशाह कृत प्रेम रतन (१८४८), लिपि १८८० ई०, प्रति-दीवान शत्रुजीतसिंह, छतरपुर (५-५६) ।

अनुमान है कि ३२ मात्रा वाली अर्धाली को इकाई मानकर उपलब्ध अवधी साहित्य का परिमाण एक लाख अर्धालियों से कम न होगा। इस साहित्य का संग्रह महाभारत के बराबर बैठेगा। इसका पंचमांश तुलसीदास की और लगभग पन्द्रहवाँ अंश जायसी की रचना है। तुलसी के रामचरित मानस के बाद जायसीकृत पदमावत ही इस साहित्य की सर्वोत्तम रचना है।

पदमावत के अतिरिक्त जायसी ने और भी कई छोटे ग्रन्थों की रचना की थी। उनमें से अखरावट और आखिरी कलाम श्री शुक्लजी के संस्करण में मुद्रित हुए हैं। श्रीमाताप्रसाद जी को कवि का एक नया ग्रन्थ मिला था जिसे बाईस छन्दों में होने के कारण उन्होंने 'महरी बाईसी' नाम से अपने संस्करण में छापा है। वस्तुतः इस ग्रन्थ का नाम कहारा नामा या कहरानामा था, जैसा कि उसकी कई हस्तलिखित प्रतियों से अब ज्ञात हो गया है। रामपुर राजकीय पुस्तकालय की पदमावत की प्रति के अन्त में कहरानामा की भी अति सुलिखित प्रति उपलब्ध हुई है। उसके आधार से इस ग्रन्थ का संपादन और पुनर्मुद्रण होने की आवश्यकता है। मेरे मित्र श्री श्रीरामशर्मा ने हैदराबाद से मुझे सूचित किया है कि वहाँ के सालारजंग पुस्तकालय में फारसी लिपि में लिखा हुआ एक संग्रह है जिसमें जायसीकृत पोथी चित्र रेखा, ग्रन्थ है[१]। सम्भव है यह चित्र लेखा वही चित्रावत काव्य हो जिसे जायसी कृत ग्रन्थों की सूची में गिना जाता रहा है। श्री सैयद आले मुहम्मद के अनुसार जायसी के अनुसार जायसी के ग्रन्थों की तालिका यह है—१. पदमावत, २. अखरावट, ३. सखरावत, ४. चंपावत, ५. इतरावत, ६. मटकावत, ७. चित्रावत, ८. खुर्वानामा, ९. मोराई नामा, १०. मुकहरा नामा, ११. मुखरा नामा, १२. पोस्ती नामा, १३. होली नामा, १४. आखिरी कलाम (नागरी प्रचारिणी पत्रिका, १९९७, पृ० ५७)। श्रीहसनअसकरी ने ये नाम दिए हैं—कहतावत, सकरानामा, पोस्तीनामा, होलीनामा (बिहार शोधपरिषद् की पत्रिका, भाग ३९, पृ० १२)। इनमें से चार ग्रन्थ तो पहले मिल ही चुके हैं। कहरानामा ही आले मुहम्मद की सूची का मुकहरा नामा ज्ञात होता है। चित्रावत और सालारजंग संग्रह की चित्रलेखा एक ही जान पड़ती है। पोस्तीनामा के विषय में तो कथा प्रसिद्ध है कि जायसी के गुरु जो स्वयं अमल करते थे इस कृति से चिढ़ गए थे। जायसी के पदमावत में दोहा १८३ से दोहा १८९ तक का वर्णन अलग कर लिया जाय तो वह होली नामा के ढंग की कृति हो जाती है। शुक्लजी ने जायस में प्राप्त अनुश्रुति के आधार पर लिखा है कि

५९ सूरजदास कृत रामजन्म (सीता विवाह तक की कथा), लिपि १८५२ ई०, खोज विवरण (१९४-१४३, सं० ५७४ ख)।

६० सूरजदास कृत एकादशी माहात्म्य (१८६६ ई०)।

६१ सहजराम कृत रामायण (सुंदरकांड), लिपि १८६८ ई०, प्राप्ति स्थान विश्वनाथ पुस्तकालय, डा० महेश्वरसिंह, दिकौलिया, डा० विसवाँ (सीतापुर) (खोज २३-३६७ डी)।

६२ प्रतापगढ़ के ख्वाजा अहमद कृत महत्त्वपूर्ण प्रेमाख्यान काव्य नूरजहाँ (६००० चौपाई, इसकी रचना कवि की मृत्यु के दो मास पूर्व १९०५ समाप्त में हुई)।

६३ गाजीपुर के मुहम्मद नसीर कृत राजा चित्रमुकुट की कथा एवं प्रेम दर्पण या यूसुफ जुलेखा (१९१७ ई०), प्रति महाराजा बनारस का पुस्तकालय, बनारस (४-७)।

इस सूची के लिये मैं डा० बाबूराम सक्सेना कृत 'इवोल्यूशन ऑफ अवधी' पृ० ११-१८, श्री हीराकान्त श्रीवास्तव कृत (लखनऊ विश्वविद्यालय में अप्रकाशित निबंध) 'हिन्दू कवियों के प्रेमाख्यान', श्री दौलतराम जुयाल, अन्वेषक, काशी नगरी प्रचारिणी सभा द्वारा प्रदत्त सूची एवं अपने मित्र श्री प्रो० हसन असकरी (पटना कालिज) से प्राप्त सूचनाओं का आभारी हूँ।

१ इस ग्रन्थ की प्रतिलिपि श्रीराम जी को उपलब्ध हो गई है। पुस्तक २८ पृष्ठों में समाप्त हुई है।

जायसी ने 'नैनावत' नामक एक प्रेम कहानी भी लिखी थी। संभव है आगे की खोज में इन ग्रन्थों पर कुछ प्रकाश पड़े। वस्तुतः उस युग की यह पद्धति थी कि प्रत्येक महाकवि मुख्य ग्रन्थ के अतिरिक्त लोक में प्रचलित विविध काव्य रूपों में भी प्रायः कुछ लिखा करते थे। कबीर कृत कहरा नामा और वसन्त एवं चाँचर पर फुटकर कविता बीजक में संगृहीत हैं। तुलसी के बरवै रामायण, नहछू और मंगल काव्य साहित्य के लोक रूपों की पूर्ति में लिखे गए थे।

मुसलमानी धर्म के विविध अंगों पर अवधी में काव्य रचने की परम्परा जायसी से शुरू होकर बाद तक चलती रहती रही। आखिरी कलाम में जायसी ने कयामत के दिन का चित्र स्वधर्मानुयायियों के लिये प्रस्तुत किया था। रीवा के जहूर अली शाह ने तवल्लुदनामा नामक अवधी काव्य में मुहम्मद साहब का जीवन चरित लिखा। अब्दुल समद के किसी भागलपुरी शिष्य ने संवत् १८१० में मेराजनामा नामक अवधी काव्य में स्वर्ग का पूरा वर्णन किया है। किन्तु काव्य गुणों की दृष्टि से इन रचनाओं का अधिक महत्व नहीं।

जायसी के महाकाव्य के अध्ययन से ज्ञात होता है कि उनका अध्यात्म अनुभव बहुत ही बढ़ा चढ़ा था। संसार के व्यवहारों का भी उन्हें पूरा परिचय था। भाषा पर उनका असामान्य अधिकार था। हिन्दू और इस्लाम धर्म के विषय में उन्होंने अच्छी जानकारी प्राप्त कर ली थी उनकी प्रकृति अत्यन्त सौम्य और उदार थी। उनकी मेधा गंभीर और कल्पना शक्ति उच्चकोटि की थी। उनके जीवन की घटनाओं के विषय में निश्चित जानकारी बहुत थोड़ी है। अपने संबंध में उन्होंने स्वयं लिखा है—

भा अवतार मोर नव सदी। तीस बरिस ऊपर कबि बदी॥
आवत उधत चार बड़ ठाना। भा भूकंप जगत अकुलाना॥ अख० ४।१-२

नवीं सदी हिजरी (१३९८-१४९४ ई०) के बीच में किसी समय जायसी का जन्म हुआ। 'नव सदी' से यह अर्थ लेना कि ठीक ९०० हिजरी (१४९४ ई०) में जायसी का जन्म हुआ था कवि के जीवन की अन्य तिथियों से संगत नहीं ठहरता। पदमावत की रचना १५२७ से १५४० के बीच में किसी समय हुई। उस समय वे अत्यन्त वृद्ध हो गए थे। अतएव १४९४ को उनका जन्म संवत् मानना कठिन है। तीस वर्ष की आयु में वे काव्य रचना करने लगे थे। आखिरी कलाम का निर्माण उन्होंने १५३२ ई० (९३६ हि०) में किया। उससे पहिले बादशाह बाबर दिल्ली के सिंहासन पर बैठ चुके थे जिसका उल्लेख कवि ने किया है—

बाबर साह छत्रपति राजा। राजपाट उनका बिधि साजा॥ आखिरी० ८।१
नौ सै बरस छतिस जो भए। तब एहि कविता आखर कहे॥ आखिरी० १३।१

जायसी ने लिखा है कि उनके जन्म संवत के आस पास एक बड़ा भूकम्प आया था। १५०५ ई० (९११ हि०) में अवश्य एक ऐसा भूकम्प हुआ था किन्तु यह वह नहीं हो सकता जिसका जायसी ने उल्लेख किया है। मनेर शरीफ से पदमावत की शाहजहाँ कालीन हस्त लिखित प्राप्त हुई है। उसमें अखरावट भी है। अखरावट की पोथी के नीचे सन् ९११ हिजरी दिया हुआ है। जिस मूल प्रति से वह नकल की गई थी सम्भवतः उसीका सन् १५०५ (९११ हि०) था। प्रतिलिपिकार ने उसे ज्यों का त्यों उतार दिया है। जायसी उस तिथि से बहुत पहले जन्म ले चुके होंगे। जायसी कृत दूसरा महत्व पूर्ण ऐतिहासिक उल्लेख पदमावत में है। उसमें सूर वंशी सम्राट् शेरशाह का शाहे वक्त के रूप में वर्णन किया गया है—

सेरसाहि ढिल्ली सुलतानू। चारिउ खंड तपइ जस भानू॥१३।१

जायसी के वर्णन से विदित होता है कि शेरशाह उस समय दिल्ली के सिंहासन पर बैठ चुका था और उसका भाग्योदय चरम सीमा पर पहुँच गया था। हुमायूँ के ऊपर शेरशाह की विजय चौसा युद्ध में २६ जून १५३९ को और कन्नौज के युद्ध में १७ मई १५४० को हुई। दिल्ली

के सुलतान पद पर उसका अभिषेक २६ जनवरी १५४२ को हुआ। जायसी ने पदमावत के आरम्भ में तिथि का उल्लेख इस प्रकार किया है—

सन नौ सै सैंतालिस अहै। कथा अरंभ बैन कवि कहै ॥२४।१

इसका ९४७ हि० १५४० ई० होता है। उस समय शेरशाह हुमायूँ को परास्त करके हिन्दुस्तान का सम्राट् बन चुका था, यद्यपि उसका अभिषेक तब तक नहीं हुआ था। ९४७ के कई नीचे लिखे पाठान्तर मिलते हैं —

१—गोपालचन्द्र जी की तथा माताप्रसाद जी की कुछ प्रतियाँ	९२७ हि०=१५२१ ई०
पदमावत का अलाउल कृत बंगला अनुवाद १	९२७ हि०=१५२१ ई०
२—भारत कलाभवन काशी की कैथी प्रति	९३६ हि०=१५३० ई०
३—११०९ हि० (१६९७ ई०) में लिखित माताप्रसाद की प्रति द्वि० २	९४५ हि०=१५३९ ई०
४—माताप्रसाद जी की कुछ प्रतियाँ, तथा रामपुर की प्रति	९४७ हि०=१५४० ई०
५—बिहार शरीफ की प्रति	९४८ हि०=१५४२ ई०

९२७, ९३६, ९४५, ९४७, ९४८ इन पाँच तिथियों में हस्तलिखित प्रतियों के साक्ष्य के आधार पर ९२७ पाठ सब से अधिक प्रमाणित जान पड़ता है। पदमावत की सन् १८०१ की लिखी एक अन्य प्रति में भी ग्रन्थ रचना काल ९२७ मिला था (खोज रिपोर्ट, १४ वाँ त्रैवार्षिक विवरण, १९२९-३१, पृ० ६२)। ९२७ पाठ के पक्ष में एक तर्क यह भी है कि यह अपेक्षाकृत क्लिष्ट पाठ है। विपक्ष में यही युक्ति है कि शेरशाह के राज्यकाल से इसका मेल नहीं बैठता। शुक्लजी ने प्रथम संस्करण में ९४७ पाठ रक्खा था, पर द्वितीय संस्करण में ९२७ को ही मान्य समझा क्योंकि अलाउल के अनुवाद में उन्हें यही सन् प्राप्त हुआ था। अवश्य ही यह एक ऐसी साक्षी है जो उस पाठ के पक्ष में विशेष ध्यान देने के लिये विवश करती है। ९२७ या ९४७ की संख्या ऐसी नहीं जिसके पढ़ने या अर्थ समझने में रुकावट होती। अतएव उसके भी जब पाठ भेद हुए तो उसका कुछ सविशेष कारण ऐसा होना चाहिए जो सामान्यतः दूसरे प्रकार के पाठान्तरों में लागू नहीं होता। मैंने अर्थ करते समय शेरशाह वाली युक्ति पर ध्यान देकर ९४७ पाठ को समीचीन लिखा था, किन्तु अब प्रतियों की बहुल सम्मति एवं क्लिष्ट पाठ की युक्ति पर विचार करने से प्रतीत होता है कि ९२७ मूल पाठ था और जायसी ने पदमावत का आरम्भ इसी तिथि में अर्थात् १५२१ ई० में कर दिया था। ग्रन्थ की समाप्ति कब हुई कहना कठिन है, किन्तु कवि ने उस काल के इतिहास की कई प्रमुख घटनाओं को स्वयं देखा था। बाबर के राज्य काल का तो स्पष्ट उल्लेख है ही (आखिरी कलाम ८।१)। उसके बाद हुमायू का राज्यारोहण (९३६ हि०), चौसा में शेरशाह द्वारा उसकी हार (९४५ हि०), कन्नौज में शेरशाह की उस पर पूर्ण विजय (९४७ हि०), फिर शेरशाह का दिल्ली के सिंहासन पर राज्याभिषेक (९४८ हि०), ये घटनाएँ उनके जीवन काल में घटीं। मेरे मित्र श्री शंभुप्रसाद जी बहुगुणा ने मुझे एक बुद्धिपूर्ण सुझाव दिया है कि पदमावत के विविध हस्तलेखों की तिथियाँ इन घटनाओं से मेल खाती हैं। हि० ९२७ में आरम्भ करके अपना काव्य कवि ने कुछ वर्षों में समाप्त कर लिया होगा। उसके बाद उसकी हस्तलिखित प्रतियाँ समय समय पर बनती रहीं। भिन्न तिथियों वाले सब संस्करण समय की आवश्यकता के अनुकूल चालू किए गए। ९२७ वाली कवि लिखित प्रति मूल प्रति थी। ९३६ वाली प्रति की मूल प्रति हुमायूँ के राज्यारोहण की स्मृति रूप में चालू की गई। हि० ९४५ वाली प्रति जिसका माताप्रसाद जी गुप्त ने पाठान्तर में उल्लेख किया है शेरशाह की चौसा

---

(१) यह अनुवाद १६४५-१६५२ के बीच सुदूर अराकान राज्य के मन्त्री मगन ठाकुर ने अलाउल नामक कवि से कराया था—सेख मुहम्मद जती। जखने रचिले पुथी। संख्या सप्त विंश नव शत ॥

(२) सन नौ सै छत्तीस जब रहा। कथा उरेहि बयन कबि कहा (भारत कला काशी की कैथी प्रति)

युद्ध में हुमायूँ पर विजय प्राप्त करने के उपरांत चालू की गई। ९४७ वाली चौथी प्रति शेरशाह की हुमायूँ पर कन्नौज विजय की स्मृति का संकेत देती है। पाँचवी या अन्तिम प्रति ९४८ हि० की है, जब शेरशाह दिल्ली के तख्त पर बैठ कर राज्य करने लगा था। मूल ग्रन्थ जैसे का तैसा रहा, केवल शाहे वक्त वाला अंश उस समय जोड़ा गया। पदमावत जैसे महाकाव्य की रचना के लिये चार-पाँच वर्षों का समय लगा होगा। संभावना है कि उसके बाद भी कवि कुछ वर्षों तक जीवित रहा हो। पदमावत के कारण उसके महान् व्यक्तित्व की कीर्ति फैल गई होगी। शेरशाह के अभ्युदय काल में कवि का बादशाह से साक्षात् मिलन भी बहुत सम्भव है। इस सम्बन्ध में पदमावत का यह दोहा ध्यान आकृष्ट करता है—

दीन्ह असीस मुहम्मद करहु जुगहि जुग राज।
पातसाहि तुम्ह जग के जग तुम्हार मुहताज ॥१३।८-९

दोहे के शब्दों में जो आत्मीयता है और प्रत्यक्ष घटना जैसा चित्र है, वह इंगित करता है कि जैसे वृद्ध कवि ने स्वयं सुलतान के सामने हाथ उठा कर आशीर्वाद दिया हो। इस घटना के बाद ही शाहे वक्त की प्रशंसा वाला अंश शुरू में जोड़ा गया होगा। रामपुर की प्रति में इस अंश का स्थान भी बदला हुआ है। उसमें माताप्रसादजी के दोहों की संख्या का पूर्वापर क्रम यह है—दो १२, २० (गुरु महदी…), १८ (सैयद असरफ…), १९ (उन्ह घर रतन…), १३, १४, १५, १६, १७, २१, अर्थात् शेरशाह वाले पाँच दोहों को गुरु परम्परा के वर्णन के बाद रक्खा गया है। इससे अनुमान होता है कि बाद में बढ़ाए हुए इस अंश का ठीक स्थान कहाँ हो, इस बारे में प्रतियों की कम से कम एक परम्परा में विकल्प अवश्य था।

कवि का जीवन—पदमावत से ज्ञात होता है कि जायसी की बाईं आँख और बाएँ कान की श्रवण शक्ति जाती रही थी। इस दैवी हानि को भी उन्होंने ईश्वरीय अनुग्रह ही माना।

मुहमद बाईं दिसि तजी एक सरवन एक आँखि।
जब ते दाहिन होइ मिला बोलु पपीहा पाँखि[१] ॥ ३६७।८-९

वाम मार्ग के दोष बता कर वे लिखते हैं—इन्हीं कारणों से मुहम्मद ने बाईं दिशा ही त्याग दी। जब से उनका प्रियतम दाहिना होकर उनसे मिला तब से बस एक ही दृष्टि और एक ही श्रवण वृत्ति उन्होंने धारण करली (एक का ही सुनना और एक का ही देखना उन्होंने लिया)। फिर जैसे अपने ही ऊपर तटस्थ आलोचक की पैनी दृष्टि डालते हुए वे सोचते हैं—अवश्य ही विधाता ने एक कान और एक आँख हर कर यह कुरूपता मुझे दी, किन्तु जैसे चन्द्रमा को कलंक देकर फिर उसे उज्ज्वल बना दिया ऐसे ही मुझे भी काव्य गुण प्रदान किया है। गुण के साथ दोष और दोष के साथ गुण मिला रहना प्रकृति का नियम ही है। आम की जिस सुगंधि से जंगल महक उठता है, उससे पहले आम में नुकीली डाभ का जन्म आवश्यक देखा जाता है। समुद्र में खारी पानी भरा है, तभी उसका अन्त नहीं दिखाई पड़ता (मीठे पानी के जलाशय तो सीमित होते हैं)। सुमेरु पर वज्र का प्रहार हुआ तभी वह स्वर्ण का पर्वत बनकर आकाश छूने लगा। जब तक घरिया में कलंक नहीं पड़ता उसकी कुधातु खरा कंचन नहीं बन पाती। ऐसे ही काव्य रूपी गुण देकर विधाता ने मेरे साथ अनुग्रह किया है। इस एक आँख में ही मुझे इतना तेज मिला है जितना नक्षत्रों में शुक्र को। उसीसे मुझे सारा संसार दिखाई पड़ता है। वह नेत्र क्या है दर्पण है जिसका भाव अति निर्मल है। एक नैन वाले मुहम्मद का काव्य जिसने सुना वही मोहित हो गया। जो बड़े रूपवंत थे वे भी मुग्ध होकर उसके पैर पड़ने और मुहँ देखने लगे—

(१) बोलु पपीहा पाँखि=पपीहा पंखी का बोल अर्थात् 'पिउ' या प्रियतम। साहित्यिक दृष्टि से कूटों की तत्कालीन शैली का पदमावत में कई जगह प्रयोग किया गया है (३४२।७, ३७८।९, ४२४।३, ६१४।६)।

एक नैन कबि मुहमद गुनी। सोइ बिमोहा जेइँ कबि सुनी ॥
चाँद जइस जग बिधि औतारा। दीन्ह कलंक कीन्ह उजिआरा ॥
जग सूझा एकइ नैनाहाँ। उवा सूर अस नखतन्ह माहाँ ॥
जौ लहि अंबहि डाभ न होई। तौ लहि सुगंध बसाइ न सोई ॥
कीन्ह समुंद पानि जौ खारा। तौ अति भएउ असूझ अपारा ॥
जौं सुमेरु तिरसूल बिनासा। भा कंचन गिरि लाग अकासा ॥
जौं लहि घरी कलंक न परा। काँच होइ नहिं कंचन करा ॥
एक नैन जस दरपन औ तेहि निरमल भाउ।
सब रुपवंत पाँव गहि मुख जोवहिं कइ चाउ ॥२१॥

मुहँ की कुरूपता देखकर जो हँसे थे, वे ही इस प्रेम काव्य को सुनकर आँसू भर लाए—

जेइँ मुख देखा तेइँ हँसा सुना तो आए आँसु। २३।९

कवि के हृदय की नम्रता अपार थी। उसके समस्त काव्य में एक उक्ति भी निज के विषय में गर्व की नहीं है। 'हौं सब कबिन्ह केर पछिलगा। किछु कहि चला तबल देइ डगा।' (२३।३) में भी उनकी अतिशय नम्रोक्ति ही है, डंके की चोट काव्य रचना करने की भौंडी गर्वोक्ति नहीं (इस अर्थगर्भित पंक्ति का ठीक अर्थ पृ० २३ पर देखिए)। इस शालीनता में जायसी का भाव वही है जो तुलसी ने अपने लिये व्यक्त किया था और जो कालिदास के समय से सच्चे महाकवियों की शोभा रही थी।

जायसी ने पदमावत काव्य की रचना जायस नामक स्थान में की—

जाएस नगर धरम अस्थानू। तहवाँ यह कबि कीन्ह बखानू ॥ २३।१ ॥

इस विषय में मत भेद है कि जायस ही उनका जन्म स्थान था या वे और कहीं से आकर वहाँ रहने लगे थे। उन्होंने अन्यत्र कहा है—

जायस नगर मोर अस्थानू। नगर क नावँ आदि उदयानू ॥
तहाँ देवस दस पहुँने आएउँ। भा बैराग बहुत सुख पाएउँ ॥ (आखिरी कलाम १०।१-२)

'जायस नगर में मेरा स्थान है। पहले उस नगर का नाम उद्यान था। मैं वहाँ दस दिन के लिये पाहुने के रूप में आया था, पर वहीं मुझे वैराग्य हो गया और बहुत सुख मिला।' 'दिनदस' का अर्थ पदमावत में 'थोड़े समय के लिये' है (६९।१)। 'पहुने आएउँ' का संकेत कुछ विद्वानों ने ऐसा माना है कि कवि ने जायस में जन्म लिया था। किन्तु इन शब्दों का सीधा अर्थ भी लिया जा सकता है कि सचमुच जायसी किसी दूसरी जगह से जायस में कुछ दिनों के लिये पाहुने के रूप में आए थे, किन्तु वहाँ आकर उनके जीवन में एक ऐसी घटना घटी जिसने जीवन के प्रवाह को ही बदल डाला और उन्हें अनुभव के एक नए लोक में पहुँचा दिया। उनके हृदय में वैराग्य की पहली किरण स्फुटित हुई। हृदय में कोई अपूर्व ज्योति भर गई। उसीका रूप नेत्रों में समा गया। सर्वत्र उसीके दर्शन होने लगे। संसार के मानदंड बदल गए। विषयों से मन हट गया। हृदय में एक ही आकुलता छा गई कि किस प्रकार उस परम ज्योति या रूप की साक्षात् प्राप्ति हो। जायसी ने अपनी उस वैराग्य अवस्था का सच्चा वर्णन किया है—

......भा बैराग बहुत सुख पाएउँ ॥
सुख भा सोच एक दुख मानौं। ओहि बिनु जिवन मरन कै जानौं ॥
नैन रूप सो गएउ समाई। रहा पूरि भरि हिरदै छाई ॥
जहँवै देखौं तहँव सोई। और न आव दिस्ट तर कोई ॥
आपुन देखि देखि मन राखौं। दूसर नाहिं सो कासौं भाखौं ॥
सबै जगत दरपन कर लेखा। आपुन दरसन आपुहि देखा ॥
(आखिरी कलाम १०।२-७)

वैराग्य की उस तीव्र धारा के स्पर्श से एक बार ही उनका मन आनन्द से भर गया, पर शीघ्र वही सुख शोक में बदल गया। ऐसा अनुभव हुआ जैसे उस तत्त्व की प्राप्ति के बिना जीवन मरण के समान है। उस प्रियतम का जो रूप नेत्रों में समा गया था वही भीतर बाहर का आनन्द था और वही मिलन की वेदना का कारण बना। वैराग्य सम्पन्न जिज्ञासु की यही दशा वेदान्त में कही गई है। यह ऐसा सत्य है जो शब्दों का विषय नहीं, स्वयं अनुभव से जाना जाता है। उस अवस्था में जो तीव्र आकुलता होती है, तत्त्व दर्शन के लिये जैसी गहरी उत्कंठा होती है, जायसी ने अनुभवी की भांति उसीका सच्चा वर्णन किया है। इस दशा का पर्यवसान ज्ञान में ही हो सकता है। जायसी को वह ज्ञान प्राप्त हो गया था। उनके लिये उस ज्ञान का स्वरूप सूफी साधना पद्धति में पल्लवित हुआ। गोसाईं तुलसीदास जी को भी पहले वैराग्य हुआ था और फिर उसका पूर्ण रूप दृढ़ रामभक्ति के रूप में परिनिष्ठित हुआ। बुद्ध, शंकराचार्य आदि के जीवन में भी ज्ञान की पहली ज्योति वैराग्य के रूप में ही प्रकट हुई थी और फिर उसकी परिसमाप्ति भिन्न भिन्न अनुभवों की निष्ठा में हुई। सच्चा वैराग्य ज्ञान की पहली सीढ़ी है। वहीं से उस साधना का आरम्भ होता है जो तत्त्व के साक्षात्कार या ज्योति के अनुभव के रूप में सिद्धि तक पहुँचाती है। जायसी ने अपने विषय में जीवन की इस महत्त्वपूर्ण घटना का जो उल्लेख किया है वह उनके मानस को समझने की सच्ची कुंजी है। रत्नसेन का वैराग्य मानों कवि का अपना ही अनुभव है जिसमें संसार का मोह छूट जाता है और परमात्म ज्योति रूपी प्रेमिका से मिलने के लिये हृदय में तीव्र आकुलता भर जाती है। मन की इसी उदार स्थिति में पहुँचने पर जायसी के लिये हिन्दू और मुसलमान दोनों एक जैसी संप्रीति और सहानुभूति के भाजन बन गए थे—

एक चाक सब पिंडा चढ़े। भाँति भाँति के भाँडा गढ़े॥

उन्होंने काव्य की अधिकारिक कथा के उत्तरार्ध में जिस संघर्ष का वर्णन किया है उसके काव्य रूप पर जातीय पक्षपात की रंचमात्र भी कालिमा नहीं पड़ने दी। पद्मावती और रत्नसेन जैसे उदात्त चरित्र भारतीय इतिहास में विरले ही हैं। उन दोनों के वर्णन में जायसी ने न केवल सचाई से न्याय तुला पकड़ी है बल्कि रत्नसेन और पद्मावती के लिये उनके मानस का गहरा सहानुभूति स्रोत उमड़ पड़ा है। विलक्षण प्रतिभावान् महाकवि ही आन्तरिक सहानुभूति और करुणा का ऐसा अक्षय्य स्रोत प्रवाहित कर पाते हैं। जायसी के निम्नलिखित शब्द रत्नसेन की अमर यशः प्रशस्ति हैं—

सुनि राजा हियँ बात न भाई। जहाँ मेरु तहँ अस नाँहि भाई॥
मंदहि भल जो करं भलु सोई। अंतहु भला भले कर होई॥ (५५९।१-२)

कवि की दृष्टि में रत्नसेन और अलाउद्दीन का संघर्ष दो जातियों की टक्कर नहीं, बल्कि दो आदर्शों की टक्कर है, जो मानव जीवन में सदा रही है। इस दृष्टि से देखने पर जायसी का काव्य ऐतिहासिक पात्रों को शाश्वत प्रतीकों के रूप में ग्रहण करता है और उन्हें प्रकाश और अंधकार, सत्य और असत्य के नित्य द्वन्द्व के ऊँचे धरातल पर पहुँचा देता है।

जायसी की गुरु परम्परा

जायसी के मन में जो निर्मल भाव थे वे अकस्मात् किसी एक व्यक्ति के हृदय में उत्पन्न हो गए हों, ऐसी बात नहीं। वस्तुतः उस प्रकार के मनोभावों की देश में एक पृष्ठभूमि थी जो उनकी गुरु परम्परा पर ध्यान देने से समझी जा सकती है। मुसलमानी शासकों ने देश के अनेक भूभागों पर अधिकार जमाकर राज्य शक्ति को अपने हाथ में कर लिया था। पर उन सत्ताधारियों से कहीं अधिक प्रभावशाली उन धर्म गुरुओं का संगठन था जिन्होंने जनता के भीतर प्रविष्ट होकर जनता की भाषा में उसीके स्तर पर धर्म का प्रचार किया। इन सूफी सन्तों का संगठन उत्तर-पश्चिम से बंगाल और गुजरात दक्षिण तक फैला था। इन धर्म गुरुओं की कई गद्दियाँ थीं और लाखों शिष्य थे। इन्होंने इस्लाम धर्म को विचारों के एक नए साँचे में ढाल दिया जिसमें भारतीय

धर्म-परंपरा के साथ इस्लामी विचारों का उदार समन्वय हो गया। का यासाधन, ध्यान, उपवास व्रत, नामजप, गुरुमहिमा, आत्म की परमात्मा के साथ एकता, पिंड और ब्रह्मांड की एकता, हृदयकमल या हृदय गुफा में ईश्वरीय ज्योति का दर्शन, साक्षात्कार द्वारा अनुभव, ईश्वर के प्रति गाढ़ अनुराग, उसकी प्राप्ति के लिये आतुर साधक की साधना, और आत्मा-परमात्मा के बीच स्त्री-पुरुष की प्रेम पद्धति की सर्वात्मना स्वीकृति—ऐसी कितनी ही युक्तियों, परिभाषाओं और मान्यताओं का जनता में प्रचार करते हुए सूफी सन्तों और कवियों ने धर्म, दर्शन और काव्य की त्रेधा शक्ति को एक में मिलाकर समाज में ऐसी नवीन प्रेरणा को जन्म दिया जिसकी सरसता, उदारता और प्रत्यक्ष प्रभाव ने जनता पर मोहिनी सी डाल दी। इन धर्म गुरुओं की बड़ी शक्ति इनकी भाषा सम्बन्धी नीति थी। अवधी भाषा को इन्होंने खुलकर अपनाया। उसे इन्होंने 'हिन्दुई' कहा है। वही इनके और जनता के बीच का माध्यम बनी। गावों में रहने वाले करोड़ों हिन्दू मुसलमानों के लिये वही सुलभ साधन थी जिसके द्वारा उनकी अक्षर से भेंट हो सकती थी।

जायसी से लगभग दो सौ वर्ष पहले अवधी काव्यों की सूफी परम्परा शुरू हो गई थी। १३७० में मुल्लादाउद ने अवधी भाषा का 'चंदायन' नामक पहला प्रेम काव्य लिखकर इस परम्परा की नींव डाल दी थी जो उत्तरोत्तर बढ़ती गई। इस काव्य की भाषा, बाह्य रूप, भाव और दृष्टिकोण बिल्कुल उसी साँचे में ढले हुए थे जिसमें आगे चलकर जायसी ने पदमावत की रचना की। स्वयं जायसी की गुरु परम्परा में भी हिन्दी भाषा में कविता करने और सूफी दर्शन के उदार दृष्टिकोण से भारतीय परम्पराओं के प्रति सहानुभूतिपूर्वक विचार करने की पद्धति विद्यमान थी। मानस की उन संचित सरसताओं का पर्यवसान जायसी कृत पदमावत के रूप में सामने आया।

इस देश में सूफियों के चार संप्रदाय थे—१ सुहरावर्दिया, २ चिश्तिया, ३ कादिरिया, ४ नक्शबन्दिया। इनमें चिश्तिया संप्रदाय के मूल संस्थापक अदब अब्दुल्ला चिश्ती बारहवीं शती के अंत में भारत आए और अजमेर में रहने लगे थे। इन्हीं की शिष्य परम्परा में निजामुद्दीन औलिया हुए। निजामुद्दीन की शिष्य परम्परा में शेख अलाउल हुए। उन्हीं से अलाई चिश्तियों की एक शाखा मानिकपुर में स्थापित हुई। इसके आरम्भ कर्त्ता शेख हिशामुद्दीन थे जिनकी मृत्यु १४४९ ई० (८५३ हिजरी) में हुई। उनके शिष्य सैयदराजे हामिदशाह अपने पीर की आज्ञा से कुछ दिन के लिए जौनपुर में आ बसे थे किन्तु फिर मानिकपुर लौट गए। वहीं १४९५ ई० (हिजरी ९०१) में उनका देहान्त हुआ। इनके शिष्य शेख दानियाल हुए जो खिज्री बिरुद से प्रसिद्ध थे। कहा जाता है कि हजरत ख्वाजा खिज्र से उनकी भेंट हो गई थी जिनसे उन्हें ज्ञान प्राप्त हुआ। दानियाल सुलतान हुसैन शरकी (८६२-८४) के राज्यकाल में जौनपुर में आ बसे थे। उनके अनेक शिष्यों में एक सैयद मुहम्मद हुए जिन्होंने महदी होने का दावा किया और वे अपने शिष्यों में महदी नाम से ही प्रसिद्ध हो गए। बदायूँनी ने भी जौनपुर के सैयद मोहम्मद महदी का सम्मान पूर्वक उल्लेख किया है। इनकी मृत्यु १५०४ में हुई। इनके शिष्य शेख अलहदाद हुए और अलहदाद के शेख बुरहान उद्दीन अन्सारी हुए जिन्हें जायसी ने शेख बुरहानू कहा है। शुक्लजी ने बुरहान के शिष्यरूप में शेख मोहिदी या मुहीउद्दीन का उल्लेख किया है। श्री हसन असकरी ने सिद्ध किया है कि मोहदी या मुहीउद्दीन कोई अलग व्यक्ति न थे बल्कि सैयद मोहम्मद की ही संज्ञा महदी थी। जैसा कि पृ० ७१६ के शुद्धिपत्र में लिखा गया है अखरावट और मनेर शरीफ की प्रतियों का पाठ महदी ही है (गुरु महदी खेवक मैं सेवा २०।१; चलै उताइल महदी खेवा, अखरावट ३७।५; सैयद मोहमद महदी साँचा, अखरावट २७।५)। इनमें कालपी के सूफी फकीर शेख बुरहान हिन्दीभाषा के बहुत बड़े प्रेमी और स्वयं कवि थे। अखबारुल अखियारके लेखक अब्दुलसमद ने लिखा है कि शेख बुरहान ने हिन्दी में बहुतसी कविता लिखी जो अत्यन्त प्रसिद्ध थी। अभी हाल में मनेर शरीफ से मिली हुए पदमावतकी प्रति के अन्त में शेख बुरहान की लिखी हुई अवधी भाषा की कविता मिली है जो भरील छंद

है। इनमें सब के दादा गुरु मानिकपुर के शेख हिशामुद्दीन भी हिन्दी में कविता करते थे। इनके रचे हुए अवधी दोहे उनके मल्फूज़ात संग्रह में प्रो० असकरी को प्राप्त हुए हैं। उनके शिष्य सैयद राजे हामिदशाह भी हिन्दी के बहुत भक्त थे। उनकी कुछ हिन्दी कविता श्री असकरी ने प्रकाशित भी की है (पटना कालिज की पत्रिका, करेन्ट स्टडीज, सं० २, अगस्त १९५३, पृष्ठ ५१-५४, प्रो० हसन असकरी, कंट्रीब्यूशन्स आफ दी सूफीज़ आफ दी नार्थ टू दी हिन्दी लिटरेचर, 'शुमाली हिन्दुस्तान के अव्वली मुसलमानों की हिन्दी दोस्ती)। सैयद राजे प्रेम मार्ग के अनुयायी थे और सूफियों की भाँति प्रेम द्वारा ही ईश्वर रूपी प्रेमिका की प्राप्ति में विश्वास करते थे।

जायसी ने सैयद अशरफ जहाँगीर की पीर परम्परा का भी उल्लेख किया है। यह फैजाबाद जिले में कछौछा के चिश्ती संप्रदाय के सूफी संत थे, जो आठवीं शती हिजरी के अंत और नवमी शती के आरम्भ में जायसी से काफी पहिले हुए थे। जायसी उनके घराने के बड़े भक्त थे।

जायसी से पहिले ही सूफियों ने अपनी प्रेमसाधना के अन्तर्गत अनेक भारतीय परिभाषाओं को अपना लिया था। सहजयानी सिद्ध, तांत्रिक, नाथ जोगी, निर्गुणसंत, इनकी परिभाषाएँ एक प्रकार से भारतीय धार्मिक संस्कृति का सार्वजनिक अंग बन गई थीं। सूफी सन्तों ने भी सहर्ष उन परिभाषाओं का स्वागत किया। जायसी ने तो नाथ जोगियों की कुण्डलिनी साधना की परम्परा को जी खोल कर अपनाया है और रत्नसेन की प्रेमसाधना में आवश्यक सीढ़ी के रूप में उसका उल्लेख किया है (दोहा २१५-२१६)

पदमावत का अध्यात्म पक्ष

श्रद्धेय पंडित रामचन्द्रजी शुक्ल ने अपनी जायसी-ग्रन्थावली की भूमिका में पदमावत का एक अति विशिष्ट अध्ययन प्रस्तुत किया था। वह मौलिक विवेचन पदमावत के काव्य पक्ष और अध्यात्मपक्ष को समझने लिये आज भी बहुत मूल्यवान् है। इस अवसर पर उस विषय में अधिक लिखना मुझे अभिमत नहीं। यहाँ केवल टिप्पणी के रूप में कुछ प्रतीकों की ओर ध्यान दिलाना अपेक्षित है।

सूफी मान्यता के अनुसार मनुष्य सान्त और अनन्त का मिश्रित रूप है। उसमें मर्त्य और अमृत दोनों तत्त्वों का समावेश है। एक ओर वह मानव है, दूसरी ओर उसमें दैवी अंश का निवास है। प्रेम से पवित्र होकर ही वह अपने स्थूल सीमा-भाव से मुक्ति पाता है। प्रेम की साधना से मानवी और दैवी स्वरूप के बीच का अन्तर मिट जाता है। जायसी ने इसी तत्त्व को इस प्रकार कहा है—मानुस पेम भएउ बैकुंठी। नाहिं त काह छार एक मूँठी ॥ १६६।२॥

मुट्ठी भर धूल प्रत्येक मानव का स्थूल सीमाभाव है। प्रेम से ही इस मिट्टी में चिदंश का प्रकाश होता है। प्रेम की शक्ति से मानव का पार्थिव रूप अपने भीतर छिपे हुए दैवी अंश से सम्मिलन के लिये आकुल हो उठता है। प्रेम की सहायता से मनुष्य अपने दिव्य आत्मभाव के साथ समरस बनता है। वह दिव्य आत्मतत्त्व ही सूफी परिभाषा में प्रेमिका है।

पद्मावती विश्व व्यापी महाज्योति का ही नाम है। उसके अनेक प्रतीक ब्रह्माण्ड में व्याप्त हैं। वही ज्योति चन्द्रमा के रूप में आकाश में उदित होती है। वही शिवलोक की मणि है जो सिंहल-दीप को प्रकाशित करने के लिए उत्पन्न होती है। उसी महाज्योति की रश्मि पिता के मस्तक का तेज बनकर माता के घट में अवतरित होती है। एक ओर कवि ने पद्मावती को ज्योति रूप कहा है, दूसरी ओर उस ज्योति को जन्म लेने के लिये छाया रूप में परिवर्तित होना पड़ता है—

चम्पावति जो रूप उतिमाहाँ। पदुमावति क जोति मन छाहाँ ॥५०।१॥

चम्पावती उत्तम आभा वाला रूप है। उसके मन में पद्मावती रूपी महाज्योति की छाया पड़ती है। विशुद्ध निरंजन ज्योति का दर्शन तभी संभव होता है जब वह मातृकुक्षि में आती है। स्थूल के साथ उसका सम्पर्क केवल छाया रूप में हो सकता है। प्रतिविम्बवाद का यही सिद्धान्त है। ईश्वर रूपी परम ज्योति प्रतिविम्ब या प्रतिरूप है उसीकी छाया घट-घट में प्रतिविम्बित है। विधाता का यही

विधान है कि स्थूल के साथ सम्पर्क होते ही वह शुद्ध ज्योति भी मलिन हो जाती है। जिस प्रकार सोने को सलोनी प्रक्रिया से तपा कर उसमें मिली हुई चाँदी अलग करते हैं, वैसे ही पद्मावती का मातृ-कुक्षि में आना मानों उसकी सलोनी प्रक्रिया है। जो अरूप ज्योति है उसे भौतिक जगत् का रूप सौन्दर्य प्राप्त करने के लिये माता के उदर में आना ही पड़ता है। यही अरूप ज्योति की सलोनी कथा या लावण्य कहानी है। पद्मावती के दो प्रतीक हैं, एक अमूर्त, दूसरा मूर्त; दोनों निखिल सौन्दर्य के प्रतीक हैं। विशुद्ध महा ज्योति के रूप में पद्मावती सूर्य थी जो रत्नसेन के हृदय में भर जाती है। वही पद्मावती अपने पंचभौतिक सौन्दर्य में चन्द्रमा है जिससे मिलने के लिये रत्नसेन रूपी सूर्य व्याकुल होता है। जो सूर्य को भी प्रकाशित करने वाली निखिल ब्रह्माण्ड व्यापी महाज्योति है वही पद्मावती का अमूर्त रूप था। उसे कवि ने सूर्य कहा है। उस अमूर्त ज्योति का मूर्त रूप पद्मावती की भौतिक देह है जिसके सोलह कलाओं से पूर्ण सौन्दर्य को चन्द्रमा मानकर समस्त काव्य में वर्णन किया गया है। पद्मावती रूप की पारस है। वह रूपों को देने वाली है। उसके रूप के दर्शन से ही औरों को रूप मिलता है—

कहा मानसर चाह सो पाई।
पारस रूप इहाँ लगि आई॥
भा निरमल तेन्ह पायन्ह परसें।
पावा रूप रूप कें दरसें॥ ६५।१-२॥

इसका अभिप्राय यह है कि संसार में जितने रूप हैं सब उसी ज्योति की छाया हैं—

'रूपं रूपं प्रतिरूपो बभूव' (ऋग्वेद ६।४७।१८)

वैदिक दर्शन के अनुसार प्रकृति की अव्यक्त अवस्था दर्पण है जिसमें चैतन्य ज्योति का आभास पड़ता है। उससे ही प्रथम सृष्टि होती है। जितने मूर्त रूप हैं वे उस मा रूप या ज्योति के ही प्रतिविम्ब हैं—

पाए रूप रूप जस चहे।
ससि मुख सब दरपन होइ रहे॥ ६५।७॥

पद्मावती के मुख के लिये सब पदार्थ दर्पण के समान हैं। उसके नयनों के रूप से कमल, शरीर से निर्मल नीर, हँसी से श्वेत हंस और दर्शन ज्योति से नग हीरे बने हैं। संसार में जहाँ जो सौन्दर्य है वह सब उसी सौन्दर्य से प्रकाशित है। उसके दाँत की ज्योति से सूर्य चन्द्र, नक्षत्र, रत्न, मोती, हीरे आदि को ज्योति मिली है (१०७।५)। जितने फूल हैं वे उसी की बास से सुगन्धित हैं (४७५।८,९)। देव और मनुष्य इनमें कोई भी ऐसा नहीं, जो उस ज्योति के समक्ष अभिभूत न हो जाय। उसके सान्निध्य में सब श्रीहत हो जाते हैं, क्योंकि वह ज्योति धूप के समान है और सब उसकी छाया हैं। शिव के मण्डप में जब पद्मावती पहुँचती है सब देवता मूर्च्छित होकर गिर जाते हैं (१९०।७)। स्वयं देवाधिदेव शिव भी उस ज्योति के सामने शव के समान हैं—

काटि पबारा जैस परेवा।
मर भा ईस और को देवा॥

जिस अनन्त महाज्योति में शरीर और प्राण की कल्पना नहीं है उसकी केवल परछाईं या एक झाँकी कभी सम्भवतः देखी जा सके। इसी रूप में अलाउद्दीन को वह दिखाई दे जाती है—

दरपन महँ देखी परछाहीं।
सो मूरति जेहि तन जिअ नाहीं॥

पर उसकी प्राप्ति तो रत्नसेन के साधना मार्ग से, हृदय की पूरी शक्ति से ही हो सकती है। रत्नसेन पद्मावती के गुण-श्रवण-मात्र से उसके प्रति उत्कण्ठित हो उठता है। उसे ऐसा अनुभव होता

है मानों पद्मावती रूपी सूर्य उसके घट में भर कर हृदय में प्रकाशित हो रहा है—

जनु होइ सुरुज आइ मन बसी।
सब घट पूरि हिएँ परगसी ॥९६।४॥

वेदान्त में मन और हृदय इन दोनों में भेद किया जाता है। हमारे भीतर जो चैतन्य का केन्द्र है वह हृदय है जिसमें अंगुष्ठ मात्र पुरुष बसता है। वही नाथ मत में बिन्दु कहलाता है। वह हृदय सूर्य है और हमारा मन या मस्तिष्क चन्द्रमा कहा जाता है। अध्यात्म नियम के अनुसार प्रतिरूप रूप को भासित करता है। रूप के भासित होने के बाद वह रूप ही प्रतिरूप को जानने का साधन बन जाता है। इसे ही प्रकाश का विमर्श कहते हैं, अर्थात् जो शुद्ध प्रकाश रूप था वह विमर्श या आत्मसम्बन्धी ज्ञान से युक्त हो जाता है। फिर इस स्थिति में रूप से प्रतिरूप को पहचानना संभव होता है। इसी को कवि ने इस प्रकार कहा है। पद्मावती रूपी सूर्य रत्नसेन के शरीर में भर कर उसके हृदय को प्रकाशित कर देता है। उसके फलस्वरूप रत्नसेन स्वयं सूर्य बन जाता है और पद्मावती उसकी छाया या चन्द्रमा बन जाती है, जैसा कि रत्नसेन कहता है—

अब हौं सुरुज चाँद वह छाया।

एक बार जब पद्मावती रूपी ज्योति का प्रकाश हृदय में समा जाता है, तब सूर्य और चन्द्र के प्रतीक परिवर्तित हो जाते हैं। रत्नसेन सूर्य और पद्मावती चन्द्रमा कही जाती है। रत्नसेन रूपी सूर्य उष्ण और अशान्त है। पद्मावती रूपी चन्द्रमा शान्त और शीतल है जो सूर्य को अपनी ओर आकृष्ट करता है। उनका यह आकर्षण तब तक बना रहता है जब तक विवाह द्वारा दोनों समरस नहीं हो जाते। समरस होना ही युगनद्ध होना, अद्वय होना, या यामलभाव को प्राप्त होना है। ये पुरानी परिभाषाएँ थीं। उन सब का अन्तर्भाव रवि-शशि या सूर्य-चन्द्र की व्यापक परिभाषा में मान लिया गया। सूर्य-चन्द्र पुरुष और स्त्री के प्रतीक बन गए। सिद्धों में चन्द्र और सूर्य के रूपक का बहुत प्रचार था। उसी को सूफियों ने स्वीकार करके और अधिक बढ़ाया। जायसी में तो चन्द्र सूर्य का प्रतीक अर्थबोध का सबसे सुलभ और सरल माध्यम बन गया है। प्रायः सर्वत्र ही उसका उपयोग किया गया है। पद्मावती के पैरों में जो चूड़े हैं वे भी चन्द्र और सूर्य के प्रकाश से उज्ज्वल हैं।

चूड़ा चांद सुरुज उजियारा।११८।३॥

चन्द्र और सूर्य ही उसके कानों के मणिकुण्डल बन कर चमक रहे हैं—

दुहुँ दिसि चाँद सुरुज चमकाहीं।
नखतन्ह भरे निरखि नहि जाहीं ॥११०।३॥

हठ योगियों की साधना का उद्देश्य होता है चन्द्र-सूर्य, इडा-पिङ्गला, वाम-दक्षिण नाड़ियों को वश में करके सिद्धि प्राप्त करना। प्राचीन बंगला के लोक-गीतों में चन्द्र सूर्य का अभिप्राय बार बार आता है—

चाँद सुरुज राखचे दुइ कानेर कुण्डल।
(गोपीचन्द्रेर गान)

सिद्ध कवियों में चन्द्र और सूर्य का प्रतीक बहुत प्रचलित था। आचार्य विनयश्री के एक गीत में आया है—चन्दा आदिज समरस जोए, अर्थात् चन्द्र और सूर्य को समरस से युक्त करना चाहिए। एक दूसरी उक्ति है—चाँद सूज वेणि पखा फाल (गुण्डरीपा), अर्थात् चन्द्र और सूर्य नाम के दोनों पंखों को काट डाल। इड़ा पिंगला में संचरण करते हुए प्राण को वहाँ से हटा कर सुषुम्णा में स्थित कर। गोरखनाथ ने भी चन्द्र सूर्य के प्रतीकों का उल्लेख किया है—

जिहि घर चन्द सूर नहिं ऊगै, तिहि घर होसि उजियारा।

वस्तुतः चन्द्र सूर्य के प्रतीक में वैदिक अग्नि सोम का ही उपबृंहण हुआ था। यह जगत् अग्नि

सोम का ही रूप है (अग्नीषोमात्मकं जगत्)। प्रत्येक प्राणी अग्नीषोमीय पशु कहा गया है। काय साधन से सम्बन्धित हठ योग की परम्परा में चन्द्र सूर्य के प्राचीन प्रतीकों ने नया महत्व धारण कर लिया। प्रेम काव्यों में सूर्य चन्द्र के प्रतीक को कवियों ने नायक नायिका के रूप में अभूतपूर्व माधुर्य प्रदान किया। इस प्रतीक की सरसता को एक बार हृदयंगम कर लेने पर जायसी के अनेक वर्णन हृदयग्राही बन जाते हैं, अन्यथा वे मन को थकाने वाले प्रतीत होते हैं। चन्द्र और सूर्य का ही नामान्तर गंगा यमुना हैं। उन्हें ही इड़ा और पिंगला कहा जाता है। इन सरस प्रतीकों का भी जायसी ने कौशल से प्रयोग किया है। दोहा ४४५ में इन्हें ही धूप-छाँह, रात-दिन साँवरी गोरी, गंगा-यमुना कहा है। योग की परिभाषाओं की पृष्ठभूमि में ही उस दोहे का वास्तविक अर्थ समझ में आता है। अपने प्रतीकवाद का और संवर्धन करते हुए इस जोड़ी को ही कवि ने पद्मावती-नागमती माना है। इस पृष्ठभूमि में यह समझा जा सकता है कि जायसी ने इन दोहों में पद्मावती नागमती के सौतिया डाह का लम्बा वर्णन क्यों किया (४३४—४४४)। एक ओर तो श्रृंगारपक्ष में यह सौतिया डाह का पल्लवित वर्णन है, दूसरी ओर इसमें चन्द्र-सूर्य या इड़ा-पिंगला के प्रतीकवाद का भी पूरा समर्थन है। जायसी ने जिस प्रकार के काव्य की कल्पना की थी उसमें इस प्रकार का एक विशद प्रकरण आवश्यक था। न केवल काव्य में बल्कि मध्यकालीन चित्रों में भी इस प्रतीक का श्रृंगारी रूप मिलता है। कुछ मुगलकालीन चित्रों में दो अप्सराएँ रंग भूमि में उतर कर पहले अपने नृत्य का प्रदर्शन करती हैं और फिर एक दूसरे से गुथ जाती हैं। जायसी ने उस कल्पना का साक्षात् शब्द चित्र उतार दिया है—

ओइँ ओहि कहँ ओइँ ओहि कहँ गहा। गहा गहनि तस जाइ न कहा।
दुऔ नवल भर जोबन गाजीं। अछरीं जानु अखार बाजीं॥ (४४४।२,३)

जायसी के पाठक इन उभरे हुए शब्द चित्रों का मर्म समझते थे वे इस प्रकार के प्रतीकात्मक अछरी नृत्य देखने के अभ्यासी थे। इन अप्सराओं को हम उर्वशी-तिलोत्तमा कहें, जैसा इस विषय के एक चित्र में कहा गया है, अथवा पद्मावती-नागमती कहें, अथवा सांवरी-गोरी, या धूप-छाँह के रंग में रंगी हुई नाड़िया कहें, मूल अर्थ की रोचक सरसता बनी रहती है। जायसी ने अपनी श्लेषमयी भाषा से प्रतीकों के कई स्तरों का अद्भुत निर्वाह किया है—

चलि राजा आवा तेहि बारीं। जरत बुझाईं दूनौ नारीं॥
एक बार जिन्ह पिउ मन बूझा। काहे कौं दोसरे सौं जूझा॥ (४४५।३,४)

राजा, बारी, जरत, नारी, एक बार, पिउ, मन—ये शब्द उन परिभाषाओं के संकेत हैं, जो कायसाधन की मध्यकालीन परम्परा में सर्वस्वीकृत थे। उनके प्रकाश में ही जायसी के पुष्कल अर्थों के प्रति न्याय किया जा सकता है (इनके लिये देखिए, व्याख्या पृ० ४५७-४५८)।

चन्द्र-सूर्य की भाँति सोना और रूपा भी पारिभाषिक शब्द थे, जो विशिष्ट अर्थों में रसायन और धातुवाद के अनुयायी लोगों में प्रसिद्ध थे। सिद्ध आचार्यों ने सोने और रूपे की परिभाषाओं को मान्य किया था। कम्बलिपा का एक चर्यागीत इस प्रकार है—सोने भरिती करुणा नावी। रूपा थोई नाहिक ठाबी (बागची, चर्या पद,८), अर्थात् करुणा की नाव सोने से भरी हुई है, उसमें रूपा या चाँदी रखने के लिये स्थान नहीं है। इसके अनुसार सोने को शून्य या वज्रस्थानीय और चाँदी को रूप का संसार कहा गया है, जो कि अनित्य और अस्थिर है। पद्मावती स्वर्णरूप है, चम्पावती रूपा या चाँदी की प्रतीक है। सोना चाँदी के सम्पर्क में आते ही मलिन होजाता है और उसे शुद्धि या सलोनी प्रक्रिया की आवश्यकता पड़ती है। यही सृष्टि का नियम है। शून्य में ही रूप की उत्पत्ति निरन्तर होती रहती है। रासायनिकों के अनुसार पारद की सिद्धि शरीर के अमृतत्व एवं जीवन्मुक्ति के लिये आवश्यक है। पारद की सहायता से कुधातु सुवर्ण में परिवर्तित हो जाती है। पारद ही एक ओर शुक्र का रूप है जिसकी साधना से शरीर अमर हो जाता है, दूसरी ओर पारद वह रस या

प्रेम है जिसके प्रभाव से साधक को सुवर्णरूप पद्मावती की प्राप्ति होती है। जायसी ने कितने ही स्थानों पर सोना, चाँदी, पारा, अभरक, हड़ताल, सुहागा आदि के प्रतीकों का उपयोग करते हुए जान बूझकर रसायन दर्शन के संकेत अपने काव्य में रक्खे हैं जो अधिकांश में द्वयर्थक हैं (५४।७; ८३।५-६; ८९।६-७; १७२।६; २९४।४-७; ३१४।५; ४२२।६-७; २५९।३ आदि)। बारहबानी सुवर्ण सोने की शुद्धि का सबसे ऊँचा आदर्श है। साधक के लिये यह परम आवश्यक था कि वह बारहबानी सोना बने—

कनक दुआदस बानि होइ चह सुहाग वह माँग। (१००।८)

माँग सहस्रारचक्र का प्रतीक है। कम्बलिपा की उक्ति है—

वाम दाहिण चापी मिलि मिलि माँगा।
वाटत मिलिल महा सुह साँगा। (बागची, चर्यापद, ८)

अर्थात् वाम दक्षिण को वश में करके माँग या सहस्रार में ले जाने से ही महासुख का संग प्राप्त होगा। बारहबानी सोना ही सहस्रार चक्र तक पहुँच सकता है। इसका संकेत शुक्र अथवा साधक अथवा प्रेमिका इन सबके लिये घटित होता है। पद्मावती की माँग रत्नसेन रूपी सौभाग्य की आकांक्षा रखती है, जिससे वह बारहबानी हो सके या पूर्णता तक पहुँच सके। लौकिक पक्ष में जो पद्मावती मातृकक्षि में आई है, उसकी पूर्णता तभी है, जब उसे रत्नसेन का सुहाग मिले।

जायसी ने सूफी प्रेमसाधना के अन्तर्गत कुण्डली योग की सब परिभाषाओं को अंगीकार किया। इससे पदमावत काव्य में भारतीयता का गहरा रंग आ गया। सूफी साधना की शब्दावली सरल बनकर भारतीय भावनाओं के साथ इस प्रकार घुल मिल गई कि पढ़ते हुए दोनों में कोई विरोध या पार्थक्य दिखाई नहीं देता। सिंहल द्वीप के वर्णन में (दोहा ४०, ४१, २१५-२१६) हम उनकी इन समृद्ध परिभाषाओं को एक साथ देखते हैं :—

नव पंवरी बाँकी नव खण्डा। नवहु जो चढ़ै जाइ ब्रह्मण्डा॥

नौ पौरी शरीर के नौ द्वार हैं, जिनका उल्लेख अथर्ववेद के 'अष्टचक्रा नवद्वारा देवानां पूरयोध्या' इस वर्णन से ही मिलने लगता है। जायसी ने इन नौ द्वारों की कल्पना को शरीरस्थ चक्रों के साथ मिला दिया है और उन्हें नौ खण्डों के साथ सम्बन्धित करके एक एक खण्ड का एक एक द्वार कहा है। इन नौ के ऊपर दसवाँ द्वार है (दसम दुआर गुपुत एक नाकी, अगम चढ़ाव बाट सुठि बांकी, २१५।४)। मध्यकालीन युग में इस दसवें द्वार का बहुत उल्लेख आता है। कहा है कि सहस्रार का अमृत इसी दशम द्वार में होकर नीचे झरता रहता है। सुषुम्णा जिस मार्ग से ब्रह्माण्ड या मस्तक में प्रवेश करती है, वही यह दसवाँ द्वार है। यहाँ के मार्ग को टेढ़ा कहा गया है—

दसवँ दुवार गुपुत एक नाँकी।
अगम चढ़ाव बाट सुठि बाँकी॥
भेदी कोई जाइ ओहि घाटी,
जौं लै भेद चढ़ै होई चाँटी। (२१५ ४, ५)।

सुषुम्णा के इस प्रवेश मार्ग को क्रौञ्चद्वार भी कहा जाता था। उसका यह टेढ़ा भाग बंकनाल है। उसे ही जायसी ने बाँकी बाट या टेढ़ा मार्ग कहा है। इस गढ़ में जो सुरंग है, वही सुषुम्णा के भीतर सुषिर है। उसके निचले छोर पर मूलाधार चक्र में सरग दुवारी है (२१५।९)—

गढ़ तस बाँक जैसि तोरि काया।
परखि देखि है ओहि की छाया॥ २१५।१॥

यह इस प्रकरण की कुंजी है। सिंहलगढ़ और यह शरीर एक दूसरे के प्रतिरूप हैं। सिंहलगढ़ का वर्णन कायसाधन की ही व्याख्या है। इन जानी पहचानी भारतीय परिभाषाओं के साथ ही बड़ी सरलता से जायसी सूफीमत की साधना के चार पड़ावों का भी उल्लेख कर देते हैं,

जिन्हें बिना किसी शंका के बुद्धि स्वीकार कर लेती है—

नवौं खण्ड नव पवरी औ तहँ बज्र केवार।
चारि बसेरे सों चढ़े सत सौं चढ़े जो पार ॥ (४१।८,९)

जायसी की काव्यशैली की यह विशेषता है कि सिंहलगढ़ के आध्यात्मिक वर्णन को रखते हुए भी उसके स्थूल समृद्ध रूप-वर्णन की कहीं हानि नहीं होने पाई है। नगर वर्णन मध्यकालीन काव्यों का आवश्यक अभिप्राय था। उस कसौटी पर जायसीकृत सिंहलवर्णन इतना भरापूरा उतरता है कि बहुत कम काव्य इस विषय में उनकी समता कर सकते हैं।

जायसी ने सिद्धों के कायसाधन के अन्तर्गत कई बार गगनदिस्टि या उलटी दृष्टि का उल्लेख किया है—

उलटि दिस्टि जो लाव सो देखा। (२१६।१)
उलटि दिस्टि माया सौं रूठी। पलटि न फिरी जानि कै झूठी ॥ १२५।४ ॥

सूर्य को देखने के लिये साधक में गगन दृष्टि का होना आवश्यक है। यह भी प्राचीन साधनामार्गों का पारिभाषिक शब्द था। श्री शशिभूषणदास गुप्त ने लिखा है कि नाथ योगियों में 'उलटा साधन' का बहुत प्रचार था, इसे उजान साधन भी कहा जाता था। चित्त की जो अधोमुखी वृत्तियाँ हैं उनसे उन्हें हटाकर उद्-यान या ऊर्ध्व मार्ग में लगाना यही 'उलटी साधना' का लक्षण था। वैष्णव, बाउल और सूफी सबने इस परिभाषा को स्वीकार किया (शशिभूषणदास गुप्त, आब्स्क्योर रिलीजस कल्टस्, अल्पज्ञात धार्मिक सम्प्रदाय, पृष्ठ २६५-२६६, जहाँ उजान साधन के अनेक प्रमाण दिये गए हैं)। पाली साहित्य का उद्ध स्रोत अर्थात् ऊर्ध्व स्रोत मार्ग उजान साधन का ही पूर्व रूप था।

जायसी ने सेंध लगाकर चोरी करने के अभिप्राय का उल्लेख किया हैं। स्वयं शिव रत्नसेन को उपदेश देते हैं :—

अब तू धनी हुआ, तेरा दारिद्रय जाता रहा, तू सिद्ध होगया, तुझे सिद्धि मिल गई, तेरी काया के दर्पण का मैल छूट गया। अब मैं तुझे एक गुरुमन्त्र देता हूँ। जब तक चोर सेंध लगाकर गढ़ के ऊपर नहीं चढ़ता, वह राजा के भण्डार में से रत्नों की पेटी नहीं चुरा सकता—

जौं लहि चोर सेंध नहिं देई। राजा केर न मूँसै पेई ॥ (२१४।६)

वस्तुतः सेंध लगाकर चोरी करने का यह अभिप्राय भी जायसी ने सिद्धों के वर्णनों से लिया था। उनके अनुसार सबसे ऊँचा स्थान महासुखचक्र है। उस महासुखचक्र में जो सर्वोच्च तत्वात्मक सत्य है, उसकी संज्ञा सर्वशून्य है। किन्तु प्रकृति दोष के कारण उस सर्वशून्य स्थान में अनेक रूपों का मिथ्या संसार एकत्र हो जाता है। यह जीव मोह वश उसकी उसी प्रकार रक्षा करता रहता है, जैसे राजा अपने राजभण्डार की मञ्जूषा के रत्नों की करता है। सर्वशून्य की महासुख स्थिति प्राप्त करने के लिये अस्सी प्रकार के प्रकृति दोष जो शरीर प्राण, और मन के कारण उत्पन्न होते हैं हटाना आवश्यक है। जब तक कोई चोर इन्हें लूटकर उस भण्डार की मञ्जूषा को सर्वथा रिक्त नहीं कर देता तब तक सर्वशून्य अवस्था की प्राप्ति नहीं हो सकती। चर्यापदों में शून्य, अतिशून्य, महाशून्य और सर्वशून्य, इन चार प्रकार के शून्यों का उल्लेख है। नीचे की तीन अवस्थाओं में प्रज्ञा और चित्त किसी न किसी अंश में सक्रिय रहते हैं और उनसे उत्पन्न होने वाले दोष या रूप बने रहते हैं। इनको हटाकर सर्वशून्य स्थिति की प्राप्ति को ही राजभण्डार मञ्जूषा के रत्नों की लूट कहा है। वही चित्त शून्य स्थिति में पहुँच सकता है जिसकी वासना का सारा भण्डार लुट गया हो (शशिभूषणदास गुप्त, वही, पृष्ठ ५४-५५)। चोरी के रूपक को आगे बढ़ाते हुए जायसी ने लिखा है कि यह चोरी चुपचाप नहीं होनी चाहिए। राजा के भण्डार में से उसकी

रत्नपेटिका चुराने का साहस वही कर सकता है, जो खरभरा चोर हो१। रत्नसेन भी सिद्धगुटिका पाकर अपने जोगियों के साथ हल्ला बोलकर गढ़ में सेंध लगाता है।

जायसी के हाथों में पदमावत की लोक कथा न केवल एक पूर्णतम महाकाव्य के रूप में ढल गई बल्कि उसका पूर्वार्ध भाग तो सहजयान मार्ग और नाथ योगियों के मार्ग का जैसे प्रतिनिधि ग्रन्थ ही बन गया जिसमें इन दोनों धाराओं के अधिक से अधिक संकेत कौशल से यथास्थान पिरो दिए गए हैं। उनकी समृद्ध शब्दावली को श्लेषमयी शैली में कवि ने ऐसे सुन्दर ढंग से अपना लिया है कि ऊपर से काव्य पक्ष नितान्त परिशुद्ध दिखाई पड़ता है, किन्तु उसके भीतर अध्यात्म अर्थों की रसवाही धारा प्रवाहित है। ज्यों ज्यों सिद्धों के सहजयान और शैवमतानुयायी नाथों के साहित्य का प्रकाशन और अध्ययन हिंदी जगत् में अधिक सुलभ होगा, त्यों त्यों उनकी विशिष्ट परिभाषाओं के परिचय के आधार पर जायसी की शब्दावली की सार्थकता उत्तरोत्तर जानी जा सकेगी द्व्यर्थक शब्दावली का प्रयोग अमीर खुसरो की फारसी मसनवियों में भी बहुतायत से होता था, किंतु जायसी जैसे विशिष्ट कलाकार के हाथों में यह शैली बहुत ही मँज गई। उसका उद्देश्य साहित्यिक रूप विधान या अर्थ चमत्कार तक ही सीमित नहीं रहा, किंतु आध्यात्मिक अर्थों की व्यञ्जना के लिये जायसी ने इस शैली को एक शक्ति के रूप में परिष्कृत कर लिया। महाकवि के हाथों में यह उच्च कला का साभिप्राय साधन बन गई। उदाहरण के लिये उनके पद्मावती-रतनसेन भेंट खण्ड को हम ले सकते हैं। समस्त पदमावत में यह खण्ड काव्यपक्ष और अध्यात्मपक्ष दोनों के शिखर की भाँति है। ज्ञात होता है कवि ने अपने काव्य शरीर के मध्य में रखकर इसे बहुत ही परिश्रम से सजाया है और साहित्यगत अभिप्रायों के साथ साथ अध्यात्म अर्थों का एक कोश ही बना डाला है। सहजयान के अनुसार मस्तिष्क में जो सहस्रारचक्र है उसी का नाम उष्णीष कमल है। उस उष्णीष कमल में महासुख का निवास है। महासुख कमल में शक्ति का जो रूप है उसे सहजसुन्दरी कहा जाता है। उस सहजसुंदरी के साथ सिद्ध योगी सदा सदा के लिये युगनद्ध होकर महासुख का अनुभव करता है। जायसी की परिभाषा में इस की संज्ञा कबिलास है—

सात खण्ड ऊपर कबिलासू। तहँ सोवनारि सेज सुखबासू॥ २९१।१॥
तेहि महँ पलंग सेज सो डासी। का कहँ अैसि रची सुखबासी॥ २९१।५॥

शरीरस्थ सात चक्र ही सात खण्ड हैं। उनके ऊपर आठवाँ चक्र उष्णीष कमल या कबिलास है। उसमें जो महासुख का स्थान है वही जायसी का सुखबास या सुखबासी है। कबिलास की परिभाषा कवि ने इस प्रकार की है—

साजा राजमँदिर कबिलासू। सोने कर सब पुहुमि अकासू॥ ४८।१॥

एक ओर तो यह स्थूल अर्थ अभिप्रेत है कि राजमन्दिर या राजकुल के उस भाग में जिसे धवलगृह कहते थे ऊपर सातवें खण्ड में राजा और रानी के लिये निजी निवास स्थान रहता था। उस सातवें खण्ड को उस मध्यकाल की परिभाषा में कबिलास और उस विशेष कक्ष को सुखबासी

---

(१) सबै पदुमिनी देखहिं चढ़ीं। सिंहल घेर गई उठ मढ़ी।
जस खरभरा चोर मति कीन्हीं। तेहि बिधि सेंधि चाह गढ़ दीन्हीं॥ (२१७।३-४)।

इन दो चौपाइयों का अर्थ मुद्रित व्याख्या (पृष्ठ २०८-९) में अस्पष्ट रह गया है। ठीक अर्थ इस प्रकार होना चाहिए—सब पद्मिनी स्त्रियाँ गढ़ के ऊपर चढ़कर क्या देखती हैं कि सिंहल घिर गया है और जोगियों की मढ़ियाँ उठ गई हैं। जैसे 'खरभरा चोर' इरादा करता है, उसी युक्ति से जोगी गढ़ में सेंध लगाना चाहते थे।

पहली पंक्ति में घेरि और उठि की जगह घेर और उठ शुद्ध पाठ होना चाहिए। गोपालचन्द्रजी की और बिहार शरीफ की प्रति में वस्तुतः यही पाठ है। खरभरा चोर उस चोर के लिये मध्यकालीन शब्द था जो खलबली मचाकर या चुनौती देकर चोरी करता था।

कहा जाता था। इसी की संज्ञा ओबरी भी थी—

ओबरि जूड़ तहाँ सोवनारा। अगर पोति सुख नेत ओहारा॥ ३३६।५॥

इस सुखबासी की परिभाषा कवि ने स्वयं दी है—

सौर सुपेती फूलन्ह डासी। धनि औ कंत मिले सुखबासी॥ ३३५।४॥

कबिलास नामक धवलगृह के विशेष भाग में जिस प्रकार की सजावट की जाती थी उसका कुछ आभास दिल्ली आगरे के किलों में बने हुए सोलहवीं शती के प्रासादों को देखने से हो सकता है। वहाँ सचमुच शयनागार और सुखबासी की छतों, दीवारों और फर्श पर सोने का पानी चढ़ाया जाता था। कवि की यह उक्ति, सोने कर सब पुहुमि अकासू, भौतिक पक्ष में जीवन का सत्य थी, किन्तु अध्यात्म पक्ष में सोना और रूपा संकेत वाची शब्द हैं। रूप का तात्पर्य उन अवस्थाओं से है जिनमें चित्त में नाना प्रकार के रूप या वासनाओं का उदय होता रहता है। जब तक योगी की साधना पृथ्वी, जल, तेज, वायु, आकाश से सम्बन्धित नीचे के पाँच चक्रों में रहती है तब तक वह स्थूल रूप-लोकों का अनुभव करता है, किन्तु आज्ञा चक्र एवं उससे ऊपर सहस्रार चक्र में ध्यान की भूमिका प्राप्त कर लेने पर वह अरूप लोक में पहुँच जाता है, जिसे सहजयान परिभाषा में सर्वशून्य कहा जाता था। वही संकेत 'सोन' और 'रूप' इन दो शब्दों में है। जैसा श्री शशिभूषणदास गुप्त ने लिखा है 'सोन' का सम्बन्ध संस्कृत सुवर्ण और संस्कृत शून्य से था। सर्वशून्य अवस्था की तुलना बारहबानी सोने से की जाती थी। बारहबानी सोना उस सोने को कहते थे जिसमें किसी प्रकार का भी ओख या मैल नहीं रह जाता। 'कवनक दुादस बारह बानी' इस कल्पना का उल्लेख जायसी ने प्रायः किया है। रूपा अर्थात् रूप और चाँदी यही सोने का मल भाग है। कहा है—सुवर्णस्य मलं रूप्यं रूप्यस्यापिमलंत्रपुः (उद्योगपर्व, ३९।६५)। रूप के हट जाने से एक ओर सोना बारहबानी होता है, दूसरी ओर अरूप लोक या सर्वशून्य स्थिति प्राप्त होती है। अध्यात्म साधना से जो योगी इस सर्वशून्य स्थिति में पहुँच जाता है वही सर्व रूपों की समष्टि से युक्त हो जाता है। सब रूपों की समष्टि और रूपशून्य स्थिति, ये पर्याय हैं। इसी कारण सर्वशून्य या उष्णीष कमल या सहस्रार में परम सौन्दर्य का मिलन या महासुख का स्थान माना जाता था। वहाँ पहुँच कर साधक सहजसुन्दरी के साथ अनन्त विलास करता है। इसे ही शिव और शक्ति का सम्मिलन कहते हैं। यही युग-नद्ध भाव या युगलभाव कहा जाता है। सुखबासी स्त्री और पुरुष के अनन्त विलास का स्थान या सुखभोग मानने की जगह है। जब योगी रत्नसेन की पहुँच उस स्थान तक हो गई तब पद्मावती के साथ उसके विहार का उन्मुक्त वर्णन कवि ने ठीक उसी भाँति किया है जैसे सहजयान या उसके उत्तरवर्ती सम्प्रदायों में किया जाता था। उस निर्मल सहज या महासुख की अवस्था में फिर पाप और पुण्य का भेद नहीं रहता—हउ सुण्ण जगु सुण्णु तिहुअन सुण्ण। णिम्मल सहजे ण पाप ण पुण्ण॥ (तिल्लं.पा, दोहाकोश, दोहा सं० ३४)। अतएव इस अवस्था में योगी के लिये विलास ही अध्यात्म का अभिप्राय बन जाता है। इसी का साहित्यिक वर्णन विवाह के अनन्तर रत्नसेन पद्मावती का सुखबासी में सम्मिलन और सुखभोग है। जिस प्रकार सहजसुन्दरी निर्मल बोधिचित या वज्रतत्व से मिलने के लिये अपने को सजाती है उसी प्रकार सखियाँ पद्मावती का शृंगार करती हैं। अब रत्नसेन की योग साधना समाप्त हुई तो उसे भोग के लिये प्रेरित करती हुई सखियाँ विनोद करती हैं—

धातु कमाइ सिखे तैं जोगी। अब कस जस निरधातु बियोगी।
कहाँ सो खोए बीरौ लोना। जेहि त होइ रूप औ सोना॥ २९३।४-५

अर्थात् हे जोगी, तूने धातु बनाना सीखा अर्थात् लोहे को पारस के योग से सोना बनाने का अभ्यास किया। अब भी तू वियोगी क्यों बना है जैसे निर्धातु हो? तेरी वह रूप की बूटी कहाँ

गई जिससे रूप और सोना दोनों एक साथ मिलते हैं ? यहाँ कवि ने सहजयान की पारिभाषिक शब्दावली का प्रयोग किया है। निर्धातु का अर्थ है धातुशून्य या शून्य अवस्था। महासुख चक्र में पहुँच कर भी तू वियोगी जैसा क्यों बना है ? अपने को सर्वरूप सम्पन्न भोग के लिये तैयार कर। 'बीरौ लोना' पद्मावती का प्रतीक है। उसके सान्निध्य में 'रूप' और 'सोना' अर्थात् रूप और शून्यता इन दोनों की एकत्र स्थिति सम्भव होती है। सहजयान परिभाषा के अनुसार काम कुधातु या लोहा है। कायसाधन और मानस साधन से काम शुद्ध होकर प्रेम में परिवर्तित होता है। प्रेम के सान्निध्य में सौन्दर्य की प्रतीक पद्मावती का रूप और संयम की पवित्रता दोनों सम्भव हैं, यह कवि का आशय है। दूसरे शब्दों में कहा जाय तो मानवी भाव रूप कहलाता है और दिव्य भाव स्वरूप। पद्मावती के साथ रत्नसेन का विलास रूप पर स्वरूप का आरोप है। इसका भी सहजयान और विशेषतः वैष्णव सहजयान में बहुत वर्णन आता है। स्थूल रूप या काम भाव पीछे छूट जाता है और वह स्वरूप या दिव्यभाव की एक अभिव्यक्ति मात्र रह जाता है।

यह माना गया है कि विशुद्ध ज्ञान की प्राप्ति के लिये पहले मानव की मृत्यु हो जाना आवश्यक है। उसका तात्पर्य यह कि उसमें जो पशुभाव है उसका सर्वथा लोप हो जाना चाहिए। शरीर और मन से वह इतना शुद्ध हो जाय कि पाशविक प्रवृत्तियों के दोष दूर से भी उसका स्पर्श न कर सकें। यही सहजयान की परिभाषा में सच्चा मरण है जिसे जायसी ने बार बार 'मरजिया' भाव कहा है। रत्नसेन कहता है—

मरै सो जान होइ तन सूना। २५४।२

यहाँ 'सूना' उसी सर्वशून्य अवस्था के लिये है जिसे प्राप्त कर लेने पर विशुद्ध चित्त वज्रमय बन जाता है और उस पर किसी भी प्रकार से रूप-कृत दोषों का प्रहार नहीं होता। चित्त की इस अवस्था को ही वज्रसत्व अर्थात् वज्रभाव या शून्यभाव की स्थिति कहा जाता है। जिसने इस अवस्था को पा लिया मानों सिद्ध गुटिका उसके हाथ लग गई। इस अवस्था तक पहुँचने के लिये पहले मरण अर्थात् रूपलोक का अभाव आवश्यक है। यह 'मर-जिया' अर्थात् मर कर फिर जीवित होने की अवस्था है। दूसरे शब्दों में कहा जाए तो महासुख चक्र या सुखबासी में मृत्यु का स्पर्श नहीं है। जो प्रेम-पंथ में आगे बढ़ते हैं वे ही उत्तम कबिलास तक पहुँच पाते हैं, जहाँ सदासुख का बास है, मृत्यु नहीं है—

तिन्ह पावा उत्तिम कबिलासू। जहाँ न मीचु सदा सुखबासू।
पेम पंथ जो पहुँचै पारा। बहुरि न आइ मिलै एहि छारा ॥१४६।६,७

महासुख कमल के विषय में कहा है कि सहज-सुन्दरी वहाँ जोगी के साथ सदा विलास करना चाहती है। वहाँ पहुँचे हुए जोगी को सदा सदा के लिये उसके साथ युगनद्ध भाव या नित्ययुक्त भाव प्राप्त हो जाता है (शशिभूषणदास गुप्त, वही, पृ०१२०)। पद्मावती भी रत्नसेन से इस बात की प्रतिज्ञा कराती है कि वह जन्म पर्यन्त उससे कभी अलग न होगा। जो सुखबासी में सदा उसके साथ निवास कर सके उसी से वह प्रेम करेगी—

तासौं नेह जो दिढ़ करै थिर आछहि सहदेस।३१०।८

रत्नसेन उसकी बात स्वीकार करता है और विश्वास दिलाता है कि वह जन्म भर उससे अलग न होगा—

जेहि उपना सो औटि मरि गएऊ। जरम निनार न कबहूँ भएऊ ॥३११।३
मिलि कै जुग नहि होउँ निनारा। कहाँ बीच दुतिया देनिहारा।। ३१३।६
अब जिउ जरम जरम तोहि पासा। किएउँ जोग आएउँ कबिलासा ॥३१३।७

वह मर कर भी उसका सान्निध्य न छोड़ेगा ('मुएहु न छाड़ै पास' ३११।९)। उस सिद्ध अवस्था में पहुँचने के लिये मरण की आवश्यकता है। उसे ही दूसरे शब्दों में नैरात्म्य भाव की

प्राप्ति कहा जाता है। उसके लिये ही रत्नसेन पद्मावती से कहता है—'गरि गुरि आपु हेराइ (३११।९), अर्थात् सब प्रकार से अपने रूप स्कन्धों को विलीन करके जो अपने आप को खो देता है वही उस सर्वशून्य स्थिति में सदा बना रह सकता है। नैरात्म्य भाव की प्राप्ति को ही सहज कहा गया है। नैरात्मा, शून्यता, सहजसुन्दरी, प्रज्ञा, योगिनी, मुद्रा ये सब एक दूसरे के पर्याय प्रतीक थे। उस अवस्था में सहजसुन्दरी योगी से कोई परदा नहीं रखती। पद्मावती कहती है—

तासों कवन अँतरपट जो अस प्रीतम पीउ।
नेवछावरि गइ आप हौं, तन मन जोबनु जीउ ॥३१५।८, ९

पद्मावती चाहती है कि सुखबासी में पहुँच कर रत्नसेन को जन्म पर्यन्त उसके साथ युगनद्ध भाव से रहना चाहिए। वह महासुख का आनन्द लेने वाला उष्णीष कमल का भौंरा बन कर रहे। ऐसा न हो कि वह फिर धोखा दे और गृही से उदासी बन जाय (३१०।७)।

इसी प्रसंग में और भी कई छोटे छोटे आध्यात्मिक और साहित्यिक अभिप्रायों का उल्लेख कवि ने किया है। एक अभिप्राय हृदय के औंटने का, दूसरा प्रेमिका के रंग में रँग जाने का है। पद्मावती कहती है 'ऐ भिखारी जोगी, तू अपने मुहँ अपनी बड़ाई करता है और कहता है कि तू मेरे रँग में रंग गया है (रंग तुम्हारे रातेऊ ३०७।८), पर मैं तो तुझे उस रंग में रंगा हुआ नहीं देखती। कपड़े रँगने से रँग नहीं आता, हृदय के औंटने से वह रँग उत्पन्न होता है—

जोगि भिखारि करसि बहु बाता। कहेसि रंग देखौं नहिं राता ॥
कापर रँगे रँग नहि होई। हिएँ औटि उपजै रँग सोई ॥ (३०८।१, २)

रत्नसेन इसे मानता है और कहता है 'जिसमें विरह उत्पन्न होता है वह उस में औंट कर मृत्यु को प्राप्त हो जाता है और फिर अपने प्रियतम से जन्म भर अलग नहीं हो सकता (३११।३)। पद्मावती अन्त में स्वीकार करती है—

बिहँसी धनि सुनि कै सत बाता। निस्चैं तूँ मोरे रँग राता ॥ (३१४।१)

इसी प्रसंग में दो साहित्यिक अभिप्राय और आए हैं, एक तो पान के समान रंग में रँग जाना और दूसरे युगनद्ध भाव के रूपक के लिये नायक नायिका का चौसर खेलना। वस्तुतः पान उस रँग का प्रतीक है जो पान सुपारी कत्था चूना इन चारों के साथ मानव के अपने प्रयत्न से अपना मुखरस मिला देने से उत्पन्न होता है। ये चारों द्रव्य चार प्रकार की शून्य अवस्थाओं के प्रतीक हैं। पान शून्य, सुपारी अति शून्य, कत्था महाशून्य और चूना सर्वशून्य है। पान सुपारी कत्था एक ओर और चूना दूसरी ओर है। पान सुपारी कत्थे को सर्वथा चकना चूर कर लेने पर भी जब तक चूने के साथ उनका मेल नहीं किया जाता तब तक रंग नहीं रचता।

पान सुपारी खैर दुहुँ मेरैं करै चक चून।
तब लगि रंग न राचै जब लगि होइ न चून ॥ ३०७।८-९

चर्यापदों में शून्यता की चार अवस्थाएँ कही गई हैं, पहली अवस्था का नाम शून्य है। इसमें प्रज्ञा और चित्त दोनों सक्रिय रहते हैं। यह परतंत्र अवस्था कही जाती है। इसका नाम आलोक भी है। इसे स्त्री या वामा भी कहते हैं। इसमें मन के तेतीस दोष माने गए हैं। दूसरी अवस्था अतिशून्य कहलाती है, इसका नाम उपाय दक्षिण शून्य मण्डल या वज्र भाव है। इसमें चालीस दोष मन में रहते हैं। तीसरी अवस्था महाशून्य है। यह प्रज्ञा और उपाय अथवा शून्य और अतिशून्य के सम्मिलन से उत्पन्न होती है, इसका नाम अविद्या है। इसमें सात चित्त दोष होते हैं। शून्य को आलोक, अतिशून्य को आलोकाभास और महाशून्य को आलोकोपलब्धि कहते हैं। ये तीनों अवस्थाएँ चित्त से ही सम्बंधित हैं। चौथी अवस्था सर्वशून्य है। यह स्वयं प्रकाश स्थिति है, नितांत विशुद्ध और सब दोषों से शून्य। इसे ही ज्ञान, परम सत्य और सर्वज्ञता कहा जाता है। पहले शून्यत्रय से ऊपर यह चतुर्थ शून्य पाप और पुण्य, सत् और असत् से अतीत है। दोहों और

चर्यापदों में इस शून्य चतुष्टय के सिद्धांत को स्वीकार किया गया है (शशिभूषणदासगुप्त, वही, पृ० ५१-५४)। यह भी कहा है कि नीचे के तीन शून्यों में समस्त वासनाएँ निवास करती हैं जिन पर सर्वशून्य का प्रहार किया जाता है और तभी उनका सर्वथा तिरोभाव हो पाता है। पान, सुपारी, कत्था ये तीन एक ओर चूना दूसरी ओर इस प्रतीक से कवि ने शून्य चतुष्टय को कहा है। चूने के बिना इनमें पक्का रंग नहीं आता। तीनों शून्यों से मिलकर सर्वशून्य एक विलक्षण रंग उत्पन्न करता है जिसे सर्वशून्यता या अरूप कहते हैं। उसी के ठीक आगे दोहा ३०९ में ऊपर से कवि ने पान की विभिन्न जातियाँ गिनाई हैं, पर यहाँ भी उसके वर्णन या उद्देश्य साहित्यिक और आध्यात्मिक चित्र को श्लेषमयी शैली से प्रस्तुत करना ही है। पान शरीर, सुपारी मन, कत्था हृदय के प्रतीक हैं (सूखि सुपारी भा मन मारा ३०९।६; औटि रकत रँग हिरदं औना ३०९।५; शरीर= स्नेह, वासना या पान, ३०९।१-२)। रत्नसेन अपने को पेड़ी का पान और पद्मावती को सुनिरास पान कहता है। पेड़ी मूलाधार या प्रथम शून्य अवस्था का प्रतीक है। पहली तीन अवस्थाओं की तुलना में पद्मावती रूपी सर्वशून्य अवस्था असीम और अनन्त है। उसे ही कवि ने पद्मावती का बड़ा (बड़ौना) संसार कहा है। उस संसार में प्रवेश करने के लिये इस शरीर को गाड़ कर मृत कर देना या बिरह की अग्नि में भस्म करना होता है—

सुनि तुम्हार संसार बड़ौना। जोग लीन्ह तन कीन्ह गड़ौना ॥ ३०९।३

यहाँ सुनिरासि शब्द का अर्थ पान की विशेष जाति के लिये तो है ही, किन्तु उसका अध्यात्म संकेत सोने की राशि अर्थात् शून्य घन अवस्था या सर्वशून्य नामक चौथी अवस्था से है। ऊपर कहा जा चुका है कि स्वर्ण और शून्य दोनों सोने के प्रतीक से व्यक्त किए जाते थे। सुनिरासि का अध्यात्म-संकेत पानों के इस प्रतीक में कवि को अभिमत था। विशुद्ध महासुख की अवस्था ही सोनरासि या सर्व शून्य अवस्था है।

इसी प्रसंग में दूसरा अभिप्राय चौपड़ के खेल का है। चौपड़ में रंगबाजी का खेल स्त्री और पुरुष, प्रेमी और प्रेमिका के एक साथ मिलन या युगनद्ध भाव की प्राप्ति का है। मध्यकाल में यह बहुत ही सरस और सटीक प्रतीक माना जाता था। सहजयान या चर्यापदों में इसे स्वीकार किया गया है, जैसा श्री शशिभूषण दासगुप्त ने लिखा है—'शून्य और अतिशून्य की दो पहली अवस्थाएँ वासना के दो प्राथमिक रूपों की सूचक हैं। तीसरा महाशून्य उन दोनों का स्वामी अविद्या चित्त है। पहले दो को मारकर फिर तीसरे को भी मारना होता है। इसी के लिये सहजयानी लोग शतरंज की परिभाषा का प्रयोग करते थे' (वही, पृ० ५६)। जायसी ने दोहे ३१२-३१३ में चौपड़ के खेल का सचित्र वर्णन किया है। चौपड़ के पक्ष में, शृंगार पक्ष में, एवं योग या अध्यात्म पक्ष में कवि की शब्दावली कितनी सार्थक है, यह इन दोहों का अर्थ करते हुए दिखाया गया है (दोहा ३१२-३१३)। पद्मावती रत्नसेन के इस कथन पर कि मैं जन्म भर तुमसे अलग न हूँगा कहती है—

अैस राजकुँवर नहिं मानौं। खेलु सारि पासा तौ जानौं ॥ ३१२।१

श्लेष से पद्मावती के वाक्य के तीन अर्थ हैं हे राजकुँवर, मैं यों ही तुम्हारी बात का विश्वास नहीं मान सकती। चौपड़ पासे के खेल में तुम युग बाँध सको (युगनद्ध हो सको) तो जानूँगी तुम पूरे हो। रतिक्रीड़ा में युग बाँध सको (युगनद्ध हो सको) तो जानूँगी तुममें सार है। योग में तुम इड़ा-पिंगला को मिला सको तो समझूँगी कि तुम कुण्डलिनी या सुषुम्णा से सान्निध्य प्राप्त कर चुके हो। इन तीनों अर्थों को कवि ने 'खेलु सारि पाँसा तो जानौं (३१२।१) इस पंक्ति से प्रकट किया है (दे० व्याख्या)। उत्तर में रत्नसेन उसे अपनी अनन्य साधना का विश्वास दिलाता है और कहता है कि मैं कबिलास में आकर युगनद्ध भाव को प्राप्त हो गया हूँ—किएउँ जोग आएउँ कबिलासा (३१३।७)। मैंने उलटा साधन या उजान मार्ग भी तय किया है और अपना सिर

देकर अपने जी या प्राणों को दाँव पर लगाया है (सिर सौं खेलि पैंत जिउ लावौं। ३६।३।३)[१]। इस दोहे में जुग, जोग, कबिलासा, बिचकोठा आदि शब्द काम शास्त्र की तरह योग एवं अध्यात्म अर्थों के भी सुविदित प्रतीक थे। कवि ने जान बूझकर इनका प्रयोग किया है।

इस प्रकरण के शेष भाग में रत्नसेन पद्मावती की विलास क्रीड़ा एवं मधुपान का वर्णन है। एक ओर ये उस काल के साहित्यिक अभिप्राय थे जिनका वर्णन काव्य में आवश्यक था, दूसरी ओर महासुख-कमल में सहज सुन्दरी के साथ योगी की महाकेलि का वर्णन जैसा सहजिया संप्रदाय में आता है, उसीसे मिलता-जुलता रत्नसेन के साथ पद्मावती की क्रीड़ा का वर्णन है। प्रेमी-प्रेमिका के बीच का अन्तरपट हट जाने से क्रीड़ा का स्पष्ट और रंग-रस से भरा हुआ वर्णन कवि ने किया है। साहित्य में इस प्रकार की परम्परा का आरम्भ सहजयानियों की मुद्रा-साधना से मानना चाहिए, जिसमें साधक योगी किसी मुद्रिता योषित् के साथ अपने आप को परखता था, अर्थात् अपने कच्चे या पक्के होने की परीक्षा लेता था—

कच्चे बारह बार फिरासी। पक्के तौ फिरि थिर न रहासी॥ ३१२।२॥

प्रेम मार्ग का अध्यात्म रूप क्या है? नायिका या प्रेमिका तो प्रतीक मात्र है। उसके साथ स्थूल भोग प्रेममार्ग की अध्यात्म साधना नहीं बन सकता। अध्यात्म में तो वासना को त्यागना पड़ता है। अतएव प्रेममार्गी साधना का तात्पर्य है अध्यात्म के प्रति वैसा ही तीव्र आकर्षण जैसा कामी को नारी के प्रति होता है। इस आकर्षण में मन हृदय दोनों अपने प्रेमतत्त्व से तन्मय, एक, या अभिन्न हो जाते हैं। यह मिलन शरीर सुख के लिये क्षणिक नहीं होता, किन्तु सदा सदा के लिये, कवि के शब्दों में जन्म जन्म के लिये होता है। देश और काल इस सम्मिलन में अध्यात्म तत्त्व के साक्षात् दर्शन के आनन्द को किसी प्रकार तिरोहित नहीं कर सकते। वही अध्यात्म दर्शन सच्चा है। यह एक दम स्वाभाविक होता है। मानव के भीतर जितनी प्रेरणा है सब उस केन्द्र के प्रति अर्पित हो जाती है। प्रेमिका और प्रेमी का सम्मिलन परिपूर्ण प्रतीक है। वह गुह्य होता है। आत्मदर्शन भी हृदय गुहा में होता है। प्रेमिका और प्रिय के बीच में कोई अन्तरपट नहीं रह जाता। यहाँ भी आत्मा का स्वयंवर होता है। 'जायेव पत्ये उशती सुवासाः'—कामयमाना जाया की भाँति आत्मा रूपी प्रेमिका साधक के प्रति अपना गुह्यातिगुह्य स्वरूप विवृत कर देती है। उसके स्वरूप का प्रियतम के रूप पर आरोप होता है। उस दिव्य आनन्द का मानवी धरातल पर अवतार होता है। प्रेमिका और प्रेमी के सम्मिलन में बाह्य बन्धन या बलपूर्वक नियंत्रण नहीं होता। ऐसे ही प्रेममार्ग में हृदय स्वाभाविक उमंग के साथ अध्यात्म तत्त्व की ओर खिंचता है—उसे हठपूर्वक नहीं लगाना पड़ता। जब तक मन को हठ के साथ अध्यात्म में लगाना पड़े तब तक समझना चाहिए कि प्रेममार्ग की दीक्षा नहीं हुई। प्रेममार्गी प्रियतम अन्य सब भोग त्यागकर उस प्रेमिका के साथ योग करने के लिये व्याकुल होता है। यही प्रेमी की 'बाउर' स्थिति है। कवि ने रत्नसेन के लिये कहा है—

राजा बाउर बिरह बियोगी (१६७।१)।

जस बाउर न बुझाए बूझा।
जौनहिं भाँति जाइ का सूझा॥
काया माया संग न आथी।
जेहिं जिय सौंपा सोई साथी॥ १४४।४,७

संसार में आसक्त व्यक्ति द्रव्य चाहता है। जोगी हाथ में आए द्रव्य को भी छोड़ देता है—

जोगी मनहिं ओहि रिस मारहिं।
दरब हाथ के समुँद पबारहिं॥१५१।४

---

१ यहाँ पैंत का एक अर्थ पणित या दाँव या मूल्य भी है, जैसा २१५।७ चौपाई में है।

संसार का व्यक्ति अनेक प्रकार से डरता है, मृत्यु का डर, द्रव्य-नाश का डर, प्रिय के वियोग का डर—ये सब भय उसके भीतर चैतन्य ज्योति के अभयपद के प्रकाश को आने से रोकते हैं। उसका मन भयभीत होने से और संकुचित रहता है। वह अध्यात्ममार्ग में पूरा त्याग करने में लज्जा का अनुभव करता है और सोचता है कि संसार क्या कहेगा। जोगी या सच्चे प्रेमी को प्रेमिका की प्राप्ति के मार्ग में न भय रहता है न लज्जा—

डर लज्या तहँ दुवौ गँवानी। देखै किछू न आग औ पानी ॥ १४४।२॥

इस प्रकार अडिग सत से जो अध्यात्म साधना में या आत्म-तत्त्व के दर्शन में लगता है वही अन्त तक पहुँचता है। जिसमें ऐसे प्रेम की चिनगारी उत्पन्न हो जाती है उसे वासना से, या संसारिक विषयों की ज्वाला से सर्वथा शान्ति प्राप्त हो जाती है—

जेहिं जिय पेम चँदन तेहि आगी।
पेम बिहून फिरहिं डरि भागी ॥१५२।५॥

मन की वह शीतलता प्रेम मार्ग का पहला लाभ है। स्त्री-पुरुष के वासना जनित प्रेम की समस्त शब्दावली और परिभाषाओं को स्वीकार करते हुए भी प्रेममार्ग की साधना नितान्त विषयातीत, परिपूत और परिशुद्ध होती है। ठीक ऐसे ही सहजयान के साधक भी विषयप्रधान प्रेम की कल्पनाओं को स्वीकार करके केवल उसकी तीव्र अनुभूति और साक्षात् मिलन की उत्कट इच्छा को स्वीकार करते थे, कुछ विषय भोग को नहीं। वासना तो योग के विना ही जीवन में कहाँ व्याप्त नहीं है? यही स्थिति प्रेम मार्ग की थी। यद्यपि रत्नसेन पद्मावती खण्ड में कवि ने युगनद्ध भाव एवं रति श्रृंगार का बहुत ही उभरा हुआ चित्र खींचा है, पर वे समस्त रागानुगी प्रतीक काव्य पक्ष के रसात्मक निर्वाह के लिये ही हैं, अन्यथा जायसी काव्य न लिखकर हठयोग प्रदीपिका ही लिखने बैठ जाते। प्रश्न हो सकता है कि उस अध्यात्म मार्ग में सिद्धि पाने के लिये जिसमें सबसे बड़ा विघ्न काम भाव ही है, इस प्रकार के उल्बण कामवर्णन को क्षम्य नहीं कहा जा सकता। कच्चे मन के लिये प्रश्न और उत्तर ठीक हैं। कच्चा मन तो द्वार-द्वार भटकता ही है, आगे भटकने के लिये उसे योग या प्रेममार्ग की सहायता नहीं चाहिए। इस मार्ग या साधना का जन्म तो उसी उच्च धरातल से हुआ है जहाँ मार धर्षण से भी विचलित न होने वाले बुद्ध स्थिर आसन से बैठे थे। सहज या महासुख की प्राप्ति मानव का स्वाभाविक धर्म बन सकती है, यह प्रतीति जिस पक्के मन में हो उसके लिये यह मार्ग है। जो आत्मा के लिये सब विषयों का उत्सर्ग नहीं कर चुका है उसे तो इस प्रेममार्ग का नाम भी क्यों लेना चाहिए? वह तो इससे अपने लिये नया भुलावा ही उत्पन्न कर सकता है। साधक रूपी रत्नसेन को इष्ट है कि उस विश्व ज्योति या महासूर्य का साक्षात् दर्शन करे। उस महासूर्य को न कोई देख सकता है, न कोई उसके हृदयस्थ तेज को सहन ही कर सकता है। वह तो अव्यक्त ज्योति है। उस महा ज्योति का रूप प्रकृति में प्रतिविम्बित या अभिव्यक्त हुआ है जो एक-एक पत्र और पुष्प में प्रत्यक्ष है। यही उस सूर्य का शीतल चन्द्र रूप है जिसकी संज्ञा पद्मावती है। इस रूप में उतना ही सौन्दर्य, उतना ही आकर्षण है जितना कि अव्यक्त अचिन्त्य प्रतिरूप में कल्पित किया जा सकता है। यही उस ज्योति का पिण्ड में अनुभव है। एक केन्द्र पर उसका दर्शन पाना है जो विश्वात्मा है। इस चंद्र को कौन पाना चाहता है? वह जो आकाशगत सूर्य के सदृश उष्ण और परितप्त है, जो अशांत है, जो कालाग्निमय है, जो वासना का भूखा अतएव रुद्र है, जो गतिरूप है, जो परिधि के समान ह्रास और वृद्धि के फेर में उलझा है। ऐसा अस्थिर मन अमृत या सोम तत्त्व चाहता है। वह जब तक हृदय में स्थिर और आत्मनिष्ठ नहीं होगा तब तक उसके लिये आत्मदर्शन सम्भव नहीं। पद्मावती और रत्नसेन के लिये चंद्र और सूर्य के जिस प्रतीक को कवि ने इतने आग्रह से अपनाया है वह इसी स्थिति की ओर संकेत करता है। फिर जैसे आकाश में अनंत वर्षों से चंद्र और सूर्य का प्रेमनृत्य हो रहा है, वे एक दूसरे के प्रति आकृष्ट होकर

प्रणय लीला का अभिनय कर रहे हैं, वैसे ही जीव अपने उस केन्द्र से मिल जाना चाहता है जिससे वह बिछुड़ गया है। उसके उस दूसरे अर्धभाग की सत्ता स्थूल रूप में स्त्री है। उसी प्रकार अध्यात्म धरातल पर नारी के सकल सौंदर्य, भाव सौकुमार्य और माधुर्य से ओतप्रोत कोई परम तत्त्व प्रेमिका के रूप में इस प्रेमी के मिलन की प्रतीक्षा कर रहा है। शृंगार की परिभाषा और अध्यात्म की परिभाषा का जो चौचक मेल है उसे यों समझा जा सकता है। सृष्टि में व्यापक सौंदर्य है। वही नारी रूप में एक केन्द्र पर अभिव्यक्त होता है। उसके साथ मनसा वाचा कर्मणा साक्षात सम्मिलन यही शृंगार का स्थूल मार्ग है। ऐसे ही जो विश्व में व्याप्त परमात्म प्रकाश या चैतंय ज्योति है, वही मानव के हृदय केन्द्र में है। दोनों के सर्वात्मना ऐक्य का स्वयं साक्षात्कार यही मानव का लक्ष्य है। जीव परमात्मा के चिदंश की ही संज्ञा है। दोनों में एक दूसरे के प्रति आकर्षण और उमंग है। पहल रत्नसेन की ओर से होती है, साधना का निर्वाह उसे ही करना होता है। पर रत्नसेन की विरह व्यथा की प्रतिक्रिया पद्मावती पर तुरंत पड़ती है। जैसे ही राजा को सूली देने की आज्ञा होती है, पद्मावती अगम से उसे जान लेती है और उसके हर्ष का सरोवर सूख जाता है—

जबहिं सुरुज कहँ लागेउ राहू।
तबहिं कँवल मन भएउ अगाहू ॥ २४७.३॥

ईश्वर को प्रेमिका मान कर उसके लिये जीवन की आकुलता का वर्णन वैष्णव, सहजयान, सूफी मत या ईसाई मत सबकी विशेषता है। सब धर्म इसमें एकमत हैं कि स्त्री से बढ़कर स्फुट, साक्षात्, प्रेममय और मधुर प्रतीक हमारे इस लोक में पुरुष के लिये दूसरा नहीं है। उसी प्रतीक की व्यंजना से प्रेममार्ग और प्रेम काव्य के उपकरणों का निर्माण किया गया।

हमारा अनुमान है कि सहजयान सिद्धों की परम्परा और नाथ योगियों की परम्परा इन दोनों के सम्पर्क में आकर जायसी ने जीवन में उनका प्रत्यक्ष अनुभव प्राप्त किया था। उन्होंने दोनों की विशेषताओं को स्वीकार करके अपने काव्य में स्थान दिया। प्रेममार्ग में स्त्री और पुरुष का प्रतीक सबसे अधिक महत्त्वपूर्ण माना जाता है। संभवतः उनके युग की यही विशेषता थी कि दोनों धाराएँ प्रेममार्ग में मिलकर एक हो रही थीं। जिस प्रेम मार्ग की कल्पना कवि ने की है, उसमें तप और योग के बाद रसभोग आवश्यक माना जाता था (जौं अस साधि आव तप जोगू। पूजै आस मान रस भोगू ॥ १५८।१)। प्रेम के मार्ग में विरह की अग्नि और रस की मधुरता दोनों उसी प्रकार एक साथ रहती हैं, जैसे मोम के छत्ते में शहद रूपी अमृत और विरह रूपी बर्रे एक साथ पाए जाते हैं (पेमहि माहँ बिरह औ रसा। मैन के घर मधु अंब्रित बसा ॥१६६।३)।

जैसे कथा के पूर्वार्द्ध में कवि ने प्रेम में विरह का विस्तृत वर्णन किया है (१७२।१७४) वैसे ही मध्य में रस-भोग का भी उसी प्रकार पल्लवित वर्णन किया है। कवि की मान्यता है कि प्रेम मार्ग में तपस्या आवश्यक है। इस पथ में दो पड़ाव समझने चाहिए। पहला वैरागी होकर योग तप साधना और दूसरा उससे भी कठिन और उच्चतर धरातल पर पहुँचकर मरने के लिये तैयार हो जाना। शरीर को राख करना, सिर उतार कर निछावर करना, चिता पर जलना, प्रियतम के लिये जी देना, रक्त और मांस गल जाना, मरजिया बनना—ये सब कहने के विभिन्न प्रकार हैं। जब साधक प्रेम के मार्ग में मृत्यु का आवाहन करके अपनी परीक्षा में पूरा उतरता है, तब वह सिद्ध बन जाता है। जैसे ही रत्नसेन चिता पर जलने के लिये तैयार होता है, शिव पार्वती प्रकट होकर उसे रोकते हैं और कहते हैं—अब तूँ सिद्ध भया सिधि पाई (२१४।४)। किन्तु सिद्ध होने के बाद भी प्रेमिका की प्राप्ति नहीं हो जाती, उसे पाने की केवल योग्यता मिल जाती है। अतएव उसके बाद जायसी ने सिद्धि के लिये कुण्डली योग से श्वास और मन को वश में करना आवश्यक बताया है—तूँ मन नाँथु मारि कै स्वाँसा। जौं पै मरहि आपुहि कर नाँसा (२१६।३)। सिद्ध हो जाने पर सभी

प्रकार के विशिष्ट अधिकार मिल जाते हैं। सिद्ध की मृत्यु नहीं होती (पुनि कत मीचु को मारै पारा, २१६।६)। उसका अहंभाव जाता रहता है। उसके लिये सब वही प्रेमिका रूप हो जाता है (जो तूँ नाहि आहि सब सोई, २१६।५)। वह स्वयं ही गुरु और स्वयं ही चेला बन जाता है। सिद्ध गुटिका की प्राप्ति के बल से वह स्वयं अपने लिये आगे का मार्ग निश्चित करता है।

भारतीय ब्रह्मवाद का एक प्राचीनतम सिद्धान्त था कि जो ब्रह्माण्ड में है वही पिण्ड में है। वह अज्ञेय तत्त्व समस्त विश्व में व्याप्त है। उसे ही मन के भीतर समझना और ढूँढ़ना है। दार्शनिक सहजयानी, हठयोगी नाथ-पन्थी, निर्गुण मत के सन्त, प्रेम-मार्गी सूफी—इन सबने इस ठोस सिद्धान्त को एक मत से स्वीकार किया और अपनी अपनी दृष्टि से उसके वर्णन के लिये प्रतीकों का निर्माण किया—

सातौं दीप नवौं खण्ड आठौं दिसा जो आहिं।
जो बरम्हण्ड सो पिण्ड है, हेरत अन्त न जाहिं ॥ (अखरावट ८.९)।

अहुठ हाथ तन जैस सुमेरू। पहुँचि न जाइ परा तस फेरू ॥ (१२२।५)।

इस शरीर के भीतर ही उस दिव्य परम चैतन्य ज्योति को प्राप्त किया जा सकता है जो विश्व में व्याप्त है। वही मानव में एक केन्द्र पर व्यक्त होती है। उसे ही जीव कहते हैं। उसी की संज्ञा हृदय कमल है। वेदान्त में कहा है—उस ब्रह्म की इस नगरी में एक छोटा कमल हैं, जिसमें छोटा सा स्थान है। उसके भीतर जो छोटा सा आकाश है, उसमें जो है उसे ढूँढो और उसे ही जानो (यदिदमस्मिन् ब्रह्मपुरे दहरं पुण्डरीकं वेश्म, दहरोऽस्मिन्नंतराकाशस्तस्मिन् यदन्तः तदन्वेष्टव्यम्। तद् वाव विजिज्ञासितव्यम्, छान्दोग्य ८।१।१)। इस प्रकार हृदय कमल या हृदयाकाश के भीतर तत्त्व को ढूँढ़ने और पहचानने की जो पद्धति प्राचीन उपनिषत् काल में आरम्भ हुई थी, उसमें और निर्गुणसन्त या सूफियों के दृष्टिकोण में कोई अंतर नहीं पड़ा। जायसी ने कहा है—

अहुठ हाथ तनु सरवर हिया कवँल तेहि माँह।
नैनहिं जानहु निअरें कर पहुँचत अवगाह ॥ १२१।८-९।

जायसी से कई सौ वर्ष पहले जैन निर्गुणमत में भी यही भाव व्याप्त हो गया था—

हत्थ अहुट्ठहं देवली बालहं णाहि पवेसु।
संतु णिरंजणु तहिं वसइ णिम्मल होइ गवेसु ॥ (पाहुडदोहा संख्या९४)।

हृदय की आत्म ज्योति से वह परमतत्त्व दिखाई पड़ता है (हिएँ की जोति दीप वह सूझा, १२५।४।)। अनेक प्रकार से काया साधन का आश्रय लेते हुए भी प्रेम मार्ग में मूल सिद्धान्त यही था कि उस परम ज्योति को प्राप्त करने का यदि कोई उपयुक्त स्थान है, तो वह मनुष्य का अपना हृदय ही है। मन बुद्धि का व्यापार है। पर हृदय वह चैतन्य केन्द्र है जहाँ समस्त भावनाओं का जन्म होता है। वही जीव है। उसे ही प्राण का केन्द्र कहा जाता है। मनुष्य के प्राण केन्द्र में ब्रह्म का निवास है। यह प्रत्येक मानव के लिये सत्य है, केवल उन्हीं के लिये नहीं जो सचमुच योग युक्त या मुक्त हो चुके हैं। यह प्राण केन्द्र हृदय की छोटी गुहा का अनुरूप प्रतीक है; किन्तु हृदय शब्द के सामान्य अर्थ से अर्थात् इस नाम के भौतिक अवयव से इसकी भ्रान्ति न करनी चाहिए। हृदय जीवन का अंतरंग बिंदु माना जाता है, और वस्तुतः शरीर संस्थान की दृष्टि से यह है भी ऐसा ही, क्योंकि रुधिर के अभिसरण से इसका सम्बंध है जो प्राण या जीवन का विशेष रूप से आधार है, जैसा कि सभी मतावलम्बी एक मत से स्वीकार करते हैं। किन्तु इससे भी आगे अधिक उच्चतर स्तर पर एवं गंभीरतर प्रतीक के रूप में हृदय मानव में प्रतिबिम्बित विश्वात्मा के साथ संबंधित होने के कारण हमारा अन्तरंग केन्द्र है। स्वयं यूनानी दार्शनिक और विशेषतः अरस्तू ने भी हृदय का यही कार्य माना था, और इसे बुद्धि या विज्ञान का

स्थान कहा है, न कि भावनात्मक वृत्तियों का जैसा अर्वाचीन विद्वान् प्रायः मानते हैं। मस्तिष्क तो वास्तव में मानस व्यापार का यंत्र है, अर्थात् चिंता प्रधान और तर्क प्रधान विचारों का। इस प्रकार प्रतीक भाषा का समाश्रय लेते हुए यह कहना उपयुक्त है कि हृदय सूर्य और मस्तिष्क या मन चंद्रमा का प्रतीक है (रेने गुएनों, वेदान्त के अनुसार मानव और उसकी अभिव्यक्ति, पृ० ३९)। इस पृष्ठभूमि में हम समझ सकते हैं कि जायसी ने क्यों हृदय को साधना का सबसे महत्वपूर्ण आधार माना है। उनके अनुसार हृदय में ही सत का निवास है, हृदय में सत बाँधने से ही उर्ध्व उत्थान और उपलब्धि संभव होती है, हृदय के सत से ही नेत्रों में नए दर्शन की शक्ति आती है, हृदय की ज्योति ही सब कुछ है—

जौं सत हिएँ तौ नैनन्ह दिया। समुँद न डरै पैठि मरजिया ॥१४९।६
सायर तिरै हिएँ सत पूरा। जौं जियँ सत कायर पुनि सूरा ॥१५०।१
राजैं सो सतु हिरदै बाँधा। जेहि सत टेकि करै गिरि काँधा ॥१५०।७
हिएँ की जोति दीप वह सूझा। यह जो दीप अँधिअर भा बूझा ॥१२५।३
जेहि जियं महँ सत होइ पहारू। परै पहार न बांकै बारू ॥१७३।३
सती जो जरै पेम पिय लागी। जौं सत हिएँ तौ सीतल आगी ॥१७३।४
स्वाँस दुआलि मन मथनी गाढ़ी। हिएँ चोट बिनु फूट न साढ़ी ॥१५२।४

जिस मलाई की सबको चाह है वह हृदय पर चोट के विना नहीं मिलती। प्रियतम हृदय के दर्पण में दर्शन देता है (४०१।२) वहीं उससे मिलना है। जो हृदय सबके भीतर खिला हुआ कमल है, मन का काला भौंरा ही उस कमल का रस ला सकता है, उसे ही मरजिया बनकर ढूँढ़ लाना है—

मन भँवरा ओहि कवँल बसेरी। होइ मरजिया आनहिं हेरी ॥४०१।७

प्रेम मार्ग में ये ही सुपरिचित प्राचीन परिभाषाएँ और भाव थे। यही उसका भारतीय सौरभ और माधुर्य था जिससे पदमावत काव्य ओत प्रोत है।

जिस प्रकार अन्य साधना मार्ग अपने अपने तत्त्व को प्रेय श्रेय मानते हैं, वैसे ही प्रेम मार्ग में प्रेम ही विश्व का सबसे सुन्दर और सबसे विशिष्ट तत्त्व है। उससे ही जीवन में पूर्ण सौन्दर्य उत्पन्न होता है—

तीन लोक चौदह खण्ड, सबै परै मोंहि सूझि।
पेम छाड़ि किछु और न लोना जौं देखौं मन बूझि ॥९६।८

कृतज्ञता ज्ञापन

अब उन अनेक विद्वानों और मित्रों के प्रति जिनसे इस व्याख्या के लिखते हुए मुझे सहायता प्राप्त हुई है आभार प्रकट करना मेरा सुखद कर्तव्य है। श्री पण्डित रामचन्द्रजी शुक्ल के प्रति मैं कहाँ तक कृतज्ञता प्रकाशित करूँ? उन्होंने आज से लगभग तीस वर्ष पूर्व पदमावत को हिन्दी जगत् के सामने सुलभ रूप में उपस्थित किया था। इस ओर अपनी प्रवृत्ति को मैं उन्हीं की कृपा का फल समझता हूँ। मेरा हृदय यह सोचकर कृतज्ञता से भर जाता है कि वे पदमावत का ऐसा भण्डार मेरे दृष्टि पथ में ले आए जिसकी सम्भवानाएँ, यद्यपि उस समय मैं नहीं समझ सका था, भविष्य में मेरे लिये इतनी फलवती होने को थीं। जायसी के अपने इस दो वर्ष के अध्ययन में मेरे लिये मध्यकालीन हिन्दी साहित्य का मानों कोष ही खुल गया था। पदमावत के शब्दों और अर्थों की खोज करते हुए अपभ्रंश साहित्य एवं प्रादेशिक भाषाओं के साहित्य तक मेरी कुछ पहुँच हो सकी, जिसका शायद ही कभी मुझे अवसर मिल पाता। अतएव जहाँ से मुझे जायसी के कार्य की सर्वप्रथम प्रेरणा प्राप्त हुई, उन अपने श्रद्धेय गुरु पण्डित रामचंद्र जी शुक्ल को यह संजीवनी व्याख्या कृतज्ञता पूर्वक समर्पित करते हुए मुझे परम संतोष है। पाठक देखेंगे कि

कितनी ही जगह शुक्ल जी के भी पाठ और अर्थों को मैं स्वीकार नहीं कर सका हूँ। यह उनके प्रति किसी अगौरव के कारण नहीं, बल्कि इसलिये कि आज ऐसी सामग्री उपलब्ध होगई है, जिससे प्राचीन हिंदी साहित्य के अर्थों की खोज अधिक सरलता से की जा सकती है। मेरा विश्वास है कि श्रद्धेय शुक्ल जी के समक्ष यह प्रयत्न होता तो इसे उनका आशीर्वाद ही प्राप्त होता। श्रीमाताप्रसाद जी गुप्त के जायसी संस्करण का आभार मैंने भूमिका के आरम्भ में प्रकट किया है। पदमावत के मूलपाठ पर जमी हुई काई को हटाकर गुप्तजी ने हिंदी साहित्य में अति विशिष्ट कार्य किया है। मेरी मान्यता है कि मध्यकालीन हिंदी के प्रायः सभी ग्रन्थों को इसी पद्धति से सम्पादित करने के बाद ही हमें उनका पूरा साहित्यिक फल प्राप्त हो सकेगा। चंदबरदाई, विद्यापति, सूर आदि महा कवियों के ग्रन्थ ऐसे ही संशोधित संस्करणों में अपना वास्तविक साहित्यिक तेज प्राप्त कर सकेंगे। जायसी के ग्रन्थों की और भी हस्तलिखित प्रतियाँ अभी मिलने की सम्भावना है। उसके लिये व्यवस्थित प्रयत्न होना चाहिए। प्राचीन अवधी के व्याकरण की दृष्टि से पदमावत के भाषारूप का अध्ययन करते हुए नवीन प्रतियों के आधार पर मूलपाठ के एक नए संस्करण की आवश्यकता अभी भी मानी जा सकती है। आशा है भविष्य में इसकी पूर्ति हिन्दी के किसी अधिकारी विद्वान् द्वारा हो सकेगी। अपने से पूर्व टीका करने वाले श्री पण्डित सुधाकर द्विवेदी, ग्रियर्सन, शिरेफ, लक्ष्मीधर आदि विद्वानों का भी मैं कृतज्ञ हूँ। ये संस्करण मेरे सामने रहे हैं और अर्थों के तुलनात्मक अनुसन्धान में आवश्यकतानुसार मैंने इनका उपयोग किया है। श्री ए. जी. शिरेफ के प्रति आभार प्रकट करना मैं अपना विशिष्ट कर्तव्य समझता हूँ। अत्यन्त परिश्रम से पदमावत का अंग्रेजी अनुवाद प्रस्तुत करते हुए उन्होंने उसमें अनेक प्रकार की जानकारी का समावेश टिप्पणी रूप में कर दिया था। यह अनुवाद बराबर मेरे सामने रहा है। शिरेफ के समक्ष शुक्लजी द्वारा निर्धारित पाठ था, अतएव मैं कल्पना कर सकता हूँ कि अर्थों के सम्बन्ध में उनके सामने कितनी ऐसी उलझनें आई होंगी जहाँ उपलब्ध पाठ ने उनको लाचार कर दिया होगा। उस मर्यादा के रहते हुए भी उन्होंने जायसी के समझने में जो सफलता पाई उससे उनकी सूक्ष्म बुद्धि और साहित्यिक परिश्रम का परिचय मिलता है।

इसके अतिरिक्त मैं श्री गोपालचन्द्र जी जज का अनुगृहीत हूँ, जिन्होंने पदमावत की अपनी अति श्रेष्ठ प्रति मुझे प्रदान की जिससे इस पाठसंशोधन में बराबर सहायता मिली। प्रोफेसर हसन असकरी प्राचीन अवधी के ग्रन्थों का उद्धार करने के काम में बहुत प्रयत्न कर रहे हैं। मनेर शरीफ और बिहार शरीफ के खानकाह पुस्तकालयों की खोज करके उन्होंने पदमावत की एक शाहजहाँ कालीन प्रति और दूसरी मुहम्मदशाह कालीन प्रति का पता लगाया। बिहार शरीफ की मूल प्रति उन्होंने मेरे पास भेजने की कृपा की। यद्यपि उस समय इस व्याख्या का अधिकांश भाग छप चुका था, फिर भी परिशिष्ट में मुझे उसके पाठों से बहुत सहायता मिली। मनेर शरीफ की मूल प्रति तो प्राप्त नहीं हो सकी, किन्तु पटना विश्वविद्यालय के लिये की गई उसकी प्रतिलिपि वहाँ के पुस्तकाध्यक्ष की कृपा से मुझे प्राप्त हो सकी, जिसके लिये मैं उनका कृतज्ञ हूँ। श्री एस. वी. सोहनी, आई. सी. एस. भूतपूर्व कमिश्नर, पटना, ने भी इस प्रतिलिपि के प्राप्त कराने में मेरी सहायता की थी, जिसके लिये मैं आभारी हूँ। श्री काशिराज महाराज विभूति नारायण सिंह ने अपने राजकीय पुस्तकालय से पदमावत की हस्तलिखित देवनागरी प्रति और श्री रायकृष्ण दास जी ने भारत कला भवन की कैथी प्रति पर्याप्त समय के लिये मेरे लिये सुलभ कर दी, इसके लिये मैं उनका अनुगृहीत हूँ। श्री अर्शी साहब ने रामपुर के राजकीय पुस्तकालय की बहुमूल्य प्रति में जो फारसी अनुवाद है, उसके देखने में दो दिन तक लगातार मेरी सहायता की। उस सुखद स्मृति से आज भी प्रसन्न होकर मैं उनका अनुग्रह मानता हूँ।

इसके अतिरिक्त जिन अनेक मित्रों को मैंने समय समय पर अपनी जिज्ञासाएँ भेजकर

कष्ट दिया और उन्होंने सूचनाएँ भेजकर मेरी सहायता की, उनके प्रति भी मेरी हार्दिक कृतज्ञता है, जैसे कुँवर सुरेशसिंह, पण्डित हजारीप्रसाद द्विवेदी, पण्डित रामनरेश त्रिपाठी, श्रीरायकृष्णदास, श्रीमैथिलीशरणजी गुप्त, श्रीप्रोफेसर हसनअसकरी (पटना कालेज, पटना), श्रीइम्तियाजअली अर्शी (पुस्तकाध्यक्ष राजकीय पुस्तकालय, रामपुर), श्रीअख्तरहुसन निजामी (दरबार कालेज, रीवां), श्रीप्रोफेसर हबीब और उनके सहयोगी श्रीअब्दुर्रशीद (अलीगढ़ विश्वविद्यालय), श्री डा. मोतीचन्द्र, श्रीप्रोफेसर दशरथ शर्मा, श्रीनरोत्तमदास स्वामी, श्रीशम्भुप्रसाद बहुगुणा (आई. टी. कालेज, लखनऊ), श्री डॉ. दिनेशचन्द्र सरकार (गवर्नमेन्ट एपिग्राफिस्ट, उटकमण्ड), श्रीगणेशचौबे (पिपराकोठा चम्पारन), श्री पण्डित बेचरदास दोशी (अहमदाबाद), श्री डॉ. एस. सी. उपाध्याय (बम्बई), श्री रामदास गुप्त (चिरगाँव), श्री अत्रिदेव विद्यालङ्कार (काशी विश्वविद्यालय) मेरे विद्यागुरु श्री पण्डित जगन्नाथजी शास्त्री (शारदासंस्कृत विद्यालय, लखनऊ), श्रीदेवीशङ्कर अवस्थी (कानपुर), श्रीहरगोविन्द गुप्त (चिरगाँव), स्वर्गीय श्री रणछोड़लाल जी ज्ञानी (बम्बई), श्री अगरचन्द्र नाहटा (बीकानेर), श्री श्रीराम शर्मा (हिन्दी प्रचार सभा, हैदराबाद), श्री उमाकान्त शाह (ओरियण्टल इंस्टिट्यूट, बड़ौदा), श्री दलसुख भाई मालवणियां (काशी विश्वविद्यालय), श्री पण्डित रामजन्म मिश्र (काशी विश्वविद्यालय), आयुष्मान् स्कंदकुमार। इन सब की सहायता का यथास्थान उल्लेख किया गया है। श्री पं० जवाहर लाल चतुर्वेदी (मथुरा) ने पर्याप्त समय के लिये सुधाकर द्विवेदी और ग्रियर्सन के संस्करण अपने पुस्तकालय से मुझे सुलभ किए, जिसके लिये मैं उनका कृतज्ञ हूँ। श्री विजयेन्द्र शास्त्री (पुस्तकाध्यक्ष, नागरी प्रचारिणी सभा, काशी) एवं श्री चौबे रामकुमार (टीचर्स ट्रेनिंग कालिज, काशी) से भी मुझे पुस्तकों की पर्याप्त सहायता मिली जिसके लिये आभारी हूँ। श्रीदीनदयालुजी गुप्त और श्रीविपिनविहारी त्रिवेदी (लखनऊ विश्वविद्यालय) ने श्री हरीकांत श्रीवास्तव का हिंदू प्रेमाख्यान शीर्षक अप्रकाशित निबंध मेरे देखने के लिये सुलभ किया, इसके लिये मैं उपकृत हूँ। श्री सत्येन्द्रजी ने कृपापूर्वक बंगीय साहित्य परिषद् के पुस्तकालय से अलाउलकृत पदमावत मेरे पास भेजा, जिससे मुझे बहुत प्रसन्नता हुई। उस मूल बंगला अनुवाद की देवनागरी प्रतिलिपि मैंने तैयार करा ली है और अब वह प्रकाशित हो जायगा। पाठक यह देखकर प्रसन्न होंगे कि जायसी के सौरभ का कितना विस्तार मध्यकाल में हुआ था। राजिया नामक कवि कृत फारसी अनुवाद (हि० १०६९) की एक प्रति स्वर्गीय ज्ञानी की कृपा से मैंने बम्बई संग्रहालय में सुरक्षित देखी थी। बज्मी कृत दूसरा फारसी अनुवाद श्री गोपालचन्द्र के पास सुना गया है। एक अनुवाद आकिल का भी है। ऐसे ही उर्दू पद्य में भी एक पुराने अनुवाद का परिचय मुझे रामपुर में मिला था। पदमावत सम्बन्धी साहित्य पृथक् खोज का विषय है। पदमावत की सामग्री के आधार पर भूमिका रूप में एक सांस्कृतिक अध्ययन लिखने का भी मेरा विचार था पर इस संस्करण में वह पूरा न हो सका। उसके लिये पाठकों से क्षमा प्रार्थी हूँ। शब्दानुक्रमणी बनाने का कार्य श्री रेवाप्रसाद (छात्र, आचार्य कक्षा, काशी विश्वविद्यालय), श्री जगन्नाथ पाठक (छात्र, आचार्य कक्षा, काशी वि० वि०), और मेरे आयुष्मान् विष्णुकुमार ने बड़े परिश्रम से किया, मैं इनका अभ्युदय चाहता हूँ। श्री पण्डित तिलकधर, श्री राजाराम जैन और आयुष्मान् भृगुकुमार इन तीनों से इस ग्रन्थ की पाण्डु लिपि तैयार कराने में मुझे जो सहायता मिली, उसकी स्मृति बड़ी सुखद है और उसके लिये मैं कृतज्ञ हूँ।

श्रद्धेय श्रीमैथिलीशरणजी गुप्त का मैं हृदय से आभारी हूँ, जिन्होंने अपने सुप्रसिद्ध साहित्य सदन की ओर से इस ग्रन्थ को प्रकाशित करना स्वीकार करने की कृपा की। साहित्य सदन के प्रबन्धक श्री सुमित्रानन्दन ने डेढ़ वर्ष तक इस ग्रंथ के मुद्रण कार्य में निरंतर मेरी इच्छाओं की पूर्ति का ध्यान रक्खा है और मुद्रण कार्य में सदा तत्परता दिखाई है, उसके लिये कृतज्ञता प्रकट करते हुए मैं अत्यन्त प्रसन्नता का अनुभव करता हूँ।

अंत में मैं अपने हृदय की श्रद्धा इस विशिष्ट महाकाव्य के प्रतिभाशाली कवि के प्रति अर्पित करते हुए सौभाग्य और आनंद का अनुभव करता हूँ। इस काव्य के प्रति प्रवृद्ध आस्था से ही यह परिश्रम पूरा हो सका है। यह कृति मातृभाषा हिंदी के साहित्य देवता द्वारा स्वीकृत हुई तो मेरा सौभाग्य होगा—फूल सोइ जो महेसहि चढै।

काशी विश्वविद्यालय
कार्तिक शुक्ल पूर्णिमा, सं० २०१२

वासुदेवशरण

विषय सूची

[पदमावत की सभी अच्छी प्रतियों में खंडों का विभाग नहीं है। काशिराज की देवनागरी प्रति (संवत् १८१८) में खंड-विभाग तो नहीं, कुछ दूर तक दोहों के शीर्षक लिखे हैं। भारत कलाभवन की कैथी प्रति में खंड विभाग के शीर्षक दिए हैं, पर वे कितनी ही जगह शुक्लजी से भिन्न हैं, और उनके अन्तर्गत परिगणित दोहों की संख्या में भी भेद है। शुक्लजी ने अपने संस्करण में जो खंड-विभाग दिया है वह कथा-वस्तु का स्पष्ट परिचय कराने में सहायक है। गुप्तजी ने प्रमाणाभाव से यह विभाग नहीं दिया। निम्नलिखित विषय सूची में सुविधा के लिये खंड की संख्या और शीर्षक एवं दोहों की संख्या दोनों का निर्देश किया गया है।

१ : स्तुति खंड (पृ० १—२४)

दोहा १ ईशस्मरण–२ ईशस्मरण–३ ईशस्मरण–४ ईशस्मरण–५ ईश्वर का धनपति रूप–६ ईश्वर का महान् राज्य–७ अलख अरूप कर्त्ता–८ उसका अनुपम रूप–९ अमोल रत्न मानव देह का देनेवाला–१० कर्ता की अनन्त रचना का वर्णन संभव नहीं–११ मुहम्मद–१२ चार यार–१३ दिल्ली सुलतान शेरशाह–१४ उसकी सेना–१५ उसका न्याय–१६ उसका रूप और दर्शन––१७ उसका दान–१८ पीर सैयद अशरफ जहाँगीर का वर्णन–१९ उनके पुत्र-पौत्रों का वर्णन–अलाई चिश्तियों की दूसरी शाखा के गुरु सैयद मुहम्मद महदी का वर्णन–२१ कवि द्वारा अपने एक-नैन होने का वर्णन–२२ अपने चार मित्रों का वर्णन–२३ कवि की नम्र उक्ति–२४ पदमावत कथासार—

२ : सिंहलद्वीप वर्णन खण्ड (पृ० २५—५०)

२५ द्वीप वर्णन–२६ राजा गंधर्वसेन चक्रवर्ती वर्णन–२७ सघन अँबराई वर्णन –२८ उसके वृक्ष–२९ और पक्षी–३० कूप बावरी कुंड मठ मंडप और जप तप करने वाले सिद्ध साधकों का वर्णन–३१ सिंहल का मानसरोवर–३२ पनिहारी वर्णन–३३ ताल तलावरि और उनके जल पक्षी–३४ फलों की बाटिकाएँ–३५ फुलवाड़ियाँ–३६ नगर वर्णन–३७ कनक हाट–३८ सिंगार हाट–३९ फूलहाट, गंधहटी और मानिक चौक का वर्णन–४० सिंहलगढ़, परिखा-प्राकार वर्णन–४१ नौ प्रतोली वर्णन–४२ राजद्वार वर्णन–४३ गढ़ के भीतर की नीर खीर नदी, मोतीचूर कुंड और कंचन वृक्ष का वर्णन–४४ गढ़ में रहनेवाले उच्च राज पुरुषों का वर्णन–४५ राजमंदिर के बाहर किन्तु राजद्वार के भीतर राजा की निजी हस्तिशाला–४६ राजा के तुरंग ४७ उससे आगे की कक्ष्या में राजसभा–४८ राजा का निजी वासस्थान, राजमंदिर और धवलगृह–४९ राजमंदिर में रनिवास और पाट प्रधान रानी चंपावती—

३ : जन्म खंड (पृ० ५०—५८)

५० पद्मावती का माता के गर्भ में आना–५१ पद्मावती जन्म–५२ छठी पूजन, नामकरण और जन्मपत्री फल वर्णन–५३ बाल्यकाल और शिक्षा–५४ विवाह योग्य पद्मावती के लिये धवलगृह में पृथक् निवास (कुमारी अन्तःपुर) और सखियों की व्यवस्था, उसका साथी हीरामन सुग्गा–५५ पद्मावती के यौवन का विकास–५६ पद्मावती को सुग्गे की सीख से राजा का कोप, उसके वध की आज्ञा, पद्मावती का उसे छिपा लेना–५७ डरे हुए हीरामन का पद्मावती से वनवास की आज्ञा माँगना–५८ पद्मावती का उसे धैर्य बँधाना—

४ : मानसरोदक खंड (पृ० ५८—६६)

५९ पद्मावती का सखियों के साथ सरोवर स्नान के लिये जाना–६० सरोवर देखकर सखियों का जल केलि के लिये रहसना–६१ स्नान के लिये केश खोले हुए पद्मावती की रूप शोभा–६२ सब बालाओं का जल में उतरना और इच्छानुसार केलि करना–६३ पद्मावती को साक्षी बनाकर सखियों का जल में विशेष प्रकार का खेल–६४ एक सखी के हार का जल में खोना और सबका मिलकर ढूढ़ना–६५ पद्मावती के चरणस्पर्श और रूप दर्शन से सरोवर का प्रसन्न होना और हार का जल में उतिराना—

५ : सुआ खंड (पृ० ६६—७२)

६६ पद्मावती की अनुपस्थिति में सुग्गे का वन खंड को उड़ जाना–६७ भंडारी द्वारा पद्मावती को सूचना और पद्मावती का शोक–६८ सखियों का उसे समझाना–६९ वन में व्याध का आना और लासा भरा खोंचा लगाना७०–सुग्गे का बंदी होना, डले में बन्द दूसरे पक्षियों का उससे अपना अपना दुखड़ा रोकर प्रश्न करना–७१ हीरामन का अपनी भूल सुनाकर उन्हें समझाना–७२ उत्तर सुनकर सबका अपनी भूल समझ लेना—

६ : रत्नसेन जन्म खंड (पृ० ७२—७३)

७३ चितौड़ में चित्रसेन के यहाँ रत्नसेन का जन्म और सामुद्रिकों द्वारा उसका सिंहल की राजकुमारी से ब्याह बताना—

७ : बनिजारा खंड (पृ० ७३—८१)

७४ व्यापार के लिये चित्तौड़ के बंजारों की सिंहल यात्रा, साथ में एक निर्धन ब्राह्मण का जाना–७५ वहाँ के समृद्ध हाट में ब्राह्मण का दुःख मनाना–७६ तभी व्याध का सुग्गा लेकर आना और ब्राह्मण का सुग्गे से उसके गुण पूँछना–७७ सुग्गे का उत्तर कि बहुत पढ़ लिखने पर भी बंधन में पड़ जाने से उसका ज्ञान व्यर्थ हो गया–७८ व्याध से ब्राह्मण का सुग्गा बिसाहना और साथियों में मिलकर चित्तौड़ लौटना-७९ चित्तौड़ में तब तक रत्नसेन का सिंहासन पर बैठना एवं सिंहल के वाणिज्य में लाए हुए पंडित सुग्गे का समाचार पाना–८० राजा के दूतों का ब्राह्मण और सुग्गे को बुला लाना–८१ सुग्गे को राजा का आशीर्वाद देना और कहना कि मैं सिंहल की पद्मावती का हीरामन हूँ–८२ ब्राह्मण से एक लाख मूल्य में रत्नसेन द्वारा सुग्गा मोल लेना और राजमंदिर में उससे कथाएँ सुनना—

८ : नागमती सुआ खंड (पृ० ८१—८९)

८३ रत्नसेन की पाट प्रधान रानी का सुग्गे से अपने रूप के विषय में प्रश्न–८४ सिंहल की पद्मावती की तुलना में सुग्गे का उसके सौन्दर्य को तुच्छ बताना–८५ सुग्गे को मारने के लिये नागमती का अपनी धाय को आज्ञा देना–८६ धाय का सुग्गे को ले जाना पर रानी की आज्ञा की मूर्खता समझ कर उसे न मारना–८७ राजा के आने पर सुग्गे की खोज, नागमती का राजा से उसकी निन्दा करना–८८ सुग्गे के शोक में राजा की नागमती को सुग्गा लाने या जाकर उसके साथ सती हो जाने की आज्ञा–८९ रानी का रंग फीका होना और आकर धाय से अपनी बात कहना–९० धाय का उसे पति के साथ क्रोध करने का दोष समझाना–९१ रानी का अपनी हार मानना और सुग्गा लेकर राजा को सौंपना—

९ : राजा सुआ संवाद खंड (पृ० ९०—९६)

९२ राजा का सुग्गे को सत्य कहने की शपथ दिला कर उसके साथ हुए अन्याय की बात पूँछना–९३ किसी की निन्दा न करके सुग्गे का अपनी स्वामिनी सिंहल की पद्मावती का परिचय बताना–९४ उसके नाम श्रवण से राजा में उत्कंठा जाग्रत होना एवं पद्मावती और सिंहल के विषय में विशेष प्रश्न करना–९५ सुग्गे द्वारा सिंहल का वर्णन करते हुए कुमारी पद्मावती के सौन्दर्य की प्रशंसा करना–९६

उसे सुनकर रत्नसेन में प्रेम-उत्कंठा जाग्रत होना और पुनः पूछना–९७ सुग्गे का प्रेम की कठिनाइयों का वर्णन करना–९८ प्रेम के मार्ग में अपनी दृढ़ निष्ठा प्रकट करते हुए राजा का पद्मावती के नखशिख शृंगार के विषय में प्रश्न करना—

१० : नखशिख खंड (पृ० ९६—११५)

९९ हीरामन द्वारा पद्मावती के शृंगार वर्णन का आरम्भ, केश–१०० माँग–१०१ ललाट–१०२ भौंह–१०३ नेत्र–१०४ बरौनी–१०५ नासिका–१०६ अधर–१०७ दन्त–१०८ रसना–१०९ कपोल–११० श्रवण–१११ ग्रीवा–११२ भुजाएँ–११३ स्तन ११४ उदर–११५ पीठ–११६ कटि–११७ नाभि–११८ नितंब की शोभा का वर्णन—

११ : प्रेम खंड (पृ० ११५—१२१)

११९ नखशिख शृंगार सुनकर रत्नसेन का मूर्च्छित हो जाना–१२० सब हितमित्र परिजनों द्वारा राजा के उपचार का प्रयत्न–१२१ राजा का होश में आकर भी वही चर्चा करना–१२२ सबका उसे समझाना–१२३ हीरामन का उसे विशेष समझाना कि योग और भोग के जीवन में मेल सम्भव नहीं–१२४ सुग्गे द्वारा प्रेम मार्ग की कठिनता का वर्णन करते हुए राजा को सचमुच जागने के लिये समझाना–१२५ यह बात सुनकर राजा का मानसिक उद्बोधन और प्रेमिका से मिलने की प्रतिज्ञा—

१२ : जोगी खंड (पृ० १२१—१३५)

१२६ राज त्याग कर राजा का जोगी के वेष में पद्मावती के लिये निकलना–१२७ शुभ मुहूर्त में प्रस्थान करने के लिये ज्योतिषियों के प्रस्ताव पर राजा का अवलेहना पूर्ण उत्तर–१२८ सोंटियों द्वारा राजा की कटक यात्रा की घोषणा–१२९ रत्नसेन की माता का उसे रखने के लिये अनुरोध–१३० रत्नसेन का उत्तर और अपने निश्चय पर दृढ़ रहना–१३१ नागमती और रनिवास का विलाप–१३२ राजा का उन्हें समझाना–१३३ राजा के चलने पर माता और रानियों का करुणाजनक विलाप–१३४ राजा का कटक के साथ सिंगी बजाकर प्रस्थान–१३५ शकुन विचार–१३६ राजा का जोगियों से मार्ग की कठिनाई बताना–१३७ दंडकवन और विन्ध्य वन में पहुँचकर साथियों को सावधान करना–१३८ सुग्गे का अगुआ बनकर मार्ग बताना–१३९ मृगारण्य और उससे आगे की यात्रा—

१३ : राजा गजपति संवाद खंड (पृ० १३६—१४१)

१४० समुद्र के घाट पर पहुँचे हुए रत्नसेन को उड़ीसा के राजा गजपति का निमन्त्रण और रत्नसेन द्वारा उसका आतिथ्य अस्वीकार करके जहाज देने की प्रार्थना–१४१ समुद्र यात्रा की कठिनाई बताते हुए गजपति द्वारा जहाज देने की स्वीकृति–१४२ राजा का गजपति के समक्ष अपने संकल्प की दृढ़ता प्रकट करना–१४३ प्रेम की महिमा के विषय में राजा की दृढ़ उक्ति और उसीके द्वारा सिद्धि प्राप्त करने का संकल्प–१४४ राजा का कथन कि वह प्रेम के मार्ग में सर्वस्व त्याग कर बाधाओं से निरपेक्ष हो गया है–१४५ धर्म के मार्ग में दान की महिमा—

१४ : बोहित खंड (पृ० १४१—१४४)

१४६ गजपति से जहाज पाकर राजा का प्रस्थान–१४७ बोहितों का समुद्र में चलना, लहरों का उठना और समुद्र की चालह मछली देखकर राजा के साथियों का आश्चर्य प्रकट करना–१४८ केवटों द्वारा समुद्र के अन्य उपद्रवों का वर्णन–१४९ राजा का केवटों के सामने यात्रा के लिये अपना दृढ़ संकल्प प्रकट करना—

१५ : सात समुद्र खंड (पृ० १४४—१५२)

१५० जीवन यात्रा में सत की महिमा का वर्णन, खारी समुद्र पार करना–१५१ खीर समुद्र की यात्रा–१५२ दधि समुद्र का वर्णन और यात्रा–१५३ उदधि समुद्र की ज्वालाओं और यात्रा का वर्णन—

१५४ सुरा समुद्र की यात्रा–१५५ किलकिला समुद्र, उसकी लहरों और भँवरों का वर्णन–१५६ सुग्गे द्वारा किलकिला समुद्र की भयंकरता का वर्णन–१५७ किलकिला समुद्र में पड़े हुए जहाजों की विभिन्न गतियाँ और सुग्गे द्वारा मार्ग दर्शन–१५८ सातवें मानसर नामक समुद्र में पहुँच कर सबका प्रसन्न होना—

१६ : सिंहल द्वीप खंड (पृ० १५२—१५८)

१५९ राजा का सूर्य मेघ बिजली चन्द्रमा और नक्षत्र एक साथ सामने देखकर सुग्गे से प्रश्न–१६० सुग्गे का उत्तर कि वे सिंहल के राजमहल में रानियों के आवास हैं–१६१ सिंहलगढ़ की अगम ऊँचाई और वहाँ तक पहुँचने की कठिनता का वर्णन–१६२ सुग्गे का राजा को बसन्तपञ्चमी के दिन शिव यात्रा के समय सिंहल प्रवेश की युक्ति बताना–१६३ राजा का उत्तर कि पद्मावती के दर्शन के लिये वह ऊँचे से ऊँचे स्थान पर चढ़ सकता है–१६४ हीरामन का पद्मावती के पास प्रस्थान और राजा का पर्वत पर चढ़कर शिवमंडप के दर्शन करना—

१७ : मंडप गमन खंड (पृ० १५८—१६१)

१६५ राजा का मंडप में शिव के दर्शन, परिक्रमा और स्तुति करना–१६६ राजा की स्तुति का मंडप में आकाश वाणी द्वारा उत्तर और प्रेम के मार्ग में सत धारण करने का उपदेश–१६७ सिंह चर्म पर बैठकर राजा का तप समाधि करना और पद्मावती का नाम जपना—

१८ : पद्मावती वियोग खंड (पृ० १६१—१६८)

१६८ राजा के जोग का पद्मावती पर प्रभाव–१६९ विरह में पद्मावती की दशा देखकर धाय का प्रश्न करना–१७० पद्मावती का उत्तर कि उसके यौवन पर विरह का आक्रमण हुआ है–१७१ प्रिय मिलने तक प्रेम की पीर को साधने के लिये धाय का उसे समझाना–१७२ यौवन और विरह की दुर्धर्ष लड़ाई में पद्मावती का अपनी दुर्दशा बताना–१७३ वसंतपंचमी के दिन शिव को प्रसन्न करके पतिसमागम की प्रार्थना के लिये धाय का उपदेश–१७४ अवधि के अवशिष्ट दिनों में पद्मावती की विरह व्यथा—

१९ : पद्मावती सुआ भेंट खंड (पृ० १६८—१७५)

१७५ हीरामन की पद्मावती से भेंट और पद्मावती का प्रसन्न होना–१७६ पद्मावती के प्रश्न के उत्तर में सुग्गे का चित्तौड़ की यात्रा तक का अपना सब हाल कहना–१७७ सुग्गे द्वारा रत्नसेन तक पहुँचने और उससे पद्मावती के रूप वर्णन का हाल बताना–१७८ फिर रत्नसेन के जोगी होकर घर छोड़ने और महादेव के मंडप में आ पहुँचने का हाल कहना–१७९ सुनकर पद्मावती की प्रक्रिया कि तपाने और कसने से ही कंचन की परख होती है–२८० सुग्गे का पद्मावती को विश्वास दिलाना कि रत्नसेन की विरहाग्नि सच्ची है–१८१ हीरामन का रानी से बिदा लेना–१८२ लौटकर सुग्गे का रत्नसेन को पद्मावती का संदेश सुनाना—

२०: वसंत खंड (पृ० १७५—१८९)

१८३ वसंत पंचमी के दिन पद्मावती का सखियों से वसंत पूजन के लिये कहना–१८४ पद्मावती की आज्ञा पाकर सखियों का श्रृंगार करना–१९५ पद्मावती का सखियों को लेकर विश्वनाथ की पूजा के लिये चलना–१८६ उल्लास के साथ सखियों की वाटिका यात्रा–१८७ फुलवारी में वृक्षों के साथ उद्यान क्रीड़ा–१८८ सखियों का फूल बीनना–१८९ उनका गान, नृत्य और चाँचर जोड़ना–१९० फाग खेलते हुए पद्मावती का महादेव के मढ़ में पहुँचना, देवताओं में खलभली–१९१ पद्मावती का देव मंडप में जाकर तीन प्रणाम करना और चरणों में गिरकर विवाह योग्य वर की प्रार्थना करना–१९२ मंडप में अव्यक्त शब्द उठना और पद्मावती के दर्शन से स्वयं देवता के हतप्रभ होने की सूचना मिलना–१९३ उसी क्षण एक सखी का आकर मंडप के पूर्व द्वार पर जोगियों के उतरने की सूचना देना–१९४ पद्मावती का तत्काल वहाँ जाना, उसके दर्शन से रत्नसेन का मूर्च्छित हो जाना–१९५ पद्मावती

का उसके हृदय पर चंदन लगाकर कुछ अक्षर लिखना—१९६ पर्वत पर शिवमंडप से पद्मावती का गढ़ में लौटना—१९७ पद्मावती का अपने मन्दिर में आकर विहार कथा सुनते हुए रात में विश्राम करना और प्रातःकाल सखी को बुलाकर अपना स्वप्न कहना—१९९ सखी द्वारा स्वप्न का विचार कथन कि पश्चिम से आकर कोई राजा तुम्हें वरेगा—

२१ : राजा रत्नसेन सती खंड (पृ० १९०—१९७)

१९९ रत्नसेन का जागना और पद्मावती को न पाकर सिर धुनना—२०० राजा के कठिन विरह का वर्णन—२०१ राजा का अत्यधिक विलाप—२०२ शिव के मंडप में जाकर देवता को उपालंभ देना—२०३ देवता का उत्तर कि पद्मावती के दर्शन से वह स्वयं हततेज हो गया था—२०४ रत्नसेन का अपने आप को दोष देना और काया को भस्म करने की प्रतिज्ञा करना—२०५ राजा के चिता पर बैठते ही उसके प्रेम की वज्राग्नि से व्याकुल देवताओं का आना—२०६ वहीं पर्वत पर रहने वाले वीर हनुमान का उस अग्नि से जलकर शिव पार्वती से संदेश कहना—

२२ : पार्वती महेश खंड (पृ० १९७—२०८)

२०७ तुरन्त शिव का गौरा पार्वती और हनुमान् के साथ वेष बदल कर आना और रत्नसेन से उसके वियोग का कारण पूछना—२०८ रत्नसेन का उत्तर कि सिंहल की पद्मावती के लिये महादेव के मढ़ में निराश होने पर मैं ऐसा कर रहा हूँ—२०९ अप्सरा का वेष रखकर पार्वती का रत्नसेन की परीक्षा लेना—२१० रत्नसेन का अप्सरा के प्रेम को ठुकराना और पद्मावती में अपनी निष्ठा प्रकट करना—२११ पार्वती का शिव से रत्नसेन की आशा पूरी करने का अनुरोध करना—२१२ शिव से पार्वती द्वारा कही बात सुनकर राजा का शिव को पहचान लेना—२१३ तुरन्त रत्नसेन का धाड़ मारकर रोना—२१४ महादेव का दयालु होकर राजा को उपदेश देना कि सिंहल गढ़ पर चोरी से सेंध लगाकर चढ़ो—२१५ सिंहल पर चढ़ने के लिये सुरंग मार्ग का शिवजी द्वारा कथन—२१६ उस मार्ग पर चढ़ने के लिये मन और श्वास को मारने का उपदेश—

२३ : राजा गढ़ छेका खंड (पृ० २०८—२२९)

२१७ शिव से सिद्ध गुटिका पाकर जोगियों का सिंहल गढ़ में सेंध लगाने के लिये उसे घेर लेना, गंधर्वसेन द्वारा उनके प्रतिषेध के लिये राजा के पास दूत भेजना—२१८ दूतों का आकर राजा को समझाना कि भिक्षा लेकर अपने मार्ग पर जाओ—२१९ रत्नसेन का कथन कि मैं राजा की कन्या पद्मावती की भिक्षा चाहता हूँ—२२० यह सुनकर दूतों का क्रोध करना और यह कहना कि जोगी राज-कन्या के योग्य नहीं—२२१ रत्नसेन का उत्तर कि योग के प्रभाव से वह राजकुमारी के योग्य है—२२२ दूतों का लौटकर राजा से हाल कहना, राजा का क्रोध करना तथा मन्त्रियों का उसे समझाना कि जोगियों को मारना उचित नहीं—२२३ दूतों के न लौटने पर रत्नसेन का सुग्गे को लिखकर पाती देना—२२४ सुग्गे से मौखिक सन्देश भी कहना—२२५ राजा का मौखिक सन्देश—२२६ सुग्गे का प्रेम पत्र लेकर विरह में व्याकुल पद्मावती के यहाँ आना—२२७ पद्मावती का हीरामन से उपालंभ व्यक्त करना कि वह रत्नसेन के लिये प्यासी मर रही है, किन्तु रत्नसेन को उसकी चिन्ता नहीं; उत्तर में सुग्गे का कथन कि रत्नसेन भी उसके दृष्टिबाण से घायल पड़ा है—२२८ सुग्गे का पद्मावती को उपालंभ कि रत्नसेन की ऐसी अवस्था होने पर भी पद्मावती का रोआँ तक उसके लिये नहीं पसीजा—२२९ निराश रत्नसेन के चिता में जलने और शिव के उपदेश से सेंध लगाने का सुग्गे द्वारा कथन और प्रेम पत्री देना—२३० पत्री देकर सुग्गे का मौखिक संदेश कहना—२३१ पद्मावती का कथन कि रत्नसेन अभी प्रेम के मार्ग में कच्चा है, उसे मरकर जीवित होने की कला में परिपक्व होना चाहिए—२३२ रत्नसेन के उत्तर में पद्मावती का पत्र लिखना कि तू सूर्य हो तू आकाश मार्ग से चढ़कर आ—२३३ प्रेम मार्ग में साधना करने वालों के कुछ उदाहरण पद्मावती द्वारा पत्र में

लिखना—२३४ फिर रत्नसेन को अपने प्रेम का विश्वास दिलाना—२३५ पद्मावती के वियोग में राजा का बेहोश हो जाना और सुग्गे के लौटने से होश में आना—२३६ पत्री देकर सुग्गे का मौखिक संदेश सुनाना—२३७ अपने ऊपर पद्मावती की प्रसन्नता जानकर राजा का प्रसन्न होना—२३८ राजा का नए उत्साह से शिव के बताए हुए मार्ग से आगे बढ़ना और सुरंग के रास्ते गढ़ पर चढ़ते हुए प्रातः काल हो जाने पर पकड़े जाना—

२४ : गन्धर्व सेन मन्त्री खंड (पृ० २२९—२४८)

२३७ राजा के पूछने पर न्याय पंडितों का निर्णय कि योगियों को शूली दी जाय—२४० मंत्रियों की राजा को सलाह कि ये चोर नहीं, सिद्ध हैं, इन्हें जीतने के लिये सैनिक तैयारी करो—२४१ तदनुसार कटक की तैयारी—२४२ सैन्य दल देखकर रत्नसेन के साथियों का लड़कर मर मिटने का विचार प्रकट करना—२४३ गुरु का चेलों को प्रेम के मार्ग में शान्त रहने का उपदेश—२४४ रत्नसेन के साथ सब योगियों का पकड़े जाना और उस स्थिति में भी अभय रहना—२४५ इस विपत्ति में रत्नसेन का अपने गुरु पर पूर्ण विश्वास प्रकट करना—२४६ रत्नसेन का कथन कि पद्मावती ही वह गुरु है और मैं उस दीपक का भिखारी पतिंगा हूँ—२४७ रत्नसेन के कष्ट की पद्मावती पर प्रतिक्रिया और अनुभव—२४८ पद्मावती की विरहव्यथा का सखियों को ज्ञान होना—२४९ सखियों द्वारा उसके उपचार के उपाय—२५० सखियों का पद्मावती को धैर्य बँधाना—२५१ विरहाग्नि में व्याकुल पद्मावती का हीरामन को बुलवाना—२५२ धाय का हीरामन को शीघ्र ले आना, पद्मावती का उसके समक्ष अपने उद्‌गार प्रकट करके फिर अचेत हो जाना—२५३ पद्मावती की विरहाग्नि का वर्णन—२५४ उसकी नाड़ी देखकर हीरामन का कथन कि वह प्रीति की बेल में उलझ गई है—२५५ जागकर पद्मावती की हीरामन से प्रिय समागम के लिये प्रार्थना—२५६ हीरामन का उसे धैर्य देना कि रत्नसेन को पकड़कर शूली देने ले गए हैं, उसीकी व्यथा का तुम्हें अनुभव हो रहा है—२५७ यह सुनकर पद्मावती का उसके साथ ही स्वर्ग में जाने का निश्चय प्रकट करना—२५८ सुग्गे का पद्मावती से कथन कि पद्मावती ही गुरु है, रत्नसेन केवल उसका चेला है— २५९ रत्नसेन का अनन्य प्रेम जानकर पद्मावती का उसे 'सिद्ध हुआ' मानना—

२५ : रत्नसेन सूली खंड (पृ० २४८—२६१)

२६० रत्नसेन का सूली के लिये लाया जाना और उसका रूप देखकर जाति और जन्म के विषय में उससे प्रश्न होना—२६१ रत्नसेन का उत्तर कि जोगी भिखारी की कोई जाति नहीं, जाति न पूछ कर मुझे शीघ्र सूली दो—२६२ 'अन्त समय में अपने प्रिय का स्मरण कर लो', यह कहने पर रत्नसेन का उत्तर—२६३ उसी समय एक भाट का बीच में आकर गन्धर्वसेन से जोगी को कन्या देने की बात कहना—२६४ भाट की चेतावनी कि जोगी से युद्ध करने पर महाभारत मच जायगा—२६५ गन्धर्वसेन का क्रुद्ध होकर भाट के विषय में पूछना— २६६ भाट का राजा से रावण का दृष्टान्त देकर गर्व की निन्दा करना— २६७ राजा का प्रश्न कि भाट का जोगी से कहाँ साथ हुआ— २६८ भाट द्वारा रत्नसेन का सच्चा परिचय— २६९ भाट का कथन कि इस विषय में हीरामन सुग्गे से भी पूछ लिया जाय— २७० हीरामन का लाया जाना और गन्धर्वसेन द्वारा जोगी के विषय में उससे प्रश्न— २७१ सुग्गे का राजा से अधीनता के नम्र वचन कहना— २७२ सुग्गे द्वारा रत्नसेन का सच्चा परिचय— २७३ गन्धर्व सेन का प्रसन्न होकर रत्नसेन को बन्धन मुक्त करना और उसे पद्मावती देने का निश्चय— २७४ इससे सबका प्रसन्न होना, बरोक और तिलक की तैयारी—

२६ : रत्नसेन पद्मावती विवाह खंड (पृ० २६१—२७९)

२७५ सिंहल में रत्नसेन पद्मावती के विवाह की तयारी— २७६ रत्नसेन का जोगी का वेष उतार कर राजकीय वेष धारण करना— २७७ रत्नसेन का बरात चढ़ाकर राजमंदिर को प्रस्थान—

२७८ पद्मावती का धवलगृह पर चढ़कर बरात देखना– २७९ सखियों का उसे वर दिखलाना– २८० वर का रूप देखकर पद्मावती का अत्याधिक उल्लास और उससे मूर्च्छा आ जाना– २८१ सखियों के कारण पूछने पर पद्मावती का उत्तर कि विवाह उनका बिछोह कराएगा–२८२ गाजे बाजे के साथ बरात का आकर चित्तरसारी में उतरना– २८३ बरात की जेंवनार– २८४ नाना भाँति के व्यञ्जन– २८५ मंडप वर्णन– २८६ विवाह का मंगलाचार और भाँवर– २८७ गन्धर्वसेन द्वारा रत्नसेन का विशेष सम्मान– २८८ धवलगृह पर निवास का प्रबन्ध– २८९ पद्मावती का रत्नसेन के साथ वहाँ रहना– २९० शयनागार का वर्णन ।

२७ : पद्मावती रत्नसेन भेंट खंड (पृ० २७६—३२८)

२९१ शयनागार में सुखवासी का वर्णन, सुखवासी में लाल चँदोवे के नीचे पर्यङ्क शय्या और उस पर दोनों ओर गेंडुए और गलसुई नामक तकियों का वर्णन– २९२ पद्मावती की गाँठ खोलकर सखियों का श्रृंगार के लिये उसे अलग ले जाना– २९३ दिन भर रत्नसेन का पद्मावती के लिये प्रतीक्षा करना, सायंकाल के समय सखियों का आकर विनोद करना– २९४ पद्मावती के लिये रत्नसेन की व्याकुलता– २९५ उसे सुनकर सखियों की पुनः विनोद वार्ता– २९६ बारह आभरण और सोलह श्रृंगार का वर्णन– २९७ स्नान के बाद पद्मावती का केश संस्कार– २९८ नेत्र, नासिका, अधर का अलंकरण– २९९ उसके वस्त्र और आभूषण– ३०० पद्मावती का सेज पर जाने में सशंकित होना– ३०१ सखियों का उसे मर्म समझाना– ३०२ पदमावती की विलक्षण शोभा से सब उपमानों का परास्त होना ३०३ सखियों का पद्मावती को प्रियतम के पास पहुँचाना, पद्मावती की विलक्षण रूप शोभा के प्रथम दर्शन से प्रियतम का मूर्च्छित हो जाना, सखियों का विनोद पूर्वक उसे जगाना– ३०४ राजा का जागना और बाँह पकड़ कर बाला को सेज पर लाना, पद्मावती का उसे जोगी कह कर बरजना– ३०५ राजा का उसके लिये अपनी प्रेम साधना बताना– ३०६ पद्मावती का उसे जोगी भिखारी कहकर विनोद करना–३०७ राजा का विनोदपूर्ण उत्तर और अपने को उसके रंग में रंगा हुआ बताना–३०८ पद्मावती का उत्तर कि कपड़े रंगने से लाल रंग नहीं आता, वह औटाने से पक्का होता है–३०९ राजा की विनोदपूर्ण उक्ति कि मैंने तुम्हारे लिये पान, सुपारी चूना कत्था सब कुछ बनकर रंग रचाया है–३१० पद्मावती का कथन कि जोगी छलछंदी होते हैं, उनका विश्वास नहीं–३११ रत्नसेन का विश्वास दिलाना कि उसकी प्रेम-निष्ठा सच्ची है–३१२ पद्मावती का रत्नसेन को चौपड़ पासे में युगनद्ध खेल या सुरत केलि में युगनद्धभाव के लिये आह्वान करना और उससे उसे परखने की बात कहना–३१३ रत्नसेन का उसे विश्वास दिलाना कि वह सदा के लिये उसके साथ युगनद्ध हो चुका है और उसके साथ जुग बाँधने के लिये ही उसने बड़े कोठे तक पहुँचने की साधना की है—३१४ पद्मावती का उसी प्रकार उत्तर कि प्रथम दर्शन के समय से ही रत्नसेन भौंरा बनकर उसके कमल नेत्रों पर छाया हुआ था–३१५ पद्मावती का स्वीकार करना कि दोनों में एक दूसरे के लिये समान उत्कंठा, व्यथा और साधना थी–३१६ परस्पर सतभाव बताने के बाद कंठालिंगन–३१७ क्रीड़ा से ही चतुर नारी का विशेष आकर्षण–३१८ बाला और प्रियतम का सेज पर विरह-संग्राम–३१९ बाला की विनय कि प्रेम का मधु सौम्य मात्रा में ही पीना उचित है–३२० प्रियतम का उत्तर कि जहाँ मद है वहाँ सँभाल कहाँ–३२१ प्रातःकाल सखियों का आना और पद्मावती के सोहाग को मर्दित हुआ देखना–३२२ पद्मावती का बिसँभार और अलसाई दशा में उठना–३२३ सखियों का हँस हँसकर सुहागरात की बात पूछना–३२४ पद्मावती का प्रियतम के साथ उन्मुक्त राग रंग में अपनी पराजय मान लेना–३२५ अपना सब श्रृंगार प्रियतम को सहर्ष सौंपने की बात कहना–३२६ सखियों का सुरत चिह्नों से पद्मावती को छबीली बताना–३२७ पुत्री का सोहाग सुनकर चंपावती का प्रसन्न होना और उसके केश मांग चूमकर वारी जाना–३२८ मज्जन और अरगजा लेपन से पद्मावती का पुनः खेद रहित होना–३२९ पद्मावती के लिये आए हुए अनेक वस्त्र और आभूषण—

२८ : रत्नसेन साथी खंड (पृ० ३२९—३३०)

३३० रत्नसेन का सभा करके अपने साथियों से मिलना—३३१ साथियों को योग समाप्त करके भोग भोगने की अनुमति देना—

२९ : षट् ऋतु वर्णन खंड (पृ० ३३०—३४०)

३३२ दिन में पद्मावती का सखियों के साथ रहस कोड करना—३३३ रात में पुनः राजा से श्रृंगार युद्ध रचाना—३३४ रत्नसेन द्वारा श्रृंगार पक्ष में वीरभाव का वर्णन—३३५ वसन्त ऋतु भोग वर्णन—३३६ ग्रीष्म ऋतु भोग वर्णन—३३७ पावस ऋतु भोग वर्णन—३३८ शरद् ऋतु भोग वर्णन—३३९ शिशिर ऋतु भोग वर्णन—३४० हेमंत ऋतु भोग वर्णन—

३० : नागमती वियोग खंड (पृ० ३४०—३६२)

३४१ नागमती द्वारा वियोग में प्रिय का स्मरण—३४२ उसकी विरह दशा—३४३ सखी का उसे समझाना—३४४ बारह मासों में नागमती की विरह दशा, असाढ़—३४५ सावन—३४६ भादों—३४७ कुआर—३४८ कातिक—३४९ अगहन—३५० पूस—३५१ माह—३५२ फागुन—३५३ चैत—३५४ बैसाख—३५५ जेठ—३५६ जेठ-असाढ़ी में छाजन छाने के लिये उसकी व्याकुलता—३५७ बारह मास तक घर में रो रोकर फिर स्वामी को ढूँढ़ने के लिये नागमती का बाहर निकलना—३५८ वनवासी पक्षियों से पूछना—३५९ उसके विरह रुदन का वन पर प्रभाव—

३१ : नागमती संदेश खंड (पृ० ३६२—३७६)

३६० रो रोकर नागमती का पक्षी द्वारा संदेश भेजना—३६१ संदेश कथन—३६२ रत्नसेन की बूढ़ी माँ का वियोग में अंधी हो जाना और पुत्र के लिये विलाप करना—३६३ संदेश लेकर पक्षी का सिंहल पहुँचना—३६४ शिकार के लिये वन में गए हुए रत्नसेन का संदेश वाहक पक्षी की दूसरे पक्षियों के साथ बातचीत सुनना—३६५ चित्तौड़ से रत्नसेन के जोगी बनकर चले आने और पक्षी द्वारा नागमती का संदेश लाने की कथा—३६६ संदेश सुनकर रत्नसेन का पक्षी से प्रश्न करना—३६७ पक्षी का रत्नसेन को उपालम्भ कि उसने वाम (स्त्री के साथ) योग में फँस कर अपनी पहली दाहिनी दृष्टि (दाक्षिण्य भाव) भुला दी—३६८ राजा को उसकी बूढ़ी अंधी माँ की मरणापन्न दशा की सूचना देना—३६९ फिर नागमती की व्यथा सुनाना—३७० विरहाग्नि की झार से संसार का जलना—३७१ संदेश सुनाकर पक्षी का उड़ जाना—३७२ राजा का महल में लौट कर संदेश से उदास होना—३७३ हाल सुनकर गंधर्व सेन का कुशल पूछने के लिये आना—

३२ : रत्नसेन बिदाई खंड (पृ० ३७६—३९३)

३७४ अपनी इच्छा प्रकट करने से पूर्व रत्नसेन का गन्धर्वसेन की स्तुति करना—३७५ संदेश की बात कहकर रत्नसेन का चित्तौड़ लौटने की आज्ञा माँगना—३७६ राजसभा द्वारा इस प्रार्थना का समर्थन और रत्नसेन को लौटने की अनुमति मिलना—३७७ पद्मावती का रत्नसेन से रहने के लिये अनुरोध, पर राजा का दृढ़ निश्चय—३७८ गमन वेला जान कर पद्मावती का दुःखी होना—३७९ पद्मावती का सखियों को बुलाकर उनसे बिदा माँगना—३८० सुनकर सखियों का शोक प्रकट करना—३८१ सखियों की पद्मावती को सिखावन—३८२ दिशाशूल वर्णन—३८३ जोगिनी चक्र वर्णन—३८४ पद्मावती की बिदाई—३८५ भारी दहेज के साथ राजा का प्रस्थान—३८६ गौने की सामग्री देखकर राजा के मन में गर्व होना—

३३ : देशयात्रा खंड (पृ० ३९३—४०२)

३८७ समुद्र का ब्राह्मण के रूप में आकर राजा से दान माँगना, दान की प्रशंसा—३८८ रत्नसेन का क्रोध करना और द्रव्य की प्रशंसा करना—३८९ समुद्र में अंधड़ वायु का चलना

और बोहितों का अपथ में बह जाना—३९० विभीषण के केवट एक भयंकर राक्षस का आना—३९१ निकट आकर उसका राजा से कुशल पूछना और अपनी सेवा अर्पित करना—३९२ विश्वास करके राजा का उसे अपना केवट बनाना—३९३ राक्षस का अपनी प्रशंसा करना और काम के लिये दान माँगना—३९४ राक्षस का छल करके बोहितों को समुद्र के बड़े भँवर में डाल देना और राजा का उसे डाटना—३९५ राक्षस का अट्टहास पूर्वक राजा से अपने छल का भेद खोल देना—३९६ उसी क्षण एक राज पंखी का झपटना और राक्षस को लेकर उड़ जाना, बोहितों का टुकड़े टुकड़े होना और राजा रानी का पाटों पर अलग अलग बह जाना—

३४: लक्ष्मी समुद्र खंड (पृ० ४०३—४२६)

३९७ बहते हुए पद्मावती का समुद्र की पुत्री लखिमिनी के घाट पर जा लगना—३९८ लखिमिनी का उसे निकाल कर होश में लाना और नाम धाम पूछना—३९९ पद्मावती का अपने पति के विषय में पूछना—४०० उसे स्वयं पति की सुध आना और व्याकुल हो जाना—४०१ पद्मावती का कथन कि प्रियतम हृदय कमल में है, फिर भी दूर है—४०२ पद्मावती का सती होने के लिये तैयार होना—४०३ लखिमिनी का आकर उसे आश्वासन देना और अपने पिता समुद्र से उसके पति को ढूँढ़ने की विनय करना—४०४ बहते हुए राजा का किसी पर्वत के घाट पर लगना और पद्मावती का स्मरण करके विलाप करना—४०५ राजा का पद्मावती की स्थिति जानने के लिये व्याकुल होना—४०६ निराश होकर राजा का सोचना कि किस देवता की शरण लूँ—४०७ अन्त में भगवान का स्मरण करना—४०८ पद्मावती से मिलाने के लिये प्रार्थना—४०९ कटार निकालकर राजा का आत्महत्या के लिये तैयार होना, ब्राह्मण रूपी समुद्र का उसे रोकना और कारण पूछना—४१० रत्नसेन का उत्तर कि यहाँ आकर मैंने अपना धन और पदमावती जैसी स्त्री, सब कुछ खो दिया—४११ ब्राह्मण का हँस कर कहना कि जिसकी वस्तु थी उसने लेली तो पछताना क्या ?—४१२ रत्नसेन की उक्ति कि मैं समुद्र के सिर अपनी हत्या देकर उससे झगड़ूँगा—४१३ ब्राह्मण का रत्नसेन को पहले उपालम्भ देना और पीछे पद्मावती के घाट पर ले जाना—४१४ पति के वियोग में पद्मावती का सूखना—४१५ पद्मावती का वेष बनाकर लखिमिनी का रत्नसेन के सामने आना और रत्नसेन का पीठ फेर लेना—४१६ रत्नसेन का उससे स्पष्ट कहना कि वह पद्मावती नहीं—४१७ प्रकट होकर लखिमिनी का उसे पद्मावती के पास ले जाकर मिलाना—४१८ पद्मावती रत्नसेन मिलन, एक दूसरे के पैर छूना—४१९ दोनों का समुद्र-लक्ष्मी से बिदा होकर और उपहार में पांच रत्न प्राप्त करके जगन्नाथ जी के घाट पर आ पहुँचना—४२० राजा का कहना कि उसके पास कुछ पूँजी नहीं बची—४२१ लखिमिनी के दिए हुए बीड़े में से पद्मावती का एक रत्न देना और उसके भुनाने से उनकी संपत्ति का बहुरना और घर को प्रस्थान करना—

३५: चित्तौर आगमन खंड (पृ० ४२६—४३८)

४२२ ऐश्वर्य के साथ रत्नसेन पद्मावती का चित्तौड़ के निकट पहुँचना—४२३ इसके अगम ज्ञान से नागमती का उल्लसित होना और सखियों का उससे पूछना—४२४ नागमती का अपने शुभशकुन कहना, उसी क्षण भाट का राजा के आ पहुँचने का समाचार लेकर आना—४२५ सब लोगों का आनन्दित होकर राजा की अगवानी के लिये जाना—४२६ रत्नसेन का लौटकर अपनी माता से मिलना और पद्मावती के विमान को दूसरे राजमंदिर में उतारना—४२७ रात में राजा का नागमती से मिलना और नागमती का उससे रूठ कर मुँह फेर लेना—४२८ राजा का उसे प्रथम विवाहिता का सम्मान देकर मनाना—४२९ राजा रानी में प्रेम वार्ता—४३० प्रातःकाल राजा का पद्मावती के यहाँ जाना और उसके उपालम्भ वचन सुनना—४३१ राजा का उसे अपने प्रेम का विश्वास दिलाना, पद्मावती का नागमती की निन्दा करना—४३२ नागमती का अपनी फुलवारी में सखियों के साथ सुख क्रीड़ा करना—

३६: नागमती पद्मावती विवाद खंड (पृ० ४३८—४५८)

४३३ दूतियों द्वारा उस वाटिका का पद्मावती के सामने (स्तुति के व्याज से निन्दा परक) वर्णन--४३४ सुनकर पद्मावती का वहाँ जाना और उसकी व्याज स्तुति करना--४३५ नागमती का उत्तर--४३६ पद्मावती का वाटिका की त्रुटियाँ बताकर कारण पूछना--४३७ उत्तर में नागमती का पद्मावती पर कटाक्ष करना--४३८ पद्मावती का अपने को प्रियतम की प्यारी बताना--४३९ नागमती का उत्तर कि राजा की सच्ची रानी वही है, पद्मावती तो जोगी की स्त्री है--४४० पद्मावती की नागमती पर सीधी चोट कि वह विषभरी काली नागिन या अँधेरी रात है--४४१ नागमती का क्रोधाग्नि से जलकर वैसा ही कड़वा उत्तर देना कि पति के कारण तू मेरा हार जीत गई है--४४२ पद्मावती का सर्वत्र अपने रूप की विजय बताना--४४३ नागमती का अपनी शक्ति बताकर कहना कि पद्मावती की मृत्यु उसके लिये खेल है--४४४ क्रोध से भभक कर दोनों का एक दूसरे से भिड़ जाना--४४५ सूचना पाकर राजा का आना और दोनों को मेल के लिये समझाना—

३८: राघव चेतन देस निकाला खंड (पृ० ४५८—४७२)

४४६ राघव चेतन का रत्नसेन के दरबार में राजा का कृपापात्र बनना--४४७ दोयज तिथि के विषय में राघवचेतन और पंडितों में मत भेद--४४८ पंडितों की बात का सच उतरना--४४९ राजा का रुष्ट होकर राघव चेतन को देस निकाला देना--४५० पद्मावती का चिन्तित होकर राघव चेतन को बुलवाना--४५१ पद्मावती का झरोखे में आकर राघव चेतन को एक कंगन दान में देना--४५२ पद्मावती के सौन्दर्य से राघव का अचेत हो जाना--४५३ उसके शरीर की विष खाने की सी दशा--४५४ उस के चित्त की अत्यन्त व्याकुलता--४५५ पद्मावती की सखियों का राघव को समझाना--४५६ राघव चेतन का दिल्ली जाकर अलाउद्दीन तक पद्मावती के रूप की बात पहुँचाने का निश्चय—

३९ : राघव चेतन दिल्ली गवन खंड (पृ० ४७२—४७८)

४५७ राघव चेतन का दिल्ली में शाह का वैभव देखना--४५८ शाह को उसके आने का समाचार मिलना--४५९ शाह का उसे बुलवाना--४६० राघव का शाह को प्रणाम करना, कंगन की बात पूछे जाने पर पद्मावती की रूप चर्चा चलाना--४६१ शाह का कथन कि पद्मिनी स्त्रियाँ उसके राज मंदिर से बाहर संभव नहीं--४६२ राघव का कहना कि यहाँ पद्मिनी कोई नहीं—

४० : स्त्री भेद वर्णन खंड (पृ० ४७८—४८४)

४६३ हस्तिनी--४६४ सिंहिनी--४६५ चित्रिणी--४६६ पद्मिनी स्त्रियों के लक्षण--४६७ नारी रूप के सोलह सिंगार—

४१ : पद्मावती रूप चर्चा खंड (पृ० ४८४—५०८)

४६८ पद्मावती नखशिख वर्णन--४६९ राघव चेतन का कथन कि वह उसके रूप से आहत होगया था--४७० वेणी--४७१ माँग--४७२ ललाट--४७३ भौंह--४७४ नैन--४७५ नासिका--४७६ अधर--४७७ दाँत--४७८ रसना--४७९ श्रवण--४८० कपोल--४८१ ग्रीवा--४८२ भुजाएँ--४८३ कुच--४८४ कटि का वर्णन--४८५ उसका सौकुमार्य वर्णन--४८६ रूप सुनकर शाह की मूर्च्छागति और पद्मिनी को लेने की प्रतिज्ञा--४८७ चित्तौड़ के अन्य पाँच नगों का वर्णन--४८८ शाह द्वारा राघव का सम्मान और पद्मिनी की माँग करते हुए पत्र लिखकर सरजा के हाथ चित्तौड़ भेजना—

४२ : बादशाह चढ़ाई खंड (पृ० ५०८—५४९)

४८९ पत्र पढ़कर रत्नसेन का क्रोध से जल उठना और अवहेलना पूर्ण उत्तर--४९० सरजा का राजा को शान्ति का उपदेश--४९१ राजा का स्पष्ट कथन कि पद्मिनी की बात पर भीषण युद्ध होगा, अन्यथा वह शाह की सेवा के लिये तैयार है--४९२ सरजा का शाह के बल का बखान करना—

४९४ राजा का गर्वित उत्तर, 'जिसे कल आना हो वह आज ही आ जावे'– ४९४ सरजा का लौटना, समाचार सुनकर शाह का क्रोध– ४९५ सेना संग्रह के लिये शाह का चारों ओर पत्र दौड़ाना– ४९६ शाही अश्वसेना का चित्तौड़ के लिये कूच करना– ४९७ सेना के हाथियों का चलना– ४९८ अनेक देशों के सैन्य बल का एक रण खेत में आकर जुड़ना– ४९९ वीर वेष में शाही सैनिकों का वर्णन– ५०० शाही सेना के प्रयाण से उत्पन्न आतंक– ५०१ दूतों से चढ़ाई का हाल जानकर राजों का हिन्दू मात्र को सहायता के लिये पत्री भेजना– ५०२ पत्री पाकर शाह के सेवक हिन्दू राजाओं का चित्तौड़ के जौहर में जा मिलने के लिये शाह की आज्ञा चाहना– ५०३ रत्नसेन का चित्तौड़ में सेना सजाना– ५०४ युद्ध के लिये चित्तौड़ गढ़ की तैयारी– ५०५ शाही सेना की चढ़ाई– ५०६ तोपों का खींचकर ले जाया जाना– ५०७ तोपों के पूरे साज का वर्णन– ५०८ तोपों के मार्ग में सर्वत्र विनाश ही पीछे शेष रहना– ५०९ सैनिक कूच से उठी हुई धूल– ५१० उससे दिन में ही रात का अंधकार छा जाना– ५११ राजा, राव, और रानियों का गढ़ के ऊपर से नीचे की शाही सेना देखना– ५१२ रत्नसेन का सभा बुलाकर युद्ध की मंत्रणा करना, युद्ध दान का निश्चय और तदनुसार तैयारी– ५१३ राजा के निजी घोड़ों का वर्णन– ५१४ राजा के निजी हाथियों का वर्णन– ५१५ राजा की सेना की व्यूह रचना–

४३ : राजा बादशाह युद्ध खंड (पृ० ५४९—५७१)

५१६ शाह की तुर्क सेना और राजा की हिंदू सेना में भिड़न्त– ५१७ हाथियों का हाथियों से युद्ध– ५१८ पैदल सेनाओं की लड़ाई-- ५१९ संग्राम भूमि में अत्यधिक मारकाट से मँसखवों का इकट्ठा होना-- ५२० शाह का सामने से हाथियों से और पार्श्वों में पैदलों से विशेष हमला-- ५२१ रत्नसेन का निश्चय कि दुर्ग से बाहर आकर युद्ध करना हितकर नहीं-- ५२२ राजा के दुर्ग में चले जाने पर शाही सेना का पहाड़ी घाटी में फैलकर दुर्ग को बाँट कर घेर लेना-- ५२३ गढ़ के ऊपर से रात में शाह की सेना पर भीषण अग्नि वर्षा-- ५२४ दिन निकलने पर शाही सेना द्वारा निरन्तर बाण वर्षा– ५२५ बारूद की सुरंग और तोपों की मार से गढ़ के कोट का टूटना-- ५२६ रात पड़ते ही कोट की मरम्मत और गढ़ के ऊपर से पत्थर गोलों द्वारा शाही सेना और तोपों पर मार-- ५२७ युद्ध के बीच में ही राजा का पतुरी नृत्य के लिये अखाड़े का आयोजन और नाना वाद्य बाजन–५२८ गान--५२९ नृत्य करती हुई पातुर को नीचे से बाण मार कर गिरा देना--५३० शाही सेना द्वारा गढ़ को चारों ओर से घेर कर बाँध बाँधना-- ५३१ राजा की मंत्रणा सभा में जौहर का निश्चय– ५३२ राज्य में उठे हुए विप्लव के समाचारों का शाह के पास पहुँचना--

४४ : राजा बादशाह मेल खंड (पृ० ५७१—५७९)

५३३ शाह का संधि के लिये चिन्तित होना-- ५३४ शाह की आज्ञा से सरजा का गढ़ में जाकर राजा से ऊँच नीच की बातें चलाना-- ५३५ राजा का जौहर के लिये अपना स्पष्ट निश्चय बताना– ५३६ केवल पाँच रत्न देकर संधि कर लेने के लिये सरजा का राजा को सुझाव-- ५३७ यह बात मान कर राजा का दूत भेजने के लिये तैयार होना-- ५३८ दूतों को लेकर सरजा का शाह के पास आना-- ५३९ अधीनता न मानने वाले हिन्दू राजाओं को लक्ष्य करके शाह की तिरस्कार पूर्ण उक्ति-- ५४० दूतों से शाह के गढ़ में आने की बात जानकर राजा द्वारा शाही भोज की तैयारी--

४५ : बादशाह भोज खंड (पृ० ५७९—५९६)

५४१ भोज के लिये पशु पक्षियों का पकड़ कर लाया जाना– ५४२ मछलियों का संग्रह– ५४३ गेहूँ से पूरी पकवानों की तैयारी-- ५४४ अनेक प्रकार के चावलों की रसोई-- ५४५ माँस के प्रकार -- ५४६ माँस के समोसे और बटवाँ मास से भरे हुए फल-- ५४७ मछली आदि के पदार्थ-- ५४८ तरकारी-- ५४९ नाना भाँति के बड़े-बड़ी-- ५५० मिठाईयाँ और दूध दही का सामान--

५५१ रसोई के साथ पानी का महत्त्व--

४६ : चित्तौड़गढ़ वर्णन खंड (पृ० ५६६—६२४)

५५२ शाह का चित्तौड़गढ़ देखने आना–५५३ गढ़ के ऊपर जाना–५५४ गढ़ के ऊपर की बस्ती–५५५ शाह का पद्मावती के मंदिर में पहुँचना–५५६ सात पौरी नाँघकर शाह का बसन्ती फुलवारी में पहुँचना–५५७ शाह के स्वागत में राजा का नृत्य-वाद्य का अखाड़ा सजाना–५५८ राजा से गोरा बादल का प्रस्ताव कि शाह को छल से बन्दी कर लिया जाय–५५९ राजा द्वारा भलाई की नीति का आग्रह–५६० दासियों को देखकर शाह का राघव से पूछना कि उनमें पद्मावती कौन है–५६१ राघव का कहना कि नीची दृष्टि किए बिना शाह को पद्मावती का दर्शन न होगा–५६२ दासियों का शाह को भोजन परोसना–५६३ शाह का मन पद्मावती में आसक्त होने से भोजन में अरुचि–५६४ भोजन के अनन्तर हाथ धुलवाना–५६५ जेवनार के अन्त में राजा का शाह को रत्नों के सौ थाल भेंट करके सुदृष्टि के लिये प्रार्थना–५६६ शाह द्वारा सुदृष्टि का आश्वासन एवं मांडोगढ़ का देना–५६७ राजा का प्रसन्न होकर शाह के साथ शतरंज खेलना–५६८ दासियों का पद्मावती से शाह को एक बार देख लेने का अनुरोध–५६९ रात में पद्मावती का झरोखे में आकर नीचे देखना और शाह का दर्पण में उसके प्रतिबिम्ब का दर्शन करके बेहोश होजाना–५७० प्रातःकाल होने पर शाह का विलम्ब से उठना, राघव का कारण पूछना–५७१ शाह का कथन कि रात्रि में आश्चर्य जनक झाँकी देखने से उसे राहु ग्रास लग गया था–५७२ उस अति विचित्र दर्शन के विचित्र रूप का शाह द्वारा वर्णन–५७३ राघव का कहना कि शाह को निश्चित रूप से पद्मावती का दर्शन मिला है—

४७ : रत्नसेन बंधन खंड (पृ० ६२४—६३२)

५७४ विमान पर बैठकर शाह का लौटना और बातों में लगाकर राजा को साथ ले आना–५७५ गढ़ से नीचे आकर शाह द्वारा छल से राजा को पकड़ कर बंदी करना–५७६ इस घटना से चित्तौड़ में क्रोध और खलभली–५७७ राजा को बंदी करके शाह का दिल्ली लौटना–५७८ बंदी गृह में राजा को भारी यंत्रणा–५७९ दो व्यक्तियों का राजा से प्रश्न करना, उत्तर न पाने पर अधिक यंत्रणा का भय दिखलाना–५८० राजा के शरीर को अग्नि से दागना और कालकोठरी में शरीर को आधा गाड़ना—

४८ : पद्मावती नागमती विलाप खंड (पृ० ६३२—६३५)

५८१ राजा के बिना पद्मावती का विलाप–५८२ मरण समान दुःख–५८३ विरह की ज्वाला में दग्ध होना—

४९ : देवपाल दूती खंड (पृ० ६३५—६५२)

५८४ कुंभलनेर के राय देवपाल का पद्मावती को छलने के लिये दूती भेजना–५८५ अपने जादू टोने की शक्ति के बारे में दूती की गर्वभरी उक्ति–५८६ दूती का उपहार सामग्री के साथ प्रस्थान–५८७ दूती का पद्मावती के महल में आकर अपने आपको उसकी धाय बताना–५८८ उससे मिलकर पद्मावती के दुःख का हरा हो जाना–५८९ दूती का सहानुभूति प्रकट करना–५९० दूती के पकवानों को पद्मावती का छू कर भी न देखना–५९१ रात में अवसर पाकर दूती का पद्मावती से भोग सिंगार की चर्चा चलाना–५९२ पद्मावती का उत्तर कि उसका सिंगार तो पति के साथ चला गया–५९३ दूती का कथन कि अस्थिर यौवन को जितना भोग लिया जाय उतना ही लाभ है–५९४ भोग-विलास की वेला में राग रंग करने का उपदेश–५९५ दूती के वचनों से पद्मावती का क्षोभ और पुनः अपनी पतिभक्ति प्रकट करना–५९६ दूती का कथन कि दूसरे प्रियतम के बिना यौवन का पूरा आनन्द नहीं मिलता–५९७ पद्मावती का दूती को फटकारना कि तू मेरे मुहँ पर कालिख पोतने आई है–५९८ दूती का कहना कि मसि यौवन का आवश्यक अंग है–५९९ दूती का पीटकर निकाला जाना--

५० : बादशाह दूती खंड (पृ० ६५२—६५९)

६०० पद्मावती के धर्म सत्र की कीर्ति सुनकर शाह का उसे बहकाने के लिये एक चतुर को जोगिन रूप में भेजना—६०१ जोगिन का पद्मावती के राजद्वार पर आना—६०२ पद्मावती के पूछने पर जोगिन का अपने पतिवियोग की बात चकना--६०३ जोगिन द्वारा अनेक तीर्थों में पति को ढूँढ़ना--६०४ ढूँढ़ते हुए दिल्ली पहुँचना और वहाँ सुलतान के बंदीगृह में रत्नसेन को भारी यंत्रणा पाते हुए देखने की बात कहना--६०५ पद्मावती का जोगिन की चेली बनने की इच्छा प्रकट करना--६०६ सखियों की पद्मावती को सीख कि बाहरी स्वाँग छोड़कर मन को साधो—

५१ : पद्मावती गोरा बादल खंड (पृ० ६६०—६६७)

६०७ सखियों के कहने से पद्मावती का गोराबादल के पास आना--६०८ पद्मावती का स्वागत करते हुए उन्हें अपना दुःख सुनाना--६०९ पद्मावती का पति को छुड़ाने का अपना निश्चय प्रकट करना--६१० गोराबादल का द्रवित होकर राजा को छुड़ा लाने की प्रतिज्ञा करना--६११ पद्मावती का दोनों वीरों को इस कठिन कार्य के लिये पान का बीड़ा देना--६१२ पद्मावती का नए उत्साह से घर लौटना—

५२ : गोरा बादल युद्ध यात्रा खंड (पृ० ६६७—६७५)

६१३ बादल की माता का उसे युद्ध से रोकने के लिये समझाना—६१४ बादल का माता को उचित उत्तर--६१५ युद्ध यात्रा के समय बादल का गौना आ पहुँचना--६१६ नववधू का पति से घर पर ही रहने का आग्रह--६१६ पैरों में पड़कर अनुनय विनय--६१८ बादल की उक्ति कि राजा को बंधन मुक्त किए बिना उसे शृंगार प्रिय नहीं लगता--६१९ नववधू द्वारा शृंगार को ही वीर रस के रूप में पति के सामने रखना--६२० बादल के अटल निश्चय के सामने पत्नी का शृंगार व्यर्थ हो जाना—

५३ : गोरा बादल युद्ध खंड (पृ० ७६५—६९८)

६२१ गोरा बादल का राजा की मुक्ति का उपाय निश्चित करना-- ६२२ सोलह सौ चंडोलों के साथ पद्मावती की दिल्ली यात्रा जिससे वह अपने को बंधक रखकर राजा को छुड़ा सके-- ६२३ बंदी गृह के अध्यक्ष के पास जाकर गोरा का उसे घूँस देकर अनुकूल बनाना-- ६२४ रखवालों का शाह से निवेदन कि पद्मावती चित्तौड़ की कुंजी राजा को सौंपकर शाह की सेवा में आना चाहती है--६२५ शाह की आज्ञा से सब का राजा के पास पहुँचना और बल पूर्वक उसे छुड़ा ले जाना--६२६ गोरा को राजा के साथ भेजने और स्वयं शाह की चढ़ती हुई सेना से लड़ मरने का बादल का प्रस्ताव-- ६२७ राजा के साथ बादल को रवाना करके गोरा का स्वयं रणभूमि में डटना-- ६२८ युद्ध भूमि की चौगान से तुलना-- ६२९ आगे बढ़कर गोरा का वीर गर्जन-- ६३० शाही सेना के साथ गोरा के वीरों की भिड़न्त-- ६३१ गोरा का सामने आ डटना-- ६३२ गोरा के एक सहस्र साथियों का लड़ते हुए अन्त-- ६३३ गोरा का अकेले रहकर भयंकर युद्ध करना-- सिंह के समान गोरा का पराक्रम--६३५ सरजा का गोरा के पेट में सांगी से घाव करना-- ६३६ गोरा का खड्ग से सरजा पर प्रहार करना-- ६३७ सरजा का गुर्ज से प्रहार और गोरा का गिरना—

५४ : बंधन-मोक्ष, पद्मावती मिलन खंड (पृ० ६९९—७०६)

६३८ पद्मावती के मन में उल्लास और राजा के स्वागत की तैयारी-- ६३९ पद्मावती और राजा का मिलन-- ६४० पद्मावती द्वारा राजा का अधिक सम्मान और पूजा-- ६४१ पद्मावती द्वारा बादल के प्रति कृतज्ञता और सम्मान प्रकट करना-- ६४२ रात में राजा रानी का मिलन और राजा का अपना हाल कहना--६४३ पद्मावती का अपना विरह कष्ट सुनाना--६४४ फिर देवपाल की दूती की बात कहना—

५५ : रत्नसेन देवपाल युद्ध खंड (पृ० ७०६—७०८)

६४५ सुनते ही क्रोध में भर कर रत्नसेन का देवपाल को पकड़ लाने का निश्चय और कुंभलनेर पर चढ़ाई--६४६ देवपाल और राजा का एकौझा युद्ध, देवपाल की मृत्यु, राजा भी मरणासन्न—

५६ : राजा रत्नसेन वैकुंठ वास खंड (पृ० ७०८—७०९)

६४७ बादल को गढ़ सौंप कर रत्नसेन की मृत्यु—

५७ : पद्मावती नागमती सती खंड (पृ० ७०९—७१३)

६४८ पद्मावती का सती वेष धारण करना-- ६४९ नागमती पद्मावती की राजा के विमान के साथ सती यात्रा-- ६५० दोनों का पति के साथ चिता में जलना-- ६५१ शाह का गढ़ में आकर केवल उनकी राख पाना, अन्त में बादल का भी लड़ते हुए अन्त—

५८ : उपसंहार (पृ० ७१३—७१५)

६५२ इस अद्भुत प्रेम कथा को काव्य रूप देकर कवि का आत्म संतोष व्यक्त करना-- ६५३ वृद्धावस्था में कवि की करुण दशा ।

पदमावत

पदमावत

स्तुतिखण्ड

[१]

सँवरौं आदि एक करतारू । जेइँ जिउ दीन्ह कीन्ह संसारू ।१।
कीन्हेसि प्रथम जोति परगासू । कीन्हेसि तेहिं पिरीति कबिलासू ।२।
कीन्हेसि अगिनि पवन जल खेहा । कीन्हेसि बहुतइ रंग उरेहा ।३।
कीन्हेसि धरती सरग पतारू । कीन्हेसि बरन बरन अवतारू ।४।
कीन्हेसि सात दीप ब्रह्मंडा । कीन्हेसि भुवन चौदहउ खंडा ।५।
कीन्हेसि दिन दिनअर ससि राती । कीन्हेसि नखत तराइन पाँती ।६।
कीन्हेसि धूप सीउ औ छाहाँ । कीन्हेसि मेघ बीजु तेहि माहाँ ।७।
कीन्ह सबइ अस जाकर दोसरहि छाज न काहु ।
पहिलेहिं तेहिक नाउँ लइ कथा कहौं अवगाहु ।।१।१।।

(१) आरम्भ में मैं उस एक करतार का सुमिरन करता हूँ, जिसने प्राण (जिउ) दिया और संसार रचा । (२) उसने पहले ज्योति का प्रकाश किया । फिर उसकी प्रसन्नता के लिए कैलास (स्वर्ग) बनाया । (३) उसने आग, हवा, जल और मिट्टी (खेहा) ये चार तत्त्व बनाए और उनसे बहुत रङ्गों के चित्र लिखे । (४) उसने धरती, स्वर्ग और पाताल बनाया । उनमें भाँति भाँति (बरन-बरन) की योनियाँ रचीं । (५) उसने ब्रह्माड में सात द्वीप बनाए और भुवनों के चौदह विभाग रचे । (६) उसने दिन और सूर्य एवं चन्द्रमा और रात बनाई । उसने नक्षत्र और तारों की पंक्तियाँ बनाईं । (७) उसने धूप, शीत और छाँह बनाई । उसने मेघ बनाए और उनमें बिजली रची ।

(८) ऐसी सब ही रचना जिसने की है (वैसी रचना) उससे अन्य किसी को शोभित नहीं करती । (९) पहले ही उसका नाम लेकर मैं यह अगाध कथा कहता हूँ ।

(१) करतारू–सृष्टि कर्त्ता ईश्वर । यह शब्द उस समय की भाषा में ईश्वर का पर्याय था । नानक ने भी इसका प्रयोग किया है ।

(२) जोति–सं० ज्योति=(१) शिवतत्त्व जैसा कि 'कबिलासू' पद से प्रकट है । मध्यकालीन निर्गुण सम्प्रदायों में शिव आत्म-तत्त्व के वाचक थे । (२) मुहम्मद, जो मुसलमानी मत के अनुसार ईश्वर की ज्योति या नूर हैं, जिसके लिए कबिलास या स्वर्ग की रचना हुई ।

कैलास का ठेठ अवधी रूप कबिलास (कैलास > कइलास > कविलास (वकार का प्रश्लेष) > कबिलास) है । कैलासिया, इस अवधी नाम का कबिलासिया रूप बोला जाता है।

(३) खेहा–मिट्टी। मुसलमानी मत में केवल चार तत्त्वों से सृष्टि मानी जाती है ।

उरेहा–उरेहना धातु से कृदन्त संज्ञा उरेह का दीर्घान्त रूप; (तुलना०) जावँत सबै उरेह उरेहे । भाँति भाँति नग लाग उबेहे (४८।४) ।

सं० उल्लेखन=चित्र लिखना, रूप निर्माण करना ।

(५) चौदहउ भुवन–दे० १४।४ में धरती और आकाश के मिलाकर १४ खण्ड हैं ।

(६) दिनअर–सं० दिनकर > अप० दिनयर > हि० दिनअर ।

(९) अवगाहु=गम्भीर; सं० अगाध का रूप जिसमें वकार के प्रश्लेष से अवगाह बना । (खल अघ अगुन साधु गुन गाहा । उभय अपार उदधि अवगाहा । तुलसी) । अवधी के अन्य शब्दों में भी ऐसा है, जैसे–आधान (गर्भाधान)=अवधान, जस औधान पूर होइ तासू । दिन दिन हिएँ होइ परगासू । (५०।६); आराधक=अवराधक (ए सब राम भक्ति के बाधक । कहहिं संत तव पद अवराधक । तुलसी); आरेखन (सं० आलेखन=अवरेखन) (भींत जब होय तब चित्र अवरेखिए, सूर) ।

[२]

कीन्हेसि हेवँ समुंद्र अपारा । कीन्हेसि मेरु खिखिंद पहारा ।१।
कीन्हेसि नदी नार औ झरना । कीन्हेसि मगर मंछ बहु बरना ।२।
कीन्हेसि सीप मोंति बहु भरे । कीन्हेसि बहुतइ नग निरमरे ।३।
कीन्हेसि बनखँड औ जरि मूरी । कीन्हेसि तरिवर तार खजूरी ।४।
कीन्हेसि साउज आरन रहहीं । कीन्हेसि पंखि उड़हिं जहँ चहहीं ।५।
कीन्हेसि बरन सेत औ स्यामा । कीन्हेसि भूख नींद बिसरामा ।६।
कीन्हेसि पान फूल बहु भोगू । कीन्हेसि बहु ओषद बहु रोगू ।७।
निमिख न लाग कर ओहि सबइ कीन्ह पल एक ।
गगन अंतरिख राखा बाज खंभ बिनु टेक ।।१।२।।

(१) उसने हिम और अपार समुद्र रचे। उसने मेरु और खिखिंद (किष्किन्धा) पर्वत रचे । (२) उसने नदी, नाले और झरने रचे। उसने मगर और बहुरंगी मछलियाँ रचीं। (३) उसने सीप रचीं, जो अनेक मोतियों से भरी हैं। उसने अनेक निर्मल नग रचे। (४) उसने वन-खण्ड और उनमें जड़ी-बूटियाँ रचीं। उसने ताड़, खजूर जैसे उत्तम वृक्ष रचे। (५) उसने जंगली पशु (साउज) रचे जो जंगलों में रहते हैं। उसने पक्षी रचे जो जहाँ चाहते हैं उड़ते हैं। (६) उसने श्याम श्वेत रंग बनाए। उसने भूख रची; एवं नींद और आराम बनाया। (७)

उसने पान-फूल और बहुत से भोग रचे। उसने अनेक ओषधियाँ और अनेक रोग उत्पन्न किए।

(८) रचते हुए उसे आँख मींचने का समय भी नहीं लगा। पल भर में सब कर दिया।
(९) उसने खम्भे के बिना और सहारे (टेक) के बिना आकाश को शून्य में टिका दिया।

(१) हेवँ < हेम < हिम (गुप्त, भूमिका पृ० २९)।
(५) साउज-सं० श्वापद > साउज्ज > साउज; अवधी सौंजा=जंगली जानवर।
आरन-सं० अरण्य > आरण्ण > आरन।
(९) बाज=बिना, सं० वर्ज > प्रा० वज्ज > वाज > बाज (२९४।६; ४०७।३)।

[३]

कीन्हेसि मानुस दिहिस बड़ाई । कीन्हेसि अन्न भुगुति तेहि पाई ।१।
कीन्हेसि राजा भूँजहिं राजू । कीन्हेसि हस्ति घोर तिन्ह साजू ।२।
कीन्हेसि तिन्ह कँह बहुत बेरासू । कीन्हेसि कोइ ठाकुर कोइ दासू ।३।
कीन्हेसि दरब गरब जेहिं होई । कीन्हेसि लोभ अघाइ न कोई ।४।
कीन्हेसि जिअन सदा सब चहा । कीन्हेसि मीचु न कोई रहा ।५।
कीन्हेसि सुख औ कोड अनंदू । कीन्हेसि दुख चिन्ता औ दंदू ।६।
कीन्हेसि कोइ भिखारि कोइ धनी । कीन्हेसि सँपति बिपति पुन घनी ।७।
कीन्हेसि कोइ निभरोसी कीन्हेसि कोइ बरिआर ।
छार हुते सब कीन्हेसि पुनि कीन्हेसि सब छार ॥१।३॥

(१) उसने मनुष्य रचा और उसे बड़प्पन दिया। उसके लिये अन्न और भोजन रचा। (२) उसने राजा बनाए जो राज भोगते हैं। उसने हाथी-घोड़े बनाए जो उन राजाओं का वैभव है। (३) उसने उन के लिये विलास की अनेक वस्तुएँ रचीं। उसने किसीको ठाकुर और किसी को सेवक बनाया। (४) उसने धन बनाया, जिससे गर्व उत्पन्न होता है। उसने लोभ बनाया, जिसके कारण कोई अघाता ही नहीं। (५) उसने जीवन रचा जिसे सदा सब चाहते हैं। उसने मृत्यु बनाई जिससे यहाँ कोई नहीं रह पाया। (६) उसने सुख, कौतुक और आनन्द रचा। साथ ही उसने दुःख, चिन्ता और झगड़े भी उत्पन्न किए। (७) उसने किसी को भिखारी और किसी को धनी रचा। उसने सम्पत्ति और अनेक विपत्तियाँ भी रचीं।

(८) उसने किसी को असहाय और किसी को बलवान बनाया। (९) मिट्टी से सबको बनाया और फिर सबको मिट्टी में मिला दिया।

(३) बेरासू-सं० विलास > बिलास > बिरास > बेरासू।
(६) कोड-दे० कुड्ड=कौतुक, कुतूहल, तमाशा (देशी०२।३३), [और भी, ३९।४; १८९।७]
दंदू-सं० द्वन्द्र=झगड़ा
(८) निभरोसी-जिसे किसी का भरोसा न हो, निराश्रय या असहाय।
बरियार-सं० बलकारी > बरयारी, बरियार।

[४]

कीन्हेसि अगर कस्तुरी बेना। कीन्हेसि भीवँसेन औ चेना।१।
कीन्हेसि नाग मुखहि विष बसा। कीन्हेसि मंत्र हरइ जेहिं डसा।२।
कीन्हेसि अमिअ जिअन जेहि पाएँ। कीन्हेसि विष जो मीचु तेहि खाएँ।३।
कीन्हेसि ऊखि मीठि रस भरी। कीन्हेसि करुइ बेलि बहु फरी।४।
कीन्हेसि मधु लावइ लइ माखी। कीन्हेसि भवँर पतंग औ पाँखी।५।
कीन्हेसि लोवा उंदुर चाँटी। कीन्हेसि बहुत रहहिं खनि माँटी।६।
कीन्हेसि राकस भूत परेता। कीन्हेसि भोकस देव दयंता।७।
कीन्हेसि सहस अठारह बरन बरन उपराजि।
भुगुति दिहेसि पुनि सब कहँ सकल साजना साजि॥१।४॥

(१)उसने अगर, कस्तूरी और खस एवं भीमसेनी और चीनी कपूर बनाए (२) उसने नाग बनाए जिनके मुंह में विष रहता है। और उसने ऐसा मंत्र उत्पन्न किया जो जिन्हें सर्प डसते हैं, उनका बिष उतार देता है। (३) उसने अमृत रचा जिसके मिलने से जीवन होता है। उसने जो विष उत्पन्न किया उसके खाने से मृत्यु हो जाती है। (४) उसने मीठी, रस से भरी ऊख बनाई। उसने कड़वी बेल बनाई जो फलती बहुत है। (५) उसने मधु बनाया जिसे मक्खियां लाकर इकठ्ठा करती हैं। उसने भौंरे, पतिङ्गे और पक्षी रचे। (६) उसने लोमड़ी, चूहे और चींटियाँ उत्पन्न कीं। उसने और बहुतों को रचा जो मिट्टी खोदकर (बिल में) रहते हैं। (७) उसने राक्षस, भूत और प्रेत बनाए, एवं दानव देव (जिन) और दैत्यों को उत्पन्न किया।

(८) उसने भांति-भांति से जन्म देकर अठारह सहस्र योनियां रचीं। (९) इस प्रकार रचना (साजना) सजाकर फिर सबको उनका भोजन (भुगुति) दिया।

(१) बेना–सं० वीरण (खस)।
चेना=एक प्रकार का चीनी कपूर; ज्योतिरीश्वर ठक्कुर कृत वर्णरत्नाकर में (१४ वीं शती का पूर्व भाग) नौ प्रकार के कपूरों में भीमसेन और चिनी ये दो नाम भी हैं।
(६) लोवा=लोमड़ी; सं० लोपाक।
उंदुर–अप० उन्दुरु, सं० उन्दुर।
(६) भोकस–सं० पुल्कस > पुक्कस > पोकस > भोकस।
(८) उपराजि–उपराजना धातुज=पैदा करना, उत्पन्न करना (११।२)।
इस्लाम के अनुसार योनियों की संख्या अठारह सहस्र है; हिन्दू धर्म में ८४ लक्ष योनियां हैं।

[५]

धनपति उहइ जेहिक संसारू। सबहि देइ नित घट न भँडारू।१।
जावँत जगति हस्ति औ चाँटा। सब कहँ भुगुति रात दिनबाँटा।२।

ताकरि दिस्टि सबहिं उपराहीं । मित्र सत्रु कोइ बिसरइ नाहीं ।३।
पंखि पतंग न बिसरइ कोई । परगट गुपुत जहाँ लगि होई ।४।
भोग भुगुति बहु भाँति उपाइ । सबहि खियावइ आपु न खाई ।५।
ताकर इहइ सो खाना पिअना । सब कहँ देइ भुगुति औ जिअना ।६।
सबहिं आस ताकरि हर स्वाँसा । ओह न काहु कइ आस निरासा ।७।
जुग जुग देत घटा नहिं उभै हाथ तस कीन्ह ।
अउर जो देहिं जगत महँ सो सब ताकर दीन्ह ॥१।५॥

(१) वही सच्चा धनपति है जिसका संसार है। वह सबको नित्य देता है, पर उसका भण्डार नहीं घटता। (२) जगत में हाथी से चींटी तक जितने प्राणी हैं, सबको रात दिन वह भोजन बांट रहा है (३) उसकी दृष्टि सब पर रहती है। मित्र या शत्रु किसी को वह नहीं भूलता। (४) पक्षी और पतिंगा कोई उसे विस्मृत नहीं होता, चाहे जितनी दूर पर कोई प्रकट या गुप्त रूप में रहता हो। (५) वह बहुत प्रकार के भोग और भोजन उत्पन्न करके सबको खिलाता है, स्वयं कुछ नहीं खाता। (६) उसका यही खाना और पीना है, जो सबको भोजन और पानी देता है। (७) हर सांस में सब को उसी की आस है। वह किसी से आशा और निराशा नहीं करता।

(८) वह युग-युग से दे रहा है, पर कुछ घटा नहीं; उसने अपने दोनों हाथ ऐसे कर रक्खे हैं। (९) जगत में और लोग जो देते हैं, मूल में वह सब उसीका दिया हुआ है।

(५) उपाई=उत्पन्न की। सं० उत्पादयति >प्रा० उप्पाअइ >उपाना।
(६) जिअना–सं० जीवन=जल।

[६]

आदि सोइ बरनौं बड़ राजा । आदिहुँ अंत राज जेहि छाजा ।१।
सदा सरबदा राज करेई । औ जेहिं चहइ राज तेहिं देई ।२।
छत्रहि अछत निछत्रहि छावा । दोसर नाहिं जो सरबरि पावा ।३।
परबत ढाह देख सब लोगू । चाँटिहि करइ हस्ति कर जोगू ।४।
बज्रहि तिन कै मारि उड़ाई । तिनहि बज्र की देइ बड़ाई ।५।
ताकर कीन्ह न जानइ कोई । करै सोई जो मन चित होई ।६।
काहू भोग भुगुति सुख सारा । काहू भीख भवन दुख भारा ।७।
सबइ नास्ति वह अस्थिर अइस साज जेहिं केर ।
एक साजइ अउ भाँजइ चहइ सँवारइ फेर ॥१।६॥

(१) आरम्भ में मैं उसी सम्राट् (बड़राजा) का वर्णन करता हूँ, सृष्टि के अदि से

अन्त तक जिसका राज्य सुशोभित हो रहा है। (२) सदा सब काल में वही राज्य करता है, और जिसे चाहता है उसे राज्य देता है। (३) वह छत्रधारी को बिना छत्र का कर देता है; जो बिना छत्र का है उस पर छत्र छा देता है (छावा)। कोई दूसरा नहीं है जो उसकी बराबरी पा सके। (४) सब लोगों के देखते वह पर्वतों को ढहा देता है, और चींटी को हाथी के योग्य कर देता है। (५) वह वज्र को तिनका करके मार उड़ाता है और तिनके को वज्र की महिमा देता है। (६) उसके किए हुए को कोई नहीं जानता। जो उसके मन में सोचा हुआ होता है, वही करता है। (७) किसी को भोग और भोजन का सुख पूर्णरूप से देता है। किसी को संसार में भीख मिलना भी भारी दुःख है।

(८) सब कुछ नश्वर (नास्ति) है; केवल वही अटल है जिसकी ऐसी रचना है। (९) वह एक को बनाता है और बिगाड़ता है, और यदि चाहता है तो फिर उसे संवार देता है।

(१) छाजा–प्रा० धात्वादेश छज्ज=सुशोभित होना।
(३) सरबरि–दे० सरिभरी=समानता (पासद्द०, पृ० ११०३)।
(५) तिनहि–सं० तृण > तिन।
(६) चित–चीतना धातु=सोचना।
(७) सारा–सारना धातु=पूर्ण रूप से करना, ठीक करना (पासद्द०, पृ० १११७)।

[७]

अलख अरूप अबरन सो करता। वह सब सों सब ओहि सों बरता।१।
परगट गुपुत सो सरब बियापी। धरमी चीन्ह चीन्ह नहिं पापी।२।
ना ओहि पूत न पिता न माता। ना ओहि कुटुँब न कोइ सँग नाता।३।
जना न काहु न कोइ ओइँ जना। जहँ लगि सब ताकर सिरजना।४।
ओइँ सब कीन्ह जहाँ लगि कोई। वह न कीन्ह काहू कर होई।५।
हुत पहिलेइँ औ अब है सोई। पुनि सो रहहि रहिहि नहिं कोई।६।
अउर जो होइ सो बाउर अंधा। दिन हुइ चार मरइ करि धंधा।७।
जो ओइँ चहा सो कीन्हेसि करइ जो चाहइ कीन्ह।
बरजनहार न कोई सबइ चहइ जिअ दीन्ह ॥१।७॥

(१) वह सृष्टि कर्त्ता किसी से लखा नहीं जाता; वह रूप और रंग से रहित है। वह सब प्राणियों द्वारा व्यवहार कर रहा है और सब प्राणी (उसकी सत्ता से) व्यवहार में प्रवृत्त हैं। (२) वह प्रकट या गुप्त सबमें समाया हुआ है। केवल धर्मात्मा उसे पहिचानते हैं, पापी नहीं पहिचान पाते (३) न कोई उसका पुत्र है, न पिता, न माता है; न उसका कोई कुटुम्ब है, और न उसका किसी से नाता है।

(४) उसने किसी को अपनी कोख से नहीं जना और न उसे ही किसी ने जन्म दिया है। फिर भी जहाँ तक सब कुछ (समष्टि) है, उसीकी रचना है। (५) जहाँ तक कोई भी व्यक्ति (व्यष्टि रूप में) है उसीने सब बनाया है। वह किसी का रचा हुआ नहीं है। (६) वह पहले भी था और अब भी वही है। फिर (भविष्य में) वही रहेगा जब अन्य कोई नहीं रह जायगा। (७) और जो होने का गर्व करता है वह बावले-अन्धे के समान है, क्योंकि वह चार दिन तक होकर और धन्धा पीटकर मर जाता है।

(८) उसने जो चाहा वह किया, और जो करना चहता है करता है। (९) उसे कोई रोकने वाला (बरजनहार) नहीं है; उसने अपनी इच्छा मात्र से सबको जीवन दिया है।

(१) अबरन=अवर्ण, रंग रहित ।
बरता–बर्त्तना=व्यवहार करना ।

[८]

एहि बिधि चीन्हहु करहु गिआनू । जस पुरान मँह लिखा बखानू ।१।
जीउ नाहिं पर जिअइ गुसाईं । कर नाहीं पै करइ सबाईं ।२।
जीभ नाहिं पै सब किछु बोला । तन नाहीं जो डोलाव सो डोला ।३।
स्रवन नाहिं पै सब किछु सुना । हिअ नाहीं गुनना सब गुना ।४।
नैन नाहिं पै सब किछु देखा । कवन भाँति अस जाइ बिसेखा ।५।
ना कोई है ओहि के रूपा । न ओहि काहु अस तइस अनूपा ।६।
ना ओहि ठाऊँ न ओहि बिन ठाऊँ । रूप रेख बिनु निरमल नाऊँ ।७।

ना वह मिला न बेहरा अइस रहा भरपूरि ।
दिस्टिवंत कहँ नीअरे अंध मुरुख कहँ दूरि ॥१।८॥

(१) इस प्रकार उसे पहिचानो और उसका उस रूप में ज्ञान करो जैसा धर्म ग्रन्थों में लिखा है। (२) उसके जीव नहीं है, फिर भी वह भगवान् (गोसाईं) जीता है। उसके हाथ नहीं हैं, फिर भी वह सबको रचता है। (३) उसके जीभ नहीं है, पर वह सब कुछ बोलता है। उसके वह शरीर नहीं है, जो सब को डुलाता है, फिर भी वह डोलता है। (४) उसके कान नहीं हैं पर वह सब कुछ सुनता है। उसके हृदय नहीं है, पर वह सब विचारों को विचारता है। (५) उसके नेत्र नहीं हैं, पर वह सब कुछ देखता है। किस प्रकार ऐसे ईश्वर को जाना जाय ? (६) उसके जैसे रूप का कोई नहीं है, न वही किसी के जैसा है–वह ऐसा अद्वितीय है। (७) उसका कोई स्थान नहीं है, और न उसके बिना कोई स्थान है। उसमें रूप और रेखा नहीं है, ऐसे उसका निर्मल नाम है।

(८) न वह मिला है और न अलग है, इस तरह वह सब में व्याप्त है। (९) जो देखते हैं उन ज्ञानियों के वह निकट है, जो अंधे-अज्ञानी हैं उनके लिये वह दूर है।

(१) पुरान=धर्मग्रन्थ, जिनमें कुरान का भी ग्रहण है।
(२) गुसाईं=अवधी में गुसाईं या गुसइयां ईश्वर के लिए प्रचलित शब्द है।
(४) गुनना–सं० गुणन, विचार।
(५) बिसेखा–बिसेखना=विशेष रूप से ज्ञान करना।
(७) निरमल=मध्यकालीन दार्शनिक सम्प्रदाय में ईश्वर का विशेष नाम।
(८) बेहरा–सं० विघटित=पृथक्, अलग।

[९]

अउर जो दीन्हेसि रतन अमोला। ताकर मरम न जानइ भोला।१।
दीन्हेसि रसना औ रस भोगू। दीन्हेसि दसन जो बिहँसइ जोगू।२।
दीन्हेसि जग देखइ कहँ नैना। दीन्हेसि स्रवन सुनइ कहँ बैना।३।
दीन्हेसि कंठ बोल जेहि माहाँ। दीन्हेसि कर पल्लौ बर बाँहा।४।
दीन्हेसि चरन अनूप चलाहीं। सोई जान जेहि दीन्हेसि नाहीं।५।
जोबन मरम जान पै बूढ़ा। मिला न तरुनापा जब ढूँढा।६।
सुख कर मरम न जानइ राजा। दुखी जान जा कहँ दुख बाजा।७।
कया क मरम जान पै रोगी भोगी रहइ निचिंत।
सब कर मरम गोसाईं जानइ जो घट घट महँ नित ॥१।९॥

(१) और भी जिसने अनमोल रत्न दिए हैं उसका रहस्य यह भोला मनुष्य नहीं जानता। (२) उसने रसना दी है और उसके लिये स्वाद और भोग दिए हैं। उसने दाँत दिए हैं जिनसे हँसते ही बनता है। (३) उसने संसार देखने के लिये नेत्र दिए हैं और शब्द सुनने के लिये कान दिए हैं (४) उसने ऐसा कण्ठ दिया है, जिसमें बोलने की शक्ति है। उसने कर-पल्लव और श्रेष्ठ भुजाएं दी हैं। (५) उसने सुन्दर चरण दिए हैं जो सबको चलाते हैं। इन सबकी महिमा वही जान सकता है जिसे ये वस्तुएँ नहीं दी गईं। (६) यौवन का रहस्य बूढ़ा ही जान सकता है, जब ढूँढ़ने से भी अपनी तरुणाई उसे नहीं मिलती। (७) सुख का मर्म राजा नहीं जानता। दुखिया ही जिस पर दुःख पड़ता है, सुख मर्म का जान पाता है।

(८) शरीर का मूल्य रोगी ही जानता है। भोगी तो उस ओर से निश्चिन्त बना रहता है। (९) जो सदा घट-घट में बसता है वह गुसाईं सबका मर्म जानता है।

(७) बाजा–सं० व्रज > प्रा० वज्ज > बाजना=पहुंचना, जाना, पड़ना।

[१०]

अति अपार करता कर करना। बरनि न कोई पारइ बरना।१।
सात सरग जौं कागर करई। धरती सात समुँद मसि भरई।२।

जावँत जग साखा बन ढाँखा । जावँत केस रोवँ पँखि पाँखा ।३।
जावँत रेह खेह जहँ ताईं । मेघ बूँद औ गगन तराईं ।४।
सब लिखनी कइ लिखि संसारू । लिखि न जाइ गति समुँद अपारू ।५।
एत कीन्ह सब गुन परगटा । अबहूँ समुँद बूँद नहिं घटा ।६।
अइस जानि मन गरब न होई । गरब करइ मन बाउर सोई ।७।
बड़ गुनवंत गोसाईं चहइ सो होइ तेहि बेगि ।
औ अस गुनी सँवारइ जो गुन करइ अनेग ॥१।१०॥

(१) उस सृष्टि कर्त्ता की रचना अति अपार है । वर्णन करके कोई उसका बखान नहीं कर सकता । (२) सात आसमानों को यदि कागज बनाया जाय; धरती के सातों समुद्रों में स्याही भरी जाय; (३) जगत में वन और ढाकों में जितनी टनिहयां हैं, जितने केश; रोम और पक्षियों के पंख हैं, (४) जितने बालू (रेह) और मिट्टी के कण हैं, जहाँ तक मेघों की बूंदें और आकाश के तारे हैं; (५) उन सब की लेखनी बनाकर यदि सारा संसार लिखने लगे, तो भी उस ईश्वर की गति का अपार समुद्र लिखा नहीं जा सकता । (६) इस प्रकार उसने अपने अनन्त गुण प्रकट किए हैं । अभी तक उस महान् समुद्र में एक बूंद भी नहीं घटी । (७) ऐसा जानने से मन में गर्व नहीं होता । जो मन में गर्व करता है, वह बावला है ।

(८) वह गोसाईं (ईश्वर) अनेक गुणों वाला है । जैसा वह चाहता है, वैसा उसके द्वारा तुरन्त हो जाता है । (९) और भी, वह ऐसे गुणी व्यक्ति को बना देता है जो फिर स्वयं अनेक प्रकार के गुण (सुन्दर कर्म) करता है ।

(२) 'सात सरग जौं कागर करई' आदि चौपाइयों का भाव पुष्पदन्त के निम्न श्लोक में निहित है—

असितगिरिसमं स्यात्कज्जलं सिन्धुपात्रे
सुरतरुवरशाखा लेखनी पत्रमुर्वी ।
लिखति यदि गृहीत्वा शारदा सर्वकालं
तदपि तव गुणानामीश पारं न याति ॥

इसी से मिलता हुआ भाव कुरान के सूरे कहफ में भी मिलता है ।

(३) ढाँखा–ढाका, ढाक का जंगल । यह शब्द पछाहीं और अवधी में प्रचलित है ।
(४) तराईं–सं० तारागण >तारायण >ताराइन >तराईं

[११]

कीन्हेसि पुरुष एक निरमरा । नाउँ मुहम्मद पूनिउँ करा ।१।
प्रथम जोति बिधि तेहि कै साजी । औ तेहि प्रीति सिस्टि उपराजी ।२।
दीपक लेसि जगत कहँ दीन्हा । भा निरमल जग मारग चीन्हा ।३।
जौं न होत अस पुरुष उज्यारा । सूझि न परत पंथ अँधियारा ।४।
दोसरइँ ठाँव दई ओइँ लिखे । भए धरमी जो पाढ़ित सिखे ।५।

जगत बसीठ दई ओइँ कीन्हे । दोउ जग तरा नाउँ ओहि लीन्हे ।६।
जेइँ नहिं लीन्ह जरम सो नाऊँ । ताकहँ कीन्ह नरक महँ ठाऊँ । ।
　　गुन अवगुन बिधि पूँछत होइहि लेख अउ जोख ।
　　ओन्ह बिनउब आगे होइ करब जगत कर मोख ॥१।११॥

(१) उसने एक निर्मल पुरुष रचा। उसका नाम मुहम्मद था और वह पूर्ण चन्द्र की कला के समान भासित था। (२) विधाता ने पहले उसकी ज्योति रची; फिर उसके प्रेम से सृष्टि उत्पन्न की। (३) दैव ने उस रूप में एक दीपक प्रज्वलित कर संसार को दिया, जिससे उजाला हो गया और जगत् ने मार्ग पहिचान लिया। (४) यदि ऐसा उज्ज्वल पुरुष जन्म न लेता तो अन्धकार में पथ न दिखाई देता। (५) दैव ने अपने से दूसरे स्थान में उसका नाम लिख दिया। जिन्होंने उसका उपदेश (पाढ़ित) सीखा वे धरमी (धर्म दीक्षित) कहलाए। (६) दैव ने उसे जगत् में अपना पैगम्बर (बसीठ) नियत किया। उसका नाम लेने से दोनों लोक तर गए। (७) जिसने जीवन में उसका नाम नहीं लिया उसे नरक में स्थान दिया गया।

(८) (जब प्रलय के दिन) कर्मों का लेखा-जोखा होगा तब विधाता प्रत्येक से उसका पुण्य पाप पूछेगा। (९) उस समय मुहम्मद आगे बढ़कर भगवान् से बिनती करेंगे और जगत् का मोक्ष कराएँगे।

(१) इस दोहे में सृष्टि और प्रलय के विषय में मुसलमानी मत वर्णित है। कुरान के अनुसार संसार मुहम्मद के लिये रचा गया। पैगम्बर मुहम्मद ने ईश्वर का सन्देश लोगों को सुनाया। प्रलय के दिन मुहम्मद अपना धर्म मानने वालों के लिये पैरवी करके उन्हें मोक्ष दिलाएँगे।

(२) उपराजी–उत्पन्न की (४।८)

(३) लेसना=जलाना। दिया लेसना पछाहीं हिन्दी और अवधी में ठेठ प्रयोग है। सं० लेश्या > प्रा० लेस्सा=तेज, दीप्ति; उसीसे लेसना धातु।

(५) पाढ़ित–जो पढ़ा जाय या सीखा जाय; यहाँ मुसलमानी कलमे से तात्पर्य है।

(६) बसीठ–दूत, पैगम्बर। मुहम्मद गजनी के चाँदी के टंके पर कलमे के अनुवाद में मुहम्मद रसूल को अवतार कहा गया है। संम्भवतः वह अनुवाद फिरदौसी ने किया था। जायसी ने अरबी रसूल, फारसी पैगम्बर के लिए उपयुक्त बसीठ शब्द रक्खा है। सं० अवसृष्ट > प्रा० अवसिट्ठ > वसिट्ठ > बसीठ व्युत्पत्ति का क्रम है। अर्थ शास्त्र में तीन प्रकार के दूत कहे गए हैं। निसृष्टार्थ, परिमितार्थ, शासनहर (अर्थ० १।१६) इनमें निसृष्टार्थ ही अवसृष्ट है, अर्थात् जिसे संदेश का उत्तरदायित्व पूरी तरह सौंप दिया जाय। वह तीनों प्रकार के दूतों में श्रेष्ठ कहा गया है।

(९) बिनउब–सं० विज्ञप्ति > विन्नत्ति > बिनती। बिनउब–बिनती करना।

[१२]

चारि मीत जो मुहमद ठाउँ । चहुँक दुहूँ जग निरमर नाऊँ ।१।
अबाबक्र सिद्दीक सयाने । पहिलइँ सिदिक दीन ओइँ आने ।२।

पुनि जो उमर खिताब सुहाए । भा जग अदल दीन जौं आए ।३।
पुनि उसमान पँडित बड़ गुनी । लिखा पुरान जो आयत सुनी ।४।
चौथइँ अली सिंघ बरियारू । सौंह न कोई रहा जुझारू ।५।
चारिउ एक मतइँ एक बाता । एक पंथ औ एक सँघाता ।६।
बचन जो एक सुनाएन्हि साँचा । भए परवान दुहूँ जग बाँचा ।७।
जो पुरान बिधि पठवा सोई पढ़त गिरंथ ।
अउर जो भूले आवत ते सुनि लागत तेहि पंथ ॥ १।१२॥

(१) चार मित्र (चार यार या चार खलीफा) मुहम्मद के उत्तराधिकारी हुए। उन चारों का नाम दोनों लोकों में निर्मल है । (२) उनमें प्रथम बुद्धिमान् अबूबकर सिद्दीक थे; उन्होंने सबसे पहले दीन (इस्लाम) में आकर उसमें सत्य की प्रतिष्ठा की। (३) उसके बाद उमर खलीफा पद (खिताब) से सुशोभित हुए। वे जब दीन में आए तो जगत् में न्याय (अदल) फैला। (४) फिर उस्मान हुए जो बड़े विद्वान् और गुणी थे। जो आयतें सुनी गई थीं, उनके आधार पर उसमान की प्रेरणा से कुरान (पुरान) लिखा गया। (५) चौथे अली हुए जो सिंह की तरह बलवान् थे। उनके सामने कोई लड़नेवाला न ठहरा। (६) चारों का एक मत था, एक बात थी, एक पन्थ था और एक जमात थी। (७) उन्होंने जो एक सत्य वचन (कलमे) का उपदेश किया—उससे वे प्रमाणभूत हुए और फलस्वरूप दोनों लोकों ने उसी वचन को पढ़ा।

(८) जिस कुरान को विधाता ने भेजा था, उसी ग्रन्थ को सब लोग पढ़ते थे। (९) और भी जो लोग भूले हुए चले आते थे वे उसे सुन-सुन कर उसी मार्ग पर आरूढ़ होने लगे।

(१) अबूबकर—६३२-३४ ई०। (३) उमर—६३४-४४ ई०। (४) उसमान—६४४-५५ ई०। इन्हीं के समय कुरान वर्तमान रूप में लिपिबद्ध किया गया। जैद मुहम्मद साहब के लेखक थे। उसमान ने संग्रह का कार्य जैद और तीन अन्य कुरैशियों को सौंपा। तब कुरान का प्रामाणिक संस्करण तैयार हुआ।

(५) अली—६५५-६६ ई०। मुहम्मद के बाद में चारों क्रमशः उनके उत्तराधिकारी खलीफा हुए। इस दोहे में चार यार को चार मीत, उसमान को पण्डित, कुरान को पुरान, कलमे को वचन, अल्लाह को विधि, किताब को ग्रन्थ और दीन इस्लाम को पन्थ कहकर हिन्दू धर्म के पारिभाषिक शब्दों का प्रयोग जायसी ने किया है। ८।१ में भी पुरान का अर्थ कुरान ही है।

(५) जुझारू—सं० युद्धकारक >प्रा० जुज्झ आरअ >जूझारा, जुझारू।

[१३]

सेरसाहि ढिल्ली सुलतानू । चारिउ खंड तपइ जस भानू ।१।
ओही छाज छात औ पाटू । सब राजा भुइँ धरहिँ लिलाटू ।२।
जाति सूर औ खाँडइ सूरा । औ बुधिवंत सबइ गुन पूरा ।३।

सूर नवाई नवउ खँड भई । सातउ दीप दुनी सब नई ।४।
तँह लगि राज खरग बर लीन्हा । इसकंदर जुलकराँ जो कीन्हा ।५।
हाथ सुलेमा केरि अँगूठी । जग कहँ जिअन दीन्ह तेहि मूठी ।६।
औ अति गरू पुहुमिपति भारी । टेकि पुहुमि सब सिस्टि सँभारी ।७।
दीन असीस मुहम्मद करहु जुगहि जुग राज ।
पातसाह तुम्ह जग के जग तुम्हार मुहताज ॥१।१३॥

(१) शेरशाह दिल्ली का सुल्तान चारों खण्डों में सूर्य की तरह तप रहा है । (२) छत्र और सिंहासन (पाट्ट) उसे ही सुशोभित हैं । सब राजा उसके आगे धरती पर मस्तक टेकते हैं । (३) वह सूर वंश का है और खाँडा चलाने में भी शूर है । वह अत्यन्त बुद्धिमान् और सब गुणों से पूर्ण है । (४) नौ खण्डों में उसने सब शूरों को नमित कर दिया है । सात द्वीपों वाली धरती सब उसके आगे झुक गई है । (५) उसने अपने खड्ग बल से वहाँ तक राज्य जीत लिया है, जहाँ तक सिकन्दर जुलकरनैन ने किया था । (६) उसके हाथ में सुलेमान की अँगूठी है । उस मुट्ठी से वह संसार को जीवन सामग्री बाँटता है । (७) वह अति गौरवशाली महान् पृथिवीपति है, जिसने पृथिवी को टेककर सब सृष्टि (प्रजाओं) को सँभाल रखा है ।

(८) (कवि) मुहम्मद ने उसे आशीर्वाद दिया–'तुम जुग-जुग तक राज करो । (९) तुम जग के बादशाह हो; जग तुम्हारा मुहताज है ।'

(२) पाट्ट–सं० पट्ट=राजपाट, राज्यासन ।

(३) खांडइ–सं० खड्ग > खण्ड + अ > खांडा ।

(४) सूर नवाई=शूरवीरों का झुकाना । सं० नमन > नवाना । नई–सं० नता ।
जायसी ने सात द्वीप, नौ खंड और चौदह खंड, इस प्रकार पृथिवी के भौगोलिक विस्तार का वर्णन किया है ।

(५) इसकन्दर जुलकराँ=जुलकरां का फारसी रूप जू-ल्-करनैन अर्थात् दो सींगों वाला; यह सिकन्दर की उपाधि थी । मिस्र देश में थीब्स नगर का देवता अमन पहले कृषि सम्पति का अधिष्ठाता था । मेष उसका वाहन था । पीछे द्विसहस्राब्दी ईस्वी पूर्व में वही मिस्र का राष्ट्रीय देवता सूर्य का प्रतिरूप अमन-रा हो गया । सीवा नामक स्थान में उसका बड़ा मंदिर था । चौथी शती ईस्वी पूर्व में सिकन्दर ने वहाँ जाकर उसके दर्शन किए । कहा जाता है कि मन्दिर के धर्म गुरुओं ने सिकन्दर को अमन-पुत्र कह कर उसका स्वागत किया । तब से सिकन्दर के मस्तक पर मेष शृंग का अलंकरण बनाया जाने लगा, जैसा उसके सिक्कों पर और मथुरा में प्राप्त कुषाण कालीन कुछ मस्तिष्कों में दिखाया गया है ।

(६) सुलेमान की अँगूठी=कई रत्नों से बनी हुई और ईश्वर की महिमा के वाचक मंत्रों से उत्कीर्ण जादू भरी अँगूठी के प्रभाव से सुलेमान ने जिनों को अपने वश में कर रखा था । इसीसे उसे अतुल धन और शक्ति प्राप्त हुई थी ।

[१४]

बरनौं सूर पुहुमिपति राजा । पुहुमि न भार सहइ जो साजा ।१।
हय गय सेन चलइ जग पूरी । परबत टूटि उड़हिं होइ धूरी ।२।
रेनु रइनि होइ रबिहि गरासा । मानुस पंखि लेहिं फिरि बासा ।३।
ऊपर होइ छावइ महि मंडा । षट खँड धरति अष्ट ब्रह्मंडा ।४।
डोलइ गगन इन्द्र डरि काँपा । बासुकि जाइ पतारहि चाँपा ।५।
मेरु धसमसइ समुँद सुखाई । बन खँड टूटि खेह मिलि जाई ।६।
अगिलहि काहिं पानि खर बाँटा । पछिलेहि काहिं न काँदहु आँटा ।७।
जो गढ़ नए न काऊ चलत होहिं सत चूर ।
जबहि चढ़इ पुहुमीपति सेरसाहि जगसूर ॥१।१४॥

(१) मैं सूरवंशी पृथिवी के पति इस राजा का बखान करता हूँ। उसका जो साज सामान है धरती उसका भार नहीं सह सकती। (२) हाथी घोड़ों की सेना जब संसार में फैलकर चलती है, तो पर्वत टूट-टूटकर धूल होकर उड़ जाते हैं। (३) उस सेना की धूल रात बनकर सूर्य को ढक लेती है, जिससे मनुष्य और पक्षी अंधेरा जानकर लौटकर बसेरा लेने लगते हैं। (४) धरती गर्द होकर उपर उठती और छा जाती है। फल स्वरूप धरती के छः ही खण्ड रह जाते हैं और ऊपर आकाश में आठ हो जाते हैं। (५) आकाश हिलने लगता है; इन्द्र डरकर काँपने लगता है; बासुकि नाग पाताल में भागकर दुबक जाता है (६) मेरु अपने स्थान से धँसने लगता है; समुद्र सूख जाता है; और वन-खण्ड टूटकर धूल में मिल जाते हैं। (७) हय गज की सेना के अगले दस्तों को पानी और घास का भाग मिल पाता है, पर पिछले भाग के लिये कीचड़ भी पूरी नहीं पड़ती।

(८-९) जब पृथिवी का स्वामी और जग में अद्वितीय शूर शेरशाह चढ़ाई करता है, तब जो गढ़ किसी से भी नहीं झुके थे वे उसके चलते ही उसके प्रभाव से चूर हो जाते हैं।

(१) साजा—साज, सनिक सामान ठाठ-बाट। (लंका सुना जो रावन राजू। तेहू चाहि बड़ ताकर साजू। २६।२, ८।११, ३५८।२,४९।४।)

(२) हय गय सेन-'उसकी सेना में ५०० हाथी थे। घोड़ों की संख्या कभी निश्चित न जानी जा सकी' (तारीख-ए-फीरोजशाही, अं० अनुवाद, कलकत्ता सं०, पृ० १४८)।

(४) इस कठिन पंक्ति के कई पाठ भेद हुए हैं। ऊपर का सरल अर्थ सेना के प्रयाण से उठी हुई धूलि के प्राचीन वर्णनों के अनुकूल है। जायसी ने अलाउद्दीन की सेना का वर्णन करते हुए ५०९।३ में इसी अर्थ को दुहराया है। इस पर शुक्लजी ने अच्छा प्रकाश डालते हुए लिखा है, 'यह फिरदौसी के शाहनामे के इस शेर का ज्यों का त्यों अनुवाद है—

जे सुम्मे सितौरां दरां पहे दश्त। जमीं शश शुदो आस्मां गश्त हश्त ॥

अर्थात् उस लम्बे चौड़े मैदान में घोड़ों की टाप से जमीन सात खण्ड के स्थान पर छह ही खण्ड की रह गई और आसमान सात खण्ड के स्थान पर आठ खण्ड का हो गया।' सेना के प्रयाण के वर्णन में

उससे उठी हुई धूल का वर्णन संस्कृत काव्यों की पुरानी परम्परा के अनुसार है। कालिदास ने रघुवंश [४।२९; ७।३९] में और बाण ने कादम्बरी में (चन्द्रापीड की दिग्विजय यात्रा के प्रसंग में) उसका वर्णन किया है। माघ, भारवि, श्रीहर्ष आदि के महाकाव्यों से होती हुई यह परम्परा अपभ्रंश काव्यों को प्राप्त हुई और वहाँ से जायसी को मिली।

(७) खर=घास। कांदहु—सं० कर्दम > प्रा० कद्दम > कादव=काँदौ।

अगली सेना को पानी पिछली को कीचड़—तारीख-ए-शेरशाही में जोधपुर के राव मालदेव के विरुद्ध कूच करती हुई शेरशाह की सेना के विषय में लिखा हैं—'अच्छे, अच्छे गिनने वाले भी शेरशाह की सेना को कूतने या संख्या करने में असमर्थ थे। उसका विस्तार इतना अधिक था कि लम्बाई या चौड़ाई में उसके दोनों घेरों को एक साथ देख सकना असम्भव था (तारीख-ए-शेरशाही, अंग्रेजी अनुवाद, कलकत्ता संस्करण, पृष्ठ १२५-२७)।

(७) आँटा–आँटना=पूरा पड़ना, पर्याप्त होना।

(८) सत=बल, प्रभाव। सं० सत्त्व।

[१५]

अदल कहौं जस प्रिथिमी होई। चाँटहि चलत न दुखवइ कोई ।१।
नौसेरवाँ जो आदिल कहा। साहि अदल सरि सोउ न अहा ।२।
अदल कीन्ह उम्मर की नाईं। भइ अहान सिगरी दुनिआईं ।३।
परी नाथ कोइ छुअइ ना पारा। मारग मानुस सोन उछारा ।४।
गउव सिंघ रेंगहिं एक बाटा। दुअउ पानि पिअहिं एक घाटा ।५।
नीर खीर छानइ दरबारा। दूध पानि सो करइ निरारा ।६।
धरम निआउ चलइ सत भाषा। दूबर बरिअ दुनहुँ सम राखा ।७।
सब पिरथिमी असीसइ जोरि जोरि कै हाथ।
गाँग जउँन जौ लहि जल तौ लहि अम्मर माथ ॥१।१५॥

(१) उसके न्याय का वर्णन करता हूँ, जैसा पृथिवी भर में हो रहा है। चलती चींटी को भी कोई दुःख नहीं देता। (२) नौशेरवाँ को जो आदिल (न्यायकारी) कहा जाता है, शेरशाह के अदल की बराबरी में वह भी नहीं हुआ। (३) उसने उमर की तरह न्याय किया, जिससे सारी दुनियाँ में उसकी ख्याति हो गई। (४) नाक की नथ (मार्ग में) गिर गई हो तो भी कोई छू नहीं सकता। रास्ते में मनुष्य सोना उछालते चलते हैं। (५) नील गाय और शेर एक ही रास्ते में धीरे-धीरे साथ चलते हैं और दोनों साथ जाकर एक घाट पर पानी पीते हैं। (६) वह अपने दरबार में (मिले हुए) दूध और पानी को छानता है और दूध को पानी से अलग कर देता है। (७) वह धर्म से न्याय करता है और सत्य बोलता है, तथा दुर्बल और बली दोनों की एक समान रक्षा करता है।

(८-९) सारी धरती हाथ जोड़-जोड़कर उसे आशीर्वाद देती है—'जब तक गंगा यमुना में जल है, तब तक तुम्हारा मस्तक अमर रहे।'

(१) प्रिथिमी, पुहुमी, पिरथिमी=ये सब देश्य भाषा के रूप हैं।

दुखवइ—हिं० नामधा०; सं०दुःखयति ।

(२) नौशेरवाँ–प्रसिद्ध ईरानी सम्राट (५३१-५७९); वह अत्यन्त न्यायकारी था। इसीसे उसका विरुद आदिल हुआ ।

(३) उम्मर=ऊपर (१३।३) कहे हुए चार खलीफाओं में से एक, जो अपने न्याय के लिये प्रसिद्ध था। अहान=लोक में ख्याति। सं० आख्यान >प्रा० आहान (=कहावत, लोकोक्ति, पासद्द०; और भी १८५।१, ४२६।७) ।

(४) नाथ=नथ । पठान काल से पहले इस आभूषण का कोई उल्लेख भारतीय साहित्य में नहीं मिलता और न कला में ही यह अंकित किया गया है। सम्भवतः जायसी का यह उल्लेख नथ के प्रचार के आरम्भ काल का है, जब कि नया होने के कारण आभूषणों के प्रतिनिधि रूप में उसीका नाम लिया गया । सं० नस्त (=नाक का छेद;) >प्रा० नत्थ (=पशुओं की नाक में पिरोई हुई रस्सी) > नाथ ।

मार्ग में सोना उछलना= 'शेरशाह के राज में कोई वृद्धा स्त्री चाहती तो सोने के आभूषणों की डलिया सिर पर रख कर चली जाती थी, किन्तु शेरशाह के उग्र दण्ड के भय से किसी चोर उचक्के की हिम्मत न थी कि उसके हाथ भी लगाए' (तारीख-ए-शेरशाही, पृ०१५७) ।

(५) गउव—सम्भवतः सं० गवय (=नीलगाय) का यह रूप है । जंगल में नीलगाय और शेर का मिलना और एक ही मार्ग पर साथ चलकर पानी पीना अधिक सम्भव है ।

(६) दूध का दूध पानी का पानी, यह मुहाविरा आदर्श न्याय के लिये लोक में आज भी प्रयुक्त होता है ।

(७) दूबर बरिअ—'शेरशाह के न्याय के कारण बुड्ढा दुबला व्यक्ति भी रुस्तम से न डरता था' (तारीख-ए-शेरशाही, पृ०१५७) ।

[१६]

पुनि रुपवँत बखानौं काहा । जावँत जगत सबइ मुख चाहा ।१।
ससि चौदसि जो दइअ सँवारा । तेहूँ चाहि रूप उँजियारा ।२।
पाप जाइ जौं दरसन दीसा । जग जोहारि कइ देइ असीसा ।३।
जइस भान जग ऊपर तपा । सबइ रूप ओहि आगें छपा ।४।
भा अस सूर पुरुष निरमरा । सूर चाहि दह आगरि करा ।५।
सौंह दिस्टि कइ हेरि न जाई । जेइँ देखा सो रहा सिर नाई ।६।
रूप सवाई दिन दिन चढ़ा । बिधि सरूप जग ऊपर गढ़ा ।७।
रूपवँत मनि माथें चंद्र घाट वह बाढ़ि ।
मेदिनि दरस लुभानी अस्तुति बिनवइ ठाढ़ि ॥१।१६॥

(१) पुनः, उस रूपवन्त का मैं क्या बखान करूँ ? जितना जगत् है, सभी उसका मुख देखना चाहता है (२) दैव ने जो चौदस का चन्द्रमा रचा है, उससे भी अधिक उसके रूप का प्रकाश है। (३) यदि झरोखे में दर्शन देते समय उसे कोई देख ले तो पाप मिट जाता है। प्रजा उसे प्रणाम करके आशीर्वाद देती है। (४) वह सूर्य जैसा लोक के ऊपर तप रहा है। सब रूप उसके आगे छिप जाते हैं। (५)

सूर वंश में वह ऐसा निर्मल पुरुष उत्पन्न हुआ जो सूर्य से भी दश कला आगे है। (६) सामने दृष्टि करके उसे कोई देख नहीं सकता। जो देखता है, वही सिर झुका लेता है। (७) उसका रूप दिन दिन सवाया होता जाता है। ब्रह्मा ने उसे संसार में सबसे सुन्दर बनाया है।

(८) उसके सुन्दर मस्तक पर जैसे मणि दमकती है। चन्द्रमा घटकर है, वह बढ़कर है। (९) दर्शन के लिये लुभाई हुई सब प्रजा खड़ी हुई उसकी स्तुति करती रहती है।

(१) इस छन्द में शेरशाह के तेजस्वी सौन्दर्य और नित्य प्रति झरोखा-दर्शन का वर्णन है।

(३) यहाँ प्राचीन राजाओं द्वारा झरोखे में बैठकर दर्शन देने की प्रथा का उल्लेख है। जहाँगीर और अकबर के काल से भी कहीं अधिक प्राचीन यह प्रथा गुप्तकाल तक जाती है। कालिदास ने रघुवंश में विलासी राजा अग्निवर्ण के वर्णन में लिखा है कि प्रजा उसके दर्शन के लिये उत्कंठित रहती, किन्तु वह रात दिन अन्तःपुर में रहता और दर्शन न देता था। यदि कभी मंत्रियों के कहने से वह प्रजाओं को दर्शन देता भी, तो झरोखे से एक पैर बाहर लटका देता था (रघुवंश १९।६-७)। सम्भव है कि इस प्रथा का आरम्भ समुद्रगुप्त, चन्द्रगुप्त आदि सम्राटों के समय हुआ हो।

(५) सूर–यहाँ सूर शब्द के तीन अर्थ हैं (१) सूर्य, (२) शूरवीर, (३) सूरवंशी।

(६) दह–सं० दश

(६) सौंह–सं० सम्मुख > सऊँह > सौंह।

(८) रूपवंत मनि माथें–जायसी का यह उल्लेख समकालीन सत्य पर आश्रित है। शेरशाह को देख कर बाबर का यह उद्गार था—'उसके माथे पर राजकीय तेज के चिह्न अंकित हैं' (अब्बास कृत तारीख-ए-शेरशाही, पृ० ४२)।

(९) दरस लोभानी–दर्शन के लिए लुभाई हुई (अवधी का ठेठ सुन्दर प्रयोग)।
मेदिनि–पृथिवी, सब प्रजा।
विनवइ–सं० विज्ञापयति > विण्णवइ > बिनवइ।

[१७]

पुनि दातार दइअ बड़ कीन्हा। अस जग दान न काहूँ दीन्हा।१।
बलि औ बिक्रम दानि बड़ अहे। हेतिम करन तिआगी कहे।२।
सेरसाह सरि पूज न कोऊ। समुँद सुमेर घटहिं नित दोऊ।३।
दान डाँक बाजइ दरबारा। कीरति गई समुद्रहँ पारा।४।
कंचन बरिस सोर जग भएऊ। दारिद भागि देसंतर गएऊ।५।
जौं कोइ जाइ एक बेर माँगा। जरमहु होइ न भूखा नाँगा।६।
दस असुमेध जग्गि जेइँ कीन्हा। दान पुन्नि सरि सेउ न दीन्हा।७।
अइस दानि जग उपना सेरसाहि सुलतान।
ना अस भएउ न होइहि ना कोइ देइ अस दान।१।१७॥

(१) और भी, दैव ने उसे बड़ा दानशील बनाया है। जगत में ऐसा दान किसीने नहीं दिया। (२) बली और विक्रम बड़े दानी थे। हातिम और कर्ण भी त्यागी कहे गए हैं। (३) पर इनमें कोई शेरशाह के बराबर नहीं ठहरता। समुद्र के रत्न और सुमेरु का सोना उसके दान करने से नित्य घटते जाते हैं। (४) उसके दरबार में दान का डंका बजता रहता है। उसके दान की कीर्ति समुद्र के उस पार तक फैल गई है। (५) उसके यहाँ कंचन बरसता है, ऐसा शोर जगत में हो गया है, और दारिद्रय भाग कर परदेश चला गया है। (६) यदि कोई जाकर एक बार उससे माँग लेता है तो जन्म भर नंगा भूखा नहीं रहता। (७) जिसने दश अश्वमेध यज्ञ किए हों उसने भी शेरशाह के दान-पुण्य की तुलना में दान न दिया होगा।

(८) सुल्तान शेरशाह के रूप में ऐसा दानी संसार में उत्पन्न हुआ है। (९) न ऐसा कोई हुआ, न होगा, और न इस समय कोई है जो ऐसा दान दे।

(२) बलि, विक्रम, हातिम और कर्ण—इन हिन्दू और मुस्लिम अभिप्रायों का जायसी ने एक साथ सुन्दर प्रयोग किया है।

(४) दान का डंका बजना—यह बहुत पुराना साहित्यिक अभिप्राय था, जो जातकों में भी मिलता है जायसी ने इसे 'दान दमामा' भी कहा है (४२७।१)।

(५) कंचन बरिस—या स्वर्ण वृष्टि का अभिप्राय गुप्तकाल से चला आता था। कालिदास ने रघु के कोश में सोने का मेह बरसने का उल्लेख किया है। गुप्तकालीन ग्रन्थ दिव्यावदान में लिखा है कि राजा मान्धाता के राज्य में एक सप्ताह तक सोने की वृष्टि हुई थी। तारीख-ए-शेरशाही में लिखा है, 'शेरशाह अपनी उदारता और दान के लिये विख्यात हो गया था। वह सारे दिन सूर्य की तरह सोना और मेघों की भाँति मोती बरसाता था' (पृ० १४६)।

(७) दश अश्वमेध यज्ञ का अभिप्राय गुप्त-वाकाटक युग से लोक में चला आता था (दशाश्वमेधावभृथ स्नातानां भारशिवानां, चम्मक ताम्रपत्र लेख)।

(८) उपना—सं० उत्पन्न > प्रा० उप्पन्न > ऊपना, उपना।

[१८]

सैयद असरफ पीर पिआरा। तिन्ह मोहिं पंथ दीन्ह उजियारा।१।
लेसा हिएँ पेम कर दिया। उठी जोति भा निरमल हिया।२।
मारग हुत अँधियार असूझा। भा अँजोर सब जाना बूझा।३।
खार समुद्र पाप मोर मेला। बोहित धरम लीन्ह कइ चेला।४।
उन्ह मोर करिअ पोढ़ कर गहा। पाएउँ तीर घाट जो अहा।५।
जा कहँ अइस होहिं कँड़हारा। तुरित बेगि सो पावइ पारा।६।
दस्तगीर गाढ़े के साथी। जहँ अवगाह देहिं तहँ हाथी।७।
जहाँगीर ओइ चिस्ती निहकलंक जस चाँद।
ओइ मखदूम जगत के हौं उन्हके घर बाँद ॥१।१८॥

(१) सैयद अशरफ (जहाँगीर) सबके प्रिय सन्त हुए। उन्होंने मुझे उज्ज्वल मार्ग दिखाया। (२) उन्होंने मेरे मन में प्रेम का दीप जलाया। उससे उत्पन्न ज्योति से मेरा हृदय निर्मल हो गया। (३) मेरा मार्ग असूझ अँधेरे से भरा हुआ था। उसमें उजाला हो गया और सब जान-बूझा हो गया। (४) मेरे पाप ने मुझे खारे समुद्र में डाल रखा था। उन्होंने मुझे चेला बनाकर धर्म की नाव पर बैठा लिया। (५) उन्होंने मेरी पतवार दृढ़ता से पकड़ ली, और किनारे पर जो घाट था वह मुझे मिल गया। (६) जिसका ऐसा कर्णधार हो वह तुरन्त वेग से पार लग जाता है। (७) वे हाथ पकड़ कर सहायता करने वाले विपत्ति के साथी हैं। जहाँ जल अगाध होता है वहाँ वे हाथ देते हैं।

(८) वे जहाँगीर चिश्ती वंश के थे और चाँद जैसे निष्कलंक थे। (९) वे संसार के स्वामी (मखदूम) हैं, मैं उनके घर का सेवक हूँ।

(१) सैयद अशरफ जहाँगीर चिश्ती वंश के सूफियों में बहुत बड़े सन्त थे। उन्हीं के उत्तराधिकारी मुहीउद्दीन (सोलहवीं शती का पूर्वार्द्ध) जायसी के गुरु थे।

(३) असूझा–सूझना धातु से। सं० सुध्या > प्रा० सुज्झ > सूझना। अंजोर–सं० उज्ज्वल > अंजवर अंजोर।

(४) इसका अर्थ शिरेफ ने किया है–'सैयद अशरफ ने मेरे पाप को खारे समुद्र में फेंक दिया है,' पर जायसी के शब्दों से सीधा सादा अर्थ निकलता है, 'पाप ने मुझे खारे समुद्र में डाल रखा था।' इसी अर्थ के साथ नाव, पतवार, कर्णधार और घाट का रूपक चरितार्थ होता है। बोहित=नाव। प्रा० वोहित्थ < सं० बोधिरथ। बोधि शब्द का अर्थ है नाव के नीचे का हिस्सा, जिस पर नाव का शेष ठाठ खड़ा किया जाता है। तमिल में स्तम्भ शीर्षक के उस भाग को जो नाव की गलही की तरह घूमा हुआ होता है बोधि कहते हैं।

(५) करिआ=(१) पतवार (महरी बाईसी ३।९); (२) कर्णधार, पतवार थामने वाला माझी (१९।९, ५८।९)। इस शब्द का प्रयोग सूर, केशव ने भी किया है जैसा शब्दसागर (पृ० ४७७) में उद्धृत है। जायसी ने १।५९ में स्वयं इसका अर्थ स्पष्ट कर दिया है। नाव में दो मल्लाह होते हैं, एक कर्णधार या पतवार सँभालने वाला करिया, और दूसरा खेवक या डांड चलाने वाला। करिअ शब्द की व्युत्पत्ति सं० के मूल शब्द कर्ण से ज्ञात होती है। सं० 'ण' अक्षर के स्थान पर प्रा० में किन्हीं शब्दों में 'ड' आदेश होता है। सं० कर्ण (=पतवार) > कण्ण+अ > कड्डु+अ > कर्अ > करिअ।

(६) कँड़हारा–सं० कर्णधारक। यहाँ जायसी ने स्वयं सं० कर्ण का देशी रूप कँड़ दिया है। इसी कँड़ से करिअ की व्युत्पत्ति हुई।

(७) अवगाह=अगाध (१।९)।

(९) बांद=बंदा, सेवक।

[१९]

उन्ह घर रतन एक निरमरा। हाजी सेख सभागइँ भरा।१।
तिन्ह घर दुइ दीपक उजियारे। पंथ देइ कहँ दइअ सँवारे।२।
सेख मुबारक पूनिउँ करा। सेख कमाल जगत निरमरा।३।
दुऔ अचल धुव डोलहि नाहीं। मेरु खिखिंद तिनहुँ उपराहीं।४।

दीन्ह जोति औ रूप गुसाईं । कीन्ह खाँभ दुहुँ जगत की ताईं ।५।
दुहूँ खम्भ टेकी सब मही । दुहुँ के भार सिस्टि थिर रही ।६।
जिन्ह दरसे औ परसे पाया । पाप हरा निरमल भौ काया ।७।
महमद तहाँ निचिंत पथ जेहि सँग मुरसिद पीर ।
जेहि रे नाव करिआ औ खेवक बेग पाव सो तीर ॥१।१९॥

(१) उनके घर में एक निर्मल रत्न हाजी शेख हुआ, जो सुन्दर भाग्य से भरा था । (२) उसके घर में दो उज्ज्वल दीपक भगवान् ने मार्ग दिखाने के लिये सँवारे। (३) एक शेख मुबारक जो पूनों की कला के समान था, और दूसरा शेख कमाल जो संसार भर में निर्मल था । (४) दोनों ध्रुव की तरह अचल थे और अपने उच्च पद से डोलते न थे। मेरु और किष्किन्धा पर्वतों से भी वे ऊपर थे। (५) भगवान् ने उन्हें तेज और सौन्दर्य दिया। संसार को टेकने के लिए मानों दैव ने दो खम्भे बनाए। (६) उन दो खम्भों पर उसने सब धरती टेक दी। उन दोनों के भार लेने से सृष्टि स्थिर हो गई। (७) जिन्होंने उनके दर्शन किए और पैर छुए, उनका पाप कट गया और शरीर निर्मल हो गया।

(८) मुहम्मद कहते हैं कि जिसके संग में मुरशिद (गुरु) और पीर (सन्त) हैं, वह मार्ग में निश्चिन्त रहता है। (९) जिसकी नाव में पतवरिया और खिवैया दोनों हों वह शीघ्र ही तीर पर पहुँच जाता है।

(४) मेरु खिखिंद–दे० २।१ ।
(५) खाँभ–सं० स्कम्भ > प्रा० खम्भ > खाँभ ।
(९) करिआ=कर्णधार। सं० कर्णिक > कण्णिअ > कड्डिअ > कडिअ > करिआ, करिया।
खेवक–सं० क्षेपक > खेवक (तुलना, सं० क्षेपणि धारक > खेवनिहारा)।

[२०]

गुरु मोहदी खेवक मैं सेवा । चलै उताइल जिन्ह कर खेवा ।१।
अगुआ भएउ सेख बुरहानू । पंथ लाइ जेहिं दीन्ह गिआनू ।२।
अलहदाद भल तिन्ह कर गुरू । दीन दुनिअ रोसन सुरखुरू ।३।
सैयद महम्मद कें ओइ चेला । सिद्ध पुरुष संगम जेहिं खेला ।४।
दानिआल गुरु पंथ लखाए । हजरति ख्वाज खिजिर तिन्ह पाए ।५।
भए परसन ओहि हजरति ख्वाजे । लइ मेरए जहँ सैयद राजे ।६।
उन्ह सौं मैं पाई जब करनी । उघरी जीभ प्रेम कबि बरनी ।७।
ओइ सो गुरु हौं चेला निति बिनवौं भा चेर ।
उन्ह हुति देखइ पावौं दरस गोसाईं केर ॥१।२०॥

(१) गुरु मुहीउद्दीन खेने वाले हैं, मैं उनका सेवक (शिष्य) हूँ। उनका डाँड़ शीघ्रता से चलता है। (२) शेख बुरहान उनके अगुआ (मार्गदर्शक) थे। उन्होंने मुहीउद्दीन को मार्ग पर लाकर ज्ञान दिया। (३) बुरहान के श्रेष्ठ गुरु अलहदाद थे, जो दीन और दुनियाँ में सुविदित और तेजस्वी थे। (४) वे सैयद मुहम्मद के शिष्य थे, जिनकी संगति में पहुँचे हुए लोग रहते थे। (५) उन्हें दानियाल गुरु ने मार्ग दिखाया। हजरत ख्वाजा खिज्र से कहीं उनकी भेंट हो गई थी। (६) वे हजरत ख्वाजा उन पर प्रसन्न हो गए और जहाँ सैयद राजी (हामिद शाह सूफी) थे, वहाँ ले जाकर मिला दिया। (७) उन गुरु मुहीउद्दीन से जब मैंने कर्म की योग्यता (करनी) पाई, तो मेरी जिह्वा खुल गई और वह प्रेम-काव्य का वर्णन करने लगी।

(८) उन जैसे गुरु का मैं चेला हूँ; उनका सेवक बनकर नित्य उनकी बिनती करता हूँ। (९) उनकी कृपा से ही मैं भगवान् का दर्शन पा सकूँगा।

(१) सेवा–सं० सेवक > सेवअ > सेवा।
खेवा–सं० क्षेपक > खेवअ > खेवा।

(५) ख्वाजा खिज्र–एक सिद्ध पुरुष जो चिरजीवी समझे जाते हैं। जिसकी उनसे भेंट हो जाती है उसे वे इष्ट तक पहुँचा देते हैं। पंजाब और उत्तर भारत में उनकी काफी मान्यता है।

(७) करनी=करने की शक्ति, कर्म की योग्यता।
उघरी=उद्घाटित हुई; जो जिह्वा बन्द थी वह खुल गई।
प्रेमकबि=प्रेम काव्य सं० काव्य>कब्ब > कब, कबि। जायसी ने कबि शब्द काव्य और कवि (२१।१) दोनों अर्थों में प्रयुक्त किया है।

[२१]

एक नैन कबि मुहमद गुनी। सोइ बिमोहा जेइँ कबि सुनी।१।
चाँद जइस जग बिधि औतारा। दीन्ह कलंक कीन्ह उजिआरा।२।
जग सूझा एकइ नैनाहाँ। उवा सूक अस नखतन्ह माहाँ।३।
जौं लहि अंबहि डाभ न होई। तौ लहि सुगंध बसाइ न सोई।४।
कीन्ह समुद्र पानि जौं खारा। तौ अति भएउ असूझ अपारा।५।
जौं सुमेरु तिरसूल बिनासा। भा कंचनगिरि लाग अकासा।६।
जौं लहि घरी कलंक न परा। काँच होइ नहिं कंचन करा।७।
एक नैन जस दरपन औ तेहि निरमल भाउ।
सब रुपवँत पाँव गहि मुख जोवहिं कइ चाउ।।१।२१।।

(१) एक आँख का होने पर भी मुहम्मद ने काव्य गुना है। जिसने वह काव्य सुना वही मोहित हो गया। (२) विधाता ने चन्द्रमा के समान उसे संसार में बना कर कलंकी कर दिया, पर वह प्रकाश ही करता है। (३) एक आँख में ही उसे संसार

सूझता है। नक्षत्रों के मध्य में शुक्र की तरह वह उदित है। (४) जब तक आम में नुकीली डाभ नहीं निकलती, तब तक उसमें सुगन्धि नहीं बसाती। (५) विधि ने समुद्र के पानी में खारेपन का दोष किया, तभी तो वह ऐसा असूझ और अपार हुआ। (६) जो सुमेरु पर्वत त्रिशूल से मारा गया, तभी तो वह स्वर्णगिरि होकर आकाश तक ऊँचा हो गया। (७) जब तक घरिया में मैल नहीं पड़ता, तब तक कच्ची धातु में कंचन की चमक नहीं आती।

(८) कवि का वह एक नेत्र दर्पण के समान है, और उसका भाव निर्मल है। (९) (स्वयं वह कुरूप है) पर सब रूपवान् उसके पाँव पकड़कर चाव से उसका मुँह जोहते हैं।

(१) कवि–सं० काव्य, दे० २०१७।

(३) लोगों को दो नेत्रों से भी नहीं दीखता, पर कवि को एक ही नेत्र से पृथिवी आकाश के बीच का सब कुछ सूझ जाता है।

(४) आम में डाभ निकलना; मंजरी आने से पहले आम में नुकीली डाभ या टोंसे निकलते हैं, वे ही पीछे मंजरी के आकार में पुष्पित होकर सुगन्धि से बस जाते हैं। नुकीली डाभ दोष है, सुगन्धि गुण है। डाभ–सं० दर्भ > प्रा० दम्भ, डम्भ > डाभ।

(६) सुमेरु आदि पर्वतों के पंख इन्द्र ने अपने वज्र से काट दिए थे, तभी से सुमेरु एक स्थान पर स्थित हो गया, अन्यथा इधर उधर गिरता पड़ता रहता और उसके शिखर आकाश तक ऊँचे न होते। जायसी ने इन्द्र के वज्र को त्रिशूल कहा है।

(७) घरी=लोहा सोना आदि कच्ची धातु गलाने की घरिया; आँच देने से उसमें धातु का मैल कटकर ऊपर आ जाता है।
काँच=कच्ची धातु।
कंचन करा=सोने की कला या चमक; सोना तपाने से मल रहित किये जाने पर बारहबानी हो जाता है। बारहबानी बनने के लिये घरिया में मैल पड़ना आवश्यक है।

(८) एक नैन–मुहमद बाईं दिसि तजी एक सरवन एक आँखि (३६७।८)।

[२२]

चारि मीत कबि मुहमद पाए। जोरि मिताईं सरि पहुँचाए ।१।
यूसुफ मलिक पंडित औ ग्यानी। पहिलै भेद बात उन्ह जानी ।२।
पुनि सलार काँदन मति माहाँ। खाँडै दान उभै निति बाहाँ ।३।
मियाँ सलोने सिंघ अपारू। बीर खेत रन खरग जुझारू ।४।
सेख बड़े बड़ सिद्ध बखाने। कइ अदेस सिद्धन्ह बड़ माने ।५।
चारिउ चतुरदसौ गुन पढ़े। औ संग जोग गोसाईं गढ़े ।६।
बिरिख जो आछहिं चंदन पासाँ। चंदन होहिं बेधि तेहि बासाँ ।७।
मुहमद चारिउ मीत मिलि भए जो एकइ चित्त।
एहि जग साथ जो निबहा ओहि जग बिछुरन कित्त ॥१।२२॥

(१) कवि मुहम्मद को चार मित्र मिले। उन्होंने उससे मित्रता जोड़कर उसे अपने बराबर कर लिया। (२) यूसुफ मलिक पण्डित और ज्ञानी था। उसने सबसे पहले भेद की बात या रहस्य-ज्ञान प्राप्त किया। (३) दूसरा सलार था, जिसके मन में मारकाट (काँदन) की बात भरी थी। उसकी भुजा सदा खड्ग दान में उठती थी। (४) तीसरा मियाँ सलोने था, जो सिंह जैसा अद्‌भुत वीर था; वह रण-भूमि में तलवार लेकर जूझता था। (५) चौथे बड़े शेख जी हैं, जो भारी सिद्ध कहे जाते हैं। सिद्धों ने उन्हें प्रणाम कर बड़ा स्वीकार किया है। (६) चारों ने चौदह विद्याएँ पढ़ी हैं। ईश्वर ने उन्हें संगति करने योग्य बनाया है। (७) जो वृक्ष चंदन के पास होते हैं वे भी उसकी सुगन्धि के भिदने से चंदन हो जाते हैं।

(८) ये चारों मित्र मुहम्मद से मिलकर उसके साथ एक चित्त हो गए हैं। (९) इस जगत में उनका साथ निभ गया, तो उस लोक में भी बिछुड़ना कैसे सम्भव है?

(२) भेद बात=रहस्य ज्ञान या तत्त्व वार्त्ता।

(३) काँदन=शुक्ल जी की प्रति में इसका सरल किया हुआ पाठ खादिम है। काँदन कठिन पाठ है, पर अर्थ की दृष्टि से वही उत्तम है। मति माहाँ का अर्थ शुक्लजी और शेरिफ दोनों ने मतिमान् या बुद्धिमान् किया है। काँदन मति माहाँ का सीधा अर्थ है काँदन या मार काट जिसकी बुद्धि में थी। मति=मन। माहाँ-मध्य > मज्झ > माँझ > माहाँ। काँदन-धातु काँदना=काटना, टुकड़े टुकड़े करना।

(५) कइ अदेस=प्रणाम करके (शब्दसागर)। सिद्ध और नाथों में शिष्य गुरु को प्रणाम करके तीन बार 'आदेश, आदेश, आदेश' कहता है। और उत्तर में गुरु भी 'आदेश' कहता है। इसीकी ओर जायसी का संकेत है (९१।५, १३०।९)।

(६) चतुरदस गुन- चौदह विद्या (४४६।९)।

(७) आछहिं-रहते हैं। अप० धा० अच्छ; भविसयत्तकहा, दोहाकोश, करकंडु चरिउ आदि ग्रन्थों में इसका अनेक बार प्रयोग हुआ है। हिन्दी के अनेक कवियों ने भी आछइ का प्रयोग किया है। हेमचन्द्र ने इसे आस् का धात्वादेश माना है। अन्य विद्वान् इसे आक्षेति से व्युत्पन्न मानते हैं (=रहना, ठहरना) [तगरे, अपभ्रंश व्याकरण, पृ० ३४४]।

[२३]

जाएस नगर धरम अस्थानू। तहवाँ यह कबि कीन्ह बखानू।१।
औ बिनंती पंडितन्ह सों भजा। टूट सँवारेहु मेरएहु सजा।२।
हौं सब कबिन्ह केर पछिलगा। किछु कहि चला तबल दइ डगा।३।
हिअ भँडार नग आहि जो पूँजी। खोली जीभ तारा कै कूँजी।४।
रतन पदारथ बोलइ बोला। सुरस पेम मधु भरिअ अमोला।५।
जेहि के बोल बिरह के घाया। कहु तेहि भूख कहाँ तेहि छाया।६।
फेरे भेस रहइ भा तपा। धूरि लपेटा मानिक छपा।७।

मुहमद कबि जो प्रेम का ना तन रकत न माँसु ।
जेइँ मुख देखा तेइँ हँसा सुना तो आए आँसु ॥१।२३॥

(१) जायस नगर धर्म का स्थान है । वहाँ मैंने इस काव्य की रचना की । (२) मैं पण्डितों के सम्मुख बिनती करता हूँ कि इसमें जो त्रुटि या कमी हो उसे सँवार दें और जो शोभा की बात हो वह इसमें मिला दें । (३) मैं सब कवियों के पीछे चलने वाला हूँ; नकारे की ध्वनि हो जाने पर मैं भी (आगे वालों के साथ) पैर बढ़ाकर कुछ कहने चल पड़ा हूँ । (४) हृदय के भंडार में रत्नों की जो पूँजी है, उसे ही मैंने अपनी जिह्वा रूपी ताले की कुंजी से खोला है । (५) वह जिह्वा रत्नसेन और पद्मावती (रतन पदारथ) का गीत गा रही है जिसमें सुरस और अनमोल प्रेम का मधु भरा है । (६) जिसके बोल (गीत या काव्य) में विरह का घाव है कहो उसे अन्न की भूख और छाया (घर) में रहने की इच्छा कहाँ ? (७) वह तो भेष बदल कर तपस्वी हो रहता है । वह धूल में सने हुए लाल की तरह छिपा रहता है ।

(८) मुहम्मद जो प्रेम का कवि है, न उसके शरीर में रक्त रहा, न माँस । (९) जिसने उसका मुँह देखा वह हँस दिया । पर जब उसीने उसका काव्य सुना तो वह आँसू भर लाया ।

(१) जाएस—रायबरेली जिले में जायस नामक कस्बा, जहाँ मलिक मुहम्मद ने पद्मावत काव्य की रचना की । ज्ञात होता है कि सोलहवीं शती में यह मुसलमानी सन्तों का केन्द्र था । कबि—सं० काव्य ।

(२) पण्डितन सों भजा—पण्डितों के आगे विनती भजता हूँ । बिनती-सं० विज्ञप्ति । सों—सं० सम्मुख > सऊँह > सोंह > सों । भजा—धा० भजना, बार बार कहना, दुहराना । टूट—सं०त्रुटि । सजा=सज, सजाने का सामान, सज्जा, अलंकरण, शोभा । जायसी की बिनती यह है कि इस काव्य में जो त्रुटि हो उसे पण्डित लोग ठीक कर लें और जो गुण हों उन्हें मिला दें (अख०१।१३, पंडित पढि अखरावटी टूटा जोरहु देखि) ।

(३) जायसी ने यहाँ सेना के कूच करने से अपना रूपक लिया है । तबल—नक्कारा, बड़ा ढोल; तबला इसीका छोटा रूप होता है । सेना में कूच के समय तबला नहीं तबल बजता है । नक्कारा बजने पर जो पिछले सिपाही हैं उनको भी पैर बढ़ाकर (दइ डगा) आगे वालों के साथ चलना ही पड़ता है । जायसी कहते हैं वही गति मेरी है । कवियों का पछिलगा होने से मुझे भी जहाँ वे चले हैं उस मार्ग में कुछ कहने के लिये चलना ही पड़ेगा । किछु कहि चला=कुछ कहने के लिये चला हूँ । दइ डगा—आगे पैर रखकर, कदम बढ़ाकर ।

(४) खोली जीभ तारा कै कूँज —'खोली' क्रि० का सम्बन्ध 'पूँजी' के साथ है । 'जीभ को हृदय रूपी भण्डार पर लगे हुए ताले की कुंजी बनाकर उसमें भरी हुई रत्नों की पूँजी खोल रहा हूँ।'

(५) रतन पदारथ—रत्नसेन और पद्मावती के लिये जायसी ने बहुधा इन शब्दों का प्रयोग किया है ।

[२४]

सन नौं सै सैंतालिस अहै । कथा अरंभ बैन कबि कहै ।१।
सिंघल दीप पदुमिनी रानी । रतनसेनि चितउर गढ़ आनी ।२।

अलाउदीं ढिल्ली सुलतानू। राघौ चेतन कीन्ह बखानू ।३।
सुना साहि गढ़ छेंका आई। हिन्दू तुरकहिं भई लराई ।४।
आदि अंत जसि कथ्था अहै। लिखि भाषा चौपाई कहै ।५।
कबि बिआस रस कौंला पूरी। दूरिहि निअर निअर भा दूरी ।६।
निअरहि दूरि फूल सँग काँटा। दूरि जो निअरैं जस गुर चाँटा ।७।
भँवर आइ बनखंड हुति लेहि कँवल कै बास।
दादुर बास न पावहिं भलेहिं जो आछहिं पास ॥१।२४॥

(१) इस समय हिजरी सन् ९४७ (१५४० ई०) है, जब कि कथा का आरम्भ करने वाले वचन कवि कह रहा है। (२) सिंहल द्वीप में रानी पद्मावती थी। उसे रत्नसेन चित्तौरगढ़ लाया। (३) दिल्ली के सुल्तान अलाउद्दीन के आगे राघवचेतन ने उसके सौन्दर्य का वर्णन किया। (४) शाह ने सुनते ही चढ़ाई करके गढ़ छेंक लिया। हिन्दू और तुर्कों में लड़ाई हुई। (५) आदि से अन्त तक जैसी कथा है, उसे भाषा में लिखकर चौपाइयों में कवि कह रहा है। (६) कवि और व्यास (की कृति) में रस का कटोरा भरा हुआ है। दूरस्थ (रसिक) के लिये वह पास है, किन्तु निकटस्थ (अरसिक) के लिये वह दूर है। (७) निकट वाले के लिये दूर ऐसे, जैसे फूल के संग के काँटे के लिये पुष्प का रस और सौन्दर्य दूर रहता है। दूर वाले के लिये निकट ऐसे जैसे चींटे के लिए गुड़।

(८) भौंरा दूर के वनखण्ड से आकर कमल की सुगन्धि लेता है। (९) पर मेंढ़क वह बास नहीं पाते, भले ही वे पास में रहें।

(१) श्री मा० प्र० गुप्त के संशोधित संस्करण में ९४७ पाठ मूल में है वही समीचीन ज्ञात होता है। शुक्लजी की प्रति के दूसरे संस्करण में ९२७ पाठ है (१५२० ई०), किन्तु जैसा श्री शिरेफ ने अपनी टिप्पणी में लिखा है इस तिथि का शेरशाह के राज्य संवतों से मेल नहीं खाता। श्रीगोपालचन्द्र सिंह की प्रति में ९२७ पाठ है। कला भवन की कैथी अक्षरों में लिखी प्रति में पाठ है 'सन् नौसे छत्तीस जब रहा।' श्री पं० चन्द्रबली पाण्डे नौ सौ सत्ताइस को ही ठीक समझते हैं (ना० प्र० पत्रिका, भाग १३, पृ० ४९१)। मनेर शरीफ की सुलिखितप्रति में यह पृष्ठ नहीं है। बिहारशरीफ खानका पुस्तकालय की प्रति में ९४८ पाठ है।

(५) जायसी ने अपने समय की अवधी को, जब पद्मावत लिखा गया, भाषा कहा है। तुलसीदासजी ने रामचरित मानस को भी 'भाषा-बद्ध' या 'भाषा भणिति' कहा है।

(६) कबि-काव्य रचना करने वाला। बिआस-काव्य की रुचिपूर्ण व्याख्या करने वाला जो अनेक स्थानों से नई नई बातें कहकर कविता के अर्थ समझाता है या उसकी कथा कहता है। कौंला-कमल, एक प्रकार का कमलाकृति कटोरा, जिसे आज भी हिन्दी की बोलियों में कौंला या कमल कहा जाता है। रस कौंला=रस का कटोरा। पूरी=भरा हुआ। दूरहि निअर इत्यादि-रसिक दूर भी हो, कवि के मर्म तक पहुँच जाता है। रस से शून्य व्यक्ति कवि के निकट भी रहे, तो भी उसका रस नहीं पाता।

२ : सिंहल द्वीप-वर्णन खण्ड

[२५]

सिंघल दीप कथा अब गावौं । औ सो पदुमिनि बरनि सुनावौं ।१।
बरनक दरपन भाँति बिसेखा । जेहि जस रूप सो तैसेइ देखा ।२।
धनि सो दीप जहँ दीपक नारी । औ सो पदुमिनि दइअ अवतारी ।३।
सात दीप बरनहिँ सब लोगू । एकौ दीप न ओहि सरि जोगू ।४।
दिया दीप नहिँ तस उजियारा । सराँ दीप सरि होइ न पारा ।५।
जंबू दीप कहौं तस नाहीं । पूज न लंक दीप परिछाहीं ।६।
दीप कुसस्थल आरन परा । दीप महुस्थल मानुस हरा ।७।
सब संसार परथमैं आए सातौं दीप ।
एकौ दीप न उत्तिम सिंघल दीप समीप ॥२।१॥

(१) अब मैं सिंहल द्वीप की कथा कहता हूँ और उस पद्मावती का वर्णन सुनाता हूँ । (२) वर्णन की विशेषता दर्पण की भाँति होती है । जिसका जैसा रूप है, वह वैसा ही उसमें दिखाई पड़ता है । (३) वह द्वीप धन्य है जहाँ स्त्रियाँ दीपक के समान हैं, और जहाँ दैव ने उस पद्मावती का अवतार कराया । (४) सब लोग सात द्वीपों का वर्णन करते हैं, पर एक भी द्वीप उसकी तुलना के योग्य नहीं है । (५) दिया दीप में वैसा उजाला नहीं है । सरन द्वीप भी उसकी बराबरी नहीं कर सकता (६) मैं कहता हूँ, जम्बू द्वीप भी वैसा नहीं है । लंकाद्वीप उसकी परछाईं के बराबर भी नहीं है । (७) कुश-स्थल द्वीप में जंगल भरा हुआ है, और महुस्थल द्वीप मनुष्यों को हरने वाला है ।

(८) सब संसार में पहले सात द्वीप उत्पन्न हुए । (९) उनमें सिंहल द्वीप के समान उत्तम एक भी द्वीप नहीं है ।

(२) बरन=वर्णन, सं० वर्ण; 'वर्ण-रत्नाकर' (१३२० ई०) नाम में भी वर्ण का अर्थ वर्णन है ।

(५-७) यहाँ जायसी ने मध्यकालीन भूगोल की कहानियों में कल्पित सात द्वीपों का वर्णन किया है । अरब और चीनी भूगोल और कहानी साहित्य में इन नामों की जोड़ तोड़ और कल्पना के कई रूप हो गए ।

दिया दीप=दीउ नामक द्वीप, जो काठियावाड़ी समुद्र तट के पास है ।

सराँ दीप=सरन द्वीप, स्वर्ण द्वीप जो सुमात्रा का मध्यकालीन नाम था ।

लंक दीप=सम्भवतः वही था, जिसे याकूबी (लगभग ८७५ ई०) ने लंग बालूस कहा है और जो द्वीपान्तर में कहीं था । स्पष्ट ही जायसी का लंकद्वीप सिंहल से भिन्न था । कुश द्वीप का उल्लेख पुराणों में और दारा प्रथम के लेखों में है । इसकी पहचान अबिसिनिया से की जाती है । श्री शिरेफ ने इन सातों नामों को पद्मावती के शरीर पर भी घटाया है, जैसे- दिया दीप=स्त्री के चमकीले नेत्र; सरन दीप=श्रवण या कान; जम्बु द्वीप=भौंराली जामुन जैसे

काले केश; लंक द्वीप=कटि प्रदेश; कुशस्थल, पाठान्तर कुम्भस्थल=स्तन; महुस्थल=मधुस्थल, गुह्यभाग। इन नामों का निश्चित भौगोलिक अर्थ जायसी के मन में था, ऐसी सम्भावना नहीं। उन्हें ये नाम लोक कथाओं से प्राप्त हुए होंगे।

[२६]

गंध्रपसेन सुगंध नरेसू। सो राजा यह ताकर देसू।१।
लंका सुना जो रावन राजू। तेहु चाहि बड़ ताकर साजू।२।
छप्पन कोटि कटक दर साजा। सबै छत्रपति औरँगन्ह राजा।३।
सोरह सहस घोर घोरसारा। सावँकरन बालका तुखारा।४।
सात सहस हस्ती सिंघली। जिमि कबिलास एरापति बली।५।
असुपती क सिरमौर कहावा। गजपती क आँकुस गज नावा।६।
नरपती क कहाव नरिंदू। भुअपती क जग दोसर इंदू।७।
अइस चक्कवै राजा चहूँ खंड भै होइ।
सबै आइ सिर नावहिं सरबरि करै न कोइ॥२।२॥

(१) गंधर्व सेन यशस्वी नरेश था। वह राजा और यह सिंहल उसका देश था। (२) लंका में जो रावण का राज सुना गया, उससे भी बढ़कर उसका साज सामान था। (३) उसने छप्पन करोड़ सैनिक दल सज्जित किया। सब छत्रपतियों के सिंहासनों पर वही अधिपति था। (४) सोलह सहस्र घोड़े उसकी घुड़साल में थे, जो श्यामकर्ण घोड़ों के वंशज और तुषार देश के थे। (५) उसके यहाँ सात सहस्र सिंहली हाथी स्वर्ग के ऐरावत हाथी के समान बली थे। (६) वह राजा अश्वपतियों में सिरमौर कहा जाता था, और गजपतियों को अंकुश गज की तरह झुका देता था। (७) नरपतियों में वह नरेन्द्र कहा जाता था। भूपतियों के लिए वह संसार में दूसरे इन्द्र के समान था।

(८) वह राजा ऐसा चक्रवर्त्ती था कि चारों खण्ड उसका भय करते थे। (९) सब आकर उसे मस्तक झुकाते थे, कोई बराबरी न करता था।

(१) सुगन्ध=गंध युक्त, यशस्वी।

(३) ओरँगन्ह=अवरंगों का। अवरंग=तख्त, सिंहासन।

(४) तुखारा=तुषार देश के घोड़े। सावँकरन बालका–बालका=वंशज (इस विशिष्ट प्रयोग के लिये देखिए ५१३।३, जाति बालका समुंद थहाए। अर्थ वहीं देखिए)।

(५) कबिलास=स्वर्ग। एरापति=ऐरावत।

(६-७) अश्वपति, गजपति, नरपति, इन पदाधिकारियों की गणना मध्यकालीन शिलालेखों और ताम्रपत्रों में आती है। 'परम-भट्टारक महाराजाधिराज परमेश्वर परममाहेश्वर-त्रिकलिंगाधिपति निज भुजो पार्जिता श्वपति गजपति नरपति राजत्रयाधिपति कर्णदेव' (चेदीश्वरकर्ण का गुहरवा शिलालेख, १०४७ ई०)।

आँकुस गज=अंकुश गज, वह हाथी जो मतवाले हाथियों को वश में करता है।

(८) चक्कवै–सं० चक्रवर्त्ती > अप० चक्कवइ।

[२७]

जबहि दीप निअरावा जाई । जनु कबिलास निअर भा आई ।१।
घन अँबराउँ लाग चहुँ पासा । उठै पुहुमि हुति लाग अकासा ।२।
तरिवर सबै मलै गिरि लाए । भै जग छाँह रैनि होइ छाए ।३।
मलै समीर सोहाई छाहाँ । जेठ जाड़ लागै तेहि माहाँ ।४।
ओही छाँह रैनि होइ आवै । हरिअर सबै अकास दिखावै ।५।
पंथिक जौं पहुँचै सहि घामू । दुख बिसरै सुख होइ बिसरामू ।६।
जिन्ह वह पाई छाँह अनूपा । बहुरि न आइ सही यह धूपा ।७।
अस अँबराउँ सघन घन बरनि न पारौं अंत ।
फूलै फरै छहूँ रितु जानहु सदा बसंत ॥२।३॥

(१) जब कोई उस द्वीप के निकट जाता है, तो ऐसा ज्ञात होता है मानो स्वर्ग के निकट आ गया हो। (२) उसके चारों ओर घनी अमराइयाँ लगी हैं। वह धरती से उठकर आकाश का स्पर्श करता है। (३) वहाँ के सब वृक्ष मानो मलयगिरि से लाए गए हैं। जग में छाया उनके कारण ही होती है और वे ही रात बनकर छा जाते हैं। (४) उस छाँह में मलय वायु शोभा पाती है; उसमें ज्येष्ठ मास में भी जाड़ा लगता है। (५) वही छाँह वर्षा में रात्रि जैसा अंधकार करती है जब आकाश में सब ओर हरा-हरा दिखाई पड़ने लगता है। (६) धूप सहकर जब पथिक वहाँ पहुँचता है, तो दुःख भूल कर विश्राम मिलने से सुख पाता है। (७) जिसे वह अनुपम छाँह मिली हो, फिर वह लौट कर यह धूप नहीं सहता।

(८) ऐसा अति सघन आम्र कुञ्ज वहाँ है। मैं बखान करके उसका अन्त नहीं पा सकता। (९) वह छहों ऋतुओं में फलता फूलता है, मानो वहाँ सदा वसन्त ऋतु रहती है।

(१) कबिलास=स्वर्ग।
(२) अँबराउँ—सं० आम्राराम=आम का बगीचा। पासा—सं० पार्श्व=ओर या दिशा।
(५) हरिअर—सं० हरितक > हरियर > हरिअर। कवि की कल्पना है कि छाया, रात्रि और वर्षा आदि में दिन का अन्धकार उन्हीं वृक्षों की सघनता से होता है।
(८) सघन घन=अति सघन (२८।१)। शिरेफ ने घन का अर्थ अनेक किया है, किन्तु 'फूलै फरै' में एक वचन होने से एक ही बगीचे की ओर कवि का संकेत है।

[२८]

फरे आँब अति सघन सुहाए । औ जस फरे अधिक सिर नाए ।१।
कटहर डार पींड सों पाके । बड़हर सोउ अनूप अति ताके ।२।
खिरनी पाकि खाँड असि मीठी । जाँबु जो पाकि भँवर असि डीठी ।३।

नरिअर फरे फरी खुरहुरी । फुरी जानु इन्द्रासन पुरी ।४।
पुनि महु चुवै सो अधिक मिठासू । मधु जस मीठ पुहुप जस बासू ।५।
और खजहजा आव न नाऊँ । देखा सब रावन अँबराऊँ ।६।
लाग सबै जस अंब्रित साखा । रहै लोभाइ सोइ जोइ चाखा ।७।
गुआ सुपारी जायफर सब फर फरे अपूरि ।
आस पास घनि इँबिली औ घन तार खजूरि ॥२१४॥

(१) अति सघन आम फले हुए सुन्दर लगते थे । और वे जैसे फलते थे अधिक सिर झुका लेते थे । (२) कटहल गुद्दों से जड़ की मिट्टी तक फलों से लदे थे । उसके बड़हल देखने में अत्यन्त सुन्दर लगते थे । (३) पकी खिरनी खांड़ जैसी मीठी थीं । जामुनें जो पकी थीं भौंरों सी काली दिखाई देती थीं । (४) नारियल के वृक्ष फले थे और छोटे छोटे फलों वाली खुरहरी फली थी, मानों वहाँ साक्षात् स्वर्गपुरी सुशोभित थी । (५) फिर जो महुआ चू रहा था, वह अधिक मिठास से शहद जैसा मीठा था और उसमें पुष्प जैसी सुगन्ध थी । (६) और जिन खाने योग्य मेवों का (खजहजा) मुझे नाम भी नहीं आता, उन सब से वह बाग रमणीय दिखाई देता था । (७) सब वृक्षों में अमृत सी शाखाएँ लगी थीं । जो चखता वही लुभा जाता था ।

(८) गुआ नामक सुपारी, जायफल आदि अनेक फल वहाँ भरपूर फले थे । (९) आसपास में घनी इमलियाँ लगी थीं, और ताड़ और खजूर के घने वृक्ष थे ।

(३) पींड=तना (कोश); जड़ की (पिंडाकार) मिट्टी (हरगोविन्द गुप्त, चिरगाँव से प्राप्त सूचना) । 'कटहल का फल उसकी जड़ में से निकलता है' (इब्न बतूता. रिहला, पृ० १७)। 'पुराने पेड़ों की जड़ में भी फल लगते हैं जो मिट्टी हटाने से जाने जाते हैं' (बनथल ट्रीज आफ कलकत्ता,पृ० ४०१) ।

(४) खुरहुरी=एक प्रकार का वृक्ष, मुझे इसका परिचय नहीं । वाट ने खिबनऊ, खुरहुर, कस्सा, घवि, खेनन, धुई ये उसके हिन्दी नाम दिये हैं; बंगला डुम्बुर; उड़िया, डोमुर; पंजाबी, कठजुलर, त्रुम्बल, करण्डोल; कमायूँनी, कुनियाँ; लैटिन, Ficus Cunia (डिक्श० ऑफ दी इकनामिक प्रोडक्ट्स, भाग तीन, पृ० ३९४) । सं० क्षुद्रफुली > खुद्दहुली > खुरहुरी ।

(६) खजहजा=खाने योग्य उत्तम फल, सं० खाद्याद्य > प्रा० खज्जज्ज (शब्द सागर) > खजहज्ज > खजहजा । रावन–इस शब्द का अर्थ शिरेफ ने 'राजाओं का' ऐसा किया है । प्राय यही अर्थ किया जाता है, पर इसमें 'रावन' बहुवचन की संगति नहीं बैठती, क्योंकि यह बगीचा अकेले राजा गन्धर्वसेन का था । रावन का अर्थ है, रम्य या रमणीय । हेमचन्द्र प्राकृत व्याकरण ४।४२२ में अपभ्रंश रमणण शब्द का उल्लेख है (पासद०, पृ० ८७७) । भविसयत्त कहा में भी अप० रमणण शब्द 'रम्य' के अर्थ में प्रयुक्त हुआ है (दलाल द्वारा सम्पादित संस्करण, टिप्पणी पृ० १५६) ।

(८) गुआ–सं० गुवाक, एक प्रकार की सुपारी ।

[२९]

बसहिं पंखि बोलहिं बहु भाषा । करहिं हुलास देखि कै साखा ।१।

भोर होत बासहिं चुहचुही । बोलहिं पाँडुक एकै तुही ।२।
सारौ सुवा सो रहचह करहीं । गिरहिं परेवा औ करबरहीं ।३।
पिउ पिउ लागे करैं पपीहा । तुही तुही कह गुडुरू खीहा ।४।
कुहू कुहू कोइल करि राखा । औ भिंगराज बोल बहु भाषा ।५।
दही दही कै महरि पुकारा । हारिल बिनवै आपनि हारा ।६।
कुहकहिं मोर सोहावन लागा । होइ कोराहर बोलहिं कागा ।७।
जावँत पंखि कहे सब बैठे भरि अँबराउँ ।
आपनि आपनि भाषा लेहिं दइअ कर नाउँ ॥२।५॥

(१) वहाँ जो पंक्षी रहते हैं, वे अनेक प्रकार के शब्द करते हैं, और उन शाखाओं को देखकर आनन्द मनाते हैं। (२) जैसे ही प्रातःकाल होता है फुलसुँघनी फूलों की सुगंधि लेने लगती हैं। पण्डुक 'एकै तुही' उच्चारण करती है (३) मैना और तोते रहचर करते या आनन्द मग्न होते हैं। कबूतर उड़कर नीचे गिरते और खरभर करते हैं। (४) पपीहे पिउ-पिउ बोलना आरम्भ कर देते हैं। गुडुरू चिड़िया तुही-तुही कहकर खीझती है। (५) कोयल ने कुहू कुहू की रट लगा रखी है। और भुजंगा (भृंगराज) बहुत तरह की बोली बोलता है। (६) ग्वालिन (महरि) चिड़िया दही-दही पुकार रही है। हरियल बोलकर अपना हाल कह रहा है। (७) कुहकते हुए मोर सुहावने लगते हैं। पर जब कौवे बोलते हैं तो कोलाहल होता है।

(८) जितने पक्षी कहे हैं, सब बगीचे में भरे बैठे हैं। (९) अपनी-अपनी बोली में मानों वे दैव का नाम ले रहे हैं।

(१) हुलास–सं० उल्लास ।

(२) बासहिं=बास लेना (४३३।५) । चुहचुही =फुलसुंघनी, शकरखोरा, एक छोटी चिड़िया जो प्रातः काल होते ही बोलने लगती है। पाँडुक=पिड़की या फाख्ता ।

(३) सारौ=सारिका, मैना। रहचह करहीं=चहचहाना। गिरहिं परेवा=कबूतरों का उड़कर गिरना। करबरहिं=खरभराना। पपीहा–यह भी प्रातः काल बहुत मधुर पिऊ, पिऊ शब्द करने वाला पक्षी है। महरि–पहाड़ी मुटरी, ग्वालिन चिड़िया। इस दोहे में वर्णित पक्षियों की पहिचान के लिये मैं श्री कुँवर सुरेशसिंह का अनुगृहीत हूँ (जायसी का पक्षियों का ज्ञान, प्रेमी अभिनन्दन ग्रन्थ, पृ० १५८-५९)।

(४) खीहा–खीझना धातु ।
गुडुरू=गुडरी नामक चिड़िया या गुडुरी नामक एक प्रकार का बटेर ।

(५)भिंगराज=भुजंगा, भृंगराज, जो अनेक प्रकार की बोलियाँ बोलने के लिये प्रसिद्ध है।
हारिल–सं० हारीत=हरियल (३७१।५) ।

[३०]

पैग पैग पर कुआँ बावरी । साजी बैठक औ पाँवरी ।१।

औरु कुंड बहु ठाँवहिं ठाँऊ। सब तीरथ औ तिन्हके नाऊँ।२।
मढ़ मंडप चहुँ पास सँवारे। जपा तपा सब आसन मारे।३।
कोइ रिखेस्वर कोइ सन्यासी। कोइ रामजन कोइ मसवासी।४।
कोई ब्रह्मचर्ज पँथ लागे। कोइ दिगम्बर आछहिं नाँगे।५।
कोइ सरसुती सिद्ध कोइ जोगी। कोइ निरास पँथ बैठ बियोगी।६।
कोइ महेसुर जंगम जती। कोइ एक परखै देबी सती।७।
सेवरा खेवरा बानपरस्ती सिध साधक अवधूत।
आसन मारि बैठ सब जारि आतमा भूत॥२।६॥

(१) वहाँ पग पग पर कुएँ और बावड़ी बनी हैं। उनमें जगत (बैठक, कुएँ के ऊपर का स्थान) और सीढ़ियाँ (बावड़ी में उतरने के लिये) सुविरचित हैं। (२) और जगह जगह अनेक कुण्ड हैं। वे सब तीर्थ हैं और उनके नाम भी तीर्थों पर रखे गए हैं। (३) चारों ओर मठ और मण्डप सुशोभित हैं, जिनमें जप-तप करने वाले आसन लगाए बैठे हैं। (४) कोई बड़े ऋषि हैं; कोई सन्यासी हैं; कोई राम के भक्त हैं; कोई महीना भर उपवास करने वाले (मसवासी) हैं। (५) कोई ब्रह्मचर्य मार्ग में लगे नैष्ठिक ब्रह्मचारी हैं; कोई दिगम्बर होने से नंगे रहते हैं। (६) किन्हीं को सरस्वती सिद्ध है; कोई जोगी हैं; कोई किसी निराश प्रेमपात्र के मार्ग में वियोगी बने बैठे हैं। (७) कोई महेश्वर हैं; कोई जंगम (शैवों का एक भेद) हैं और कोई यति हैं; कोई देवी की शक्ति साधना द्वारा परखते हैं।

(८) श्वेतपट जैन साधु (सेवरा), क्षपणक जैन साधु (खेवरा), वानप्रस्थी, सिद्ध, साधक, अवधूत, (९) सब आत्मा और भूतों या शरीर को साधना द्वारा जलाकर आसन लगाए बैठे हैं।

(२) सब तीरथ औ तिन्ह के नाऊँ—गुप्त काल से भारतीय तीर्थों जैसे मथुरा, काशी आदि की यह विशेषता थी कि वहाँ देश के सब तीर्थों की स्थापना प्रतीक रूप में की जाती थी; जैसे काशी में मैंदाकिनी के नाम से मंदागिन, कामाक्षा के नाम से कमच्छा आदि। यही पद्धति मथुरा आदि तीर्थों के विधान में थी। जायसी का इसी ओर संकेत है।

(३) मढ़–सं० मठ। मठ बड़ा होता था। उसीमें मंडप या देवस्थान, पुजारी के आवास आदि होते थे।

(४) रामजन=राम के भक्त, सम्भवतः रामानन्दी सम्प्रदाय के साधुओं की ओर संकेत है। मसवासी-सं० मासोपवासी=एक मास तक उपवास करने वाले। यह विशेष प्रकार का तप समझा जाता था। मथुरा के कंकाली टीले से प्राप्त एक जैन शिलालेख में तपस्विनी विजयश्री नामक जैन श्राविका को एक मास का उपवास करने वाली कहा गया है। गरुडपुराण अ० १२२ में मासोपवास व्रत का विधान है। इसके अनुसार यह व्रत आश्विन शुक्ल ११ से कार्तिक शुक्ल ११ तक रक्खा जाता है और कार्तिक शुक्ल १२ को पारण किया जाता है। यदि कोई व्रत करते हुए बीच में मूर्च्छित हो जाय तो उसके लिये दुग्धाहार का विकल्प है। महाभारत में भी मासोपवास करने वाले योगी का उल्लेख है—अखंडमपि वा मासं सततं मनुजेश्वर। उपोष्य सम्यक् शुद्धात्मा योगी

बलमवाप्नुयात् । शान्तिपर्व पूना २८९।४६ ।

(५) ब्रह्मचजं पँथ=नैष्ठिक ब्रह्मचर्य का व्रत धारण करने वाले वर्णी नामक ब्रह्मचारी ।

(६) निरास=जो किसी से आशा न करे, ईश्वर, प्रेमिका, पद्मावती (२०२।७, २०८।५) ।

(७) महेसुर=माहेश्वर शैव । जंगम=वसव द्वारा स्थापित लिङ्गायत शैव-सम्प्रदाय ।
परखै देवी सती-सती=शक्ति । सं० शक्ति > सत्ती > सती । देवी की शक्ति परखना, शाक्त सम्प्रदाय के अनुसार साधना करना ।

(८) सेवरा-सं० श्वेतपट > सेयवड़ > सेवरा । बाण ने हर्षचरित में श्वेतपट और क्षपणक इन दोनों का दिवाकर मित्र के आश्रम में उपस्थित साधुओं की सूची में वर्णन किया है ।
खेवरा-सं० क्षपणक > खवणअ, खवणअ > खवड़ा > खइवड़ा > खेवड़ा ।

[३१]

मानसरोदक देखिअ काहा । भरा समुँद अस अति अवगाहा ।१।
पानि मोति अस निरमर तासू । अंब्रित बानि कपूर सुबासू ।२।
लंक दीप कै सिला अनाई । बाँधा सरवर घाट बनाई ।३।
खँड खँड सीढ़ी भई गरेरी । उतरहिं चढ़हिं लोग चहुँ फेरी ।४।
फूला कँवल रहा होइ राता । सहस सहस पँखुरिन्ह कर छाता ।५।
उलथहिं सीप मोति उतिराहीं । चुगहिं हंस औ केलि कराहीं ।६।
कनक पंखि पैरहिं अति लोने । जानहु चित्र सँवारे सोने ।७।
ऊपर पाल चहूँ दिसि अंब्रित फर सब रूख ।
देखि रूप सरवर कर गइ पिआस औ भूख ॥२।७॥

(१) समुद्र की तरह अति अगाध भरा हुआ मानसरोवर का जल कैसा सुन्दर दिखाई देता है ! (२) उसका पानी मोती जैसा निर्मल है; वह अमृत तुल्य है और उसमें कपूर की सुगन्ध है । (३) लंक द्वीप की शिलाएँ लाकर सरोवर के चार घाट बनाए गए हैं और पाल बाँधा गया है । (४) खण्ड खण्ड में घुमावदार सीढ़ी बनी हुई हैं । चारों ओर लोग उतरते चढ़ते हैं । (५) फूला हुआ कमल रक्त वर्ण हो रहा था । उसमें सहस्र-सहस्र पंखड़ियों का छत्ता था । (६) सीप जल में उलटे हो जाते हैं तो उनमें भरे मोती बाहर निकल कर जल पर उतिराने लगते हैं । हंस उन्हें चुगते और जल में क्रीड़ा करते हैं । (७) सुनहले पक्षी जल में तैरते हुए अति सुन्दर लगते हैं, मानों सोने से संवारे हुए चित्र ह ।

(८) चारों दिशाओं में ऊँचे पाल के ऊपर सब वृक्षों में अमृत फल थे । (९) सरोवर की शोभा देखकर भूख और प्यास मिट जाती थी ।

(१) काहा-सं० कथं > प्रा० कत्थ > काहा=कैसा । अवगाहा-सं० अगाध (वकार प्रश्लेष १।९) ।

(२) बानि-सं० वर्ण > प्रा० वण्ण > वान > बाना ।

(३) अनाई-सं० आनीता=लाई गई । सरोवर में चारों ओर चार घाट बनाए गए थे और किनारे-

किनारे ऊँचा पाल बाँधा गया था ।

(४) गरेरी सीढ़ी=घुमावदार या चक्करदार सीढ़ी, जैसी देवगिरि-दौलताबाद के प्राचीन किले में या कुतुबमीनार में बनी हैं । यह मध्यकालीन स्थापत्य का पारिभाषिक शब्द था (५२४।२) । बावड़ी या सरोवर के साथ चौखंडियाँ बनाई जाती थीं (पृथिवीचन्द्र चरित्र) । चार मंजिल की इन चौखंडियों में नीचे से ऊपर जाने आने के लिये गरेरी सीढ़ियाँ बनी रहती थीं ।

(६) उलथहिं-प्रा० उल्लत्थ > उलथना=उलटना ।

(७) जानहु चित्र सँवारे सोने-चित्रों में सोने का प्रयोग गुजरात की जैन अपभ्रंश शैली में जायसी से पहले चल गया था, जब अनेक स्वर्णाक्षरी कल्प सूत्र लिखे गए । जौनपुर में भी इस चित्रकला का केन्द्र था । जायसी ने वैसे ही सुनहले चित्रों की ओर संकेत किया है ।

[३२]

पानि भरइ आवहिं पनिहारीं । रूप सुरूप पदुमिनी नारीं ।१।
पदुम गंध तेन्ह अंग बसाहीं । भँवर लागि तेन्ह संग फिराहीं ।२।
लंक सिंघिनी सारँग नैनी । हँसगामिनी कोकिल बैनी ।३।
आँवहिं झुंड सो पाँतिहि पाँती । गवन सोहाइ सो भाँतिहि भाँती ।४।
केस मेघावरि सिर ता पाईं । चमकहिं दसन बीजु की नाईं ।५।
कनक कलस मुख चंद दिपाहीं । रहस कोड सो आवहिं जाहीं ।६।
जासौं वै हेरहिं चख नारा । बाँक नैन जनु हनहिं कटारी ।७।
मानहु मैन मुरति सब अछरीं बरन अनूप ।
जेन्हिकी ये पनिहारी सो रानी केहि रूप ॥२।८॥

(१) वहाँ पनिहारिनें पानी भरने आती हैं, जो रूप की सुन्दरी और पद्मिनी जाति की स्त्रियाँ हैं। (२) कमल की गन्ध से उनके अंग सुवासित हैं। भौरे उनके संग लगे फिरते हैं। (३) उनकी कमर सिंहिनी की भाँति, नयन मृग की भाँति, गति हंस की भाँति और वाणी कोयल जैसी है। (४) वे झुंड में पंक्ति पर पंक्ति बनाकर आती हैं, और चलती हुई भाँति-भाँति से सुहावनी लगती हैं। (५) उनके मेघमाला जैसे काले केश सिर से पैर तक लहराते हैं और दंत पंक्ति बिजली सी चमकती है। (६) उनके सोने के कलशे और मुखचन्द्र दिप-दिप करते हैं। वे प्रसन्नता और कौतुक से आती जाती हैं। (७) वे रमणियाँ जिसकी ओर देखती हैं, मानों अपने बाँके कटाक्षों से उसे कटारी मारती हैं।

(८) वे सब काम की मूर्तियाँ जैसी अप्सराओं के सदृश सुन्दर हैं। (९) जिनकी ये पनिहारियाँ हैं वे रानियाँ कैसे रूप की होंगी।

(२) पदुम-सं० पद्म > प्रा० पउम > पदुम (हकार का प्रश्लेष)

(३) लंक सिंघिनी, सारंग नयनी, हंस गामिनी, कोकिल बयनी, स्त्रियों के ये चार विशेषण जायसी की संस्कृत शब्दावली के परिचायक हैं ।

(५) मेघावरि=मेघावली । तुलना, बनावरि=बाणावली, १०४।३ ।

(६) दिपाहीं=दीप्त होना, चमकना । कोड=कौतुक । दे० कुड्ड=कौतुक, कुतूहल (देशी० २।३३; हेमचन्द्र २।१७४) । रहस=प्रसन्नता ।

(७) जासौं=जिसके सम्मुख । जेन्हिकी=(बहुवचन) जिनकी; इसीके साथ सो रानी का अर्थ भी बहुवचन होगा ।

[३३]

ताल तलावरि बरनि न जाहीं । सूझइ वार पार तेन्ह नाहीं ।१।
फूले कुमुद केत उजिआरे । जानहुँ उए गगन महँ तारे ।२।
उतरहिं मेघ चढहिं लै पानी । चमकहिं मंछ बीजु की बानी ।३।
पैरहिं पंखि सो संगहि संगा । सेत पीत राते बहु रंगा ।४।
चकई चकवा केलि कराहीं । निसि बिछुरहिं औ दिनहिं मिलाहीं ।५।
कुरलहिं सारस भरे हुलासा । जिअन हमार मुअहिं एक पासा ।६।
केंवा सोन ढेक बग लेदी । रहे अपूरि मीन जल भेदी ।७।
नग अमोल तेन्ह तालन्ह दिनहिं बरहिं जनु दीप ।
जो मरजिआ होइ तहँ सो पावइ वह सीप ॥२।९॥

(१) ताल और तलैय्यों का बखान नहीं किया जा सकता । उनका वारापार नहीं दीखता । (२) उनमें उज्ज्वल कुमुद और कमल फूले हैं, मानों आकाश में तारे उदित हुए हों । (३) मेघ उतरते हैं और पानी लेकर ऊपर चढ़ते हैं । उछलती हुई मछलियाँ बिजली सी चमकती हैं । (४) जो पक्षी जल में साथ साथ तैरते हैं, वे सफेद, पीले, लाल आदि कई रंगों के हैं । (५) चकई-चकवा जलक्रीड़ा कर रहे हैं । वे रात में बिछुड़कर दिन में मिलते हैं । (६) आनन्द में भरे हुए सारस के जोड़े बोलते हुए (कुरलहिं) मानों कह रहे हैं, 'जीना तो हमारा है जो दोनों प्रेमी एक दूसरे के साथ प्राण त्यागते हैं । (७) कैंवा, नामक सोन, ढेक, बग, लेदी चिड़ियाँ और अगाध जल में संचार करने वाली मछलियाँ उन तालों में भरी हैं ।

(८) उन तालों में अमूल्य नग दिन में दीपक की भाँति जलते हैं । (९) जो उनमें डुबकी लगावे वह उस सीप को पायगा जिनके वे अमूल्य मुक्ता रत्न हैं ।

(१) तलावरि—तालावली=छोटे तालों की पंक्ति या तलैयां ।

(२) केत=कमल (१२५।८) ।

(६) सारस की जोड़ी का प्रेम प्रसिद्ध है । एक की मृत्यु हो जाने पर दूसरा भी उसके बिछोह में प्राण दे देता है (एक मुए सँग मरै सो दूजी, ४०८।५) ।

(७) केंवा—कोई जलपक्षी (५४१।६) । इस पंक्ति में ताल की पाँच चिड़ियाँ हैं । सोन=सवन, क़ाज, बत या कलहंस । ढेक=आंजन बगुला । बग=बगुला । लेदी=छोटी मुर्गाबी, या बत्तख । श्री सुरेशसिंह जी के अनुसार सोन ढेक और लेदी देहात में प्रचलित नाम हैं (जायसी का

पक्षियों का ज्ञान, प्रेमी अभिनन्दन ग्रन्थ, पृ० १६०) ।

(९) मरजिया=गोताखोर ।

[३४]

पुनि जो लाग बहु अंब्रित वारी । फरीं अनूप होइ रखवारी ।१।
नवरँग नीबू सुरँग जँभीरा । औ बादाम बद अंजीरा ।२।
गलगल तुरँज सदाफर फरे । नारँग अति राते रस भरे ।३।
किसमिस सेब फरे नौ पाता । दारिवँ दाख देखि मन राता ।४।
लागि सोहाई हरपारेउरी । ओनइ रही केरन्ह की घउरी ।५।
फरे तूत कमरख औ निउँजी । राय करौंदा बैरि चिरउँजी ।६।
संखदराउ छोहारा डीठे । औरु खजहजा खाटे मीठे ।७।
पानी देहिं खँडवानी कुआँहि खाँड बहु मेलि ।
लागीं घरी रहट की सींचहिं अंब्रित बेलि ॥२।१०॥

(१) पुनः जो अनेक अमृत से भरी हुई बगीचियाँ लगी हैं, वे अनुपम रूप से फली हैं और उनकी रखवाली हो रही है । (२) नीबुओं पर नया रंग है, जम्भीरी सुरंग हो रहे हैं । बादाम, मुश्कवेद और अंजीर सुशोभित हैं। (३) गलगल, तुरंज (चकोतरा) सदाफल (शरीफा) फले हैं । नारंगियाँ अत्यन्त लाल और रस भरी हैं। (४) किशमिश और सेब नये पत्तों के साथ फले हैं । अनार और दाख देखकर मन प्रसन्न हो जाता है । (५) हरफारेवरी सुहावनी लग रही है । केलों में घौरियाँ झुक रहीं हैं (६) शहतूत, कमरख और लीची फली हैं । राय करौंदा, बेर और चिरौंजी के वृक्ष फले हैं । (७) शंखद्राव और छुहारे एवं खट्टे मीठे मेवे वृक्षों पर दिखाई पड़ रहे हैं ।

(८) कुओं में खाँड घोलकर मीठे शरबत का पानी उन वृक्षों में दिया जाता है। (९) रहँट में लगी हुई घरियाँ अमृत की बेलों को सींचती हैं ।

(१) बारी–सं० वाटिका > वाड़िआ > बाडी > बारी ।

(२) जंभीरा=एक प्रकार का खट्टा नीबू ।

(३) सदाफल=शरीफा । आईन अकबरी की फल सूची में भी शरीफे को सदाफल कहा गया है। गलगल=एक प्रकार का नीबू । आईन अकबरी में इसकी गिनती खट्टे फलों में की है, जिसमें बिजौरा भी है ।

(५) हरपारेउरी–कमरख की जाति का एक पेड़, जिसमें आंवले से छोटे छोटे फल लगते हैं, जो खाने में खट मीठे होते हैं । इसे संस्कृत में लवली कहते हैं ।

(७) संखदराउ=सं० शंखद्राव=अमलबेंत, एक प्रकार का खट्टा फल, चूक (आईन अकबरी, आईन २८, पृ० ७१) ।

(८)खँडवानी=खाँड का पानी, शरबत ।

[३५]

पुनि फुलवारी लागि चहुँ पासा । बिरिख बेधि चंदन भै बासा ।१।
बहुत फूल फूली घन बेली । केवरा चंपा कुंद चँबेली ।२।
सुरँग गुलाल कदम औ कूजा । सुगँध बकौरी गंध्रप पूजा ।३।
नागेसरि सदबरग नेवारी । औ सिंगारहार फुलवारी ।४।
सोन जरद फूली सेवती । रूप मंजरी औ मालती ।५।
जाही जूही बकचुन लावा । पुहुप सुदरसन लाग सोहावा ।६।
बोलसिरी बेइलि औ करना । सबहि फूल फूले बहु बरना ।७।
तेन्ह सिर फूल चढ़हि वै जेन्ह माथें मनि भागु ।
आछहिं सदा सुगंध भे जनु बसंत औ फाग ॥२।११॥

(१) पुनः चारों ओर फुलवारियाँ लगी हैं । उनकी सुगन्ध से भिदकर वृक्ष चन्दन हो गए हैं । (२) घन बेली, केवड़ा, चम्पा, कुन्द, चमेली, खूब फूलों से लदी हैं । (३) लाल गुललाला, कदम्ब और कुब्जक (कूजा, गुलाब का एक भेद) और सुगन्धित गुलबकावली से राजा गन्धर्व सेन पूजा करते हैं । (४) नागकेशर, सदबरग, निवारी और हरसिंगार फुलवारी में लगे हैं । (५) सोनजर्द और सेवती, रूपमंजरी और मालती फूली है । (६) जाही (जाति) और जूही (यूथिका) के समूह लगे हैं । सुदर्शन का पुष्प लगा हुआ सुशोभित हो रहा है । (७) मौलसिरी, बेला और करना, सबमें अनेक रंग के फूल फूले हैं ।

(८) वे फूल उनके सिर पर चढ़ते हैं, जिनके मस्तक पर भाग्य की मणि है । (९) वे सदा वैसे ही सुगन्धित बने रहते हैं, जैसे वसन्त और फाल्गुन में होते हैं ।

(२) चमेली=दो प्रकार की, एक राय चमेली, दूसरी चमेली (आईन० पृ० ८८) । सोनाजर्द=चमेली से मिलता-जुलता कुछ बड़ा फूल होता है (आईन० पृ० ९२) । केवरा=एक प्रसिद्ध पुष्प, जिसकी पंखुड़ियों में काँटे होते हैं । इसकी बाल बहुत महकती है । केतकी भी इसी जाति का पौधा है किन्तु उससे छोटा होता है (आईन० पृ० ८८) ।

(३) गुलाल (५९।४; ४७६।२)=आईन० की सूची के अनुसार एक फूल, जो वसन्त में फूलता है (पृ० ८१) । बकौरी=गुलबकावली । कूजा=आईन० में लिखा है कि यह गुलेसुर्ख के सदृश होता है, किन्तु पौधा और पत्तियाँ उससे बड़ी होती हैं । यह एक प्रकार का गुलाब ही है जो गर्मी में फूलता है । सं० कुब्जक ।

(४) नागेसर–सं० नागकेशर । वसन्त में फूलने वाला लाल फूल, जिसमें पांच पंखड़ियाँ होती हैं (आईन० पृ० ९१) ।
सदबरग=गेंदा या उसीसे मिलता जुलता फूल ।
नेवारी–सं० नवमालिका, वसन्त में फूलने वाला सफेद फूल ।
सिंगारहार–सं० हरिश्रृंगार, केसरिया डंडी वाले छोटे पुष्प, परिजात या शेफालिका ।

(५) रूपमंजरी– संभवतः यह रतनमंजरी का दूसरा नाम है (आईन० पृ० ८२, ९१), लाल रंग

का फूल, जो चमेली की तरह होता है, तथा जो सदाबहार रहता है ।

गुलबकावली—हल्दी की जाति का एक पौधा जिसमें सुन्दर, सफेद सुगन्धित फूल लगते हैं ।

सेवती=श्वेत गुलाब । आईन० के अनुसार यह पौधा साल भर विशेषतः वर्षान्त में फूल देता है । सं० शतपत्रिका > अप० सयवत्तिय > सेवत्तिय > सेवती ।

मालती=चमेली से मिलता हुआ छोटा पुष्प ।

(६) सुदर्शन=एक बड़ा श्वेत पुष्प ।

जूही-सं० यूथिका । बहुत ही कोमल श्वेत पुष्प, जो गर्मी में खिलता है । इसी पद्धति से बगीचे के लिये सन्देशरासक (१४ वीं शती के लगभग) में सेवती, मालती ,जूही, चम्पा, वकुल, केतकी, कमल इन पुष्पों का उल्लेख है और पृथ्वीचन्द्र चरित की सूची में अशोक चम्पा, नाग, पुन्नाग, प्रियंगु, पाडल, सेवती, जाई, जूही, वेउल, बडल, श्रीदमणा, मरूआ, मंदार, मचकुन्द, केतकी, इन पुष्पों की तालिका है (पृथ्वीचन्द्र चरित्र १५०) । जायसी ने दोहा सं० ५९ और ४३३ में भी लगभग इन्हीं पुष्पों को फिर गिनाया है ।

जाही—सं० जाति, चमेली की जाति का एक पुष्प । रामायण (किष्किन्धा २८।५२) और वासवदत्ता (पृ० १०८) के अनुसार मालती वर्षा का पुष्प है । कालिदास ने मेघदूत (२।९८) में मालती का वर्षा में वर्णन किया है । अभिधान राजेन्द्र (४।२१३) के अनुसार मालती का ही पर्याय जाति है । वासवदत्ता (पृ० ६४) के अनुसार जाति पुष्प वसन्त में नहीं फूलता ।

(७) करना=वसन्त में खिलने वाला श्वेत पुष्प । सं० करुण (हेमचन्द्र कृत अभिधान चिन्तामणि, करुणे मल्लिका पुष्पः ४।२१५) । बोलश्री-सं० बकुल श्री > बउल सिरी > बोलसिरी > मौल सिरी । आईन में इसे भोलस्री भी कहा है । वर्षा में खिलने वाला कटोरीनुमा सुन्दर श्वेत पुष्प जो चमेली से छोटा होता है ।

[३६]

सिंघल नगर देखु पुनि बसा । धनि राजा असि जाकरि दसा ।१।
ऊँची पँवरी ऊँच अवासा । जनु कबिलास इन्द्र कर बासा ।२।
राऊ राँक सब घर घर सुखी । जो देखिअ सो हँसता मुखी ।३।
रचि रचि राखे चंदन चौरा । पोते अगर मेद औ केवरा ।४।
सब चौपारिन्ह चंदन खंभा । ओठँघि सभापति बैठे सभा ।५।
जनहु सभा देवतन्ह कै जुरी । परी द्रिस्टि इन्द्रासन पुरी ।६।
सबै गुनी पंडित औ ग्याता । संसकिरत सबके मुख बाता ।७।
औहिक पंथ सवाँरहिं जस सिवलोक अनूप ।
घर घर नारि पदुमिनी मोहहि दरसन रूप ॥२।१२॥

(१) पुनः सिंहल नगर बसा हुआ देखो । वह राजा धन्य है, जिसकी ऐसी स्थिति है । (२) वहाँ ऊँचे द्वार और ऊँचे आवास हैं, मानों स्वर्ग में इन्द्र का भवन हो । (३) राव रंक सब अपने अपने घर में सुखी हैं । जिसे देखो वही हंसता-मुखी है । (४) बैठने के चबूतरे चंदन से बनाए गए हैं, एवं अगर मेद और केवड़े से पोते गए

हैं। (५) सब चौपालों पर चन्दन के खम्भे लगे हैं। सभापति लोग उन सभाओं में सहारा टेककर बैठे हैं, (६) मानों देवताओं की जुड़ी हुई सभा इन्द्रासन की नगरी अमरावती में देख पड़ती हो। (७) सब ही कलावन्त (गुणी), पण्डित और विज्ञ हैं। बातचीत में सबके मुख से संस्कृत शुद्ध वाणी निकलती है।

(८) वहाँ मार्ग इस प्रकार संवारे गए हैं, जैसे शिव लोक में सुन्दर होते हैं (९) घर-घर में पद्मिनी स्त्रियाँ अपने रूप के दर्शन से मोहित करती हैं।

(२) पँवरी–सं० प्रतोली > पओली > पउली > पउरि > पवरी > पँवरी।

(४) चौरा–सं० चत्वरक > प्रा० चउरअ > चौरा।

मेद=एक प्रकार की विशेष सुगन्धि जो किसी पशु के नाफे से बनाई जाती है (आईन० ३०, पृ० ८५)

(५) चौपारिन्ह–सं० चतुष्पाल (= जिसमें चारों ओर पाल जैसा ऊँचा चबूतरा हो) > चौपाल > चौपार।

ओठँघि–सं० अवष्टभ्य=सहारा लगाकर। अवस्तम्भ > अवट्ठंभ > ओठंभ।

(६) इन्द्रासन पुरी (२८।४, ४७।७) = इन्द्र के राज्यासन की नगरी अमरावती।

(७) गुनी=संगीत नृत्य वाद्य आदि कलाओं और ज्योतिष आदि विद्याओं में कुशल व्यक्ति, कलावन्त (४४६।६, ४४८।८, ४५२।१)।

[३७]

पुनि देखिअ सिंघल की हाटा। नवौ निद्धि लछिमी सब बाटा।१।
कनक हाट सब कुँहकुँह लीपी। बैठ महाजन सिंघल दीपी।२।
रचे हँथोड़ा रूपइँ ढारी। चित्र कटाउ अनेग सँवारी।३।
रतन पदारथ मानिक मोती। हीर पँवार सो अनबन जोती।४।
सोन रूप सब भएउ पसारा। धवलसिरी पोतहिं घर बारा।५।
औ कपूर बेना कस्तूरी। चंदन अगर रहा भरिपूरी।६।
जेइँ न हाट एहि लीन्ह बेसाहा। ताकहँ आन हाट कित लाहा।७।
कोइ करै बेसाहना काहू केर बिकाइ।
कोई चला लाभ सौं कोई मूर गवाँइ॥२।१३॥

(१) फिर सिंहल की हाट देखने योग्य है। उसके सब मार्गों में नवों निधियों की सम्पत्ति (लक्ष्मी) है। (२) कनक हाट या सराफा, सब कुंकुंम से लिपा है, जिसमें सिंहल द्वीपी महाजन बैठे हैं। (३) वे चाँदी को ढालकर हाथ के कड़े बनाते हैं, जिनमें अनेक भाँति के विचित्र फूल पत्तियों के कटाव अलंकृत किये गए हैं। (४) उत्तम रत्न माणिकं, मोती और हीरों के ढेर लगे हैं। उनसे भाँति-भाँति (अनबन) की ज्योति छिटक रही है। (५) सोने और चाँदी का सर्वत्र फैलाव फैला है। घर के द्वारों को महाजन धवलश्री से पोतते हैं, (६) कपूर, खस (बेना), कस्तूरी, चन्दन, अगर, सब का वहाँ

भंडार भरा है। (७) जिसने इस हाट में कुछ मोल नहीं लिया उसे दूसरे हाट में लाभ कहाँ !

(८) कोई मोल ले रहा था; किसी का माल बिक रहा था। (९) कोई लाभ के सम्मुख था, कोई मूल भी गँवा चला था।

(१) सिंहल की हाट=मध्यकालीन नगरों के वर्णन में ८४ हाटों की गिनती की जाती थी, जिनकी सूची पृथ्वीचन्द्र चरित्र (वि० सं० १४७८, मुनि जिन विजयजी द्वारा सम्पादित प्राचीन गूजराती गद्य संदर्भ, पृथ्वीचन्द्र चरित्र, पृ० १२९) में दी हुई है। उस सूची में पहले तीन नाम ये हैं, सोनी हटी, नाणावट हटी, जवहरी हटी। कनकहाट सोनीहटी है। इसका ही नाम मध्यकाल में मुसलमानी प्रभाव से सराफा हो गया। सराफे के सदस्य महाजन कहलाते थे। उनकी संख्या नियत थी। स्थान रिक्त होने पर सर्वसम्मति से महाजन का चुनाव होता था। जायसी की भाँति तुलसी ने भी महाजनों का उल्लेख किया है (बालकांड, २८७।३)।

(३) हँथौड़ा=इस पंक्ति में इस शब्द का अर्थ प्रायः हथौड़ा किया जाता है। सुनार चाँदी ढालकर हथौड़े से (आभूषण) रच रहे थे। सुधाकर और शुक्ल जी की प्रतियों में 'रचहिं' पाठ है। ग्रियर्सन और शिरेफ दोनों ने ऊपर वाला अर्थ किया है, किन्तु हथौड़ों से क्या बना रहे थे इसका अध्याहार करना पड़ता है। माताप्रसाद जी की प्रति में 'रचे हँथौड़ा' पाठ है। हँथौड़ा का अर्थ है 'हाथ का कड़ा'।

सं० हस्तपाटक > हत्थपाटअ > हथवाड़ा > हथउड़ा > हँथौड़ा। मेदिनी कोष में पाटक शब्द का एक अर्थ है, 'कटकान्तर,' अर्थात् कड़े का एक भेद। राजशेखर ने भी इस अर्थ में 'पाट' शब्द का प्रयोग किया है। चौपाई का अर्थ हुआ चाँदी की गुल्ली ढालकर उससे हाथ के कड़े रचे गए थे और उनमें अलंकरण के लिये अनेक चित्र कटाव चौथे गए थे।

(५) धवल सिरी=खड़िया मिट्टी से, या श्वेत गृह द्वार को रोली से पोतते थे।

(६) बेना–सं० वीरण, खस।

[३८]

पुनि सिंगार हाट धनि देसा। कइ सिंगार तहँ बैठी बेसा।१।
मुख तँबोर तन चीर कुसुँभी। कानन्ह कनक जराऊ खुंभी।२।
हाथ बीन सुनि मिरिग भुलाहीं। नर मोहहिं सुनि पैगु न जाहीं।३।
भौंह धनुक तँह नैन अहेरी। मारहिं बान सान सौं फेरी।४।
अलक कपोल डोल हँसि देहीं। लाइ कटाख मारि जिउ लेहीं।५।
कुच कंचुक जानहुँ जुग सारी। अंचल देहिं सुभावहिं ढारी।६।
केत खेलार हारि तेन्ह पासा। हाथ भारि होइ चलहिं निरासा।७।
चेटक लाइ हरहिं मन जौ लहि गथ है फेंट।
सांठि नाठि उठि भए बटाऊ ना पहिचान न भेंट ॥२।१४॥

(१) फिर उस देश का शृंगारहाट धन्य है। उसमें वेश्याएँ शृंगार करके बैठी हैं। (२) उनके मुख में ताम्बूल, शरीर पर कुसुम्भी वस्त्र और कानों में रत्न-जड़ाऊ खुम्भी

नामक सुनहले गहने हैं। (३) उनके हाथ की बजाई वीणा सुनकर मृग सुध भूल जाते हैं, और मनुष्य सुनकर ऐसे मोहित होते हैं कि एक पग भी वहाँ से नहीं हटते। (४) भौंहें धनुष हैं तथा नेत्र शिकारी हैं; वे सान पर फेरकर तीक्ष्ण किए हुए बाण मारते हैं। (५) बालों की लट कपोल पर झूलती है और वे हँस देती हैं तब मानों कटाक्ष रूपी बाण चलाकर और उनसे मारकर प्राण ले लेती हैं। (६) कंचुकी में कसे कुच मानों दो गोटें हैं। वे सुन्दर ढंग से अपना अंचल स्तनों पर से खिसका देती हैं। (७) उन पाँसों से खेलने वाले कितने हार गए, और हाथ झाड़कर निराश हो चले गए।

(८) जब तक मनुष्य की टेंट में पूँजी है, तभी तक वे हावभाव करके उसका मन लुभाती हैं। (९) पूँजी नष्ट हो जाने पर वहाँ से उठकर लोग अपना रास्ता पकड़ते हैं, जैसे न कभी पहिचान थी न भेंट।

(१) सिंगारहाट–सं० शृंगारहट्ट=वेश, चकला, ।
वेस–सं० वेश्या।

(६) सारी–सं० सार, गोट, दोनों कुचों की उपमा दो गोटों से दी गई है (३१२।५, औ जुग सारि चहसि पुनि छुवा)।

(७) खेलार–खेलकार=खेलनेवाले खिलाड़ी।

(८) चेटक–चटक मटक, हावभाव।

(९) सांठि=पूजी सं० संस्था > संठा > साँठ।
नाठि–सं० नष्ट > नट्ठ > नाठ।

[३९]

लै लै बैठ फूल फुलहारी। पान अपूरब धरे सँवारी।१।
सोंधा सबै बैठु लै गाँधी। बहुल कपूर खिरौरी बाँधी।२।
कतहूँ पंडित पढ़हिं पुरानू। धरम पंथ कर करहिं बखानू।३।
कतहूँ कथा कहै कछु कोई। कतहूँ नाच कोड भलि होई।४।
कतहुँ छरहटा पेखन लावा। कतहूँ पाखँड काठ नचावा।५।
कतहूँ नाद सबद होइ भला। कतहूँ नाटक चेटक कला।६।
कतहुँ काहु ठग बिद्या लाई। कतहुँ लेहिं मानुस बौराई।७।
चरपट चोर धूत गँठिछोरा मिले रहहिं तेहि नाँच।
जो तेहि नाँच सजग भा अगुमन गथ ताकर पै बाँच॥२।१५॥

(१) उस हाट में फूलवाली मालिनें फूल ले लेकर बैठी हैं। सुन्दर पान सजाकर रखे हुए हैं। (२) गंधी सब प्रकार की सुगन्धि लेकर बैठे हैं। अधिक कपूर डालकर कत्थे की टिकियाँ (खिरौरियां) बाँधी गई हैं। (३) कहीं पण्डित धर्मग्रन्थ (पुराण) पढ़ रहे हैं और धर्म के मार्ग का बखान कर रहे हैं। (४) कहीं कोई कथा कह रहा है, कहीं बढ़िया

नाच और कौतुक हो रहा है। (५) कहीं छल के हाट में तमाशा लगा हुआ है। कहीं कुछ और पाखण्ड हो रहा है और कभी कठ पुतली नचाई जा रही है। (६) कहीं संगीत का सुन्दर शब्द हो रहा है। (७) कहीं कई ठग विद्या कर रहा है। कहीं कोई मनुष्यों को बौराकर वश में कर लेते है।

(८) उस नृत्य में चालाक (चरपट), चोर, धूर्त्त और गठकटे मिले रहते हैं। (९) जो उस नाच में पहले से ही सजग रहता है, उसी की पूंजी बच पाती है।

(१) फुलहारी–सं० पुष्पधारिका > फुल्हहारिआ > फुलहारी=मालिन ।
(२) सोंधा–सं० सुगन्ध > सुअन्ध > सोंधा ।
खिरौरी–स० खदिरवटिका > खयरवड़िआ > खइरउरिआ > खरुरिया > खँरौरी > खिरौरी ।
(५) छरहटा–सं० छलहट्ट=छल का बाजार, इन्द्रजाल। श्रीमाताप्रसाद जी ने पृ० १०९-११० पर इस शब्द के सम्बन्ध में लिखा है कि इसका 'चिरहँटा' पाठ किसी प्रति में न मिलने से अप्रमाणित है। पृथिवीचन्द्र चरित्र (सं० १४७८) में मध्यकालीन नगरों के ८४ हाटों की सूची में कितने ही नामों के आगे हटी, हड़ा, हरा, शब्द आप हैं, जो संकृस्त हट्ट से सम्बन्धित हैं। छरहटा उस सूची में नहीं है, किन्तु एक नाम बुद्धिहटी है, जहाँ संभवतः मनुष्य की समझ से संबंधित खेल तमाशे दिखाए जाते थे।
पेखण–सं० प्रेक्षण=नाटक, तमाशा ।
पाखंड–सं० पाषण्ड=ढोंग आडम्बर ।
(६) चेटक=तमाशा, जादू (४४८ ।५) ।
(८) चरपट=चाई या उचक्का ।
(९) अगुमन=आगे, पहले से (४६ ।५) ।

[४०]

पुनि आइअ सिंघल गढ़ पासा । का बरनौं जस लाग अकासा ।१।
तरहिं कुरुँम बासुकि कै पीठी । ऊपर इन्द्रलोक पर डीठी ।२।
परा खोह चहुँदिसि तस बांका । काँपै जाँघ जाइ नहिं झाँका ।३।
अगम असूझ देखि डर खाई । परै सो सप्त पतारन्ह जाई ।४।
नव पँवरी बाँकी नव खंडा । नवहुँ जो चढ़ै जाइ बरम्हंडा ।५।
कंचन कोट जरे कौसीसा । नखतन्ह भरा बीजु अस दीसा ।६।
लंका चाहि ऊँच गढ़ ताका । निरखि न जाइ दिस्टि मन थाका ।७।
हिअ न समाइ दिस्टि नहिं पहुँचै जानहु ठाढ़ सुमेरु ।
कहँ लगि कहौं उँचाई ताकरि कहँ लगि बरनौं फेरु ॥२।१६॥

(१) फिर सिंहल के गढ़ के पास में आते हैं। उसका क्या वर्णन करूँ, जैसे आकाश को छू रहा हो। (२) वह पाताल में कूर्म और बासुकि की पीठ पर ठहरा है। उसके ऊपर जाने से इन्द्रलोक पर दृष्टि जाती है। (३) उसके चारों ओर ऐसी बाँकी खाई

पड़ी है कि झाँका नहीं जाता, पैर काँपने लगते हैं। (४) उसे अगम असूझ देखकर यदि कोई डरकर उसमें गिर पड़े तो सप्त पाताल में पहुँच जायगा। (५) उस कोट में नौ बाँके द्वार (पँवरी) हैं और नौ खंड या मंजिलें हैं। जो उन नवों पर चढ़ जाता है वह आकाश (ब्रह्माण्ड) में पहुँच जाता है (६) कंचन के कोट पर जड़े हुए कंगूरे हैं। वह ऐसा दिखाई देता है मानों नक्षत्रों से भरे आकाश में बिजली चमकती हो। (७) लंका से भी उसका गढ़ देखने में ऊँचा है। उसकी ओर देखा नहीं जाता, दृष्टि और मन थक जाते हैं।

(८) उसकी शोभा हृदय में नहीं समाती और न उस पर दृष्टि ही पहुँचती है, मानो सुमेरु खड़ा है। (९) उसकी ऊँचाई कहाँ तक कहूँ और उसके घेरे का कहाँ तक वर्णन करूँ ?

(२) तरहिं=नीचे, तल में। कुरुँम=कूर्म।
(३) खोह=खाई।
(५) पँवरी=सं० प्रतोली > पओलि, पओरि > पवरी >पँवरी=द्वार, दरवाजा, पोल।
(६) कंचनकोट,=सोने का परकोटा। कोट=प्राकार। कौसीसा=कोट के सिरे पर कँगूरे। सं० कपिशीर्षक। सोना के परकोटे पर रत्नजटित कपिशीर्षक के लिये कवि की उत्प्रेक्षा है मानों नक्षत्र भरे आकाश में बिजली कौंध रही हो। श्री माताप्रसाद ने 'जरे नग सीसा, पाठ माना है। मनेर शरीफ की प्रति में कौसीसा पाठ है, उसे ही यहाँ रक्खा है। कौसीसा (सं० कपिशीर्षक) अत्यन्त प्राचीन पारिभाषिक शब्द था। जायसी ने भी अन्यत्र उसका प्रयोग किया है।

[४१]

निति गढ़ बाँचि चलै ससि सूरू। नाहिं त बाजि होइ रथ चूरू ।१।
पँवरी नवौ बज्र कइ साजी। सहस सहस तहँ बैठे पाजी ।२।
फिरहिँ पाँच कोटवार सो भँवरी। काँपै पाँय चँपत वै पँवरी ।३।
पँवरिहि पँवरि सिंह गढ़ि काढ़े। डरपहिँ राय देखि तेन्ह ठाढ़े ।४।
बहु बनान वै नाहर गढ़े। जनु गाजहिं चाहहिं सिर चढ़े ।५।
टारहिं पूँछ पसारहिं जीहा। कुंजर डरहिं कि गुंजरि लीहा ।६।
कनक सिला गढ़ि सीढ़ी लाईं। जगमगाहिं गढ़ ऊपर ताईं ।७।
नवौ खंड नव पँवरीं औ तहँ बज्र केवार।
चारि बसेरें सों चढ़ै सत सौं चढ़ै जो पार ॥२।१७॥

(१) चन्द्र और सूर्य नित्य उस ऊँचे गढ़ को बचा कर चलते हैं, नहीं तो टकरा कर उनका रथ चूर हो जाय। (२) नवों द्वार हीरे के बने हैं। प्रत्येक के सामने एक-एक सहस्र पदाति सैनिक बैठे हैं। (३) पाँच कोट्टपाल उसकी भौंरी देते अर्थात् निरीक्षण के लिये घूमते हैं। उस द्वार पर पैर रखते ही जी काँपने लगता है। (४) द्वार-द्वार पर पाषाण के गढ़े हुये सिंह निकले हुए हैं। उनसे राजा भी डर जाते हैं और उन्हें देखकर खड़े रह

जाते हैं। (५) वे नाहर बहुत भाँति से गढ़े गए हैं, मानों वे गरज कर सिर पर चढ़ जाना चाहते हैं। (६) वे पूँछ घुमाते और जीभ निकालते हैं। उनसे हाथी भी डरते हैं कि कहीं गरज कर पकड़ न लें। (७) सोने की शिलाएँ गढ़कर सीढ़ियाँ बनाई गई हैं जो गढ़ के ऊपर तक जगमगा रही हैं।

(८) नौ खण्डों पर नौ द्वार हैं। उनमें वज्र के किवाड़ लगे हैं। (९) उस पर चार पड़ाव देकर चढ़ना चाहिए। जो सत्य से चढ़ेगा वह पार पहुँच जायगा।

(१) बाजि=टकराकर; अथवा घोड़े और रथ चूर हो जाँय, यह अर्थ होगा।

(३) पाजी–सं० पत्ति (पैदल) > पज्जि > पाजी ।

(३) कोटवार–सं० कोट्टपाल। कोट्टपाल का पद मध्यकालीन हिन्दू शासन से प्रारम्भ हुआ था और मुलसमानी शासन में चालू रहा। पाँच कोतवालों का पहरा देना—यहाँ जायसी का संकेत उस शासन प्रणाली से ज्ञात होता है, जो उस समय प्रत्येक स्थान में कायम की गई थी और जिसे पंच कुल प्रतिपत्ति कहते थे। इन पंचकुल अधिकारियों में एक कोट्टपाल, दूसरा काजी, तीसरा दीवान, चौथा बख्शी और पाँचवाँ तलार या दरोगा होता था। लेख पद्धति में सं० १५८२ (१५२६ ई०) का एक भूमि विक्रय पत्र दिया है. जिसमें गुजरात के बहादुरशाह बादशाह के समय अहमदाबाद की राजधानी में पंचकुल का प्रबन्ध था। उसमें काजी, दीवान, कोट्टपाल, तलार और पाँचवें एक अन्य अधिकारी का जिनका नाम टूट गया है, उल्लेख है। यही पद्धति १७ वीं सदा में भी जारी रही। पाँच कोटवार शब्द से जायसी का अभिप्राय उसी पंचकुल शासन प्रणाली से ज्ञात होता है।

(५) बनान=वर्ण शब्द का बहुवचन। वर्ण=भाँति। मध्यकालीन राजद्वारों पर दोनों ओर दो सिंह बनाने की प्रथा थी। उन्हें मरोड़दार पूंछ फटकारते और जीभें निकाले हुए बनाया जाता था। कहीं कहीं शेर और हाथी दोनों अभिप्रायों को एक साथ गुत्थमगुत्था दिखाया जाता था। कोणार्क के सूर्य देउल के नाट्य मंदिर की सीढ़ी के दोनों ओर सिंहकुंजर अभिप्राय बना हुआ है। (राखालदास वन्द्योपाध्याय, उड़ीसा भाग २, फलक पृ० १)।

(६) लीहा–सं० लब्ध > लिद्ध > लीहा

(७) गढ़ में उपर जाने के लिये सीढ़ियाँ बनी रहतीं थीं जिन्हें पद्या या पाज कहते थे कभी कभी पहाड़ के भीतर ही काटकर घुमावदार सीढ़ियाँ बनाई जाती थीं, जिन्हें गरेरी कहते थे।

[४२]

नवौं पँवरि पर दसौं दुआरू। तेहि पर बाज राज घरिआरू ।१।
घरी सो बैठि गनै घरिआरी। पहर पहर सो आपनि बारी ।२।
जबहिं घरी पूजी वह मारा। घरी घरी घरिआर पुकारा ।३।
परा जो डाँड जगत सब डाँडा। का निचिंत माँटी कर भाँडा ।४।
तुम्ह तेहि चाक चढ़े होइ काँचे। आएहु फिरै न थिर होई बाँचे ।५।
घरी जो भरै घटै तुम आऊ। का निचिंत सोवहि रे बटाऊ ।६।
पहरहि पहर गजर निति होई। हिआ निसोगा जाग न सोई ।७।

मुहमद जीवन जल भरन रहँट घरी की रीति ।
घरी सो आई ज्यों भरी ढरी जनम गा बीति ॥२१८॥

(१) नौ द्वारों के बाद दसवाँ द्वार है। वहाँ राजघड़ियाल बजता है। (२) घड़ियाल बजाने वाला बैठा घड़ी गिनता है। एक-एक पहर की अपनी-अपनी बारी लगती है। (३) जब घड़ी पूरी हो जाती है, तो वह घड़ियाल बजाता है। एक-एक घड़ी पर घड़ियाल पुकारता है। (४) 'घड़ियाल पर जो डण्डा पड़ा उसने सारे संसार को एक घड़ी से दण्डित कर दिया (अर्थात् सबकी आयु में से एक घड़ी ले ली)। ऐ मिट्टी के भाँड़े, तुम कैसे निश्चिन्त हो ? (५) तुम भी कच्चे होकर उस चाक पर चढ़े हो। लौटने के लिये ही यहाँ आए हो, स्थिर होकर नहीं रहोगे। (६) जब घटी भर जाती है, तुम्हारी आयु उतनी घट जाती है। रे बटोही, क्या निश्चिन्त सोते हो?' (७) एक एक पहर बाद नित्य गजर (बड़ा घण्टा) बजता है। जो हृदय में चिन्ता रहित है (निसोगा, शोक रहित) वह उस गजर से भी नहीं जागता।

(८) (मोहम्मद) जीवन के जल का भरना रहँट की घरिया की रीति से हो रहा है। (९) जैसे वह घरिया भरी हुई आती है और ढल जाती है, ऐसे ही जन्म भी बीत रहा है।

(१) राजघरिआरू—राजद्वार पर बजने वाला घड़ियाल। एक-एक घड़ी पर वह बजाया जाता है। आठ घड़ी या एक पहर (३ घंटे) बीतने पर गजर या जोर से घड़ियाल बजाया जाता है और पहरा बदल जाता है।

(२) घरिआरी=घड़ियाल बजाने वाला।

(७) निसोगा=शोक रहित, बेफिक्र।

[४३]

गढ़ पर नीर खीर दुइ नदी । पानी भरहिं जैसे दुरुपदी ।१।
औरु कुंड एक मोंतीचूरू । पानी अंब्रित कीच कपूरू ।२।
ओहि क पानि राजा पै पिआ । बिरिध होइ नहिं जौ लहि जिआ ।३।
कंचन बिरिख एक तेहि पासा । जस कलपतरु इंद्र कबिलासा ।४।
मूल पतार सरग ओहि साखा । अमर बेलि को पाव को चाखा ।५।
चाँद पात औ फूल तराईं । होइ उजिआर नगर जहँ ताईं ।६।
वह फर पावै तपि कै कोई । बिरिध खाइ नव जोबन होई ।७।
राजा भए भिखारी सुनि वह अंब्रित भोग ।
जेइँ पावा सो अमर भा ना किछु ब्याधि न रोग ॥२१९॥

(१) गढ़ के ऊपर नीर और खीर नाम की दो नदियाँ हैं। द्रौपदी के समान अपने

अक्षय भंडार से वे निरन्तर पानी भरती हैं। (२) और मोती चूर नाम का एक कुण्ड है उसमें अमृत का पानी भरा है और कपूर की कीच है। (३) उसका पानी केवल राजा पीता है; जब तक जीता है वृद्ध नहीं होता। (४) उसके पास में एक सोने का पेड़ है, मानों इन्द्र के स्वर्ग का कल्पवृक्ष हो। (५) उसकी जड़ पाताल में और शाखा स्वर्ग में है, उस पर फैली अमरबेल कौन पाता है और कौन चख सकता है? (६) चन्द्रमा उसके पत्ते हैं और तारे फूल हैं; जहाँ तक नगर है, सर्वत्र उसका उजाला है। (७) उसके फल को तपस्या करके कोई पाता है। यदि बूढ़ा खा ले तो नया यौवन पा जाता है।

(८) उस अमृतभोग की बात सुनकर राजा भी उसके लिये याचक बन गए। (९) जिसने उसे पाया वह अमर हो गया; न कुछ शरीर की व्याधि रही, न मन के रोग।

[४४]

गढ़ पर बसहिं चारि गढ़पती। असुपति गजपति औ नरपती।१।
सब क धौरहर सोनै साजा। औ अपने अपने घर राजा।२।
रूपवंत धनवंत सभागे। परस पखान पँवरि तेन्ह लागे।३।
भोग बेरास सदा सब माना। दुख चिंता कोउ जरम न जाना।४।
मँदिर मँदिर सब के चौपारी। बैठि कुँवर सब खेलहिं सारी।५।
पाँसा ढरै खेल भलि होई। खरग दान सरि पूज न कोई।६।
भाँट बरनि कहि कीरति भली। पावहिं हस्ति घोर सिंघली।७।
मँदिर मँदिर फुलवारी चोवा चंदन बास।
निसि दिन रहै बसंत भा छहु रितु बारहु मास।२।२०।।

(१) गढ़ के ऊपर ये चार बसते हैं—गढ़पति, अश्वपति, गजपति और नरपति। (२) सबका धवलगृह सोने से सजा हुआ है, और अपने अपने घर में सब राजा हैं। (३) सब रूपवान्, धनवान् और भाग्यवान् हैं। पारस पत्थर उनकी ड्योढ़ियों में लगे हैं। (४) सदा सब भोगविलास मानते हैं। जन्म भर कोई दुःख चिन्ता नहीं जानता। (५) प्रत्येक महल में सब के यहाँ चौपाल है। उन पर बैठकर कुँवर पाँसा खेलते हैं। (६) पाँसा फेंका जाता है और बढ़िया खेल होता है। खड्ग दान में कोई उनकी बराबरी नहीं करता। (७) भाट लोग उनकी सुन्दर कीर्ति बखान करके सिंहली हाथी और घोड़ों का पुरस्कार पाते हैं।

(८) प्रत्येक राजमन्दिर में फुलवाड़ी है और चोवा और चन्दन की सुगन्ध है। (९) छहों ऋतु, बारहों महीने, रात दिन बसंत बना रहता है।

(१) असुपति, गजपति, नरपति–दे० २६।६–७।
(२) चोवा–एक विशेष प्रकार की सुगन्ध। आईन अकबरी में इसके बनाने की विधि का वर्णन है।

[४५]

पुनि चलि देखा राज दुआरू । महिं घूँबिअ पाइअ नहिं बारू ।१।
हस्ति सिंघली बाँधे बारा । जनु सजीव सब ठाढ़ पहारा ।२।
कवनौ सेत पीत रतनारे । कवनौ हरे धूम औ कारे ।३।
बरनहि बरन गगन जस मेघा । औ तिन्ह गगन पीठ जनु ठेंघा ।४।
सिंघल के बरने सिंघली । एकेक चाहि सो एकेक बली ।५।
गिरि पहार पब्बै गहि पेलहिं । बिरिख उपारि झारिमुख मेलहिं ।६।
मात निमत सब गरजहिं बाँधे । निसि दिन रहहिं महाउत काँधे ।७।
धरती भार न अँगवै पाँव धरत उठ हालि ।
कुरुँम टूट फन फाटे तिन्ह हस्तिन्ह की चालि ॥२।२१॥

(१) फिर आगे चलकर राजद्वार दिखाई पड़ता है । धरती भर घूमने पर भी वहाँ प्रवेश नहीं मिलता । (२) सिंहली हाथी द्वार पर बँधे हैं, मानों सब सजीव पहाड़ खड़े हैं । (३) कोई सफेद, पीले और लाल हैं; कोई हरे, धुमैले और काले हैं । (४) आकाश में मेघ की तरह वे रंग रंग के हैं । उन्होंने आकाश को मानों अपनी पीठ पर टिका रखा है । (५) सिंहल द्वीप के सिंहली हाथी प्रसिद्ध हैं । उनमें एक-एक से बढ़कर एक-एक बली हैं । (६) गिरि, पहाड़ और पर्वत पकड़कर वे फेंक देते हैं और वृक्षों को उपाड़ कर मिट्टी झाड़ कर मुहँ में डाल लेते हैं । (७) मतवाले और बिना मद के सब बाँधने से गरजते हैं । रात दिन महावत उनके कंधे पर रहते हैं ।

(८) धरती उनके बोझे को नहीं सह पाती, उनके पाँव धरते ही हिल उठती है । (९) उन हाथियों की चाल से कछुवे की पीठ टूट गई और शेष के फन फट गए ।

(१) घूँबिअ=घूमने पर, बहुत चलने पर भी द्वार नहीं मिलता । माताप्रसादजी के संस्करण में 'घूँबिअ' पाठ छपा है किन्तु पृष्ठ २४ पर वे लिखते हैं—'धूँबिय' के स्थान पर समस्त प्रतियों में 'धूँबिय' है । ग्रियर्सन ने भी 'धूँबिय' पाठ माना है । मनेर की प्रति में धूँबिय पाठ है । यदि 'धूँबिय' मूल पाठ हो तो अर्थ होगा 'दौड़कर' पृथिवी भर में दौड़कर । सं० धाव > प्रा० धुब्ब (पासद्द० पृ० ६०४) > धूँवना > धूँबना ।

(६) पब्बै—सं० पर्वत > पव्वय > पब्बय > पब्बै ।

[४६]

पुनि बाँधे रजबार तुरंगा । का बरनौं जस उन्हके रंगा ।१।
लील समुंद चाल जग जानै । हाँसुल भँवर किआह बखानै ।२।
हरे कुरंग महुअ बहुभाँती । गर्र कोकाह बोलाह सो पाँती ।३।
तीख तुखार चाँड औ बाँके । तरपहिं तबहि तायन बिनु हाँके ।४।

मन तें अगुमन डोलहिं बागा । देत उसास गगन सिर लागा ।५।
पावहिं साँस समुँद पर धावहिं । बूड़ न पावँ पार होइ आवहिं ।६।
थिर न रहहिं रिस लोह चबाहीं । भाँजहिं पूँछि सीस उपराहीं ।७।
अस तुखार सब देखे जनु मन के रथवाह ।
नैन पलक पहुँचावहिं जहँ पहँचा कोउ चाह ॥२।२२॥

(१) फिर राजद्वार पर घोड़े बाँधे हुए हैं। जैसे उनके रंग हैं उनका क्या बखान करूँ! (२) नीले और समन्द की चाल को सारा संसार जानता है। कोई कुमैत हिनाई (हांसुल), मुश्की (भंवर) और कियाह कहे जाते हैं। (३) हरे रंग के, कुलंग (नीला कुमैत) और महुए के रंग के अनेक भाँति के हैं। गर्रा, कोकाह और बोलाह की पंक्तियां बंधी है। (४) तेज तुषार देश के घोड़े बड़े बली और टर्रे हैं। बिना चाबुक के हांके जाते हैं, तब भी तड़पते हैं। (५) उनकी बागें मन से आगे जाती हैं। उसासें छोड़ते हुए उनका सिर आकाश में लग जाता हैं। (६) तनिक इशारा पावें तो समुद्र पर दौड़ सकते हैं। पार होकर लौट आवें तो भी उनका पैर पानी में न भींगे। (७)। एक जगह स्थिर नहीं रहते। क्रोध से मुहँ का लोहा चबाते और पूँछ फटकारते एवं मस्तक उठाते हैं।

(८) सब घोड़े ऐसे दिखाई पड़ते थे, मानों मन रूपी रथ के घोड़े हों। (९) जहाँ जो पहुँचना चाहता है निमिष मात्र में पहुँचा देते हैं।

जायसी ने जो घोड़ों के रंग दिए हैं उनके अर्थ के लिये मैं सुधाकर जी की टिप्पणी का अनुगृहीत हूँ। घोड़ों के लिये और भी देखिए ४९६।३-७।

(२) लील=नीले रंग का घोड़ा, आजकल भी इसी नाम से प्रसिद्ध है। (नीलिक एवाश्वः, जयादित्य कृत अश्व वैद्यक)।

समुंद=समन्द, बादामी रंग का।

हांसुल=कुम्मैत हिनाई, जिसका बदन मेंहदी के रंग का और चारों पैर कुछ कालापन लिए हों।

भँवर=भौंरे के से रंग का, मुश्की।

कियाह=जिसका रंग पके ताड़ फल के जैसा हो। कलछौंह-लाल।

(३) हरा=सब्जा, इस रंग का घोड़ा दुर्लभ है। वर्णरत्नाकर के बीस नामों की सूची हरिअ, महुअ आरंभ होती है। जायसी ने किसी ऐसे ही वर्णन संग्रह से अपनी सूची ली होगी।

कुरंग=कुलंग, लाखौरी, जिसका रंग लाख के जैसा हो, इसे 'नीला कुमैत' भी कहते हैं।

महुअ=महुए के ऐसा हल्के पीले रंग का।

गर्र=गर्रा जिसके रोएँ में सफ़ेद और लाल रंग की खिचड़ी हो।

कोकाह=सफेद रंग का घोड़ा (श्वेतः कोकाह इत्युक्तः, जयादित्य कृत अश्व वैद्यक)।

बोलाह=बोल्लाह, जिसके गर्दन और पूँछ के बाल पीले या मूत्र के रंग के होते हैं। बोल्लाह शब्द का सबसे पहिला साहित्यिक प्रयोग हरिभद्रसूरि कृत 'समराइच्च कहा' ग्रन्थ में मिलता है। (आठवीं शती का पूर्वार्द्ध)। उस समय राष्ट्रकूट राजाओं के लिये अरबी सौदागर या ताजिक व्यापारी अरबी या ताजी घोड़े लाने लगे थे। धीरे धीरे अरबी नामों ने घोड़ों के देशी नामों को हटा दिया। सातवीं शती के पूर्वार्द्ध में बाण ने रंगों के आधार पर घोड़ों के देशी नामों का ही उल्लेख किया है—जैसे शोण, श्याम, श्वेत, पिञ्जर, हरित, तित्तिर, कल्माष आदि।

(हर्षचरित, उच्छ्वास २ निर्णयसागर संस्करण पृ० ६२)। धीरे धीरे घोड़ों के अरबी नाम बाज़ार में भर गए और देशी नाम हट गए, विशेषतः पश्चिमी भारत में, यहाँ तक कि बारहवीं शती में हेमचन्द्र ने अपने अभिधान चिन्तामाणि नामक कोश में घोड़ों के अरबी और देशी नाम और संस्कृत नाम साथ-साथ दिए हैं। किन्तु अरबी नामों की व्युत्पत्ति भी संस्कृत के धातु प्रत्ययों से की है, जैसे—बोल्लाह अरबी के मूत्रवाची बोल्लाह शब्द से बना था, उसकी व्युत्पत्ति हेमचन्द्र ने 'व्योम्नि उल्लंघते' दी है : (अभिधान० ४।३०३–९)। जायसी से लगभग दो शती पहले के वर्णरत्नाकर में भी कोंकाह, केयाह, वलिआह, शूराह आदि अरबी नाम घोड़ों की सूची में दिए हैं (वर्णरत्नाकर पृ० २९।) जायसी से एक शती पहले के पृथ्वीचन्द्र चरित्र में घोड़ों के सत्ताईस नाम रंगों के आधार पर अरबी शब्दों के न होकर केवल देशवाची हैं।

(४) तुखार=तुषार देश के घोड़े। सं० तुषार, मध्येशिया में शकों के एक कबीले और उनके मूल निवास स्थान की संज्ञा थी। वहाँ से कुषाण और गुप्त काल में आने वाले घोड़े तुषार कहलाते थे।

चांड=चण्ड, प्रचण्ड, बड़े बली।

बांक=बांके, टर्रे, मुंहजोर।

तायन–फा० ताजियाना=चाबुक।

(६) सांस–सं० शंस=आज्ञा, इशारा। इस शब्द का यही अर्थ यहाँ उपयुक्त बैठता है।

(७) सीस उपराहीं=सिर उठाते हैं।

(८) रथवाह=रथ के घोड़े।

[४७]

राजसभा पुनि दीख बईठी। इंद्रसभा जनु परि गइ डीठी ।१।
धनि राजा अस सभा सँवारी। जानहु फूलि रही फुलवारी ।२।
मुकुटबंध सब बैठे राजा। दर निसान निति जेन्ह के बाजा ।३।
रूपवँत मनि दिपै लिलाटा। माँथें छात बैठ सब पाटा ।४।
मानहु कँवल सरोवर फूलै। सभा क रूप देखि मन भूलै ।५।
पान कपूर मेद कस्तूरी। सुगँध बास भरि रही अपूरी ।६।
माँझ ऊँच इंद्रासन साजा। गंध्रबसेनि बैठ जहँ राजा ।७।
छत्र गगन लहि ताकर सूर तवै जसु आपु।
सभा कँवल जिमि बिगसै माँथे बड़ परतापु ॥२।२३॥

(१) फिर राजसभा इस प्रकार बैठी दिखाई दी मानों इन्द्रसभा दृष्टि पड़ी हो। (२) वह राजा धन्य है, जिसने ऐसी सभा सुसज्जित की, मानों कोई फुलवाड़ी फूल रही है। (३) मुकुटधारी सब राजा वहाँ बैठे हैं जिनके द्वार पर नित्य नौबत बजती है। (४) रूप की मणि उनके मस्तक पर चमकती है। माथे पर छत्र लगाए वे सब सिंहासनों पर विराजमान हैं। (५) ज्ञात होता है मानों सरोवर में कमल फूले हैं। सभा की शोभा देखकर मन भूल जाता है। (६) पान, कपूर, मेद, कस्तूरी की सुगंधि से अपूर्व बास चारों ओर भर रही है। (७) बीच में ऊँचा राजासन सज्जित है, जहाँ गन्धर्वसेन राजा बैठते हैं।

(८) उसका छत्र आकाश तक ऊँचा है। राजा के रूप में मानों स्वयं सूर्य तप रहा है।

(९) उसके दर्शन से सभा कमल की भाँति विकसित हो रही है। उसके मस्तक पर बड़ा तेज (प्रताप) है।

(३) मुकुट बंध=सामन्त, महासामन्त, माण्डलिक, महामाण्डलिक, नृप, महाराज आदि राजाओं की कई कोटियाँ और पद थे। कुछ नीचे की कोटि के राजा केवल पट्ट बाँधते थे, मुकुट नहीं। जायसी का संकेत सभा के अतिशय वर्णन में है अर्थात् वहाँ सभी सभासद राजा मुकुटधारी थे।
दर=द्वार
निसान=नौबत। चौघड़िया नौबत बजना राजत्व का चिह्न था।
(६) मेद=एक विशेष प्रकार की सुगन्धि। आईन अकबरी में इसकी युक्ति लिखी है।

[४८]

साजा राज मँदिर कबिलासू। सोने कर सब पुहुमि अकासू।१।
सातखंड धौराहर साजा। उहै सँवारि सकै अस राजा।२।
हीरा ईंट कपूर गिलावा। औ नग लाइ सरग लै लावा।३।
जाँवत सबै उरेह उरेहे। भाँति भाँति नग लाग उबेहे।४।
भा कटाव सब अनबन भाँती। चित्र होत गा पाँतिहि पाँती।५।
लाग खंभ मनि मानिक जरे। जनहु दिया दिन आछत बरे।६।
देखि धौरहर कर उँजियारा। छपि गे चाँद सूर औ तारा।७।
सुने सात बैकुंठ जस तस साजे खँड सात।
बेहर बेहर भाउ तेन्ह खँड खँड ऊपर जात॥२।२४॥

(१) राजमन्दिर में राजा के निजी निवास के लिये कैलास नामक भवन सुसज्जित है। उसमें फर्श और छत पर सोने का पानी पुता है। (२) धवलगृह सात खण्डों से सुशोभित है। वही राजा ऐसा महल सजा सकता है। (३) उसमें हीरे की ईंट और कपूर का गारा लगा है। रत्न जड़ कर उसे स्वर्ग तक ऊँचा बनाया गया है। (४) जितने सब चित्र हैं वहाँ चित्रित हैं। भाँति-भाँति के नग पच्चीकारी करके लगाए गए हैं। (५) भिन्न-भिन्न भाँति के अनेक कटाव (उकेरी या नक्काशी) उसमें बनाए गए हैं, (६) जिससे पंक्ति-पंक्ति में चित्र बनते चले गए हैं। (७) उसमें जो खंभे लगे हैं उनमें मणि और माणिक्य जड़े हैं जो ऐसे लगते हैं जैसे दिन में दीप बल रहे, हों। धवलगृह की उज्ज्वलता देखकर चाँद, सूर्य और तारे फीके पड़ गए।

(८) जैसे सात स्वर्ग सुने जाते हैं, वैसे ही धवलगृह में सात खण्ड सजे हैं। (९) एक-एक खण्ड में ऊपर चढ़ते हुए सजावट के अलग अलग भाव देखने में आते हैं।

(१) कबिलासू—कैलास=राज कुल के अन्तर्गत धवलगृह में ऊपर के खंड में वह विशेष भाग जहाँ राजा-रानी रहते और सोते थे। यहाँ का शयनकक्ष चित्तरसारी या सुखवासी भी कहलाता था। इसकी छत फर्श और दीवारों पर सोने का काम बना रहता था। जायसी के समकालीन

स्थापत्य की यह विशेषता थी। दिल्ली के लाल किले में मुगल महलों के ख्वाबगाह में सोने का पानी पुता है। गुप्तकालीन स्थापत्य में तीन खंडे महल को कैलास कहते थे। कालान्तर में सतखंडे राजभवन के लिये यही शब्द चालू हो गया और उसमें राजा रानी का निजी निवास स्थान कैलास कहलाने लगा। बीसल देव रासो में भी यह शब्द इसी अर्थ में प्रयुक्त हुआ है। जायसी ने अन्यत्र लिखा है—सात खंड ऊपर कबिलासू, तहँ सोवनारि सेज सुखबासू (२९१।१)।

(२) सात खण्ड धौराहर=सप्तभूमिक प्रासाद।
धौराहर—सं० धवलगृह, राजमन्दिर के भीतर राजा का रनिवास धवलगृह कहलाता था, इसे ही अन्तःपुर कहते थे।

(३) गिलावा=गारा। फा० गिल=मिट्टी।

(४) उरेह उरेहे........इन पंक्तियों में जायसी ने अपने समकालीन चित्र, स्थापत्य और अलंकरण का उल्लेख किया है। उरेह उरेहे में चित्र बनाने का संकेत है। नग लाग उबेहे में रत्नों को भाँति-भाँति से तराश कर पच्चीकारी करके महलों में अनेक प्रकार के अलंकरण बनाने का उल्लेख है। उबेहे=पच्चीकारी करके जड़े हुए। सं० उद्वेध > उब्बेह > उबेह, धा० उबेहना।

(५) कटाव=उकेरी, नक्काशी।
अनवन—सं० अन्यवर्ण=भिन्न भिन्न प्रकार के अलंकरणों की पंक्तियाँ या पट्टियाँ विचित्र या विलक्षण बनती गई थीं।

(६) बेहर बेहर=अलग अलग। विघटित > विहड़िय > बिहरा > बेहर।

[४९]

बरनौं राजमँदिर रनिवासू। अछरिन्ह भरा जानु कबिलासू ।१।
सोरह सहस पदुमिनि रानी। एक एक तें रूप बखानीं ।२।
अति सुरूप औ अति सुकुवारा। पान फूल के रहहिं अधारा ।३।
तिन्ह ऊपर चंपावति रानी। महा सुरूप पाट परधानी ।४।
पाट बैसि रह किए सिंगारू। सब रानी ओहि करहिं जोहारू ।५।
निति नव रंग सुरंगम सोई। प्रथमै बैस न सरबरि कोई ।६।
सकल दीप महँ चुनि चुनि आनी। तेन्ह महँ दीपक बारह बानी ।७।
कुअँरि बतीसौ लक्खनी अस सब माँह अनूप।
जाँवत सिंघल दीपइ सबै बखानइ रूप ॥२।२५॥

(१) राजमंदिर में रनिवास का वर्णन करता हूँ। वह अप्सराओं से भरे हुए स्वर्ग के समान है। (२) वहाँ पद्मिनी जाति की सोलह सहस्र रानियाँ हैं जिनमें एक से एक अधिक रूपवती कही जाती हैं। (३) वे अति सुन्दरी और अति सुकुमारी हैं; केवल पान फूल खाकर जीवित रहती हैं। (४) उन सब के ऊपर रानी चंपावती महारूपशालिनी और पट्टमहादेवी के पद की अधिकारिणी है। (५) वह शृंगार से सजी हुई अपने आसन पर विराजती है तो और सब रानियाँ उसे प्रणाम करती हैं। (६) वह नित्य नई साजसज्जा से सुन्दर दिखाई पड़ती है। प्रथम वयस में वर्तमान उस मुग्धा की तुलना में और कोई नहीं

है। (७) जो रानियाँ सब द्वीपों से चुन चुन कर लाई गई हैं उनमें वह बारहबानी कंचन के समान ज्योति वाली है।

(८) बत्तीस स्त्री-लक्षणों से युक्त वह राजकुमारी सब रानियों में अधिक सुन्दरी थी। (९) सिंहलद्वीप में जितने लोग थे सब ही उसके रूप का बखान करते थे।

(१) रनिवासू=राजमंदिर के भीतर अन्तःपुर नामक भाग जिसे धवलगृह भी कहते थे।

(२) सोरह सहस रानी–आदर्श राजा के अन्तःपुर में सोलह हजार रानियों की संख्या का अभिप्राय जातक कथाओं से मिलने लगता है।

(४) पाट परधानी–पट्ट प्रधान=वह प्रधान रानी जिसके मस्तक पर पट्ट बन्धन किया जाता था, पट्ट महादेवी। वराह मिहिर ने बृहत्संहिता में राजा के लिये पाँच शिखा का, प्रधान रानी के लिये तीन शिखा का, सेनापति और युवराज के लिये एक-एक शिखा का सोने का पट्ट कहा है। पंक्ति ५ में पाट शब्द का अर्थ आसन है।

(६) निति नव रंग–नित्य नए नए रूपों में आभूषण और वस्त्रों की साज सज्जा।

(७) बारहबानी–बारह बान तक साफ किया हुआ खरा कंचन। (आईन अकबरी, आईन ५–६)

(८) उत्तम स्त्री के बत्तीस लक्षण–सुधाकर जी की टीका में बृहत्संहिता से ये लक्षण लिखे हैं।

३: जन्म खण्ड

[५०]

चंपावति जो रूप उतिमाहाँ। पदुमावति कि जोति मन छाहाँ।१।
भै चाहै असि कथा सलोनी। मेंटि न जाइ लिखी जसि होनी।२।
सिंघल दीप भएउ तब नाऊँ। जौं अस दिया दीन्ह तेहि ठाऊँ।३।
प्रथम सो जोति गगन निरमई। पुनि सो पिता माथें मनि भई।४।
पुनि वह जोति मातु घट आई। तेहि ओदर आदर बहु पाई।५।
जस औधान पूर होइ तासू। दिन दिन हिएँ होइ परगासू।६।
जस अंचल झीने महँ दिया। तस उजियार देखावै हिया।७।
सोनै मँदिर सँवारै औ चंदन सब लीप।
दिया जो मनि सिव लोक महँ उपना सिंघल दीप ॥३।१॥

(१) चम्पावती उत्तम स्त्रियों में रूपिणी (चाँदी) है। पद्मावती रूप ज्योति (सुवर्ण) की छाँह उसके मन में पड़ी है। (२) दोनों का मेल इस प्रकार है जैसे चाँदी मिले हुए सोने को शुद्ध करने के लिये सोने की सलोनी की जाती है। सोने की शुद्धि के लिये सलोनी आवश्यक है। यही विधाता का विधान है, इसीलिए पद्मावती रूप ज्योति को चम्पावती रूप चाँदी के साथ मिलना पड़ा। जैसा होना लिखा है, वैसा मेटा नहीं जा सकता। (३) सिंहल द्वीप तब प्रसिद्ध हुआ जब ऐसा (पद्मावती रूपी) दीपक उस स्थान में प्रज्वलित हुआ। (४) वह ज्योति पहले आकाश में निर्मित हुई, फिर वह पिता के माथे

की मणि हुई। (५) फिर वह ज्योति माता के घट में आई (या मातृ-कुक्षि रूपी घरिया में शुद्धि के लिये आई) और उसके उदर में उसने बहुत आदर पाया। (६) जैसे-जैसे गर्भ बढ़ने लगा वैसे ही दिन-दिन माता के हृदय में प्रकाश होने लगा। (७) जैसे झीने अंचल में दिया चमकता है, वैसे ही वह उजियाला माँ के हृदय में से दिखाई देने लगा।

(८) सोने से राजमंदिर सँवारा गया और चन्दन से सब लीपा गया। (९) जो मणि शिव लोक में थी वह दीपक हो सिंहल द्वीप में उत्पन्न हुई।

(१) सलोनी—सोने में से चाँदी की मिलावट साफ करने के लिये सोने को पीटकर उसके पत्तर बनाते हैं और उन पत्तरों को कण्डे की राख, ईटों की बुकनी, सांभर नमक और कड़ुवे तेल की सलोनी (इसी मसाले का नाम सलोनी है) में डुबोकर कंडे की आँच में कई बार तपाते हैं, जिससे वह सलोनी चाँदी को खा लेती है, और सोना शुद्ध हो जाता है। इसीको सोने की सलोनी करना कहते हैं। कवि की कल्पना है कि यद्यपि पद्मावती रूपी सुवर्ण को शुद्धि की आवश्यकता नहीं, किन्तु मातृकुक्षि से जन्म लेना यही विधि का विधान है। अतएव चम्पावती रूप चाँदी के साथ पद्मावती रूप सुवर्ण का योग हुआ। सलोनी का अर्थ लावण्यवती भी है। ज्योति रूप पद्मावती को भौतिक लावण्य के लिये माता के उदर में आना आवश्यक हुआ। महाभारत में भी कहा है—

सुवर्णस्य मलं रूप्यं रूप्यस्यापि मलं त्रपु।
ज्ञेयं त्रपुमलं सीसं सीसस्यापि मलं मलम्॥ उद्योग ३९।६५

सोने का मैल चाँदी और चाँदी का मैल जस्ता कहा गया है। दोनों को शुद्ध करने के लिये इनकी सलोनी की जाती है। जायसी से लगभग २०० वर्ष पूर्व लिखे हुए ठक्कुर फेरू कृत 'द्रव्य' परीक्षा' नामक ग्रन्थ में सलोनी द्वारा सोना-चाँदी शुद्ध करने की विधि दी है।

(६) औधान—सं० आधान (गर्भाधान) > अवधान (वकार प्रश्लेष) > औधान।

(९) सिव लोक—कैलास, स्वर्ग (५३।८ राजा कहै गरब कै हौं रे इंद्र सिव लोक)।

[५१]

भए दस मास पूरि भै घरी। पदुमावति कन्या औतरी।१।
जानहु सुरज किरिन हुति काढ़ी। सूरुज करा घाटि वह बाढ़ी।२।
भा निसि माँह दिनक परगासू। सब उजिआर भएउ कबिलासू।३।
अतें रूप मूरति परगटी। पूनिउँ ससि सो खीन होइ घटी।४।
घटतहि घटत अमावस भई। दुइ दिन लाज गाड़ि भुइँ गई।५।
पुनि जौं उठी दुइजि होइ नई। निहकलंक ससि बिधि निरमई।६।
पदुम गंध बेधा जग बासा। भँवर पतंग भए चहुँ पासा।७।
अतें रूप भइ कन्या जेहि सरि पूजि न कोइ।
धनि सो देस रुपवंता जहाँ जनम अस होइ॥३।२॥

(१) दस मास पूरे हुए और वह घड़ी आई जब पद्मावती ने कन्या रूप में अवतार

लिया। (२) मानो वह सूर्य की किरणों से रची गई थी। सूर्य की कला घटकर है, वह उससे भी श्रेष्ठ है। (३) उसके जन्म से रात में दिन का प्रकाश हो गया और समस्त कैलास उजाले से भर गया। (४) इतना सौन्दर्य लेकर वह मूर्त्ति प्रकट हुई कि जो पूनों का चन्द्रमा बड़े रूप वाला था वह भी उसके सामने क्षीण होकर घटने लगा। (५) घटते-घटते अमावस हो गई और तब वह चन्द्र की कला दो दिन के लिये लजा कर धरती में गड़ गई। (६) जब वह फिर ऊपर उठी तो दोइज की नई कला थी, जिसे विधाता ने निष्कलंक कर दिया था। (७) पद्मावती की गन्ध से बेधा हुआ संसार महकने लगा। भौंरे (सच्चे प्रेमी) और पतिंगे (रूप के लोभी) चारों ओर मँड़राने लगे।

(८) वह कन्या इतनी सुन्दरी थी कि कोई उसकी बराबरी न करता था। (९) वह देश धन्य है जहाँ ऐसे रूपवान का जन्म होता है।

(१) घरी=१ घड़ी। २ धातु गलाने की घरिया।
(४) अतें=इतनी सं० इतीयत्।
(६) निहकलंक=निष्कलंक। द्वितीया की नवीन चन्द्रकला में कलंक या काला निशान नहीं होता। इसी से वह इतनी दर्शनीय होती है।

[५२]

भइ छठि राति छठी सुख मानी। रहस कोड सों रैनि बिहानी ।१।
भा बिहान पंडित सब आए। काढ़ि पुरान जनम अरथाए ।२।
उत्तिम घरी जनम भा तासू। चाँद उवा भुइँ दिपा अकासू ।३।
कन्या रासि उदौ जग किया। पदुमावती नाउँ जिसु दिया ।४।
सूर परस सों भएउ किरीरा। किरिन जामि उपना नग हीरा ।५।
तेहिं ते अधिक पदारथ करा। रतन जोग उपना निरमरा ।६।
सिंघल दीप भएउ अवतारू। जंबू दीप जाइ जम बारू ।७।
रामा आइ अजोध्याँ उपने लखन बतीसौ अंग।
रावन राइ रूप सब भूलै दीपक जैस पतंग ॥३।२॥

(१) जब छठी रात हुई तो सुख के साथ छठी पूजन का उत्सव मनाया गया। आनन्द और क्रीड़ा में वह रात व्यतीत हुई। (२) अगले दिन प्रातः काल अनेक पंडित एकत्र हुए और ग्रन्थ निकाल कर उसका जन्म-फल बताने लगे। (३) 'उत्तम घड़ी में उसका जन्म हुआ है। पृथिवी में वह चन्द्र उग आया है जो आकाश में प्रकाशित होता था। (४) वह कन्या राशि में संसार में प्रकट हुई है, अतएव (जन्म-नक्षत्र के अनुसार) उसका नाम पद्मावती रक्खा गया है। (५) सूर्य ने स्वर्ण के मूल पारस पत्थर के साथ जो क्रीड़ा की, उससे पारस में उसकी किरणें घनीभूत होने से हीरे का जन्म हुआ। (६) उस नग से भी अधिक पद्मावती रूपी हीरे (पदारथ) का सौन्दर्य है। उसके योग्य एक

निर्मल रत्न (रत्नसेन) भी उत्पन्न हो चुका है। (७) यद्यपि सिंहलद्वीप में इसका अवतार हुआ है, पर जंबूद्वीप में पहुँच कर इसकी जीवन-लीला समाप्त होगी।

(८-९) (इसकी वही गति होगी) जैसे स्त्री (रामा, सीता) अयोध्या में जन्मी और उसकी देह में बत्तीस लक्षण प्रकट हुए पर दूरस्थ रावण उसके साथ रमण करने के लिये रूप पर मुग्ध होकर दीपक परप तिंगे की भाँति सब भूल गया। ऐसे ही सिंहल द्वीप की इस पद्मिनी के लिये चित्तौड़ से पति (रमण) पतिंगे की भाँति भूला हुआ आएगा।'

(१) छठी=षष्ठी देवी की पूजा का उत्सव।

(२) पुरान—यहाँ ज्योतिष ग्रन्थों के लिये प्रयुक्त हुआ है।

(४) कन्या राशि में उत्तरा फाल्गुनी के तीन चरण, हस्त नक्षत्र के चार चरण, और चित्रा के दो चरण होते हैं। उनके आद्यक्षरों में उत्तरा फाल्गुनी के तीसरे चरण का अक्षर 'प' है जिसके अनुसार पद्मावती नाम रक्खा गया।

(५) किरीरा=क्रीड़ा। जायसी ने प्रायः इस शब्द का प्रयोग किया है ५२।५, ३१७।२-४।
परस=पारस पत्थर (४१९।६, दीन्ह परस नग कंचन मूरू; ४८७।४, ५३८।१, १७८।७)। जायसी ने यहाँ उस लोक विश्वास का उल्लेख किया है जिसके अनुसार सूर्य की किरणों के पारस पत्थर पर निरन्तर पड़ने से हीरा बन जाता है।

(७) जमबारू—सं० यमद्वार=यम लोक।

(८-९) यहाँ रामा और रावन इन दो शब्दों में श्लेष है। स्त्री और उसका रमण करने वाला भावी पति यह एक अर्थ है। राम और रावण यह अर्थों का दूसरा जोड़ा है, किन्तु रावण का अयोध्या के राम पर मोहित होना लोक प्रसिद्ध नहीं है। सम्भवतः जायसी का अभिप्राय उस लोक कथा से है, जिसमें रामा अर्थात् सीता दशरथ के यहाँ पुत्री रूप से उत्पन्न हुई और रावण उनके रूप पर मोहित हुआ। दशरथ जातक की कथा में (जातक संग्रह ४।१२३, सं० ४६१) सीता का जन्म अयोध्या में दशरथ के यहाँ हुआ। पर उसमें सीता के साथ राम हिमालय में आश्रम बनाकर रहते हैं; रावण का उसमें कोई उल्लेख नहीं है।
राइ—राना धातु=रमण करना (बुल्के, रामकथा, पृ० ५३)।

[५३]

अही जनमपत्री सो लिखी। दै असीस बहुरे जोतिषी ।१।
पाँच बरिस महँ भई सो बारी। दीन्ह पुरान पढ़ै बैसारी ।२।
भै पदुमावति पंडित गुनी। चहूँ खंड के राजन्ह सुनी ।३।
सिंघल दीप राज घर बारी। महा सुरूप दैयँ औतारी ।४।
एक पदुमिनी औ पंडित पढ़ी। दहुँ केहि जोग दैयँ असि गढ़ी ।५।
जाकहँ लिखी लच्छि घर होनी। असि सो पाव पढ़ी औ लोनी ।६।
सप्त दीप के बर जो ओनाहीं। उतर न पावहिं फिरि फिरि जाहीं ।७।
राजा कहै गरब कै हौं रे इन्द्र सिवलोक।
को सरि मोसों पावै कासों करौं बरोक ॥३।४॥

(१) जैसी जन्मपत्री थी उसे लिख कर, ज्योतिषी आशीर्वाद देकर लौट गए। (२) जब वह बाला पाँच वर्ष की आयु को प्राप्त हुई तब धर्मग्रन्थ देकर उसे पढ़ने बैठाया गया। (३) क्रमशः पद्मावती पण्डित और गुणी हो गई। चारों खंडों के राजाओं ने सुना, (४) 'सिंहलद्वीप में राजा के घर अति सुन्दरी कन्या दैव ने उत्पन्न की है। (५) एक तो वह पद्मिनी है और दूसरे पढ़ी लिखी पण्डिता है।' (वे सोचने लगे) न जानें दैव ने ऐसी उसे किसके लिये रचा है। (६) जिसके भाग्य में लिखा हो कि लक्ष्मी उसके घर में आएगी वही ऐसी पढ़ी और लावण्यवती स्त्री पा सकता है। (७) सातों द्वीपों के जो वर उसके लिये आते हैं वे नकारात्मक उत्तर पाकर लौट जाते हैं (अथवा वे अपनी प्रार्थना का उत्तर नहीं पाते और लौट जाते हैं)।

(८) राजा गर्व करके कहता था–'अरे मैं स्वर्ग (शिवलोक) का इन्द्र हूँ। (९) मेरी तुलना में कौन है ? किससे वरच्छा (फलदान) करूँ ?'

(१) अही=थी।
(२) पुरान–जायसी ने पुरान शब्द का प्रयोग धर्म-ग्रन्थ, कुरान, शास्त्र, ज्योतिष आदि के लिये किया है।
(७) ओनाहीं=झुकना, बहुरना, समूह में आना। सं० अवनत से क्रिया।
(८) सिवलोक=कैलास, स्वर्ग (५०।९)।
(९) बरोक=वरच्छा, वर का रोकना, फलदान।

[५४]

बारह बरिस माँह भइ रानी। राजैं सुना सँजोग सयानी।१।
सात खंड धौराहर तासू। पदुमिनि कहँ सो दीन्ह नेवासू।२।
औ दीन्ही संग सखी सहेली। जो सँग करहिं रहस रस केली।३।
सबै नवल पिय सँग न सोईं। कँवल पास जनु बिगसहिं कोईं।४।
सुआ एक पदुमावति ठाऊँ। महा पँडित हीरामनि नाऊँ।५।
दैयँ दीन्ह पंखिहि असि जोती। नैन रतन मुख मानिक मोती।६।
कंचन बरन सुआ अति लोना। मानहु मिला सोहगहिं सोना।७।
रहहिं एक सँग दोउ पढ़हिं सास्तर बेद।
बरह्मा सीस डोलावहिं सुनत लाग तस भेद ॥३।५॥

(१) जब पद्मावती बारहवें वर्ष में लगी तो राजा को ज्ञात हुआ कि वह विवाह के योग्य सयानी हुई है। (२) अपना जो सात खण्ड वाला धवलगृह था राजा ने पद्मावती को वहीं निवास दिया। (३) और साथ में रहने के लिये सखी सहेलियाँ दीं, जो संग में आनन्द मनाती और रस क्रीड़ा करती थीं। (४) सब ही नवीन वय की और कोरे पिंडे वाली (पति से अछूती) थीं। वे कमल के समीप विकसित कुमुदिनी-सी लगती थीं।

(५) पद्मावती के गृह में महा पण्डित एक तोता था, जिसका नाम हीरामन था। (६) दैव ने उस पक्षी को भी ऐसी ज्योति दी थी कि उसके नेत्रों में रत्न और मुख में माणिक और मोती लगे हुए दिखाई पड़ते थे। (७) तोते का रंग स्वयं सोने के जैसा अति सुन्दर था, पर पाण्डित्य के रूप में मानो सोहागे के साथ मिलाकर सोने को और शुद्ध किया गया था।

(८) दोनों एक संग रहते और वेद शास्त्र पढ़ते थे। (९) उनका पढ़ना सुनते ही ऐसा चुभता था कि ब्रह्मा भी सिर हिलाने लगते थे।

(१) पद्मावती के लिये यहाँ और आगे भी (५६।४, ५७।२, ५८।१, १६४।१, १७१।१) रानी शब्द का प्रयोग किया गया है।
सयानी–सं० सज्ञान > सञान > सयान + अ > सयाना, सयानी।

(२) सात खण्ड धौराहर-सं० धवलगृह > धौरहर > धौराहर। धवलगृह राजमहल के उस भाग की संज्ञा थी जिसमें राजा रानी निवास करते थे। अविवाहित राजकुमारियों को वयस्क होने पर धवलगृह में अलग निवासस्थान दिया जाता था जिसे बाण ने कादम्बरी में कुमारी अन्तःपुर कहा है। उसीसे यहाँ तात्पर्य है। राजकुमारों के लिये भी ऐसी ही प्रथा थी। रामचन्द्र, चन्द्रापीड़ और हर्ष के लिये पृथक् अन्तःपुर थे। सप्त भूमिक राजप्रासादों की कल्पना गुप्तकाल से चली आती थी। मध्यकाल में भी इस प्रकार के सतखंडे महल बनते थे। दतिया में वीरसिंहदेव का सात खण्ड का धवलगृह (सत्रहवीं शती) अभी तक है।

[५५]

भइ ओनंत पदुमावति बारी। धज धौरैं सब करी सँवारी।१।
जग बेधा तेइ अंग सुबासा। भँवर आइ लुबुधे चहुँ पासा।२।
बेनी नाग मलैगिरि पीठी। ससि माँथे होइ दुइजि बईठी।३।
भौंहैं धनुक साँधि सर फेरी। नैन कुरंगिनि भूलि जनु हेरी।४।
नासिक करि कँवल मुख सोहा। पदुमिनि रूप देखि जग मोहा।५।
मानिक अधर दसन जनु हीरा। हिअ हुलसै कुच कनक जँभीरा।६।
केहरि लंक गवन गज हरे। सुर नर देखि माथ भुइँ धरे।७।
जग कोइ दिस्टि न आवै आछहिं नैन अकास।
जोगी जती सन्यासी तप साधहिं तेहि आस ॥३।६॥

(१) पद्मावती रूपी बगीची फलों से झुक आई (या बाला पद्मावती यौवन से झुक गई)। उसके अंग प्रत्यंग सब नए फुटाव से सुशोभित हुए (बगीची के अर्थ में, क्यारियाँ और किनारियाँ सबने कलियाँ सँवारी)। (२) उसके अंगों की सुगन्धि जगत में भिद गई और चारों ओर से भौंरे आकर लुभायमान हुए। (३) वेणी नागिनी और पीठ मलयगिरि थी। चन्द्रमा मस्तक पर द्वितीया की कान्ति से सुशोभित हुआ। (४) भौंह रूपी धनुष पर कटाक्ष-बाण संधान कर घुमाती थी। नेत्र ऐसे थे मानों भूली हुई हिरनी देखती हो। (५) नासिका तोते की भाँति और मुख कमल जैसा शोभित था।

उस पद्मिनी का रूप देखकर संसार मोहित हो गया। (६) अधर माणिक्य और दाँत हीरे जैसे थे। हृदय सुनहले जम्भीरी नीबुओं के समान दोनों कुचों से हुलस रहा था। (७) उसने कटि प्रदेश सिंह से और गति मानों हाथी से ली थी। देवता और मनुष्य सभी उसे देखकर पृथिवी पर मस्तक रखते और प्रणाम करते थे।

(८-९) संसार में कोई वैसा दिखाई नहीं पड़ता था, इसलिये आकाश में नेत्र लगाए हुए योगी, यति और सन्यासी उसके पाने की आशा से तप साधते थे।

(१) बारी—बाला; बगीची।
धज धोरैं—धज=क्यारियाँ, बगीची में फूलों के तख्ते।
धोरैं=किनारे, मेड़ या बगीची में मुख्य क्यारियों के किनारे की पट्टियाँ।
करी=कलियाँ।

[५६]

राजै सुना दिस्टि भइ आना। बुधि जो देइ सँग सुआ सयाना।१।
भएउ रजाएसु मारहु सुआ। सूर सुनाव चाँद जहँ उआ।२।
सतुरु सुआ के नाऊ बारी। सुनि धाए जस धाव मँजारी।३।
तब लगि रानी सुआ छिपावा। जब लगि आइ मँजारिन्ह पावा।४।
पिता क आएसु माँथे मोरे। कहहु जाइ बिनवै कर जोरे।५।
पंखि न कोइँ होइ सुजानू। जानै भुगुति कि जान उड़ानू।६।
सुआ जो पढ़ै पढ़ाए बैना। तेहि कत बुधि जेहि हिएँ न नैना।७।
मानिक मोति देखावहु हिएँ न ग्यान करेइ।
दारिवँ दाख जानि कै अबहिँ ठोर भरि लेइ॥३।८॥

(१) पद्मावती के संग का चतुर सुआ उसे जो उपदेश देता था उसे राजा ने सुना तो उसकी दृष्टि कुछ से कुछ हो गई। (२) राजा की आज्ञा हुई—'सुग्गे को मार दो, क्योंकि जहाँ चाँद उगा है वहाँ यह सूर्य की चार्चा सुनाता है'। (३) सुग्गे के शत्रु नाऊ बारी आज्ञा सुनकर ऐसे दौड़े जैसे बिल्ली झपटती है (४) जब तक बिल्ली रूप वे नाऊबारी महल में आ कर उसे पकड़ पावें तब तक रानी ने सुग्गे को छिपा दिया (५) पद्मावती बोली—'पिता की आज्ञा मेरे सिर-माथे है, किन्तु जाकर कहो कि पद्मावती हाथ जोड़कर विनती करती है—(६) "यह पक्षी है, कोई सुजान व्यक्ति नहीं (अथवा कोई भी पक्षी सुजान या ज्ञानी नहीं होता)। वह तो भोजन करना या उड़ना भर जानता है। (७) सुआ जो रटता है वे केवल दूसरों के पढ़ाए वचन होते हैं। जिसके हृदय में अपनी सूझ नहीं उसमें बुद्धि कहाँ?

(८) यदि इसे माणिक मोती दिखाओ तो इसके हृदय में कुछ पहिचान न होगी। (९) उन्हें अनार अंगूर जानकर तुरन्त चोंच में भर लेगा।"'

(१) दिस्टि भइ आना=निगाह बदल गई ।

(२) चन्द्रमा जहाँ उगा है, वहाँ सूर्य का प्रताप सुनाने से चन्द्रमा की ज्योति मलिन होगी, यही राजा की समझ में सुग्गे का दोष था । चन्द्रमा–बाला । सूर्य–पति ।

रजाएसु–सं० राजादेश > राजाएस > रजाएसु, रजायसु । सं० आदेश > प्रा० > आएस आएसु, आयसु ।

(५) बिनवैं=सं० विज्ञापयति > प्रा० विण्णवइ > बिनवइ > बिनवै ।

[५७]

वै तौ फिरे उतर अस पावा । बिनवा सुग्रैं हिएँ डरु खावा ।१।
रानी तुम्ह जुग जुग सुख आऊ । हौं अब बनोबास कहँ जाऊँ ।२।
मोतिहि जौं मलीन होइ करा । पुनि सो पानि कहाँ निरमरा ।३।
ठाकुर अंत चहै जौं मारा । तहँ सेवक कहँ कहाँ उबारा ।४।
जेहि घर काल मँजारी नाचा । पंखी नाउँ जीउ नहिं बाँचा ।५।
मैं तुम्ह राज बहुत सुख देखा । जौं पूँछहु दै जाइ न लेखा ।६।
जो इंछा मन कीन्ह सो जेंवा । भा पछिताइ चलेउँ बिनु सेवा ।७।
मारै सोइ निसोगा डरै न अपने दोस ।
केला केलि करै का जौं भा बैरि परोस ॥३।६॥

(१) वे तो ऐसा उत्तर पाकर लौट गए, पर सुग्गा हृदय में डर कर बिनती करने लगा—(२) 'हे रानी तुम्हें युग युग तक सुख और आयुष्य मिले । मैं अब वन में बसने जाता हूँ । (३) मोती की कान्ति जब एक बार मलिन हो जाती है, फिर उसकी वह पहले जैसी निर्मल आभा कहाँ ? (४) यदि ठाकुर ही अन्त में मारना चाहे तो सेवक के लिये बचने का क्या उपाय है ? (५) जिस घर में काल रूपी बिल्ली नाचती है वहाँ पक्षी नाम का प्राणी नहीं बचता । (६) मैंने तुम्हारे राज्य में बहुत सुख भोगा । यदि पूँछो तो उसका लेखा (हिसाब) नहीं दिया जा सकता । (७) मन में जो इच्छा की वही मैंने खाया । यही पछतावा रहा कि तुम्हारी सेवा किए बिना मैं जा रहा हूँ ।'

(८) वही व्यक्ति दूसरे के प्राण लेता है जो स्वयं निसोग अर्थात् परलोक की ओर से निश्चिन्त है, अतएव जो अपने पाप से नहीं डरता । (९) यदि बेर का कटीला वृक्ष पड़ोस में आजाय तो केला बेचारा कैसे आनन्द मना सकता है ?

(८) मारै सोइ निसोगा–निसोगा का अर्थ वही है जो पहले ४२।७ में आ चुका है ।

निसोगा=बेफिक्र, निश्चिन्त, परलोक या धर्मकार्य से बेखबर, जिसे अपने पापों का शोक या चिन्ता नहीं, (हिआ निसोगा जाग न सोई ।—पहर पहर पर गजर बजता है, पर जो हृदय में बे फिक्र है वह नहीं जागता) ।

(९) बैरि–सं० बदर > प्रा० वयर > बइर > बैरि ।

[५८]

रानी उतर दीन्ह कै मया । जौं जिउ जाइ रहै किमि कया ।१।
हीरामनि तूँ प्रान परेवा । धोख न लाग करत तोहिं सेवा ।२।
तोहिं सेवा बिछुरन नहि आखौं । पींजर हिए घालि तोहिं राखौं ।३।
हौं मानुस तूँ पंखि पिआरा । धरम पिरीति तहाँ को मारा ।४।
का सो प्रीति तन माहँ बिदाई । सोइ प्रीति जिअ साथ जो जाई ।५।
प्रीति भार लै हिएँ न सोचू । ओहिं पंथ भल होइ कि पोचू ।६।
प्रीति पहार भार जौं काँधा । सो कस छूट लाइ जिअ बाँधा ।७।
सुआ न रहै खुरुक जिअ अबहिं काल सो आउ ।
सतुरु अहै जो करिआ कबहुँ सो बोरै नाउ ॥३।१०॥

(१) रानी ने अनुकम्पा से भरकर उत्तर दिया—'जब प्राण ही चला जाय तो शरीर कैसे रहेगा ? (२) हे हीरामन सुग्गे, तू मेरा प्राण है। तुझसे मेरी सेवा करते हुए कभी चूक नहीं हुई । (३) तुझे सेवा से बिछुड़ने के लिये मैं कभी नहीं कह सकती । अपने हृदय के पिंजड़े में डाल कर मैं तुझे रखूँगी । (४) मैं मनुष्य हूँ; हे प्यारे, तू पक्षी है । जो दोनों में धर्म का प्रेम है तो कौन मार सकता है ? (५) वह प्रीति कैसी जो शरीर के साथ बिदा हो जाय ? प्रीति वही सच्ची है जो प्राणों के साथ जाती है । (६) प्रेम का भार उठाकर मन में सोच नहीं करना चाहिए, चाहे उस मार्ग में भला हो या बुरा । (७) प्रेम के पर्वत का बोझा जब उठा लिया, तो वह कैसे छूट सकता है, वह तो हृदय से बँधा रहता है ।

(८) पद्मावती के ऐसा समझाने पर भी सुग्गा नहीं ठहरा क्योंकि उसके जी में खुटक थी कि अभी वह काल आता होगा । (९) यदि अपना कर्णधार ही शत्रु हो जाय तो वह कभी भी नाव डुबा सकता है ।

(१) मया=दया, कृपा, मोह । सं० माया ।
(३) आखौं-सं० आख्या > प्रा० अक्खा=कहना ।
(९) करिआ=कर्णधार (दे० १९।९) ।

४ : मानसरोदक खण्ड

[५९]

एक देवस कौनिउँ तिथि आई । मानसरोदक चली अन्हाई ।१।
पदुमावति सब सखीं बोलाई । जनु फुलवारि सबै चलि आई ।२।
कोइ चंपा कोइ कुंद सहेलीं । कोइ सुकेत करना रस बेलीं ।३।

कोइ सुगुलाल सुदरसन राती । कोइ बकौरि बकचुन विहँसाती ।४।
कोइ सु बोलसरि पुहुपावती । कोइ जाही जूही सेवती ।५।
कोइ सोनजरद जेउँ केसरि । कोइ सिंगारहार नागेसरि ।६।
कोइ कूजा सदबरग चँबेली । कोई कदम सुरस रस बेली ।७।
चलीं सबै मालति सँग फूले कँवल कमोद ।
बेधि रहे गन गंध्रप बास परिमलामोद ॥४।१॥

[फुलवाडी परक अर्थ]

(१) एक दिन कोई (पाठान्तर पूनों की) तिथि आई और पद्मावती मानसरोवर के जल में नहाने चली । (२) उसने सब सखियाँ बुलाईं वे सब खिली फुलवाड़ी की तरह आईं । (३) कोई सखी चम्पा, कोई कुन्द, कोई केतकी, कोई करना, कोई रसबेल की भाँति थी (४) कोई लाल गुलाल (एक फूल) या सुदर्शन जैसी थी । कोई गुल बकावली के गुच्छों के समान बिहँसती थी । (५) कोई मौलसिरी की भाँति पुष्पों से लदी थी, कोई जाति और कोई यूथिका एवं सेवती के पुष्पों की भाँति थी । (६) कोई सोनजरद कोई केसर के समान थी, कोई हरसिंगार और नागकेशर जैसी थी । (७) कोई कूजा के फूल, कोई हजारा गेंदा और कोई चमेली जैसी थी । कोई कदम्ब या सुन्दर रसबेल जैसी थी ।

(८) वे सब मालती के साथ चलीं मानों कमल के साथ कोकाबेली फूली हों (९) उनके सुन्दर सौरभ से भौंरों के समूह वहीं बिंध गए ।

इन फूलों की सूची दोहे सं० ३५ और ४३३ में भी आई है, किन्तु ५९ की भाँति ४३३ में इन नामों के फूलों के अतिरिक्त दूसरे अर्थ भी हैं । फूलवाची नामों के लिये दोहे ३५ की टिप्पणी देखिए ।

(१) मनेर की नई प्राप्त प्रति में 'पूनिउं तिथि' पाठ है ।

[सखियों के पक्ष में]

(३) पद्मावती की सखियों में कोई सखी शरीर की चम्पी (चम्पा), कोई वस्त्रों की कुन्दी (कुन्द) करने वाली थी । कोई राजभवन में (सुकेत) पानी का प्रबन्ध करती थी (कर नारि सबीली) । (४) कोई गुलाल मलती और कोई केवल उसके दर्शन में अनुरक्त थी (दरसन राती) । कोई वाक्य चुन-चुनकर (बकचुन) वाक्यावली (बकौरि) कहती और बिहंसती थी । (५) कोई सुन्दर बोल कहती हुई पुष्पावती जैसी हो जाती थी अर्थात् जब वह बोलती उसके मुंह से मानों फूल झड़ते थे । कोई जाकर उसके स्थान को देखती और सेवा करती थी । (६) कोई केसरिया जरदा या चावल का भोग लगाती थी । कोई हार से शृंगार करने में नागमती के समान थी । (७) कोई सत्य के बल से चलने वाली चम्पा का तेल लगाकर हर्षित होती थी (कूजा) । कोई उसके सुन्दर चरणों के रस में पगी थी ।

(८) वे सब सुन्दरी सखियाँ संग में प्रसन्न होकर चलीं । पद्मावती के मन में उससे मोद उत्पन्न हुआ । (९) उन पद्मिनी स्त्रियों के शरीर से निकलने वाले भीने परिमल की सुगन्धि से गन्धर्वों के गण मोहित होकर ठिठक गए ।

(३) चम्पा-सहेली=शरीर की चम्पी अर्थात् संवाहन करने वाली सखी, संवाहिका । चम्प धातु=चांपना

या दबाना (हेमचन्द्र व्याकरण ४।३९५) ।

कुन्द-सहेली=वस्त्रों की कुन्दी करने वाली सखी ।

कुन्द=कुन्दी करना ।

सुकेत=राजभवन । केत=घर (प्रा० केय, पासद्द० पृ० ३२७) करना रसबेलीं, इस वाक्यांश को फारसी लिपि में 'कर नारि सबीलें', भी पढ़ा जायगा । सबील पानी के स्थान या पियाऊ को कहते हैं; राजमन्दिर में वह स्थान जहाँ पीने आदि के लिये पानी का प्रबन्ध रहता था । आईन-अकबरी के अनुसार यह स्थान आबदार खाना कहलाता था (आईन० २२) । प्राचीन राजभवनों में इसे तोयकर्मान्त या तोयशाला कहते थे और इसके अधिकारी तोयकर्मान्तिक कहलाते थे (हर्षचरित पृ० १५५) ।

(४) बकौरि=वाक्यावली । बकचुन=वाक्य चुनकर ।

(५) सुबोल सरि पुहुपावती=सुन्दर बोल या वचन में पुष्पावती जैसी अर्थात् उसके बोलने के साथ फूल बरसते थे ।

जाही जूही=स्थान की देखभाल करने वाली

फारसी जाह=स्थान ।

(६) सोनजरद=पीला जरदा । जरदा=चावल का पुलाव ।

जेउँ=जीमना, भोजन करना ।

केसरि=केसर पड़ा हुआ ।

सिंगारहार=हार नामक आभूषण का श्रृंगार ।

नागेसरि=फारसी लिपि में इसका पाठ पदच्छेद नागी+सरि होगा । नागी=नागमती ।

(७) कूजा=धातु कूजना–हर्षित होकर बोलना ।

सदबरग=सत्य के बल से चलने वाली ।

(८) मालति=पद्मावती की उपमा प्रायः मालती पुष्प से दी गई है । 'मालति हुई असि चित्त पईठी' (४८६।४; ज्यों वह मालति मानसर, ४८६।८) । देशी नाममाला के अनुसार माल के दो अर्थ और हैं, सुन्दर तथा फुलवारी (देशी नाम० ६।१४६, मालो आराम मञ्जु मञ्चकेषु) । तदनुसार माल+ती का अर्थ होगा सुन्दर स्त्रियाँ अथवा फुलवाड़ी रूपी स्त्रियाँ ।

(९) गन गंध्रप=गन्धर्वों के समूह । प्राचीन मान्यता के अनुसार गन्धर्व स्त्री-कामुक होते हैं और सहवास के लिये उत्सुक होकर सुन्दरी कुमारी-कन्याओं पर आ जाते है । ऐसी कन्याएँ गन्धर्व-गृहीता कही जाती थीं । सोम गन्धर्व और अग्नि, कुमारी कन्या के ये क्रमशः तीन पति कहे गए हैं, जो उसके कौमार काल की तीन अवस्थाओं के सूचक हैं । मानवपति चौथा पति होता है (तुरीयस्ते मनुष्यजः) यह उक्ति दिव्य-गन्धर्वों के विषय में चरितार्थ है । देव-गन्धर्वों के अतिरिक्त दूसरे मानुषी-गन्धर्व होते हैं जो नृत्य-गीत के अनुरागी, एवं स्त्री-काम होते हैं । यहाँ जायसी ने स्त्रियों के प्रति गन्धर्वों के अनुराग की किम्वदन्ती या लोकमान्यता के आधार पर कल्पना की है कि उन कुमारी कन्याओं के सुरभित सौन्दर्य से मानों गन्धर्व उनके चारों ओर आकृष्ट हो गए थे । इसी अर्थ का अनुगमन करके विवाह के इच्छुक कुमारियों की कामना करने वाले वरों का ग्रहण गन्धर्व गण से किया जा सकता है जो उन कन्याओं के सौन्दर्य की कीर्ति सुनकर आ रहे थे । फुलवाड़ी पक्ष में, गन्ध लेने वाले भौंरों का समूह ।

[६०]

खेलत मानसरोवर गईं । जाइ पालि पर ठाढ़ी भईं ।१।
देखि सरोवर रहसहिं केली । पदुमावति सौं कहहिं सलेली ।२।

ऐ रानी मन देखु बिचारी । एहि नैहर रहना दिन चारी ।३।
जौ लहि अहै पिता कर राजू । खेलि लेहु जौं खेलहु आजू ।४।
पुनि सासुर हम गौनब काली । कित हम कित एह सरवर पाली ।५।
कित आवन पुनि अपने हाथाँ । कित मिलिकै खेलब एक साथा ।६।
सासु नँनद बोलिन्ह जिउ लेहीं । दारुन ससुर न आवै देहीं ।७।
पिउ पिआर सब ऊपर सो पुनि करै दहुँ काह ।
कहुँ सुख राखै की दुख दहुँ कस जरम निबाह ॥४।२॥

(१) क्रीड़ा करती हुई वे मानसरोवर पर गईं, और जाकर उसके पाल (किनारे) पर खड़ी हो गईं । (२) सरोवर की सुन्दरता देख वे सहेलियाँ क्रीड़ा के लिये रहसने लगीं और पद्मावती से बोलीं—(३) 'हे रानी, मन में विचार कर देखो, यहाँ पिता के घर चार दिन का रहना है । (४) जब तक पिता का राज है, जो खेलना चाहो आज मन भर कर खेल लो । (५) फिर कल हम सब ससुराल चली जायँगी । फिर कहाँ हम और कहाँ यह सरोवर की पाल ? (६) फिर आना अपने हाथ कहाँ और कहाँ एक साथ मिलकर खेलना ? (७) सासु और ननद बोलियों की मार से प्राण ले लेंगी और कठोर ससुर आने न देंगे ।

(८) प्यारा प्रियतम इन सबसे ऊपर होता है । वह भी न जानें कैसा व्यवहार करेगा । (९) न जाने सुख से रखेगा, या दुःख से ? न जाने कैसे जन्म भर निर्वाह होगा ?

(१) पालि=पाल, ताल का बाँध या ऊँचा किनारा; सं० पालि ।

[६१]

सरवर तीर पदुमिनीं आईं । खोंपा छोरि केस मोकराईं ।१।
ससि मुख अंग मलैगिरि रानी । नागन्ह झाँपि लीन्ह अरघानी ।२।
ओनए मेघ परी जग छाहाँ । ससि की सरन लीन्ह जनु राहाँ ।३।
छपि गै दिनहि भानु कै दसा । लै निसि नखत चाँद परगसा ।४।
भूलि चकोर दिस्टि तहँ लावा । मेघ घटा महँ चाँद दिखावा ।५।
दसन दामिनी कोकिल भार्खी । भौंहें धनुक गगन लै राखीं ।६।
नैन खँजन दुइ केलि करेहीं । कुच नारँग मधुकर रस लेहीं ।७।
सरवर रूप बिमोहा हिएँ हिलोर करेइ ।
पाय छुवै मकु पावौं तेहि मिसु लहरैं देइ ॥४।४॥

(१) वे पद्मिनी बालाएँ सरोवर के तीर पर आईं । उन्होंने केशों का बँधा हुआ

जूड़ा खोलकर बालों को बिथुरा दिया। (२) रानी पद्मावती का मुख चन्द्र के समान और देहयष्टि मलयगिरि के समान थी। केश रूपी नागों ने मानों सुगन्धि के लिये उसके अंग को ढक लिया था। (३) केशों के रूप में मेघों के छा जाने से संसार में जैसे छाँह हो गई। मुख के चारों ओर केशों की ऐसी झाईं पड़ रही थी मानों काला राहु चन्द्रमा की शरण में आ गया था। (४) केशों की श्यामता से दिन में ही सूर्य का प्रकाश छिप गया और रात में चन्द्रमा नक्षत्रों को लेकर प्रकट हो गया। (५) चकोर भी भूलकर उधर देखने लगा मानों मेघों की घटा के बीच उसे चाँद दिखाई पड़ा हो। (६) पद्मावती के दाँत बिजली की भाँति चमकते थे और बोलना कोयल की भाँति था। आकाश के इन्द्रधनुष को लेकर मानों उसकी भौंहें बनाई गई थीं। (७) उसके नेत्रों के रूप में मानों दो खञ्जन क्रीड़ा कर रहे थे। श्याम अग्रभाग युक्त स्तन ऐसे थे जैसे नारंगियों पर बैठकर भौंरे रस पान कर रहे हों।

(८) उसके रूप से मोहित हुआ सरोवर हृदय में हिलोर लेने लगा। (९) मैं कदाचित् उसके पैर छू सकूँ, इस इच्छा से वह अपनी लहरें उसकी ओर बढ़ाने लगा।

(१) खौंपा=बालों का जूड़ा। तमिल कोप्पु। सं० में इस प्रकार की केश रचना को धम्मिल कहा जाता था। वह शब्द भी तमिल-द्रमिल का रूप है। इसका अर्थ था तमिल या दक्षिण भारत का केश-विन्यास।
मोकराईं=सं० मुकुलित; खिलना, या खोलना।

(२-४) केशों की श्यामता को सर्प और मेघों से उपमा दी गई है। अरघानी=सुगन्धि। अरधानी पाठ छापे की भूल है, अरघानी ही चाहिए (श्रीमाताप्रसाद गुप्त ने ८।६।५३ के पत्र में मुझे सूचित किया; और भी ९९।३, १७८।८)।

[६२]

धरीं तीर सब छीप क सारीं। सरवर महँ पैठीं सब बारी।१।
पाएँ नीर जानु सब बेलीं। हुलसी करहिं काम कै केलीं।२।
नवल बसंत सँवारहि करीं। होइ परगट चाहहिं रस भरीं।३।
करिल केस बिसहर बिस भरे। लहरैं लेहि कँवल मुख धरे।४।
उठे कोंप जनु दारिवँ दाखा। भई ओनंत प्रेम कै साखा।५।
सरवर नहिँ समाइ संसारा। चाँद नहाइ पैठ लिए तारा।६।
धनि सो नीर ससि तरईं उईं। अब कत दिस्टि कँवल औ कुईं।७।
चकईं बिछुरि पुकौरैं कहाँ मिलहु हो नाँह।
एक चाँद निसि सरग पर दिन दोसर जल माँह।।४।५।।

(१) सबने अपनी छपी हुई साड़ियाँ किनारे पर रख दीं। तब वे बालाएँ सरोवर के जल में उतरीं। (२) जल की बेलें जैसे जल मिलने से हुलस पड़ती हैं वैसे ही

वे भी जल पाकर आनन्दित हुई और काम क्रीड़ाएँ करने लगीं। (३) उनकी आयु का नया वसन्त (स्तनरूपा) कलियों का फुटाव ले रहा था। यौवन के नए रस से भरी हुई वे उन कलियों के रूप में प्रकट हो जाना चाहती थीं। (४) उनके काले केश विषधर सर्पों की भाँति कमल रूपी मुख पकड़े हुए लहरा रहे थे। (५) उनके अधर ऐसे थे मानों अनार और अंगूर में कोंपलें आई हों। उन बालाओं के रूप में प्रेम की शाखा ही झुक आई (फलों से लद गई) थी। (६) वह सरोवर पद्मावती और सखियों को पाकर संसार में नहीं समा रहा था, ऊपर स्थित मानों आकाश का चन्द्रमा तारों को लिए हुए उसमें स्नान के लिये आ गया था। (७) धन्य है वह जल जिसमें चन्द्रमा और तारे उदित हुए। अब उसमें कमल और कुमुदनियों के दर्शन कहाँ ?

(८) चकवी बिछुड़कर पुकारने लगी—'हे स्वामी अब तुम कैसे मिलोगे ? (९) आकाश का एक चाँद रात में वियोग कराता था, अब दूसरा दिन में वियोग कराने के लिये जल में घुस आया है।

(१) छीप क=छपी हुई, छापे की।

(२-३) जलकेलि करती हुई नवल बालाओं की बेलों से और उनके अँठुली स्तनों की कलियों से उपमा जायसी की रस पूर्ण कल्पना है।

(४) करिल=काले। देशी करिल्ल (हे० देशी २'१०)।

विषहर=साँप। सं० विषधर।

बिथुरे हुए केश जल पर लहरों के साथ लहरा रहे थे। बालाओं के मुख कमल के समान थे। वे केश पानी में लहराते हुए भी बह नहीं जा रहे थे; ज्ञात होता है उन्होंने मुख कमलों को पकड़ रक्खा था। कमल के सरोवर में प्रायः सर्प रहते भी हैं।

(५) उठे कोंप=कोंपल लेना, फुटाव लेना। सं० कुड्मल, प्रा० कुप्पल, कुंपल=मुकुल, कलिका।

[६३]

लागीं केलि करै मँझ नीरा। हंस लजाइ बैठ होइ तीरा ।१।
पदुमावति कौतुक करि राखी। तुम्ह ससि होहु तराइन साखी ।२।
बादि मेलि कै खेल पसारा। हारु देइ जौं खेलत हारा ।३।
सँवरहि साँवरि गोरिहिं गोरी। आपनि आपनि लीन्हि सो जोरी ।४।
बूझि खेल खेलहु एक साथा। हारु न होइ पराएँ हाथा ।५।
आजुहि खेल बहुरि कित होई। खेल गएँ कत खेलै कोई ।६।
धनि सो खेल खेलहिं रस पेमा। रौताई औ कूसल खेमा ।७।
मुहमद बारि परेम की जेउँ भावै तेउँ खेल।
तीलहि फूलहि संग जेऊँ होइ फुलाएल तेल ॥४।६॥

(१) वे सब जल के बीच में केलि करने लगी। सरोवर का केलिनिपुण हंस

लजाकर किनारे बैठ गया। (२) सखियों ने पद्मावती को कौतुक देखनेवाली बनाकर एक ओर बैठा दिया, और कहा—'हे शशि, तुम सखि रूप इन तारों की साक्षी होकर रहो।' (३) तब बाजी लगाकर उन्होंने खेल आरम्भ किया—'जो खेल में हारेगा उसे अपना हार देना पड़ेगा।' (४) सांवली ने सांवली को और गोरी ने गोरी को अपनी अपनी जोड़ी बनाकर साथ में लिया (५) खेल को समझ लो और सब एक साथ खेलो। अपना हार पराए हाथ में न जाने पावे (या दूसरे के हाथों अपनी हार न हो)। (६) आज ही खेल है, फिर कहाँ होगा? खेल समाप्त हो जाने पर फिर कहीं कोई खेलता है? (७) वह खेल धन्य है जो प्रेम रस से खेला जाय। ठकुराई और कुशल क्षेम साथ साथ नहीं रहती (जहाँ हैंकड़ी या अकड़ होगी वहाँ व्यवहार विरस हो जाता है।)

(८) मुहम्मद—प्रेम के जल में जैसा मन भावे वैसा खेलो। (९) तिल और फूलों के एक साथ बसाने से ही फुलेल तेल बनता है; किसीकी बास और किसी के स्नेह मिलने से प्रेम में सुगन्धि आती है।

(१) बादि मेलि=बाजी लगाकर, बद करके। सं० वद, संज्ञा वाद।
(७) रौताई=ठकुरायत, रावतपना, मालिकपना। 'रौताई औ कूसल खेमा' लोकोक्ति है।
(९) फुलाएल=फुलेल। फुल्ल+तैल > फुल्ल एल > फुला एल > फुलेल।

[६४]

सखी एक तेइँ खेल न जाना। चित अचेत भइ हार गँवावा ।१।
कँवल डार गहि भै बेकरारा। कासों पुकारौं आपन हारा ।२।
कत खेलै आइउँ एहि साथाँ। हार गँवाइ चलिउँ सैं हाथाँ ।३।
घर पैठत पूँछब एहि हारू। कौनु उतर पाउबि पैसारू ।४।
नैन सीप आँसुन्ह तस भरे। जानहु मोंति गिरहिँ सब ढरे ।५।
सखिन्ह कहा भोरी कोकिला। कौनु पानि जेहि पौनु न मिला ।६।
हारु गँवाइ सो असेहिं रोवा। हेरि हेराइ लेहु जौं खोवा ।७।
लागीं सब मिलि हेरैं बूड़ि बूड़ि एक साथ।
कोई उठी मोंति लै घोंघा काहू हाथ ॥४।७॥

(१) एक सखी ऐसी थी जो खेल न जानती थी। वह अपना हार खोकर चित्त से बेसुध हो गई। (२) कमल की डंडी पकड़कर व्याकुल हो कहने लगी, 'किससे अपना दुःख रोकर कहूँ? (३) क्यों मैं इनके साथ खेलने आई, जो स्वयं अपने हाथों अपना हार खो दिया? (४) घर में प्रवेश करते ही इस हार के विषय में पूछा जायगा। क्या उत्तर देकर प्रवेश करने पाऊँगी? (५) उसकी नेत्र रूपी सीपियों में आँसू भरे थे, ढलते हुए आँसू मोती से बिखर रहे थे। (६) सखियाँ बोलीं, 'हे भोली कोकिला, कौन सा पानी है जिसमें हवा नहीं मिली (तुम उस जल में थोड़ी देर और रहकर ढूँढ़ लेतीं)।

(७) जो हार खो देता है वह ऐसे ही रोता है। यदि वह खो गया है, तो उसे स्वयं ढूँढ़ो और हम सबसे ढुँढ़वा लो।

(८) यह कह वे सब एक साथ मिलकर डुबकी लगा-लगाकर ढूँढने लगीं। (९) कोई मोती लेकर ऊपर आई, और किसीके हाथ घोंघा ही लगा।

(३) सैं–सं० स्वयं > सयँ > सइँ > सैं।

(४) पैठत–सं० प्रविष्ट > प्रा० पइट्ठ > पैठना।

पैसारू=प्रवेश; सं० प्रविशति > अप० पइसरइ (भविसयत्तकहा) पैसरई > पैसरना।

[६५]

कहा मानसर चहा सो पाई। पारस रूप इहाँ लगि आई।१।
भा निरमर तेन्ह पायन परसें। पावा रूप रूप कैं दरसें।२।
मलै समीर बास तन आई। भा सीतल गै तपनि बुझाई।३।
न जनौं कौनु पौन लै आवा। पुन्नि दसा भै पाप गँवावा।४।
ततखन हार बेगि उतिराना। पावा सखिन्ह चंद बिहँसाना।५।
बिगसे कुमुद देखि ससि रेखा। भै तेहिं रूप जहाँ जो देखा।६।
पाए रूप रूप जस चहे। ससि मुख सब दरपन होइ रहे।७।
नैन जो देखे कँवल भए निरमर नीर सरीर।
हँसत जो देखे हंस भए दसन जोति नग हीर ॥४।८॥

(१) मानसरोवर ने कहा, 'जिसे मैंने चाहा था उसे पा लिया। रूप की पारस वह मेरे समीप तक आ गई। (२) उसके चरण छूकर मैं निर्मल हुआ, और उसके रूप का दर्शन करके मैंने भी रूप पाया। (३) उसके शरीर से मलय वायु की सुगन्ध मुझे मिली जिससे मैं शीतल हुआ और मेरी जलन शान्त हो गई। (४) न जाने यह कौन है जो ऐसी सुरभित पवन ले आया है? इससे मेरी दशा पवित्र हो गई और पाप जाता रहा। (५) उसी क्षण हार वेग के साथ ऊपर तैर आया। सखियों ने उसे उठा लिया। यह कौतुक देख पद्मावती विहसित हुई। (६) चन्द्रमा की उन किरणों को देखकर कुमुदिनी रूप सखियाँ भी विकसित हुईं। जहाँ जिसने उसे देखा वह उसी के रूप का हो गया। (७) जैसा सब चाहते थे वैसे रूप उन्होंने पाए। शशि मुख पद्मावती के लिये सब पदार्थ दर्पण बन गए (वह जिसकी ओर देखती थी उसीमें अपने रूप की परछाईं डालती थी)।

(८) उसके नेत्रों को जिसने देखा वे कमल बन गए। शरीर की छाया से निर्मल जल हो गया। (९) उसे हँसते हुए जिन्होंने देखा वे हंस हो गए। दाँतों की ज्योति हीरा नग बन गई। इन इन वस्तुओं ने दर्पण की भाँति पद्मावती के अंगों का प्रतिबिम्ब ग्रहण किया।

(१) पारस रूप=रूप की पारस, जिसके स्पर्श से रूप की प्राप्ति हो।
(२) पावा रूप रूप के दरसें=(अध्यात्म) जितने रूप सबको मिले हैं उसी रूप के प्रतिबिम्ब हैं।
(६) रेखा=किरण।
(७-९) इनमें बिम्ब-प्रतिबिम्ब भाव का उल्लेख है। पद्मावती बिम्ब है, उसी का प्रतिबिम्ब जगत् है।

५ : सुआ खण्ड

[६६]

पदुमावति तँह खेल धमारी। सुआ मँदिर महँ देखि मँजारी।१।
कहेसि चलौं जौं लहि तन पाँखा। जिउ लै उड़ा ताकि बन ढाँखा।२।
जाइ परा बनखँड जिउ लीन्हे। मिले पंखि बहु आदर कीन्हे।३।
आनि धरीं आगे बहु साखा। भुगुति न मिटै जौं लहि बिधि राखा।४।
पाइ भुगुति सुक्ख मन भएऊ। अहा जो दुक्ख बिसरि सब गएऊ।५।
ऐ गोसाइँ तू ऐस बिधाता। जाँवत जीउ सब क भख दाता।६।
पाहन महँ न पतंग बिसारा। जहँ तोहिं सँवर दीन्ह तुइँ चारा।७।
तब लगि सोग बिछोह कर भोजन परा न पेट।
पुनि बिसरा भा सँवरना जनु सपने भइ भेंट॥५।१॥

(१) वहाँ तो पद्मावती इस प्रकार धमार खेल रही थी, इधर राज मन्दिर में सुग्गे ने बिल्ली रूप मृत्यु देखी। उसने कहा कि जब तक शरीर में पंख हैं यहाँ से भाग चलूँ। (२) यह सोच वन–ढाके को लक्ष्य करके वह प्राण लेकर उड़ चला। (३) किसी तरह प्राण लिए हुए बनखण्ड में जा पहुँचा। वहाँ अनेक पक्षी मिले जिन्होंने उसका आदर किया, (४) और उसके सामने बहुत सी फल भरी शाखाएँ लाकर रख दीं। जब तक विधाता रखने वाला है, भोजन का अभाव नहीं होता। (५) भोजन पाकर उसके मन में सुख हुआ और जो दुःख था वह सब भूल गया। (६) उसने कहा—'हे गुसाईं, तू ऐसा विधान करने वाला है कि जितने जीव हैं, सभी को भोजन देता है। (७) पत्थर के भीतर बैठे हुए कीड़े को भी तू नहीं भूलता। जहाँ तेरा स्मरण किया जाय वहीं तू चारा देता है।'

(८-९) बिछुड़ने का शोक तभी तक होता है जब तक पेट में भोजन न पहुँचे। फिर प्रिय का स्मरण विस्मृत हो जाता है, जैसे स्वप्न में कभी भेंट हुई हो।

(१) धमार-सं० धमकार > धमआर > धमार। प्रा० धा० धम=शब्द करना, धम धम करना।
मँजारी-सं० मार्जारी=बिल्ली। जायसी ने प्रायः मृत्यु के अर्थ में इस शब्द का प्रयोग किया है।
(२) वन ढाँखा-दे० १०१३। ढाँखा=ढाक का जंगल।

(६) भख=सं० भक्ष > प्रा० भक्ख > भख ।
(७) पाहन मह न पतंग बिसारा–कभी कभी पत्थर तोड़ने से उसके भीतर पानी और मेंढ़क आदि निकलते हैं ।

[६७]

पदुमावति पहँ आइ भँडारी । कहेसि मँदिर महँ परी मँजारी ।१।
सुआ जो उतर देत हा पूँछा । उड़िगा पिंजर न बोलै छूँछा ।२।
रानी सुना सुक्ख सब गएऊ । जनु निसि परी अस्त दिन भएऊ ।३।
गहनै गही चाँद कै करा । आँसु गगन जनु नखतन्ह भरा ।४।
टूटि पालि सरवर बहि लागे । कँवल बूड़ मधुकर उड़ि भागे ।५।
एहि बिधि आँसु नखत होइ चुए । गगन छाँड़ि सरवर भरि उए ।६।
चिहुर चुवहिं मोतिन्ह कै माला । अब हम फिरि बांधा चह बाला ।७।
उड़ि वह सुअटा कहँ बसा खोजहु सखी सो बासु ।
दहुँ है धरति कि सरग गा पवन न पावै तासु ॥५।२॥

(१) भण्डार के रखवाले ने पद्मावती के पास आकर कहा, 'राज महल में मँजारी रूप मृत्यु ने झपट्टा मारा । (२) तुम्हारा वह सुग्गा जो प्रश्न करने पर उत्तर देता था उड़ गया । अब रीता पिंजड़ा नहीं बोलता ।' (३) रानी ने सुना तो उसका सारा सुख जाता रहा, मानों दिन अस्त होकर रात छा गई हो । (४) उसकी ऐसी दशा हुई जैसे चन्द्रमा की कला को ग्रहण लग गया हो । उसके आँसू मानो आकाश में नक्षत्रों की तरह भर गए । (५) उनका ऐसा प्रवाह हुआ मानो पाल टूटने से सरोवर बह निकला हो, जिसमें नेत्र रूपी कमल डूब गए और मधुकर रूपी पुतलियाँ उड़कर भाग गईं । (६) आँसू नक्षत्रों की भाँति इस प्रकार अधिक टपकने लगे जैसे वे आकाश छोड़कर सरोवर में भर गए हों और वहाँ दिखाई दे रहे हों । (७) उसके केश इस आशंका से अपनी पहली गूँथी मोतियों की माला गिराने लगे कि कहीं वह बाला आँसू रूपी मोतियों की नई लड़ियाँ गूँथकर उन्हें अधिक बाँधना तो नहीं चाहती ।

(८-९) पद्मावती ने कहा, 'वह सुग्गा उड़कर अब कहाँ जाकर बसा है, हे सखिओ, बसेरा ढूंढ़ो । न जाने वह पृथिवी पर है या आकाश में गया है ? दोनों स्थानों में उसकी हवा भी नहीं मिलती ।'

(१) भँडारी–सं० भाण्डागारिक > भंडारिय > भंडारी ।
(२) छूँछा–सं० तुच्छ्य > चुच्छ > चूछ > छूँछ > छूँछा = खाली, रीता ।
(७) चिहुर-सं० चिकुर > चिउर > चिहुर ।
(९) इस पंक्ति का अर्थ इस प्रकार भी सम्भव है ।
पवन = प्राण, श्वासवायु, जीव । उसका प्राण न जाने पृथ्वी पर है या आकाश में गया है, ढूंढ़े नहीं मिलता ।

[६८]

चहूँ पास समुझावहिं सखी । कहाँ सो अब पाइअ गा पँखी ।१।
जौं लहि पिंजर अहा परेवा । अहा बाँदि कीन्हेसि निति सेवा ।२।
तेहिं बँदि हुतें जौं छूटै पावा । पुनि फिरि बाँदि होइ कित आवा ।३।
ओइँ उड़ान फर तहिअै खाए । जब भा पंखि पाँख तन पाए ।४।
पिंजर जेहि क सौंपि तेहि गएऊ । जो जाकर सो ताकर भएऊ ।५।
दस बाटैं जेहि पिंजर माहाँ । कैसें बांच मँजारी पाहाँ ।६।
एइँ धरती अस केतन लीले । तस पेट गाढ़ बहुरि नहिं ढीले ।७।
जहाँ न राति न देवस है जहाँ न पौन न घानि ।
तेहि बन होइ सुअटा बसा को रे मिलावे आनि ॥५।३॥

(१) चारों ओर से सखियाँ समझाने लगीं, 'जो पक्षी चला गया, वह अब कहाँ मिलेगा ? (२) जब तक पक्षी पिंजड़े में था, वह अपना बन्दी था और नित्य सेवा करता था । (३) जब उस बन्धन से छूट गया तो फिर बन्दी होकर कहाँ आ सकता है ? (४) उसने तो उड़ने के फल उसी दिन चख लिए थे जिस दिन उसके शरीर में पंख निकले और पक्षी नाम हुआ । (५) जिसका पिंजड़ा है उसे वह सौंपकर चला गया । जो जिसका था वह उसका हो गया (अर्थात् पिंजड़ा पिंजड़े वाले का और उसके भीतर का जीव जीव का) । (६) जिस पिंजड़े में दस द्वार हैं उसका पक्षी कैसे बच सकता है, जब कि बिल्ली पास में हो ? (७) यह धरती ऐसे कितनों को निगल गई ? इसका ऐसा गहरा पेट है कि फिर उन्हें नहीं उगलती ।

(८-९) जहाँ न रात है, न दिन है, जहाँ न वायु है, न गन्ध है, उस वन में जाकर सुग्गे ने बसेरा किया है । कौन उसे लाकर मिला सकता है ?

(२) बाँदि=बन्दी ।
(४) उड़ान फर=वह फल जिसे खाकर उड़ने की शक्ति आ जाय ।
(६) दस बाटैं=शरीर रूपी पिंजड़े में दश इन्द्रियों के द्वार या छेद ।
पाँहा–सं० पार्श्व । दस द्वार वाला पिंजड़ा खुला रह जाय तो सम्भव है पक्षी बच भी जाय । किन्तु यदि पास में बिल्ली (रूपी मृत्यु) विद्यमान है तो वह नहीं बच सकता ।
(८) घानि=आघ्राण, गंध ।

[६९]

सुअैं तहाँ दिन दस कलि काटी । आइ बिआध ढुका लै टाटी ।१।
पैग पैग भुइँ चाँपत आवा । पंखिन्ह देखि सबन्हि डर खावा ।२।
देखहु कछु अचरिजु अनभला । तरिवर एक आवत है चला ।३।

एहि बन रहत गई हम आऊ। तरिवर चलत न देखा काऊ।४।
आजु जो तरिवर चल भल नाहीं। आवहु एहि बन छाँड़ि पराहीं।५।
वै तो उड़े औरु बन ताका। पंडित सुआ भूलि मन थाका।६।
साखा देखि राज जनु पावा। बैठ निचिंत चला वह आवा।७।
पाँच बान कर खोंचा लासा भरे सो पाँच।
पाँख भरे तनु अरुझा कत मारे बिनु बाँच ॥५४॥

(१) सुग्गे ने वहाँ दस दिन आराम से काटे। फिर ब्याधा टट्टी लेकर उसके पीछे छिपता आया। (२) पग पग धरती दबाता हुआ चला आ रहा था। पक्षियों ने जैसे ही देखा सब डर खा गए। (३) 'देखो आज कुछ बुरा अचरज हुआ है। एक वृक्ष चला आ रहा है। (४) इस वन में रहते हमारी आयु बीत गई। हमने कभी पेड़ चलते हुए नहीं देखा। (५) आज जो पेड़ चल रहा है, यह अच्छा नहीं। आओ इस वन को छोड़कर भाग चलें।' (६) यह कह वे तो उड़ गए और दूसरा वन देख लिया। पर पण्डित सुग्गा मन में भूलकर वहीं रह गया। (७) उस चलते वृक्ष की फल से लदी शाखाओं को देख उसने समझा कि राज्य मिल गया। इधर वह सुग्गा निश्चिन्त बैठा रहा, उधर वह ब्याधा बढ़ता चला आता था।

(८-९) उसके खोंचे (लग्गी) में पाँच बाण या सांकें थीं और पाँचों में लासा लगा हुआ था। सुग्गे के पंख लासे में सन गए और शरीर उलझ गया। अब मृत्यु बिना कैसे बच सकेगा ?

(१) कलि=आराम से। ढुका–क्रि० ढुकना सं० ढौक > प्रा० ढुक्क=उपस्थित होना, पहुँचना।

(६) थाका–सं० स्थित > प्रा० थक्क=रहा हुआ (पासद्द०, पृ० ५५०)।

(९) खोंचा=पक्षी पकड़ने की ऊँची बाँस की लग्गी जिसके सिरे पर एक या अधिक डंडियाँ या सांकें लगी रहती हैं। उनमें लासा लगाकर पक्षियों के शरीर से चुपके से छुआ देते हैं। लासा पंखों में भर जाता है। फिर पक्षी जितना फड़फड़ाता है उतना ही बेबस होता जाता है।

पाँच बान–जायसी ने अध्यात्म परक रूपक बाँधते हुए शरीर को खोंचा, पाँच इन्द्रियों को उसकी पाँच साँके या डंडियाँ और विषयेच्छा को लासा माना है।

लासा–सं० लासक, यह गूलर के पेड़ का दूध है जो अत्यन्त चिपचिपा होता है। बहेलिए उसी को लासे के लिये प्रयुक्त करते हैं।

[७०]

बंदि भा सुआ करत सुख केली। चूरि पाँख धरि मेलेसि डेली।१।
तहवाँ बहुल पंखि खरभरहीं। आपु आपु कहँ रोदन करहीं।२।
बिख दाना कत दैयँ अँकूरा। जेहि भा मरन डहन धरि चूरा।३।

जौं न होति चारा कै आसा । कत चिरिहार ढुकत लै लासा ।४।
एइँ बिख चारैं सब बुधि ठगी । औ भा काल हाथ लै लगी ।५।
एहि झूठी माया मन भूला । चूरे पाँख जैस तन फूला ।६।
यहु मन कठिन मरै नहिं मारा । जार न देखु देखु पै चारा ।७।
हम तौ बुद्धि गँवाई बिख चारा अस खाइ ।
तूँ सुअटा पंडित हता तूँ कत फाँदा आइ ॥५।५॥

(१) सुख की क्रीड़ाएँ करता हुआ सुग्गा बन्दी हो गया। तब बहेलिए ने उसके पंख मरोड़कर, उसे पकड़कर झांपी में डाल लिया। (२) वहाँ और बहुत से पक्षी खरभरा रहे थे और आप-आपको रो रहे थे। (३) दैव ने ऐसा विष से भरा हुआ दाना (भुगुति) क्यों उत्पन्न किया जिसके कारण यों मरना पड़ा और पकड़े जाकर पंख तोड़े गए ? (४) जो पक्षियों को चारे का लोभ न होता तो चिड़ीमार लासा लेकर क्यों आता ? (५) इस विष के चारे ने सबकी बुद्धि हर ली और हाथ में लग्गी लिए हुए बहेलिया सबका काल हो गया। (६) इसकी झूठी माया में मन भूल गया। शरीर गर्व से जैसा फूला था उसी के योग्य यह दंड मिला कि पंख मसोसे गए। (७) यह मन बड़ा कठिन है, मारने से भी नहीं मरता (प्रयत्न करने से भी इसके अहंकार आदि नहीं छूटते)। यह जाल को नहीं देखता, बस चारे को देखता है।

(८) ऐसा विषमय चारा खाकर हमने तो अपनी बुद्धि खो दी, पर हे सुवटे, तू तो पण्डित था, तू कैसे फंदे में आ गया ?

(१) डेली=बहेलिओं के पास पक्षी रखने की झाँपी या बन्द डलिया।
(३) अँकूरा=अंकुरित किया।
डइन–सं० डयन=पंख, डैना।
(५) लगी=लग्गी, खोंचा (६९।८)

[७१]

सुऐं कहा हमहूँ अस भूले । टूट हिंडोर गरब जेहिं भूले ।१।
केरा के बन लीन्ह बसेरा । परा साथ तहँ बैरी केरा ।२।
सुख कुरिआर फरहरी खाना । बिख भा जबहिं बिआध तुलाना ।३।
काहेक भोग बिरिख अस फरा । अड़ा लाइ पंखन्हि कहँ धरा ।४।
होइ निचिंत बैठे तेहि अड़ा । तब जाना खोंचा हिय गड़ा ।५।
सुखी चिंत जोरब धन करना । यह न चिंत आगे है मरना ।६।
भूले हमहु गरब तेहि माहाँ । सो बिसरा पावा जेहि पाहाँ ।७।
चरत न खुरुक कीन्ह तब जब सो चरा सुख सोइ ।
अब जो फाँद परा गियँ तब रोएँ का होइ ॥५।६॥

(१) सुग्गे ने कहा, हम भी ऐसे ही धोखे में आ गए। वह हिंडोला टूट गया जिस पर गर्व से झूल रहे थे। (२) हमने केले के वन में बसेरा लिया था, पर दुर्भाग्य से वहाँ कटीले बेर का साथ हो गया। (३) सुख से शब्द करना और फलफूल खाना यही हमारा काम था। पर जैसे ही व्याध आ पहुँचा सब विष हो गया। (४) यह भोग वृक्ष क्यों ऐसा फला जिसका प्रलोभन दिखाकर व्याध ने अड्डा लगाकर पक्षियों को पकड़ लिया? (५) हम निश्चिन्त होकर उस अड्डे पर बैठ गए। तब भूल का पता चला जब लग्गी हृदय में गड़ी। (६) सुखी व्यक्ति सोचता है कि धन जोड़ना ही कर्तव्य है। यह नहीं सोचता कि आगे मरना निश्चित है। (७) हम भी उसी गर्व में भूले हुए थे। उसे बिसरा दिया जिससे सब कुछ पाया था।

(८-९) तब चारा खाते हुए कुछ खुटका नहीं किया। जब उसे खाया वही सुख जान पड़ा। अब जो फंदा गले में पड़ा तो रोने से क्या होता है?'

(१) गरब जेहिं झूले—श्रीमाताप्रसाद ने 'भूले' पाठ माना है, मनेर और गोपालचन्द्र जी की प्रति में 'झूले' है, हिंडोलेके साथ वही संगत है। दोनों अर्धालियों में एक ही पद की तुक (भूले.......भूले) जायसी की शैली के प्रतिकूल भी है।

(३) कुरिआर=कुरलना, शब्द करना,
फरहरी=फलाहार या फलफूल (फलपुष्प > फलहुल्ल > फरहुरि)।
तुलाना=आ पहुँचा।

(४) अड़ा=पक्षियों के बैठने का अड्डा। बहेलिए अड्डे पर लासा लगाकर उसे हरी डालों से ढककर खड़ा कर देते हैं। पक्षी उसे वृक्ष समझकर उस पर आ बैठते हैं और फँस जाते हैं।

[७२]

सुनि कै उतर आँसु सब पोंछे। कौन पंख बाँधा बुधि ओछे ।१।
पंखिन्ह बुधि जौं होति उज्यारी। पढ़ा सुआ कत धरति मँजारी ।२।
कत तीतर बन जीभ उघेला। सकति हँकारि फाँदि गियँ मेला ।३।
ता दिन ब्याध भएउ जिउ लेवा। उठे पाँख भा नाउँ परेवा ।४।
भै बिआधि तिस्ना सँग खाधू। सूझै भुगुति न सूझ बिआधू ।५।
हमहिं लोभ ओइँ मेला चारा। हमहिं गरब वह चाहै मारा ।६।
हम निचिंत वह आउ छपाना। कौन बिआधहि दोख अपाना ।७।
सो औगुन कत कीजै जिउ दीजै जेहि काज।
अब कहना किछु नाहीं मस्ट भली पँखिराज ॥५।७॥

(१) पंडित सुग्गे का ऐसा उत्तर सुनकर रोते सुग्गों ने अपने आँसू पोंछ कर मन में संतोष कर लिया। वे कहने लगे, 'किसने हमारे शरीर में बचने के लिये पंख तो लगाए, पर बुद्धि में हमें ओछे बनाया। (२) यदि पक्षियों की बुद्धि का अन्धकार दूर कर उसमें

कुछ प्रकाश भरा जा सकता तो पढ़े सुग्गे को बिल्ली कैसे पकड़ लेती, वह उससे बचने की समझदारी क्यों न दिखाता ? (३) यदि पक्षियों में बुद्धि होती तो वन में एकान्त रहने वाला तीतर क्यों जीभ खोलता (अर्थात् चुप क्यों न रहता) और अपनी सारी शक्ति से पकड़ने वाले को पुकार कर अपने गले में फंदा डलवा लेता ? (४) उसी दिन व्याध हमारे जी का गाहक हो गया जिस दिन हमारे शरीर में पंख निकले और पक्षी नाम पड़ा, अर्थात् पक्षी की योनि में जन्म लेने मात्र से ही व्याध का और हमारा निष्कारण वैर हुआ। (५) खाने वाले के साथ तृष्णा, यही सारा रोग है। हमें भोजन तो दिखाई देता है, उसके साथ छिपा हुआ व्याध नहीं दीखता। (६) हमारे भीतर लोभ है, इसीसे फँसाने के लिये वह चारा डालता है। हमें पक्षी होने का गर्व है, वह पक्षियों को ही मारना चाहता है। (७) हम बेखबर रहते हैं, तभी तो वह छिप कर आ पहुँचता है। व्याध का क्या दोष, दोष तो सब अपना ही है।

(८) वह अवगुण क्यों किया जाय जिसके कारण प्राण से हाथ धोना पड़े ? (९) अब कुछ कहने का समय नहीं। हे पक्षिराज, मौन रहना ही अच्छा है।'

(१) पंख बाँधा—भाव यह है कि यदि पंखों के साथ हममें बुद्धि भी होती तो उड़कर बच जाते, कभी व्याध के हाथ न पड़ते। दूसरी ओर व्याध के पास पंख न होने पर भी बुद्धि है जिससे वह भूमि पर रहकर भी आकाश से हमें पकड़ लेता है।

(३) जीभ उघेला=जीभ खोलता है।
सकति=शक्ति (९७।९)।

(५) बिआधि—सं० व्याधि=रोग।
खाधू—सं० खादुक=भोजन खानेवाला।

(९) मस्ट—सं० मृष्ट > प्रा० मट्ठ, देश्य अपभ्रंश मस्ट।

६: रतनसेन-जन्म खण्ड

[७३]

चित्रसेन चितउर गढ़ राजा। कै गढ़ कोटि चित्र जेइँ साजा।१।
तेहि कुल रतनसेनि उजिआरा। धनि जननी जनमा अस बारा।२।
पंडित गुनि सामुद्रिक देखहिं। देखि रूप औ लगन बिसेखहिं।३।
रतनसेनि एहि कुल औतरा। रतन जोति मनि माथें बरा।४।
पदिक पदारथ लिखी सो जोरी। चाँद सुरुज जसि होइ अँजोरी।५।
जस मालति कहँ भँवर बियोगी। तस ओहि लागि होइ यह जोगी।६।
सिंघल दीप जाइ ओहि पावा। सिद्ध होइ चितउर लै आवा।७।
भोग भोज जस मानै बिक्रम साका कीन्ह।
परखि सो रतन पारखी सबै लखन लिखि दीन्ह ॥६।१॥

(१) चित्रसेन चित्तौड़ गढ़ का राजा था। उसने अपना गढ़ बनवा कर उसे विचित्र परकोटे से सज्जित किया। (२) उसके कुल को रत्नसेन ने उज्ज्वल किया। वह जननी धन्य है जिसने ऐसा बालक जना। (३) पण्डित, ज्योतिषी और सामुद्रिक आकर देखने लगे। वे उस बालक का रूप देखकर और जन्म-लग्न का विचार कर कहने लगे। (४) 'रत्नसेन जिसने इस कुल में अवतार लिया है रत्न है। ज्योति देने वाली मणि इसके मस्तक पर प्रकाशित है। (५) उत्तम पदार्थ (पद्मावती रूप हीरे) के साथ इसकी जोड़ी लिखी है। इनके मिलने से चाँद और सूर्य जैसा उजाला होगा। (६) मालती के लिये जैसे भौंरा वियोगी बनता है वैसे ही यह उसके लिये जोगी बनेगा। (७) सिंहल द्वीप में जाकर यह उसे प्राप्त करेगा और सिद्ध बनकर उसे चित्तौड़ ले आवेगा।

(८) यह राजा भोज के जैसा भोग भोगेगा और विक्रम ने जैसा साका किया वैसा पराक्रम करेगा।' (९) उस रत्न रूपी बालक को परखकर पारखी ज्योतिषियों ने ये सब लक्षण लिख दिए।

(१) चितउर–सं० चित्रकूट > चित्तउड़ > चितउर > चित्तौड़
कोटि=कोट, किले की दीवार, परकोटा। तुल० ५०४।२, औ सब कोटि चित्र कै लीन्हा। चित्तौड़ के किले का परकोटा बहुत ही मजबूत था। कोट को चित्र करने का अर्थ है उसे बुर्ज, कंगूरे, तीरकस छिद्र आदि से खूब सुरक्षित बनाना।

(५) पदिक=हार के बीच का श्रेष्ठ मनका या टिकरा, उत्तम वस्तु। पद्मावती रूप पदिक पदार्थ (उत्तम हीरे) के साथ इस रत्न की जोड़ी लिखी है।

(८) विक्रम साका कीन्ह–विक्रम ने साका किया। साका=शक विजय के बाद संवत्सर की स्थापना; यहाँ विलक्षण पराक्रम से तात्पर्य है।

७ : बनिजारा खण्ड

[७४]

चितउर गढ़ क एक बनिजारा। सिंघल दीप चला बैपारा।१।
बाँभन एक हुत नष्ट भिखारी। सो पुनि चला चलत बैपारी।२।
रिनि काहू कर लीन्हेस काढ़ी। मकु तहँ गएँ होइ किछु बाढ़ी।३।
मारग कठिन बहुत दुख भए। नाँघि समुद्र दीप ओहि गए।४।
देखि हाट किछु सूझ न ओरा। सबै बहुत किछु दीख न थोरा।५।
पै सुठि ऊँच बनिज तहँ केरा। धनी पाउ निधनी मुख हेरा।६।
लाख करोरन्हि बस्तु बिकाई। सहसन्हि केर न कोइ ओनाई।७।
सबहीं लीन्ह बेसाहना औ घर कीन्ह बहोर।
बाँभन तहाँ लेइ का गाँठि साँठि सुठि थोर॥७।१॥

(१) चित्तौड़ गढ़ का एक बनजारा था। वह व्यापार के लिये सिंघलद्वीप को चला। (२) एक ब्राह्मण भी सब तरह से हीन और भिखारी था। वह व्यापारियों के चलने पर साथ हो लिया। (३) किसी से उसने थोड़ा सा ऋण माँग लिया और सोचा कि शायद सिंहल जाकर इसमें कुछ वृद्धि कर सकूँ। (४) सिंहल का मार्ग कठिन था, अतएव उसमें अनेक दुःख उठाने पड़े। फिर समुद्र पार करके सब उस द्वीप में पहुँचे। (५) वहाँ का हाट देखा पर उसका कुछ अन्त न सूझता था। वहाँ सभी वस्तुएँ बहुत थीं। कुछ भी अल्प मात्रा में न था। (६) वहाँ का वाणिज्य अत्यन्त ऊँचे धरातल पर होता था। धनी ही वहाँ वस्तु मोल ले पाते थे, निर्धन मुँह देखते रह जाते थे। (७) लाखों और करोड़ों की वस्तुएँ बिकती थीं। हजारों में तो कोई सौदा झुकता (या पटता) ही न था।

(८-९) सब ही ने वहाँ खरीदारी की और फिर घर लौटने की तैयारी की। पर बेचारा ब्राह्मण वहाँ क्या खरीदे क्योंकि उसकी गाँठ में पूँजी (साँठि) बहुत ही थोड़ी थी!

(१) बनिजारा बैपारी–प्राचीन सार्थवाह के लिये यह मध्यकालीन पारिभाषिक शब्द था। जायसी ने भी इसे साथ (=सं० सार्थ) कहा है (७५।८)। सार्थ में अनेक व्यापारी रहते थे। मुख्य व्यक्ति ज्येष्ठ सार्थ कहलाता था। उसे ही बनिजारा (सं० वाणिज्यारक) कहा जाता था।

(५) ओरा-सं० अवर=अन्त।

(७) ओनाई=झुकना, सौदा पटना।

(९) सांठि–सं० संस्था=पूँजी।
सुठि-सं० सुष्ठु > प्रा० सुट्ठ > सुठ=बहुत।

[७५]

झुरवै ठाढ़ कहाँ हौं आवा। बनिज न मिला रहा पछितावा।१।
लाभ जानि आएउँ एहि हाटाँ। मूर गँवाइ चलेउँ तेहि बाटाँ।२।
का मैं मरन सिखावन सिखी। आएउँ मरै मीचु हुति लिखी।३।
अपने चलत न कीन्हि कुबानी। लाभ न दीख मूर भौ हानी।४।
का मैं बोवा जरम ओहि भूँजी। खोइ चलेउँ घरहूँ कै पूँजी।५।
जेहि बेवहरिया कर बेवहारू। का लै देब जौं छेंकिहि बारू।६।
घर कैसें पैठब मैं छूँछे। कौन उतर देबेउँ तिन्ह पूँछे।७।
साथ चला सत बिचला भए बिच समुँद पहार।
आस निरासा हौं फिरौं तू बिधि देहि अधार॥७२॥

(१) ब्राह्मण खड़ा हुआ सोचने लगा, 'मैं कहाँ आ गया! कुछ व्यापार न मिला,

पछतावा ही रहा। (२) मैं लाभ जानकर इस हाट में आया, लेकिन उसके मार्ग में अपनी पूँजी भी खो चला। (३) यह मरण शिक्षा मैंने कैसी सीखी ? मेरी मृत्यु लिखी थी, तभी तो यहाँ मरने आया। (४) अपने चलते तो मैंने कभी बुरा वाणिज्य नहीं किया। फिर भी लाभ नहीं हुआ और घर की पूँजी की भी हानि हुई। (५) क्या मैंने उस जन्म में भाड़ में भुनवा कर बीज बोए थे जो कुछ उत्पन्न नहीं हुआ और घर की पूँजी भी मैं खा चला ? (६) जिस बोहरे से मैंने रुपया उधार लिया था, उसे क्या ले जाकर दूँगा, जब वह मेरे घर का द्वार आ रोकेगा ? (७) खाली हाथ घर में कैसे प्रवेश करूँगा और उन सब के पूँछने पर कौन सा उत्तर दूँगा ?'

(८) व्यापारियों का वह सार्थ (वणिक् समूह) चला गया। ब्राह्मण का सत्त्व विचलित हो गया (हिम्मत टूट गई)। बीच में समुद्र और पहाड़ पड़ गए। (९) वह सोचने लगा, 'अब तक की आशा से निराश होकर मैं लौट रहा हूँ। हे दैव, तू ही अब मुझे आश्रय दे।'

(१) झुरवैं–सं० स्मृ धा० का प्रा० धात्वादेश झूरई=याद करना, चिन्तन करना, सोचना (झूरइ, हे० ४।७४)
(२) बाटाँ–सं० वर्त्म > प्रा० वट्ट > बाट=मार्ग।
(४) कुबानी–सं० कुवाणिज्य > कुवाणिय > कुवानी > कुबानी
(६) बेवहरिया–सं० व्यावहारिक > प्रा० ववहारिअ > बेवहरिआ।
बारू–सं० द्वार > प्रा० वार > बार।
(८) सत–सं० सत्त्व=मन, हिम्मत।
साथ–सं० सार्थ=व्यापारी समूह, वाणिज्य के लिये जो प्राचीन काल में एक साथ निकलते थे।

[७६]

तबहिं बिआध सुआ लै आवा। कंचन बरन अनूप सोहावा।१।
बेंचै लाग हाट लै ओहीं। मोल रतन मानिक जहँ होहीं।२।
सुआ को पूँछ पतिग मँदारे। चलन देखि आछै मन मारे।३।
बाँभन आइ सुआ सौं पूँछा। दहुँ गुनवंत कि निरगुन छूँछा।४।
कहु परबते जो गुन तोहिं पाहाँ। गुन न छिपाइअ हिरदै माहाँ।५।
हम तुम्ह जाति बराँभन दोऊ। जातिहि जाति पूँछ सब कोऊ।६।
पंडित हहु तो सुनावहु बेदू। बिन पूँछे पाइअ नहिं भेदू।७।
हौं बाँभन औ पंडित कहु आपन गुन सोइ।
पढ़े के आगे जो पढ़ै दून लाभ तेहि होइ॥७।३॥

(१) उसी समय ब्याधा सुग्गा लेकर आया, जिसका रंग सुनहला और अनुपम रूप से सुन्दर था। (२) वह उसी हाट में सुग्गे को लेकर बेचने लगा जहाँ रत्न और माणिक्य

का मोल होता था। (३) पर वहाँ उस सुग्गे को कौन पूछे जो मदार के पेड़ का एक पतिंगा मात्र है ? अतएव व्याधा उस बाजार का चलन देखकर मन मारे हुए था। (४) इतने में ब्राह्मण ने सुग्गे के सम्मुख आकर पूछा, 'यह गुणवन्त है, अथवा निर्गुण और कोरा मूर्ख है ? (५) हे पक्षी, तुम में जो गुण हों बताओ। गुण को अपने भीतर ही न छिपा रखना चाहिए। (६) हम और तुम दोनों की जाति ब्राह्मण है। जाति वाले से समान जाति वाला पूछता ही है, यही सब का नियम है। (७) तुम पंडित हो तो वेद का ज्ञान सुनाओ। बिना पूछे किसी का भेद नहीं जाना जाता।

(८) मैं भी ब्राह्मण और पंडित हूँ। इसलिए मुझसे अपना गुण कहो। विद्वान् के आगे जो विद्या की बात कहता है उसे दुगुना लाभ होता है।'

(३) पतिंग मदारे—मदार के पेड़ के पतिंगे की भांति तुच्छ, अथवा मदार पर लगने वाले भुए के सदृश आकार वाला तुच्छ कीड़ा।

[७७]

तब गुन मोहि अहा हो देवा। जब पिंजर हुँत छूट परेवा।१।
अब गुन कवन जो बँदि जजमाना। घालि मँजूसा बेंचै आना।२।
पंडित होइ सो हाट न चढ़ा। चहौं बिकाइ भूलि गा पढ़ा।३।
दुइ मारग देखौं एहि हाटाँ। दैय चलावै दहुँ केहि बाटाँ।४।
रोवत रकत भएउ मुख राता। तन भा पिअर कहौं का बाता।५।
राते स्याम कंठ दुइ गीवाँ। तिन्ह दुइ फाँद डरौं सुठि जीवा।६।
अब हौं कंठ फाँद गिवँ चीन्हा। दहुँ कै फाँद चाह का कीन्हा।७।
पढ़ि गुनि देखा बहुत मैं है आगें डरु सोइ।
धुंध जगत सब जानि कै भूलि रहा बुधि खोइ॥७४॥

(१) सुग्गे ने कहा, 'हे ब्राह्मण देवता, तब मुझ में गुण था जब मैं पिंजड़े से मुक्त पक्षी था। (२) अब मुझ में गुण कहाँ जो किसी जजमान का बंदी बना हूँ जो मुझे पिटारी में डालकर बेचने लाया है ? (३) जो पण्डित होता है वह हाट में बिकने नहीं आता। मैं बिकना चाहता हूँ, अतएव मेरी विद्या सब भूली हुई समझो। (४) इस हाट में मुझे दो मार्ग दिखाई पड़ते हैं। न जाने दैव किस मार्ग से चलाएगा ? (५) रक्त के आँसू रोने से मेरा मुँह लाल हो गया है और शरीर पीला पड़ गया है। अब क्या हाल कहूँ ? (६) लाल और काले दो कण्ठे मेरी ग्रीवा में पड़े हैं। उन दोनों फन्दों से मुझे अपने जीवन का बहुत डर है। (७) मैंने अब कण्ठे के रूप में पड़े हुए फन्दों को अपनी ग्रीवा में पहिचान लिया है। न जाने ये फन्दे क्या करना चाहते हैं ?

(८) मैंने पढ़ गुनकर तो बहुत देख लिया, पर मेरे आगे वही पहले सा डर बना है। (९) सब जानकर भी मेरे लिये संसार में अंधेरा है। बुद्धि गँवाकर भूला हुआ हूँ।

(२) घालि=डालकर । सं० क्षिप् (=फेंकना) धातु का प्रा० धात्वादेश घल्ल (हेम० ४।३३४,४२२) ।
(४) हाट के दो मार्ग—महँगा, सस्ता; आदर, निरादर ।

[७८]

सुनि बाँभन बिनवा चिरिहारू । करु पंखिन्ह कहँ मया न मारू ।१।
कत रे निठुर जिउ बधसि परावा । हत्या केर न तोहि डरु आवा ।२।
कहेसि पंखि खाधुक मानवा । निठुर ते कहिअ जे पर मँसु खवा ।३।
आवहिं रोइ जाहि कै रोवना । तबहुँ न तजहिं भोग सुख सोवना ।४।
औ जानहिं तन होइहि नासू । पोखहिं माँसु पराएँ माँसू ।५।
जौं न होत अस पर मँस खाधू । कत पंखिन्ह कहँ धरत बिआधू ।६।
जौं रे ब्याध पंखी निति धरई । सो बेंचत मन लोभ न करई ।७।
बाँभन सुआ बेसाहा सुनि मति बेद गरंथ ।
मिला आइ कै साथिन्ह भा चितउर के पंथ ॥७।५॥

(१) यह सुनकर ब्राह्मण ने चिड़ीमार से विनती की, 'पक्षियों पर दया करो, उन्हें मारो नहीं। (१) अरे, निष्ठुर बनकर पराया जी कैसे मारते हो ? क्या तुम्हें हत्या का डर नहीं लगता ?' (३) व्याध ने उत्तर दिया, 'पक्षियों के खाने वाले तो मनुष्य हैं। अतएव उन्हें निष्ठुर कहो जो पराया माँस खाते हैं (मैं तो केवल उन्हें पकड़ने वाला हूँ)। (४) लोग रोते हुए जन्म लेते और रुदन करके यहाँ से जाते हैं। तब भी वे भोग और सुख से सोना नहीं छोड़ते। (५) और यह जानते हुए भी कि देह का अन्त हो जायगा, पराये माँस से अपना माँस पुष्ट करते हैं। (६) जो पराया माँस खाने वाले ऐसे व्यक्ति न होते तो व्याध पक्षियों को किस लिये पकड़ता ? (७) यदि व्याध नित्य पक्षियों को पकड़ता है, तो वह उन्हें बेच ही डालता है, अपने मन में उन्हें खाने का लोभ नहीं करता।

(८) ब्राह्मण ने वेदादि ग्रन्थों में सुग्गे की बुद्धि जानकर उसे मोल ले लिया। (९) वह अपने साथियों में आ मिला और चित्तौड़ के रास्ते में हो लिया।

(३) खाधुक-सं० खादुक (=खाने वाला) > खाधुक, खाधू (७२।५) ।

[७९]

तब लगि चित्रसेन सिव साजा । रतनसेनि चितउर भा राजा ।१।
आइ बात तेहिं आगें चली । राजा बनिज आव सिंघली ।२।
हहिं गजमोति भरीं सब सीपी । औरु बस्तु बहु सिंघल दीपी ।३।
बाँभन एक सुआ लै आवा । कंचन बरन अनूप सोहावा ।४।

राते स्याम कंठ दुइ काँठा । राते डहन लिखे सब पाठा ।५।
औ दुइ नैन सोहावन राता । राता ठोर अमिअ रस बाता ।६।
मस्तक टीका काँध जनेऊ । कबि बिआस पंडित सहदेऊ ।७।
बोल अरथ सों बोलै सुनत सीस पै डोल ।
राजमँदिर महँ चाहिअ अस वह सुआ अमोल ।।७६।।

(१) तब तक राजा चित्रसेन शिव में मिल गए थे (अर्थात् शिवलोक चले गए थे) और रत्नसेन चित्तौड़ के राजा हो गए थे । (२) बात आकर उनके आगे चली, 'हे राजा, सिंहल द्वीप से बनिज (व्यापार का सामान) आया है । (३) उसमें गजमोतियों से भरी हुई अनेक सीपियाँ हैं, और भी सिंहल द्वीप की बहुत सी सामग्री है । (४) कोई ब्राह्मण एक सुग्गा ले आया है जो सुनहले रंग का और अनुपम सुन्दर है । (५) उसकी गर्दन में लाल और काले दो कण्ठे हैं । उसके पंख पाठों की सुर्खियाँ लिखने से लाल हो रहे हैं । (६) उसके दोनों नेत्र सुहावने लाल रंग के हैं । उसकी चोंच लाल है, और उसकी बातों में अमृत रस भरा है । (७) उसके मस्तक पर टीका और कंधे पर जनेऊ है । वह व्यास जैसा कवि और सहदेव जैसा पंडित है ।

(८) वह अर्थ से भरी बातें कहता है जिन्हें सुनते ही सिर हिलाना पड़ता है । ऐसा वह अनमोल सुग्गा राजमन्दिर में होना चाहिए ।'

(१) चित्रसेनि सिव साजा—चित्रसेन ने शिव को सज्जित किया । इसमें मध्यकालीन उस प्रथा की ओर संकेत है जिसमें मरण के अनन्तर राजाओं के लिये शिव मन्दिर का निर्माण करके उसमें शिवलिङ्ग की स्थापना की जाती थी और यह समझा जाता कि मृत-व्यक्ति शिव में लीन हो गया । कभी कभी तो राजा अपने जीवनकाल में ही ऐसे मन्दिर बनवा जाते थे । इस प्रकार के शिव मन्दिर निर्माण की प्रथा भारत के द्वीपान्तरों (स्याम कम्बुज आदि देशों) में भी थी ।

(२) बनिज—वाणिज्य, व्यापार का सामान ।

(५) लिखे सब पाठा—पाठ से तात्पर्य नीति और धर्म परक उपदेशों के शीर्षक से है जो हस्तलिखित प्रतियों में लाल स्याही से लिखे जाते थे । ध्वनि यह है कि पंडित सुग्गे के डैनों पर इस प्रकार के पाठ लिखे थे अतएव वे लाल दिखाई पड़ रहे थे, अर्थात् वह उन सब का जानने वाला था ।

(९) पंच पाण्डवों में सहदेव अपने पाण्डित्य के लिये प्रसिद्ध थे ।

[८०]

भई रजाएसु जन दौराए । बाँभन सुआ बेगि लै आए ।१।
बिप्र असीसि बिनति औधारा । सुआ जीउ नहिं करौं निनारा ।२।
पै यह पेट भएउ बिसवासी । जेहिं नाए सब तपा सँन्यासी ।३।
दारा सेज जहाँ जेहि नाहीं । भुइँ परि रहै लाइ गिव बाहीं ।४।
अंध रहै जो देख न नैना । गूँग रहै मुख आव न बैना ।५।

बहिर रहै सरवन नहिं सुना । पै एक पेट न रह निरगुना ।६।
कै कै फेर अंत बहु दोषी । बारहिं बार फिरै न सँतोषी ।७।
सो मोहिं लिहें मँगावै लावै भूख पिआस ।
जौं न होत अस बैरी तौ केहि काहू कै आस ॥७७॥

(१) राजा की आज्ञा हो गई। मनुष्य दौड़ाए गए जो ब्राह्मण और सुग्गे को तुरन्त ले आए। (२) ब्राह्मण ने सभा में आकर राजा को आशीर्वाद दिया और विनती रक्खी। 'सुग्गा मेरा प्राण है, उसे मैं अलग नहीं करना चाहता। (३) पर यह पेट विश्वास खोने वाला है, जिसने सब तपस्वी और सन्यासी भी झुका दिए। (४) स्त्री और शैया जहाँ जिसके पास नहीं है, उनके बिना बाँह पर गर्दन रखकर वह धरती में भी पड़ा रह सकता है। (५) यदि नेत्रों से नहीं सूझता तो मनुष्य अंधा भी रह सकता है। मुँह से बात न निकले तो गूंगा भी जीवित रह सकता है। (६) कानों से न सुनाई पड़े तो बहरा भी रह सकता है। लेकिन एक ऐबी पेट ही है जो नहीं मानता। (७) कितनी-कितनी बार अन्त में तरह-तरह के दोष करता है और सन्तोष न होने से द्वार-द्वार फिरता है।

(८) वही मुझे भी लिए हुए भीख मँगवाता है और भूख प्यास लगाता है। (९) जो ऐसा बैरी यह पेट न होता तो कौन किसकी आशा करता?

(२) बिनति औधारा–बिनति सं॰ विज्ञप्ति, प्रार्थना, निवेदन।
औधारा < अवधारा < औधारा (वकार प्रश्लेष) = रखी।
(७) बारहिंबार–सं॰ द्वार-द्वार।

[८१]

सुअैं असीस दीन्ह बड़ साजू। बड़ परताप अखंडित राजू ।१।
भागवंत बड़ बिधि औतारा। जहाँ भाग तहँ रूप जोहारा ।२।
कोउ केहु पास आस कै गौना। जो निरास दिढ़ आसन मौना ।३।
कोउ बिन पूँछे बोल जो बोला। होइ बोल माँटी के मोला ।४।
पढ़ि गुनि जानि बेद मत भेऊ। पूँछी बात कही सहदेऊ ।५।
गुनी न कोई आपु सराहा। जौं सो बिकाइ कहा पै चाहा ।६।
जौं लहि गुन परगट नहिं होई। तौ लहि मरम न जानै कोई ।७।
चतुर बेद हौं पंडित हीरामनि मोहि नाँउ।
पदुमावति सों मेरवौं सेव करौं तेहि ठाउँ ॥७८॥

(१) सुग्गे ने आशीर्वाद दिया, 'हे राजा, तुम्हारा बड़ी ठाठ बाट हो। बड़ा प्रताप और अखिण्डत राज्य हो। (२) भगवान् ने तुम्हें बड़ा भाग्यवान् बनाया है। जहाँ

भाग्य होता है, वहाँ रूप स्वयं प्रणाम करता है। (३) कोई किसी के पास आशा लेकर ही जाता है। जो आशारहित (निराश) है वह मौन हो अपने आसन पर दृढ़ बैठा रहता है। (४) जो कोई बिना पूछे बात कहता है उसकी बात मिट्टी के मोल हो जाती है। (५) पढ़कर, मन में गुनकर, और वेद के मत का भेद जान लेने पर जो पूछी हुई बात का उत्तर देता है वह सहदेव के सदृश होता है। (६) कोई गुणी स्वयं अपनी सराहना नहीं करता, किन्तु यदि वह हाट में बिकने के लिये आता है तो उसे अपने विषय में कहना ही पडता है। (७) क्योंकि जब तक गुण प्रकट नहीं होता तब तक कोई उसका मर्म नहीं जान पाता।

(८) (इसलिए मैं अपने विषय में कहता हूँ) मैं चारों वेदों का पंडित हूँ। हीरामन मेरा नाम है। पद्मावती से तुम्हारा मेल कराऊँगा। मैं उसके यहाँ सेवा करता था।'

(१) साजू = ठाट बाट, साज सामान, वैभव सामग्री (दे० १४।१, २६।२, ८१।१, ४८९।४)।
(२) जहाँ भाग तहँ रूप जोहारा – भाग्य होने पर रूप स्वयं जुहारता है अर्थात् सौन्दर्य भाग्य के पीछे चलता है।
(६) जौं सो बिकाइ – तुलना, ७७।३ ।

[८२]

रतनसेनि हीरामन चीन्हा। एक लाख बाँभन कहँ दीन्हा ।१।
बिप्र असीसा कीन्ह पयाना। सुआ सो राजमँदिर महँ आवा ।२।
बरनौं काह सुआ कै भाखा। धनि सो नाउँ हीरामनि राखा ।३।
जौं बोलै तो मानिक मूँगा। नाहिं तो मौन बाँध होइ गूँगा ।४।
जौं बोलै राजा मुख जोवा। जनहुँ मोति हिअ हार पिरोवा ।५।
जनहुँ मारि मुख अंब्रित मेला। गुर होइ आपु कीन्ह चह चेला ।६।
सुरुज चाँद कै कथा कहा। पेम क गहन लाइ चित रहा ।७।
जो जो सुनै धुनै सिर राजा प्रीति क होइ अगाहु।
अस गुनवंत नाहिं भल सुअटा बाउर करिहै काहु ॥७।६॥

(१) रत्नसेन ने हीरामन को पहिचान लिया और उसके लिये एक लाख मूल्य ब्राह्मण को दिया। (२) ब्राह्मण आशीर्वाद देकर चला गया और वह सुग्गा राजमन्दिर में लाया गया। (३) उस सुग्गे की भाषा का क्या बखान करूँ! वह धन्य है जिसने उसका 'हीरामन' नाम रखा। (४) जब वह बोलता था तो लाल और मूंगे झड़ते थे नहीं तो गूंगा बनकर मौन लिए रहता था। (५) जब बोलता था, तो राजा भी मुँह जोहने लगता था, मानों अपने वचनों से मोतियों का हृदय में धारण करने योग्य हार गूथता था। (६) मानों अपने बचनों से पहले मूर्च्छित करके वह पीछे मुख में अमृत

उँडेलता था। आप गुरु के स्थान में होकर औरों को चेला करना चाहता था। (ऐसा सारगर्भित उपदेश देता था कि औरों को शिष्यवत् उसे ग्रहण करने की इच्छा होती थी।) (७) सूर्य से चन्द्र (रत्नसेन से पद्मावती) की कहानी कह कर उसके मन पर प्रेम का ग्रहण लगाता था।

(८) जो जो उसके वचन सुनता वही सिर धुनता था। राजा में भी प्रेम की अनुभूति होने लगी। (९) ऐसा गुणी सुवटा अच्छा नहीं, वह किसी को भी बावला (प्रेम विह्वल) कर सकता है।

(३) हीरामनि=हीरा + मणि। हीरा=वज्र, शून्य।
मणि=शुक्र, बिन्दु। शुक्र या बिन्दु की वज्र रूप में परिणति ही साधना की पराकाष्ठा थी।
(५) हिअ हार=हृदय हार, हृदय में धारण करने योग्य हार।
(७) पेम क गहन—रत्नसेन के निर्मल चित्त में प्रेम उत्पन्न करके उसे छायायुक्त बनाना।

८ : नागमती सुआ खण्ड

[८३]

दिन दस पाँच तहाँ जो भए। राजा कतहुँ अहेरें गए।१।
नागमती रुपवंती रानी। सब रनिवास पाट परधानी।२।
कै सिंगार दरपन कर लीन्हा। दरसन देखि गरब जियँ कीन्हा।३।
भलेहि सो और पिआरी नाहाँ। मोरे रूप कि कोइ जग माहाँ।४।
हँसत सुआ पहँ आइ सो नारी। दीन्ह कसौटी औ बनवारी।५।
सुआ बान दहुँ कहु कसि सोना। सिंघल दीप तोर कस लोना।६।
कौन दिस्टि तोरी रुपमनी। दहुँ हौं लोनि कि वै पदुमिनी।७।
जौं न कहसि सत सुअटा तोहि राजा कै आन।
है कोइ एहि जगत महँ मोरें रूप समान ॥८।१॥

(१) जब इस प्रकार वहाँ दस पाँच दिन बीते तब राजा कभी शिकार खेलने गए। (२) उनकी रानी नागमती अति रूपवती और समस्त रनिवास में पट्ट महिषी थी। (३) उसने एक दिन श्रृंगार करके हाथ में दर्पण लिया और अपना रूप देखकर मन में गर्व किया। (४) भले ही और रानियाँ स्वामी को प्यारी हों, लेकिन क्या कोई भी जगत में मेरे जैसी सुन्दरी है? (५) वह रमणी हँसती हुई सुग्गे के पास आई और उसके सामने कसौटी और कसी जाने वाली बन्नी रखकर बोली, (६) 'हे सुग्गे इस पर सोना कसकर बताओ कैसा बान है। तेरे सिंहल द्वीप में कैसी सुन्दरता है? (७) तेरी

दृष्टि में कौन श्रेष्ठ सुन्दरी है। बताओ मैं रूपवती हूँ या वह पद्मिनी ?

(८-९) हे सुवटे, जो सच न कहोगे तो तुम्हें राजा की शपथ है। क्या इस जगत में मेरे रूप के समान कोई है ?

(२) पाट परधानी—पट्ट रानी या पट्ट महिषी (दे० ४९१४)।

(५) सो नारी—वह स्त्री अथवा सुनार की स्त्री सुनारिन।

दीन्हि कसौटी औ बनवारी। इसका पाठान्तर औ पनवारी भी है। शुक्ल जी का पाठ ओपनवारी है। बनवारी पाठ सबसे कठिन था पर अर्थ की दृष्टि से सबसे समीचीन है। हाल में मिली हुई मनेर की प्रति में भी बनवारी पाठ है। माताप्रसाद जी का यह पाठ श्लाघनीय है। जो सोना बारह बानी किये जाने के लिये शुद्ध किया जाता था, उसके शुद्ध नमूने की पत्री के लिए बनवारी शब्द था। उसे कई बार शुद्ध करना पड़ता था, और जैसे-जैसे वह खरा होता जाता है, उसे कसौटी पर कसकर देखते थे। अबुल फजल ने, सलोनी द्वारा सोने को बारहबानी बनाने की प्रक्रिया का उल्लेख किया है। आइन ६ का शीर्षक ही बनवारी है। जायसी का अभिप्राय यह है, कि रानी (नागमती या सुनारी) ने सुग्गे रूप पारखी के आगे कसौटी और शुद्ध सोने की बनवारी रखी और कहा कि हे सुग्गे सोने को कसकर उसका वर्ण (वण्ण > बान) बताओ कैसा है।

बनवारी—सौ तोला सोना शुद्ध करना हो तो ६-६ माशे की पत्री बनाकर सलोनी प्रक्रिया से शोधने के बाद हर पत्री में से एक-एक माशा कतर कर एक बड़ी पत्री बानवारी बनाकर कसौटी पर कसकर उसका बान लिया जाता था। वही बानवारी बनवारी कहलाती थी।

[८४]

सँवरि रूप पदुमावति केरा। हँसा सुआ रानी मुख हेरा।१।
जेहि सरवर महँ हंस न आवा। बकुली तेहि जल हंस कहावा।२।
दैयँ कीन्ह अस जगत अनूपा। एक एक तें आगरि रूपा।३।
कै मन गरब न छाजा काहू। चाँद घटा औ लागा राहू।४।
लोनि बिलोनि तहाँ को कहा। लोनी सोइ कंत जेहि चहा।५।
का पूँछहु सिंघल की नारी। दिनहिं न पूजै निसि अँधियारी।६।
पुहुप सुगंध सो तिन्ह कै काया। जहाँ माँथ का बरनौं पाया।७।
गढ़ी सो सोने सोंधै भरी सो रूपै भाग।
सुनत रूखि भै रानी हिएँ लोन अस लाग॥८२॥

(१) पद्मावती के सौन्दर्य का स्मरण करके और नागमती का मुख देखकर सुग्गा हँसा, और बोला, (२) 'जिस सरोवर में हंस नहीं आता उसके जल में बगुली ही हंस कहलाती है। (३) दैव ने इस जगत को ऐसा अनुपम बनाया है कि यहाँ एक से एक का रूप बढ़कर है। (४) मन में गर्व करने से कोई सुशोभित नहीं हुआ। चाँद भी पूर्णिमा को पूर्णता का गर्व करके घटने लगता है और उसी दिन उसे राहु का ग्रहण लग जाता है।

(५) स्त्रियों में किसे रूपवती और किसे रूपरहित कहा जाय ? वही लावण्यवती है, जिसे पति चाहता है। (६) सिंहल द्वीप की स्त्रियों की बात क्या पूछती हो ? दिन की समता में रात की अँधेरी कहीं ठहर सकती है ? (७) उनके शरीर में पुष्प की सुगन्ध होती है। बस जहाँ मस्तक है, उसके आगे पैरों का क्या वर्णन करूँ ?

(८-९) वह सुगन्धित सोने से गढ़ी है। रूप और भाग्य उसमें भरा है।' इतना सुनते ही रानी रूखी हो गई और उसके हृदय में जैसे नमक लग गया।

(३) आगरि–सं० अग्र, रूप में आगे। अथवा सं० आकर=भण्डार

(४) छाजा–सुशोभित हुआ। सं० शोभ् धातु का प्रा० धात्वादेश छज्ज > छज्जइ > छाजै > छाजना।

(५) लोनी बिलोनी–लावण्यवती=लोनी। लोनी सोई कंत जेहि चहा, तुलना कीजिए 'जिसे पिया चाहे सोई सुहागिन।' कालिदास ने सर्व प्रथम इस लोकोक्ति का प्रयोग किया–प्रियेषु सौभाग्य फला हि चारुता (कुमारसम्भव ५।१)।

(८) सोने सोंधे–तुलना कीजिए १३।४, १४।१; जायसी को यह कल्पना प्रिय है।

[८५]

जौं यह सुआ मँदिर महँ रहई। कबहुँ कि होइ राजा सौं कहई ।१।
सुनि राजा पुनि होइ बियोगी। छाँड़ै राज चलै होइ जोगी ।२।
बिख राखै नहिं होइ अँगूरू। सबद न देइ बिरह तवँचूरू ।३।
धाइ धामिनी बेगि हँकारी। ओहि सौंपा जिअ रिसि न सँभारी ।४।
देखु यह सुअटा है मँदचाला। भएउ न ताकर जाकर पाला ।५।
मुख कह आन पेट बस आना। तेहि औगुन दस हाट बिकाना ।६।
पंखि न राखिअ होइ कुभाखी। तहँ लै मारु जहाँ नहिं साखी ।७।
जेहि दिन कहँ हौं निति डरौं रैनि छपावौं सूर।
लै चह दीन्ह कँवल कहँ मोकहँ होइ मँजूर ॥८।३॥

(१) रानी ने सोचा, 'जो यह सुग्गा राज मन्दिर में रहेगा, कभी ऐसा हो सकता है कि राजा के सम्मुख पद्मावती की बात कह दे। (२) तब उसे सुनकर राजा वियोगी हो जायगा और राज्य छोड़कर जोगी हो चल देगा। (३) विष का पौधा रखने से कभी अंगूर नहीं हो सकता। प्रिय से विरह कराने वाला यह मुर्गा कहीं बाँग न दे दे।' (४) उसने जल्दी से शीघ्रगामिनी दासी को बुलाया और सुग्गे को उसे सौंप दिया। वह अपने मन का क्रोध न सँभाल सकी। (५) उसने आज्ञा दी, 'देख यह सुवटा बड़ा कुचाली है। जिसने पाला उसका भी नहीं हुआ। (६) मुँह से कुछ कहता है, पेट में इसके कुछ रहता है। इसी अवगुण से यह दस हाट में बिका है। (७) जो बुरी बोली बोले ऐसे पक्षी को नहीं रखना चाहिए। वहाँ ले जाकर इसे मारो जहाँ कोई साक्षी (देखने वाला) न हो।

(८) जिस दिन को मैं नित्य डरती रही हूँ और सूर्य को रात में छिपाकर रखती

रही हूँ, यह उस सूर्य को मेरे लिये मोर सा शत्रु बनकर पद्मावती रूप कमल के साथ मिलाना चाहता है।'

(३) तवँचूरु–सं० ताम्रचूड=मुर्गा ।

(४) धाई धामिनी । धाई=धाय । धामिनी=सं० धावनी, दौड़कर समाचार ले जाने वाली दूती ।

(८) रैनि छपावौं सूर । नागमती रूप रात्रि के भीतर पति रूप सूर्य छिपा रहा है । उसे अब यह दिन में कमल रूप पद्मिनी के साथ मिलाना चाहता है ।

(९) मँजूर=सं० मयूर, नागमती का शत्रु ।

[८६]

धाइ सुआ लै मारै गई । समुझि गिआन हिएँ मति भई ।१।
सुआ सो राजा कर बिसरामी । मारि न जेइ चहै जेहि सामी ।२।
यह पंडित खंडित बैरागू । दोस ताहि जेहि सूझ न आगू ।३।
जौं तिवाई कै काज न जाना । परै धोख पाछें पछिताना ।४।
नागमती नागिनि बुधि ताऊ । सुआ मँजूर होइ नहिं काऊ ।५।
जो न कंत के आएसु माहाँ । कौनु भरोस नारि कै नाहाँ ।६।
मकु एहि खोज होइ निसि आई । तुरै रोग हरि माथें जाई ।७।
दुइ सो छपाए ना छपैं एक हत्या औं पापु ।
अंतहु करहिं बिनास ये सैं साखी दै आपु ॥८४॥

(१) धाय सुग्गे को लेकर मारने चली गई । तब विचार पूर्वक सोचने पर उसके हृदय में ऐसी मति उत्पन्न हुई–(२) 'यह जो सुग्गा है, वह राजा को विश्राम देने वाला (विनोद-स्थान) है । जिसे स्वामी चाहते हों उसे मारा नहीं जाता । (३) यह कोई पण्डित है, जिसका वैराग्य खण्डित रह गया है । जो आगे की बात नहीं सोचता उसी का दोष माना जाता है । मैं भविष्य के परिणाम पर विचार न करूँ तो मेरा ही दोष माना जायगा । (४) जो स्त्री के कामों को नहीं समझता वह धोखा खाता और पीछे पछताता है । (५) नागमती रानी है पर उसकी बुद्धि नागिनी की भाँति विषभरी है । सुग्गा कभी किसी के लिये मयूर (अहितकारी) नहीं हो सकता । (६) जो पति की आज्ञा में नहीं है ऐसी स्त्री पर पति क्या भरोसा कर सकता है ? (७) रात्रि आने पर यदि इस सुग्गे की खोज हुई तब तबेले की बला बन्दर के सिर पड़ेगी ।

(८) ये दो बातें छिपाए नहीं छिपतीं, एक हत्या और दूसरा पाप । (९) अन्त में जाकर भी ये स्वयं अपनी साक्षी भर कर विनाश कराती हैं ।

(२) बिसरामी=विश्राम देने वाला, मन बहलाव का साधन ।

(४) तिवाई=स्त्री (११७।५) ।

(७) तुरै रोग हरि माथें जाई–घोड़े की बीमारी बन्दर के ऊपर आ जाती है। यह प्राचीन विश्वास था। हर्षचरित में भी इसका उल्लेख हुआ है। इसलिए घुड़साल में बन्दर पाले जाते थे।
सं० तुरग > तुरय > तुरइ > तुरै।
हरि=बन्दर।
(९) सैं–सं० स्वयं > प्रा० सयं, सइं > सैं।

[८७]

राखा सुआ धाइ मति साजा। भएउ खोज निसि आएँ राजा।१।
रानी उतर मान सौं दीन्हा। पंडित सुआ मँजारी लीन्हा।२।
मैं पूँछा सिंघल पदुमिनी। उतरु दीन्ह तूँ को नागिनी।३।
वे जस दिन तूँ निसि अँधिआरी। जहाँ बसंत करील को बारी।४।
का तोर पुरुष रैनि को राऊ। उलू न जान देवस कर भाऊ।५।
का वह पंखि कोटि महँ कोटी। अस बड़ बोल जीभ कह छोटी।६।
रुहिर चुऐ जब जब कह बाता। भोजन बिनु भोजन मुख राता।७।
माथें नहिं बैसारिअ सठहि सुआ जौं लोन।
कान टूट जेहि अभरन का लै करब सो सोन॥८।५॥

(१) ऐसा विचार पकाकर धाय ने सुए को बचा लिया। रात में जब राजा आए, सुग्गे की खोज होने लगी। (२) रानी नागमती ने ऐंठ के साथ उत्तर दिया–'पण्डित सुग्गे को बिल्ली उठा ले गई। (३) मैंने उससे सिंहल द्वीप की पद्मिनी के विषय में पूँछा था। उसने उत्तर दिया–"(उनकी तुलना में) तू नागिनी क्या है ! (४) वे दिन जैसी हैं, तू अँधेरी रात है। जहाँ वसन्त है उसके सामने करील की बगीची की क्या शोभा ! (५) तेरा पुरुष भी क्या है ! वह रात का राजा है। उल्लू दिन का भाव (महत्त्व) नहीं समझता।" (६) क्या वह पक्षी जैसा है ! वह तो टेढ़े में टेढ़ा है। कहने को छोटी जीभ है, पर बोल ऐसा बड़ा बोलता है। (७) जब-जब मुँह से बात निकालता है, रक्त टपकता है। खाए, और बिना खाए भी, उसका मुँह लाल ही बना रहता है।

(८) चाहे सुन्दर भी हो, पर दुष्ट सुग्गे को सिर पर तो नहीं बैठाया जाता। जिस गहने से कान टूटे उस सोने को लेकर क्या करें ?

(१) मति साजा–विचार करके। मति=मत, विचार
(६) का वह पंखि कोटि महँ कोटी। इसमें 'कोटि महँ कोटी' क्लिष्ट पाठ था, उसे कई पाठान्तरों से सरल किया गया। 'कोटि मह गोटी' पाठ मानकर शिरेफ ने अर्थ किया है–बड़े किले में छोटी शतरंज की गोटी की तरह तनिक सा वह सुग्गा क्या है। वस्तुतः कोटि में कोटि पाठ ही चमत्कार पूर्ण है। कोटि=दोष, टेढ़ापन, कोर; टेढ़ेपन में टेढ़ापन अर्थात् टेढ़ों में टेढ़ा, दोषियों में दोषी।
(७) भोजन बिनु भोजन मुखराता–नागमती का आशय यह है कि पेट में अन्न पड़ने से जिसके मुँह

पर लाली आवे वह तो अन्नदाता स्वामी का भक्त होगा; पर बिना खाए भी जिसकी लाली बनी रहे उसके स्वामिभक्त होने में संदेह है।

[८८]

राजैं सुनि बियोग तस माना। जैसें हिएँ बिक्रम पछिताना।१।
वह हीरामनि पंडित सुआ। जौं बोलै तौ अंब्रित चुआ।२।
पंडित दुख खंडित निरदोखा। पंडित हुतें परै नहिं धोखा।३।
पंडित केरि जीभि मुख सूधी। पंडित बात न कहै निबूधी।४।
पंडित सुमति देइ पँथ लावा। जो कुपंथ तेहि पँडित न भावा।५।
पंडित राते बदन सरेषा। जो हत्यार रुहिर पै देखा।६।
कै परान घट आनहु मती। कै चलि होहु सुआ सँग सती।७।
जनि जानहु कै औगुन मँदिर होइ सुख साज।
आएसु मेटि कंत कर काकर भा न अकाज॥८।९॥

(१) राजा ने सुना तो उन्होंने सुग्गे के वियोग का ऐसा दुःख माना जैसा विक्रम ने अपने हीरामन तोते के लिये मन में पछतावा किया था। (२) 'वह हीरामन पंडित सुग्गा जब बोलता था तो अमृत टपकता था। (३) पंडित दुःखों को खंडित करता है, वह दोष रहित होता है। पंडित से कभी धोखा नहीं होता। (४) पंडित के मुख की जिह्वा सीधी होती है। पंडित कभी बेसमझी की बात नहीं कहता। (५) पंडित सुमति देकर अच्छे मार्ग पर लाता है। जो कुमार्ग में है उसे पंडित नहीं सुहाता। (६) ज्ञानवान् पंडित का मुख लाल होता है। जो स्वयं हत्यारा है, वह उसमें रक्त ही देखता है। (७) या तो सोच-विचार करके सुग्गे के शरीर में फिर से प्राण लाओ, नहीं तो जाकर सुए के साथ सती हो जाओ।

(८-९) मत समझो कि अवगुण करके भी राजमन्दिर में सुख का सामान हो सकता है। पति की आज्ञा मेटकर किसका अकाज नहीं हुआ?'

(१) राजा विक्रम को उसके एक पालतू हीरामन तोते ने अमर होने के लिये एक अमरफल लाकर दिया। राजा रानी को भी अमर करना चाहता था, अतः उस फल के बीजों को बाग में लगवाकर माली को आदेश दिया कि पकने पर इसका पहला फल रानी को लाकर देना। फल पक कर टपका पर उसे एक विषैला सर्प चाट गया। वह फल माली ने रानी को लाकर दिया। रानी ने परीक्षार्थ उसका एक अंश कुत्ते को खिलाया, वह मर गया। अतः अमर फल के स्थान पर विषफल लाकर देने के अपराध में रानी ने तोते को मरवा डाला। एक दिन रूठी हुई वृद्धा मालिन ने मरने के लिये उस वृक्ष का फल खा लिया। खाते ही वह नवयुवती हो गई। उसने पति को भी एक फल खिलाकर नवयुवा बना लिया। जब राजा को यह वृत्तान्त ज्ञात हुआ तो उसे रानी द्वारा तोते के मरवाने का बड़ा दुख हुआ और वह खूब पछताया। इसी कथा की ओर कवि का संकेत है।

ज्ञात होता है कि पन्द्रहवीं-सोलहवीं शती में यह लोक कथा खूब कही-सुनी जाती थी।
तुलना० (२७१।४)।

(६) सरेखा=सरेख, चतुर, सयाना, बुद्धिमान्।
(७) मती–क्रि० मतना, सोचना, विचारना।
राजा ने नागमती के कुकृत्य से रुष्ट होकर उसे अति कठोर आज्ञा सुनाई।

[८९]

चांद जैस धनि उजिअर अही। भा पिउ रोस गहन अस गही ।१।
परम सोहाग निबाहि न पारी। भा दोहाग सेवाँ जब हारी ।२।
एतनिक दोस बिरचि पिउ रूठा। जो पिउ आपन कहै सो झूठा ।३।
अैसें गरब न भूलै कोई। जेहि डर बहुत पिआरी सोई ।४।
रानी आइ धाइ के पासाँ। सुआ मुआ सेंवर के आसाँ ।५।
परा प्रीति कंचन गहँ सीसा। बिथरि न मिलै स्याम पै दीसा ।६।
कहाँ सोनार पास जेहि जाऊँ। देइ सोहाग करै एक ठाऊँ ।७।
मैं पिय प्रीति भरोसे गरब कीन्ह जिय माँह।
तेहि रिसि हौं परहेलिउँ निगड़ रोस किअ नाँह ॥८।७॥

(१) वह स्त्री चाँद जैसी उज्ज्वल थी; पति का रोष होने पर जैसे उसे ग्रहण ने ग्रस लिया। (२) उसका बड़ा सौभाग्य था, पर वह उसे निभा न सकी। जब सेवा में चूक हुई वही उसका दुर्भाग्य बन गया। (३) इतना सा अपराध करने से ही यदि प्रिय रूठ जाता है तो जो पति को अपना कहे उसका कहना झूठ है। (४) इस प्रकार के गर्व में कोई भी भूली हुई न रहे। जिसके हृदय में पति का डर है, वही उसकी अतिशय प्रिय है। (५) रानी शीघ्र धाय के पास आई, जैसे सुग्गा सेंमल के भुए के पास फल की आशा से आता है। (६) प्रेम रूपी सोने में सीसे के गिर जाने से सोना बिखर जाता है, वह फिर मिल नहीं सकता (उसकी थकिया नहीं बँध सकती) और उसमें कलौंस दीखने लगती है। (७) ऐसा सुनार कहाँ है जिसके पास मैं जाँऊ और जो सुहागा मिलाकर उस सोने को एक कर दे !

(८-९) मैंने पति की प्रीति के भरोसे अपने जी में गर्व किया था। उस ईर्ष्या के कारण मुझे तिरस्कृत होना पड़ा। स्वामी ने मुझ पर अत्यधिक क्रोध किया है।

(५) सुआ मुआ सेंवर कै आसाँ–रानी की आशा धाय के पास सुग्गे के जीवित रहने की वैसी ही थी, जैसे सुग्गे को सेंमल के भुए में फल की आशा होती है।
(६-७) जायसी की यह कल्पना ओखे सोने को शुद्ध करने से ली गई है। सीसा मिलने से सोना बिखर जाता है, पर सुहागा मिलने से शुद्ध होता है।
(९) परहेलिउँ–परहेलना=निरादर करना, तिरस्कार करना (चित्रावली १३१।५, २४३।७, परहेली=बिताई)।
निगड़=निःसीम, अमर्यादित, अत्यधिक। सं० निर्ग्रथित > निगड्डिअ > निगड़।

[९०]

उतर धाइ तब दीन्ह रिसाई । रिसि आपुहि बुधि औरहि खाई ।१।
मैं जो कहा रिसि करहु न बाला । को न गएउ एहि रिसि कर घाला ।२।
तूं रिसि भरी न देखसि आगू । रिसि महँ काकर भएउ सोहागू ।३।
बिरस बिरोध रिसिहि पै होई । रिसि मारै तेहि मार न कोई ।४।
जेहि की रिसि मरिए रस जीजै । सो रस तजि रिसि कबहुँ न कीजै ।५।
जेहि रिसि तेहि रस जोगै न जाई । बिनु रस हरदि होइ पिअराई ।६।
कंत सुहाग कि पाइअ साँधा । पावै सोइ जो ओहिं चित बाँधा ।७।
रहै जो पिय के आएसु औ बरतै होइ खीन ।
सोइ चाँद अस निरमरि जरम न होइ मलीन ॥८।८॥

(१) तब धाय ने क्रोध में भरकर उत्तर दिया, 'क्रोध अपने आप को तथा बुद्धि और को खाती है। (२) हे रानी, मैंने तो पहिले ही कहा था कि क्रोध न करो। इस क्रोध का मारा हुआ कौन नष्ट नहीं हो गया ? (३) तू क्रोध में भरी थी, आगे का कुछ विचार नहीं किया। क्रोध करके किसका सुहाग रह सकता है ? (४) क्रोध करने से विरस ओर विरोध उत्पन्न होता है। जो रिस को वश में कर लेता है उसे कोई नहीं मार सकता। (५) जो रिस करता है वह मरता है। इसके विपरीत रस से जीवित होता है। अतएव रस छोड़कर कभी रिस न करना चाहिए। (६) जिसमें रिस है उससे रस (प्रेम) की रक्षा नहीं हो सकती। बिना (प्रेम) रस के देह में हल्दी का पीलापन ही होता है, लाली नहीं आती। (७) प्रियतम के सौभाग्य (प्रेम या सोहागे) को क्या कोई अपने कंचन से मिला सकती है ? हाँ, वही उसे पाती है जो उस कन्त में अपना चित्त लगाती है।

(८) जो पति की आज्ञा में रहती है और सब तरह कृश बनी हुई उसकी सेवा करती है, (९) वही चन्द्रमा के ऐसी निर्मल हो फिर जन्म भर मलिन नहीं होती।

(२) घाला=फेंका हुआ, मारा हुआ। प्रा० घल्ल < सं० क्षिप् का धात्वादेश। प्रा० घल्लिय, फेंका हुआ, डाला हुआ < घाला।

(५) रस=प्रेम, पारा।

(६) बिनु रस हरदि होइ पिअराइ–बिना प्रेम के स्त्री हल्दी जैसी पीली या निस्तेज हो जाती है।

(७) कंत सोहाग कि पाइअ साँधा–कंत= (१) पति (२) सोनार। सोहाग=(१) सौभाग्य, प्रेम (२) सुहागा। साँधा–साँधना=एक में मिलाना, जोड़ना। स्त्री रूप कंचन पति रूपी सोनार का सोहागा अपने में मिलाना चाहती है। पति में चित्त लगाने या प्रीति बाँधने से ही वह उसे पा सकती है। प्रियतम का सौभाग्य प्राप्त कर लेना ही स्त्रीत्व की चारुता, या सफलता है (कालिदास, प्रियेषु सौभाग्यफला हि चारुता, कुमार सम्भव ५।१)। ऊपर ८९।६-७ में जायसी ने इसी रूपक को पल्लवित किया है। तदनुसार तीन कोटियाँ हैं

प्रियतम–सौभाग्य–प्रीति; एवं सुनार–सोहागा–सोना ।
(८-९) औ बरतै होइ खीन–द्वितीया के चन्द्रमा की कृशता की ओर संकेत है, जो निष्कलंक होता है । चन्द्रमा का शरीर जब बढ़ता है, तभी उसमें कलंक दिखाई पड़ता है । ऐसे ही अपने को क्षीण रखकर जो प्रिय की सेवा करती है वही निर्मल स्त्री है ।

[९१]

जुआ हारि समुझी मन रानी । सुआ दीन्ह राजा कहँ आनी ।१।
मान मते हौं गरब जो कीन्हा । कंत तुम्हार मरम मैं चीन्हा ।२।
सेवा करै जो बरहौ मासा । एतनिक औगुन करहु बिनासा ।३।
जौं तुम्ह देइ नाइ कै गीवाँ । छाँडहु नहिं बिनु मारे जीवाँ ।४।
मिलतहि महँ जनु अहहु निनारे । तुम्ह सौं अहै अदेस पिआरे ।५।
मैं जाना तुम्ह मोहीं माहाँ । देखौं ताकि तौ हहु सब पाहाँ ।६।
का रानी का चेरी कोई । जा कहँ मया करहु भलि सोई ।७।
तुम्ह सौं कोइ न जीता हारे बररुचि भोज ।
पहिलें आपु जो खोवै करै तुम्हारा खोज ॥८।९॥

(१) इस प्रकार जुआ हार कर (अपना दाँव खोकर) रानी के मन में कुछ समझ आई । उसने सुग्गा लाकर राजा को दिया और बोली, (२) 'मान की बुद्धि से मैंने जो गर्व किया था, हे प्रियतम, उससे मैंने तुम्हारी परीक्षा ली थी । (३) जो बारहों महीने तुम्हारी सेवा करना है, क्या इतने से अपराध पर ही तुम उसका नाश करने लगते हो ? (४) यदि कोई अपनी गर्दन झुकाकर तुम्हारे सामने कर दे तो क्या तुम उसका प्राण मारे बिना न छोड़ोगे ? (५) तुम मिले हुए होने पर भी जैसे अलग हो । हे विचित्र प्रियतम, तुम्हारे सम्मुख मेरा प्रणाम है । (६) मैंने समझा था तुम मेरे ही भीतर हो । अब जो विचार कर देखती हूँ तो तुम्हें सबके पास पाती हूँ । (७) क्या रानी क्या चेरी, जिस पर तुम दया करते हो वही भली है ।

(८) तुमसे कोई नहीं जीत पाया । भोज और वररुचि भी तुम्हारे सामने हार गए । जो पहले अपने आप को खोता है (अपने अहंभाव को भूल जाता है,) वही तुम्हें पाने का प्रयत्न कर सकता है ।

(२) मान मते=मान की बुद्धि से ।
(५) अदेस–आदेश=प्रणाम (२२।५) ।
(८) हारे बररुचि भोज । लोक कथा के अनुसार वररुचि ने घर बैठे भोज के राजकुमार और सिंह-भालू के वृत्तान्त को जान लिया था । वैसे ही तुमने भी सुग्गे की बात जानकर वररुचि को हरा दिया । भोज जैसे भानुमती पर अनुरक्त थे, वसे ही पद्मावती पर अनुरक्त होकर तुम भोज से भी बढ़ गए ।

९ : राजा सुआ संवाद खण्ड

[९२]

राजैं कहा सत्त कहु सुआ। बिनु सत कस जस सेंवर भुआ।१।
होइ मुख रात सत्त की बाता। जहाँ सत्त तहँ धरम सँघाता।२।
बाँधी सिस्टि अहै सत केरी। लखिमी आहि सत्त की चेरी।३।
सत्त जहाँ साहस सिधि पावा। जौं सतवादी पुरुष कहावा।४।
सत कहँ सती सँवारे सरा। आगि लाइ चहुँ दिसि सत जरा।५।
दुइ जग तरा सत्त जेइँ राखा। औ पिआर दैअहि सत भाखा।६।
सो सत छाँडि जो धरम बिनासा। का मति हिएँ कीन्ह सत नासा।७।
तुम्ह सयान औ पंडित असत न भाखहु काउ।
सत्त कहहु सो मोसौं दहुँ काकर अनियाउ॥९।१॥

(१) राजा ने कहा—'हे सुग्गे सत्य कहो। बिना सत्य के व्यक्ति ऐसा निस्सार होता है, जैसे सेमल का भुआ। (२) सत्य की बात से मुख लाल होता है। जहाँ सत्य है वहाँ धर्म साथी होता है। (३) यह सृष्टि सत्य द्वारा बाँधी हुई (नियम में स्थित) है। लक्ष्मी सत्य की दासी है। (४) जहाँ सत्य है, वहाँ साहस से सिद्धि मिलती है जो सत्यवादी है, वही पुरुष कहलाता है। (५) अपने सत्य भाव की रक्षा के लिये सती चिता संवारती है और चारों ओर से आग लगाकर सत्य के बल पर ही जल जाती है। (६) जिसने सत्य की रक्षा की वह दोनों लोकों में तर गया। भगवान् को भी वह प्यारा है जो सत्य बोलता है। (७) जो धर्म को नाश करने पर तुला हो वही सत्य को छोड़ता है। हृदय में क्या विचार करके वह सत्य का परित्याग करता है?

(८) तुम ज्ञानी और पण्डित हो, कभी असत्य नहीं कहते। (९) इसलिए मुझ से सच कहो कि किसका अन्याय था।

(२) संघाता=साथी।
(५) सरा=चिता।

[९३]

सत्त कहत राजा जिउ जाऊ। पै मुख असत न भाखौं काऊ।१।
हौं सत लै निसरा एहि पतें। सिंघल दीप राज घर हतें।२।
पदुमावति राजा कै बारी। पदुम गंध ससि बिधि औतारी।३।
ससि मुख अंग मलैगिरि रानी। कनक सुगंध दुआदस बानी।४।

हँहि जो पदुमिनि सिंघल माहाँ । सुगँध सुरूप सो ओहि की छाहाँ ।५।
हीरामनि हौं तेहि क परेवा । कंठा फूट करत तेहि सेवा ।६।
औ पाएउँ मानुस कै भाखा । नाहिं त कहाँ मूँठि भरि पाँखा ।७।
जौं लहि जिऔं रात दिन सुमिरौं मरौं तो ओहि लै नाउँ ।
मुख राता तन हरिअर कीन्हे ओहूँ जगत लै जाउँ ॥९।२॥

(१) 'हे राजा, सत्य कहने से चाहे प्राण चले जाँय, मैं कभी अपने मुख से असत्य न कहूँगा। (२) मैं सत्य का आश्रय ले इसी विश्वास से निकला हूँ, नहीं तो सिंहल द्वीप में राजा के घर था। (३) पद्मावती वहाँ के राजा की कन्या है। विधाता ने कमल की गंध और चन्द्रमा के अंश से उसे रचा है। (४) उसका मुख चन्द्रमा के समान और अंग मलय गिरि की गंध लिए है। वह बारहबानी एवं सुगन्धित सोने से बनी है। (५) सिंहल द्वीप में जो गन्धयुक्त सुन्दरी पद्मिनी हैं वे सब उसी की छाया हैं। (६) मैं हीरामन उसी का पक्षी हूँ। उसी की सेवा करते हुए मेरे गले में कंठा फूटा अर्थात् कण्ठे का चिन्ह पड़ा, (७) और मुझे मनुष्य की भाषा मिली, नहीं तो मुट्ठी भर पंख का मैं कहाँ होता ?

(८) जब तक जीऊँगा, रात दिन उसका स्मरण करूँगा। मरण के समय भी उसीका नाम लेता रहूँगा। (९) उसी ने मुझे मुख से रक्त वर्ण और शरीर से हरा वर्ण किया। इस सुर्ख रुई और हरियाली को मैं उस लोक में भी ले जाऊँगा।

(२) पतें=सं० प्रत्यय, विश्वास।
(४) द्वादस बानी कनक–बारहबानी सोना सबसे शुद्ध माना गया है (आईन अकबरी, आईन ५ ब्लाखमैन कृत अँग्रेजी अनुवाद, पृ० १८)।
(७) मनेर की प्रति में पाठ–'नाहिं त कहा मूठ एक पाँखा।'

[९४]

हीरामनि जौं कमल बखाना । सुनि राजा होइ भँवर भुलाना ।१।
आगें आउ पंखि उजिआरे । कहहि सो दीप पतंग कै मारे ।२।
रहा जो कनक सुबासि क ठाउँ । कस न होइ हीरामनि नाउँ ।३।
को राजा कस दीप उतंगू । जेहि रे सुनत मन भएउ पतंगू ।४।
सुनि सो समुँद चखु भे किलकिला । कँवलहि चहौं भँवर होइ मिला ।५।
कहु सुगंध धनि कसि निरमरी । भा अलि सँग कि अबहिं करी ।६।
औ कहु तहाँ जो पदुमनि लोनी । घर घर सब के होइ जसि होनी ।७।
सबै बखान तहाँ कर कहत सो मोसों आउ ।
चहौं दीप वह देखा सुनत उठा तस चाउ ॥९।३॥

(१) जैसे ही हीरामन ने कमल (पद्मावती) का बखान किया उसे सुनकर राजा भँवर की भाँति मोहित हो गया। (२) हे उज्ज्वल मन वाले ज्ञानवान् पक्षी, आगे आओ। तुम उस दीपक का वर्णन करते हो जो पतिंगा बनाकर मारता है। (३) जो सुगन्धित सोने (पद्मावती) के महल में रहा हो क्यों न उसका नाम हीरामन हो ? (४) कौन वहाँ का राजा है ? कैसा ऊँचा वह द्वीप है ? जिसके विषय में सुनते ही मेरा मन पतिंगे की तरह हो गया। (५) समुद्र तुल्य उस पद्मावती का वर्णन सुनकर मेरे नेत्र भी किलकिला समुद्र की भाँति क्षुब्ध हो गए। अब तो भौंरा होकर उस कमल से मिलना चाहता हूँ। (६) कहो वह सुगन्धित बाला कैसी निर्मल है, उसका भौंरे से संयोग हुआ है या अभी कली है। (७) और भी वहाँ जो सुन्दर पद्मिनी हैं, उनका भी वर्णन करो। वहाँ प्रत्येक की भवितव्यता घर घर में पद्मिनी स्त्री होकर विराजती है।

(८) वहाँ का जो सब वर्णन है उसे कहते हुए मेरे संग चलो। (९) मैं व.. सिंहल द्वीप देखना चाहता हूँ। उसे सुनते ही मुझे वैसा उत्साह हुआ है।

(२) दीप=द्वीप और दीपक।
(३) सुबासि कनक=सुगन्धित सुवर्ण। जायसी ने पद्मावती को सोंधा सोना (८४।८), सुगंध कनक (९३।४), सुबासि कनक (९४।३) कहा है।
सोने के साथ हीरे का रहना, ये निर्गुण संप्रदाय की अध्यात्म परिभाषाएँ हैं।
समुंद्र-जायसी ने अन्यत्र भी पद्मावती को समुद्र कहा है (१७१।१)।
(५) किलकिला-१५५ वें दोहे में जायसी ने इसका वर्णन किया है। इसमें बड़ी लहरें उठती हैं।

[९५]

का राजा हौं बरनौं तासू। सिंघल दीप आहि कबिलासू।१।
जो गा तहाँ भुलानेउ सोई। गे जुग बीत न बहुरा कोई।२।
घर घर पदुमिनि छतिसौ जाती। सदा बसंत देवस औ राती।३।
जेहि जेहि बरन फूल फुलवारी। तेहि तेहि बरन सुगंध सो नारी।४।
गंध्रपसेनि तहाँ बड़ राजा। अछरिन्ह माहँ इन्द्र बिधि साजा।५।
सो पदुमावति ताकरि बारी। औ सब दीप माहिं उजिआरी।६।
चहूँ खंड के बर जो ओनाहीं। गरबन्ह राजा बोलै नाहीं।७।
उअत सूर जस देखिअ चाँद छपै तेहि धूप।
औसे सबै जाहिं छपि पदुमावति के रूप॥९४॥

(१) (सुग्गे ने कहा) —'हे राजा, उस द्वीप का मैं क्या वर्णन करूँ ? सिंहल द्वीप तो स्वर्ग है। (२) जो वहाँ गया वही मोहित हो गया। युग बीतने पर भी कोई न लौटा। (३) छत्तीसों जातियों में से प्रत्येक के घर में पद्मिनी स्त्रियां हैं। रात और दिन बारह मास बसन्त ऋतु रहती है। (४) जिस जिस रंग के फूल फुलवाड़ी में फूलते हैं उस उस रंग

और सुगन्ध की वे स्त्रियाँ होती हैं। (५) गन्धर्वसेन वहाँ का बड़ा राजा है। दैव ने उसे अप्सराओं के बीच में इन्द्र के समान बनाया है। (६) वह पद्मावती उसी की कन्या है, और वह समस्त द्वीपों में उजागर है। (७) चारों खंड के वर उसके लिये आकर झुकते हैं, पर गर्व से राजा उत्तर नहीं देता।

(८-९) जैसे उगते हुए सूर्य की धूप से चाँद छिप जाता है, वैसे ही वहाँ की सब स्त्रियाँ पद्मावती के रूप के आगे फीकी हो जाती हैं।

(३) छत्तिसौ जाती। मध्यकाल में राजपुत्रों के ३६ कुलों की संख्या प्रसिद्ध हो गई थी। इनकी सूची ज्योतिरीश्वर कृत वर्ण रत्नाकर (१४ वीं शती का आरम्भ) के पंचम कल्लोल पृष्ठ ३१ पर दी है। जायसी ने १२५।१ में छत्तीस कुलों की राजकुमारियों का उल्लेख किया है। सुधाकरजी ने ब्राह्मण, क्षत्रिय, वैश्य, सुनार, कलवार आदि ३६ जातियाँ गिनाई हैं।

[९६]

सुनि रबि नाउँ रतन भा राता। पंडित फेरि इहै कहु बाता।१।
तुइँ सुरंग मूरति वह कही। चित महँ लागि चित्र होइ रही।२।
जनु होइ सुरुज आइ मन बसी। सब घट पूरि हिएँ परगसी।३।
अब हौं सुरुज चाँद वह छाया। जल बिनु मीन रकत बिनु काया।४।
किरिनि करा भा पेम अँकूरू। जौं ससि सरग मिलौं होइ सूरू।५।
सहसहुँ कराँ रूप मन भूला। जहँ जहँ दिस्टि कँवल जनु फूला।६।
तहाँ भँवर जेउँ कँवला गंधी। भै ससि राहु केरि रिनि बंधी।७।
तीनि लोक चौदह खंड सबै परै मोहि सूझि।
पेम छाँड़ि किछु औरु न लोना जौं देखौं मन बूझि॥९५॥

(१) सूर्य का नाम सुनकर रत्न लाल हो गया (रत्नसेन अनुराग से भर गया)। उसने कहा–'हे पंडित सुग्गे, फिर इसी बात को दुहराओ। (२) तुमने जो इतनी सुन्दर मूर्ति का वर्णन किया है वह मेरे चित्त में स्थायी रूप से चित्रित हो गई है। (३) मानों सूर्य के समान वह मेरे मन में बस गई है और सब देह में व्याप्त हो हृदय को उसने प्रकाश से भर दिया है। (४) प्रेमी-प्रेमिका के नव सम्बन्ध के कारण यद्यपि मैं सूर्य हूँ और वह चाँद है, किन्तु मैं ही उसकी छाया हो रहा हूँ (मुझ में उसका प्रकाश आ रहा है। (५) सूर्य की किरण और चन्द्रमा की कला में प्रेम का अंकुर उत्पन्न हो गया है। यदि वह चन्द्र आकाश में भी हो तो मैं सूर्य के समान आकाश मार्ग से जाकर उससे मिलूँगा। (६) अपनी सहस्रों किरणों से मेरा मन उस पर मोहित हुआ है। जहाँ जहाँ देखता हूँ वहाँ वहाँ वही कमल फूला हुआ दिखाई पड़ता है (मेरी सहस्र किरणों वाली दृष्टि को सर्वत्र पद्मावती ही दिखाई दे रही है)। (७) और कमल की गंध से लुभाने वाले भौंरे की भाँति मैं भी वहाँ मँडराता हूँ। अब तो चन्द्रमा

और राहु के परस्पर ऋणबन्धी सम्बन्ध की तरह उसकी और मेरी भी ऋणबन्धिता हो गई है।

(८) तीन लोक और चौदह खंडों में जो सब मुझे दिखाई दे रहा है, (९) उसमें जब मैं विचार कर देखता हूँ तो प्रेम को छोड़ कर और कुछ सुन्दर नहीं है।

(६) सहसहुँ कराँ—सहस्रों किरणों से। प्रत्येक किरण सूर्य का चक्षु है। जहाँ वह चक्षु जाता है वहीं कमल फूला हुआ देखता है। रत्नसेन को सहस्रचक्षु सूर्य की भाँति सर्वत्र पद्मावती दिखाई पड़ती है।

(७) भैं ससि राहु केरि रिनि बंधी। पुराणों के अनुसार चन्द्रमा राहु का ऋणी है, अतः राहु अपना ऋण माँगने के लिये उसे पकड़ लेता है और लोग उस समय दान देकर राहु का ऋण चुकाते हैं। अभिप्राय यह है कि जिस प्रकार चन्द्रमा और राहु के बीच कभी न छूटने वाला सम्बन्ध है उसी प्रकार रत्नसेन पद्मावती का ऋणबन्धी संबंध हो गया।

[९७]

पेम सुनत मन भूलु न राजा। कठिन पेम सिर देइ तौ छाजा।१।
पेम फाँद जो परा न छूटा। जीउ दीन्ह बहु फाँद न टूटा।२।
गिरगिट छंद धरै दुख तेता। खिन खिन रात पीत खिन सेता।३।
जानि पुछारि जो भै बनबासी। रोवँ रोवँ परे फाँद नगवासी।४।
पाँखन्ह फिरि फिरि परा सो फाँदू। उड़ि न सकै अरुझी भा बाँदू।५।
मुयों मुयों अहनिसि चिललाई। ओहि रोस नागन्ह धरि खाई।६।
पाँडुक सुआ कंठ ओहि चीन्हा। जेहि गियँ परा चाह जिउ दीन्हा।७।
तीतिर गियँ जो फाँद है नितहि पुकारै दोखु।
सकति हँकारि फाँद गियँ मेलै कब मारै होइ मोख ॥९।६॥

(१) सुग्गे ने कहा, 'हे राजा, प्रेम की बात सुनकर मन को भुलावे में न डालो। प्रेम कठिन है, उसके लिए कोई सिर दे तो प्रेम उसे फबता है या वह प्रेम मार्ग में सुशोभित होता है। (२) जो प्रेम के फन्दे में पड़ा फिर नहीं छूटा। अनेकों ने प्राण दे दिए पर फन्दा नहीं टूटा। (३) जैसे गिरगिट अनेक रंग बदलता है, वैसे ही प्रेमी अनेक दुःख उठाता है। क्षण में लाल, क्षण में पीला, क्षण में श्वेत हो जाता है। (४) प्रेम की पीड़ा मोर जानता है, जो उसके कारण वन में जाकर रहा है। उसके रोम रोम में प्रेम की नागफाँसी के फन्दे पड़े हैं। (५) पंखों में भी घूम घूम कर वही फन्दा पड़ा है जिसके कारण वह उड़कर बच भी नहीं सकता और उलझकर बन्दी बन गया है। (६) रात दिन मुयों मुयों (हाय मरा! हाय मरा!) चिल्लाता है और उसी क्रोध में साँपों को पकड़ पकड़ कर खाता है (क्योंकि उन्होंने उसके बन्धन का नागफाँसी फन्दा बनाया है) (७) पंडुक और सुग्गे के कंठ में वही चिन्ह पड़ा है (वे भी प्रेम की पीड़ा से बाहर नहीं

हैं)। जिसकी गर्दन में वह फन्दा पड़ जाता है, वह प्राण ही दे देना चाहता है।

(८-९) तीतर की गर्दन में जो वही फन्दा है उसी के दोष से नित्य चिल्लाता रहता है और (फन्दे वाले को) शक्ति भर पुकार कर फन्दे में गर्दन डाल देता है कि कब वह फन्दा प्राणान्त कर दे जिससे मोक्ष मिल जाय।

(३) गिरगिट छन्द=गिरगिट की तरह छन्द, वेश या रंग बदलता है।

(४) नगवासी–सं० नागपाशिक। कवि की कल्पना है कि मोर प्रेम रूपी नागफाँस में फँसा है, उसी कारण वह वनवास का दुःख उठाता है, और उसी वैर से नागों को खाता है। पुछारि=मोर।

(८-९) तीतर के गले में भी वह फंदा है, जिसके कारण वह जोर से चिल्लाकर व्याध को बुलाकर स्वयं उसके फंदे में अपनी गर्दन डाल देता है, कि व्याध द्वारा मारे जाने पर प्रेम के फंदे से छुटकारा मिल जाय। यहाँ जायसी ने दो फन्दों की कल्पना की है, प्रेम का फंदा और व्याध का फंदा। प्रेम के फंदे के कारण तीतर व्याध के फन्दे का आवाहन करता है।

[९८]

राजैं लीन्ह ऊभ भरि साँसा। अैस बोल जनि बोलु निरासा।१।
भलेहिं पेम है कठिन दुहेला। दुइ जग तरा पेम जेइँ खेला।२।
दुख भीतर जो पेम मधु राखा। गंजन मरन सहै सो चाखा।३।
जेइँ नहिँ सीस पेम पँथ लावा। सो प्रिथिमी महँ काहे कों आवा।४।
अब मैं पेम पंथ सिर मेला। पाँव न टेलु राखु कै चेला।५।
पेम बार सो कहै जो देखा। जेइँ न देख का जान बिसेखा।६।
तब लगि दुख प्रीतम नहिँ भेंटा। जब भेंटा जरमन्ह दुख मेटा।७।
जसि अनूप तुइँ देखी नख सिख बरनि सिंगार।
है मोहि आस मिलन कै जौं मेरवै करतार॥९७॥

(१) राजा ने ऊँचे होकर गहरी साँस ली और कहा, 'ऐसे निराशा के वचन मत कह। (२) भले ही प्रेम का दुःखदाई खेल कठिन है, पर जो प्रेम का खेल खेल लेता है, वह दोनों लोकों में तर जाता है। (३) दुःख के भीतर प्रेम का मधु रखा गया है। जो दलन और मरण सहता है वही उसे चखता है। (४) जिसने प्रेम के मार्ग में अपना सिर नहीं दिया वह किसलिए पृथिवी पर आया ? (५) अब मैंने प्रेम के पन्थ में सिर डाल दिया है, उससे मेरा पाँव मत डिगा। मुझे चेला बनाकर रख। (६) प्रेम का द्वार वही बता सकता है, जिसने स्वयं उसे देखा है। जिसने नहीं देखा वह उसका भेद क्या जानें ? (७) तभी तक दुःख है जब तक प्रीतम से भेंट नहीं हुई। जब भेंट हो जाती है, जन्म-जन्म का दुःख मिट जाता है।

(८-९) तूने उसे जैसा अनुपम देखा है, नख से शिख तक उसका श्रृंगार वर्णन कर।

मुझे उससे मिलने की आशा है, यदि भगवान् मिला देगा।

(१) ऊभ–क्रि० ऊभना, ऊँचे होना। सं० ऊर्द्ध्वयति > प्रा० उब्भइ।
(२) दुहेला,=कठिन खेल, कठिन क्रीड़ा। दुखःकेलि > दुहेल्लि–तु० सुखकेलि > सुहेल्लि (देशी० ८।३६, पाइसद्द ११।६५)।
(३) गँजन=दलन।

१० : नख शिख खण्ड

[९९]

का सिंगार ओहि बरनौं राजा। ओहि क सिंगार ओहि पै छाजा।१।
प्रथमहि सीस कस्तुरी केसा। बलि बासुकि को औरु नरेसा।२।
भँवर केस वह मालति रानी। बिसहर लुरहिं लेहिं अरघानी।३।
बेनी छोरि झारु जौं बारा। सरग पतार होइ अँधियारा।४।
कोंवल कुटिल केस नग कारे। लहरन्हि भरे भुअंग बिसारे।५।
बेधे जानु मलैगिरि बासा। सीस चढ़े लोटहिं चहुँ पासा।६।
घुँघुरवारि अलकैं बिख भरीं। सिंकरी पेम चहहिं गियँ परीं।७।
अस फँदवारे केस वै राजा परा सीस गियँ फाँद।
अस्टौ कुरी नाग ओरगाने भै केसन्हि के बाँद॥१०।१॥

(१) सुग्गे ने कहा–'हे राजा, उसके श्रृंगार का क्या बखान करूँ? उसका श्रृंगार उसी को शोभा देता है। (अद्वितीय है)। (२) सर्वप्रथम सिर पर कस्तूरी से काले केश हैं, जिन पर नागराज वासुकि भी बलि जाता है, और राजा की तो बात क्या? (३) रानी पद्मावती मालती है, उसके सिर पर केश भौंरे हैं। विषधर साँपों की तरह वे केश लहराते और गंध लेते हैं। (४) जब वह बेनी खोलकर केशों को झाड़ती है, तो आकाश से पाताल तक अँधेरा छा जाता है। (५) कोमल कुटिल केश काले नागों की भाँति हैं। वे विषधर भुजंगों की तरह लहरों से भरे हैं। (६) मानों शरीर रूपी मलयगिरि की सुगन्ध ने उन केश रूपी नागों को बेध रक्खा है। इसी कारण सिर पर चढ़े हुए उसीके चारों ओर लोटते रहते हैं, अन्यत्र नहीं जाते। (७) घूँघर वाली लटें विष से भरी मूर्च्छित करने वाली हैं। या वे प्रेम की श्रृंखलाएँ हैं जो किसी की ग्रीवा में पड़ना चाहती हैं।'

(८) ऐसे फन्दे वाले वे केश थे कि इतनी दूर होने पर भी राजा के सिर और गर्दन में वह फन्दा पड गया।(९) अष्टकुल के नागों के अधिपति मानों उन्हीं केशों में बन्दी बने हुए थे (उन केशों के मोड़ मुडकदार फंदे और मूर्च्छित करने वाली विषभरी शक्ति आठ महा नागों से कम न थी)।

(२) पद्मावती के केशों के हीरामनकृत इस वर्णन की तुलना राघवचेतन कृत वर्णन (४७०।१-९) से कीजिए।

(३) बिसहर-सं० विषधर=सर्प।
लुरहिं-सं० लुठति=लुढ़कना, गिरना, लोटना।
अरघानी=गंध (६१।२)।

(५) भुजंग बिसारे-सं० विषधर भुजंग (४७०।४)।

(८) अस फँदवारे-वे केश ऐसे फँसाने वाले थे कि अभी कुछ लेना देना न था, फिर भी उनका फंदा रत्नसेन के गले में पड़ गया।

(९) अस्टौ कुरी नाग-वासुकि, तक्षक, कुलक, कर्कोटक, पद्म, शंखचूड़, महापद्म, धनंजय, ये नागों के प्रसिद्ध अष्ट कुल हैं।
ओरगान=अरकान (अरबी रुक्न (=खम्भा) की जमा); मुख्य, प्रधान व्यक्ति (१२८।२ जौंवत अहै सकल ओरगाना। पाठ के लिये दे० माताप्रसाद की भूमिका पृ० ३२,११२-३)।

[१००]

बरनौं माँग सीस उपराहीं। सेंदुर अबहिं चढ़ा तेहि नाहीं।१।
बिनु सेंदुर अस जानहुँ दिया। उजिअर पंथ रैनि महँ किया।२।
कंचन रेख कसौटी कसी। जनु घन महँ दामिनि परगसी।३।
सुरुज किरिन जस गगन बिसेखी। जमुना माँझ सरसुती देखी।४।
खाँड़ै धार रुहिर जनु भरा। करवत लै बेनी पर धरा।५।
तेहि पर पूरि धरे जौं मोंती। जमुना माँझ गाँग के सोती।६।
करवत तपा लेहिं होइ चूरू। मकु सो रुहिर लै देइ सेंदूरू।७।
कनक दुआदस बानि होइ चह सोहाग वह माँग।
सेवा करहिं नखत औ तरइं उऔ गगन निसि गाँग॥१०।२॥

(१) अब सिर के ऊपर जो माँग है उसका वर्णन करता हूँ। उस पर अभी सेंदुर नहीं चढ़ा है। (अर्थात् वह बाला अभी अविवाहित है)। (२) सेंदुर के विना ही ऐसी है मानों दीपक जलता है। वह रात्रि में भी मार्ग में उजाला करती है। (३) अथवा मानों कंचन की रेखा कसौटी पर खिची है; या मेघों में बिजली प्रकाशित हो रही है। (४) या सूर्य की किरण नीले आकाश में सुशोभित है; या यमुना की नील धारा में अग्नि रूपिणी सरस्वती की धारा दिखाई पड़ी है। (५) या खाँड़े की धार रक्त से भरी है; या किसी ने करवत लेकर वेणी पर रख दिया है। (६) उस माँग में जो मोती पूरे गए हैं ऐसे लगते हैं, मानों यमुना में गंगा की धारा मिली हो। (७) तपस्वी मृत्यु का आवाहन करके जो सिर पर आरा लेते हैं, वह इसलिए कि शायद उसी रुधिर से पद्मावती अपनी माँग में सिन्दूर भरे।

(८) बारहबानी सोने जैसी बनने के लिये वह माँग सौभाग्य (सुहागा) चाहती है।

(९) नक्षत्र और तारे (माथे का टीका और उसमें जड़े हुए नग) उस की सेवा करते हैं। उनके साथ वह माँग रात में आकाशगंगा की भाँति जगमगाती है।

(१) माँग वर्णन-देखिए दो० ४७१।१-९।
(४) जमुना माँझ सरसुती देखी-गंगा का रंग श्वेत, यमुना का नीला और सरस्वती का लाल माना गया है। काले केशों में लाल माँग यमुना में सरस्वती की भाँति है। सरस्वती प्रत्यक्ष नहीं दिखाई पड़ती, इसलिए उत्प्रेक्षा की है कि मानों दिखाई पड़ी हो।
(५) करवत लै बेनी पर धरा-जिस आरे से तपस्वी अपना मस्तक चिरवाते हैं, मानों वही रुधिर भरा हुआ आरा त्रिवेणी (पद्मावती पक्ष में केशों की वीथी) पर रखा है।
(६) सोती=धारा।
(७) करवत लेना- । सं० करपत्र=आरा। जो प्रेमी उस पर रीझकर अपने सिर पर करवत लेगा वह उसी के रुधिर का सिंदूर माँग में भरेगी, अर्थात् उसी को अपना पति वरेगी।
(८) कनक दुआदस बानि=बारह बानी, शुद्ध सुवर्ण (आईन अकबरी, आईन-५,६,७)। सोने और सोहागे के लिये दे० ८९।६-७, ९०।७।
(९) नखत औ तरई-इसी भाव के लिये ४७२।४-७।

[१०१]

कहौं लिलाट दुइजि कै जोती। दुइजिहि जोति कहाँ जग ओती ।१।
सहस कराँ जो सुरुज दिपाई। देखि लिलाट सोउ छपि जाई ।२।
का सरबरि तेहि देउं मयंकू। चाँद कलंकी वह निकलंकू ।३।
औ चाँदहि पुनि राहु गरासा। वह बिनु राहु सदा परगासा ।४।
तेहि लिलाट पर तिलक बईठा। दुइजि पाट जानहुँ ध्रुव डीठा ।५।
कनक पाट जनु बैठेउ राजा। सबै सिंगार अत्र लै साजा ।६।
ओहि आगें थिर रहै न कोऊ। दहुँ काकहँ अस जुरा सँजोऊ ।७।
खरग धनुक औ चक्र बान दुइ जग मारन तिन्ह नाउँ।
सुनि कै पट मुतछि कै राजा मो कहँ भए एक ठाउँ ।।१०१।।

(१) ललाट का वर्णन करता हूँ। उसकी ज्योति द्वितीया के चन्द्रमा के समान है। द्वितीया के चन्द्रमा की भी ज्योति संसार में उतनी कहाँ है? (२) सहस्र किरणों से जो सूर्य चमकता है, ललाट को देखकर वह भी छिप जाता है। (३) चन्द्रमा से उसकी क्या तुलना करूँ, क्योंकि चाँद में कलंक है वह कलंकरहित है। (४) और फिर चाँद को राहु ग्रसता है, वह राहु की बाधा के बिना सदा प्रकाशित रहता है। (५) उस ललाट पर लगाया हुआ तिलक ऐसा लगता है मानों द्वितीया के चन्द्रमा के आसन पर ध्रुव बैठा हुआ दिखाई पड़ रहा हो। (६) अथवा मानों सब श्रृंगार करके और अस्त्रों से सज्जित हो राजा अपने सिंहासन पर बैठा हो। (७) उस तिलक के आगे कोई स्थिर नहीं रहता। न जाने किसकी विजय के लिये निम्नलिखित सामान जुड़ा है?

(८) नासिका रूपी खड्ग, भौं रूपी धनुष, पुतलियाँ रूपी चक्र और कटाक्ष रूपी दो बाण, इनमें से प्रत्येक सारे जगत का संहार करने में पर्याप्त प्रसिद्ध है। यह सुनते ही राजा मूर्च्छित हो गया–'हाय! मेरे मारने के लिये तो ये सब अस्त्र तिलक रूपी प्रतिद्वन्द्वी राजा के पास एकत्र हो गए हैं।'

(१) ललाट वर्णन–दोहा ४७२।
ओती=उतनी–सं० तावती।
(६) अत्र=अस्त्र।
(८) नासिका, भौं, पुतली और कटाक्ष, इनकी तिलक के पास स्थिति को लेकर जायसी ने अस्त्रों से सज्जित राजा की कल्पना की है।
जग मारन–जग को मारने में उन सबका नाम है।

[१०२]

भौंहैं स्याम धनुकु जनु ताना। जासौं हेर मार बिख बाना।१।
उहै धनुक उन्ह भौंहन्ह चढ़ा। केइ हतियार काल अस गढ़ा।२।
उहै धनुक किरसुन पहँ अहा। उहै धनुक राघौ कर गहा।३।
उहै धनुक रावन संघारा। उहै धनुक कंसासुर मारा।४।
उहै धनुक बेधा हुत राहू। मारा ओहीं सहस्सर बाहू।५।
उहै धनुक मैं ओपहँ चीन्हा। धानुक आपु बेझ जग कीन्हा।६।
उन्ह भौंहन्हि सरि केउ न जीता। आछरिं छपीं छपीं गोपीता।७।
भौंह धनुक धनि धानुक दोसर सरि न कराइ।
गगन धनुक जो ऊगवै लाजन्ह सो छपि जाइ॥१०४॥

(१) काली भौंहें ऐसी हैं जैसे ताना हुआ धनुष हो। जिसके सामने देखती है, मानों विष बुझे बाण मारती है। (२) वही (मृत्यु का) धनुष उन भौंहों के रूप में चढ़ा है। किसके लिये काल ने ऐसा हथियार बनाया है? (३) वही धनुष कृष्ण के पास था। वही धनुष राम ने सीता स्वयंवर के समय हाथ में लिया था। (४) उसी धनुष से रावण का संहार हुआ। उसी धनुष से कंस असुर का वध हुआ। (५) उसी धनुष से अर्जुन ने राधाभेद किया। उसीसे सहस्रबाहु मारा गया। (६) वही धनुष मैंने उसके पास पहिचान लिया। उस धनुर्धारी ने सारे संसार को अपना लक्ष्य बनाया है। (७) उन भौंहों की तुलना में कोई न जीत पाया। उनसे लजा कर स्वर्गलोक की अप्सराएँ छिप गई हैं। और वृन्दावन की गोपियाँ भी उनके आगे छिप गई हैं।

(८) धनुर्धारी उस बाला के भौंह रूपी धनुष की बराबरी दूसरा कोई नहीं करता। (९) आकाश में जो इन्द्रधनुष निकलता है, वह भी उसीकी लज्जा से छिप जाता है।

(३) राघौ कर गहा–शिव का अजगव धनुष जिसे सीतास्वयंवर में राम ने हाथ में उठाकर चढ़ाया था।

(५) उहै धनुक बेधा हुत राहू–यहाँ अर्जुन के गाण्डीव द्वारा राधावेध या द्रौपदी के स्वयंवर में मछली बेधने का उल्लेख है।
सहस्सरबाहू=सहस्रबाहु अर्जुन। परशुराम ने सहस्रबाहु अर्जुन का वध फरसे से किया था, फिर भी जायसी की कल्पना है, कि संसार के सभी अस्त्रों में उसी धनुष का रूप है।
(६) बेझ=लक्ष्य। सं० वेध्य।
(७) आछरिं छपीं–स्वर्ग की अप्सराओं का उपयोग मोहनास्त्र के रूप में होता है। वे भी पद्मावती से हार गईं। वृन्दावन की गोपियों का सौन्दर्य भी उसकी मोहनी शक्ति से कम है।
(९) ऊगवै–प्रा० उग्गवइ < सं० उद्गमयति। भौंह वर्णन (४७३।१-९)।

[१०३]

नैन बाँक सरि पूज न कोऊ। मान समुँद अस उलथहिं दोऊ।१।
राते कँवल करहिं अलि भवाँ। घूमहिं माँति चहहिं उपसवाँ।२।
उठहिं तुरंग लेहिं नहिं बागा। चाहहिं उलथि गगन कहँ लागा।३।
पवन झकोरहिं देहिं हलोरा। सरग लाइ भुइँ लाइ बहोरा।४।
जग डोलै डोलत नैनाहाँ। उलटि अड़ार चाह पल माहाँ।५।
जबहिं फिराव गँगन गहि बोरा। अस वै भँवर चक्र के जोरा।६।
समुँद हिंडोर करहिं जनु झूले। खंजन लुरहिं मिरिग जनु भूले।७।
सुभर समुँद अस नैन दुइ मानिक भरे तरंग।
आवत तीर जाहिं फिरि काल भँवर तेन्ह संग।।१०।५।।

(१) उसके बाँके नेत्रों की बराबरी में कोई नहीं है। दोनों जैसे मान का समुद्र उलीचते हैं। (२) लाल नेत्रों में काली पुतलियाँ ऐसी हैं मानों लाल कमल पर भौंरे मँड़राते हों। वे सुगन्ध से मतवाले होकर पहले घूमते हैं और फिर भाग जाना चाहते हैं। (३) वे नेत्र उन मुँहजोर घोड़ों के समान उठते हैं जो बाग नहीं मानते और उल्टे होकर आकाश छू लेना चाहते हैं। (४) वे पवन के समान झकझोरते और हिलोरें देते हैं और आकाश तक ले जाकर फिर पृथिवी पर पटक देते हैं। (५) उन नेत्रों के चंचल होने से सारा संसार विचलित हो जाता है। पल भर में वे भरे हुए भंडार को उलट डालना चाहते हैं। (६) जब वह नेत्रों को फिराती है, ऐसा ज्ञात होता है मानो आकाश को पकड़कर डुबा देगी। ऐसे प्रचंड भँवर-चक्र का जोड़ा उन नेत्रों में है। (७) जब घूमते हैं ऐसा जान पड़ता है, मानों समुद्र के हिंडोले पर झूल रहे हों; अथवा खञ्जन क्रीड़ा करते हुए लोटते हों; या वे नेत्र ऐसे हैं जैसे भूले हुए हिरनों के नेत्र हों।

(८) दोनों नेत्र जल से भरे समुद्र की भाँति हैं जिनकी लहरों में माणिक्य भरे हैं। काल-भँवर (काली पुतलियाँ) उन लहरों के साथ किनारे तक आते हैं और लौट जाते हैं।

(१) नेत्रवर्णन (४७४।१–९)

मान समुँद=मान का समुद्र । मनस्विनी नायिका के जैसा भाव नेत्रों से प्रकट हो रहा है ।

(२) भवाँ=सं० भ्रमण ।
माँति=मतवाले होकर ।
उपसवाँ–उपसवना=हट जाना, भागना, दूर चले जाना (२०३।७ २५८।४, ३०६।४, ३४१।६) ।

(३) बागा–सं० वल्गा=बागडोर ।
लेहिं नहिं बागा=बाग न लेना, लगाम का अंकुश न मानना, वश में न होना । यह उपमा मुँहजोर घोड़े से ली गई है, जो पिछले पैरों पर खड़े होकर आकाश में सिर उठा लेता है ।

(४) पवन झकोरहिं–यह कल्पना आँधी से ली गई है जो जल को झकोरकर लहर उठाती है, और आकाश तक ऊँचा उठाकर फिर धरती में छोड़ देती है । नेत्र भी मनुष्यों के हृदयों को उसी तरह झकोरते, और आशा हिलोरों को ऊपर उठाकर पृथिवी में चूर कर देते हैं ।

(५) अढ़ार=राशि, समूह, भरा हुआ भण्डार । सं० अट्टाल ।

(८) सुभर समुँद=लहरों से भरा समुद्र ।

(९) काल भँवर= (१) समुद्र के बीच में काल के समान भयंकर भँवर, (२) काले भौंरे के समान पुतलियाँ ।

[१०४]

बरुनी का बरनौं इमि बनी । साँधे बान जानु दुइ अनी ।१।
जुरी राम रावन कै सैना । बीच समुंद भए दुइ नैना ।२।
वारहिं पार बनावरि साँधी । जासौं हेर लाग बिख बाँधी ।३।
उन्ह बानन्ह अस को को न मारा । बेधि रहा सगरौं संसारा ।४।
गँगन नखत जस जाहिं न गने । हैं सब बान ओहि के हने ।५।
धरती बान बेधि सब राखी । साखा ठाढ़ि देहिं सब साखी ।६।
रोवँ रोवँ मानुस तन ठाढ़े । सोतहि सोत बेधि तन काढ़े ।७।
बरुनि बान सब ओपहँ बेधे रन बन ढंख ।
सउजन्ह तन सब रोवाँ पंखिन्ह तन सब पंख ॥१०६॥

(१) उसकी बरौनियों का क्या वर्णन करूँ जो ऐसी बनी हैं मानों दो सेनाएँ आमने सामने बाण ताने हों ? (२) या राम और रावण की सेनाएँ सम्मुख खड़ी हैं । उनके बीच में दोनों नेत्रों के रूप में समुद्र भरा है (बीच की नासिका सेतुबन्ध है) । (३) वे दोनों सेनाएँ इस पार से उस पार तक बाणावली का संधान करती हैं । वह जिसके सम्मुख देख भर लेती है, उसे ही विष की ऐंठन लग जाती है । (४) उन बाणों से इसी प्रकार कौन कौन नहीं मारा गया ? सारा संसार उनसे बिंध रहा है । (५) आकाश के नक्षत्रों की भाँति वे गिने नहीं जाते । वे सब नक्षत्र भी उसी के मारे हुए बाण हैं । (६) सारी पृथिवी को भी उन बाणों ने वेध रखा है । वृक्षों की शाखाएँ खड़ी हुई इसकी साक्षी देती हैं । (७) वे ही बाण मनुष्य के शरीर में रोम रोम बनकर खड़े हैं, मानों शरीर के एक-एक रोम कूप को वेधकर भीतर से बाहर निकले हों ।

(८) उसके पास के अनेक बरौनी रूपी बाणों से ही जंगल वन और ढाके बेधे गए हैं। फलस्वरूप जंगली पशुओं के शरीरों के रोएँ और पक्षियों के सब पंख उन्हीं बाणों के रूप हैं।

(१) अनी=सेना। सं० अनीक > प्रा० अनीअ > अनी।
(३) बनवारि=बाणावलि (जायसी ने इसी प्रकार मेघावरि, हड़ावरि शब्दों का प्रयोग किया है)। बिख बाँधी=बिष के कारण पेंठन, बिष बुझे बाणों के घाव की अत्यन्त पीड़ायुक्त पेंठन। सं० बन्धिका > बन्धिआ > बाँधी=अंगों की जकड़न, ऐंठन। ये बाण केवल देखने से घायल कर देते हैं।
(७) सोतहि सोत=शरीर का प्रत्येक रोमकूप (इसी भाव के लिये देखिए ४७३।८–९)।
(८) ओपहँ =उसके पास। सं० पार्श्व।
(९) सउजन्ह–सं० श्वापद > प्रा० सावज्ज > साउज > सउज।

[१०५]

नासिक खरग देउँ केहि जोगू। खरग खीन ओहि बदन सँजोगू।१।
नासिक देखि लजानेउ सुआ। सूक आइ बेसरि होइ उआ।२।
सुआ सो पिअर हिरामनि लाजा। औरु भाउ का बरनौं राजा।३।
सुआ सो नाँक कठोर पँवारी। वह कोंवलि तिल पुहुप सँवारी।४।
पुहुप सुगंध करहिं सब आसा। मकु हिरगाइ लेइ हम बासा।५।
अधर दसन पर नासिक सोभा। दारिवँ देखि सुआ मन लोभा।६।
खंजन दुहुँ दिसि केलि कराहीं। दहुँ वह रस को पाव को नाहीं।७।
देखि अमिअ रस अधरन्हि भएउ नासिका कीर।
पवन बास पहुँचावै अस रम छाँड़ न तीर ॥१०७॥

(१) नासिका की खड्ग से क्या बराबरी करूँ? उसके मुख की तुलना में हीन उतरने के दुःख से ही तलवार कृश रहती है। (२) नासिका को देखकर सुग्गा लज्जित हुआ। स्वयं शुक्र उसकी नाक का बेसर बनकर प्रकाशित है। (३) मैं जो हीरामन सुग्गा हूँ उसी नासिका से लजाकर पीला हूँ। हे राजा, औरों की दशा का क्या वर्णन करूँ? (४) सुग्गे की नाक लुहार की सुम्मी की भाँति कठोर होती है, पर उसकी नाक कोमल है, मानों तिल फूल की कली से बनाई गई है। (५) जितने सुगन्धित पुष्प हैं, सब यही आशा करते हैं कि शायद किसी दिन वह हमें पास में लेकर हमारी बास सूँघ ले। (६) अधर और दाँतों के ऊपर नासिका की शोभा ऐसी लगती है मानों खिला हुआ अनार देखकर सुग्गा मन में लुभाकर वहाँ बैठा है। (७) उस नासिका के दोनों ओर नेत्ररूपी दो खञ्जन क्रीड़ा करते हैं। न जाने वह रस कौन पायगा, कौन नहीं।

(८) अधरों का अमृत रस देखकर उसे पाने के लिये मानों सुग्गा नासिका बना

बैठा है। (९) अधर के उस अमृत रस की सुगन्ध नासिका में जाने वाली वायु उस सुग्गे के पास पहुँचाती है, इसलिए वह सुग्गा ऐसा रम गया है कि उसके समीप से नहीं हटता।

(१) नासिका वर्णन—४७५।१–९।
(२) सूक आइ बेसरि—बेसर=नाक का लटकन। सं० द्वयस्र (द्वि+अस्र > बेसर। मूल में बेसर मन्दिरों के उस भूमितल के लिये प्रयुक्त होता था, जो आयत या वृत्ताकार न होकर चैत्य घरों की भाँति एक ओर से गोल और एक ओर से द्वयस्र या दो कोने वाला होता था। जायसी से पहले नाक के आभूषणों का साहित्यिक उल्लेख सम्भवतः नहीं है। संस्कृत साहित्य अथवा प्राचीन भारतीय कला में नथ, बेसर आदि नाक के किसी आभूषण का प्रमाण या अंकन नहीं मिलता।
(३) भाव=दशा, भाग्य।
(४) पँवारी=लोहार की छेद करने की सुम्मी (शब्द सागर)।
(५) हिरगाइ—हिरगाना=हिलगाना, पास में लाना।

[१०६]

अधर सुरंग अमिअ रस भरे। बिंब सुरंग लाजि बन फरे।१।
फूल दुपहरी मानहुँ राता। फूल झरहिं जब जब कह बाता।२।
हीरा गहै सो बिद्रुम धारा। बिहँसत जगत होइ उजियारा।३।
भए मँजीठ पानन्ह रंग लागे। कुसुम रंग थिर रहा न आगें।४।
अस कै अधर अमिअ भरि राखे। अबहिं अछत न काहूँ चाखे।५।
मुख तँबोल रँग धारहिं रसा। केहि मुख जोग सो अँब्रित बसा।६।
राता जगत देखि रँग राते। रुहिर भरे आछहिं बिहँसाते।७।
अमिअ अधर अस राजा सब जग आस करेइ।
केहि कहँ कँवल बिगासा को मधुकर रस लेइ॥१०८॥

(१) अधर लाल हैं और अमृत रस से भरे हैं। उनसे लजाकर लाल बिम्बाफल वन में जाकर फलता है। (२) अधर क्या हैं मानों लाल गुल दुपहरिया (बन्धूक पुष्प) हैं। जब वह बोलती है मानों बन्धूक के फूल झड़ने लगते हैं। (३) जब वह हँसती है तो दाँत रूपी हीरे अधर रूपी विद्रुम की कान्ति को अपनी शुभ्रता से जीत लेते हैं और संसार में उजाला हो जाता है। (४) पानों का रंग लगने से वे ओठ मँजीठी रंग के हो गए हैं। उनके आगे मँजीठ के पुष्पों का रंग भी टटका नहीं रहा अर्थात् वे फूल मुरझाए या उतरे हुए से लगते हैं। (५) उन अधरों में अमृत ऐसा छलकता हुआ भरा है, क्योंकि अभी वे अक्षत हैं, किसी ने उनका स्वाद नहीं लिया, अर्थात् किसी ने वह अमृत पिया नहीं, इसलिये खूब भरा है। (६) मुख के ताम्बूल का रंग रसा हुआ (अर्थात्

शनैः शनैः टपककर संचित हुआ) उन अधरों पर लगा है। अमृत से बसे हुए उस अधर के पान का सौभाग्य न जाने किसे मिलेगा ? (७) रंग से भरे हुए उन अधरों को देखकर सारा संसार राग से भर गया। इसे देखकर रुधिर से चुचुआते हुए वे अधर हँसते रहते हैं।

(८-९) हे राजा, उसके अधर का अमृत ऐसा है कि सारा जग उसके पाने की आस करता है। न जाने किसके लिये वह कमल खिला है ? कौन भौंरा उस रस को पिएगा ?

(१) अधर वर्णन-दो० ४७६।१-९।
लाजि बन फरे-बिम्बाफल की बेल उसके अधर की लाली से परास्त हो वन के एकान्त में जाकर अपने लाल फल फलती है कि कोई दोनों में तुलना न कर सके।
(२) फूल दुपहरी=गुल दुपहरिया, गुड़हल का पुष्प। सं० बन्धूक।
(३) धारा=पानी, आब, कान्ति। हँसते समय भीतर के हीरे (दाँत) बाहर के विद्रुम (अधरों) को अपनी आभा से दबा देते हैं और उस शुभ्रता से जग का अँधियार मिट जाता है।
(६) रसा-क्रि० रसना, बूँद बूँद टपकना।

[१०७]

दसन चौक बैठे जनु हीरा। औ बिच बिच रँग स्याम गँभीरा ।१।
जनु भादौं निसि दामिनि दीसी। चमकि उठी तसि भीनि बतीसी ।२।
वह जो जोति हीरा उपराहीं। हीरा दिपहिं सो तेहि परिछाहीं ।३।
जेहि दिन दसन जोति निरमई। बहुतन्ह जोति जोति ओहि भई ।४।
रबि ससि नखत दीन्हि ओहि जोती। रतन पदारथ मानिक मोती ।५।
जहँ जहँ बिहँसि सुभावहि हँसी। तहँ तहँ छिटकि जोति परगसी ।६।
दामिनि दमकि न सरबरि पूजा। पुनि वह जोति और को दूजा ।७।
बिहँसत हँसत दसन तस चमके पाहन उठे झरक्कि।
दारिवँ सरि जो न कै सका फाटेउ हिया दरक्कि ॥१०७॥

(१) आगे के चार दाँत मानों हीरे की तरह जड़े हैं। उनके बीच बीच में मिस्सी का गहरा श्याम रंग है। (२) जैसे भादों की रात में बिजली दिखाई देती है, वैसे ही उसकी मिस्सी लगी हुई बत्तीसी चमक उठती है। (३) वह जो ज्योति है हीरे से बढ़कर है। हीरे जो चमकते हैं, वे उसीकी परछाईं से। (४) जिस दिन दाँतों की ज्योति निर्मित हुई, उस ज्योति से और कितनों की ज्योतियाँ उत्पन्न हुईं। (५) उसीने सूर्य, चन्द्र और नक्षत्रों को ज्योति दी। उसी ने रत्न, हीरे, माणिक्य और मोतियों को ज्योति दी। (६) जहाँ जहाँ वह अपनी स्वभाविक मुस्कान से हँसी वहीं उसकी दशन ज्योति छिटक कर चमकने लगी। (७) बिजली की दमक उसकी बराबरी नहीं करती। उस ज्योति के

सामने दूसरी ज्योति और कौन सी है ?

(८) उसके मुस्कराने या हँसने से दाँत ऐसे चमके कि उससे पत्थर झलक उठे (और रत्न बन गए)। (९) अनार उसकी बराबरी नहीं कर सका, इसलिए उसका हृदय दलक कर फट गया।

(१) चौक–सं० चतुष्क, आगे के चार दांत।
(२) भीनि–सं० भिन्न=भिदी हुई, छोटो।
(८) उठे झरकि=झलक या चमक उठे। उसकी दशन ज्योति की छाया से ही पत्थर झलककर रत्न हो गए।

[१०८]

रसना कहौं जो कह रस बाता। अंब्रित बचन सुनत मन राता।१।
हरै सो सुर चात्रिक कोकिला। बीन बंसि वह बैनु न मिला।२।
चात्रिक कोकिल रहहिं जो नाहीं। सुनि वह बैन लाजि छपि जाहीं।३।
भरे पेम मधु बोलै बोला। सुनै सो माति घुमि कै डोला।४।
चतुर बेद मति सब ओहि पाहाँ। रिग जजु साम अथर्बन माहाँ।५।
एक एक बोल अरथ चौगुना। इंद्र मोह बरम्हा सिर धुना।६।
अमर भारथ पिंगल औ गीता। अरथ जूझ पंडित नहिं जीता।७।
भावसती ब्याकरन सरसुती पिंगल पाठ पुरान।
बेद भेद सैं बात कह तस जनु लागहि बान ॥१०।१०॥

(१) उसकी रसना का वर्णन करता हूँ, जिससे वह रस की बातें कहती है। उसके अमृत वचन सुनने से सबका मन अनुरक्त हो जाता है। (२) उस स्वर ने चातक और कोकिल का स्वर हर लिया है। वीणा और वंशी में भी वह स्वर नहीं मिलता। (३) चातक और कोयल जो समय समय पर देश छोड़कर चले जाते हैं वे मानों उसी वचन को सुनकर लज्जा से छिप जाते हैं। (४) वह प्रेम के अमृत से भरे हुए वचन बोलती है। जो सुनता है वही मतवाला होकर चक्कर खाकर गिर जाता है। (५) चारों वेदों का ज्ञान जितना ऋक, यजु, साम और अथर्व में है सब उसके पास है। (६) उसकी एक एक बात में चार-चार अर्थ हैं जिसके समझने में इन्द्र मोहित हो जाता है और ब्रह्मा सिर धुनने लगते हैं। (७) अमरकोश, महाभारत, पिंगल छंद और गीता सम्बन्धी शास्त्रार्थ में पण्डित भी उससे नहीं जीतते।

(८) भास्वती ज्योतिष, व्याकरण, पिंगल और पुराणों (धर्म-ग्रन्थों) के पाठ में वह साक्षात् सरस्वती के समान है। (९) वेद के रहस्य के विषय में अपनी ओर से ऐसे वचन कहती हैं कि सुनने वाले के हृदय में बाण जैसे चुभ जाते हैं।

(५) रसना वर्णन–दो० ४७८।१–९ ।
(६) चौगुना–श्लेष से एक वाक्य के चार अर्थ ।
(७) जायसी ने उस समय के कुछ पाठ्य ग्रन्थों का नाम लिया है जिनके विषय में उन्होंने सुना था ।
अरथ जूझ=अर्थ युद्ध, शास्त्रार्थ ।
(८) भावसती–भास्वती–शतानन्द विरचित ज्योतिष का करण ग्रन्थ ।

[१०९]

पुनि बरनौं का सुरंग कपोला । एक नारँग के दुश्रौ अमोला ।१।
पुहुप पंक रस अंब्रित साँधे । केइँ ये सुरँग खिरौरा बाँधे ।२।
तेहि कपोल बाएँ तिल परा । जेइँ तिल देख सो तिल तिल जरा ।३।
जनु घुँघुची वह तिल करमुहाँ । बिरह बान साँधा सामुहाँ ।४।
अगिनि बान तिल जानहुँ सूझा । एक कटाख लाख दुइ जूझा ।५।
सो तिल काल मेंटि नहिं गएऊ । अब वह गाल काल जग भएऊ ।६।
देखत नैन परी परिछाहीं । तेहितें रात स्याम उपराहीं ।७।
सो तिल देखि कपोल पर गँगन रहा धुव गाड़ि ।
खिनहि उठै खिन बूड़ै डोलै नहिं तिल छाँड़ि ॥१०।११॥

(१) फिर लाल कपोल का क्या वर्णन करूँ, मानों एक नारंगी के दो अनमोल खंड हैं। (२) पुष्पों के पराग और अमृत के रस को सानकर किसने ये कत्थे की सुरंग टिकियाँ बाँधी हैं ? (३) उसके बाएँ कपोल पर तिल है। जो वह तिल देखता है उसके शरीर के तिल तिल में आग लग जाती है। (४) मानों घुँघची उसी तिल से कलमुँही बनी है। वह तिल सीधा सामने की ओर ताना हुआ विरह बाण है। (५) वह तिल अग्निबाण सा दिखाई देता है। एक कटाक्ष से लाख दो लाख जूझ जाते हैं। (६) वह काला तिल गाल से मिटाया नहीं गया। अब वही गाल संसार के लिये काल रूप हो गया है। (७) नेत्रों ने जैसे ही गाल के उस तिल को देखा, उनमें उसकी परछाईं पड़ गई। इसीसे वे भीतर काले और ऊपर लाल दीख पड़ते हैं।

(८) कपोल के उस तिल को देखकर उसके सौन्दर्य से ध्रुव नक्षत्र आकाश में एक जगह ठिठक गया। (९) वह और नक्षत्रों की भाँति कभी निकलता है, कभी अस्त होता है, पर अपने स्थान से तिल भर भी नहीं हटता।

(२) खिरौरा=कत्थे की टिकिया (खिरौरी ३९।२)। सं० खदिरवटक > खइरवडअ > खइर उरअ > खिरौरा, स्त्री खिरौरी (३९।२)।
(४) सामुहाँ=सं० सम्मुख ।
साँधा–धा० साँधना=संधान करना ।

[११०]

स्रवन सीप दुइ दीप सँवारे। कुंडल कनक रचे उँजिआरे।१।
मनि कुंडल चमकहिं अति लोने। जनु कौंधा लौकहिं दुहुँ कोने।२।
दुहुँ दिसि चाँद सुरुज चमकाहीं। नखतन्ह भरे निरखि नहिं जाहीं।३।
तेहि पर खूँट दीप दुइ बारे। दुइ धुव दुऔ खूँट बैसारे।४।
पहिरें खुंभी सिंघल दीपी। जानहुँ भरी कचपची सीपी।५।
खिन खिन जबहिं चीर सिर गहा। काँपत बीज दुहूँ दिसि रहा।६।
डरपहिं देव लोक सिंघला। परै न बीज टूटि एहि कला।७।
करहिं नखत सब सेवा स्रवन दिपहिं अस दोउ।
चाँद सुरज अस गहने औरु जगत का कोउ॥१०।१२

(१) कान रूपी सीपियों में मानों दो दीपक प्रज्वलित हैं। वह उनमें सोने के चमकीले कुंडल पहने हुए है। (२) मणि जटित कुण्डल चमकते हुए अति सुन्दर लगते हैं, मानों दोनों कोनों में बिजलियाँ कौंधती हों। (३) दोनों दिशाओं में चाँद और सूर्य की भाँति वे कुण्डल चमकते हैं। चुन्नी रूपी नक्षत्रों से जड़ाऊ उनकी ओर देखा नहीं जाता। (४) उनके ऊपर की ओर खूँट नामक आभूषण दो दीपों की भाँति प्रज्वलित हैं, जैसे दोनों ओर दो ध्रुव नक्षत्र जड़ दिए गए हों। (५) सिंहल द्वीप की बनी खुम्भी पहिनने से कान ऐसे लगते हैं जैसे कचपचिया नक्षत्रों से भरी हुई सीपी हों। (६) क्षण क्षण में जब वह अपना वस्त्र सिर पर सम्हालती है तो कुण्डलों के हिलने से दिशाओं में मानों बिजली चमक जाती है। (७) उस समय सिंहल के देवता भी डरपते हैं कि कहीं इस बिजली की कला टूटकर न गिर पड़े।

(८) दोनों कान जड़ाऊ रत्नों से ऐसे चमकते हैं मानों सब नक्षत्र सेवा करते हों। चाँद और सूर्य जैसे भी उसके आभूषण हैं। जगत् में औरों की बात ही क्या ?

(१) श्रवण वर्णन—दो० ४७९।१-९।
(२) कौंधा=बिजली।
लौकहिं=चमकते हैं।
(४) खूंट=कान का एक गहना। ज्योतिरीश्वर ठक्कुर ने नायिका के अलंकारों की सूची में 'खुटी' नाम से एक आभूषण का उल्लेख किया है (वर्ण रत्नाकर, पृ० ४)। पृ० ४६ पर नायिका के आभूषणों की दूसरी सूची में खुन्ती का भी उल्लेख है। खूट और खूँटी के लिये दे० ४७९।७।
(५) खुम्भी=कुकुरमुत्ते की टोपी के आकार का कान के छेद में पहिनने का गहना।
कचपची=कृत्तिका नक्षत्र।
(९) गहने=आभूषण। सं० ग्रहणक > गहणअ > गहना।

[१११]

बरनौं गीवँ कूँज कै रीसी। कंज नार जनु लागेउ सीसी।१।

कुंदै फेरि जानु गिउ काढ़ी । हरी पुछारि ठगी जनु ठाढ़ी ।२।
जनु हिय काढ़ि परेवा ठाढ़ा । तेहि तें अधिक भाउ गिउ बाढ़ा ।३।
चाक चढ़ाइ साँच जनु कीन्हा । बाग तुरंग जानु गहि लीन्हा ।४।
गिउ मँजूर तँवचुर जो हारा । वहै पुकारहिं साँझ सँकारा ।५।
पुनि तिहि ठाउँ परी तिरि रेखा । घूँटत पीक लीक सब देखा ।६।
धनि सो गीव दीन्हेउ बिधि भाऊ । दहुँ कासौं लै करै मेराऊ ।७।
कंठ सिरी मुकुताहल माला सोहै अभरन गीवँ ।
को होइ हार कंठ ओहि लागै केइँ तपु साधा जीवँ ॥१०।१३॥

(१) उसकी ग्रीवा का वर्णन करता हूँ, जो क्रौंच पक्षी की ग्रीवा के सदृश है। अथवा कमल की नाल मानों शीशी में लगा दी गई है। (२) ग्रीवा मानों खराद पर चढ़ाकर बनाई गई है अथवा वह मोरनी से ली गई है, जिसके कारण मोरनी ठगी सी खड़ी है। (३) छाती फुलाकर खड़े हुए कबूतर की ग्रीवा से भी अधिक उसकी ग्रीवा का सौन्दर्य है। (४) चाक पर चढ़ाकर उसकी गोलाई सच्ची की गई है। बाग खींचने पर जैसे घोड़े की गर्दन खड़ी हो जाती है वैसी ही उसकी छवि है। (५) उसकी ग्रीवा से मोर और कुक्कुट हार गए। इसीलिए वे सायं प्रातः चिल्लाते हैं। (६) फिर उस गर्दन में तीन रेखाएँ पड़ी हैं। जब वह पान की पीक सटकती है वे तीनों लीकें दिखाई पड़ती हैं। (या उन लीकों को सब देखते हैं)। (७) दैव ने उस ग्रीवा को अधिक सौन्दर्य दिया है। न जाने किससे उसका सम्मिलन कराएगा ?

(८) कंठसिरी और मोतीमाला ये दो आभूषण ग्रीवा में शोभित हैं। (९) कौन हार बनकर उस कण्ठ में लगेगा ? किसने जीवन में ऐसा तप साधा है ?

(१) कूँज=क्रौंच पक्षी। रीसी–सं०सदृश > प्रा० सरिस > रीस
(२) कुंदै=खराद।
(५) मँजूर=सं० मयूर। तँवचुर–सं० ताम्रचूड़=कुक्कुट।
(६) घूँटत=घूँट पीना। प्रा० घुट्टइ < सं० पिब का धात्वादेश।
(७) कंठसिरी–सं० कण्ठश्री=गले से लगा हुआ एक आभूषण।
ग्रीवा वर्णन के लिये देखिए दोहा ४८१।१-९।

[११२]

कनक दंड दुइ भुजा कलाई । जानहुँ फेरि कुँदेरैं भाई ।१।
कदलि खाँभ की जानहुँ जोरी । औ राती ओहि कँवल हथोरी ।२।
जानहुँ रकत हथोरीं बूड़ीं । रबि परभात तात वह जूड़ीं ।३।
हिया काढ़ि जनु लीन्हेसि हाथाँ । रकत भरी अँगुरी तेहिं साथाँ ।४।

औ पहिरें नग जरी अँगूठी । जग बिनु जीव जीव ओहि मूठी ।५।
बाँहू कंगन टाड़ सलोनी । डोलति बाँह भाउ गति लोनी ।६।
जानहुँ गति बेड़िनि देखराई । बाँह डोलाइ जीउ लै जाई ।७।
भुज उपमा पँवनारि न पूजी खीन भई तेहि चित ।
ठाँवहिं ठाँव बेह भे हिरदैं ऊभि साँस लेइ निंत ।।१०।१४।।

(१) दोनों भुजाएँ और कलाई सुवर्ण के दण्ड की तरह हैं, मानों खरादी ने खराद पर घुमाकर उन्हें सुन्दर बनाया है। (२) वे मानों केले के खम्भों की जोड़ी हैं। उसकी लाल हथेलियाँ कमल की तरह हैं। (३) जान पड़ता है वे हथेलियाँ रक्त में डूबी हुई हैं। उनकी लाली प्रातःकालीन सूर्य की भाँति कैसे कही जाय ? प्रभात का सूर्य गर्म और वह ठण्डी है। (४) कितनों का हृदय निकालकर मानों उसने अपने हाथों में लिया है ? तभी तो उसके संयोग से अँगुलियाँ रक्त में भरी हुई हैं। (५) वे अँगुलियाँ रत्न जठित अँगूठियाँ पहिने हैं। संसार बिना प्राण के है क्योंकि जग का प्राण उसकी मुट्ठी में है। (६) उसकी भुजा कंगन और टड्डों से सुशोभित है। जब वह भुजा घुमाती है तो उसकी सुन्दर चाल अति सुन्दर लगती है। (७) मानों कला करने वाली नटिनी अपनी मोड़ मुड़क वाली चाल दिखा रही हो, जो बाँह घुमाकर प्राण हर ले जाती है।

(८) भुजा की तुलना में पद्मनाल (कमल की डंडी) पूरी नहीं उतरी तो इसी सोच में वह पतली पड़ गई। (९) उसके हृदय में स्थान स्थान पर छेद हो गए और वह ऊँची होकर नित्य गहरी सांस भरती है।

(१) भुज वर्णन–दो० ४८२।१-९ ।
कुँदेरें=खरादी । कुंदकर > कुंदयर > कुंदइर > कुँदेरा (पाली चुंदकार)।
फेरि–फेरना=घुमाना ।
भाई=फेरकर सुन्दर करना । सं० भा धातु ।
(२) हथोरी–सं० हस्तपुटिका ।
(६) टाड़=टड्डे । अर्द्ध० प्रा० टड्डय=टूड्डुआँ अंगद या वलय ।
(७) बेड़िनि=नट जाति की स्त्री ।
(८) पँवनारि–सं० पद्मनाल ।
(९) बेह–सं० वेध ।

[११३]

हिया थार कुच कंचन लाडू । कनक कचोर उठे करि चाडू ।१।
कुन्दन बेल साजि जनु कूँदे । अंब्रित भरे रतन दुइ मूँदे ।२।
बेधे भँवर कंट केतुकी । चाहहिं बेध कीन्ह कंचुकी ।३।
जोबन बान लेहिं नहिं बागा । चाहहिं हुलसि हिएँ हटि लागा ।४।

अगिनि बान दुइ जानहु साँधे । जग बेधहिं जौं होहिं न बाँधे ।५।
उतँग जँभीर होइ रखवारी । छुइ को सकै राजा कै बारी ।६।
दारिवँ दाख फरे अनचाखे । अस नारँग दहुँ का कहँ राखे ।७।
राजा बहुत मुए तपि लाइ लाइ भुइँ माथ ।
काहूँ छुअै न पारे गए मरोरत हाथ ।।१०।१५।।

(१) हृदय रूपी थाल में दोनों कुच मानों सोने के दो लड्डू हैं। सोने के दो उभरे हुए कटोरे उन कुचों के सौन्दर्य की चाटुकारी करते हैं। (२) सोने के बिल्वफल बनाकर मानों खराद पर चढ़ाए गए हैं। दोनों को अमृत से भरकर रत्नों से मुद्रित कर दिया गया है। (३) अथवा वे केतकी की सूइयों के समान हैं जिनके काँटों में दो भौंरे छिद गए हैं। वे नुकीले स्तन कंचुकी को वेधकर निकलना चाहते हैं। (४) वे यौवन के बाण बाग नहीं मानते (वश में नहीं हैं)। बलपूर्वक किसी के हृदय में हुलस कर लग जाना चाहते हैं। (५) अथवा मानों दो अग्निबाण साधे गए हैं। यदि बँधे न हों तो सारे संसार को बेध डालें। (६) उन ऊँचे जँभीरी नींबुओं की रखवाली होती है। राजा की बगीची में उन्हें कौन छू सकता है (राजकंन्या के उन स्तनों को कौन छू सकता है)? (७) स्तन और उनके अग्रभाग ऐसे हैं, मानों अनार और अंगूर फले हैं। जिन्हें किसी ने चखा नहीं ऐसे नारंग फल न जाने किसके लिए रखे हैं?

(८) हे राजा, अनेक लोग तप करके और पृथिवी पर मत्था टेक टेक मर गए। (९) कोई उन कुचों को छू न सके और हाथ मलते चले गए।

(१) कुच वर्णन—दो० ४८३।१-९ । हिया थार—यह कल्पना आगे ३२५।५ में भी की गई है। ४८३।१ में हृदय रूपी थाल में रखे हुए कुचों की सोने के कटोरों से उपमा दी गई है। करि चाडू=खुशामद करके। चाडू—सं० चाटु > प्रा० चाडु।
(२) मूँदे—सं० मुद्र=मुहुर करना, मूँदना।
(४) जोबन=स्तन या यौवन
बान=बाण, या गोले (५०७।८)।
(५) अगिनि बान=गोले या हवाइयाँ (१०९।५, ५२४।४)।

[१११]

पेट पत्र चंदन जनु लावा । कुंकुह केसरि बरन सोहावा ।१।
खीर अहार न कर सुकुवाँरा । पान फूल के रहै अधारा ।२।
स्याम भुअंगिनि रोमावली । नाभी निकसि कँवल कहँ चली ।३।
आइ दुहूँ नारंग बिच भई । देखि मँजूर ठमकि रहि गई ।४।
जनहुँ चढ़ी भँवरन्हि कै पाँती । चंदन खाँभ बास कै माँती ।५।
कै कालिंद्री बिरह सताई । चलि पयाग अरइल बिच आई ।६।

नाभी कुंडर बानारसी । सौहँ को होइ मीचु तहँ बसी ।७।
सिर करवत तन करसी लै लै बहुत सीझे तेहि आस ।
बहुत धूम घूँटत मैं देखे उतरु न देइ निरास ॥१०।१६॥

(१) पेट मानों चन्दन का पत्र है। वह कुंकुम और केसर के वर्ण जैसा सुशोभित है। (२) वह ऐसा सुकुमार है कि क्षीर का आहार भी नहीं लेता, केवल पान फूल के आधार से रहता है। (३) रोमावली काली नागिनी है, जो नाभि से निकलकर मुख रूपी कमल से मिलने जा रही है। (४) वह स्तन रूपी दो नारंगियों के बीच में होकर निकली, पर सामने ग्रीवा रूपी मयूर देखकर वहीं ठमककर रह गई। (५) मानों चन्दन के खम्भे की सुगन्ध से मतवाली होकर भौंरों की पंक्ति उस पर एकत्र हुई है। (६) अथवा, विरह की सताई यमुना प्रयाग की ओर चली है और गंगा से मिलने के लिये अरइल तक आई है। (७) उसका नाभिकुंड बनारस है जहाँ लोग काशी करवत लेते हैं। वहाँ मृत्यु का बास है, कौन सामने हो सकता है?

(८) उसकी आशा से अनेकों ने सिर पर आरा लिया और शरीर को करसी (कंडे) की आग में जलाया। (९) बहुतों को मैंने धुंआँ पीते देखा। पर वह निराश (जिसे किसी से कुछ इच्छा नहीं) किसी को उत्तर नहीं देती।

(६) अरइल–प्रयाग का वह स्थान जहाँ यमुना गंगा से मिली है।
(७) बानारसी–काशी करवत का वह कुआँ जिसमें लोग अपने आपको आरों पर गिराकर प्राणान्त कर देते थे।
(८) सिर करवत=सिर पर आरा लेकर शरीर को चिरवा देना (देखिए १००।७)।
तन करसी–प्रयाग में कंडों की आग पर शरीर को भस्म करना। यह मध्य कालीन प्रथा थी। तुलना कीजिए, तुलसी–गीध अजामिल गणिका आदिक लै करसी प्रयाग कब सीझे।
धूम घूँटत=उलटे लटककर धुंआ पीते हुए। घूँटत (१११।६)।

[११५]

बैरिनि पीठि लीन्ह ओइँ पाछें। जनु फिरि चली अपछरा काछें।१।
मलयागिरि कै पीठि सँवारी। बेनी नाग चढ़ा जनु कारी।२।
लहरैं देत पीठि जनु चढ़ा। चीर ओढ़ावा कंचुकि मढ़ा।३।
दहुँ का कहँ असि बेनी कीन्ही। चंदन बास भुअंगन्ह दीन्ही।४।
किस्न कै करा चढ़ा ओहि माथें। तब सो छूट अब छूट न नाथें।५।
कारी कँवल गहे मुख देखा। ससि पाछें जस राहु बिसेखा।६।
को देखै पावै वह नागू। सो देखै माथें मनि भागू।७।
पन्नग पंकज मुख गहे खंजन तहाँ बईठ।

छात सिंघासन राजधन ता कहँ होइ जो डीठ ॥१०।१७॥

(१) बैरिन पीठ को उसने अपने पीछे लिया है, मानों अप्सरा सज बज कर पीठ घुमा कर चली हो। (२) वह पीठ मानों मलयगिरि चन्दन से सँवारी गई है। उस पर वेणी ऐसी है मानों काला नाग चढ़ा हो। (३) लहराता हुआ वह पीठ पर चढ़ा है। उसके ऊपर ओढ़ाया हुआ वस्त्र ऐसा लगता है, मानों नाग केंचुली के भीतर हो। (४) न जाने किसके लिये ऐसी सुन्दर वेणी रची गई थी। पर चन्दन की सुगन्ध भुजंगों के पास पहुँच गई। (५) कृष्ण कला करके उस वेणी रूप नागिनी के मस्तक पर चढ़े थे। तब तो वह छूट गई थी अब की बार नाथी जाने पर न छूट पायगी। (६) अथवा पद्मावती का मुख वेणी के साथ ऐसा दिखाई पड़ता है मानों काला नाग कमल लिए हो; अथवा चन्द्रमा के पीछे राहु दिखाई पड़ा हो। (७) कमल के साथ नाग के उस शकुन को कौन देख पाता है? जिसके मस्तक पर भाग्य की मणि है वही उसे देखेगा।

(८) मुख में कमल लिए हुए एक नाग है। उस पर खञ्जन बैठा है (नाग=वेणी; पंकज=मुख; खंजन=नेत्र)। (९) इस शकुन को जो देखेगा उसीको छत्र, सिंहासन, राज और धन की प्राप्ति होगी।

(१) जनु फिरि चला अपछरा काछें–यह उपमा मध्यकालीन शिल्पकला से ली गई है। खजुराहो, भुवनेश्वर आदि में सुर सुन्दरी अप्सराओं की अनेक मूर्त्तियाँ हैं, जिनमें वे सामने की ओर चलती हुई गर्दन मोड़कर पीछे पीठ की ओर देखती बनाई गई हैं। इसका सर्वोत्तम उदाहरण एटा जिले की नोह खास गांव की रुक्मिणी नामक अप्सरा मूर्त्ति है (कुमारस्वामी, भारतीय कला का इतिहास, चित्र २२६)

(४) भुअंगन्ह=साँप जो चन्दन की गन्ध पाकर घिर आते हैं; भुजंग या कामासक्त प्रेमी।

(६) कारी कँवल गहे–यह शकुन कहा गया है। कालिय नाग कमल लेकर कृष्ण के साथ आया था राहु–ज्योतिष के एक मत के अनुसार राहु की आकृति सर्प की है।

(९) राजधन=राज्य और धन, अथवा राज कन्या।

[११६]

लंक पुहुमि अस आहि न काहूँ। केहरि कहौं न ओहि सरि ताहूँ।१।
बसा लंक बरनै जग झीनी। तेहि तें अधिक लंक वह खीनी।२।
परिहँस पिअर भए तेहिं बसा। लीन्हे लंक लोगन्ह कहँ डँसा।३।
जानहुँ नलिनि खंड दुइ भईं। दुहुँ बिच लंक तार रहि गई।४।
हिय सौं मोरि चलै वह तागा। पग देत कत सहि सक लागा।५।
छुद्र घंटि मोहहिं नर राजा। इंद्र अखार आइ जनु साजा।६।
मानहुँ बीन गहे कामिनी। रागहिं सबै राग रागिनी।७।
सिंघ न जीता लंक सरि हारि लीन्ह बन बासु।
तेहि रिस रकत पिअै मनई कर खाइ मार कै मांसु ॥१०।१८॥

(१) पृथिवी में ऐसी कटि और किसीकी नहीं है। सिंह के पास कहूँ, तो उसकी भी उसके साथ बराबरी नहीं है। (२) बर्र की कमर को संसार पतली कहता है, किन्तु पद्मावती की कमर उससे भी पतली है। (३) इस ईर्ष्या से बर्रें पीली पड़ गईं और अपनी कमर लिए हुए लोगों को डँसती फिरती हैं। (४) मानो कमलिनी के दो टुकड़ों में टूट जाने पर बीच में पतले तार रह गए हैं, वही उसकी कमर है। (५) वे तार हृदय की गति से भी मुड़ जाते हैं। पर यदि वह पैर उठाकर चले तो वह जोड़ कैसे सह सकेगा ? (६) हे राजा, कमर में क्षुद्र घण्टिकाएँ बजती हुईं मनुष्यों को मोहती हैं, मानों इन्द्र का अखाड़ा ठाठ बाट (झंकारती हुई अप्सरा और वाद्यों) के साथ आया हो। (७) वह ध्वनि ऐसी है, मानों स्त्रियाँ वीणा लिए सब राग रागिनी गा रही हों।

(८) कमर की बराबरी करके सिंह नहीं जीत सका, इसीलिए हारकर उसने वनवास ले लिया है। (९) उसी क्रोध में वह मनुष्यों का रक्त पीता और उन्हें मारकर माँस खा जाता है।

(१) कटि वर्णन—दो० ४८४।१-९।

(२) बसा=बर्र।

(५) लागा, लाग=जोड़ अथवा, सक लागा=संदेह है।

(६) इन्द्र अखार—इन्द्र का अखाड़ा जहाँ अप्सराओं की कमर में बँधी हुई क्षुद्रघंण्टिकाएँ इसी तरह बजती हैं। अखारा=नृत्य संगीत आदि का समाज (५२७।१, ५५७।४)।

[११७]

नाभी कुंडर मलै समीरू। समुँद भँवर जस भँवै गँभीरू ।१।
बहुतै भँवर बौंडरा भए। पहुँचि न सके सरग कहँ गए ।२।
चंदन माँझ कुरंगिनि खोजू। दहुँ को पाव को राजा भोजू ।३।
को ओहि लागि हिवंचल सीझा। का कहँ लिखी असे को रीझा ।४।
तीवइ कँवल सुगंध सरीरू। समुँद लहरि सोहै तन चीरू ।५।
झूलहिं रतन पाट के झोंपा। साजि मदन दहुँ काकहँ कोपा ।६।
अबहिं सो आहि कँवल कै करी। न जनौं कवन भँवर कहँ धरी ।७।
बेधि रहा जग बासना परिमल मेद सुगंध।
तेहि अरघानि भँवर सब लुबुधे तजहिं न नीवी-बंध ॥१०।१६॥

(१) उसके नाभि कुण्ड में मलय की सुगन्धित वायु बहती है। समुद्र के भँवर की भाँति वह गम्भीर नाभि घूमी हुई है। (२) अनेक लोग उस भँवर के बवण्डर में आ गए और निश्चित स्थान तक न पहुँचकर स्वर्ग को चले गए। (३) नाभि कुण्ड से नीचे चन्दन में हिरनी का पद चिह्न (गुह्य स्थान) बना है। न जाने कौन उसको पाएगा ? हे राजा, कौन उसका भोग करने वाला है, अथवा भानुमती के प्रेमी राजा भोज के

समान कौन भाग्यशाली उसे पाएगा ? (४) कौन उसके लिये हिमालय में तप करके सिद्ध हुआ है ? किसके लिये वह लिखी है ? उसके लिये ऐसा कौन रीझा है ? (५) उस बाला का शरीर कमल की बास से सुगन्धित है। उसके तन पर समुद्रलहर नामक वस्त्र शोभित है। (६) रत्न लगे हुए रेशम के झुग्गे सामने लटकते हैं। न जाने कामदेव अपना साज सजाकर किस पर कुपित हुआ है ? (७) अभी वह कमल की कली है। न जाने किस भौंरे के लिये सुरक्षित है ?

(८) उसकी सुगन्धि से संसार बेधा हुआ है। उसकी परिमल मेद की तरह सुगन्धित है। (९) उस गंध से ललचाए हुए अनेक भौंरे उसके नीवी बन्धन के पास से नहीं जाते।

(१) मलय समीरु=गुह्य स्थान के समीप चन्दन की कल्पना तीसरी पंक्ति में की गई है। उसीकी सुगन्धित वायु नाभि कुण्ड की ओर आती है।

(२) बौंवरा=बवण्डर, वातमण्डल। क्रि० बौंडराना=वायु गोले की तरह घूमना।

(३) कुरंगिनि खोजू=हिरनी के खुर का चिन्ह। स्त्री के गुह्यस्थान के लिये यह कल्पना प्राचीन थी–

अन्यत्र भीष्माद् गांगेयादन्यत्र च हनूमतः
हरिणीखुर मात्रेण मोहितं सकलं जगत्।

(५) समुद्र लहर=एक प्रकार का लहरिया वस्त्र, यह वही जान पड़ता है जिसे वर्ण रत्नाकार की वस्त्र सूची में गंगा सागर कहा गया है (वर्णरत्नाकर, पृ० २१)।

(६) पाट=रेशम।
झोंपा=झुग्गे।

(८) मेद=एक प्रकार की सुगन्धि जो अबुल फजल के अनुसार बिल्ली की जाति के किसी जानवर के बहे हुए मद को सुखाकर बनाई जाती थी। (आईन अकबरी, आईन ३० ब्लाखमैन कृत अनुवाद, पृ० ८५)।
परिमल=स्मरमंदिर की गंध।

(९) अरघानि–सुगंध (६१।२, ९९।३, १७८।८)।

[११८]

बरनौं नितँब लंक कै सोभा। औ गज गवन देखि सब लोभा ।१।
जुरे जंघ सोभा अति पाए। केरा खाँभ फेरि जनु लाए ।२।
कँवल चरन अति रात बिसेखे। रहहिं पाट पर पुहुमि न देखे ।३।
देवता हाथ हाथ पगु लेहीं। पगु पर जहाँ सीस तहँ देहीं ।४।
माँथें भाग को दहुँ अस पावा। कँवल चरन लै सीस चढ़ावा ।५।
चूरा चाँद सुरुज उजिआरा। पायल बीच करहिं झनकारा ।६।
अनवट बिछिआ नखत तराईं। पहुँचि सकै को पावन्हि ताईं ।७।
बरनि सिंगार न जानेउँ नखसिख जैस अभोग।
तस जग किछौ न पावौं उपमा देउँ ओहि जोग ॥१०।२०॥

(१) उसके नितम्बों का वर्णन करता हूँ, जो कटि भाग की शोभा हैं। उसकी गज गति देखकर सब लुभा जाते हैं। (२) एक दूसरे का स्पर्श करती हुई जंघाएँ अति सुहावनी लगती हैं, मानों केले के खम्भे उलटकर रख दिए हैं। (३) चरण कमल विशेष रूप से अत्यन्त लाल और सुन्दर हैं। वे पीढ़े पर रहते हैं, उन्होंने पृथिवी का स्पर्श नहीं किया। (४) देवता उसके चरण हाथों-हाथ उठा लेते हैं। जहाँ उसके पैर पड़ते हैं, वहाँ वे सिर रखते हैं। (५) न जाने किसके मस्तक पर ऐसा भाग्य है जो उसके चरण कमलों को लेकर अपने सिर पर रख पावेगा? (६) दोनों पैरों के चूड़े चाँद और सूरज की भाँति उज्ज्वल हैं। उनके बीच में पायल झंकारते हैं। (७) उसके अनवट और बिछिया नक्षत्र और तारों की भाँति चमकते हैं। ऐसे पैरों के पास कौन पहुँच सकता है?

(८) नख से शिख तक जैसा वह अछूता शृंगार है मुझे वर्णन करना नहीं आया। संसार में वैसा कुछ नहीं दीखता जिससे उपमा दी जा सके।

(६) चूड़ा=पैर के कड़े। चूड़े हाथ और पैर दोनों में पहिने जाते हैं।
(७) अनवट=अँगूठे में पहिना जाने वाला छल्ला।
बिछिया=अँगुलियों का छल्ला। वस्तुतः अनवट बिछिया विवाह के उपरान्त पहिनी जाती है।
(८) नखसिख–हीरामन द्वारा कथित यह नखशिख वर्णन आगे राघव चेतन द्वारा कहे हुए नख शिख वर्णन (४७०-४८५) से तुलना करने योग्य है।

११ : प्रेम खण्ड

[११६]

सुनतहि राजा गा मुरुछाई। जानहुँ लहरि सुरुज कै आई।१।
पेम घाव दुख जान न कोई। जेहि लागे जानै पै सोई।२।
परा सो पेम समुँद अपारा। लहरहिं लहर होइ बिसँभारा।३।
बिरह भँवर होइ भाँवरि देई। खिन खिन जीव हिलोरहिं लेई।४।
खिनहि निसास बूड़ि जिउ जाई। खिनहि उठै निसँसै बौराई।५।
खिनहि पीत खिन होइ मुख सेता। खिनहि चेत खिन होइ अचेता।६।
कठिन मरन तें पेम बेवस्था। ना जिअँ जिवन न दसइँ अवस्था।७।
जनु लेनिहारन्ह लीन्ह जिउ हरहिं तरासहिं ताहि।
एतना बोल न आव मुख करहि तराहि तराहि॥११।१॥

(१) नखशिख सुनते ही राजा मूर्च्छित हो गया, मानों सूर्य की लहर आ गई हो। (२) प्रेम के घाव का दुःख कोई नहीं जानता। जिसे घाव लगता है, वही जानता है। (३) वह प्रेम के अपार समुद्र में गिर गया था और लहर पर लहर आने से

बेसुध होता जाता था। (४) उसका विरह भँवर की तरह उसे घुमा रहा था, जिसके कारण क्षण क्षण में उसका जीव हिलोरें लेता था अर्थात् बाहर भीतर आता और जाता था। (५) क्षणभर में बिना साँस के हो जाता और जी डूब जाता था। फिर क्षण भर में बौरा कर निःश्वास छोड़ने लगता था। (६) उसका मुख क्षण में पीला और क्षण में श्वेत हो जाता था। क्षण में उसे चेत होता और क्षण में अचेत हो जाता था। (७) प्रेम की स्थिति मरने से भी कठिन होती है, क्योंकि उसमें न तो प्राण जीता है और न ही मृत्यु होती है।

(८) मानों यमराज के दूत उसके प्राण निकालकर हर रहे थे और उसे डरा रहे थे। (९) मुहँ से तनिक सा बोल भी नहीं निकलता था, केवल 'त्राहि त्राहि' करता था।

(१) लहरि सुरुज कै=सूर्य की लहर, लू का झोंका।
(७) दसइँ अवस्था=मृत्यु।
(८) लेनिहारिन्ह=लेने वाले, प्राण निकालने वाले यमदूत।

[१२०]

जहँ लगि कुटुँब लोग औ नेगी। राजा राय आए सब बेगी।१।
जाँवत गुनी गारुरी आए। ओझा बैद सयान बोलाए।२।
चरचहिँ चेष्टा परिखहिं नारी। निअर नाहिं ओषद तेहि बारी।३।
है राजहिं लषन कै करा। सकति बान मोहा है परा।४।
नहिं सो राम हनिवँत बड़ि दूरी। को लै आव सजीवनि मूरी।५।
बिनौ करहिं जेते गढ़पती। का जिउ कीन्ह कवनि मति मती।६।
कहहु सो पीर काह बिनु खाँगा। समुँद सुमेरु आव तुम्ह माँगा।७।
धावन तहाँ पठावहु देहिं लाख दस रोक।
है सो बेलि जेहि बारी आनहिं सबै बरोक ॥१२०॥

(१) जहाँ तक कुटुम्ब के लोग, नेग पाने वाले नौकर चाकर, राजा और राय थे, सब शीघ्र आए। (२) जितने गुणी और गारुडी (विषवैद्य) थे, वे भी आए। सब ओझा वैद्य और सयाने भी बुलाए गए। (३) वे उसकी चेष्टा का आपस में विचार कर रहे थे और नाड़ी परीक्षा करते थे। उन्होंने कहा, 'निकट की राजवाटिका में उसके रोग की औषध नहीं है। (४) राजा की लक्ष्मण जैसी अवस्था हुई है। यह शक्तिबाण से मूर्च्छित हुआ पड़ा है। (५) लक्ष्मण के उपचार की व्यवस्था करने वाले वे राम नहीं हैं और हनुमान भी बड़ी दूर हैं। संजीवन बूटी कौन लाएगा ? जितने गढ़पति थे सब बिनती करने लगे— 'किस वस्तु के लिये जी हुआ है ? मन में क्या विचार आया है ? (७) हे राजा, अपनी पीड़ा कहो। किस वस्तु के बिना तुम्हें अभाव का अनुभव हुआ है ? समुद्र और सुमेरु भी तुम्हारे माँगने से आ सकते हैं।

(८) उस स्थान पर जहाँ वह वस्तु हो, अपने दूत तुरन्त भेजो। हम दस लाख रुपया भी रोकड़ देंगें। वे जिस बगीचे में वह बेल होगी उसे वहाँ से बरच्छा के रूप में ही ले आवेंगे।

(१) नेगी=नेग पाने वाले, दास दासी।
(२) गारुरी-सं० गारुडिक=विषवैद्य।
(३) बारी=बगीची, कन्या।
लक्खन कै करा=रत्नसेन की भी लक्ष्मण जैसी हालत हो गई थी जो शक्तिबाण से मूर्च्छित हुए थे और जिनकी ओषधि दूर पर थी।
(७) खांगा-क्रि० खांगना=कमी होना (चित्रावली, ४६।५, ५९४।६)।
(९) बरोक=फलदान, बरच्छा, सम्बन्ध पक्का करने को वर को दी हुई दक्षिणा।

[११२]

जौं भा चेत उठा बैरागा। बाउर जनहुँ सोइ अस जागा।१।
आवत जगत बालक जस रोवा। उठा रोइ हा ग्यान सो खोवा।२।
हौं तो अहा अमरपुर जहाँ। इहाँ मरनपुर आएहुँ कहाँ।३।
केइँ उपकार मरन कर कीन्हा। सकति जगाइ जीउ हरि लीन्हा।४।
सोवत अहा जहाँ सुख साखा। कस न तहाँ सोवत बिधि राखा।५।
अब जिउ तहाँ इहाँ तन सूना। कब लगि रहै परान बिहूना।६।
जौं जिउ घटिहि काल के हाथाँ। घटन नीक पै जीव निसाथाँ।७।
अहुठ हाथ तन सरवर हिया कँवल तेहि माँह।
नैनन्हि जानहु निअरें कर पहुँचत अवगाह ॥११२॥

(१) जैसे ही होश हुआ, फिर उसे वही बैराग उठ खड़ा हुआ, मानों कोई बावला सोकर जगा हो। (२) जैसे संसार में आते समय बच्चा रोता है, वह ऐसे रो उठा—'हा, मेरा वह ज्ञान खो गया! (३) मैं तो वहाँ था जहाँ अमृत की पुरी है। यहाँ मृत्यु की पुरी में कहाँ आ गया? (४) किसने प्रेम में मेरा मरण करके मेरे साथ यह उपकार किया है! एक ओर मेरी सोई शक्ति जगाकर दूसरी ओर मेरा जीव हर लिया है? (५) मैं वहाँ सोता था, जहाँ सुख की छाह थी। दैव ने क्यों मुझे वहाँ सोने न दिया? (६) अब प्राण वहाँ है, शरीर यहाँ सूना पड़ा है। प्राण से हीन होकर यह कब तक रह सकता है? (७) जब जीव काल के हाथों स्वाभाविक रीति से घटता है तो उसका वह छीजना ठीक माना जाता है, पर उस अवस्था में जीव विना साथी के अकेला होता है।

(८) साढ़े तीन हाथ का शरीर सरोवर है। उसके बीच में हृदय रूपी कमल है। (९) वह कमल नेत्रों से निकट जान पड़ता है, पर वहाँ तक हाथ पहुँचाना चाहें तो अगाध जल मिलता है।

(१) बैरागा=बैराग, किसी वस्तु के लिये अतिशय इच्छा या उत्कंठा।

(७) निसाथाँ=विना साथी के, अकेला ।

जौ जिउ घटिहि–इसका यह भी अर्थ सम्भव है, 'यदि जीव शरीर में है तो वह मृत्यु के अधीन है, उसका निकलना ठीक ही है। किन्तु खेद यही है कि जीव विना साथी के रह गया।

(८) अहुठ, सं० अध्युष्ट, प्रा० अज्झुट्ठ, अहुट्ठ, हिं० अहुठ=साढ़े तीन हाथ।

हृदय में एक षोड़शदल कमल है, ज्ञान चक्षुओं से उसका शीघ्र प्रत्यक्ष हो जाता है, पर भोग प्रवृत्तियों से वह अथाह हो जाता है।

रत्नसेन का भाव यह है कि मेरे इस शरीर में हृदय रूपी कमल में वह मोहिनी मूर्ति है। जब आँखें बन्द करता हूँ उसके वहाँ दर्शन होते हैं, पर जब उसे पकड़ना चाहता हूँ, वह मुझसे दूर हो जाती है।

[१२२]

सबन्हि कहा मन समझहु राजा। काल सतें कै जूझि न छाजा।१।
तासौं जूझि जात जौं जीता। जात न किरसुन तजि गोपीता।२।
औ नहिं नेहु काहु सौं कीजै। नाउँ मीठ खाएँ जिउ दीजै।३।
पहिलेहिं सुक्ख नेहु जब जोरा। पुनि होइ कठिन निबाहत ओरा।४।
अहुंठ हाथ तन जैस सुमेरू। पहुँचि न जाइ परा तस फेरू।५।
गँगन दिस्टि सौं जाइ पहूँचा। पेम अदिस्ट गँगन सौं ऊँचा।६।
धुव तें ऊँच पेम धुव उवा। सिर दै पाउँ देइ सो छुवा।७।
तुम्ह राजा औ सुखिया करहु राज सुख भोग।
एहि रे पंथ सो पहुँचै सहै जो दुक्ख वियोग ॥११४॥

(१) सबने कहा–'हे राजा, मन में समझकर देखो। काल की शक्ति से जूझना शोभा नहीं देता। (२) उससे युद्ध ठीक है, जिसे जीता जा सके। यदि ऐसा न होता तो कृष्ण जी गोपियों को न छोड़ जाते (अर्थात् कृष्ण में गोपियों से जूझने की शक्ति न थी)। (३) और, किसीसे प्रेम भी नहीं करना चाहिए। प्रेम का नाम मधुर है, पर उसे खा लिया जाय तो प्राण देना पड़ता है। (४) जब प्रेम जोड़ते हैं, तो पहले सुख मिलता है, फिर अन्त तक निबाहना कठिन हो जाता है। (५) साढ़े तीन हाथ का यह शरीर सुमेरु जैसा है। इसमें इतना फेर पड़ा है (घुमाव है) कि पहुँचा नहीं जाता। (६) आकाश में दृष्टि रखने से सुमेरु पर पहुँचा जा सकता है, किन्तु प्रेम दृष्टि में नहीं आता, वह आकाश से भी ऊँचा है। (७) आकाश के ध्रुव से ऊँचे पर प्रेम का ध्रुव उगता है। जो पहले सिर देकर पीछे इस मार्ग में पैर देता है, वही प्रेम के ध्रुव को छू सकता है।

(८) तुम राजा हो और सुखी हो, अपने राज और सुख का भोग करो (९) इस मार्ग में तो वही पहुँचता है, जो वियोग का दुःख सहता है।

(१) सतें=सत से, शक्ति से, बल से,

(६) सुमेरु की ऊँचाई आकाश तक है। अतएव जिसकी दृष्टि आकाश तक देखती है वह सुमेरु पर पहुँच सकता है किन्तु प्रेम दृष्टि की उस सीमा से भी ऊपर है।

[१२३]

सुग्रैं कहा मन समुझहु राजा । करत पिरीत कठिन है काजा ।१।
तुम्ह अबहीं जेइँ घर पोइँ । कँवल न बैठि बैठ हहु कोइँ ।२।
जानहि भँवर जो तेहि पँथ लूटे । जीउ दीन्ह औ दिएँ न छूटे ।३।
कठिन आहि सिंघल कर राजू । पाइअ नाहिं राज के साजू ।४।
ओहिं पँथ जाइ जो होइ उदासी । जोगी जती तपा संन्यासी ।५।
भोग जोरि पाइत वह भोगू । तजि सो भोग कोइ करत न जोगू ।६।
तुम्ह राजा चाहहु सुख पावा । जोगहि भोगहि कत बनि आवा ।७।
साधन्ह सिद्धि न पाइअ जौ लहि साध न तप्प ।
सोइँ जानहिं बापुरे जो सिर करहिं कलप्प ॥११५॥

(१) सुग्गे ने कहा, 'हे राजा मनमें विचारो। प्रीति करना कठिन काम है। (२) अब तक तुमने घर की पोई हुई रोटियाँ खाई हैं। तुम उस भौंरे के समान हो जो कुमुदिनी पर बैठा है, कमल पर नहीं। (३) वही भौंरा इस मर्म को जानता है, जो इस मार्ग में लुटा है। वह अपना प्राण देता है, और देने पर भी नहीं छूटता। (४) सिंहल का राज्य अत्यन्त कठिन है। उसे राजा के ठाट बाट से नहीं पाया जा सकता। (५) उस पन्थ में वही जाता है जो उदासी, जोगी, यति, तपस्वी या सन्यासी हो। (६) यदि भोग विलास एकत्र करके उस सिंहल का भोग मिल सकता तो फिर भोग छोड़कर कोई योग न साधता। (७) तुम राजा हो, सुख चाहते हो। योग और भोग इनमें मेल कहाँ ?

(८) केवल इच्छाओं से सिद्धि नहीं प्राप्त होती जब तक तप न साधा जाय। (९) इसे वही बिचारे जानते हैं जो अपना सिर काट कर रख देते हैं।

(२) जेई घर पोई=अब तक घर में पोई हुई रोटी खाई है; निश्चिन्तता का जीवन बिताया है। जोगी भिखारी का जीवन अनिश्चित हो जाता है।
(८) साधन्ह—साध शब्द का बहुबचन।
साध=इच्छा, सं० श्रद्धा > सद्धा > साध।
(९) कलप्प; सं० कृप्=काटना, हि० धा० कलपना=काटना।

[१२४]

का भा जोग कहानी कथें । निकसै न घिउ बाजु दधि मथें ।१।
जौं लहि आपु हेराइ न कोई । तौ लहि हेरत पाव न सोई ।२।
पेम पहार कठिन बिधि गढ़ा । सो पै चढ़ै सीस सौं चढ़ा ।३।

पँथ सूरिन्ह कर उठा अँकूरू । चोर चढ़ै कि चढ़ै मंसूरू ।४।
तू राजा का पहिरसि कंथा । तोरें घटहि माँह दस पंथा ।५।
काम कोध तिस्ना मद माया । पाँचौ चोर न छाड़हिं काया ।६।
नव सँधैं ओहि घर मँझिआरा । घर मूसहिं निसि कै उजिआरा ।७।
अबहूँ जागु अयाने होत आव निसु भोर ।
पुनि किछु हाथ न लागिहि मूसि जाहिं जब चोर ॥११६॥

(१) योग की कहानी कहने से क्या लाभ ? दही मथे बिना घी नहीं निकलता । जब तक कोई स्वयं नहीं खो जाता, तब तक जिसे ढूँढ़ता है उसे नहीं पाता । (३) दैव ने प्रेम का पर्वत कठिन बनाया है । वही उस पर चढ़ सकता है, जो सिर के बल चढ़ता है । (४) उस मार्ग में सूलियों के अंकुर निकले हैं । या तो चोर उन सूलियों पर चढ़ते हैं या मनसूर चढ़ा था । (५) तू राजा है, कथरी क्यों पहनता है ? तेरे अपने शरीर में ही दस मार्ग (दस इन्द्रियाँ) हैं । (६) काम, क्रोध, तृष्णा, मद और माया, ये पाँचों चोर तेरे शरीर को नहीं छोड़ते । (७) इस घर में नौ सेंधें (छेद) हैं, जिनमें घुसकर चोर क्या रात क्या दिन घर को लूटते हैं (या रात में मशाल जलाकर घर लूटते हैं) ।

(८) हे बेसमझ, (अयाने) अब भी जाग । अब तो बिलकुल सबेरा होता आ रहा है । (९) जब चोर मूस ले जाँएगे तब कुछ हाथ न लगेगा ।

(१) बाजु=बिना; सं० वर्ज (२।९) ।
(४) मंसूर—प्रसिद्ध सूफी, जो अनलहक का जाप करते हुए बगदाद के खलीफा मुक्तदिर की आज्ञा से सूली पर चढ़ा दिया गया (९२२ ई०) ।
(७) नव सेंध=नौ इन्द्रिय द्वार (तुलना, अष्टचक्रा नवद्वारा देवानां पूरयोध्या) ।

[१२५]

सुनि सो बात राजा मन जागा । पलक न मार पेम चित लागा ।१।
नैनन्ह ढरहिं मोति औ मूँगा । जस गुर खाइ रहा होइ गूँगा ।२।
हिएँ की जोति दीप वह सूझा । यह जो दीप अँधिअर भा बूझा ।३।
उलटि दिस्टि माया सौं रूठी । पलटि न फिरी जानि कै झूठी ।४।
जौं पै नाहीं अस्थिर दसा । जग उजार का कीजै बसा ।५।
गुरू बिरह चिनगी पै मेला । जो सुलगाइ लेइ सो चेला ।६।
अब कै फनिग भृंगि कै करा । भँवर होउँ जेहि कारन जरा ।७।
फूल फूल फिरि पूछौं जौं पहुँचौं ओहि केत ।
तन नेवछावर कै मिलौं ज्यौं मधुकर जिउ देत ॥११७॥

(१) वह बात सुनकर राजा के जी में चेत हुआ । प्रेम में चित लगाए वह पलक न

मारता था। (२) उसके नेत्रों से मोती और मूँगे (आँसू और रक्त बिन्दु) झड़ रहे थे। उसकी ऐसी दशा थी मानों कोई गुड़ खा लेने पर गूँगा हो गया हो (अर्थात् स्वाद ले चुका हो पर कह न पाता हो)। (३) हृदय के प्रकाश में वह दीपक (सिंहल दीप) दिखाई देने लगा, पर यह जो यहाँ का द्वीप था वह अँधेरा लगने लगा (४) दृष्टि उलटी होकर माया से रूठ गई, और माया को झूठा जानकर फिर उस ओर वापिस नहीं फिरी। (५) वह सोचने लगा, 'यदि संसार की कोई दशा स्थिर नहीं है तो इस उजड़े जगत में रहकर क्या किया जाय ? (६) गुरु वह है जो विरह की चिनगरी से मेल कराता है। पर जो उस चिनगारी को सुलगा लेता है वही सच्चा चेला है। (७) अब पतिंगे और भृंगी की कला करके मैं उसके लिये भौंरा बनूँगा जिसके कारण जल रहा हूँ।

(८) एक एक फूल के पास घूमकर उसका पता पूछूँगा। यदि उस केतकी के पास पहुँच जाऊँ तो अपना शरीर देकर भी उससे मिलूँगा जैसे भौंरा उससे छिद कर प्राण देता है।

(३) दीप=दीपक, पद्मावती, अथवा सिंहल द्वीप।

(७) फनिग भृंगि कै करा—मादा भृंगी पतिंगे को डंक मारकर मूर्च्छित कर देती है और उसी के शरीर पर अपने अंडे देती है। कुछ समय बाद बच्चे निकलकर उस कीड़े के शरीर को खाकर बढ़ते रहते हैं और उसकी ठठरी छोड़कर उड़ जाते हैं। इसी आधार पर यह लोक धारणा बनी कि वह मूर्च्छित कीड़ा ही स्वयं भृंगी रूप हो जाता है। जब कोई किसी के ध्यान में तन्मय हो जाय और अपने आपको सर्वात्मना उसमें लीन कर दे तो उसकी उपमा भृंगीकीट से दी जाती है (शिरेफ कृत टिप्पणी, अंग्रेजी पद्मावत, ९।५, पृ० ६८)।

(८) केत=केतकी। तुलना, बेधे भँवर कंट केतुकी (११३।३)।

१२ : जोगी खण्ड

[१२६]

तजा राज राजा भा जोगी। औ किंगरी कर गहें बियोगी।१।
तन बिसँभर मन बाउर रटा। अरुझा पेम परी सिर जटा।२।
चंद बदन औ चंदन देहा। भसम चढ़ाइ कीन्ह तन खेहा।३।
मेखल सिंगी चक्र धँधारी। जोगौटा रुद्राख अधारी।४।
कंथा पहिरि डंड कर गहा। सिद्धि होइ कहँ गोरख कहा।५।
मुंद्रा स्रवन कंठ जपमाला। कर उदपान काँध बघछाला।६।
पाँवरि पाँव लीन्ह सिर छाता। खप्पर लीन्ह भेस कै राता।७।

चला भुगुति माँगै कहँ साजि कया तप जोग ।
सिद्ध होउँ पदुमावति पाएँ हिरदै जेहि क बियोग ॥१२।९॥

(१) राजा रत्नसेन राज्य छोड़कर जोगी हो गया और हाथ में किंगड़ी ले वियोगी बन गया। (२) तन से बेसुध और मन से बावले की भाँति रटने लगा। मन प्रेम में उलझ गया और सिर पर जटाएँ बढ़ गईं। (३) जो मुख चन्द्रमा के समान था और जिस देह में चन्दन लगता था उसमें भस्म रमाकर उसने शरीर को मिट्टी कर डाला। और (४) जोगी के भेष में उसने मेखला बाँध ली, और हाथ में सिंगी चक्र और गोरख-धन्धा ले लिया। गले में जोगपट्ट और रुद्राक्ष धारण किया एवं सहारा टेकने के लिए अधारी ली। (५) कथरी पहनकर हाथ में डंडा लिया। सिद्ध होने के लिये उसने जय श्री गोरखनाथ का उच्चारण किया। (६) कानों में मुँदरी और कण्ठ में जयमाल, हाथ में कमण्डलु और कन्धे पर बाघम्बर, (७) पैरों में खड़ाऊँ और सिर पर छत्र धारण किया, एवं लाल वेश पहिनकर खप्पर लिया।

(८-९) तप और योग के लिये शरीर को तैयार करके भिक्षा माँगने चला और कहा—'मेरे हृदय में जिसका वियोग है उस पद्मावती को प्राप्त करके ही मैं सिद्ध बनूँगा।

(१) किंगरी=छोटा चिकारा, या सारंगी, जिसे बजाकर जोगी भीख माँगते हैं। सं० किन्नरी-वीणा का एक भेद।

(४) सिंगी=सं० शृंग, सींग का बना हुआ फूँकने का बाजा।
चक्र=संभवतः छोटी गोल अँगूठी, जिसे पवित्री भी कहा जाता है (बिग के आधार पर शिरेफ)।
धंधारी=गोरखधन्धा, तार के छल्लों का बना हुआ, जिसे जोगी सुलझाते हैं।
जोगौटा–सं० योगपट्ट > अप० जोगवट्ट (गलि जोगवट्टु सज्जिइ विचित्तु, यशोधर चरित) =वह वस्त्र जिसे योगी ध्यान करते समय सिर से पैरों तक डाल लेते हैं। ध्यान के अतिरिक्त अन्य अवस्था में यह कन्धे पर पड़ा रहता है। बाण ने हर्षचरित में सावित्री के वेश के वर्णन में लिखा है—कुण्डलीकृतेन योगपट्टकेन विरचित वैकक्ष्येका। जोगौटा क्लिष्ट पाठ था, जिसे अनेक प्रकार से सरल बनाया गया है। स्वर्गीय श्री बदरीनाथ भट्ट ने सन् १९२८ में मुझे इस शब्द का ठीक रूप और अर्थ बताया था।
अधारी=वह टिकठी जिसके सहारे से योगी बैठते या सो लेते हैं (ऊधौ जोग सिखावन आए। सिंगी भसम अधारी मुद्रा दै जदुनाथ पठाए। सूर)।

(५) जायसी ने यहाँ स्पष्ट गोरखनाथ के अनुयायियों का उल्लेख किया है जो सिद्ध कहलाते थे। सिद्धों के लक्षण उन्होंने आगे कहे हैं (२१२।१–४)। वेष पहनने पर जोगी गोरखनाथ की जय बोलते थे (तुलना, चित्रावली २२०।९, 'बोलहु सिरी गोरक्ख')।
डंड=आबनूस का बना छोटा डंडा, जिसे घुमाकर योगी चमत्कार दिखाते हैं।

(६) मुन्द्रा–सं० मुद्रा=कान में पहिनने का कुण्डल। खप्पर=नारियल का बना भिक्षापात्र।

(७) जोगी के वेष के लिये देखिए दो० ६०१, ६०३, ६०६; एवं चित्रावली दो० २०९, २१०, २२०।

[१२७]

गनक कहहि करु गवन न आजू। दिन लै चलहि फरै सिधि काजू।१।

पेम पथ दिन घरी न देखा । तब देखै जब होइ सरेखा ।२।
जेहि तन पेम कहाँ तेहि माँसू । कया न रकत न नयनन्हि आँसू ।३।
पँडित भुलान न जानै चालू । जीउ लेत दिन पूँछ न कालू ।४।
सती कि बौरी पूँछै पाँड़े । औ घर पैठि समेटै भाँड़े ।५।
मरि जो चलै गाँग गति लेई । तेहि दिन घरी कहाँ को देई ।६।
मैं घर बार कहाँ कर पावा । घर काया पुनि अंत परावा ।७।
हौं रे पँखेरू पंखी जेहि बन मोर निबाहु ।
खेलि चला तेहि बन कहँ तुम्ह आपन घर जाहु ।।१२।२।।

(१) ज्योतिषियों ने कहा, 'आज गमन मत करो । जो शुभ दिन लेकर चलता है, उसे काम में सिद्धि मिलती है' । (२) (राजा ने कहा) 'प्रेम के पन्थ में जाने वाला दिन और घड़ी नहीं देखता । जब ज्ञानयुक्त होता है, तभी उस मार्ग की ओर देखने लगता है । (३) जिसके शरीर में प्रेम है उसमें माँस कहाँ ? उसकी देह में न रक्त होता है, न नेत्रों में आँसू । (४) पण्डित भूला रहता है, चलना नहीं जानता । प्राण लेते समय मृत्यु दिन नहीं पूँछती (पण्डित को भी मृत्यु यात्रा पर अकस्मात् जाना पड़ता है, किन्तु वह अपनी ओर से तैयार नहीं रहता) । (५) प्रेम में बौराई हुई सती क्या चिता पर चढ़ने का मुहूर्त पण्डित से पूछती है और यदि मुहूर्त न हुआ तो क्या घर में जाकर बर्तन भाँड़े समेटने लगती है ? (६) जो गंगा गति लेकर मरने चलता है, उसे दिन और घड़ी का मुहूर्त कब कोई बताता है ? (७) मैं ही घर द्वार अपना कहाँ बना सका हूँ (जिसके लिये रहूँ) ? जो घर और शरीर है वह अन्त में दूसरे का हो जायगा ।

(८-९) मैं पंख वाला पक्षी हूँ । जिस वन में मुझे रहना है उसी वन को पाने के लिये खेल चला हूँ । तुम सब अपने घर जाओ ।

(१) गनक–सं० गणक=ज्योतिषी ।
(२) सरेखा=सं० सलेख=श्रेष्ठ, बुद्धिमान्, गुणी ।
(५) बौरी–सं० वातुल > वाउल > बाउर > बौरा, स्त्री० बौरी ।
(६) मरि जो चलै गाँग गति लेई–जायसी का संकेत उस प्रथा से है, जिसके अनुसार मरण निकट होने पर व्यक्ति को पहले से ही गंगा तट पर ले जाते हैं और वहीं वह प्राण छोड़ता है । इसी विषय की लोकोक्ति है–'मरै चलावै सौंहे सूक', जब मरने चला तो सम्मुख शुक्र भी हो तो क्या हानि ?
(७) परावा=पराया, दूसरे का; अथवा परावा=फेंकना ।
(८) पँखेरू–सं० पक्षिरूप > पक्खिरूव > पखइरूअ > पखेरू ।

[१२८]

चहुँ दिसि आन साँटिअन्ह फेरी । भै कटकाई राजा केरी ।१।

जाँवत अहै सकल ओरगाना । साँबर लेहु दूरि है जाना ।२।
सिंघल दीप जाइ सब चाहा । मोल न पाउब जहाँ बेसाहा ।३।
सब निबहिहि तहँ आपनि साँठी । साँठी बिना रहब मुख माँटी ।४।
राजा चला साजि कै जोगू । साजहु बेगि चलै सब लोगू ।५।
गरब जो चढ़े तुरै की पीठी । अब सो तजहु सरग सौं डीठी ।६।
मंत्रा लेहु होहु सँग लागू । गुदरि जाइ सब होइहि आगू ।७।
का निचिंत रे मनुसे आपनि चिंता आछु ।
लेहि सजग होइ अगुमन फिरि पछिताहि न पाछु ।।१२।३।।

(१) वेत्रग्राही प्रतिहारों ने यह आज्ञा चारों ओर घुमा दी, 'राजा के कटक दल की यात्रा होने वाली है। (२) जितने सब प्रधान सामन्त आदि हैं, सब यात्रा की भोजन सामग्री साथ में ले लो, दूर जाना है। (३) सबको सिंहल-द्वीप की यात्रा करना है, जहाँ मूल्य देकर कोई वस्तु न खरीद सकोगे। (४) वहाँ सबको अपने पास की पूँजी से ही काम चलाना होगा। गाँठ का माल हुए बिना मुख में मिट्टी ही रहेगी। (५) राजा जोग करने के लिए सजाकर चला है। सब लोग जल्दी चलने के लिये तैयार हो जाओ। (६) जो गर्व के घोड़े की पीठ पर चढ़े हों, अब वे उसे छोड़ दें और आकाश में ऊर्ध्व दृष्टि लगावें। (७) दीक्षा मंत्र लेकर उसके साथी बनो। गुदारे में जाकर सब उसके आगे होओ।'

(८) रे मनुष्य, तू क्या निश्चिन्त है ? अपने होश में आ। (९) सावधान होकर आगा पकड़ जिससे पीछे पछताना न पड़े।

(१) आन-सं० आज्ञा > प्रा० आणा > आन।
सोंटिअन्ह-सोंटिआ शब्द का बहु वचन। सोंटिआ=सोंटाबरदार, छड़ीबरदार। ये वेत्रग्राही प्रतिहारी राजा के प्रधान दौवारिक होते थे। यह पद प्राचीन काल से चला आता था। मध्यकालीन महलों और दरबारों में भी यह बना रहा।
कटकाई=सेना का प्रयाण, कटक की यात्रा, कूच।

(२) ओरगाना=अमीर उमरा, प्रधान सामन्त, मांडलिक आदि। अरबी रुक्न का बहुवचन अरकान =खम्भे (राज्य के खम्भे) (९९।९)। साँबर-सं० शम्बल।

(३) मोल न पाउब जहाँ बिसाहा=पैसा देकर जहाँ चीज नहीं खरीदी जा सकती। वहाँ अपनी वस्तु ही काम देगी। जायसी का संकेत अध्यात्म मार्ग की पूँजी से है।

(४) साँठी-सं० संस्था, पूँजी, साज सामग्री।

(७) मंत्रा=दीक्षामंत्र। गुदारा-फा० गुजरना=राजा के सामने सैनिक प्रयाण में निकलना (तुलना-भा भिनुसार गुदारा लागा, तुलसी०), राजा या सम्राट् के सामने से व्यूह बनाकर सेना का गुजरना अथवा किसी व्यक्ति या वस्तु का सामने पेश किया जाना गुजरान या गुजरना कहलाता था। उसीसे हि० गुदारा, गुदरना बना।

[१२९]

बिनवै रतनसेनि कै माया । माँथें छत्र पाट निति पाया ।१।
बेरसहु नव लख लच्छि पिआरी । राज छाड़ि जनि होहु भिखारी ।२।
निति चन्दन लागै जेहि देहा । सो तन देखु भरब अब खेहा ।३।
सब दिन रहेउ करत तुम्ह भोगू । सो कैसे साधब तप जोगू ।४।
कैसें धूप सहब बिनु छाहाँ । कैसें नींद परिहि भुइँ माहाँ ।५।
कैसें ओढ़ब काँवरि कंथा । कैसें पाउँ चलब तुम्ह पंथा ।६।
कैसें सहब खिनहि खिन भूखा । कैसें खाएब कुरकुटा रूखा ।७।
राज पाट दर परिगह सब तुम्ह सों उजिआर ।
बैठि भोग रस मानहु कै न चलहु अँधिआर ॥१२४॥

(१) रत्नसेन की माता बिनती करने लगी, 'हे पुत्र, तुम्हारे मस्तक पर छत्र और पैर के नीचे नित्य पीढ़ा रहता था (२) नौलख सम्पत्ति से युक्त लक्ष्मी और प्रिया के साथ विलास करो। राज्य छोड़कर भिखारी मत बनो (३) जिस देह में नित्य चन्दन लगता था, उसी देह में अब भस्म लगी हुई दिखाई पड़ेगी। (४) सब दिन तुम भोग करते रहे। सो अब योग और तप कैसे साधोगे ? (५) छाया के अभाव में धूप कैसे सहोगे ? पृथिवी पर सोते हुए तुम्हें नींद कैसे आएगी ? (६) कम्बली और कथरी कैसे ओढ़ोगे ? मार्ग में पैदल कैसे चलोगे ? (७) हर समय भूखे कैसे रहोगे और रूखा भात कैसे खाओगे ?

(८) राजपाट, सेना और सामग्री, सब कुछ तुम्हारे कारण ही जगमग रहता था। बैठ कर भोग का आनन्द मनाओ। सर्वत्र अँधेरा करके मत चले जाओ।

(१) बिनवै=सं० विज्ञापयति > प्रा० विण्णवइ।
माया-सं० माता > प्रा० माय।
(२) नव लख लच्छि=अतुल सम्पत्ति, इतनी सम्पत्ति कि उपभोक्ता एक एक लाख मूल्य वाले नौ रत्नों का हार पहन सके।
(६) काँवरि-सं० कम्बल, कम्बली > कामरी > काँवरि।
(७) कुरकुटा-सं० कूर=भात, कूट=ढेर। भात के लिये कूर शब्द मृच्छकटिक में प्रयुक्त हुआ है।
(८) दर=दल, सेना।
परिगह-सं० परिग्रह=राजा का ठाट बाट, चँवर छत्र आदि (४९५।८)।

[१३०]

मोंहि यह लोभ सुनाउ न माया । काकर सुख काकरि यह काया ।१।
जौं निआन तन होइहि छारा । माँटी पोखि मरै को मारा ।२।
का भूलहु एहि चंदन चोवाँ । बैरी जहाँ आँग के रोवाँ ।३।
हाथ पाउँ सरवन औ आँखी । ये सब ही भरिहैं पुनि साखी ।४।

सोत सोत बोलिहिं तन दोखू । कहु कैसें होइहि गति मोखू ।५।
जौं भल होत राज औ भोगू । गोपिचंद कस साधत जोगू ।६।
ओनहूँ सिस्टि जौं देख परेवा । तजा राज कजरी बन सेवा ।७।
देखु अंत अस होइहि गुरू दीन्ह उपदेस ।
सिंघल दीप जाब मैं माता मोर अदेस ॥१२।५ ॥

(१) 'हे माता, मुझे यह लोभ मत सुनाओ। किसका सुख और किसका यह शरीर है ? (२) यदि अन्त में इस शरीर को राख ही होना है, तो मिट्टी का पोषण करके बोझ कौन मरे ? (३) इस तन में चन्दन चोवा लगाकर क्या भूला जाय ? यहाँ शरीर का एक-एक रोआँ बैरी है। (४) हाथ, पाँव, कान और आँख ये सब अपने ही विरुद्ध साक्षी देंगे। (५) शरीर का एक-एक रोम कूप अपने तन के दोष कहेगा। कहो कैसे सद्गति या मोक्ष होगा ? (६) यदि राज और भोग हितकर होता तो गोपीचंद योग क्यों साधते ? (७) उन्होंने भी जब संसार को पराया समझ लिया तो राज्य त्याग कर कजरी वन का आश्रय लिया।

(८) देखो, अन्त ऐसा ही होगा। गुरु ने मुझे उपदेश दिया है। मैं सिंहलद्वीप जाऊँगा। हे माता, तुम्हें मेरा प्रणाम है।'

(२) निआन–सं० निदान=अन्त
(३) चोवाँ—एक प्रकार की सुगन्धि जो भभके से अगर की लकड़ी का रस पानी में चुआकर बनाई जाती थी। एक सेर अगर से २ तोले से १५ तोले तक चोवा तैयार होता था। अबुल फजल ने आईन अकबरी (आईन ३०) में अन्य सुगन्धियों के साथ चोवा बनाने की प्रक्रिया भी दी है।
(६) गोपीचन्द–बंगाल के एक राजा, जिन्हों ने गुरु गोरखनाथ के प्रभाव से राज छोड़कर जोग ले लिया था। भर्तृहरि की बहिन मैनावती इनकी माता थीं। गोपीचंद भर्तृहरि के भानजे कहे जाते हैं।
(७) कजरी बन—एक वन जहाँ सिद्धों का निवास है। ऋषिकेश से बदरिकाश्रम तक का वन प्रदेश महाभारत में (वन पर्व, अ० १४६।७५-७९) कदली वन कहा गया है। यह भी कहा है कि केवल सिद्धों की वहाँ गति होती थी (विना सिद्धगतिं वीर गतिरत्र न विद्यते)। कदली वन का ही लोक में कजरी वन हो गया।
(९) अदेस–आदेश=प्रणाम (२२।५, ९१।५)।

[१३१]

रोवै नागमती रनिवासू । केइँ तुम्ह कंत दीन्ह बन बासू ।१।
अब को हमहिं करिहि भोगिनी । हमहूँ साथ होइब जोगिनी ।२।
कै हम लावहु अपने साथाँ । कै अब मारि चलहु सैं हाथाँ ।३।
तुम्ह अस बिछुरे पीउ पिरीता । जहवाँ राम तहाँ सँग सीता ।४।

जौं लहिजिउ सँग छाड़ न काया । करिहौं सेव पखरिहौं पाया ।५।
भलेहिं पदुमिनी रूप अनूपा । हमतें कोइ न आगरि रूपा ।६।
भवै भलेहिं पुरुषन्ह कै डीठी । जिन्ह जाना तिन्ह दीन्हि न पीठी ।७।
देहिं असीस सबै मिलि तुम्ह माथें निति छात ।
राज करहु गढ़ चितउर राखहु पिय अहिबात ।।१२।६।।

(१) नागमती रनिवास के साथ विलाप करने लगी–'हे स्वामी, तुम्हें किसने वनवास दिया ? (२) अब कौन हमें भोग भुगाएगा ? हम भी साथ में जोगिनी बनेंगी। (३) या तो हमें अपने साथ ले चलो या अपने हाथ से मार कर तब जाओ। (४) हे स्वामी, तुम्हीं ऐसा बिछुड़ रहे हो, नहीं तो जहाँ राम वहीं सीता रहती हैं। (५) जब तक प्राण शरीर का साथ नहीं छोड़ता, तब तक तुम्हारी सेवा करूँगी और चरण पखारूँगी। (६) चाहे पद्मिनी रूप में कितनी ही सुन्दर हो, हम से बढ़कर रूपवती और कोई नहीं है। (७) भले ही पुरुषों की दृष्टि चंचल हो, लेकिन जिनसे परिचय होता है, उन्हें पीठ नहीं दी जाती।

(८) हम सब मिल कर आशीर्वाद देती हैं, 'तुम्हारे मस्तक पर सदा छत्र रहे।' तुम चित्तौरगढ़ में राज्य करो और हे प्रिय, हमारे सौभाग्य की रक्षा करो।'

(३) सैं–सं० स्वयं।
(५) पखरिहौं–सं० प्रक्षालय धा० ।
(६) आगरि–सं० आकर=खान या अग्र=आगे।
(७) भवै–सं० भ्रमति ।

[१३२]

तुम्ह तिरिआ मति हीन तुम्हारी । मूरुख सो जो मतै घर नारी ।१।
राघौ जौं सीता सँग लाई । रावन हरी कवन सिधि पाई ।२।
यहु संसार सपन कर लेखा । बिछुरि गए जानहु नहिं देखा ।३।
राजा भरथरि सुनि रे अयानी । जेहि के घर सोरह सै रानी ।४।
कुचन्ह लिहें तरवा सहराई । भा जोगी कोइ साथ न लाई ।५।
जोगिहि काह भोग सों काजू । चहै न मेहरी चहै न राजू ।६।
जूड़ कुरकुटा पै भखु चाहा । जोगिहि तात भात दहुँ काहा ।७।
कहा न मानै राजा तजी सबाई भीर ।
चला छाड़ि सब रोवत फिरि कै देइ न धीर ।।१२।७।।

(१) राजा ने कहा, 'तुम स्त्री हो। तुम्हारी मति अल्प है। वह मूर्ख है जो घर में

स्त्री से सलाह मिलाता है। (२) राम ने सीता को संग लिया तो वे रावण से हरी गईं। राम को कौन सी सिद्धि मिली ? (३) इस संसार में स्वप्न का सा हिसाब है। बिछुड़ जाने पर मानों एक दूसरे को कभी देखा ही न था। (४-५) हे अबूझ, सुन। राजा भर्तृहरि भी जिसके घर में सौलह सौ रानियाँ अपने कुचों से उसके तलवे सहलाती थीं, जोगी हो गया और उसने किसी को साथ न लिया। (६) जोगी को भोग से क्या प्रयोजन ? वह न स्त्री चाहता है, न राज्य। (७) वह खाने के लिये केवल सूखा भात चाहता है। जोगी को गरम भात से क्या मतलब ?

(८) राजा ने उनका कहा न माना और भीड़ को तज दिया। (९) सबको रोते छोड़कर वह चल पड़ा और घूमकर धैर्य भी न बँधाता था।

(१) तिरिआ–सं० स्त्री।
मतैं–धा० मतना=सलाह करना।
(४) अयानी–अज्ञान > अजान > अयान, स्त्री० अयानी।
(७) कुरकुटा–दे० १२९।७।

[१३३]

रोवै मता न बहुरै बारा। रतन चला जग भा अँधिआरा।१।
बार मोर रजियाउर रता। सो लै चला सुवा परबता।२।
रोवहिं रानी तजहिं पराना। फोरहिं बलय करहिं खरिहाना।३।
चूरहिं गिव अभरन औ हारू। अब काकहँ हम करब सिंगारू।४।
जाकहँ कहहिं रहसि कै पीऊ। सोइ चला काकर यहु जीऊ।५।
मरै चहहिं पै मरै न पावहिं। उठै आग तब लोग बुझावहिं।६।
घरी एक सुठि भएउ अँदोरा। पुनि पाछें बीता होइ रोरा।७।
टूट मनै नव मोती फूट मनै दस काँच।
लीन्ह समेटि ओबरिन होइगा दुख कर नाँच॥१२८॥

(१) उसकी माता रोने लगी– 'हा मेरा पुत्र वापिस नहीं लौटता ! हाय मेरा रतन चला गया ! मेरे लिये संसार में अँधेरा छा गया। (२) मेरा बच्चा जो राज्यकुल में रत था, उसे परबत्ता सुग्गा बहकाकर ले चला।' (३) रानियाँ रो रो कर प्राण देने लगीं और हाथ की चूड़ियाँ फोड़कर खलिहान भरने लगीं। (४) ग्रीवा के आभरण और मोतियों के हार चूर चूरकर कहतीं थीं– 'हाय, अब हम किसके लिए शृँगार करेंगीं ! (५) जिसे हम हर्षित हो अपना प्रिय कहती थीं, वही चला गया ! अब यह प्राण किसका होकर रहे ? (६) वे मरना चाहती थीं, पर मृत्यु भी नहीं पाती थीं। जब आग उठती थी लोग बुझा देते थे। (७) इस प्रकार घड़ी भर विलाप होता रहा। फिर पीछे रोना धोना हो बीता।

(८) नौ मन मोती टूट गए और दस मन काँच की चूड़ियाँ फूटकर बिखर गईं।

(९) सब कोठरियों में समेटकर बहार दिया गया। दुःख का नाच समाप्त हो गया।

(१) बारा—सं० बालक।
(२) रजियाउर—सं० राज्यकुल। श्री माताप्रसाद जी ने इसका अर्थ राजकाज किया है।
(३) वलय=शीशे की चूड़ी।
करहिं खरिहाना=खलिहान जैसा ढेर लगा रही थीं।
(४) गिव—सं० ग्रीवा
(७) अंदोरा=सं० आन्दोल।
रोरा=रौल, शोर।
(९) ओबरिन,=रनिवास की कोठरियाँ, कमरे। यह कठिन पाठ था, जिसे कई प्रकार से सरल किया गया-बैरनु, चोआरन, चेरिनि, बोहेरन, अभरन, (=चौबारा, चेरी, बुहारी, गहने आदि) किन्तु ये पाठान्तर मूल पाठ की अपेक्षा निकृष्ट हैं। सं० अपवरक (=बैठने का भीतरी कमरा मोनियर विलियम्स संस्कृत कोष, पृ० ५२) > प्रा० अपवरक, अववरक (पासद० पृ० १०४)। (दे० जायसी ३३६।५)।

[१३४]

निकसा राजा सिंगी पूरी। छाड़ि नगर मेला होइ दूरी।१।
राय राने सब भए बियोगी। सोरह सहस कुँवर भए जोगी।२।
माया मोह हरी सैं हाथाँ। देखेन्हि बूझि निम्रान न साथाँ।३।
छाड़ेन्हि लोग कुटुँब घर सोऊ। भे निनार दुख सुख तजि दोऊ।४।
सँवरै राजा सोइ अकेला। जेहि रे पंथ खेलै होइ चेला।५।
नगर नगर औ गावँहि गाऊँ। चला छाड़ि सब ठावँहि ठाऊँ।६।
काकर घर काकर मढ़ माया। ताकर सब जाकर जिउ काया।७।
चला कटक जोगिन्ह कर कै गेरुआ सब भेषु।
कोस बीस चारिहुँ दिसि जानहुँ फूला टेसु ॥१२।९॥

(१) राजा ने निकल कर सिंगी बजाई—नगर छोड़कर दूर पहुँचना होगा (२) राव और राना सब उसके साथ वियोगी होगए और सोलह सहस्र राजकुमार जोगी होकर साथ हो लिए (३) उन्होंने अपने हाथों माया मोह त्याग दिया और समझ देखा कि अन्त में कुछ साथ न जाएगा। (४) कुटुम्ब के लोग और घर सब उन्होंने छोड़ दिए। सुख दुख दोनों त्यागकर वे अलग हो गए। (५) राजा केवल उसी (पद्मावती) का स्मरण कर रहा था जिसके मार्ग में वह चेला बनकर जा रहा था। (६) नगर-नगर और गाँव-गाँव को अपने-अपने स्थान पर छोड़ते हुए वह चला (७) किसका घर, किसका मढ़ और किसकी माया है? जिसका यह जीव और शरीर है उसीका सब है।

(८) गेरुआ वेश पहनकर जोगियों का कटक चला, (९) मानों चारों ओर बीस कोस तक टेसू का जंगल फूला हुआ था।

(१) मेला होइ दूरी-दूर जाना होगा। (मेला=पहुँचने या जाने का स्थान; मेलान, १३६।३)।

[१३५]

आगें सगुन सगुनिआँ ताका। दहिउ मच्छ रूपे कर टाका।१।
भरें कलस तरुनी चलि आई। दहिउ लेहु ग्वालिन गोहराई।२।
मालिनि आउ मौर लै गाँथें। खंजन बैठ नाग के माँथें।३।
दहिनें मिरिग आइ गौ धाई। प्रतीहार बोला खर बाईं।४।
बिर्ख सँवरिआ दाहिन बोला। बाएँ दिसि गादुर नहिं डोला।५।
बाएँ अकासी धोबिनि आई। लोवा दरसन आइ देखाई।६।
बाएँ कुरारी दाहिन कूचा। पहुँचै भुगुति जैस मन रूचा।७।
जाकहँ होहिं सगुन अस औ गवनै जेहि आस।
अस्टौ महासिद्धि तेहि जस कबि कहा बिआस ॥१२।१०॥

(१) सगुन विचारने वालों ने आगे बढ़कर सगुन देखा। चाँदी के कंडालों में दही और मछली भरी हुई आ रही थी। (२) जल भरा कलश लेकर तरुणी चली आती थी। 'दही लो' कहकर ग्वालिन आवाज लगा रही थी। (३) मालिन गूँथा हुआ मौर लेकर सामने आई। खंजन सर्प के मस्तक पर बैठा दिखाई दिया। (४) दाहिनी ओर से एक हिरन दौड़ता हुआ आ गया। बाईं ओर तीतर और गधा बोला। (५) दाहिनी ओर साँवला साँड़ दड़ूकने लगा। बाईं ओर गादुर जमा बैठा था। (६) बाईं ओर आकाश की धोबिन अर्थात् क्षेमकरी चील दिखाई दी और लोमड़ी ने दर्शन दिया। (७) बाईं ओर कुररी और दाहिनी ओर क्रौंच पक्षी बोलने लगे। इनसे ज्ञात होता था कि मन में जो अभिलाषा थी वैसा भोग प्राप्त करेगा।

(८) जिसे ऐसे सगुन होते हैं, उसे वह जिसकी आशा से जाता है, (९) उसके विषय में आठों महा सिद्धियाँ प्राप्त होती हैं—जैसा व्यास कवि कह गए हैं।

(१) सगुनियाँ—सं० शाकुनिक > प्रा० सागुनिअ > सगुनियाँ।
टाका=टाँका, पानी रखने का कण्डाल, टंकी, कुंडा, तामलोट।

(३) मौर—सं० मुकुट > प्रा० मउड़ > मौर। गाँथे—सं० ग्रथित, ग्रंथ धातु।

(४) प्रतीहार=तीतर, ओजा मृगाः व्रजन्तोऽपि धन्या वामे खरस्वनः (मुहूर्त चिन्तामणि यात्रा प्रक० श्लोक १०४)। दक्षिण भाग में ओज (विषम संख्यक १, ३, ५ आदि) हिरन शुभ फल प्रद है और बाएँ गधे का बोलना शुभ है।

(५) बिर्ख सँवरिया=रात्रि में दाहिनी ओर वृष का गर्जन। शुभ है (प्रशस्यते दक्षिणतश्च चेष्टा तथा निशीथे निनदो वृषस्य। वसन्त राजीय)।
बाएँ दिसि गादुर—यहाँ गादुर का शकुन स्पष्ट नहीं है। सुधाकरजी के अनुसार बाईं ओर गीदड़ की गति वसन्तराजीय ग्रन्थ में शुभ कही गई है। अतएव गीदड़ पाठ होना चाहिए। कुछ प्रतियों में जम्बुक पाठान्तर मिलता है और नहीं की जगह तँह पाठान्तर है।

अनर्थ हेतुर्गति शब्द हीनः सदा श्रृगालः खलु दृष्ट मात्रः।
शस्ता हि वामा गतिरस्य शस्तो वामो निनादो निशि यो वहूनान्। (वसन्त० १४ व० ४० श्लोक)।

(६) अकासी धोबिन=क्षेमंकरी। क्षेमकरी कह क्षेम बिसेखी (तुलसी० अयोध्याकाण्ड)
क्षेमान्देवेषु सा देवी कृत्वा दैत्यपतेः क्षयं
क्षेमंकरी शिवेनोक्ता पूज्या लोके भविष्यति। (देवी भागवत अध्याय ४०) [सुधाकर जी]
सिद्ध्यै सदा सर्वं समीहितानां स्याल्लोमशी दर्शन मात्र मेव। (वसन्त०)

(७) कूचा—सं० क्रौञ्च।
कुरारी=टिटिहरी।
बाएँ कुरारी (वामं प्रवासे रटितं हिताय तथोपरिष्टादपि टिट्टिभस्य। टिटीति शान्तं टिटिटी तिटीसं शब्दद्वयं चास्य बुधा वदन्ति वसन्त० ८।१३)।
दाहिन कूचा—वसन्त० शकुन ग्रन्थ के अनुसार सारस के जोड़े का दर्शन किसी भी दिशा में हो शकुन है। इसी प्रकार क्रौंच के जोड़े का दर्शन शुभ है।
स वेदितव्यः कथितोऽर्थकारी क्रौञ्चद्वयस्याप्ययमेव मार्गः (वसन्त० ८।११)।
शकुन शास्त्र के इन प्रमाणों के लिये मैं श्री सुधाकर जी की टीका का अनुगृहीत हूँ।

[१३६]

भएउ पयान चला पुनि राजा। सिंघनाद जोगिन्ह कर बाजा।१।
कहेन्हि आजु कछु थोर पयाना। कालिह पयान दूरि है जाना।२।
ओहि मेलान जब पहुँचिहि कोई। तब हम कहब पुरुष भल सोई।३।
एहि आगे परबत की पाटी। बिषम पहार अगम सुठि घाटी।४।
बिच बिच खोह नदी औ नारा। ठाँवहिं ठाँव उठहिं बटपारा।५।
हनिवँत केर सुनब पुनि हाँका। दहुँ को पार होइ को थाका।६।
अस मन जानि सँभारहु आगू। अगुआ केरि होहु पछलागू।७।
करहिं पयान भोर उठि नितहि कोस दस जाहिं।
पंथी पंथाँ जे चलहिं ते का रहन ओनाहिं॥१२।११॥

(१) फिर प्रयाण (कूच) होने पर राजा चला, और योगियों का श्रृंगी नाद बजा। (२) उन्होंने कहा, 'आज कुछ थोड़ी ही दूर का प्रयाण होगा, किन्तु कल के प्रयाण में दूर की यात्रा होगी। (३) उस स्थान पर जब कोई पहुँचेगा, तब हम कहेंगे वह श्रेष्ठ पुरुष है। (४) इसके आगे पहाड़ी पट्टी है, जिसमें विषम पर्वत और बड़ी अगम्य घाटी है। (५) बीच बीच में खोह, नदी और नाले हैं, और स्थान स्थान पर बटमार लगते हैं। (६) फिर हनुमान की हाँक सुनाई पड़ेगी। देखें कौन पार होता है, कौन रह जाता है। (७) इन सब बातों को मन में जानकर पहिले से सँभल जाओ और जो अपना अगुआ है उसके पीछे लगे रहो।

(८) प्रातः उठकर कूच करते थे, और नित्य दस कोस जाते थे। (९) जो बटोही मार्ग तय कर रहे हैं, वे क्या कभी टिक रहने के लिए ठहरते हैं?

(१) प्रयान=सं० प्रयाण। कूच के लिए यह प्राचीन शब्द था, जिसका जायसी ने इस प्रसंग में चार बार प्रयोग किया है।

(३) मेलान=पड़ाव, मिलने का स्थान।

(४) पाटी=पर्वत की पाटी। चित्तौड़ से दक्षिण-पूर्व चलने पर यह मालवे का पहाड़ी प्रदेश होना चाहिए जिसे, आगे चलकर दण्डकारण्य और विन्ध्याचल का भाग कहा है।

(५) बटपारा=हिं० बटमार, लूटमार करने वाले, बटोहियों को मार्ग में लूटने वाले।

(६) हनिवँत केर हाँका=सिंहल के मार्ग में भारत और लंका के बीच हनुमान जी प्रहरी बनकर आज तक आवाज देते हैं जिसके भय से राक्षस लोग इधर न आवें, ऐसी किंवदंती है (श्री सुधाकर जी, पृ० २७२) जायसी २०६।२, बैठ तहाँ भा लंका ताका। छठएँ मास देइ उठि हाँका।

[१३७]

करहु दिस्टि थिर होहु बटाऊ। आगू देखि धरहु भुइँ पाऊ।१।
जौं रे उबट होइ परे भुलाने। गए मारे पँथ चलै न जाने।२।
पावन्ह पहिरि लेहु सब पँवरी। काँट न चुभै न गड़ै अँकवरी।३।
परे आइ अब बनखँड माहाँ। डंडक आरन बीझ बनाहाँ।४।
सघन ढाँख बन चहुँ दिसि फूला। बहु दुख मिलिहि इहाँ कर भूला।५।
झाँखर जहाँ सो छाड़हु पंथा। हिलगि मकोइ न फारहु कंथा।६।
दहिने बिदर चँदेरी बाएँ। दहुँ कहँ होब बाट दुहुँ ठाएँ।७।
एक बाट गौ सिंघल दोसर लंक समीप।
हहिं आगे पँथ दोऊ दहुँ गवनब केहि दीप॥१२।१२॥

(१) हे मार्ग चलने वालो, अब आँख से देखो और दृढ हो जाओ। अब आगे भली प्रकार देखकर धरती पर पैर रखो। (२) पथभ्रष्ट होकर जो भूल गए, वे मारे जाएँगे क्योंकि उन्होंने मार्ग चलना नहीं जाना। (३) सब लोग पावों में खड़ाऊँ पहिन लो, जिससे न काँटा चुभे, न कँकड़ी गड़े। (४) अब तुम वनखण्ड में आ पहुँचे हो, जहाँ विन्ध्याचल के जंगल में दण्डकारण्य है। (५) चारों ओर सघन ढाक का वन फूला है। यहाँ का भूला हुआ बहुत दुःख पाता है। (६) जहाँ काँटेदार पेड़ हों वह रास्ता छोड़ देना। कहीं मकोय में अटककर अपनी कथरी न फाड़ लेना। (७) दाहिने हाथ बीदर और बाएँ हाथ चँदेरी पड़ेगी, इन दोनों स्थानों के बीच में न जाने कहाँ मार्ग पड़ेगा।

(८) एक बाट सिंहल को चली गई है, और दूसरी लंका के पास जाती है। आगे दोनों मार्ग बटते हैं। देखें किस द्वीप में जाना होता है?

(२) उबट=मार्ग से चूका हुआ। सं० उद्वर्त्म।

(३) अँकरबरी=हिं० अँकरौरी, छोटी कंकड़ी। चित्रावली २१५।६, अँकरौरी सम गनौं पहारा।

(४) डंडक आरन बीझ बनाहाँ=दण्डकारण्य और विन्ध्याचल का वन। यह मालवे का पठार और उसके दक्षिण का पहाड़ी प्रदेश एवं नर्मदा के दोनों ओर का जंगल था। प्राचीन मार्ग

उज्जयिनी से जाता हुआ महेश्वर के पास नर्मदा पार कर पूर्व की ओर बढ़ता था। यहाँ जायसी ने मोटे रूप में चन्देरी और दक्षिण की ओर बीदर अपने दो समकालीन स्थानों का संकेत किया है। दोनों ही बीच के मार्ग से लगभग बराबर की दूरी पर थे। शुक्लजी ने विदर से विदर्भ लिया है, बीदर नहीं। नर्मदा पार करने के बाद एक स्थलमार्ग नागपुर की ओर बढ़ता हुआ दक्षिण चला जाता था और दूसरा रतनपुर बिलासपुर अर्थात् दक्षिण कोशल के बीच से निकलकर उड़ीसा के तट पर पहुँचता था जहाँ से सिंहल और पूर्वी द्वीपों को यात्री जहाज लेते थे। जायसी का लक्ष्य इसी दूसरे मार्ग से है। लंकद्वीप और सिंहल द्वीप को अलग अलग मानना मध्यकालीन भूगोल की विशेषता थी। साधारणतः जायसी का कहा हुआ भौगोलिक पथ स्पष्ट है।

[१३८]

ततखन बोला सुआ सरेखा। अगुआ सोइ पंथ जेइँ देखा।१।
सो का उड़ै न जेहि तन पाँखू। लै सो परासहिं बूड़ै साखू।२।
जस अंधा अंधे कर संगी। पंथ न पाव होइ सहलंगी।३।
सुनु मति काज चहसि जौं साजा। बीजानगर बिजैगिरि राजा।४।
पूँछु न जहाँ कुंड औ गोला। तजु बाएँ अँधियार खटोला।५।
दक्खिन दहिने रहै तिलंगा। उत्तर माँझे गढ़ा खटंगा।६।
माँझ रतनपुर सौंह दुआरा। झारखंड दै बाऊँ पहारा।७।
आगें पाउँ ओडैसा बाएँ देहु सो बाट।
दहिनावर्त लाइ कै उतरु समुंद्र के घाट॥१२।१३॥

(१) उसी समय चतुर सुग्गे ने कहा, 'अगुवा वही होता है जिसने मार्ग स्वयं देखा हो। (२) जिसके शरीर में पंख नहीं वह क्या उड़ सकता है? वह तो उस शाखा की तरह है, जो पत्ते को भी ले डूबती है। (३) वह ऐसा है, जैसे अन्धा अन्धे का साथी हो और सहयात्री बन कर दोनों ही मार्ग न पाते हों। (४) जो कार्य सिद्धि चाहता है तो मेरी सलाह सुन। हे राजा, विजयनगर, बीजागढ, (५) कुण्ड और गोला जहाँ हैं, उनकी बात न पूँछना। अँधियार खटोले को बाएं छोड़ते हुए आगे बढ़ना। (६) दक्षिण में दाहिने तिलंगाना रह जायगा। उत्तर की ओर बीचमें गढ़ा खटंगा है। (७) जाते हुए बीच में रतनपुर पड़ेगा। उसके सामने द्वार (महानदी की घाटी) है। झारखण्ड के पहाड़ तुम्हारे बाँए रह जाएँगे।

(८) तुरन्त आगे उड़ीसा में पैर पहुँचते हैं, किन्तु उस मार्ग को बाँएं छोड़कर और दाहिने हाथ कुछ थोड़ा घूमकर समुद्र के घाट जा उतरना।

(२) लै सो परासहिं बूड़ै साखू—डाली पत्ते को ले डूबती है। ऐसे ही योग के मार्ग में अनजान व्यक्ति अपने साथी को ले डूबता है। योग मार्ग में गमन करने के लिये जिसकी साधना (पंख) नहीं है वह न स्वयं उठ सकता है न दूसरे को उठा सकता है।

(३) सहलंगी=साथ मार्ग लाँघने वाला साथी ।

(४) बीजानगर बिजैगिरि–जायसी का भौगोलिक पथ चालू मार्ग था । चित्तौड़ से दक्षिण-पूर्व की दिशा में चलकर उज्जैन-धार-इन्दौर की पहाड़ी पट्टी को पार करने के बाद (१३६।४) विन्ध्याचल के वनों के बीच से दंडक वन में (१३७।४) मार्ग जाता था । यह नर्मदा के दोनों ओर फैला हुआ घना जंगल होना चाहिए । यहाँ माहेश्वर के पास नर्मदा के पुराने घाट पर मार्ग उतरता था । यहीं बीजागढ़ का राज्य माँडू से साठ मील दक्षिण था (अकबरनामा, पृ० १८) । सूबा मालवे के बारह सरकारों में से एक बीजागढ़ था (आईन अकबरी, ब्लाखमैन, पृ० १२९, ३४३, ४७४) । आजकल जहाँ निमाड़ प्रदेश में बड़वानी रियासत थी वहीं बीजागढ़ का राज्य था । अकबर के समय में बाज बहादुर रूपमती का राज्य माण्डू से बीजागढ़ तक फैला था । सुदूर दक्षिण में बीजानगर या विजयनगर का साम्राज्य था । वह भी रत्नसेन के मार्ग से अलग छूट जाता था । (बीजानगर=विजय नगर. फरिश्ता, ब्रिग पृ० ७४) ।

(५) कुंड और गोला–बीजागढ़ राज्य से एक रास्ता दक्षिण की ओर खानदेश औरंगाबाद होता हुआ गोलकुण्डा के लिये जाता था । जायसी का अभिप्राय है कि बुरहानपुर होकर गोलकुण्डा जाने वाले उस रास्ते को मत पूँछना । इसका सरल पाठ 'गोंड औ कोला' भी किया गया है, किन्तु भौगोलिक दृष्ट्या वह समीचीन नहीं है । बीजागढ़-निमाड़ से आगे बढ़ते हुए दाहिने भंडिर से पश्चिम फैला हुआ सागर-दमोह का घना जंगली इलाका है, जिसका प्राचीन नाम अँधियार खटोला था । सुधाकर जी ने लिखा है कि आईन अकबरी के अनुसार अंजार एक महाल था । जैसा सुधाकरजी ने लिखा है अंजार का ही अपभ्रंश अनिहार, अँधियार ज्ञात होता है जो नर्मदा की शाखा अनिजला नदी के तट पर था (आईन-अकबरी, भाग २ पृ० २०४-६) । खटोला अँधियार के राज्य से मिला हुआ था, जो आजकल का सागर-दमोह प्रदेश है । आईन अकबरी २।२००) । यह प्रदेश मार्ग के बाँएँ छूट जाता था । इसके बाद जबलपुर से मण्डला तक फैला हुआ प्रदेश गढ़-काटंगा कहलाता था, जिसका पर्याय अबुल फजल ने गोंडवाना भी दिया है । अकबर के समय में यहाँ रानी दुर्गावती का बड़ा राज्य था (आईन०, पृ० ३९६) ।

(६) उत्तर माँझे गढ़ा खटंगा–इस पंक्ति का अर्थ नक्शे में स्पष्ट हो जाता है । गढ़ामंडला के बीच से होकर मार्ग पहले उत्तर की ओर जाता था, जहाँ अब कटनी है और वहाँ से घूमकर फिर पूरब-दक्षिण की ओर विन्ध्य के पूर्वी भाग मेखला पर्वत में सोन की घाटी से होता हुआ रतनपुर जा निकलता था । बाईं ओर जहाँ अँधियार खटोला (दमोह–सागर) को छोड़ने का जिक्र है वहीं दाहिनी तरफ उस मार्ग को भी छोड़ना आवश्यक था, जो जबलपुर से सीधे दक्षिण बालाघाट गोंदिया, नागपुर होता हुआ बरार की ओर जाता था । सुधाकरजी ने लिखा है कि मध्यकालीन भूगोल में बरार तिलंगाना के नाम से प्रसिद्ध था । जायसी ने इसीके लिये लिखा है– 'दक्खिन रहे तिलंगा' आईन अकबरी के अनुसार सरकार तिलंगाना पश्चिमी बरार में थी (आईन० ब्लाखमैन, १।४९०) । अगला मार्ग रतनपुर से शक्ति-रायगढ़ होता हुआ उड़ीसा की ओर बढ़ता है । यहीं पर जायसी ने लिखा है कि इस मार्ग के ठीक बाँईं ओर झारखण्ड के पहाड़ थे । जैसा शुक्लजी ने लिखा है यह सरगुजा या छोटा नागपुर का घना इलाका या पहाड़ी पठार था, जिसे आज भी बीच में छोड़ कर उत्तर और दक्षिण होते हुए उड़ीसा की ओर दो मार्ग बढ़ते हैं । रत्नसेन दक्षिण के मार्ग पर है, और जैसे ही वह महानदी के तट पर पहुँचता है वैसे ही मानों उड़ीसा में उसका पैर पहुँच जाता है । किन्तु महानदी के उत्तर जो मैदान है उसे बाँए रखते हुए दाहिने मुड़कर उड़ीसा के समुद्र तट पर पहुँचना होता था । यही प्राचीन मार्ग था ।

(७) रतनपुर–कलचुरि शासक रत्नदेव द्वारा स्थापित राजधानी, बिलासपुर से बीस मील उत्तर।
दुआरा–महानदी की घाटी जो बालपुर-सारंगगढ़ के बीच से उड़ीसा में जा निकलती है।

[१३९]

होत पयान जाइ दिन केरा। मिरगारन महँ भएउ बसेरा ।१।
कुस साँथरि भै सौर सुपेती। करवट आइ बनी भुइँ सेती ।२।
कया मलै तेहि भसम मलीजा। चलि दस कोस ओस निति भीजा ।३।
ठाँवहिं ठाँव सोवहिं सब चेला। राजा जागै आपु अकेला ।४।
जेहि के हिएँ पेम रँग जामा। का तेहि भूख नींद बिसरामा ।५।
बन अँधियार रैनि अँधियारी। भादौं बिरह भएउ अति भारी ।६।
किंगरी हाथ गहें बैरागी। पाँच तंतु धुनि उठै लागी ।७।
नैन लागु तेहि मारग पदुमावति जेहि दीप।
जैस सेवाती सेवहिं बन चातक जल सीप ॥१२।१४॥

(१) दिन-दिन कूच होता जाता था। तब मृगारण्य में बसेरा हुआ। (२) कुशा की साँथरी ही ओढ़ना-बिछौना हुई और सबने धरती पर ही करवट ली। (३) जिस शरीर में चंदन मला जाता था उसमें भस्म मलते थे। दस कोस नित्य चलने पर शरीर पसीने से भींग जाता था। (४) जगह जगह सब चेले तो सो जाते, किन्तु राजा आप अकेला जागता रहता था। (५) जिसके हृदय में प्रेम का रंग जम गया है उसे भूख नींद आराम कहाँ ? (६) अँधेरे वन में, अँधेरी रात में और भादों में विरह अत्यन्त भारी ज्ञात होता था। (७) बैरागी की भाँति हाथ में किंगड़ी लिए था। उसके पाँचों तारों से वही एक धुन (प्रेमिका के नाम की) उठने लगी।

(८) उसके नेत्र उसी मार्ग में लगे थे जिस द्वीप में पद्मावती थी। (९) वन में चातक और जल में सीप जैसे स्वाति का ध्यान करते हैं वैसे ही वह भी उसके ध्यान में लीन था।

(१) मिरगारन–सं० मृगारण्य, जंगली जानवरों का वन। सुधाकरजी के अनुसार मृगारण्य नर्मदा के तट पर एक स्थान विशेष था, जिसे हिरणपाल कहते हैं, जो पहले बीजागढ़ में था और आज कल निमाड में है। यहाँ तीन पर्वतों के आ जाने से नर्मदा के तीनखण्ड हो गए हैं। वे शिखर पुल के तीन खम्भों से जान पड़ते हैं, जिन्हें हिरण सहज ही में कूद जाते हैं।

(२) साँथरि=सं० संस्तार < प्रा० संथार, संथर > साँथर।
सौर सुपेती=ओढ़ना-बिछौना (विशेष देखिए ३३५।४, ३३६।६, ३५०।४)।

(३) ओस=सं० अवश्याय > ओसाय > ओसा > ओस।

१३ : राजा-गजपति-संवाद खण्ड

[१४०]

मासेक लाग चलत तेहि बाटाँ । उतरे जाइ समुँद के घाटाँ ।१।
रतनसेनि भा जोगी जती । सुनि भेंटै आएउ गजपती ।२।
जोगी आपु कटक सब चेला । कौन दीप कहँ चाहिअ खेला ।३।
पहिलेहिं आए माया कीजै । हम पहुनई कहँ आएसु दीजै ।४।
सुनहु गजपती उतरु हमारा । हम तुम्ह एकै भाव निरारा ।५।
सो तिन्ह कहँ जिन्ह महँ बहु भाऊ । जो निरभाव न लाव नसाऊ ।६।
यहै बहुत जो बोहित पावौं । तुम्हतें सिंघलदीप सिधावौं ।७।
जहाँ मोहि निजु जाना होहुँ कटक लै पार ।
जौं रे जिऔं लै बहुरौं मरौं तो ओहि के बार ॥१३।१॥

(१) उस मार्ग से चलते हुए लगभग एक महीना लगा । तब सब लोग समुद्र के घाट पर जा उतरे । (२) रत्नसेन जोगी जती हो गया है, यह सुनकर उड़ीसा का राजा गजपति उससे मिलने आया और कहने लगा, (३) 'तुम स्वयं जोगी बनकर और साथ में चेलों का कटक दल लेकर किस द्वीप को जाना चाहते हो ? (४) पहली बार मेरे राज्य में आए हो, मेरे ऊपर कृपा करो और मुझे आज्ञा दो कि मैं तुम्हारा आतिथ्य करूँ ।' (५) राजा ने कहा, 'हे गजपति, हमारा उत्तर सुनो । हम और तुम एक जैसे हैं, केवल दोनों का भाव अलग है । (६) पहुनाई उनके लिये है जिनमें बहुत प्रकार का अर्थात् सांसारिक भाव है । जिसका मन भाव-रहित है आतिथ्य से उसका विघ्न मत करो । (७) यही बहुत है जो तुम मेरे लिए जहाजों का प्रबन्ध कर दो जिससे मैं सिंहल द्वीप जा सकूँ ।

(८) जहाँ मुझे स्वयं जाना है वहीं कटक को भी लेकर पार जाऊँगा । (९) यदि जीता रहा तो उसे (पद्मावती को) लेकर लौटूँगा । यदि मर गया तो उसी के द्वार पर मृत्यु होगी ।

(२) गजपति=कलिंग के राजाओं की उपाधि, जैसे श्री महाराजाधिराज गजपति प्रतापरुद्र (१५०७-१५४८) । सम्भवतः जायसी के समय यही कलिंग के राजा थे । उड़ीसा के गजपतियों का समय १४३५-१५५५ था । १५५५ में मुकुन्ददेव नामक मंत्री ने राज्य पर अधिकार करके गजपति वंश को समाप्त कर दिया ।

(७) बोहित=जहाज । सं० बोधिस्थ > प्रा० बोहित्थ । बोधि नाव के निचले भाग को कहते हैं जिस पर उसका उपरला ठाठ खड़ा किया जाता है । तमिल भाषा में बोदि स्तम्भशीर्षक के उस भाग को कहते हैं जो नाव की गोलाई में उठती हुई पेंदी से मिलता है ।

[१४१]

गजपति कहा सीस बरु माँगा । एतने बोल न होइहि खाँगा ।१।
ये सब देहुँ आनि नै गढ़े । फूल सोइ जो महेसहि चढ़ै ।२।
पै गोसाइँ सौं एक बिनती । मारग कठिन जाब केहि भाँती ।३।
सात समुंद असूझ अपारा । मारहिं मगर मच्छ घरियारा ।४।
उठै लहरि नहिं जाइ सँभारी । भागहिं कोइ निबहै बैपारी ।५।
तुम्ह सुखिया अपने घर राजा । एत जो दुक्ख सहहु केहि काजा ।६।
सिंघल दीप जाइ सो कोई । हाथ लिये जिउ आपन होई ।७।
खार खीर दधि उदधि सुरा जल पुनि किलकिला अकूत ।
को चढ़ि बाँधै समुँद ये सातौं है काकर अस बूत ॥१३।२॥

(१) गजपति ने कहा, "तुम चाहे सीस माँगते (वह भी देता); इतनी सी बात में तो कमी हो ही नहीं सकती। (२) सब जहाज नये बने हुए लाकर दूँगा। फूल वही सफल है जो शिव के मस्तक पर चढ़ जाय। (३) लेकिन स्वामी से मुझे एक निवेदन है— 'मार्ग कठिन है, किस प्रकार जाना होगा ? (४) आगे सात समुद्र हैं जो अज्ञात और अपार हैं। उनमें मगर मच्छ और घड़ियाल मनुष्यों को खा लेते हैं। (५) लहरें इतनी ऊँचीं उठती हैं जो संभाली नहीं जाती। भाग्य से ही कोई व्यापारी उनके पार पहुँच पाता है। (६) हे राजा, तुम अपने घर में सब भाँति सुखी थे, इतने दुःख किसलिए सह रहे हो ? (७) सिंहलद्वीप में वही पहुँच सकता है जो हथेली पर अपने प्राण लिए हो।

(८) क्षार, क्षीर, दधि, उदधि, सुरा और उसके आगे किलकिला एवं मानसरोदक समुद्रों का अपार जल है। (९) इन सातों समुद्रों को जहाज़ पर चढ़कर कौन पार कर सकता है ? (कौन इन पर सेतु बाँध सकता है ?) किसका ऐसा बूता है ?

(१) खाँगा=कमी। क्रि० खाँगना, कम होना।
(५) निबहै=क्रि० निबहना, निर्बाह करना, पूरा उतरना।
(८) जायसी ने खार, खीर, दधि, उदधि, सुरा और किलकिला, इन छह समुद्रों का नाम लिया है। जल से सातवें मानसरोदक का ग्रहण करना चाहिए जो कि सिंहल द्वीप में है। जहाँ राजा को पहुँचना है। 'सतएँ समुँद मानसर आए'। (१५८।१)।
(९) बूत=शक्ति। सं० वृत्त > वुत्त > बुत्त > बूत।

[१४२]

गजपति यह मन सकती सीऊ । पै जेहि पेम कहाँ तेहि जीऊ ।१।
जौं पहिलें सिर दै पगु धरई । मुए केर मीचुहि का करई ।२।
सुख सँकलपि दुख साँबर लीन्हेउँ । तौ पयान सिंघल कहँ कीन्हेउँ ।३।

भँवर जान पै कँवल पिरीती । जेहि महँ बिथा पेम कै बीती ।४।
औ जेइँ समुँद पेम कर देखा । तेइँ यह समुँद बुंद बरु लेखा ।५।
सात समुँद सत कीन्ह सँभारू । जौं धरती का गरुव पहारू ।६।
जेइँ पै जिय बाँधा सतु बेरा । बरु जिय जाइ फिरै नहिं फेरा ।७।
रंगनाथ हौं जाकर हाथ ओहि के नाँथ ।
गहें नाँथ सो खाँचै फेरे फिरै न माँथ ॥१३८॥

(१) 'हे गजपति, यह मन शक्ति की सीमा है (सच्ची शक्ति मन में रहती है, शरीर में नहीं)। जिसमें प्रेम होता है उसमें जीव कहाँ ? (२) जो पहले सिर देकर फिर इस मार्ग में पैर रखता है, वह पहले ही मरा है, मृत्यु उसका क्या बिगाड़ सकती है ? (३) सुख का त्याग करके (संकल्प छोड़कर) मैंने दुःख का सम्बल (मार्ग की सामग्री) लिया है और तब सिंहलद्वीप के लिये प्रयाण किया है। (४) भौंरा ही उस कमल के साथ की प्रीति जानता है जिसमें मुँदकर उस पर प्रेम की व्यथा बीतती है। (५) जिसने प्रेम का समुद्र देखा है वह इस समुद्र को बूँद की तरह समझता है। (६) सातों समुद्रों को सत्य ने सँभाल रखा है, जैसे धरती का बोझा पहाड़ सँभाले हैं। (७) जिसने अपना मन सत्य के बेड़े से बाँधा है चाहे उसका प्राण चला जाय वह लौटाए नहीं लौटता।

(८) मैं जिसके रंग में रँगा हूँ, मेरी नकेल (नाथ) उसी के हाथ में है। वही नाथ पकड़े हुए खींच रही है। अतएव मस्तक फेरे नहीं फिरता।

(१) सीऊ=सं० सीमा > सीव > सीऊ ।
(३) सँकलपि=संकल्प करके, त्यागकर ।
साँवर=शम्बल ।
(६) गरुव-सं० गौरव=बोझा ।
(८) रंगनाथ=रंग में नाथा हुआ, रंगा हुआ। इस शब्द का अर्थ विकास स्पष्ट नहीं है । सम्भवतः, शिष्य के लिये सधूकड़ी भाषा का शब्द है ।

[१४३]

पेम समुँद अस अवगाहा । जहाँ न वार पार नहिं थाहा ।१।
जौं वह समुँद काह एहि परें । जौं अवगाह हंस होइ तिरें ।२।
हौं पदुमावति कर भिखमंगा । दिस्टि न आव समुँद औ गंगा ।३।
जेहि कारन गियँ काँथरि कंथा । जहाँ सो मिलै जाउँ तेहि पंथा ।४।
अब एहि समुँद परौं होइ मरा । पेम मोर पानी कै करा ।५।
मर होइ बहा कतहुँ लै जाऊ । ओहि के पंथ कोइ लै खाऊ ।६।
अस मन जानि समुँद महँ परऊँ । जौं कोइ खाइ बेगि निस्तरऊँ ।७।

सरग सीस धर धरती हिया सो प्रेम समुंद ।
नैन कौड़िया होइ रहे लै लै उठहिं सो बुँद ॥१३।४॥

(१) प्रेम समुद्र जैसा अगाध है, जहाँ न वार-पार है, न थाह है । (२) यदि वह प्रेम है, तो इन समुद्रों के मार्ग में आने से क्या हुआ ? यदि ये समुद्र अगाध हैं तो हंस बनकर उनके पार पहुँचा जा सकता है । (३) मैं पद्मावती का भिखारी हूँ ! मुझे समुद्र या गंगा दिखाई नहीं पड़ती । (४) जिसके कारण गले में कँथरी पहनी, जहाँ उसकी प्राप्ति हो उसी मार्ग पर मैं जाऊँगा । (५) अब मैं मरकर इस प्रेम समुद्र में पड़ता हूँ । प्रेम में ही मेरे लिये पानी की कला है । (६) जैसे मरा हुआ व्यक्ति पानी के ऊपर बहता है, उसे पानी की धार कहीं बहा ले जाय (ऐसे ही मैं मर कर प्रेम समुद्र बहा दूँ)। उस पद्मावती के मार्ग में कोई भी मुझे पकड़कर खा ले । (७) ऐसा मन में जानकर मैं इन समुद्रों में प्रवेश करता हूँ । यदि कोई खा लेगा तो शीघ्र छुटकारा पा जाऊँगा ।

(८) मेरा मस्तक स्वर्ग में, धड़ पृथिवी पर और हृदय उस पद्मावती के प्रेम समुद्र में है । नेत्र कौड़िल्ले पक्षी की भाँति उस समुद्र में डूबते और उसकी बूँदें ले लेकर ऊपर उठते हैं (वे प्रेम-बिन्दु ही आँसू बनकर बह रहे हैं) ।

(१-२) अत्रगाहा–सं० अगाध (११९) ।
(४) काँथरि कंथा=कथरी पहनी । कंथना=पहिनना ।
(९) कौड़िया=कौड़िल्ला पक्षी जो झपटकर पानी में से मछली उठाता है जिससे पानी की बूँदें टपकती हैं । झरते हुए आँसू ही मानों प्रेम समुद्र की वे बूँदे हैं जो नेत्र रूपी कौड़िल्ले के डुबकी मारकर उठने से टपकती हैं ।

[१४४]

कठिन बियोग जोग दुख डाहू । जरम जरत होइ ओर निबाहू ।१।
डर लज्या तहँ दुवौ गँवानी । देखै कछु न आगि औ पानी ।२।
आगि देखि ओहि आगिश्र भावा । पानी देखि कै सौंहे धावा ।३।
जस बाउर न बुझाए बूझा । जौनिहिं भाँति जाइ का सूझा ।४।
मगर मच्छ डर हिएँ न लेखा । आपुहिं जान पार भा देखा ।५।
औ न खाहिं ओहि सिंघ सदूरा । काठहु चाहि अधिक सो भूरा ।६।
काया माया सँग न आथी । जेहि जिय सौंपा सोई साथी ।७।
जो कछु दरब अहा सँग दान दीन्ह संसार ।
का जानी केहि के सत दैय उतारे पार ॥१३।५॥

(१) वियोग और जोग के दुःख का दाह कठिन होता है । जन्म भर उसमें जलते हुए ही अंत तक निर्वाह करना होता है । (२) डर और लज्जा वहाँ दोनों चली जातीं

है। आग और पानी कुछ नहीं दिखाई पड़ता। (३) आग देखकर उसे आग ही अच्छी लगती है (अथवा वह आगे ही बढ़ता है)। पानी देखकर वह सम्मुख ही दौड़ता है। (४) बावले की भाँति वह समझाने से नहीं समझता। बावला चाहे जिस तरह जाय, क्या उसे कुछ दिखाई पड़ता है? (५) वह मगर मच्छ का डर मन में नहीं मानता। बस अपने जहाज को पार हुआ देखना चाहता है। (६) उसे सिंह और शार्दूल भी नहीं खाते क्योंकि वह काठ से भी अधिक सूखा होता है। (७) शरीर रूपी धन का कोई धनी धोरी साथ में नहीं होता। केवल वही अपना सार्थवाह होता है जिस प्रेमी को जी सौंपा है।

(८) जो कुछ साथ में द्रव्य था वह भी संसार को बाँट दिया। (९) क्या जाने किसके सत्य बल से दैव पार उतारेगा?

(१) डाहू–सं० दाह=तपन।
(५) जान=जलयान, पोत, जहाज।
(७) आथी-साथी। ये दोनों शब्द सार्थवाह व्यापारियों से लिए गए हैं।
आथी=सं० आर्थिक > प्रा० अत्थिय (=धनी, धनवान)।
साथी–सं० सार्थिक > प्रा० सत्थिय (=सार्थवाह, सार्थ का मुखिया, पासद०)।
इस पंक्ति का यह भी अर्थ है–शरीर और धन किसी के संग नहीं रहते। जिसने जी दिया है वही केवल अपना साथी है अथवा जिस प्रेमी को जी सौंपा है वही एक मात्र साथी है।
और भी देखिए ४०।१८, ६५०।६।
काया माया=शरीर रूपी धन, या शरीर और धन। आथी-अस्ति > अत्थि।

[१४५]

धनि जीबन औ ताकर जिया। ऊँच जगत मँह जाकर दिया।१।
दिया सो सब जप तप उपराहीं। दिया बराबर जग किछु नाहीं।२।
एक दिया तेइँ दसगुन लाहा। दिया देखि धरमी मुख चाहा।३।
दिया सो काज दुहूँ जग आवा। इहाँ जो दिया उहाँ सो पावा।४।
दिया करै आगें उजिआरा। जहाँ न दिया तहाँ अँधियारा।५।
दिया मँदिल निसि करै अँजोरा। दिया नाहिं घर मूसहिं चोरा।६।
हातिम करन दिया जौं सिखा। दिया अहा धरमन्हि महँ लिखा।७।
निरमल पंथ कीन्ह तिन्ह जिन्ह रे दिया कछु हाथ।
किछु न कोइ लै जाइहि दिया जाइ पै साथ ॥१३।६॥

(१) उसका जीवन और प्राण धन्य है, जिसका जगत् में ऊँचा दान है। (२) दान जप और तप सब से ऊपर है। दान के समान जग में कुछ नहीं है (३) एक देने से उससे दसगुना लाभ मिलता है। दान के कारण उस धर्मात्मा का मुँह सब देखना चाहते हैं। (अथवा, दानी का मुख धर्मात्मा भी देखना चाहते हैं।) (४) दान दोनों लोकों में काम

जाता है। यहाँ जो दान किया है, वह वहाँ मिलता है। (५) दान (या दीपक) आगे (परलोक में) उजियाला करता है। जहाँ दान (दीपक) नहीं है वहाँ अँधेरा रहता है। (६) दान का दीपक रात के समय घर में उजाला करता है। यदि दान नहीं है तो चोर घर का धन चुरा ले जाते हैं। (७) हातिम और कर्ण ने जो दान देना सीखा, उसी दान के कारण धर्मात्माओं में उनका नाम लिखा गया।

(८) जिन्होंने हाथ से कुछ दान दिया (जिनके हाथ में दीपक है) उन्होंने ही मार्ग को निर्मल बनाया। कोई कुछ नहीं ले जाएगा; केवल दान ही साथ जायगा।

(१) दिया=दान; दीपक।

(७) हातिम=मुसलमानी धर्म के अनुसार यमन देश का एक वीर और दानी, जिसने अपने ऊपर अनेक कष्ट सहकर अपने मित्र के हितार्थ सात प्रश्नों का समाधान किया था।
करन=कुन्तीपुत्र जो अपने दान के लिये प्रसिद्ध है।

१४ : बोहित खण्ड

[१४६]

सत न डोल देखा गजपती। राजा दत्त सत्त दुहुँ सती।१।
आपन नाहिं कया पै कंथा। जीउ दीन्ह अगुमन तेहि पंथा।२।
निस्चैं चला भरम डर खोई। साहस जहाँ सिद्धि तँह होई।३।
निस्चैं चला छाड़ि के राजू। बोहित दीन्ह दीन्ह नै साजू।४।
चढ़े बेगि औ बोहित पेले। धनि ओइ पुरुष पेम पँथ खेले।५।
तिन्ह पावा उत्तिम कबिलासू। जहाँ न मीचु सदा सुख बासू ६।
पेम पंथ जौं पहुँचै पाराँ। बहुरि न आइ मिलै एहि छाराँ।७।
एहि जीवन कै आस का जस सपना तिल आधु।
मुहमद जिअतहि जे मरहिं तेइ पुरुष कहु साधु ॥१४।१॥

(१) गजपति ने देखा कि राजा सत्य से विचलित नहीं होता। राजा के पास दान और सत्य दोनों की शक्ति थी। (२) उसके शरीर पर जो कथरी थी वह भी अपनी नहीं थी; उस मार्ग में आगे बढ़कर उसने अपना जीवन तक दे दिया था। (३) भ्रम और डर खोकर निश्चय के साथ वह चला था। जहाँ साहस है वहीं सिद्धि होती है। (४) वह राज्य छोड़ कर ऐसे निश्चय के साथ चला था—यह देख गजपति ने उसे जहाज दिए और नया सामान दिया। (५) वे शीघ्र सवार हुए और बोहितों को चलाया। वे पुरुष धन्य हैं जो प्रेम के मार्ग में चले हैं। (६) उन्होंने ही वह उत्तम स्वर्ग प्राप्त किया जहाँ मृत्यु नहीं और सदा सुख का निवास है। (७) यदि प्रेम के मार्ग में पार पहुँच जाता है, तो पुनः

लौट कर इस मिट्टी में नहीं मिलता (मृत्यु को प्राप्त नहीं होता) ।

(८) इस जीवन की क्या आशा की जाय ? जैसे आधे क्षण का स्वप्न है । (९) (मुहम्मद) जो जीवित ही मर जाते हैं उन्हें ही साधु पुरुष कहना चाहिए ।

(१) दत्त सत्त=दान और सत्य । सती=शक्ति ।

(६) प्रेम पक्ष में, कबिलासू=धवलगृह में राजा-रानी का निवास । सुखबास=शयनकक्ष (२९१।१); इसे सुखवासी (३३५।४, ३३७।६), सुख मंदिर, सुखशाला भी कहा है । जो प्रेम में पूरा उतरा उसे धवलगृह के अन्तर्गत सुखवासी में विलास प्राप्त हुआ जहाँ विरह रूप मृत्यु का अभाव है । (तुलना कीजिए चित्रावली, ५३०।६, कोहबर सेज सुरँग पुनि डासी । सुखशाला कबिलास बिलासी) ।

[१४७]

गज रथ रेंगि चलै गज ठाटी । बोहित चले समुँद गा पाटी ।१।
धावंहि बोहित मन उपराहीं । सहस कोस एक पल महँ जाहीं ।२।
समुँद अपार सरग जनु लागा । सरग न घालि गनै बैरागा ।३।
ततखन चाल्हा एक दिखावा । जनु धौलागिरि परबत आवा ।४।
उठी हिलोर जो चाल्ह नराजी । लहरि अकास लागि भुइँ बाजी ।५।
राजा सैंति कुँवर सब कहहीं । अस अस मच्छ समुँद महँ रहहीं ।६।
तेहि रे पंथ हम चाहहिं गवना । होहु सँजूत बहुरि नहिं अवना ।७।
गुरु हमार तुम्ह राजा हम चेला औ नाथ ।
जहाँ पाँव गुरु राखै चेला राखै माँथ ॥१४।२॥

(१) जैसे वह रथ जिसमें हाथी जुता हो रेंगकर चलता है, वैसे ही खुलने पर जहाज पहले धीरे चले । समुद्र उनसे पट गया । (२) शीघ्र ही बोहित मन से भी आगे दौड़ने लगे । वे पल भर में हजार कोस जाते थे । (३) अपार समुद्र मानों आकाश से छू गया था । बैरागी राजा सोचने लगा कि कहीं आकाश न गिर पड़े । (४) उसी समय एक बड़ा मच्छ दिखाई दिया, मानों धोलागिर पर्वत आता हो । (५) वह मच्छ नाराज हुआ तो हिलोर उठने लगी । वह लहर आकाश छूकर पृथिवी पर आ गिरी । (६) सब कुँवर राजा से कहने लगे-'क्या ऐसे ऐसे मच्छ समुद्र में रहते हैं ? (७) अरे, उसी रास्ते हम जाना चाहते हैं ! सब एक साथ दृढ़ हो जाओ । फिर लौटना न होगा ।

(८) हे राजा, तुम हमारे गुरु हो । हे नाथ, हम चेले हैं ! जहाँ गुरु पैर रखता है, वहाँ चेला मस्तक रखता है ।'

(१) गज ठाटी=हाथियों से ठाटा या जुता हुआ रथ, गज रथ । वह जैसे रेंगकर चलता है, उसी प्रकार शुरू में बोहित चले ।

(३) घालि > प्रा०, अप० घल्ल=फेंकना, डालना ।

(४) चाल्हा=चेल्हवा मछली जो आकार में छोटी होती है। उसे ही उन्होंने बड़ी समझा।
(५) बाजी=पहुँची या बजी। व्रज > वज्ज > बाजना; अथवा, वाद्यते > वज्जइ > बाजै, बाजना।

[१४८]

केवट हँसे सो सुनत गवेंजा। समुँद न जान कुँआ कर मेंजा।१।
यह तौ चाल्ह न लागै कोहू। काह कहौ जौं देखहु रोहू।२।
अबहीं तौ तुम्ह देखे नाहीं। जेहि मुख असे सहस समाहीं।३।
राजपंखि तिन्ह पर मँडराहीं। सहस कोस जिन्ह की परिछाहीं।४।
ते ओइ मच्छ ठोर गहि लेहीं। सावक मुख चारा लै देहीं।५।
गरजै गँगन पंखि जौं बोलहिं। डोलै समुँद डहन जौं खोलहिं।६।
तहाँ न चाँद न सुरुज असूझा। चढ़ै सो जो अस अगुमन बूझा।७।
दस महँ एक जाइ कोइ करम धरम सत नेम।
बोहित पार होइ जौं तौ कूसल औ खेम ॥१४१३॥

(१) उस चर्चा को सुनकर केवट हँसे—'कुएं का मेंढक समुद्र का हाल क्या जाने ! (२) यह तो चेल्हुआ मछली है जो किसी को नहीं सताती। जो रोहू देखोगे तो क्या कहोगे ! (३) अभी तो तुमने उसे नहीं देखा जिसके मुख में ऐसे-ऐसे हजार समा जाँय। (४) ऐसे राज पक्षी उनके ऊपर मँडराते हैं जिनकी परछाहीं हजार कोस तक पड़ती है। (५) वे उस रोहू मच्छ को चोंच में पकड़ लेते हैं और अपने बच्चों के मुख में उसका चुग्गा ले जाकर देते हैं। (६) वे पक्षी जब बोलते हैं, तब आकाश गर्जने लगता है, और यदि वे अपने पंख खोलते हैं तो समुद्र हिलोरें लेने लगता है। (७) वहाँ न चाँद का प्रकाश है न सूर्य का, सब असूझ है; उस समुद्र तक वही पहुँचता है जो इस प्रकार आगे का भेद जानता है।

(८) कर्म, धर्म, सत्य और नियम से दस में कोई एक वहाँ जाता है। (९) जब बोहित पार पहुँच जाय, तभी कुशल क्षेम जाननी चाहिए।

(१) गवेंज=चर्चा, गवँइ बातचीत। आज कल अवधी में गवेंजा नहीं, गौंजा शब्द चलता है। उसका अर्थ है 'चर्चा'। इससे गौंजियाना क्रिया बहुत प्रचलित है। इस सूचना के लिये मैं कुँवर सुरेशसिंह का आभारी हूँ। मेंजा=मेंढक।
(४) राजपंखि=गरुड़। मध्यकालीन नाविकों की कहानियों में इस प्रकार बड़े बड़े पक्षियों की और समुद्र के अन्य आश्चर्यों की रोचक कथाएं कही सुनी जाती थीं।

[१४९]

राजें कहा कीन्ह सो पेमा। जेहि रे कहाँ कर कूसल खेमा।१।
तुम्ह खेवहु खेवै जौं पारहु। जैसें आपु तरहु मोहिं तारहु।२।

मोहिं कुसल कर सोच न ओता । कुसल होत जौं जनम न होता ।३।
धरती सरग जाँत पर दोऊ । जो तेहि बिच जिय राख न कोऊ ।४।
हाँ अब कुसल एक पै माँगौं । पेम पंथ सत बाँधि न खाँगौं ।५।
जौं सत हिएँ तो नैनन्ह दिया । समुँद न डरै पैठि मरजिया ।६।
तहँ लगि हेरौं समुँद ढँढोरी । जहँ लगि रतन पदारथ जोरी ।७।
सप्त पतार खोजि जस काढ़े बेद गरंथ ।
सात सरग चढ़ि धावौं पदुमावति जेहि पंथ ॥१४४॥

(१) राजा ने कहा, 'जिसने उससे प्रेम किया है, उसकी कुशल क्षेम कहाँ ? (२) जैसे खे सको तुम बोहित खेओ, जिससे तुम आप तरोगे और मुझे भी तारोगे । (३) मुझे कुशल की उतनी चिन्ता नहीं । यदि कुशल होनी होती तो जन्म ही न होता । (४) पृथिवी और आकाश दोनों यंत्र पर चढ़े घूमते हैं । जो उन दोनों के बीच में है वह कोई भी अपना प्राण नहीं बचा सकता । (५) हाँ, अब केवल एक कुशल माँगता हूँ कि प्रेम के मार्ग में सत बाँध कर ऊना न रहूँ । (६) जो हृदय में सत है तो नेत्रों में दीपक जलता है । फिर उसके बल से वह समुद्र से भी नहीं डरता, मरजिया बन कर उसमें डुबकी लगाता है। (७) तब तक मैं समुद्र को ढँढोर कर देखता रहूँगा जब तक रत्न की पदार्थ से (रत्नसेन पद्मावती की) जोड़ी न मिल जायगी ।

(८) मत्स्य अवतार में विष्णु ने जैसे सात पाताल ढूँढ़कर वेदों का उद्धार किया था, वैसे ही सात आकाश तक चढ़कर मैं भी उस मार्ग में दौड़ूँगा जिसमें पद्मावती की प्राप्ति होगी ।

(४) धरती सरग जाँत=पृथिवी और आकाश, दोनों चक्की के पाट हैं । उनके बीच में जो आया है वह बच नहीं सकता ।

(८) काढ़े वेद गरन्थ-पुराणों के अनुसार विष्णु ने मत्स्य अवतार में समुद्र से वेदों का उद्धार किया था ।

१५ : सात समुद्र खण्ड

[१५०]

सायर तिरै हिएँ सत पूरा । जौं जियँ सत कायर पुनि सूरा ।१।
तेहिं सत बोहित पूरि चलाए । जेहिं सत पवन पंख जनु लाए ।२।
सत साथी सत कर सहवाँरू । सत्त खेइ लै लावै पारू ।३।
सतै ताक सब आगू पाछू । जहँ जहँ मगर मच्छ औ काछू ।४।
उठै लहरि नहिं जाइ सँभारा । चढ़ै सरग औ परै पतारा ।५।

डोलहिं बोहित लहरैं खाहीं । खिन तर खिनहिं होहिं उपराहीं ।६।
राजैं सो सतु हिरदैं बाँधा । जेहि सत टेकि करे गिरि काँधा ।७।
खार समुँद सो नाँघा आए समुँद जहँ खीर ।
मिले समुँद वै सातौं बेहर बेहर नीर ॥१५।१॥

(१) जिसके हृदय में सत्य भरा है वह समुद्र भी तर जाता है । जब मन में सत्य है तो कायर भी शूर बन जाता है । (२) उसी सत्य से भरकर राजा ने अपने जहाज चलाए । जिसमें सत्य है उसके मानों हवा के पंख लग जाते हैं । (३) सत्य साथी और सत्य ही सहायक वर्ग है । जो सत्य से खेता है वह भार लेकर उसे पार लगा देता है । (४) सत्य से सब आगा-पीछा देख लेता है जहाँ जहाँ मगर मच्छ और कछुए छिपे होते हैं । (५) समुद्र में लहर उठती है जो सँभाली नहीं जाती । आकाश तक ऊँचे उठकर वह पाताल तक जा गिरती है । (६) लहरें खाकर जहाज़ डगमगाते हैं । क्षण भर में ऊपर और क्षण भर में नीचे होते हैं । (७) राजा ने अपने हृदय में उसी सत्य को दृढ़ता से पकड़ लिया जिस सत्य के बल से पर्वत के भार को भी उठाया जा सकता है ।

(८) उसने क्षार-समुद्र पार कर लिया । सब लोग क्षीर-समुद्र में आ गए । (९) यह सातों समुद्र एक दूसरे से मिले हैं, यद्यपि उनके जल अलग अलग हैं ।

(१) सायर–सं० सागर ।
कायर–सं० कातर ।

(३) सहिवाँरू–यह शब्द अपरिचित है, यहाँ सहि (=सखि)+वार (=समूह, पासद्द०)=मित्र समूह, सहायक वर्ग, ऐसा अर्थ किया गया है । श्री माताप्रसाद गुप्त ने सहिवाँरू को सँभार से माना है (भूमिका, पृ० ३४) ।

(९) बेहर=अलग । सं० विघटित > प्रा० विहडिय=वियोजित, अलग किया हुआ ।

[१५।१]

खीर समुँद का बरनौं नीरू । सेत सरूप पियत जस खीरू ।१।
उलथहिं मोंती मानिक हीरा । दरब देखि मन धरै न धीरा ।२।
मनुवाँ चहै दरब औ भोगू । पंथ भुलाइ बिनासै जोगू ।३।
जोगी मनहिं ओहिं रिस मारहिं । दरब हाथ कै समुँद मबारहिं ।४।
दरब लेइ सो अस्थिर राजा । जो जोगी तेहि के केहि काजा ।५।
पंथहि पंथ दरब रिपु होई । ठग बटवार चोर सँग सोई ।६।
पंथिक सो जो दरब सों रूसै । दरब समेटि बहुत अस मूसै ।७।
खीर समुँद सो नाँघा आए समुँद दधि माँह ।
जो हहिं नेह के बाउर ना तिन्ह धूप न छाँह ॥१५।२॥

(१) क्षीर समुद्र के जल का क्या बखान करूँ ? वह देखने में श्वेत और पीने में दूध जैसा है । (२) मोती, मानिक और हीरे उसमें ऊपर तैरते हैं । उसकी द्रव्यराशि देख मन धीरज नहीं रख पाता । (३) मनुष्य द्रव्य और भोग चाहता है । इसी से मार्ग भूलकर अपने योग का नाश कर लेता है । (४) किन्तु जो योगी है वह मन और उसमें भरे हुए क्रोध को वश में कर लेता है । वह हाथ के द्रव्य को भी समुद्र में फेंक देता है । (५) जो द्रव्य लेता है वह स्थिर राजा बनना चाहता है, पर जो योगी है उसके द्रव्य किस काम का ? (६) बटोही के लिये द्रव्य मार्ग में शत्रु बन जाता है । ठग, लुटेरे और चोर उसके संग हो लेते हैं । (७) सच्चा पथिक वही है जो द्रव्य से रुष्ट रहता है । द्रव्य समेट कर बहुत से इसी प्रकार लुट गए ।

(८) वह क्षीर-समुद्र नाँघकर सब दधि-समुद्र में आए । (९) जो प्रेम के मतवाले हैं उनके लिये न धूप है, न छाँह ।

(३) मनुवाँ–मनुज > मनुव ।
(४) पबारहिं–धा० पवारना=फेंकना ।
(५) अस्थिर–स्थिर ।
(६) पंथहि–पान्थ के लिए ।
(७) मूसै–मूसना, चुराना । सं० मुष > प्रा० मुस ।

[१५२]

दधि समुँद्र देखत मन डहा । पेम क लुबुध दगध पै सहा ।१।
पेम सों दाधा धनि वह जीऊ । दही माहिं मथि काढ़ै घीऊ ।२।
दधि एक बूँद जाम सब खीरू । काँजी बुंद बिनसि होइ नीरू ।३।
स्वाँस दहेंड़ि मन मँथनी गाढ़ी । हिएँ चोट बिनु फूट न साढ़ी ।४।
जेहि जियँ पेम चँदन तेहि आगी । पेम बिहून फिरहिं डरि भागी ।५।
पेम कि आगि जरै जौं कोई । ताकर दुख न अँबिरथा होई ।६।
जो जानैं सत आपुहि जारै । निसत हिएँ सत करै न पारै ।७।
दधि समुँद्र पुनि पार भे पेमहिं कहाँ सँभार ।
भावै पानी सिर परौ भावै परौ अँगार ॥१५२॥

(१) दधि समुद्र देखते ही मन दग्ध हो गया । पर जो प्रेम का लुभाया हुआ है वह दाह सह लेता है । (२) वह जीव धन्य है जो प्रेम से दग्ध हुआ हो । वही दही में से मथकर घी निकालता है । (३) दही की एक बूँद से सब दूध जम जाता है । वही खटाई की एक बूँद से फटकर पानी हो जाता है । (४) शरीर में प्राण दही से भरी हुई मटकी है। मन दृढ़ मथानी है । हृदय की उस मथानी से प्राण पर चोट किए बिना मलाई नहीं फूटती और घी नहीं निकलता । (५) जिसके जी में प्रेम है उसके लिये आग चन्दन की भाँति

शीतल होती है। पर जो प्रेम से सूने हैं वे आग से डरकर भागते हैं। (६) जो कोई प्रेम की आग में जलता है उसका दुःख व्यर्थ नहीं जाता। (७) जिसने सत्य को जान लिया वह अपने को ही जलाता है। जिसका हृदय निःसत्त्व (निर्बल) है वह सत्य का पालन नहीं कर सकता।

(८-९) तब सब लोग दधि समुद्र पार हुए। प्रेम में सावधानी को स्थान कहाँ? चाहे सिर पर पानी पड़े, चाहे अंगार पड़ें।

(४) दहेंड़ी=दही की हंडी। सं० दधिभाण्डिका।
साढ़ी=मलाई। मन की मथानी द्वारा चोट किए बिना प्राणरूपी मलाई में से घी (आन्तरिक स्नेह) बाहर नहीं आता। दही में से मथकर घी निकालना अध्यात्मशास्त्र की प्राचीन परिभाषा थी जिसका उपनिषदों में भी उल्लेख है।

(६) अँबिरथा=सं० वृथा।

[१५३]

आए उदधि समुंद अपाराँ। धरती सरग जरै तेहि झाराँ।१।
आगि जो उपनी ओहि समुंदा। लंका जरी ओहि एक बुंदा।२।
बिरह जो उपना वह हुत गाढ़ा। खिन न बुझाइ जगत तस बाढ़ा।३।
जेहिं सो बिरह तेहिं आग न डीठी। सौंह जरै फिरि देइ न पीठी।४।
जग मँह कठिन खरग कै धारा। तेहिं ते अधिक बिरह कै झारा।५।
अगम पंथ जौं अैस न होई। साध किएँ पावत सब कोई।६।
तेहि समुंद महँ राजा परा। चहै जरै पै रोवँ न जरा।७।
तलफै तेल कराह जिमि इमि तलफै तेहि नीर।
वह जो मलैगिरि पेम का बुंद समुंद समीर॥१५४॥

(१) फिर सब अपार उदधि समुद्र में आ पहुँचे। उसकी ज्वाला से धरती और आकाश जल रहे थे। (२) उस समुद्र में जो अग्नि उत्पन्न हुई उसकी एक बूँद लंका दाह के लिये पर्याप्त थी। (३) विरह (प्रेम) की कठिन आग भी उसी से उत्पन्न हुई है। वह जगत में ऐसी फैली है कि क्षण भर के लिये भी नहीं बुझती। (४) जिसके हृदय में विरह है उसे आग दिखाई नहीं पड़ती। वह सामने होकर जलता है, घूमकर पीठ नहीं देता। (५) संसार में तलवार की धार बड़ी कठिन है पर विरह की ज्वाला उससे भी कठिन है। (६) यदि मार्ग इतना अगम्य न होता तो इच्छा मात्र से सब उसे पा लेते। (७) उसी समुद्र में राजा पड़ा था। जलना चाहता था, पर उसका रोआँ भी न जलता था।

(८) जैसे कड़ाह में गर्म तेल कलकलाता है वैसे ही उस समुद्र का जल औंट रहा था। (९) लेकिन जो प्रेम का मलयगिरि है, उसकी वायु से वह अथाह समुद्र बूँद बन जाता है।

(५) उदधि समुंद=१४१ वें दोहे में कहा हुआ चौथा समुद्र ।
झारॉं–सं० ज्वाला > झार ।
(६) साध–सं० श्रद्धा > सद्धा > साध=इच्छा, चाह ।

[१५४]

सुरा समुँद पुनि राजा आवा । महुआ मद छाता देखरावा ।१।
जो तेहि पिअै सो भाँवरि लेई । सीस फिरै पँथ पैगु न देई ।२।
पेम सुरा जेहि के जिय माहाँ । कत बैठे महुआ की छाहाँ ।३।
गुरु के पास दाख रस रसा । बैरि बबूर मारि मन कसा ।४।
बिरहैं दगध कीन्ह तन भाठी । हाड़ जराइ दीन्ह जस काठी ।५।
नैन नीर सो पोती किया । तस मद चुआ बरै जनु दिया ।६।
बिरह सरागन्हि भूँजै माँसू । गिरि गिरि परहिं रकत के आँसू ।७।
मुहमद मद जो परेम का किएँ दीप तेहि राख ।
सीस न देइ पतँग होइ तब लगि जाइ न चाख ।।१५५।।

(१) फिर राजा सुरा-समुद्र में आया जिसमें महुए के फूलों का मदभरा छत्ता तैरता दिखाई देता था । (२) जो उसे पीता है वही चक्कर खाने लगता है । उसका सिर घूम जाता है और वह मार्ग में पैर नहीं रख पाता । (३) पर जिसके मन में प्रेम की सुरा है वह महुए की छाँह में क्यों बैठे (महुए का बाहरी मद क्यों पिए ?) ? (४) राजा ने गुरु के पास प्रेमरूपी अंगूर का रस पिया था । उसी के उपदेश से मार्ग के कँटीले बेर और बबूल (राज्यादि) को मारकर अपना मन वश में कर लिया था । (५) उसने विरह को अग्नि और शरीर को भट्ठी बनाकर उसमें हड्डियों को ईंधन की भाँति जला दिया । (६) नेत्रों से जो जल बह रहा था उसकी पोती बनाई । इस प्रकार उसके भीतर जो प्रेम का मद चुआ वह दिए जैसा जलता था । (७) राजा विरह में उठने वाली हूल रूपी सलाखों पर अपना माँस भूनता था । उसमें से रक्त की बूँदें आँसू बनकर गिर रही थीं ।

(८-९) (मोहम्मद) जो प्रेम का मद है उससे दीपक जलाकर ज्योति बनाए रखो । जब तक पतिंगा बनकर उस दीपक पर जला न जाय तब तक उस मद को नहीं चखा जा सकता ।

(१) महुआ मद छाता=महुए के फूल का छत्ता ।
(४) रसा=पिया ।
(५-६) बिरह की आग, शरीर की भट्ठी, हड्डियों का ईंधन और आँसुओं की पोती बनाकर प्रेम का भभका खींचने की यहाँ कल्पना की गई है । उससे जो प्रेमरूपी मद टपकता है जब उससे दीपक जलाकर प्रेमी पतिंगे की तरह अपने प्राणों की आहुति दे तभी प्रेम सुरा का स्वाद पा सकता है ।
(६) पोती=पानी का वह पुचारा जो मद्य चुवाते समय बर्तन पर फेरा जाता था । इससे भभके में से

उठी हुई भाप उस बर्तन में जाकर ठण्डी हो जाती है और मद्य के रूप में टपकती है। (हिन्दी शब्द सागर, पृ० २२००)।

(७) सरागन्हि=छड़ों पर।

[१५५]

पुनि किलकिला समुँद महँ आए। किलकिल उठा देखि डरु खाए।१।
गा धीरज वह देखि हिलोरा। जनु अकास टूटै चहुँ ओरा।२।
उठै लहरि परबत की नाईं। होइ फिरै जोजन लख ताईं।३।
धरती लेत सरग लहि बाढ़ा। सकल समुँद जानहुँ भा ठाढ़ा।४।
नीर होइ तर ऊपर सोईं। महनारंभ समुँद जस होईं।५।
फिरत समुँद जोजन लख ताका। जैसें फिरै कुम्हार क चाका।६।
भा परलौ निअराएन्हि जबहीं। मरै सो ताकर परलौ तबहीं।७।
गै अवसान सबहिं कै देखि समुँद कै बाढ़ि।
निअर होत जनु लीलै रहा नैन अस काढ़ि॥१५।६॥

(१) फिर सब किलकिला समुद्र में आए। उसे किलकिल कर उठते देख सब डर गए। (२) उसकी वह हिलोर देखकर धीरज छूट गया। लहर क्या थी मानों आकाश चारों ओर से टूटकर गिर रहा था। (३) वह लहर उठती और पर्वत की तरह ऊँची होकर लाख योजन तक घूमती थी। (४) सारी पृथिवी पर फैलकर आकाश को ढकने के लिए बढ़ती थी मानों सारा समुद्र ही उठकर खड़ा हो गया था। (५) उसका पानी इस तरह ऊपर नीचे हो रहा था मानों समुद्र में मन्थन का आरंभ हुआ हो। (६) उसका समुद्र लाख योजन तक घूमता था जैसे कुम्हार का चाक घूमता हो। (७) जब सब उसके निकट आए प्रलय हो गई। जब जिसकी मृत्यु हो जाती है तभी उसके लिए प्रलय है।

(८) उस समुद्र का बढ़ना देखकर सबके होश हवास चले गए। (९) निकट जाते ही मानों वह निगल जायगा, इस तरह समुद्र उनकी ओर आँखें काढ़ रहा था।

(५) महनारम्भ–सं० मथनारम्भ=मंथन का बड़ा आयोजन।
(८) अवसान=होश, हवास। अरबी औसान।

[१५६]

हीरामनि राजा सौं बोला। एही समुँद आइ सत डोला।१।
एहि ठाउँ कहँ गुरु सँग कीजै। गुरु सँग होइ पार तौ लीजै।२।
सिंघल दीप जो नाहिं निबाहू। एही ठावँ साँकर सब काहू।३।
यह किलकिला समुंद गँभीरू। जेहि गुन होइ सो पावै तीरू।४।

एही समुँद पँथ मँझधारा । खाँडै कै असि धार निनारा ।५।
तीन सहस्र कोस कै पाटा । अस साँकर चलि सकै न चाँटा ।६।
खाँडै चाहि पैनि पैनाईं । बार चाहि पातरि पतराईं ।७।
मरन जिअन एही पँथ एही आस निरास ।
परा सो गया पतारहि तिरा सो गा कबिलास ॥१५।७॥

(१) हीरामन ने राजा से कहा, 'इसी समुद्र में आने पर सत्य डोल जाता है। (२) इसी स्थान के लिये गुरु का साथ करना चाहिए । गुरू साथ में होता है तो पार पहुँच जाते हैं। (३) सिंहल द्वीप तक जो नहीं पहुँचा जाता उसका कारण यही है कि इस स्थान पर सब संकट में पड़ते हैं। (४) यह किलकिला समुद्र गहरा है। जिसमें गुण होता है वही इसका किनारा पाता है। (५) इसी समुद्र की बीच धारा में होकर मार्ग है, जो खाँडे की धार की तरह पतला है। (६) यद्यपि उसका पाट तीस सहस्र कोस चौड़ा है पर साथ ही इतना तंग है कि चींटा भी उस पर नहीं रेंग सकता । (७) उसका पैनापन तलवार से भी अधिक पैना है और उसका पतलापन बाल से भी अधिक पतला है।

(८) इसी मार्ग में मरना जीना होता है। यहीं पर आशा और निराशा का अनुभव होता है। (९) जो गिर गया वह पाताल में चला जाता है और जो तर गया वह स्वर्ग में पहुँच जाता है।

(३) साँकर=संकट ।
(६) आखिरी कलाम, २७।४ में 'तीस सहस्र कोस कै बाटा' यह पाठ है ।

[१५८]

कोइ बोहित जस पवन उड़ाहीं । कोई चमकि बीजु बर जाहीं ।१।
कोई भल जस धाव तुखारा । कोई जैस बैल गरिआरा ।२।
कोई हरुव जनहुँ रथ हाँका । कोई गरुव भार तें थाका ।३।
कोई रेंगहिं जानहुँ चाँटी । कोई टूटि होहिं सिर माँटी ।४।
कोई खाहिं पवन कर झोला । कोई करहिं पात जेउँ दोला ।५।
कोई परहिं भँवर जल माहाँ । फिरत रहहिं कोइ देहिं न बाहाँ ।६।
राजा कर अगुमन भा खेवा । खेवक आगें सुवा परेवा ।७।
कोइ दिन मिला सबेरे कोइ आवा पछिराति ।
जाकर साज जैस हुत सो उतरा तेहि भाँति ॥१५।८॥

(१) कोई जहाज़ हवा की तरह उड़े जाते थे। कोई चमक कर मानो बिजली की शक्ति से चले जाते थे। (२) कोई उत्तम तुषार घोड़ों की भाँति दौड़ते थे। कोई चलने

में गादर बैल जैसे थे । (३) कोई ऐसे हलके चलते थे जैसे रथ हाँका जा रहा हो। कोई भारी बोझ से ठहरते से थे। (४) कोई चींटी की तरह रेंगते थे। कोई इस प्रकार टूटते कि उनका सिर समुद्र तल की मिट्टी में गड़ जाता था। (५) कोई हवा के कारण झोला खा रहे थे और कोई पत्ते की तरह हिल रहे थे। (६) कोई जल के भँवर में पड़कर घूम रहे थे। कोई उन्हें सहारा देने वाला न था। (७) राजा का खेवा (जहाज़) सबसे आगे था और उसको खेने वाला हीरामन सुग्गा उससे भी आगे था।

(८-९) कोई दिन में सबेरे पहुँचा, कोई रात के पिछले भाग में। जैसा जिसका साज था, वह उसी भाँति किनारे पर जा लगा।

(१) बर=बल

(२) तुखारा=तुषार देश का घोड़ा।
गरियारा=गादर या गलिया बैल, सं० गलि।

(३) हरुव=हलका। सं० लघुक > लहुअ > लहुव > हलुव > हरुव।
गरुव=सं० गुरुक > गुरुव > गरुव।
जहाजों के रूप में कवि ने सम्भवतः विभिन्न साधकों का उल्लेख किया है जो अध्यात्म मार्ग में अलग अलग प्रगति करते हैं।

[१५८]

सतएँ समुँद मानसर आए। सत जो कीन्ह साहस सिधि पाए।१।
देखि मानसर रूप सोहावा। हियँ हुलास पुरइनि होइ छावा।२।
गा अँधियार रैनि मसि छूटी। भा भिनुसार किरिन रबि फूटी।३।
अस्तु अस्तु साथी सब बोले। अंध जो अहे नैन बिधि खोले।४।
कँवल बिगस तहँ बिहँसी देही। भँवर दसन होइ होइ रस लेहीं।५।
हँसहिं हंस औ करहिं किरीरा। चुनहिं रतन मुकताहल हीरा।६।
जौं अस साधि आव तप जोगू। पूजै आस मान रस भोगू।७।
भँवर जो मनसा मानसर लीन्ह कँवल रस आइ।
घुन जो हियाव न कै सका भूर काठ तस खाइ ॥१५।१०॥

(१) वे सातवें मानसर समुद्र में आ गए। सत्य से उन्होंने जो साहस किया उसीसे सिद्धि मिली। (२) मानसर का सुन्दर रूप देखकर उनके हृदय में जो हर्ष हुआ वही मानों कमल की बेल बनकर मानस पर छा गया। (३) अँधेरा चला गया और रात की कालिमा छूट गई। प्रातःकाल हुआ और सूर्य की ज्योति प्रकाशित हुई। (४) सब साथियों ने 'अस्तु, अस्तु' (वह है ! वह है !) कहा। हम जो अंधे थे दैव ने हमारे नेत्र खोल दिए। (५) वहाँ कमल खिला देखकर उनका शरीर भी खिल उठा। उनके नेत्र भौंरे हो होकर कमल का रस लेने लगे। (६) उस मानसर में हंस हँसते और क्रीड़ा कर रहे

थे, एवं रत्न मोती और हीरे चुग रहे थे । (७) जो राजा के समान तप और योग साधकर यहाँ आता है उसीकी आशा पूरी होती है और वही मानसर के आनन्द का भोग करता है ।

(८) भौंरे ने मन में मानसर का संकल्प किया । इसीसे वहाँ पहुँचकर उसने कमल के रस का स्वाद चक्खा । (९) पर घुन हृदय में वैसा साहस न कर सका । इसीसे वह सूखा काठ खाकर रहता है ।

(२) पुरइनि–सं० पुटकिनी=कमल की बेल ।

(३) रैनिमसि=रात्रि की कालिमा ।

(४) अस्तु, अस्तु=है–है ! छह समुद्र उतरने तक शिष्यों को प्रत्यक्ष दर्शन न मिला था, केवल गुरु के कहने से वे साधक बने थे । सातवें समुद्र में आकर उन्हें स्वयं दर्शन हुआ और उन्होंने कहा, 'हाँ है–है । हमारे अंधे नेत्रों ने भी प्रत्यक्ष देख लिया ।'

(५) उस मानसर में कमल विकसित था, उसे देख सब बिहँसने लगे और उनके नेत्र भौंरे बन बनकर रस लेने लगे ।

दसन–सं० दर्शन > प्रा० दंसण > दसन=नेत्र ।

(६) हंस=हंस नामक पक्षी और योगी ।

(७) मान रस भोगू=मानसरोवर के रस का भोग; अथवा मान=मानता है, अनुभव करता है ।

(८) मनसा=मन में संकल्प किया ।

१६ : सिंहल द्वीप खण्ड

[१५६]

पूँछा राजैं कहु गुरु सुवा । न जनौं आजु कहाँ दिन उवा ।१।
पवन बास सीतल लै आवा । कया डहत जनु चंदन लावा ।२।
कबहुँ न अैस जुड़ान सरीरू । परा अगिनि महँ मलै समीरू ।३।
निकसत आव किरिन रबि रेखा । तिमिर गए जग निरमर देखा ।४।
उठे मेघ अस जानहुँ आगें । चमकै बीजु गँगन पर लागें ।५।
तेहि ऊपर जस ससि परगासू । औ सो कचपचिन्ह भएउ गरासू ।६।
और नखत चहुँ दिसि उजिआरे । ठाँवहिं ठाँव दीप अस बारे ।७।
औरु दछिन दिसि निअरें कंचन मेरु देखाव ।
जस बसंत रितु आवै तैस बास जग पाव ॥१६।१॥

(१) राजा ने पूछा, 'हे गुरु सुग्गे, न जाने आज हमें किस स्थान पर दिन निकला है ! (२) शीतल पवन सुगन्धि लेकर आ रही है, जिसने जलते हुए शरीर में मानों चन्दन लगा दिया है । (३) कभी शरीर इस तरह शीतल न हुआ था । आज तो जैसे आग में

मलयानिल आ मिली है। (४) सूर्य किरणों की रेखाएँ निकलती आती हैं, और तम के नाश होने से सारा जग निर्मल दिखाई देता है। (५) सामने मेघ सा उठता हुआ दिखाई पड़ रहा है और आसमान पर बिजली चमकती जान पड़ती है। (६) उसके उपर जैसे चन्द्रमा का प्रकाश है और वह चन्द्र कृत्तिका नक्षत्र से घिरा जान पड़ता है। (७) और भी, चारों ओर उज्ज्वल नक्षत्र स्थान-स्थान पर दीपक से लेसे जान पड़ते हैं।

(८-९) और भी, दक्षिण दिशा में निकट ही सोने का पर्वत दिखाई पड़ रहा है। सारे संसार में ऐसी सुगन्ध आ रही है, जैसी वसन्त ऋतु में आती है। (हे सुग्गे, समझाकर कहो, यह सब मैं क्या देख रहा हूँ ?)

(१) उवा=उदित हुआ। सं० उद्गत > प्रा० उग्गिय > ऊग > ऊव

(८) सिंहल का कोट देख कर राजा चकित हुआ। मानों सब ऋतुओं की विभूति एक साथ दिखाई दे रही थी, जैसे हेमन्त-शिशिर (शीतल पवन), वसन्त (मलय समीर), ग्रीष्म (सूर्य की किरण), वर्षा (आकाश में मेघ और बिजली), शरद (कृत्तिका के साथ चन्द्रमा का प्रकाश एवं अन्य नक्षत्र–यही उस के भ्रम का कारण था। पवन, सूर्य, मेघ, बिजली, आकाश, चन्द्रमा कृत्तिका, नक्षत्र, कंचन मेरु के रूप में क्या दिखाई पड़ रहे थे, इन प्रश्नों का उत्तर अगले दोहे में है।

[१६०]

तूँ राजा जस बिक्रम आदी। तूँ हरिचंद बैन सत बादी ।१।
गोपिचंद तूँ जीता जोगाँ। औ भरथरी न पूज बियोगाँ ।२।
गोरख सिद्धि दीन्हि तोहि हाथू। तारे गुरू मछिंदर नाथू ।३।
जीता प्रेम तूँ पुहुमि अकासू। दिस्टि परा सिंघल कबिलासू ।४।
वै जो मेघ गढ़ लाग अकासाँ। बिजुरी कनै कोट चहुँ पासाँ ।५।
तेहि पर ससि जो कचपचिन्ह भरा। राजमँदिर सोनै नग जरा ।६।
औरु जो नखत कहसि चहुँ पासाँ। सब रानिन्ह के आहिं अवासाँ ।७।
गँगन सरोवर ससि कँवल कुमुद तराईं पास।
तूँ रबि उवा जो भँवर होइ पवन मिला ल बास ॥१६।२॥

(१) सुग्गे ने कहा, 'हे राजा, तुम सर्वथा विक्रम के समान हो। तुम हरिश्चन्द्र और वैन्य की भाँति सत्यवादी हो। (२) तुमने अपने योग से गोपीचंद को जीत लिया। भर्तृहरि भी तुम्हारे वैराग्य की बराबरी नहीं कर सकते। (३) गोरखनाथ ने अपने हाथ से तुम्हें सिद्धि दी है। गुरु मत्स्येन्द्र नाथ ने सबको तारा दिया था। (४) तुमने अपने प्रेम से धरती आकाश दोनों को जीत लिया है। उसी के फलस्वरूप तुम्हें सिंहलद्वीप का यह राजमंदिर दिखाई पड़ा है। (५) वह जिसे तुम मेघ समझते हो आकाश को छूने वाला सिंहल का दुर्ग है। जिसे बिजली चमकती बताते हो वह चारों ओर खिंचा हुआ कंचन का

परकोटा है। (६) उसके ऊपर जो कृत्तिकाओं से भरा हुआ चन्द्रमा समझते हो, वह रत्नों से जटित सोने का राजमहल है। (७) और जिन्हें उसके चारों ओर प्रकाशित नक्षत्र कहते हो, वे सब रानियों के महल हैं।

(८) आकाश मानसरोवर है, चन्द्रमा कमल है, उसके पास में दिखाई पड़ने वाले नक्षत्र कुमुद हैं। (९) जैसे सूर्य के निकलने पर भौंरा विकसित कमल की सुगन्धि लेकर आता है, वैसे ही तुम्हारे आने पर पवन उस पद्मावती की गंध लेकर आया है।

(१) आदी=बिल्कुल यह अर्थ बंग भाषा में बच गया है (शुक्लजी, द्वि० सं०, भूमिका पृ० १९८)।
बैन–सं० वैन्य=वेन का पुत्र आदिराज पृथु जो धर्म व्यवस्था का प्रवर्तक हुआ।

(२) गोपीचन्द-दे० १३०।६
भर्तृहरि–उज्जैन के राजा जो अपनी रानी पिंगला के कारण वैरागी हो गए थे (५९५।८)।

(५) कनै-सं० कनक > प्रा० कणय > कनय > कनै।

(७) जायसी की राजमंदिर की कल्पना मध्यकालीन स्थापत्य के अनुकूल है—चारों ओर परकोटा, उसके भीतर गढ़, गढ़ के भीतर राजमंदिर, राजमंदिर में रनिवास (सब रानिन्ह के आहिं अवासा)। उसे ही धौराहर (धवलगृह) और अन्तःपुर भी कहते थे।
सिंहल को देखकर दोहे १५९ में रत्नसेन के प्रश्न और सुग्गे के उत्तर से मिलता जुलता प्रकरण रामायण (लंका कांड, १३।१–७) में भी है। लंका की ओर देखकर राम ने कहा–

देखु बिभीषन दच्छिन आसा। घन घमंड दामिनी बिलासा॥
मधुर मधुर गरजइ घन घोरा। होइ वृष्टि जनि उपल कठोरा॥

यह सुनकर बिभीषण ने उत्तर दिया–

कहत बिभीषन सुनहु कृपाला। होइ न तड़ित न बारिद माला॥
लंका सिखर उपर आगारा। तहँ दसकंधर देख अखारा॥
छत्र मेघडंबर सिर धारी। सोइ जनु जलद घटा अतिकारी॥
मंदोदरी स्रवन ताटंका। सोइ प्रभु जनु दामिनी दमंका॥
बाजहिं ताल मृदंग अनूपा। सोइ रव मधुर सुनहु सुरभूपा॥ (लंका कांड, १३।१-७

रूपनगर में चित्रावली का धौराहर, चौखंडी देखकर ऐसा ही प्रश्नोत्तर (दोहा २३२-४)।

[१६१]

सो गढ़ देखु गँगनु तें ऊँचा। नैन देख कर नाहिं पहूँचा।१।
बिजुरी चक्र फिरै चहुँ फेरी। औ जमकात फिरै जम केरी।२।
धाइ जो बाजा कै मन साधा। मारा चक्र भएउ दुइ आधा।३।
चंद सुरुज औ नखत तराईं। तेहि डर अँतरिख फिरैं सबाईं।४।
पवन जाइ तहँ पहुँचै चहा। मारा तैस टूटि भुइँ बहा।५।
अगिनि उठी जरि बुझी निआना। धुआँ उठा उठि बीच बिलाना।६।
पानि उठा उठि जाइ न छुवा। बहुरा रोइ आइ भुइँ चुवा।७।
रावण चहा सौंहँ होइ हेरा उतरि गए दस माँथ।
सँकर धरा ललाट भुइँ औरु को जोगी नाथ॥१६।३॥

(१) वह गढ़ देखो जो आकाश से ऊँचा है। केवल नेत्र उसे देखते हैं पर हाथ वहाँ नहीं पहुँचते। (२) उसके चारों ओर बिजली का चक्र फिरता है और यमराज की कटारी घूमती है। (३) मन में सात्र करके जो वहाँ दौड़कर जाता है चक्र लगने से उसके दो टुकड़े हो जाते हैं। (४) चाँद, सूर्य और सब नक्षत्र उसी के डर से आकाश में घूमते रहते हैं कि कहीं एक स्थान में स्थित होने से वह बिजली का चक्र काट न दे। (५) हवा ने वहाँ पहुँचना चाहा, पर ऐसी मार खाई कि टुकड़े होकर पृथिवी में घिसटने लगी। (६) आग वहाँ तक पहुँचने के लिये उठी, पर अन्त में जल कर बुझ गई। धुँआ वहाँ जाने के लिये उठा, पर बीच में ही बिला गया। (७) पानी उस तक पहुँचने के लिये मेघ होकर ऊपर उठा, पर उठ कर भी जब छू न पाया तो रोकर लौट आया और पृथ्वी पर टपक पड़ा।

(८) रावण ने उस दुर्ग के सम्मुख देखना चाहा था, उससे उसके दसों मस्तक जाते रहे। (९) शंकर ने भी उसके आगे धरती में माथा टेका। उनसे बढ़कर योगियों में नाथ या योगीश्वर कौन है!

इस दोहे में सिंहलगढ़ की दुरूहता के बहाने हठयोग साधना या षट्चक्रसिद्धि की कठिनता का उल्लेख है।

(१) गगन से ऊँचा गढ़–आकाश अर्थात् विशुद्धिचक्र से ऊपर सहस्रारचक्र। परकोटे की भाँति दृढ़ अस्थिकपालों के मध्य में सुरक्षित होने के कारण इसे गढ़ ठहराया गया।
नैन–भ्रूमध्य या आज्ञाचक्र की अन्तर्दृष्टि।

(२) जमकात–यम की तलवार, यम की कटार, । सं० यमकर्तृका, > प्रा० जमकत्तिआ > जमकातिआ > जमकाती > जमकाति, जमकात।
बिजुरी चक्र–अध्यात्म या हठयोग पक्ष में चक्रों की विद्युत् या प्राण धारा।

(३) बाजा–पहुँचा। सं० व्रजति > प्रा० बज्जइ (मृच्छकटिक, पा० सद० पृ० ९१७) > बाजइ. बाजना=जाना, पहुँचना।
कै मन साधा–केवल इच्छा से वह योग सिद्ध नहीं होता। शीघ्रता से हठ करने वाले साधक की प्राणशक्ति विभक्त रहती है। किसी न किसी चक्र तक पहुँच कर उसकी साधना खंडित रह जाती है।

(५) यहाँ जायसी का संकेत हठयोग द्वारा प्राण की सिद्धि की ओर है। प्रायः इस मार्ग में साधक असफल रह जाते हैं। छठी पंक्ति में अग्नि के रूप में सुषुम्ना की साधना, एवं सातवीं पंक्ति में पानी के रूप में रेत के ऊर्ध्व गमन का संकेत है। सच्चा कामविजेता योगी इन्हें सिद्ध कर लेता है। लेकिन जिसका योग खंडित हो जाता है, उसके शरीर में प्राण, सुषुम्ना और रेत सब पुनः असिद्ध अवस्था में आ जाते हैं।
पान भुइँ चुआ–रेत ऊर्ध्वमुखी होकर भी फिर स्खलित हो जाता है।

(८) रावण ने पहले बहुत जप तप किया था, किन्तु उसमें असफल रहा, और फिर सीता के कारण उसे दसों सिर देने पड़े।

(९) संकर धरा लिलाट भुइँ–शिवजी सबसे बड़े योगीश्वर हैं, किन्तु योग के मार्ग में असफल होकर ही मानों उन्हें पार्वती के प्रेम के लिये मस्तक टेकना पड़ा।

[१६२]

तहाँ देखु पदुमावति रामा। भँवर न जाइ न पंखी नामा।१।
अब सिधि एक देउँ तोहि जोगू। पहिलें दरस होइ तब भोगू।२।
कंचन मेरु देखावसि जहाँ। महादेव कर मंडप तहाँ।३।
ओहिक खंड जस परबत मेरू। मेरुहि लागि होइ अति फेरू।४।
माघ मास पाछिल पख लागें। सिरी पंचमी होइहि आगे।५।
उघरिहि महादेव कर बारू। पूजिहि जाइ सकल संसारू।६।
पदुमावति पुनि पूजै आवा। होइहि एहि मिसु दिस्टि मेरावा।७।
तुम्ह गवनहु मंडप ओहि॰ हौं पदुमावति पास।
पूजै आइ बसंत जौं पूजै मन कै आस ॥१६४॥

(१) वहाँ उस दुर्ग में सुन्दरी पद्मावती है। उसके पास न भौंरा और न पक्षी नाम का कोई पहुँच सकता है। (२) अब सिद्धि के लिये एक योग (युक्ति) तुझे देता हूँ जिससे पहले उसके दर्शन होंगे और पीछे उसका भोग मिलेगा। (३) सामने जहाँ कंचन का पर्वत दिखाई देता है, वहाँ शिवजी का मंडप है। (४) उस मंडप के खंड या शिखर के तल मेरु पर्वत के समान हैं। वहाँ तक पहुँचने के लिए मेरु से भी अधिक घुमाव पड़ता है। (५) माघ मास का शुक्ल पक्ष लगने पर कुछ ही दिन बाद वसन्त पञ्चमी होगी। (६) तब शिव मंडप का द्वार खुलेगा और सब लोग जाकर पूजा करेंगे। (७) पद्मावती भी पूजा करने आएगी। बस इसी बहाने तुम्हारा परस्पर दर्शन मेला हो जायगा।

(८) तुम उस मंडप में जाओ और मैं पद्मावती के पास जाता हूँ। (९) जब वह वसन्त पूजा करने आएगी तभी तुम्हारे मन की आशा पूरी होगी।

(१) भौंरा=प्रेम लुब्ध व्यक्ति। पक्षी का नाम=परेवा (५०२।१), दूत या संदेशहर।
(२) जोग=योग, युक्ति, जुगत।
(३) जिसे राजा ने दक्षिण दिशा में सुवर्ण का मेरु कहा था, (१५९।८) उसे ही सुग्गा महादेव का मण्डप बताता है। उस मण्डप के खण्ड या प्रासाद शिखर की भूमियाँ मेरु पर्वत के आकार की थीं। मध्यकालीन स्थापत्य के अनुसार मेरु एक प्रकार के प्रासाद या मन्दिर का नाम था।
(४) फेरू=घुमाव, चक्कर।
(५) सिरी पंचमी=वसन्त पंचमी, या माघ शुक्ल पंचमी।
(६) शिव का मन्दिर दुर्ग के भीतर था, किन्तु वसन्त पञ्चमी के दिन उसका बाहरी द्वार खोल दिया जाता था, और जनता बे रोक टोक वहाँ पूजा करने आती जाती थी। अन्तःपुर की स्त्रियाँ भी उस दिन वहाँ पूजन के लिये आती थीं। दुर्ग के भीतर बने हुए प्राचीन मंदिरों में विशेष अवसरों पर बाहरी जनता के आने का प्रबन्ध रजवाड़ों में प्रायः रहता है।
बारू=सं० द्वार।
(७) मेरावा—सं० मेलापक=मेला या मेल।

[१६३]

राजैं कहा दरस जौं पावौं। परबत काह गँगन कहँ धावौं।१।
जेहि परबत पर दरसन लहना। सिर सौं चढ़ौं पाय का कहना।२।
मोहि भाव ऊँचे सो ठाऊँ। ऊँचे लेउँ प्रीतम के नाऊँ।३।
पुरुषहि चाहिअ ऊँच हिआऊ। दिन दिन ऊँचे राखै पाऊ।४।
सदा ऊँच सेइअ पै बारू। ऊँचे सौं कीजै बेवहारू।५।
ऊँचे चढ़े ऊँच खँड सूझा। ऊँचे पास ऊँचि बुधि बूझा।६।
ऊँचे संग संग निति कीजै। ऊँचे काज जीव बलि दीजै।७।
दिन दिन ऊँच होइ सो जेहि ऊँचे पर चाउ।
ऊँचे चढ़त परिअ जौं ऊँच न छाड़िअ काउ ॥१६।५॥

(१) राजा ने कहा, 'जो मैं उसके दर्शन पाऊँ तो पहाड़ क्या उससे ऊँचे आकाश तक भी दौड़ सकता हूँ। (२) जिस पर्वत पर उसका दर्शन मिलेगा वहाँ सिर के बल चढ़कर जा सकता हूँ; पाँव का तो कहना ही क्या ? (३) मुझे भी वह ऊँचा स्थान अच्छा लगता है। ऊँचे पहुँचने के लिये ही प्रियतम का नाम ले रहा हूँ। (४) पुरुष को सदा ऊँचा साहस करना चाहिए। दिन दिन ऊँचे ही पैर बढ़ाते जाना चाहिए। (५) सदा ऊँच की ड्योढ़ी का सेवन करना चाहिए और ऊँचे से ही व्यवहार करना चाहिए। (६) ऊँचे पर चढ़ने से ऊँचा खंड दृष्टि में आता है। ऊँचे के पास बैठने से बुद्धि ऊँचे विचार समझने लगती है। (७) सदा ऊँचे के साथ संगति करनी चाहिए, और ऊँचे कार्य के लिये प्राण की बलि देनी चाहिए।

(८) जिसका उत्साह ऊँची वस्तु पर होता है, वह दिन-दिन ऊँचा चढ़ता है। (९) ऊँचे पर चढ़ते हुए यदि कोई गिर भी पड़े तो भी ऊँचे को कभी छोड़ना उचित नहीं।

[१६४]

हीरामनि दै बचा कहानी। चला जहाँ पदुमावति रानी।१।
राजा चला सँवरि सो लता। परबत कहँ जो चला परबता।२।
का परबत चढ़ि देखै राजा। ऊँच मँडप सोनै सब साजा।३।
अँबित फर सब लाग अपूरी। औ तहँ लागि सजीवनि मूरी।४।
चौमुख मंडप चहूँ केवारा। बैठे देवता चहूँ दुआरा।५।
भीतर मँडप चारि खँभ लागे। जिन्ह वै छुए पाप तिन्ह भागे।६।
संख घंट घन बाजहिं सोई। औ बहु होम जाप तहँ होई।७।
महादेव कर मंडप जगत जातरा आउ।
जो हिंछा मन जेहि कें सो तैसे फल पाउ ॥१६।६॥

(१) हीरामन राजा को उपदेश देकर और लौटने के लिये वचनबद्ध होकर जहाँ रानी पद्मावती थी वहाँ चला गया। (२) जैसे ही सुग्गा गया वैसे ही राजा भी उस पद्मलता के स्मरण से आतुर हो पर्वत के ऊपर चला। (३) पर्वत पर चढ़कर क्या देखता है कि शिव का ऊँचा मंडप पूरा सोने से सजाया हुआ है। (४) वहाँ अमृत के समान स्वादिष्ट फल सर्वत्र लगे थे और संजीवनी बूटी लगी हुई थी। (५) चौमुखी मंडप में चारों ओर किवाड़ लगे थे और चारों द्वारों पर देवता प्रतिष्ठित थे। (६) मंडप के भीतर चार खंभे थे। जिन्होंने उनका स्पर्श पा लिया उनके पाप दूर हो गए। (७) वहाँ शंख, घंटे और कांस्यताल बज रहे थे और बहुत भाँति के होम और जप हो रहे थे।

(८-९) शिव जी के उस मंडप में सारा संसार यात्रा के अवसर पर एकत्र होता था। जिसके मन में जो इच्छा होती वह वैसा ही फल पाता था।

(१) बचा–सं० वाचा=वचन। हीरामन लौटने के लिये रत्नसेन के साथ वचनबद्ध होकर गया था–कैसे रहौं बचाकर बाँधा।१८१।६।
कहानी–सं० कथानक > प्रा० कहाणय। कहानी देकर=दृष्टान्त द्वारा अर्थ का उपदेश देकर। पदुमावति रानी–कौमार अवस्था में ही पद्मावती को जायसी ने रानी कहा है (५४।१)।

(२) लता–पद्मलता, पद्मावती।
जो चला परबता–यह वाक्य जाने में शीघ्रता का द्योतक है। जैसे ही सुग्गा चला, वैसे ही तुरन्त राजा भी।

(३) शिव का मण्डप अत्यन्त ऊँचा था। उस चतुर्मुखी मण्डप के चार द्वार थे। प्रत्येक द्वार से प्रवेश करने पर देव दर्शन होता था। द्वारों में किवाड़ भी लगे थे। मण्डप के भीतर गर्भ-गृह चार खंभों पर टिका हुआ था। मण्डप के चारों द्वारों के पार्श्वस्तम्भों पर अन्य देवमूर्तियाँ बनी थीं।

(७) घन=झाँझ मँजीरे आदि काँसी के बाजे (कांस्यतालादिकं घनम्, अमर)।

(८) जातरा=सं० यात्रा, मेला। विशेष उत्सव पर होने वाले मेले के लिये सं० यात्रा शब्द अत्यन्त प्राचीन काल से प्रयुक्त होता था। इसी से प्रा० और अप० में जत्त और हिन्दी में जात शब्द की व्युत्पत्ति हुई है। देवी आदि के बड़े मेले को अब भी 'जात' कहते हैं, जैसे नगरकोट की जात, बूढ़े बाबू की जात आदि। प्राचीन साहित्य में 'यक्षयात्रा' (यक्ष भवनों के मेले) का बहुत उल्लेख आता है।

(९) हिंछा और इंछा दोनों रूपों का जायसी ने प्रयोग किया है (१६५।९, १८३।८, १९१।८, १९२।१)।

१७ : मंडप गमन खण्ड

[१६५]

राजा बाउर बिरह बियोगी। चेला सहस बीस सँग जोगी।१।
पदुमावति के दरसन आसा। दँडवत कीन्ह मँडप चहुँ पासा।२।
पुरब बार होइ कै सिर नावा। नावत सीस देव पहँ आवा।३।

नमो नमो नारायन देवा । का मोहिं जोग सकौं कर सेवा ।४।
तूँ दयाल सब के उपराहीं । सेवा केरि आस तोहि नाहीं ।५।
ना मोहि गुन न जीभ रस बाता । तूँ दयाल गुन निरगुन दाता ।६।
पुरवौ मोरि दास कै आसा । हौं मारग जोवौं हरि स्वाँसा ।७।
तेहि बिधि बिनै न जानौं जेहि बिधि अस्तुति तोरि ।
करु सुदिस्टि औ किरिपा हिछा पूजै मोरि ॥१७१॥

(१) विरह में बावला होकर राजा वियोगी बन गया । उसके साथ बीस सहस्र शिष्य जोगी के वेष में चले । (२) पद्मावती के दर्शन की आशा से उसने मंडप के चारों ओर दंडवत् परिक्रमा की । (३) फिर पूर्व के द्वार पर जाकर मस्तक नवाया और सिर नवाते हुए ही भीतर देवमूर्ति के पास जाकर प्रार्थना करने लगा । (४) 'हे देव, हे नारायण, तुम्हें प्रणाम है, प्रणाम है । मेरे योग्य तुम्हारा क्या कार्य हो सकता है जो सेवा कर सकूँ ? (५) हे दयालु, तुम सबके ऊपर हो । तुम्हें किसी से सेवा की चाहना नहीं । (६) मुझ में न कोई गुण है, न जिह्वा में प्रेम की बात है । पर हे दयालु, तू गुणी और निर्गुण सबका दाता है । (७) मुझ सेवक की आस पूरी करो । मैं हर साँस में उसी का मार्ग जोह रहा हूँ ।

(८) जिस प्रकार तुम्हारी स्तुति की जाती है उस प्रकार बिनती करना मुझे नहीं आता । (९) मेरे ऊपर ऐसी सुदृष्टि और कृपा करो कि मेरी अभिलाषा पूरी हो ।

(२) दँडवत् कीन्ह मँडप चहुँ पासा—पहले मंडप के चारों ओर दण्डवत् विधि से परिक्रमा, फिर पूर्व द्वार पर मस्तक झुकाकर प्रणाम, और तब सिर नवाते हुए ही मण्डप में प्रविष्ट होकर देवमूर्ति के सामने बिनती—इस प्रकार पूजन किया ।

[१६६]

कै अस्तुति जौं बहुत मनावा । सबद अकूट मँडप महँ आवा ।१।
मानुस पेम भएउ बैकुंठी । नाहिं त काह छार एक मूँठी ।२।
पेमहि माहँ बिरह औ रसा । मैन के घर मधु अंब्रित बसा ।३।
निसत धाइ जौं मरै तो काहा । सत जौं करै बैसेइ होइ लाहा ।४।
एक बार जौं मनु कै सेवा । सेवहि फल परसन होइ देवा ।५।
सुनि कै सबद मँडप झनकारा । बैठा आइ पुरुब के बारा ।६।
पिंड चढ़ाइ छार जेत आँटी । माँटी होउ अंत जौं माटी ।७।
माँटी मोल न किछु लहै औ माँटी सब मोल ।
दिस्टि जो माँटी सों करै माँटी होइ अमोल ॥१६६॥

(१) जब उसने इस प्रकार स्तुति करके देवता को बहुत मनाया तब मंडप में दिव्य

शब्द सुनाई दिया-(२) 'मनुष्य प्रेम द्वारा स्वर्ग के योग्य बना है, नहीं तो इसमें है ही क्या? केवल एक मुट्ठी राख है। (३) प्रेम में विरह और रस दोनों हैं, जैसे मोम के छत्ते में शहद का अमृत और बर्र दोनों रहते हैं। (४) सत्यहीन व्यक्ति दौड़ धूपकर मर भी जाय तो क्या? पर जो सत्य का व्यवहार करता है उसे बैठे ही लाभ मिलता है। (५) यदि एक बार भी मन लगाकर सेवा करता है, तो सेवा के फल से देवता प्रसन्न हो जाता है।' (६) वह शब्द सुनकर जो मंदिर में झंकार रहा था, राजा पूरब के द्वार पर आ बैठा। (७) फिर उसने शरीर पर उतनी भस्म मली जितनी मली जा सकी। और मन में यह भावना की, 'जब यह शरीर अन्त में मिट्टी ही है, तो आज ही मिट्टी की भाँति तुच्छ हो जाय।'

(८) एक ओर मिट्टी का कुछ मोल नहीं; दूसरी ओर जितनी मूल्यवान वस्तुएँ हैं सब मिट्टी हैं। (९) जो इस शरीर को मिट्टी समान कर लेता है उसकी यह मिट्टी अनमोल हो जाती है।

(१) अकूट-यह क्लिष्ट पाठ था (और भी, १९२।२) जिसे सरल करके अकूत (=अज्ञात) किया गया। अकूट < प्रा० अकुट्ट (प्रा० धातु कुट्ट=छेदन करना, काटना)। व्यक्ति के मुख से निकला हुआ शब्द खंडित या परिमित होता है, किन्तु महाकाश का शब्द दिव्य और अखंड होता है। अथवा, कूट=भौतिक शरीर; अकूट=अभौतिक, दिव्य।

(२) बैकुंठी=वैकुंठ का अधिकारी, स्वर्ग योग्य।

(३) मैन के घर मधु अंब्रित बसा - मैन के घर=मोम के छत्ते में। उसमें शहद रूपी अमृत और बर्र (बसा) दोनों हैं, जैसे प्रेम में विरह की तपन और आनन्द दोनों का एकत्र बास। मैन=सं० मदन > प्रा० मयण > मैन। बसा (११६।२,३)।

(४) निसत=सत्य विहीन। बैसेइ-धा० बैसना=बैठना, सं० उपविशति। सत्यहीन सांसारिक व्यक्ति दौड़ धूप करके भी कुछ नहीं पाता। सत्य का आश्रय लेकर बैठा हुआ योगी भी जो पाना है उसे पा लेता है।

(७) क्षार=भस्म। जेत आँटी=जितनी लगाई जा सकी।

[१६७]

बैठ सिंघ छाला होइ तपा। पदुमावति पदुमावति जपा ।१।
दिस्टि समाधि ओहि सौं लागी। जेहि दरसन कारन बैरागी ।२।
किंगरी गहे बजावै झूरै। भोर साँझ सिंगी निति पूरै ।३।
कंथा जरै आगि जनु लाई। बिरह धँधार जरत न बुझाई ।४।
नैन रात निसि मारग जागैं। चकित चकोर जानु ससि लागैं ।५।
कुंडल गहैं सीस भुइँ लावा। पाँवरि होउँ जहाँ ओहि पावा ।६।
जटा छोरि कै बार बोहारौं। जेहि पँथ होइ सीस तहँ वारौं ।७।
चारिहुँ चक्र फिरै मन खोजत डँड न रहै थिर मार।
होइ के भसम पवन सँग धावौं जहाँ सो प्रान अधार ॥१७।३॥

(१) वह तपस्वी बनकर सिंहचर्म पर बैठ गया और 'पद्मावती, पद्मावती' जपने लगा। (२) ऊर्ध्व दृष्टि और मन की एकाग्रता उसीसे लगी थी जिसके दर्शन के लिये वह वैरागी हुआ था। (३) हाथ में किंगड़ी लेकर बजाता था और उसीका चिन्तन करता था, एवं नित्य साँझ सबेरे सिंगी बजाता था। (४) उसकी कथरी ऐसे जल रही थी जैसे किसी ने दावाग्नि लगा दी हो। विरह की ज्वाला जलती है तो बुझाए नहीं बुझती। (५) रात भर उसीके मार्ग में जागते रहने से नेत्र लाल हो गए थे मानों चकित चकोर चन्द्रमा की ओर टकटकी लगाए हो। (६) उसने हाथों से कुंडल पकड़कर पृथिवी पर मस्तक टेका और सोचने लगा, 'जहाँ उस प्रियतम का पैर पड़ता हो वहाँ मेरा यह शरीर पाँवड़ा होकर बिछ जाय। (७) जटाएँ खोलकर उसके द्वार पर बहारी दूँ। जिस मार्ग से वह जाती हो वहाँ अपना सिर वार कर डाल दूँ।'

(८) चारों दिशाओं में मन उसे खोजता फिरता था। एक दंड के लिये भी वश में होकर स्थिर न होता था। (९) कभी सोचता कि धूल बनकर हवा के साथ उड़ता हुआ उस स्थान पर पहुँचूँ जहाँ वह प्राणाधार है।

(३) झूरै=याद करता था। प्रा० झूरइ, सं० स्मृ० का धात्वादेश (हेम० ४।७४)।

(४) धंधार=प्रचण्ड अग्नि।

(६) पाँवरि=पाँवड़ा। सं० पादपट्ट > पायवट्ट > पाँवड़ > पाँवड़ा, पाँवरि।

(७) जेहि पँथ होइ सीस तहँ वारौं—जिस मार्ग पर उसकी सवारी जाती हो उसी पर अपना सिर काटकर डाल दूँ या अपनी देह फेंककर मृत्यु का आवाहन कर लूँ, जैसे जगन्नाथ जी की रथयात्रा में देवता को प्रसन्न करने के लिये लोग करते हैं।

१८ : पद्मावती वियोग खण्ड

[१६८]

पदुमावति तेहि जोग सँजोगाँ। परी पेम बस गहें बियोगाँ।१।
नींद न परै रैनि जौं आवा। सेज केवाँछ जानु कोइ लावा।२।
दहै चाँद औ चंदन चीरू। दगध करै तन बिरह गँभीरू।३।
कलप समान रैनि हठि बाढ़ी। तिल तिल मरि जुग जुग बर गाढ़ी।४।
गहै बीन मकु रैनि बिहाई। ससि बाहन तब रहै ओनाई।५।
पुनि धनि सिंघ उरेहै लागै। ऐसी बिथा रैनि सब जागै।६।
कहाँ सो भँवर कँवल रस लेवा। आइ परहु होइ घिरिनि परेवा।७।
सो धनि बिरह पतंग होइ जरा चाह तेहि दीप।
कंत न आवहु भृंगि होइ को चंदन तन लीप ॥१८।१॥

(१) राजा के उस योग के प्रभाव से पद्मावती भी प्रेम के वश हो गई और

विरह का अनुभव करने लगी। (२) रात होने पर उसे नींद न आती थी जैसे किसी ने शय्या पर केंवाच बिछा दी हो। (३) चन्द्र और चँदनौटा वस्त्र भी दाहक प्रतीत होते थे। गहरी विरह व्यथा देह को जला रही थी। (४) उसके लिये रात्रि हठात् कल्प के समान बढ़ गई। क्षण क्षण बीतती रात में मानों युग युग का बल समा गया था। (५) कभी वह बीन लेकर बैठती कि कदाचित् उसी से रात बिता सके। पर उसके स्वर से मोहित हो चन्द्रमा का वाहन मृग वहीं ठहर जाता जिससे रात और लम्बी हो जाती। (६) फिर वह बाला उस मृग को भगाने के लिये सिंह का चित्र बनाने लगती—ऐसी व्यथा में सारी रात जागती रहती थी। (७) कभी कहती, 'कमल का रस लेने वाला वह भौंरा कहाँ है ? वह आकर गिरह बाज कबूतर की भाँति मेरे यहाँ टूटे।'

(८) वह बाला विरह के कारण पतिंगे की भाँति उस दीपक में जलना चाहती थी। (९) 'हे कंत, यदि मुझे अपने रूप में मिलाने के लिये भृंगी बन कर तुम न आओगे, तो इस जलते शरीर में चन्दन लगा कर कौन शान्ति पहुँचाएगा ?'

(२) केवाँछ—सं० कपिकच्छु प्रा० कइअच्छ > केआँछ=एक लता का फल, जिसके छूने से देह में खुजली हो जाती है।

(४) तिल तिल—निमेष या क्षण के लिये तिल शब्द का प्रयोग (१४६।८)। जुग जुग बर गाढ़ी—जुगबर (१७४।१)=युग का बल; एक एक निमेष रात्रि में युग युग का बल था।

(५-६) इससे मिलता हुआ भाव सूरदास में भी है।

(७) गिरिनि परेवा=गिरहबाज कबूतर

[१६९]

परी बिरह बन जानहुँ घेरी। अगम असूझ जहाँ लगि हेरी।१।
चतुर दिसा चितवै जनु भूली। सो बन कवन जो मालति फूली।२।
कँवल भँवर ओही बन पावै। को मिलाइ तन तपनि बुझावै।३।
अंग अनल अस कँवल शरीरा। हिय भा पियर पेम की पीरा।४।
चहै दरस रबि कीन्ह बिगासू। भँवर दिस्टि महँ कै सो अकासू।५।
पूँछै धाइ बारि कहु बाता। तूँ जस कँवल करी रँग राता।६।
केसरि बरन हिया भा तोरा। मानहुँ मनहिं भएउ कछु फोरा।७।
पवनु न पावै संचरै भँवर न तहाँ बईठ।
भूलि कुरंगिनि कसि भई मनहुँ सिंघ तुइ डीठ॥१८।२॥

(१) पद्मावती विरह के जलते वन में गिर गई थी और मानों वहीं घिर गई थी। जहाँ तक दृष्टि फेंकती वह वन अगम्य और असूझ जान पड़ता था। (२) भूली हुई सी चारों दिशाओं में देखती और कहती थी—'वह वन कहाँ है जिसमें मालती फूलती है ? (यह तो भस्म करने वाला जंगल है)। कमल अपने भौंरे को उसी वन में पाएगा।

कौन उसे मुझ से मिलाकर शरीर की जलन बुझाएगा ?' (४) कमल (पद्मावती) के शरीर के अंगों में जैसे अग्नि जल रही थी। प्रेम की पीड़ा से उसका हृदय पीला पड़ गया था। वह कमल भ्रमर रूप दृष्टि को आकाश के बीच में लगाकर रत्नसेन रूप सूर्य के दर्शन से खिलना चाहता था। (६) धाय पद्मावती से पूछती थी, 'हे बाला, बता क्या बात है ? तू कमल की कली के समान लाल रंग की थी। (७) पर अब तेरा हृदय केसर के रंग का पीला हो गया है। जान पड़ता है तेरे मन में कोई फोड़ा (कमल पक्ष में स्फोट या फुटाव) हुआ है। धाय का आशय यह था कि जब तू अनखिली कली थी तेरे ऊपर का रक्तवर्ण ही चमकता था। पर अब तेरा हृदय का पीला केसर दृष्टि आ रहा है, ज्ञात होता है कि कली ने कुछ फुटाव लिया है।

(८-९) जहाँ हवा नहीं जाने पाती और भौंरे जहाँ प्रवेश नहीं करने पाते, वहाँ रहकर भी तू भूली हुई हिरनी के समान कैसे हो रही है ? जान पड़ता है तैंने सिंह को देख लिया है।

(६) धाय का आशय था कि जब तू अनखिली कली थी तेरा ऊपर का लाल रंग ही दिखाई पड़ता था, किन्तु अब भीतर का प्रेम (या पीला केसर) दिखाई दे रहा है, अवश्य उस कली ने फुटाव लिया है।

(७) फोरा–सं० स्फोटक, व्रण विशेष, अथवा विदारण, भेदन, स्फुटन, फुटाव।

(९) डीठ–दृष्ट > डिट्ठ > डीठ।
सिंघ तुइ डीठ (कर्मवाच्य)=सिंह तुझसे देखा गया।

[१७०]

धाइ सिंघ बरु खातेउ मारी। कै तसि रहति अही जसि बारी ।१।
जोबन सुनेउँ कि नवल बसंतू। तेहि बन परेउ हस्ति मैमंतू ।२।
अब जोबन बारी को राखा। कुंजर बिरह बिधाँसै साखा ।३।
मैं जाना जोबन रस भोगू। जोबन कठिन सँताप बियोगू ।४।
जोबन गरुअ अपेल पहारू। सहि न जाइ जोबन कर भारू ।५।
जोबन अस मैमंत न कोई। नवै हस्ति जौं आँकुस होई ।६।
जोबन भर भादौं जस गंगा। लहरैं देइ समाइ न अंगा ।७।
परी अथाह धाइ हौं जोबन उदधि गँभीर।
तेहिं चितवौं चारिउँ दिसि को गहि लावै तीर ॥१८।३॥

(१) 'हे धाय, अच्छा होता यदि वह सिंह जिसका तू संकेत करती है, मुझे मार कर खा लेता; या फिर मैं वैसी ही अजान रहती जैसे बालापन में थी। (२) मैंने सुना था कि यौवन नवल वसन्त के समान सुन्दर होता है। पर मेरा दुर्भाग्य कि उस यौवन के वन पर काम रूप मतवाले हाथी का आक्रमण हो गया (३) अब यौवन की वाटिका को

कौन बचाएगा ? विरह रूपी हाथी इसकी शाखाओं को तोड़े डालता है। (४) मैंने समझा था कि यौवन में रस का भोग मिलता है, पर मुझे तो यौवन में कठिन विरह का संताप सहना पड़ रहा है। (५) यौवन पर्वत के समान भारी है, जिसे कोई टाल नहीं सकता। यौवन का बोझा सहा नहीं जाता। (६) यदि अंकुश है तो हाथी भी नवाया जा सकता है, पर यौवन के समान मैमंत और नहीं है, जो किसी प्रकार वश में नहीं आता। (७) यौवन ऐसे भरा है जैसे भादों में गंगा भरती है। वह लहरें देता है और अंगों में नहीं समाता।

(८-९) हे धाय, यौवन के गहरे समुद्र में बिना थाह पड़ी हूँ। इसीसे चारों ओर देख रही हूँ कि कौन बाह पकड़कर किनारे पर लगाता है।'

(२) मैमंतू=मदमन्त, मदयुक्त, मतवाला सं० मद > प्रा० मय+मतुप्।
(३) बिधाँसै–सं० विध्वंसति > प्रा० विधंसइ > बिधाँसना=नाश करना।
(५) अपेल=अ+पेल। सं० प्रेरयति > प्रा० पेल्लइ= हटाना, विचलित करना।

[१७१]

पदुमावति तूँ सुबुधि सयानी। तोहिं सरि समुँद न पूजै रानी।१।
नदी समाहिं समुँद महँ आई। समुँद डोलि कहु कहाँ समाई।२।
अबहीं कँवल करी हिय तोरा। आइहि भँवर जो तो कहँ जोरा।३।
जोबन तुरै हाथ गहि लीजै। जहाँ जाइ तहँ जाइ न दीजै।४।
जोबन जो रे मतँग गज अहै। गहु गिआन जिमि आँकुस गहै।५।
अबहिं बारि तूँ पेम न खेला। का जानसि कस होइ दुहेला।६।
गँगन दिस्टि करु जाइ तराहीं। सुरुज देखि कर आवै नाहीं।७।
जब लगि पीउ मिलै तोहिं साधु पेम कै पीर।
जैसें सीप सेवाति कहँ तपै समुँद मँझ नीर॥१८४॥

(१) धाय ने उत्तर दिया, 'हे चतुर पद्मावती, तू बुद्धिमती और सज्ञान है। हे रानी, समुद्र भी तेरी समता नहीं करता। (२) अन्य नदियाँ बहकर समुद्र में समा जाती हैं, पर समुद्र अपनी मर्यादा छोड़ दे तो वह किसमें समाएगा ? (३) तेरा हृदय अभी कमल की कली के समान है, निश्चय ही तेरी जोड़ी का भौंरा तेरा रस पान करने आवेगा। (४) यौवन रूपी तुरंग की बाग हाथ में रखनी चाहिए, उसको चाहे जहाँ न जाने देना चाहिए। (५) जो यौवन मतवाले हाथी के समान है उसे ज्ञान से ऐसे वश में करो जैसे अंकुश हाथी को करता है। (६) तू अभी बाला है, तूने प्रेम का खेल नहीं खेला है, इसलिए तू क्या जाने कि यह खेल कैसा कठिन है ? (७) दृष्टि को चाहे जितना आकाश में करो पर वह नीचे ही जाती है। सूर्य को चाहे जितना देखो पर वह हाथ नहीं आ सकता। उसे देख भर लो, वह मिल नहीं सकता।

(८) जब तक प्रियतम नहीं मिलता तब तक प्रेम की व्यथा सहो, (९) जिस प्रकार सीप स्वाति के लिये समुद्र के जल में तपता है।'

(४) तुरय–सं० तुरग > प्रा० तुरय > तुरँ=घोड़ा।
(६) दुहेला=कठिन खेल (९८।२)।
(८) साधु–धातु साधना=सहना।
(७) गँगन दिस्टि–यौवन की दृष्टि जो सूर्य रूप पति का दर्शन करना चाहती है (१६९।५)।
नीचे की दृष्टि–पृथिवी पर की दृष्टि, बालापन की भोली दृष्टि।

[१७२]

दहै धाइ जोबन औ जीऊ। होइ न बिरह अगिनि महँ घीऊ।१।
करवत सहौं होत दोइ आधा। सही न जाइ बिरह कै दाधा।२।
बिरहा सुभर समुँद असँभारा। भँवर मेलि जिउ लहरन्हि मारा।३।
बिरह नाग होइ सिर चढ़ि डसा। औ होइ अगिनि चँदन महँ बसा।४।
जोबन पंखी बिरह बिआधू। केहरि भयो कुरंगिनि खाधू।५।
कनक बान जोबन कत कीन्हा। औ तन कठिन बिरह दुख दीन्हा।६।
जोबन जलहिं बिरह मसि छुवा। फूलहिं भँवर फरहिं भा सुवा।७।
जोवन चाँद उवा जस बिरह भएउ सँग राहु।
घटतहि घटत खीन भा कहै न पारौं काहु॥१८।५॥

(१) 'हे धाय, विरह की अग्नि यौवन और मन दोनों को जलाती है। उसमें घी नहीं होता, फिर भी धधकती है। (२) अच्छा होता मैं आरा ले लेती, शरीर के दो टुकड़े हो जाते। यौवन की दाह मुझसे नहीं सही जाती। (३) विरह भरे हुए समुद्र की भाँति संभाला नहीं जाता। वह मन को भँवर में डालकर लहरों से मारता है। (४) विरह नाग बनकर सिर पर चढ़कर मुझे डस रहा है। और जो मैं चंदन लगाती हूँ उसमें विरह मानों आग होकर बस गया है (चंदन से भी मुझे तपन होती है)। (५) यौवन पक्षी है, विरह व्याध है। विरह यौवन की हिरनी को खाने वाला सिंह है। (६) कठिन विरह यौवन रूपी सोने की शुद्धि (बान) क्यों करता है और क्यों शरीर को दुःख देता है ? (७) यौवन के पानी को विरह की स्याही छूकर काला कर देती है। जैसे फूल को छेदने चूसने के लिये भौंरा और फूल को नष्ट करने के लिये सुग्गा है वैसे ही यौवन के लिये विरह है।

(८) जैसे ही यौवन के चन्द्रमा का उदय हुआ, वैसे ही उसे ग्रसने के लिये विरह का राहु संग में लग गया। (९) इसीसे वह घटते घटते एकदम क्षीण हो गया। उस विरह को मैं किसी से कह नहीं सकती।

(६) कनक बान–सोने का बान, शुद्धि या निखारो। सोने को शुद्ध करने के लिये जो उसे आग में तपाया जाता है उसे 'बान' कहते हैं। इसी प्रकार क्रमशः करने से सोना बारहबानी होता है।

तुलना, कनकहि बान चढ़इ जिमि दाहें। तिमि प्रियतम पद नेह निबाहें। (अयोध्या० २०४।५) यौवन के सुवर्ण को बान की क्या आवश्यकता ? किन्तु विरह कठिन है, वह उसको बान पर चढ़ाता ही है और तपाकर दुःख देता है।

[१७३]

नैन जो चक्र फिरै चहुँ ओराँ। चरचै धाइ समाइ न कोराँ।१।
कहेसि पेम जौं उपना बारी। बाँधु सत्त मन डोल न भारी।२।
जेहि जिय महँ सत होइ पहारू। परै पहार न बाँकै बारू।३।
सती जो जरै पेम पिय लागी। जौं सत हिएँ तौ सीतल आगी।४।
जोबन चाँद जो चौदसि करा। बिरह कि चिनगि चाँद पुनि जरा।५।
पवन बंध होइ जोगी जती। काम बंध होइ कामिनि सती।६।
आउ बसंत फूल फुलवारी। देव बार सब जैहहिं बारी।७।
पुनि तुम्ह जाहु बसंत लै पूजि मनावहु देव।
जिउ पाइअ जग जनमे पिउ पाइअ कै सेव॥१८।६॥

(१) नेत्र चक्र की तरह चारों ओर घूमते थे। धाय चरचती (वर्जित करती) पर वे अपनी कोर में न समाते थे। (२) उसने समझाया, 'हे बाला, यद्यपि प्रेम उत्पन्न हुआ है, तो भी सत पर स्थिर रह, मन को बहुत चंचल मत कर। जिस जी के भीतर सत्य का पहरेदार रहता है, उस पर चाहे पहाड़ भी गिरे बाल बाँका नहीं होता। (४) जो सती प्रेम में प्रियतम के लिये जलती है, यदि उसके जी में सत है तो आग भी शीतल लगती है। (५) जो यौवन रूपी चन्द्रमा चौदह कलाओं से पूर्ण बनता है, वह मानों विरह की चिनगारी पड़ने से जलकर घटने लगता है। (६) जो प्राण वायु का संयम करता है, वही योगी यति है। जो काम को वश में कर लेती है, वही स्त्री सती है। (७) वह देखो, वसन्त आया है और फुलवाड़ी फूली है। सब बालाएँ देवता के द्वार पर पूजन करने जाँएगी।

(८) तुम भी वसन्त लेकर जाना और पूजन करके देव को प्रसन्न करना। (९) संसार में जन्म लेने से जीवन मिल जाता है, पर प्रियतम सेवा से ही मिलता है।

(१) समाइ न कोराँ=नेत्र कोनों में न समाते थे। अपभ्रंश चित्रकला में नेत्र कोनों से बाहर निकले होते हैं।
चरचै–चरचना=बरजना, उँगली उठाना, आपत्तिजनक बताना।
कोराँ–सं० कोटि > हि० कोर=कोना।

(३) पहारू=पहरेदार। सं० प्राहरिक > प्रा० पाहरिय > पाहरू, पहारू (नाम पाहरू दिवस निस, सुन्दरकाण्ड, दोहा ३०)।
बाँकै बारू=बाल बाँका होना, या करना।

(५) जोबन चाँद–चौदह कला पर पहुँच कर चन्द्रमा फिर घटने लगता है। कवि की कल्पना है कि इसी तरह पूर्ण यौवन होने पर उसे विरह की चिनगारी में जलाने लगती है। पूर्णिमा के बाद

चतुर्दशी के चन्द्रमा में एक कला का विरह हो जाता है, वही विरह की चिनगारी उसकी अन्य कलाओं को भी जला डालती है। ऐसे ही प्रिय का विरह पूर्ण यौवन को जलाता है।

(६) पवन बंध–प्राण का वश में करना, प्राणायाम।

(९) जिउ पाइअ जग जनमे–कवि का आशय है, कि संसार में जीवन पाना सरल है, किन्तु प्रियतम की प्राप्ति कठिन है, वह सेवा के विना नहीं होती।

[१७४]

जब लगि अवधि चाह सो आई। दिन जुग बर बिरहिनि कहँ जाई।१।
नींद भूख अह निसि गै दोऊ। हिएँ माँझ जस कलपै कोऊ।२।
रोवँहिं रोवँ लागे जनु चाँटे। सोतहि सोत बेधे बिख काँटे।३।
दगध कराह जरै सब जीऊ। बेगि न आउ मलैगिरि पीऊ।४।
कवन देव कहँ जाय परासौं। जेहि सुमेरु हिय लाइ गरा सौं।५।
गुपुत जो फल साँसहि परगटे। अब होइ सुभर चहहिं पुनि घटे।६।
भए सँजोग जौं रे अस मरना। भोगी भएँ भोग का करना।७।
जोबन चंचल ढीठ है करै निकाजहिं काज।
धनि कुलवंति जो कुल धरै करि जोबन महँ लाज ॥१८।७॥

(१) वसन्त पूजा की अवधि निकट आने तक विरहिणी को एक-एक दिन युग के समान बीतने लगा। (२) दिन में भूख और रात में नींद दोनों चली गई और ऐसी दशा हो गई जैसे हृदय को भीतर से कोई कुतर रहा हो। (३) शरीर के रोम रोम में जैसे चींटे लग गए और प्रत्येक रोमकूप में विष के काँटे बिंध गए। (४) 'हे प्रियतम, यदि तुम मलयगिरि चंदन बन कर शीघ्र नहीं आते तो इस गर्म कड़ाह में सारा प्राण जल जायगा। (५) किस देवता के पास जाकर पूजन-स्पर्शन करूँ जिससे उस सुमेरु (पति या हार की मध्यमणि) को कंठालिंगन के साथ हृदय में लगाने का सौभाग्य प्राप्त हो ? (६) जो फल (स्तन) गुप्त थे वे गहरों उच्छ्वासों के साथ प्रकट हो रहे हैं। वे पूरे भरकर मानों पुनः घटना चाहते हैं। (७) विवाह योग्य होने पर यदि इसी तरह मरना पड़ता हो, तो कौन भोगी बन कर भोग करना चाहेगा ?

(८) यौवन चंचल और ढीठ (मुँहजोर) है। यह बेकार के काम करता रहता है। (९) यौवन में जो मन में लज्जा धारण कर अपने कुल को रखती है वह कुलवन्ती स्त्री धन्य है।'

(२) कलपै–धातु कलपना=काटना, कुतरना। सं० क्लप।

(५) परासौं=स्पर्श करूँ। शिव पूजन में मूर्त्ति का स्पर्श आवश्यक है। (परसि देव औ पाएन्हि परी। १९१।५)। उसीसे दरस-परस या स्पर्शन-पूजन महावरा चला है। जेहिं सुमेरु हिय लाइ गरासौं–यह क्लिष्ट पाठ था, उसे कई प्रकार से सरल किया गया। सुमेरु माला की बड़ी गुरिया होती है जो गले के सामने ठीक छाती पर पहिनी जाती है। अतएव 'गरा सौं' का

यही अर्थ समीचीन ज्ञात होता है ।

(६) गुपुत जो फल सांसहि परगटे–स्तन गुप्त फल हैं जो यौवन की वायु चलने पर प्रकट होते हैं ।

(७) सँजोग=विवाह योग्य (५४।१, १६८।१, १९१।८) । संयोग शब्द का यह विशिष्ट अर्थ चित्रावली में भी आया है; जैसे ३९९।३ (औ पुनि भयो आइ संजोगा ।), ४८३।१ (हमहूँ घर सँजोग पुनि बारी ।), ४८४।२ (चित्रावलि संजोग सयानी ।) ।

१६ : पद्मावती सुआ भेंट खण्ड

[१७५]

तेहि बियोग हीरामनि आवा । पदुमावति जानहुँ जिउ पावा ।१।
कंठ लागि सो हौसुर रोई । अधिक मोह जो मिलै बिछोई ।२।
आगि बुझी दुख हियँ जो गँभीरू । नैनन्ह आइ चुवा होइ नीरू ।३।
रही रोइ जब पदुमिनि रानी । हँस पूछहिं सब सखी सयानी ।४।
मिले रहस चाहिअ भा दूना । कत रोइअ जौं मिले बिछूना ।५।
तेहि क उतर पदुमावति कहा । बिछुरन दुक्ख हिएँ भरि रहा ।६।
मिला जो आइ हिएँ सुख भरा । वह दुख नैन नीर होइ ढरा ।७।
बिछुरंता जब भेंटिअै सो जानै जेहि नेहु ।
सुक्ख सुहेला उग्गवइ दुक्ख झरै जेउँ मेहु ॥१९।१॥

(१) उस वियोग की दशा में हीरामन आ पहुँचा । पद्मावती के मानों जी में जी आ गया । (२) उसके हृदय से लगकर वह ऊँचे स्वर से रोई । यदि बिछुड़ा हुआ मिल जाता है तो मोह बढ़ जाता है । (३) हृदय में जो गंभीर दुःख था उसकी आग बुझ गई । वह हृदय का दुःख नेत्रों तक उठकर और पानी होकर चू गया । (४) जब पद्मावती रो चुकी तो सब चतुर सखियों ने हँसकर पूँछा—(५) 'हे रानी, मिलाप के समय तो दूना आनन्द होना चाहिए, फिर बिछुडे हुए के मिलने पर रोती क्यों हो ?' (६) उसके उत्तर में पद्मावती ने कहा—'वियोग का दुःख हृदय में भरा हुआ था । (७) उसका स्थान मिलन के सुख ने ले लिया । इसीसे वह दुःख नेत्रों के रास्ते पानी होकर निकल पड़ा ।'

(८) जब बिछुड़ा हुआ आदमी मिलता है तो उसके सुख को वही जानता है जिसके हृदय में स्नेह है । (९) जब सुख रूपी सुहेल नक्षत्र उदित होता है तब दुःख मेघ की भाँति झड़कर समाप्त हो जाता है ।

(२) हौसुर–ऊँचे स्वर से ।

(९) सुहेला–सुहेल नाम का नक्षत्र (४७५।६); अगस्त्य नामक नक्षत्र ।

[१७६]

पुनि रानी हँसि कूसल पूँछा। कत गवनेहु पिंजर कै छूँछा ।१।
रानी तुम्ह जुग जुग सुख पाटू। छाज न पंखिहि पिंजर ठाटू ।२।
जौं भा पंख कहाँ थिर रहना। चाहै उड़ा पंखि जौं डहना ।३।
पिंजर महँ जो परेवा घेरा। आइ मँजारि कीन्ह तहँ फेरा ।४।
देवसेक आइ हाथ पै मेला। तेहि डर बनोबास कहँ खेला ।५।
तहाँ बिआध जाइ नर साँधा। छूट न पाव मीचु कर बाँधा ।६।
ओइँ धरि बेचा बाँभन हाथाँ। जंबू दीप गएउँ तेहि साथाँ ।७।
तहाँ चित्र गढ़ चितउर चित्रसेनि कर राज।
टीका दीन्ह पुत्र कहँ आपु लीन्ह सिव साज ॥१९।२॥

(१) फिर पद्मावती ने हँसकर सुग्गे से कुशल पूछी, 'तुम पिंजड़ा खाली करके क्यों चले गए थे ?' (२) सुग्गे ने कहा, 'हे रानी, तुम्हें युग युग तक सुख और राजपाट मिले। जो पक्षी है उसे पिंजड़े का ठाठ शोभा नहीं देता। (३) जब पंख निकल आते हैं तो फिर स्थिर होकर रहना कहाँ ? जैसे ही डैने हुए कि पक्षी उड़ना चाहता है। (४) तुमने पक्षी को पिंजड़े में बन्द कर दिया था, इसीसे बिल्ली ने आकर वहाँ चक्कर लगाया। (५) एक दिन वह आकर अवश्य हाथ छोड़ती, इसी डर से मैं वन में बसने चला गया। (६) वहाँ भी जंगल में बहेलिये ने नरसल की लग्गी लगाई; मृत्यु के हाथ से बाँधा हुआ मैं छूट नहीं सका। (७) तब उसने पकड़कर मुझे ब्राह्मण के हाथ बेच डाला। उसके साथ मैं यहाँ से जम्बू द्वीप गया।

(८) उस जम्बू द्वीप में चित्तौर का विचित्र गढ़ है। वहाँ उस समय चित्रसेन का राज्य था। (९) फिर उसने अपने पुत्र को राजतिलक दिया और स्वयं शिव में मिल गया।

(६) नर=नरकुल जिसमें डोरी डालकर खोंचे का फन्दा बनाया जाता है। मनेर शरीफ का पाठ 'नल'।
(८) चित्तौर के गढ़ को अन्यत्र भी 'चित्र' कहा गया है (७३।१,५०४।२)।
(९) सिव साज–दे० ७९।१। चित्रावली में शिव का अर्थ योगी (३३३।१) और शिवसाज का अर्थ योगी का वेश है, ३६।९, ३७।३, १४३।१ (चार वर्षधर सेवक शिवसाज करके घूमने लगे), १७३।६ (करि साज महेसू) जिसमें पाँवरि, भस्म, जटा, कंथा; दंड का उल्लेख है (१७३।८-९)।

[१७७]

बैठ जो राज पिता के ठाऊँ। राजा रतनसेनि ओहि नाऊँ ।१।
का बरनौं धनि देस दियारा। जहँ अस नग उपना उजियारा ।२।
धनि माता धनि पिता बखाना। जेहि कें बंस अंस अस आना ।३।

लखन बतीसौ कुल निरमरा । बरनि न जाइ रूप औ करा ।४।
ओइँ हौं लीन्ह अहा अस भागू । चाहै सोनहि मिला सोहागू ।५।
सो नग देखि इंछ भै मोरी । है यह रतन पदारथ जोरी ।६।
है ससि जोग इहै पै भानू । तहाँ तुम्हार मैं कीन्ह बखानू ।७।
कहाँ रतन रतनाकर कंचन कहाँ सुमेरु ।
दैय जौं जोरी दुहुँ लिखी मिलै सो कवनेहु फेरु ॥१६।३॥

(१) पिता के स्थान पर जो चित्तौड के राज्य पर बैठा उसका नाम राजा रत्नसेन है। (२) दीप के समान उज्ज्वल उस देश का क्या वर्णन करूँ जहाँ ऐसा उज्ज्वल रत्न उत्पन्न हुआ ? (३) वह माता धन्य है और उस पिता को भी लोग धन्य कहते हैं जिसके कुल में ऐसा पुत्र आया। (४) उसने अपने बत्तिस लक्षण शरीर से कुल को निर्मल किया। उसके रूप और कान्ति का वर्णन नहीं किया जाता। (५) मेरा ऐसा भाग्य था कि उस रत्नसेन ने मुझे मोल ले लिया। यह उचित ही है कि सोने से सुहागे का मेल हो। अथवा ऐसी नियति थी कि रत्नसेन रूप सुहागे का सोने रूप तुमसे मेल हो। क्यों कि मेरे द्वारा यह काम सम्पन्न होना था इसीलिये उसने मुझे ले लिया। (६) उस रत्न को देखकर मेरी इच्छा हुई कि यह रत्न तो हीरे (पद्मावती) के योग्य है। (७) यही सूर्य निश्चित रूप से उस चन्द्रमा के योग्य है। यही सोचकर उसके आगे मैंने तुम्हारा वर्णन किया।

(८) कहाँ समुद्र में उत्पन्न होने वाला रत्न और कहाँ सुमेरु का सोना ? (९) जब विधाता ने दोनों की जोड़ी लिखी है तो किसी न किसी भाँति से वह रत्न कंचन से मिल ही जाता है।

(२) दियारा=दीपक। दियाली, दियाला > सं० दीपालक।
(३) अंस=पुत्र।
(४) लखन बतीसौ-चकवर्ती राजा के शरीर पर पाए जाने वाले बत्तीस महापुरुष लक्षण। बुद्ध के शरीर पर होने के कारण बौद्ध ग्रन्थों में उनका प्रायः परिगणन मिलता है।
(५) सोने से सुहागे का मेल (२३२।२); सोने, रत्न और हीरे का एकत्र मिलन (४४०।६)
(८) रतनाकर=समुद्र; जायसी ने प्रायः समुद्र में रत्न उत्पन्न होने की कल्पना की है (उलथहिं मोती मानिक हीरा। १५१।२)।

[१७८]

सुनि कै बिरह चिनगि ओहि परी । रतन पाव जौं कंचन करी ।१।
कठिन पेम बिरहा दुख भारी । राज छाँड़ि भा जोगि भिखारी ।२।
मालति लागि भँवर जस होई । होइ बाउर निसरा बुधि खोई ।३।
कहेसि पतंग होइ धँसि लेऊँ । सिंघल दीप जाइ जिउ देऊँ ।४।

पुनि ओहि कोउ न छाड़ अकेला । सोरह सहस कुँवर भए चेला ।५।
औरु गनै को संग सहाई । महादेव मढ़ मेला जाई ।६।
सूरुज परस दरस की ताईं । चितवै चाँद चकोर की नाईं ।७।
तुम्ह बारीं रस जोग जेहि कँवलहि जस अरघानि ।
तस सूरज परगासि कै भँवर मिलाएउँ आनि ॥१९४॥

(१) तुम्हारा वर्णन सुनकर उसके मन में विरह की चिनगारी उत्पन्न हुई । जैसे रत्न सोने की कली से संयुक्त होता है वैसे ही उसने तुम्हारे संयोग की इच्छा की । (२) किसी प्रकार न मिटने वाले प्रेम के कारण उसे भारी विरह दुःख का अनुभव हुआ और वह राजपाट छोड़कर भीख माँगने वाला जोगी बन गया । (३) जैसे मालती के लिये भौंरा व्याकुल होता है, वैसे ही वह भी सुधबुध खो बावला बनकर निकल पड़ा । (४) उसने कहा, 'उसके लिये पतिंगा बनूँगा और उसके मार्ग पर चलकर उसे प्राप्त करूँगा, नहीं तो सिंहलद्वीप में जाकर अपना प्राण दे दूँगा ।' (५) पर उसे किसी ने अकेला न जाने दिया । सोलह सहस्र राजकुमार शिष्य बनकर साथ हो लिए । (६) संग में जो और सहायक थे उनकी गिनती नहीं हो सकती । वह महादेव के मठ में जा पहुँचा है । (७) वह सूर्य के समान है, तुम पारस के समान हो, वह तुम्हारे दर्शन के लिये ऐसे उत्सुक है जैसे चन्द्रमा को चकोर देखता है ।

(८) तुम बाला हो । तुम में प्रेम रस का जन्म ऐसे ही स्वभाविक है जैसे कमल में सुगन्धि । (९) इसलिये मैंने सूर्य को प्रकाशित किया और उसे भौंरे की भाँति तुमसे ला मिलाया है ।

(१) रतन पाव जौं कंचन करी–तुलना ४४०।६, कंचन करी रतन नग बना, अर्थात् सोने की कली बनाकर उसमें जैसे रत्न (माणिक्य) बैठाते हैं जिससे दोनों की शोभा बढ़ती है ।

(६) महादेव मढ़–मढ़ के अन्तर्गत मंडप में जिस देवता की स्थापना होती थी उसी के नाम से मढ़ का नाम भी पड़ता था । मढ़ मंडप से बड़ा होता था । मढ़ में देव मंडप, पुजारी आदि के आवास और विद्यार्थियों के निवास स्थान भी रहते थे (मढ़ मंडप, ३०।३, १८९।५, २३२।३; देव मढ़, १८३।९; महादेव मढ़, १९०।१, २०८।५) ।

(७) सूरज परस–सूर्य और पारस के रूप में रत्नसेन–पद्मावती की कल्पना जायसी को प्रिय है (५२।५; परस=पारस, ४१९।६, ४८७।४) ।

(८) अरघानि=सुगंधि (६१।२, ९९।३) ।
बाला होने के नाते यौवन आने पर तुम्हें प्रेम रस ऐसे ही उचित है जैसे कमल खिलने पर उसमें सुगन्धि उत्पन्न होती है । कमल को जैसे भौंरा चाहिए वैसे ही मैं रत्नसेन को तुम्हारे समीप ले आया हूँ ।

[१७९]

हीरामनि जौं कही रस बाता । सुनि कै रतन पदारथ राता ।१।

जस सूरुज देखत होइ ओपा । तस भा बिरह काम दल कोपा ।२।
पै सुनि जोगी केर बखानू । पदुमावति मन भा अभिमानू ।३।
कंचन जौं कसिऐ कै ताता । तब जानिअ दहुँ पीत की राता ।४।
कंचन करी न काँचहि लोभा । जौं नग होइ पाव तब सोभा ।५।
नग कर मरम सो जरिया जाना । जरै जो अस नग हीर पखाना ।६।
को अस हाथ सिंघ मुख घाला । को यह बात पिता सौं चाला ।७।
सरग इंद्र डरि काँपै बासुकि डरै पतार ।
कहाँ अैस बर प्रिथिमी मोहिं ज संसार ।।१९।५।।

(१) जब हीरामन ने रस की बात कही तो उसे सुनकर पद्मावती का मन रत्नसेन में अनुरक्त हो गया। (२) जैसे सूर्य के दर्शन से हीरे में विशेष चमक उठती है, वैसे ही रत्नसेन का आगमन सुन उसमें विरह तीव्र हो गया, और उस पर काम का आक्रमण हुआ। (३) पर जोगी बने हुए राजा का वर्णन सुनकर पद्मावती के मन में अभिमान उत्पन्न हुआ। (४) उसने सोचा, सोने को तपाकर जब कसौटी पर कसते हैं, तभी जाना जाता है कि उसका रंग पीला है या लाल। (५) कंचन की कली कांच के संयोग के लिये नहीं ललचाती, वह तो रत्न के मिलने से ही शोभा पाती है। (६) जड़िया ही रत्न का भेद जानता है। उसकी दृष्टि में जो रत्न ऐसा उत्तम होता है उसे ही वह बहुमूल्य हीरे के साथ जड़ता है। (७) कौन ऐसा है जो शेर के मुँह में हाथ डालेगा ? कौन इस बात की चर्चा पिता के सम्मुख चलाएगा ?

(८) मेरे पिता के भय से स्वर्ग में इन्द्र काँपता है और पाताल में वासुकि डरता है। (९) पृथ्वी में अन्य ऐसा वर कहाँ है जो जग में मेरे योग्य हो ?

(१) रतन पदारथ राता—हीरा रत्न का नाम सुनकर ही लाल हो गया।

(२) ओपा=चमक। सूर्य की किरणें पड़ने से हीरे का अन्तःकरण दीप्त हो उठता है, उसमें से भी किरणें छूटने लगती हैं, ऐसे ही पद्मावती का मन चंचल हो गया।

(५) कंचन करी—तुलना ४४०।६, सोने की कली बनाकर उसमें पहले रत्न या माणिक्य जड़ते हैं, फिर ठीक बीच में उससे मेल खाने वाला हीरा जड़ा जाता है। इसी को अगली चौपाई में कहा है।

[१८०]

तूँ रानी ससि कंचन करा । वह नग रतन सूर निरमरा ।१।
बिरह बजागि बीच का कोई । आगि जो छुवै जाइ जरि सोई ।२।
आगि बुझाइ ढोइ जल काढ़ै । यह न बुझाइ आगि असि बाढ़ै ।३।
बिरह कि आगि सूर नहिं टिका । रातिहुँ दिवस जरा औ धिका ।४।
खिनहिं सरग खिन जाइ पतारा । थिर न रहै तेहि आगि अपारा ।५।

धनि सो जीव दगध इमि सहा। तैस जरे नहिं दोसर कहा।६।
सुलुगि सुलुगि भीतर होइ स्यामा। परगट होइ न कहा दुख नामा।७।
काह कहौं मैं ओहि कहँ जेइ दुख कीन्ह अमेट।
तेहि दिन आगि करौं यह बाहर होइ जेही दिन भेंट ॥१९७॥

(१) सुग्गे ने कहा, 'हे रानी, तू चन्द्रमा है, वह रत्नसेन निर्मल सूर्य है। तू सोने की कली है तो वह उसमें जड़ने योग्य माणिक्य रत्न है। (२) विरह की वज्राग्नि के बीच में कौन आएगा? और जो कोई उस आग को छुएगा वह भी जल जायगा। (३) और आग बुझ जाती है यदि उसे ले जाकर जल में डाल दिया जाय। पर यह विरहाग्नि ऐसी बढ़ती है कि बुझती नहीं। (४) विरह की अग्नि में सूर्य भी नहीं ठहरता, रात दिन जलता और धधकता रहता है। (५) कभी आकाश में उठता है और कभी पाताल में जाता है; उस अपार विरहाग्नि के कारण ही वह स्थिर नहीं रहता। (६) उसका प्राण धन्य है जो इस प्रकार की जलन सहता है। वह उस प्रकार जलता है पर दूसरे से कहता तक नहीं (या दूसरे का नाम नहीं लेता)। (७) धीरे धीरे जल-जलकर भीतर ही साँवला पड़ जाता है, किन्तु प्रकट रूप में दुःख का नाम नहीं लेता।

(८) उस रत्नसेन के लिये मैं क्या कहूँ जिसने अपने लिये यह अमिट दुःख किया है? जिस दिन तुमसे उसकी भेंट होगी उसी दिन उसके अन्तर की यह अग्नि निकाल सकूँगा।'

[१८१]

हीरामनि जौं कही रस बाता। पाएउ पान भएउ मुख राता।१।
चला सुआ रानी तब कहा। भा जो परावा सो कैसें रहा।२।
जो निति चलै सँवारै पाँखा। आजु जो रहा कालिह को राखा।३।
न जनौं आजु कहाँ दिन उवा। आएहु मिलैं चलेहु मिलि सुवा।४।
मिलि कैं बिछुरन मरन की आना। कत आएहु जौं चलेहु निदाना।५।
अनु रानी हौं रहतेउ राँधा। कैसे रहौं बचा कर बाँधा।६।
ताकरि दिस्टि अैस तुम्ह सेवा। जैस कूँज मन सहज परेवा।७।
बसै मीन जल धरती अंबा बिरिख अकास।
जौं रे पिरीति दुहन महँ अंत होहिं एक पास ॥१९८॥

(१) जब हीरामन ने यह रस की बात कही तब उसने बिदाई का बीड़ा पाया जिससे उसका मुँह लाल हो गया। (२) जब वह चलने लगा तो रानी ने कहा, 'जो पराया हो चुका है वह कैसे टिक सकता है? (३) जो सदा उड़ने के लिये ही पंखों को सँवार कर रखता है, यदि वह आज टिक भी जाय तो कल उसे कौन रोक सकेगा? (४)

न जाने आज मेरा दिवस किस शुभ नक्षत्र में निकला जिससे, हे हीरामन, तुम मुझसे मिलने आए और मिलकर जाने लगे (एक साथ हर्ष और शोक का घटना किस नक्षत्र का फल है)। (५) मिलने के बाद वियोग मरण की घड़ी होती है। जो अन्त में जाना ही था तो आए ही क्यों थे ?' (६) सुग्गे ने कहा, 'हे रानी, अनुकूल हो। मैं तुम्हारे समीप अवश्य रहता पर मैं राजा से वचनबद्ध हूँ। यहाँ कैसे रहूँ ? (७) उसकी दृष्टि तुम्हारी सेवा में ऐसे लगी है जैसे पक्षी का मन कुंज में रहता है।

(८) मछली पृथिवी पर जल में रहती है, आम वृक्ष पर आकाश में फलता है। (९) पर दोनों में सच्ची प्रीति है तो अन्त में एक साथ मिल जाते हैं।'

(६) राँधा=पास में, समीप (राँध जो मंत्री.बोले सोई, २४०।१)।
बचा=वचन। हीरामन लौटने के लिये रतसेन से वचनबद्ध होकर आया था (१६४।१)।
(५) आना=क्षण, मुहूर्त्त। सं० आन > प्रा० आण=श्वासोच्छ्वास, साँस, (पास ६० १३७)।
(८) बसै मीन जल धरती–मछली और आम की खटाई का संयोग है। जायसी ने स्वयं अलाउद्दीन की दावत के प्रसंग में इसका उल्लेख किया है–जुगुति जुगुति सब मंछ बघारे। आंबि चीरि तेहि माँह उतारे। (५४७।३)।

[१८२]

आवा सुवा बैठ जहँ जोगी। मारग नैन बियोग बियोगी।१।
आइ पेम रस कहा सँदेसू। गोरख मिला मिला उपदेसू।२।
तुम्ह कहँ गुरू मया बहु कीन्हा। लीन्ह अदेस आदि कहँ दीन्हा।३।
सबद एक होइ कहा अकेला। गुरु जस भृंगि फनिग जस चेला।४।
भृंगि ओहि पंखिहि पै लेई। एकहिं बार छुएँ जिउ देई।५।
ताकहँ गुरू करै असि माया। नव अवतार देइ नै काया।६।
होइ अमर अस मरि कै जिया। भँवर कँवल मिलि कै मधु पिया।७।
आवै रितू बसंत जब तब मधुकर तब बासु।
जोगी जोग जो इमि करहि सिद्धि समापति तासु॥१८।८

(१) पद्मावती के पास से चलकर सुग्गा वहाँ आया जहाँ जोगी बैठा था। उसके नेत्र उसी मार्ग में लगे हुए थे और वह विरह में वियोगी हो रहा था। (२) सुग्गे ने आकर प्रेम के रस का संदेशा कहा, 'गोरखनाथ मिले; उनसे उपदेश भी मिला। (३) तुम्हारे ऊपर गुरु ने बड़ी कृपा की है। उन्होंने तुम्हारा प्रणाम (आदेश) स्वीकार कर लिया और उसे आदिनाथ को दे दिया। (४) उन्होंने एक 'सबद' अकेले में कहा–"गुरु भृङ्गी के समान और शिष्य फतिंगे के समान होता है।" (५) भृङ्गी वही है जो पतिंगे को लेकर एक ही बार में उसका स्पर्श करके उसे नया जीवन दे देता है। (६) शिष्य पर गुरु ऐसी ही दया करता है। उसे नया जन्म और नया शरीर देता है। (७) जो इस प्रकार मरकर

जीता है वह शिष्य अमर हो जाता है। वह भौंरे की तरह कमल से मिल कर उसका मधु चखता है।

(८) जब वसंत ऋतु आती है तभी भौंरा आता है और तभी सुगन्धि होती है। जो योगी इस प्रकार योग सिद्ध करता है, उसे ही अन्त में सिद्धि मिलती है।'

(२) गोरख–गुरु गोरखनाथ, यहाँ यह नाम गुरु मात्र का उपलक्षण है।
(३) अदेश=आदेश (२२१५, ९११५, १३०१९)।
आदि=आदिनाथ, शिव जो सब नाथ योगियों के आदि गुरु हैं।

२० : बसंत खण्ड

[१८३]

देय देय कै सिसिर गँवाई। सिरी पंचमी पूजी आई ।१।
भएउ हुलास नवल रितु माँहाँ। खिनु न सोहाइ धूप औ छाहाँ ।२।
पदुमावति सब सखी हँकारीं। जावँत सिंहल दीप की बारीं ।३।
आजु बसंत नवल रितुराजा। पंचिमि होइ जगत सब साजा ।४।
नवल सिंगार बनाफति कीन्हा। सीस परासन्ह सेंदुर दीन्हा ।५।
बिगसि फूल फूले बहु बासाँ। भँवर आइ लुबुधे चहुँ पासाँ ।६।
पियर पात दुख झरे निपाते। सुख पालौ उपने होइ राते ।७।
अवधि आइ सो पूजी जो इंछा मन कीन्ह।
चलहु देव मढ़ गोहने चहौं सो पूजा दीन्ह ॥२०।१॥

(१) दैव दैव करके शिशिर ऋतु बीती। तब वसन्तपञ्चमी आ पहुँची। (२) नई ऋतु में सब ओर आनन्द छा गया। उस अनुकूल समय में न धूप अच्छी लगती थी, न छाँह। (३) सिंहल द्वीप की जितनी बालाएँ थी उन सब सखियों को पद्मावती ने बुलाया और कहा– (४) 'आज ऋतुराज वसन्त का नवल समय है। वसन्तपञ्चमी पर सब जगत सज रहा है। (५) वनस्पति जगत् ने नवल श्रृङ्गार किया है। पलाश वृक्षों ने सिर पर सिंदूर लगाया है। (६) बहुविधि सुगन्धियुक्त फूल खिलकर फूल रहे हैं। उनके चारों ओर भौंरे आकर लुभायमान हो रहे हैं। (७) पीले पत्तों के समान दुःख झड़कर वृक्ष पत्रहीन हो गए हैं। उनकी जगह सुख के लाल पल्लव निकल रहे हैं।

(८) जिसकी मन में चाहना थी वही अवधि आज आई है। हे सखिओ, देव के मढ़ में चलो। उन्हें पूजा देना चाहती हूँ।'

(१) सिरी पंचमी=श्रीपंचमी, माघ शुक्ल पंचमी को वसन्त पंचमी का दिन।

(७) निपाते=समाप्त हुए, मिट गए। अथवा, सं० निष्पत्र=पत्र विहीन। पुराने पत्ते झड़ जाने से वृक्ष विना पत्तों के हो गए। ३५८।९, तरिवर होइ निपाता।

पालौ–पल्लव=नई कोंपल।

(९) गोहने=साथ की सखियाँ (१८५।१), साथी (५१५।४)। सं० गोधान > गोहान [=गाँव के पास की भूमि या खेत] > गोहन।

[१८४]

फिरी आन रितु बाजन बाजे। औ सिंगार सब बारिन्ह साजे ।१।
कँवल करी पदुमावति रानी। होइ मालति जानहुँ बिगसानी ।२।
तारा मँडर पहिर भल चोला। पहिरै ससि जस नखत अमोला ।३।
सखी कमोद सहस दस संगा। सबै सुगंध चढ़ाए अंगा ।४।
सब राजा रायन्ह कै बारीं। बरन बरन पहिरें सब सारीं ।५।
सबै सुरूप पदुमिनी जाती। पान फूल सेंदुर सब राती ।६।
करहिं कुरेरैं सुरँग रँगीलीं। औ चोवा चंदन सब गीलीं ।७।
चहुँ दिसि रही बासना फुलवारी असि फूलि।
वह बसंत सौं भूली गा बसन्त ओहिं भूलि ॥२०।२॥

(१) (बसन्त पूजन की) आज्ञा घूम गई और ऋतु के अनुकूल बाजे बजने लगे। सब बालाओं ने शृङ्गार किया। (२) कमल की कली रानी पद्मावती मालती की भाँति खिल रही थी। (३) उसने तारा मंडल नामक वस्त्र का सुन्दर लहँगा पहना, मानों चन्द्रमा ने नक्षत्रों का अनमोल बाना पहना हो। (४) साथ में दस सहस्र सखियाँ कुमुदिनी के समान थीं। सब अपने अंगों में सुगन्धि लगाए थीं। (५) सब राजा और रायों की कन्याएँ थीं और सब रंग-बिरंगी साड़ियाँ पहने थीं। (६) सब सुन्दरी और पद्मिनी जाति की थीं। सब के मुँह पान से रचे थे। शरीर पर फूलों की शोभा थी और माँग में लाल सिंदूर भरा था। (७) लाल और रँगीली सब कल्लोल कर रही थीं और चोबा और चन्दन से भीगी हुई थीं।

(८) चारों ओर सुगन्धि बस रही थी और फुलवाड़ी ऐसी फूल रही थी। (९) पद्मावती बसन्त देखकर लुभा गई और बसन्त उसकी छबि पर लुभा गया।

(१) आन=आज्ञा > आण > आन।

(३) तारामँडर=तारामंडल नामक वस्त्र, जिसमें ताराबूटी की छपाई हो। वर्ण रत्नाकर (पृ० २२) में तारामंडल, चन्द्रमंडल और सूर्यमंडल इन तीनों वस्त्रों के नाम दिए हैं, जो उस उस प्रकार की बूटी से छापे जाते थे। और भी कई प्रकार के वस्त्रों का उल्लेख जायसी ने किया है (दो०३२९)।

(५) रायन्ह=रायों की। तारीख-ए-शेरशाही से ज्ञात होता है कि उस समय हिन्दू राजाओं का बिरुद 'राय' था।

(७) कुरेरैं=कुलेल, क्रीड़ाएँ।

[१८५]

भै अहान पदुमावति चली । छतीस कुरी भै गोहने भली ।१।
भै कोरी सँग पहिरि पटोरा । बाँभनि ठाउँ सहस अँग मोरा ।२।
अगरवारिनि गज गवन करेई । बैसिनि पाव हंस गति देई ।३।
चंदेलिनि ठवँकन्ह पगु ढारा । चली चौहानी होइ भनकारा ।४।
चली सोनारि सोहाग सोहाती । औ कलवारि पेम मधु माँती ।५।
बानिनि भल सेंदुर दै माँगा । कैथिनि चली समाइ न आँगा ।६।
पटुइनि पहिरि सुरँग तन चोला । औ बरइनि मुख सुरस तँबोला ।७।
चलीं पवनि सब गोहने फूल डालि लै हाथ ।
बिस्वनाथ की पूजा पदुमावति के साथ ॥२०।३॥

(१) पद्मावती के चलने पर चारों ओर ख्याति हुई। छत्तीसों कुल की बालाएँ सुन्दर सखियाँ होकर साथ हुईं। (२) कोरिन रेशमी लहर पटोर का लँहगा पहनकर संग चली। ब्राह्मणी चलती हुई बावन जगह शरीर की मोड़ मुड़क दिखाती थी। (३) अग्रवालिन गज गति से चलती थी। बैस कुल की बाला हंस गति से पाँव रखती थी। (४) चंदेलिन ठमक के साथ पैर डालती थी। चौहान कुल की स्त्री के चलने से आभूषणों की झंकार होती थी। (५) सौभाग्य से सुहावनी सुनारिन और प्रेम के मधु से मत्त कलवारिन भी साथ चलीं। (६) बनैनी माँग में सुन्दर सिंदूर भर कर चली और कैथिन चलती हुई फूले अंग न समाती थी। (७) पटुवनि शरीर पर लाल रंग का लहँगा पहने हुए थी और बारिन का मुख ताम्बूल से रस भरा था।

(८) नेग पाने वाली सखियाँ हाथ में फूलों की डालियाँ लेकर पद्मावती के साथ विश्वनाथ की पूजा के लिये चलीं।

(१) छत्तीस कुल की सूची ज्योतिरीश्वर ठक्कुर ने (१४ वीं शती का प्रथम भाग) इस प्रकार दी है—डोड, पमार, विन्द, छोकोर, छेंवार, निकुम्भ, राओल, चाओट, चाँगल, चन्देल, चउहान, चालुकि, रठउल, करचुरी, करम्ब, बुधेल, वीरब्रह्म, बंदाउत, वएस, वछोम, वर्द्धन, गुडिय, गुहलउत, सुरुकि, सहिआउत, शिषर, शूर, खातिमान, सहरओट, भाण्ड, भद्र, भज्जभटी, कूढ, खरसान, क्षत्रीशओ कुलो राजपुत्र चलुअह (वर्णरत्नाकर, पृ० ३१)।

[१८६]

कँवल सहाय चलीं फुलवारीं । फर फूलन्ह कै इंछा बारीं ।१।
आपु आपु महँ करहिं जोहारू । यह बसंत सब कर तेवहारू ।२।
चही मनोरा भूमक होई । फर औ फूल लेइ सब कोई ।३।
फागु खेलि पुनि दाहब होली । सेतब खेह उड़ाउब भोली ।४।

आजु साज पुनि देवस न दूजा । खेलि बसंत लेहु दै पूजा ।५।
भा आएसु पदुमावति केरा । बहुरि न आइ करब हम फेरा ।६।
तस हम कहँ होइहि रखवारी । पुनि हम कहाँ कहाँ यह बारी ।७।
पुनि रे चलब घर आपुन पूजि बिसेसर देउ ।
जेहिका होइ हो खेलना आजु खेलि हँसि लेउ ॥२०४॥

(१) कमल रूप पद्मावती के साथ फुलवाड़ी रूपी सखियाँ चलीं । वे बालाएँ फल फूलों के लिये उत्सुक थीं । (२) आपस में एक दूसरे को प्रणाम करती और कहती थीं, 'यह वसन्त सबका त्योहार है । (३) मनोरा झूमक फाग गाना चाहिए । सब कोई फल फूल ले लो । (४) फाग खेलकर फिर होली जलाएँगीं और धूल बटोरकर झोली भर-भर उड़ाएँगी । (५) आज उत्सव करो, फिर दूसरा दिन न मिलेगा । देव को पूजा देकर वसन्त खेलो । (६) पद्मावती की आज्ञा हुई है कि फिर यहाँ हम घूमने न आएँगी । (७) हमारे ऊपर ऐसी कड़ी देखभाल रहेगी । फिर कहाँ हम और कहाँ यह बगीची होगी ?

(८) विश्वेश्वर देव को पूजकर सबको फिर अपने घर चलना होगा । (९) हे सखिओ, जिस किसी को खेलना हो आज मन भरकर हँस खेल लो ।'

(३) मनोरा झूमक—एक राग जिसके हर वाक्य में 'मनोरा झूमक हो' यह वचन आता है ।

[१८७]

काहूँ गही आँब कै डारा । काहूँ बिरह जाँबु अति भारा ।१।
कोइ नारँग कोइ झार चिरौंजी । कोइ कटहर बड़हर कोइ न्यौंजी ।२।
कोइ दारिउँ कोइ दाख सो खीरी । कोइ सदाफर तुरँज जँभीरी ।३।
कोइ जैफर औ लौंग सुपारी । कोइ कमरख कोइ गुवा छुहारी ।४।
कोइ बिजौर कोइ नरियर जोरी । कोइ अँबिलि कोइ महुव खजूरी ।५।
कोइ हरपारेउरी कसौंदा । कोइ अँवरा कोइ बेर करौंदा ।६।
काहुँ गही केरा की घौरी । काहूँ हाथ परी निंबकौरी ।७।
काहूँ पाई निअरैं काहूँ कहँ गए दूरि ।
काहूँ खेल भएउ बिख काहूँ अँब्रित मूरि ॥२०५॥

[वाटिका परक अर्थ]

(१) वाटिका में सखियों ने मनचाहे वृक्ष क्रीड़ा के लिये चुन लिए । किसीने आम की डाली झुका कर पकड़ ली । किसीने विरह में जामुन को खूब झकझोरा । (२) किसीने नारंगी की डाल और किसी ने चिरौंजी का झाड़ खेल के लिये चुना । किसीने कटहल, बड़हल और लीची के वृक्षों से क्रीड़ा की । (३) किसीने अनार, किसीने अंगूर

और किसीने खिरनी से मन बहलाया। किसीने शरीफा, तुरंज और जंभीरी नीबुओं के वृक्षों से रमण किया। (४) किसीने जायफल, लौंग और सुपारी से क्रीड़ा की। किसीने कमरख, किसीने गुवा सुपारी और किसीने छुहारे के साथ मन बहलाया। (५) किसीने बिजौरा नींबू और किसीने नारियल की जोड़ी से क्रीडा की। किसीने इमली, किसीने महुआ, और किसीने खजूर लिया। (६) किसीने हरपारेउरि और कसौंदे के साथ खेल किया। किसीने आमला चुना, और किसीने बेर करौंदे के साथ ही संतोष किया। (७) किसीने केले की घौर पाई। किसीके हाथ नीम की निबौली ही पड़ी।

(८) किसी को अपनी रमण सामग्री पास ही मिल गई; किसी को दूर जाने से मिली। (९) किसी को खेल विष तुल्य दुःखदायी हुआ; किसी को वह सुखमय अमृत की जड़ी हो गया।

[सखी परक अर्थ]

(१) किसी को उसके पति ने लिया तो कच्ची (अप्राप्त वयस्का) समझ कर छोड़ दिया। किसी को विरह ने जामुन की तरह काली करके खूब जलाया। (२) कोई विना रंग के थी और कोई चिरौंजी मेवे खाती थी। कोई कठोर जी की थी, किसी का जी बढ़ा हुआ था, और कोई जी में न्यून या निराश थी। (३) किसी का हृदय विदीर्ण था। कोई दाख की तरह सूखी हुई थी। कोई सदा फलती थी और कोई रंज या वियोग में दुःख से जँभाई ले रही थी। (अथवा विरह में जम्भीरी नीबू के समान पीली पड़ गई थी)। (४) कोई जी में प्रसन्न थी। कोई लावण्य के कस में पूरी उतरी थी। किसी के पास पहले से ही कम वस्तुएँ थीं, कोई अपना सब कुछ खोकर हार जाना चाहती थी। (५) कोई बिना जोड़ी की थी, कोई पुरुष से यारी जोड़ रही थी, कोई (पति से) अनमिली थी। कोई अपनी जोड़ी के लिये मधुप को बुला रही थी। (६) कोई हरजाई रेवड़ या समूह से मिलती थी। कोई बिना वर के (अल्पवयस्का) थी, और कोई किसी बीर को रौंद रही थी। (७) कोई क्रीड़ा रूपी घूरे के ढेर पर समाप्त हो गई। किसी के हाथ में कड़वाहट ही आई। (८) किसी ने निकट ही अपना प्रियतम प्राप्त कर लिया किसी को दूर जाना पड़ा। (९) किसी को वह क्रीड़ा विष-तुल्य हुई और किसी को अमृत की मूल।

इस पक्ष में वृक्ष वाची शब्दों के अर्थ सखियों के विविध जीवन से सम्बन्धित हैं। शब्दों के ये दूसरे रूप फारसी लिपि में लिखे जाने के कारण प्राप्त होते हैं। जायसी की भाषा में इस शैली का महत्त्वपूर्ण स्थान था जैसा कि दोहा सं० ३१२, ३१३, ३५६, ३५८, ३७७, ४३२, ४३६ आदि के अर्थों से ज्ञात होता है। इस शैली के अनुसार पक्षी, फल, फूल, वृक्ष आदि की नामावली के भीतर से प्रसंगागत दूसरे अर्थ भी प्राप्त होते हैं।

(१) आँब=(१) आम का वृक्ष, (२) कच्ची उमर की, अप्राप्त स्त्री व्यंजना। सं० आम > आँव, आँब। झार=जलाया। सं० ज्वल > प्रा० झल=जलाना, झारना।

(२) नारंग (१) नारंगी, (२) बिना रंग के। झार चिरौंजी–झारना=खाना। कटहर=(१) कटहल का वृक्ष (२) [फारसी लिपि में] कठर या कट्टर=कठोर। बड़हर=(१) बड़हल का वृक्ष (२) [फारसी लिपि में] बढ़र=बढ़ा हुआ। न्यौंजी=(१) लीची (२) [फारसी लिपि में] न्यून जी, घटा हुआ मन, निराश-चित्त।

(३) सो खीरी–[फारसी लिपि में] सूखीरी=सूखी हुई। सदाफर तुरंज=[फारसी लिपि में] सदा+फरत+रंज। जंभीरी=(१) जंभीरी नीबू (२) जंभी+री, जंभना धातु=जँभाई लेना। (सं०

जृम्भ > प्रा० जम्भ ।)

(४) जैफर=(१) जायफल (२) [फारसी लिपि में] जीय+फर=जी का फलना चित्त प्रसन्न होना । लौंग सुपारी=[फारसी लिपि में] लोन+कस+पारी=लावण्य या सौन्दर्य के कस में पूरी उतरी हुई । कमरख=(१) वृक्ष, (२) कम+रख=कम परिग्रह वाली । गुआ छुहारी=(१) सुपारी और छुहारा, (२) [फारसी लिपि में] गवा+चह+हारी=खोकर हारना चाहती थी ।

(५) बिजौर=(१) बिजौरा नीबू, (२) बिना जोड़ी या पुरुष के । नरियर=[फा० लि०] नर+यरि=पुरुष से यारी या मित्रता । अँबिली=(१) इमली, (२) अनमिली, पुरुष से अछूती । महुव खजूरी-[फारसी लिपि में] महुव+कह+जोरी=अपनी जोड़ी के लिये मधुप (मधु चखने वाले प्रियतम) को बुलाती थी ।

(६) हरपा=(१) हरेक के साथ मिलने वाली । रेउरी=रेवड़, समूह । कसौंदा=क+सौंदा-धातु सौंदना=संधान करना, मिलना (शब्दसागर पृ० ३६९६) अँवरा=(१) आँवला (२) अनवरा, अविवाहित । बेर करौंदा=[फारसी लिपि में,] क+रौंदा । रौंदना धातु=मर्दन करना, आलिंगन करना । गलगल, तुरंज, हरपा रेउरी आदि वृक्षों के लिये देखिए दोहा ३४; और भी दोहरे अर्थों के लिये दोहा ४३६ ।

(७) केरा=(१) कदली वृक्ष (२) [फारसी लिपि में,] कीरा=क्रीड़ा, कामकेलि । घौरी=(१) केले की घौर (२) [फारसी लिपि में] घूरी=कूड़े कचरे की ढेरी । निंब कौरी=नीम का कौर या ग्रास ।

[१८८]

पुनि बीनहिं सब फूल सहेली । जो जेहि आस पास रह बेलीं ।१।
कोइ केवरा कोइ चंप नेवारी । कोई केतुकि मालति फुलवारी ।२।
कोई सदबरग कुंद औ करनाँ । कोइ चँबेलि नागेसरि बरनाँ ।३।
कोइ सो गुलाल सुदरसन कूजा । कोइ सोनजरद पाव भलि पूजा ।४।
कोइ बोलसिरि पुहुप बकौरी । कोइ रुपमाँजरि कोइ गुनगौरी ।५।
कोइ सिंगारहार तिन्ह पाहाँ । कोइ सेवती कदम की छाहाँ ।६।
कोइ चंदन फूलन्ह जनु फूली । कोइ अजान बीरौ तर भूली ।७।
कोई फूल पाव कोइ पाती हाथ जेहि क जहँ आँट ।
कोइ सिउँ हार चीर अरुझानी जहाँ छुवै तहँ काँट ॥२०९॥

(१) फिर सब सहेलियाँ फूल चुनने लगीं । जिसे जिसकी आशा थी वह उसी बेल के पास गई । (२) किसी ने केवड़ा, किसी ने चम्पा और निवारी, किसी ने केतकी, और किसी ने फुलवारी में मालती चुनी । (३) किसी ने सदबरग, कुंद और करना के फूल लिए । किसी ने चमेली ली, और किसी ने नागकेसर और बरना पसंद किया । (४) किसी ने गुलाल, सुदर्शन और कूजा लिया । किसी ने सोनजरद लेकर खूब पूजा की । (५) किसी ने मौलसरी या गुलबकावली, किसी ने रूपमंजरी, किसी ने श्वेतमल्लिका (गुनगौरी) ली ।

(६) किसी ने सिंगारहार को पास में पाया और किसी को सेवती और किसी को कदम्ब की छाँह मिली । (७) कोई चन्दन के फूलों से प्रसन्न हुई । कोई किसी अजान बिरवे (अज्ञातवृक्ष) के नीचे जाकर सुधबुध खो बैठी ।

(८) किसी को फूल मिला, किसी को पत्ती । जो जिसके हाथ आया वही उसने लिया । (९) कोई हार और वस्त्रों के साथ उलझ गई थी । वह जहाँ छूती थी वहीं काँटे थे ।

(१) फूल परक शब्दों की पहचान और दूसरे अर्थों के लिये देखिए, दोहा ३५, ५९, ३७७, ४३३ ।

(९) सिउँ–समं > प्रा० सिउँ=साथ (१९४।१, १९८।६) ।

[१८९]

फर फूलन्ह सब डारि ओनाईं । झुंड बाँधि कै पंचमि गाईं ।१।
बाजे ढोल डंड औ भेरी । मंदिर तूर झाँझ चहुँ फेरी ।२।
संख सींग डफ संगम बाजे । बंसकारि महुवर सुर साजे ।३।
औरु कहा जेत बाजन भले । भाँति भाँति सब बाजत चले ।४।
रथन्ह चढ़ीं सब रूप सोहाईं । लै बसंत मढ़ मँडप सिधाईं ।५।
नवल बसंत नवल वै बारीं । सेंदुर बुक्का होइ धमारी ।६।
खिनहिं चलहिं खिन चाँचरि होई । नाँच कोड भूला सब कोई ।७।
सेंदुर खेह उठा तस गँगन भएउ सब रात ।
राति सकल महि धरती रात बिरिख बन पात ॥२०७॥

(१) फल फूलों से सब डालियाँ झुक गईं । सखियाँ टोली बनाकर वसन्त पंचमी के गीत गाने लगीं । (२) ढोल, डंडे और भेरी बजने लगीं । मर्दल, तुरही और झाँझ चारों ओर बजने लगे । (३) शंख, सींगी, डफली बाजे साथ बजाए जाने लगे । बाँसरी और महुअर के स्वर निकाले जा रहे थे । (४) और भी जितने बाजे कहे हैं, वे भाँति भाँति से यात्रा में बजते हुए चले । (५) रूप से सुहावनी सब बालाएँ रथ पर बैठकर और वसन्त लेकर मढ़ में शिव मंडप के लिये चलीं । (६) नवल वसन्त का समय था । वे बालाएँ भी नवेली थीं । उस उमंग में सिंदूर की मुट्ठी भर भरकर होली की उछलकूद होने लगी । (७) कभी कुछ दूर चलतीं; फिर ठहरकर लकुट रास का नृत्य करती थीं । सब कोई नृत्य और कौतुक में भूली हुई थीं ।

(८) सिंदूर की धूल ऐसी उड़ रही थी कि आकाश लाल हो गया । (९) सब धरती लाल हो गई और वन में वृक्षों के पत्ते भी लाल हो गए ।

(१) झुंड बाँधि कै–एक सखी को बीच में करके और सब सखियाँ मंडल बनाकर हाथों से ताल देती हुई घूमती और गाती हैं । इसे तालक रास भी कहा जाता था ।

(२) मंदिर, माँदर, मर्दल=एक प्रकार का मृदंग।
(३) डफ=डफली नामक बाजा जो गले में सामने की ओर लटकाकर बाँस की दो पतली खपचियों से बजाया जाता है।
बंसकारि=बाँसुरी,
महुवर, मधुकर=सपेरों की बीन।
(६) धमारी=होली का उत्सव या हुड़दंग।
बुक्का=मुट्ठी (देसी० ६।९४); अथवा, अभ्रक का चूर्ण।
(७) चाँचरि–सं० चर्चरी=(१) हाथों में दो छोटे डंडे लेकर लड़के लड़कियों की टोली का मंडली नृत्य, जिसे लकुट रास भी कहते हैं। (२) वसन्त ऋतु में गाया जाने वाला राग जिसमें होली, फाग आदि हैं।

[१९०]

एहि बिधि खेलत सिंघल रानी। महादेव मढ़ जाइ तुलानी।१।
सकल देवता देखैं लागे। दिस्टि पाप सब तिन्हके भागे।२।
ये कबिलास सुनी अछरीं। कहँ हुत आइँ परमेसरीं।३।
कोई कहै पदुमिनीं आईं। कोइ कहै ससि नखत तराईं।४।
कोईं कहै फूल फुलवारीं। भूलै सबै देखि सब बारीं।५।
एक सुरूप औ सेंदुर सारे। जानहुँ दिया सकल महि बारे।६।
मुर्छि परे जाँवत जे जोहे। जानहुँ मिरिग देवारी मोहे।७।
कोई परा भँवर होइ बास लीन्ह जनु चाँप।
कोइ पतंग भा दीपक होइ अधजर तन काँप॥२०८॥

(१) इस प्रकार सिंहल की राजकुमारी खेल करती हुई महादेव के मठ में जा पहुँची। (२) सब देवता उसे देखने लगे। उसके दर्शन से उनके दृष्टि दोष दूर हो गए (जो पर स्त्री को देखने से होते हैं)। (३) (वे सोचने लगे) 'जो स्वर्ग में इन्द्र की अप्सराएँ सुनी जाती हैं वे ये हैं, अथवा कहीं से परमेश्वरी मातृकाएँ आ रही हैं।' (४) कोई कहने लगा, 'ये पद्मिनी स्त्रियाँ हैं।' एक ने कहा, 'चन्द्रमा के साथ तराईं (तारागण) आ रही हैं।' (५) कोई कहता था–'वाह क्या फुलवाड़ी फूल उठी है!' इस प्रकार जो उन बालाओं को देखता भुलावे में आ जाता था। (६) एक तो वे रूप से सुन्दर थीं, दूसरे सिन्दूर लगाए थीं। जान पड़ता था पृथिवी पर दीपक जला दिए गए हैं। (७) जिन्होंने जहाँ तक उन्हें देखा, मूर्च्छित हो गए, जैसे वन में आग देखकर हिरन मोहित हो जाते हैं।

(८) कोई इस प्रकार बेसुध हो गया जैसे भौंरे ने चम्पा की बास ली हो। (९) कोई दीपक का पतिंगा बन गया जो अधजले शरीर से कँपकपाता है।

(३) परमेसुरीं=मातृकाएँ।
(६) सारे–सं० सारयति > प्रा० सारइ=ठीक करना, लगाना, सजाना।
(७) जोहे–जोहना, सं० दृश् का प्रा० धात्वादेश जोअ या जोव, जोअइ, हकार प्रश्लेष से जोहना

(८) चाँप–सं० चम्पा । कवि का आशय है कि चम्पा की उग्र गन्ध के पास भौंरा नहीं जाता, यदि चला जाता है तो बेहोश हो जाता है ।

[१९१]

पदुमावति गै देव दुआरू । भीतर मँडप कीन्ह पैसारू ।१।
देवहि संसौ भा जिय केरा । भागौं केहि दिसि मँडप घेरा ।२।
एक जोहार कीन्हि औ दूजा । तिसरैं आइ चढ़ाएन्हि पूजा ।३।
फर फूलन्ह सब मँडप भरावा । चंदन अगर देव नहवावा ।४।
भरि सेंदुर आगें होइ खरी । परसि देव औ पाएन्ह परी ।५।
औरु सहेलीं सबै बियाहीं । मो कहँ देव कतहुँ बर नाहीं ।६।
हौं निरगुनि जेइँ कीन्हि न सेवा । गुनि निरगुनि दाता तुम्ह देवा ।७।
बर संजोग मोहि मेरवहु कलस जाति हौं मानि ।
जेहि दिन इंछा पूजै बेगि चढ़ावौं आनि ॥२०।९॥

(१) पद्मावती देवता के द्वार पर गई । फिर उसने मंडप के भीतर प्रवेश किया । (२) देवता को भी अपने प्राणों का संशय हो गया । वह सोचने लगा कि इन्होंने सब ओर से मंडप घेर लिया है, किधर से भाग कर जाऊँ । (३) पद्मावती ने एक बार प्रणाम किया, फिर दूसरी बार प्रणाम किया । तीसरे प्रणाम के साथ आगे बढ़कर पूजा चढ़ाई । (४) उसने सारे मंडप में फल फूल भरवा दिए और चंदन एवं अगर से देवता को स्नान कराया । (५) देवता के सिंदूर का टीका भरकर आगे खड़ी हुई और उसका स्पर्श करके चरणों में गिर पड़ी । (६) 'अन्य सब सहेली ब्याही जा चुकीं । हे देव, मेरे लिये क्या कहीं वर नहीं है ? (७) मैं गुण हीन हूँ, जिस कारण से मैंने तुम्हारी सेवा नहीं की । पर हे देव, तुम तो गुणी निर्गुण सभी के दाता हो ।

(८) अनुरूप वर से मुझे मिलाओ । मैं तुम्हारे लिये कलश चढ़ाने की मानता मानकर जा रही हूँ ! (९) जिस दिन मेरी इच्छा पूरी होगी, तुरन्त आकर चढ़ाऊँगी ।'

(५) भरि सेंदुर–पद्मावती की अपनी माँग में अभी सेंदुर नहीं भरा था (बरनौं माँग सीस उपराहीं । सेंदुर अबहिं चढ़ा तेहि नाहीं । १००।१) । उसने देवता के मस्तक पर सिंदूर का टीका लगाया ।
परसि देव–देखिए १७४।५, २०१।४ ।

(८) कलस जाति हौं मानि–लोक में मनोरथ पूरा होने पर दूध या तीर्थजल से भरा कलश चढ़ाने की मनौती मानी जाती है । जो मनसा चित पुरवहु आनी । कलस चढ़ावौं बारह पानी । (चित्रावली १०७।४), अर्थात् द्वादश ज्योतिर्लिंगों के तीर्थों के जल का कलस चढ़ाऊँगी ।

[१९२]

इंछि इंछि बिनई जसि जानी । पुनि कर जोरि ठाढ़ि भै रानी ।१।

उतर को देइ देव मरि गएऊ । सबद अकूट मँडप महँ भएऊ ।२।
काटि पबारा जैस परेवा । मर भा ईस औरु को देवा ।३।
भए बिनु जिउ नावत औ ओझा । बिखि भइ पूरि काल भा गोझा ।४।
जो देखैं जनु बिसहर डँसा । देखि चरित पदुमावति हँसा ।५।
भल हम आइ मनावा देवा । गा जनु सोइ को मानै सेवा ।६।
को इंछा पुरवै दुख धोवा । जेहि मनि आए सो तनि तनि सोवा ।७।
जेहि धरि सखी उठावहिं सीस बिकल तेहि डोल ।
धर कोइ जीव न जानै मुख रे बकत कुबोल ॥२०।१०॥

(१) पुनः पुनः इच्छा करके रानी पद्मावती ने जिस रूप में उसे आता था देवता की बिनती की । फिर वह हाथ जोड़कर खड़ी हो गई और उत्तर की प्रतीक्षा करने लगी । (२) 'उत्तर कौन दे, देवता तो मर गया है' यह दिव्य शब्द मंडप में उत्पन्न हुआ । (३) जैसे पक्षी को काटकर फेंक देते हैं वैसे ही ईश भी मर गए थे, और देवताओं की बात ही क्या ! (४) नावते और ओझा भी बिना जी के हो गए । चढ़ाई हुई पूरियाँ विष हो गईं और गूंझे मृत्यु रूप हो गए । (५) जिसे देखो ऐसा लगता था जैसे सांप ने डस लिया हो । यह चरित्र देखकर पद्मावती हँसी । (६) 'अच्छा मैंने देवता को आकर मनाया । वह तो जैसे सो गया, अब कौन पूजा स्वीकार करेगा ? (७) कौन इच्छा पूरी करके दुःख दूर करेगा ! जिसकी मानता करके आए थे वह तो गहरे तान कर सो गया है ।'

(८) सखियाँ मंदिर में जिसे पकड़कर उठाती थीं, उसीका सिर व्याकुल होकर हिलता था । (९) किसी धड़ में प्राण न जान पड़ता था, केवल उसका मुख कुबोल बकता था ।

(२) अकूट–१६६।१ ।
(३) पबारा–धातु पबारना=फेंकना ।
(४) नावत–झाड़ फूँक करने वाले ।
गोझा=मैदा की बड़ी गुझियाँ जिनके भीतर खोवा, कसार, मेवा आदि भरे जाते हैं । गुह्यक > गुज्झअ > गोझअ > गूझा ।

[१८३]

ततखन आइ सखी बिहँसानी । कौतुक एक न देखहु रानी ।१।
पुरुब बार कोइ जोगी छाए । न जनौं कौन देश सौं आए ।२।
जनु उन्ह जोग तंत अब खेला । सिद्ध होइ निसरे सब चेला ।३।
उन्ह महँ एक जो गुरू कहावा । जनु गुर दै काहूँ बौरावा ।४।
कुँवर बतीसौ लक्खन राता । दसएँ लखन कहै एक बाता ।५।

जानहुँ आहि गोपिचँद जोगी । कै सो भरथरि आहि बियोगी ।६।
वै पिंगला गए कजरी आरन । यह सिंघल दहुँ सो केहि कारन ।७।
यह मूरति यह मुंद्रा हम न देखा औधूत ।
जानहुँ होहिं न जोगी केतु राजा कै पूत ॥२०।११॥

(१) उसी समय एक सखी ने आकर हँसते हुए कहा, 'हे रानी, एक कौतुक नहीं देखतीं ? (२) मठ के पूर्व द्वार पर कोई जोगी ठहरे हुए हैं। नहीं जानती किस देश से आए हैं। (३) जान पड़ता है उन्होंने योग मार्ग की साधना अभी आरम्भ की है, और सिद्ध बनने के लिये सब साधक (चेले) बनकर निकले हैं। (४) उनमें एक जो गुरु कहा जाता है, ऐसा ज्ञात होता है जैसे किसी ने गुरु (गुरुमंत्र या गुड़) देकर उसे पागल कर दिया हो। (५) वह बत्तीसों लक्षणों से सुशोभित कोई राजकुमार है। धर्म के दस लक्षणों में से एक–'सत्य, सत्य' मुँह से निकालता है। (६) जान पड़ता है जैसे वह योगी गोपीचन्द है, या वियोगी भर्तृहरि है। (७) वे राजा भर्तृहरि पिङ्गला रानी के कारण कजली वन में गए थे। जो सिंहल में आया है सो न जाने किसके कारण ?

(८) ऐसे शरीर, ऐसी मुख मुद्रा वाला अवधूत मैंने पहले नहीं देखा। ज्ञात होता है यह योगी नहीं, किसी राजा का पुत्र है।'

(४) गुर=(१) गुरुमंत्र; (२) गुड़।
(६) गोपीचंद–दे० १३०।६-७, १६०।२।
(७) भरथरि–दे० १६०।२, २०८।३।

[१९४]

सुनि सो बात रानी सिउँ चढ़ी । कहाँ सो जोगी देखौं मढ़ी ।१।
लै संग सखी कीन्ह तहँ फेरा । जोगिहि आइ जनु अछरिन्ह घेरा ।२।
नैन कचोर पेम मद भरे । भइ सुदिस्टि जोगी सौं ढरे ।३।
जोगीं दिस्टि दिस्टि सो लीन्हा । नैन रूप नैनन्ह जिउ दीन्हा ।४।
जो मधु चहत परा तेहि पालें । सुधि न रही ओहि एक पियालें ।५।
परा माँति गोरख का चेला । जिउ तन छाँड़ि सरग कहँ खेला ।६।
किंगरी गहे जु हुत बैरागी । मरतिहुँ बार उहै धुनि लागी ।७।
जेहि धंधा जाकर मन लागै सपनेहु सूझु सो धंध ।
तेहि कारन तपसी तप साधहिं करहिं पेम मन बंध ॥२०।१२॥

(१) वह बात सुनते ही रानी पद्मावती सखी के साथ (शिबिका पर) चढ़कर बोली, 'मढी में जाकर देखूँ, ऐसा योगी कहाँ उतरा है।' (२) सखियों के संग वहाँ

पहुँची तो जैसे योगी को अप्सराओं ने घेर लिया हो। (३) उसके नेत्र रूपी कटोरे प्रेम के मद से भरे थे। जोगी के सामने दृष्टि हुई तो वे कटोरे बिखर गए। (४) योगी की दृष्टि ने उसकी दृष्टि (के ढाले हुए मद) को ले लिया। उसके नेत्रों के रूप पर नेत्रों से ही उसने अपना प्राण दे दिया। (५) वह जो मधु चखना चाहता था, आज उसीके वश में पड़ा था। पर उसका एक प्याला पीने से ही उसे सुध न रही। (६) गोरख के मार्ग का शिष्य होकर भी वह रूप मद से मतवाला हो गया। उसका प्राण शरीर छोड़कर मानों स्वर्ग में चला गया था। (७) जीते जी किंगरी लेकर जिस धुन में बैरागी बना था, मरती बार भी वही धुन लगी थी।

(८) जिस काम में जिसका मन लग जाता है, उसे स्वप्न में भी वही काम सूझता है। (९) इसीलिए तो प्रकट में तपस्वी तप साधते हैं, किन्तु भीतर से उनका चित्त प्रेम बन्धन में बंधा रहता है।

(१) सिउँ=संग में, साथ। सं० समम् > अप० सिउँ।

[१९५]

पदमावति जस सुना बखानू। सहसहुँ कराँ देखा तस भानू।१।
मेलेसि चंदन मकु खिन जागा। अधिकौ सूत सिश्चर तन लागा।२।
तब चंदन श्राखर हियँ लिखे। भीख लेइ तुइँ जोगि न सिखे।३।
बार श्राइ तब गा तैं सोई। कैसें भुगुति परापति होई।४।
अब जौं सूर अहै ससि राता। श्राइहि चढ़ि सो गँगन पुनि साता।५।
लिखि कै बात सखी सौं कही। इहै ठाउँ हौं बारति अही।६।
परगट होइ तौ होइ अस भंगू। जगत दिया कर होइ पतंगू।७।
जासौं हौं चख हेरौं सोइ ठाउँ जिउ देइ।
एहि दुख कबहुँ न निसरौं को हत्या असि लेइ॥२०।१३॥

(१) पद्मावती ने जैसा वर्णन सुना था, वैसा ही उसे सहस्र किरणों वाले सूर्य के समान तेजस्वी पाया। (२) उसने उसकी देह में चंदन का लेप किया कि कदाचित् क्षणभर के लिये जाग जाय। पर यह उपचार शरीर में शीतल लगा जिससे वह और भी गाढ़ निद्रा में लीन हो गया। (३) तब पद्मावती ने उसके हृदय पर चंदन से ये अक्षर लिख दिए, 'हे जोगी, तूने भीख लेने की युक्ति नहीं सीखी। (४) जब मैं तेरे द्वार पर आई तू सो गया। तुझे भुगुति (भिक्षा, भोग्य वस्तु) की प्राप्ति कैसे हो सकती है? (५) अब यदि तू सूर्य मुझ चन्द्रमा पर अनुरक्त होगा, तो सातवें आकाश पर चढ़कर मिलने आएगा। (अब तो मैं स्वयं तेरे पास आई थी, अब तुझे सप्तखण्ड धौराहर पर आना होगा।') (६) यह संदेश लिखकर सखी से कहा, 'मैं इसी अवसर को बचा रही थी। (७) यदि बात प्रकट हो जाय तो रस भंग हो जायगा। जैसे ही यह

जागेगा अवश्य दीपक में पतिंगे की भाँति जल जायगा।

(८) जिसके सम्मुख मैं आँख भर कर देख लेती हूँ, वह उसी जगह तत्काल प्राण दे देता है। (९) इसी दुःख से मैं कभी बाहर नहीं निकलती कि कौन इस प्रकार अपने सिर हत्या ले।'

(५) अब जौं सूर—देखिए २३३।१

[१९६]

कीन्ह पयान सभन्ह रथ हाँका। परबत छाड़ि सिंघल गढ़ ताका।१।
भए बलि सबै देवता बली। हत्यारिनि हत्या लै चली।२।
को अस हितू मुए गह बाहीं। जौं पै जिउ अपने तन नाहीं।३।
जौं लगि जिउ आपन सब कोई। बिनु जिउ सबै निरापन होई।४।
भाइ बंधु औ लोग पियारा। बिनु जिय घरी न राखै पारा।५।
बिनु जिय पिंड छार कर कूरा। छार मिलाव सोइ हितु पूरा।६।
तेहि जिय बिनु अब मर भा राजा। को उठि बैठि गरब सौं गाजा।७।
परी कया भुइँ रोवै कहाँ रे जिय बलि भीवँ।
को उठाइ बैसारै बाजु पियारे जीवँ॥२०।१४॥

(१) पद्मावती ने सब के साथ वहाँ से प्रस्थान किया और रथ पर बैठकर पर्वतीय स्थान से जहाँ मंडप था सिंहलगढ़ की ओर चली। (२) उस बलि से सब देवता फिर सत्त्व सम्पन्न हो गए। इधर वह पद्मावती उस हत्या का अपराध लेकर हत्यारिन की भाँति वहाँ से चली गई। (३) यदि अपने शरीर में प्राण नहीं रह गया तो जग में ऐसा हितू कौन है जो मरे हुए की बाँह पकड़े? (४) जब तक प्राण हैं तभी तक सब अपने हैं। जीव न रहने पर सब पराए हो जाते हैं। (५) भाई, बंधु और प्रिय मित्र, ये सब प्राण चले जाने पर घड़ी भर भी पास नहीं रख सकते। (३) प्राण के विना यह शरीर मिट्टी का ढेर है। उसे जो मिट्टी में मिला दे (अन्त्य क्रिया कर दे) वही सच्चा हितू है। (७) उस प्राण के विना अब राजा मरा हुआ था। अब कौन उठ कर बैठता और गर्व से गर्जना करता?

(८) काया भूमि पर पड़ी रो रही थी कि उसका वह जीव कहाँ चला गया जो ऐसी भयंकर बलि चढ़ा था। (९) प्यारे जीव के विना अब शरीर को कौन उठा कर बैठाएगा?

(१) परबत—महादेव का मढ सिंहलगढ़ के बाहर एक ओर पहाड़ी पर था।

(२) भए बलि सबै देवता बली—राजा द्वारा पद्मावती के दर्शन से पहले शिव और सब देवता उसके दिव्य सौन्दर्य से मृतप्राय हो चुके थे। अब उसके भौतिक सौन्दर्य से रत्नसेन चेतनाशून्य हो गया। इस प्रकार जब अध्यात्म रूप का आकर्षण कम हुआ और सौन्दर्य भौतिक रूप के

धरातल पर उतर आया, तो देवता पुनः प्रकृतिस्थ हुए । इसी की ओर कवि का संकेत है, मानों रत्नसेन की भीम बलि पाकर देवताओं का बल लौट आया । आगे इसे पुनः कहा है–पुनि सँवराइ कहेसु अस दूजी । जौं बलि दीन्ह देवतन्ह पूजी । २२४।२ ।

(४) निरापन–सं० आत्मीय (=स्वकीय) > प्रा० अप्पण > आपन । निर्+आपन=जो आत्मीय या अपना न हो ।

(६) पिंड=देह, शरीर ।

छार=भस्म, राख, मिट्टी ।

कूरा=समूह, राशि, ढेर (२०१।१)। सं० कूट > प्रा० कूड > कूर=कूड़ा ।

(८) बलि भीवँ–भीम बलि, भारी या भयंकर बलि । राजा की बलि भीम बलि मानी जाती थी ।

(९) बाजु–दे० २।९, २९४।६ ।

[१९७]

पदुमावति सो मँदिर पईठी । हँसत सिंघासन जाइ बईठी ।१।
निसि सूती सुनि कथा बिहारी । भा बिहान औ सखी हँकारी ।२।
देव पूजि जब आइउँ काली । सपन एक निसि देखिउँ आली ।३।
जनु ससि उदौ पुरुब दिसि कीन्हा । औ रबि उदौ पछिवँ दिसि लीन्हा ।४।
पुनि चलि सुरुज चाँद पहँ आवा । चाँद सुरुज दुहुँ भएउ मेरावा ।५।
दिन औ राति जानु भए एका । राम आइ रावन गढ़ छेंका ।६।
तस किछु कहा न जाइ निखेधा । अरजुन बान राहु गा बेधा ।७।
जनहुँ लंक सब लूसी हनूँ बिधाँसी बारि ।
जागि उठिउँ अस देखत सखि सो कहहु बिचारि ॥२०।१५॥

(१) पद्मावती राजमंदिर में लौट आई और हँसती हुई अपने सिंहासन पर जा बैठी । (२) दिन के विहार की कथा सुनती हुई वह रात्रि में सो गई । प्रातःकाल होने पर सखी को बुलाकर कहा–(३) 'हे सखि, कल देव-पूजन के बाद जब मैं लौटी तो रात में एक स्वप्न देखा । (४) ऐसा जान पड़ा जैसे चन्द्रमा पूरब दिशा में उदित हुआ है और सूर्य पश्चिम में निकला है । (५) फिर वह सूर्य चलकर चाँद के समीप आया और चन्द्र सूर्य दोनों का मेल हुआ । (६) मानों दिन और रात दोनों मिलकर एक हुए हों । अथवा राम ने आकर रावण का गढ़ घेर लिया हो । (७) पर कुछ राम-रावण जैसा विरोध उसे नहीं कह सकते । हाँ ऐसा लगा जैसे अर्जुन ने द्रौपदी के लिये बाण से राधाबेध किया हो ।

(८) फिर जान पड़ा जैसे सब लंका (अथवा लंक=कटि) लुट गई हो और हनुमान जी ने वाटिका (अथवा बारी=बाला) उजाड़ दी हो । (९) इतना देखते ही मेरी नींद खुल गई । हे सखि, स्वप्न का फल विचार कर कहो ।'

(५) मेरावा–सं० मेलापक > प्रा० मेलावग > मेरावय > मेरावा ।

(७) निखेधा=निषेध, विरोध, जैसा राम रावण में हुआ था। वैसा विरोध इस मिलन में न था यद्यपि सूर्य बलपूर्वक चन्द्र को घेर रहा था।

(८) लूसी–प्रा० धातु लूस=पीड़न करना, वध करना, तोड़ना, चोरी करना, लूटना। प्रा० लूसिआ (=लुण्ठिता, लूटी गई) > लूसी।

[१९८]

सखी सो बोली सपन बिचारू। कालिह जो गइहु देव के बारू।१।
पूजि मनाइहु बहुत बिनाती। परसन आइ भएउ तुम्ह राती।२।
सूरुज पुरुख चाँद तुम्ह रानी। अस बर देव मिलावा आनी।३।
पछिवँ खंड कर राजा कोई। सो आवै बर तुम्ह कहँ होई।४।
पुनि कछु जूझि लागि तुम्ह रामा। रावन सौं होइहि संग्रामा।५।
चाँद सुरुज सिउँ होइ बिआहू। बारि बिधाँसब बेधब राहू।६।
जस ऊखा कहँ अनुरुध मिला। मैटि न जाइ लिखा पुरुबिला।७।
सुख सोहाग है तुम्ह कहँ पान फूल रस भोग।
आजु कालिह भा चाहिअ अस सपने क सँजोग॥२०।१९

(१) स्वप्न का विचार करके सखी ने उत्तर दिया—'कल जो तुम देवता के द्वार पर गई थीं, । (२) और वहाँ तुमने उनकी पूजा की और बहुत बिनती करके मनाया, उसीसे देवता तुम पर रात में प्रसन्न हुए। (३) तुमने जो सूर्य देखा वह पति है। हे रानी, चन्द्रमा तुम स्वयं हो। इस प्रकार देवता ने वर लाकर तुमसे मिलाया है। (४) पश्चिम देश का कोई राजा है। वह आएगा और तुम्हारा वरण करेगा। (५) हे बाला, फिर तुम्हारे कारण उस पति से कुछ युद्ध होगा, वही मानों राम का रावण से संग्राम होगा। (६) अन्त में चन्द्र और सूर्य का विवाह होगा। यही वाटिका का विध्वंस होना (बारी या बाला का मर्दन) और रोहू मछली का बींधा जाना है। (७) जैसे उषा को स्वप्न में अनिरुद्ध पति प्राप्त हुआ था वैसे ही तुमने भी अपना पति पा लिया है। पूर्व जन्म का लिखा हुआ संयोग मेटा नहीं जा सकता।

(८) सुख, सौभाग्य, एवं पान फूल के रस का भोग तुम्हें लिखा है। (९) वह आज या कल होना ही चाहता है। ऐसा स्वप्न का फल है।'

(५) रामा=(१) राम; (२) स्त्री।
रावन=(१) रावण; (२) पति।

(६) बारि=वाटिका, और बाला।
बिधाँसब–सं० विध्वंसन > प्रा० विधंसण।
सिउँ–१९४।१।

(७) पुरुबिला=पहले का, पुरातन, पूर्व जन्म का। सं० पूर्वीय > प्रा० पुरमिल्ल (पासद्द०; पृ० ७५१) पुरविल्ल > पुरबिला।

२१ : राजा रतनसेन सती खण्ड

[१९९]

कै बसंत पदुमावति गई। राजहिं तब बसंत सुधि भई।१।
जौं जागा न बसंत न बारी। ना सो खेल न खेलनिहारी।२।
ना ओोहि की वै रूप सहाईं। गै हेराइ पुनि दिस्टि न आईं।३।
फूल झरें सूखीं फुलवारीं। दिस्टि परीं उकठीं सब झारीं।४।
केइँ यह बसत बसंत उजारा। गा सो चाँद अँथवा लै तारा।५।
अब तेहि बिन जग भा अँधकूपा। वह सुख छाँह जरौं हौं धूपा।६।
बिरह दवा अस को रे बुझावा। को प्रीतम सें करै मेरावा।७।
हिआ देखि सो चंदन घेवरा मिलि कै लिखा बिछोव।
हाथ मींजि सुर धुनै सो रोवै जो निचिंत अस सोव॥२१।१॥

(१) जब पद्मावती वसन्तोत्सव मनाकर चली गई तब राजा को वसन्त की सुध हुई। (२) पर जब वह जागा तब न वसन्त था, न वह वाटिका थी, न वह खेल था और न खेलनेवाली थी। (३) न उसकी वे रूपवती सखियाँ ही थीं। वे ऐसी ओझल हुईं कि फिर दृष्टि में न आईं। (४) फुलवाड़ियों के फूल झर चुके थे और वे सूख गई थीं। वहाँ सूखी झाड़ियाँ ही उसे दिखाई पड़ीं। (५) रतनसेन सोचने लगा–'किसने इस बसते हुए वसंत को उजाड़ दिया ? वह चाँद चला गया और तारों को लेकर अस्त हो गया है। (६) अब उसके बिना मेरे लिये यह जगत् अँधेरा कुआँ होगया है। वह तो सुख की छाया में जा बैठी और मैं यहाँ धूप में जल रहा हूँ। (७) अरे ऐसा कौन है जो इस विरह की दावाग्नि को बुझाए ? कौन है जो प्रीतम से मिलन कराए ?

(८) फिर उसने हृदय पर चंदन लगा हुआ देखा जिसमें मिल कर वियोग होने की बात लिखी थी। (९) जो पहले इस प्रकार निश्चिन्त होकर सोया हुआ था, वही हाथ मलकर सिर धुनने और रोने लगा।

[२००]

जस बिछोव जल मीन दुहेला। जल हुति काढ़ि अगिनि महँ मेला।१।
चंदन आँक दाग होइ परे। बुझहिं न ते आखर परजरे।२।
जनहुँ सरागिनि होइ होइ लागे। सब बन दागि सिंघ बन दागे।३।
जरे मिरिग बनखँड तेहि ज्वाला। औ ते जरे बैठ तहँ छाला।४।
कत ते अंक लिखा जेहिं सोवा। मकु आँकत नहिं करत बिछोवा।५।

जस दुखंत कहँ साकुंतला । माधौनलहि कामकंदला ।६।
भए अंक नल जैस दमावति । नैना मूँद छपी पदुमावति ।७।
आइ बसंता छपि रहा होइ फूलन्ह के भेस ।
केहि बिधि पावौं भँवर होइ कौनु सो गुरु उपदेस ॥२१।२॥

(१) जैसे जल के बिछुड़ने से मछली घोर दुःख पाती है, वैसे ही राजा को मिलन जल से खींचकर विरह की अग्नि में डाल दिया गया था। (२) जो चन्दन के अंक उसके हृदय पर लिखे थे वे ही उस आग से जलने के दाग बन गए थे । वे अक्षर (दागने के चिह्न) अभी तक जल रहे थे, बुझते न थे। (३) अथवा उनमें से एक-एक अक्षर जलती हुई सराग की भाँति उसकी देह में लगाया गया था । उसी सराग (की अवशिष्ट ज्वाला) ने पहले जंगल को जलाया, और फिर वन के सिंहों को भी दाग दिया। (४) वन खंडों में रहने वाले मृग भी उसी ज्वाला से जल कर काले हो गए। और जो (साधक योगी आदि) वहाँ मृगचर्म पर बैठे थे, वे भी जल गए। (५) 'उसने क्यों वे चन्दन के अंक मेरे हृदय पर लिख दिए जिनकी शीतलता पाकर मैं और अधिक सो गया? यदि उन अक्षरों से मेरा हृदय अंकित ही करना था, तो फिर यह बिछोह क्यों किया? (६) जैसा शकुंतला का विरह दुष्यन्त के लिये और कामकंदला का माधवानल के लिये था, वैसा ही पद्मावती का यह वियोग मेरे लिये हो रहा है। (७) ये अंक ऐसे विरह कराने वाले हुए जैसे नल ने सोती दमयन्ती को विरह कराया था । वह पद्मावती मुझे सोता छोड़ न जाने कहाँ छिप गई।

(८) मेरा वह वसन्त आया, पर यहीं फूलों के रूप में कहीं छिप रहा है (प्रत्येक पुष्प में मुझे उसी पद्मावती के रूप की शोभा दीखती है)। (९) भौंरा बनकर उसे कैसे प्राप्त करूँ? कौन सा गुरु है जो उसे पाने की युक्ति का मुझे उपदेश देगा?

(१) दुहेला=कठिन खेल, दुःख, पीड़ा।

(२) परजरे=प्रज्वलित हुए।

(३) सरागिनि—माताप्रसाद जी ने इसे शराग्नि (भूमिका पृ० ३६) अर्थात् जलते हुए सरकंडे की आग कहा है। ज्ञात होता है जायसी ने इस शब्द को दो अर्थों में रखा है, रत्नसेन को दागने के लिये लोहे की सराग या सलाख (तुलना, छागर बहुत समूँचे धरे सरागन्हि भूँजि । ५४५।८), एवं वन को जलाने के लिये शराग्नि या सरपत की आग। सरपत के जंगल जानबूझ कर जलाए जाते हैं। कभी कभी ऐसा होता है कि बाहरी घेरे से आग फैलकर सरपतों के भीतर के घने वन को दावाग्नि के रूप में पकड़ लेती है, वही सिंह वन का जलना है। जायसी ने संक्षिप्त शैली में इसी की ओर संकेत किया है।

(५) बिछोवा=वियोग, विरह। देश्य प्रा० विच्छोह (देशी नाम माला, ७।६२); अपभ्रंश भविसयत्त कहा में भी विरहयुक्त के लिये विच्छोइय शब्द प्रयुक्त हुआ है।

(६) माधवानल कामकंदला की कहानी सिंहासन बत्तीसी (कहानी २१) में दी है। अवधी गुजराती, राजस्थानी में इसके प्रेमाख्यान काव्य भी मिलते हैं।

[२०१]

रोवै रतन माल जनु चूरा । जहँ होइ ठाढ़ होइ तहाँ कूरा ।१।
कहाँ बसंत सो कोकिल बैना । कहाँ कुसुम अलि बेधै नैना ।२।
कहँ सो मूरति परी जो डीठी । काढ़ि लीन्ह जिउ हिएँ पईंठी ।३।
कहाँ सो दरस परस जेहि लाहा । जौं सो बसंत करीलहि काहा ।४।
पात बिछोव रूख जौं फूला । सो महुवा रोवै अस भूला ।५।
टपकै महुव आँसु तस परई । होइ महुवा बसंत जेउँ झरई ।६।
मोर बसंत सो पदुमिनि बारी । जेहि बिनु भएउ बसंत उजारी ।७।
पावा नवल बसंत बन बहु आरति बहु चोप ।
अैस न जाना अंत होइ पात झरहिं होइ कोंप ॥२१।३॥

(१) राजा रोता था तो टूटी हुई माला के माणिक्य की भाँति रक्त के आँसू टपकते थे । वह जहाँ खड़ा होता वहीं उनका ढेर लग जाता था । (२) 'बसंत में आने वाली उस कोयल की कूक कहाँ चली गई ? वसंत में खिलने वाला वह (केतकी) कुसुम कहाँ है जिसने भौंरे के सदृश मेरे नेत्रों को बेध दिया था ? (३) वह मूर्ति कहाँ गई जो दिखाई दी थी, जो हृदय में प्रविष्ट हो मेरे प्राण निकाल कर ले गई ? (४) वह प्रियतमा कहाँ है जिसका दर्शन और स्पर्शन ही मेरा लाभ था ? यदि वह वसंत थी तो करील की भाँति मैंने कुछ लाभ न लिया ।' (५) फूले हुए महुवे को जैसे पत्तों का बिछोह हो जाता है और वह रोता है, वैसे ही राजा भूला हुआ विलाप कर रहा था । (६) जैसे महुवा चूता है वैसे उसके आँसू गिर रहे थे । वसन्त के महुए की तरह फूल कर उसका पतझड़ हो रहा था । (७) 'मेरा वसन्त तो वह पद्मिनी बाला थी । उसके बिना मेरे लिये वसन्त उजाड़ हो गया ।

(८) बहुत दुःख और बहुत कामना के बाद मैंने वन में नवल वसन्त पाया था । (९) यह न जानता था कि कोंपल फूटने के बाद पत्ते झड़ेंगे और यों उसका अन्त होगा ।'

(१) माल=माला, हार । रक्त के आँसू रोने की उपमा माणिक्य की माला से दी गई है (२१३।४) । कूरा-सं० कूट=ढेर (दे० १९६।६, छार कर कूरा) ।

(२) कुसुम-यहाँ वसन्त में खिलने वाली केतकी से तात्पर्य है । केतकी के काँटे जैसे भौंरे को बेध देते हैं, वैसे ही उस पद्मावती ने मेरे नेत्र रूपी भौंरों को बेध दिया था । तुलना ११३।३, बेधे भँवर कंट केतकी ।

(४) वह कहां गई जिसके साथ दरस-परस का सच्चा लाभ या संप्राप्ति थी ? वसन्त आने पर करील वृक्ष में पतझड़ आती है । ऐसे ही राजा अपने लिये कहता है ।

(८) आरति-सं० आर्ति=दुःख, व्यथा ।
चोप=चाव, इच्छा । तुलना देशी चुप=स्निग्ध (देशी० ३।१५) ।

(९) कोंप=कोंपल । प्रा० कुंपल < सं० कुड्मल ।

[२०२]

अरे मलिछ बिसवासी देवा। कंत मैं आइ कीन्हि तोरि सेवा ।१।
आपनि नाउ चढ़ै जो देई। सो तौ पार उतारै खेई ।२।
सुफल लागि पग टेकेउँ तोरा। सुवा क सेंवर तूँ भा मोरा ।३।
पाहन चढ़ि जो चहै भा पारा। सो ऐसें बूड़ै मँझधारा ।४।
पाहन सेवाँ काह पसीजा। जरम न पलुहै जौं निति भीजा ।५।
बाउर सोइ जो पाहन पूजा। सकति को भार लेइ सिर दूजा ।६।
काहे न पूजिअ सोइ निरासा। मुएँ जिअत मन जाकरि आसा ।७।
सिंघ तरेंडा जिन्ह गहा पार भए तेहि साथ।
ते परि बूड़े वार ही भेंड पोंछि जिन्ह हाथ ॥२१४॥

(१) 'अरे म्लेच्छ विश्वासघाती देवता ! क्यों मैंने आकर तेरी सेवा की ? (२) जो अपनी नाव पर चढ़ने देता है, वह तो खेकर पार उतारता ही है। (३) सुफल के लिये मैंने तेरे चरणों का आश्रय लिया था, पर तू मेरे लिये सुग्गे का सेमल हो गया। (४) पत्थर पर चढ़कर जो पार होना चाहता है वह ऐसे ही मँझधार में डूबता है। (५) पत्थर सेवा करने से क्या पसीजेगा ? नित्य उसे सींचा जाय तो भी जन्म भर में कभी हरा नहीं होगा। (६) पागल वही है जिसने पत्थर की पूजा की। किसकी ऐसी शक्ति है जो और दूसरा बोझा अपने सिर ले ले ? (७) मरते जीते मन में जिसकी आशा है ऐसे उस निराश प्रेमी को ही क्यों न पूजा जाय ?

(८) जिन्होंने सिंहों का तैरता हुआ बेड़ा पकड़ा वे उसके साथ पार हो गए। (९) जिनके हाथ में भेड़ की पूँछ थी वे धार में पड़कर इसी पार डूब गए।'

(१) बिसवासी=विश्वासघात करने वाला, विश्वास का फल न देने वाला (४६३.६) ।
(३) सेंवर–सं० शाल्मली । प्रा० । 'सुवा क सेंवर' यह लोकोक्ति है। सुआ सेंवर के धुप में फल की आशा से चोंच मार कर निराश होता है।
(५) पलुहै–क्रि० पलुहाना=पल्लवित होना ।
(६) सकति को भार लेइ सिर दूजा–कौन ऐसा समर्थ है जो अपने सिर दोहरा बोझा लाद ले, एक तो अपने दुःख का और दूसरा पत्थर को प्रसन्न करने का ?
(७) निरासा=जो किसी से आशा नहीं करता (३०.६) ।
(८) तरेंड–सं० तरण्ड > प्रा० तरंड, तरडंय=डोंगी, नौका, (सुपासनाहचरिउ २७२; पासद्द०) ।

[२०३]

देव कहा सुनु बौरे राजा। देवहिं अगुमन मारा गाजा ।१।
जौं पहलें अपुने सिर परई। सो का काहु कै धरहरि करई ।२।
पदुमावति राजा कै बारी। आइ सखिन्ह सौं मँडप उघारी ।३।

जैसें चाँद गोहने सब तारा । परेउँ भुलाइ देखि उँजियारा ।४।
चमकै दसन बीजु की नाइँ । नैन चक्र जमकात भवाइँ ।५।
हौं तेहि दीप पतँग होइ परा । जिउ जम गहा सरग लै धरा ।६।
बहुरि न जानौं दहुँ का भई । दहुँ कबिलास कि कहँ उपसई ।७।
अब हौं मरौं निसाँसी हिएँ न आवै साँस ।
रोगिआ की को चालै बैदहि जहाँ उपास ॥२१।५॥

(१) देवता ने कहा, 'अरे बावले राजा, सुन। देवता को तुमसे पहिले ही उसके रूप की गाज मार गई। (२) यदि पहले अपने ही सिर पर विपत्ति पड़ जाय, तो वह दूसरे का क्या बचाव करेगा ? (३) पद्मावती राजकुमारी सखियों के साथ मंडप में आई और उसका मुखड़ा देख पड़ा। (४) मुझे ऐसा लगा जैसे चाँद सब तारों के साथ आया हो। उसका प्रकाश देखकर मैं स्वयं भुलावे में पड़ गया । (५) उसके दाँत बिजली से चमकते थे। उसके नेत्र चक्र और जमकात की तरह घूमते थे। (६) मैं उस दीपक में पतंग होकर गिर पड़ा। यमराज ने मेरे प्राण लेकर कर स्वर्ग में रख दिए। (७) फिर मैं नहीं जानता कि वह क्या हुई। न जाने वह स्वर्ग में गई या कहाँ चली गई।

(८-९) अब मैं बेदम होकर मरा जाता हूँ। हृदय में साँस नहीं आती । जहाँ वैद्य को ही उपवास करना पड़ रहा हो वहाँ रोगी की कौन चलावे (जब मेरा ही यह हाल है तुम्हारा बचाव क्या करता) ?'

(१) गाजा=बज्र ।
(२) धरहरि=बचाव ।
(३) उघारी=उद्घाटित, मुँह खोले हुए ।
(४) गोहने=साथ में, संग में (१८३।९, १८५।१, ५१५।४)।
(५) जमकात=यम की कटारी । १६१।२, औ जमकात फिरैं जम केरी ।
(७) उपसई=दूर जाना, हटना (१०३।२, २५८।४)।

[२०४]

अनु हौं दोख देहुँ का काहू । संगी कया मया नहिं ताहू ।१।
हतेउ पियारा मींत बिछोई । साथ न लागि आपु गै सोई ।२।
का मैं कीन्ह जो काया पोखी । दूखन मोहि आपु निरदोखी ।३।
फागु वसंत खेलि गै गोरी । मोहि तन लाइ आग दै होरी ।४।
अब अस काह छार सिर मेलौं । छारै होउँ फागु तस खेलौं ।५।
कत तप कीन्ह छाड़ि कै राजू । आहर गएउ न भा सिध काजू ।६।
पाएउँ नहिं होइ जोगी जती । अब सर चढ़ौं जरौं जसि सती ।७।

आइ जो प्रीतम फिरि गएउ मिला न आइ वसंत ।
अब तन होरी घालि कै जारि करौं भसमंत ॥२१।६॥

(१) राजा ने कहा, 'हे देव अनुकूल हो । मैं किसी को क्या दोष दूँ, जब नित्य की साथी इस काया को ही मुझ पर दया नहीं आती ? (२) प्यारे मित्र से बिछोह करके इसने मुझे मार डाला । यह उसके साथ न गई, स्वयं सो गई । (३) यह मैंने क्या किया जो इस काया का पोषण करता रहा ? दोष मेरा ही है । हे देव, आप निर्दोष हैं । (४) वह गोरी वसन्त का फाग खेलकर चली गई । मेरे शरीर में लगाई हुई आग से ही होली जला गई । (५) अब इस प्रकार सिर में राख क्या डालता रहूँ ? अब तो ऐसा फाग खेलूँ कि स्वयं राख ही हो जाऊँ । (६) राज्य छोड़कर मैंने तप क्यों किया ? आहार लेना भी छूटा और कार्य भी सिद्ध न हुआ । (७) योगी और यती बनकर भी मैं उसे न पा सका । अब चिता पर चढ़ूँगा और सती की भाँति जल जाऊँगा ।

(८) जो प्रीतम आया था वह चला गया । वसन्त में आकर भी मुझसे न मिला । (९) तो अब इस शरीर को होली में डालकर जलाकर भस्म कर दूँगा ।'

(१) अनु=अनुकूल हो (१८१।६;२१९।१) ।
(३) दूखन मोहि आपु निरदोखी–मैंने शरीर का पोषण किया यह अपराध है । हे देव, आप निर्दोष हैं ।
(६) आहर=आहार । सं० आ+हृ > प्रा० आहर=खाना, भोजन ।
(९) भसमन्त–सं० भस्मान्त ।

[२०५]

ककनूँ पंखि जैस सर साजा । सर चढ़ि तबहिं जरा चह राजा ।१।
सकल देवता आइ तुलाने । दहुँ कस होइ देव अस्थाने ।२।
बिरह आगि बज्रागि असूझा । जरै सूर न बुझाएँ बूझा ।३।
तेहि के जरत उठै बज्रागी । तीनौ लोक जरहिं तेहि आगी ।४।
अबहुँ की घरी चिनगि तेहिं छूटहिं । जरि पहार पाहन सब फूटहिं ।५।
देवता सबै भसम भए जाहीं । छार समेटे पाउब नाहीं ।६।
धरती सरग होइ सब ताता । है कोई एहि राख बिधाता ।७।
मुहमद चिनगी अनँग की सुनि महि गँगन डेराइ ।
धनि बिरही औ धनि हिया जेहि सब आगि समाइ ॥२१।७॥

(१) ककनू पक्षी के समान राजा ने अपनी चिता स्वयं बनाई । तब उस चिता पर चढ़कर उस ने जलना चाहा । (२) इतने में सब देवता वहाँ इस उत्सुकता से आ पहुँचे कि न जाने देव-स्थान में यह क्या हो रहा है । (३) देव आकर क्या देखते हैं कि विरह की

आग अपार वज्राग्नि के समान जल रही है। उसमें सूर्य (रत्नसेन) जल रहा है, बुझाने से भी नहीं बुझता। (४) उसके जलते ही जो वज्राग्नि उठेगी उस आग से तीनों लोक जल जाएँगे। (५) अभी या घड़ी भर में उससे चिनगारियाँ छूटेंगी और पहाड़ों के जलने से उनके पत्थर टुकड़े टुकड़े हो जाएँगे। (६) अभी सब देवता भस्म हुए जाते हैं, फिर तो उनकी राख भी समेटे न मिलेगी। (७) पृथिवी और आकाश सब तप्त हो जाएँगे। हे विधाता! क्या ऐसा कोई है जो इसकी रक्षा करे?

(८) [मुहम्मद] काम की चिनगारी का नाम सुनकर धरती और आकाश भी डरते हैं। (८) धन्य है विरही और धन्य है उसका हृदय जिसमें यह समस्त अग्नि समाई रहती है।

(१) ककनूँ—अरबी क़क़नूस, जिसे फारसी में आतशजन भी कहते हैं। इसके विषय में प्रसिद्ध है कि यह नर ही होता है, मादा नहीं। आयु की समाप्ति पर यह अपने घोंसले में बैठ कर गाता है और उससे आग उठती है जिसमें यह जल जाता है। बरसात पड़ने पर इस की राख से ही फिर अंडा पैदा होता है। अतः जनम भर विरही रह कर फिर विरहाग्नि में ही जलने वाले ककनू पक्षी से रत्नसेन की उपमा दी गई है।

[२०६]

हनिवँत बीर लंक जेइँ जारी। परबत ओहि रहा रखवारी ।१।
बैठ तहाँ भा लंका ताका। छठएँ मास देइ उठि हाँका ।२।
तेहि की आगि उहौ पुनि जरा। लंका छाड़ि पलंका परा ।३।
जाइ तहाँ यह कहा सँदेसू। पारबती औ जहाँ महेसू ।४।
जोगी आहि बियोगी कोई। तुम्हरे मँडप आगि तेहिं बोई ।५।
जरे लँगूर सो राते उहाँ। निकसि जो भागे भए करमुँहाँ ।६।
तेहि बज्रागि जरै हौं लागा। बज्जर अंग जरत उठि भागा ।७।
रावण लंका मैं डही ओइँ हम डाहन आइ।
कनै पहार होत है रावट को राखै गहि पाइ ॥२१८॥

(१) वीर हनुमान जिसने लंका जलाई थी, उसी पर्वत का (जहाँ राजा था) रखवाला था। (२) वह वहाँ बैठकर लंका को तकता (उसकी रक्षा करता) था। हर छठे महीने उठकर हाँक देता था। (३) रत्नसेन की चिता की अग्नि से वह भी जलने लगा और लंका छोड़कर पलंका में जा पड़ा। (४) वहाँ जाकर जहाँ पार्वती और शिव थे उसने यह संदेश कहा—(५) 'कोई एक योगी विरह का सताया हुआ है। उसने तुम्हारे मंडप में आग का बीज बो दिया है। (६) जो लंगूर उसमें जले, उनके मुँह लाल हो गए। जो निकल भागे वे कलमुँहे हो गए। (७) उस वज्राग्नि के प्रभाव से मैं भी जलने लगा। अपने वज्र जैसे अंगों के होते हुए भी जलने पर मैं उठकर भागा।

(८) रावण की लंका मैंने जलाई थी, पर वह योगी मुझे जलाने आया है। (९) उस अग्नि से सोने का पहाड़ लाजवर्दी रंग का हुआ जा रहा है। कौन पाँव पकड़कर उसे रोकेगा !

(१) रखवारी–सं० रक्षापालक, > रक्खवालय > रखवाला > रखवारि > रखवारी ।

(२) ताका=ताकने वाला, निगरानी करने वाला, तकवैया,

(३) लंका छाड़ि पलंका परा–लंका से भी आगे हिन्देशिया के द्वीपों में किसी द्वीप का नाम पलंका था। लंका-पलंका, यह मध्यकालीन भाषा का प्रसिद्ध महावरा उसी से निकला जान पड़ता है। इलोरा के कैलास मन्दिर में बीच के मंदिर के दोनों ओर दो बड़े गुफा मंडप और हैं, एक को रावण की लंका और दूसरी को पलंका कहा जाता है। सम्भवतः जायसी का संकेत यह है कि वीर हनुमान दक्षिण की लंका छोड़ उत्तर में कैलास के पास पलंका में जा गिरे जहाँ शिव पार्वती थे। भोजपुरी में अभी तक कहावत है–'लंका छोड़ पलंका धावै'; जो अपने कर्तव्य कर्म को छोड़कर और कुछ करने लगता है, उसके लिये यह उक्ति है।

(६) जरे लंगूर–काले और काले मुँह के बन्दरों की ओर संकेत करते हुए कवि की कल्पना है कि जो विरह की अग्नि में जल गए उनका मुँह लाल और जो वहाँ से भाग आए उनका मुँह काला पड़ गया।

(९) कनै पहार=सोने का पहाड़, सुमेरु। रावट–सं० राजावर्त्त > रायवट्ट > रावट्ट > रावट=लाजवर्द। सोने का पहाड़ जलकर लाजवर्दी या काला हुआ जा रहा है। रावट क्लिष्ट पाठ था, जिसे सरल करने के लिये 'गए पहार सब औंटि कै' यह पाठान्तर किया गया।

२२ : पार्वती महेश खण्ड

[२०७]

ततखन पहुँचा आइ महेसू। बाहन बैल कुस्टि कर भेसू।१।
काँथरि कया हड़ावरि बाँधे। रुंडमाल औ हत्या काँधे।२।
सेस नाग औ कंठै माला। तन बिंभूति हस्ती कर छाला।३।
पहुँची रुद्र कँवल के गटा। ससि माथें औ सुरसरि जटा।४।
चँवर घंट औ डँवरू हाथा। गौरा पारबती धनि साथा।५।
औ हनिवंत बीर सँग आवा। धरे बेष जनु बंदर छावा।६।
औतहिं कहेन्हि न लावहु आगी। ताकरि सपथ जरहु जेहि आगी।७।
कै तप करै न पारेहु कै रे नसाएहु जोग।
जियत जीय कस काढ़हु कहहु सो मोहिं बियोग ॥२२।१॥

(१) हनुमान से सँदेसा सुनते ही शिवजी तुरन्त वहाँ आ पहुँचे। बैल उनका

वाहन था। वे कुष्ठी भेस बनाए थे। (२) शरीर पर कथरी और अस्थियों की माला बँधी थी। सामने रुंडों की माला और कंधे पर हत्या थी। (३) कंठ में शेषनाग की माला थी। शरीर पर भभूत रमाए थे और हाथी की खाल ओढ़े थे। (४) रुद्राक्ष और कमलगट्टों की पहुँची (कलाई पर बाँधने की सुमिरनी जिसमें २१ या २७ दाने होते हैं) बाँधे थे। मस्तक पर चन्द्रमा और जटाओं में गंगा थी। (५) हाथ में चँवर, घंटा और डमरू था। साथ में गौरा पार्वती स्त्री थी। (६) उनके संग हनुमान वीर भी आया जिसने बन्दर के बच्चे जैसा वेश बनाया हुआ था। (७) आते ही उन्होंने कहा—'तुम इस प्रकार आग मत लगाओ। तुम्हें उसी की सौगन्ध है जिसके लिये आग में जल रहे हो। अरे! क्या तुम तप पूरा नहीं कर पाए, अथवा क्या तुम्हारा योग नष्ट हो गया है ? जीते जी प्राण क्यों दे रहे हो ? अपने वियोग का हाल मुझसे कहो।

(२) हड़ावरि—हड्ड + अवली=छोटी छोटी हड्डियों की माला। कनफटे जोगी अभी तक इसे पहनते हैं और हड़ावर कहते हैं।
रुण्डमाल—यह मूल पाठ था, जिसे सरल करके मुण्डमाल कर दिया गया। रुण्डमाल वह माला थी जिसमें हड्डियों की छोटी पुरुषाकृतियाँ गूँथकर माला बनाई जाती थी। तान्त्रिक साधना के समय इसे पहिना जाता था। तिब्बत में अभी तक इसकी प्रथा है।
हत्या काँधे—शिवजी के कन्धे पर दो हत्याओं का उल्लेख आगे २११।८ में किया गया है।

(६) हनिवंत बीर—२०६।१ में भी हनुमान को वीर कहा गया है। लोक में हनुमान पूजा के दो रूप हैं, एक वीर या यक्ष के रूप में, जिसमें बन्दर की मूर्ति नहीं होती, मिट्टी थूहा पूजा जाता है। पूर्वी जिलों में इस रूप में हनुमान जी की पूजा बहुत प्रचलित है और वह प्राचीन यक्ष पूजा से सम्बन्धित है (दे० जनपद, भाग १ अंक ३, मेरा बीर–बरह्म लेख)। हनुमान का दूसरा रूप बन्दर का है जो रामायण की कथा में आता है। जायसी ने यहाँ दोनों का मेल किया है। इसीलिये कहा है कि वीर हनुमान बन्दर का भेस बनाए थे।
छावा—सं० शावक > प्रा० छावअ > छावा=बालक, बच्चा।

[२०८]

कहेसि को मोहि बातन्ह बेलवाँवा। हत्या केर न तोहिं डर आवा।१।
जरै देहु दुख जरौं अपारा। निस्तरि परौं जरौं एक बारा।२।
जस भर्तहरि लागि पिंगला। मो कहँ पदुमावति सिंघला।३।
मैं पुनि तजा राज औ भोगू। सुनि सो नाउँ लीन्हा तप जोगू।४।
यह मढ़ सेएउँ आइ निरासा। गै सो पूजि मन पूजि न आसा।५।
तेइँ यह जिउ दाधे पर दाधा। आधा निकसि रहा घट आधा।६।
जो अधजरत सो बेलँब न लावा। करत बेलंब बहुत दुख पावा।७।
एतना बोल कहत मुख उठी बिरह की आगि।
जौं महेस नहिं आइ बुझावत सकल जगत हुति लागि ॥२२।२

(१) रतनसेन ने कहा—'कौन है जो मुझे बातों में लगाकर विलम्ब करा रहा है ?

क्या तुझे हत्या का डर नहीं है ? (२) मुझे जल जाने दो, मैं अपार दुःख में जल रहा हूँ। एक ही बार में जल जाऊँ तो निस्तार पाऊँगा। (३) जैसे भर्तृहरि के लिये पिंगला विरह का कारण थी, वैसे ही मेरे लिये सिंहल की पद्मावती है। (४) फिर मैंने उसके लिये राज और भोग तज दिया। उसका नाम सुनते ही तप और योग ले लिया। (५) यहाँ आकर मैंने उस निराश के लिये मढ़ (के देवता) की सेवा की। वह पूजन करके भी चली गई, पर मेरे मन की आस पूरी न हुई। (६) उस कारण यह जी जले पर और जल रहा है। आधा निकल चुका है, आधा शरीर में रह गया है। (७) जो आधा जल चुकता है, वह विलम्ब नहीं लगाता, क्योंकि विलंब करने से उसे बहुत कष्ट होता है।

(८) इतनी बात कहते ही उसके मुँह से विरह की लपट निकली। (९) यदि महेश ने आकर न बुझाया होता तो वह सारे संसार में लग जाती।

(१) बेलवाँवा=विलम्ब करना, देर लगाना।
(३) भर्तृहरि और पिंगला–दे० १६०।२, १९३।६-७, ।
(५) निरासा–जो किसी से आशा न करे, ईश्वर या प्रेमी (३०।६)। तुलना २१०।८-९, ओहि न मोरि कछु आसा हौं ओहि आस करेउँ। तेहि निरास प्रीतम कहँ जिउ न देउँ का देउँ।
(६) घट=शरीर (तुलना ४१०।१, सो बोलै जाकर जिय भाँड़े)।

[२०९]

पारबती मन उपना चाऊ। देखौं कुँवर केर सत भाऊ।१।
दहुँ यह बीच कि पेमहि पूजा। तन मन एक कि मारग दूजा।२।
भै सुरूप जानहुँ अपछरा। बिहँसि कुँवर कर आँचर धरा।३।
सुनहुँ कुँवर मोसों एक बाता। जस रँग मोर न औरहि राता।४।
औ बिधि रूप दीन्ह है तोकाँ। उठा सो सबद जाइ सिव लोका।५।
तब हौं तो कहँ इंद्र पठाईं। गै पदुमिनि तैं आछरि पाईं।६।
अब तजु जरन मरन तप जोगू। मो सों मानु जनम भरि भोगू।७।
हौं आछरि कबिलास की जेहि सरि पूजि न कोइ।
मोहि तजि सँवरि जो ओहि सरसि कौन लाभु तोहि होइ ॥२२।३॥

(१) पार्वती के मन में चाव उत्पन्न हुआ, 'तनिक कुँवर योगी का सत्य-भाव देखूँ। (२) क्या यह अभी बीच में (कच्चा है) या प्रेम में पूरा हो चुका है ? इसके तन और मन एक हैं या दोनों के दो मार्ग हैं ? (३) यह सोचकर वह सुन्दरी बन गई जैसी अप्सरा हो, और उसने हँसकर राजा का अंचल पकड़ लिया। (४) वह कहने लगी, 'हे कुँवर, मुझ से एक बात सुनो। जैसा मेरा रंग है वैसा सुन्दर और का नहीं। (५) फिर विधाता ने तुम्हें भी रूप दिया है। उसका यश (सबद) स्वर्ग की अप्सराओं तक पहुँच रहा है। (६) तभी इन्द्र ने मुझे तुम्हारे लिये भेजा है। पद्मिनी भले ही चली गई,

तुम्हें तो अप्सरा मिल गई है। (७) अब जलना, मरना, तप, योग छोड़ो और मेरे साथ जन्म भर भोग बिलसो।

(८) मैं स्वर्ग की वह अप्सरा हूँ जिसकी समता में कोई नहीं है। (९) मुझे छोड़ जो उस जैसी का स्मरण कर रहे हो उससे तुम्हें क्या लाभ होगा?'

(२) दहुँ यह बीच कि पेमहि पूजा–यह उत्तम पाठ था। इसी को सरल करके 'ओहि इहि बीच' किया गया।

(५) सिवलोका–शिवलोक और कैलास (पंक्ति ८) दोनों जायसी की परिभाषा में स्वर्ग के लिये हैं।

(९) सरसि–सं० सदृशी > सरिसी, सरसि।

[२१०]

भलेहिं रंग तोहि आछरि राता। मोहि दोसरें सौं भाव न बाता।१।
मोहि ओहि सँवरि मुएँ अस लाहा। नैन सौं देखसि पूँछसि काहा।२।
अबहीं तेहि जिउ देइ न पावा। तोहि असि आछरि ठाढ़ मनावा।३।
जौं जिउ देहुँ ओहि कि आसाँ। न जनौं काह होइ कबिलासाँ।४।
हौं कबिलास काह लै करऊँ। सोइ कबिलास लागि ओहि मरऊँ।५।
ओहि के बार जीवनहिं वारौं। सिर उतारि नेवछावरि डारौं।६।
ताकरि चाह कहै जो आई। दुऔ जगत तेहि देउँ बड़ाई।७।
ओहि न मोरि कछु आसा हौं ओहि आस करेउँ।
तेहि निरास प्रीतम कहँ जिउ न देउँ का देउँ॥२२४॥

(१) (रत्नसेन ने कहा)–'हे अप्सरा, भले ही तेरा रंग सुन्दर है, पर मुझे दूसरे से बात भी अच्छी नहीं लगती। (२) उसका स्मरण करते हुए मरने से मुझे ऐसा लाभ हुआ, वह तू स्वयं आँखों से देख रही है, फिर क्या पूँछती है? (३) अभी उसके लिये अपना जी दे भी नहीं पाया कि तेरे जैसी अप्सरा खड़ी मुझे मना रही है। (४) जब उसकी आशा में जी दे दूँगा तो न जाने स्वर्ग में क्या हो जायगा? (५) मैं स्वर्ग लेकर क्या करूँगा? मेरे लिये वही स्वर्ग है कि उसके लिये प्राण दे दूँ। (६) मेरा निश्चय है कि उसके द्वार पर जीवन वार दूँगा और सिर उतार कर न्यौछावर कर डालूँगा। (७) उसका समाचार जो मुझसे आकर कहेगा, उसे भी मैं दोनों लोकों में बड़ा मानूँगा।

(८) उसे मुझसे कुछ आशा नहीं है, पर मैं उससे आशा करता हूँ। उस आशा न करने वाले प्रीतम के लिये प्राण न दिया जाय तो क्या दूँ?'

(९) निरास प्रीतम–दे० ३०१६, २०८।५।

[२११]

गौरैं हँसि महेस सों कहा। निस्चैं यहु बिरहानल दहा।१।

निस्चैं यह ओहि कारन तपा । परिमल पेम न आछै छपा ।२।
निस्चैं पेम पीर यह जागा । कसत कसौटी कंचन लागा ।३।
बदन पियर जल डभकहिं नैनाँ । परगट दुऔ पेम के बैनाँ ।४।
यह ओहि लागि जरम एहि सीझा । चहै न औरहिं ओहीं रीझा ।५।
महादेव देवन्ह के पिता । तुम्हरी सरन राम रन जिता ।६।
एहू कहँ तसि मया करेहू । पुरवहु आस कि हत्या लेहू ।७।
हत्या दुइ जो चढ़ाएहु काँधे अबहुँ न गे अपराध ।
तीसरि लेहु एहु कै माँथे जौं रे लेइ कै साध ॥२२।५॥

(१) गौरा पार्वती ने हँसकर महेश से कहा, 'निश्चय यह भी विरहानल का जला है । (२) निश्चय यह उसीके कारण से तप रहा है । सुगन्धि और प्रेम छिपे नहीं रहते । (३) निश्चय यह प्रेम की पीड़ा से जाग रहा है । कसौटी पर कसने से (लक्षणों से) मुझे यह खरा सोना लगता है । (४) इसका शरीर पीला पड़ गया है, और नेत्रों से आँसू डबडबा रहे हैं । दोनों से इसके प्रेम की बात प्रकट है । (५) यह इस जन्म में उसीके लिये जल रहा है, किसी और को नहीं चाहता, उसी पर रीझा है । (६) हे महादेव, तुम देवों के पिता हो । तुम्हारी शरण आकर राम रण में जीत गए थे । (७) इस पर भी वैसी ही दया करो । इसकी आशा पूरी करो या फिर इसकी हत्या लो ।

(८-९) जो दो हत्याएँ तुमने अपने कंधों पर चढ़ा रक्खी थीं उनके अपराध अभी तक नहीं मिटे । अरे, यदि और लेने की चाह है तो तीसरी हत्या इसकी भी अपने सिर पर चढ़ा लो ।

(२) परिमल पेम न आछै छपा—यह लोकोक्ति है । सुगन्धि और प्रेम छिपाए नहीं छिपता ।
(४) डभकना=डबडबाकर बहना
(५) सीझा—सं० सिध > प्रा० सिज्झ < सीझना=निष्पन्न होना, पकना, अग्नि में जलना । रीझा—सं० ऋध् > प्रा० रिज्झ > रीझना=प्रसन्न होना, किसी पर आसक्त हो जाना ।
(८) हत्या दुइ—इन दो हत्याओं के विषय में मतभेद है । शुक्लजी ने लिखा है—'कवि ने शिव के कंधों पर हत्या की कल्पना क्यों की यह स्पष्ट नहीं होता ।' श्री सुधाकरजी ने गंगा और चन्द्रमा को शिव के कंधों की दी हत्याएँ समझा था क्योंकि पार्वती उन्हें अपने एकान्त प्रेम की बाधक आठ पहर की हत्या जैसा मानती हैं । श्री शिरेफ ने सती के मृत शरीर को कंधे पर रखने और मदन-दहन को दो हत्या माना है । श्री मुंशीराम शर्मा सोम ने पद्मावती की अपनी हिन्दी टीका में गणेश जी को मारना और गणेश जी को जीवित रखने के लिये हाथी को मारना, इन्हें दो हत्या माना है । प्राचीन विश्वास के अनुसार ब्राह्मण, गाय या देवता को मारने से हत्या लगी मानी जाती है । अपनी ही पुत्री सरस्वती पर आसक्त होकर उसके पीछे भागते हुए ब्रह्मा का मस्तक शिव ने काट लिया था और कामदेव को तीसरे नेत्र की अग्नि से भस्म कर दिया था । सम्भव है ये ही दो हत्याएँ शिव को लगी हों । क्षेमेन्द्र ने अपने देशोपदेश ग्रन्थ में शिव की ब्रह्महत्या का उल्लेख किया है (शक्रराज्यापहरण क्षमा विबुध वर्जिता । कुट्टनी ब्रह्महत्येव भवस्यापि भयप्रदा । ४।२) ।
(९) तीसरि—दोनों कन्धे पहले से ही घिरे हैं, इसीलिए तीसरी हत्या और लेना हो तो सिर पर

बैठा लो। साध–सं० श्रद्धा > प्रा० सद्धा > साध।

[२१२]

सुनि कै महादेव कै भषा। सिद्ध पुरुष राजैं मन लखा।१।
सिद्ध अंग नहिं बैठै माखी। सिद्ध पलक नहिं लागै आँखी।२।
सिद्धहि संग होइ नहिं छाया। सिद्धहि होइ न भूख औ माया।३।
जौं जग सिद्धि गोसाईं कीन्हा। परगट गुपुत रहै को चीन्हा।४।
बैल चढ़ा कुस्टी कै भेसू। गिरिजापति सत आहि महेसू।५।
चीन्है सोइ रहै तेहि खोजा। जस बिक्रम औ राजा भोजा।६।
कै जियँ तंत मंत सो हेरा। गएउ हेराइ जबहिं भा मेरा।७।
बिनु गुरु पंथ न पाइअ भूलै सोइ जो मेंट।
जोगी सिद्ध होइ तब जब गोरख सौं भेंट॥२२।६॥

(१) महादेव का बोल सुनते ही (उन्हें देख कर) राजा ने मन में जान लिया कि यह कोई सिद्ध पुरुष है। (२) सिद्ध के अंगों पर मक्खी नहीं बैठती। सिद्ध की आखों में पलक नहीं लगती। (३) सिद्ध की देह के साथ छाया नहीं होती। सिद्ध को भूख नहीं लगती और माया नहीं व्यापती। (४) विधाता संसार में जिस प्रकार सिद्धि देता है, उसमें यह संभव है कि कोई शरीर से प्रकट रहते हुए भी सिद्धि में गुप्त बना रहे; अतएव उसे कौन पहचान सकता है? (५) कुष्ठी का भेष बनाए यह जो बैल पर चढ़ा है, यह सचमुच गिरिजापति महेश हैं (६) वही उसे पहचान पाता है, जो उसकी खोज में रहता है, जैसे विक्रम और राजा भोज रहे थे। (७) इन्होंने तन्त्र मन्त्र (की साधना) में मन लगा कर उसे ढूँढ़ा पर जैसे ही मेल हुआ, वह फिर खो गया।

(८) बिना गुरु के मार्ग नहीं मिलता। जो इस नियम को नहीं मानता वही भूल जाता है। (९) योगी तभी सिद्ध बनता है जब पहले उसकी गुरु गोरखनाथ से भेंट हो गई हो।

(१) महादेव कै भषा—२०७।७-९ में महादेव द्वारा कहे हुए वचन से ही तात्पर्य है। उनका उत्तर २०८।१-९ में रत्नसेन ने दिया, उसमें तब तक उसने शिव को नहीं पहचाना था। उसके बाद पार्वती ने अप्सरा रूप में अपने को छिपाकर रत्नसेन से बातचीत (दो० २०९-२१०) की। अन्त में पार्वती ने (दो० २११।१-९ में) शिव से जो वचन कहे, निश्चय ही रत्नसेन द्वारा वे अश्रुत रहे होंगे। इतने में राजा को देखने और सोचने का अवसर मिला। सिद्धों के लक्षण से, बैल की सवारी से और २०७।७-९ के निश्चयपरक आदेश से राजा ने शिव को पहिचान लिया। 'गिरिजापति' कहना साभिप्राय है। राजा ने ताड़ लिया कि जिस अप्सरा ने उसका सत डिगाने के लिये बातचीत की थी वह शिवजी के साथ पार्वती होनी चाहिए।

(४) परगट गुपुत रहै—आशय यह है कि सिद्धि का नियम विधाता ने ऐसा रक्खा है कि उसके प्राप्त कर लेने पर भी कोई उसे छिपा रख सकता है, भले ही शरीर से वह प्रकट विचरता रहे।

जौं=जिस प्रकार, जैसे

(७) कै जियँ तंत मंत सो हेरा—तंत्र-मंत्र की साधना में मन लगाकर यदि उसे प्राप्त किया जाय, तो वह मिलने पर भी खो जाता है । यहाँ जायसी तंत्र-मंत्र द्वारा सिद्धि प्राप्त के मार्ग का अवहेलना पूर्वक उल्लेख कर रहे हैं । वस्तुतः गोरखनाथ ने साधना में यह बड़ा सुधार किया था, कि उन्होंने तंत्र मंत्र के पचड़े को हटाकर मन को बस में करने पर जोर दिया (श्री हजारी-प्रसाद द्विवेदी, नाथ सम्प्रदाय) । जायसी ने गोरखनाथ के मार्ग का आदर के साथ बहुधा उल्लेख किया है ।

[२१३]

ततखन रतनसेनि गहबरा । छाड़ि डफार पाउ लै परा ।१।
माता पिते जनमि कत पाला । जौं पै फाँद पेम गियँ घाला ।२।
धरती सरग मिले हुत दोऊ । कत निरार कै दीन्ह बिछोऊ ।३।
पदिक पदारथ कर हुँति खोवा । टूटहिं रतन रतन तस रोवा ।४।
गँगन मेघ जस बरिसहिं भले । पुहुमि अपूरि सलिल होइ चले ।५।
साएर उपटि सिखर गा पाटी । जरैं पानि पाहन हिय फाटी ।६।
पवन पानि होइ होइ सब गिरई । पेम के फाँद कोउ जनि परई ।७।
तस रोवै जस जरै जिउ गरै रकत औ माँसु ।
रोवँ रोवँ सब रोवहिं सोत सोत भरि आँसु ॥२२।७॥

(१) उसी क्षण रत्नसेन उद्विग्न हो उठा और धाड़ मारकर शिव के पाँव पकड़ कर गिर पड़ा । (२) (वह विलाप करने लगा) 'माता पिता ने जन्म देकर मुझे पाला ही क्यों, जो इसी प्रकार प्रेम को मेरे गले में फन्दा डालना था ? (३) धरती और आकाश पहले मिले हुए थे । किसने इन्हें अलग कर इनका विछोह करा दिया (जिससे सृष्टि हुई और जन्म लेना पड़ा) ? (४) उस उत्तम हीरे (पद्मावती) को मैंने अपने हाथों से खो दिया ।' (इतना कह) रत्नसेन ऐसा रोया कि उसकी आँखों से रक्त के आँसू माणिक जैसे टपकने लगे । (५) वह ऐसा रोया जैसे आकाश से मेघ घनघोर बरसते हैं और धरती को भरकर सर्वत्र जल रूप में बहने लगते हैं । (६) उस प्रलय वर्षा के समय सागर मर्यादा छोड़कर उलट पड़ता है, पर्वत का शिखर डूब जाता है, पानी उबलने लगता है और चट्टानों का हृदय फटने लगता है । (७) सब कुछ हवा और पानी बन-बन कर गिरने लगता है । प्रेम के फन्दे में कभी कोई न पड़े ।

(८-९) वह ऐसे रो रहा था, जैसे उसका प्राण जल रहा हो और रक्त एवं मांस गल रहे हों । उसका रोआँ-रोआँ रो रहा था जिससे प्रत्येक रोम कूप में आँसू भर आए थे ।

(१) गहबरा=व्याकुल हो गया, घबरा गया, हड़बड़ा गया ।

डफार=धाड़ मारकर रोने का शब्द (जब ही दसन डफारत खोला । दामिनि चमकि चमकि

जनु बोला । मधुमालती) ।

(४) पदिक पदारथ । पदिक–सं० पदक=उत्तम । पदारथ=हीरा, पद्मावती ।
टूटहिं रतन–२०१।१।

(५) गँगन मेघ–इन तीन पंक्तियों में प्रलयकाल का स्फुट चित्र संक्षिप्त शब्दों में खींचा गया है जो कवि की विशिष्ट वर्णनशक्ति का परिचायक है ।

[२१४]

रोवत बूड़ि उठा संसारू । महादेव तब भएउ मयारू ।१।
कहेसि न रोव बहुत तैं रोवा । अब ईसर भा दारिद खोवा ।२।
जों दुख सहै होइ सुख ओकाँ । दुख बिनु सुख न जाइ सिवलोकाँ ।३।
अब तूँ सिद्ध भया सिधि पाई । दरपन कया छूटि गै काई ।४।
क़हौं बात अब होइ उपदेसी । लागु पंथ भूले परदेसी ।५।
जौं लहि चोर सेंध नहिं देई । राजा केर न मूँसै पेई ।६।
चढ़ै तो जाइ बार वह खूँदी । परै तो सेंधि सीस सौं मूँदी ।७।
कहौं तोहि सिंहल गढ़ है खँड सात चढ़ाउ ।
फिरा न कोई जिअत जिउ सरग पंथ दै पाउ ॥२२।८॥

(१) उसके रोने से सारा संसार डूब गया । तब महादेव दयावान् हुए, (२) और बोले, 'अब न रो, तू बहुत रो चुका । अब दारिद्र्य खोकर तू समर्थ हुआ । (३) जो दुःख सहता है उसीको सुख मिलता है । दुःख सहे बिना कोई सुख के लिये शिवलोक में नहीं जा पाता । (४) अब तू सिद्ध हो गया । तुझे सिद्धि मिल गई । काया रूपी दर्पण काई छूटने से निर्मल हो गया । (५) अब मैं उपदेश दाता गुरु के पद से बात कहता हूँ, हे भूले हुए परदेशी, अब तू वहाँ पहुँचने के मार्ग में लग । (६) जब तक चोर सेंध नहीं लगाता तब तक वह राजा के भंडार मंजूषा नहीं चुरा सकता । (७) यदि वह राज-महल पर चढ़ जाता है तो द्वार फाँद जाता है । पर यदि गिर गया तो उसके सिर से ही सेंध मूँद देते हैं (उसका सिर सेंध में डाल देते हैं) ।

(८) मैं तुझ से सिंहलगढ़ का हाल कहता हूँ । उसमें सात खंड चढ़ने पड़ते हैं । (९) उस स्वर्ग की चढ़ाई के पथ में पैर रखकर जीते जी कोई नहीं लौटा ।

(१) मयारू=दयावान् । सं० मायालु ।

(२) ईसर=स्वामी, धनी । ईश्वर शब्द का यह अर्थ अत्यन्त प्राचीन था, और संस्कृत साहित्य में प्रयुक्त होता था । अवधी में इस अर्थ की प्राप्ति विरल है ।

(६) शिरेफ के अनुसार इसका अर्थ स्पष्ट नहीं । यह कल्पना मध्यकालीन दुर्ग तोड़ने की परिभाषा से ली गई है । जायसी का भाव स्फुट है । किले में सेंध या सुरंग लगाकर घुसने वाला व्यक्ति राजद्वार या सदर दरवाजे से प्रवेश नहीं करता । वह सेंध में घुसकर दरवाजे को बचा कर दुर्ग में ऊपर चढ़ता है । यदि सेंध या सुरंग में नीचे गिर गया (पकड़ा गया) तो उसे वहीं

डालकर सेंध पाट देते हैं।

सेंध-सं० सन्धि=किले में घुसने का छेद या बिल, जो मुख्य द्वार के अतिरिक्त फोड़ा जाय। पेई-शुक्लजी और सुधाकरजी के अनुसार मूसै पेई=चुरा पाता है। (शिरेफ) पेई=पेटी। राजा गोविन्दचन्द्रदेव (१२ वीं शती) के राजकुमारों की शिक्षा के लिये दामोदर पंडित ने उक्ति व्यक्ति प्रकरण नामक एक ग्रन्थ लिखा था। जिसमें उस समय की बोलचाल की अवधी भाषा की शिक्षा संस्कृत के माध्यम से दी गई है। अवधी के उपलब्ध साहित्य में यह सब से प्राचीन है। इसमें 'पेई' शब्द आया है-'भंडारी पेई ताल'=भांडागारिकः पेदि (टि?) कां तालयति (तल प्रतिष्ठायान्) [सुनीतिकुमार चाटुर्ज्या द्वारा संपादित, उक्ति व्यक्ति प्रकरण, पृ० ३९, सिंघी जैन ग्रन्थ माला]। इससे स्पष्ट है कि राजकुल के भंडारी की रत्नपेटी या मंजूषा के लिये पेई शब्द लोक में प्रयुक्त होता था (२३९।७, खोलै राज भँडार मंजूसा)।

(७) चढ़ै तो जाइ बार वह खूँदी-यदि दुर्ग में सेंध लगाकर कोई ऊपर चढ़ जाय तो वह द्वार कूदकर अर्थात् एक तरफ छोड़कर ऊपर महल तक घुस जाता है। 'जाइ बार वह खूँदी' का यही अर्थ इस परिभाषा में ठीक घटता है। खूँदी=खूँदकर, कूदकर,। सं० स्कुदि=आप्रवणे, स्कुन्दते। प्रा० खुंदइ > खूँदना=कूदना।

(८) सिंहल के दुर्ग में सात खण्ड की चढ़ाई का संकेत राजमहल में सप्तभूमिक प्रासाद या सात खण्ड के धवल गृह से है। जायसी ने अन्यत्र कहा है, सात खण्ड धौराहर साजा (४८।२), तस साजे खंड सात (४८।७)।

सरग पंथ-सतखंडे धवलगृह में पहुँचने के ऊंचे मार्ग को स्वर्गपथ कहा है। प्राचीन दुर्गों में प्राकार के पीछे के ऊँचे मार्ग को देवपथ कहा जाता था (कौटिलीय अर्थशास्त्र, २।३, पाणिनीय अष्टाध्यायी ५।३।१००)। देवपथ का दूसरा नाम स्वर्गपथ ज्ञात होता है। जायसी ने ४८।८ में महल के ऊँचे सात खण्डों को सात बैकुण्ठ या स्वर्ग के समान कहा है।

[२१५]

गढ़ तस बाँक जैसि तोरि काया। परखि देखु तैं ओहि की छाया ।१।
पाइअ नाहिं जूझि हठि कीन्हे। जेइँ पावा तेइँ आपुहि चीन्हे ।२।
नौ पौरी तेहि गढ़ मँझिआरा। औ तहँ फिरहिं पाँच कोटवारा ।३।
दसवँ दुआर गुपुत एक नाँकी। अगम चढ़ाव बाट सुठि बाँकी ।४।
भेदी कोइ जाइ ओहि घाटी। जौं लै भेद चढ़ै होइ चाँटी ।५।
गढ़ तर सुरंग कुंड अवगाहा। तेहि महँ पंथ कहौं तोहि पाहाँ ।६।
चोर पैठि जस सेंधि सँवारी। जुआ पैंत जेउँ लाव जुआरी ।७।
जस मरजिया समुँद धँसि मारै हाथ आव तब सीप।
ढूँढि लेहि ओहि सरग दुवारी औ चढु सिंघलदीप ॥२२।६॥

(अ) गढ़ परक अर्थ-

(१) सिंहलगढ़ वैसा ही बाँका है जैसा तेरा शरीर है। परीक्षा कर देख, तू उसी की छाया है। (२) हठ करके युद्ध से उसे नहीं पाया जा सकता। जिसने उसे पाया उसने पहले अपने आपको पहचाना। (३) उस गढ़ के भीतर नौ ड्योढ़ियाँ हैं, और

पाँच कोतवाल वहाँ घूमकर पहरा देते हैं। (४) (नौ के बाद) एक दसवाँ द्वार है जिसका नाका गुप्त है। वहाँ तक की चढ़ाई अगम्य और मार्ग अति टेढ़ा है। (४) कोई भेदिया ही उस घाटी तक जाता है। जो भेद पा लेता है वह चींटी (जैसा सूक्ष्म) होकर चढ़ जाता है। (६) गढ़ के नीचे एक सुरँग अथाह कुंड में छिपी रहती है। उसी में गढ़ के ऊपर का रास्ता है, यह मैं तुझसे बताता हूँ। (७) जैसे चोर (साहस से) सेंध लगाकर घुसता है, और जैसे जुआरी निर्द्वन्द हो जुए पर दाँव (पैंत) लगाता है,

(८) और जैसे गोताखोर समुद्र में घुसकर गोता मारता है तब मोती भरी सीप हाथ आती है, (९) ऐसे ही जो उस स्वर्ग-द्वार को ढूँढ़ लेता है वही सिंहलद्वीप में प्रवेश पाता है।

(१) हठ योग आदि साधने से अमर धाम नहीं मिलता। आत्मज्ञान से ही उसकी प्राप्ति होती है।
(२) शरीर नाक कान मुख आदि द्वारों पर काम क्रोध लोभ मोह और अहंकार इन पाँच का पहरा रहता है, ये ही साधक को उसके स्व-स्वरूप तक नहीं पहुँचने देते।
(३) यह दसवाँ द्वार गुप्त ब्रह्मरंध्र है। कुंडलिनी को वहाँ तक चढ़ाना अत्यन्त कठिन कार्य है।
(४) गुरु द्वारा ज्ञान प्राप्त कर लेने पर ही साधक ब्रह्मरन्ध्र तक कुंडलिनी को पहुँचाता है।
(५) शरीर के निम्न भाग में कुंड है उसमें कुंडलिनी रहती है। कुंडलिनी के पास से सुषुम्ना नाड़ी गई है। इसी के साधने से कुंडलिनी जाग्रत होकर सुषुम्ना में चढ़ती हुई ब्रह्मरंध्र में पहुँच जाती है। यही ब्रह्मरंध्र तक पहुँचने का रहस्य है।

(आ) योगपरक अर्थ—

(१) गढ़ वैसा बाँका है जैसा शरीर है। परीक्षा करके देखो दोनों में रूप प्रतिरूप भाव है। (२) बल पूर्वक प्राण से जूझकर उसे वश में करना कठिन है। जिसने आत्मा को पहचान लिया वह प्राण सिद्धि भी पा लेता है। (३) शरीर में नौ इन्द्रिय-द्वार हैं और पंच प्राण उसकी रक्षा करते हैं। (४) ब्रह्मरन्ध्र नामक दसवाँ द्वार गुप्त स्थान है। वहाँ तक पहुँचने का मार्ग अगम्य और टेढ़ा तिरछा है। (५) गुरु से रहस्य जान लेने पर शिष्य उस कठिन स्थान तक पहुँच जाता है और एक एक चक्र को वश में करता हुआ पिपीलिका गति से आगे बढ़ता है। (६) इस शरीर रूपी दुर्ग में सबसे नीचे सुषुम्ना रूपी सुरंग है जो मूलाधार चक्र रूपी अगाध कुंड से आरम्भ होती है। ब्रह्माण्ड में पहुँचने का मार्ग उसी में होकर गया है। (७) छिपकर सेंध लगाने वाले चोर की भाँति जो गुप्त साधना करता है, निर्द्वन्द होकर घर की पूँजी दाँव पर रखने वाले जुआरी की भाँति जो माया मोह त्याग देता है,

(८) समुद्र में घुसकर जान पर खेलने वाले गोताखोर की भाँति जो साधक योग साधना में प्रवृत्त होता है उसी को मणि की प्राप्ति होती है। (९) जो सुषुम्ना के इस स्वर्गद्वार नामक आरम्भ को पा लेता है वही ऊर्ध्वगति से अंतिम सिद्धि स्थान तक पहुँचता है।

(१) जायसीकृत सिंहलगढ़ का वर्णन मनुष्य शरीर पर घटता है, इसकी यहाँ स्पष्ट स्वीकृति है।
(२) हठि कीन्हे—हठयोग द्वारा प्राण को बलपूर्वक वश में करने से।
आपुहि चीन्हे—आत्मज्ञान द्वारा ब्रह्मरंध्र तक पहुँचा जा सकता है।
(३) नौ पौरी—शरीर के नौ इन्द्रिय द्वार। तुलना, अष्ट चक्रा नवद्वारा देवानां पूरयोध्या (अथर्ववेद)। गढ पक्ष में नौ प्रतोली या फाटक।
पाँच कोटवारा—पंच प्राण जो इन नौओं द्वारों की रक्षा करते हैं।
(४) गुप्त दसवँ दुआर—ब्रह्म रन्ध्र। गढ़ पक्ष में सुरंग के भीतर से ऊपर राजमहल तक ले जाने

वाला मार्ग।

बाट सुठि बाँकी–मेरुदंड के पाँच चक्रों से आगे ब्रह्माण्ड या मस्तिष्क में प्रवेश करने के लिये जो महारन्ध्र (मैगनम फोरामिन) है उसमें सुषुम्ना तिरछी होकर प्रवेश करती है।

(५) भेदी–जिसे षट् चक्रभेदन और कुंडलिनी सिद्धि का रहस्य गुरु से मिला हो। गढ़ पक्ष में, भेदिया, जो गुप्त रहस्य का पता लगाकर यह जान ले कि सुरंग में प्रवेश करने का मार्ग कहाँ छिपाकर रक्खा गया है।

चाँटी–पिपीलिका गति से। ज्ञान के मार्ग की दो गतियाँ कही गई हैं, हठयोग में चक्रभेदन पिपीलिका गति है; राजयोग में आत्मज्ञान शुकगति है।

(६) सुरंग और अगाध कुंड–दुर्ग में जाने के लिये एक गुप्त सुरंग रहती थी। उसका निचला प्रवेश द्वार पानी से भरे कुंड में छिपाकर रक्खा जाता था। जल से भरी हुई खाई में भी कभी-कभी कहीं यह द्वार छिपा रहता था। जायसी ने उस प्रवेश द्वार को सरगदुआरी (=स्वर्गद्वार) कहा है। धवलगृह में कैलास या अन्तःपुर ही वह स्वर्ग था जहाँ इस द्वार से प्रवेश करके सुरंग मार्ग से चढ़ते हुए जा पहुँचते थे। देवगिरि-दौलताबाद के प्राचीन यादवकालीन दुर्ग में इस प्रकार की सुरंग अभी तक बच गई है। राजकुमारों को दुर्गभेदन की शिक्षा में सुरंग लेने की शिक्षा भी दी जाती थी। बाण ने कादम्बरी में चन्द्रापीड के पाठ्य विषयों का वर्णन करते हुए 'सुरुंगा भेद' का भी उल्लेख किया है। योग पक्ष में सुरंग सुषुम्ना है और कुंड मूलाधार चक्र है।

(७) पैंत–सं० पणित=दाँव।

चोर, जुआरी और मरजिया, ये क्रमशः अधम, मध्यम, उत्तम साधक हैं।

(८) सीप–मुक्तारत्न युक्त सीप। योगपक्ष में सहस्रार दल कमल में मणि पद्म या मणि कर्णिका नामक स्थान, अथवा मणि संज्ञक शुक्र।

[२१६]

दसवँ दुवार तारु का लेखा। उलटि दिस्टि जो लाव सो देखा।१।
जाइ सो जाइ साँस मन बँदी। जस धँसि लीन्ह कान्ह कालिंदी।२।
तूँ मन नाँथु मारि कै स्वाँसा। जौं पै मरहि आपुहि करु नाँसा।३।
परगट लोकचार कहु बाता। गुपुत लाउ जासौं मन राता।४।
हौं हौं कहत मंत सब कोई। जौं तूँ नाहिं आहि सब सोई।५।
जियतहि जौ रे मरै एक बारा। पुनि कत मीचु को मारै पारा।६।
आपुहि गुरु सो आपुहि चेला। आपुहि सब सो आपु अकेला।७।
आपुहि मीचु जियन पुनि आपुहि तन मन सोइ।
आपुहि आपु करै जो चाहे कहाँ क दोसर कोइ॥२२।१०॥

(१) दसवाँ द्वार ताड़ के समान ऊँचे पर है। जो उलट कर (अन्य दृश्य वस्तुओं से हटकर) उस पर दृष्टि लगाता है वह उसे देख पाता है। (२) जिसका प्राण मन के साथ बँध जाता है वही वहाँ पहुँच पाता है, जैसे यमुना में धँसने का संकल्प करके कृष्ण प्राण द्वारा वास्तविक रूप में वहाँ पहुँच गए थे। (३) तुम भी स्वाँस मारकर

(वश में करके) मन को नाथ लो। जैसा नियम है आपे (मन या अहंभाव) का नाश करने से प्राण अवश्य मरता है। (४) प्रकट में भले ही लोकाचार की बात कहते रहो, पर अन्तर में मन उसीसे लगाए रहो जिस पर मन अनुरक्त है। (५) सब कोई 'मैं-मैं' कहता हुआ उन्मत्त हो रहा है। जब 'तू' (द्वैतभाव) नहीं रहता तो सब वही हो जाता है। (६) अरे राजा, जो जीते जी एक बार मर जाता है फिर उसे मृत्यु कहाँ ? उसे कौन मार सकता है ? (७) तब उसे आप ही गुरु और आप ही चेला समझो। आप अकेला होते हुए भी सब में आप रूप हो जाता है।

(८) आप ही मृत्यु है, आप ही जीवन है। और वह आप ही तन और मन है। (९) वह जो चाहता है आप अपने से करता है। दूसरा कोई कहाँ है ?'

(१) दसवाँ दुवार–सहस्रार दल कमल से ऊपर ब्रह्मरन्ध्र (२१५।४)।

(२) साँस=प्राण। यहाँ स्पष्ट रूप में प्राण की साधना से मन की साधना को उच्च कहा गया है। जिसका प्राण मन के वश में है वही सिद्धि तक पहुँचता है। मन का संकल्प वज्र सा दृढ़ हो जाने पर प्राण या कर्म स्वतः तदनुकूल हो जाता है, जैसे कृष्ण मन स्थिर करके यमुना में कूद गए और कालिय को नाथ लिया।

(५) तूँ–द्वैत भाव, दुई। वेदान्त की परिभाषा में युष्मद् को विषय और अस्मद् को विषयी माना है। 'तु' या विषय के अभाव में अहं एक मात्र अहं रहता है।

२३ : राजा गढ़ छेका खण्ड

[२१७]

सिद्धि गोटिका राजैं पावा। औ भै सिद्धि गनेस मनावा ।१।
जब संकर सिधि दीन्ह गोटेका। परी हूल जोगिन्ह गढ़ छेंका ।२।
सबै पदुमिनीं देखहिं चढ़ी। सिंघल घेरि गई उठि मढ़ी ।३।
जस खरभरा चोर मति कीन्ही। तेहि बिधि सेंधि चाह गढ़ दीन्ही ।४।
गुपुत जो रहै चोर सो साँचा। परगट होइ जीव नहिं बाँचा ।५।
पँवरि पँवर गढ़ लाग केवारा। औ राजा सौं भई पुकारा ।६।
जोगी आइ छेंकि गढ़ मेले। न जनै कौन देस सौं खेले ।७।
भई रजाएसु देखहु को भिखारि अस ढीठ।
जाउ बरजि तिन आवहु जन दुइ जाइ बसीठ ॥२३।१॥

(१) राजा ने शिवजी से सिद्धि-गुटिका प्राप्त कर ली। तब सिद्धि के लिये गणेश जी से प्रार्थना की। (२) जब शंकर ने सिद्धि गुटिका दे दी, तो हलचल मची कि योगियों ने गढ़ घेर लिया। (३) अनेक पदमिनी स्त्रियाँ धौराहर पर चढ़ी हुई यह देख रही थीं। सिंहल में

सब ओर से एकत्र हो वे उठ कर महादेव की मढ़ी में पहुँचीं। (४) जैसे चोर सेंध फोड़ने का विचार कर लेने पर हलचल करता है, वैसे ही यह सिंहल के कोट में सेंध लगाना चाह रहा है। (५) जो छिपा रहता है वही चोर काम में सच्चा है। जो प्रकट हो जाता है उसकी जान नहीं बचती। (६) गढ़ में हर फाटक के किवाड़ बन्द कर दिए गए और राजा गन्धर्वसेन के सामने पुकार हुई। (७) 'जोगियों ने गढ़ घेर कर जमघटा लगाया है। नहीं जानते किस देश के लिये बिचरते हुए आए हैं।'

(८) उसी समय राजाज्ञा हुई—'देखो, कौन भिखारी होकर ऐसे ढीठ हैं। (९) तुरन्त दो जने दूत रूप में जाकर उन्हें बरज आवें।'

(१) सिद्धि गोटिका–बद्ध पारद की गुटिका को सिद्धि गुटिका कहते हैं। उसे मुँह में रखने से उड़ने की शक्ति आ जाती है (२१४।५)। पारद मूर्च्छित हुआ व्याधि दूर करता है, बद्ध आकाश गमन की शक्ति देता है, और मृत जीवन देता है (श्री हजारीप्रसाद द्विवेदी, नाथ संप्रदाय, पृ० १७३)। राजा को सिद्धि गुटिका मिल गई तो उसकी सहायता से इष्ट प्राप्त करने के लिये उसने गणेशजी का स्मरण किया।

(७) हूल=हलचल; बुंदेलखंडी में हूलचाल (=हलचल, आक्रमण) शब्द अभी प्रयुक्त होता है। हूलना=चढ़ा देना, चढ़ाई करना।
कौन देस सौं खेलें=किस देश को जाने के लिये आए हैं?

[२१८]

उतरि बसिठ दुइ आइ जोहारे। कै तुम्ह जोगी कै बनिजारे।१।
भइ रजाएसु आगें खेलहु। यह गढ़ छाड़ि अनत होइ मेलहु।२।
अस लागेहु केहि के सिख दीन्हे। आएहु मरै हाथ जिउ लीन्हे।३।
इहाँ इन्द्र अस राजा तपा। जबहिं रिसाइ सूर डरि छपा।४।
हहु बनिजार तौ बनिज बेसाहहु। भरि बैपार लेहु जो चाहहु।५।
जोगी हहु तौ जुगुति सों माँगहु। भुगुति लेहु लै मारग लागहु।६।
इहाँ देवता अस गए हारी। तुम्ह पतिंग को आहि भिखारी।७।
तुम्ह जोगी बैरागी कहत न मानहु कोहु।
माँगि लेहु कछु भिख्या खेलि अनत कहुँ होहु ॥२२।२॥

(१) दोनों दूतों ने गढ से उतरकर योगियों को प्रणाम किया और कहा, 'क्या तुम योगी हो, या बनजारे हो? (२) राजा की आज्ञा हुई है कि तुम आगे जाओ और यह गढ़ छोड़कर अन्यत्र कहीं बिचरो। (३) किसके सिखाने से तुम ऐसा करने लगे हो? या हथेली पर जान लेकर मरने आए हो? (४) यहाँ का राजा इन्द्र के समान तप रहा है। जब वह रुष्ट होता है तो सूर्य भी डरकर छिप जाता है। (५) यदि तुम बनजारे हो तो बंज मोल लो और व्यापार का पेटा भरकर जो माल चाहे लो। (६) यदि जोगी हो तो

ढंग से भीख माँगो । भिक्षा लो और लेकर अपने मार्ग लगो । (७) यहाँ देवता ऐसे भी हार मान चुके हैं । पतिंगे जैसे तुम भिखारी कौन होते हो ?

(८) तुम तो बैरागी जोगी हो । हमारे कहने से क्रोध न मानना । कुछ भिक्षा माँग लो और जाकर कहीं अन्यत्र बिचरो ।'

(५) बनिज बेसाहना=वाणिज्य सामग्री मोल लेना ।
भरि बैपार–व्यापार भरना=हुंडी पुर्जा भर कर माल का दाम चुकाना ।

[२१९]

अनु हौं भीख जो आएउँ लेई । कस न लेउँ जौं राजा देई ।१।
पदुमावति राजा कै बारी । हौं जोगी तेहि लागि भिखारी ।२।
खप्पर लिए बार भा माँगौं । भुगुति देइ लै मारग लागौं ।३।
सोई भुगुति परापति पूजा । कहाँ जाउँ अस बार न दूजा ।४।
अब धर इहाँ जीउ ओहि ठाऊँ । भसम होऊँ पै तजौं न नाऊँ ।५।
जस बिनु प्रान पिंड है छूँछा । धरम लागि कहिअहु जौं पूँछा ।६।
तुम्ह बसीठ राजा की ओरा । साखि होहु एहि भीखि निहोरा ।७।
जोगी बार आव सो जेहि भिख्या कै आस ।
जौं निरास दिढ़ आसन कत गवनै केहु पास ॥२३।३॥

(१) रत्नसेन ने उत्तर दिया, 'राजा अनुकूल हों । मैं जो भिक्षा लेने आया हूँ, जब राजा उसे देगा तो क्यों न लूँगा ? (२) पद्मावती राजा की कन्या है, मैं उसी के लिये भिखारी जोगी हुआ हूँ, (३) और खप्पर लिये द्वार पर आ माँग रहा हूँ । राजा भिक्षा दे दे तो लेकर मैं अपने रास्ते लगूँ । (४) वही (राजा गन्धर्व सेन ही) मेरी भिक्षा की प्राप्ति पूरी करा सकता है और कहाँ जाऊँ ? दूसरा ऐसा द्वार नहीं है । (५) अब शरीर यहाँ है और प्राण उस (पद्मावती) के पास हैं । मैं भले ही राख हो जाऊँ पर उसका नाम न छोड़ूँगा । (६) जैसे प्राण के विना शरीर शून्य होता है, वैसे ही मैं उसके अभाव में हूँ । तुम्हें धर्म की टेक है । जब राजा पूछे तो यही कहना । (७) तुम राजा की ओर के दूत हो; अतः इस भिक्षा के लिये मेरी बिनती के विषय में राजा के सामने साक्षी बनना ।

(८) वही योगी द्वार पर आता है जिसे भिक्षा की आशा होती है । (९) जब उसे किसीसे कुछ आस नहीं होती तो अपने आसन पर स्थिर बैठा रहता है । फिर वह किसी के पास क्यों जाए ?'

(४) पूजा–पूजना=पूरा करना ।
(७) साखि होहु–इस भीख के लिये मेरी बिनती (निहोरा) जब राजा के सामने आएगी तो तुम

साक्षी होना, जो अवस्था आँख से देखो है राजा से निवेदन करना । राजा के दूत से बढ़कर विश्वासपात्र साक्षी मुझे और कौन मिलेगा ? रत्नसेन स्वयं राजा था उसने बड़ी चतुराई से अपनी बात रक्खी है ।

(९) जौं=जब । निरास=जो किसी से कुछ आशा नहीं करता, कुछ नहीं चाहता (३०।६, २०८।५, २४४।४) ।

[२२०]

सुनि बसिठन्ह मन उपनी रीसा । जौं पीसत घुन जाइहि पीसा ।१।
जोगी अैस कहै नहिं कोई । सो कहु बात जोग तोहि होई ।२।
वह बड़ राज इंद्र कर पाटा । धरती परें सरग को चाँटा ।३।
जौं यह बात होइ तहँ चली । छूटहि हस्ति अबहिं सिंघली ।४।
औ छूटहिं तहँ बज्र के गोटा । बिसरै भुगुति होहु तुम्ह रोटा ।५।
जहँ लगि दिस्टि न जाइ पसारी । तहाँ पसारसि हाथ भिखारी ।६।
आगू देखि पाँव धरु नाथा । तहाँ न हेरु टूट जहँ माँथा ।७।
वह रानी जेहि जोग है तेहि क राज औ पाट ।
सुंदरि जाइ राज घर जोगिहि बंदर काट ॥२३।४॥

(१) जोगी की बात सुनकर दूतों के मन में क्रोध उत्पन्न हुआ । 'जौ पीसने से घुन भी पिस जायगा (ऐसी बात कहने से तुम्हारे साथ हम भी मरेंगे) । (२) कोई भी जोगी ऐसी बात नहीं कहता । वह बात कहो जो तुम्हारे योग्य हो । (३) वह बड़ा राजा है, इन्द्र के सिंहासन पर बैठता है । (तुम उसकी कन्या चाहते हो !) भला धरती पर पड़ा हुआ कौन आकाश चाट सकता है ? (४) जैसे ही यह बात वहाँ राजा के आगे चलाई जाएगी, तुरन्त सिंहली हाथी तुम्हारे ऊपर छूटेंगे । (५) और वहीं (तहँ=किले के ऊपर) से वज्र के गोले छूटेंगे । सब भुगुति भूल जाओगे । पिसकर तुम्हारा रोट बन जाएगा । (६) अरे भिखारी, जहाँ तक दृष्टि भी फैलाने से नहीं जा पाती वहाँ तक तुम हाथ फैलाते हो । (७) अरे नाथ, आगे देखकर पाँव रखो । वहाँ न देखो जहाँ देखने से माथा टूट जाय ।

(८) वह रानी जिसके योग्य है उसके पास राज्य और सिंहासन होता है (तेरे जैसे भिखारी के लिए वह नहीं) । (९) वह सुंदरी राजा के घर जाएगी । तेरे जैसे जोगी को बंदर काट बदी है ।

(५) होहु तुम रोटा—रोट जैसे सपाट होता है, वैसे ही तुम्हारी लोथ कुचलकर हो जाएगी, अंग प्रत्यंग अलग न रह जाएँगे ।

(९) मार्कंदिका पुरी में एक मौनी योगी रहता था । वह एक बणिक कन्या पर मोहित हो गया और उसे देखकर बिना भिक्षा लिए लौट पड़ा । बणिक पीछे-पीछे आया और योगी से लौटने का

कारण पूछा। योगी ने कहा–'वह कन्या अभागी है, उसका विवाह होते ही तुम्हारा सर्वनाश हो जाएगा। अतः तुम उसे लकड़ी के संदूक में बंद करके उस पर एक दीपक जलाकर रात में नदी में बहा दो।' बनिए ने वैसा ही किया। योगी ने मठ में आकर चेलों को दीपक वाला बहता हुआ संदूक लाने को कहा। उधर एक राजकुमार नदी तट पर शिकार से लौटता हुआ ठहरा था। उसने वह संदूक निकलवाया और उस सुन्दरी से विवाह कर लिया। वह साथ में एक बंदर जंगल से लाया था। उसे संदूक में बंद करवा कर उस पर दीपक जला नदी में बहा दिया। चेले इस संदूक को मठ में लाए। योगी ने बंद कमरे में उसे खोला और बंदर ने उसे काट खाया (कथासरित्सागर, लंबक ३, तरंग १ श्लो० ३०-५३)। इसी कथा को लेकर यह लोकोक्ति बनी (सुधाकर जी की टीका, पृ० ४८९)।

[२२१]

जौं जोगिहि सुठि बंदर काटा। एकै जोग न दोसरि बाटा।१।
औरु साधना आवै साधें। जोग साधना आपुहिं दाधें।२।
सरि पहुँचाइ जोग करु साथा। दिस्टि चाहि होइ अगुमन हाथा।३।
तुम्हरे जौं हैं सिंघली हाथी। मोरें हस्ति गुरू बड़ साथी।४।
हस्ति नास्ति जेहि करत न बारा। परबत करै पाँव कै छारा।५।
गढ़ कै गरब खेह मिलि गए। मंदिर उठहिं ढहहिं भै नए।६।
अंत जो चलना कोऊ न चीन्हा। जो आवै सो आपुन्ह कीन्हा।७।
जोगिहि कोह न चाहिअ तब न मोहिं रिसि लागि।
जोग तंत जेउँ पानी काह करै तेहि आगि ॥२३।५॥

(१) (दूतों के उत्तर में रत्नसेन ने कहा तुम कहते हो योगी को बन्दर काट लेता है। इसका उत्तर यह है) जब योगी को खूब बन्दर काट ले, तब भी उसके लिये एक मात्र योग है, दूसरा मार्ग नहीं। (२) (तुम आगा देखकर पाँव उठाने अर्थात् अपने साधन के अनुसार यत्न करने को कहते हो तो) अन्य साधना बाह्य साधन के अनुसार आती है (उसमें ध्यान रखा जाता है, कि वहाँ न देखा जाय जहाँ माथा फूटने या प्राण जाने का भय हो पर) योग की साधना में तो अपने आपको भस्म ही करना पड़ता है। (३) (तुम्हारा कहना है, कि वह बड़ा राजा इन्द्रासन पर बैठता है, उसका उत्तर है, कि) जोग का साथ बराबरी पर पहुँचा देता है। (जहाँ तक दृष्टि नहीं जाती उतनी दूर तक मैं भिखारी बनकर हाथ फैलाता हूँ, इसका उत्तर यह है कि) योगी का हाथ दृष्टि से भी आगे रहता है (योगी जितना देखता है उससे अधिक प्राप्त करता है, योगी के लिए कुछ अगम्य नहीं है)। (४) जहाँ तुम्हारे पास सिंहली हाथी हैं, वहाँ गुरु रूपी बड़े सहायक मेरे हाथी हैं। (५) (तुम भय दिखाते हो कि वहाँ वज्र के गोले छूटकर मुझे दल डालेंगे, तो) मेरे गुरु ऐसे हैं जिन्हें अस्ति को नास्ति करते हुए देर नहीं लगती। वे पर्वत को पाँव की धूल कर देते हैं (तुम्हारे वज्र के गोले उनके सामने कुछ

नहीं)। (६) (तुम उस रानी को प्राप्त करने के लिये राज और पाट की बात करते हो, उसका उत्तर यह है कि) कितने गढ़ गर्व करके मिट्टी में मिल गए। नित्य राजमन्दिर बनते हैं और ढह जाते हैं, और फिर नए होते हैं। (७) अन्त में जब यहाँ से जाना होता है, तो कोई चिह्न नहीं रह जाता। जो बाद में आता है वह राजपाट को अपना कर लेता है।

(८) (मेरी बात से तुम्हें क्रोध आ गया पर मैं योगी हूँ,) योगी को क्रोध न करना चाहिए, इसी से मुझे क्रोध नहीं आया। (९) योग का साधन तो पानी की तरह है, आग उसका क्या कर सकती है।

(१) इस दोहे में रत्नसेन दूतों के कहे हुए प्रत्येक वाक्य का उत्तर देता है। उस पृष्ठ भूमि में रत्नसेन के उत्तरों की व्याख्या स्पष्ट होती है।

(५) हस्ति नास्ति–हस्ति के दो अर्थ हैं, हाथी और अस्तित्व। आध्यात्म पक्ष में माया रूप जो हस्ति है अथवा माया का जो अस्ति रूप है, उसे गुरु ज्ञान देकर नास्ति कर देता है और जो नास्ति है, जिसका ज्ञान नहीं, उसकी सत्ता प्रत्यक्ष करा देता है।

(७) चीन्हा=चिह्न, यह क्रिया नहीं, संज्ञा है। अन्त में चलने पर अपना कोई चिह्न या निशान नहीं रहता, जो आगे आते हैं वे राज पाट को अपना मानने लगते हैं।

[२२२]

बसिठन्ह जाइ कही असि बाता। राजा सुनत कोह भा राता।१।
ठाँवहिं ठाँव कुँवर सब माँखे। केइँ अब लहि जोगी जिउ राखे।२।
अबहूँ बेगि कै करहु सँजोऊ। तस मारहु हत्या किन होऊ।३।
मंत्रिन्ह कहा रहहु मन बूझे। पति न होइ जोगी सों जूझे।४।
ओइँ मारै तौ काह भिखारी। लाज होइ जौ मानिअ हारी।५।
ना भल मुएँ न मारे मोखू। दुहूँ बात लागै तुम्ह दोखू।६।
रहै देहु जौं गढ़ तर मेले। जोगी कत आछहिं बिन खेले।७।
रहै देहु जौं गढ़ तर जनि चालहु यह बात।
नितिहिं जो पाहन भख करै अस केहि के मुख दाँत॥२३।६॥

(१) दूतों ने जाकर राजा से ये बातें कहीं। सुनते ही राजा क्रोध से लाल हो गया। (२) जगह-जगह सिंहल के राजकुमार तैश में भर कहने लगे–'क्यों अब तक जोगी के प्राण बचे हैं (वह अब तक मारा क्यों नहीं गया) ? (३) अभी शीघ्र तैयारी करो और उसको जोगी रूप में ही (तस) मार डालो, चाहे हत्या ही क्यों न लगे।' (४) मन्त्रियों ने कहा, 'ठहरो और मनमें सोचो-समझो। जोगियों से जूझने में प्रतिष्ठा (पति) नहीं होती। (५) उसे जो भिखारी है मार दिया तो क्या ? पर यदि उससे हार माननी पड़ी तो बड़ी लज्जा होगी। (६) न तो उनके हाथों मरने में भलाई है, और

न मारने से छुटकारा है। दोनों बातों से तुम्हें दोष लगेगा। (७) यदि वे गढ़ के नीचे इकट्ठे हुए हैं, तो रहने दो। भला जोगी कभी बिना बिचरे रह सकते हैं? आज नहीं तो कल अपने आप चले जाएँगे।

(८) जब वे गढ़ के नीचे पड़े हैं तो पड़े रहने दो। तुम यह बात छेड़ो ही न। जो नित्य पत्थर चबा कर रहे ऐसे दाँत किसके मुँह में हैं?'

(७) मेले-खेले-मेलना=रहना, टिकना, पहुँचना। खेलना=जाना, बिचरना। (२१८।२)।
(९) पाहन भख करहि—लोकोक्ति। भाव यह है कि भिक्षा के लिये उन्हें अन्यत्र जाना ही पड़ेगा। भिक्षा के बिना क्या वे पत्थर खाएँगे? खाएँ भी तो सदा ऐसा नहीं कर सकते।

[२२३]

गए बसीठ पुनि बहुरि न आए। राजैं कहा बहुत दिन लाए।१।
न जनौं सरग बात दहुँ काहा। काहु न आइ कही फिरि चाहा।२।
पाँख न कया पवन नहिं पाया। केहि बिधि मिलौं होउँ केहि छाया।३।
सँवरि रकत नैनन्ह भरि चुवा। रोइ हँकारा माँझी सुवा।४।
परे सो आँसु रकत के टूटी। अबहुँ सो राती बीर-बहूटी।५।
ओहि रकत लिखि दीन्ही पाती। सुवा जो लीन्ह चोंच भै राती।६।
बाँधा कंठ परा जरि काँठा। बिरह क जरा जाइ कहँ नाँठा।७।
मसि नैना लिखनी बरुनि रोइ रोइ लिखा अकत्थ।
आखर दहै न कहुँ गहै सो दीन्ह सुवा के हत्थ॥२३।७॥

(१) गए हुए दूत फिर लौटकर न आए। राजा (रत्नसेन) ने कहा, 'उन्होंने बहुत दिन लगा दिए। (२) न जाने स्वर्ग (सिंहल के राजमंदिर) में क्या बात हो रही है! किसी ने आकर फिर कोई समाचार नहीं कहा। (३) मेरे शरीर में पंख नहीं, और न पैरों में पवन की गति है। फिर किस प्रकार उससे जाकर मिलूँ? किसकी छाया (अनुयायी) बनकर गढ़ में प्रविष्ट होऊँ?' (४) पद्मावती का स्मरण करते ही उसके नेत्रों में रक्त के आँसू भरकर टपकने लगे। उसने रोते हुए अपने प्रेम मार्ग के माँझी सुए को पुकारा। (५) वे रक्त के आँसू टूटकर पृथ्वी पर गिरे। आज भी वे लाल बीर बहूटियों के रूप में दिखाई देते हैं। (६) उसी रक्त से उसने पत्र लिखकर सुए को दिया। सुए ने वह पत्र चोंच में लिया तो वह लाल हो गई। (७) उस पत्र को सुए के गले में बाँधा तो गला जलकर उसमें कंठे का चिह्न पड़ गया। विरह से जले हुए का दाग कहीं मिटाया जा सकता है?

(८) नेत्रों की स्याही और बरुनियों की कलम करके राजा ने रो-रो कर वह सब लिखा, जो कहा नहीं जा सकता था। (९) वह पत्र उन अक्षरों से जल रहा था, कोई उसे थाम न सकता था। वह उसने सुग्गे के हाथ में दिया।

(१) सरग–कैलास, सिंहल का राजमहल।
(७) नाँठा–नाँठना=नष्ट होना, मिटना।

[२२४]

औ मुख बचन सो कहेसु परेवा। पहिले मोरि बहुत कै सेवा ।१।
पुनि सँवराइ कहेसु अस दूजी। जौं बलि दीन्ह देवतन्ह पूजी ।२।
सो अबहीं तपसी बलि लागा। कब लगि कया सून मढ़ जागा ।३।
भलेहिं अैस हौं तुम्ह बलि दीन्हा। जहँ तुहुँ तहँ भावै बलि कीन्हा ।४।
जौं तुम्ह मया कीन्ह पगु धारा। दिस्टि देखाइ बान बिख मारा ।५।
जो अस जाकर आसामुखी। दुख महँ अैस न मारै दुखी ।६।
नैन भिखारि न माँगै सीखा। अगुमन दौरि लेहिं पै भीखा ।७।
नैनहि नैन जो बेधिगै नहिं निकसहिं वै बान।
हिएँ जो आखर तुम्ह लिखे ते सुठि घटहिं परान ॥२३।८॥

(८) 'और हे पक्षी, फिर उससे ये मौखिक वचन कहना। आरम्भ में मेरी ओर से बहुत सेवा भक्ति निवेदन करना। (२) फिर उसे मण्डप का स्मरण दिलाकर दूसरी बात यह कहना कि देवताओं की पूजा करके तुमने जो बलि दी थी (१९६।२) (३) सो वह तपसी अभी तक बलि हुआ पड़ा है। पर (उसे सावधान कर देना कि) सूने शरीर से मढ़ कब तक जाग सकता है ? (४) अच्छा ही हुआ कि तुमने इस प्रकार मेरी बलि दी। जहाँ तुम हो वहाँ बलि देना भी अच्छा लगता है। (५) जब तुम कृपाकर वहाँ पधारीं, तब अपनी दृष्टि मुझपर डालकर विष बुझा बाण मार दिया। (६) जो इस प्रकार आशा करके किसी के मुँह की ओर देखता है, उस दुखिया को दुःख में यों नहीं मारा जाता। (७) मेरे भिखारी नेत्र तुमसे सीख (उपदेश) नहीं माँगते। वे आगे दौड़कर भीख अवश्य लेना चाहते हैं।

(८) यदि नेत्रों से नेत्र बिंध जाते हैं, तो वे बाण निकाले नहीं निकलते। (९) मेरे हृदय में तुमने जो अक्षर लिखे थे वे ही सचमुच मेरे घट में प्राण बने हैं।

(१) पत्र के अतिरिक्त रत्नसेन मौखिक सन्देश भी भेज रहा है।
(२) जौं बलि दीन्ह देवतन्ह पूजी–१९६।२ में कहा गया है कि सब देवता रत्नसेन की बलि पाकर बलवान बनें और पद्मावती उसकी हत्या अपने ऊपर लेकर चली गई। १९६।८ में रत्नसेन को 'भीम-बलि' कहा गया है।
(९) ते सुठि घटहिं परान–उस हृदय लेख के शीतल अक्षर जहाँ लिखे हैं वहीं प्राण रह गया है, अन्यथा सब शरीर जल चुका है।

[२२५]

ते बिष बान लिखौं कहँ ताईं। रकत जो चुवा भीजि दुनियाईं ।१।

जानु सो गारे रकत पसेऊ । सुखी न जान दुखी कर भेऊ ।२।
जेहि न पीर तेहि काकरि चिंता । प्रीतम निठुर होइ अस निंता ।३।
कासौं कहौं बिरह कै भाखा । जासौं कहौं होइ जरि राखा ।४।
बिरह अगिनि तन जरि बन जरे । नैन नीर साएर सब भरे ।५।
पाती लिखी सँवरि तुम्ह नामाँ । रकत लिखे आखर भे स्यामाँ ।६।
अच्छर जरे न काहूँ छुवा । तब दुख देखि चला लै सुवा ।७।
अब सुठि मरौं छूँछि गै पाती पेम पियारे हाथ ।
भेंट होत दुख रोइ सुनावत जीउ जात जौं साथ ॥२३।६॥

(१) उन विष बाणों के विषय में कहाँ तक लिखूँ ? उनके घावों से जो रक्त टपका उससे दुनियाँ भीज गई । (२) जो रक्त का पसीना करके बहाता है, वही उस दुःख को जानेगा । सुखी व्यक्ति दुखिया का भेद नहीं जानता । (३) जिसे स्वयं पीड़ा नहीं उसे दूसरे किसी की क्या चिन्ता ? प्रियतम सदा इसी प्रकार निष्ठुर हुआ करता है । (४) अपने विरह की बात किससे कहूँ ? जिससे कहूँगा वह भी जलकर राख हो जायगा (५) विरह की अग्नि से पहले शरीर जला, फिर उसीसे वन भी जले । (घर में रहते हुए व्यक्ति का शरीर विरहाग्नि से जला । फिर वही योगी हो वन में जलने लगा) । उसके नेत्रों के जल से सब समुद्र भर गए । (६) 'तुम्हारा नाम स्मरण करके यह पत्र लिखा जा सका है । केवल अक्षर अपने रक्त से लिखे थे, सो विरहाग्नि से काले पड़ गए हैं । (७) जलते हुए अक्षरों को जब किसीने नहीं छुआ, तब मेरा दुख देखकर सुग्गा इस पत्र को लेकर तुम्हारे पास चला है ।

(८) अब मैं चाहे जितना मरूँ, उससे क्या ? हाय, प्रियतम के हाथ तो प्रेम की पत्री रीती ही गई । (९) उसके साथ मेरा प्राण भी जाता तो भेंट होने पर प्रिय से मेरा दुखड़ा रो सुनाता ।'

(२) गारे–धा० गारना । सं० गालन, प्रा० गालण > गालना=गारना, निचोड़ना छानना, (पासद० पृ० ३६८) ।
पसेऊ=सं० प्रस्वेद > प्रा० पसेय, पसेअ=पसीना ।

(४) राखा=सं० रक्षा > रक्खा > राख ।

(५) तन जरि बन जरे–विरह की अग्नि घर में रहते हुए व्यक्ति के शरीर को जलाती है । वह जब वियोगी हो वन में चला जाता है तब वही अग्नि मानों उसके शरीर से निकलकर वन को जलाने लगती है ।

(७) सँवरि तुम्ह नामाँ–तुम्हारे नाम में जो शीतलता है उसके कारण पाती लिखी जा सकी, नहीं तो वह जल जाती । अक्षर मेरे रक्त से लिखे गए, वे ही काले पड़ गए ।

(८) छूँछि, सं० तुच्छय > प्रा० चुच्छ (हेम० १।२०४) > चूछ > छूछ > छूँछ=रिक्त ।

[२२६]

कंचन तार बाँधि गियँ पाती । लै गा सुवा जहाँ धनि राती ।१।

जैसें कँवल सुरुज कै आसा । नीर कंठ लहि मरै पियासा ।२।
बिसरा भोग सेज सुखबासू । जहाँ भँवर सब तहाँ हुलासू ।३।
तब लगि धीर सुना नहिं पीऊ । सुनतहिं घरी रहे नहिं जीऊ ।४।
तब लगि सुख हियँ पेम न जामा । जहाँ पेम का सुख बिसरामा ।५।
अगर चँदन सुठि दहै सरीरू । औ भा अगिनि कया कर चीरू ।६।
कथा कहानी सुनि सुठि जरा । जानहुँ घीउ बैसंदर परा ।७।
बिरह न आपु सँभारै मैल चीर सिर रूख ।
पिउ पिउ करत रात दिन पपिहा भइ मुख सूख ।।२३।१०।।

(१) सोने के तार से गले में पत्री बाँधकर सुग्गा उसे वहाँ ले गया जहाँ वह अनुरक्त बाला थी। (२) जैसे कमल कंठ तक पानी में रहते हुए भी सूर्य से मिलने की आशा में प्यासा मरता है, ऐसे ही सब सुख होते हुए भी पति मिलन की आशा में उसकी दशा थी। (३) सुखबासी में सेज का भोग उसे भूल गया। जहाँ उसका भौंरा था वहीं उसका उल्लास चला गया था। (४) जब तक प्रिय का नाम नहीं सुना तभी तक कोई धीर रह सकता है। सुनने के बाद जी घड़ी भर भी नहीं ठहर पाता। (५) तभी तक सुख रहता है जब तक हृदय में प्रेम का अंकुर नहीं जमा। जहाँ प्रेम है, वहाँ सुख और विश्राम कैसे ? (६) अगर और चन्दन भी उसके शरीर को खूब जला रहे थे। शरीर का वस्त्र भी उसके लिये अग्नि हो गया था। (७) उपदेश की कथाएँ और प्रेम की कहानियाँ सुनकर जी और जल उठता था जैसे अग्नि में घी पड़ गया हो।

(८) विरह में वह अपना आपा न सँभाल पाती थी। उसके वस्त्र मैले और सिर रूखा था। (९) रात-दिन 'पिउ-पिउ' करते हुए वह पपीहा बन गई थी और मुँह सूख गया था।

(३) सुखबासू–अन्तःपुर में वह कक्ष जहाँ वह सोती थी। इसे सुखवासी भी कहते थे। विवाह हो जाने पर पति-पत्नी यहीं मिलते थे (धनि औ कंत मिले सुखबासी। ३३५।४)। उसमान की चित्रावली (१६१३ ई०) में सुखबासी (८९।६) को सुखशाला (कोहबर सेज सुरंग पुनि डासी। सुखसाला कबिलास बिलासी। ५३०।६) और सुखमंदिर (सात धौराहर ऊपर ठाऊँ। कहहिं सबै सुखमंदिर नाऊँ। २३४।५) भी कहा गया है। आमेर के महलों में अभी तक उनका विशेष भाग सुखमंदिर कहलाता है। कोहबर, ओबरी, चित्तरसारी भी इसी के नाम थे।

(७) बैसंदर–सं० वैश्वानर > प्रा० वइस्साणर, वइसाणर > बैसाँदर=अग्नि।

[२२७]

ततखन गा हीरामनि आई। मरत पियास छाँह जनु पाई ।१।
भल तुम्ह सुवा कीन्ह है फेरा । गाढ़ न जाइ पिरीतम केरा ।२।

बातन्ह जानहु बिखम पहारू । हिरदै मिला न होइ निनारू ।३।
मरम पानि कर जान पियासा । जो जल महँ ताकहँ का आसा ।४।
का रानी पूँछहु यह बाता । जनि कोइ होइ प्रेम कर राता ।५।
तुम्हरे दरसन लागि बियोगी । अहा जो महादेव मढ़ जोगी ।६।
तुम्ह बसंत लै तहाँ सिधाईं । देव पूजि पुनि ओपहँ आईं ।७।
दिस्टि बान तस मारेहु घाइ रहा तेहि ठाउँ ।
दोसरी बार न बोला लै पदुमावति नाउँ ॥२३।११॥

(१) उसी क्षण वहाँ हीरामन आ गया। उसकी ऐसी दशा हुई मानों प्यास से मरते हुए को मेघ की छाया मिल जाय। (२) वह बोली, 'हे सुग्गे, तुम्हारा भला हो, जो तुम लौट आए। प्रियतम के लिये मेरी पीड़ा नहीं मिटती। (३) कहने के लिये तो उसके और मेरे बीच दुर्गम पहाड़ हैं, पर हृदय उससे मिला है, अलग नहीं होता। (४) पानी का मर्म प्यासा ही जानता है। जो जल के बीच में है उसे पानी की चाह कैसी ?' (५) सुग्गे ने कहा, 'हे रानी, यह बात क्या पूँछती हो ? कोई प्रेम में अनुरक्त न बने। (६) तुम्हारे दर्शनों के लिये वियोगी बना हुआ महादेव के मठ में जो योगी था, (७) जब तुम वसन्त लेकर वहाँ गई थीं और देव की पूजा करके फिर उसके पास आई थीं,

(८) तुमने उसे ऐसा कटाक्ष बाण मारा कि उसकी चोट से वह उसी स्थान पर ढेर हो गया। (९) 'पद्मावती' यह नाम लेकर फिर दूसरी बार वह नहीं बोला।'

(२) गाढ़ न जाइ पिरीतम केरा–प्रियतम के विरह की पीड़ा नहीं मिटती, अथवा प्रियतम के कारण आया संकट (बिना उससे भेंट हुए) नहीं हटता, और आपत्तियाँ तो हट जाती हैं। गाढ़=कठिनाई, आपत्ति, संकट (सूर स्याम गारुडी बिना को सो सिर गाढ़ उतारै । सूर)।

(३) बातन्ह जानहु बिखम पहारू । बातों में कहने के लिये तो हम दोनों के बीच में विषम पर्वत हैं पर भीतर का हृदय उससे मिला है।

(८) घाइ–सं० घात > प्रा० घाय=चोट, प्रहार।

[२२८]

रोवँहिं रोवँ बान वै फूटे । सोतहिं सोत रुहिर मकु छूटे ।१।
नैनन्हि चली रकत कै धारा । कंथा भीजि भएउ रतनारा ।२।
सूरज बूड़ि उठा परभाता । औ मँजीठ टेसू बन राता ।३।
पुहुमि जो भीजि भएउ सब गेरू । औ तहँ अहा सो रात पखेरू ।४।
भएउ बसंत राती बनफती । औ राते सब जोगी जती ।५।
राती सती अगिनि सब काया । गगन मेघ राते तेहि छाया ।६।
ईंगुर भा पहार तस भीजा । पै तुम्हार नहिं रोवँ पसीजा ।७।

तहाँ चकोर कोकिला तिन्ह हिय मया पईठि ।
नैन रकत भरि आए तुम्ह फिरि कीन्हि न डीठि ॥२३।१२॥

(१) 'वे बाण रोम रोम में, बिंध गए थे । प्रत्येक रोम कूप से जैसे रुधिर पसीना बनकर निकल रहा था । (२) नेत्रों से रक्त की धार बह चली । उससे कथरी भीगकर लाल हो गई । (३) सूर्य भी उसमें डूबकर प्रातःकाल लाल निकला । उसीसे बन के मँजीठ और टेसू भी लाल होगए । (४) उस रक्त-धारा से जितनी पृथ्वी भीजी सब गेरू हो गई । और वहाँ जो पक्षी था वह भी लाल हो गया । (५) वसंत में नव पल्लव वाली वनस्पति उसीसे लाल हुई । और सब योगी यती भी उसी से लाल (गेरुए वस्त्र धारण करने वाले) हो गए । (६) सती जो उससे लाल बनी तो उसकी सारी काया में अग्नि लग गई । उसकी छाया से आकाश के मेघ भी लाल हो गए । (७) पहाड़ उससे ऐसा भीजा कि उसमें हिंगुल (ईंगुर) उत्पन्न होगया । पर तुम्हारा एक रोआँ भी न पसीजा ।

(८-९) वहाँ जो चकोर और कोयल थीं उनके हृदय में दया आगई जिससे उनके नेत्र रक्त से भर आए । पर तुमने उसकी ओर फिरकर भी न देखा ।'

(१) सोतहि सोत रुहिर मकु छूटे–जब प्रत्येक रोआँ बाणों से छिद गया तो प्रत्येक रोमकूप से रक्त की धाराएँ छूटना स्वाभाविक था । वे ही पसीने के रूप में निकल रही थीं ।
(४) सो रात पखेरू–वहाँ सुग्गा था, उसीके डैने और चोंच लाल हो गई ।
(५) राती बनफती–इसीसे विटपों के नव पल्लव लाल होते हैं ।
(६) गगन मेघ राते–सती के शरीर को जलाने वाली आग की चमक से आकाश के मेघ लाल हो गए ।
(७) पसीजा=भीगा ।
(८) चकोर और कोयल के नेत्र घुँघची की भाँति लाल होते हैं ।

[२२९]

अैस बसंत तुम्हहिं पै खेलहु । रकत पराएँ सेंदुर मेलहु ।१।
तुम्ह तौ खेलि मँदिर कहँ आईं । औहिक मरम जस जान गोसाईं ।२।
कहेसि मरै को बारहिं बारा । एकहिं बार होउँ जरि छारा ।३।
सर रचि रहा आगि जौं लाई । महादेव गौरैं सुधि पाई ।४।
आइ बुझाइ दीन्ह पँथ तहाँ । मरन खेल कर आगम जहाँ ।५।
उलटा पंथ पेम के बारा । चढ़ै सरग जौं परै पतारा ।६।
अब धँसि लीन्ह चहै तेहि आसा । पावै साँस कि मरै निसाँसा ।७।
पाती लिखि सो पठाई लिखा सबै दुख रोइ ।
दहुँ जिउ रहै कि निसरै काह रजाएसु होइ ॥२३।१३॥

(१) 'ऐसा वसन्त तुम्हीं खेलने वाली हो, जो पराए रक्त से सिन्दूर लगाती हो ।

(२) तुम तो खेलकर राजमंदिर में चली आईं, उसका जो हाल हुआ, उसे भगवान ही जानता है। (३) वह कहने लगा, 'बार-बार मरण का दुःख कौन सहे ? एक ही बार जलकर राख क्यों न हो जाऊँ ?' (४) चिता बनाकर जब आग देने लगा, तो महादेव और गौरा-पार्वती को उसकी सूचना मिल गई। (५) उन्होंने तुरन्त आकर समझाया, और जहाँ पहले मृत्यु के खेल का आगम चल रहा था वहाँ मार्ग बताया। (५) प्रेम के द्वार का मार्ग उल्टा होता है। जब कोई पाताल में गिरता है तो वह स्वर्ग में चढ़ता है। (७) इसलिए अब उसी आशा से वह पाताल में घुसकर तुम्हें प्राप्त करना चाहता है, चाहे उसे साँस मिले या बिना साँस ही मर जाय।

(८-९) उसने पत्र लिखकर भेजा है और उसमें अपना सब दुःखड़ा रोकर लिखा है। न जाने उसका प्राण तब तक बचा रहेगा या निकल जायगा। क्या आज्ञा होती है ?'

(५) आगम=(१) आगमन, (२) साधना-शास्त्र, सिद्धान्त। जहाँ पहले मृत्यु के खेल की तैयारी थी अथवा जहाँ पहले हठात् मरण के साधना मार्ग का अनुगमन किया जा रहा था, वहाँ शिवजी ने समझा बुझाकर मन को वश में करने का नया मार्ग सुझाया (कहाँ बात अब होइ उपदेसी। लागु पंथ भूले परदेसी। २१४।५)

[२३०]

कहि कै सुअै छोड़ि दई पाती। जानहु दिब्ब छुअत तसि ताती ।१।
गीवँ जो बाँधे कंचन तागे। राते स्याम कंठ जरि लागे ।२।
अगिनि स्वाँस सँग निकसै ताती। तरिवर जरहिं तहाँ का पाती ।३।
जरि जरि हाड़ भए सब चूना। जहाँ माँसु का रकत बिहूना ।४।
रोइ रोइ सुअै कही सब बाता। रकत के आँसुन्ह भा मुख राता ।५।
देखु कंट जरि लाग सो गेरा। सो कस जरै बिरह अस घेरा ।६।
ओइँ तोहि लागि कया असि जारी। तपत मीन जल देइ न पारी ।७।
तोहि कारन वह जोगी भसम कीन्ह तन डाहि।
तूँ अस निठुर निछोही बात न पूँछी ताहि ॥२३।१४॥

(१) यह कह कर सुग्गे ने वह पत्रिका पद्मावती के सामने डाल दी। वह छूने में ऐसी गर्म थी मानों दिव्य परीक्षा में अग्नि का गोला हो। (२) उसकी ग्रीवा में जो सुनहले डोरे बंधे थे वे ही जलकर लाल और काले कंठे हो गए। (३) साँसों के साथ अग्नि की जलती लपटें निकल रही थीं जिसकी झार से वृक्ष भी जल रहे थे, पत्रिका (पाती=पत्ती या पत्रिका) का तो कहना ही क्या ? (४) उससे सब हड्डियाँ जल जलकर चूना हो गईं। उस अग्नि में रक्त विहीन माँस का कहना क्या ? (५) सब बातें सुग्गे ने रो रोकर कह सुनाईं। रक्त के आँसुओं से उसका मुँह भी लाल होगया। (७) सुग्गा कहने लगा,

'देखो उस विरह पत्रिका से मेरा कण्ठ जलने लगा, तो मैंने उसे डाल दिया। जिसे विरह ने इस प्रकार घेरा है, वह कैसे जलता होगा ? (७) उसने तेरे लिये अपनी देह इस प्रकार जलाई है, जैसे मछली जलती हो। क्या तू उसे जल नहीं दे सकती ?

(८) तेरे कारण उसने जोगी हो अपना शरीर जलाकर भस्म कर दिया है। (९) तू ऐसी निष्ठुर और निर्मोही है कि उसकी कुशलवार्ता भी न पूछी।

(१) दिब्ब—सं० दिव्य=दिव्य परीक्षा, दिव्य परीक्षा के समय हाथ पर रखी जाने वाली अग्नि। दिब्ब मूल पाठ था। उस क्लिष्ट पाठ के स्थान में 'दीप' सरल पाठ किया गया, जो शुक्लजी तथा अन्य प्रतियों में मिलता है।

(३) पाती=पत्रिका, पत्ती।

[२३१]

कहेसि सुआ मोसौं सुनु बाता। चहौं तो आजु मिलौं जस राता ।१।
पै सो मरमु न जानै मोरा। जानै प्रीति जो मरि कै जोरा ।२।
हौं जानति हौं अबहूँ काँचा। न जनहुँ प्रीति रंग थिर राँचा ।३।
न जनहु भएउ मलैगिरि बासा। न जनहु रबि होइ चढ़ा अकासा ।४।
न जनहु होइ भँवर कर रंगू। न जनहुँ दीपक होइ पतंगू ।५।
न जनहु करा भृंगि कै होई। न जनहु अबहिं जिअै मरि सोई ।६।
न जनहु पेम औटि एक भएऊ। न जनहु हिय महँ कै डर गएऊ ।७।
तेहि का कहिअ रहन खिन जो है प्रीतम लागि।
जहँ वह सुनै लेइ धँसि का पानी का आगि ॥२३।१५॥

(१) पद्मावती ने उत्तर दिया, 'हे सुग्गे, मेरी बात सुन। जैसा वह मेरे प्रति अनुरक्त है, चाहूँ तो आज ही उससे मिल लूँ। (२) पर वह मेरे भेद को नहीं जानता। प्रीति का भेद वही जानता है, जो मरकर प्रेम गाँठ जोड़ता है। (३) मैं समझती हूँ, कि वह अभी तक कच्चा है। न जाने वह प्रीति के पक्के रँग में रँगा या नहीं। (४) न जाने वह प्रेम के मलयगिरि से सुबासित हुआ या नहीं। न जाने वह सूर्य बनकर आकाश मार्ग में चढ़ा या नहीं। (५) न जाने वह विरह में जलकर भौंरे के रँग का हुआ या नहीं। न जाने वह प्रेम दीपक का पतिंगा बना या नहीं। (६) न जाने उसमें भृंगी की कला हुई या नहीं। न जाने वह अब तक जीता है या मर गया। (७) न जाने उसका प्रेम औटकर प्रियतम के साथ एकाकार हुआ या नहीं। न जाने उसके हृदय का डर अभी गया या नहीं।

(८) उसे ही जीवन का क्षण कहना चाहिए जो प्रियतम के लिये हुआ हो। (९) जहाँ उस प्रिय को सुन पावे वहीं घुसकर उसे प्राप्त करे। पानी और आग का क्या देखना ?

(३) राँचा–धातु राँचना=आसक्त होना, अनुरक्त होना, रंगना, (मन जाहि राँचेउ, रामायण बालकाण्ड, २३६।१) । सं० रञ्ज् का प्रा० धात्वादेश रच्च > अप० रच्च (भविसयत्तकहा, रच्चण, पासद्द० पृ०८७३) ।

(६) भृंगि कै करा–भृंगी दूसरे कीट को डंक मारकर अपने रूप का कर लेता है। प्रेम के डंक से उसमें अभी ऐसा रूप-परिवर्तन हुआ या नहीं।

(७) औटि–सं० आवर्त > प्रा० आउट्ट > औटना ।

[२३२]

पुनि धनि कनक पानि मसि माँगी । उत्तर लिखत भीजि तन आँगी ।१।
तेहि कंचन कहँ चहिअ सोहागा । जो निरमल नग होइ सो लागा ।२।
हौं जो गई मढ़ मंडप भोरी । तहवाँ तूँ न गाँठि गहि जोरी ।३।
भा बिसँभार देखि कै नैना । सखिन्ह लाज का बोलौं बैना ।४।
खेल मिसुइँ मैं चंदन घाला । मकु जागसि तौ देउँ जैमाला ।५।
तबहुँ न जागा गा तैं सोई । जागें भेंट न सोएँ होई ।६।
अब जौं सूर होइ चढ़ै अकासा । जौं जिउ देइ तौ आवै पासा ।७।
तब लगि भुगुति न लै सका रावन सिय एक साथ ।
अब कौन भरोसें किछु कहौं जीउ पराएँ हाथ ॥२३।१६॥

(१) फिर उस बाला ने सोने के पानी की स्याही मँगाई । उत्तर लिखते हुए (सात्त्विक भाव जनित स्वेद से) उसके तन की आंगी भीग गई। (२) उसने लिखा–'उस सोने को (जैसी मैं हूँ) बारहबानी होने के लिये सुहागा (सौभाग्य) चाहिए। यदि रत्न निर्मल होगा तो वह उसके साथ जड़ा जाएगा। (३) मैं भोली जब मढ़ में शिव मण्डप में गई थी तो तूने वहीं पकड़कर गाँठ क्यों न जोड़ ली ? (४) मेरे नेत्र देखकर तू बेसुध हो गया । मैं सखियों की लज्जा से क्या कहती ? (५) फिर भी खेल के बहाने मैंने तेरे ऊपर चन्दन छिड़का कि शायद जाग जाय तो जयमाल पहिना दूँ। (६) तू तब भी न जागा, और सो गया । जागने से ही भेंट होती है, सोने से नहीं। (७) अब तू सूर्य होकर जब आकाश के मार्ग से आवेगा और अपना प्राण देगा तो मेरे पास आ सकेगा।

(८) रावण और सीता जब एक साथ थे, उस समय यदि वह उसका भोग न ले सका, (९) तो अब किस भरोसे पर मैं कुछ कहूँ ? अब मेरा जीवन पराए हाथ में है।

(१) कनक पानि मसि=सोने के पानी की स्याही । १५ वीं शती से इसका व्यवहार चित्रों में चल गया था, जैसा सुवर्णाक्षरी कल्पसूत्र एवं अन्य हस्त लिखित ग्रन्थों से ज्ञात होता है।

(२) तेहि कंचन कह चहिअ सोहागा–इस उक्ति से पद्मावती का तात्पर्य है कि मेरे सदृश कंचन को पूर्ण शुद्ध या बारहबानी कुंदन बनने के लिये सोहाग (सोहागा या सौभाग्य) चाहिए। पद्मावती ने अपनी ओर से यह आकांक्षा प्रकट की ।

जो निरमल नग होइ सो लागा–इस पंक्ति में रत्नसेन की पात्रता की ओर संकेत है। जो रत्न

निर्दोष होता है, वही कुंदन के साथ जड़ा जाता है । यदि रत्नसेन अपने प्रेम में निर्मल है । तो पद्मावती के साथ उसका मेल अवश्यम्भावी है । कंचन के साथ रत्न के मेल की कल्पना जायसी को प्रिय है (४४०।६, कंचन करी रतन नग बना ।) कालिदास ने भी लिखा है–रत्नं समागच्छतु कंचनेन (रघुवंश ६।७९) ।

(३) मढ़ मण्डप–मठ में मन्दिर और पुजारियों के निवास स्थान आदि सम्मिलित होते थे । मण्डप केवल देवता का स्थान होता था (३०।३, १७९।५, २०८।५) ।

(४) बिसँभार–सं० विसंस्मृत > प्रा०, अप० विसंभारिय ।

(७) अब जौं सूर–१९५।५, २३३।१ ।

[२३३]

अब जौं सूर गगन चढ़ि धावहु । राहु होहु तो ससि कहँ पावहु ।१।
बहुतन्ह असै जीउ पर खेला । तूँ जोगी केहि माहँ अकेला ।२।
बिक्रम धँसा पेम के बाराँ । सपनावति कहँ गएउ पताराँ ।३।
सुदैबच्छ मुगुधावति लागी । कँकन पूरि होइ गा बैरागी ।४।
राजकुँवर कंचनपुर गएऊ । मिरिगावति कहँ जोगी भएऊ ।५।
साधा कुँवर मनोहर जोगू । मधु मालति कहँ कीन्ह बियोगू ।६।
पेमावति कहँ सरसुर साधा । उखा लागि अनिरुध बर बाँधा ।७।
हौं रानी पदुमावति सात सरग पर बास ।
हाथ चढ़ौं सो तेहि कें प्रथम जो आपुहि नास ॥२३।१७॥

(१) अब तो तुम सूर्य हो तो आकाश पर चढ़कर जल्दी आओ । यदि राहु हो तो शशि को कहाँ पा सकोगे ? (२) इसी प्रकार बहुत से जान पर खेले हैं । तू ही जोगी क्या उनमें अकेला है ? (३) विक्रम प्रेम के द्वार में प्रविष्ट हुआ और स्वप्नावती के लिये पाताल तक गया । (४) सुदैवच्छ मुग्धावती के लिये कंगन पहनकर बैरागी हो गया । (५) राजकुँवर मृगावती के लिये जोगी हो गया और कंचनपुर पहुँचा । (६) कुँवर मनोहर ने योग साधा और मधुमालती के लिये वियोग लिया । (७) सरसुर नामक राजकुमार ने प्रेमावती के लिये साधना की । ऊषा के लिये अनिरुद्ध ने सेना सजाकर युद्ध किया ।

(८) मैं रानी पद्मावती हूँ, धवलगृह के सातवें खण्ड (सात सरग) पर निवास करती हूँ । (९) मैं उसी के हत्थे चढ़ूँगी जो पहले अपने आपको मिटा लेगा ।'

(१) सुधाकरजी और शिरेफ ने यह अर्थ किया है–'अब तो सूर्य (रत्नसेन) यदि आकाश पर चढ़कर आवे और राहु होवे तो शशि (पद्मावती) को पावे, अर्थात् शशि के साथ का सुखानुभव करे । जायसी का भाव यह है–'तू यदि सूर्य (अथवा शूर) है तो आकाश पर चढ़कर आ । यदि तू राहु है तो चन्द्रमा से नहीं मिल सकता । राहु की छाया मात्र से चन्द्रमा काला पड़ जाता है ।'

(३) विक्रमादित्य और स्वप्नावती–सिंहासन बत्तीसी में पाँचवीं पुतली लीलावती की कथा है कि

विक्रम ने सिंहावती की प्राप्ति के लिए बहुत कष्ट भोगा। उसी का पाठ यहाँ स्वप्नावती (पाठा० चम्पावती) मिलता है (६५२ आ। ९)। श्री अगरचन्द नहटा ने मुझे सूचित किया है कि स्वप्नावती की कहानी उन्हें लोक साहित्य में मिल गई है।

(४) सुदैवच्छ मुग्धावती—सुदयवच्छ की कहानी अत्यन्त लोकप्रिय थी। सन्देशरासक में इसका उल्लेख आया है (कह वा ठाई सुदयवच्छ कत्थ व नल चरिउ, ४३)। सुदयवच्छ और रानी सावलिंगा की कहानी आज भी बिहार से गुजरात तक गाँव गाँव में कही जाती है। सुदयवच्छ सावलिंगा की कहानी के लिये देखिए, अगरचन्द नाहटा का लेख, राजस्थान भारती, अप्रैल १९५०।

(६) मनोहर और मधुमालती—मंझनकृत मधुमालती नामक अवधी प्रेम-कहानी की हस्तलिखित प्रतियाँ मिल गई हैं जो अभी अप्रकाशित हैं। कवि बनारसी दास ने अपने 'अर्धकथानक में लिखा है कि वे मधुमालती और मृगावती की पोथियाँ रात्रि के समय जौनपुर में बाँचा करते थे (देखिए मधुमालती पर ब्रजरत्नदास का लेख, हिन्दुस्तानी पत्रिका, अप्रैल १९३८, पृ० २१२; श्री चन्द्राबली पाँडे, मंझनकृत मधुमालती, नागरी प्रचारिणी पत्रिका, कार्त्तिक १९९५, पृ० २५५-२६४)। मधुमालती और मनोहर की कथा के लिये देखिए श्री माताप्रसाद जी गुप्त का लेख, ना० प्र० पत्रिका, हीरक जयन्ती अंक। चित्रावली (१६१३ ई०) में (३०।५-७) भी राजकुँअर-मृगावती और मनोहर-मधुमालती की कथा का उल्लेख है।

सरसुर और प्रेमावती की कहानी अभी अज्ञात है। और भी देखिए, गणेशप्रसाद द्विवेदी का लेख, 'हिन्दी में प्रेम-गाथा और मलिक मुहम्मद जायसी, ना० प्र० पत्रिका, भाग १७, अंक १, पृ० ६१।

[२३४]

हौं पुनि अहौं असि तोहि राती। आधी भेंट प्रीतम कै पाँती ।१।
तोहिं जौं प्रीति निबाहै आँटा। भँवर न देखु केतु महँ काँटा ।२।
होहु पतंग अधर गह दिया। लेहु समुँद धँसि होइ मरजिया ।३।
राति रंग जिमि दीपक बाती। नैन लाउ होइ सीप सेवाती ।४।
चात्रिक होहु पुकारु पिआसा। पिउ न पानि रहु स्वाति की आसा ।५।
सारस कै बिछुरी जिमि जोरी। रैनि होहु जस चक्क चकोरी ।६।
होहु चकोर दिस्टि ससि पाहाँ। औ रबि होहु कँवल दधि माहाँ ।७।
हहूँ असि हौं तो सौं सकसि तौ प्रीति निबाहु।
राहु बेधि होइ अरजुन जीति द्रौपदी ब्याहु ॥२३।१८॥

(१) 'मैं भी तुम पर ऐसी अनुरक्त हूँ कि प्रियतम का पत्र मेरे लिये आधी भेंट के समान है। (२) जब तुम्हारे मन में प्रीति है तो उसके निर्वाह का यत्न करो। भौंरा केतकी के काँटों को नहीं देखता। (३) पतंग बनो और अपने ओठों से दीपक चाटो। मरजिया बनकर समुद्र में धँसो और प्राप्त करो। (४) जैसे बत्ती दीपक के रंग में रक्त हो जाती है (जलती है उसी प्रकार तुम भी मेरे दीपक के स्नेह में पड़कर जलना स्वीकार करो)। सीप बनकर स्वाति की ओर नेत्र लगाओ। (५) चातक बनो और प्यासे रहकर पुकारो। स्वाति के जल की आशा में रहो, अन्य पानी मत पियो। (६) जोड़ी से बिछुड़े हुए

सारस की भाँति प्राण दो। रात में बिछुड़े चकवा चकई की तरह विरह सहो। (७) चकोर बनकर चन्द्रमा पर दृष्टि लगाओ। सरोवर के कमल के लिये सूर्य बनो।

(८) मैं भी तुमसे ऐसी ही प्रीति मानती हूँ। यदि समर्थ हो तुम भी प्रीति निभाओ (९) अर्जुन होकर राधाबेध करो और जीतकर द्रौपदी से विवाह करो।'

(२) आँटा–हिं० आंटना=पूरा पड़ना, हो सकना, जाना, पहुँचना।
(६) चक्क-चकोरी=चकवा-चकई। चकोरी=चक्र किशोरी।
(७) दधि=उदधि, सरोवर।
भौंर–केतकी, पतंग–दीपक, मरजिया–समुद्र, दीपक–बत्ती, स्वाति–सीप, चातक-मेघ, सारस की जोड़ी, चकवा-चकई, चन्द-चकोर, सूर्य-कमल, अर्जुन-द्रौपदी–प्रेम के इन विविध उपमानों द्वारा कवि का संकेत है कि प्रेम में जितने प्रकार का स्नेह और व्यथा सम्भव है, प्रेमी सबका निर्वाह करे और प्रेम की कसौटी पर कसा जाकर सब भाँति पूरा उतरे।

[२३५]

राजा इहाँ तैस तपि भूरा। भा जरि बिरह छार कर कूरा।१।
मौन गँवाए गएउ बिमोही। भा निरजिउ जिउ दीन्हेसि ओही।२।
गही पिंगला सुखमन नारी। सुन्नि समाधि लागि गौ तारी।३।
बुंदहि समुँद जैस होइ मेरा। गा हेराइ तस मिलै न हेरा।४।
रंगहि पानि मिला जस होई। आपुहि खोइ रहा होइ सोई।५।
सुवा आइ देखा भा नासू। नैन रकत भरि आए आँसू।६।
सदा जो प्रीतम गाढ़ करेई। वह न भूल भूला जिउ देई।७।
मूरि सँजीवनि आनि कै औ मुख मेला नीर।
गरुर पंख जस झारै अँबित बरसा कीर ॥२३।१९॥

(१) यहाँ राजा तप कर इस प्रकार सूख रहा था कि विरह में जलकर राख का ढेर होगया। (२) मौन खोकर (बकते हुए) वह विमोहित (मूर्च्छित) हो गया और पद्मावती के लिये प्राण देकर निर्जीव हो गया। (३) पिंगला और सुषुम्ना नाड़ियों के वश में होने से शून्य समाधि में उसकी ताली लग गई। (४) जैसे बूँद समुद्र में मिल जाती है, वैसे ही वह (शून्य समाधि में) खोया गया था कि ढूँढने पर भी न मिलता था। (५) जैसे किसी रंग में पानी मिलकर उसी रंग का हो जाता है, वैसे ही वह अपने आपको खोकर उसी रंग का हो रहा था। (६) सुग्गे ने आकर देखा कि वह खोया हुआ पड़ा है। यह दशा देखकर उसके नेत्रों में रक्त के आँसू भर आए। (७) जो प्रियतम सदा कष्ट देता है, उसे भी भुलाया नहीं जा सकता। वरन् प्रेम में भूला हुआ व्यक्ति उसके लिये अपना जी दे देता है।

(८) सुग्गा संजीवनी बूटी लाया और उसके मुख में उसका रस डाला। (९) गरुड़

जैसे अपने पंखों से अमृत झाड़ता है, वैसे ही सुग्गे ने (संदेश का अमृत) बरसाया।

(१) कूरा–सं० कूट=ढेर

(२) मौन गँवाए–मौन छोड़कर प्रेमी के लिये रट लगाए या बकते हुए मूर्च्छित होगया।

(३) पिंगल सुखमन नारी–इसका दूसरा अर्थ यह भी है, जैसे भर्तृहरि ने मन को सुख देने वाली स्त्री पिंगला से प्रेम किया पर प्रेम के गहने से पीछे उसकी शून्य समाधि लग गई, ऐसे ही पद्मावती से प्रेम करके रत्नसेन की भी दशा हुई।
सुन्नि समाधि=शून्य या निर्विकल्प समाधि।
तारी=त्राटक या टकटकी।

(७) गाढ़=संकट, कष्ट, (२२७।२, २४२।४)।

(८) मूरि संजीवनि–पद्मावती की पत्रिका राजा के लिये संजीवन मूल थी।

(९) गरुर पंख जस झारै–कथा है कि गरुड़ जी अपने पंखों पर स्वर्ग से अमृत का घट रखकर लाए थे। अमृत की कुछ बूँदें उनके पंखों में लग गई थीं और उनके पंख झाड़ने से अमृत झड़ता था।

[२३६]

मुवा जियहि अस बास जो पावा। बहुरी साँस पेट जिउ आवा।१।
देखेसि जाग सुअैं सिर नावा। पाती दै मुख बचन सुनावा।२।
गुरु कर बचन स्रवन दुहुँ मेला। कीन्ह सुदिस्टि बेगि चलु चेला।३।
तोहिं अलि कीन्ह आपु भइ केवा। हौं पठवा कै बीच परेवा।४।
पवन स्वाँस तोसौं मन लाए। जोवै मारग दिस्टि बिछाए।५।
जस तुम्ह कया कीन्ह अगिडाहू। सो सब गुरु कहँ भएउ अगाहू।६।
तव उड़ंत छाला लिखि दीन्हा। बेगि आउ चाहौं सिध कीन्हा।७।
आवहु स्यामि सुलक्खने जीव बसै तुम्ह नाउँ।
नैनन्ह भीतर पंथ है हिरदै भीतर ठाउँ॥२३।२०॥

(१) यदि ऐसी सुगन्धि मिले तो मरा हुआ भी जी जाता है। रत्नसेन की साँस लौट आई और शरीर में प्राण आ गया। (२) उसने जागकर नेत्र खोले। सुग्गे ने मस्तक झुकाया और प्रेम की पाती देते हुए मुख से भी संदेश कहा। (३) गुरु के वचन का अमृत दोनों कानों में डाला–'हे शिष्य, गुरु ने तेरे ऊपर सुदृष्टि की है, शीघ्र चल। (४) तुझे भौंरा बनाकर आप स्वयं केतकी बनी है। मुझे बीच में सन्देशहर बनाकर भेजा है। (५) अपनी श्वास पवन को देकर वह मन तुझमें लगाए हुए है, और दृष्टि मार्ग में बिछाकर तेरी बाट जोह रही है। (६) जैसे तूने अपने शरीर का अग्निदाह किया है, वह सब उस गुरु को विदित हो गया है। (७) उसने तुम्हारे लिए लिखा है–"उड़न्त छाल पर बैठकर तुरन्त आओ मैं तुम्हें सिद्ध बनाना चाहती हूँ।

(८) हे सुलक्षण स्वामी, अब आओ। मेरे प्राणों में तुम्हारा नाम बसता है। (९) नेत्रों में तुम्हारे लिये मार्ग है, और हृदय के भीतर तुम्हारे लिये स्थान है।"-'

(४) केवा=कमल (२७४।५, ३०५।५, ४४०।१, ५७०।१, चित्रावली ३०।४, १११।४, २१४।१)। सम्भवतः सं० कुव से संबंधित है।

(६) अगिडाहू=सं० अग्निदाह। अगाह=फा० आगाह।

(७) उडंत छाला–उड़ने वाली मृगछाला।
मध्यकालीन विश्वास के अनुसार सिद्धि प्राप्त योगी मृगछाला पर बैठकर आकाश मार्ग से चाहे जहाँ जा सकता था (३६१।६, अबहुँ न बहुरा उड़िगा छाला)।

[२३७]

सुनि पदुमावति कै असि मया। भा बसंत उपनी नै कया।१।
सुवा क बोल पवन होइ लागा। उठा सोइ हनिवँत अस जागा।२।
चाँद मिलन कहँ दीन्हेउ आसा। सहसौ कराँ सूर परगासा।३।
पाती लीन्ह लै सीस चढ़ावा। दिस्टि चकोर चाँद जनु पावा।४।
आस पिआसा जो जेहि केरा। जौं झिझकार वाहि सौं हेरा।५।
अब यह कवन पवन मैं पिया। भा तन पंख पंखि मरि जिया।६।
उठा फूलि हिरदै न समाना। कंथा टूक टूक बेहराना।७।
जहाँ पिरीतम वै बसहिं यह जिउ बलि तेहि बाट।
जौं सो बोलावहि पाउ सौं हम तहँ चलहिं लिलाट ॥२३।२१॥

(१) पद्मावती की ऐसी कृपा सुनकर रत्नसेन के मन में वसन्त आ गया और उसकी काया में नए पल्लव उत्पन्न हुए। (२) सुग्गे का वचन वसन्त की वायु की भाँति सुखद लगा। वह हनुमानजी की तरह सोते से उठकर जागा। (३) चन्द्रमा ने मिलने की जो आशा बँधाई, उससे सूर्य सहस्र कलाओं से प्रकाशित हो उठा। (४) उसने पत्री अपने हाथ में ली और मस्तक पर चढ़ाई। उसकी दृष्टि रूपी चकोर ने मानों अपना चन्द्रमा पा लिया था। (५) जो जिसकी आशा का इच्छुक होता है, वह उससे झटकारा भी जाय, तो भी उसीकी ओर देखता है। (६) 'अब यह कौन सा प्राणवायु मैंने पी लिया जिससे शरीर में आशा के नए पंख निकल आए, मानों पक्षी मरकर जी गया हो !' (७) वह हर्ष से फूल उठा, क्योंकि आनन्द हृदय में न समाता था। काया के फूलने से उसकी कथरी टूक टूक होकर बिथुर गई।

(८) 'जहाँ वह प्रीतम रहता है, उसके मार्ग में इन प्राणों की बलि है। (९) जो वह पैर से आने के लिये कहे, तो मैं मस्तक के बल वहाँ जाउँगा।'

(१) भा वसन्त–वसन्त की विशेषता रस के संचित होने में है, उसीसे वनस्पति नया फुटाव लेती है। राजा के मन में भी रस का संचार हुआ और शरीर पल्लवित हो गया।

(२) हनिवँत अस जागा–हनुमान्‌जी का छह महीने तक सोना, फिर उठकर जागना और लंका की रक्षा के लिये हाँक लगाना, देखिए (२०६।१-२, ३५५।२)।

(६) अब यह कवन पवन मैं पिया–श्वास या प्राणवायु द्वारा अमृत पीने की ओर संकेत है जिसका

योगी अभ्यास करते थे। उस अमृत से नए पंख निकले, मानों मरा हुआ पक्षी जी गया।

[२३८]

जो पँथ मिला महेसहि सेईं। गएउ समुँद ओही धँसि लेईं।१।
जहँ वह कुंड विषम अवगाहा। जाइ परा जनु पाई थाहा।२।
बाउर अंध प्रीति कर लागू। सौंहँ धँसै कछु सूझ न आगू।३।
लीन्हेसि धँसि सुवाँस मन मारे। गुरू मछिंदरनाथ सँभारे।४।
चेला परे न छाड़हि पाछू। चेला मंछु गुरू जस काछू।५।
जनु धँसि लीन्ह समुँद मरजिया। उघरे नैन बरे जनु दिया।६।
खोजि लीन्हि सो सरग दुवारी। बज्र जो मूँदे जाइ उघारी।७।
बाँक चढ़ाउ सुरंग गढ़ चढ़त गएउ होइ भोर।
भइ पुकार गढ़ ऊपर चढ़े सेंधि दै चोर॥२३।२२॥

(१) जो मार्ग शिव की सेवा से प्राप्त हुआ था, उसे ही जैसे समुद्र में घुसकर लेने के लिये राजा चला। (२) जहाँ वह विषम अगाध कुण्ड था उसमें जाकर गिरा तो अब उसे मानों थाह मिल गई। (३) प्रीति में लगा हुआ व्यक्ति बावला और अन्धा बन जाता है। वह सामने ही घुसता है; आगे क्या है, उसे कुछ नहीं सूझता। (४) प्राण और मन को वश में करके राजा ने सामने से प्रवेश करके अपना इष्ट प्राप्त किया। अब उसके साथ गुरु मछिन्दरनाथ सम्हालने वाले थे। (५) चेले के गिरने पर भी गुरु पीछा नहीं छोड़ता। चेला मछली की भाँति और गुरु पीछा करने वाले कछुए की भाँति होता है। (६) समुद्र में गोताखोर की भाँति उसने घुसकर सिद्धि प्राप्त की। उसके नेत्र खुले तो दीपक से जलते हुए दिखाई दिए। (७) उसने स्वर्ग का द्वार ढूँढ़ लिया, और वज्र से मूँदे हुए कपाटों को खोल लिया।

(८) उस गढ़ में सुरंग की चढ़ाई टेढ़ी थी, अतएव चढ़ते हुए प्रातःकाल हो गया। (९) गढ़ के ऊपर पुकार मची कि चोर सेंध लगाकर चढ़ रहे हैं।

(१) जो पँथ मिला महेसहि सेईं–तुलना २१४।५, कहौं बात अब होइ उपदेसी। लागु पंथ भूले परदेसी। दोहे २१४-२१६ को पढ़ने से इस नए मार्ग का परिचय मिलता है। इसमें हठ योग के अनुसार कुंडलिनी योग या प्राण साधन और राजयोग प्रतिपादित मनोनिग्रह इन दोनों का समन्वय किया गया है। यही गुरु गोरखनाथ का नया मार्ग था जिसके आदि प्रवर्तक आदिनाथ या शिव माने जाते थे।

(२) बिषम अगाध कुंड–गढ़ की सुरंग का निचला भाग पानी के गहरे कुंड में छिपा रहता था (२१५।६)।

(४) सुवाँस मन मारे=श्वास और मन को वश में करके (२१६।३, तूँ मन नाँथु मारि कै स्वाँसा)।

(५) गुरू मछिंदर नाथ सभारे–गोरखनाथ के गुरु मत्स्येन्द्रनाथ सब साधकों की रक्षा करते हैं (१६०।३, गोरख सिद्धि दीन्ह तोहि हाथू। तारे गुरू मछिंदरनाथू।)

चेला परे न छाड़हि पाछू–शिष्य के गिरने या पथभ्रष्ट होने पर भी गुरु पीछा नहीं छोड़ता,

जैसे जल में कछुआ मछलियों की टोह में उनका पीछा करता है। चेला मछली की भाँति चंचल और गुरु कछुए की भाँति स्थिर होता है।

(७) सरग दुवारी=स्वर्ग अर्थात् गढ़ के ऊपर तक (योगपक्ष में सहस्त्रार दल कमल तक) पहुँचाने वाली सुरंग का नीचे का प्रवेश द्वार (योग पक्ष में, सुषुम्ना का नीचे का रन्ध्र) [२१५।९, ढूँढि लेहि ओहि सरग दुआरी]।

२४ : गन्धर्व सेन मन्त्री खण्ड

[२३९]

राजैं सुना जोगि गढ़ चढ़े। पूँछे पास पँडित जो पढ़े।१।
जोगी जो गढ़ सेंधि दै आवहिं। कहहु सो सबद सिद्धि जेहि पावहिं।२।
कहहिं बेद पढ़ि पंडित बेदी। जोगी भँवर जस मालति भेदी।३।
जैसैं चोर सेंधि सिर मेलहिं। तस ये दुवौ जीव पर खेलहिं।४।
पंथ न चलहिं बेद जस लिखे। सरग जाइ सूरी चढ़ि सिखे।५।
चोरहि होइ सूरी पर मोखू। देइ जो सूरी तेहि नहिं दोखू।६।
चोर पुकारि भेद गढ़ मूँसा। खोलै राज भँडार मँजूसा।७।
जस भँडार ये मूसहिं चढहिं रैनि दै सेंधि।
तस चाही पुनि एन्ह कहँ मारहु सूरी बेधि ॥२४।१॥

(१) राजा ने सुना कि जोगी गढ़ पर चढ़ आए हैं। उसने पास के शास्त्रज्ञ विद्वानों से पूछा, 'यदि जोगी सेंध लगाकर गढ़ में घुस आवें तो ऐसा शास्त्र वचन बताइए जिससे वे अपराध का दण्ड-निर्णय पा सकें। (३) वेद के जानने वाले पण्डित वेद के वचन सुनाकर कहने लगे, 'जोगी उस भौंरे के समान होते हैं, जो गन्ध के लिये मालती पुष्प भेद डालता है। (४) जैसे चोर सेंध में अपना सिर डाल देते हैं, वैसे ही ये दोनों अपने प्राणों पर खेलते हैं। (५) वेद में जैसा लिखा है, उस मार्ग पर ये नहीं चलते। स्वर्ग जाने के लिये ये सूली पर चढ़ना सीखे हैं। (६) चोर को सूली पर पाप से छुटकारा मिल जाता है। अतएव जो सूली देता है, उसे दोष नहीं लगता। (७) चोर हाँक देकर, गढ़ का भेदन करके चोरी करते हैं और राजभंडार की मंजूषा खोल लेते हैं।

(८) जैसे ये जोगी भंडार को मूसने के लिये रात में सेंध लगाकर चढ़े हैं, (९) उसके अनुसार तो इन्हें भी सूली से बेधकर मार देना चाहिए।'

(२) सबद-सं० शब्द=शास्त्र वचन, धर्मशास्त्र, स्मृति, या निबन्ध आदि के प्रमाण, जिनके अनुसार मध्यकाल में न्याय होता था।
सिद्धि=निर्णय-पत्र, अपराध के लिये दण्ड का निर्णय।

(३) कहहिं बेद पढ़ि-यहाँ जायसी ने धर्मशास्त्र के अनुसार न्याय की हिन्दू प्रणाली की ओर संकेत किया है। वेद शब्द से धर्मशास्त्र का तात्पर्य लेना चाहिए।

(७) चोर पुकारि=साहसिक चोर कहकर या चुनौती देकर सेंध लगाते और मूसते थे। राज भँडार मँजूसा–इसीके लिये २१४।६ में पेई शब्द है। सहजिया सम्प्रदाय के अनुसार सरग या आकाश से ऊपर महासुख चक्र या सर्वशून्य स्थान है। कान्ह पाद के एक गीत में कहा है कि वहाँ तक पहुँचने के लिये मोहभंडार या वासनागार (जायसी का राजभंडार) का लूटा जाना आवश्यक है।

[२४०]

राँध जो मंत्री बोले सोई। ऐस जो चोर सिद्ध पै कोई ।१।
सिद्ध निसंक रैनि पै भवँहीं। ताकहिं जहाँ तहाँ उपसवहीं ।२।
सिद्ध डरहिं नहिं अपने जीवाँ। खरग देखि कै नावहिं गीवाँ ।३।
सिद्ध जाहिं पै जिय बध जहाँ। औरहि मरन पंख अस कहाँ ।४।
चढ़हिं जो कोपि गगन उपराहीं। थोरे साज मरहिं ते नाहीं ।५।
जंबुक कहँ जौं चढ़िअै राजा। सिंघ साज कै चढ़िअ तौ छाजा ।६।
सिद्ध अमर काया जस पारा। छरहिं मरहिं बर जाइ न मारा ।७।
छरहिं काज किरसुन कर छाजा राजा छरहिं रिसाइ।
सिद्ध गिद्ध जस दिस्टि गँगन महँ बिनु छर किछु न बसाइ ॥२४।२॥

(१) पास में जो मंत्री थे, उन्होंने कहा, 'जो ऐसा चोर है, वह अवश्य सिद्ध होगा। (२) सिद्ध निडर होकर रात में भी घूमते हैं। जहाँ वे दृष्टि कर लेते हैं, वहीं पहुँचते हैं। (३) सिद्ध अपने प्राण का भी डर नहीं करते और खड्ग देखकर ग्रीवा झुका देते हैं। (४) जहाँ प्राणों के वध की संभावना हो वहाँ सिद्ध अवश्य पहुँचते हैं। औरों के पास ऐसे मरण-पंख कहाँ ? (५) जो इस प्रकार कोप करके आकाश के मार्ग से चढ़ते हैं वे थोड़ी तैयारी से नहीं मर सकते। (६) हे राजा, सियार मारने के लिये जब चढ़ाई करना हो तो सिंह की तैयारी से चढ़ना चाहिए, तभी शोभा होती है। (७) सिद्ध अमर होते हैं, उनकी काया पारे के समान है। वे छल या युक्ति से मारे जाते हैं, बल से नहीं।

(८) छल से ही कृष्ण ने अपना काम सफल किया, जहाँ धर्मराज छल के नाम से क्रोधित हो जाते थे। (९) सिद्ध गिद्ध की भाँति सदा आकाश की ओर (ऊपर ही) दृष्टि रखते हैं। छल के बिना सिद्धों से कुछ वश नहीं चलता।'

(१) राँध=समीप। जायसी ने इसी अर्थ में इस शब्द का कई बार प्रयोग किया है, जैसे–अनु रानी हौं रहतेउँ रांधा। कैसे रहउँ बचा कर बाँधा। १८१।६; एहि डर राँध न बैठों मकु साँवरि होइ जाउँ। इस शब्द की व्युत्पत्ति सं० रन्ध्र से ज्ञात होती है। प्रा० और अप० रन्ध=छिद्र, विवर। प्राचीन घरों में एक घर से दूसरे घर के साथ बातचीत करने के लिये बीच की दीवार में एक रन्ध्र या छोटी खिड़की बनी होती थी। इसी आधार पर राँध पड़ोसी यह महावरा चालू हुआ, अर्थात् वह निकटस्थ पड़ौसी जिसके साथ रन्ध्र द्वारा सम्बन्ध हो। चित्रावली में राँध के प्रयोग, ५७।७, ३७७।५, ४२६।१, ५०३।१। चित्रावली ४७३।४ (औरहिं प्रेम भयो मैं अन्धा। हौं सो दूर वह मोरे रंधा।) में राँध के लिये रंधा शब्द रन्ध्र से उसका संबंध सूचित करता है।

(२) भवँहीं–धातु भँवना, सं० भ्रमण।
उपसर्वाहि=जायसी ने प्रायः इस क्रिया का प्रयोग किया है (१०३।२, २०३।७, २५८।४)= जाना, पहुँचना दूर होना, सं० उपसर्पति।
(४) मरन पख=मरने के लिये उड़कर जाने का साधन या इच्छा।
(६-८) छाजा–सं शोभ > प्रा० छज्ज (धात्वादेश) छाजना=सुशोभित होना, सफल होना। पारा–पारा मूर्च्छित, बद्ध या मृत करने की युक्ति से वश में होता है, बलपूर्वक आग में जलाने से नहीं।
(८) राजा–इसका संकेत धर्मराज युधिष्ठिर से है। जयद्रथ, दुर्योधन आदि के वध के समय युधिष्ठिर छल के नाम से क्रोध करते थे किन्तु कृष्ण के छल या युक्ति से ही उनका काम सिद्ध हुआ।

[२४१]

आवहु करहु गुदर मिस साजू। चढ़हु बजाइ जहाँ लगि राजू।१।
होहु सँजोइल कुँवर जो भोगी। सब दर छेंकि धरहु अब जोगी।२।
चौबिस लाख छत्रपति साजे। छप्पन कोटि दर बाजन बाजे।३।
बाइस सहस सिंघली चाले। गिरि पहार पब्बै सब हाले।४।
जगत बराबर दै सब चाँपा। डरा इंद्र बासुकि हिय काँपा।५।
पदुम कोटि रथ साजे आवहिं। गिरि होइ खेह गँगन कहँ धावहिं।६।
जनु भुइँचाल जगत महँ परा। कुरुम पीठि टूटिहि हियँ डरा।७।
छत्रन्ह सरग छाइगा सूरुज गएउ अलोपि।
दिनहिं राति अस देखिअ चढ़ा इंद्र अस कोपि॥ २४१।३॥

(१) 'आओ, गुदारे के बहाने सेना सज्जित करो। जहाँ तक तुम्हारा राज है, वहाँ तक बाजा बजवाकर चढ़ाई करो। (२) जो तुम्हारे आश्रित जागीर का उपभोग करने वाले राजकुमार हैं, उनके साथ तैयार हो जाओ। सारी सेना से घेरकर जोगियों को अभी पकड़ लो।' (३) (मंत्रियों का यह विचार सुनकर) राजा ने चौबीस लाख छत्रपति सज्जित किए। छप्पन कोटि सेना में बाजे बजने लगे। (४) बाइस सहस्र सिंहली हाथी चले, जिससे गिरि, पहाड़ और पर्वत सब हिलने लगे। (५) सबके दबाव देने से धरती बराबर हो गई। इन्द्र डर गया और वासुकि मन में काँपने लगा। (६) पद्मकोटि रथ सज्जित होकर आए। पर्वत धूल बनकर आकाश में उड़ने लगे। (७) सेना के प्रयाण से मानों संसार में भूचाल आ गया। पृथिवी का भार संभालने वाला कूर्म मन में डर गया कि पीठ टूट जाएगी।

(८) छत्रों से आकाश ढक गया और सूर्य ओझल हो गया। (९) दिन में ही रात जैसी दीखने लगी। इस प्रकार क्रोध करके राजा ने चढ़ाई की।

(१) गुदर–फा० गुजर=सेना की कवायद या सैनिक प्रदर्शन जो राजा के सामने होता था। तुलसी, भा भिनुसार गुदारा लागा (अयोध्या काण्ड, २०२।७)।

(२) संजोइल=तैयार, संयोग+इल। तुलसी, होहु संजोइल रोकहु घाटा (अयोध्या काण्ड १९०।१) भोगी–सं० भोगिक या भोगिन्=राजा से भोग या गुजारा पाने वाले सामन्त, जागीरदार, मंसबदार। वाण के हर्षचरित में भी भोगपति (पृ० २१२) और भोगिन् (पृ० २१३) का उल्लेख है। ज्ञात होता है कि यह संस्था सातवीं शती से पहले ही अस्तित्व में आ चुकी थी। मध्यकाल एवं मुस्लिमकाल में इसका और विकास हुआ।

(३) चौबिस लाख क्षत्रपति– ये बड़ी संख्याएँ जायसी को मध्यकालीन राजनैतिक परिभाषा से प्राप्त हुई ज्ञात होती हैं। जैसे लगभग ११-१२ वीं शती में कान्यकुब्ज का राज्य ३६ लाख; सौराष्ट्र कच्छ, लाट और कोंकण प्रत्येक १४ लाख; गौड़ राज्य १८ लाख; कामरूप ९ लाख; चोल ७२ लाख प्रसिद्ध था। आरम्भ में राजग्राह्य कर के आधार पर ये संख्याएँ प्रचलित हुई थीं। पीछे इसे ग्राम संख्या कहने लगे (अपराजित पृच्छा, ३८।२-४)।

[२४२]

देखि कटक औ मैमँत हाथी। बोले रतनसेनि के साथी।१।
होत आव दर बहुत असूझा। अस जानत हैं होइहि जूझा।२।
राजा तूँ जोगी होइ खेला। एही दिवस कहँ हम भए चेला।३।
जहाँ गाढ़ ठाकुर कहँ होई। संग न छाड़ै सेवक सोई।४।
जो हम मरन देवस मन ताका। आजु आइ पूजी वह साका।५।
बरु जिउ जाइ जाइ जनि बोला। राजा सत्त सुमेरु न डोला।६।
गुरू केर जौं आएसु पावहिं। हमहुँ सौंहँ होइ चक्र चलावहिं।७।
आजु करहिं रन भारथ सत्त बचा लै राखि।
सत्त करै सब कौतुक सत्त भरै पुनि साखि ॥२४।४॥

(१) कटकदल और मैमन्त हाथी देखकर रत्नसेन के साथी बोले, (२) 'सेना बड़ी अपार बढ़ती चली आती है। ज्ञात होता है कि युद्ध होगा, (३) हे राजा, तू जोगी बनकर आया है। (तेरी सेना पीछे छूट गई है।) पर हम इसी दिन के लिये साथ चेले बने थे। (४) जहाँ ठाकुर पर विपत्ति आती है, वहाँ जो साथ नहीं छोड़ता वही सेवक है। (५) हमने जो अपने मन में मरने के दिन का विचार किया था, आज वह मुहूर्त्त आ पहुँचा है। (६) चाहे प्राण चला जाय, पर वचन न जाना चाहिए। हे राजा, सत्य सुमेरु है, जो कभी नहीं डिगता। (७) जो गुरु की आज्ञा पावें तो हम भी सामने होकर चक्र चलावेंगे।

(८) आज हम महाभारत जैसा युद्ध मचाएँगे। सत्य की प्रतिज्ञा लेकर उसकी रक्षा करेंगे। (९) सत्य के बल से हम कौतुक करेंगे। सत्य हमारी साक्षी देगा (समर्थन करेगा)।'

(४) गाढ़=विपत्ति, संकट (२२७।२, २४२।४)।
(५) साका=मुहूर्त्त, घड़ी, संवत्सर।
(९) सत्त करै सब कौतुक–शस्त्र के विना सत्य के बल से युद्ध में प्राण देने को कौतुक या नए प्रकार

का कर्म कहा गया है । हमारा सत्य उस युद्ध का साक्षी या सहायक होगा ।

[२४३]

गुरू कहा चेला सिध होहू । पेम बार होइ करिअ न कोहू ।१।
जा कहँ सीस नाइ कै दीजै । रंग न होइ ऊभ जौं कीजै ।२।
जेहि जियँ पेम पानि भा सोई । जेहि रँग मिलै तेहि रँग होई ।३।
जौं पै जाइ पेम सिउँ जूझा । कत तपि मरहिं सिद्ध जिन्ह बूझा ।४।
यह सत बहुत जो जूझि न करिअै । खरग देखि पानी होइ ढरिअै ।५।
पानिहि काह खरग कै धारा । लौटि पानि सोई जो मारा ।६।
पानी सेंति आगि का करई । जाइ बुझाइ पानि जौं परई ।७।
सीस दीन्ह मैं अगुमन पेम पाय सिर मेलि ।
अब सो प्रीति निबाहें चलौं सिद्ध होइ खेलि ॥२४।५॥

(१) गुरु ने कहा, 'हे चेलो, सिद्ध बनो । प्रेम के द्वार में क्रोध न करना चाहिए । (२) जिसे झुकाकर सिर दे दिया गया, उसके सामने ही जब उसे ऊँचा करोगे तो रंग न रहेगा । (३) जिसके हृदय में प्रेम है वह पानी जैसा हो जाता है । वह जिस रंग में मिलता है उसी रंग का हो जाता है । (४) यदि प्रेम के साथ युद्ध किया जा सकता (प्रेम को बल पूर्वक जीता जा सकता) तो जिन सिद्धों ने प्रेम को पहचान लिया था वे तप करके क्यों मरते ? (५) यही बड़ा सत्य है कि हम युद्ध न करें, तलवार देखकर पानी बनकर ढल जाएँ । (६) पानी के लिये तलवार की धार क्या ? पानी में जो तलवार मारता है वही उलटकर पानी हो जाता है । (७) पानी के साथ आग भी क्या करेगी ? उस पर जब पानी पड़ता है वह बुझ जाती है ।

(८) प्रेम के पैरों पर सिर धरकर मैंने पहले ही अपना सिर दे दिया है । (९) अब मैं उस प्रीति को निभाने के लिये सिद्ध होकर बरतूँगा ।'

(२) ऊभ=ऊँचा । सं० ऊर्ध्वित > प्रा० उब्भिय=ऊँचा किया हुआ, खड़ा किया हुआ (पासद्द० २०९) ।

[२४४]

राजैं छेंकि धरे सब जोगी । दुख ऊपर दुखु सहै बियोगी ।१।
ना जियँ धरक धरत है कोई । ना जियँ मरन जियन कस होई ।२।
नाग फाँस उन्ह मेली गीवाँ । हरख न बिसमौ एकौ जीवाँ ।३।
जेइँ जिउ दीन्ह सो लेउ निरासा । बिसरै नहिं जौ लहि तन स्वाँसा ।४।
कर किंगरी तिन्ह तंत बजावा । नेहु गीत बैरागी गावा ।५।
भलेहिं आनि गियँ मेली फाँसी । हिएँ न सोच रोस रिसि नासी ।६।

मैं गियँ फाँद ओही दिन मेला। जेहि दिन पेम पंथ होइ खेला ।७।
परगट गुपुट सकल महि मंडल पूरि रहा सब ठाउँ ।
जहँ देखौं ओहि देखौं दोसर नहिं कहँ जाउँ ॥२४।६॥

(१) राजा गन्धर्वसेन ने सब जोगी घेरकर पकड़ लिए। वियोगी दुःख के उपर नए नए दुःख सहता है। (२) मुझे कोई पकड़ रहा है इसका खटका उसके जी में नहीं होता। न उसके जी में यह भान होता है कि मरना जीना कैसा है। (३) राजपुरुषों ने उनके गले में नाग फाँस डाल दी। पर इससे जी में कुछ भी हर्ष और विस्मय नहीं हुआ। (४) वह कहने लगा, 'जिस निराश प्रेमी ने जीवन दिया है वह भले ही उसे ले ले। जब तक शरीर में श्वास है वह भुलाया नहीं जा सकता। (५) उनके हाथ की किंगरी से धुन बज रही थी और बैरागी राजा प्रेम का गीत गा रहा था। (६) 'भले ही तुमने लाकर मेरे गले में फाँसी डाल दी। मेरे हृदय में इसका कोई सोच या रोष नहीं है। अब मेरा क्रोध जाता रहा है। (७) मैंने तो उसी दिन गले में फंदा डाल लिया था जिस दिन प्रेम के मार्ग में चला था।

(८) कहीं गुप्त, कहीं प्रकट, सकल भूमंडल में सभी स्थानों पर वह प्रियतम व्याप्त हो रहा है। (९) जहाँ देखता हूँ, उसे देखता हूँ। दूसरा नहीं है। और कहाँ जाऊँ?'

(४) निरासा–३०।६, २०८।५।
(५) तंत=तारों से निकलने वाली धुन। यहाँ किंगरी पर प्रेम गीत गाने वाले जोगी का चित्र है।

[२४५]

जब लगि गुरु मैं अहा न चीन्हा। कोटि अँतरपट बिच हुत दीन्हा ।१।
जौं चीन्हा तौ औरु न कोई। तन मन जिउ जोबन सब सोई ।२।
हौं हौं कहत धोख अँतराहीं। जौं भा सिद्ध कहाँ परिछाहीं ।३।
मारै गुरू कि गुरू जियावा। औरु को मार मरै सब आवा ।४।
सूरी मेलु हस्ति कर पूरू। हौं नहिं जानौं जानै गूरू ।५।
गुरू हस्ति पर चढ़ा सो पेखा। जगत जो नास्ति नास्ति सब देखा ।६।
अंध मीन जस जल महँ धावा। जल जीवन जल दिस्टि न आवा ।७।
गुरु मोरे मोरें हित दीन्हें तुरँगहि ठाठ ।
भीतर करैं डोलावै बाहर नाचै काठ ॥२४।७॥

(१) जब तक मैंने गुरु (पद्मावती) को पहचाना न था, तब तक मेरे और उसके बीच में करोड़ों अन्तर पट (परदे) पड़े हुए थे। (२) जब उसे पहचान लिया तो बीच में और कोई नहीं रहा। तन, मन, प्राण और यौवन, सब वही है। (३) 'मैं–मैं' कहते हुए

धोखे से लोग अपने और गुरु के बीच अन्तर समझते हैं । जब सिद्ध हो गया तब भेद से उत्पन्न परछाईं कहाँ रही ? (४) गुरु ही मारता है, या गुरु ही जिलाता है । अन्य किसकी शक्ति है जो मार सके ? और सब तो स्वयं ही मरने के लिये आते हैं । (५) चाहे सूली पर चढ़ाओ, चाहे हाथी की सूँड में भर दो, मैं कुछ नहीं जानता, गुरु जाने । (६) गुरु हाथी पर चढ़ा हुआ वह दृश्य देखता है । जगत के लिये जो 'नास्ति' है उस 'नास्ति' को भी गुरु सब देखता है । (७) अंधी मछली जैसे जल में दौड़ती है, जिस जल से उसका जीवन है वही जल उसकी दृष्टि में नहीं आता ।

(८) मेरे गुरु ने मेरे हित के लिये ही इस शरीर को घोड़े के ठाठ से सजाया है । (९) वह भीतर से जैसे चलाता है वैसे ही बाहर यह काठ का घोड़ा नाचता है ।

(१) अँतर पट–सं० अंतरपट=बीच का परदा ।

(६) गुरू हस्ति पर चढ़ा–गुरु हाथी पर चढ़कर उतनी दूर देखता है जितनी दूर और नहीं देखते । हस्ति का अर्थ अस्ति भी है । गुरु ने ईश्वर को साक्षात् देख लिया है, उसे तत्व वस्तु के अस्तित्व का साक्षात्कार हुआ है । जगत् जिसे नास्ति कहता है, सिद्ध गुरु उसे भी प्रत्यक्ष देखता है । और भी देखिए, २२१।४-५, मोरें हस्ति गुरू बड़ साथी, हस्ति नास्ति जेहि करत न बारा । तांत्रिक बौद्ध धर्म और सहजिया संप्रदाय दोनों में प्रत्यक्षदर्शी गुरु की महिमा अत्यधिक थी]

(८-९) दीन्हें तुरँगहि ठाठ–माताप्रसादजी ने मूल पाठ' दीन्हें तुरँगहिं ठाठ' माना है और 'दीन्हे तुरँगहिं ढाठ' को पाठान्तर में रक्खा है । मनेर और गोपालचन्द्र की प्रति एवं तृ० १ प्रति में 'ढाठ' पाठ है । अर्थ की दृष्टि से वह अधिक संगत ज्ञात होता है । राजा की गरदन में जो फंदा पड़ा है वह बदमाश घोड़े के लगाए जाने वाले ढाठे की तरह है । राजा का विचार है कि यह फंदा या ढाठा उसके हित के लिये ही गुरु ने डलवाया है । भीतर से गुरु जैसा इशारा देता है वैसे ही ढाठे से जकड़ा हुआ यह काठ का घोड़ा नाचता है ।

[२४६]

सो पदुमावति गुरु हौं चेला । जोग तंत जेहि कारन खेला ।१।
तजि ओहि बार न जानौं दूजा । जेहि दिन मिलै जातरा पूजा ।२।
जीउ काढ़ि भुइँ धरौं लिलाटू । ओहि कहँ देहुँ हिए महँ पाटू ।३।
को मोहि लै सो छुवावै पाया । को अवतार देइ नइ काया ।४।
जीउ चाहि सो अधिक पियारी । माँगै जीउ देउँ बलिहारी ।५।
माँगै सीस देउँ सिउँ गीवा । अधिक नवौं जौं मारै जीवा ।६।
अपने जिय कर लोभ न मोही । पेम बार होइ माँगौं ओही ।७।
दरसन ओहि क दिया जस हौं रे भिखारि पतंग ।
जौं करवत सिर सारै मरत न मोरौं अंग ॥२४।८॥

(१) वह पद्मावती गुरु है मैं चेला हूँ । उसके कारण मैंने योग का मार्ग लिया है। (२) उसका द्वार छोड़कर मैं दूसरा नहीं जानता । जिस दिन वह मिलेगी, उसी दिन यात्रा

पूरी होगी। (३) उस पर अपना प्राण निछावर करके मैं पृथ्वी पर मस्तक टेकूँगा, और उसके बैठने के लिये हृदय में आसन दूँगा। (४) कौन मुझे वहाँ तक ले जाकर उसका पद-स्पर्श कराएगा? कौन नया जन्म देकर नया शरीर देगा? (५) वह मुझे अपने प्राण से भी अधिक प्रिय है। यदि वह प्राण माँगे तो वह भी उसे बलिहारी दूँगा। (६) यदि सिर माँगे तो ग्रीवा समेत दूँगा। जब वह मेरा वध करेगी तो और अधिक झुक जाऊँगा। (७) मुझे अपने जी का लोभ नहीं है। प्रेम के द्वार पर आकर मैं केवल उसे माँगता हूँ।

(८) उसका दर्शन दीपक जैसा है। अरे! मैं भिखारी उसका पतिंगा हूँ। (९) यदि वह मेरे सिर पर आरा चलाए तो कटकर मरते हुए भी मैं अंग न मोड़ूँगा।'

(२) जातरा–सं० यात्रा=देवता की पूजा मान्यता के लिये जाना। जातरा पूजा–मेरी यात्रा सफल होगी, इसे ही सिद्ध यात्रा कहते थे।

(९) करवत सारै=आरा चलाकर मारना। सारै=मारना। प्रा० सार धातु, सं० प्रह (प्रहार करना) का धात्वादेश (हेम० ४।८४)।

[२४७]

पदुमावति कँवला ससि जोती। हँसै फूल रोवै तब मोती।१।
बरजा पितैं हँसी औ रोजू। लाई दूति होई निति खोजू।२।
जबहिं सुरुज कहँ लागेउ राहू। तबहिं कँवल मन भएउ अगाहू।३।
बिरह अगस्ती बिसमौ भएऊ। सरवर हरख सूखि सब गएऊ।४।
परगट ढारि सकै नहिं आँसू। घटि घटि माँसु गुपुत होइ नासू।५।
जस दिन माँझ रैनि होइ आई। बिगसत कँवल गएउ कुँभिलाई।६।
राता बरन गएउ होइ सेता। भँवति भँवर रहि गई अचेता।७।
चितहि जो चित्र कीन्ह धनि रोवँ रोवँ रंग समेटि।
सहस साल दुख आहि भरि मुरुछि परी गा मेटि ॥२४।६॥

(१) पद्मावती कमल है। वह चन्द्रमा की ज्योति है। वह हँसती है तो फूल झड़ते हैं, और रोती है तो मोती बिखरते हैं। (२) पिता ने उसका हँसना और रोना रोक दिया। दूती लगाकर उसकी चौकसी होने लगी। (३) इधर जैसे ही सूर्य (रत्नसेन) को राहु लगा (गन्धर्वसेन ने पकड़ा), तभी कमल (पद्मावती) के मन में उसका ज्ञान हो गया। (४) विरह रूपी अगस्त्य का शोक छा गया। जो हर्ष का सरोवर था वह सब सूख गया। (५) वह प्रकट रूप में आँसू न गिरा सकती थी। पर उसका माँस घट-घट कर भीतर ही छीजने लगा। (६) मानों दिन में ही रात हो गई हो और विकसित होता हुआ कमल कुम्हला गया हो। (७) उसका लाल रंग सफेद हो गया और वह (विरह रूपी) भँवर में चक्कर खाती हुई अचेत हो गई।

(८) उस बाला ने अपने चित्त में जो (रत्नसेन का) चित्र तैयार किया था उसके

लिये रोम-रोम से रंग समेटा था । (९) उन्हीं हजारों रोम छिद्रों से उसके भीतर दुःख भर गया, जिससे वह मूर्च्छित हो गई और चित्र मिट गया ।

(२) रोजू–सं० रुद्यते, प्रा० रुज्जइ > रोजइ, संज्ञा रोज=रोना ।
खोजू–सं० क्षोध प्रा० खोज्ज > खोज=निशान, चिह्न, तलाश, निगरानी ।

(४) बिसमौ=शोक (२४४।३) ।

(७) भँवति–सं० भ्रमन् > प्रा० और अप० भवँत, (पासद्द० ८०१) ।

(८-९) पद्मावती का रंग श्वेत पड़ गया । इस पर कवि की कल्पना है कि उसने रत्नसेन का चित्र लिखने में अपने प्रत्येक रोम का रक्त समेट लिया था । उन्हीं के रोम कूपों या छेदों से दुःख उमँड़कर भीतर भर गया, जिसने पहले उसे मूर्च्छित किया और फिर मन में लिखे हुए चित्र को मिटा दिया ।

[२४८]

पदुमावति सँग सखीं सयानी । गुनि कै नखत पीर ससि जानी ।१।
जानहिं मरम कँवल कर कोईं । देखि बिथा बिरहिनि की रोईं ।२।
बिरहा कठिन काल कै कला । बिरह न सहिअ काल बरु भला ।३।
काल काढ़ि जिउ लेइ सिधारा । बिरह काल मारे पर मारा ।४।
बिरह आगि पर मेलै आगी । बिरह घाउ पर घाउ बजागी ।५।
बिरह बान पर बान पसारा । बिरह रोग पर रोग सँचारा ।६।
बिरह साल पर साल नबेला । बिरह काल पर काल दुहेला ।७।
तन रावन होइ सिर चढ़ा बिरह भएउ हनिवंत ।
जारे ऊपर जारै तजै न कै भसमंत ॥२४।१०॥

(१) पद्मावती के साथ सयानी सखियाँ थीं । उन नक्षत्रों ने विचार करके चन्द्रमा की पीड़ा जान ली । (२) कुमुदिनियाँ कमल का मर्म जान लेती हैं । वे उस विरहिणी की व्यथा देखकर रो पड़ीं । (३) विरह कठिन होता है, वह काल का अंश है । विरह न सहना पड़े; उससे तो काल अच्छा है । (४) काल एक बार में जीव निकाल कर लेकर चला जाता है, पर विरह रूपी काल मर जाने पर भी मारता है (५) विरह जले को जलाता है । विरह की वज्राग्नि घाव पर घाव करती है । (६) विरह बाण पर बाण मारता है । विरह रोग पर रोग उत्पन्न करता है । (७) विरह दुःख पर नया दुःख लाता है । विरह काल से भी भयंकर काल है ।

(८) उसका यौवन से उमँगता शरीर मानों रावण की भाँति दुःखदायी हो सिर चढ़ा हुआ था । उसके ऊपर विरह हनुमान् हो गया । (९) वह जले को जला रहा था, छोड़ता न था, भस्म किए डालता था ।

(१) गुनि कै नखत–शिरेफ ने 'नक्षत्रों की गणना करके' ऐसा अर्थ किया है । वस्तुतः

पद्मावती की चतुर सखियों को जायसी ने नक्षत्र कहा है। उनमें से एक चतुर सखी ने मन में विचार करके उसकी पीड़ा जान ली।

(२) कमल और कुमुदिनी एक साथ जल में रहने से एक दूसरे के सुख दुःख का भेद जानते हैं।

(७) साल=शरीर में चुभा हुआ काँटा, कष्ट, दुःख। सं० शल्य > प्रा० सल्ल > साल।

[२४९]

कोइ कमोद परसहिं कर पाया। कोइ मलयागिरि छिरकहिं काया।१।
कोइ मुख सीतल नीर चुवावा। कोइ अँचल सौं पौनु डोलावा।२।
कोइ मुख अंम्रिति आनि निचोवा। जनु बिख दीन्ह अधिक धनि सोवा।३।
जोवहिं स्वाँस खिनहिं खिन सखी। कब जिउ फिरै पवन औ पँखी।४।
बिरह काल होइ हिएं पईठा। जीउ काढ़ि लै हाथ बईठा।५।
खिन एक मूँठि बाँध खिन खोला। गही जीभ मुख जाइ न बोला।६।
खिनहिं बेझ कै बानन्हि मारा। कँपि कँपि नारि मरै बिकरारा।७।
कैसेहुँ बिरह न छाड़ै भा ससि गहन गरास।
नखत चहूँ दिसि रोवहिं अँधियर धरति अकास ॥२४।११॥

(१) कोई (सखी) उसके हाथ पैर दबाने लगी। कोई उसके शरीर पर मलयगिरि चंदन छिड़कने लगी। (२) कोई उसके मुँह में ठण्डा पानी डालने लगी। कोई अपने अंचल से उसे हवा करने लगी। (३) किसीने अमृत लाकर मुँह में निचोड़ा, पर वह बिष सा लगा, जिससे वह बाला और अधिक अचेत होगई। (४) क्षण-क्षण पर सखियाँ उसकी साँस देख रही थीं। न जानें पवन के साथ पक्षी की तरह कब साँस के संग जीव लौट आवे। (५) विरह काल बनकर उसके हृदय में घुसा था, और उसका जी निकाल कर उसे हाथ में लिए बैठा था। (६) वह एक क्षण भर में मुट्ठी बाँधती फिर क्षण भर में खोल देती थी। उसकी जीभ जकड़ गई थी, अतः मुख से बोला न जाता था। (७) क्षण में विरह रूपी काल उसे बाणों से बींध कर मारता था। वह नारी काँप-काँप कर व्याकुल हो मर रही थी।

(८) विरह किसी तरह भी उसे न छोड़ता था। उस चन्द्र को ग्रहण का ग्रास लग गया (विरह रूपी राहु ने चन्द्र रूप पद्मावती को ग्रस लिया)। सखियाँ (नक्षत्र) चारों ओर रोने लगीं और धरती से आकाश तक अँधेरा छा गया।

(२) अँचल—मनेर की प्रति में 'आँचर' पाठ है जिसे माताप्रसादजी जायसी की भाषा के निकट तर स्वीकार करते हैं।

(४) पवन औ पँखी—साँस और जीव का जोड़ा हवा और पक्षी की भाँति है। जैसे हवा के साथ पक्षी लौटता है ऐसे ही साँस के साथ जीव।

(६) खिन एक मूँठि बाँध खिन खोला—प्राण हृदय से मुट्ठी में आ गया था। जब मुट्ठी बंद करती

प्राण लौट आता और जब खोलती वह निकल जाता था। प्राण के इस प्रकार जाने और लौटने की कल्पना शिकार के पक्षी से की गई है।

[२५०]

घरी चारि इमि गहन गरासी। पुनि बिधि जोति हिएँ परगासी।१।
निसँसि ऊभि मरि लीन्हेसि स्वाँसा। भई अधार जियन कै आसा।२।
बिनवहिं सखी छूट ससि राहू। तुम्हरी जोति जोति सब काहू।३।
तूँ ससि बदन जगत उजियारी। केइ हरि लीन्हि कीन्हि अँधियारी।४।
तूँ गजगामिनि गरब गहीली। अब कस आस छाँड़ि सत ढीली।५।
तूँ हरि लंक हराए केहरि। अब कस हारें करसि हहे हरि।६।
तूँ कोकिल बैनी जग मोहा। केइँ ब्याधा होइ गही निछोहा।७।
कँवल करी तूँ पदुमिनि गै निसि भएउ बिहान।
अबहुँ न संपुट खोलहि जौं रे उठा जग भान॥२४।१२॥

(१) इस प्रकार चार घड़ी तक वह ग्रहण से ग्रसित रही। फिर विधाता ने उसके हृदय में ज्योति प्रकाशित की। (२) एक बार निःश्वास छोड़कर फिर उठी, मानों मरकर उसने फिर साँस ली। पुनः उसके जीवन की आशा का आधार हुआ। (३) शशि के राहु से छूटने पर सखियाँ बिनती करने लगीं कि तुम्हारी ही ज्योति से सब की ज्योति है। (४) तू अपने चन्द्रमुख से जगत में उजाला करती है। किसने तुम्हारी ज्योति हर कर अँधेरा कर दिया था? (५) हे गजगामिनी! तू तो बड़ी गर्वीली थी। अब क्यों आशा छोड़कर सत्य में ढीली पड़ रही है। (६) तूने सिंह तक से उसकी कटि छीन कर उसे हरा दिया। अब क्यों हिम्मत हारकर 'हा हा' खा रही है? (७) हे कोकिल बैनी। तू ने सारे जगत् को मोह लिया था। किसने व्याध होकर तुझे निर्दयता से पकड़ लिया?

(८) हे पद्मावती, तू कमल की कली है। अब रात बीत गई, प्रातः काल होगया। (९) अब भी तू अपना संपुट (१ दल-समूह, २ नेत्र) नहीं खोलती जब कि जगत् में सूर्य उदित हो गया।

(२) निसँसि=निःश्वास लेकर। सं० निःश्वसिति > प्रा० निस्ससइ
ऊभि=उठी। सं० उर्ध्व > प्रा० उब्भ > ऊभि।
(६) हहे हरि–(२३।४।५)।

[२५१]

भान नाउँ सुनि कँवल बिगासा। फिरि कै भँवर लीन्ह मधु बासा।१।
सरद चंद मुख जानु उघेली। खंजन नैन उठे कै केली।२।
बिरह न बोल आव मुख ताईं। मरि मरि बोल जीव बरियाईं।३।

दवैं बिरह दारुन हिय काँपा । खोलि न जाइ बिरह दुख झाँपा ।४।
उदधि समुँद जस तरँग देखावा । चखु कोटिन्ह मुख एक न आवा ।५।
यह सुठि लहरि लहरि पर धावा । भँवर परा जिउ थाह न पावा ।६।
सखी आनि बिष देहु तौ मरऊँ । जिउ नहिं पेट ताहि डर डरऊँ ।७।
खिनहिं उठै खिन बूड़ै अस हिय कँवल सँकेत ।
हीरामनिहि बोलावहु सखी गहन जिउ लेत ॥२४।१३॥

(१) सूर्य का नाम सुनकर कमल विकसित हो गया और भौंरे लौट कर मधु और सुगन्धि लेने लगे। (२) उसका जो शरद चंद्र सा मुख था उसे उसने मानों पुनः प्रकट किया जिसे देखकर नेत्र रूपी खंजन किलोल करने लगे। (३) विरह के कारण बोल उसके मुहँ तक न आता था । उसका जीव बलात् 'मरा मरा' कह उठता था। (४) विरह की दारुण दावाग्नि के भय से उसका हृदय काँप रहा था। विरह की अग्नि दुःख के धुएँ से ढकी हुई थी, वह उघाड़ी न जाती थी। (५) विरह जलते उदधि समुद्र के समान अपनी तरंगें दिखा रहा था । नेत्रों में वे अनेकों आ रही थीं, पर मुख तक एक भी न आती थी, अर्थात् विरह के कारण मूर्च्छित दशा में नेत्र घूमते थे, पर बोल नहीं पाती थी। (६) यही अच्छा था कि लहर पर लहर उठ रही थी, अन्यथा भँवर में पड़े हुए जी को थाह भी न मिलती। (७) 'हे सखी, मुझे विष लादो तो मैं मर जाऊँ। पर जी तो मेरे पेट में है नहीं, उसीके डर से डरती हूँ (कि विष खाने से भी वह जी जिसे मारना चाहती हूँ बचा रह जायगा)।'

(८) पद्मावती (कमल) का हृदय ऐसे संकट में था कि विरह की लहरों में क्षण भर में उतिराती और क्षण भर में डूब जाती थी। (९) 'हे सखी, यह ग्रहण मेरा प्राण ले रहा है, शीघ्र हीरामन को बुलवाओ।'

(१) भँवर=भ्रमर रूपी नेत्र।

(३) मरि मरि बोल जीव बरियाई–विरह के कारण मुख से और कोई वचन न निकलता था, हठाव केवल 'मरा, मरा' बोल उठता था।

(४) दवैं बिरह दारुन हिय काँपा–दारुण विरह की अग्नि से भीतर हृदय काँप रहा था। मूर्च्छित अवस्था में वह अग्नि बाहर प्रकट न होती थी। जैसे धुएँ से ढकी हुई अग्नि भीतर धुंधुआती है, ऐसे ही अचेत अवस्था में विरह का दुःख भीतर ढका हुआ था जिसे खोलने की हिम्मत न होती थी।

(५) विरह से उठने वाली लहरें नेत्रों की घूमती हुई पुतलियों में तो प्रकट हो रहीं थीं, किन्तु मुख में एक भी लहर नहीं आती थी, जिससे वह बोल सके।

(६) यह सुठि लहरि······भँवर–उसके लिये यही हितकर था, कि लहरें आ रही थीं, अन्यथा गहरे भँवर में पड़े हुए प्राण को थाह नहीं मिलती। लहरों की अपेक्षा भंवर में गिरना अधिक दुःखदाई होता।

[२५२]

पुरइनि धाइ सुनत खिन धाई । हीरामनिहि बेगि लै आई ।१।
जनहुँ बैद ओषद लै आवा । रोगिग्रैं रोग मरत जिउ पावा ।२।
सुनत असीस नैन धनि खोले । बिरह बैन कोकिल जिमि बोले ।३।
कँवलहि बिरह बिथा जसि बाढ़ी । केसरि बरन पियर हिय गाढ़ी ।४।
कत कँवलहि भा पेम अँकूरू । जौं पै गहन लीन्ह दिन सूरू ।५।
पुरइनि छाँह कँवल कै करी । सकल बिथा सो अस तुम्ह हरी ।५।
पुरुष गँभीर न बोलहिं काऊ । जौं बोलहिं तौं और निबाहू ।७।
एतना बोल कहत मुख पुनि होइ गई अचेत ।
पुनि जौं चेत सँभारै बकत उहै मुख लेत ॥२४।१४॥

(१) 'हीरामन को बुलाओ' यह सुनते ही पुरइनि नामक धाय उसी क्षण दौड़ी गई और तुरन्त हीरामनि को ले आई; (२) मानो वैद्य औषधि ले आया हो और रोग से मरते हुए रोगी को उससे प्राण दान मिल गया हो । (३) सुग्गे की असीस सुनकर उस बाला ने नेत्र खोले और कोयल के समान विरह के वचन कहे । (४) 'कमल में जैसे ही विरह दुःख की वृद्धि हुई, उसके हृदय का केसरिया रंग पीडा से पीला पड़ गया । (५) जब दिन में ही सूर्य (रतनसेन) को ग्रहण लगना था तो कमल के हृदय में प्रेम का अंकुर उत्पन्न हुआ ही क्यों ? (६) पुरइन की छाँह में जैसे कमल की कली सुखी होती है, ऐसे ही तुमने आकर मेरी सारी व्यथा हर ली । (७) गंभीर पुरुष कभी कुछ बोलते नहीं । यदि बोलते हैं तो अन्त तक निभाते हैं ।'

(८) मुख से इतना बोल कहते ही वह फिर अचेत होगई । (९) जब उसे फिर होश हुआ तो मुख से वही बक रटने लगी ।

(१) पुरइनि–सं० पुटकिनी > प्रा० पडइणी > पुरइनी=कमलिनी । पुरइनि पद्मावती की धाय का नाम है । छटी पंक्ति में पुरइनि कमल की बेल के लिये आया है ।

(४) बाढी–सं० वृद्धि > प्रा० वड्ढि > बाढि > बाढ़ी ।

गाढी–गाढ, गाढि=संकट, दुःख, पीड़ा ।

कँवलहि बिरह बिथा=पद्मावती के विरह वचन की चार पंक्तियाँ हैं । पहली में उसने अपने हृदय की पीड़ा का वर्णन किया है; दूसरी में पिता गन्धर्वसेन रूपी ग्रहण द्वारा सूर्य (रत्नसेन) के पकड़े जाने पर दुःख प्रकट किया है कि यदि ऐसा ही होना था तो मेरे हृदय में प्रेम का अंकुर ही क्यों उत्पन्न हुआ; तीसरी में हीरामन के आगमन पर सान्त्वना प्रकट की गई है और चौथी पंक्ति में रत्नसेन की प्रीति की स्थिरता की ओर संकेत है ।

[२५३]

और दगध का कहौं अपारा । सुनै सो जरै कठिन असि झारा ।१।

होइ हनिवंत बैठ है कोई । लंका डाह लाग तन होई ।२।
लंका बुझी आगि जौं लागी । यह न बुझै तसि उपजि बजागी ।३।
जनहुँ अगिन के उठहिं पहारा । वै सब लागहिं अंग अँगारा ।४।
कटि कटि माँसु सराग पिरोवा । रकत के आँसु माँसु सब रोवा ।५।
खिनु एक मारि माँसु अस भूँजा । खिनहिं जिआइ सिंघ अस गूँजा ।६।
एहि रे दगध हुँत उतिम मरीजै । दगध न सहिअ जीउ बरु दीजै ।७।
जहँ लगि चंदन मलैगिरि औ साएर सब नीर ।
सब मिलि आइ बुझावहिं बुझै न आगि सरीर ॥२४।१५॥

(१) और उस अपार दाह के विषय में क्या कहूँ ? उसकी ऐसी भयंकर लपटें थीं कि जो सुनता वह भी जलने लगता । (२) उसके शरीर में मानों कोई हनूमान् बनकर बैठ गया था जिससे शरीर में लंकादाह सा होने लगा । (३) लंका में जब आग लगी वह तो बुझ गई । पर उसके शरीर में ऐसी वज्राग्नि उत्पन्न हुई कि वह बुझती न थी । (४) मानो आग के पहाड़ उठ रहे थे और वे सब अंगों में अंगारे से लग रहे थे । (५) मानो शरीर का माँस कट-कट कर सलाखों में पिरो दिया गया था । इसीसे सारा माँस-पिंड रक्त के आँसू बहाकर रो रहा था । (६) वह दाह एक क्षण में मारकर जैसे माँस भूनता था, और फिर दूसरे ही क्षण में जिलाकर सिंह के समान गरजता था । (७) अरे, ऐसे जलने से तो यही अच्छा है कि मर जाया जाय । विरह की दाह सहना ठीक नहीं, प्राण भले ही दे दिए जाँय ।

(८) जहाँ तक मलय-गिरि पर्वत पर चंदन है और जितना सब समुद्रों में पानी है, (९) वे सब मिलकर भी उस आग को आकर बुझावें तो भी उसके शरीर की आग न बुझेगी ।

(१) पद्मावती के शरीर में विरहकृत दाह का वर्णन लंकादहन, वज्राग्नि, अग्नि के पर्वत, आदि के अभिप्रायों से किया गया है ।

[२५४]

हीरामनि जौं देखी नारी । प्रीति बेलि उपनी हियँ भारी ।१।
कहेसि कस न तुम्ह होहु दुहेली । अरुझी पेम प्रीति की बेली ।२।
प्रीति बेलि जनि अरुझै कोई । अरुझें मुएँ न छूटै सोई ।३।
प्रीति बेलि ऐसें तनु डाढ़ा । पलुहत सुख बाढ़त दुख बाढ़ा ।४।
प्रीति बेलि सँग बिरह अपारा । सरग-पतार जरै तेहि झारा ।५।
प्रीति बेलि केइँ अम्मर बोई । दिन दिन बाढ़ै खीन न होई ।६।
प्रीति अकेलि बेलि चढ़ि छावा । दोसरि बेलि न पसरै पावा ।७।

प्रीति बेलि अरुझाइ जौं तब सो छाँह सुख साख।
मिलै जो प्रीतम आइ कै दाख बेलि रस चाख ॥२४।१६॥

(१) जब हीरामन ने उस बाला (या उसकी नाड़ी) को देखा, तो उसने जान लिया कि उसके हृदय में भरीपुरी प्रीति की बेल उत्पन्न हो गई है। (२) उसने कहा—'तुम क्यों न दुखी हो, जब तुम प्रेम के कारण प्रीति की बेल में इतनी उलझ गई हो ! (३) प्रीति की बेल में कोई न उलझे। उलझ जाने पर वह मरकर भी नहीं छूटता। (४) प्रीति की बेल ऐसे ही शरीर को जलाया करती है। उसमें जब पल्लव फूटते हैं तब सुख होता है। पर उसके बढ़ जाने से दुःख बढ़ जाता है। (५) प्रीति की बेल के साथ ही अपार विरह भी उत्पन्न होता है जिसकी ज्वाला स्वर्ग से पाताल तक जलती है। (६) किसने यह प्रीति की बेल ऐसी अमर बेल बोई है जो दिन-दिन बढ़ती ही है, कि कभी क्षीण नहीं होती। (७) प्रीति की अमर बेल अकेली ही चढ़कर छाती है, फिर दूसरी बेल वहाँ नहीं फैलने पाती।

(८) जब कोई प्रीति की बेल में उलझता है तब उसकी छाँह में उसे सुख का अनुभव मिलता है। (९) पर उस अंगूर की बेल के रस का स्वाद तब चखने को मिलता है जब प्रियतम से मिलाप होता है।

(१) नारी=(१) स्त्री, (२) हाथ की नाड़ी।
(२) दुहेली=दुःखी, कठिन या दुःसाध्य अवस्था वाली।
(४) पलुहत=पल्लवित होने से।
(६-७) प्रीति बेल की उपमा अमर बेल से दी गई है जो जिस वृक्ष पर चढ़ती है, अकेली ही फैलती है, किसी दूसरी बेल को नहीं फैलने देती।
(८) सुख साख=सुख का साक्ष्य या अनुभव। जायसी का आशय है कि प्रीति बेल से सम्पर्क होते ही पहले उसकी छाया का सुख मिलता है। पर उस अँगूर की बेल के रसास्वादन का आनन्द तब मिलता है जब प्रियतम से भेंट होती है।

[२५५]

पदुमावति उठि टेकै पाया। तुम्ह हुँत होइ प्रीतम कै छाया ।१।
कहत लाज औ रहै न जीऊ। एक दिसि आगि दोसर दिसि सीऊ ।२।
सूर उदैगिरि चढ़त भुलाना। गहने गहा चाँद कुँभिलाना ।३।
ओहटें होइ मरिउँ नहिं भूरी। यह सुठि मरौं जो निअरैं दूरी ।४।
घट महँ निकट बिकट भा मेरू। मिलेहुँ न मिलै परा तस फेरू ।५।
दसइँ अवस्था असि मोहि भारी। दसएँ लखन होहु उपकारी ।६।
दमनहि नल जस हंस मेरावा। तुम्ह हीरामनि नाउँ कहावा ।७।
मूरि सजीवनि दूरि इमि सालै सकती बान।
प्रान मुकुत अब होत हैं बेगि देखावहु भाव ॥२४।१७॥

(१) पद्मावती ने उठकर हीरामन के पैर पकड़ लिए और बोली–'तुम्हारे द्वारा ही प्रीतम की छाया मुझे मिलेगी । (२) कहते हुए लाज आती है, और न कहूँ तो मन नहीं मानता । एक ओर आग है, और दूसरी ओर शीत है। (३) सूर्य (रतनसेन) उदयगिरि (गढ़) पर चढ़ता हुआ मार्ग भूल गया, अतः ग्रहण (गन्धर्वसेन) द्वारा पकड़ा गया और इसीसे चाँद कुम्हला गया है । (४) उससे दूर रहकर उसका स्मरण करती हुई तब मैं नहीं मरी । अब यह मेरा अच्छा मरण है जो उसके इतना निकट होकर भी दूर बनी हूँ । (५) हृदय घट में वह निकट है, फिर भी मिलना कठिन हो रहा है । कुछ ऐसा फेर पड़ गया है कि वह मिलने पर भी नहीं मिल पा रहा है। (६) मेरे लिये कष्ट दायक दसवीं अवस्था (मरण की दशा) आगई है । अब (धर्म का) दसवाँ लक्षण (सत्य) ही मेरे लिये उपकारी हो सकता है। (७) जैसे हंस ने दमयन्ती को नल से मिलाया था, वैसे ही मुझे रतनसेन से मिला दो तो तुम्हारा भी हीरामन नाम सच्चा हो।

(८) संजीवनी बूटी (मिलन) दूर है और शक्तिबाण (विरह) मुझे इस प्रकार साल रहा है। (९) अब प्राण छूटना चाहते हैं शीघ्र ही सूर्य (रतनसेन) का दर्शन कराओ ।

(२) सीउ=सं० शीत।
(३) गहने=ग्रहण, यहाँ गन्धर्वसेन की ओर संकेत है (२५२।५, जौ पै गहन लीन्ह दिन सूरू।)
(४) ओहटे–सं० अपभ्रष्ट > अवहट्ट > ओहट्ट > ओहट=ओट, दूर (३०४।४)।
झूरी–सं० स्मृ का धात्वादेश झूर (हेम० ४।७४)=स्मरण करना, चिन्तन करना।
(५) घट=शरीर। मेरू=१ मेल, २ मेरु पर्वत (स्थूल मिलन के बीच में जैसे मेरु पर्वत है)।
(६) दसईं अवस्था=मरण (११९।७, ना जिअँ जिवन न दसईं अवस्था)।
दसएँ लखन=धर्म का दसवाँ लक्षण सत्य (१९३।५ दसएँ लखन कहै एक बाता)।

[२५६]

हीरामनि भुइँ धरा लिलटू। तुम्ह रानी जुग जुग सुख पाटू ।१।
जेहिं के हाथ जरी औ मूरी। सो जोगी नाहीं अब दूरी ।२।
पिता तुम्हार राज कर भोगी। पूजै बिप्र मरावै जोगी ।३।
पौंरि पंथ कोटवार बईठा। पेम क लुबुधा सुरँग पईठा ।४।
चढ़त रैनि गढ़ होइगा भोरू। आवत बार धरा कै चोरू ।५।
अब लै देइ गए ओहि सूरी। तेहि सो अगाह बिथा तुम्ह पूरी ।६।
अब तुम्ह जीव कया वह जोगी। कया क रोग जीव पै रोगी ।७।
रूप तुम्हार जीव कै आपन पिंड कमावा फेरि।
आपु हेराइ रहा तेहि खँड होइ काल न पावे हेरि ॥२४।१८॥

(१) हीरामन ने भूमि पर मस्तक टेका और कहा, 'हे रानी तुम्हें युग-युग तक

सुख और राज्यासन प्राप्त हो । (२) जिसके हाथ में जड़ी-बूटी (मिलन) है वह जोगी अब दूर नहीं है । (३) किन्तु तुम्हारा पिता राज्य का भोगी है। वह ब्राह्मणों को तो पूजता है और जोगियों को मरवाता है। (४) राजद्वार के मार्ग में कोतवाल रक्षक होकर बैठे हैं, अतएव प्रेम का लोभी वह (रत्नसेन) सुरंग के मार्ग से गढ़ में प्रविष्ट हुआ। (५) वह रात में गढ़पर चढ़ रहा था कि सबेरा होगया और वह द्वार तक पहुँचते ही चोर करके पकड़ लिया गया। (६) अब उसे सूली देने ले गए हैं। इसीसे उसकी अगाध व्यथा तुम्हारे भीतर भर रही है। (७) अब तुम जीव हो और वह योगी काया है। काया के रोग से ही जीव रोगी है।

(८) अपने जीव को तुम्हारे रूप का करके उस (रत्नसेन) ने (परकाया प्रवेश द्वारा) दूसरा शरीर प्राप्त किया है (९) तुम्हारे शरीर के एक खंड (हृदय) में उसका आपा खोया (छिपा) हुआ है। अतएव मृत्यु उसे ढूँढ़ नहीं पाती।

(१) पाट्ट–सं० पट्ट=राजपाट

(४) पौंरि पन्थ=प्रतोली का मार्ग, राजद्वार में होकर गढ़ में जाने का मार्ग। उस पर कोतवालों का पहरा था, अतएव रत्नसेन सुरंग के मार्ग से गढ़ में घुसा।

(८) पिंड कमावा फेरि=परकाया प्रवेश द्वारा उसने तुम्हारे रूप में नया शरीर पाया है। वह यहीं छिपा हुआ है। उसके इस नए शरीर में मृत्यु उसे न पाकर ढूँढ़कर फिर जाती है।

[२५७]

हीरामनि जौं बात यह कही । सुरुज के गहन चाँद गै गही ।१।
सुरुज के दुख जौं ससि होइ दुखी । सो कत दुख मानै करमुखी ।२।
अब जौं जोगि मरै मोहि नेहा । ओहि मोहि साथ धरति गँगनेहा ।३।
रहै तौ करौं जरम भरि सेवा । चलै तौ यह जिउ साथ परेवा ।४।
कौनु सो करनी कहु गुरु सोई । पर काया परबेस जो होई ।५।
पलटि सो पंथ कौन बिधि खेला । चेला गुरू गुरू भा चेला ।६।
कौन खंड अस रहा लुकाई । आवै काल हेरि फिरि जाई ।७।
चेला सिद्धि सो पावै गुरू सौं करै अछेद ।
गुरू करै जौं किरिपा कहै सो चेलहिं भेद ॥२४।१६॥

(१) जब हीरामन ने यह बात कही तो सूर्य के ग्रहण से चाँद भी गह गया। (२) जब चन्द्रमा सूर्य के दुःख से दुखी होता है तो वह कितना दुःख मानता है कि स्वयं कृष्ण मुखी हो जाता है। (३) पद्मावती ने कहा, 'अब यदि जोगी मेरे स्नेह में मर जाता है तो उसका-मेरा साथ धरती और आकाश में सर्वत्र होगा। (४) यदि वह बच गया तो जन्म भर सेवा करूँगी। यदि वह चल बसा तो मेरा प्राण-पखेरू भी उसके साथ जायगा। (५) हे गुरु सुग्गे, मुझे बताओ वह कौन सी करनी (कला) है जिससे परकाया-प्रवेश

होता है। (६) वह उलट कर किस विधि से मार्ग पर चला कि चेला गुरु हो गया और गुरु चेला हो गया ? (७) वह योगी मेरे शरीर के किस खंड में ऐसा छिपा है कि काल आता है और उसे ढूँढ़कर फिर जाता है ?

(८) वही चेला सिद्धि पाता है जो गुरु से अभेद प्राप्त कर लेता है। (९) जब गुरु कृपा करता है तो चेले को सारा भेद (रहस्य) बता देता है।

(२) करमुखी—वह चन्द्र कितना दुःख मानता है कि कृष्णमुख हो जाता है। सूर्य ग्रहण अमावास्या को दिन में पड़ता है तो उस रात को चन्द्रमा नहीं दिखाई पड़ता। इसी पर कवि की कल्पना है कि सूर्य ग्रहण से दुःखी होकर चन्द्रमा कृष्ण मुखी हो जाता है।

(३) गँगनेहा=आकाश का स्थान (गगन + ठीहा)।

(५) पद्मावती भी अपने प्राण को परकाया प्रवेश से उसमें डालकर सूर्य ग्रहण लगने पर शशि के समान उसके साथ ही मरना चाहती है,

(६) पलटि सो पंथ—रत्नसेन के पहले योग मार्ग में राजा स्वयं चेला था और पद्मावती गुरु। उस मार्ग में सिद्धि पद्मावती की इच्छा पर निर्भर थी। अब राजा ने वह मार्ग छोड़कर सूली पर चढ़ने का मार्ग पकड़ा, तो राजा सिद्ध बन गया और पद्मावती स्वयं उसके लिये व्याकुल हो गई।

(७) खंड—२५६।९।

(८) अछेद=अविभाग, अभेद, एकता।

[२५८]

अनु रानी तुम्ह गुरु वहु चेला। मोहि पूँछहु कै सिद्ध नवेला।१।
तुम्ह चेला कहँ परसन भई। दरसन देइ मँडप चलि गई।२।
रूप गुरू कर चेलैं डीठा। चित समाइ होइ चित्र पईठा।३।
जीव काढ़ि लै तुम्ह उपसई। वह भा कया जीव तुम्ह भई।४।
कया जो लाग धूप औ सीऊ। कया न जान जान पै जीऊ।५।
भोग तुम्हार मिला ओहि जाई। जो ओहि बिथा सो तुम्ह कहँ आई।६।
तुम्ह ओहि घट वह तुम्ह घट माहाँ। काल कहाँ पावै ओहि छाहाँ।७।
अस वह जोगी अमर भा पर काया परबेस।
आव काल तुम्हहिं तहँ देखै बहुरै कै आदेस॥२४।२०॥

(१) 'हे रानी, अनुकूल हो। तुम ही गुरु हो, वह चेला है। पर तुम उसे नया सिद्ध कल्पित करके उसके विषय में मुझसे प्रश्न करती हो। (२) तुम चेले पर प्रसन्न हुई और उसे दर्शन देने मंडप तक गई। (३) चेले ने गुरू का रूप देखा। वह उसके चित्त में भर गया और चित्र बनकर प्रविष्ट हो गया। (४) तुम उसका जीव लेकर चली गई। तभी से वह केवल शरीर रह गया और तुम जीव होगई। (५) काया को जो धूप और शीत लगते हैं उनको उसकी काया नहीं जानती, पर तुम्हारा जीव जानता है। (६) तुम्हारा सुख भोग तो तुम्हारे पास से उसमें जाकर मिल गया है और उसकी

व्यथा तुम्हारे पास चली आई है । (७) तुम उसके घट में और वह तुम्हारे घट में है। ऐसी दशा में काल उसकी छाया कैसे पा सकता है ?

(८) इस प्रकार परकाया-प्रवेश से वह जोगी अमर हो गया है। (९) काल आता है और उसके घर में तुम्हें देखता है और प्रणाम करके लौट जाता है।'

(४) उपसई–चली गई (१०३।२, २४०।२) ।

(६) भोग=सुख भोग का आनन्द । तुम्हारा आनन्द उसके पास चला गया और उसकी व्यथा तुम्हारे पास आ गई ।

(९) कै आदेस=प्रणाम करके (२२।५, ९१।५, १३०।९, ३१०।९) ।

[२५९]

सुनि जोगी कै अम्मर करनी । नेवरि बिरह बिथा कै मरनी ।१।
कँवल करी होइ बिगसा जीऊ । जनु रबि देखि छूटिगा सीऊ ।२।
जो अस सिद्ध को मारै पारा । नेंबू रस नहिं जेइ होइ छारा ।३।
कहहु जाइ अब मोर संदेसू । तजहु जोग अब भएउ नरेसू ।४।
जनि जानहु हौं तुम्ह सों दूरी । नयनन्हि माँझ गड़ी वह सूरी ।५।
तुम्ह पर सबद घटइ घट केरा । मोहि घट जीउ घटत नहिं बेरा ।६।
तुम्ह कहँ पाट हिएँ महँ साजा । अब तुम्ह मोर दुहूँ जग राजा ।७।
जौं रे जिअहिं मिलि केलि करहिं मरहिं तौ एकहिं दोउ ।
तुम्ह पै जियँ जिनि होउ कछु मोहि जियँ होउ सो होउ ॥२४।२१॥

(१) जोगी (रतनसेन) की अमर करनी सुनकर पद्मावती विरह व्यथा से होने वाली मृत्यु से छुटकारा पा गई । (२) उसका जी कमल कली के समान विकसित हो गया, मानो सूर्य को देखकर उसका शीत छूट गया हो । (३) वह बोली, 'यदि वह ऐसा सिद्ध है तो उसे कौन मार सकता है? गन्धर्वसेन नीबू का रस नहीं है जिससे वह भस्म हो जाए । (४) अब जाकर उससे मेरा संदेश कहो कि जोग छोड़ दो, अब तुम राजा हो गए । (५) मत समझो कि मैं तुमसे दूर हूँ । वह शूली मेरे ही नेत्रों में गड़ रही है । (६) तुम्हारे घट (अन्तरात्मा) का अनहद नाद (पर सबद) घटेगा तो मेरे शरीर (घट) का प्राण घटने में देर नहीं लगेगी । (७) मैंने अपने हृदय में तुम्हारे लिये आसन सजाया है । अब तुम दोनों लोकों में मेरे राजा हो ।

(८) यदि जीते रहे तो मिलकर क्रीड़ा करेंगे । यदि मर गए तो दोनों एक हो जाएँगे । (९) ईश्वर करे तुम्हारे जी पर कुछ न हो । जो होना हो वह मेरे ही जी पर बीते ।

(१) नेवरी–सं० निवृत्त > प्रा० निवट्ट=निवृत्त होना, हटना ।

(३) पारे को शुद्ध करके नीबू के रस द्वारा उसका मारण करते हैं जिससे पारद भस्म हो जाता है ।

गन्धर्वसेन वह नींबू का रस नहीं हैं, जिससे रत्नसेनरूपी पारा भस्म हो जायगा।

(६) पर सबद=नाथ सम्प्रदाय में सबदी गुरु गोरखनाथ की वाणी को कहते हैं। पर सबद का तात्पर्य परम ध्वनि या अनहद नाद से है। जायसी का संकेत है, कि तुम्हारे घट में अनहद नाद की कमी होगी तो मेरे शरीर में तुरन्त प्राण की हानि हो जायगी।

२५ : रत्नसेन सूली खण्ड

[२६०]

बाँधि तपा आने जहँ सूरी। जुरे आइ सब सिंघलपूरी ।१।
पहिलें गुरू देइ कहँ आना। देखि रूप सब कोउ पछिताना ।२।
लोग कहहिं यह होइ न जोगी। राजकुँवर कोइ अहै बियोगी ।३।
काहू लागि भएउ है तपा। हिएँ सो माल करै मुख जपा ।४।
जोगी केर करहु पै खोजू। मकु यह होइ न राजा भोजू ।५।
जस मारइ कहँ बाजा तूरू। सूरी देखि हँसा मंसूरू ।६।
चमके दसन भएउ उँजियारा। जो जहँ तहाँ बीजु अस मारा ।७।
सब पूँछहिं कहु जोगी जाति जनम औ नावँ।
जहाँ ठाँव रोवै कर हँसा सो कौने भावँ ॥२५।१॥

(१) वे तपसी बाँधकर वहाँ लाए गए जहाँ सूली थी। सिंहलपुर के सब लोग देखने के लिये इकट्ठे हो गए। (२) पहले गुरू को ही सूली देने के लिये लाया गया। उसके रूप को देखकर सब कोई पछताने लगे। (३) लोग कहने लगे यह जोगी नहीं है, यह तो कोई वियोगी राजकुँवर है। (४) यह किसी के लिये तपसी हो गया है। इसके हृदय में उसीकी माला है जिस पर मुख से उसीका जप कर रहा है। (५) इस योगी की अवश्य पहचान कर लेनी चाहिए। कदाचित् यह भोग भोगने वाला राजा ही न हो। (६) जैसे राजा को मारने के लिये तुरही बजी, वह मंसूर की तरह सूली देखकर हँस पड़ा। (७) हँसने से उसके दाँत चमके जिससे उजाला हो गया और जो जहाँ था उसे वहीं बिजली सी मार गई।

(८) सब पूछने लगे, 'हे जोगी, अपनी जाति, कुल और नाम बताओ। (९) जहाँ रोने का स्थान है वहाँ किस भाव से तुम हँसे?

(२) आना–सं० आज्ञा, प्रा० आण > आन=हुक्म। पहले गुरु को सूली देने की आज्ञा हुई; अथवा गुरु को सबसे पहले सूली देने को लाए।

(५) राजा भोजू=भोग करने वाला राजा।

(६) मंसूर=प्रसिद्ध सूफी जो अनलहक (सोऽहं) का उपदेश करने के कारण सूली पर चढ़ा दिया गया था (१२४।४)।

[२६१]

का पूँछहु अब जाति हमारी । हम जोगी औ तपा भिखारी ।१।
जोगिहिं जाति कौन हो राजा । गारि न कोह मार नहिं लाजा ।२।
निलज भिखारि लाज जेहिं खोई । तेहि के खोज परहु जनि कोई ।३।
जाकर जीव मरै पर बसा । सूरी देखि सो कस नहिं हँसा ।४।
आजु नेह सौं होइ निबेरा । आजु पुहुमि तजि गँगन बसेरा ।५।
आजु कया पिंजर बँध टूटा । आजु परान परेवा छूटा ।६।
आजु नेह सौं होइ निरारा । आजु पेम सँग चला पियारा ।७।
आजु अवधि सिर पहुँची कै सो चलेउँ मुख रात ।
बेगि होहु मोहिं मारहु का पूँछहु अब बात ॥२५।२॥

(१) जोगी ने कहा, 'अब हमारी जाति क्या पूछते हो ? हम तो जोगी, और भिखारी तपसी हैं । (२) हे राजा, जोगी की जाति क्या ? उसे गाली से क्रोध और मार से लज्जा नहीं होती । (३) जिस निर्लज्ज भिखारी ने लाज खो दी हो उस तुच्छ की खोज के पचड़े में कोई न पड़े । (४) जिसका जीव परवश हो मरने पर तुला है वह सूली देखकर क्यों न हँसे । (५) आज स्नेह से मेरा लेखा जोखा पूरा हो जायगा । आज मैं पृथिवी छोड़कर आकाश में बसेरा करूँगा । (६) आज इस काया रूपी पिंजड़े का बंधन टूट जाएगा । आज प्राण-पखेरू छूट जाएगा । (७) आज मैं स्नेह बन्धन से छूट जाऊँगा । आज प्यार करने वाला अपने प्रेम के साथ चल देगा ।

(८) आज अन्तिम अवधि सिर पर आ पहुँची है । सो मैं यहाँ से मुख लाल करके जा रहा हूँ । (९) शीघ्रता करो, मुझे मारो । अब बात क्या पूँछते हो ?

(५) निबेरा=मोक्ष, छुटकारा ।
प्रा० धातु निव्वड़=पृथक् होना, वियुक्त होना । सं० भू का धात्वादेश (पासद० ५०७) ।

[२६२]

कहेन्हि सँवरु जेहि चाहसि सँवरा । हम तोहिं करहिं केत कर भँवरा ।१।
कहेसि ओहि सँवरौं हर फेरा । मुएँ जिअत आहौं जेहि केरा ।२।
औ सँवरौं पदुमावति रामा । यह जिउ निवछावरि जेहि नामा ।३।
रकत के बूँद कया जत अहहीं । पदुमावति पदुमावति कहहीं ।४।
रहहुँ त बुंद बुंद महँ ठाऊँ । परहुँ तौ सोई लै लै नाऊँ ।५।
रोवँ रोवँ तन तासौं ओधा । सोतहि सोत बेधि जिउ सोधा ।६।
हाड़ हाड़ महँ सबद सो होई । नस नस माँह उठै धुनि सोई ।७।

खाइ बिरह गा ताकर गूद माँस की खान ।
हौं होइ साँचा धरि रहा वह होइ रूप समान ॥२५।३॥

(१) राजपुरुषों ने कहा, 'जिसका स्मरण करना चाहते हो उसे सुमिर लो । अब हम तुम्हें केतकी का भौंरा बना देंगे (सूली से बींध देंगे) । (२) रतनसेन ने कहा, 'मैं हर श्वास में उसीका स्मरण करता हूँ—मरते और जीते दोनों अवस्थाओं में जिसका हो चुका हूँ । (३) और उस रामा पद्मावती का स्मरण करता हूँ जिसके नाम पर मेरा यह जीव निछावर है । (४) मेरी काया में जितनी रक्त की बूँदें हैं वे सब 'पद्मावती-पद्मावती' ही कहती हैं । (५) यदि मैं जीवित रहा तो मेरे एक-एक बूँद रक्त में उसी पद्मावती का स्थान है । यदि सूली पर चढ़ूँगा तो उसीका नाम ले-लेकर मरूँगा । (६) मेरे शरीर का रोम-रोम उसीसे बिंधा है । प्रत्येक रोम कूप बेधकर जीव उसके द्वारा शुद्ध किया गया है । (७) मेरी हड्डी हड्डी में वही पद्मावती, पद्मावती शब्द हो रहा है । मेरी नस-नस में उसीकी ध्वनि उठ रही है ।

(८) उसके विरह ने शरीर के भीतर की मज्जा और माँस की खान को खा डाला है । (९) मैं तो एक साँचा (ठठरी) मात्र रह गया हूँ । उसमें वह रूप बनकर समाई हुई है ।

(१) केत कर भँवरा—केतकी के काँटे में जैसे भौंरा बिंध जाता है (१२५।८, २३४।२, भँवर न देखु केतु महँ काँटा ।) । ३३।२ में केत का अर्थ कमल लिखा गया है, केतकी होना चाहिए ।

(६) ओधा—सं० आबद्ध > प्रा० आउद्ध > ओध, धातु ओधना=फँसना, बाँधना, जुड़ना (अयोध्या० ३२३।१, सचिव सुसेवक भरत प्रबोधे । निज निज काज पाइ सिख ओधे ।) ।
सोतहि सोत बेधि जिउ सोधा=प्रत्येक स्रोत या रोमकूप को बेधकर प्राण का शोधन किया । यह कल्पना चाँदी शुद्ध करने की प्रक्रिया से ली गई है, जिसमें चाँदी की थकिया चलनी या झझरी की भाँति हो जाती है ।

(८) गूद माँस—गूद=भेजा या मज्जा । कल्पना यह है, कि माँस मज्जा के नष्ट हो जाने से शरीर की खोखली ठठरी साँचे की भाँति हो गई है, जिसमें उसके रूप की प्रतिकृति इस प्रकार समाकर तैयार हो रही है, जैसे साँचे में मिट्टी या चूने की ढार भर कर तैयार होती है ।

(९) रूप=आकृति या ढार ।

[२६३]

राजा रहा दिस्टि किए औंधी । सहि न सका तब भाट दसौंधी ।१।
कहेसि मेलि कै हाथ कटारी । पुरुष न आछहिं बैठि पेटारी ।२।
कान्ह कोप कै मारा कंसू । गूँग कि फूँक न बाजइ बंसू ।३।
गंध्रपसेनि जहाँ रिस बाढ़ा । जाइ भाँट आगें भा ठाढ़ा ।४।
ठाढ़ देखि सब राजा राऊ । बाएँ हाथ दीन्ह बरम्हाऊ ।५।
गंध्रपसेनि तूँ राजा महा । हौं महेस मूरति सुनु कहा ।६।
जोगी पानि आगि तुइँ राजा । आगिहि पानि जूझ नहिं छाजा ।७।

अगिनि बुझाइ पानि सों तूँ राजा मन बूझु ।
तोरें बार खपर है लीन्हें भिख्या देहु न जूझु ॥२५।७॥

(१) राजा रत्नसेन आँखें नीचे किए था। तब दसौंधी भाट यह दृश्य न सह सका। (२) उसने हाथ में कटारी लेकर अपने आपसे कहा, 'जो पुरुष है वह पिटारी में बंद होकर नहीं बैठा रहता। (३) कृष्ण ने कोप करके कंस को मार डाला था। क्या गूँगे की फूँक से बंसी नहीं बज उठती ?' (४) यह सोचकर वह भाट जहाँ क्रोध में भरा गंधर्वसेन बैठा था वहाँ उसके आगे जाकर खड़ा होगया। (५) सब राजा-रावों ने उसे वहाँ खड़े देखा। भाट ने बाएँ हाथ से राजा को आशीर्वाद दिया। (६) और कहा—'हे गन्धर्वसेन तुम बड़े राजा हो। मैं भी महेश की मूर्ति हूँ। अतः मेरा कहा सुनो। (७) 'हे राजा, जोगी पानी है और तुम आग हो। आग को पानी से जूझना शोभा नहीं देता।

(८) हे राजा, मन में समझ लो कि आग ही पानी से बुझ जाती है। (९) जो तेरे द्वार पर खप्पर लिये खड़ा है उसे भीख दो, युद्ध नहीं।'

(१) औंधी=उलटी, नीचे मुख। औंधाना अवाङ्+धा धातु। दसौंधी=भाटों की एक संज्ञा। सम्भवतः सं० दश बुद्धि > दसउद्धि > दसौधी > दसौंधी। पुराण, न्याय, मीमाँसा, धर्मशास्त्र और छह वेदांग, इन दस विषयों में जिसकी बुद्धि चलती हो। तुलना कीजिए सं० षटप्रज्ञ > छप्पञ्ञ > छप्पन।

(३) कृष्ण जब तक शान्त थे शान्त थे। किन्तु जब उन्होंने क्रोध किया तो कंस को मार डाला। ऐसे ही जो गूँगा व्यक्ति है वह यदि मुँह से फूँक भी निकालने लगे तो क्या बाँसरी नहीं बज उठती। यद्यपि मैं अशक्त हूँ, पर अपने तेज से रत्नसेन की रक्षा कर सकूँगा।

(५) बरम्हाऊ-बरह्मावसि (२६७।६)—क्रि० बरम्हाना=आशीर्वाद देना। सं० ब्रह्मापयति, संज्ञा ब्रह्मापक (तुलना मेलापक, वर्धापक)। सब राजा रावों ने अचरज से देखा कि भाट दरबारी नियमों के विरुद्ध गंधर्वसेन के सामने जा खड़ा हुआ और बाएँ हाथ से बरम्हाने लगा।

[२६४]

जोगि न आहि आहि सो भोजू। जानै भेद करै सो खोजू ।१।
भारथ होइ जूझ जौं ओधा। होहिं सहाइ आइ सब जोधा ।२।
महादेव रन घंट बजावा। सुनि कै सबद ब्रह्मा चलि आवा ।३।
चढ़े अत्र लै किस्न मुरारी। इंद्रलोक सब लाग गोहारी ।४।
फनपति फन पतार सौं काढ़ा। अस्टौ कुरी नाग भा ठाढ़ा ।५।
तैंतिस कोटि देवता साजा। औ छयानवे मेघ दर गाजा ।६।
छप्पन कोटि बैसंदर बरा। सवा लाख परबत फरहरा ।७।
नवौ नाथ चलि आवहिं औ चौरासी सिद्ध।
आजु महा रन भारथ चले गँगन गरुड़ औ गिद्ध ॥२५।८॥

(१) वह जोगी नहीं है, वह तो भोग भोगने वाला राजा है। जो इन दोनों का

भेद जानता है वही उसे पहचान सकता है । (२) यदि तुमने युद्ध ठाना, तो महाभारत हो जाएगा । सब योद्धा उसके सहायक होकर आ पहुँचेंगे । (३) महादेव ने अपना रण-घंट बजा दिया है, जिसका शब्द सुनकर ब्रह्मा चले आ रहे हैं । (४) कृष्ण मुरारि अस्त्र लेकर चढ़ चले हैं । सारे इन्द्र लोक में सहायता के लिये गुहार पड़ी है । (५) फणपति शेषनाग ने पाताल से अपना फन निकाल लिया है और अष्ट कुल के नाग सहायता के लिये खड़े हो गए हैं । (६) तेतीस करोड़ देवता युद्ध के लिये सज गए हैं । और छयानवे कोटि मेघों का दल गरज रहा है । (७) छप्पन कोटि अग्नियाँ जल उठी हैं और सवा लाख पर्वत फड़क उठे हैं ।

(८) नवों नाथ, और चौरासी सिद्ध चले आ रहे हैं । (९) आज यहाँ महाभारत सा महान् रण मचेगा । इसलिए आकाश में गरुड़ और गिद्ध इकठ्ठे हो रहे हैं ।

(२) जूझ जौं ओधा–यदि युद्ध नाधा या आरम्भ किया ।
(७) फरहरा–फरहरी लेना, काँपना, हिलना । सं० फरफरायति ।
(८) नवौ नाथ–नाथ सम्प्रदाय के नौ प्रमुख आचार्य । इनके नामों की कई सूचियाँ मिलती हैं (देखिए, शशिभूषणदास गुप्त, आब्सक्योर रिलीजस कल्ट्स, पृ० २३६-२४१; पं हजारीप्रसाद द्विवेदी, नाथ संप्रदाय, पृ० २४-३७)। आदिनाथ, मत्स्येन्द्रनाथ, जालंधरनाथ, गोरखनाथ नाम सर्व सम्मत हैं । चौरंगीनाथ, कृष्णपादनाथ, गाहिनीनाथ, चर्पटनाथ, निवृत्तिनाथ आदि नाम भी हैं ।
चौरासी सिद्ध–सिद्ध सम्प्रदाय के चौरासी गुरु । सुधाकर चंद्रिका (पृ० ६०२) में एक सूची दी है जिसमें ८४ सिद्धों के नाम ८४ आसनों के नाम पर है । दूसरी सूची वर्ण रत्नाकर पृ० ५७-५८ में दी है जो १४ वीं शती के पूर्व भाग में प्रचलित थी । श्री राहुल सांकृत्यायन ने गंगा के पुरातत्त्वांक में ८४ वज्रयानी सिद्धों की सूची दी है । (नाथ संप्रदाय, पृ० २४-३७) ।

[२६५]

भै अग्याँ को भाँट अभाऊ । बाएँ हाथ देइ बरम्हाऊ ।१।
को जोगी अस नगरी मोरी । जो दै सेंधि चढ़ै गढ़ चोरी ।२।
इंद्र डरै निति नावै माथा । किरसुन डरै सेस जेइँ नाथा ।३।
बरम्हा डरै चतुर मुख जासू । औ पातार डरै बलि बासू ।४।
धरति डरै औ मंदर मेरू । चंद्र सूर औ गँगन कुबेरू ।५।
मेघ डरहिं बिजुरी जहँ डीठी । कुरुम डरै धरनी जेहि पीठी ।६।
चहौं तो सब माँगौं धरि केसा । और को कीट पतंग नरेसा ।७।
बोला भाँट नरेस सुनु गरब न छाजा जीवँ ।
कुंभकरन की खोपरी बूड़त बाँचा भीवँ ॥२५६॥

(१) राजा की आज्ञा हुई, 'यह अनादर करने वाला भाट कौन है जो बाएँ हाथ से आशीर्वाद देता है ? (२) मेरी नगरी में ऐसा जोगी कौन है जो सेंध लगाकर चोरी करने के लिये गढ़ पर चढ़ना चाहता है ? (३) मुझसे इन्द्र भी डरता है और नित्य मस्तक नवाता है । वह कृष्ण भी मुझसे डरता है जिसने शेषनाग को नाथा था । (४) वह ब्रह्मा

मुझसे डरता है जिसके चार मुँह हैं । पाताल के वासुकि नाग और बलि मुझसे डरते हैं। (५) धरती, मंदराचल और मेरु पर्वत मुझसे डरते हैं । आकाश के चन्द्र सूर्य और कुबेर मुझसे डरते हैं । (६) वे मेघ मुझसे डरते हैं जिनमें बिजली दीखती है। वह कूर्म मुझसे डरता है जिसकी पीठ पर धरती है । (७) यदि मैं चाहूँ तो इन सबको केश पकड़कर मँगवा सकता हूँ। फिर और कीट-पतंग जैसे राजा क्या हैं?'

(८) भाट बोला, 'अरे राजा, सुनो । जीव को गर्व शोभा नहीं देता । भीमसेन कुंभकर्ण की खोपड़ी में डूबते डूबते बचा था।'

(१) अभाऊ=अभव्य, असुन्दर, अनुचित व्यवहार करने वाला।
(४) बासू=वासुकि नाग
(७) मागौं धरि केसा=चाहूँ तो बाल पकड़वाकर इन सबको मँगवा लूँ।
(९) कुंभकरन की खोपरी—कहा जाता है कि भीमसेन को अपने बल का गर्व होगया था। एक बार वे चलते हुए ठोकर खाकर गड्ढे में गिर पड़े और डूबने लगे। लोगों ने मुश्किल से उन्हें बचाया। वह गड्ढा कुम्भकर्ण की खोपड़ी में जल भरने से बना था। यह जानकर भीमसेन का गर्व दूर हुआ (श्री सुधाकरजी, पृ० ५९०)।

[२६६]

रावन गरब बिरोधा रामू । ओ ओहिं गरब भएउ संग्रामू ।१।
तेहि रावन अस को बरिबंडा । जेहि दस सीस बीस भुअडंडा ।२।
सूरज जेहि कै तपै रसोई । बैसंदर निति धोती धोई ।३।
सूक सोंटिया ससि मसिआरा । पवन करै निति बार बुहारा ।४।
मीचु लाइ कै पाटी बाँधा । रहा न दोसर ओहि सौं काँधा ।५।
जो अस बजर टरै नहिं टारा । सोउ मुआ तपसी कर मारा ।६।
नाती पूत कोटि दस अहा । रोवन हार न एकौ रहा ।७।
ओछ जानि कै काहू जनि कोइ गरब करेइ ।
ओछे पारइ दैय है जीत पत्र जो देइ ॥२५।१०॥

(१) रावण ने गर्व करके राम से विरोध किया और उसके गर्व के कारण ही राम-रावण का युद्ध हुआ। (२) उस रावण के समान बलवान् कौन हुआ, जिसके दस सिर और बीस भुजडंड थे; (३) सूर्य जिसके यहाँ रसोई बनाता था; अग्नि जिसके यहाँ नित्य धोती धोता था? (४) शुक्र जिसके यहाँ सोंटा बरदार और चन्द्रमा मशालची था; पवन नित्य जिसका द्वार बुहारता था; (५) जिसने मृत्यु को लाकर पलँग की पट्टी से बाँध दिया था; उसके संमुख युद्ध करने वाला दूसरा कोई न था। (६) जो ऐसा वज्र था कि डिगाए नहीं डिगता था वह भी तप का मारा मर गया। (७) उसके दस करोड़ नाती और बेटे थे, पर उसे रोने वाला एक न बचा।

(८) किसीको निर्बल जानकर कोई गर्व न करे ! (९) निर्बल की पाली में दैव है, जो सबको जीत पत्र देता है।

(२) बरिबंडा–अप० बलिवण्ड (नागकुमार चरिउ ८।३।२, बलिवंडए धरन्तओ सुखइ) > सं० बलिवृन्द
(३) सोंटिया=सोंटाबरदार, चोबदार, आसाबरदार, वेत्रग्राही प्रतिहारी ।
(४) मसिआरा=मशालची । अ० मश (मशाल)+कारक ।
(५) काँधा–धातु काँधना, संग्राम काँधना=युद्ध ठानना (शब्दसागर) ।
(९) पारइ=पारी या पाली, पक्ष, तरफ ।

[२६७]

औ जो भाँट उहाँ हुत आगें। बिनै उठा राजहिं रिसि लागें ।१।
भाँट आहि ईंसुर कै कला। राजा सब राखहिं अरगला ।२।
भाँट मीचु आपुनि पै दीसा। तासौं कौन करै रस रीसा ।३।
भएउ रजाएसु गंध्रपसेनी। काह मीचु कै चढ़ा निसेनी ।४।
काह अवनि पाएँ अस मरसी। करसि बिटंड भरम नहिं करसी ।५।
जाति करा कत औगुन लावसि। बाएँ हाथ राज बरम्हावसि ।६।
भाँट नाउँ का मारौं जीवाँ। अबहूँ बोल नाइ कै गीवाँ ।७।
तुइँ रे भाँट यह जोगी तोहि एहि कहाँ क संग।
कहाँ छरै अस पावा काह भएउ चित भंग ॥२५।११॥

(१) और वहाँ जो भाट राजा के सामने था, वह राजा को क्रोध करते देख बिनती करने लगा–(२) 'भाट महादेव का अंश है। सब राजा अर्गला के रूप में उसे अपने पास रखते हैं। (३) भाट तो अपनी मृत्यु देखा करता है (सदा मरने के लिये तत्पर रहता है)। उससे रस छोड़कर रिस कौन करेगा ?' (४) गन्धर्वसेन की आज्ञा हुई 'हे भाट, तू क्यों मृत्यु की सीढ़ी पर चढ़ रहा है ? (५) पृथिवी पाने से ही क्या लाभ, यदि तू इस प्रकार मारा गया ? तू व्यर्थ की बकवाद करता है, कुछ भय या आदर नहीं करता ? (६) तू अपनी जाति के यश में क्यों बट्टा लगाता है ? बाएँ हाथ से राजा को आशीर्वाद देता है ? (७) तेरा नाम भाट है। तेरा प्राण क्या लूँ ? अब भी नम्र होकर बात कह।

(८) अरे तू भाट है, और यह जोगी है। तेरा और इसका कहाँ का साथ है ? (९) तू कहाँ इसके बहकावे में आगया ? क्या तेरा चित्त भंग तो नहीं हो गया ?'

(१) औ जो भाट उहाँ हुत आगें–यह दूसरा भाट था जिसने गंधर्वसेन को दसौंधी भाट पर क्रोध करते देख नम्रता से भाट के स्वरूप की ओर राजा का ध्यान आकर्षित किया।
(२) अरगला-सं० अर्गला=ब्योंड़ा, रोक थाम। राजा लोग जानबूझकर भाट को इस लिये पास में रखते है कि वह उन्हें बुरे काम से रोके।
(५) भरम–गौरव, आदर, लिहाज।

बिटंड=वितण्डा, बकवाद, झगड़ा।
(९) चितभंग=चित्त का भंग होना, विक्षिप्तता, पागलपन।

[२६८]

जो सत पूँछहु गंध्रप राजा। सत पै कहौं परै किन गाजा ।१।
भाँटहि कहा मींचु सों डरना। हाथ कटारि पेट हनि मरना ।२।
जंबू दीप औ चितउर देसू। चित्रसेनि बड़ तहाँ नरेसू ।३।
रतनसेनि यहु ताकर बेटा। कुल चौहान जाइ नहिं मैंटा ।४।
खाँड़ै अचल सुमेर पहारू। टरै न जौं लागै संसारू ।५।
दान सुमेरु देत नहिं खाँगा। जो ओहि माँग न औरहि माँगा ।६।
दाहिन हाथ उठाएउँ ताही। और को अस बरम्हावउँ जाही ।७।
नाउँ महापातर मोहि तेहिक भिखारी ढीठ।
जौं खरि बात कहें रिस लागै खरि पै कहै बसीठ ॥२५।१२॥

(१) भाट ने कहा—'हे राजा गन्धर्वसेन, यदि तुम सत्य ही पूछते हो, तो मैं अवश्य सत्य कहूँगा, चाहे मुझ पर वज्र ही क्यों न पड़े। (२) भाट को मृत्यु से क्या डरना ? अवसर आने पर वह स्वयं ही हाथ की कटार पेट में मारकर मरने के लिये तैयार रखता है। (३) जम्बू द्वीप में चित्तौड़ नामक देश है। वहाँ चित्रसेन नाम का बड़ा राजा था। (४) यह रतनसेन उसीका बेटा है। यह चौहान कुल का है जिसे कोई मेंट नहीं सकता। (५) खाँडा चलाने में यह सुमेरु पर्वत की तरह अचल है। सारा संसार उससे भिड़ जाय तो भी वह विचलित न होगा। (६) इसके दान का सुमेरु देते हुए कभी नहीं घटता। जो एक बार उससे माँग लेता है फिर उसे और किसीसे माँगना नहीं पड़ता। (७) दाहिना हाथ मैं उसीके लिये उठा चुका हूँ। और ऐसा कौन है जिसे दाहिने हाथ से आशीर्वाद दूँ ?

(८) मेरा नाम महापात्र है। मैं उसीका ढीठ भिखारी हूँ। (९) चाहे खरी बात कहने से क्रोध आता हो, पर दूत खरी ही कहता है।'

(४) कुल चौहान, जायसी ने रतनसेन को चौहान कुल का लिखा है (२७३।३, कुल पूछा चौहान कुलीना)।
(८) महापातर=सं० महापात्र।

[२६९]

सोइ बिनती सिउँ करौं बसीठी। पहिलें करुइ अंत होइ मीठी ।१।
तूँ गंध्रप राजा जग पूजा। गुन चौदह सिख देइ को दूजा ।२।
हीरामनि जो तुम्हार परेवा। गा चितउर औ कीन्हेसि सेवा ।३।

तेहि बोलाइ पूँछहु वह देसू । दहुँ जोगी की तहँ क नरेसू ।४।
हमरें कहत रहै नहिं मानू । जो वह कहै सोइ परवानू ।५।
जहाँ बारि तहँ आव बरोकाँ । करै बियाह धरम सुठि तोकाँ ।६।
जौं पहिलें मन मान त काँधिअ । परखिअ रतन गाँठ तब बाँधिअ ।७।
रतन छिपाएँ ना छिपै पारखि होइ सो परीख ।
घालि कसौटी दीजिए कनक कचोरी भीख ॥२५।१८॥

(१) 'इसलिये मैं विनयपूर्वक दूत के योग्य निवेदन कर रहा हूँ । यह पहले कड़वा लगे पर अंत में मीठा निकलेगा । (२) हे गन्धर्वसेन राजा, तुम्हें जगत् पूजता है । तुममें चौदह गुण हैं । तुम्हें दूसरा कौन शिक्षा देगा ? (३) हीरामन जो तुम्हारा पक्षी था, वह चित्तौड़ गया और उसने रतनसेन की सेवा की । (४) उसे बुलाकर उस देश का हाल पूछो कि यह जोगी है या वहाँ का राजा है । (५) हमारे कहने से वैसा मान न रहेगा । जो वह कह दे उसे ही प्रमाण मानना । (६) जहाँ कन्या होती है वहाँ वरच्छा लेने के लिये लोग आते ही हैं । यदि ब्याह कर दोगे तो तुम्हें बड़ा धर्म होगा (७) यदि पहले तुम्हारा मन इसे माने तभी मेरी बात स्वीकार करना । रतन को पहले परखना चाहिए और तब उसे गाँठ में बाँधना उचित है ।

(८) रतन छिपाने से नहीं छिपता । जो पारखी होता है वह उसे परख ही लेता है । (९) परीक्षा की कसौटी फेंककर अब उसे सोने की कटोरी भिक्षा में दो ।

(६) बरोकाँ—बरच्छा लेने के लिये (१२०।९, २७४।२)।
(७) काँधिअ—स्वीकार या अंगीकार करो।
(९) घालि कसौटी—इसका आशय यह है कि रत्न छिपाए नहीं छिपता, पारखी उसे देखकर ही पहिचान लेता है । अतएव रत्न की परख के लिये कसौटी व्यर्थ है । उसे एक ओर रखकर सोने की कटोरी (पद्मावती) उसे भिक्षा में दे दो । बरच्छा में सोने की कटोरी में चावल भरकर कुछ द्रव्य साथ देते हैं । कनक कटोरी या रतन कटोरी नव बधू के लिये प्रयुक्त होता था । माताप्रसादजी गुप्त संपादित बीसलदेव रासो, छंद ४७—ऊभड़ी भावज दीयइ छइ सीष । रतन कचोलइ किम पाइड भीष (भावज खड़ी हुई बीसल देव को सीख देती है । तू अपनी रतन कटोरी भीख में क्यों फेंक रहा है ?)।

[२७०]

हीरामनि जौं राजैं सुना । रोस बुझान हिएँ महँ गुना ।१।
अयाँ भई बुलावहु सोई । पंडित हुँतें धोख नहिं होई ।२।
एक कहत सहसक दस धाए । हीरामनिहि बेगि लै आए ।३।
खोला आगे आनि मँजूसा । मिला निकसि बहु दिन कर रूसा ।४।
अस्तुत करत मिला बहु भाँती । राजैं सुना भई हियँ साँती ।५।

जानहुँ जरत अगिनि जल परा । होइ फुलवारि रहस हिय भरा ।६।
राजैं मिलि पूँछी हँसि बाता । कस तन पीत भएउ मुख राता ।७।
चतुर बेद तुम्ह पंडित पढ़े सास्तर बेद ।
कहाँ चढ़े जोगी गढ़ आनि कीन्ह गढ़ भेद ॥२५।१९॥

(१) जब राजा ने हीरामन के विषय में सुना तो उसका क्रोध ठंडा हो गया और उसने हृदय में विचारा । (२) राजा की आज्ञा हुई कि उसे बुलाओ । पंडित से कभी धोखा नहीं होता । (३) एक से कहते ही दस सहस्र जन दौड़े गए और शीघ्र ही हीरामन को ले आए । (४) राजा के सामने पिंजरा लाकर उन्होंने उसे खोला । बहुत दिन का रूठा हुआ हीरामन पिंजरे से निकलकर राजा से मिला । (५) उसने बहुत प्रकार से स्तुति करते हुए भेंट की । उसकी स्तुति सुनकर राजा के हृदय में शान्ति हुई, (६) मानो जलती हुई आग में पानी पड़ गया हो । अब फुलवाड़ी खिलेगी, इस प्रकार का आनन्द हृदय में भर गया । (७) राजा भी उससे मिला और हँसकर बातें पूँछने लगा—'तुम्हारा तन पीला और मुँह लाल क्यों हो रहा है ?

(८) तुम चारों वेदों के पंडित हो । शास्त्र के ग्रंथ भी तुमने पढ़े हैं । (९) कहाँ से ये जोगी गढ़ पर चढ़ आए हैं जिन्होंने आते ही गढ़ में सेंध लगा दी ?

(२) होइ फुलवारि—आगे उसी स्थान में पुष्पवाटिका खिलेगी, ऐसा आनन्द मन में हुआ ।

[२७१]

हीरामनि रसना रस खोला । दई असीस औ अस्तुति बोला ।१।
इंद्र राज राजेसुर महा । सौंहें रिसि किछु जाइ न कहा ।२।
पै जेहि बात होइ भल आगें । सेवक निडर कहै रिस लागें ।३।
सुवा सुफल अंब्रित पै खोजा । होइ न बिक्रम राजा भोजा ।४।
हौं सेवक तुम्ह आदि गोसाईं । सेवा करौं जियौं जब ताईं ।५।
जेइँ जिउ दीन्ह देखावा देसू । सो पै जिय महँ बसै नरेसू ।६।
जो ओहि सँवरै एकै तुँही । सोई पंखि जगत रतमुँही ।७।
नैन बैन औ सरवन बुद्धी सबै तोर परसाद ।
सेवा मोर इहै निति बोलौं आसिरबाद ॥२५।२०॥

(१) हीरामन ने प्रेम के साथ अपनी जिह्वा खोली और आशीर्वाद देकर स्तुति की (२) 'आप राजाओं में इन्द्र, महाराजाओं के भी अधिपति हैं । आपके सामने क्रोध के भय से कुछ कहा नहीं जाता । (३) पर जिस बात से आगे भला होगा, सेवक निडर होकर वह बात कहता है चाहे उससे रिस ही क्यों न हो । (४) सुग्गा तो सुन्दर अमृत-फल

खोजता है, किन्तु हे राजा, विक्रम उसका भोग नहीं करता। (५) मैं सेवक हूँ। आप सर्वथा स्वामी हैं। जब तक जोऊँगा, सेवा करूँगा। (६) जिसने प्राण देकर मुझे देश दिखाया वही राजा मेरे मन में बसा हुआ है। (७) जो उस अपने प्रभु का 'एक तू ही है' कहकर स्मरण करता है, जगत में वही पक्षी लाल मुँह वाला होता है।

(८) नेत्र, वाणी, श्रवण और बुद्धि, ये सब तुम्हारा ही दिया हुआ प्रसाद है। (९) मेरी यही सेवा है कि नित्य आशीर्वाद देता रहूँ।

(४) विक्रम–विक्रम और सुग्गे की कहानी का उल्लेख ८८।१ में आ चुका है।
भोजा=भोग करने वाला, सुग्गे के ढूँढ़े हुए उस अमृतफल को खाने वाला।
(५) आदि–सर्वथा, नितान्त, बिल्कुल (१६०।१, ६३५।५)

[२७२]

जो अस सेवक चह पति दसा। तेहिकि जीभ अंब्रित पै बसा।१।
तेहि सेवक के करमहि दोसू। सेव करत ठाकुर होइ रोसू।२।
औ जेहि दोख निदोखहि लागा। सेवक डरहि जीव लै भागा।३।
जौं पंखी कहँवाँ थिर रहना। ताकै जहाँ जाइ जौं डहना।४।
सपत दीप देखेउँ फिरि राजा। जंबू दीप जाइ पुनि बाजा।५।
तहँ चितउर गढ़ देखेउँ ऊँचा। ऊँच राज सरि तोहि पहूँचा।६।
रतनसेनि यहु तहाँ नरेसू। आएउँ लै जोगी कर भेसू।७।
सुवा सुफल पै आनै है तेहि गुन मुख रात।
कया पीत अस तातें सँवरौं बिक्रम बात॥२५।२१॥

(१) जो सेवक ऐसी दशा में (दूसरे का हो जाने पर) भी स्वामी को चाहता है उसकी जीभ में निश्चय ही अमृत बसता है। (२) उस सेवक के कर्मों का दोष है, सेवा करते हुए भी जिस पर स्वामी का रोष हो। (३) और जिस निर्दोष को भी दोष लग जाता है ऐसा सेवक डर से अपना प्राण लेकर भाग जाता है। (४) जब कोई पक्षी है, तो उसका स्थिर होकर रहना कहाँ? जब उसके पंख हैं तो जहाँ दृष्टि करता है, वहीं उड़ जाता है। (५) हे राजा, मैंने सातों द्वीप फिरकर देखे, और अन्त में जंबू दीप जा पहुँचा (६) वहाँ जाकर चित्तौड़ का ऊँचा गढ़ देखा। वह ऊँचा राज्य तुम्हारे राज्य की तुलना करता है। (७) यह रतनसेन, वहीं का राजा है, जिसे मैं जोगी के भेष में ले आया हूँ।

(८) सुग्गा अवश्य सुन्दर फल लाता है। उसी गुण से मेरा मुँह

लाल है (९) पर जब विक्रम की बात का स्मरण करता हूँ तो उससे शरीर पीला पड़ गया है।'

(५) बाजा=पहुँचा। सं० व्रज > प्रा० वज्ज=जाना, पहुँचना।
(९) सँवरों विक्रम बात—सुग्गे ने तो युक्ति से अमृत फल खोज लिया, पर दुर्भाग्य से विक्रम ने उस अमृतफल का उपभोग नहीं किया (देखिए २७१।४)। पद्मावती के लिये रत्नसेन जैसा वर ढूँढ़ लाने से हीरामन अपने को सुर्खरू समझता है, पर गंधर्वसेन विक्रम की भाँति उस फल का उपभोग शायद न करे, इसी डर से उसका शरीर पीला है।

[२७३]

पहिलें भएउ भाँट सत भाखी। पुनि बोला हीरामनि साखी ।१।
राजहि भा निस्चौ मन माना। बाँधा रतन छोरि कै आना ।२।
कुल पूँछा चौहान कुलीना। रतन न बाँधे होइ मलीना ।३।
हीरा दसन पान रँग पाके। बिहँसत सबन्ह बीजु बर ताके ।४।
मुंद्रा स्रवन मैन सो चाँपे। राजबैन उघरे सब झाँपे ।५।
आना काटर एक तुखारू। कहा सो फेरै भा असवारू ।६।
फेरेउ तुरै छतीसौ कुरी। सबहिं सराहा सिंघलपुरी ।७।
कुँअर बतीसौं लक्खना सहस कराँ जस भान।
काह कसौटी कसिए कंचन बारह बान ॥२५।२२॥

(१) पहले तो भाट ने गंधर्वसेन के सामने सत्य वचन कहा। फिर हीरामन ने उसकी साक्षी दी। (२) राजा को निश्चय हो गया और उसका मन मान गया। फिर बाँधे हुए रतनसेन को छोड़ने की आज्ञा हुई। (३) राजा के कुल पूछने पर उसने अपने आपको कुलीन चौहान कहा। रत्न बाँधने से भी मलीन नहीं होता। (४) उसके हीरे जैसे दाँत पान के रंग से रचे थे। उसके हँसते ही सबने देखा कि जैसे बिजली चमकी हो। (५) वह कानों में मोम से मुद्राएँ चिपकाए था। राजाज्ञा से उसके वास्तविक स्वरूप को ढकने वाले सारे उपकरण उघाड़ दिए गए। (६) फिर (परीक्षा के लिये) एक कटहा घोड़ा लाया गया और कहा गया कि वह उसपर सवार होकर उसे फिराए। (७) उसने घोड़े को फिरा दिया, और सिंघलद्वीप के छत्तीसों कुल के सब राजकुमार उसकी सराहना करने लगे।

(८) इस कँवर के शरीर में बत्तीसों लक्षण हैं। यह सहस्र किरणों वाला सूर्य है। (९) इसे कसौटी पर क्या कसा जाय? यह तो बारह बानी कंचन है।

(१) सतभाखी, साखी—दोनों शब्द न्यायालय की भाषा से लिए गए हैं। वादी पक्ष की ओर से सत्य भाषण करने के बाद उसकी साक्षी दी जाती है।

(२) आना=आज्ञा ।

(३) चौहान–दे० २६८।४

(५) मैन–सं० मदन > मयन=मोम ।

(६) काटर=कटहा, बदमाश ।

(७) छत्तीसौं कुरी=इसका अन्वय घोड़े के साथ करके घुड़सवारी की छत्तीस कलाएँ ऐसा अर्थ श्री सुधाकरजी और शिरेफ ने किया है । जायसी ने सिंहल के ३६ क्षत्रिय कुलों का उल्लेख पहले किया है, उन्हींसे यहाँ तात्पर्य है। (१८५।१ तथा ९५।३) ।

(९) काह कसौटी कसिए कंचन बारह बानि–देखिए २६९।९ । ईरान में सबसे शुद्ध सोने को दहदही कहते थे (जिससे हिन्दी डहडही बना) और वहाँ १० बान की शुद्धि अन्तिम समझी जाती थी । किन्तु भारत में सोने को बारह बानी तक शुद्ध करते थे । अलाई मुहर सबसे अधिक शुद्ध या खरी समझी जाती थी । अकबर की परीक्षा में वह साढे दस बान की उतरी। तब उसने उससे भी अधिक बारह बान तक सोने की शुद्धि कराई (आईन अकबरी, आईन ५) ।

[२७४]

देखि सुरुज बर कँवल सँजोगू । अस्तु अस्तु बोला सब लोगू ।१।
मिला सुबंस अंस उजियारा । भा बरोक औ तिलक सँवारा ।२।
अनिरुध कहँ जो लिखी जैमारा । को मेटै बानासुर हारा ।३।
आजु मिलै अनिरुध को ऊखा । देव अनंद दैतन्ह सिर दूखा ।४।
सरग सूर भुइँ सरवर केवा । बन खँड भँवर होइ रस लेवा ।५।
पछिउँ क बार पुरुब की बारी । लिखी जो जोरि होइ न न्यारी ।६।
मानुस साज लाख मन साजा । साजा बिधि सोई पै बाजा ।७।
गए जो बाजन बाजते जिन्हहि मारन रन माँह ।
फिरि बाजन तेइ बाजे मंगलचार ओनाहँ ॥२५।२३॥

(१) उस सूर्य रूपी वर को कमल के साथ विवाह योग्य देखकर सब लोग कहने लगे, 'ठीक है, ठीक है।' (२) इस सुन्दर वंश में यह उज्ज्वल अंश आ मिला है। बरच्छा हुई और तिलक चढ़ाया गया। (३) अनिरुद्ध के लिये जो जयमाला लिखी हुई थी, उसे कौन मिटाता ? बाणासुर हार गया। (४) आज अनिरुद्ध (रतनसेन) को ऊषा (पद्मावती) मिलने वाली है। देवताओं को आनंद हुआ और दैत्यों का सिर दुखने लगा। (५) सूर्य आकाश में रहता है, कमल भूमि पर सरोवर में होता है, उसका रस लेने वाला भौंरा दूर बनखंड में रहता है। तीनों अलग रहते हुए भी एक साथ आ मिलते हैं। (६) ऐसे ही पच्छिम का लड़का और पूरब की लड़की की यदि जोड़ी लिखी है तो वह अलग नहीं हो सकती। (७) मनुष्य मन में लाखों साज सजाता रहता है, पर जो विधाता ने सजाया है, निश्चय रूप से वही आ पहुँचता है।

(८-९) जो बाजे जिन्हें रण में मारने के लिये बजते हुए गए थे, फिर वे ही बाजे

उनका मंगलाचार मनाने के लिये बजने लगे ।

(१) सँजोगू=विवाह योग्य । इस शब्द का यह विशिष्ट अर्थ ५४।१ और १९१।८ में प्रयुक्त हुआ है । उसमान कृत चित्रावली (सन् १६१३) में भी यह अर्थ मिलता है—४८३।१, राजैं मन महँ कहा बिचारी । हमहूँ घर सँजोग पुनि बारी । अथवा, ४८४।२ चित्रावलि संजोग सयानी।
(५) केवा=कमल (२३६।४, ३०५।५, ४४०।१, ५७०।१) ।
(७) बाजा=पहुँचना, पूर्ण होना । सं० व्रज > प्रा० वज्ज ।
(९) ओनाहँ=मनाए जाने पर ।

२६ : रत्नसेन पद्मावती विवाह खण्ड

[२७५]

लगन धरी औ रचा बिआहू । सिंघल नेवत फिरा सब काहू ।१।
बाजन बाजे कोटि पचासा । भा अनंद सगरौ कबिलासा ।२।
जेहि दिन कहँ निति देव मनावा । सोइ देवस पदुमावति पावा ।३।
चाँद सुरुज मनि माथें भागू । औ गावहिं सब नखत सोहागू ।४।
रचि रचि मानिक माड़ौ छावहिं । औ भुइँ रात बिछाउ बिछावहिं ।५।
चंदन खाँभ रचे चहुँ पाँती । मानिक दिया बरहिं दिन राती ।६।
घर घर बंदन रचे दुआरा । जाँवत नगर गीत झनकारा ।७।
हाट बाट सिंघल सब जहँ देखिअ तहँ रात ।
धनि रानी पदुमावति जा करि अैसि बरात ॥२६।१॥

(१) लग्न निश्चित हुई और ब्याह रचाया गया । सिंहल में सब के यहाँ न्यौता घूम गया । (२) पचास करोड़ बाजे बजे और सारे राज महल में आनन्द छा गया । (३) जिस दिन के लिये नित्य देवता को मनाती थी, पद्मावती ने वही दिन पाया था । (४) चाँद (पद्मावती) और सूर्य (रतनसेन) के मस्तक पर भाग्य की मणि चमकने लगी और नक्षत्र रूप सब सखियाँ सुहाग गाने लगीं । (५) माणिक्य लगा लगा कर मण्डप छाने लगे और भूमि पर लाल बिछावन बिछाने लगे । (६) मंडप के नीचे चारों ओर चंदन के खंभों की पंक्तियाँ लगाई गईं । दिन-रात मणियों के दीपक जलने लगे । (७) घर-घर द्वारों पर बंदनवारें बाँधी गईं और सारा नगर गीतों की झनकार से भर गया ।

(८) सिंहल के बाजारों और मार्गों में जहाँ देखो वहीं लाली थी । (९) धन्य है रानी पद्मावती जिसकी ऐसी बरात सजी ।

(२) कबिलासा=(१) सिंहल, (२) राजभवन।
(४) सुहाग-कन्या पक्ष के यहाँ के विवाह गीतों में सुहाग नामक गीत मुख्य होते हैं।
(५) माँड़ौ-मंडप > मंडव > मंडउ > माँड़ौ।
रचिरचि मानिक-मानिक या लाल से अलंकृत करके।
रात बिछाउ=लाल रंग का बिछावन। राजा होने के कारण रत्नसेन के लिये सर्वत्र लाल रंग का उल्लेख हुआ है (राता दगल, २७६।७; राता रथ, २७७।२, रात छत्र, २७७।६)।
(६) चहुँ पाँती=मंडप में चंदन के खंभे चार पंक्तियों में खड़े किए गए।
(९) बरात-वरयात्रा > बरजत्त > बरात।

[२७६]

रतनसेनि कहँ कापर आए। हीरा मोंति पदारथ लाए।१।
कुअँर सहस सँग आइ सभागे। बिनौ करहिं राजा सौं लागे।२।
जेहि लगि तुम्ह साधा तप जोगू। लेहु राज मानहु सुख भोगू।३।
मंजन करहु भभूति उतारहु। कै अस्नान चतुरसम सारहु।४।
काढ़हु मुंद्रा फटिक अभाऊ। पहिरहु कुंडल कनक जराऊ।५।
छोरहु जटा फुलाएल लेहू। भारहु केस मटुक सिर देहू।६।
काढ़हु कंथा चिरकुट लावा। पहिरहु राता दगल सोहावा।७।
पाँवरि तजहु देहु पग पैरीं आवा बाँक तोखार।
बाँधहु मौर छत्र सिर तानहु बेगि होहु असवार॥२६।२॥

(१) रतनसेन के लिये कपड़े लाए गए जिनमें उत्तम हीरे मोती लगाए गए थे। (२) साथ ही एक सहस्र सुन्दर कुँवर भी आए। वे राजा के सम्मुख विनय करने लगे-(३) 'जिसके लिये तुमने तप और जोग की साधना की, अब राज्य लेकर उसके साथ सुख का भोग भोगो। (४) मार्जन करो और शरीर से भभूत छुड़ाओ। स्नान करके चतुरसम सुगंधि लगाओ। (५) स्फटिक की भद्दी मुद्रा कानों से उतारो और सोने के जड़ाउ कुंडल पहन लो। (६) जटाएँ खोल डालो और उनमें तेल-फुलेल लगा लो। केशों को झाड़ो और सिर पर मुकुट बाँध लो। (७) फटे चीथड़ों वाली कंथा उतार दो और लाल रंग का दगला पहन लो।

(८) खड़ाउँ उतारो, उनकी जगह पैरों में पनही पहनो। तुम्हारे लिये बाँका घोड़ा लाया गया है। (९) मौर बाँधो, सिर पर छत्र लगाओ और शीघ्र उस पर सवार होओ।

(१) लाए=लगे हुए, जड़े हुए।
(४) मंजन=शुद्धि, स्नान। सं० मार्जन > प्रा० मज्जण > मंजन। पृथ्वीचन्द्रचरित्र में मज्जनगृह को मंजणहरा कहा है (पृथ्वी०, पृ० १३२)।
चतुरसम-३२३।७, ३३२।३; सं० चतुःसम=चन्दन, अगुरु, कस्तूरी और केसर को समभाग लेकर बनाई हुई सुगन्धि। तुलसीदास, बीथीं सींचीं चतुरसम चौकें चारु पुराइ (बालकांड, २९६।१०)। जायसी से दो शती पूर्व के वर्णरत्नाकर में चतुःसम का उल्लेख है (चतुःसम

लिए इथ माण्डु, पृ० १३)। उससे भी लगभग दो शती पूर्व के हेमचन्द्र ने लिखा है–चन्दनागुरु कस्तूरी कुंकुमैस्तु चतुःसमन् । चन्दनादीनि चत्वारि समान्यत्र चतुःसमन् (अभिधान चिन्तामणि, ३।३०३) । भोजाजानिय जातक (सं० २३) में चार प्रकार की गंध से भूमि लीपने का उल्लेख है (चतुरजातिक गन्धूपलित्त) जो यही चतुःसम सुगंधि ज्ञात होती है। पदमावत के 'चतुरसम' इस क्लिष्ट पाठ को सरल करके 'चित्रसम' पाठान्तर कर दिया गया।

(६) फुलाएल=सुगंधित तेल। सं० पुष्पतैल > फुल्लएल > फूलएल > फुलाएल।
मट्ठक=मुकुट (५१५।२, माथें मट्ठक छत्र सिर साजा) । चित्रावली में भी मट्ठक रूप है–मट्ठक बंद सब सेवा करहीं (३५।४); पर तुलना कीजिए जायसी ४७।३, मुकुटबंध सब बैठे राजा।

(७) चिरकुट=(अवधी) फटा पुराना वस्त्र। सं० चीर+कुट्ट (काटना, छेदना)।
दगल=दगला, मोटे वस्त्र का बना हुआ रुईदार अँगरखा। आईन अकबरी में जिसे गदर कहा है (एक अँगरखा जो कबा से अधिक लम्बा चौड़ा और ज्यादा रुईवाला होता है; आईन ३१) वह यही ज्ञात होता है । चित्रावली में भी राजा की वेशभूषा में लाल दगल का उल्लेख है (काढहु दगल सुहावन राता, २२०।२)।

(८) पैरीं=(अवधी) पनही, जूता। इस दोहे में लेहु, मानहु, करहु, उतारहु, सारहु आदि अट्ठारह क्रियाएँ लोट् लकार की एक साथ प्रयुक्त हैं जो जायसी की विशिष्ट भाषा शक्ति की परिचायक हैं।

[२७७]

साजा राजा बाजन बाजे। मदन सहाय दुहूँ दिसि गाजे ।१।
औ राता रथ सोने क साजा। भए बरात गोहन सब राजा ।२।
बाजत गाजत भा असवारू। सब सिंघल नै करहिं जोहारू ।३।
चहुँ ओर मसियर नखत तराईं। सूरुज चढ़ा चाँद की ताईं ।४।
सब दिन तपा जैस हिय माहाँ। तैस रात पाई सुख छाहाँ ।५।
ऊपर रात छत्र तस छावा। इंद्रलोक सब सेवाँ आवा ।६।
आजु इंद्र आछरि सौं मिला। सब कबिलास होइ सोहिला ।७।
धरती सरग चहूँ दिसि पूरि रहे मसियार।
बाजत आवै राज मँदिर कहँ होइ मंगलाचार ॥२६।३॥

(१) जैसे ही राजा वरवेष में सज्जित हुआ, बाजे बज उठे, मानों दोनों ओर मेघ गर्जने लगे। (२) सोने का बना हुआ लाल वस्त्र से मढ़ा रथ सजाया गया। सब राजा बरात के साथ चले (३) रतनसेन बाजे-गाजे के साथ रथ पर सवार हुआ। सारा सिंहल उसे झुककर प्रणाम करने लगा। (४) जब सूर्य ने चाँद के लिये प्रस्थान किया तो नक्षत्र और तारे चारों ओर मशाल्ची बन गए। (५) सूर्य (रतनसेन) जैसे सारे दिन हृदय में जलता रहा था, वैसे ही अब रात में उसने सुख की छाहँ पाई। (६) उसके ऊपर लाल छत्र लगाया गया और सारा इन्द्रलोक उसकी सेवा में आ गया। (७) आज इन्द्र अप्सरा से मिल रहा था। इसलिए सारे कैलास (सिंहल) में मंगल गीत गाए जाने लगे।

(८) धरती और आकाश में चारों ओर मशालें भर गईं। (९) बाजे बजाते हुए

बरात राज-मंदिर में आने लगी जहाँ मंगलाचार (विवाह कृत्य) होने को था ।

(१) मदन सहाय=काम के साथी अर्थात् मेघ ।
(२) राता रथ-दूल्हे का रथ सोने का बनाकर ऊपर से लाल वस्त्र से मँढ़ा गया था । लाल वस्त्र से रथ मँढने की प्रथा बहुत पुरानी थी । उसे 'पाण्डु-कम्बली रथ' कहते थे ।
गोहन=साथी (१८५।८) ।
(३) नै=झुककर, प्रणाम करके ।
(४) मसियर=मशालची, या मशाल ।
(७) सोहिला=मांगलिक गीत, शकुन के गीत, जो विवाहादि अवसरों पर गाए जाते हैं और अभी तक इसी नाम से प्रसिद्ध हैं (मेरठी बोली, 'गवन लगे शादी सोहले, अर्थात् ब्याह के सोहले गाए जाने लगे) । सं० शोभावत् > प्रा० सोहल+क > सोहला ।
(९) मंगलाचार=विवाहकृत्य । जानकीमंगल, पार्वतीमंगल, रुक्मिणी मंगल आदि में भी मंगल का अर्थ विवाह है ।

[२७८]

पदुमावति धौराहर चढ़ी । दहुँ कस रबि जाकहँ ससि गढ़ी ।१।
देखि बरात सखिन्ह सौं कहा । इन्ह महँ कौनु सो जोगी अहा ।२।
केइँ सो जोग लै ओर निबाहा । भएउ सूर चढ़ि चाँद बियाहा ।३।
कौनु सिद्ध सो ऐस अकेला । जेइँ सिर लाइ पेम सौं खेला ।४।
कासौं पितै बचा असि हारी । उतर न दीन्ह दीन्हि तेहि बारी ।५।
काकहँ दैय ऐसि जै दीन्हा । जेइँ जैमार जीति रन लीन्हा ।६।
धन्नि पुरुख अस नवै न नाएँ । औ सुपुरुष होइ देस पराएँ ।७।
को बरिबंड बीर अस मोहि देखै कर चाउ ।
पुनि जाइहि जनवासे सखी रे बेगि देखाउ ॥२६।४॥

(१) पद्मावती यह देखने के लिए धौराहर पर चढ़ी कि वह सूर्य कैसा है, जिसके लिये चन्द्रमा रचा गया है । (२) बरात देखकर उसने सखियों से कहा—'इनमें कौन सा वह जोगी था ? (३) किसने जोग लेकर अन्त तक उसे निबाहा, और सूर्य की तरह आकाश मार्ग से आकर चन्द्रमा से विवाह किया ? (४) कौन अकेला ऐसा सिद्ध है जिसने सिर देकर प्रेम के सम्मुख यह यात्रा की । (५) किसके सामने मेरे पिता ऐसे वचन हार गए कि उत्तर न दिया, कन्या दे दी ? (६) किसको दैव ने इस प्रकार जय दी है कि उसने रण भूमि में जयमाला जीत ली ? (७) ऐसा पुरुष धन्य है जो झुकाने से न झुके और पराए देश में भी वीर पुरुष कहलाए ।

(८) कौन ऐसा बरबण्ड बीर है, मुझे उसे देखने का चाव है । (९) हे सखि, उसे शीघ्र दिखाओ नहीं तो फिर वह जनवासे में जा पहुँचेगा ।

(१) रवि-ससि=बर-बधू, रत्नसेन-पद्मावती । सूर-चाँद ।

(६) जयमाला स्वयंवर में जीती जाती है, युद्ध द्वारा जयमाला पाना सचमुच वीरता है ।

(८) बरिबंड=बलियों में श्रेष्ठ (२६६.२) । अप० बलिवंड (पुष्पदंत, णायकुमार चरिउ, १।६।१४, ८।३।२) > बलिवृन्द (वृन्द > वण्ड तुलना कीजिए सं० वृन्दारक) ।

(९) जनवासा—सं० जन्यवासक > जन्नवासअ > जनवासा ।

[२७९]

सखी देखावहिं चमकहि बाहू । तूँ जस चाँद सुरुज तोर नाहू ।१।
छपा न रहै सुरुज परगासू । देखि कँवल मन भएउ हुलासू ।२।
वह उजियार जगत उपराहीं । जग उजियार सो तेहि परछाहीं ।३।
जस रबि दीख उठै परभाता । उठा छत्र देखिअ तस राता ।४।
आव माँझ भा दूलह सोई । औरु बराति संग सब कोई ।५।
सहसौं कराँ रूप बिधि गढ़ा । सोने के रथ आवै चढ़ा ।६।
मनि माथें दरसन उजियारा । सौंह निरखि नहिं जाइ निहारा ।७।
रूपवंत जस दरपन धनि तूँ जाकर कंत ।
चाहिअ जैस मनोहर मिला सो मन भावंत ॥२६।५॥

(१) सखियाँ जब आगे बाँह बढ़ाकर उसे दिखाने लगीं तो उनकी भुजाएँ चमक उठीं । वे बोलीं—'तूँ जैसी चाँद है, वैसा ही तेरा पति सूर्य है । (२) सूर्य का प्रकाश छिपा नहीं रहता । उसे देखते ही कमल के मन में हर्ष हुआ है । (३) वह जगत में सबसे अधिक उज्ज्वल है ! जगत् में जो उजाला है वह उसीकी परछाईं है । (४) प्रभात के समय उगता हुआ सूर्य जैसा दीखता है, वैसा ही उस पर लगा हुआ लाल छत्र दिखाई दे रहा है । (५) वह जो बरात के बीच में आ रहा है, वही दूल्हा है, और सब साथ में बराती हैं । (६) विधाता ने सहस्र किरणों से उसका रूप रचा है । वह सोने के रथ पर चढ़ कर आ रहा है । (७) उसके माथे पर मणि है । जिससे वह देखने में इतना उज्ज्वल है कि सामने आँख भरकर देखा नहीं जाता ।

(८) वह दर्पण जैसे उज्ज्वल रूप वाला है । तू धन्य है जिसे ऐसा पति मिला । (९) जैसा मनोहर पति चाहिए वैसा ही मन-भावता तुझे मिला ।

(५) बराति=बराती सं० वरयात्रिक ।

(९) मनभावंत=मनको भला लगने वाला, मनोज्ञ (मनभावती असीसैं बालकांड, ३०८।६) ।

[२८०]

देखा चाँद सुरुज जस साजा । अस्टौ भाउ मदन तन गाजा ।१।

हुलसे नैन दरस मद माँते । हुलसे अधर रंग रस राते ।२।
हुलसा बदन ओप रबि आई । हुलसि हिया कंचुकि न समाई ।३।
हुलसे कुच कसनी बँद टूटे । हुलसी भुजा बलय कर फूटे ।४।
हुलसी लंक कि रावन राजू । राम लखन दर साजहिं साजू ।५।
आजु कटक जोरा हठि कामू । आजु बिरह सो होइ संग्रामू ।६।
आजु चाँद घर आवै सूरू । आजु सिंगार होइ सब चूरू ।७।
अंग अंग सब हुलसे केउ कतहूँ न समाइ ।
ठाँवहिं ठाँव बिमोहा गइ मुरुछा गति आइ ॥२६।६॥

(१) जैसे ही चाँद (पद्मावती) ने सूर्य को सजा हुआ देखा उसके शरीर में काम के आठों भाव जाग उठे । (२) दर्शन के मद से मस्त नेत्र आनंद से भर गए । प्रेम-रस से लाल हुए अधर खिल उठे । (३) सूर्य की चमक आने से उसका मुख प्रसन्न हो गया । आनन्दित होता हुआ उसका हृदय कंचुकी में न समाता था । (४) कुच आनन्द से फूल उठे जिससे चोली के बंद टूट गए । भुजाएँ आनन्द से फड़क उठीं जिससे हाथों की चूड़ियाँ तड़क गईं । (५) उसका कटि भाग उमँग उठा कि आज वहाँ रमण-शील पति का राज्य होगा, जिसके लिये सुलक्षणी स्त्रियाँ उसे सजा रही थीं । (६) आज काम ने हठ पूर्वक सारी सेना एकत्र की है जिसकी सहायता से वह आज विरह से संग्राम करेगा । (७) आज चाँद के घर सूर्य आएगा और उसका सारा श्रृंगार चूर-चूर हो जाएगा ।

(८) उसके सब अंग आनन्द से भर गए । कोई कहीं न समाता था । (९) शरीर का एक-एक भाग बिमोर हो गया और वह मूर्च्छा की दशा में पहुँच गई ।

(१) काम के आठ भाव—स्वेद, स्तम्भ, रोमांच, स्वरभंग, कंप, वैवर्ण्य, अश्रु और प्रलय नामक आठ सात्विक भाव । अथवा नेत्र, अधर, मुख, हृदय, कुच, भुजा, कटि और काममंदिर, इन आठों में काम भाव जाग उठा ।

(४) कसनी=आँगी, चोली (कसनिआ, ३२९ २) ।

(५) रावन—सं० रमण=पति । लंका और रावण में श्लेष भी है ।
राम लखन दर=सुलक्षिणी स्त्रियों का समूह । राम-लक्ष्मण की सेना ।

[२८१]

सखी सँभारि पियावहिं पानी । राजकुँवरि काहे कुँभिलानी ।१।
हम तो तोहि देखावा पीऊ । तूँ मुरझानि कैस भा जीऊ ।२।
सुनहु सखी सब कहहिं बियाहू । मो कहँ जैस चाँद कहँ राहू ।३।
तुम्ह जानहु आवै पिय साजा । यह धम धम सब मो कहँ बाजा ।४।
जेत बराती औ असवारा । आए मोर सब चालनिहारा ।५।

सोइ आगम देखत हौं झँखी । आपन रहन न देखौं सखी ।६।
होइ बियाह पुनि होइहि गवना । गौनब तहाँ बहुरि नहिं अवना ।७।
अब सो मिलन कत सखी सहेलिनि परा बिछोवा टूटि ।
तैसि गाँठि पिय जोरब जरम न होइहि छूटि ॥२६।७॥

(१) सखियाँ उसे सम्हालकर पानी पिलाने लगीं और बोलीं, 'हे राजकुमारी, तुम ऐसी क्यों कुम्हला गईं ? (२) हमने तो तुम्हें पति का दर्शन कराया था पर तुम मुरझा गईं, तुम्हारा जी कैसा हो गया ?' (३) उसने कहा, 'प्यारी सखियो, सुनो । सब इसे ब्याह कहते हैं, मेरे लिये यह ऐसा है, जैसे चाँद के लिये राहु । (४) तुम समझती हो कि प्रियतम बरात सजाकर आ रहा है, पर यह सारी धमधम मेरे मन को ठेस पहुँचा रही है । (५) जितने बराती और सवार हैं, सब मुझे ले जाने के लिये आए हैं । (६) हे सखि, उनका आना देखकर मैं दुःखी हूँ, क्यों अब मुझे अपना यहाँ रहना सम्भव नहीं दीख पड़ता । (७) ब्याह होते ही फिर गौना होगा, और वहाँ जाना होगा जहाँ से फिर लौटना नहीं है ।
(८) अब सखी सहेलियों से मिलना कहाँ होगा ? अकस्मात् बिछोह आ पड़ा है । (९) प्रियतम ऐसी गाँठ जोड़ेगा, जो जन्म भर न छूटेगी ।'

(६) झँखी–प्रा० झंखइ=संतप्त होना, संताप करना (सं० संतप् का धात्वादेश, हेम० ४।१४०) ।
(७) गवना=गौने की बिदाई ।
(८) बिछोवा–सं० विक्षोभ > प्रा० विच्छोह > अप० विच्छोय=विरह (करकंडु चरिउ, १०।१।४; देशी० ७।६२; हेम० ४।३९६) ।

[२८२]

आइ बजावत पैठि बराता । पान फूल सेंदुर सब राता ।१।
जहँ सोने कै चित्तरसारी । बैठि बरात जानु फुलवारी ।२।
माँझ सिंघासन पाट सँवारा । दूलह आनि तहाँ बैसारा ।३।
कनक खँभ लागे चहुँ पाँती । मानिक दिया बरहिं दिन राती ।४।
भएउ अचल धुव जोगि पँखेरू । फूलि बैठ थिर जैस सुमेरू ।५।
आजु दैयँ हौं कीन्ह सभागा । जत दुख कीन्ह नीक सब लागा ।६।
आजु सूर ससिअर घर आवा । चाँद सुरुज दुहुँ होइ मेरावा ।७।
आजु इंद्र होइ आएउँ सैं बरात कबिलास ।
आजु मिलै मोहि आछरि पूजै मन कै आस ॥२६।८॥

(१) बाजे गाजे के साथ बरात आकर प्रविष्ट हुई । पान, फूल और सिन्दूर के स्वागत से सब लाल हो रहे थे । (२) जहाँ सोने से सजो हुई चित्तरसारी थी, वहाँ बरात

आकर ठहरी, मानों फुलवाड़ी फूल रही थी। (३) बीच में सिंहासन पट्ट सुशोभित था। उस पर दूल्हे को लाकर बैठाया गया। (४) चारों ओर सोने के खंभे लगे थे। रात दिन मणि-माणिक्य के दीपक जल रहे थे। (५) पक्षी की तरह बिचरने वाला जोगी अब ध्रुव की तरह अचल हो गया। वह प्रसन्नता से स्थिर होकर बैठ गया जैसे सुमेरु हो। (६) 'आज दैव ने मुझे भाग्यवान् किया है। जितना दुःख उसने दिया था, सब अच्छा लग रहा है। आज सूर्य चन्द्रमा के घर आया है। चाँद और सूर्य दोनों का मेल होगा।

(८) आज मैं इन्द्र बनकर बरात के साथ कैलास पर आया हूँ। (९) आज मुझे अप्सरा मिलेगी और मेरी आशा पूर्ण होगी।'

(२) चित्तरसारी–चित्रशाला, राजमंदिर का अत्यन्त सुसज्जित भाग होता था जिसकी भीतों पर चित्र लिखे होते थे। हर्षचरित के अनुसार धवलगृह के ऊपरी तल्ले में सामने की ओर राजा रानी का वासभवन या वासगृह होता था और उसमें भित्तिचित्र बनाए जाते थे। इसलिये सम्भवतः वह स्थान चित्रशाला या चित्रशालिका कहा जाने लगा। लोक गीतों के अनुसार चित्तरसारी में पति-पत्नी सुखशयन करते थे। किन्तु उस्मानकृत चित्रावली से ज्ञात होता है कि राजप्रासाद से लगी हुई वाटिका में एक चित्रशाला या चित्तरसारी होती थी जिसमें अतिथि ठहराए जाते थे। (चित्रावलि की है चितसारी। बारी माँहि विचित्र सँवारी। ८१।३)। सिंहल की यह चित्तरसारी जिसमें बरात का पान फूल से स्वागत किया गया राजमन्दिर के भीतर किन्तु रनिवास या धवलगृह से बाहर वाटिका में स्थित चित्रशाला ही थी। उसी में बरात के लिये जनवासा बनाया गया था। 'बाजत आवै राजमँदिर कहँ' (२७७।९) और 'आइ बजावत पैठि बराता' (२८२।१), जायसी के इन दोनों वाक्यों का समन्वय करने से ज्ञात होता है कि गाजे बाजे के साथ चढ़कर आती हुई बरात राजमंदिर में प्रविष्ट हुई और वहीं चित्तरसारी में उसके लिये जनवासा बनाया गया। अगवानी के बाद बरात को जनवासे में ठहराना आवश्यक था। शिव (बाल० ९६।१) और राम (बाल० ३०६।४, ६) की बरात के विषय में इसका स्पष्ट उल्लेख है। चित्रावली की बरात भी चित्रसेन के राज द्वार पर पहुँचने के बाद अगवानों द्वारा जनवासे में ले जाई गई (चित्रा०, ५१८।९, ५१९, ८)। कौलावती की बरात के विषय में उसमान ने भी जायसी की भाँति लिखा है कि वह राजमंदिर में प्रविष्ट हुई (पैसत राज अबास सोहाई, ३९७।७)।

(३) माँझ सिंहासन पाट सँवारा–वर के बैठने के लिये बीचों बीच में सिंहासनपट्ट ठीक उसी प्रकार लगाया जाता था जैसे राजा के लिये। जनवासे में दूल्हे के लिये यह पट्ट दिया जाता था और फिर विवाह मंडप में भी उसके लिये छत्र और पट्ट लगाया जाता था (देखिए, मांडौ सोने क गँगन सवारा'''साजा पाट छत्र कै छाहाँ। २८५।३-४)। चित्रावली के विवाह के समय कुअँर को राजमंदिर में लाकर सोने के सिंहासन पाट पर बैठाया गया (मँदिर आनि कै कुअँर उतारा। लै कलधौत पाठ बैसारा। चित्रा० ५१४।१; बैठेउ कुँअर सिंह आसना। ५१४।२)। कौलावती के विवाह में भी कुअँर को राज आवास में ले आने के बाद सोने के पट्ट पर बैठाया गया (पुनि जहँ हाटक पाट सँवारा। कुअँर आनि कै तहाँ उतारा। चित्रा० ३९८।१)। सिंहासन पट्ट प्रायः सोने का होता था। वराहमिहिर ने बृहत्संहिता में उसकी ऊँचाई १८ इंच, २२॥ इंच, और २७ इंच लिखी है।

[२८३]

होइ लाग जेंवनार सुसारा। कनक पत्र पसरे पनवारा।१।

सोन थार मनि मानिक जरे। राए रंक सब आगें धरे।२।
रतन जराऊ खोरा खोरी। जन जन आगें सौ सौ जोरी।३।
गडुअन्ह हीर पदारथ लागे। देखि बिमोहे पुरुख सभागे।४।
जानहु नखत करहिं उजियारा। छपि गा दीपक औ मसियारा।५।
भै मिलि चाँद सुरुज कै करा। भा उदोत तैसे निरमरा।६।
जेहि मानुस कहँ जोति न होती। तेहि भै जोति देखि वह जोती।७।
पाँति पाँति सब बैठे भाँति भाँति जेवनार।
कनक पत्र तर धोती कनक पत्र पनवार ॥२६।९॥

(१) जेंवनार के लिये रसोई की सामग्री होने लगी। सोने के पत्तों की पत्तलें फैलाई गईं। (२) उनके ऊपर माणिक्य से जड़े हुए सोने के थाल राजा और रंक सबके आगे रखे गए। (३) रत्नों से जड़े हुए कटोरे कटोरी एक एक जने के आगे सौ-सौ जोड़ी रखे गए। (४) लोटों में हीरे रत्न लगे थे। भाग्यवान् पुरुष भी उन्हें देखकर मोहित होते थे। (५) उस ज्योंनार में मानों नक्षत्र स्वयं उजाला कर रहे थे जिससे दीपक और मशालें भी छिप गईं। (६) चाँद और सूर्य की कला जैसे मिल जाय, कुछ वैसा निर्मल प्रकाश वहाँ हो गया। (७) जिस मनुष्य के पास (आँखों) की ज्योति न हो उसे भी उस ज्योति के दर्शन से ज्योति प्राप्त हो सकती थी।

(८) सब लोग पंक्तियों में बैठ गए और सामने भाँति भाँति की ज्योंनार आने लगी। (९) शरीर के अधोभाग में वे कनक पत्र की धोती पहने हुए थे। और उनके सामने जीमने के लिये सोने के पत्तों की बनी हुई पत्तलें डाली गई थीं।

(१) जेंवनार=भोजन, भाई बिरादरी का समूह में पंक्ति भोजन। प्रा० जेमणकार।
शिव की बरात में जनवासे के बाद जेवनार (बाल० ९९।४) और तब विवाह का उल्लेख है (९९।१४)। राम की बरात में गोधूलि वेला की लगन होने से पहले विवाह (बाल० दो० ३२३ ३२४), तब जनवासे में लौटना (३२६।२१) और फिर जेंवनार के लिये बरातियों के जनवासे से बुलाए जाने का उल्लेख है (३२८।१)। चित्रावली के विवाह में बरात जीम कर जनवासे लौट जाती है (जेइँ भोजन जनवास सिधाए, ५२६।६) और फिर वहाँ से कुअँर को ब्याह के लिये बुलवाया गया (५२६।७)। चित्रा० ५२२।१ (जनवासे बरात बैसारी मंदिर मांह रसोई सारी) से ज्ञात होता है कि जनवासे या चित्तरसारी में ठहरी हुई बरात को जीमने के लिये राजमंदिर के अन्तरंग भाग में बुलाया जाता था। प्रस्तुत प्रसंग में जायसी ने इसे स्पष्ट नहीं किया, किन्तु 'फिरे पान बहुरा सब कोई (२८५।२) से यही बात जान पड़ती है कि बरात राजमंदिर में जीमने के बाद जनवासे लौट आई।
सुसारा—इस क्लिष्ट पाठ को बदल कर पसारा किया गया था। श्री लक्ष्मीधर में सुसारा का अर्थ स्वादिष्ट किया है। जायसी ने दो बार इसका प्रयोग और किया है (भई सुसार जेवँ नहिं नारी, ४०३।५; तस सुसार रस मेरवहु जेहि रे प्रीति रस होइ, ५४०।९); वहाँ भी रसोई की सामग्री यही अर्थ ठीक बैठता है। तुलना, भरि भरि बसहँ अपार कहारा। पठई जनक अनेक

सुसारा (बाल० ३३३।५) ।

पनवारा=पत्तल। अवधी और बुदेलखंडी में अभी तक चालू शब्द है। तुलसी, सादर लगे परन पनवारे। कनक कील मनि पान सँवारे (बाल० ३२८।८)। सूर, ग्वारिनि के पनवारे चुनि चुनि उदर भरीजै सीथिनि (सूरसागर, पद ११०८)।

(३) खोरा–प्रा० खोर, खोरय=कचुल्ला, कटोरा (पासद्द०, पृ० ३५३)।

(४) गडुआ=टोंटीदार करवा। सं० गड्डुक=लोटा (देश्य शब्द)।

(५) कनकपत्र तर धोती–कनकपत्र वस्त्र विशेष की संज्ञा थी। सूती वस्त्र पर मसाला लगाकर सोने के वर्क चिपकाकर सुनहले पत्तों की सज बनाई जाती थी। उसे ही कनकपत्र नामक वस्त्र कहते थे। वर्णरत्नाकर की वस्त्र सूची में कनकपत्र का नाम है (वर्णं० पृ० २१)। ब्राह्मण का वेष वर्णन करते हुए आगे लिखा है–कनकपत्र धोती तर बाँधे (४०९।४)।

कनक पत्र पनवार–यहाँ कनक पत्र का अर्थ सोने को पीट कर फैलाए गए पत्तरों से है जिन्हें मिलाकर पत्तलें बनाई गई थीं। तुलसीदास ने लिखा है कि मणि के पत्तों को सोने की कीलों से जोड़कर पनवारे बनाए गए थे (बाल० ३२८।८)। मणि का अर्थ हकीक, यशब आदि संगों से है।

[२८४]

पहिलें भात परोसै आने। जनहु कपूर सुबास बसाने।१।
झालर माँड आए घिउ पोए। ऊजर देखि पाप गए धोए।२।
लुचुई पूरि सोहारीं परीं। एक ताती औ सुठि कोंवरीं।३।
पुनि बावन परकार जो आए। ना अस देखे न कबहूँ खाए।४।
खँडरा खँडि खँडोई खंडी। परी एकोतर सै कठहंडी।५।
पुनि सँधान आए बहु साँधे। दूध दही के मोरँडा बाँधे।६।
पुनि जाउरि पछियाउरि आई। दूध दही का कहौं मिठाई।७।
जेंवन अधिक सुबासिक मुख महँ परत बिलाइ।
सहस सवाद सो पावै एक कवर जौं खाइ॥२६।१०॥

(१) पहिले परोसने के लिये अनेक प्रकार के भात लाए गए जो ऐसे महकते थे मानो कपूर की सुगन्धि से सुबासित किए गए हों। (२) फिर हाथों में घी लगाकर पोए हुए झालर माँडे आए, जिनकी उज्ज्वलता देखने से ही मानों पाप धुल जाते थे। (३) लुचुई, पूरी और सोहारी परोसी गईं, जो एक तो गरम, दूसरे अत्यन्त मुलायम थीं। (४) फिर जो बावन प्रकार के भोजन आए, न वैसे देखे, न कभी खाए गए। (५) खँडरे काट कर खाँड की चासनी में पकाए गए और वह एक सौ एक हाँडियों में डाल कर रख दी गई। (६) फिर बहुत प्रकार से डाले गए अचार लाए गए। दूध दही के बाँधे हुए छेने के लड्डू आए। (७) फिर जाउरि (दूध में चावल पकाकर बनाई गाढी खीर) और पछियाउरि (खुर्मा शकरपारे आदि की मीठी तश्तरी) परोसी गई। दूध दही और मिठाइयों का क्या बखान करूँ ?

(८) ये खाद्य-पदार्थ अत्यन्त सुगन्धित थे और मुँह में पड़ते ही घुल जाते थे। (९) यदि एक कौर खाया जाय तो उसमें सहस्र प्रकार का स्वाद मिलता था।

(१) ज्योंनार के आरम्भ में भात का परोसना शुभ माना जाता है।

(२) झालर—अर्थ निश्चित नहीं है, सम्भवतः झालर नामक बाजे या घड़ियाल के समान गोल श्वेत फैले हुए (सितपट्ट समप्रभाः, मानसोल्लास) । पर्यायवाची है ऐसा मुझे अपने गुरु पं० जगन्नाथ जी से ज्ञात हुआ है। झालर गुजराती में सेम, खाँस, उर्द जैसी दाल को भी कहते हैं।

मॉंड—सं० मण्डक। मानसोल्लास के अनुसार धुले हुए गेहुओं को धूप में सुखाकर चक्की में पीस कर महीन चलनी में छान लो। तब आटे में घी मिलाकर उसमें नमक डालकर दूध और पानी डालकर किसी बड़े कठौते में खूब माँड़ो। तब उसके गोल पिंडे बनाकर घी लगे हुए हाथों से जितना बढ़ाया जा सके बढ़ाओ। और उन चौड़े मंडों को मिट्टी के तबे पर डालकर चटपट सेंक लो जिससे काले न होने पावें। वे ही मिश्री की थाली जैसे सफेद माँड़े होते हैं। (मानसोल्लास भाग २, अ० १३ श्लोक १३७५-८० । चित्रावली में दूध और खाँड डालकर बनाए हुए मीठे माँड़ों का उल्लेख है (गोंहू प्रथम दूध सों धोए। खीर खाँड मिलि माँड़ा पोए। चित्रा० ५२३।१) ।

(३) लुचुई—खूब भिगोए हुए मैदे की दो लोई बनाकर बीच में घी लगाकर बेलन से चौड़ी और खूब बढ़ाकर तवे पर घी से सेंकी हुई मुलायम और पतली पूरी। इसे दोहथी भी कहते हैं। अवध में अनन्त चतुर्दशी के दिन लुचुई खाने की प्रथा है।

पूरी—उबाले हुए चने की दाल बाँटकर उसमें हींग आदि मसाला मिलाकर आटे की लोई में उसका पूरन डालकर चौड़ी बेलकर तवे पर घी में सेंकते हैं। अवध में यह पूरी कहलाती है। यह आजकल की कचौड़ी हुई।

सोहारी—आजकल जिसे पूरी कहते हैं वही अवध में सोहारी कहलाती है। पूरी से बड़ी सोहारी, सोहारी से बड़ी लुचुई होती है।

(४) जायसी के समय में भोजन के जो ५२ प्रकार प्रसिद्ध थे उनकी सूची अभी तक मेरे देखने में नहीं आई और न प्राप्त हो सकी है।

(५) खँडरा—सं० खण्डलक=टुकड़ा, शकरपारा। अवधी में शकरपारे के लिए यह शब्द प्रसिद्ध है। साधारणतया अन्यत्र शकरपारे गेहूँ के आटे में घी मिलाकर मोटा रोट बनाकर लम्बे, चौकोर कई प्रकार के काटे जाते हैं और घी में उतारे जाते हैं। शब्दसागर के अनुसार खँडरा बेसन का चौकोर बड़ा होता है जो सूखा और गीला दो प्रकार का बनता है। कुँवर सुरेशसिंह जी से ज्ञात हुआ कि मूँग चना उड़द अरहर आदि की दालों को मिलाकर पीस डालते हैं। फिर गोल बेलन सा बनाकर चाकू से टुकड़े काट लेते हैं। वही खँडरे कहलाते हैं। उन्हें घी में तलकर पानी में पकाकर मँगौड़ी की भाँति बना लेते हैं और भात या रोटी के साथ खाते हैं। खँडरे चासनी में डालकर मीठे भी बनाए जाते हैं। यहाँ जायसी ने मीठे खँडरों का ही वर्णन किया है जो सेक कर खाँड की चाशनी में पागे गए और तब काठ की हाँडियों में डालकर रख दिए गए कि उनमें रस खूब भर जाय। आगे ५४७।५ में माँस के मीठे खँडरों का भी उल्लेख है।

खंडि—काटकर।

खंडोई—चासनी। ५४९।६ में जायसी ने इसे ही खंडुई कहा है। सं० खण्डवती > खण्डउइ > खंडोई। वर्णरत्नाकर में इसे खण्डउति कहा है।

खंडी—खंडना धातु—चासनी में पकाना, पागना (दे० खँडुई कीन्ह अँबचुर तेहि परा। लौंग लाइची सिउँ खंडि धरा। ५४९।६) ।

सँधान—अचार (अवधी में चालू शब्द) ।

(६) मोरंडा–दूध के छेना या दही को कपड़े में निचोड़कर घी में भूनकर मोर के अंडे के समान रसगुल्ले बनाकर चासनी में डालने से मोरंडे बनाए जाते हैं (५५०।५)। पछाँह और पंजाब में भुने गेहूँ मक्का, मुरमुरे या चने के गुड़ या खाँड में पगे लड्डू मोरंडे कहलाते हैं।

(७) जाउरि=दूध में चाँवलों को पका कर बनाई हुई खीर।

पछियाउरि=जेंवनार के अन्त में परोसी जाने वाली मीठी तश्तरी अवधी की उपभाषा बैसवाड़ी में पछियाउरि कहलाती है। इस सूचना के लिये मैं श्री देवीशंकर अवस्थी, कानपुर का आभारी हूँ (५५०।९, भै जाउरि पछियाउरि)।

(९) कवर–सं० कवल=ग्रास। एक ग्रास में एक ही स्वाद आना चाहिए, पर वे भोजन इस विशेषता से बने थे कि एक ग्रास में कई स्वाद मिलते थे।

[२८५]

भै जेंवनार फिरा खँडवानी। फिरा अरगजा कुंकुहँ बानी ।१।
फिरे पान बहुरा सब कोई। लाग बियाहचार सब होई ।२।
माँडौ सोने क गँगन सँवारा। बँदनवार लाग सब तारा ।३।
साजा पाट छत्र कै छाहाँ। रतन चौक पूरा तेहि माँहाँ ।४।
कंचन कलस नीर भरि धरा। इंद्र पास आनी अपछरा ।५।
गाँठि दुलह दुलहिन कै जोरी। दुआौ जगत जो जाइ न छोरी ।६।
बेद भनहिं पंडित तेहि ठाऊँ। कन्या तुला रासि लै नाऊँ ।७।
चाँद सुरुज दुइ निरमल दुवौ सँजोग अनूप।
सुरुज चाँद सौं भूला चाँद सुरुज के रूप ॥२६।१४॥

(१) जेंवनार हो चुकी तो खाँड का शरबत घुमाया गया। फिर कुंकुम के रंग का अरगजा सबको दिया गया। (२) उसके बाद पान बाँटे गए और सब बराती जनवासे में लौट आए। फिर ब्याह का कृत्य होने लगा। (३) सोने का मंडप आकाश में लगाया गया। उसके चारों ओर लटकती बन्दनवारों में अनेक तारे लगे हुए थे। (४) छत्र की छाया में वर के बैठने का आसन सजाया गया। मण्डप के मध्य में रत्नों का चौक पूरा गया। (५) सोने के कलसों में जल भरकर रखा गया। तब मण्डप में पद्मावती लाई गई, जैसे इन्द्र के पास अप्सरा आई हो। (६) दूल्हा और दुलहिन की गाँठ जोड़ी गई जो दोनों लोकों में भी न खुल सकेगी। (७) उस स्थान में पण्डित लोग वेद पाठ करने लगे। वे मंत्र पढ़ते हुए वर कन्या की राशि (पद्मावती की जन्म राशि कन्या और रत्नसेन की तुला थी) के अनुसार उनके नामों का उच्चारण करने लगे।

(८) चाँद और सूर्य दोनों निर्मल हैं, और दोनों विवाह योग्य अति सुन्दर हैं। (९) सूर्य चाँद और चाँद सूर्य के रूप पर मोहित हुआ है।

(१) खंडवानी=खण्ड पानी या खाँड का पानी, शरबत (५४९।७)।

अरगजा=एक सुगंधित द्रव्य जो केसर, चंदन, कपूर आदि से बनाया जाता था।

कुंकुहवानी=केसरिया, कुंकुम के रंग का ।

(३) तारा=रंग बिरंगे तबक के बने हुए तारे जो बन्दनवारों में लगे होते हैं ।

(४) रतन चौक पूरा=चौक पूरना । विवाह की वेदी में भूमि पर मांडने या विविध आकृतियों के अलंकरणों को उत्तर प्रदेश में चौक पूरना कहते हैं । इसे ही बिहार में ऐंपन, बंगाल में अल्पना राजस्थान में मांडना, गुजरात महाराष्ट्र में रंगोली और दक्षिण में कोलम कहा जाता है । लोक गीतों में प्रायः गजमुक्ता या मोतियों से चौक पूरने की कल्पना पाई जाती है। तुलसी० बालकाण्ड २८८।७ चौकें भाँति अनेक पुराईं । सिंधुर मनिमय सहज सुहाईं ।

(७) कन्या तुला रासि—पद्मावती की कन्या राशि थी । कन्या राशि में उत्तरा फाल्गुनी के तीन चरण, हस्त के चार चरण और चित्रा के दो चरण होते हैं। उत्तरा फाल्गुनी के चार चरणों के आदि चार अक्षर टे टो पा पी हैं । तदनुसार तृतीय चरण के पा अक्षर के अनुसार पद्मावती नाम रखा गया । रत्नसेन की तुला राशि थी । चित्रा के दो चरण, स्वाति के चार चरण और विशाखा के तीन चरण, ये नौ चरण मिलाकर तुला राशि होती है चित्रा के चार अक्षर पे पो र री हैं । चित्रा के पहले दो चरण कन्याराशि में और बाद के दो तुला राशि में आते हैं । चित्रा के तीसरे चरण में जन्म होने के कारण र अक्षर के अनुसार रत्नसेन नाम रक्खा गया । कन्या और तुला राशि एक दूसरे के बाद आती हैं ।

(८) सँजोग=विवाह योग्य । इस शब्द का अवधी में यह विशिष्ट अर्थ है (५४।१, १७४।७, १९१।८, २७४।१; चित्रावली, ४८३।१ हमहूँ घर सँजोग पुनि बारी; ४८४।२ चित्रावली सँजोग सयानी) ।

चाँद सुरुज=पद्मावती रत्नसेन ।

[२८६]

दुहूँ नाउँ होइ गोत उचारा । करहिं पदुमिनी मंगलचारा ।१।
चाँद के हाथ दीन्हि जैमाला । चाँद आनि सूरुज गियँ घाला ।२।
सूरुज लीन्हि चाँद पहिराईं । हार नखत तरइन्ह सिउँ पाईं ।३।
पुनि धनि भरि अंजुलि जल लीन्हा । जोबन जरम कंत कहँ दीन्हा ।४।
कंत लीन्ह दीन्हा धनि हाथाँ । जोरी गाँठि दुहूँ एक साथाँ ।५।
चाँद सुरुज दुहुँ भाँवरि लेहीं । नखत मोंति नेवछावरि देहीं ।६।
फिरहिं दुवौ सत फेर को टेकै । सातौ फेर गाँठि सो एकै ।७।
भै भाँवरि नेवछावरि राजचार सब कीन्ह ।
दाइज कहौं कहाँ लगि लिखि न जाइ तत दीन्ह ॥२६।१५॥

(१) वर-वधू दोनों के नाम लेकर गोत्रोच्चार होने लगा, और सिंहल की पद्मिनी स्त्रियाँ मंगलाचार करने लगीं । (२) उन्होंने चाँद (पद्मावती) के हाथ में जयमाला दी । और चाँद ने लेकर सूर्य (रत्नसेन) के गले में डाल दी । (३) सूर्य ने उसे स्वीकार किया और तब उसने भी एक हार चाँद (पद्मावती) को पहनाया जो नक्षत्र और तारों (सखियों) से उसे मिला था । (४) फिर कन्या की अंजलि में जल भरकर और उसका हाथ लेकर उसका यौवन और जन्म पति को सौंप दिया । (५) कन्या का जो हाथ

दिया गया उसे पति ने विधिवत् स्वीकार किया। तब दोनों की एक साथ गाँठ जोड़ दी गई। (६) फिर चाँद और सूरज (वर-वधू) दोनों भाँवर लेने लगे और नक्षत्र रूपी सखियाँ मोती निछावर करने लगीं। (७) दोनों सतफेरी फिरने लगे। उन सात भाँवरों की टेक क्या थी ? ग्रन्थिबन्धन के समय लगाई गई वही एक गाँठ सात फेरों या सप्त पदी का आधार थी।

(८) भाँवर फिरने और विप्र तथा याचकों को निछावर देने के बाद राजकुल के और सब आचार भी किए गए। (९) दाइज का कहाँ तक बखान करूँ ? उतना अधिक दिया गया कि लिखा नहीं जा सकता।

(१) मंगलचारा=मंगलाचार (२७७।९, २७४।९), विवाह का आचार या कृत्य (मंगल=विवाह)। वर-कन्या का गोत्रोच्चार ब्राह्मण करते हैं। उसके साथ ही स्त्रियाँ मंगल गीत गाने लगती हैं। उसीकी ओर यहाँ संकेत है (तुलसी, सुभग सुमंगल गावहिं नारी, बाल० १००।२)। शास्त्रीय विधि के अतिरिक्त कुछ लोकाचार भी विवाह कृत्य के आरम्भ में कराया जाता था जिसका उल्लेख गोसाईं जी ने केवल 'आचार' शब्द से किया है (बाल०, ३२६।८-९)। (२-५) पंक्ति २ में पद्मावती द्वारा रत्नसेन को जयमाला पहनाने का और पंक्ति ३ में रत्नसेन द्वारा पद्मावती के गले में हार डालने का उल्लेख है। उस्मान ने इसका स्पष्ट वर्णन किया है—पुनि चित्रावलि चौसर हारा, सकुचत कुँअर गीँव लै डारा। कुँअरहि लै पुनि हार सुहावा। चित्रावलि के गिव पहिरावा (५३०।१-२)। पंक्ति ४ में कन्या की अंजलि में जल भरकर उसका हाथ पति के हाथ में देने और पति द्वारा उसकी स्वीकृति का उल्लेख है जिसे कन्यादान और पाणिग्रहण कहते हैं। उसके बाद ग्रन्थि बन्धन (पं० ५) का, फिर भाँवर लेने (पं० ६-७) का वर्णन है। उसे उस्मान ने सतफेरी कहा है (गाँठि जोरि फेरी सतफेरी, जोगिहिं गाँठ परी सत फेरी। ४०४।४)। जायसी की विवाह विधि की और विवाहों के साथ तुलना इस प्रकार है—

शिव का विवाह—जलांजलि के साथ कन्यादान, शिव द्वारा पाणिग्रहण, विवाह, दाइज (बालकांड)।
राम का विवाह—मंडप गमन, वरासन, वधू का मंडप में आना, कुल गुरुओं द्वारा मंगलाचार, वर के पैर धोना, शाखोच्चार, पाणिग्रहण, कन्यादान, होम, ग्रन्थिबंधन, भाँवर, वर द्वारा वधू के सिर में सिंदूर भरना, एकासन पर बैठना, दाइज, बरात का जनवासे लौटना और वर वधू का कोहबर में जाना (बाल० ३१९-३२६)।
चित्रावली का विवाह—मंडप गमन, विवाह, गंठजोड़ा, वर-वधू का परस्पर हार पहनाना, कन्यादान, कोहबर, दाइज (चित्रा० ५२७-५३०)।
कौलावती का विवाह—बरात के साथ कुँअर का आना, चेरियों द्वारा घोड़े की चरण रज पूजना, कन्यादान, गंठजोड़ा, सतफेरी, कोहबर, दाइज (चित्रा० ३९७-४१०)।

(४) जोबन जरम=कन्या का यौवन और जन्म अर्थात् आयुष्य का शेष भाग।

(७) सत=सात और सत्य। अथवा विवाह से पूर्व दोनों सत्य के मार्ग में अपनी-अपनी जीवन यात्रा कर रहे थे। उन्हें किसने रोक दिया ? उनके सातों फेरों को रोकने वाली गाँठ वही एक थी जो अभी बाँधी गई।

[२८७]

रतनसेनि जौं दाइज पावा। गंध्रपसेनि आइ कँठ लावा।१।

मानुस चित आन कछु निंता । करै गौसाइँ न मन महँ चिंता ।२।
अब तुम सिंघलदीप गोसाइँ । हम सेवक आहहिं सेवकाइँ ।३।
जस तुम्हार चितउर गढ़ देसू । तस तुम्ह इहाँ हमार नरेसू ।४।
जंबूदीप दूरि का काजू । सिंघलदीप करहु नित राजू ।५।
रतनसेनि बिनवा कर जोरी । अस्तुति जोग जीभि नहिं मोरी ।६।
तुम्ह गौसाइँ जेइँ छार छड़ाइँ । कै मानुस असि दीन्हि बड़ाइँ ।७।
जौं तुम्ह दीन्ह तौ पावा जियन जरम सुख भोग ।
नाहिं तौ खेह पाँय की हौं न जानौं केहि जोग ॥२६।१६॥

(१) जब रत्नसेन को दाइज दिया जा चुका तो गन्धर्वसेन ने आकर उसे कण्ठ से लगा लिया और कहा, (२) 'मनुष्य सदा कुछ और सोचता रहता है, किन्तु भगवान वह कर देता है जो मन में भी न सोचा हो। (३) अब तुम सिंहलद्वीप के स्वामी हो और हम सब तुम्हारी सेवकाई के लिये सेवक हैं। (४) जैसे चित्तौर गढ़ तुम्हारा देश है, वैसे ही तुम यहाँ हमारे राजा हो। (५) दूर जम्बूद्वीप से अब तुम्हें क्या काम ? सिंहलद्वीप में ही सदा राज करो।' (६) रत्नसेन ने हाथ जोड़कर विनय की, 'तुम्हारी स्तुति करने के योग्य मेरी जिह्वा में शक्ति नहीं। (७) गुसाईं तो तुम हो जिन्होंने मेरे शरीर से राख छुड़वाकर मुझे मनुष्य बनाया और ऐसा बड़प्पन दिया।

(८-९) जब तुमने दिया तो मैंने पुनः जीवन, जन्म और सुख भोग पाया, नहीं तो मैं पाँव की धूल था। मैं नहीं जानता कि किसी योग्य भी था।'

(१) दाइज—सं० दातव्य > दायज्ज > दाइज्ज, दाइज।
ऊपर लिखे हुए चारों विवाहों में भी दाइज देने का सबसे अन्त में वर्णन है, शिव (१०।१९), राम (३३।९), चित्रावली (५३८।२), कमलावती (४१०।३)।
(२) इसका वर्तमान पाठ क्लिष्ट है, जिसे सरल करने के लिये पीछे से कई पाठान्तर किए गए।

[२८८]

धौराहर पर दीन्हेउ बासू । सात खंड जहँवा कबिलासू ।१।
सखी सहस दुइ सेवाँ आइँ । जनहुँ चाँद सँग नखत तराइँ ।२।
होइ मंडर ससि की चहुँ पासाँ । ससि सूरहि लै चढ़ी अकासाँ ।३।
मिलीं जाइ ससि की चहुँ पाहाँ । सूर न चाँपै पावै छाँहाँ ।४।
चलहि सूर दिन अथवै जहाँ । ससि निरमल तैं पावसि तहाँ ।५।
गंध्रपसेनि धौराहर कीन्हा । दीन्ह न राजहि जोगिहि दीन्हा ।६।
अब जोगी गुर पाए सोई । उतरा जोग भसम गा धोई ।७।
सात खंड धौराहर सातहुँ रँग नग लागु ।
देखत गा कबिलासहि दिस्टि पाप सब भागु ॥२६।१७॥

(१) वर-वधू को रहने के लिये धवलगृह में स्थान दिया गया, जहाँ सात खण्ड के ऊपर राजमंदिर का कैलास नामक भाग था। (२) दो सहस्र सखियाँ सेवा के लिये नियुक्त हुईं मानों चन्द्रमा के साथ नक्षत्र और तारे हों। (३) वे चन्द्रमा के चारों ओर मंडल बनाए रहती थीं। जब चन्द्रमा सूर्य को लेकर आकाश में आया, (४) तो वे शशि के चारों ओर एकत्र हुईं जिससे सूर्य (दिन में) उसकी कान्ति को न दबा सके। (५) इसीलिए दिन में चलता हुआ सूर्य जब अस्त हो जाता है, तब वह दिन के अन्त में निर्मल शशि को प्राप्त करता है। (६) गन्धर्वसेन ने जो धवलगृह सजाया था उसमें पद्मावती का भोग किसी राजा को न देकर योगी को दिया गया। (७) पर अब उस योगी ने वह भेद पा लिया था जिससे उसका जोग उतर गया और भस्म धुल गई।

(८) सात खण्ड के धवलगृह में सातों रंगों के रत्न लगे थे। (९) उस कैलास को देखते ही दृष्टिदोष सब दूर हो जाते थे।

(१) धौराहर पर दीन्हेउ बासू...कबिलासू–दे० ४८।१, २९१।१ ऊपर कह चुके हैं कि राजा गंध्रबसेन ने पद्मावती को अपने सप्तभूमिक धवलगृह में रहने के लिये स्थान दिया था अर्थात् उसी के एक भाग में कुमारी अन्तःपुर बनाया गया था (सात खंड धौराहर तासू।.पदुमिनि कहँ सो दीन्ह नेवासू। ५४।२)। यहाँ उसी से तात्पर्य है। विवाह के अनन्तर पद्मावती ने रत्नसेन के साथ वहाँ निवास किया।

(३-५) सखियों के मध्य में घिरी हुई पद्मावती की तुलना रात्रि को नक्षत्रों से प्रकाशित चन्द्रमा से की गई है। दिन में नक्षत्र चन्द्रमा के पास नहीं चमकते। आकाशस्थित सूर्य दिन में चन्द्रमा से मिले तो चन्द्रमा निस्तेज रहेगा। रात में क्षितिज के जिस बिन्दु पर सूर्य का तेज अस्त होता है उसी स्थान पर उसे निर्मल चन्द्र मिल जाता है। अतएव जब पद्मावती सूर्य रूपी रत्नसेन को आकाश रूपी धवलगृह पर ले आई तो सखियों ने उन दोनों को दिन में नहीं मिलने दिया (गांठि छोरि ससि सखी छपाई। २९२।१)। वे पद्मावती को शृंगार के लिये अलग ले गईं (२९२।२) और रात में दोनों का सम्मिलन कराया। जायसी ने आगे इसी अर्थ को और भी पल्लवित किया है (३०३।१-४)।

शशि और सूर का योगपरक अर्थ भी अभीष्ट है। सूर्य=मूलाधार चक्र में स्थित विषप्रस्रावक सूर्य या पिंगला। चन्द्र=आज्ञा चक्र में स्थित अमृत प्रस्रावक चन्द्र या इडा (बर्थ्वाल, निर्गुण स्कूल, पृ० २७१–७२)। विष प्रस्रावक सूर्य मन के निम्न, चंचल, द्रोही स्वभाव का द्योतक है (बर्थ्वाल, गोरखबानी, पृ० १४७)। शशि सूर्य को आकाश में ले जाना चाहती है, अर्थात् सहस्रारस्थित चन्द्र और मूलाधार स्थित सूर्य का मेल होना चाहता है। इसके लिये सूर्य को अपना दिन का तेज या विष छोड़कर वहाँ जाना होगा जहाँ चन्द्र का पूर्ण प्रकाश या अमृत है (चलहि सूर दिन अथवै जहाँ। ससि निरमल तैं पावसि तहाँ)। यदि दिन का सूर्य वहाँ पहुँचेगा तो अपने विष से चन्द्र के अमृत को दबा लेगा। चन्द्र की रक्षा के लिये नक्षत्रों का मंडल आवश्यक है, जो रात में या सूर्य के अस्त होने पर ही सम्भव है। योग पक्ष में नक्षत्र तारे निर्मल अन्तःकरण रूपी आकाश की विशुद्ध वृत्तियाँ हैं।

(७) अब जोगी गुर पाए सोई–जो रत्नसेन जोगी की दशा में साधक था, उसे अब वह गुर (गुरु रूप पद्मावती, या गुर=रहस्य) प्राप्त हो गया कि वह सिद्ध हो गया और उसके लिये बाहरी हठ योगी का रूप आवश्यक न रहा। तभी आगे पद्मावती के साथ वह भोग मार्ग में प्रवृत्त हो सका।

(८) सातहुँ रँग नग लागु—धवलगृह के वर्णन में जायसी का आध्यात्मिक संकेत है। उसके सात खंड सात चक्र हैं। प्रत्येक चक्र का रंग एक-एक रत्न के रंग से संबंध रखता है।

[२८९]

सात खंड सातौ कबिलासा। का बरनौं जस उत्तिम बासा।१।
हीरा ईंटि कपूर गिलावा। मलयागिरि चंदन सब लावा।२।
बिसुकर्मैं सैं हाथ सँवारी। सात खँड सातौ चौपारी।३।
चूना कीन्ह अवटि गज मोंती। मोंतिहु चाहि अधिक सो जोती।४।
अति निरमर नहिं जाइ बिसेखा। जस दरपन महँ दरसन देखा।५।
भुइँ गच जानहु समुँद हिलोरा। कनक खंभ जनु रचेउ हिंडोरा।६।
रतन पदारथ होइ उजियारा। भूले दीपक औ मसियारा।७।
तहँ आछरि पदुमावति रतनसेनि के पास।
सातौ सरग हाथ जनु आए औ सातौ कबिलास ॥२६।१८॥

(१) सातों खण्ड मानों सात स्वर्ग हैं। ऐसे उत्तम वासस्थान का क्या वर्णन करूँ ? (२) हीरे की ईंटें और कपूर का गारा बनाकर उनके ऊपर मलयागिरि चन्दन का लेप लगाया गया था। (३) विश्वकर्मा ने स्वयं अपने हाथ से सात खण्डों में सात चौपालें बनाईं थीं। (४) गज मोतियों को औंटाकर चूना बनाया गया था। उस चूने की ज्योति मोतियों से भी अधिक थी। (५) वह अति निर्मल था, जिसका बखान नहीं किया जा सकता। जैसे दर्पण में वैसे ही उसमें भी दर्शन दिखाई देता था। (६) भूमि पर फर्श ऐसा था मानों समुद्र पर लहरें उठ रही हों। सोने के खंभों में जो आड़े तोरण लगे थे वे हिंडोले से जान पड़ते थे। (७) रत्नों और हीरों का ऐसा प्रकाश हो रहा था कि दीपक और मशालों को लोग भूल गए।

(८) वहाँ अप्सरा तुल्य पद्मावती रत्नसेन के पास थी। (९) उसकी प्राप्ति से मानों सातों स्वर्ग और सातों कैलास उसके हाथ आ गए हों।

(२) गिलावा=गारा। फा० गिल=मिट्टी।

(३) चौपारी-सं० चतुष्पाल > चौपाल > चौपारी। प्रत्येक खण्ड में एक चौपाल थी। चौपाल= आस्थान मण्डप, आस्थानी, अथाई, दीवानखाना, बैठने का स्थान।

(४) अवटि=औंटाकर।

(६) गच=चूना, संगजराहत फूँककर बनाया हुआ चूना, उस चूने से ढाला हुआ पक्का सफेद फर्श। महि बहुरंग रुचिर गच काँचा। जो बिलोकि मुनिवर रुचि राँचा। (रामायण)।
हिंडोरा—जायसी से पूर्व मध्यकालीन हिन्दू वास्तुकला में खम्भों के शीर्ष भाग के पास हाथी की सूँड़ की तरह उठे हुए हलके घुमावदार तोरण लगाए जाते थे। उनके साथ दोनों खम्भे ऐसे लगते थे मानों बीच में झूला लटका हो।

(९) सात स्वर्ग...सात कबिलास—सप्त स्वर्ग और सप्त भूमिक प्रासाद, अर्थात् पद्मावती की प्राप्ति से स्वर्ग और पृथिवी दोनों का भोग प्राप्त हो गया।

[२९०]

पुनि तहँ रतनसेनि पगु धारा । जहँ नव रतन सेज सोवनारा ।१।
पुतरीं गढ़ि गढ़ि खंभन्ह काढ़ीं । जनु सजीव सेवाँ सब ठाढ़ीं ।२।
काहू हाथ चंदन कै खोरी । कोइ सेंदुर की गहे सिंधोरी ।३।
कोइ केसरि कुंकुहँ लै रही । लावै अँग रहसि जनु चही ।४।
कोईं गहें कुंकुमा चोवा । दरसन आस ठाढ़ि मुख जोवा ।५।
कोइ बीरा कोइ लीन्हे बीरी । कोइ परिमल अति सुगँध समीरी ।६।
काहू हाथ कस्तुरी मेदू । भाँतिन्ह भाँति लाग तस भेदू ।७।
पाँतिन्ह पाँति चहूँ दिसि पूरी सब सोंधे कर हाट ।
माँझ रचा इंद्रासन पदुमावति कहँ पाट ॥२६।१९॥

(१) फिर रत्नसेन वहाँ आया जहाँ शयनागार में नवरत्नों की सेज रचाई गई थी। (२) वहाँ खम्भों पर पुतलियाँ गढ़ गढ़कर उभरी हुई उकेरी गई थीं, मानों सब सजीव होकर सेवा में खड़ी थीं। (३) किसी के हाथ में चन्दन की कटोरी थी, कोई सिन्दूर की डिबिया लिए थी। (४) कोई केसर और कुंकुम लिए हुए थी, मानों प्रसन्न होकर अंग में लगाना चाहती थी। (५) कोई कुंकुंमा और चोवा लिए हुए दर्शन की आशा से खड़ी मुँह जोह रही थी। (६) कोई पानों का बीड़ा और कोई मिस्सी की बीरी लिए थी। कोई अत्यन्त सुगन्धित समीरी परिमल लिए थी। (७) किसी के हाथ में कस्तूरी और मेद नामक सुगन्धि थी। इस प्रकार उन प्रतिमाओं में भाँति भाँति के अभिप्रायों का भेद था।

(८) चारों दिशाओं में पुतलियों की पंक्ति पर पंक्ति भरी हुई थी, मानों उनके हाथों में सब सुगन्धियों का हाट भरा हो। (९) बीच में इन्द्रासन पर पद्मावती के बैठने का पट्ट रखा हुआ था।

(१) सोवनारा=शयनागार। सं० स्वपनागार > प्रा० सोवणार > सोवनार (२९१।१, ३३६।५)। कीर्तिलता में इसे ही सोवारी कहा है (श्री बाबूराम सक्सेना संपादित, पल्लव २, पृ० २८)।

(२) पुतरीं–खम्भों पर उकेर कर बनाई हुई और बाहर निकलती हुईं स्त्री मूर्त्तियाँ, इन्हें शालभंजिका, स्तम्भप्रतिमा भी कहते थे। शुंग काल से मध्यकाल तक बराबर भारतीय स्तम्भों पर वे बनाई जाती थीं।

काढ़ीं=उभरी हुईं, निकलती हुईं। अँग्रेजी में इसे 'रिलीफ वर्क' कहते हैं।

(३) खोरी=दे० २८३।३।

सिंधोरी=सिंदूर रखने की रंगी हुई काठ की डिबिया।

(५) कुंकुंमा=कुंकुंम भरा हुआ लाख का गोला।

चोवा–अगर की लकड़ी से टपकाया हुआ सुगन्धित द्रव्य। एक सेर अगर में दो से पन्दरह तोले तक चोवा निकलता है (आईन अकबरी, आईन ३०)।

(६) बीरी=मिस्सी रखकर बनाई हुई पान की छोटी बीटिका।

(७) मेदू=मेद नामक सुगन्धि। आईन के अनुसार मेद नामक जन्तु के सूखे नाफों को कूटकर पानी में

औटाते थे । जो तेल ऊपर आ जाता वही मेद या मीद कहलाता था (आईन ३०) ।

(९) इन्द्रासन—सभा या स्थान मण्डप के बीच में सिंहादि से अलंकृत बड़ा आसन जिसे सिंहासन या महासिंहासन कहते थे ।

समीरी—समीर से आने वाली । यह कलंबक नामक सुगन्धि ज्ञात होती है जो जेरबाद नामक स्थान से लाई जाती थी । .जेरबाद फारसी शब्द है जिसका वही अर्थ है जो समीरी का है । मलय द्वीप की भाषा में सुमात्रा के पूर्वीय टापुओं को 'मलय बावह अंगीं' कहते थे । उसे ही .जेरबाद कहने लगे । समीरी सुगन्ध उसीका नाम जान पड़ता है (आईन अकबरी, आईन ३०, अनुवाद पृ० ८७) ।

२७ : पद्मावती रत्नसेन भेंट खण्ड

[२९१]

सात खंड ऊपर कबिलासू । तहँ सोवनारि सेज सुखबासू ।१।
चारि खंभ चारिहुँ दिसि धरे । हीरा रतन पदारथ जरे ।२।
मानिक दिया बरै औ मोंती । होइ अँजोर रैनि तेहि जोती ।३।
ऊपर रात चँदोवा छावा । औ भुइँ सुरँग बिछाउ बिछावा ।४।
तेहि महँ पलँग सेज सो डासी । का कहँ असि रची सुखबासी ।५।
दुहुँ दिसि गेंडुवा औ गलसुई । काँचे पाट भरी धुनि रूई ।६।
फूलन्ह भरी असि केहि जोगू । को तेहि पौंढ़ि मान सुख भोगू ।७।
अति सुकुमारि सेज सो साजी छुवै न पावै कोइ ।
देखत नवै खिनुहि खिन पाँव धरत कस होइ ॥२७।१॥

(१) धवलगृह में सात खण्डों के ऊपर कैलास था । वहाँ सुखबासी में सोने की शैया थी । (२) उसकी चार दिशाओं में श्रेष्ठ हीरे और रत्नों से जड़े हुए चार खम्भे लगे थे । (३) माणिक्य और मोती दीपक जैसे चमकते थे, जिनकी ज्योति से रात में भी उजाला रहता था । (४) ऊपर लाल चँदोवा छाया हुआ था और नीचे भूमि पर लाल बिछावन बिछाया गया था । (५) उसमें पलंग बिछा था, जिस पर सेज़ लगी थी । किसके लिये ऐसी सुखबासी रची गई थी ? (६) दोनों ओर लम्बे तकिये (गेंडुवा) और गोल चपटे तकिये (गलसुई) लगे थे । कच्चे रेशम की रुई धुनकर उनके भीतर भरी गई थी । (७) फूलों से भरी ऐसी सेज किसके योग्य है ? कौन उस पर सोकर सुख का भोग करेगा ?

(८) वह सेज अत्यन्त सुकुमार सजाई गई थी । कोई उसे छू नहीं पाता था । (९) देखने मात्र से भी वह क्षण क्षण में झुकी सी जाती थी, पाँव रखने से तो न जाने कैसी हो जायगी ?

(१) सोवनारि—शयनागार, (२९०।६, ३३६।५) ।

सुखबासू=धवलगृह के अन्तर्गत कबिलास नामक ऊपरी खंड का विशेष भाग। तुलना, ना वह मंदिर नहिं कबिलासू। ना वह चित्र न वह सुखबासू (चित्रावली ८९।६)। जायसी में सुखबासू का उल्लेख कई बार हुआ है। सुखबास सदा कबिलास या सतखंडे राजमहल के ऊपरी भाग में होता था। राजा-रानी या पति-पत्नी की शय्या उसीमें रहती थी (२२६।३)। कबिलास और सुखबास दोनों का योग परक अर्थ भी था, सहस्रार दल कमल में शिव पार्वती का स्थान कैलास और वहीं पंच महाभूतों से ऊपर महाशून्य या महासुख का स्थान सुखबास कहलाता था। तिन्ह पावा उत्तम कबिलासू। जहाँ न मीचु सदा सुखबासू (१४६।६)।

सेज–राजा-रानी या पति-पत्नी की शय्या सुखबास या सुखबासी में रहती थी (२२६।३, २९१।५)। वर्ण रत्नाकर के अनुसार यह स्थान चित्रशाली भी कहलाता था। सेज साढ़े तीन हाथ लम्बी और ढाई हाथ चौड़ी होती थी।

(४) चँदोवा–सं० चन्द्रोपक। सेज के ऊपर चँदोवा या चँदरवा ताना जाता था (सफुर विराल एक चारिहु कोन बान्धल चँदोआ माड़ल ऊपरँ देल अछ, वर्ण रत्नाकर, पृ० १४)। 'रात चँदोवा' में चँदोवे का रंग लाल कहा गया है। अब्बास खाँ कृत तारीख-ए-शेरशाही से ज्ञात होता है कि लाल रंग का तम्बू शामियाना केवल राजकीय उपयोग में आता था, अथवा जिस पर विशेष राज कृपा होती उसे प्रदान किया जाता था। रत्नसेन के लिये लाल बिछावन (२७५।५; २९१।४), लाल दगला (२७६।७), लाल रथ (२७२।२); लाल छत्र (२७७।६); और लाल चँदोवे (२९१।४) का उल्लेख किया गया है।

(५) सुखबासी–सुखबासी के विषय में लिखा है–धनि औ कंत मिले सुखबासी (३३५।४)। ३३६।५ में इसे ही ओबरी कहा गया है। चित्रावली में जिसे सुखशाला कहा है वह सम्भवतः यही थी (कोहवर सेज सुरँग पुनि डासी। सुखसाला कबिलास बिलासी (५३०।६)।

(६) गेंडुआ=लम्बोतरा गोल तकिया। वर्ण रत्नाकर (पृ० १४) में नेत नामक वस्त्र के बने हुए माण्डल गेंडुए (गोल तकिए) का उल्लेख है।

(७) गलसुई=चपटा छोटा तकिया। सं० गल्ल सूचिका। प्राचीन स्तूप वेदिका (चारदीवारी) के खंभों के बीच में लगे हुए तकिये के आकार के आड़े पत्थरों को 'सूची' कहा जाता था। इसीसे तकिये को भी सूची कहा जाने लगा। गाल के नीचे रखने का तकिया गल्लसूची या गलसुई कहलाया जिसे प्राकृत में गल्लमसूरिया (मसूर की दाल की तरह चपटा गाल का तकिया) और सं० में मसूरक भी कहा जाता था।

[२९२]

सूरुज तपत सेज सो पाई। गाँठि छोरि ससि सखी छपाई।१।
अहै कुँवर हमरे अस चारू। आजु कुँवरि कर करब सिंगारू।२।
हरदि उतारि चढ़ाएब रंगू। तब निसि चाँद सुरुज सौं संगू।३।
जनु चात्रिक मुख हुति गौ स्वाती। राजहि चकचौहट तेहि भाँती।४।
जोगि छरा जनु अछरिन्ह साथा। जोग हाथ हुति भएउ बेहाथा।५।
वै चतुरा गुरु लै उपसई। मंत्र अमोल छीनि लै गई।६।
बैठेउ खोइ जरी औ बूटी। लाभ न आव मूर भौ टूटी।७।
खाइ रहा ठग लाडू तंत मंत बुधि खोइ।
भा धौराहर बनखँड ना हँसि आव न रोइ॥२७२॥

(८) सूर्य तपकर उस सेज के पास तक पहुँचा था। पर सखियों ने ग्रन्थि बन्धन खोलकर शशि (पद्मावती) को उससे छिपा दिया। (२) 'हे कुँवर, हमारे यहाँ एक ऐसी चाल है, कि आज हम कुँवरि का सिंगार करेंगी। (३) उसके शरीर से हल्दी उतारकर रंग चढ़ावेंगी। तब रात में सूर्य का चाँद से संग होगा।' (४) जैसे चातक के मुँह के सामने से स्वाति की बूँद चली जाय, उसी भाँति राजा को पद्मावती के लिये विकलता और क्षोभ हुआ, (५) मानों योगी अप्सराओं के संग में पड़कर छला गया। जोग (मेल या संयोग) हाथ में आकर भी हाथ से बाहर हो गया। (६) वे सयानी उसके गुरु को लेकर अदृश्य हो गईं और उसका अनमोल मंत्र भी छीन ले गईं। (७) वह अपनी जड़ी बूटी खोकर हताश हो बैठ गया। लाभ तो मिला नहीं, गाँठ की पूँजी भी टूट गई।

(८) जैसे कोई ठगों का लड्डू खाकर छला जाता है, ऐसे ही उसने अपना तंत्र मंत्र और बुद्धि खो दी। (९) धौराहर उसके लिए बनखण्ड हो गया। न उसे हँसी आती थी, न रो पाता था।

(२) चारू=चाल, रीति, लोकाचार।
(४) हुति-प्रा० हुत्त=अभिमुख, सम्मुख (देशी० ८।७०, हेम० २।१५८)।
चकचौंहट=अत्यन्त उत्सुकता। धातु चकचौंहना; सं० चकित क्षुभित।
(६) उपसईं-दे० १०३।२; २०३।७; २४०।२; २५८।४।

[२९३]

अस तप करत गएउ दिन भारी। चारि पहर बीते जुग चारी ।१।
परी साँझ पुनि सखी सो आईं। चाँद सो रहै न उईं तराईं ।२।
पूछेन्हि गुरू कहाँ रे चेला। बिनु ससियर कस सूर अकेला ।३।
धातु कमाइ सिखे तैं जोगी। अब कस जस निरधातु बियोगी ।४।
कहाँ सो खोए बीरौ लोना। जेहि तैं होइ रूप औ सोना ।५।
कस हरतार पार नहिं पावा। गंधक कहाँ कुरकुटा खावा ।६।
कहाँ छपाए चाँद हमारा। जेहि बिनु जगत रैन अँधियारा ।७।
नैन कौड़िया हिय समुँद गुरू सो तेहि महँ जोति।
मन मरजिया न होइ परै हाथ न आवै मोंति ॥२७३॥

(१) इस प्रकार पद्मावती के लिये तपते हुए उसे वह दिन कठिनाई से बीता। चार पहर चार युग के समान गए। (२) साँझ हुई कि फिर वे सखियाँ आ गईं। तारे उगे, पर वह चाँद साथ में न आया। (३) उन्होंने पूछा, 'रे चेले, तेरा गुरु कहाँ है? शशि के बिना सूर्य अकेला क्यों है? (४) हे जोग साधने वाले, तू ने तो धातु का संचय करना सीखा था। आज उससे वियुक्त होकर निर्वीर्य (निस्सत्त्व) क्यों हो रहा है? (५)

वह सौन्दर्य का बिरवा (पद्मावती) कहाँ खोया, जिसे पाने पर तुझे रूप और सुखशयन दोनों मिलते ? (६) कैसे तेरा पारद (शुक्र) उस हड़ताल (गन्धक मिश्रित धातु जो रज का प्रतीक है) को नहीं पा सका ? (अथवा, कैसे तू उस पीत वर्ण वाली का पार नहीं पा सका ? जो तूने उसे पाकर भी खो दिया ?) वह सुगंधि युक्त पद्मावती कहाँ है जिसके लिये तू ने जोगी बनकर भात का ढेर खाया था ! (७) तू ने हमारा वह चाँद कहाँ छिपा रक्खा है जिसके विना संसार में रात का अँधेरा छा रहा है ?

(८) तेरे नेत्र उसके रूप के लिये कौडिल्ला पक्षी की भाँति बार बार टूट रहे हैं। तेरा हृदय अगाध समुद्र है जिसमें वह गुरु (पद्मावती) रूप ज्योति छिपी है। (९) यदि तेरा मन मरजिया (मर कर जीने वाला, अथवा डुबकी लगाने वाला) नहीं बनता तो वह मोती हाथ नहीं आ सकता।'

[पद्मावती पक्ष में]

(४) धातु कमाइ सिखे तैं जोगी–योग साधकर तू ने धातु अर्थात् शुक्र या बिन्दु को वश में करना सीखा। उसीसे मन वश में होता है। किन्तु आज पद्मावती के प्रेम में तेरा मन मथा गया। इसी लिये धातु हीन की भाँति चंचल हो रहा है।
निरधातु=निर्धातु, वीर्यहीन, सत्त्वहीन, अधोरेत स्थिति वाला।

(५) बीरौ लोना=सौन्दर्य की बूटी या लता (पद्मावती)। रूप औ सोना–पद्मावती के साथ में तुझे सौन्दर्य और सुखशयन दोनों की प्राप्ति होती।

(६) हरतार–हरिताल, पीत वर्ण वाली पद्मावती; (२) हरित या रजो धर्म युक्त; (३) अथवा पारे (शुक्र) और हरतार (रज) का संकेत रत्नसेन और पद्मावती से है।
गंधक–गन्धवती या पद्मिनी स्त्री, पद्मावती।
कुरकुटा खावा–जिसके लिये योगी होकर तू ने राजकीय आहार छोड़े (आहर गएउ, २०४।६) और ठंडे रूखे भात का ढेर खाया (१२९।७, १३२।७, जूड़ कुरकुटा पै भखु चाहा। जोगिहि तात भात दहुँ काहा)।

(८) नैन कौड़िया–उस पद्मावती के दर्शन के लिये तेरे नेत्र ऐसे चकमक करते हैं जैसे मछली के लिये कौड़िल्ले पक्षी बार बार टूटते हैं, पर उसे वे नहीं पा सकते। वह जल में ऊपर तैरने वाली मछली नहीं है, वह समुद्र के अगाध जल में रहने वाली मोती रूप ज्योति है जिसे गोताखोर ही पा सकता है। तू पहले अपने मन से उसे प्राप्त कर पीछे नेत्रों से भी देखेगा। उसे पाने के लिये मन को विषयों में मृत और ज्ञान में जीवित (मर-जिया) करना आवश्यक है। योग मार्ग में मरकर जीने की कल्पना कवि को प्रिय है (२३१।६, २३४।३, २३८।६)।

[धातु विद्या परक अर्थ]

(४) तू ने जोगी होकर धातु बनाना या रसायन विद्या सीखी। अब वियोगी की भाँति धातु हीन क्यों हो रहा है ? अथवा, तू ने ताम्र के साथ योग युक्त पारद से सोना बनाना सीखा। पर आज तेरा पारद उन सब धातुओं से हीन अकेला क्यों है ?

(५) तू ने वह अमलोनी बूटी कहाँ खो दी जिसकी सहायता से धातुवादी चाँदी और सोना बनाया करते हैं ?

(६) क्या तुझे चाँदी बनाने के लिये हरताल और सोना बनाने के लिये पारा नहीं मिल सका ? वह गंधक कहाँ है जो कण रूप में बिखरे हुए पारद (कुरकुटा) को खा लेती है (और उसे बद्ध करती है)।'

(४) जोगी–(१) सिद्ध या नाथ योगी जो रसायन या धातुवाद की प्रक्रिया से सोना बनाते और पारद के नाना संस्कार करके सिद्ध गुटिका बनाते थे। (२) ताँबे में पारा मिलाकर सोना बनाते हैं, अतएव ताँबे के योग से युक्त पारद का जोगी शब्द से संकेत है। रस शास्त्र में योगवाही शब्द केवल पारद के लिये प्रयुक्त होता है। पारा जिस द्रव्य या औषध के साथ मिलता है उसके गुण को बढ़ा देता है।

धातु कमाना–पारद के योग से ताँबे का सोना बनाना। और भी, अनेक प्रकार से निकृष्ट धातुओं से महँगी धातुएँ बनाना। बाण ने कारन्धमी या धातुविदों का उल्लेख किया है। ये लोग नागार्जुन को अपना गुरु मानते थे। पीछे यही रसेन्द्र दर्शन के नाम से प्रसिद्ध हुआ जिसमें रस या पारद से न केवल सुवर्णादि धातु बनाने बरन् शरीर को अमर करने का उपदेश दिया जाता था।

निरधातु–खनिज पारद में सोना, चाँदी, ताँबा, राँगा, सीसा आदि धातुओं का कुछ अंश मिला रहता है। उन्हें सप्त कंचुक मलों के साथ अलग कर देने से पारा बिल्कुल शुद्ध या अकेला रह जाता है। ऐसा पारा षण्ढ या नपुंसक हो जाता है (एवं कदर्थितः सूतः षण्ढत्वमधिगच्छति। रसेन्द्र सार संग्रह)। वह मरा हुआ सा हो जाता है। उसका षण्ढत्व हटाने के लिये नीबू के रस या खट्टी वस्तुओं से उत्थापन या उद्बोधन संस्कार करते हैं।

(५) बीरौ लोना–अमलोनी बूटी, सोना बनाने के लिये काम में आने वाली तिपतिया चौपतिया बूटी जिसकी पत्तियों का स्वाद नमकीन और खटास युक्त होता है। सं० अम्ललोनिका, अम्लिका, हिन्दी अँबोटी, अं० वुड सारेल, लैटिन आक्सेलिस कार्निकुलाटा (वाट, डिक्शनरी आव इकनामिक प्रोडक्टस, भाग ५, पृ० ६५८)।

बीरौ लोना का अर्थ बिड या नौसादर और लोन या नमक भी है। पारद के आठ संस्कार कर लेने के बाद भी (जिसमें पारद के साथ गंधक का जारण सम्मिलित है) उसकी भूख बढ़ाने के लिये या उसे 'समुख' करने के लिये नौसादर नमक और नींबू आदि के साथ घोटते हैं। यही मसाला बिड–लवण या 'बीरौ लोना' है। उस घोटे हुए पारे को ऊर्ध्वपातन यंत्र से अलग कर लिया जाता है। वह बुभुक्षित पारद ही सोना चाँदी बनाने के काम में लिया जाता है। 'वे बिड और लवण तुमने कहाँ खो दिए जिनके साथ पारद का जारण करने से सोना चाँदी बनाते थे?'

जेहिं ते होइ रूप औ सोना–अमलोनी और पारद की सहायता से रसायनी लोग राँगे से चाँदी और ताँबे से सोना बनाते थे। श्लेष से दो अर्थ देने वाले सोना रूपा शब्दों का प्रयोग सिद्धाचार्यों की कविता में भी मिलता है।

(६) कस हरतार पार नहिं पावा–चाँदी बनाने के लिये हरताल और सोने के लिये पारद की आवश्यकता होती है। राँगे में हरताल मिलाकर चाँदी और ताँबे में पारा मिलाकर सोना बनाते हैं और उसीमें अमलोनी बूटी की भी सहायता लेते हैं। वंगं सताल मर्कस्य पिष्ट्वा दुग्धेन संपुटेत्। शुष्काश्वत्थ भवैर्वल्कैः सप्तधा भस्मतां नयेत्। (रसेन्द्र सारसंग्रह श्लो० २८८), अर्थात् राँगे को हरताल के साथ (ताल=हरताल) आक के दूध में घोट कर पीपल की छाल से भस्म करे।

गंधक कहा कुरकुटा खावा–पारा सब धातुओं को खा लेता है, किन्तु गंधक पारे को खाती है। गंधक पारा दोनों मिला दो तो गंधक पारे को खा लेगी, पारे के कण अलग नहीं रहेंगे। ऐसा पारा कज्जली कहलाता है। गंधक ही पारद को बद्ध करता है। उसके मिलने से पारा उड़ता नहीं बँधा रहता है। गंधक पार्वती का रज और पारद शिव का वीर्य है। गंधक पारद के संयोग में रज वीर्य रूप धातुओं के सम्मिलन का वर्णन किया जाता है।

कुरकुटा–चावल के श्वेत खंडा; यहाँ तत्सदृश पारद के कण; स्वेदन प्रक्रिया से प्राप्त हिंगुलोत्थ पारा। कुरकुटा या कण रूप पारद ही गंधक में मिलाया जाता है। आयुर्वेद के अनुसार पारद की चार द्रव अवस्थाएँ हैं। जिस पारद में सुवर्णादि धातु का ६४ वाँ भाग ग्रास के रूप में दिया जाय वह दण्ड धर (बिना दबाए कपड़े में से बाहर न आ सके, ऐसा पतला) होता है। जिसमें ३२ वाँ भाग मिले वह पारद पायसाकार (उबाल कर गाढे किए हुए दूध जैसा) होता है। २० वाँ भाग मिलने से जोक जैसा लुजलुजा और १६ वाँ भाग मिलाने से इतना कड़ा हो जाता है कि उसको चाकू से काट कर अलग करलें [यदि हि चतुःषष्ट्यंशं ग्रसति रसस्तदा धरेद्दण्डम्। चत्वारिंशद्भागप्रवेशतः पायसाकारः। भवति जलौकाकारस्त्रिंशद् भागादविप्लुषश्च विंशत्या। छेदीव षोडशांशादत ऊर्ध्वं दुर्जरो ग्रासः। भगवद्गोविन्द पादकृत रस हृदय तंत्र, अ० ६, यादव जी कृत द्रव्य गुण विज्ञान, उत्तरार्ध, पृ० ८०, पाद टिप्पणी]। इन चारों में पहली तरल अवस्था का पारद ही कुरकुटा कहलाएगा। कण रूप वह पारद ही गंधक के साथ मिलाया जाता है, शेष तीन अवस्थाओं वाला नहीं।

[२९४]

का बसाइ जौं गुरु अस बूझा। चकाबूह अभिमनु जो जूझा ।१।
बिख जो देहि अंब्रित देखराई। तेहि रे निछोहिहिं को पति आई ।२।
मरै सो जान होइ तन सूना। पीर न जानै पीर बिहूना ।३।
पार न पाव जो गंधक पिया। सो हरतार कहौ किमि जिया ।४।
सिद्धि गोटिका जापहँ नाहीं। कौनु धातु पूँछहु तेहि पाहीं ।५।
अब तेहि बाजु राँग भा डोलौं। होइ सार तब बर कै बोलौं ।६।
अभरक कै तन एँगुर कीन्हा। सो तुम्ह फेरि अगिनि महँ दीन्हा ।७।
मिलि जौं पिरीतम बिछुरै काया अगिनि जराइ।
कै सो मिलै तन तपति बुझै कै मोहि मुएँ बुझाइ ॥२६।२३॥

(१) रत्नसेन ने उत्तर दिया, 'जब गुरु ने ही ऐसा विचार कर लिया हो तो मेरा क्या वश चल सकता है? गुरु द्रोण द्वारा निर्मित चक्रव्यूह में जूझने वाले अभिमन्यु के समान मेरी भी गति होगी। (२) जो पहले अमृत दिखलाकर पीछे विष दे दे उस निष्ठुर का क्या विश्वास किया जाय? (३) तुम कहती हो कि मन को मारने से (मरजिया होने से) मोती हाथ आता है, सो मेरी दृष्टि में सच्चा मरना वही जानता है जो शरीर को भी शून्य कर लेता है। जिसे स्वयं पीड़ा का अनुभव नहीं हुआ, वह दूसरे की पीड़ा नहीं जान सकता। (४) जिसने पद्मिनी के रूप का पान किया हो वह उससे कभी पार नहीं पाता (तृप्त नहीं होता)। यदि उसके उस तार को हर लिया जाय तो वह कैसे जी सकता है? (५) जिसके पास सिद्धि प्राप्त करने वाली वह पद्मावती रूप गुटिका नहीं रही, उससे धातुवाद की बात क्या पूछना? (६) अब उसके बिना मैं राँगे की भाँति निकम्मा हुआ (या गेरुए वेष में रँगा हुआ) फिरता हूँ। जब मेरे पास कुछ तत्त्व होगा तब बलपूर्वक कुछ कह सकूँगा। (७) अभ्रक रूपी उस पद्मावती के साथ इस शरीर को

मिलाकर मैंने ईंगुर बना लिया था। पर तुमने पुनः उसे आग में डाल दिया और अभ्रक को मुझसे अलग कर लिया।

(८) जब प्रियतम एक बार मिलकर अलग होता है, तो शरीर उसके विरह की आग में जलने लगता है। (९) या तो उसके मिलने से ही शरीर की जलन बुझ सकेगी, या फिर मेरे मरने से बुझेगी।'

(१) गुरु–१ पद्मावती २ द्रोणाचार्य। जब द्रोण ने ही चक्रव्यूह की रचना की तो अभिमन्यु के उसमें जूझ जाने का क्या आश्चर्य ? रत्नसेन का संकेत है कि पद्मावती की इच्छा से ही सखियाँ उसे अलग ले जा सकीं।

(२) मरै सो जान होइ तन सूना–सहज साधना में मन और शरीर दोनों को मारना या साधना आवश्यक है। काअ-वाअ-मणु जाव ण भिज्जइ। सहज-सहावे ताव ण रज्जइ (जब तक काया, स्वाँस और मन को वश में न किया जायगा तब तक अपने सहज स्वरूप में लीन नहीं हुआ जा सकता)। सखियों ने मन 'मरजिया' करने की बात कही थी। रत्नसेन काय साधन की भी आवश्यकता बताता है। मन शशि, काया सूर्य के समान है। सहज या समरस भाव के लिये मन और काय दोनों की समान स्थिति, सम्मिलन या 'विवाह' आवश्यक है। 'हउ सुण्ण जगु सुण्णु तिहुअन सुण्णु। निम्मल सहजे न पाप न पुण्णु (निर्मल सहज की प्राप्ति के लिये 'अहं' का शून्य भाव जैसे आवश्यक है, वैसे ही जग या त्रिभुवन की शून्यता भी आवश्यक है। दोहा कोश) इस दृष्टिकोण में पद्मावती के समान रत्नसेन की साधना का भी महत्त्व है।

(४) पार न पाव जो गंधक पिया– गंधक (२९३।६)=गंध युक्त पद्मिनी स्त्री। पिया=पान किया; अथवा पति; अथवा प्रिया। जो पद्मिनी से प्रेम करता है वह यों ही पार नहीं पाता। उस पर उसका वह तार हर लिया जाय तो उसका जीना असम्भव है।

तार=रूपा, चाँदी, सूत, ब्योंत, व्यवस्था, कार्य सिद्धि का योग, सिद्धि। अथवा इसका अर्थ यह भी है-गंधक जिसे पीती है वह पारा उसे यदि न मिले तो अपना तार खोने से वह जीवित नहीं रह सकती। गंधक–रजरूप पद्मावती; पारा=शुक्र रूप रत्नसेन। रत्नसेन के अनुसार पद्मावती के जीवन के लिये रत्नसेन की उतनी ही आवश्यकता है, जितनी सखियों के अनुसार रत्नसेन को पद्मावती की। रस शास्त्र के अनुसार गन्धक के साथ पारद का योग आवश्यक है, गन्धक पारे को खा लेती है, गन्धक में मिलाया हुआ पारा दिखाई नहीं पड़ता।

(५) सिद्धि गोटिका २१७।१, ३१४।५, बद्धपारद की गोली जिसे दिव्य गुटिका या खेचरी गुटिका भी कहते हैं। जिस साधक का रेत सिद्ध न हुआ, उससे अन्य शारीरिक धातुओं की बात पूछना व्यर्थ है।

(६) राँग–राँगा; या रंगा हुआ, अथवा फारसी लिपि में राँक=रंक। सिद्ध पारद के योग से राँगे से चाँदी बनाते हैं। उसके अभाव में राँगा निकृष्ट धातु बना रहता है।

सार=तत्त्व; सार धातु (सोना आदि); बढ़िया लोहा, फौलाद।

(७) अभ्रक कै-गंधक की तरह अभ्रक भी पार्वती का रज माना गया है। वह पद्मावती का वाचक है। पेंगुर=ईंगुर, हिंगुल, रससिन्दूर।

रसायन परक अर्थ

(४) गंधक जिसे खा लेती है, वह पारा फिर उसके साथ मिलकर कज्जली रूप में अदृश्य हो जाता है। हरताल की भी पारद के बिना स्थिति असम्भव है।

(५) पारद की सिद्ध गुटिका जिसके पास नहीं है वह किसी भी सोने चाँदी जैसी महँगी धातु का निर्माण नहीं कर सकता ।

(६) उस पारद की गुटिका के बिना राँगा चाँदी नहीं बन पाता । सिद्धि गुटिका जिसे नहीं मिली वह रसायनी तुच्छ है । उस गुटिका का तत्व जिसके पास है वही निश्चय के साथ कुछ कह सकता है ।

(७) अभ्रक, पारद और गंधक का एकत्र जारण करके मैं ईंगुर या रस सिन्दूर बना सका । अब तुम उसे पुनः आग में डालकर पारद और गन्धक को अलग कर देना चाहती हो ।

टिप्पणी

(४) रस शास्त्र के अनुसार हरताल, पारा और संखिया तीनों असह्याग्नि हैं अर्थात् आग देने से उड़ जाते हैं, पता नहीं लगता कहाँ गए । किन्तु गन्धक के साथ यदि पारद को घोट दिया जाय तो गन्धक पारद को बद्ध कर लेता है, उससे पारा उड़ता नहीं, बँधा रहता है । गंधक और पारा दोनों मिला दें तो गंधक पारे को खा लेगी, पारे के कण अलग दिखलाई न पड़ेंगे । ऐसा पारा कज्जली कहलाता है । गंधक मिश्रित पारद के साथ हरताल भी अग्नि को सह लेती है, अन्यथा नहीं (सो हरतार कहो किमि जिया) । हरताल में संखिया और गंधक मिश्रित रहते हैं ।

(५) सिद्धि गुटिका या सिद्ध पारद चाँदी सोने रूप उत्कृष्ट धातु बनाने के लिये आवश्यक है । उसके अभाव में धातु विद्या की बात करना व्यर्थ है ।

(७) अभरक कै तन एँगुर कीन्हा–जैसे पारद के लिये गन्धक का जारण आवश्यक है वैसे ही अभ्रक का भी–अजारयन्तः पविहेमगंधं वाञ्छन्ति सूतात् फलमप्युदारम् । क्षेत्रादनुप्तादपि सस्य जातं कृषीवलास्ते भिषजश्च मन्दाः (भगवद्गोविन्दपादकृत रसहृदयतंत्र) । अर्थात् अभ्रक (पवि), सोना, और गन्धक का ग्रास या जारण जो पारद (सूत) को नहीं दे सकते और अजर अमर होना चाहते हैं, ऐसे वैद्य उन किसानों की तरह मूर्ख हैं जो खेत में बीज बोए बिना फल चाहते हैं । रसेश्वर दर्शन के अनुसार अभ्रक पार्वती का रज और पारद शिव का बीज है (अभ्रकस्तव बीजन्तु मम बीजन्तु पारदः । अनयोर्मेलनं देवि मृत्युदारिद्रय नाशनम् । सर्व दर्शन संग्रह) । अभ्रक शरीर को दृढ़ और अजर अमर करती है, अतएव पारद को उसका ग्रास देकर बुभुक्षित करना आवश्यक है । इसकी प्रक्रिया इस प्रकार है । अभ्रक, पारद, गन्धक को एक साथ घोटकर बालुकायंत्र में पुट देने से रस सिन्दूर या लाल रंग का ईंगुर बन जाता है । यह कृत्रिम हिंगुल होगा । इसमें पारद शुद्ध अवस्था में रहता है । अभ्रक उस पारद को बाँधे रखती है । यदि इस ईंगुर को ऊर्ध्वपातन यंत्र में डालकर फिर अग्नि पर चढ़ा दें तो गन्धक अलग हो जायगी और पारद अलग हो जायगा किन्तु जो अभ्रक बुभुक्षित पारद के पेट में जीर्ण हो चुकी है, पारद उसे अपने भीतर धारण किए होगा । जायसी का आशय यह है कि अभ्रक, पारद और गन्धक का एकत्र जारण करके जो हिंगुल या रससिंदूर तैयार हुआ है, उसे विलग करने के लिये सखियाँ पुनः आग में डाल रही हैं । खनिज हिंगुल में भी रस सिन्दूर की भाँति पारद और गन्धक मिले रहते हैं । धातुविद्या सम्बन्धी स्पष्टीकरण के लिये मैं अपने गुरु श्री पं० जगन्नाथ जी और अपने मित्र श्री अत्रिदेव जी आयुर्वेदाचार्य का आभारी हूँ ।

[२९५]

सुनि कै बात सखीं सब हँसीं । जनहुँ रैनि तरईं परगसीं ।१।
अब सो चाँद गँगन महँ छपा । लालि किहैं कत पावसि तपा ।२।

हमहुँ न जानहिं दहुँ सो कहाँ । करब खोज औ बिनउब तहाँ ।३।
औ अस कहब आहि परदेसी । करु माया हत्या जनि लेसी ।४।
पीर तुम्हार सुनत भा छोहू । दैय मनाव होउ अब ओहू ।५।
तूँ जोगी तप करु मन जथा । जोगिहि कवनि राज कै कथा ।६।
वह रानी जहवाँ सुख राजू । बारह अभरन करै सो साजू ।७।
जोगी दिढ़ आसन करु अस्थिर धरु मन ठाउँ ।
जौं न सुने तौ अब सुनु बारह अभरन नाउँ ॥२७५॥

(१) उसकी बात सुनकर सब सखियाँ हँस पड़ीं, मानों रात में तारे खिल गए। 'अब वह चाँद आकाश में छिपा है। हे तपस्वी, लालसा मात्र से उसे कैसे पाया जा सकता है ? (३) हम भी नहीं जानतीं कि वह कहाँ है। उसे ढूँढ़ेंगी और उसके पास जाकर बिनती करेंगी। (४) उससे कहेंगी, "वह परदेसी है। उस पर दया करो। उसकी हत्या मत लो।" (५) तुम्हारी पीर सुनकर हमारे मन में क्षोभ उत्पन्न हुआ है। दैव से मनाओ कि उसे भी ऐसा ही हो। (६) तुम जोगी हो अतएव तप में मन लगाओ। जोगी को राज की कहानी से क्या ? (७) वह रानी है जहाँ सुख और राज है, वहाँ वह बारह आभूषणों से अपना सिंगार करती है।

(८) हे जोगी, आसन दृढ़ करो और मन को एक स्थान में स्थिर करो। (९) जो तुमने अब तक न सुना हो तो बारह आभूषणों के नाम अब सुन लो।'

(२) लालि=लालसा (४६७।९, ४७४।७), अथवा लाली। सूर्य की भाँति तपने और लाल होने से दिन में उस शशि को नहीं पा सकते।

(७) बारह अभरन=अगले दोहे में इनकी व्याख्या है। बारह आभूषण और सोलह शृंगारों के लिये 'बारह सोलह' मुहावरा चल गया था। अस बारह सोरह धनि साजै (३००।१)।

[२९६]

प्रथमहिं मंजन होइ सरीरू । पुनि पहरै तन चंदन चीरू ।१।
साजि माँग पुनि सेंदुर सारा । पुनि लिलाट रचि तिलक सँवारा ।२।
पुनि अंजन दुँहु नैन करेई । पुनि कानन्ह कुंडल पहिरेई ।३।
पुनि नासिक भल फूल अमोला । पुनि राता मुख खाइ तँमोला ।४।
गियँ अभरन पहिरै जहँ ताईं । औ पहिरै कर कँगन कलाईं ।५।
कटि छुद्रावलि अभरन पूरा । औ पायल पायन्ह भल चूरा ।६।
बारह अभरन एइ बखाने । ते पहिरै बरहौ असथाने ।७।
पुनि सोरह सिंगार जस चारिहुँ जोग कुलीन ।
दीरघ चारि चारि लघु चारि सुभर चहुँ खीन ॥२७६॥

(१) सबसे पहले शरीर का स्नान होता है। फिर वह शरीर पर चन्दन का वस्त्र धारण करती है। (२) माँग सजाकर उसमें सेंदुर भरती है। फिर ललाट पर तिलक लगाकर सजाती है। (३) फिर दोनों नेत्रों में अंजन लगाती है। फिर कानों में कुण्डल पहिनती है। (४) फिर नाक में सुन्दर अनमोल फूल पहिन कर लाल अधरों वाले मुख में ताम्बूल खाती है। (५) फिर जितने कण्ठ के आभूषण हैं, उन्हें पहिनती है, और कलाई में कंगन पहिनती है। (६) उसका कटि प्रदेश क्षुद्र घण्टिकाओं के आभूषण से सज्जित है और पाँवों में सुन्दर पायल और चूड़ा पहिने है। (७) ये ही बारह आभूषण कहे गए हैं, जो बारह स्थानों में पहिने जाते हैं।

(८) फिर उसके शरीर के सोलह अवयवों का सिंगार या सौन्दर्य है जो चारों प्रकार से उत्तम और उच्च कुल के योग्य है। (९) उसके चार अवयव दीर्घ, चार छोटे, चार भरे हुए, और चार पतले हैं।

(१) मंजन–सं० मार्ज्जन > प्रा० मंजन।
चंदन चीरु=चन्दनी रंग का वस्त्र जिसे जायसी ने अन्यत्र चंदनौटा कहा है (३२९।३)।

(२) सारा–सं० सारयति > प्रा० सारइ=ठीक करना, दुरुस्त करना, सुन्दर बनाना।

(४) नासिका का फूल–नासिका में फूल की या बेसर पहिनने की प्रथा हिन्दू समय में न थी, मध्यकाल के अन्त में मुसलमानों के आने पर इस प्रथा का आरम्भ हुआ।

(६) पायल–सं० पादपाल > पायवाल > पायाल > पायल (त्रिपंचशृङ्खलाकॢप्तौ नानारत्नशतैः कृतौ। कीलकाहितसंधी तौ पादपालावितीरितौ ॥ मानसोल्लास, भाग २, पृष्ठ ९७; विंशति ३, श्लोक ११२२)।

(८) सोलह सिंगार–जायसी ने स्वयं ४६७।१-९ में शरीर के सोलह अवयवों की सुन्दरता का परिगणन किया है। चार दीर्घ-केश, अंगुली, नयन, ग्रीवा। चार लघु–दशन, कुच, ललाट, नाभि। चार भरे हुए–कपोल, नितम्ब, जाँघ, कलाई। चार पतले-नाक, कटि, पेट और अधर।

[२६७]

पदुमावति जो सँवरै लीन्ही। पूनिव राति दैयँ असि कीन्ही।१।
कै मंजन तब किएहु अन्हानू। पहिरे चीर गएउ छपि भानू।२।
रचि पत्रावलि माँग सेंदूरा। भरि मोंतिन्ह औ मानिक पूरा।३।
चंदन चित्र भए बहु भाँती। मेघ घटा जानहुँ बग पाँती।४।
सिरै जो रतन माँग बैसारा। जानहुँ गँगन टूट लै तारा।५।
तिलक लिलाट धरा तस डीठा। जनहुँ दुइज पर नखत बईठा।६।
मनि कुंडल खुँटिला औ खूँटी। जानहुँ परी कचपची टूटी।७।
पहिरि जराऊ ठाढ़ि भौ बरनि न आवै भाउ।
माँग क दरपन गँगन भा तौ ससि तार देखाउ ॥२७७॥

(१) पद्मावती जो अपना श्रृंगार करने लगी तो ऐसा लगा जैसे विधाता ने पूनों की

रात का प्रकाश छिटका दिया हो। (२) उसने मज्जन करके स्नान किया और वस्त्र पहिने, जिनकी चमक-दमक से सूर्य छिप गया। (३) मुख पर पत्रावली रचकर माँग में सिन्दूर भरा और मोती भरकर माथे पर माणिक्य पहिना। (४) फिर मुख पर चन्दन से बहुत भाँति के चित्र लिखे, जैसे मेघों की घटा में बक पंक्ति हो। (५) सिर पर माँग में जो रत्न लगाए गए थे, वे ऐसे सोहते थे जैसे आकाश में तारे टूटते हों। (६) ललाट पर लगा हुआ तिलक ऐसा जान पड़ता था, मानों द्वितीया के चन्द्रमा के मध्य में (चित्रा) नक्षत्र उगा हो। (७) कानों में मणि कुण्डल, खुंटिला और खुंटी ऐसी सुशोभित हुईं मानों कृत्तिका नक्षत्र आकाश से टूटकर पड़ा हुआ हो।

(८) जड़ाऊ आभूषण पहिनकर जब वह खड़ी हुई तो उसका सौन्दर्य कहते न बनता था। (९) ऐसा जान पड़ा जैसे आकाश उसकी माँग का दर्पण बन रहा था, और उसमें उसके उन गहनों की परछाईं चाँद और तारों के रूप में पड़ रही थी।

(२) मंजन और स्नान–जायसी ने मज्जन और स्नान में भेद माना है। उबटन द्वारा शरीर के मैल आदि की सफाई मज्जन और उसके पीछे सुगन्धित जल से स्नान होता था।

(३) पत्रावली–केशों में पट्टियों की रचना जिसमें फूल पत्तियों का शृंगार किया जाता था।

(४) मोती मानिक–माँग में पीछे की ओर मोती भरकर सामने मस्तक पर माणिक का बोर लटकाया जाता है।

चंदन चित्र–पत्रच्छेद्यों की सहायता से चंदन द्वारा चित्रित फूलपत्ती, पक्षी अथवा पुतलियों के चित्र। ललाट, कपोल, स्तन आदि पर फूल पत्तियों के कटाव, पत्रावली या पत्रलता की रचना जो पत्तों के खाके काटकर बनाई जाती थीं। इन्हें ही संस्कृत में विशेषक और हिन्दी में मरवट भी कहा जाता है।

(७) खुंटिला और खूंटी–खुंटिला=कर्णफूल, कान का बड़ा आभूषण। खूंटी–उससे छोटी, कान में पहिनने की कील या गोखुरू। वर्ण रत्नाकर में खुटी (पृ० ४) और खुन्ति (पृ० ४०) नाम से इसका उल्लेख है।

(९) पद्मावती के शृंगार के लिये आकाश की दर्पण रूप में कल्पना बहुत ही भव्य है।

[२९८]

बाँक नैन औ अंजन रेखा। खंजन जनहुँ सरद रितु देखा।१।
जब जब हेरु फेरु चखु मोरी। लुरै सरद महँ खंजन जोरी।२।
भौंहैं धनुक धनुक पै हारे। नैनन्ह साँधि बान जनु मारे।३।
कनक फूल नासिक अति सोभा। ससि मुख आइ सूक जनु लोभा।४।
सुरँग अधर औ लीन्ह तँबोरा। सोहै पान फूल कर जोरा।५।
कुसुम गेंद अस सुरँग कपोला। तेहि पर अलक भुअंगिनि डोला।६।
तिल कपोल अलि पदुम बइंठा। बेधा सोइ जो वह तिल डीठा।७।
देखि सिंगार अनूप विधि बिरह चला तब भागि।
कालकूट एइ ओनए सब मोरें जिय लागि॥२७८॥

(१) बाँके नयनों में अंजन की रेखा ऐसी लगती थी मानों शरद ऋतु में खंजन दिखाई पड़े हों। (२) जब जब नेत्रों को मोड़कर इस ओर उस ओर देखती थी, ऐसा ज्ञात होता था, मानों खंजनों की जोड़ी लोट पोटकर क्रीड़ा कर रही हो। (३) भौंहें धनुष सी थीं पर (काम का) धनुष भी उनसे हार गया। वे मानों नेत्र रूपी बाणों का संधान करके चला रही थीं। (४) नाक में सोने के फूल की शोभा अत्यधिक थी, मानों मुख रूपी चन्द्र पर सूक (शुक्र नक्षत्र या सुग्गा) लुभा गया हो। (५) लाल होठों के बीच में ताम्बूल की शोभा पान के साथ बन्धूक पुष्पों की जोड़ी के समान थी। (६) फूलों की बनी गेंद के समान कपोल सुन्दर थे। उन पर अलक रूपी भुजंगिनि लटक रही थी। (७) कपोल पर पड़ा हुआ तिल कमल पर बैठे भौंरे के समान था। जिसने वह तिल देखा वही बिंध गया।

(८-९) उसके अनुपम श्रृंगार को देखकर विरह यह कहते हुए भाग चला, 'यह मेरे प्राणों के लिये ही अनेक भाँति से कालकूट विष उड़ेल रही है।'

(४) सूक=शुक्र। चन्द्रमा के पास निकला हुआ चमकीला शुक्र नक्षत्र अत्यन्त सुन्दर लगता है। अथवा नासिका रूप सुग्गा।

[२९९]

का बरनौं अभरन उर हारा। ससि पहिरैं नखतन्ह कै मारा।१।
चीर चारु औ चंदन चोला। हीर हार नग लाग अमोला।२।
तिन्ह झाँपी रोमावलि कारी। नागिनि रूप डसै हत्यारी।३।
कुच कंचुकी सिरीफल उभै। हुलसहिं चहहिं कंत हिय चुभै।४।
बाँहन्ह बाँहू टाड सलोनी। डोलत बाँह भाउ गति लोनी।५।
नीवी कँवल करी जनु बाँधी। बिसा लंक जानहु दुइ आधी।६।
छुद्रघंटि कटि कंचन तागा। चलै तौ उठै छतीसौ रागा।७।
चूरा पायल अनवट बिछिया पायन्ह परे बियोग।
हिए लाइ टुक हम कहँ समदहु तुम्ह जानहु अउ भोगु ॥२७९॥

(१) उसके आभरणों का क्या बखान करूँ? कण्ठ में हार ऐसा लगता है, जैसे चन्द्रमा ने नक्षत्रों की माला पहिनी हो। (२) उसने सुन्दर ओढ़नी और चन्दनी रंग का चोला पहिन रखा था। उसके हीरे के हार में अमूल्य नग लगे हुए थे। (३) झूलते हुए हार के नगों ने काली रोमावली को ढक रखा था। वह ऐसी लगती थी जैसें मणिधर नागिन हो जो डसकर हत्या करती है। (४) कंचुकी के नीचे श्रीफल की तरह उठे हुए कुच उल्लसित होकर प्रियतम के हृदय में चुभना चाहते थे। (५) बाहुओं पर भुजबन्ध और सुन्दर टड्डे पहिने हुए थी। झूलती हुई भुजाओं से उसकी गति सुन्दर लगती थी।

(६) कटि में बाँधी हुई नीवी ऐसी लगती थी, मानों सनाल कमल कली हो ! बर्र के समान उसकी कटि नीवी द्वारा दो भागों में बांट दी गई थी। (७) कटि प्रदेश में सुनहले तागे से क्षुद्रघण्टिका (करधनी) बँधी थी। जब वह चलती तो मानो छत्तीसों रागों की ध्वनि बजती थी।

(८) चूड़ा, पायल अनवट और बिछिया पांवों में पड़े हुए विरह में कह रहे थे,–(९) 'कुछ देर के लिये हमें हृदय में लगाकर तुम पति से भेंट करो तो सुख भोग का सच्चा अनुभव प्राप्त होगा।

(२) चंदन चोला–३२७।३, चंदनी वस्त्र का बना हुआ चोला।
चीर=ओढ़नी, उपरना।

(५) बाँहन्ह बाँहू–बाँहू=बाजू, या भुज, बाजूबन्द, बिजायठ नाम का गहना। भुजाओं पर बाजूबन्द और टड्डे दो आभूषण थे। बाँहू आभूषण का उल्लेख आगे भी हुआ है (३१८।६)।

(७) छत्तीस राग–छत्तीस राग रागिनियों का उल्लेख ५२८ वें दोहे में किया गया है जहाँ छह रागों के नाम दिए हैं। प्रक्षिप्त छन्द ५२८ उ में भी छह राग और ३६ रागिनियों के नाम हैं।

(८) अनवट=पैर के अँगूठे में पहिनने का छल्ला। सं० अंगुष्ठ > प्रा० अंगुट्ठ > अँगउट्ट > अनवट।
पायल=पैरों का आभूषण, झाँवर। सं० पादपाल (२९६।६)।

(९) समदहु–धा० समदना=भेंटना, मिलना। पायल आदि आभूषण जो पैरों में पहने हुए हैं मानों उसके पैरों में गिरकर पति विरह में बिनती कर रहे हैं कि हमें हृदय के पास ले जाकर पति से मिलो तो सच्चा सुख भोग प्राप्त होगा। यहाँ जायसी संभोग मुद्रा, सम्भवतः काकली बन्ध, की ओर संकेत कर रहे हैं। ऐसे ही अर्थ की ध्वनि ३१८।९ (अरगज जेउँ हिय लाइ कै मरगज कीन्हे कंत) में भी है।

[३००]

अस बारह सोरह धनि साजै। छाज न औरहि ओहि पै छाजै।१।
बिनवहि सखीं गहरु नहिं कीजै। जेइँ जिउ दीन्ह ताहि जिउ दीजै।२।
सँवरि सेज धनि मन भौ संका। ठाढ़ि तिवानि टेकि कै लंका।३।
अनचिन्ह पिउ काँपै मन माहाँ। का मैं कहब गहब जब बाँहाँ।४।
बारि बएस गौ प्रीति न जानी। तरुनी भइ मैमंत भुलानी।५।
जोबन गरब कछु मैं नहिं चेता। नेहु न जानिउँ स्याम कि सेता।६।
अब जौं कंत पूँछिहि सेइ बाता। कस मुँह होइहि पीत कि राता।७।
हौं सो बारि औ दुलहिनि पिउ सो तरुन औ तेज।
नहिं जानौं कस होइहि चढ़त कंत की सेज॥२७।१०॥

(१) इस प्रकार उस बाला ने बारह आभूषण और सोलह श्रृंगार सजाए। वैसे और किसी को सुशोभित नहीं करते; वे उसी को शोभा देते हैं। (२) सखियाँ बिनती करने लगीं, 'अब विलम्ब न करो। जिसने तुम्हारे लिये अपना जी दिया है, उसे तुम भी

अपना जी दो।' (३) फिर सेज का स्मरण करते ही वह बाला मन में शंकित हुई और कटि भाग पर हाथ रखकर खड़ी हो सोचने लगी। (४) अनजाने प्रिय से वह मन में काँप रही थी। 'जब वह प्रियतम बाँह पकड़ेगा तब मैं क्या कहूँगी। (५) मेरा बालापन का समय बीत गया और मैंने प्रीति की रीति नहीं जानी। (६) जब तरुणी हुई तो मैं काम के आवेग में भूली रही। यौवन के गर्व से मैंने कुछ नहीं समझा। मैं नहीं जान सकी कि श्रृंगार का रंग काला है या श्वेत। (७) अब जब कन्त उसके विषय में पूछेंगे तो मेरा मुँह कैसा होगा, पीला या लाल?

(८) मैं नववयस्का बाला और दुलहिन हूँ। वह प्रियतम तरुण और तेज है। (९) नहीं जानती कन्त की सेज पर चढ़ने से कैसे होगा?'

(१) बारह सोरह–तुलना कीजिए ३३२।६ बारह अभरन सोरह सिंगारा। बारह आभूषण, (दो० २९६) और सोलह श्रृंगार (दो० ४६७)। रामचरित मानस में भी संख्या द्वारा इनका उल्लेख है–नव सप्त साजें सुन्दरी सब मत्त कुंजर गामिनी। (बालकाण्ड ३२२।१०)। उस्मानकृत चित्रावली बारह सोरह साज बनाए (४०३।२)।

(२) गहरु=देर, विलम्ब। नेग चारु कहँ नागरि गहरु लगावहिं। निरखि निरखि आनन्द सुलोचनि पावहिं। तुलसी०।

(३) तिवानि–तेवाना=सोचना, चिन्ता करना। (शब्दसागर)। टेकि कै लंका–तुलना ३७८।९, मन तिवानि कै रोवै हरि भँडार कर टेकि। वहाँ 'हरि भँडार' शब्द से कटि का ही अर्थ सूचित किया गया है।

(५) मैमन्त=मदमत्त, कामरूपी मस्त हाथी।

(७) पीत कि राता–उत्तर देने पर मुँह लाल होगा, अन्यथा पीला।

[३०१]

सुनि धनि डर हिरदैं तब ताईं। जौ लगि रहसि मिला नहिं साईं।१।
कवन सो करी जो भँवर न राईं। डारि न टूटै फर गरुआईं।२।
माता पिता बियाही सोईं। जरम निबाह पियहि सो होईं।३।
भरि जमबार चहै जहँ रहा। जाइ न मेंटा ताकर कहा।४।
ताकहँ बिलँबु न कीजै बारी। जो पिय आएसु सोइ पियारी।५।
चलहु बेगि आएसु भा जैसें। कंत बोलावै रहिए कैसें।६।
मान न करु थोरा करु लाडू। मान करत रिस मानै चाडू।७।
साजन लेइ पठाइया आएसु जेहि क अमेंट।
तन मन जोबन साजि सब देइ चलिअ लै भेंट॥२७।११॥

(१) सखियाँ कहने कहने लगीं–'हे बाला, सुनो। तभी तक हृदय में डर रहता है जब तक एकान्त में पति से मिलना नहीं हुआ। (२) वह कौन सी कली है, जिसके साथ भौंरे ने प्रीति नहीं की। फल के बोझ से डाल नहीं टूटा करती। (३) माता पिता कन्या का विवाह मात्र कर देते हैं, किन्तु जन्म भर निर्वाह पति से ही होता है। (४) यहाँ से लेकर

यम के द्वार पर्यन्त वह चाहे जहाँ रहे उसका वचन पत्नी नहीं मेंट सकती। (५) हे बाला, उसके पास चलने में विलम्ब न करो। जो प्रिय की आज्ञा में है वही प्यारी है। (६) जैसे ही आज्ञा हुई हो, शीघ्र चलो। पति के बुलाने पर ठहरना कैसा ? (७) मान न करो, कुछ लाड़-प्यार करो। मान करने से प्रियतम कुपित होता है।

(८) जिसकी आज्ञा अमिट है, उस साजन ने तुम्हें लेने के लिये भेजा है। (९) तन, मन, यौवन सब सजाकर उसे भेंट देने ले चलो।

(२) राई–राना=रमण करना। सं० रमते > प्रा० रावइ। जायसी के रावइ, रावा आदि प्रयोगों में यह धातु आई है।

(४) जमबार–शेरिफ और लक्ष्मीधर ने इसका अर्थ 'जन्म भर' और भगवानदीन जी ने 'मरते दम तक' किया है।
सं० यमद्वार>जमबार=यम के द्वार तक, मृत्यु पर्यन्त, जीवन भर (५२।७, महरी बाईसी १४।६)।

(७) लाडू–प्यार। अप० लड्डिय=लाट प्यार।
चाड़ू–सं० चाटुक > प्रा० चाडुअ > चाड़ू=प्रिय वाक्य कहने वाला, प्रियतम।

(८) साजन–सं० स्वजन, प्रा० सजण=आत्मीय, पति।

[३०२]

पदुमिनि गवँन हंस गौ दूरी। हस्ती लाजि मैल सिर धूरी ।१।
बदन देखि घटि चंद छपाना। दसन देखि छबि बीजु लजाना ।२।
खंजन छपा देखिं कै नैना। कोकिल छपा सुनत मधु बैना ।३।
गीवँ देखि कैं छपा मँजूरू। लंक देखि कै छपा सदूरू ।४।
भौंह धनुक जो छपा अकाराँ। बेनी बासुकि छपा पताराँ ।५।
खरग छपा नासिका बिसेखी। अंब्रित छपा अधर रस पेखी ।६।
भुजन छपानि कँवल पौनारी। जंघ छपा केदली होइ बारी ।७।
आछरिं रूप छपानीं जबहिं चली धनि साजि।
जावँत गरब गहीलि हुतिं सबै छपीं मन लाजि ॥२७।१२॥

(१) पद्मावती की चाल से लज्जित हंस दूर चला गया और हाथी ने अपने सिर पर धूल डाल ली। (२) मुख देखकर और अपने को उससे हीन पाकर चन्द्रमा छिप गया। दाँत देखकर उनकी छवि से बिजली लज्जित हो गई। (३) नयन देखकर खञ्जन भी छिप गए। मधुर वाणी सुनकर कोयल छिप गई। (४) ग्रीवा का सौन्दर्य देखकर मोर छिपा गया। कटि देखकर सिंह छिप गया। (५) भौंह देखकर इन्द्रधनुष ने अपना आकार छिपा रक्खा है। वेणी देखकर वासुकि नाग पाताल में जा छिपा। (६) नासिका का विचार करके खड्ग कोष में छिप गया। अधर रस देखकर अमृत समुद्र में जा छिपा। (७) भुजाएँ देखकर कमल की नाल छिप गई। जाँघें देखकर कदली वाटिका में जा छिपी।

(८) जब वह बाला श्रृंगार करके चली तो उसके रूप से लज्जित हो अप्सराएँ छिप गईं। (९) जितनी रूप की गर्बीली थीं, सब मन में लजाकर छिप गईं।

(२) घटि=मुख की तुलना में हीन या कम होने के कारण।
(४) मंजूरू–सं० मयूर।
सुदूरू–सं० शार्दूल > प्रा० सद्दूल > सदूर।
(५) अकाराँ=आकार, आकृति। दे० ३८७।७।
(७) पौनारीं–सं० पद्मनाल > प्रा० पउमनाल > पौनाल > पौनार।
(९) गरब गहीलि–सं० गर्वगृहीता > प्रा० गव्व गहिल्ल > गरब गहीली।

[३०३]

मिलीं तराईं सखी सयानीं। लिए सो चाँद सुरुज पहँ आनीं।१।
पारस रूप चाँद देखराईं। देखत सुरुज गएउ मुरुछाईं।२।
सोरह कराँ दिस्टि ससि कीन्ही। सहसौ करा सुरुज कै लीन्ही।३।
भा रबि अस्त तराइन हँसें। सुरुज न रहा चाँद परगसें।४।
जोगी आहि न भोगी होई। खाइ कुरकुटा गा परि सोई।५।
पदुमावति निरमलि जसि गंगा। तोहि जो कित जोगी भिखमंगा।६।
अबहुँ जगावहिं चेला जागू। आवा गुरू पाय उठि लागू।७।
बोलहिं सबद सहेलीं कान लागि गहि माँथ।
गोरख आइ ठाढ़ भा उठु रे चेला नाथ॥२७।१३॥

(१) सब चतुर सखियाँ नक्षत्रों की भाँति शशि के चारों ओर हो गईं और चाँद को लिए हुए सूर्य के पास आईं। (२) चाँद अपना पारस रूप दिखा रहा था। देखते ही सूर्य मूर्च्छित हो गया। (३) शशि ने सोलह कलाओं से उसकी ओर देखा और उसने सूर्य की सहस्रों कलाओं को अपने में खींच लिया। (४) सूर्य अस्त हो गया। तारागण हँसने लगे कि (कैसी उल्टी बात हुई जो) चाँद के चमकने पर सूर्य का तेज न रहा। (५) यह जोगी है, भोगी नहीं। इसीसे तो भात खाकर पड़ कर सो गया (६) 'हे पद्मावती तू गंगा के समान निर्मल है। भिखमंगा जोगी तेरे अनुरूप कहाँ?' (७) तब वे उसे जगाने लगीं,–'हे चेले, जाग। गुरु आया है, उठकर पैर लग।'

(८) सहेलियाँ उसके कान से लगकर और मस्तक पकड़कर धीरे से बोलीं, 'ओ नाथ के चेले, उठ; गुरु गोरख खड़े हैं।

(५) कुरकुटा–१२९।७, १३२।७, २९३।६।
(८) बोलहिं सबद=कान में मंत्र फूँकने की तरह कान के पास मुँह ले जाकर बोलीं।

[३०४]

गोरख सबद सुद्ध भा राजा । रामा सुनि रावन होइ गाजा ।१।
गही बाँह धनि सेजवाँ आनी । आँचर ओट रही छपि रानी ।२।
सकुचै डरै मुरै मन नारी । गहु न बाँह रे जोगि भिखारी ।३।
ओहट होहि जोगि तोरि चेरी । आवै बास कुरुकुटा केरी ।४।
देखि भभूति छूति मोहि लागा । काँपै चाँद राहु सौं भागा ।५।
जोगी तोरि तपसी कै काया । लागी चहै अंग मोहि छाया ।६।
बारि भिखारि न माँगसि भीखा । माँगै आइ सरग चढ़ि सीखा ।७।
जोगि भिखारी कोई मँदिर न पैसै पार ।
माँगि लेहि किछु भिख्या जाइ ठाढ़ होहि बार ॥२७।१४॥

(१) 'गोरख' यह शब्द सुनते ही राजा को सुध हो आई । रामा (स्त्री) सुनकर वह रावन (रमण करने वाला) होकर गरजा । (२) बाँह पकड़कर बाला को सेज पर लाया । पद्मावती ने अपने को अंचल की ओट में छिपा लिया । (३) वह बाला मन में सकुचाती, डरती और झिझक रही थी । 'ओ भिखारी जोगी, मेरी बाँह मत पकड़ । हे जोगी तेरी चेरी तुझ से अलग होती है, क्यों कि तेरे शरीर में से कुरकुटे की गन्ध आ रही है । (५) तेरी भभूत को देखते ही मुझे छूत लग जायगी ।' यों कह चाँद काँपता हुआ राहु के सम्मुख भाग रहा था । 'हे जोगी, तेरी काया तपस्वी (या तपते हुए सूर्य) की है । उसकी छाया मेरे अंगों पर पड़ना चाहती है । हे भिखारी, तू द्वार पर जाकर भीख नहीं माँगता । आकाश में चढ़कर तू ने भीख माँगना सीखा है ।

(८) कोई जोगी भिखारी राजमन्दिर में नहीं घुस सकता । (९) वह जाकर द्वार पर खड़ा हो कुछ भीख माँग लेता है ।

(१) सुद्ध=सुध । पासह० के अनुसार सुद्धि का एक अर्थ 'पता, खबर, खोई हुई चीज की प्राप्ति है ।' रामा रावन=स्त्री और पति; राम और रावण ।
(२) सेजवाँ–सं० शैय्यापार्श्व > सेज्जपाँह > सेज्जवाँह > सेजवाँ ।
(४) ओहट–दे २५५।४ ।
(६) तपसी–सूर्य के तप या प्रकाश से चन्द्रमा के छिपने की कल्पना । दे० २९५।२, लालि किहें कत पावसि तपा ।
(८) पैसै–सं० प्रविशति > प्रा० और अप० पइसइ > पैसै ।

[३०५]

अनु तुम्ह कारन पेम पियारी । राज छाँड़ि कै भएउँ भिखारी ।१।
नेह तुम्हार जो हिए समाना । चितउर माँह न सुमिरेउँ आना ।२।
जस मालति कह भँवर बियोगी । चढ़ा बियोग चलेउँ होइ जोगी ।३।

भएउँ भिखारि नारि तुम्ह लागी । दीप पतँग होइ अँगएउँ आगी ।४।
भँवर खोजि जस पावै केवा । तुम्ह काँटे मैं जिव पर छेवा ।५।
एक बार मरि मिलै जौं आई । दोसरि बार मरै कत जाई ।६।
कत तेहिं मीचु जो मरि कै जिया । भा अम्मर मिलि कै मधु पिया ।७।
भँवर जो पावै कँवल कहँ बहु आरति बहु आस ।
भँवर होइ नेवछावरि कँवल देइ हँसि बास ॥२७।१५॥

(१) [रत्नसेन।] 'हे प्रिये, अनुकूल हो। तुम्हारे प्रेम के कारण ही मैं राज्य छोड़कर भिखारी हुआ। (२) तुम्हारा स्नेह जो मेरे हृदय में समाया, तो चित्तौड़ में भी मैंने किसी और का स्मरण नहीं किया। (३) जैसे भौंरा मालती के लिये वियोगी बनता है, वैसे ही मुझे तुम्हारा वियोग चढ़ा और मैं जोगी बनकर निकल पड़ा। (४) हे बाला, मैं तुम्हारे लिये भिखारी हुआ। दीपक के लिये पतंग बनकर मैंने आग स्वीकार की। (५) जैसे भौंरा कमल को खोजकर पा लेता है वैसे ही मैंने तुम्हारे लिये अपने हृदय पर काँटों का छेवा लिया। (६) एक बार मरकर जब कोई प्रियतम से आ मिलता है, तो वह दूसरी बार मरने क्यों जाय? (७) जो मरकर जिया हो, उसके लिये मृत्यु कहाँ? वह तो अमर हो गया, और प्रिय से मिलकर मधु पीता है।

(८) भौंरा यदि बहुत क्लेश और बहुत आशा के बाद कमल को पाता है, (९) तो वह भौंरा उस पर निछावर हो जाता है, और कमल भी हँसकर (विकसित होकर) उसे सुगन्धि देता है।'

(४) अँगएउँ=स्वीकार किया।
(५) छेवा–सं० छेद > प्रा० छेव।
केवा=कमल (२३६।४, २७४।५ सरग सूर भुइँ सरवर केवा, ४४०।१ हौं पदुमिनि मानसर केवा, ५७०।१ भँवर न तजै बास रस केवा)। कमल की डंडी में छोटे काँटे होते हैं (शशिनि खलु कलंकः कंटकं पद्मनाले युवति कुचनिपातः पक्वता केशजाले। जलधि जलमपेयं पंडिते निर्धनत्वं वयसि धन विवेको निर्विवेको विधाता। सुभाषितरत्नभांडागार, दैवाख्यान श्लो० ८५। इस प्रमाण के लिये मैं श्री मैथिलीशरण जी गुप्त का अनुगृहीत हूँ)। भौंरा कमल की प्रीति से उन काँटों से छिद जाना भी सहता है (रूप बास भा केतकि केवा। प्रेम भौंर भा जिव पर छेवा। चित्रावली ३०।४; १११।४, २१४।१)। कमल, मालती (भँवर मालतिहि पै चहै काँट न आवै डीठि। सौंहे भाल छाय हिय पै फिरि देई न पीठि। ४१६।८,९), केतकी (बेधे भँवर कंट केतुकी। ११३।३, १२५।८), इन तीनों के काँटों में छिदकर भौंरे का प्राण देना, यह कवि समय था।
(७) मर कर जीने से अमरत्व प्राप्ति–(२३४।३, २३८।६, २९३।९)

[३०६]

अपने मुँह न बड़ाई छाजा। जोगी कतहुँ होंहि नहि राजा ।१।
हौं रानी तूँ जोगि भिखारी। जोगिहि भोगिहि कौन चिन्हारी ।२।

जोगी सबै छंद अस खेला । तूँ भिखारि केहि माहँ अकेला ।३।
पवन बाँधि उपसवहिं अकासाँ । मनसहिं जहाँ जाहिं तेहि पासाँ ।४।
तैं तेहि भाँति सिस्टि यह छरी । एहि भेस रावन सिय हरी ।५।
भँवरहि मींचु नियर जब आवा । चंपा बास लेइ कहँ धावा ।६।
दीपक जोति देख उजियारी । आइ पतँग होइ परा भिखारी ।७।
रैनि जो देखिअ चंद मुख मकु तन होइ अनूप ।
तहूँ जोगि तस भूला भै राजा के रूप ॥२७।१६॥

(१) [पद्मावती ।] 'अपने मुँह से बड़ाई करना शोभा नहीं देता । जोगी कहीं भी राजा नहीं होता । (२) मैं रानी हूँ, तू भिखमंगा जोगी है । जोगी और भोगी में कैसी जान-पहिचान ? (३) सभी जोगी ऐसा छलछन्द किया करते हैं । हे भिखारी, तू किनमें अकेला है ? (४) वे श्वास रोककर आकाश में चले जाते हैं, और जहाँ इच्छा करते हैं उसी के पास पहुँच जाते हैं । (५) तूने भी उसी प्रकार संसार को छला है । इसी वेश में रावण ने सीता का हरण किया था । (६) जब भौंरे की मृत्यु पास आती है, तो वह चम्पा की गन्ध लेने दौड़ता है । (७) दीपक की उज्ज्वल ज्योति देखकर भिखारी पतिंगा बनकर आकर उस पर गिरा है ।

(८) रात में चन्द्रमा के मुख का सौन्दर्य देखकर कोई समझ लेता है कि कदाचित् मेरा शरीर भी वैसा ही अनुपम हो, (९) वैसे ही तू भी जोगी मेरे रूप पर भूला हुआ राजा के सुन्दर रूप में आया है ।'

(३) छंद=छल-छन्द, धोखा ।
(४) उपसवहिं=चले जाना, (१०३।२, २०३।७, २४०।२, २५८।४) ।
मनसहिं=इच्छा करना, सं० मनस् से हिन्दी नामधातु ।
(८) मकु=(१) कदाचित्, शायद (६१।९, पाय छुअइ मकु पावौं तेहि मिसु लहरैं देइ ।); मानों (रोवहिं रोवँ बान वै फूटे । सोतहि सोत रुहिर मकु छूटे । २२८।१) ।

[३०७]

अनु धनि तूँ ससिअर निसि माहाँ । हौं दिनअर तेहि की तूँ छाहाँ ।१।
चाँदहि कहाँ जोति औ करा । सुरज कि जोति चाँद निरमरा ।२।
भँवर बास चंपा नहिं लेई । मालति जहाँ तहाँ जिउ देई ।३।
तुम्ह निति भएउँ पतँग कै करा । सिंघल दीप आइ उड़ि परा ।४।
सेएउँ महादेव कर बारू । तजा अन्न भा पवन अधारू ।५।
तुम्ह सौं प्रीति गाँठि हौं जोरी । कटै न काटे छुटै न छोरी ।६।
सीय भीख रावन कहँ दीन्ही । तूँ असि निठुर अँतरपट कीन्ही ।७।

रंग तुम्हारे रातेउँ चढ़ेउँ गँगन होइ सूर।
जहँ ससि सीतल कहँ तपनि मन इंछा धनि पूर ॥२७।१७॥

(१) [रत्नसेन।] 'हे प्रिये, अनुकूल हो। तुम रात्रि के मध्य में चन्द्र हो। मैं दिन का सूर्य हूँ जिसकी तुम छाहँ हो। (२) चन्द्रमा में अपनी ज्योति और कलाएँ कहाँ ? सूर्य की ज्योति से चन्द्रमा निर्मल होता है। (३) भौंरा चम्पा की सुगन्धि नहीं लेता, पर जहाँ मालती होती है वहाँ प्राण देता है। (४) तुम्हारे लिये मैंने पतिंगे की कला की और सिंहलदीप में उड़कर आ गिरा। (५) यहाँ महादेव के द्वार की सेवा की और अन्न छोड़कर केवल वायु खाकर रहा। (६) तुम्हारे साथ मैंने प्रेम की गाँठ जोड़ी जो अब न काटे कट सकती है, न छुड़ाए छूट सकती है। (७) सीता ने भी रावण को भीख दी थी, पर तू ऐसी निष्ठुर है कि तूने बीच में अन्तरपट डाल लिया।

(८) मैं तुम्हारे रंग में रँग गया हूँ और सूर्य होकर आकाश के मार्ग से चढ़ा हूँ। (९) जहाँ शीतल चन्द्रमा है वहाँ तपन कहाँ ? हे बाला मेरी इच्छा पूरी करो।'

(४) निति=लिये, उद्देश्य से (भोजपुरी में अभी तक प्रचलित अर्थ है, पं हजारीप्रसाद जी)। दीप=द्वीप और दीपक।
(७) अँतरपट=बीच का पर्दा।

[३०८]

जोगि भिखारि करसि बहु बाता। कहेसि रंग देखौं नहिं राता।१।
कापर रँगे रंग नहिं होई। हिएँ औटि उपनै रँग सोई।२।
चाँद के रंग सुरुज जौं राता। देखिअ जगत साँझ परभाता।३।
दगध बिरह निति होइ अँगारू। ओहि की आँच धिकै संसारू।४।
जौं मँजीठ औटै औ पचा। सो रँग जरम न डोलै रँचा।५।
जरै बिरह जेउँ दीपक बाती। भीतर जरै उपर होइ राती।६।
जर परास कोइला के भेसू। तब फूलै राता होइ टेसू।७।
पान सुपारी खैर दुहुँ मेरै करै चक चून।
तब लगि रंग न राचै जब लगि होइ न चून ॥२७।१८॥

(१) [पद्मावती।] 'ओ भिखारी जोगी, तू बहुत बात करता है। तू रंग की बात कहता है, पर मैं तुझे रँगा हुआ (प्रेम में रक्त) नहीं देखती। (२) कपड़े रँगने से प्रेम का रंग नहीं होता। हृदय में औटने से जो उत्पन्न होता है वही रंग है। (३) चाँद के रंग (प्रेम) में जब सूर्य रँग गया, उसे ही सायं प्रातः सब संसार रक्त देखता है। (४) विरह में दग्ध होकर प्रति दिन वह साँझ सबेरे अंगार बन जाता है और उसी

विरह की आँच से दिन में संसार को जलाता है, (अथवा उसीकी आँच से संसार जलता है)। (५) जब मजीठ औंटता और पकता है तो उसका रँगा हुआ पक्का रंग जन्म भर नहीं उड़ता। (६) विरह में ऐसे जला जाता है जैसे दीपक की बत्ती भीतर जलती है तो ऊपर लाल होती है। (७) पलाश जलकर कोयले के रंग का हो जाता है तब वह फूलता है और टेसुओं से लाल हो जाता है।

(८) पान के साथ सुपारी और कत्था, दोनों को मिलाकर चकना चूर कर दो, पर तब तक रंग नहीं रचता जब तक उसके साथ चूना न हो।'

(४) धिकै–धिकना=गर्म होना, तपना।
(५) रँचा=सं० रंज > प्रा० रच्च, रच्चइ।
(७) पलाश का जलना–पलाश का वृक्ष जब फूल चुकता है तब उसे छाँट देते हैं। वही ईंधन बन जाता है। छाँटने के बाद अवशिष्ट गुद्दे में से फिर टहनियाँ-और पत्ते फूटते हैं और अगले वर्ष फिर वृक्ष लाल टेसुओं से लद जाता है। कवि की कल्पना है–यदि पलाश काटा जाकर ईंधन बनकर न जले तो उसमें से नए पत्ते और कोंपल न फूटें।
(८) चकचून=चकनाचूर, चूरचूर, दरदरा। सं० चक्रचूर्ण।
(९) चून=(१) चूना, जिसके मिलने से पान और कत्थे में रंग आता है। (२) महीन आटा, प्रेम के मार्ग में जब तक कोई पिसकर महीन चूर्ण की तरह नहीं बन जाता तब तक उसका रंग पक्का नहीं होता।

[३०९]

धनिश्रा का सुरंग का चूना। जेहि तन नेह दगध तेहि दूना।१।
हौं तुम्ह नेहुँ पियर भा पानू। पेंड़ी हुत सुनि रासि बखानू।२।
सुनि तुम्हार संसार बड़ौना। जोग लीन्ह तन कीन्ह गड़ौना।३।
करभँज किंगरी लै बैरागी। नेवती भएउँ बिरह की श्रागी।४।
फेरि फेरि तन कीन्ह भुँजौना। श्रौटि रकत रँग हिरदै श्रौना।५।
सूखि सुपारी भा मन मारा। सिर सरौत जनु करवत सारा।६।
हाड़ चून भै बिरह जो डहा। सो पै जान दगध इमि सहा।७।
कै जानै सो बापुरा जेहि दुख श्रैस सरीर।
रकत पियासे जे हहिं का जानहिं पर पीर॥२७।१९॥

(१) [रत्नसेन।] 'हे प्रिये, क्या लाल रंग की और क्या चूने की बात कहती हो ? जिसके शरीर में प्रेम है, वह दुगुना जलता है। (२) मैं तुम्हारे प्रेम में पान की तरह पीला हो गया हूँ। मैं पेड़ी का पान था, उसके सम्मुख सुनरास (लता के मध्य भाग के उत्तम पान) का बखान किया गया। (३) तुम्हारे सिंहल द्वीप के उस बड़ौना (बड़े पान) को सुनकर मैंने जोग ले लिया और अपने शरीर को गड़ौना (गड़ा हुआ पान, जो गाड़कर पकाया जाता है) बनाया। (४) किंगरी लेकर बैरागी के रूप में मैं करभँज

पान बन गया और बिरह की आग में नेवती पान बना। (५) अपने शरीर को बार बार फेरकर उसे भुँजौने पान की तरह पकाया। रक्त औटकर उसका रंग हृदय में आ गया। (६) चारों ओर से रोककर मारा हुआ मन सूखी सुपारी हो गया। मैंने सिर पर सरौते की तरह आरा भी लिया। (७) विरह में जो जला, तो हड्डियों का चूना बन गया। इसे वही जान सकता है, जिसने इस प्रकार दाह सही हो।

(८) या वह बेचारा जानता है, जिसके शरीर में विरह का ऐसा दुःख है। (९) जो रक्त के प्यासे हैं, वे दूसरे की पीड़ा क्या जानें ?'

(१) धनिआ–सं० धन्या स्त्री।

(२-५) इन चौपाइयों में रत्नसेन पानों की जातियों का उल्लेख करते हुए अपने प्रेम और साधना का भी उल्लेख करता है।

(२) पेंड़ी=(१) पान का पुराना पौधा; (२) पेड़ी का पान अर्थात् वह पान, जो पुराना तोड़ा हुआ तो न हो पर पुराने पौधे में बाद में हुआ हो (शब्द सागर)।
सुनरासि=लता के मध्य भाग का पका हुआ सफेद या पीला पान, जो उत्तम माना जाता है। पेड़ी पान से तात्पर्य रत्नसेन और सुनरासि से पद्मावती का है। पेड़ी के पुराने पान से सुग्गे ने नए सुनरास का बखान किया।

(३) बड़ौना=बड़ा पान या उत्तम पान। सं० बृहत्पर्ण > बड्डपण्ण > बड्डुवण्ण > बड़ौना। अबुल फजल का बहुती पान ही सम्भवतः जायसी का बड़ौना है।
गड़ौना=गाड़ा पान, जो लता की जड़ के पास होते हैं, इनमें मिट्टी लगी होती है (भगवान-दीन जी); एक प्रकार का पान जो जमीन में गाड़कर पकाया जाता है (शुक्ल जी)। सं० गर्त्तपर्ण > गड्डपण्ण > गड़ौना।

(४) करहँज=एक प्रकार का पान। अबुलफजल ने इसे 'करहँज' कहा है।
नेवती–(१) वे पान, जो वर्षा के आरम्भ में तोड़े जाते हैं ये पान केवल आठ-दस रोज तक ठहरते हैं (भगवानदीन जी)। सं० नवपत्रक > नौपत्तिय > नउवत्तिय > नौति=नये पत्ते वाला वृक्ष। इस व्युत्पत्ति से यह ज्ञात होता है कि नया फुटाव लेकर निकले हुए पत्तों के लिये यह शब्द था। (२) नौति का दूसरा अर्थ नया या ताजा भी सम्भव है।

(५) भुँजौना= आग में भूनकर पकाया हुआ पान (भगवानदीन जी)। हि० भूँज+सं० पर्व।

(६) सरौत–सं० सारपत्र > सारवत्त > सारउत्त > सरौत+क > सरौता। अबुलफज़ल ने आईन अकबरी में पानों की जातियाँ और उनकी खेती का वर्णन करने के बाद पान की भिन्न भिन्न पत्तियों के नौ नाम दिये हैं–

(१) पेड़ी, पान की लतर पर होने वाली पत्तियाँ, जिन्हें बीज के लिये अलग कर लेते हैं।
(२) गड़ौत, लतर पर निकली हुई नई पत्तियाँ। यही जायसी का गड़ौना पान है।
(३) नौति, जायसी ने जिसे नेवती कहा है।
(४) अगहनिया या लेबार पान।

(७) करहँज पान, पान की बेल चैत में २१ मार्च के लगभग बोई जाती है। एक महीने में ऊपर लिखी हुई पत्तियाँ तोड़कर काम में लाई जाती हैं। केवल गड़ौत या गड़ौना नहीं तोड़ते। कुछ लोग उसे बीज के लिये रखते हैं और कुछ खाते हैं। कुछ लोग पेड़ी को बीज के लिये अच्छा मानते हैं (आईन २८, ब्लाखमैन पृ० ७७)। आईन में सुनरास पान का नाम नहीं है। सम्भव है छीव और अधिनीड़ा इनमें से वह कोई हो।

[रत्नसेन के पक्ष में अर्थ]

(१) 'हे बाला हृदय के लाल रंग और हड्डियों के चूने की क्या बात कहती हो ? जिस शरीर में सच्चा स्नेह है वही दूना जलता है। (२) मुझे तुम्हारा स्नेह पान ऐसा प्यारा लगा, जैसे राजमंजूषा के लिये सोने की राशि का वर्णन प्रिय लगता था। (३) तुम्हारा संसार बड़ा रंग या बड़प्पन सुनकर मैंने जोग ले लिया और अपने शरीर में भस्म मलकर उसे ऐसा कर लिया मानों मिट्टी में गाड़ा गया हो। (४) हाथ से किंगरी बजाते हुए मैं बैरागी बना। विरह की आग में तपकर बिना बुलाए ही तुम्हारा नेवती (निमंत्रित) बन गया। (५) बार बार इस शरीर को भूना या तपाया जिससे रक्त औंट कर हृदय में रंग छा गया। (६) मन की इच्छाओं का सब ओर से ऐसा दमन किया कि वह सूखी सुपारी के समान शुष्क कठोर (वासना रहित) हो गया। योग मार्ग में सिर पर सरौते की भाँति आरा भी लिया। (७) विरह में दग्ध होने से हड्डियाँ चूना हो गईं। वही इसे जानता है जिसने इस प्रकार दाह सहा हो।'

(२) पियर=प्रिय।
पेंडी–सं० पेटिका > पेडिआ > पेड़ी=मंजूषा, राज भंडार की मंजूषा (२३९।७); पेई (२१४।६)। सुनिरासि=सुबर्ण की राशि।

(३) बड़ौना=बड़ा, बड़े वर्ण वाला (बृहत् वर्ण), जिसका वर्णन (वर्ण=वर्णन २५।२) विशाल है, अथवा जिसका बड़ा रंग है।
गड़ौना=गड़े हुए रंग वाला, भभूत या छार मलने से मिट्टी के रंग वाला।

(४) कर भँज=हाथ से भाँजना या तारों का बजाना।
नेवती=निमंत्रित।

[३१०]

जोगिन्ह बहुतै छंद ओराहीं। बुँद सेवातिहि जैस पराहीं ।१।
परै समुंद्र खार जल ओहीं। परै सीप मुँह मोंती होहीं ।२।
परै पुहमी पर होइ कचूरू। परै केदली महँ होइ कपूरू ।३।
परै मेरु पर अंब्रित होई। परै नाग मुख बिख होइ सोई ।४।
जोगी भँवर न थिर ये दोऊ। केहि आपन भए कहै सो कोऊ ।५।
एक ठाँव वै थिर न रहाहीं। भखु लै खेलि अनत कहँ जाहीं ।६।
होइ गिरिही पुनि होहिं उदासी। अंत काल दुनहूँ बिसवासी ।७।
तासौं नेह जो दिढ़ करै थिर आछहि सहदेस।
जोगी भँवर भिखारी इन्ह तें दूर अदेस ॥२७।२०॥

(१) [पद्मावती।] 'जोगियों में बहुत से छल छंद भरे होते हैं, जैसे स्वाति नक्षत्र से बूँदें गिरती हैं। (२) कोई बूँद समुद्र में गिरती है तो जल खारा हो जाता है। कोई सीप के मुँह में गिरती है तो मोती उत्पन्न होते हैं (३) कोई पृथिवी पर गिरती है तो कचूर होता है। कोई केले के भीतर पड़ती है तो कपूर हो जाता हैं,। (४) कोई मेरु पर गिरती है तो अमृत बनता है। कोई नाग के मुँह में गिरती है तो वही विष हो

जाता है। (५) जोगी और भौंरा ये दोनों स्थिर नहीं रहते। ये किसके अपने हुए हैं? यदि कोई हो तो कहे। (६) वे एक स्थान में स्थिर नहीं रहते। अपना भोजन लेकर वे अन्यत्र विचर जाते हैं। (७) कभी गृहस्थ होकर फिर उदासीन बन जाते हैं। अन्त में ये दोनों ही विश्वासघात करते हैं।

(८) उसी से स्नेह करना चाहिए जो दृढ़ प्रेम करे और जो स्थिर रूप से समान देश में रहने वाला हो। (९) जोगी, भौंरा और भिखारी इन्हें दूर से ही प्रणाम करना अच्छा है।'

(१) ओराहीं–भगवानदीन जी, अउराहीं=आते हैं, विचार में आते हैं। शुक्ल जी, न ओराहीं=नहीं चुभते। लक्ष्मीधर, ओराहीं=होना। शब्दसागर, ओराना=अन्त तक पहुँचना, समाप्त होना। व्युत्पत्ति अनिश्चित, पर उपराहीं से सम्भव है, जिसका अर्थ होगा ऊपर आना। जोगियों में बहुत सी चाल की बातें उतिराती हैं। किन्तु चित्रावली ३१४।४ (बीता चलत मास एकसारा। बन ओरान औ भा उजियारा।) से ज्ञात होता है कि ओराना धातु समाप्त होना, अन्त पर पहुँचना, इस अर्थ में प्रयुक्त होती थी। और भी चित्रावली, ५८३।७। पराहीं–इसमें बहुवचन है, किन्तु परै (२, ३, ४) में एक वचन ही पाठ है। स्वाति में अनेक बूँदें होती हैं। उनमें से एक-एक भिन्न आधार में भिन्न प्रभाव उत्पन्न करती है। इस पाठ-संगति के लिये श्री माताप्रसाद जी गुप्त का आभारी हूँ।

(६) भखु=भोजन।

(७) बिसवासी=विश्वासघाती।

(८) सहदेस=समान देश में रहने वाला, सहवासी (३७१।१, उतरि आउ मोहि मिलु सहदेसी)। इस वाक्य का अन्वय इस प्रकार है–तासों नेह, जो दिढ़ (नेह) करै; (जो) थिर सहदेस आछहि। दे० ३७१।१

(९) अदेस=आदेश, प्रणाम। नाथ सम्प्रदाय में आदेश कहकर गुरु को प्रणाम करते हैं (दे० २५८।९)।

[३११]

थल थल नग न होइ जेहि जोती। जल जल सीप न उपनै मोंती।१।
बन बन बिरिख चँदन नहिं होई। तन तन बिरह न उपजै सोई।२।
जेहि उपना सो औटि मरि गएऊ। जरम निनार न कबहूँ भएऊ।३।
जल अंबुज रबि रहै अकासा। प्रीति तो जानहुँ एकहि पासा।४।
जोगी भँवर जो थिर न रहाहीं। जेहि खोजहिं तेहि पावहिं नाहीं।५।
मैं तुइ पाए आपन जीऊ। छाड़ि सेवातिहि जाइ न पीऊ।६।
भँवर मालती मिलै जौं आई। सो तजि आन फूल कत जाई।७।
चंपा प्रीति जो बेलि है दिन दिन आगरि बास।
गरि गुरि आपु हेराइ जौं मुएहु न छाँड़ै पास॥२७।२२॥

(१) [रत्नसेन।] 'जिसमें ज्योति होती है, ऐसा नग प्रत्येक स्थान में नहीं होता।

प्रत्येक जल की सीप में मोती उत्पन्न नहीं होता। (२) प्रत्येक वन में चन्दन का वृक्ष नहीं होता। प्रत्येक शरीर में एक सा विरह उत्पन्न नहीं होता। (३) जिसमें वह उत्पन्न हुआ वह उसमें औंटकर व्याप गया। फिर जीवनपर्यन्त उससे कभी अलग नहीं हो सका। (४) कमल जल में और सूर्य आकाश में रहता है। दोनों में प्रीति है तो दोनों को एक ही पास समझो। (५) जोगी और भौंरे जो स्थिर नहीं रहते, यह इसलिए कि जिसे ढूँढ़ते हैं उसे नहीं पाते। (६) मैंने तुझमें अपना प्राण पाया है। स्वाति का जल छोड़कर उसका प्रेमी (चातक) अन्यत्र नहीं जाता। (७) जब भौंरा मालती से आकर मिल जाता है, तो उसे छोड़कर अन्य फूल के पास वह क्यों जाय?

(८) चम्पा के समान जो प्रीति की बेल है उसकी सुगन्धि दिन दिन बढ़ती है। (९) गलगुल कर अपना आपा विलीन हो जाय तो भी भौंरा मृत्यु पर्यन्त उसका सान्निध्य नहीं छोड़ता।'

(१) थल थल नग–तुलना, शैले शैले न माणिक्यं मौक्तिकं न गजे गजे। साधवो नहि सर्वत्र चन्दनं न वने वने।
(३) मरि गएउ–विरह का औंट कर मरना=शरीर में व्याप्त हो जाना। मनेर का पाठ 'मरि' है।
(८) दिन दिन आगरि बास=दिन प्रतिदिन उसकी सुगन्धि बढ़ती है। आगरि–सं० अग्र=विशेष, अधिक।
(९) गरि गुरि=गलगुल करके।

[३१२]

ऐसें राजकुँवर नहिं मानौं। खेलु सारि पाँसा तौ जानौं।१।
कच्चे बारह बार फिरासी। पक्के तौ फिरि थिर न रहासी।२।
रहै न आठ अठारह भाखा। सोरह सतरह रहै सो राखा।३।
सतएँ ढरैं सो खेलनिहारा। ढारु इग्यारह जासि न मारा।४।
तूँ लीन्हे मन आछसि दुवा। औ जुग सारि चहसि पुनि छुवा।५।
हौं नव नेह रचौं तोहि पाहाँ। दसौं दाँउ तोरे हिय माहाँ।६।
पुनि चौपर खेलौं कै हिया। जो तिरहेल रहै सो तिया।७।
जेहि मिलि बिछुरन औ तपनि अंत तंत तेहि निंत।
तेहि मिलि बिछुरन को सहै बरु बिनु मिलें निचिंत ॥२७।२३॥

[चौपड़परक अर्थ]

(१) हे राजकुँवर, मैं ऐसे नहीं मान सकती। मेरे साथ गोट और पाँसा (चौपड़) खेल तो जानूँ। (२) कच्चे बारह का दाँव आने से तू केवल बारह घर चल सकेगा। पक्के बारह पड़ गए तो फिर स्थिर न रहेगा (रुकेगा नहीं)। (३) तू आठ पर नहीं जमता; (आठ आने पर) अठारह कहता है। सोलह, सत्रह का दाँव पड़ें जाय तो वह (खिलाड़ी को) बचाता है। (४) सात पाँसे पड़ें तो खेलनेवाला हारता है। ग्यारह का

दाँव अगर तू ले तो गोट नहीं मर सकती। (५) पर मन में चाव रखकर भी तेरे पास केवल दुआ है और उतने से ही तू दो गोटें चलना चाहता है। (६) मैं तो तेरे लिये नौ का दाँव चाहती हूँ पर तेरे मन में दस का दाँव है। (७) फिर हिम्मत करके तेरे साथ चौपड़ खेलना चाहती हूँ। जो तीन बाजी खेले वही तीन-तीन का दाँव लेनेवाला (तिया) होगा।

(८) जुग बाँधने के बाद जुग से फूटना दुःखकारक है। फिर खेल के अन्त तक उसी की इच्छा बनी रहती है। (९) जुग बाँधकर बिछुड़ने से यह अच्छा है कि जुग मिलाया ही न जाय और प्रत्येक गोट निश्चिंतता से चली जाय।

चौपड़ के खेल का संक्षिप्त परिचय—[उपर्युक्त तथा अगले दोहे के समझने के लिए चौपड़ के खेल का ज्ञान आवश्यक है। मुझे स्वयं पहले इस खेल का ज्ञान न था। श्री मैथिलीशरण गुप्त की कृपा से मुझे इस खेल का परिचय मिला और तब अर्थ समझने में सुविधा हुई।] चौपड़ के खेल में तीन पाँसे और चार रंगों की सोलह 'गोटें' होती हैं। प्रत्येक पाँसा हाथीदाँत का बना चार-पाँच अंगुल लंबा चौपहल टुकड़ा होता है। उसके एक पहल में एक बिंदी (इक्का) और दूसरे में दो (दुआ) तीसरे में पाँच (पंजा) और चौथे पहल में छः (छक्का) बिंदियाँ होती हैं। ऐसे ही तीनों पाँसों पर बिंदियों के एक-से निशान होते हैं। तीनों पाँसों को हाथ में लेकर ढरकाते हैं। जो बिंदियाँ तीनों पाँसों के ऊपर के पहल में दिखाई पड़ती हैं उन्हीं का जोड़ दाँव कहलाता है। सबसे छोटा दाँव १+१+१=तीन (बिंदियों का जोड़) है। इस दाँव को तीन काने भी कहते हैं। सबसे बड़ा दाँव ६+६+६, इस प्रकार अठारह है। तीन और अठारह के बीच में संभव दाँव इस प्रकार हैं—४ (१+१+२); ५ (१+२++२); ६ (२+२+२); ७ (१+१+५); ८ (१+२+५ और १+१+६); ९ (२+२+५ और १+२+६); १० (२+२+६); ११ (१+५+५); १२ (१+५+६, यह कच्चे बारह कहलाता है, इसमें एक गोटी केवल १२ घर चल सकती है और जुग छह घर; २+५+५ दूसरी प्रकार का १२ का दाँव है जिसमें जुग की गोटें १० घर और २ घर चलती हैं; तीसरा पौ बारह दाँव ६+५+१ कहलाता है जिसमें जुग गोटें १२ घर और तीसरी १ घर चलती है); १३ (२+६+५; १+६+६ जिसे ऊपर पौ बारह कहा जा चुका है); १४ (२+६+६); १५ (५+५+५); १६ (५+५+६); १७ (५+६+६); १८ (६+६+६)।

चौपड़ के कपड़े में चार 'फड़ें' होती हैं। प्रत्येक 'फड़' पर तीन पंक्तियों में 'घर' बने रहते हैं। प्रत्येक पंक्ति में आठ घर होते हैं। इस प्रकार एक फड़ में चौबीस और कुल चौपड़ में ९६ घर होते हैं। 'घर' को संस्कृत में 'पद' कहते हैं। चारों फड़ों के बीच में एक बड़ा घर होता है जिसे कोठा कहते हैं। इसी बीच के कोठे में चारों फड़ों की गोटें 'बैठती' या 'पुगती' हैं, तब उन्हें 'पक्की गोटें' कहा जाता है।

चार रंग की सोलह गोटों में प्रत्येक रंग की चार-चार गोटें होती हैं। काली-पीली गोटों का जोड़ा और लाल-हरी गोटों का जोड़ा प्रायः माना जाता है। जब चार व्यक्ति खेलते हैं, तो काली-पीली वाले आमने-सामने बैठते हैं और एक दूसरे के 'गुइयाँ' होते हैं। इसी प्रकार लाल-हरी गोटों के भी। गुइयाँ एक दूसरे की गोटें नहीं मारते बल्कि एक की चार गोटें पहले पुग जाने पर गुइयाँ अपना दाँव साथी को दे देता है, तब वे 'दुपाँसिया' अर्थात् दोनों पाँसों का साझा करके खेलनेवाले कहे जाते हैं।

चौपड़ का खेल दो प्रकार का है—सादा, जिसमें चार व्यक्ति खेलते हैं, और रंगबाजी, जिसमें दो व्यक्ति, प्रायः स्त्री और पुरुष खेलते हैं। रंगबाजी का खेल कठिन है और उसमें प्रतिबंध अधिक हैं।

जायसी ने यहाँ रंगबाजी के खेल का ही वर्णन किया है।

(१) सारि=गोट, सं० शारि। पाँसा=सं० पाशक, हाथीदाँत के बिंदीदार चौपहल शकरपारेनुमा लंबे तीन टुकड़े।

(२) कच्चे बारह=६+५+१। इस दाँव में एक गोट केवल बारह घर चलती है। दस दो बारह=५+५+२। इसमें दो गोटें एक साथ दस घर और तीसरी दो घर चलती है। पक्के बारह या पौ बारह=६+६+१। इसमें दो गोटें बारह घर और तीसरी एक घर चलती है।

(३) रहै न आठ अठारह भाखा—चौपड़ के खिलाड़ियों के विषय में प्रसिद्ध है 'चौपड़ के चार लबार'। 'चार बुलाए चौदह आए' कहकर खिलाड़ी पाँच के दाँव को पंद्रह और आठ को अठारह कहकर झूठ बोलते हैं। उसी पर जायसी का कथन है कि आठ तो आवें नहीं कहे अठारह। सोरह सतरह=ऊपर दिए हुए ब्यौरे के अनुसार ये दोनों बड़े दाँव हैं; जब पड़ते हैं तब खिलाड़ी की रक्षा करते हैं।

(४) सतएँ ढरें=चौपड़ के खिलाड़ी सात (१+१+५) के दाँव को अशुभ मानते हैं। कहा है—हारी बाजी जानिए परें पाँच दो सात। और भी—सत्ता सार न ऊपजे, वेश्या होय न राँड़ (अर्थात् सात के पाँसे से कुछ काम नहीं बनता)। खेलनिहारा=खेलों में हार गया। इग्यारह=५+५+१ का दाँव। इसमें जुग गोट दस घर चलेगी। जासि न मारा=जुग गोटें (एक घर में एक साथ रखी हुई दो गोटें जुग कहलाती हैं और साथ चली जाती हैं) नहीं मारी जातीं, क्योंकि जुग मारा नहीं जा सकता और उसके घर में अन्य गोट नहीं घुस सकती।

(५) दुवा=वह दाँव जिसमें तीनों पाँसों की दो बिंदियाँ ऊपर रहें २+२+२। इस दाँव से दो गोटें केवल दो घर चल सकती हैं अथवा तीनों ही गोटें दो घर चल सकती हैं। जायसी का कथन है कि दुवा जैसा कम पाँसा पड़ने पर जुग गोटों के चलने का विशेष महत्त्व नहीं।
जुगसारि=दो गोटें, जिन्हें केवल 'जुग' भी कहते हैं। ये एक घर में बैठतीं, एक साथ उठतीं और एक साथ पकती हैं और मौका पड़ने पर एक साथ ही फिर कच्ची होती हैं। जुग बाँधकर खेलने से खिलाड़ी के मन में बड़ा उत्साह होता है। जुग का साथ पकना अच्छा माना जाता है। जुग-गोट कभी पिट नहीं सकती। कभी-कभी जुग को अलग करना पड़ता है तो खिलाड़ी दुःख मानता है। कहा है 'कहै बैजू बावरे सुनो हो मियाँ तानेसेन जुग सें फूटी तो कैसे बचैगी नरद।' इसके विपरीत यह भी कहा है—'दो जुग बाँधे होय बिनास', क्योंकि उसमें खिलाड़ी अधिक बंधन में पड़ जाता है क्योंकि दाँव चलने के लिये कोई जुग फोड़ना ही पड़ेगा। और जुग फोड़ने पर दोनों गोटों के मरने का डर हो जायगा। अथवा 'जुग लटै तो काज सरै।'

(६) नव नेह=नौ के दाँव का प्रेम (५+२+२ अथवा ६+२+१)। दसौं दाँव=६+२+२ का दाँव।

(७) पुनि चौपर खेलौं=एक बार हार जाने पर भी फिर हिम्मत करके खेलती हूँ। तिरहेल=तीन बाजी।
सो तिया=जो तीन बाजी खेलेगा वह तीन-तीन का दाँव जीतेगा। तीनों पाँसों का एक ही प्रकार से पड़ना तिया (सं० त्रिक) कहलाता है। जैसे १+१+१; २+२+२; ५+५+५; ६+६+६। इन चार दाँवों में जुग क्रमशः २, ४, १० और १२ घर चलता है और यदि तीसरी गोट भी उसी घर में साथ हो तो वह भी जुग के साथ चलती है। जायसी का तात्पर्य है कि जो हारने पर भी इतनी हिम्मत रक्खे कि तीन बाजी तक खेलता रहे, कभी न कभी उसके पक्ष में भी तिया दाँव पड़ेगा और वह खेल जीतेगा।

(८-९) जुग बाँधने के बाद जुग के फूटने से खिलाड़ी को दुःख होता है और अंत तक जुग

बाँधने की लालसा बनी रहती है। मिलकर बिछुड़ने से कुछ खिलाड़ियों की राय में यह अच्छा है कि प्रत्येक गोट को अकेले ही निर्द्वंद्व चला जाय।

[अध्यात्मपरक अर्थ]

(१) हे राजकुँवर, मैं ऐसे नहीं स्वीकार करूँगी। यदि तू जोग के मार्ग में चले (खेलु) तब मैं यह जानूँगी कि तुझमें कुछ सार है या तू निस्सार है। (२) साधना में तू कच्चा रहेगा तो द्वार-द्वार भटकेगा। पर यदि पक्का होगा तो तू उस मार्ग में टिक न रहेगा। (३) जोगी के लिये उचित अष्टांग योग या आठ चक्रों में तू मन को नहीं लगाता, अठारह धंधों की चिंता करता है। सोलह का सत किस प्रकार रहता है? उसके यहाँ रहता है जो उसकी रक्षा करता है। (४) जो जोगी सत से ढुलक गया वह अपने जोग-मार्ग में (खेलनि) हार गया। यदि दस इंद्रियों और ग्यारहवें मन को साध लिया तो जोगी मृत्यु के वश में नहीं होता। (५) तेरे मन में तो अभी अद्वैत भरा है (मन एकाग्र नहीं हुआ) फिर भी (अनवस्थित मन से) तू दो सार वस्तुओं को छूना चाहता है (प्राण और शुक्र को वश में करना चाहता है)। (६) मैं तेरे मन में नवों चक्रों के लिये प्रेम उत्पन्न करना चाहती हूँ पर तेरे मन में दसों इंद्रिय-द्वारों के लिये आसक्ति भरी है। (७) फिर तू हिम्मत करके उन्मुक्त भाव से जोग धारण कर। जो इडा-पिंगला-सुषुम्णा का खेल जानता है, वही त्रिक साधना में पूरा है।

(१) सारि (फारसी लिपि में सार भी पढ़ा जायगा)=तत्त्व, बल, सत।
पाँसा=पाँस या खाद की तरह निस्सार, कूड़ा। खेलु–धा० खेलना=जोग के मार्ग में गमन करना। जायसी ने इस अर्थ में बहुधा इसका प्रयोग किया है।

(२) कच्चे-पक्के=जोग के मार्ग में अनुभवहीन और अनुभवी साधक।

(३) आठ=अष्ट चक्र, नाथ पन्थी योग में चक्र-साधना मुख्य थी। अथवा अष्टांग योग साधन।
अठारह=दुनिया का धंधा, जैसा शंकराचार्य ने लिखा है–का तेऽष्टादशदेशे चिंता। वातुल किं तव नास्ति नियंता (द्वादश पंजरिका स्तोत्र ११)।
सोरह–पाँच कर्मेंद्रियाँ, पाँच ज्ञानेंद्रियाँ, पाँच तन्मात्राएँ, एक मन।

(४) सतएँ ढरै–जो सत में निर्बल हुआ वह जोग के मार्ग में हार जाता है। ग्यारह=दस इंद्रियाँ और एक मन।

(५) दुआ=द्वैत भाव, एकाग्रता का उल्टा, संसार में आसक्ति, आत्मतत्त्व के साथ तल्लीनता का अभाव।
जुगसारि–गोरखनाथ के उपदिष्ट मार्ग के अनुसार साधना में तीन वस्तुएँ परम शक्तिशाली और सार हैं, उनकी साधना से ही योगसिद्धि मिलती हैं। वे है मन, वायु या प्राण और बिंदु या शुक्र। यदि एक को वश में कर लिया जाय तो अन्य दो भी स्थिर हो जाते हैं (श्री हजारी-प्रसाद द्विवेदी, 'नाथ-संप्रदाय' पृ० १२४)। जायसी का आशय है कि अभी तक तेरा मन एकाग्र नहीं हुआ और तू प्राण और रेत को वश में करना चहता है।

(६) नव–नव चक्र।
दसौं दाउं–दस इंद्रिय-द्वार।

(७) चौपर–चतुष्पट्ट, चारों किवाड़ उघड़े हुए; बिल्कुल फक्कड़ बनकर खेलो, अर्थात् जोग के पथ पर चलो।
तिरहेल–इड़ा-पिंगला-सुषुम्णा की साधना जोग-मार्ग में तिरहेल (गोरखधंधा) है। जो इसमें पूरा है वही त्रिक में सिद्ध है।

(८-९) निर्गुण-संप्रदाय में बहुतों का मत ऐसा था कि प्रेम का मार्ग अच्छा नहीं, जिसमें प्रियतम से मिलन और फिर वियोग सहना पड़ता है। इससे तो यह अच्छा कि कभी प्रिय का मेल ही

न हो। पर प्रेम-मार्गी मत इससे उल्टा है।

[प्रेमपरक अर्थ]

(१) हे राजकुँवर, मैं यों नहीं मान सकती। मेरी चित्तरसारी में साथ क्रीड़ा करो, तो जानूँगी (अथवा क्रीड़ा करो तो जानूँगी कि तुममें शक्ति है या तुम खाद की तरह निस्सार हो)। (२) यदि तुम कच्चे होगे तो द्वार पर ही घूमते रहोगे (मेरे शयनगृह में प्रवेश न पा सकोगे)। यदि पक्के (कामकला में चतुर) होगे तो फिर मन को स्थिर न रख सकोगे। (३) आठ नहीं रहते, तुम 'अट्ठारह' की बात करते हो। सोलह श्रृंगारों के सामने कौन सत से रह सकता है? वही रहता है जिसे भगवान् रखता है। अथवा, सोलह सुरतों के सम्मुख जिसके सत्रह का समूह (पाँच कर्मेन्द्रियाँ, पाँच ज्ञानेन्द्रियाँ, पाँच तन्मात्राएँ, मन, प्राण) रह जाय, वही यथार्थ रक्षक है। (४) जिसका सत आलिंगन में डरता या स्खलित होता है, वही काम-केलि का जानने वाला है। दस इंद्रियाँ और एक मन, ग्यारह को तुम केलि में ढालोगे तो मृत्यु-दुःख को प्राप्त न होगे। (५) तुम्हारे मन में यदि कोई दूसरी बसी है तो जुग गोटियों के सदृश मेरे स्तनों को नहीं छू सकते। (६) मैं तो तुम्हारे साथ नया प्रेम रचती हूँ, पर तुम्हारे मन में मेरे प्रति दस दाँव हैं। (७) फिर मन करके तुम्हारे साथ चौपड़ (चार प्रकार की सुरत-केलि) खेलती हूँ। जो तीन प्रकार की केशाकर्षण रूप क्रीड़ा में पूरी उतरती है, वही स्त्री है।

(८-९) जिस प्रिय के साथ मिलने के बाद वियोग और दुःख मिलता है, फिर भी उसीकी अंत तक अभिलाषा बनी रहती है। उससे मिलकर वियोग का कष्ट कौन सहे? बिना मिले ही निश्चिंत रहना अच्छा है।

(१) खेलु=क्रीड़ा करो। सारि=चित्तरसारी। पांसा=पास में।

(२) कच्चे=काम क्रीड़ा में अथवा वय में अपरिपक्व।

बारह बार (फारसी लिपि में बारहि बार भी पढ़ा जायगा)=दरवाजे पर ही, चित्तरसारी से बाहर।

पक्के=रस में परिपक्व।

(३) रहे न आठ अठारह भाखा। (१) जब आठ वर्ष की आयु (बालापन) नहीं रही तो अठारह (यौवन) के रहने की क्या बात कहते हो? (२) आठ < सं० अर्थ, प्रा० अट्ठ, कामना, इंद्रियार्थ, विषय; फल, लाभ। काम-क्रीड़ा करने पर रति-अभिलाषा नहीं रह जाती, फिर भी कहते हो इच्छा (आठि < अठ्ठा < आस्था) रह गई। (३) अथवा, अष्टवर्षा के साथ नहीं रहता, अठारह वर्ष की चाहता है। (४) अथवा, नायक आयु में आठ वर्ष का भी न हो पर अठारह वर्ष की युवती की चर्चा करता है। अथवा अठारह तरह की भाषाएँ बोलता (भाँति-भाँति की बातें बनाता) है। [मध्यकाल में अठारह तरह की भाषाओं की मान्यता थी; देखिए 'कुवलयमाला कहा' से उद्धृत, अपभ्रंश-काव्यत्रयी, भूमिका पृ० ९१]

सोरह—वर्णरत्नाकर के अनुसार सोलह प्रकार का उत्तान सुरत (वर्ण०, पृ० २९); अथवा जायसी के अनुसार सोलह प्रकार का श्रृंगार (२९६।८; ३००।१ अस बारह सोरह धनि साजै; ४६७।१–९; रामचरितमानस, बाल० ३२२।१० नव सत्त साजें सुन्दरीं; उसमान कृत चित्रावली, बारह सोलह साज बनाए, ४०३।२)।

सतरह—सत रहना। षोडश श्रृंगारवती नायिका के सान्निध्य में जो कोई सत रख सके वही पूरा है। अथवा सतरह=पाँच कर्मेंद्रियाँ, पाँच ज्ञानेंद्रियाँ, पाँच तन्मात्राएँ, मन, प्राण।

(४) सतएं—सात प्रकार के कठिनालिंगन में (वृक्षारूढ़, लतावेष्ठित, जघनोपरिगूढ, तिलतंडुल, क्षीण, नीवला, नाटिका, वर्ण०, पृ० २८); (२) सत में या बल में।

ढारु इग्यारह-दस इंद्रियाँ और एक मन, इन ग्यारह के वशीभूत हो इन्हें विषय के साँचे

में ढाल। इस प्रकार तू मृत्यु के वशीभूत न होगा। यह उन लोगों का मत था जो कौल साधना के अनुसार पंच मकार से सिद्धि मानते थे।

(५) दुवा–दूसरी स्त्री, या द्वैतभाव। जुगसारि=जुग गोटों की भाँति के युगस्तन। जायसी ने अन्यत्र भी स्तनों की उपमा गोटों से दी है (कुच कंचुक जानहुँ जुगसारी, ३८।६)।

(६) नवनेह–मुग्धा नवोढ़ा का स्नेह; उसमें पति-पत्नी के बीच लज्जा का भाव रहता है।
दसौं दाउँ–पाँच प्रकार के नखक्षत (अर्धचंद्र, मंडल, मयूरपद, दशप्लुत, उत्पलपत्र), और पाँच प्रकार के दशनक्षत (तिलक, प्रवाल, बिंदुक, खंडाभ्र, कोल, वर्ण०, पृ० २९), ये मिलाकर नायिका के शरीर पर नायक द्वारा होने वाले दस दाँव हैं। पद्मावती का आशय यह है कि मैंने तो मुग्धा नवोढ़ा की भाँति तुझसे नया प्रेम किया है पर तू ढीठ नायक की भाँति प्रौढ़ रति के दस दाँव करता है। अथवा नयन, कंठ, कपोल, अधर, स्तन, मुख, ललाट, जघन, नाभि, कक्षा, इन दस स्थानों में चुंबन भी धृष्ट केलि के दाँव हैं (वर्णरत्नाकर, पृ० २८)। जायसी ने ४२४।३ में भी दसौं दाउँ का उल्लेख किया है।

(७) चौपर–पद्मासन, नागरकरेणु, विदारित, स्कंधपाद नामक चार प्रकार का सामान्य सुरत (वर्णरत्नाकर पृ० २९)। चौपर खेलौं–नायक-नायिका का परस्पर विगताकांक्ष होना। जायसी से दो शती पूर्व के वर्णरत्नाकर में सुरत का जो आदर्श वर्णन किया गया था उसी ज्ञान को जायसी ने संख्याओं के संकेत देकर रख लिया है।
तिरहेल–तीन प्रकार की केशाकर्षण-क्रीडा (समहस्त, भुजंगवलि, कामावतंस, वर्ण० पृ० २९)।

(८) तंत=इच्छा, प्रबल कामना, अधिकार।

[३१३]

बोलौं बचन नारि सुन साँचा। पुरुख क बोल सपत औ बाचा।१।
यह मन तोहि अस लावा नारी। दिन तोहि पास और निसि सारी।२।
पौ परि बारह बार मनावौं। सिर सौं खेलि पैत जिउ लावौं।३।
मारि सारि सहि हौं अस राँचा। तेहि बिच कोठा बोल न बाँचा।४।
पाकि गहे पै आस करीता। हौं जीतेहुँ हारा तुम्ह जीता।५।
मिलि कै जुग नहिं होउँ निनारा। कहाँ बीच दुतिया देनिहारा।६।
अब जिउ जरम जरम तोहि पासा। किएउँ जोग आएउँ कबिलासा।७।
जाकर जीउ बसै जेहि सेतैं तेहि पुनि ताकरि टेक।
कनक सोहाग न बिछुरै अवटि मिलै जौ एक ॥२७।२४॥

[चौपड़परक अर्थ]

(१) रत्नसेन—हे बाला, मैं सच कहता हूँ, सुनो। पुरुष का मुहँ से कह देना ही शपथ और तिरबाचा के बराबर है। (२) यह मन तुममें ऐसा लगा है कि दिन भर तुम्हारे साथ पाँसा फेकूँ और रात भर गोटी चलूँ। (३) हे बाला, मैं यह मनाता हूँ कि पौ बारह दाँव पड़े। एक सिरे से खेल शुरू करके अन्त के घर तक पहुँचने की मेरी इच्छा है। (४)

गोटों की मार सहकर मैं ऐसा रंक हो गया हूँ कि बीच के बड़े कोठे का मेरे पास कोई दाँव नहीं रह गया। (५) कुछ गोटों के पक्की हो जाने पर भी, हाथ में पाँसा लेकर (दूसरी गोटों के लिये) दाँव की आशा करता हूँ, और यदि ठीक दाँव न आया तो पक्की गोटों के कच्ची हो जाने से मैं जीता हुआ भी बाजी हार जाता हूँ और तब तुम जीत जाती हो। (६) गोटों का मिला हुआ जुग कभी अलग न हो। यदि कोई दूवा-तीया दाँव का खिलाडी हो तो जुग गोटों में अन्तर कहाँ पड़ सकता है। (७) अब तो जन्म-जन्म तुम्हारे साथ पाँसा खेलने का मन है। मैंने कैलास पर (अंतिम कोठे में) पहुँचकर अपना जुग बाँध लिया है।

(८) जिसका जी जिस वस्तु में रहता है उसे उसी का सहारा होता है (९) सोना और सोहागा औंटकर एक हो जायँ तो अलग नहीं होते।

(१) सपत=शपथ। बाचा=तीन वचन भरकर, तिरवाचा द्वारा किसी बात को पक्के रूप में कहना।

(२) पास और सारी=पाँसा और गोट।

(३) पौ परि बारह=पौ बारह, अर्थात् ६+६+१ का दाँव। चौपड़ के खेल में यह बहुत अच्छा दाँव समझा जाता है।
सिर=खेल के आरंभ में जहाँ गोटें रक्खी जाती हैं वह स्थान, सिरा।
पैंत–सं० पद अन्त > पयन्त > पइँत > पेंत=अंत का पद या घर। एक सिरे से शुरू करके अंतिम घर तक गोटों को पहुँचा दूँ।

(४) मारि सारि सहि–गोट की मार सहने से खिलाड़ी हीन (रंच=स्वल्प, हीन, रंक) हो जाता है।
बिच कोठा=सबसे बड़ा बीच का घर जहाँ जाकर गोटें पकती हैं, चौपड़ की भाषा में कोठा कहा जाता है। उसे ही सातवीं पंक्ति में 'कबिलासा' कहा है।
बोल न बाँचा=बीच के कोठे में जाने का कोई दाँव नहीं बचा।

(५) पाकि गहे पै आस करोता=रंग बाजी के खेल के कई कड़े नियमों में एक यह है कि एक रंग की गोटें जब तक पककर उठ नहीं जातीं तब तक दूसरे रंग की गोटें कोठे में प्रवेश नहीं पा सकतीं। कभी-कभी इस प्रतिबंध के कारण ठीक पाँसा न आने पर पूरी पकी गोटों को कच्ची करके घर से बाहर कर देना पड़ता है। मान लीजिये एक खिलाड़ी को दो लाल गोटें पक्की होकर बीच के कोठे में पहुँच गई हैं। उसको दूसरी दो लाल गोटें घर चलती हुई बीच के कोठे के निकट आ पहुँची हैं। उनके पकने के लिये पाँसे में उतने ही अंक आने चाहिए जितने घर गोटों को चलना शेष है। अधिक आ जाने से पक्की गोटें भी कच्ची कर दी जाती हैं। इससे खिलाड़ी को बड़ा धक्का लगता है और जीती हुई बाजी भी वह एक प्रकार से हार जाता है। जायसी का इसी की ओर संकेत है।

(६) जुग=एक रंग की दो गोटों का एक साथ एक घर में बैठना, साथ चलना और पुगना। जुग कभी मारा नहीं जाता। खिलाड़ी चाहे तो स्वयं अपने जुग को अलग कर सकता है। पर अच्छा खेल वह है जिसमें जुग बँधने पर फूटे नहीं। कहाँ बीच दुतिया देनिहारा–जुग कहाँ अलग होगा, यदि दूवा और तीया दाँव फेंकनेवाला कोई है? दूवा वह दाँव है जिसमें दो पाँसे एक-से पड़ें, जैसे ५+५+१; ६+६+१। ये बढ़िया दाँव हैं, मानो जुग के लिये ही बने हैं। इनमें जुग पूरे १० या १२ घर चलता है। इनसे भी बढ़िया तीया दाँव है जिनमें तीनों पाँसे एक-से पड़ते हैं, जैसे ५+५+५; ६+६+६। इन बड़े दाँवों में यदि जुग के घर

में एक गोट और बैठी हो तो वह भी जुग के साथ १० या १२ घर चल सकती है। चौपड़ में जुग स्त्री-पुरुष का रूप है; तीसरी गोट उनकी सखी है जो यदि जुग के साथ है तो साथ ही जाती है।

(७) जोग=अध्यात्म-पक्ष में योग, प्रेम-पक्ष में जोड़ा, और चौपड़ पक्ष में जुग। फारसी लिपि में जोग को जुग भी पढ़ा जा सकता है।

ख–प्रेमपरक अर्थ

(१) हे बाला, मैं सच कहता हूँ, तुम सुनो। पुरुष के बोल से ही स्त्री पतिवती और वचनबद्ध होती है। (२) यह मन तुममें ऐसा अनुरक्त है कि दिन में तुम्हारे पास है और सारी रात भी पास रहना चाहता है। (३) पाँव पड़कर बार-बार तुम्हें मनाता हूँ। सिर से खेलकर (चुंबनादि केलि करके रत के लिये) तुम्हारे पैरों पड़ता हूँ। (४) हे सखि, मैं तुम्हारे साथ मदन-गृह में ऐसा रम गया हूँ कि सभामंडप में (राजकाज के संबंध में) निर्णय या मंत्र के लिये नहीं पहुँच पाता। (५) आयु में पक जाने से मेरा शरीर गह गया है, पर भोगों की आशा बनी है। मैं सब प्रकार भोगों में जीतता रहा; पर अब हार गया हूँ। तुम अब भी जीतती हो। (६) तुम्हारे साथ जोड़ा बनाकर अब मैं अलग नहीं होना चाहता। हम दोनों के बीच में द्वैतभाव लाने वाला कौन है? (७) अब जन्म-पर्यंत मन तुम्हारे वश में है। मैं तो तुम्हारे साथ जोग मिलाने के लिये ही यहाँ कैलास (राजभवन) में आया था।

(८) जिसका मन जिसके पास रहता है उसी के साथ उसकी ग्रंथि लगी रहती है। (९) कंचन (पद्मावती) अपने सौभाग्य (रत्नसेन) से वियुक्त नहीं हो सकता, जब दोनों अभिलाषापूर्वक मिले हैं।

(१) पुरुख क बोल–पुरुष की वाग्दत्ता होकर। सपत=पतियुक्त, पतिवाली। बाचा=विवाह में पति के साथ वचनबद्ध होनेवाली; अथवा तिरबाचा करके पिता द्वारा प्रदत्त।

(३) पौ=पैर। सं० पाद > पाव > पाउ > पौ। सिर सौं खेलि=केशाकर्षण, चुंबन, दशनविन्यास, नखविन्यास, ये चार क्रीड़ाएँ उर्ध्व भाग में होती हैं।

पैंत=सं० पादान्त > पयंत > पइंत > पैंत। ऊर्ध्व भाग में क्रीड़ा करके अधोभाग में मन लगाता हूँ।

(४) मारि सारि–फारसी लिपि में लिखा हुआ मार सार भी पढ़ा जायगा।

मार=कामदेव; सार=शाला। मारसार=रतिगृह, शयनगृह; चित्तरसारी। सहि=सखि। रांचा=अनुरक्त। सं० रक्त > प्रा० > रच्च > राचना=आसक्त होना, अनुराग करना (पासद्द०, पृ० ८७३)।

बिच कोठा–राजमहल में बीच का प्रधान भवन, सभामंडप, आस्थान मंडप, दरबार-आम, जहाँ राजा राजकार्य करते थे (५८७।२)। (राजप्रासाद और सभामंडप के सचित्र वर्णन के लिये देखिए, हर्षचरित–एक सांस्कृतिक अध्यन, पृ० २०५)। रत्नसेन कहता है कि मैं तेरे साथ अंतःपुर में ही ऐसा रम गया हूँ कि बाहर सभाभवन में व्यवहार निर्णय आदि के लिये भी नहीं जा पाता। बोल=व्यवहारासन से दिया हुआ राजा का निर्णय, फैसला। बांचा=जाना; पहुँचना। सं० व्रज (जाना) > प्रा० वच्च, वच्चइ (पासद्द० पृ० ९१६) > बाँचना।

(५) पाकि=आयु पककर। गहे=गह जाने पर। गहना=ग्रहण लग जाना, शक्ति क्षीण हो जाना।

(६) जुग–जोड़ा। मिलि कै जुग=तुम्हारे साथ विवाह-बंधन में बँधकर। निनारा=अलग, न्यारा। सं० निर्नगर (नगर से निर्गत, पृथक्, बाहर) > प्रा० णिण्णार (पासद्द० पृ० ४९२) > निनार+क > निनारा (तु०, सं० निष्कारयति > प्रा० णिक्कारइ (दूर करना, निकालना; पासद्द० पृ० ४८५) > निकारइ, निकारना, निआरा)।

(७) जोग=१. योग (अध्यात्मपक्ष); २. जोड़ा, विवाह (प्रेमपक्ष); ३. जुगगोट (चौपड़पक्ष)। कबिलासा=मध्यकालीन स्थापत्य का पारिभाषिक शब्द, महल का वह ऊपरी भाग जहाँ राजा-रानी रहते थे (यथा, सात खंड ऊपर कबिलासू । तहं सोवनारि सेज सुखबासू ॥ २९१।१; साजा राज मंदिर कबिलासू । सोने कर सब पुहुमि अकासू ॥४८।१)। मानसार के अनुसार त्रिभूमिक प्रासाद या तीन खण्ड के महल की 'कैलास' संज्ञा थी। गुप्त-काल से हर्ष-काल तक प्राय: मन्दिर और महल तीन खण्ड के ही बनते थे। वहीं से राजभवन के लिये 'कैलास' का प्रयोग आरंभ हुआ जो मध्यकाल में रूढ हो गया।

(९) अवटि=१. अभिलाषा करके। सं० आवर्तन > प्रा० आउट्टण (आराधन, सेवा, भक्ति, अभिलाषा, इच्छा)। २. परस्पर मिलकर सं० आवृत् > प्रा० आउट्ट (संमुख होना) > अवटि। देशी-नाममाला के अनुसार आवट्टिया (नवोढ़ा, दुलहिन,) > आउट्टी > अउटी, अवटी।

[योगपरक अर्थ]

(१) हे नाड़ी (सुषुम्णा), मैं सच्ची बात कहता हूँ, सुनो। आत्मपुरुष के साथ नाद में लीन होने से ही तुम्हें प्रतिष्ठा (पत) प्राप्त होगी और तुम बच सकोगी। (२) यह मन तुममें ऐसा लगा हुआ है कि दिन और रात तुम्हारा ही स्मरण करता है। (३) मैं बार-बार यही मनाता हूँ कि मेरे भीतर कुछ उजाला हो। योग के मार्ग में सिर देकर गुरु-चरणों में मन लगाता हूँ। (४) सार (प्राण, मन, बिंदु) को मारकर सुरति (सखी) में ऐसा लीन हो गया हूँ कि हृदय में अनहद नाद सुन रहा हूँ (अन्य शब्द नहीं रह गया है)। (५) वायु और बिंदु के सिद्ध होने पर भी (मन के) एकाग्र न होने के कारण (विषयों की) आशा करता हूँ। मैं जोग-मार्ग पर चलकर (प्राण शुक्र को जीत लेने पर) भी हारा हुआ ही रहा। अपने मार्ग में रहकर तुम ही जीतीं। (६) हे सुषुम्णा, तुमसे मिलकर मैं अलग नहीं हूँगा। दोनों को पृथक् करने वाला कौन है? (७) अब जन्म-पर्यन्त जी तुम्हारे ही पास रहेगा। मैंने जोग लिया और अब मैं कैलास पर (शिव के सान्निध्य में) आ गया हूँ।

(८-९) जिसका जी जिसके साथ रहता है उसको उसी का आग्रह होता है। ब्रह्मांड स्थित ओज और बिंदु यदि ऊर्ध्वपातन से एक हो गए हों, तो वियुक्त नहीं होते।

[योग-पक्ष]

(१) नारि=नाड़ी, सुषुम्णा जो योग की तीन नाड़ियों में मुख्य है। इड़ा (बाँईं नाड़ी, गंगा, चंद्रमा, शीत प्रकृति) और पिंगला (दाहिनी नाड़ी, यमुना, सूर्य, उष्ण प्रकृति) दो अन्य नाड़ियाँ हैं। पुरुख=आत्मा। आत्मा या शिवतत्त्व के साथ मिलने से ही सुषुम्णा नाड़ी सफल है।
पत=प्रतिष्ठा, विश्वास। सं० प्रत्यय > प्रा० पत्तिअ > पत्त > पत, अथवा फारसी लिपि में पति भी पढ़ा जा सकता है। तथा सं० प्राप्ति > प्रा० पत्ति (पासद० पृ० ६५६) > पत (=लाभ)। शिव से मिलकर ही सुषुम्णा या कुंडलिनी का सच्चा लाभ और रक्षा है।

(२) दिन तोहि पास और निसि सारी—इसका सामान्य अर्थ ऊपर दिया है। और भी, दिन अर्थात् सूर्य या पिंगला एवं निशि अर्थात् चंद्रमा या इडा तेरे पास हैं।

(३) पौ=उजाला, ज्योति, प्रकाश। सं० प्रभा। हठयोगी कल्पना करते हैं कि इस देहरूपी दीपक में ज्ञान की बत्ती की लौ प्रकाशित हो, अथवा ज्ञान के सूर्य का उजाला हो, अथवा ज्ञानरूपी चंद्रमा की चाँदनी खिले (डा० बर्थ्वाल, निर्गुण स्कूल ऑव हिंदी पोइटरी, पृ० २७०-२७१)। सिर सौं खेलि=योग-मार्ग में सिर अर्पित करके, मृत्यु-भय से ऊपर उठकर, जैसा जायसी ने बहुधा कहा है। अथवा कपाली या शीर्षासन करके सिर के बल खड़े होकर। पैत=गुरु के चरणों में।

(४) मारि सारि—फारसी लिपि में सार भी पढ़ा जायगा। हठ-योग में मन, प्राण, रेत की सिद्धि या

पूर्ण वशीकरण आवश्यक है। वे ही सार वस्तुएं हैं (३१२।५)।

सहि=सं० सखी। हठयोग की प्रतीक भाषा में सुरति को सखी कहते हैं (डा० बथ्वाल, वही, पृ० २७२)।

कोठा=शरीर के मध्य में हृदय-गुहा वह कोठा है जिसमें अनहद नाद सुना जाता है।

बोल न बाँचा=बाहरी शब्द नहीं रह जाता, भीतरी शब्द सुनाई पड़ने लगता हैं।

(५) पाकि गहे=मन एक बार सिद्ध हो जाने पर जब पुनः योगभ्रष्ट होता (गइ जाता) है, तब योगी जीतकर भी मानो हार जाता है। यहाँ जायसी हठयोग की आलोचना कर रहे हैं। उसकी कठिन साधना के पचड़े में पड़कर पुनः स्खलित होने का भय रहता है। 'तुम्ह जीता' से तात्पर्य पद्मावती के प्रेममार्ग की अंतिम विजय से है।

(६) इस पंक्ति में उस साधक की अच्युत स्थिति का उल्लेख है जो सुषुम्णा से मिलकर फिर स्खलित नहीं होता। उसके मन में द्वैतभाव (एकाग्रता में द्वैधीभाव) लाने वाला कौन है? अथवा जुग (इड़ा-पिंगला) से मिलकर वियुक्त न हूँगा।

(७) कितउं जोग आएउं कबिलासा--कैलास सहस्रार-चक्र का नाम है। वहाँ शिव-पार्वती एक साथ विराजते हैं। मूलाधार में जो कुंडलिनी या सुषुम्णा है वह शिवतत्त्व से पृथक् है। रत्नसेन कहता है कि मैंने कैलास या ब्रह्मांड-चक्र में पहुँचकर कुंडलिनी का शिव से जोग किया है।

(८) जाकर जीव बसै जेहि सेंतें, तेहि पुनि ताकर टेकि=जो जिस मत या साधना-मार्ग का अनुयायी है, उसे अपने विश्वास का आग्रह होता है। नाथ, शाक्त, कौल, सिद्ध, कापालिक, वामाचार, दक्षिणाचार, वैष्णव, शैव इत्यादि अनेक मत और पंथ जायसी के समय में प्रचलित थे (श्री हजारीप्रसाद द्विवेदी, 'नाथ-संप्रदाय', पृ० ४, ११ आदि)। प्रत्येक को अपनी बात का आग्रह था। किंतु मत का आग्रह जोग की कथनी मात्र है, उससे कुछ नहीं होता। जोग की साधना से जब बिंदु सुमेरु पर्वत या ब्रह्मांड में पहुंच जाता है तब वियुक्त नहीं होता, वही सच्ची साधना है।

कनक=मेरु पर्वत का सुवर्ण। कैलास का नाम भी अष्टापद या सुवर्ण है। ब्रह्मांड-स्थित ओज। उसके सुंदर वर्ण से जब सोहागा (शुक्र) मिल जाता है, तब ऊर्ध्व रेत बनकर पुनः स्खलित नहीं होता।

अवटि=आवर्तित होकर; घूमकर; मूलाधार-चक्र से सुषुम्णा-मार्ग द्वारा ऊपर उठकर। शुक्र या रेततत्त्व मूलाधार चक्र से ऊपर उठकर क्रमशः एक-एक चक्र में संभृत होता हुआ है अन्त में सहस्रार चक्र या ब्रह्माण्ड में ऊर्ध्व स्थित होता है। वही उसकी ओज में अंतिम परिणति और ऊर्ध्व पातन क्रिया की पूर्णता है।

•

[३१४]

बिहँसी धनि सुनि कै सत बाता। निस्चै तूँ मोरे रँग राता।१।
निस्चै भँवर कँवल रस रसा। जो जेहि मन सो तेहि मन बसा।२।
जब हीरामनि भएउ संदेसी। तोहि निति मँडप गइउँ परदेसी।३।
तोर रूप देखेउँ सुठि लोना। जनु जोगी तूँ मेलेसि टोना।४।
सिद्ध गोटिका दिस्टि कमाईं। पारैं मेलि रूप बैसाईं।५।
भुगुति देइ कहँ मैं तुहिं डीठा। कवल नयन होइ भँवर बईठा।६।
नैन पुहुप तूँ अलि भा सोभी। रहा बेधि उड़ि सकेसि न लोभी।७।

जाकरि आस होइ असि जा कहँ तेहि पुनि ताकरि आस ।
भँवर जो डाढ़ा कँवल कहँ कस न पाव रस बास ॥२७।२५॥

(१) सत्य बात सुनकर वह बाला हँसी । 'निश्चय तुम मेरे रंग (प्रेम) में रँगे हो । (२) निश्चय भौंरे ने कमल का रस चख लिया है । जिस पर जिसका मन होता है, वह उसके मन में बसता है । (३) जब हीरामन तुम्हारा संदेश लेकर आया, तो हे परदेशी, तुम्हारे लिये मैं मण्डप में गई । (४) जब मैंने तुम्हारा अति सुन्दर रूप देखा तो, हे जोगी, जैसे तुमने मेरे ऊपर टोना कर दिया । (५) अपनी सिद्ध गुटिका से तुमने मेरी दृष्टि को वश में कर लिया । फिर उस पारे में अपना रूप मिला कर उसकी द्रुति करके मेरे नेत्रों द्वारा तुमने उस रूप को मेरे भीतर प्रविष्ट करा दिया । (६) भुक्ति देने के लिये मैंने तुम्हें देखा था, पर तुम भौंरे बनकर मेरे कमल रूपी नेत्रों पर बैठ गए । (७) नेत्र रूपी पुष्प के ऊपर तुम भौंरा बनकर सुशोभित हो गए । हे रस लोभी, तुम उसके साथ बिंध गए, उड़ नहीं सके ।'

(८) जब एक व्यक्ति को दूसरे से ऐसी आशा होती है, तो उस दूसरे को भी उसके प्रति वैसे ही आकांक्षा बन जाती है । (९) जो भौंरा कमल के लिये दग्ध होकर काला हुआ, वह उसके मधु का रस और सुगन्धि क्यों न पावे ?

(२) रसा–धा० रसना=चखना ।
(३) निति=उद्देश्य से, लिये (३०४।७) ।
(४) टोना=तंत्र-मंत्र, जादू । सं० स्तवन > प्रा० थवन, टवन > टउन > टोना ।
(५) सिद्ध गोटिका=२१७।१, २ । बद्ध पारद की गुटिका । पारे में सोना चाँदी मिलाकर उनकी द्रुति बनाते हैं । पारद का ग्रास दो प्रकार का है बाह्य ग्रास, अन्तः ग्रास । बाह्य ग्रास में द्रुति रूप में सोना चाँदी पारे को खिलाते हैं । अन्तः ग्रास में उनकी डली पारे में डाली जाती है जिसके जारण में देर लगती है । द्रुति पारद की सिद्ध गुटिका से बनती है, ऐसा रासायनिकों का विश्वास है । रत्नसेन के पास जो सिद्ध गुटिका थी उससे उसने पद्मावती की दृष्टि वश में कर ली (दिस्टि कमाई) । फिर सिद्ध पारद द्वारा अपने रूप की द्रुति पद्मावती के नेत्रों के मार्ग से उसके अन्तः करण में प्रविष्ट करा दी । सोने चाँदी की द्रुति और पारद की सूचना के लिये मैं अपने मित्र श्री अत्रिदेव आयुर्वेदाचार्य का आभारी हूँ ।

[३१५]

कवनि मोहिनी दहुँ हुति तोहीं । जो तोहि बिथा सो उपनी मोहीं ।१।
बिनु जल मीन तपी तस जीऊ । चात्रिक भइउ कहत पिउ पिऊ ।२।
जरिउँ बिरह जस दीपक बाती । पँथ जोवत भइउँ सीप सेवाती ।३।
डारि डारि जेउँ कोइल भई । भइउँ चकोरि नींद निसि गई ।४।
मोरें पेम पेम तोहि भएऊ । राता हेम अगिनि जो तएऊ ।५।
हीरा दिपै जौं सुरुज उदोती । नाहिं त कित पाहन कहँ जोती ।६।
रबि परगासें कँवल बिगासा । नाहिं त कित मधुकर कित बासा ।७।

तासों कवन अँतरपट जो अस प्रीतम पीउ ।
नेवछावरि गइ आप हौं तन मन जोबन जीउ ॥२७।२६॥

(१) [पद्मावती ।] 'न जाने तुमने यह कौन सी मोहनी डाली कि जो व्यथा तुम्हें थी, वही मुझमें उत्पन्न हो गई । (२) जल के बिना जैसे मछली तड़पती है वैसा ही मेरा मन हो गया । चातक होकर 'पिउ पिउ' रटने लगी । (३) मैं विरह में ऐसे जली जैसे दीपक की बत्ती । तुम्हारा पन्थ जोहती हुई मैं स्वाति के लिये सीप के समान हो गई । (४) डाल डाल पर उड़ने वाली कोयल की भाँति मैं व्याकुल होने लगी । तुम्हारे लिये मैंने चकोरी बनकर रात में नींद खो दी । (५) मेरे प्रेम के कारण तुममें भी प्रेम उत्पन्न हो गया । जो सोना अग्नि में ताया गया वह स्वयं भी लाल हो गया । (६) जैसे सूरज की चमक से हीरा दिपता है, वैसे ही मैं हो गई; नहीं तो कहाँ पत्थर और कहाँ ज्योति (पत्थर में चमक नहीं होती) ? (७) सूर्य के प्रकाशित होने से कमल खिलता है; नहीं तो उसमें कहाँ भौंरे और कैसी सुगंध ?

(८) जो ऐसा प्रियतम पति है, उससे अन्तर्पट क्या ? (९) तन, मन, यौवन और प्राण देकर अब मैं स्वयं तुम पर निछावर हो गई हूँ ।

(६) दिपै—सं० दीप धातु > प्रा० दिप्प, दिप्पइ (हेम० १।२२३) ।
कित पाइन कहँ जोती—पद्मावती रत्नसेन को बड़ाई दे रही है । सूर्य रूप उसके कारण ही पद्मावती रूप हीरे (पदार्थ) में चमक आई है ।

[३१६]

कहि सत भाउ भएउ कँठलागू । जनु कंचन मों मिला सोहागू ।१।
चौरासीं आसन बर जोगी । खट रस बिंदक चतुर सो भोगी ।२।
कुसुम माल असि मालति पाई । जनु चंपा गहि डार ओनाई ।३।
करी बेधि जनु भँवर भुलाना । हना राहु अर्जुन के बाना ।४।
कंचन करी चढ़ी नग जोती । बरमा सौं बेधा जनु मोंती ।५।
नारँग जानुँ कीर नख देई । अधर आँबु रस जानहुँ लेई ।६।
कौतुक केलि करहिं दुख नंसा । कुंदहि कुरुलहि जनु सर हंसा ।७।
रही बसाइ बासना चोवा चंदन मेद ।
जो असि पदुमिनि रावै सो जानै यह भेद ॥२७।३०॥

(१) परस्पर सत्य भाव प्रकट करके दोनों में कंठालिंगन हुआ मानों सोने में सुहागा मिला हो । (२) जोगी रूप में जिसे चौरासी आसनों का बल था, वही भोग रूप में छः रसों का स्वाद लेने में भी चतुर था । (३) उसने जैसे मालती फूलों की माला पाली हो; अथवा चम्पा की डाल पकड़कर अपनी ओर झुका ली हो । (४) वह उस भौंरे की भाँति

आनन्द में बेसुध हो गया, जो कली बेधकर उसके भीतर प्रवेश करता है। अर्जुन के बाणों ने जैसे राधावेध किया हो, ऐसे वह लक्ष्य में तन्मय था। (५) सोने की कली बनाकर उसके बीच में माणिक का जड़ाव कर दिया गया था। दोनों का आलिंगन क्या था मानों बरमे से मोती बींध दिया गया था। (६) सुग्गा (रत्नसेन) नारंगी (पद्मावती के स्तनों) पर मानों नखक्षत कर रहा था और आम्ररस की भाँति अधर रस चूस रहा था। (७) वे काम क्रीड़ा कर रहे थे जिससे सब दुःख जाता रहा। वे परस्पर लीला और सीत्कार कर रहे थे मानों सरोवर में हंस हों।

(८) रति परिमल के रूप में चोवा चन्दन और मेद की सुगन्धि वहाँ भर रही थी। (९) जो पद्मिनी स्त्री के साथ रमता है, वही इसका भेद जानता है।

(१) सत भाउ=मन का सच्चा भाव, मिलन से पूर्व पति-पत्नी का श्लाघापरक प्रेम संलाप। कँठलागू=कंठालिंगन।

(२) चौरासी आसन—हठयोग के चौरासी आसन कहे जाते हैं, उसी प्रकार कोकशास्त्र के भी चौरासी आसन हैं। चौरासी आसनों का अभ्यासी जोगी रत्नसेन भोग पक्ष में छहों रसों का स्वाद लेने में प्रवीण था।
खट रस बिंदक—जायसी का संकेत यहाँ विविध चुंबनों से है।

(३) चम्पा की डाल झुकाना और मालती की कुसुम माला इन अभिप्रायों में वृक्षारुढ़ और लता-वेष्टित संज्ञक आलिंगन का संकेत है।

(५) करी=कली। इस पंक्ति में जायसी ने सोने का फूल या छोटी कली बनाकर उसके बीच में माणिक्य नग जड़ने का उल्लेख किया है। इससे दोनों की शोभा बढ़ जाती है। यह सज अँगूठी या अन्य आभूषणों में प्रयुक्त होती थी। ४४०।६ में इसका और अधिक स्पष्ट उल्लेख है, जहाँ सोने की कमल-कली के बीच में मंडलाकार माणिक और फिर बीच में पन्ना जड़ने का वर्णन है।

(७) कौतुक केलि=काम-क्रीड़ा। कुन्दहिं=कूदना, विलास की लीलाएँ करना। कुरुलहि=कुरुलना, मधुर स्वर से पक्षियों का बोलना, (भोग पक्ष में) सीत्कार करना।

(९) रावै=रमण करना। राना धातु, ३०१।२ (कवन सो करी जो भँवर न राई)। जायसी ने इस छंद में संकेत से रति के विविध अंगों जैसे चुम्बन (पं० २), आलिंगन (पं० ३, पं० ४), निषिद्धन सुरत (पंक्ति ५), नखविन्यास (पं० ६), अधरपान (पं० ६) सीत्कार (पं० ७), और रतिपरिमल (पं० ८) का उल्लेख किया है। वर्णरत्नाकर में नायक नायिका की कामावस्था के वर्णन में भी इनका विशद उल्लेख है (पृ० २८-२९)।

[३१७]

चतुर नारि चित अधिक चिहूटै। जहाँ पेम बाँधै किमि छूटै ।१।
किरिरा काम केलि मनुहारी। किरिरा जेहिं नहिं सो न सुनारी ।२।
किरिरा होइ कंत कर तोखू। किरिरा किहें पाव धनि मोखू ।३।
जेहि किरिरा सो सोहाग सोहागी। चंदन जैस स्यामि कँठ लागी ।४।
गोदि गेंद कै जानहुँ लई। गेंदहुँ चाहि धनि कोंवरि भई ।५।
दारिवँ दाख बेल रस चाखा। पिउ के खेल धनि जीवन राखा ।६।

बैन सोहावनि कोकिल बोली । भएउ बसंत करी मुख खोली ।७।
पिउ पिउ करत जीभ धनि सूखी बोली चात्रिक भाँति ।
परी सो बूँद सीप जनु मोंती हिएँ परी सुख सांति ॥२७।२४॥

(१) जो स्त्री क्रीड़ा में चतुर है वह चित्त में अधिक चिमटती है। वह जहाँ प्रेम बाँधती है, कठिनाई से छूटती है। (२) काम केलि क्रीड़ा से तृप्त होती है। जिसमें क्रीड़ा नहीं, वह उत्तम स्त्री नहीं। (३) क्रीड़ा से पति का तोष होता है। क्रीड़ा करके ही स्त्री छुटकारा पाती है। (४) जिसमें क्रीड़ा है, उसी में सुहाग से सच्ची सुहागिन है। वह स्वामी के कण्ठ में लगी हुई चंदन सी सुख देती है। (५) स्वामी मानों गेंद के समान उसे गोद में लेता है। रमणी कुसुम-गेंद से भी अधिक कोमल होती है। (६) प्रियतम ने उसके भोग द्वारा दाड़िम, द्राक्षा और बेल का रस चख लिया। उसे बाला ने भी प्रिय के साथ क्रीड़ा करने में अपना जीवन लगा दिया। (७) वह कोयल सी सुन्दर कुहकने लगी। प्रिय समागम से जो वसन्त हुआ उसमें कली ने अपना संपुट खोल दिया।

(८) 'पिउ, पिउ' करते हुए बाला की जीभ सूख गई। वह चातक की भाँति रटती थी। (९) उस में अब स्वाति रूप प्रियतम की बूँद ऐसे पड़ी जैसे सीप में मोती बनता है। ऐसे उसके हृदय में सुख-शान्ति हो गई।

(१) चिहूटै–धा० चिहुटना=लिपटना।

(२) किरिरा=काम क्रीड़ा। आलिंगन, चुंबन, नखविन्यास, अधर पान आदि बाह्य परिशीलन क्रीड़ा है। वास्तविक सुरत या अन्तःपरिशीलन काम केलि है। काम केलि की तृप्ति या शोभा क्रीड़ा से मानी जाती थी। अतएव उसका साहित्यगत वर्णन इतना विशद मिलता है।
मनुहारी–मनुहारना=प्रार्थना करना, चाहना। काम केलि क्रीड़ा चाहती है, उससे तृप्त होती है।

(४) स्यामि-सं० स्वामी > प्रा० सामि > स्यामि।

(५) गेंद–कुसुम गेंद (२९८।६); स्त्री फूलों से बनाई हुई गेंद से भी अधिक कोमल होती है।

(६) दारिवँ–दशन (दाँतक शोभा देषि दालिवें हृदय विदीर्ण कएल, वर्ण०, पृ० ६), दाख–अधर (१०५।६), बेल–स्तन। ११३।७ में स्तन और चूचुक के लिये दारिवँ दाख प्रयुक्त हुआ है।

(७) बैन सुहावनि कोकिल बोली–सुरत समय की कुहक या काकली।
करी मुख खोली=कली ने मुँह खोला। प्रथम समागम के समय विवृत योनिद्वार बाला की ओर संकेत है।

(८) परी सो बूँद सीप जनु मोतीं हिएँ परी सुख सांति–तुलना, नायक नायिका दुअओ विगताकांक्षा भउअह (वर्ण रत्नाकर, पृ० २९)।

[३१८]

कहौं जूझि जस रावन रामा। सेज बिधंसि बिरह संग्रामा ।१।
लीन्ह लंक कंचन गढ़ टूटा। कीन्ह सिंगार अहा सब लूटा ।२।

औ जोबन मैंमंत बिधंसा । बिचला बिरह जीव लै नंसा ।३।
लूटे अंग अंग सब भेसा । छूटी मंग भंग भे केसा ।४।
कंचुकि चूर चूर भै ताने । टूटे हार मोंति छहराने ।५।
बारी टाड सलोनी टूटीं । बाँहू कँगन कलाईं फूटीं ।६।
चंदन अंग छूट तस भेंटी । बेसरि टूटि तिलक गा मेंटी ।७।
पुहुप सिंगार सँवारि जौ जोबन नवल बसंत ।
अरगज जेउँ हिय लाइ कै मरगज कीन्हें कंत ॥२७।३३॥

(१) अब उस युद्ध का बखान करता हूँ जो राम रावण जैसा हुआ (रति युद्ध, जो पति पत्नी में हुआ) । विरह के उस संग्राम में सेज टूट गई । (२) उसने लंका ले ली और वह कंचन का गढ़ टूट गया । जितना शृंगार किया था सब लुट गया । (३) उसका मदमत्त यौवन चूर हो गया । दोनों के बीच में जो विरह था, वह प्राण लेकर भागा । (४) अंग-अंग का सब शृंगार लुट गया । माँग छूट गई । केश खुल गए । (५) कंचुकी के बंध चूर-चूर हो गए । हार टूटकर मोती बिखर गए । (६) बालियाँ और सुन्दर टड्डे टूट गए । भुजबंध, और कलाई के कंगन टूट गए । (७) उस आलिंगन से अंगों पर लगा हुआ चंदन पुँछ गया । नाक की बेसर टूट गई और मस्तक का तिलक मिट गया ।

(८) उस बाला ने यौवन के नवल वसन्त में पुष्पों का जो शृंगार किया था, (९) उसे पति ने हृदय में अरगजे की भाँति लगाकर सब मींड डाला ।

(१) रावन रामा–रावण और राम का युद्ध, अथवा पति (रावण) और पत्नी (रामा) का रतियुद्ध ।
(२) लंक–(१) लंका, (२) कटि प्रदेश ।
(६) बारी–बाली–सं० वल्ली (काशिका ६।२।४३) > बाली > बारी=कान में पहनने का आभूषण । बाँहू–भुजबन्द नामक आभूषण (२९९।५) ।
(७) बेसरि=नाक का लटकन (१०५। २) । सं० द्वयस्र > बेसर ।
(९) अरगजा–एक प्रकार की सुगन्धि विशेष जो ग्रीष्मऋतु में त्वचा को शीतल रखने के लिये लगाई जाती थी । आईन अकबरी में इसका नुसखा दिया है जिसमें चंदन, मेद, इकसीर, चोवा, कपूर, गुलाब जल आदि पड़ते हैं । (आईन ३०) ।
मरगजा–मसला हुआ, रतिमृदित (तुम सौतनि देखत दई अपने हिय तें लाल । फिरति सबन में डहडही उहै मरगजी माल । बिहारी सतसई पर लालचंद्रिका टीका, दो० १०९; शृंगार सप्तशतिका के अनुसार मरगजी=रति मृदिता) ।

[३१९]

बिनति करै पदुमावति बाला । सो धनि सुराही पीउ पियाला ।१।
पिउ आएसु माँथे पर लेऊँ । जौं मागै नै नै सिर देऊँ ।२।
पै पिय बचन एक सुनु मोरा । चाखि पियहु मधु थोरइ थोरा ।३।

पेम सुरा सोई पै पिया। लखै न कोइ कि काहूँ दिया।४।
चुवा दाख मधु सो एक बारा। दोसरि बार होहु बिसँभारा।५।
एक बार जो पी कै रहा। सुख जेंवन सुख भोजन कहा।६।
पान फूल रस रंग करीजै। अधर अधर सों चाखन कीजै।७।
जो तुम्ह चाहहु सो करहु नहिं जानहुँ भल मंद।
जो भावै सो होई मोहि तुम्हहि पै चहौं अनंद ॥२७।३४॥

(१) पद्मावती बाला बिनती करने लगी, 'स्त्री रूपी सुराही में से रस का प्याला भर कर पियो (अथवा स्त्री सुराही है और पति उसमें से भरा जाने वाला प्याला है।) (२) मैं अपने प्रिय की आज्ञा माथे पर चढ़ाती हूँ। जब वह माँगेगा सिर झुका झुकाकर दूँगी। (३) पर हे प्रिय, मेरी एक बात सुनो। प्रेम का मधु चखकर थोड़ा थोडा करके ही पान करो। (४) प्रेम की सुरा वही पीता है जो इस ढंग से पीता है, कि कोई दूसरा जान नहीं पाता कि किसने दी। (५) अंगूर से जो मधु चुवाया जाता है वह केवल एक बार पीने के लिये होता है। उसे दूसरी बार पिओगे तो बेसुध हो जाओगे। (६) जो एक बार पीकर अपने को रोक लेता है, उसी का सुखजेंवन और सुख भोजन कहा जाता है। (७) अब पान फूल से रसरंग करो और अधर से अधर का स्वाद लो।

(८) जो तुम चाहो वह करो। कुछ भला बुरा न समझो। (९) मुझे जो चाहे हो पर तुम्हारे लिये आनन्द चाहती हूँ।'

(५) होहु—यह मध्यम पुरुष की क्रिया है। जायसी के दोनों वाक्यों का अर्थ भी उसी के अनुसार किया गया है। अंगूर से चुवाया मधु बार बार पिओगे तो बेहोश हो जाओगे।

(६) सुख जेंवन सुख भोजन—यह लोकोक्ति है, अर्थात् उसीका जीमना सुखकर है; और उसीकी भोज्य सामग्री सुखकर है। जेंवन, क्लिष्ट पाठ बदलकर 'जीवन' कर दिया गया।

[३२०]

सुनु धनि पेम सुरा के पिएँ। मरन जियन डर रहै न हिएँ।१।
जहँ मद तहाँ कहाँ संभारा। कै सो खुमरिहा कै मँतवारा।२।
सो पै जान पियै जो कोई। पी न अघाइ जाइ परि सोई।३।
जा कहँ होइ बार एक लाहा। रहै न ओहि बिनु ओही चाहा।४।
अरथ दरब सब देइ बहाई। कह सब जाउ न जाउ पियाई।५।
रातिहुँ देवस रहै रस भीजा। लाभ न देख न देखै छीजा।६।
भोर होत तब पलुह सरीरू। पाव खुमरिहा सीतल नीरू।७।
एक बार भर देहु पियाला बार बार को माँग।
मुहमद्द किमि न पुकारै अैस दाँउ जेहि खाँग ॥२७।३५॥

(१) [रत्नसेन ।] 'हे प्रिये, सुनो । प्रेम की सुरा पी लेने से हृदय में मरने-जीने का डर नहीं रहता। (२) जहाँ मद है, वहाँ होश कैसा ? पीने वाला या तो मतवाला (मदहोश) रहता है, और या खुमार की हालत में होता है। (३) इस भेद को वही जानता है, जो पीता है। वह पीता हुआ अघाता नहीं, बार बार बेसुध हो जाता है। (४) जिसे एक बार मधु का लाभ हो जाता है, वह उसके बिना नहीं रह सकता, उसे ही चाहता है। (५) उसके लिये धन दौलत सब बहा देता है और कहता है, 'भले ही सब चला जाय, पीना न छूटे।' (६) वह रात और दिन रस में डूबा रहता है। न लाभ देखता है, न हानि। (७) जब प्रातःकाल होता है तब उसका शरीर हरा भरा हो जाता है, और पीने के लिये नया उत्साह आ जाता है। मानों नशा उतरने पर खुमारी की दशा में उसे ठण्डा पानी मिल गया हो।

(८) एक बार में ही पूरा प्याला भर दो, बार बार कौन माँगेगा ?' (मुहम्मद-) जिसकी बारी चूक गई है, वह इस प्रकार कैसे न माँगे ?

(२) कैसो खुमरिहा कै मँतवारा—पद्मावती का कथन है कि एक बार पियो, दूसरी बार पीने से बेसुध हो जाओगे। उत्तर में रत्नसेन कहता है कि जहाँ मद है वहाँ होश की हालत नहीं होती। वहाँ दो ही अवस्थाएँ होती हैं, बेहोशी की और खुमारी की । बेहोशी कम होने पर जो थकान की अवस्था है वह खुमार है। उसी में दुबारा पीने से फिर मतवाला बन जाता है। इस प्रकार होश की अवस्था नहीं आने पाती। खुमरिहा—वह जो खुमारी की अवस्था में हो।

(६) भीजा—सं० भिद्यते > प्रा० भिज्जइ > भीजना, रस से भिद जाना।
छीजा—सं० छिद्यते > प्रा० छिज्जइ > छीजना।

(७) इस वाक्य की ध्वनि यह है, कि पीने वाला रात में रस में डूबा रहता है। प्रातःकाल होने पर फिर पीने के लिये उसका शरीर तरो ताजा हो जाता है, जैसे खुमारी की हालत में नशा उतारने के लिये उस पर ठण्डा पानी डाल दिया हो।

(९) दाँउ जेहि खाँग—दाँउ=बारी। खाँग=कम होना, चूकना। कवि का आशय है कि जिसकी पीने की बारी टूट गई है, वही इस प्रकार अधीर होकर पुकारता है।

[३२१]

भएउ बिहान उठा रवि साईं। ससि पहँ आइ नखत तराईं ।१।
सब निसि सेज मिले ससि सूरू। हार चीर बलया भे चूरू ।२।
सो धनि पान चून भै चोली। रंग रँगीलि निरँग भौ भोली ।३।
जागत रैनि भएउ भिनुसारा। हिय न सँभार सोवति बेकरारा ।४।
अलक भुअंगिनि हिरदै परी। नारँग ज्यों नागिनि बिख भरी ।५।
लुरै मुरै हिय हार लपेटी। सुरसरि जनु कालिंदी भेंटी ।६।
जनु पयाग अरइल बिच मिली। बेनी भइ सो रोमावली ।७।
नाभी लाभी पुन्य की कासी कुंड कहाउ।
देवता मरहिं कलपि सिर आपुहि दोख न लावहिं काउ ॥२७।३६॥

(१) प्रातःकाल हुआ और सूर्य रूप पति सोकर उठा। उधर शशि (पद्मावती) के पास नक्षत्र और तारा रूपी सखियाँ आईं। (२) सारी रात सेज पर शशि और सूर्य का समागम हुआ। हार, वस्त्र, चूड़ियाँ टूट फूट कर चूर हो गईं। (३) जो बाला पान की भाँति थी उसकी चोली चूने की भाँति हो गई। जो रंग रंगीली थी, वही भोली (मुग्धा) अब रंगरहित बन गई। (४) रात भर जागते रहकर जब प्रातःकाल हुआ तो उसका हृदय वश में न था और बेचैनी के कारण वह निद्रित थी। (५) एक लट उसकी छाती पर सांपिन की तरह पड़ी थी, जैसे विष भरी सर्पिणी नारंग फल से लिपटी हो। (६) हृदय पर लोटती और बलखाती हुई वह लट (मोती हीरों के) हार के साथ लिपटी थी, मानों जमुना गंगा से मिल रही हो। (७) मानों प्रयाग में अरइल के बीच दोनों का संगम हुआ हो और वहीं नीचे से रोमावली रूपी वेणी (सरस्वती) आकर मिली हो।

(८) उसकी नाभि पुण्य से प्राप्त होने वाली है। वह काशी कुण्ड है। (९) देवता भी वहाँ अपना सिर स्वयं काटकर प्राण देते हैं। किसी को उनकी हत्या का दोष नहीं लगता।

(५-६) सोती हुई पद्मावती के हृदय पर एक लट लहराती हुई मोतियों के श्वेतहार के साथ उलझ गई है, उसीके लिये कवि की कल्पना है, कि मानों श्याम रंग की यमुना श्वेत गंगा से मिली है।

(६) लुरै मुरै–शुक्ल जी, भगवानदीन जी और लक्ष्मीधर जी ने लरी मुरी पाठ माना है और लरी का अर्थ मोतियों का हार किया है। श्री माताप्रसाद जी ने 'लरै मुरं' पाठ रखा है, किन्तु वह जायसी की भाषा के महावरे से मेल नहीं खाता। ९९।३ में केशों का वर्णन करते हुए लिखा है 'विषधर लुरहिं,। 'लुरै मुरै' यही मूल पाठ ज्ञात होता है, शेष आगन्तुक हैं। लक्ष्मीधर जी की प्रति एन-एम के अनुसार (जो माताप्रसाद जी की प्रति तृ० ३ है) 'लुरै मुरै' पाठ ही है, जिसे लक्ष्मीधर ने पाठान्तर रूप में दिया है। भारत कला भवन की कैथी प्रति में भी 'लुरै मुरै' पाठ है।

(८) कासीकुंड–स्तनमध्य को प्रयाग कहकर कवि की कल्पना है कि नाभि प्रदेश पुण्य स्थली काशी है जहाँ लोग स्वेच्छा से काशी करवत लेकर प्राण देते हैं।

(९) कलपि–धा० कलपना=काटना। सं० कृप्।

[३२२]

बिहँसि जगावहिं सखी सयानी। सूर उठा उठु पदुमिनि रानी।१।
सुनत सूर जनु कँवल बिगासा। मधुकर आइ लीन्ह मधुबासा।२।
जनहुँ माँति बसियानी बसी। अति बिसँभार फूलि जनु अरसी।३।
नैन कँवल जानहुँ धनि फूले। चितवनि मिरिग सोवत जनु भूले।४।
भै ससि खीनि गहन असि गही। बिथुरे नखत सेज भरि रही।५।
तन न सँभार केस औ चोली। चित अचेत मन बाउर भोली।६।
कँवल माँझ जनु केसरि डीठी। जोबन हुत सो गँवाइ बईठी।७।

बेलि जो राखी इन्द्र कहँ पवनहुँ बास न दीन्ह ।
लागेउ आइ भँवर तहँ करी बेधि रस लीन्ह ॥२७।३७॥

(१) चतुर सखियाँ बिहँसकर उसे जगाने लगीं : 'सूर्य उठ गया है । हे पद्मिनीरानी, तुम भी उठो ।' (२) सूर्य का नाम सुनते ही मानों कमल खिल गया । नेत्र रूपी भौंरे आकर उसका मधु और सुगन्धि लेने लगे । (३) उसकी ऐसी दशा थी मानों मद से बेहोश होने के बाद अब वह बासी सी हो रही थी । वह अत्यन्त बेसुध थी । उसके स्तनों के अग्रभागों में मानों अलसी फूल रही थी । (४) उस बाला के नेत्रों में मानों कमल फूले थे । पर उनकी चितवन सोते हुए मृगों की भाँति भूली हुई थी । (५) वह शशि ऐसी क्षीण हुई जैसे ग्रहण में गह गई हो । नक्षत्र रूपी आभूषण बिखर कर सेज भर गई थी । (६) शरीर, केश और चोली की उसे कुछ सँभाल न थी । वह भोली सखी चित्त से अचेत और मन से बावली जैसी थी । (७) वह कमल के बीच की पीली केसर जैसी दिखाई पड़ी । जो यौवन था उसे वह गवाँ बैठी थी ।

(८) जो बेल इन्द्र के लिये सुरक्षित थी और पवन को भी जिसकी गन्ध न लेने दी जाती थी । (९) उस पर भौंरा आकर लग गया और कली बेधकर रस पी गया ।

(२) मधुकर–काली पुतलियाँ ।

(३) बसियानी–धातु बसियाना=बासी होना, ताजी न रह जाना । फूलि जनु अरसी–उसकी चोली रात में फट गई थी (चून भै चोली, ३२१।३), उसे वह सँभाल भी नहीं रही थी (तन न सँभार केस औ चोली, ३२१।६) । अतएव उसके उघड़े हुए स्तनों पर ऐसा ज्ञात होता था मानों अलसी के नीले फूल फूले हों । इसका यह भी भाव है कि वह बेसुध और अलसाई हुई होने पर भी फूली सी लगती थी (३२६।७ पुनिर सिंगार करि आसि नेवारी) ।

(८) इन्द्र कहँ–किसी राजा के लिये वह बेल राजबाटिका में ऐसे यत्न से रक्खी गई थी कि पवन भी गन्ध न लेने पाती थी ।

(९) भँवर–रसिक प्रेमी ।

[३२३]

हँसि हँसि पूँछहिं सखी सरेखी । जानहुँ कुमुद चंद मुख देखी ।१।
रानी तुम्ह अैसी सुकुमारा । फूल बास तनु जीव तुम्हारा ।२।
सहि न सकहु हिरदै पर हारू । कैसे सहिहु कंत कर भारू ।३।
मुख कवँल बिगसत दिन राती । सो कुँभिलान सहिहु केहि भाँती ।४।
अधर जो कोंवल सहत न पानू । कैसें सहा लागि मुख भानू ।५।
लंक जो पैग देत मुरि जाई । कैसें रही जो रावन राई ।६।
चंदन चोंप पवन अस पीऊ । भइउ चतुर सम कस भा जीऊ ।७।

सब अरगज भा मगरज लोचन पीत सरोज।
सत्य कहहु पदुमावति सखीं परीं सब खोज ॥२७।३८॥

(१) चतुर सखियाँ उसे देखकर हँस हँस कर पूछने लगीं, जैसे खिली कुमुदिनी चाँद का मुहँ देख रही हों। (२) 'हे रानी, तुम ऐसी सुकुमार थीं कि फूलों की सुगन्धि के सहारे तुम्हारे शरीर में प्राण ठहरता था। (३) तुम तो हृदय पर हार का बोझ भी नहीं सह पाती थीं। कहो, कंत का भार कैसे सहा ? (४) तुम्हारा मुख कमल दिन रात खिला रहता था। कहो, वह किस भाँति कुम्हला गया ? (५) जो कोमल अधर पान भी नहीं सह सकता था उसने जब सूर्य मुख में आकर लगा, तो उसे कैसे सहा ? (६) जो कटि पैर रखने से मुड़ जाती थी, वह पति के रमण करते समय कैसे हुई ? (७) चन्दन की चोंप भी हरने के लिये पति पवन के समान होता है। तू तो साक्षात् चतुरसम के समान गन्ध भरी थी; सो कैसा जी रहा ?

(८) शरीर में लगा हुआ अरगजा मिट मसल गया। नेत्र पीले कमल जैसे हो गए। (९) हे पद्मावती, सच्ची बात कहो यों सब सखियाँ उससे खोज निकालने लगीं।'

(४) सहिहु=कहो। सं० कथय् या शास् का धात्वादेश > प्रा० अप० साह=कहना (पासद० ११२३)। पहले की प्रतियों में ही सहिहु का पाठान्तर 'कहिहु' कर लिया गया था।

(६) रावन राई= पति से भोगी गई (३०१।२, ३११।९)।

(७) चोंप=वह स्वल्प रस जो आम आदि की टोपी उतारने से पहले पहल बहता है। चतुरसम— श्री माताप्रसादजी ने इसका पाठ 'चित्रसम' माना है, किन्तु मेरी दृष्टि में अर्थ के अनुसार जायसी का मूल पाठ चतुरसम था। फारसी लिपि में लिखे हुए 'चतुरसम' का चित्रसम पढ़ा जाना सम्भव है। २७६।४ में भी मूल चतुरसम का पाठान्तर चित्रसम मिलता है। कवि का आशय यह है कि चन्दन के थोड़े से रस का पान करने के लिये भी पति पवन के समान होता है। तुम तो पूरी चतुरसम (चन्दन, केसर, कस्तूरी, अगर को मिलाकर बनाई सुगन्धि) थीं, तुम्हें पति ने किस उत्कंठा से न पिया होगा ? तुम्हारे जी पर क्या बीती ?

(८) अरगज-मरगज—देखिए ३१८।९।

[३२४]

कहौं सखी आपन सति भाऊ। हौं जो कहति कस रावन राऊ।१।
जहाँ पुहुप अलि देखत सँगू। जिउ डेराइ काँपत सब अंगू।२।
आजु मरम मैं पावा सोई। जस पियार पिउ औरु न कोई।३।
तब लगि डर हा मिला न पीऊ। भान कि दिस्टि छूटि गा सीऊ।४।
जत खन भानु कीन्ह परगासू। कँवल करी मन कीन्ह बिगासू।५।
हिएँ छोह उपना औ सीऊ। पिउ न रिसाइ लेउ बरु जीऊ।६।
हुत जो अपार बिरह दुख दोखा। जनहुँ अगस्ति उदधि जल सोखा।७।

हँहूँ रंग बहु जानति लहरै जेति समुंद ।
पै पिय की चतुराई सकिउँ न एकौ बुंद ॥२७।३९॥

(१) [पद्मावती] 'हे सखियो, मैं अपना सत भाव कहती हूँ। मैं जो कहा करती थी, कि पति कैसे रमण करता होगा, (२) और जहाँ पुष्प का भौंरे के साथ सम्बन्ध देखती थी, जी डर जाता था और सब अंग काँपने लगते थे, (३) वह मर्म मैं आज पा गई। जैसा प्रिय प्यारा होता है वैसा और कोई नहीं। (३) जब तक प्रिय मिला नहीं था तभी तक डर था। सूर्य की दृष्टि से ही शीत छूट गया। (५) जिस क्षण सूर्य ने प्रकाश किया, कमल की कली मन में खिल गई। (६) हृदय में पहले प्रेम और फिर शीत उत्पन्न हुआ। कहीं प्रियतम क्रोध न करे, चाहे प्राण ले ले। अपार विरह का जो दुःख दोष था, वह मिट गया मानों अगस्त ने समुद्र-जल सोख लिया हो।

(८) मैं भी बहुत रंग (क्रीड़ा) जानती थी जैसे समुद्र में असंख्य लहरें होती हैं। (९) पर प्रिय की चतुराई के सामने एक बूँद भी अपना रंग न दिखा सकी।'

(६) हिएँ छोह—विकसित मन में पहले तो प्रेम (छोह) उत्पन्न हुआ पर फिर भय (कँपकँपी, शीत) लगा कि कहीं प्रिय अप्रसन्न न हो जाय।
(८) रंग=काम क्रीडा।

[३२५]

कै सिंगार तापहँ कहँ जाऊँ। ओहि कहँ देखौं ठाँवहि ठाऊँ ।१।
जौं जिउ महँ तौ उहै पियारा। तन महँ सोइ न होइ निरारा ।२।
नैनन्ह माँह तौ उहै समाना। देखउँ जहाँ न देखउँ आना ।३।
आपुन रस आपुहि पै लेई। अधर सहें लागें रस देई ।४।
हिया थार कुच कंचन लाड़ू। अगुमन भेंट दीन्ह होइ चाड़ू ।५।
हुलसी लंक लंक सों लसी। रावन रहसि कसौटी कसी ।६।
जोबन सबै मिला ओहि जाई। हौं रे बीच हुति गई हेराई ।७।
जस किछु दीजै धरै कहँ आपन लीजै सँभारि ।
तस सिंगार सब लीन्हेसि मोहि कीन्हेसि ठठियारि ॥२७।४०॥

(१) 'शृंगार करके किस स्थान में उस प्रीतम के पास जाऊँ? अब तो मैं सर्वत्र उसे ही देख रही हूँ। (२) जो जी में है तो वही प्रियतम है। शरीर में भी वही है, अलग नहीं होता। (३) नयनों में भी वही समाया हुआ है। जहाँ देखती हूँ दूसरा नहीं देखती। (४) अपना रस जो मेरे भीतर भरा है वह आप ही ले रहा है और मेरे अधर से लगकर मुझे भी रस देता है। (५) हृदय के थाल में कुच रूपी सुनहले लड्डू रखकर आगे बढ़कर

मैंने उसे प्रिय वचनों के साथ भेंट दी। (६) हुलसी हुई मेरी कटि उसके साथ लंका जैसी शोभित हुई, जब पति (रावण) ने प्रसन्न होकर उसे (सोने की लंका को) कसौटी पर कसा (७) मेरा सब यौवन उससे जाकर मिल गया। मैं तो यौवन और उसके बीच में आकर कहीं खो गई।

(८) जैसे कुछ धरोहर रखने के लिये दिया जाय और फिर अपना सम्हाल कर ले लिया जाय, (९) वैसे ही पति ने सब शृंगार मुझसे ले लिया और मुझे केवल थाती रखने वाली कर दिया।'

(५) हिया थार कुच कंचन लाड़ू–दे० ११३।१ और ४८३।१।
चाड़ू=चाटुकार, प्रियभाषी। सं० चाटुक > प्रा० चाडुअ > चाडू, चाड़ू।
(६) लंक और रावन– लंका और रावण, तथा कटि और पति।
(९) ठठियारि–भगवानदीन, थतिहारि (जिसके यहाँ थाती रखी जाय); शुक्लजी। ठंठारि (=खुक्क); लक्ष्मीधर थथियारि (=नंगी, विरहित)। प्रति तृ० ३ (माताप्रसाद एन-एम) में थतियारि पाठ है। शब्द-रूप की दृष्टि से थतियारि और ठठियारि एक ही मूल शब्द के दो रूप हैं। सं० स्था धातु से प्रा० अप० में था और 'ठा' दोनों रूप होते हैं। ठठियारि=थाती रखने वाली।

[३२६]

अनु री छबीली तोहि छबि लागी। नेत्र गुलाल कंत सँग जागी।१।
चंप सुदरसन भा तोहि सोई। सोन जरद जसि केसरि होई।२।
पैठ भँवर कुच नारँग बारी। लागे नख उछरे रँग ढारी।३।
अधर अधर सों भीज तँबोरी। अलकाउरि मुरि मुरि गौ सोरी।४।
रायमुनी तूँ औ रतमुँही। अलि मुख लागि भई फुलचुही।५।
जैस सिंगार हार सों मिली। मालति ऐसि सदा रहि खिली।६।
पुनि सिंगार करि अरसि नेवारी। कदम सेवती पियहि पियारी।७।
कुंद करी जहँवा लगि बिगसै रितु बसंत औ फागु।
फूलहु फरहु सदा सखि औ सुख सुफल सोहाग ॥२७४१॥

(१) [सखियाँ] 'अरी छबीली, प्रसन्न हो। अब सचमुच तुझ में छबि आई है। तू कन्त के साथ जागी है, इसीसे तेरे नेत्र लाल हैं। (२) तेरा वह पहला रंग चम्पा की भाँति दर्शनीय था। अब तू सोने के समान पीली केसर वर्ण की हो गई है। (३) वह भौंरा तेरे कुच रूपी नारंगी की बगीची में प्रविष्ट हुआ। उसके जो नख लगे वे उछल आए (चिह्न पड़ गए), और तेरा रंग ढल गया। (४) अधर से अधर मिलकर ताम्बूल के रंग में भीज गया। तेरी कुटिल अलकावली अस्तव्यस्त हो गई। (५) तू रायमुनिया और रक्तमुखी थी। भौंरे का मुहँ लगने से काली फुलचुही बन गई। (तू राजकुमारी और अभुक्त यौवन में अरुणमुखी थी। रसिक प्रेमी का मुहँ लगते ही चूसे फूल जैसी हो

गई)। (६) अब तू अपने सिंगार हरने वाले से मिल चुकी। तू मालती की तरह सदा खिली रह। (७) पुनः श्रृंगार करके आलस्य मिटा और चरणों की सेवा करके प्रिय की प्यारी बन।

(८) जहाँ तक कुन्द की कली खिल रही है, वहाँ तक वसन्त की ऋतु और फाग का समय है। (९) हे सखी, सदा फूलो फलो, सुख पाओ, और सुफल सुहाग हो।'

(१) छबीली–सं० छविमत् > प्रा० छविल्ल > छबील, छबीला, स्त्री० छबीली।
तोहि छबि लागी=अब सचमुच तुझ में छवि आई है। इस दोहे में जायसी ने युक्ति से पुष्पों के नाम रख दिए है, जैसे गुलाल, चम्पा, सुदर्शन, सोनजर्द ,हारसिंगार, अलस्री, नेवारी, कदम्ब, सेवती कुन्द। उनका मुख्य अर्थ फूल परक न होकर दूसरा ही है।

(२) सोन जरद जस केसर होई—सोने के समान पीली केसरवर्णी हो गई है।
चम्प सुदरसन–उस मर्दन करने वाले प्रियतम (चंप) का शुभ दर्शन तुझे हुआ। तू वह नहीं रही जो पहले थी (सोना), केसर की भाँति पीली हो गई।

(४) अलकाउरि=अलकावली। मोरि=मोड़ी हुई, कुटिल, घुँघराली करके जमाई हुई।

(५) रायमुनी=मुनिया, सदिया पक्षी; राजा की मुनिया या पुत्री। रतमुँही=लाल मुहँ की; जिसके मुख से राग सूचित होता है। अलि=भौंरा; रसिक प्रेमी। फुलचुही=काले रंग की छोटी चिड़िया; जिसका फूल चूस लिया गया है, भुक्त यौवना।

(६) सिंगार हार, (१) हर सिंगार का फूल, (२) श्रृंगार हरने वाला प्रियतम।
मालति=एक फूल; सुन्दर स्त्री।

(७) अरसि निवारी=आलस्य (रति-जनित खेद) दूर करके। अरसि=अलसी या आलस्य(३२२।३)।

[३२७]

कहि यह बात सखीं सब धाईं। चंपावति कहँ जाइ सुनाईं।१।
आजु निरँग पदुमावति बारी। जीउ न जानहुँ पवन अधारी।२।
तरकि तरकि गौ चंदन चोला। धरकि धरकि डर उठै न बोला।३।
अही जो करी करा रस पूरी। चूर चूर होइ गई सो चूरी।४।
देखहु जाइ जैसि कुँभिलानी। सुनि सोहाग रानी बिहँसानी।५।
लै सँग सबै पदुमिनी नारी। आइ जहाँ पदुमवति बारी।६।
आइ रूप सबहीं सो देखा। सोन बरन होइ रही सो रेखा।७।
कुसुम फूल जस मरदिअ निरँग दीखु सब अंग।
चंपावति भै बारनै चूँबि केस औ मंग॥२७।४२॥

(१) यह बात कहकर सब सखियाँ दौड़ी गईं। उन्होंने पद्मावती के सुहाग की बात चम्पावती को जा सुनाई। (२) 'आज पद्मावती बाला रंगहीन हो गई है, मानों उसमें प्राण न हों, केवल साँस आ रही हो। (३) उसका चन्दनी वस्त्र का चोला टूक-टूक हो गया है। वह डर से धक धक कर रही है, बोल नहीं निकलता। (४) जो कली के सौन्दर्य

और रस से भरी हुई थी वह मर्दित होकर चूर चूर हो गई है। (५) तुम चलकर देखो वह कैसी कुम्हला गई है।' पुत्री का सुहाग सुनकर चम्पावती प्रसन्न हुई। (६) सब पद्मिनी स्त्रियों को साथ में ले, जहाँ बाला पद्मावती थी वहाँ आई। (७) सबने आकर उसका वह रूप देखा। वह अब सोने की रेखा सी हो रही थी।

(८) जैसे कुसुम्भ का फूल मसल दिया जाय, ऐसे ही उसके सब अंग रंगहीन हो गए थे। (९) चम्पावती ने उसके केश और माँग का चुम्बन किया और उस पर बलि हो गई।

(३) चन्दन चोला=चन्दनी वस्त्र का बना हुआ चोला (चँदनौटा, ३२९।३)।
(४) करी करा रस पूरी=कली के सौन्दर्य और रस से भरी हुई। चूरी=चूर्णित, रतिमर्दित।
(७) रूप सोन–चाँदी सोने में मिलकर सोने के वर्ण की हो जाती है और कसौटी पर उसकी सुनहली किन्तु कुछ पीली रेखा खिंचती है। रूप=सुन्दरता; चाँदी।
(८) कुसुम=कुसुम्भ; केसर।
(९) भै वारनै=वारी गई; निछावर हो गई। वारनै=वारन, बलि, निछावर (शब्दसागर)। मंग=माँग। सं० मंग्गगा।

[३२८]

सब रनिवास बैठ चहुँ पासा। ससि मंडर जनु बैठ अकासा।१।
बोला सबहिं बारि कुँभिलानी। करहु सँभार देहु खँडवानी।२।
कोंवलि करी कँवल रँग भीनी। अति सुकुमारि लंक कै खीनी।३।
चाँद जैस धनि बैठि तरासी। सहस करा होइ सुरुज गरासी।४।
तेहि की झार गहन अस गही। भै निरंग मुख जोति न रही।५।
दरब उबारहु अरघं करेहू। औ लै वारि सन्यासिहि देहू।६।
भरि कै थार नखत गज मोंती। वारने कीन्ह चाँद कै जोती।७।
कीन्ह अरगजा मरदन औ सखि दीन्ह अन्हान।
पुनि भै चाँद जो चौदसि रूप गएउ छपि भान॥२७।४३॥

(१) सारा रनिवास उसके चारों ओर बैठ गया, मानों चन्द्रमा आकाश में मण्डल बनाकर बीच में बैठा हो। (२) सबने कहा, 'बाला कुम्हला गई है। इसकी सम्हाल करो और खांड का पानी दो।' (३) वह कोमल कमल की कली रंग से भीगी हुई थी। अति सुकुमार और कटिक्षीण थी। (४) चाँद सी वह बाला त्रस्त बैठी थी। उसे सूर्य ने अपनी सहस्र किरणों से ग्रस लिया था। (५) उसकी ज्वाला से वह जैसे ग्रहण में गह गई थी। उसका रंग उतर गया था और मुख पर ज्योति न रही थी। (६) सबने कहा, 'इसके लिये द्रव्य दान करो और पूजा कराओ। और भी वार फेर करके सन्यासियों (फकीरों) को दो।' (७) सखियों ने थाल में गजमोती भरकर चाँद की ज्योति पर वारफेर किया।

(८) सखियों ने उसके शरीर पर अरगजे का मर्दन किया और फिर स्नान कराया। (९) जो रूप सूर्य से छिप गया था वह फिर चौदस का चाँद हो गया।

(२) बारि-बगीची पक्ष में, वाटिका कुम्हला गई है उसे खांड के पानी से सींचो ।
(६) दरब उबारहु=द्रव्य का दान करो ।
उबारहु–सं० उद्वर्त्तयति > अप० उब्बारइ=त्याग करना, छोड़ देना दान करना (पासद्द० पृ० २३०, हेम० ४।४३८) । 'उबारहु' का ठीक अर्थ न ज्ञात होने से इस पंक्ति के पाँच-छह पाठान्तर किए गए । जायसी ने तीन उपाय कहे हैं— ब्राह्मणों को दान, देवताओं की पूजा और वार-फेर करके भिखमंगों में बाँटना ।

[३२९]

पटुवन्ह चीर आनि सब छोरे । सारी कंचुकी लहरि पटोरे ।१।
फुँदिया और कसनिआ राती । छाएल पंडुआए गुजराती ।२।
चँदनौटा खीरोदक फारी । बाँस पोर झिलमिल की सारी ।३।
चिकवा चीर मेघौना लोने । मोंति लाग औ छापे सोने ।४।
सुरँग चीर भल सिंघल दीपी । कीन्ह छाप जो धनि वै छीपी ।५।
पेमचा डोरिआ औ बीदरी । स्याम सेत पियरी औ हरी ।६।
सातहुँ रंग जो चित्र चितेरी । भरि कै डीठि जाहिं नहिं हेरी ।७।
पुनि अभरन बहु काढ़ा अनबन भाँति जराउ ।
फेरि फेरि निति पहिरहि जैस जैस मन भाउ ॥२७।४४॥

(१) वस्त्र बुनने वालों ने अनेक प्रकार के वस्त्र लाकर खोले । उनमें साड़ी, कंचुकी और लहर पटोर नामक लहँगे थे । (२) फुंदने लगी हुई नीवी और लाल कसनी या अंगियाँ थीं । पंडुआ (बंगाल) के और गुजरात के बने हुए छाएल या छपे वस्त्र थे । (३) चंदनौटा और खीरोदक नामक वस्त्रों की फरिया थीं । बाँस पोर और झिलमिल वस्त्रों की महीन साड़ियाँ थीं । (४) चिकवा, चीर और सुन्दर मेघौना नामक वस्त्र थे, जिनमें मोती लगे थे और जो सोने से छापे गए थे । (५) सिंहलद्वीप के सुन्दर लाल चीर थे । उनकी छपाई करने वाले छीपी धन्य हैं । (६) पेमचा, डोरिया, और बीदर की बनी साड़ियाँ काली, सफेद, पीली, और हरे रंग की थीं । (७) वे सातों रंगों के चित्रों से चित्रित की गई थीं । उनकी ओर आँख भर कर देखा न जाता था ।

(८) फिर बहुत से गहने निकाले गए जिनमें भाँति भाँति के जड़ाव थे । (९) जैसा मन को भाता था वह नित्य बदल बदलकर पहिनती थी ।

(१) पटुवन्ह–सं० पट्टवाय=वस्त्र बुनने वाले, बुनकर ।
लहरि पटोरे–विवाह में वर पक्ष की ओर से कन्या के लिये भेजा जाने वाला भारी लहँगा, (अवधी में चालू शब्द है) । यह रेशम का बनता है ।
(२) फुंदिया–सम्भवतः फुंदने लगा हुआ नीवीबन्ध ।
(३) कसनिया–२८०।४ में बंद लगी हुई कसनी का उल्लेख है, वही यह ज्ञात होती है, आँगी, चोली । इसके पाठान्तर कनसिनिआ, कनीसिआ कलसनिया हैं । पृथ्वीचन्द्रचरित्र में उससे

मिलता जुलता ताकसीनिया नामक वस्त्र आया है ।

(४) छापल–श्री मोतीचन्द्र जी ने मुझे सूचित किया है कि गुजरात में छपे सूती कपड़े अब भी छायल कहलाते हैं । उनके मत में ये बाँधनू की रँगाई के वस्त्र होने चाहिए, जिन पर अनेक भाँति की आकृतियाँ बनी होती हैं और जिनके लिये गुजरात-काठियावाड़ सदा से प्रसिद्ध रहा है । कवि प्रेमानन्द ने वस्त्रों की सूची में लाल और सफेद भातों से अलंकृत छायल का उल्लेख किया है (छबीली बहु ने छायल भारे भात ते राती धोलीजी, कुंवरबाई नुं मामेरुं, पंक्ति ५६५) ।

पंडुआए–बंगाल की राजधानी पंडुआ में बने वस्त्र । माताप्रसादजी की प्रति में पंडु आए अलग छपे हैं, उन्हें एक शब्द समझना चाहिए । ४९८।६ में पंडुआ का उल्लेख है (काँमरू कामता औ पंडुआई) । पंडुआए छापल से बंगाल के छपे वस्त्रों का तात्पर्य है ।

(३) चँदनौटा–सं० चन्दनपट्ट, चंदन के रंग का वस्त्र । जायसी ने चंदन चीर का कई बार उल्लेख किया है (२९६।१, ३१९।२, ३२७।३, ३३५।२, ३५४।१) ।

खीरोदक–सं० क्षीरोदक । इस नाम का वस्त्र हर्षचरित (उच्छ्वास७; पृ०२०८) और वर्ण रत्नाकर में आया है (वर्ण० वस्त्र सूची, पृ०२१) ।

फारी=फरिया, एक विशेष प्रकार का लहंगा जो सामने की ओर सिला नहीं रहता (शब्द सागर) । सम्भवतः इसी के सामने की ओर लहंगे के ऊपर लटकती हुई पटली होती थी जिसे अब फड़का कहते हैं । जैन और राजस्थानी चित्रों में स्त्रियाँ इसे पहने दिखाई जाती हैं । इस पटली के दोनों ओर नीचे से ऊपर तक खुले तार छूटे रहते हैं । प्रायः लड़कियाँ और नई उम्र की स्त्रियाँ इसे पहनती हैं । बुंदेलखंडी और ब्रज भाषा में फरिया ओढ़नी है (जैसे लहँगा न फरिया मेरी को लाड ही लाड, ब्रज की लोकोक्ति) ।

बाँसपोर–ढाके की, बहुत महीन तंजेब जिसका थान बाँस की पतली नली में आ जाता था (पं० रामचन्द्र शुक्ल) । पृथ्वीचन्द्र चरित्र में जिसे नली बद्ध कहा है वह यही वस्त्र ज्ञात होता है (पृथ्वी० पृ०१३६) ।

झिलमिल–बढ़िया मलमल की तरह का बारीक और मुलायम कपड़ा (शब्दसागर) । चकत्ता वंश प्रकाश की वस्त्र सूची में तथा और भी पुरानी सूचियों में झिलमिल वस्त्र का नाम आता है ।

(४) चिकवा–चीकट नाम का रेशमी वस्त्र (शुक्लजी) । विवाह में नेग के रूप में दिए जाने वाले वस्त्र चीकट कहलाते हैं (शब्दसागर) । मुझे अभी तक इसकी ठीक पहचान नहीं मिली ।

चीर–आईन की सूची में चीर संज्ञक वस्त्र का उल्लेख सोने के काम किए हुए कपड़ों में आया है । जायसी ने भी उन्हें 'भाँति लाग ओ छापे सोने' लिखा है ।

मेघौना–वर्णरत्नाकर की वस्त्र सूची में मेघवर्ण और पृथ्वीचन्द्र की वस्त्र सूची में मेघवना इसी वस्त्र का नाम है ।

(५) सुरंग चीर–सिंघल द्वीप के लाल चीर जो बहुत बढ़िया छपाई के आते थे सम्भवतः मसुली पत्तन के छपे वस्त्र थे । मसुलीपत्तन कलिंग का बन्दरगाह था जहाँ सिंघलद्वीप और हिन्देशिया के द्वीपों का माल आकर उतरता था और वहाँ के वस्त्रों के साथ मिलकर उत्तर भारत में आता था । मसुलीपत्तन के छपे वस्त्र अठारहवीं शती तक बहुत प्रसिद्ध रहे ।

(६) पेमचा–एक रेशमी कपड़ा जो पोमचा कहलाता है । इस पर कमल के फुल्ले छपे रहते थे ।

डोरिया–एक प्रकार का प्रसिद्ध सूती कपड़ा (आईन अकबरी, आईन ३१, पृ०१०१) ।

बीदरी–बीदर का बना हुआ वस्त्र । (पाठा०) बंदरी=विलायतों से आने वाले वस्त्र ।

(७) चित्र चितेरी–कुछ वस्त्रों पर हाथ से भी रंगीन चित्र लिखने की प्रथा थी ।

२८ : रत्नसेन साथी खण्ड

[३३०]

रतनसेनि गौ अपनी सभा । बैठे पाट जहाँ अठखँभा ।१।
आइ मिले चितउर के साथी । सबहीं बिहँसि आइ दिए हाथी ।२।
राजा कर भल मानहि भाई । जेई हम कहँ यह भुम्मि देखाई ।३।
जौं हम कहँ आनत न नरेसू । तब हम कहाँ कहाँ यह देसू ।४।
धनि राजा तोर राज बिसेखा । जेहि की रजाउरि सब किछु देखा ।५।
भोग बेलास सबै किछु पावा । कहाँ जीभ तसि अस्तुति आवा ।६।
तहँ तुम्ह आइ अँतरपट साजा । दरसन कहँ न तपावहु राजा ।७।
नैन सिराने भूख गइ देख तोर मुख आजु ।
नौ औतार भए सब काहूँ औ नौ भा सब साजु ॥२८।१॥

(१) रत्नसेन अपनी सभा में गया। अठखम्भों के नीचे जहाँ सिंहासन था वहाँ सब बैठे। (२) उनमें उसके चित्तौड़ के साथी आकर मिले। सबने प्रसन्न होकर अंजलि प्रणाम किया। (३) 'भाइयो, हम राजा का भला मानते हैं, जिसने हमें यह भूमि ला दिखाई। (४) जो राजा हमको यहाँ न ले आता, तो कहाँ हम और कहाँ यह देश था? (५) हे राजा, तू धन्य है, तेरे राज्य की विशेषता धन्य है, जिसकी राज्यपुरी (राजधानी) में सब कुछ देख लिया। (६) सब प्रकार का भोग-विलास भी पाया। जिह्वा में ऐसी शक्ति कहाँ जो तेरी उचित स्तुति करे? (७) वहाँ से तुमने आकर हमारे अपने बीच में परदा डाल लिया। हे राजा, दर्शन के लिये हमें मत तपाओ।

(८) आज तुम्हारा मुख देखकर नेत्र शीतल हुए और भूख जाती रही (मन भर गया)। (९) सबने नया जन्म पाया और सब साज भी जैसे नया हो गया।'

(१) सभा—राजसभा, आस्थान मण्डप, दीवाने आम।
अठखँभा—आठ खम्भों पर बना हुआ विशेष मंडप जहाँ राजा का आसन रखा जाता था। अबुलफजल ने फर्राशखाने की सूची में अठखंभे का नाम भी दिया है। मिलाकर या अलग अलग सत्तरह चँदोवे आठ खंभों पर खड़ा करने से अठखम्भा नामक विशेष स्थान बनाया जाता था (आईन २१, पृ०५६)। जायसी के इस उल्लेख से ज्ञात होता है कि अठखंभों की परम्परा मुगलकाल से पुरानी थी। मुसम्मम बुर्ज इसी का अवान्तर रूप था।

(२) हाथ देना=हाथ उठाकर प्रणाम करना।

(५) रजाउरि—राजधानी, यहाँ रत्नसेन के साथियों का चित्तौड़ से तात्पर्य है। सं० राजपुरी>राजउरि।

(६) उनका आशय है कि हमने तुम्हारे चित्तौड़ के राज्य में सब कुछ देखा और भोग विलास पाया, पर वहाँ से यहाँ आकर तुमने अपने और हमारे बीच में व्यवधान कर लिया।

[३३१]

हँसि कै राज रजाएसु दीन्हा । मैं दरसन कारन अस कीन्हा ।१।
अपने जोग लागि हौं खेला । भा गुरु आपु कीन्ह तुम्ह चेला ।२।
यहिक मोर पुरुषारथ देखेहु । गुरू चीन्ह कै जोग बिसेखेहु ।३।
जौं तुम्ह तप साधा मोहि लागी । अब जिन हिएँ होहु बैरागी ।४।
जो जेहि लागि सहै तप जोगू । सो तेहि के सँग मानै भोगू ।५।
सोरह सरस पदुमिनीं माँगीं । सबहीं दीन्ह न काहूँ खाँगीं ।६।
सब क धौरहर सोने साजा । सब अपने अपने घर राजा ।७।
हस्ति घोर औ कापर सबहि दीन्ह नौ साजु ।
भै गिरहस्त लखपती घर घर मानहिं राजु ॥२८।२॥

(१) राजा ने हँसकर आज्ञा दी, 'मैंने दर्शन पाने के लिये यह सब किया था (२) अपने जोग के लिये मैं आया और स्वयं गुरु होकर तुम्हें चेला किया। (३) इस सम्बन्ध के मेरे पुरुषार्थ को देखो। मैंने योग साधकर गुरु को पहिचान लिया, इसपर विचार करो। (४) जब तुमने मेरे लिये तप साधा तो अब (उस जोग के सिद्ध हो जाने पर) मन में बैरागी मत बनो। जो जिसके साथ लगकर तप और जोग करता है वह उसके साथ भोग में भी सम्मिलित होता है।' (६) यह कहकर राजा ने सोलह सहस्र पद्मिनी स्त्रियाँ लाने को कहा और अपने साथियों को दे दीं, किसी को कमी न रही। (७) सबके लिये सोने के धवलगृह सजा दिए गए। सब अपने अपने घर में राज करने लगे।

(८-९) हाथी, घोड़े और वस्त्र इत्यादि नया साज सामान सबको दिया गया। सब गृहस्थ और लखपति बनकर घर घर में राज का सुख मनाने लगे।

(१) दरसन=गुरु रूप पद्मावती का दर्शन।
(१) यहिक= इस सम्बन्ध का।
गुरू चीन्ह कै जोग=जोग साधकर गुरु को पहचाना।
विसेखहु=विचार करो।
(५) जेहि लागि–जिसके साथ लगकर।
(६) खाँगी–खाँगना=कम होना।

२९ : षट-ऋतु वर्णन खण्ड

[३३२]

पदुमावति सब सखीं बोलाईं । चीर पटोर हार पहिराईं ।१।
सीस सबन्हि के सेंदुर पूरा । सीस पूरि सब अंग सेंदूरा ।२।

चंदन अगर चतुरसम भरीं । नएँ चार जानहुँ अवतरीं ।3।
जनहु कँवल सँग फूलीं कुईं । कै सो चाँद सँग तरईं उईं ।4।
धनि पदुमावति धनि तोर नाहूँ । जेहि पहिरत पहिरा सब काहूँ ।5।
बारह अभरन सोरह सिंगारा । तोहि सोहइ यह ससि संसारा ।6।
ससि सो कलंकी राहुहि पूजा । तोहि निकलंक न होइ सरि दूजा ।7।
काहूँ बीन गहा कर काहूँ नाद म्रिदंग ।
सब दिन अनँद गँवावा रहस कोड एक संग ॥29।1॥

(१) पद्मावती ने सब सखियाँ बुलाईं और उन्हें चीर पटोर और हार पहिनाए। (२) सब के सिर पर सिन्दूर भरा और मांग भरकर सबके अंगों में भी सिन्दूर लगाया। (३) चन्दन, अगर, और चतुरसम नामक सुगन्धि से भरी हुई वे सखियाँ मानों नये रूप में अवतरित हुईं; (४) मानों कमल के साथ को काबेली भी खिल गईं; अथवा, चाँद के साथ तराईं निकल आईं। (५) धन्य पद्मावती और धन्य तेरा पति, जिसके वस्त्राभूषण धारण करने पर सब ने भी पहिन लिए। (६) बारह आभूषण और सोलह श्रृंगार तुझे ही इस संसार में, शोभा देते हैं। (७) वह चन्द्रमा कलंकी है जिसे पूरा होने पर राहु ग्रस लेता है। तुझ निष्कलंक की तुलना में दूसरा कोई नहीं है।

(८) किसी ने हाथ में बीन ली; कोई मृदंग का नाद करने लगी। (९) सारा दिन आनन्द में बिताया। एक साथ रहस और कौतुक करती रहीं।

(३) चतुरसम–दे० २७६।४, ३२३।७।
(४) तरईं–सं० तारागण > तरायन > तराइन > तराईं > तरईं।
(६) बारह अभरन सोलह श्रृंगार–दे० २९६।१-७, ४६७।१९, तथा १२, १६ के लिये ३००।१।
(७) राहुहि पूजा=जो राहु के लिये ही पूरा होता है। चन्द्रमा में दो दोष हैं, पहले तो वह कलंकी रहता है, दूसरे जिस दिन पूरी सोलह कलाओं से युक्त होता है उस दिन उसे राहु ग्रस लेता है।

[333]

भै निसि धनि जसि ससि परगसी । राजैं देखि पुहुम फिरि बसी ।1।
मै कातिकी सरद ससि उवा । बहुरि गँगन रबि चाहै छुवा ।2।
पुनि धनि धनुक भौंहँ कर फेरी । काम कटाख टँकोर सो हेरी ।3।
जानहुँ नहिं कि पैज पिय खाँचौ । पिता सपथ हौं आजु न बाँचौं ।4।
कालिह न होइ रहे सह रामा । आजु करौ रावन संग्रामा ।5।
सेन सिंगार महूँ है सजा । गज गति चाल अँचर गति धुजा ।6।
नैन समुंद्र खरग नासिका । सरवरि जूझि को मो सौं टिका ।7।

हौं रानी पदुमावति मैं जीता सुख भोग।
तूँ सरबरि करु तासौं जस जोगी जेहिं जोग ॥२९।२॥

(१) जैसे ही रात हुई वह बाला चाँद सी चमकने लगी। राजा ने देखा कि पृथिवी फिर पहले सी बस रही है। (२) फिर कार्त्तिकी पूर्णिमा आई है और शरत् चन्द्र उदित हुआ है। फिर वह आकाश के सूर्य को छूना चाहता है। (३) फिर वह बाला भौंह का धनुष घुमाने लगी है और काम युक्त कटाक्षों से उस धनुष को टंकोरती हुई देखने लगी है। (५) 'हे प्रियतम, मैं नहीं जानती कि तुम्हारी प्रतिज्ञा की रेखा कहाँ खिंची है। पर मुझे अपने पिता की शपथ है, आज युद्ध से पराङ्मुख होकर न जाऊँगी। (५) कल की तरह नहीं, जो रामा अथवा स्त्री के साथ यों ही रहे। आज रावण (रावन=रमण करने वाले) की भाँति संग्राम करो। (६) मैंने भी शृंगार का सैन्यदल सजाया है। हाथी की चाल मेरे पास है। ध्वजा की फहरान मेरे अंचल में है। (७) समुद्र की हिलोर मेरे नेत्रों में है। खड्ग का रूप नासिका में है। युद्ध में मेरी तुलना में कौन टिक सकेगा ?

(८) मेरा नाम रानी पद्मावती है। सब सुख जीत कर मैंने वश में कर लिए हैं। (९) तेरे जैसा योगी जिसके योग्य हो, उससे तू बराबरी कर (मेरी तेरी समता नहीं)।'

(२) पुहुमि फिर बसी–(महावरा) धरती फिर से बस गई।

(३) टंकोर–क्रि० टंकोरना=धनुष की प्रत्यंचा खींचकर शब्द करना। कल्पना यह है, कि मानों भौंहरूपी धनुष को टंकोरने के लिये काम-कटाक्षों को इधर उधर चला रही थी।

(४) पैंज=प्रतिज्ञा। अप० पइज्जा (भविसयत्त कहा) > पैंज।
खाँचौं=अप० खंच=खींचना। 'पता नहीं कि आप ने अपनी प्रतिज्ञा की रेखा कहाँ खींची है ?'
बाँचौं–अप० वंच (जाना) >वच्च >वज्र। 'मैं पिता की शपथ खाकर कहती हूँ कि आज रति युद्ध से भाग कर न जाऊँगी।' इस छन्द में पद्मावती प्रौढ़ा की भाँति धृष्ट रति के लिए रत्नसेन का आह्वान कर रही है।

[३३४]

हौं अस जोगि जान सब कोऊ। बीर सिंगार जिते मैं दोऊ।१।
उहाँ त समुँह रिपुन दर माहाँ। इहाँ त काम कटक तुव पाहाँ।२।
उहाँ त कोपि बैरिदर मंडौं। इहाँ त अधर अमिअ रस खंडौं।३।
उहाँ त खरग नरिंदन्ह मारौं। इहाँ त बिरह तुम्हार सँघारौं।४।
उहाँ त गज पेलौं होइ केहरि। इहाँ त कामिनि करसि हहेहरि।५।
उहाँ त लूसौं कटक खँधारू। इहाँ त जितौं तुम्हार सिंगारू।६।
उहाँ त कुंभस्थल गज नावौं। इहाँ त कुच कलसन्ह कर लावौं।७।
परा बीचु धरहरिया पेम राज कै टेक।
मानहिं भोग छहूँ रितु मिलि दूनौं होइ एक ॥२९।४॥

(१) [रत्नसेन।] 'सब जानते हैं, मैं ऐसा जोगी हूँ जिसने वीर और शृंगार दोनों रस जीत लिए हैं। (२) वहाँ तो शत्रुओं के दल में सदा सामने रहता था। यहाँ तुम्हारे पार्श्व में जो काम का कटक-दल है उसके सामने हूँ। (३) वहाँ कुपित होकर मैं बैरी दल का मर्दन करता था। यहाँ अमृत रस पीने के लिये तुम्हारे अधर का खण्डन करूँगा। (४) वहाँ तो खड्ग् से राजाओं को मारता था। यहाँ तुम्हारी विरहाग्नि का संहार करूँगा। (५) वहाँ तो केसरी बनकर हाथियों पर झपटता था। यहाँ हे कामिनी, तू मेरे सामने रक्षा के लिये 'हा हा' करेगी। (६) वहाँ तो कटक और स्कंधावार का नाश करता था। यहाँ तुम्हारे शृंगार को विजित करूँगा। (७) वहाँ तो हाथियों का गण्डस्थल झुकाता था। यहाँ तुम्हारे कुच-कलशों पर हाथ चलाऊँगा।'

(८) प्रेम की टेक लेकर राजा बीच बिचाव करने वाले धरहरिया की भाँति वीर और शृंगार के बीच में पड़ा था। (९) दोनों मिलकर एक बने हुए छहों ऋतुओं में सुख भोग मनाते थे।

(३) मंडौं—मांडना=मर्दित करना। सं० मर्द > अप० मड्ड > माडना, मांडना=मर्दन करना।

(५) हहे हरि—'हा हरि, हा हरि' की गुहार करना (२५०।६)

(६) लूसौं—सं० लूषति > प्रा० लूसइ=मारना, वध करना, संहार करना, (पासद्द० पृ० ९०४)
खँधारू—सं० स्कन्धावार > प्रा० खंधावार, खंधार (पासद्द० ३३९)।

(८) धरहरिया=बीच बिचाव करने वाला, बिचवानी। राजा ने जब से प्रेम की टेक ले ली, तब से उसकी स्थिति वीर और शृंगार के बीच के धरहरिया के समान हो गई, वह दोनों की बात करता था।

[३३५]

प्रथम बसंत नवल रितु आई। सुरितु चैत बैसाख सोहाई।१।
चंदन चीर पहिरि धनि अंगा। सेंदुर दीन्ह बिहँसि भरि मंगा।२।
कुसुम हार औ परिमल बासू। मलयागिरि छिरिका कबिलासू।३।
सौर सुपेती फूलन्ह डासी। धनि औ कंत मिले सुखबासी।४।
पिउ सँजोग धनि जोबन बारी। भँवर पुहुप सँग करहिं धमारी।५।
होइ फागु भलि चाँचरि जोरी। बिरह जराइ दीन्ह जसि होरी।६।
धनि ससि सियरि तपै पिउ सूरू। नखत सिंगार होहिं सब चूरू।७।
जेहि घर कंता रितु भली आउ बसंता नित्तु।
सुख बहरावहि देवहरै दुक्ख न जानहिं कित्तु॥२९।५॥

(१) सबसे पहले नवल वसन्त ऋतु आई। चैत बैसाख में वह अच्छी ऋतु सुहावनी लग रही रही थी। (२) उस बाला ने अंग में चन्दन चीर पहिनकर, प्रसन्न हो माँग में सेंदुर भरा। (३) पुष्पहार पहिनकर परिमल गन्ध लगाई। धवलगृह के सातवें खंड के

अपने निवास में मलयागिरि चन्दन छिड़का। (४) सेज पर फूलों का बिछावन बिछाया गया। धनि और कंत दोनों सुखवासी (शयनगृह) में मिले। (५) इधर उस बाला की यौवन रूपी बाटिका में प्रिय का संयोग हुआ। उधर भौंरे फूलों के साथ धमाचौकड़ी करने लगे। (६) फाग होने लगा और सुन्दर चाँचर एकत्र हुई। इस उत्सव में विरह के दुःख की जैसे होली जला दी गई। (७) बाला चाँद सी शीतलथी और प्रिय सूर्य सा तपता था। सूर्य के समीप आने से शशि का नक्षत्र रूपी श्रृंगार सब चूर हो गया।

(८) जिस घर में कन्त है, वहाँ भली वसन्त ऋतु सदा आती है। (९) वहाँ वसन्त में पतिपत्नी देवगृह में (मण्डप पूजन के लिये) जाकर उद्यान में सुख से अपने आपको बहलाते हैं (अथवा सुख पूर्वक बाहर आते हैं), कभी दुःख का अनुभव नहीं करते।

(२) चन्दनचीर—३२९।३।

(३) परिमल-कई सुगन्धियों को मिलाकर बनाई हुई विशेष बास।

कबिलासू—सतखंडे धवलगृह में सब से ऊपर राजा रानी का अन्तःपुर (२९१।१)।

(४) सौर सुपेती—सुपेती=मोटे कपड़े की रुई भरी हुई रंगीन रजाई जो सर्दी में ओढ़ी जाती है। यह अर्थ बुंदेलखंडी में अभी तक प्रचलित है। किन्तु मेरठ दिल्ली की बोली में सौर का अर्थ रुई भरी रजाई है। सौर रजाई से भी कुछ मोटी होती है और ओढ़ने के काम आती है। चित्रावली २१३।७ (सौंरि माँह जिन बिनउर टोवा। कुस साँथरि सो कैसें सोवा।) से ज्ञात होता कि सौर केवल चादर न थी, उरुमें रुई अवश्य भरी जाती थी। जायसी ३३५।४ (सौर सुपेती फूलन्ह डासी। धनि औ कंत मिले सुख बासी।) में फूलों की सौर सुपेती बिछौना ही हो सकती है। ३३६।६ (सेत बिछावन सौर सुपेती) से भी यही संकेत मिलता है। १३९।२ (कुस साँथरि भै सौर सुपेती) में कुश साँथरी अर्थात् कुशा का बिछौना सौर सुपेती की जगह कहा गया है। ३५०।४ (सौर सुपेती आवै जूड़ी। जानहुँ सेज हिवंचल बूड़ी।) में निश्चित नहीं है कि सोर सुपेती बिछौना थी या ओढ़ना, किन्तु पूस के महीने में पलंग पर ओढ़ना आवश्यक था, अतएव सौर सुपेती ओढ़ना भी हो सकती थी। चित्रावली ४५३।४ (जेतिक ओढ़ौं सँवर सुपेती। हहलि हहलि उर काँपौं तेती।) में स्पष्ट ही सौर-सुपेती को ओढ़ना कहा गया है। चित्रावली ६७।७ (नींद न मानै सोर सुपेती) में ओढ़ना-बिछौना दोनों अर्थ संगत है। इसी प्रकार चित्रा० ४५१।६ (लोग सुपेती साजै लागा, अर्थात् दिवाली के दिन लोग सुपेती निकाल कर जाड़े की तैयारी करने लगे) में सुपेती ओढ़ने या बिछाने या दोनों के लिये प्रयुक्त हो सकती है। बीसलदेव रास छन्द २२ (पाट पलिंग नइ सावट्ट सउड़, रेशम का पलंग और सावट्ट नामक वस्त्र की सौड़) में अर्थ की यही स्थति सौर शब्द की है। अतएव ज्ञात होता है कि सौर-सुपेती से साधरणतः ओढ़ने-बिछाने के वस्त्रों का वही अर्थ लिया जाता था जो अर्थ इस समय 'बिस्तर' का है सौर की व्युत्पत्ति स्वापपट > साववड > साउवड़ > सउड़ सौड़ सौर ज्ञात होती है।

सुखवासी—अन्तःपुर का वह विशेष भाग, जहाँ पति-पत्नी की सेज रहती थी और वे मिलते थे (२९१।५)।

(६) चाँचरि। सं० चर्चरी > प्रा० चच्चरी > चाँचरि एक। प्रकार का नृत्य, जिसमें पुरुष दोनों हाथों में रंगीन छोटे छोटे डंडे लेकर गाते हुए मण्डल बनाकर नाचते हैं। अब भी मध्यप्रान्त में इसे चाँचर कहा जाता है; डांडिया रास। फागुन में अथवा विवाह उत्सव में चाँचर होती है। चाँचर में ताल की गति पर जिनके डंडे नहीं मिलते वे रास से बाहर होते जाते हैं। और

पूरा नृत्य जमने पर दर्शकों में आनन्द की लहर व्याप जाती है।
(९) देवहरै–सं० देवगृह=मन्दिर। वसन्त में होने वाले मण्डप पूजन से यहाँ तात्पर्य है जिसका उल्लेख पहले किया गया है।

[३३६]

रितु ग्रीखम कै तपिन न तहाँ। जेठ असाढ़ कंत घर जहाँ।१।
पहिरैं सुरँग चीर धनि झीना। परिमल मेद रहै तन भीना।२।
पदुमावति तन सियर सुबासा। नैहर राज कंत कर पासा।३।
अधर तँबोर कपूर भिवँसेना। चंदन चरचि लाव नित बेना।४।
ओबरि जूड़ि तहाँ सोवनारा। अगर पोति सुख नेत ओहारा।५।
सेत बिछावन सौर सुपेती। भोग करहिं निसि दिन सुख सैंती।६।
भा अनंद सिंघल सब कहूँ। भागिवंत सुखिया रितु छहूँ।७।
दारिवँ दाख लेहिं रस बेरसहिं आँब सहार।
हरियर तन सुवटा कर जो अस चाखनहार॥२९।६॥

(१) गर्मी की ऋतु में भी वहाँ तपन नहीं होती जहाँ जेठ अषाढ़ में कन्त घर पर हो। (२) उस समय बालाएँ लाल रंग का झीना वस्त्र पहिनती हैं। उनका शरीर परिमल और मेद से सुवासित रहता है। (३) पद्मावती का शरीर शीतल और सुवासित था। पिता के राज में पति का सान्निध्य उसे मिला था। (४) उसका अधर ताम्बूल और भीमसेनी कपूर से लाल था। वह शरीर में चन्दन लगाकर नित्य खस लगाती थी। (५) वहाँ शयनागार में शीतल कोठरी थी। उसमें अगर पोतकर सुखदायक नेत के पर्दे लगाए गए थे। (६) सौर सुपेती का सफेद बिछावन बिछाया गया था। वे रात दिन सुख से विलास करते थे। (७) सिंहल में सब जगह आनन्द छा गया। वहाँ के भाग्यशाली छहों ऋतुओं का सुख लूटते थे।

(८) वे अनार और अंगूर का रस लेते तथा आम और सहकार खाकर विलास करते थे। (९) जो इस प्रकार के फल चखने वाला है, उसके शरीर पर सुग्गे जैसी हरियाली दिखाई पड़ती है।

(३) नैहर=पिता का घर। सं० ज्ञातिगृह > नातिहर > नाइहर > नैहर।
(४) कपूर भिवँसेना–भीमसेनी कपूर। ज्योतिरीश्वर ने नौ प्रकार के कपूरों में चिनी और भीमसेन का नाम लिखा है (वर्ण० पृ० १३,६५)। 'कुछ पुस्तकों में ऐसा उल्लेख है कि जो कपूर पेड़ से निकाला जाता है उसे जौदाना या भीमसेनी कहते हैं (आईन ३०,सुगन्धालय)। भीमसेनी कपूर सुमात्रा या बरोस से आता था, और सर्वोत्तम माना जाता था। इसकी तुलना में चीन और जापान का कपूर घटिया होता था (हाब्सन-जाबसन, पृ०११७)।
बेना–एक प्रकार की सुगन्धि, उशीर, खस (४।१)।

(५) ओबरि–ओबरी=गर्भागार, पति-पत्नी का शयनगृह । सं० अपवरक (गर्भागारेऽपवरको वासौकः शयनास्पदम्, अभिधान चिन्तामणि ४।६१) । भोजपुरी गीतों में 'ओबरी' अभी तक प्रचलित है । ओबरी उस एकान्त कमरे को कहते हैं जो परिवार की नव विवाहिता स्त्री के लिये नियत रहता है। उसमें वह अपने पति से एकान्त में मिल सकती है (जनपद, वर्ष १ अंक २, १९५३ पृ० ३४) ।

नेत ओहार–जायसी का यह मूल पाठ था । क्लिष्ट होने के कारण इसे कई प्रकार से सरल किया गया । सचित्र प्रति तृ०३ (लक्ष्मीधर एन-एम) में यही पाठ है । खेद है कि लक्ष्मीधर ने 'सम्पति धारा' और माताप्रसाद ने 'नेति औधारा' पाठ रक्खा । कला भवन की देवनागरी प्रति में नेत ओहारा यही पाठ है । नेत एक प्रकार का महीन रेशमी वस्त्र था जिसे सं० में नेत्र कहते थे । नेत्र का बनना गुप्तकालीन संस्कृति में आरम्भ हुआ । कालिदास ने रघुवंश में (७।३९) केवल एक वार नेत्र वस्त्र का उल्लेख किया है । हर्ष चरित में नेत्र वस्त्र कई बार आया है । (हर्ष चरित एक सांस्कृतिक अध्ययन, पृ०७८-७९, १४९, जहाँ नेत्र की व्याख्या की गई है) । वर्णरत्नाकर में चौदह प्रकार के नेत वस्त्र कहे गए हैं (पंचरंग, नील, हरित पीत, लोहित, चित्रवर्ण आदि, पृ०२२) । भोजपुरी लोक गीतों में नेत का उल्लेख प्रायः आता है— राजा दशरथ द्वारे चित्र उरेहल, ऊपर नेत फहरासु है (जनपद, वर्ष १, अंक ३, अप्रैल, १९५३ पृ०५२) । बंगला साहित्य में भी नेत का उल्लेख आता है (नेतेर आंचले चर्म मंडित करिया घर घर बाघिनी पोशे, अर्थात् नेत के आँचल में चमड़े से ढकी हुई स्त्री रूपी व्याघ्री घर घर में पोसी जा रही है, धर्म मंगल में गोरखनाथ का गीत) ।

ओहार=पर्दा सं० अवघाटक> अउहाडअ > ओहारअ, ओहार (बाल काण्ड,३४८।८) । तुलना, हर्ष चरित 'घटित गवाक्ष सुरक्षित मरुति (पृ०११५) जहाँ घटित=बंद; विघटित=खुले हुए; अवघटित=पर्दे से ढके हुए; उद्घाटित=उघाड़े हुए ।

(६) सौर सुपेती–देखिए ३३५।४) ।

(८) सहार=कलमी आम । सं० सहकार, प्रा० साहार > सहार । सहकार शब्द कलमी आम के लिये संस्कृत साहित्य में गुप्तकाल से कुछ पहले अस्तित्व में आया । आँब और सहार क्रमशः बीजू और कलमी आमों के लिये प्रयुक्त हुए हैं ।

[३३७]

रितु पावस बिरसै पिउ पावा । सावन भादौं अधिक सोहावा ।१।
कोकिल बैन पाँति बग छूटी । धनि निसरी जेउँ बीर बहूटी ।२।
चमकै बिज्जु बरिस जग सोना । दादर मोर सबद सुठि लोना ।३।
रँग राती पिय सँग निसि जागै । गरजै चमकि चौंकि कँठ लागै ।४।
सीतल बुंद ऊँच चौबारा । हरियर सब देखिअ संसारा ।५।
मलै समीर बास सुख बासी । बेइलि फूल सेज सुख डासी ।६।
हरियर भुम्मि कुसुंभी चोला । औ पिय संगम रचा हिंडोला ।७।
पौन झकके हिय हरख लागै सियरि बतास ।
धनि जानै यह पौनु है पौनु सो अपनी आस ॥२९।७॥

(१) पावस ऋतु में बाला कंत के साथ विलास करती हो तो उसे सावन-भादों मास अधिक सुहावने लगते हैं। (२) उस समय कोयल की बोली सुनाई पड़ती है और बगुलियों की पंक्तियाँ मेघों में बिखर जाती हैं। बालाएँ इस प्रकार बाहर निकलती हैं, जैसे बीर बहूटियाँ हों। (३) बिजली चमकती है, संसार में सोना सा बरसता है। दादुर और मोरों का शब्द अति सुन्दर लगता है। (४) प्रिय के संग प्रेम रस में सनी हुई बाला रात में जागती है और मेघों के चमक कर गरजने से चौंककर प्रिय का कंठालिंगन करती है। (५) ऊँचे चौबारे पर शीतल बूंदें पड़ रहीं हैं। सारा संसार हरा हरा दिखाई पड़ रहा है। (६) सुखबासी में मलय समीर की सुगन्धि आ रही है। वहाँ खिले हुए बेले के फूलों से सुख सेज बनाई गई है। (७) भूमि पर हरियाली छा गई तो बाला ने कुसुम्भी चोला पहिना और प्रिय के संग में हिंडोला सजाया।

(८) वर्षा में पवन के झर झर चलने से हृदय में हर्ष हो रहा है। बतास शीतल लग रही है। (९) बाला जानती है कि उसके स्पर्श सुख का कारण वायु है, किन्तु पवन स्वयं उससे अपने लिये (परिमल की) आशा लगाए है।

(५) चौबारा=ऊपरी तल्ले का खुला मंडप। सं० चतुर्द्वारक > चउबारअ > चौबारा।

(६) बेइलि=(१) बेला; (२) विकसित। सं० विचकिल > प्रा० बेइल (हेम०१।१६६; कर्पूर मंजरी; पासद्द० ९५१) > बेइलि। सुखबासी—३३५।८।

(८) बतास=वायु। यहाँ पुरवाई पवन।
झरक्के—झरझर करके बहने से।

(९) पौनु सो आपनि आस—पवन के पास शीतलता है, किन्तु उसे परिमल चाहिए। यही उसकी आशा है जिस कारण वह पद्मावती का गात्र स्पर्श कर रही है।

[३३८]

आइ सरद रितु अधिक पियारी। नौ कुवार कातिक उजियारी।१।
पदुमावति भै पूनिवँ कला। चौदह चाँद उए सिंघला।२।
सोरह करा सिंगार बनावा। नखतन्ह भरे सुरुज ससि पावा।३।
भा निरमर सब धरनि अकासू। सेज सँवारि कीन्ह फुल डासू।४।
सेत बिछावन औ उजियारी। हँसि हँसि मिलहिं पुरुख औ नारी।५।
सोने फूल पिरिथिमी फूली। पिउ धनि सों धनि पिउ सों भूली।६।
चखु अंजन दै खँजन देखावा। होइ सारस जोरी पिउ पावा।७।
एहि रितु कंता पास जेहि सुख तिन्हके हिय माँहँ।
धनि हँसि लागै पिय गले धनि गल पिय कै बाँह ॥२९।८॥

(१) फिर शरद् ऋतु आई जो औरों से अधिक प्रिय लग रही थी। कुआर कातिक की उजियाली नई जान पड़ती थी। (२) पद्मावती की मुख छवि पूनों के चन्द्रमा जैसी हुई। उससे पूर्व जो सिंहल में चौदह चाँद उदित हुए उनसे क्रमशः उसके अंगों का

संवर्धन हुआ। (३) उसने जो आभरणों का शृंगार किया वह सोलहवीं कला थी। इस प्रकार नक्षत्रों के मध्य में विराजमान पूर्ण शशि को सूर्य ने प्राप्त किया। (४) धरती से आकाश तक सब निर्मल हो गया। सेज रचकर उस पर फूलों की चादर बिछाई गई। (५) उजाली रात में श्वेत बिछावन पर पुरुष और स्त्री रहस रहस कर मिलने लगे। (६) ऐसा जान पड़ता था मानों पृथिवी सोने के पुष्पों से फूली हुई थी। प्रिया प्रियतम से और प्रियतम प्रिया से मिलकर भूले हुए थे। (७) अंजन लगाने से नेत्र खंजन से दिखाई देते थे। सारस की जोड़ी सी होने के लिये उसने पति प्राप्त किया था।

(८) इस ऋतु में जिसके पास रति है, उन्हींके हृदय में सुख है। (९) प्रिया हँसकर प्रिय के गले लग रही थी, और प्रियतम की बाँह प्रिया के गले में थी।

(१) नौ उजियारी—जो उजियारी वर्षा में पुरानी होगई या खो गई थी, वह शरद् ऋतु में नई होकर आई, इसीलिये वह इतनी श्वेत लग रही थी। नई वस्तु अधिक उज्ज्वल होती है।

(२) पद्मावति भै पूनिवँ कला—जायसी ने यहाँ सरल शब्दों में पद्मावती के लावण्ययुक्त संवर्धन का अति सफल चित्र खींचा है। वह शशि है। शशि के समान ही उसके अंगावयव पूर्ण हुए। दोयज तीज चौथ आदि के चन्द्रमा की ज्योत्सनामयी कलाएँ क्रमशः उसका स्वरूप पुष्ट करती हैं। यों चतुर्दशी तक चौदह कलाओं से चन्द्रमा स्वरूप बनता है। उन कलाओं से ही मानों पद्मावती रूपी शशि के लावण्यमय अंग बने। सिंहल के चौदह चन्द्रमाओं की जितनी सुन्दरता थी उससे पद्मावती का निर्माण हुआ। पूर्णिमा का पन्द्रह कलाओं से पूर्ण चन्द्रमा उसकी मुख छवि हुआ। यों पूनों को पन्द्रह कला पूरी हो जाती हैं, किन्तु चन्द्रमा में सोलह कलाएँ मानी जाती हैं। नक्षत्रों की सम्मिलित ज्योति ही वह सोलहवीं कला हुई। पद्मावती पक्ष में अंगों और मुख की परिपूर्ण शोभा से युक्त होने पर भी उसने जो आभूषणों का शृंगार किया वही उसमें सोलहवीं कला की आभा आगई। यों नक्षत्रों के साथ सोलह कला सम्पन्न शशि को सूर्य ने प्राप्त किया। जायसी के इस चित्र की तुलना कालिदास के इस श्लोक से की जा सकती है—दिने दिने सा परिवर्धमाना लब्धोदया चान्द्रमसीव लेखा। पुपोष लावण्यमयान् विशेषाञ्ज्योत्सनान्तराणीव कलान्तराणि॥ (कुमारसंभव १।२५) – जन्म के अनन्तर पार्वती प्रतिदिन लावण्ययुक्त अंगों से इस प्रकार बढ़ने लगी जिस प्रकार ज्योत्स्ना में छिपी हुई नई नई कलाओं से चन्द्रलेखा बढ़ती है।

(७) होइ सारस जोरी पिउ पावा—सारस के लिये कवि ने कहा है—जिअन हमार मुअहिं एक पासा (३३।६)। पद्मावती ने जो आज पति पाया है, उसके साथ वह सारस जोड़ी होकर रहेगी। ऐसा ही हुआ, रत्नसेन के युद्ध में मारे जाने पर पद्मावती आगे जौहर करेगी (६५०।८-९)।

[३३९]

आइ सिसिर रितु तहाँ न सीऊ। अगहन पूस जहाँ घर पीऊ।१।
घनि औ पिउ महँ सीउ सोहागा। दुहूँक अंग एक मिलि लागा।२।
मन सौं मन तन सौं तन गहा। हिय सौं हिय बिच हार न रहा।३।
जानहुँ चंदन लागेउ अंगा। चंदन रहै न पावै संगा।४।
भोग करहिं सुख राजा रानी। उन्ह लेखें सब सिस्टि जुड़ानी।५।

जूझै दुहूँ जोबन सौं लागा । बिच हुत सीउ जीउ लै भागा ।६।
दुइ घट मिलि एकै होइ जाहीं । ऐस मिलहिं तबहूँ न अघाहीं ।७।
हंसा केलि करहिं जेउँ सरवर कुंदहिं कुरलहिं दोउ ।
सीउ पुकारै ठाढ़ भा जस चकई क बिछोउ ॥२९।९॥

(१) शिशिर ऋतु आई । अगहन-पूस के महीने में जिस घर में प्रियतम हो वहाँ शीत नहीं होता। (२) प्रिया और प्रियतम के बीच में शीत ऋतु सुहागे के समान है। जिससे दोनों के अंग मिलकर एक साथ जुड़ जाते हैं। (३) मन से मन, और शरीर से शरीर मिल गया। हृदय से हृदय ऐसे मिला कि हार के लिये भी बीच न रहा। (४) शीत ऋतु ऐसी थी मानों शरीर में चन्दन लगाया हो, पर प्रिय के संग में वह चन्दन की भाँति शीत न रही। (५) राजा और रानी मिलकर सुख भोग करने लगे। उनके लिये मानों सारी सृष्टि अपने-अपने जोड़े से युक्त हो गई (सृष्टि के सब प्राणी शीतल या तृप्त हो गए)। (६) एक दूसरे के यौवन से, दोनों आपस में जूझने लगे। दोनों के बीच में जो शीत था, वह प्राण लेकर भागा (गर्मी आ गई)। (७) जैसे दो शरीर मिलकर एक हो जाते हैं, वैसे वे मिल रहे थे फिर भी अघाते न थे।

(८) जैसे हंसों की जोड़ी सरोवर में क्रीड़ा करती है, ऐसे दोनों कूदते और शब्द करते थे। (९) शीत जो उस प्रिया के अंग में था, वहाँ से भगाए जाने पर (चकवे के रूप में) अलग खड़ा पुकार रहा था, मानों उसे किसी चकवी का बिछोह हुआ हो।

(१) ऋतु क्रम में हेमन्त के बाद शिशिर आती है। किन्तु जायसी ने भूल से शिशिर का पहले और हेमन्त का बाद में वर्णन किया है। इस असंगति को देखकर कुछ प्रतियों में शिशिर की जगह पाठ बदलकर हेमन्त कर दिया गया।

(२) सुहागा-(१) सौभाग्य; (२) सुहाग रात का सुख; (३) सुहागा जिससे दो धातुओं को मिलाकर एक करते हैं।

(९) सीउ पुकारै ठाढ़=यहाँ शीत ऋतु की कल्पना उपपति रूप में की गई है, जो नायिका के साथ था। किन्तु नायिका के पति के संग में होने से वह भाग गया।

[३४०]

रितु हेवंत संग पीउ न पाला । माघ फागुन सुख सीउ सियाला ।१।
सौर सुपेती महँ दिन राती । दगल चीर पहिरहिं बहु भाँती ।२।
घर घर सिंघल होइ सुख भोगू । रहा न कतहूँ दुख कर खोजू ।३।
जहँ धनि पुरुख सीउ नहिं लागा । जानहुँ काग देखि सर भागा ।४।
जाइ इंद्र सौं कीन्ह पुकारा । हौं पदुमावति देस निकारा ।५।
एहि रितु सदा सँग मैं सोवा । अब दरसन हुत मारि बिछोवा ।६।
अब हँसि कै ससि सूरहि भेंटा । अहा जो सीउ बीच हुत मेंटा ।७।

भएउ इंद्र कर आएसु प्रस्थावा यह सोइ ।
कबहुँ काहु कै प्रभुता कबहुँ काहु कै होइ ॥२९।१०॥

(१) हेमन्त ऋतु में प्रिय के साथ पाला नहीं लगता। माघ फागुन के शीत समय में शीत भी सुखकर होता है। (२) पति पत्नी रात दिन सौर सुपेती में छिपे रहते हैं। वे बहुत प्रकार के दगले और चीर पहिनते हैं। (३) सिंहल में घर घर सुख भोग होने लगा। कहीं भी दुःख का चिन्ह न रहा। (४) जहाँ बाला और पति एक साथ हैं, वहाँ शीत नहीं लगता। वहाँ से शीत ऐसे भागता है जैसे कौवा बाण देखकर भागा हो। (५) शीत ने जाकर इन्द्र से पुकार की कि पद्मावती ने मुझे देश निकाला दे दिया है। (६) इस ऋतु में मैं सदा उसके संग सोता था, अब मुझे दर्शन से भी अलग करके मारकर भगा दिया। (७) अब तो हँस हँसकर शशि सूर्य से भेंट करती है। जो शीत था उसे अपने बीच से मिटा दिया है।

(८-९) इन्द्र की आज्ञा हुई–'यह तो वही बात है, कि कभी किसी की प्रभुता होती है, कभी किसी की।'

(१) सियाला=शीतकाल। इसका उल्टा उन्हाला होता है।
(२) दगल दगला=एक प्रकार का गर्म चोगा (२७६।७)।
(६) एहि रितु सदा सँग मैं सोवा–दे० ३३९।९।
(८) प्रस्थाना–सं० प्रस्थापक=नियम, सिद्धान्त।

३० : नागमती वियोग खण्ड

[३४१]

नागमती चितउर पँथ हेरा। पिउ जो गए फिरि कीन्ह न फेरा ।१।
नागरि नारि काहुँ बस परा। तेइँ बिमोहि मोसौं चितु हरा ।२।
सुवा काल होइ लै गा पीऊ। पिउ नहिं लेत लेत बरु जीऊ ।३।
भएउ नरायन बावन करा। राज करत बलि राजा छरा ।४।
करन बान लीन्हेउ कै छंदू। भारथ भएउ झिलमिल आनंदू ।५।
मानत भोग गोपीचँद भोगी। लै उपसवा जलंधर जोगी ।६।
लै कान्हहि भा अकरुर अलोपी। कठिन बिछोउ जिऔ किमि गोपी ।७।
सारस जोरी किमि हरी मारि गएउ किन खग्गि।
झुरि झुरि पाँजरि धनि भई बिरह कै लागी अग्गि ॥३०।१॥

(१) नागमती चित्तौड़ में बाट देखती थी। 'प्रियतम जो गए लौट कर न आए। (२) वे किसी नागरी नारी के फेर में पड़ गए हैं। उसने मोहित करके उनका चित्त मेरी ओर से हर लिया है। (३) सुग्गा काल बनकर प्रियतम को ले गया। हाय! प्रिय को न ले जाता चाहे प्राण ले जाता। (४) वह सुग्गा वामन रूप में नारायण बनकर आया और राज करते हुए राजा बलि को छल ले गया। (५) उसने छल करके कर्ण की परीक्षा (बान) ली, जिससे अर्जुन को उसके कवच से आनन्द हुआ। (६) भोगी गोपीचन्द भोगों में फँसे थे। जोगी जालन्धर नाथ उन्हें लेकर चले गए। (७) कृष्ण को लेकर अक्रूर अदृष्ट हो गया। कठिन बिछोह में गोपी कैसे जीवित रहेगी ?

(८) सारस की जोड़ी में से एक को वह क्यों हर ले गया ? हरना ही था तो खगी को मार क्यों नहीं गया !' (९) विरह की ऐसी आग लगी कि बाला सूख सूख कर पंजर हो गई।

(५) बान—कसौटी पर कसने का रंग या रेखा, सं० वर्ण, प्रा० वण्ण > बान।

भारथ भएउ झिलमिल आनन्दू=अर्जुन को कर्ण के कवच से आनन्द हुआ। इस क्लिष्ट पंक्ति के कई पाठान्तर हुए जिन्हें विज्ञ पाठक स्वयं तुलना करके देख सकते हैं—

१—भारथ भएउ झिलमिल आनन्दू (मनेर शरीफ की प्रति, शाहजहाँ कालीन, लगभग १६४०)।

२—भारथ भएउ झिल मिला नंदू (प्र० १=पीए०, १६९६ की सुलिखित फारसी प्रति)।

३—भरथ भएउ झिलमिला अनंदू (तृ०१=पीडी०, सम्भवतः १८ वीं शती की फारसी प्रति)।

४—परथ भएउ छल मिल आनन्दू (प० १ गोपालचंद्र जी की अति सुलिखित फारसी प्रति, ११९५ हिजरी, १८ वीं शती का अन्तिम भाग)।

५—भरथहि भएउ झलमला नंदू (भारत कला भवन की कैथी प्रति)।

६—भरथरि भयो झलमला नंदू (तृ० ३=एन एम०, अति सुलिखित नागरी प्रति, १९ वीं शती)।

भारथ—यद्यपि सं० ४ में परथ (परथहि) पाठ पार्थ या अर्जुन का पर्याय है, किन्तु अधिकांश प्रामाणिक प्रतियों में भारथ पाठ होने से वही मूल ज्ञात होता है। जायसी ने कई स्थलों पर भारत के लिये भारथ प्रयोग किया है। भारत का प्रयोग भारत युद्ध, महाभारत ग्रन्थ और महाभारत के मुख्य पात्र अर्जुन के लिये किया जाता था।

झिलमिल—इसके पाठान्तर झिलमिला, झलमला, हुए और फिर फारसी लिपि में बिन्दुओं की घटा बढ़ी से 'छल मिल' पाठ हो गया। झिलमिल कवच का वाचक था जिसे फारसी में जिरह कहते थे।

आनंदू—झिलमिल के साथ आनंदू पढ़ने से 'झिलमिला नंदू' हो जाना स्वाभाविक था। इस प्रकार मूल पाठ जिसका नव प्राप्त शाहजहाँ कालीन मनेर की प्रति से समर्थन होता है 'भारथ भएउ झिलमिल आनंदू' ही ज्ञात होता है जो अर्थ संगति की दृष्टि से भी सर्व श्रेष्ठ है। जब इन्द्र ने छल करके कर्ण की परीक्षा ली तो वह उसका कवच मांग कर ले गया। उस कवच से अर्जुन को सुख मिला। नागमती का कथन है कि उसी प्रकार सुग्गा भी छल करके उसका अन्तरंग प्रियतम हर ले गया जिससे उसे दुःख मिला और उसकी बैरिनि पद्मावती को आनन्द पहुँचा। हानि-लाभ की दृष्टि से बलि, कर्ण, गोपीचंद, कृष्ण, इन चार प्रकार के दृष्टान्तों में से प्रत्येक का दो अर्धालियों में वर्णन जायसी की प्रस्तुत शैली है। शुक्ल जी के संस्करण में 'विप्र रूप धरि झिलमिल इंदू' कठिन मूल पाठ का सरल भावार्थ है।

(६) गोपीचंद—गोपीचंद बंगाल के राजा माणिकचन्द्र के और उनकी रानी मैनावती के पुत्र कहे

जाते हैं। माता मैनावती ने पुत्र को गुरु जालंधरनाथ (जिनका नाम हाड़ीपा भी था) से दीक्षा दिलवा कर योग मार्ग में प्रवृत्त किया। गोपीचंद के अनेक गान बंगला में एवं देश्य भाषाओं में प्रचलित हैं। हिन्दी में भी लक्ष्णदास का बनाया एक गोपीचंद गान है (शशि भूषणदास गुप्त, अप्रसिद्ध धार्मिक संप्रदाय (अंग्रेजी ग्रन्थ) पृ० ४३३)। १३०।६ की टीका में भूल से गोपीचंद को गोरखनाथ का शिष्य लिखा गया है।

जलंधर जोगी–जालंधरनाथ मत्स्येन्द्रनाथ के गुरु भाई थे, और मत्स्येन्द्रनाथ गोरखनाथ के गुरु थे। बंगाल परंपरा में ये जाति के हाड़ी या हलालखोर माने गए हैं। ये बहुत बड़े सिद्ध और योग मार्ग की कापालिक शाखा के प्रवर्तक थे (पं० हजारीप्रसाद द्विवेदी, नाथ संप्रदाय, पृ० ७७, ८२)।

(८) खग्गि–खगी, सारस की जोड़ी में उसकी मादा (श्री माताप्रसाद, भूमिका, पृ० ३८)।

[३४२]

पिउ बियोग अस बाउर जीऊ। पपिहा तस बोलै पिउ पीऊ।१।
अधिक काम दगधै सो रामा। हरि जिउ लै सो गएउ पिय नामा।२।
बिरह बान तस लाग न डोली। रकत पसीज भीजि तन चोली।३।
सखि हिय हेरि हार मैन मारी। हहरि परान तजै अब नारी।४।
खिन एक आव पेट महँ स्वाँसा। खिनहि जाइ सब होइ निरासा।५।
पौनु डोलावहिं सींचहिं चोला। पहरक समुझि नारि मुख बोला।६।
प्रान पयान होत केइँ राखा। को मिलाव चात्रिक कै भाखा।७।
आह जो मारी बिरह की आगि उठी तेहि हाँक।
हंस जो रहा सरीर महँ पाँख जरे तन थाक॥३०।२॥

(१) प्रिय के वियोग में उसका जी बावला सा हो गया। वह पपीहे की तरह 'पिउ पिउ' रटने लगी। (२) काम उस स्त्री को अधिक अधिक सताने लगा। वह सुग्गा प्रियतम के नाम से उसका प्राण ही हर ले गया। (३) उसे ऐसा विरह का बाण लगा कि हिल डुल भी न सकती थी। रक्त के पसीजने से शरीर की चोली भीग गई। (४) सखी ने मन में विचार कर देखा कि मदन की सताई हुई यह बाला अब हार गई है और काँप काँपकर प्राण देना छोड़ चाहती है। (५) पहले क्षण में श्वास पेट में आता था और दूसरे क्षण निकल जाता था जिससे वे सब निराश हो जाती थीं। (६) सखियाँ हवा करतीं और चोले को जल से सींचती थीं। पहर भर में वह बाला होश में आकर मुँह से बोली। 'प्राण जाना चाहता है। इसे कौन रक्खेगा? कौन चातक की भाषा ('पिउ') से मिलाएगा?'

(८) उसके मुँह से विरह की आह निकली। उस हाँक से अग्नि उत्पन्न हुई। (९) शरीर में जो हंस या जीव था उसके पंख जल गए। अतएव वह उड़ न सका और शरीर में ही रह गया।

(४) सखि हिय हेरि–यह श्रेष्ठ मौलिक पाठ था, कई प्रकार से इसे सरल या विकृत किया गया। मैन मारी–काम की मारी हुई, मदन की सताई हुई।
हहरि=काँप कर (जेतिक ओढौं सँवर सुपेती। हहलि हहलि उर काँपौं तेती। चित्रा० ४५३।४)।

(६) समुझि–सम्बुद्ध होकर, जागकर, होश में आकर। सखियाँ पंखा डुलाकर और जल छिड़ककर उपचार करने लगीं। उसके एक पहर बाद नागमती होश में आई।

(७) चात्रक कै भाखा–इस श्रेष्ठ पाठ का अर्थ है चातक या पपीहे की बोली 'पिउ पिउ'। ३६७।९ (जबते दाहिन होइ मिला बोलु पपीहा पाँखि) में भी पपीहे पक्षी के बोल का तात्पर्य 'पिउ' या प्रियतम से है।

(९) हंस जो रहा सरीर में–यह काव्यमय कल्पना है। प्रान पयान होत केइँ राखा ? इस प्रश्न का उत्तर इस पंक्ति में है। शरीर के भीतर जो जीवरूपी हंस था, विरह में उसके पंख जल गए, अतएव उड़ न सकने से उसे शरीर में ही रह जाना पड़ा।
थाक–प्रा० अप० थक्क (सं० स्था का धात्वादेश)=रहना, स्थिर होना। थक्क=स्थित (पासद्द०, ५५०)।

[३४३]

पाट महादेइ हिएँ न हारू। समुझि जीउ चित चेतु सँभारू।१।
भँवर कँवल सँग होइ न परावा। सँवरि नेह मालति पहँ आवा।२।
पीउ सेवाति सौं जैस पिरीती। टेकु पियास बाँधु जिय थीती।३।
धरती जैस गँगन के नेहा। पलटि भरै बरखा रितु मेहा।४।
पुनि बसंत रितु आव नवेली। सो रस सो मधुकर सो बेली।५।
जनि अस जीउ करसि तूँ नारी। दहि तरिवर पुनि उठहिं सँभारी।६।
दिन दस जल सूखा का नंसा। पुनि सोइ सरवर सोई हंसा।७।
मिलहिं जो बिछुरै साजना गहि गहि भेंट गहंत।
तपनि मिरगिसिरा जे सहहिं अद्रा ते पलुहंत॥३०।३॥

(१) 'पट्ट महादेवी हृदय में हारो नहीं। जी में समझो और चित्त में चैतन्य की रक्षा करो। (२) भौंरा कमल के संग जाकर भी पराया नहीं होगा। पहले के प्रेम का स्मरण कर वह मालती के पास लौटेगा। (३) प्रियतम रूपी स्वाति में तुम्हारी जैसी दृढ़ प्रीति थी, उससे प्यास को रोके रहो, और मन में टेक (स्थिति) बाँधे रहो। (४) धरती जैसे आकाश के मेघ से स्नेह करती है, तो वह भी लौटकर वर्षा ऋतु में उसे मेह से भर देता है। (५) फिर नवेली वसन्त ऋतु आएगी। उस समय वही रस, वही भौंरा, वही बेल होगी। (६) हे रमणी, तुम अपना चित्त ऐसा न करो। जले हुए वृक्ष भी फिर सम्हल कर (पल्लवित होकर) उठ जाते हैं। (७) दस दिन तक जल सूखा भी रहा तो क्या हानि है ? पुनः वही सरोवर और वही हंस होगा।

(८) जो साजन बिछुड़ते हैं, वे फिर मिलते हैं और प्रफुल्लित भेंट और आलिंगन करते हैं। (९) जो मृगशिरा की तपन सहते हैं, वे आर्द्रा में फिर हरे भरे हो जाते हैं।'

(१) पाट महादेइ–सं० पट्ट महादेवी । लक्ष्मीधर की प्रति में 'पाट न भा देइ' निकृष्ट पाठ है ।
(३) थीती- सं० स्थिति=मर्यादा, टेक ।
(४) गँगन–आकाश, आकाश में एकत्र होने वाले मेघ ।
(७) नंसा=नाश, हानि ।
(८) साजना=पति । सं० स्वजन ।
गहिगहि=गहगहे भाव से, प्रफुल्लता के साथ, आनन्द मग्न होकर ।
(९) तपनि मिरगिसिरा–आर्द्रा [आषाढ़ कृष्ण], पुनर्वसु [आषाढ़ शुक्ल], पुष्य [श्रावण कृष्ण], श्लेषा [श्रावण शुक्ल], मघा [भाद्रपद कृष्ण], पूर्वा फाल्गुनी [भाद्रपद शुक्ल], उत्तरा फाल्गुनी [आश्विन कृष्ण], हस्त [आश्विन शुक्ल], चित्रा [आश्विन शुक्ल का अन्त या कार्तिक कृष्ण], स्वाति [कार्तिक शुक्ल], ये दस वृष्टि के नक्षत्र हैं । प्रत्येक १५ दिन तपता है । कार्त्तिक में स्वाति आता है । पहिला नक्षत्र आर्द्रा लगभग २२-२३ जून को लगता है जिस समय उत्तरी भारत में वृष्टि का आरम्भ होता है । आर्द्रा से पहिले १५ दिन तक मृगशिरा नक्षत्र ज्येष्ठ शुक्ल में खूब तपता है । मृग डाह के बाद आर्द्रा आता है । उसीकी ओर जायसी का संकेत है ।

[३४४]

चढ़ा असाढ़ गँगन घन गाजा । साजा बिरह दुंद दल बाजा ।१।
धूमं स्याम धौरे घन धाए । सेत धुजा बगु पाँति देखाए ।२।
खरग बीज चमकै चहुँ ओरा । बुंद बान बरिसै घन घोरा ।३।
अद्रा लाग बीज भुइँ लेई । मोहि पिय बिनु को आदर देई ।४।
ओनै घटा आई चहुँ फेरी । कंत उबारु मदन हौं घेरी ।५।
दादुर मोर कोकिला पीऊ । करहिं बेझ घट रहै न जीऊ ।६।
पुख नछत्र सिर ऊपर आवा । हौं बिनु नाँह मँदिर को छावा ।७।
जिन्ह घर कंता ते सुखी तिन्ह गारौ तिन्ह गर्ब ।
कंत पियारा बाहिरें हम सुख भूला सर्ब ॥३०४॥

(१) असाढ़ का महीना आ गया। मेघ आकाश में गरजने लगा। विरह ने युद्ध की तैयारी की है और उसकी सेना आ पहुँची है। (२) धुमैले, काले, धौले बादल सैनिकों की भाँति गगन में दौड़ने लगे । बगुलों की पंक्तियाँ श्वेत ध्वजा सी दीखने लगीं । (३) बिजली चारों ओर तलवार सी चमकने लगी। मेघ बूँद रूपी बाणों की घनघोर वर्षा करने लगे । (४) आर्द्रा लगते ही बिजली चमककर भूमि छूने लगी । हा ! मुझे प्रिय के बिना कौन आदर देगा ! (५) चारों ओर घटा झुक आई है । हे कन्त, मदन ने मुझे घेर लिया है, मुझे बचाओ । (६) दादुर, मोर कोयल, पपीहे बेध रहे हैं, अब घट में प्राण न रहेगा । (७) पुष्य नक्षत्र सिर ऊपर आ गया है । मैं बिना स्वामी के हूँ । कौन मेरा मंदिर छवाएगा ?

(८) जिनके घर कंत हैं, वे सुखी हैं। उन्हीं को गौरव और गर्व है। (९) मेरा प्यारा कन्त बाहर है; इससे मैं सब सुख भूल गई हूँ।

(१) बाजा=आ पहुँचा । सं० व्रज > प्रा० वज्जइ (पासद्द० ९१७) ।

(३) आर्द्रा लगना । (३४३।७) आषाढ़ कृष्ण में आर्द्रा बरसता है । आर्द्रा में किसान भूमि में बीज बोने लगते हैं ।

(४) ओनइ–सं० अवनता > अवनया > ओनया > ओनइ ।

(७) पुख नक्षत्र-आर्द्रा के बाद पुनर्वसु आषाढ़ शुक्ल में, और उसके बाद पुष्य श्रावण कृष्ण पक्ष में लगता है । पुष्य को लोक में चिरैया नक्षत्र कहते हैं । नागमती असाढ़ शुक्ल में कह रही है कि पुष्य सिर पर आ गया ।

(८) गारौ–सं० गौरव > प्रा० गारव [पासद्द० ३६८] > गारौ > ।

[३४५]

सावन बरिस मेह अति पानी । भरनि भरइ हौं बिरह झुरानी ।१।
लागु पुनर्बसु पीउ न देखा । भै बाउरि कहँ कंत सरेखा ।२।
रकत क आँसु परे भुइँ टूटी । रेंगि चली जनु बीर बहूटी ।३।
सखिन्ह रचा पिउ संग हिँडोला । हरियर भुइँ कुसुंभि तन चोला ।४।
हिय हिँडोल जस डोलै मोरा । बिरह झुलावै देइ झँकोरा ।५।
बाट असूझ अथाह गँभीरा । जिउ बाउर भा भवै भँभीरा ।६।
जग जल बूड़ि जहाँ लगि ताकी । मोर नाव खेवक बिनु थाकी ।७।
परबत समुँद अगम बिच बन बेहड़ घन ढंख ।
किमि करि भेटौं कंत तोहि ना मोहि पाँव न पंख ॥३०।५॥

(१) 'सावन में मेघों से खूब पानी बरसता है । भरन पड़ रही है, फिर भी मैं विरह में सूखती हूँ । (२) पुनर्वसु लग गया । क्या प्रियतम ने उसे नहीं देखा ? चतुर प्रियतम कहाँ रहे, यह सोच सोच मैं बावली हो गई । (३) रक्त के आँसू पृथ्वी पर बिखर रहे हैं । वे ही मानों बीर बहूटियाँ रेंग रही हैं । (४) मेरी सखियों ने अपने प्रियतमों के साथ हिंडोला डाला है । हरी भूमि देखकर उन्होंने अपना तन कुसुम्भी चोले से सजा लिया है । (५) पर मेरा हृदय हिंडोले की तरह ऊपर नीचे हो रहा है । विरह झकोले देकर उसे झुला रहा है । (६) बाट असूझ, अथाह और गम्भीर है । मेरा जी बावला हुआ भँभीरी की भाँति घूम रहा है । (७) जहाँ तक देखती हूँ, संसार जल में डूबा है । मेरी नाव खेवक के बिना ठहरी हुई है ।

(८) पर्वत, अगम समुद्र, बीहड़ वन और घने ढाक के जंगल मेरे और प्रियतम के बीच में हैं । (९) हे प्यारे, तुमसे कैसे मिलूँ ? न मेरे पाँव हैं, न पंख ।

(१) मेह–सं० मेघ ।
भरनि=मूसलाधार वृष्टि । लोक में यह शब्द अब भी इसी अर्थ में प्रचलित है ।

(२) पुनर्वसु–आषाढ़ शुक्ल में लगभग ५ जुलाई को यह नक्षत्र लगता है । नागमती कहती है कि पुनर्वसु लगा, पर प्रिय ने उसे नहीं देखा, नहीं तो मेरे पति चतुर हैं, वे उसका संकेत

समझकर अवश्य लौट आते ।

(६) बाट–सं० वर्त्म > प्रा० बट्ट > बाट ।

भँभीरा–एक पतिंगा जो वर्षा के अन्त में प्रायः पानी के किनारे घास के ऊपर दिखाई पड़ता है । यह अपने परों को हिलाकर भन भन शब्द करता है (शब्दसागर) ।

(७) थाकी–प्रा० थक्क (दे० ३४२।९) ।

[३४६]

भर भादौं दूभर अति भारी । कैसें भरौं रैनि अँधियारी ।१।
मँदिल सून पिय अनतै बसा । सेज नाग भै धै धै डसा ।२।
रहौं अकेलि गहें एक पाटी । नैन पसारि मरौं हिय फाटी ।३।
चमकि बीज घन गरजि तरासा । बिरह काल होइ जीउ गरासा ।४।
बरिसै मघा झँकोरि झँकोरी । मोर दुइ नैन चुवहिं जसि ओरी ।५।
पुरबा लाग पुहुमि जल पूरी । आक जवास भईं हौं झूरी ।६।
धनि सूखी भर भादौं माहाँ । अबहूँ आइ न सींचति नाहाँ ।७।
जल थल भरे अपूरि सब गँगन धरति मिलि एक ।
धनि जोबन औगाह महँ दे बूड़त पिय टेक ॥३०।६॥

(१) भादों का महीना भर गया है । वह अत्यन्त दुःसह और भारी है । अँधियारी रात कैसे पूरी करूँ ? (२) मन्दिर सूना करके प्रियतम अन्यत्र बसे हैं । सेज नाग होकर दौड़ दौड़ कर डसती है । (३) एक पट्टी पकड़े मैं अकेली पड़ी रहती हूँ । नेत्र फैलाए हुए मैं हृदय फटने से मरी जा रही हूँ । (४) बिजली चमक कर और मेघ गरज कर मुझे डरपाते हैं । विरह काल होकर प्राण ग्रसे लेता है । (५) मघा नक्षत्र झक झोर कर बरस रहा है । मेरे दोनों नेत्र ओलती से चू रहे हैं । (६) (मघा के बाद) पूर्वा फाल्गुनी लग गया और धरती जल से भर गई । मैं सूखकर ऐसे हो गई, जैसे वर्षा में आक और जवास बिना पत्ते के हो जाते हैं । (७) भरे भादों में भी बाला सूख रही है । हे स्वामी, अब भी आकर क्यों नहीं सींचते ?

(८) ऊँचे स्थल भी जल से ऊपर तक भर गए हैं । धरती आकाश मिलकर एक हो गए हैं । (९) हे प्रिय, यौवन के अगाध जल में डूबती हुई बाला को सहारा दो ।

(२) धै धै डसा–दौड़ दौड़ कर डसती है । ध्वनि यह है कि बाला सेज पर नहीं जाती, दौड़ दौड़ कर डसने वाले सर्प से जैसे दूर भागती है ।

(५) मघा–भाद्र पद कृष्ण पक्ष में मघा नक्षत्र बरसता है ।

(६) पुरबा–पूर्वा फाल्गुनी नक्षत्र जो भाद्र पद शुक्ल पक्ष में लगता है ।

आक जवास–ये दोनों वर्षा में निष्पत्र हो जाते हैं । तुलसी, अर्क जवास पात बिनु भएउ ।

[३४७]

लाग कुआर नीर जग घटा। अबहुँ आउ पिउ परभुमि लटा ।१।
तोहि देखे पिउ पलुहै काया। उतरा चित्त फेरि करु माया ।२।
उए अगस्ति हस्ति घन गाजा। तुरै पलानि चढ़े रन राजा ।३।
चित्रा मिंत मीन घर आवा। कोकिल पीउ पुकारत पावा ।४।
स्वाति बुंद चातिक मुख परे। सीप समुंद्र मोँति लै भरे ।५।
सरवर सँवरि हंस चलि आए। सारस कुरुरहिं खँजन देखाए ।६।
भए अवगास कास बन फूले। कंत न फिरे बिदेसहि भूले ।७।
बिरह हस्ति तन सालै खाइ करै तन चूर।
बेगि आइ पिय बाजहु गाजहु होइ सदूर ॥३०।७॥

(१) कुँआर लग गया। संसार में जल घटने लगा। हे प्रिय, परदेश में लट रहे हो। अब तो घर लौट आओ। (२) हे प्रिय, तुम्हें देखकर मेरा सूखा शरीर फिर हरा होगा। अपना उतरा हुआ चित्त मेरी ओर करके (या उत्तरा से चित्रा के भीतर फिर) आने की दया करो। (३) अगस्त्य के उदय होने पर हस्त नक्षत्र का मेघ गरजने लगा (या मेघ रूपी हाथी गरजने लगे)। राजाओं ने घोड़ों पर पलान रखकर युद्ध की तैयारी की। (४) चित्रा का मित्र चन्द्रमा मीन राशि में आ गया। कोयल ने 'पिऊ पिऊ' पुकारते हुए मानों अपना पति पा लिया है तभी तो वह चुप हो गई है। हे मेरे चित्त के मित्र, तुम भी तो घर आवो। (५) स्वाति की बूँदें चातक के मुख में पड़ गई हैं। समुद्र में सीप मोतियों से भर गई हैं। (६) सरोवर का स्मरण कर हंस लौट आए। सारस फिर कुरलने लगे, और खंजन दिखाई देने लगे। (७) सब ओर मैदानों में कास के वन फूले हैं। पर हे कंत, तुम विदेश में ऐसे भूले कि फिर न लौटे।

(८) विरह रूपी हाथी शरीर को कष्ट दे रहा है। वह खाकर इसे नष्ट कर देगा। (९) हे प्रिय, जल्दी आकर पहुँचो और विरह के सामने सिंह के समान गरजो।

(१) लटा=घट गया, क्षीण हो गया।

(३) उअे अगस्त–हस्त नक्षत्र में अगस्त्य तारा दिखाइ पड़ता है। हस्त या हथिया में चील के इतना बादल भी दिखाई पड़े तो खूब गरजता बरसता है।
पलानि–धा० पलानना=पलान रखना, जीन रखना। सं० पर्याण, पर्याणयति > प्रा० पल्लाणइ।

(४) चित्रा मिंत मीन घर आवा–उत्तरा, हस्त, चित्रा ये कुआर के नक्षत्र हैं। चित्रा का मित्र चन्द्रमा है। वह मीन राशि में कुआर की पूर्णिमा से एक दिन पहले आ जाता है। इस पंक्ति का दूसरा अर्थ भी स्पष्ट है–हे मेरे चित्त के मित्र, मीन राशि में तो तुम घर आ जाओ। देखो, पुकारती हुई कोयल ने भी अपना प्रियतम पा लिया है। तभी तो वह अब नहीं बोलती। कोयल कुआर में बोलना बन्द कर देती है। इस पर कवि की कल्पना है कि जिस प्रिय के लिये कोयल पुकारती थी उससे उसका मिलन हो गया। एक मैं हूँ जो अभी तक पुकार रही हूँ। चित्रा का मित्र चंद्रमा, तुलना कीजिए 'काप्यभिख्या तयोरासीत्'''चित्राचन्द्रमसोरिव। रघु० १।४६)

(७) अवगास–सं० अवकाश > प्रा० ओगास=जगह, स्थान, मैदान।

(९) बाजहु=पहुँचो । दे० ३४४।१ ।

[३४८]

कातिक सरद चंद उजियारी । जग सीतल हौं बिरहैं जारी ।१।
चौदह करा कीन्ह परगासू । जानहुँ जरें सब धरति अकासू ।२।
तन मन सेज करै अगिडाहू । सब कहँ चाँद मोहिं होइ राहू ।३।
चहूँ खंड लागै अँधियारा । जौं घर नाहिंन कंत पियारा ।४।
अबहूँ निठुर आव एहिं बारा । परब देवारी होइ संसारा ।५।
सखि झूमक गावहिं अँग मोरी । हौं झूरौं बिछुरी जेहि जोरी ।६।
जेहि घर पिउ सो मुनिवरा पूजा । मो कहँ बिरह सवति दुख दूजा ।७।
सखि मानहिं तेवहार सब गाइ देवारी खेलि ।
हौं का खेलौं कंत बिनु तेहिं रही छार सिर मेलि ॥३०८॥

(१) कार्त्तिक में शरद के चन्द्रमा की उजाली छाई हुई है । जगत शीतल है पर मैं विरह से जल रही हूँ। (२) चौदह कलाओं से पूर्ण होकर चन्द्रमा ने प्रकाश किया है । मुझे जान पड़ता है जैसे धरती से आकाश तक सब जल रहा है । (३) मेरे तन और मन में सेज अग्निदाह उत्पन्न करती है। सबके लिये जो चाँद है वह मेरे लिये राहु हो रहा है । (४) जब घर में प्यारा कन्त नहीं, तो चारों दिशाओं में अँधेरा लगता है। (५) हे निष्ठुर, अब भी इस दिन तो घर आ जाओ, जब कि संसार में दिवाली का पर्व मनाया जा रहा है । (६) सखियाँ अंग मोड़ मोड़कर झूमक गा रही हैं । जिसकी जोड़ी बिछुड़ गई है ऐसी मैं ही सूख रही हूँ । (७) जिसका प्रियतम घर पर है, वह कातिकी पूनो को सप्तर्षियों की पूजा करती है । मुझे तो विरह और सौत का दोहरा दुःख है ।

(८) सब सखियाँ त्यौहार मना रही हैं और गीत गाकर दिवाली में क्रीड़ा कर रही हैं । (९) मैं कन्त के बिना क्या खेलूँ ? इसी दुःख से मैं सिर में धूल डाल रही हूँ ।

(७) मुनिवरा पूजा—कार्तिक की पूर्णिमा को सौभाग्यवती स्त्रियाँ मुनिवरों अर्थात् सप्तर्षियों का पूजन करती हैं ।

[३४९]

अगहन देवस घटा निसि बाढ़ी । दूभर दुख सो जाइ किमि काढ़ी ।१।
अब धनि देवस बिरह भा राती । जरै बिरह ज्यों दीपक बाती ।२।
काँपा हिया जनावा सीऊ । तौ पै जाइ होइ सँग पीऊ ।३।
घर घर चीर रचा सब काहूँ । मोर रूप रँग लै गा नाहूँ ।४।
पलटि न बहुरा गा जो बिछोई । अबहूँ फिरै फिरै रँग सोई ।५।
सियरि अगिनि बिरहिनि हिय जारा । सुलगि सुलगि दगधै भै छारा ।६।

यह दुख दगध न जानै कंतू । जोबन जरम करै भसमंतू ।७।
पिय सौं कहेहु सँदेसरा ऐ भँवरा ऐ काग ।
सो धनि बिरहें जरि गई तेहिक धुआँ हम लाग ॥३०।९॥

(१) अगहन में दिन घट गया और रात बड़ी हो गई। मेरा दुःख बड़ा दूभर है। यह रात कैसे बीतेगी ? (२) अब तो बाला को विरह के कारण दिन भी रात हो गई है। वह विरह में दीपक की बत्ती की तरह जल रही है। (३) शीत ने अपना प्रभाव जताया है, उससे हृदय काँप रहा है। यदि प्रिय संग में हों, तभी शीत जाता है। (४) घर घर में सबने शीत के नए वस्त्र निकाले हैं। मेरा रूप रंग (साज शृंगार) स्वामी के साथ चला गया। (५) वह बिछोही जब से गया, नहीं लौटा। अब भी लौट आवे तो वही रंग फिर आ सकता है। (६) ठंडक आग बनकर विरहिणी का हृदय जलाती है वह हृदय सुलग सुलग कर जलने से राख हो गया है। (७) कन्त यह दाह का दुःख नहीं जानता जो यहाँ मेरा यौवन और जन्म भस्म कर रहा है।

(८) ऐ भौंरे, ऐ काग, यह संदेश प्रिय से जाकर कह देना—'वह बाला बिरह में जल गई। उसीका धुआँ हमें लग गया है।'

(२) देवस बिरह भा राती—बाला के विरह की आग से दिन का रंग काला पड़कर वह रात में मिल गया है। वह जैसी रात में जलती थी, वैसी ही दिन में जलने लगी है

(८) संदेसरा—अप० संदेसड़ा । संदेस+अप० डा प्रत्यय ।

[३५०]

पूस जाड़ थरथर तन काँपा । सुरुज जड़ाइ लंक दिसि तापा ।१।
बिरह बाढ़ि भा दारुन सीऊ । कँपि कँपि मरौं लेहि हरि जीऊ ।२।
कंत कहाँ हौं लागौं हियरें । पंथ अपार सूझ नहिं नियरें ।३।
सौर सुपेती आवै जूड़ी । जानहुँ सेज हिवंचल बूड़ी ।४।
चकई निसि बिछुरै दिन मिला । हौं निसि बासर बिरह कोकिला ।५।
रैनि अकेलि साथ नहि सखी । कैसें जिऔं बिछोही पँखी ।६।
बिरह सैचान भँवै तन चाँड़ा । जीयत खाइ मुएँ नहिं छाँड़ा ।७।
रकत ढरा माँसू गरा हाड़ भए सब संख ।
धनि सारस होइ ररि मुई आइ समेटहु पंख ॥३०।१०॥

(१) पूस के महीने में जाड़े से शरीर थर थर काँपता है। उस समय सूर्य भी जाड़ा लगने से लंका (दक्षिण दिशा या कटि प्रदेश) की ओर जाकर तापता है। (२) विरह के बढ़ने से शीत और दारुण हो गया। मैं काँप काँप कर मर रही हूँ। वह मेरा

प्राण लिये लेता है। (३) स्वामी कहाँ हैं जो मैं उनके हृदय से लगूँ ? मार्ग अपार है; निकट की वस्तु भी मुझे नहीं सूझती। (४) जाड़े के ओढने बिछाने के वस्त्रों में भी जूड़ी आती है, मानों सेज हिमालय की बर्फ में डूबी हो। (५) चकवी रात को बिछुड़कर दिन में मिल जाती है। पर मैं रात दिन विरह में कोयल बनी पुकार रही हूँ। (६) रात में अकेली रह जाती हूँ, सखी भी साथ में नहीं होती। मैं कैसे जिऊँ ? जब मेरी जोड़ी का पक्षी बिछुड़ा हुआ है। (७) विरह रूपी सचान (बाज़) भयंकर रूप में शरीर के चारों ओर मँडरा रहा है कि जीते जी ही खा ले, मरने पर तो किसी तरह न छोड़ेगा।

(८) विरह में उसका रक्त आँसू बनकर ढल गया, मांस गल गया, हड्डियाँ सूखकर शंख हो गईं। (९) बाला सारस की जोड़ी की भाँति रटती हुई मर गई। हे प्रिय, अब आकर उसके पंख समेट लो।

(१) लंक दिसि—(१) लंका की दिशा, दक्षिण दिशा; सूर्य जाड़े में दक्षिणायन होता है। (२) कटि प्रदेश, सूर्य रूपी पति शीत से बचने के लिए प्रिया के कटि भाग का आलिंगन कर उष्णता पाता है।

(४) सौर सुपेती—दे० ३३५।४। तुलना, चित्रावली ४५३।४, जेतिक ओढ़ौं सँवर सुपेती। हहलि हहलि उर काँपौं तेती।

(७) सैचान=बाज़। सं० सञ्चान। वर्ण रत्नाकर में १४ प्रकार के सचान (सैचान) गिनाकर उनके द्वारा होने वाले शिकार का वर्णन है (पृ० ३६)।
चाँड़ा=भयंकर; सं० चण्ड।

(९) ररि=रटकर, रो रोकर। (३५६।५) सं० रटति > अप० रडइ, ररइ, (भविसयत्त कहा, हेम० ४।४४५)।

[३५१]

लागेउ माँह परै अब पाला। बिरहा काल भएउ जड़काला।१।
पहल पहल तन रुई जो झाँपै। हहलि हहलि अधिकौ हिय काँपै।२।
आइ सूर होइ तपु रे नाहाँ। तेहि बिनु जाड़ न छूटै माहाँ।३।
एहि मास उपजै रस मूलू। तूँ सो भँवर मोर जोबन फूलू।४।
नैन चुवहिं जस माँहुट नीरू। तेहि जल अंग लाग सर चीरू।५।
टूटहिं बुंद परहिं जस ओला। बिरह पवन होइ मारै झोला।६।
केहिक सिंगार को पहिर पटोरा। गियँ नहिं हार रही होइ डोरा।७।
तुम्ह बिनु कंता धनि हरुई तन तिनुवर भा डोल।
तेहि पर बिरह जराइ कै चहै उड़ावा झोल॥३०।११॥

(१) माघ का महीना लग गया। अब पाला पड़ने लगा। जाड़े की ऋतु में विरह-काल हो गया। (२) शरीर के अंग अंग को जैसे जैसे रुई से ढकते हैं वैसे वैसे हहर हहर कर हृदय अधिक काँपता है। (३) हे प्रिय, सूर्य के समान आकर तपो। उसके बिना

माघ में जाड़ा नहीं दूर होता। (४) इसी मास में उस रस का मूल उत्पन्न होता है जो वसन्त में वनस्पतियों पर फूल रूप से प्रकट होता है। मेरे यौवन रूपी पुष्प का रस लेने वाले तुम भौंरे हो। (५) मेरे नेत्रों से आँसू ऐसे चू रहे हैं जैसे माह की वृष्टि में जल। उससे शरीर जलता है और वस्त्र बाण से लगते हैं। (६) बूँदें टूटकर ओले जैसी गिरती हैं। विरह पवन बनकर उन ओलों का झोला मारता है। (७) अब किसका शृंगार किया जाय और कौन पटोरा पहने? मेरे कंठ में हार नहीं रहा। मैं उस हार का डोरा मात्र हो गई हूँ।

(८) हे कंत, तुम्हारे बिना बाला सूखकर हलकी हो गई है। उसका शरीर तिनके की तरह इधर-उधर डोलता है। (९) उस पर भी विरह जलाकर उसकी राख उड़ा देना चाहता है।

(१) पाला=बरफ, ठण्ड। सं० प्रालेय।
जड़काला=जाड़े का समय।

(२) पहल पहल, (१) शरीर का पहलू पहलू, अंग अंग अथवा रूई का पहल पहल। हहलि, हहलि–हहलना, हहरना=काँपना, थरथराना। (जेतिक ओढौं सवँर सुपेती। हहलि हहलि उर काँपौ तेती। चित्रावली ४५३।४)। झाँपै–सं० आच्छादय>प्रा० अप० धात्वादेश झम्पइ=ढाँकना।

(४) रस मूलू–माघ में उस रस का आरम्भ होता है, जो वसन्त में वनस्पतियों में दिखाई पड़ता है। इसीलिये माघ शुक्ल पंचमी वसन्त का जन्म दिन माना जाता है।

(५) माँहुट=माघ महीने का मेह। सं० माघवृष्टि > प्रा० माह वुट्टि > माहउट > माहुट।

(६) झोला=जाड़े में चलने वाली अत्यन्त ठण्डी हवा, जिसके झोकें गेहूँ आदि के पौधों को सुखा डालते हैं (कार्नेगी, कचहरी टेकनिकॅलिटीज, १८७७, पृ० १५२)।

(८) हरुई=हल्की। सं० लघुक > हलुअ > हरुअ, स्त्री० हरुई। तिनुवर=तिनकों का ढेर। सं० तृणपूर > तिनउर > तिनुवर (३५६।२)।

(९) झोल=भस्म या राख (शुक्लजी)। अपने गुरु पं जगन्नाथ जी से ज्ञात हुआ कि यह अवधी में चालू शब्द है। लोकोक्ति है–पीछे कै का अउबे झोली बुझावै (अवधी), अर्थात् मरने से पीछे क्या तुम मेरी राख बुझाने के समय आओगे?

[३५२]

फागुन पवन झँकोरै बहा। चौगुन सीउ जाइ किमि सहा।१।
तन जस पियर पात भा मोरा। बिरह न रहै पवन होइ झोरा।२।
तरिवर झरै झरै बन ढाँखा। भइ अनपत्त फूल फर साखा।३।
करिन्ह बनाफति कीन्ह हुलासू। मो कहँ भा जग दून उदासू।४।
फाग करहि सब चाँचरि जोरी। मोहिं जिय लाइ दीन्हि जसि होरी।५।
जौं पै पियहि जरत अस भावा। जरत मरत मोहि रोस न आवा।६।
रातिहु देवस इहै मन मोरें। लागौं कंत थार जेउँ तोरें।७।
यह तन जारौं छार कै कहौं कि पवन उड़ाउ।
मकु तेहि मारग होइ परौं कंत धरैं जहँ पाउ॥३०।१२॥

(१) फागुन में हवा झकझोरती हुई बहती है। शीत चौगुना हो जाता है। कैसे सहा जाय ? (२) मेरा शरीर पीले पत्ते जैसा हो गया है। विरह में वह पत्ता भी न टिक पायगा, क्योंकि विरह पवन बनकर उसे झोर डालेगा। (३) वृक्षों के पत्ते झड़ रहे हैं, और वन ढाके भी झड़ रहे हैं। फूल फल वाली शाखाएँ पत्तों से रहित हो गई हैं। (४) अब कलियों द्वारा वनस्पति हुलसित होने लगी हैं। पर मेरे लिए संसार दूना उदास हो गया है। (५) सब चाँचर जोड़कर फाग मना रहे हैं। मेरे जी में जैसे किसी ने होली की आग लगा दी है। (६) यदि प्रिय को इस तरह जलना अच्छा लगता है, तो मुझे जलने मरने में भी कुछ रोष नहीं है। (७) रात दिन मेरे मन में यही है, कि हे कंत, तेरे थाल जैसे हृदय से लग जाँऊ।

(८-९) इस शरीर को जलाकर राख कर दूँ, और कहूँ–'हे वायु, इसे उड़ा ले जा। शायद मैं उस मार्ग में जा पड़ँ जहाँ प्रियतम कभी पाँव रक्खे।

(१) फागुन पवन–यह फागुन की फगुनहटा वायु है, जो बहुत तेज बर्फीली होती है। इसीसे जायसी ने लिखा है कि शीत चौगुना हो जाता है। प्रायः यह जाड़े के अन्त में तीन दिन तक चलती है और पेड़ों के पत्ते झाड़कर उन्हें नंगा (अनपत्त) कर देती है। फगुनहटा चलने के बाद वनस्पतियों में कलियाँ नया फुटाव लेती हैं।

(२) झोरा–क्रि० झोरना=पेड़ के पत्ते गिराकर उसे मुण्डा कर देना। प्रा० झोड़, झोड़इ=पेड़ से पत्ते गिराना [पासद्द० ४५८]।

(५) चाँचरि=श्रृंगार प्रदान एक नृत्य और गीत जो विशेषतः फागुन में गाया जाता है।

(७) थार–माताप्रसाद जी के अनुसार एक प्रति में छार, और शेष प्रतियों में थार पाठ है। वस्तुतः थार पाठ ही समीचीन है। जायसी ने ११३।१, ३२५।५, ४८३।१, में हृदय को थाल कहा है। यहाँ भी वही अर्थ है।

[३५३]

चैत बसंता होइ धमारी। मोहि लेखें संसार उजारी।१।
पंचम बिरह पंच सर मारै। रकत रोइ सगरौ बन ढारै।२।
बूड़ि उठे सब तरिवर पाता। भीज मंजीठ टेसू बन राता।३।
मौरैं आँब फरैं अब लागे। अबहुँ सँवरि घर आउ सभागे।४।
सहस भाव फूली बनफती। मधुकर फिरै सँवरि मालती।५।
मो कहँ फूल भए जस काँटे। दिस्टि परत तन लागहिं चाँटे।६।
भर जोबन एहु नारँग साखा। सोवा बिरह अब जाइ न राखा।७।
घिरिनि परेवा आव जस आइ परहु पिय टूटि।
नारि पराएँ हाथ है तुम्ह बिनु पाव न छूटि ॥३०।१३॥

(१) चैत में वसन्त की धमार होती है। पर मेरे लेखे संसार उजाड़ है। कोयल अपने पंचम राग में विरह के कारण पिउ पिउ रटती हुई काम के पंच बाण मारती है।

और रक्त के आँसू रोकर सारे वन में गिराती है। (३) उन आँसुओं में डूबकर वृक्षों के नये पत्ते ताम्रवर्ण हो गए हैं। मंजीठ भी उनसे भीज गया है और वन का टेसू उनसे लाल हो गया है। (४) बौरे हुए आम फलने लगे हैं। हे सभागे कंत, अब भी मेरा स्मरण कर घर आओ। (५) वनस्पति सहस्रों रूपों में फूली है। भौंरे मालती का स्मरण कर लौट आए हैं। (६) मुझे फूल काँटे जैसे लग रहे हैं। उनके देखते ही मेरे शरीर में चींटे लग जाते हैं। (७) इस नारंग वृक्ष की शाखा में यौवन भर गया है। (इसीसे उसमें स्तन रूपी फल उठे हैं)। विरह रूपी सुग्गा उन्हें खाना चाहता है। अब रक्षा नहीं हो सकती।

(८) गिरहबाज कबूतर जैसे आता है वैसे ही, हे प्रिय, तुम भी आकर टूटो। (९) यह स्त्री पराए वश में है। तुम्हारे विना उससे न छूट पाएगी।

(१) धमारी–दे० १८९।६, होली का एक राग और उत्सव।

(२) पंचम विरह पंचशर मारै–मारै और ढारै, इन दो क्रियाओं का कर्त्ता कोयल है, जो अनुक्त है, किन्तु संकेत से स्पष्ट है। जायसी की कल्पना है, कि कोयल भी नागमती की तरह विरहिणी है, जो 'पिउ पिउ' रटती है। उसी विरह के दुःख में वह रक्त के आँसू वन में गिरा रही है। कोयल के नेत्र रक्त की बूँद की तरह लाल होते हैं,

(७) नारंग–स्तन। शाखा–शरीर। सोवा=सुग्गा रूपी बिरह या कामाग्नि।

[३५४]

भा बैसाख तपनि अति लागी। चोला चीर चँदन भौ आगी।१।
सूरुज जरत हिवंचल ताका। बिरह बजागि सौंहँ रथ हाँका।२।
जरत बजागिनि होउ पिय छाँहाँ। आइ बुझाउ अँगारन्ह माहाँ।३।
तोहि दरसन होइ सीतल नारी। आइ आगि सों करु फुलवारी।४।
लागिउँ जरे जरे जस भारू। बहुरि जो भूँजसि तजौं न बारू।५।
सरवर हिया घटत निति जाई। टूक टूक होइ होइ बिहराई।६।
बिहरत हिया करहु पिय टेका। दिस्टि दवँगरा मेरवहु एका।७।
कँवल जो बिगसा मानसर छारहिं मिलै सुखाइ।
अबहुँ बेलि फिरि पलुहै जौं पिय सींचहु आइ॥३०।१४॥

(१) बैसाख का महीना आया और अत्यन्त तपन लगने लगी। चन्दनी चीर का चोला आग हो गया। (२) सूर्य जलता हुआ हिमालय की ओर जाना चाहता था। (वहाँ तो वह न गया) विरह की वज्राग्नि में तपती हुई मेरी ओर ही उसने रथ हाँक दिया। (मैं और तपने लगी)। (३) हे प्रिय, वज्राग्नि जल रही है; तुम छाँह करो। अंगारों में मुझे आकर बुझाओ। (४) तुम्हारे दर्शन से यह बाला (या नाड़ी) शीतल होगी। हे प्रिय, आओ और आग (अंगारों) के स्थान में फुलवारी कर दो। (५) जैसे भाड़

जलता है वैसे ही जलने लगी हूँ। तुम यदि फिर फिर भूनो तो भी तुम्हारा द्वार न छोड़ूँगी (अथवा जौ की बहुरी की तरह जो तुम मुझे भूनो तो भी बालू न छोड़ूँगी)। (६) सरोवर की तरह मेरा हृदय प्रतिदिन घटता जाता है। एक दिन वह टुकड़े टुकड़े होकर फट जायगा। (७) हृदय फट रहा है। हे प्रिय, उसे सहारा दो और अपनी कृपादृष्टि रूपी दवँगरे से उसे एक में मिलाओ।

(८) जो कमल मानसरोवर में खिला था वह सूखकर मिट्टी में मिल गया। (९) हे प्रिय यदि तुम आकर सींचोगे तो अब भी उसकी बेल में फिर नए पल्लव निकलेंगे।

(१) चन्दन चीर=चँदनौटा (दे० ३३५।२)।

(२) सूरुज जरत हिवंचल ताका–गर्मी से सूर्य जलने लगा। उसने हिमाचल की ओर जाना चाहा, पर नागमती के शरीर में जलने वाली वज्राग्नि से ज्ञात होता है कि हिमालय की ओर न जाकर सूर्य ने अपना रथ उसीकी ओर हाँक दिया। इसीसे नागमती के शरीर में विरह की अग्नि सूर्य जैसी धधक रही है। सूर्य गर्मी से आर्त्त होकर हिमालय जाना चाहता है, किन्तु वास्तविक बात यह है कि वह गर्मी में वहाँ जा नहीं पाता, अन्यथा ग्रीष्म ऋतु ही न हो।

(४) आइ आग सों करु फुलवारी–दे० २७०।६।

(५) बहुरि=(१) फिर, (२) जौ की भुनी हुई खीलें, भूना हुआ अन्न या चबेना (शब्दसागर)।

(६) बिहराना–सं० विघट > प्रा० विहड, विहडइ=वियुक्त होना, अलग होना, टूट जाना।

(७) दवँगरा=असाढ़ का पहला पानी (अवधी में चालू शब्द), वर्षा की पहली झड़ी जो गर्मी की तपी हुई धरती पर गिरती है (शब्दसागर, पृ० १६४४; फैलन, दौंगड़े=जून-जुलाई में थोड़ी देर तक पड़ने वाली भारी झड़ी, पृ० ६५०; प्लाट, दोंगरा, दौंगरा, दोंगड़ा, दौंगड़ा=भारी झड़ी, पृ० ५३५)।

(८) छारहि मिलै सुखाइ–कमल धूप में गर्म रहता है। जैसे ही पहला दवँगरा पड़ता है उसके पत्ते जल जाते हैं और जड़ ताल की मिट्टी में पड़ी रहती हैं। जब शरद् आती है तो फिर पत्तियाँ फूट निकलती हैं।

[३५५]

जेठ जरै जग बहै लुवारा। उठै बवंडर धिकै पहारा।१।
बिरह गाजि हनिवंत होइ जागा। लंका डाह करै तन लागा।२।
चारिहुँ पवन झँकोरै आगी। लंका डाहि पलंका लागी।३।
दहि भइ स्याम नदी कालिंदी। बिरह कि आगि कठिन असि मंदी।४।
उठै आगि औ आवै आँधी। नैन न सूझ मरौं दुख बाँधी।५।
अधजर भई माँसु तन सूखा। लागेउ बिरह काग होइ भूखा।६।
माँसु खाइ अब हाड़न्ह लागा। अबहूँ आउ आवत सुनि भागा।७।
परबत समुँद मेघ ससि दिनअर सहि न सकहिं यह आगि।
मुहमद सती सराहिअै जरै जो अस पिय लागि॥३०।१५॥

(१) जेठ में सारा संसार जलने लगा, लू चलने लगी, बवण्डर उठने लगे और पहाड़ दहकने लगे। (२) विरह गरजकर हनुमान की तरह जागा और शरीर में लंका दहन करने लगा। (३) चार दिशाओं से चलने वाले चारों पवन आग को झकोरते हैं। वह अग्नि लंका को जलाकर अब पलंग में लग गई है। (४) वह बाला जलकर कालिन्दी नदी की भाँति काली हो गई है। विरह की अग्नि मंदी आँच की तरह बड़ी दुःसह होती है। (५) अग्नि उठने लगी और आँधी चलने लगी। आँखों से कुछ दिखाई नहीं पड़ता। दुःख में उठने वाली हूलों से मैं मरी जा रही हूँ। (६) मैं अधजली हो गई हूँ। शरीर का माँस सूख गया है। विरह भूखे कौवे की तरह उसे खाने लगा है। (७) मांस खाकर अब हड्डियों पर चिपटा है। प्रियतम, तुम अब भी आ जाओ तो तुम्हारा आना सुनते ही वह भाग जायगा।

(८) पर्वत, समुद्र, मेघ, शशि और सूर्य इस आग को नहीं सह सकते। (९) [मुहम्मद–] सती की सराहना करनी चाहिए जो अपने प्रियतम के लिये इस प्रकार जलती है।

(१) लुवारा=तप्त वायु, लू।
बवंडर–सं० वात मण्डल।

(३) चारिहु पवन–पुरवैया, पछिहवाँ, उतराहा, दखिनाहा।
लंका डाहि पलंका लागी–हनुमान ने जिस अग्नि से लंका जलाई थी वह सब लंका को जलाकर नागमती के पलंग को जला रही है। अथवा पलंका लंका से भी दूर एक द्वीप समझा जाता था। इलोरा में कैलास मन्दिर के दोनों ओर दो गुफाएँ लंका पलंका कहलाती हैं। तात्पर्य यह है कि वह अग्नि लंका को जलाकर पलंका तक जा पहुँची।

(४) मंदी=मंदी आँच, जैसे तुष की अग्नि होती है। मंदी होने पर भी वह बड़ी कठिन समझी जाती है।

(५) दुख बाँधी=दुःख की ऐंठन। बाँधी=ऐंठन, अंगों का टूटना, मुड़ना। सं० बंधिका। हर्षचरित उच्छ्वास ५, में अनुबंधिका शब्द इसी अर्थ में (=गात्र संधि पीडा, शंकर) प्रयुक्त हुआ है।

[३५६]

तपै लाग अब जेठ असाढ़ी। भै मोकहँ यह छाजनि गाढ़ी।१।
तन तिनुवर भा झूरौं खरी। मैं बिरहा आगरि सिर परी।२।
साँठि नाहिं लगि बात को पूँछा। बिनु जिय भएउ मूँज तन छूँछा।३।
बंध नाहिं औ कंध न कोई। बाक न आव कहौं केहि रोई।४।
ररि दूबरि भई टेक बिहूनी। थंभ नाहि उठि सकै न थूनी।५।
बरसहिं नैन चुअहिं घर माहाँ। तुम्ह बिनु कंत न छाजन छाँहाँ।६।
कोरे कहाँ ठाट नव साजा। तुम्ह बिनु कंत न छाजन छाजा।७।
अबहूँ दिस्टि मया करु छान्हिन तजु घर आउ।
मंदिल उजार होत है नव कै आनि बसाउ॥३०।१३॥

(१) अब मेरे शरीर में विरह की जेठ-असाढ़ी तपने लगी है। मेरे लिये यह तपन दुःखदायी छाजन (एक रोग) हो गई है। (२) शरीर पतला हो गया है, मैं खड़ी सूख रही हूँ। विरह की खान मेरे सिर पड़ी है। (३) मेरे पास कुछ पूँजी नहीं है, अब स्नेह से बात कौन पूछेगा? बिना प्राण के मेरा शरीर मूँज की तरह छूँछा हो गया है। (४) इस इस समय मेरा कोई बंधु नहीं है और कोई सहारा (कंध-स्कंध) नहीं है। मुहँ से वाक्य नहीं निकलता, किससे रोकर अपना हाल कहूँ? (५) रो-रोकर मैं दुबली हो गई हूँ और सब आश्रय से विहीन हूँ। जब थंभ नहीं रह गया तो थूनी कहाँ उठ सकती है? (६) मेरे नेत्र आँसू बरसाते हैं जो सारे घर में टपकते हैं। हे कंत, तुम्हारे बिना न शोभा है, न छाँह या बचाव है। (७) अरे, कौन कहाँ अब नया साज सजाएगा? हे कंत, तुम्हारे बिना अब वस्त्र शोभा नहीं देते।

(८) कृपा की दृष्टि करो, विजन या एकांत छोड़कर घर में आओ (अथवा जिनसे गुप्त प्रेम किया है उन्हें छोड़कर घर आओ)। (९) यह मंदिर उजाड़ हो रहा है, आकर नए सिरे से बसाओ।

(१) जेठ असाढ़ी=कठिनतम गर्मी के दिन; अवधी में अब भी यह चालू शब्द है। इस सूचना के लिये मैं श्रीमाताप्रसाद जी गुप्त का अनुगृहीत हूँ। छाजनि=त्वचा का एक रोग, जिसमें बड़ी जलन होती है। जेठ-असाढ़ की गर्मी ऐसी लग रही है जैसे छाजन।
गाढी=कष्टदायक; दुःसह।

(२) तिनुवर, तनुवर=पतला, अथवा तिनकों का ढेर (३५१।८)। आगरि=खान, सं० आकर। अथवा, आगरि=अर्गला; विरह की अर्गला मेरे सिर पड़ी है।

(३) सांठि=पूँजी, ठिकाना। सं० संस्था।

(४) बंध=बंधु, आत्मीय। कंध=स्कंध, कंधा टेक, सहारा।

(५) ररि=रोकर (३५०।१)।

(६) छाजन=वस्त्र।

(७) छान्हि=(१) छान-छप्पर (२) विजन, प्रा० छण्ण (पासद्द० ४१९)।

दूसरा अर्थ [छप्पर के पक्ष में]

(१) अब जेठ-असाढ़ी तपने लगी है। मेरे लिये छाजन दुःखदायी हो गई है। (२) इसका तान या फैलाव सिमिटकर ढेर हो गया है। मैं उसके नीचे खड़ी सूखती हूँ। उसकी अर्गला निकल गई है, और द्वार खोलनेवाले के सिर पर आ गिरती है। (३) इसमें सेंठे नहीं लगे। बत्ते का तो कहना ही क्या? डोरी के न रह जाने (लपेट खुल जाने) से मूँज की तानें छूँछी हो गई हैं। (४) बंद भी नहीं रहे और दीवार (कंध) भी कोई नहीं है। घुड़िया (बाक) भी नहीं है। किससे रोकर व्यथा कहूँ? (५) यह दुपलिया छान (दूबरि) अपने स्थान से सरक कर (ररि) टेक विहीन हो गई है। इसमें जो थंभ था वह नहीं रह गया। सहारे के लिये थूनी भी नहीं लग सकती। (६) इसके ऊपर धुआँ निकलने के लिये जो धमाले या धूमनेत्र बने थे वे पानी बरसने पर अब घर में ही टपकते हैं। हे कंत, तुम्हारे बिना अब छाजन छाँह नहीं करती। (७) पूरे बाँस (कोरे) कहाँ हैं जिनसे छान का ठाट नया बनाया जाय? हे कंत, तुम्हारे बिना छाजन नहीं छाई जा सकती।

(८) अब भी कृपा-दृष्टि करो और विजन छोड़ो, घर में आओ। (९) यह राजमंदिर उजाड़ हो रहा है, आकर नया बसाओ।

(१) छाजनि=फूस का छप्पर।

(२) तन=तान, फैलाव । तिनुवर=फूस का ढेर (३५१ ।८); सं० तृणपूर, तृणकूट > तिनऊर > तिनवर । बिरहा=अलग हुई, फँसाव के स्थान से निकली हुई । स० विरह्=अलग करना, अलग होना; विरहित=अलग हुई, निकली हुई (पासद्द० ९९२) । आगरि=छप्पर के द्वार को बन्द करने के लिये उसके पीछे लगाई जानेवाली लकड़ी, अर्गला, ब्योंडा, डंडा (ग्रियर्सन, बिहार पेजेंट लाइफ, अनु० १२५०) । सं० अर्गला > प्रा० अग्गल > आगल, आगर, अगरी । अनुच्छेद १२५२ में ग्रियर्सन ने ओरी को भी अगरी लिखा है जैसा मगही में प्रचलित है। ओरी साधारणतः बाहर की तरफ गिरती है, लेकिन छप्पर के टूट जाने से उसका पानी भीतर बैठनेवाले के सिर पर गिरने लगता है । किन्तु चित्रावली में छाजन के दोहे [सं० ४४७] में आगर और ओरी को अलग अलग लिखा है । अतएव आगरि का अर्गला अर्थ ही अवधी में उपयुक्त है ।

(३) साँठि=सैंठा, सरकंडा, सरपत्र । इसका मुट्ठा लेकर छप्पर का बत्ता बनाते हैं । बात=बाता बत्ता; सरकंडे काटकर या बाँस चीर कर उनके मुट्ठों से बत्ता बनता है, जिसे छप्पर के नीचे उसके अगले सिरे पर मजबूती के लिये बाँधते हैं [बिहार पेजेंट लाइफ, अनु० १२५८]। नाव में भी खड़े बत्ते लगते हैं जिन्हें ठढ़बद्धा या ठढ़िया कहते हैं [बिहार० अनु, २३२] । बिनु जिय भएउ मूँज तनु छूँछा—सरकंडे के ऊपर की फुलई का छिलका मूँज कहलाता है । उसी को अलग करके भिगोकर और कूटकर बान बनाते हैं, वही डोरी या ज्या कहलाता है, जिसे जायसी ने 'जिय' कहा है। पुरानी पड़ जाने के कारण मूँज की डोरियों का लपेट जाता रहा, जिससे छप्पर में लगी मूँज का तान छूँछा (निर्बल, निःसत्त, रीता) पड़ गया है ।

(४) बंध=बंधन या बंधु । कंध=दीवार या कंधा, जिसपर छप्पर टिकता है; सं० स्कंध > प्रा० खंध । बाक=बाँक, छोटी आड़ी लगी हुई लकड़ियाँ या कैंची (बिहार० अनु० २३३) ।

(५) ररि=रड़ककर, खिसककर गिरी हुई । देशी० रड्ड (कुमारपाल-प्रतिबोध)=खिसककर गिरा हुआ (पासद्द०, पृ० ८७४) । हिं० रड़कना ।

दूबरि=दोभर, दुपलिया या दुपरती, बीच में बलेंडा या कमर बल्ला रखकर दोनों तरफ ढाल देकर जो दुपल्ली छान बनती है । जायसी का आशय है कि दुपलिया छान अपने स्थान से खिसककर टेक से विचलित हो गई है ।

थंभ और थूनी—थंभ, नई छान को रोकने के लिये बनाया गया खंभा । थंभ के अतिरिक्त या उसके निकल जाने पर सहारा लगाने के लिए जो लकड़ी की बल्ली लगाई जाती है उसे थूनी कहते हैं ।

(६) नैन=छप्पर के प्रकरण में इसका अर्थ वह छेद है जिसमें से धुआँ निकलता है । पाली धूमनेत्त= धूमनेत्र (चुल्लवग्ग ६।३।९, विनय पिटक १।२०४, जातक ४।३६३; राईस डेविड्स, पाली डिक्शनरी, पृ० २१३) । जनपदीय बोलियों में यह शब्द जीवित मिलेगा ।

(७) कोरे=बिना चिरे हुए बाँस, जिनसे टट्टर या छान का ठाट बानाया जाता है (बिहार पेजेंट लाइफ, अनुच्छेद १२५८) ।

नव ठाट=छप्पर को नए सिरे से बाँधने के लिये 'नव ठट करब' [बिहार० अनु० १२४६] भोजपुरी में चालू प्रयोग है । दुपलिया छप्पर के प्रत्येक पल्ले को ठाट कहते हैं ।

(९) छान्हि=छावनी । सं० छादन > प्रा० छयणि या छायणी > छाइनि > छानि > छान्हि । उस्मानकृत चित्रावली (१६१३ ई०) में भी नागमती के बाहर मासे के ढंग पर चित्रावली का बारह मासा पाया जाता है [दोहा ४४७।१-९] । उसमें भी श्लेष से छाजन की शब्दावली दी गई है, जैसे आगर, बक, बन्ध, थूनी, कोरे, ओरी, थाँमी, मोरी, ठाट, मयार । वहाँ भी दोहे का दूसरा अर्थ विरहिणी चित्रावली पर घटित होता है ।

[३५७]

रोइ गँवाएउ बारह मासा । सहस सहस दुख एक एक साँसा ।१।
तिल तिल बरिस बरिस बरु जाई । पहर पहर जुग जुग न सिराई ।२।
सो न आउ पिउ रूप मुरारी । जासों पाव सोहाग सो नारी ।३।
साँझ भए झुरि झुरि पँथ हेरा । कौनु सो घरी करै पिउ फेरा ।४।
दहि कोइल भै कंत सनेहा । तोला माँस रहा नहिं देहा ।५।
रकत न रहा बिरह तन गरा । रती रती होइ नैनन्हि ढरा ।६।
पाव लागि चेरी धनि हाहा । चूरा नेहु जोरु रे नाहा ।७।
बरिस देवस धनि रोइ कै हारि परी चित झाँखि ।
मानुस घर घर पूँछि कै पूँछै निसरी पाँखि ॥३०।१७॥

(१) नागमती ने रो-रो कर बारह मास बिता दिए। वह एक एक साँस में सहस्र सहस्र दुःख पाती थी। (२) तिल तिल समय बरस-बरस का बल लेकर बीतता था। एक एक पहर युग युग हो रहा था; बीतता न था। (३) रूप में कृष्ण की भाँति सुन्दर वह प्रियतम नहीं आता, जिससे वह बाला अपना सुहाग पावे (४) साँझ होने पर मैं उत्सुकता पूर्वक स्मरण करके उसका मार्ग देखती हूँ। वह कौन सी घड़ी होगी जब प्रियतम फेरा करेगा ? (५) मैं कंत के स्नेह में जलकर काली हो गई हूँ। देह पर तोले भर भी माँस नहीं रहा। (६) रक्त नहीं रह गया। विरह में वह शरीर से सब निचुड़ गया और रत्ती रत्ती होकर नेत्रों से ढुलक गया। (७) हे कंत, आपकी चेरी यह बाला पाँव पड़ती और हाहा खाती है। अब टूटा हुआ स्नेह पुनः जोड़ो।

(८) बरस दिन तक रोकर बाला विलाप करके चित्त में हार गई। (९) घर घर के मनुष्यों से पूछकर अब वन के पक्षियों से पति का समाचार पूछने निकली।

(१) बारह मासा—इस प्रकरण को कुछ हस्तलिखित प्रतियों में नागमती का बारह मासा कहा है। जायसी के समय (सोलहवीं शती का पूर्वार्द्ध) में बारहमासा साहित्य का सम्मत रूप बन चुका था। सन्देश रासक (लगभग चौदहवीं शती) और पृथ्वीराजरासो में जायसी की भाँति षड्ऋतु वर्णन मिलता है, पर बारह मासा वहाँ नहीं है।

(२) सिराई—धा० सिराना=बीतना, समाप्त होना, अन्त होना। सम्भवतः हिन्दी सियराना, सिलाना=जल में प्रवाह करना, शीतल करना से यह शब्द बना है। पूजन के बाद किसी देवी देवता की मूर्ति का अन्त में जल प्रवाह करना सिलाना कहा जाता है।

(३) रूप मुरारी=रूप के कृष्ण।
सोन आव पिउ रूप- स्त्री रूपी सोने में पति रूपी रूपा या चाँदी के मिलने से सोने में ओख आती है जिससे शोधन के लिए उसमें सुहागा मिलाया जाता है। सोन, रूप, सुहाग, सुनारी, इन शब्दों में श्लेष है। महाभारत के अनुसार सुवर्णस्य मलं रूप्यम् [उद्योग० ३९।६५]।

(४) झुरि झुरि—धा० झूरना। सं० स्मृ > प्रा० झूर, याद करना, चिन्तन करना।

(६) गरा, निचुड़ गया, गारना=निचोड़ना। सं० गालयति > प्रा० गालइ, गालना=निचोड़ना

छानना ।

रति रति=रत्ती रत्ती । रक्त की बूँदें लाल रंग की रत्ती बनकर मानों बिखर गईं ।

(८) झाँखि– सं० विलप् का प्रा० धात्वादेश झंख=विलाप करना (हेम० ४।१४८,) । हेम० के अनुसार प्राकृत में तीन झंख धातुएँ और हैं, (१) झंखइ (सं० संतप्)=संतप्त होना, संताप करना (हेम० ४।१४०) यह अर्थ भी यहाँ उपयुक्त है । (२) झंखइ, (उपालंभ)=उलाहना देना (हेम० ४।१५६); (३) झंखइ (निःश्वस)=निःश्वास लेना (हेम० ४।२०१) ।

[३५८]

भई पुछारि लीन्ह बनबासू । बैरिनि सवति दीन्ह चिल्हवाँसू ।१।
कै खर बान कसै पिय लागा । जौं घर आवै अबहूँ कागा ।२।
हारिल भई पंथ मैं सेवा । अब तहँ पठवौं कौनु परेवा ।३।
धौरी पंडुक कहु पिय ठाऊँ । जौ चित रोख न दोसर नाऊँ ।४।
जाहि बया गहि पिय कँठ लवा । करे मेराउ सोई गौरवा ।५।
कोइलि भई पुकारत रही । महरि पुकारि लेहु रे दही ।६।
पियरि तिलोरि आव जलहंसा । बिरहा पैठि हिएँ कत नंसा ।७।
जेहि पंखी कहँ अढ़वौं कहि सो बिरह कै बात ।
सोई पंखि जाइ डहि तरिवर होइ निपात ॥३०।१८॥

(१) मैंने मोरनी बनकर प्रिय के लिये बनवास लिया । पर बैरिन सौत ने फँसाने का फंदा लगा दिया । (२) अब भी जब कभी खरबानक के साथ कौवा घर आ जाता है, तो प्रिय लगता है । (३) हारिल मार्ग में टिक रही, अब वहाँ किस पक्षी को भेजूँ ? (४) हे धौरी, हे पंडुक, प्रिय का स्थान बताओ । यदि चितरोख पक्षी मिले तो दूसरे का नाम न लूँ । (५) हे बया, तू जा, मैं प्यारे कंठलवा को लेती हूँ । जो जोड़ा खाता है वही गौरवा पक्षी है । (६) कोयल बनकर मैं पुकारती रही । महरी (ग्वालिन) पुकार रही है—दही लो, दही लो । (७) पीलक, तिलौरी और जलहंस आते हैं । कटनास पक्षी (नीलकंठ) हृदय में पैठकर उड़ गया ।

(८) विरह की बात कहकर जिस पक्षी को (जाने के लिये) आज्ञा देती हूँ, (९) वही जल जाता है और उसका पेड़ भी नष्ट (निपात) हो जाता है ।

(१) पुछारि=(१) मोरनी (२) पूछने वाली । चिलवाँसू=चिड़िया पकड़ने का फंदा । देशी० चिल्ला (शकुनिका; देशी नाममाला ३।९; ८।८) + पाश > चिल्लवास > चिल्हवाँस ।

(२) खरबानक=एक पक्षी । सै=साथ में । पिय लागा=अच्छा लगता है ।

(३) हारिल=हरियल पक्षी । सं० हारीत । पंथ मैं सेवा=मार्ग की सेवा करनेवाली हुई (मार्ग में टिक जाने वाली हुई) ।

(४) धौरी=धवर पक्षी, फाख्ता की एक जाति । पंडुक=पड़की । चितरोख=चितरोखा पक्षी, फाख्ता की एक जाति ।

(५) बया=बया नाम का पक्षी । कंठलवा=कंठलवा पक्षी, लवा की एक जाति । करै मेराउ=मिलाप करना, जोड़ा करना । जो जोड़ा खाता है वही भाग्यशाली है । गौरवा । सं० गौर=गौरैया का नर, चिड़ा पक्षी ।

(६) कोइलि=कोयली पक्षी । महरि=ग्वालिन चिड़िया, जो दही-दही बोलती है।

(७) पियरि=पीलक चिड़िया । अथवा इसका पदच्छेद होगा—पिय + रि=पिय + रे (उर्दू लिपि में)=हे प्रिय । तिलौरी=तेलिया मैना । जलहंस=जल में क्रीड़ा करनेवाले हंस । कतनंसा=कटनास पक्षी (नीलकंठ) । बिरहा=उड़ गया, चला गया ।

(८) अढ़वौं—धा० अढ़वना=आज्ञा देना, कार्य में नियुक्त करना, काम में लगाना (शब्दसागर) । प्रा० आढव, सं० आरंभ, शुरू करना (हेम० ४।१५५) ।

(९) निपात=गिर जाना, नष्ट हो जाना, बिना पत्तों के हो जाना । इस प्रकरण में आए हुए पक्षियों की पहिचान के लिये मैं कुँवर सुरेशसिंह जी के लेख "जायसी का पक्षियों का ज्ञान" (प्रेमी अभिनन्दन ग्रन्थ, पृ० १६०–१६१) का आभारी हूँ ।

दूसरा अर्थ (नागमती पक्ष में)

(१) पूछनेवाली बनकर उसने बनबास लिया (कि पक्षियों से प्रिय का समाचार पूछूँगी पर कोई पक्षी वहाँ पहुँचता ही नहीं, क्योंकि) बैरिन सौत ने पक्षियों को फँसाने के लिये चिल्हवाँस लगा रखे हैं । (२) इतने पर भी कोई कौवा यदि घर पहुँच जाता है, तो प्रियतम (भी उसी षड्यंत्र में मिलकर) तीक्ष्ण बाण चढ़ाकर उसकी ओर खींचने लगता है । अथवा, पहली दो पंक्तियों का अर्थ इस प्रकार होगा—(१) पूछनेवाली बनकर उसने बनबास लिया । बैरिन सौत ने पति को छल फंदे में फँसा रक्खा है (या अपने चुहल में फँसा रक्खा है) । (४) प्रियतम ने पहले अपनी कंचन-काया को तपाकर उत्तम बान किया और अब उसे कसौटी पर कसकर देख रहा है । अब भी वह घर लौट आए तो क्या बिगड़ा ? (३) उस मार्ग पर चलती-चलती मैं थक गई हूँ । अब संदेशा लाने के लिये वहाँ किस पक्षी (या संदेशहर) को भेजूँ ? (४) श्वेत और पीली पड़ी हुई मेरे लिये अब प्रिय का ही ठाँव है। यद्यपि चित्त में रोष है, फिर भी दूसरा नाम नहीं जानती । (५) जो जाकर आए, प्रिय को कंठ पकड़कर ले आए और मुझसे मिला दे, वही गौरवशाली (बड़े पदवाला) है । (६) आम की गुठली की कोइली (पपैया) जैसी बनकर मैं पुकारती रही । मेरी सास जी को बुलाओ । हाय मैं जली ! (७) पियरी और तिलौरी आती है, तो मेरा जी (हंस) जलता है । विरह हृदय में घुसकर क्यों मुझे मार रहा है ?

(८) विरह की वह बात सुनाकर जिस पक्षी के पास आती हूँ, (९) वही पक्षी जल जाता है और वह पेड़ भी नष्ट हो जाता है ।

(१) पुछारि=पूछनेवाली । सं० पृच्छाकारिका > पुच्छआरिआ > पुछारिया < पुछारी । चिल्हवाँसू, चिह्न और चिल्ह को एक मानकर छलवाँसू पढ़ा जायगा । अर्थ होगा छल-पाश या कपट का फंदा ।

(२) खर बान करके कसना—जायसी की यह प्रिय कल्पना और शदावली सोना साफ करने की प्रक्रिया से ली गई है । 'बनवारी' नामक आईन में खरे सोने के बान करने की प्रक्रिया बताई गई है । ईरान में दस बान का सोना खरा समझा जाता था, किन्तु भारत में बारह बान का खरा बान करते हुए सोने को हर बार कसौटी पर कसकर देखते हैं (आईन अकबरी, आईन सं० ५,६) । कसै=सं० कर्षति > प्रा० कस्सइ, खींचता है । हारिल=थकी हुई । परेवा=कबूतर पक्षीया अन्य कोई संदेशहर ।

(४) धौरी=सफेद, विरह में रंग उतरने से श्वेत पड़ी हुई । पंडुक=पांडु रंग की पीली। कहु=के लिये । चितरोख=चित्त में पति के प्रति रोष । जाहि बया=संदेश लेकर जा और लौट आ । बया=आ

(फा० क्रि० मध्यमपुरुष, एक वचन) ।

(५) गौरवा, गौरवयुक्त । सं० गौरववत् ।

(६) कोइली=कोयल पक्षी आम, आम की गुठली (शब्दसागर, पृ० ६३६) । उसके भीतर की बिजली जिससे बच्चे बजाने का पपैया बनाते हैं । महरी=सास; पु० महरा=ससुर (४२४।३, नाँउँ लै महरा) । दही=जल गई, दग्ध हुई ।

(७) पियरी=पीली रंगी हुई मांगलिक धोती या ओढ़नी (शब्दसागर) (काशी में विवाहोपरांत अब भी पियरी चढ़ाते हैं) । तिलौरी=तिलयुक्त बड़ियाँ, जो स्त्रियों के लिये दी जाती हैं ।

[३५६]

कुहुकि कुहुकि जसि कोइलि रोई । रकत आँसु घुंघुची बन बोई ।१।
पै करमुखी नैन तन राती । को सिराव बिरहा दुख ताती ।२।
जहँ जहँ ठाढ़ि होइ बनबासी । तहँ तहँ होइ घुंघुचिन्ह कै रासी ।३।
बुंद बुंद महँ जानहुँ जीऊ । कुंजा गुंजि करहिं पिउ पिऊ ।४।
तेहि दुख डहे परास निपाते । लोहू बूड़ि उठे परभाते ।५।
राते बिंब भए तेहि लोहू । परवर पाक फाट हिय गोहूँ ।६।
देखिअ जहाँ सोइ होइ राता । जहाँ सो रतन कहै को बाता ।७।
ना पावस ओहि देसरें ना हेवंत बसंत ।
ना कोकिल न पपीहरा केहि सुनि आवहि कंत ॥३०।१६॥

(१) वह कोयल की भाँति कुहक-कुहक कर रोई । रक्त के आँसुओं से मानों उसने घुंघचियाँ वन में बो दीं । (२) उसका मुँह बुझकर काला हो गया, पर नेत्र और शरीर लाल अंगारे की तरह दहकते रहे । जो विरह-दुःख में जलता है, उसे कौन बुझा सकता है ? (३) वन में रहती हुई वह जहाँ-जहाँ खड़ी हो जाती, वहीं वहीं घुंघचियों का ढेर लग जाता था, (४) मानों एक-एक बूँद में उसका प्राण टपक रहा था । अतएव प्रत्येक कुञ्ज में से 'पिउ, पिउ' की गूँज उठ रही थी । (५) उसके दुःख से जलकर पलाश विना पत्ते के हो गए । फिर उसके लोहू में डूबकर (फूलों से लदकर) चमकते हुए उठे । (६) उसी रक्त से बिम्बाफल लाल हो गए । उसकी सहानुभूति में परवल पककर पीला हो गया और गेहूँ का हृदय फट गया । (६) जहाँ वह देखती वहीं लाल होजाता था । अतएव जहाँ वह लाल रत्न था उसकी बात या पहिचान कौन बताता ?

(८) उस देश में न पावस है, न हेमन्त है, न वसन्त है, (९) न कोकिल है, न पपीहा है । किसका शब्द सुनकर कंत लौट कर आवे ?

(१) रकत आँसु घुंघुची बन बोई—दे० ३५३।२ ।

(२) कवि की कल्पना है, कि नागमती का सारा शरीर विरह की अग्नि में अंगारों की तरह धधक रहा था, केवल उसका मुख ठंडा होकर बुझ गया था, इसीसे वह काला दिखाई पड़ने लगा । पर नेत्रों के दो अँगारे और शेष शरीर दहकता रहा, जिससे वह लाल दिखाई पड़ रहा था ।

वह अंश भी क्यों नहीं बुझा, इसका उत्तर है कि जो विरह तप्त है उसे कौन ठंडा कर सकता है ।

(४) कुंजा गुंजि–कुंजा=वन में वृक्षों के कुंज या क्रौंच पक्षी (११११) । गुंजि=गूँज, प्रतिध्वनि । कल्पना है, कि नागमती का प्राण रक्त की एक एक बूँद के साथ टपककर गिरा था, अतएव प्रत्येक कवि की कुंज से 'पिउ पिउ' की गूंज आ रही थी । वस्तुतः कुंज कुंज में बैठे हुए पपीहे, कोयल क्या बोल रहे थे, मानों नागमती का प्राण बिखर कर बोल रहा था ।

(५) उठे परभाते=प्रायः प्रभातना=चमकना । चमक उठे ।

(७) जिसे देखती वही अनुरक्त होकर वहीं रह जाता, रत्नसेन तक संदेश कौन ले जाता ?

(८) काँवर पेड़ पर टाँगने का उल्लेख अयोध्याकांडवाली श्रवण कथा में नहीं है; किन्तु ब्रह्म पुराण में है–इत्युक्त्वा पितरौ नत्वा तावाश्वास्य महामनाः । तरुस्कंधे समारोप्य वृद्धौ च पितरौ तदा । (अ० १२३।४) ।

३१ : नागमती संदेश खण्ड

[३६०]

फिर फिर रोईं न कोई डोला । आधी राति बिंहगम बोला ।१।
तैं फिर फिर दाधे सब पाँखी । केहि दुख रैनि न लावसि आँखी ।२।
नागमती कारन कै रोईं । का सोवै जौं कंत बिछोईं ।३।
मन चित हुतें न बिसरै भोरें । नैन कजल चखु रहै न मोरें ।४।
कहिसि जाति हौं सिंघल दीपा । तेहि सेवाति कहँ नैना सीपा ।५।
जोगी होइ निसरा सो नाहू । तब हुत कहा सँदेस न काहू ।६।
निति पूछौं सब जोगी जंगम । कोइ निजु बात न कहै बिहंगम ।७।
चारिउ चक्र उजारि भे सकसि सँदेसा टेकु ।
कहौं बिरह दुख आपन बैठि सुनहि डँड एकु ॥३१।१॥

(१) वह वन में फिर फिर कर रोती रही, पर कोई भी न हिला । आधी रात के समय एक पक्षी बोला । (२) 'तुमने घूम घूम कर सब पक्षियों को जला दिया । क्या दुःख है कि रात में भी आँख नहीं लगातीं ?' (३) नागमती अत्यन्त दुःख के साथ रोई और बोली, 'जो कन्त से वियुक्त है, वह कैसे सोवे ?' (४) वह भोला प्रियतम मन और चित्त से नहीं उतरता । रोते रोते मेरे नेत्रों में काजल और देखने की शक्ति नहीं रही । (५) वह कह गया था कि मैं सिंहल दीप जा रहा हूँ । तब से नेत्र सीप की भाँति उस स्वाति की बाट देख रहे हैं । (६) जब से पति जोगी होकर गया है, तब से किसी ने उनका संदेश आकर नहीं सुनाया । (७) प्रति दिन सब जोगी जंगमों से पूछती रहती हूँ । हे विहंगम, कोई भी अपने की बात नहीं कहता ।

(८) मेरे लिये चारों दिशाएँ उजाड़ हो गई हैं । क्या तू मेरा संदेशा अपने ऊपर ले सकता है ? (९) तब मैं अपना विरह दुःख कहूँ, यदि तू घड़ी भर बैठ कर सुने ।'

(३) कारन=दुःख, पीड़ा, व्यथा । सं० कारणा=यातना) हर्षचरित, उच्छ्वास ५, पृ० ११९) ।

(४) नैन कजल चखु=नेत्र का काजल और देखने की शक्ति । चखु=चक्षु, दृष्टि ।

(७) जोगी जंगम । जोगी=नाथ सम्प्रदाय के अनुयायी, जंगम=लिंगायत शैव साधु ।
निजु बात=अपने की बात, प्रियतम का समाचार ।

(९) डँड=दंड, घड़ी २४ मिनिट । मुहूर्त चिन्तामणि में दण्ड और घटिका पर्यायवाची हैं । शुभाशुभ प्रकरण, श्लो० ५६ में दंड शब्द है । सूर्य सिद्धान्त में सर्व प्रथम इसी के लिये नाड़ी शब्द था ।

[३६१]

तासौं दुख कहिए हो बीरा । जेहि सुनि कै लागै पर पीरा ।१।
को होइ भीवँ दँगवै परगाहा । को सिंघल पहुँचावै चाहा ।२।
जहाँ सो कंत गए होइ जोगी । हौं किंगरी भै झुरौं बियोगी ।३।
ओहूँ सिंगी पूरै गुरु भेंटा । हौं भै भस्म न आइ समेटा ।४।
कथा जो कहै आइ पिय केरी । पाँवरि होउँ जनम भरि चेरी ।५।
ओहि के गुन सँवरत भै माला । अबहुँ न बहुरा उड़िगा छाला ।६।
बिरह गुरुइ खप्पर कै हिया । पवन अधार रहा होइ जिया ।७।
हाड़ भए झुरि किंगरी नसैं भईं सब ताँति ।
रोवँ रोवँ तन धुनि उठै कहेसु बिथा एहि भाँति ॥३१।२॥

(१) 'हे भाई, दुःख उससे कहना चाहिए जो सुनकर पराई पीड़ा का अनुभव करे। (२) कौन भीम बनकर द्रंगपति की सहायता करेगा ? कौन सिंघल में जाकर यह समाचार पहुँचाएगा ? (३) जब से मेरे कन्त जोगी होकर गए हैं मैं वियोगिनी सूख कर किंगरी होगई हूँ । (४) उसने तो सिंगी बजाकर गुरू से भेंट कर ली, पर मैं भस्म होगई; वह आकर समेटता भी नहीं । (५) जो आकर प्रिय की बात सुनाएगा मैं उसके पैर की खड़ाँव होकर जन्म भर के लिये चेरी हो जाऊँगी । (६) उसके गुणों का स्मरण करते हुए मैं स्वयं उन्हें पिरोने वाली डोरी बन गई हूँ । अब भी वह नहीं लौटा, ऐसा मृगछाला पर बैठ कर उड़ा है । (७) विरह रूपी गुरु के उपदेश से मैंने हृदय का खप्पर बनाया । बन पवन के आधार से प्राणों को रख रही हूँ ।

(८) हड्डियाँ सूखकर किंगरी बन गई हैं । नसें सब ताँत होगई हैं । (९) शरीर के रोम रोम से उसीकी धुन उठ रही है । हे विहंगम, इस प्रकार मेरी व्यथा जाकर कहना ।'

(१) बीरा=भाई ।

(२) को होई भीवँ दँगवै परिगाहा—गोपालचन्द्रजी की प्रति (च० १), तृ० १,३, पं० १, और मनेर की श्रेष्ठ प्रति का सर्वसम्मत पाठ यही है । माताप्रसाद जी के पाठ (को होइ भीवँ अँगवै परगाहा) की अपेक्षा अधिक क्लिष्ट और मौलिक जानकर इसे स्वीकृत किया गया है । दंगवै शब्द ६२९।६ (पाछें घालि दंगवै राजा) में आया है । ५०८।९ (अहुठौ बज्र दंगवै) और ५२६।८ (अहुठौ बज्र जुरे सनमुख होइ एक दंगवै लागि) में भी मूल पाठ दंगवै था जिसे माताप्रसाद जी के संस्करण में 'दिनकोई' पढ़ा गया है । संस्कृत द्रंगपति > प्रा० दंगवइ > दंगवै=गढ़पति, राजा । यहाँ 'दंगवै' को 'अंगवै' कर दिया गया । जायसी का संकेत किसी मध्यकालीन इतिहास के भोम नामक राजा से है जो पराए दुःख से पसीज कर आर्तजनों की अपने कुटुम्बी के समान

सहायता करता था। निश्चित रूप से तो नहीं कहा जा सकता, किन्तु संभावना यह है कि गुजराज के चालुक्य राजा भीम द्वितीय से यहाँ तात्पर्य है। वह 'भोलो भीम' नाम से प्रसिद्ध है। उसने कई बार मुहम्मद गोरी की सेनाओं को हराया था और उसकी कीर्ति सारे उत्तरापथ में गूँज गई थी। उसने ६३ वर्ष [११।८-१२४१] तक राज्य किया [हेमचन्द्र राय, डाइनेस्टिक हिस्ट्री ऑव मेडिवेल इंडिया, पृ० १००५-१०११]। अभिनव सिद्धराज, चालुक्योद्धरण, सप्तम चक्रवर्ती, बालनारायणावतार, ये भीम के विरुद शिलालेखों में कहे गए हैं। भीम ने ११९७ ई० में मरु देश पर गोरी की सेना का आक्रमण होने पर अपनी सेना लेकर वहाँ के राजा की सहायता की थी। भीम के आश्रित महामात्य और महामंडलेश्वर अधिकारियों ने चोल, करेल, लाट, मालव, राढ, यादव, आदि देशों में विजय पूर्वक युद्ध किए थे। कितने ही लेख तो उन्हीं के नाम से हैं, किन्तु 'गुर्जरावनि महीपति' का विरुद भीम देव का ही था। यहाँ दंगवै शब्द चित्तौर के राजा के लिये हैं जिसकी सहायता भीम ने की थी। जयसिंहसूरि कृत हम्मीरमद मर्दन नाटक [१२२० ई०] में भी इसका उल्लेख है। जायसी ने स्वयं ६२९।६ [हौं होइ भीवँ आजु रन गाजा। पाछें घालि दंगवै राजा।] में रत्नसेन को 'दंगवै राजा' कहा है। द्रंग [राज तरंगिणी, ८।२०१०; मार्गदुंग ८।१९९१; शत्रुंजय माहात्म्य, तक्षशिला द्रंग, १४।१८१]।

परिगाहा–परिग्रह=कुटुम्बी या आश्रितजन [१२९।८, राजपाट दर परिगह सब तुम सौं उजियार] परिगाहना धातु=परिग्रह बनाना, अपना कुटुम्बी बनालेना, सहायता करना।

भीवँ=भीमसेन–दूसरे की दुःख गाथा सुनकर उसे दूर करने का भार अपने ऊपर लेना, यह रुस्तम की तरह भीमसेन के लिये भी कवि ने कहा है।

चाहा=खबर।

(६) माला=धागा, सूत, डोरा, जिसमें माला के दाने पिरोये जाते हैं। पति के गुण मनके हैं, और नागमती स्वयं विरह में पतली होकर उन्हें पोहने वाला धागा बन गई है। चरखे की माल, इस प्रयोग में माला शब्द का अर्थ डोरी है।

उड़िगाछाला–मध्यकालीन विश्वास के अनुसार सिद्ध योगी अपनी मृगछाला पर बैठकर चाहे जहाँ उड़ जा सकते थे। जायसी ने इसे उड़ंत छाला कहा है [२३६।७]।

(७-९) बिरह गुरुइ–इन पंक्तियों में यह कल्पना की गई है नागमती जोगिन बनकर तप कर रही है और केवल वायु के आधार से जी रही है। विरह उसका गुरु है। उसने अपने ही हृदय का खप्पर बनाया है। अस्थि पंजर की किंगरी को नसों की ताँतों से कसकर उसके रोएँ रोएँ से एक ही धुन उठ रही है।

गुरुइ=गुरु स्थानीय स्त्री, जोगिन। मध्यकाल में इस प्रकार तपस्या करती हुई जोगिनों की कल्पना प्रायः मिलती है। अनेक मुगल चित्रों में उनका चित्रण हुआ है।

[३६२]

रतनसेनि के माइ सुरसती। गोपीचँद जसि मैनावती।१।
आँधरि बूढ़ि सुतहि दुख रोवा। जोबन रतन कहाँ भुँइ टोवा।२।
जोबन अहा लीन्ह सो काढ़ी। भै बिनु टेक करै को ठाढ़ी।३।
बिनु जोबन भौ आस पराई। कहाँ सपूत खाँभ होइ आई।४।
नैनन्ह दिस्टि त दिया बराहीं। घर अँधियार पूत जौं नाहीं।५।

को रे चलाव सरवन के ठाँऊ । टेक देहि ओोहि टेकौं पाऊँ ।६।
तुम्ह सरवन होइ काँवरि सजी । डारि लाइ सो काहे तजी ।७।
सरवन सरवन कै ररि मुई सो काँवरि डारहि लागि ।
तुम्ह बिनु पानि न पावै दसरथ लावै आगि ॥३१४॥

(१) रत्नसेन की माता सरस्वती गोपीचन्द की माता मैनावती की तरह (पुत्रवियोग में दुखियारी) थी। पुत्र के दुःख में रोते रोते वह अन्धी और बूढ़ी हो गई। (२) वह अपने यौवन के उस रत्न को पृथिवी में कहाँ ढूँढ़े ? (३) जो उसका यौवन था उसे तो वह लेकर चला गया था। वह बिना सहारे के हो गई। अब उसे कौन खड़ी करेगा ? (४) बिना यौवन के वह पराए की आशा पर निर्भर हो गई ? कहाँ है वह सपूत, जो खम्भा सहारा देने के लिये बन आवेगा ? (५) यदि नेत्रों में दृष्टि है, तभी दिया जलना सार्थक होता है। पर यदि पुत्र नहीं, तो घर में दिया भी नहीं जलता, अँधेरा रहता है। (६) श्रवण के स्थान पर होकर कौन मुझे चलाएगा ? जो वह टेक देगा उसीसे पाँव टेकूँगी। (७) हे पुत्र, तुमने श्रवण होकर काँवर सजाई थी उसे पेड़ की डाल में लटका कर क्यों छोड़ गए ?

(८) वह 'सरवन सरवन' रट कर मर गई। काँवर डाल में ही लटकी रही। (९) तुम्हारे विना वह पानी नहीं पा सकती। दशरथ तो आग देने वाला है।

(२) जोबन रतन—यौवन में उत्पन्न रत्न; यौवन रूपी रत्न।
टोवा—धा० टोवना=टटोलना, ढूँढ़ना।

(५) नैनन्ह दिस्टि त दिया बराहीं—आँखों में देखने की शक्ति हो तो घर में दिया जलना सार्थक है। घर में पुत्र न हो तो दिया जलने पर भी अंधेरा माना जाता है। रत्नसेन की अंधी माता दोनों से वंचित है, नेत्रों में दृष्टि नहीं और घर में पुत्र नहीं।

(७) डारि=वृक्ष की डाल।
काँवरि डारहि लाग—लोक-कथा के अनुसार सरवन काँवर पेड़ की डाल पर टाँग गया था।

[३६३]

लै सो सँदेस बिहगम चला । उठी आगि बिनसा सिंघला ।१।
बिरह बजागि बीच को ठेघा । धूम जो उठे स्याम भए मेघा ।२।
भरि गा गँगन लूक तसि छूटी । होइ सब नखत गिरहिं भुइँ टूटी ।३।
जहँ जहँ पुहुमी जरी भा रेहू । बिरह के दगध होइ जनि केहू ।४।
राहु केतु जरि लंका जरी । औ उड़ि चिनगि चाँद महँ परी ।५।
जाइ बिंहगम समुँद डफारा । जरे माँछ पानी भा खारा ।६।
दाधे बन तरिवर जल सीपा । जाइ नियर भा सिंघल दीपा ।७।
समुँद तीर एक तरिवर जाइ बैठ तेहि रूख ।
जब लगि कह न सँदेसरा ना ओहि प्यास न भूख ॥३१४॥

(१) संदेश लेकर जैसे ही पक्षी चला, उससे अग्नि उठ खड़ी हुई और सिंहल विनष्ट होने लगा (२) विरह की वज्राग्नि को बीच में कौन रोक सकता है ? उससे जो धुएँ के बवण्डर उठे उनसे बादल काले हो गए। (३) उससे ऐसी लूक छूटीं कि सारा आकाश भर गया। वे सब लूकें ही नक्षत्रों के रूप में टूट कर धरती में गिर रही हैं। (४) उनके गिरने से जहाँ जहाँ धरती जली वहीं रेह मिट्टी बन गई। ईश्वर न करे कोई विरह से दग्ध हो। (५) राहु और केतु जल गए और लंका जल गई। उसकी चिनगारी उड़कर चाँद में जा गिरी। (६) वह संदेशवाहक पक्षी समुद्र के पास पहुँचकर रोया, जिससे मछलियाँ जल गईं और समुद्र का पानी खारा हो गया। (७) वन में वृक्ष और जल में सीप जल गए। वह सिंहल द्वीप के पास जा पहुँचा।

(८) समुद्र के किनारे एक वृक्ष था वह उस पेड़ पर जाकर बैठा। (९) वह जब तक सन्देश न कह लेगा तब तक उसे भूख प्यास न लगेगी।

(२) ठेघा–धा० ठेघना, ठेगना, थेघना=, टेकना, सहारा देना, रोकना। तुलना, सं० स्थगन > प्रा० थगन (पासद्द० ५५०)। स्थगित > थगिय।

(३) लूकि=टूटे तारे (आवत मुकुट देखि कपि भागे। दिन ही लूक परन बिधि लागे। कह प्रभु हँसि जनि हृदय डराहू। लूक न अशनि केतु नहि राहू। लंका कांड ३२।७,९)।
रेह=ऊसर जमीन पर जमी हुई सफेद रंग की खारी मिट्टी।

(६) डफारा–डफारना=धाड़ मार कर रोना।

[३६४ [

रतनसेनि बन करत अहेरा। कीन्ह ओहि तरुवर तर फेरा।१।
सीतल बिरिछ समुँद के तीरा। अति उतंग औ छाँह गँभीरा।२।
तुरै बाँधि कै बैठु अकेला। औरु जो साथ करैं सब खेला।३।
देखेसि फरी जो तरुवर साखा। बैठि सुनहि पाँखिन्ह कै भाखा।४।
उन्ह महँ ओहि बिहंगम अहा। नागमती जासौं दुख कहा।५।
पूँछहिं सबै बिहंगम नामा। अहो मींत काहे तुम्ह स्यामा।६।
कहेसि मींत मासक दुइ भए। जम्बू दीप तहाँ हम गए।७।
नगर एक हम देखा गढ़ चितउर ओहि नाउँ।
सो दुख कहौं कहाँ लगि हम दाधे तेहि ठाउँ॥३१६॥

(१) रत्नसेन बन में आखेट कर रहा था। उसने उसी पेड़ के नीचे फेरा किया। (२) समुद्र के तीर पर वह शीतल वृक्ष था। वह बहुत ऊँचा था, और उसकी छाँह घनी थी। (३) घोड़े को बाँधकर वह वहाँ अकेला बैठ गया। जो और लोग साथ में थे, सब शिकार खेल रहे थे। (४) वह वृक्ष की फली हुई शाखाओं को देखने लगा, और बैठकर पक्षियों की भाषा सुनने लगा (५) उनमें वह पक्षी भी था जिससे नागमती ने अपना दुःख

कहा था। (६) पक्षी कहे जाने वाले सब उससे पूछने लगे, 'हे मित्र तुम काले क्यों हो?' उसने कहा—'मित्रो, दो एक महीने हुए तब मैं जम्बूद्वीप गया था।

(८) मैंने एक नगर देखा, उसका नाम चित्तौड़ है। (९) वहाँ का दुःख कहाँ तक कहूँ? मैं उसी स्थान में जलकर काला हो गया।'

[१] अहेरा–सं० आखेट > प्रा० आहेड़+क > अहेरा=शिकार।

[६] बिहंगम नामा–पक्षी नामधारी, पक्षी कहलाने वाला [भँवर न जाइ न पंखी नामा, १६२।१] इसी वजन पर भुमिया नाम (४२५।६), पुहुप सब नामा (४७१।३), हिंदू नाँव (५०१।३) प्रयोग भी आए हैं।

[३६५]

जोगी होइ निसरा जो राजा। सून नगर जानहुँ धुँध बाजा।१।
नागमती है ताकरि रानी। जरि बिरहैं भै कोइलि बानी।२।
अब लगि जरि होइहि भै छारा। कहि न जाइ बिरहा कै झारा।३।
हिया फाट वह जबहिं कुहूकी। परे आँसु होइ होइ सब लूकी।४।
चहुँ खँड छिटकि परी वह आगी। धरती जरत गँगन कहँ लागी।५।
बिरह दवा अस को रे बुझावा। चहै लागि जरि हियरे धावा।६।
हौं पुनि तहाँ डहा दव लागा। तन भा स्याम जीव लै भागा।७।
का तुम्ह हँसहु गरब कै करहु समुँद महँ केलि।
मति ओहि बिरहे बसि परहु दहै अगिनि जल मेलि ॥३१।७॥

(१) वहाँ का राजा जोगी होकर निकल गया। उससे वह नगर सूना हो गया, मानों वहाँ अँधेरा छा गया। (२) नागमती उस राजा की रानी है, जो विरह में जलकर कोयल के रंग की हो गई है। (३) अब तक तो वह जलकर राख हो गई होगी। विरह की अग्नि से निकलने वाली झार कही नहीं जा सकती। (४) वह जब विलाप करती थी, हृदय फटता था। उसके आँसू लूक हो होकर गिरते थे। (५) वह आग चारों दिशाओं में फैल गई और धरती पर जलती हुई आकाश में भी लग गई। (६) विरह की ऐसी आग कौन बुझा सकता है? जो बुझाना चाहे उसे भी वह लग जाना चाहती है जिसके कारण वह हृदय में जलकर भागता है। (७) मैं भी वहाँ उस आग के लगने से जल गया। शरीर काला हो गया और प्राण लेकर भागा।

(८) मेरी बात सुनकर क्या तुम इस घमंड में हँसते हो कि समुद्र में क्रीड़ा कर रहे हो जहाँ आग नहीं पहुँच सकती? (९) ऐसा न हो कहीं तुम भी उस विरह की आग के वश में पड जाओ। वह आग जल में घुसकर भी जला डालती है।

[१] धुंध=अंधेरा। सं० ध्वान्त।
बाजा। सं० व्रज > प्रा० वज्ज, वज्जइ=पहुँचना।

[४] लूकी–लूक [३६३।३] = टूटने वाले तारे।

[३६६]

सुनि चितउर राजैं मन गुना । बिधि सँदेस मैं कासौं सुना ।१।
को तरिवर अस पंखी भेसा । नागमती कर कहै संदेसा ।२।
को तूँ मींत मन चित्त बसेरू । देव कि दानौ पौन पखेरू ।३।
रुद्र ब्रह्म सिव बाचा तोही । सो निजु अंत बात कहु मोही ।४।
कहाँ सो नागमती तुइँ देखी । कहेसु बिरह जस मरन बिसेखी ।५।
हौं राजा सोई भा जोगी । जेहि कारन वह असि बियोगी ।६।
जस तूँ पंखि हौहुँ दिन भरऊँ । चाहौं कबहुँ जाइ उड़ि परऊँ ।७।
पंखि आँखि तेहि मारग लागी दुनहुँ रहाहिं ।
कोइ न सँदेसी आवहिं तेहि क सँदेस कहाहिं ॥३१८॥

(१) चित्तौड़ का नाम सुनकर राजा ने मन में सोचा, 'हे भगवान् ! यह संदेश मैं किससे सुन रहा हूँ ? (२) पक्षी के वेश में वृक्षपर ऐसा कौन है, जो नागमती का संदेश मुझ से कह रहा है ? (३) हे मित्र, मन के भीतर बस जाने वाला तू कौन है ? तू हवा में रहने वाला पक्षी है, या देव है, या दानव है । (४) तेरा वचन रुद्र और ब्रह्मा की कल्याणमयी वाणी है । सो तू अपने अन्तर की बात मुझसे कह । (५) वह नागमती तूने कहाँ देखी विरह में जिसके मरण का तूने ऐसा बखान किया है ? (६) मैं ही वह राजा हूँ जो जोगी हो गया था और जिसके कारण वह ऐसी बिरहिणी हुई है । (७) हे पक्षी, जैसे तू वैसे ही मैं अपने दिन पूरे कर रहा हूँ, और चाहता हूँ कि फिर कभी वहाँ उड़कर पहुँच जाऊँ ।

(८) हे पक्षी, मेरी दोनों आँखें उसी मार्ग में लगी हैं । (९) कोई ऐसे संदेशवाहक नहीं आते जो उसका संदेश कहें ।

(३) मनचित्त बसेरू–मन में रहने वाले चित्त की भाँति प्रिय; मेरे मन के विचार को प्रकट करने वाला ।

(४) अन्त=अन्तः करण (मातप्रसाद, भूमिका पृ० ३८) ।
रुद्र ब्रह्म सिव वाचा तोहीं–माताप्रसाद जी के अनुसार केवल तृ० २ प्रति में 'रुद्र ब्रह्म हरि वाचा तोही' पाठ है जिसे उन्होंने मूल में रक्खा है । शेष सब प्रतियों में 'रुद्र ब्रह्म सिव बाचा तोही' पाठ है जो यहाँ रक्खा गया है । गोपालचन्द्रजी और मनेर की प्रतियों में भी 'सिव' पाठ है । 'सिव वाचा' का तात्पर्य कल्याणकारी बचन या वाक् । शिव और ब्रह्म की भाँति तेरी वाणी कल्याण मयी है । वस्तुतः वाणी या शब्द ब्रह्म का सम्बन्ध इन्हीं दो देवों से है, विष्णु से नहीं ।

[३६७]

पूँछसि काह सँदेस बियोगू । जोगी भया न जानसि जोगू ।१।
दहिने संख न सिंगी पूरे । बाएँ पूरि बादि दिन भूरे ।२।

तेलि बैल जस बाएँ फिरैं । परा भौंर महँ सौंह न तिरैं ।३।
तुरी औ नाव दाहिन रथ हाँका । बाए फिरै कोंहार क चाका ।४।
तोहि अस नाहीं पंखि भुलाना । उड़ै सो आदि जगत महँ जाना ।५।
एक दीप का आवउँ तोरे । सब संसार पाव तर मोरे ।६।
दहिनें फिरै सो अस उँजियारा । जस जग चाँद सुरुज औ तारा ।७।
मुहमद बाइं दिसि तजी एक सरवन एक आँखि ।
जब ते दाहिन होइ मिला बोलु पपीहा पाँखि ॥३१९॥

(१) [पक्षी ने कहा।] 'तू वियोग के संदेश की बात क्या पूछता है ? जोगी हो गया पर जोग नहीं जानता। (२) तू शंख और सिंगी (दाहिने या उचित ढंग से) नहीं बजाता । बाएँ ढंग से बजाकर व्यर्थ दिन भर चिन्ता करता है । (३) तेली के बैल की भाँति बाएँ घूमता है, अतएव भँवर में पड़ा चक्कर काटता रहता है, सामने नहीं जाता । (४) घोड़ी, नाव और रथ दाहिने चलाए जाते हैं, (और आगे बढ़ जाते हैं) पर कुम्हार का चाक बाएँ घूमता हुआ एक ही जगह पड़ा रहता है । (५) पक्षी तेरी तरह भुलावे में नहीं पड़ता, वह तो आरम्भ से ही संसार में उड़ना जानता है । (६) मैं तेरे इस एक द्वीप में ही क्या आया हूँ ? सारा संसार मेरे पैरों के नीचे है । मैं एक जगह स्थिर नहीं, सब लोकों में जहाँ चाहे उड़ जाता हूँ । (७) जो दाहिने चलता है, वही ऐसा उज्ज्वल होता है, जैसे संसार में चाँद, सूर्य, और तारे हैं ।'

(८-९) जब से प्रियतम दाहिने होकर मिला, तब से मुहम्मद ने बाईं दिशा का सुनना और देखना छोड़ दिया ।

(२) दाहिने संख–यहाँ दाहिने और बाएँ, इन शब्दों पर श्लेष से कवि अपने समय में प्रचलित वाम मार्गी सम्प्रदायों का निराकरण करके प्रेम साधन के दाहिने या अनुकूल मार्ग की प्रशंसा करता है । सिद्ध और नाथ योग, मार्ग शैवों का निर्गुण योग मार्ग, शाक्त मार्ग, ये बाएँ मार्ग थे ।
(३) झूरे–प्रा० झूरइ=चिन्ता करना । बादि=व्यर्थ ।
(४) तुरी–सं० तुरगी > तुरई > तुरी=घोड़ी । कोंहार–सं० कुम्भकार ।
(८) मुहम्मद ने चतुराई से अपनी बाँई आँख और कान के चले जाने का उल्लेख किया है । (एक नयन कबि मुहम्मद गुनी, २१।१) । जब से प्रेम मार्ग में चलकर प्रियतम का दर्शन किया तब से वाम मार्ग की बात का सुनना और देखना छोड़ दिया ।
(९) बोलु पपीहा पाँखि–पपीहा पक्षी का बोल, अर्थात् 'पिउ' । ३४२।७ में 'चात्रक कै भाखा' का भी यही तात्पर्य है । इसी शैली पर 'नाउँ लै महरा' (४२४।३) का प्रयोग है ।

[३६८]

हौं धुव अचल सो दाहिन लावा । फिरि सुमेरु चितउर गढ़ आवा ।१।
देखेउँ तोरे मँदिल घमोई । माता तोरि आँधरि भै रोई ।२।

जस सरवन बिनु अंधी अंधा । तस ररि मुई तोहि चित बंधा ।३।
कहेसि मरौं अब काँवरि रेंई । सरवन नाहिं पानि को देई ।४।
गई पियास लागि तेहि साथाँ । पानि दिहें दसरथ के हाथाँ ।५।
पानि न पियै आगि पै चाहा । तोहि अस पूत जरम अस लाहा ।६।
भागीरथी होइ करु फेरा । जाइ सँवारु मरन कै बेरा ।७।
तूँ सपूत मनि ताकरि अस परदेस न लेहि ।
अब ताईं मुई होइहि मुएहुँ जाइ गति देहि ॥३१।१०॥

(१) 'मैंने अचल ध्रुव को दाहिने हाथ रखते हुए सुमेरु का चक्कर किया और फिर चित्तौर गढ़ आया (२) वहाँ महल में मैंने सत्यानाशी जमी देखी । तेरी माता रोकर अंधी हो गई है । (३) जैसे श्रवण के बिना अंधी अंधे (उसके माता पिता) हुए थे, वैसे ही तुझमें चित्त लगाकर वह रो रोकर मरनिहाउ हो गई है । (४) उसने मुझसे, 'अब काँवर रीती करके मैं मर रही हूँ । श्रवण नहीं है, मुझे कौन पानी देगा ? (५) मेरी प्यास उसीके साथ चली गई ।' दशरथ के हाथ से पानी देने पर (६) पानी नहीं पीती, आग माँगती थी । तेरे ऐसे पुत्र का जन्म हुआ और उसे ऐसा लाभ मिला । (७) उसकी गंगा गति होती होगी । तू तुरन्त लौट जा, और जाकर मरने के समय उसे सँभाल ले ।

(८) तू उसके लिए सपूतों में मणि है । इस भाँति परदेश में मत पड़ा रह । (९) सम्भव है अब तक वह मर चुकी हो । मरने पर भी पहुँच कर तू उसे गति दे ।'

(१) ध्रुव अचल–ध्रुव नक्षत्र अचल है । वह सुमेरु के चारों ओर घूमता है । सुमेरु और ध्रुव योग की परिभाषाएँ भी हैं ।

(२) घमोई– (१) सत्यानाशी, भरभंडा (शब्द सागर) । (२) घमोय बाँस की तरह की एक घास होती है जो बहुत पतली और कमजोर होने के कारण किसी काम में नहीं आती । पत्ती बाँस से मिलती है । रामायण में इस शब्द का प्रयोग हुआ है – अबहीं ते उर संसय होई । बेनु मूल सुत भयउ घमोई (लंका १०।३) । श्री महावीरप्रसाद मालवीय ने अपनी टीका में लिखा है,– 'घमोई राजापुर प्रान्त की बोली में सत्यानाशी को कहते हैं ।' शब्दसागर में इसका एक अर्थ बाँस का रोग भी दिया है । हेमचन्द्र ने देशीनाममाला में घम्मोय को तृण विशेष लिखा है (देशी०) । यह शब्द सं० गर्मुत् से निकला जान पड़ता है । प्रकरण से ज्ञात होता है कि जायसी में घमोई सत्यानाशी के अर्थ में और रामायण में बाँस की जड़ में होने वाली घास के लिये प्रयुक्त हुआ है ।

(४) रेंई–रीती करके । सं० रेचित > प्रा० रेइय > रेंई (पासद्द० ८८९) ।

(७) भागीरथी होइ–गंगा गति होती होगी । जायसी ने गंगा गति का पहले उल्लेख किया है । (१२७।६) ।

[३६९]

नागमती दुख बिरह अपारा । धरती सरग जरै तेहि झारा ।१।
नगर कोट घर बाहिर सूना । नौजि होइ घर पुरुख बिहूना ।२।

तूँ काँवरू परा बस लोना । भूला जोग छरा जनु टोना ।३।
ओहि तोंहि कारन मरि भै बारा । रही नाग होइ पवन अधारा ।४।
कह चील्हन्ह पिय पहँ लै खाहू । माँसु न कया जो रूचै काहू ।५।
बिरह मँजूर नाग वह नारी । तूँ मँजार करु बेगि गोहारी ।६।
माँसु गरा पाँजर होइ परी । जोगी अबहुँ पहुँचु लै जरी ।७।
देखि बिरह दुख ताकर मैं सो तजा बनबास ।
आएँउ भागि समुँद टट तबहुँ न छाँड़ै पास ॥३१।११॥

(१) सुग्गे ने कहा, 'नागमती का विरह दुःख अपार है। उसकी ज्वाला से धरती और स्वर्ग जल रहे हैं । (२) नगर, दुर्ग, घर और बाहर सब सूना है। दैव न करे किसी का घर पुरुष से रहित हो। (३) तू जैसे कामरूप में लोना चमारी के वश में पड़ा, जोग भूल गया, और उसके टोने से छला गया है। (४) वह बाला तेरे कारण मर गई होगी, या साँपिन हो कर वायु के आधार से रहती होगी। (५) वह चीलों से कहती है, 'इतनी कृपा करो कि मुझे प्रिय के पास ले जाकर खाओ। मेरी काया में माँस नहीं है, जो मैं किसी को स्वादिष्ट लगूँ।' (६) विरह मोर है, और वह नागमती नाग है। तू बिलाव बनकर शीघ्र रक्षा कर। (७) उसका माँस गल गया है, अतएव ठठरी बनी हुई पड़ी है। हे जोगी, अब भी अपनी जड़ी-बूटी लेकर पहुँच।

(८) उसका विरह-दुख देखकर मैंने उस वन का रहना छोड़ दिया। (९) भागकर समुद्र के तट पर आ गया, तब भी वह आग मेरा पीछा नहीं छोड़ती।'

(२) नौजि=अरबी 'नऊज बिलह्'=ईश्वर रक्षा करे।
(३) लोना=मध्यकाल में प्रसिद्धि थी कि कामरूप में लोना चमारी तंत्र मंत्र की जानने वाली थी। दे० ४४८।६,=एहि करि गुरू चमारिनि लोना। सिखा काँवरू पाढ़ित टोना। ५८५।२।
(४) बारा=बाला। इसका पाठान्तर मनेर तथा चं० १ में 'माला' है। अर्थ होगा—जीवन का फूल मुरझाने से वह केवल माल या डोरी रूप हो गई है।'
(६) गोहारी=रक्षा, सहायता, किसी की पुकार सुनकर सहायता के लिये पहुँचना। गुहारना=रक्षा के लिए पुकारना। सं० गाः आकारयति, गौ की हँकार अर्थात् गौओं पर हमला होने या चुराए जाने के समय रक्षा के लिये पुकार मचाना, गोहारना।
(९) टट=सं० तट के लिए अवधी प्रयोग। मनेर में भी 'टट' पाठ है।

[३७०]

अस परजरा बिरह कर कठा। मेघ स्याम भै धुआँ जो उठा ।१।
दाधे राहु केतु गा दाधा। सूरज जरा चाँद जरि आधा ।२।
औ सब नखत तराईं जरहीं। टूटहिं लूक धरनि महँ परहीं ।३।
जरी सो धरती ठाँवहि ठाँवाँ। ढंक परास जरे तेहि दावाँ ।४।
बिरह साँस तस निकसै झारा। धिकि धिकि परबत होहिं अँगारा ।५।

भँवर पतंग जरे औ नागा । कोइल भुँजइल औ सब कागा ।६।
बन पंछी सब जिउ लै उड़े । जल पंछी जरि गल मइँ बुड़े ।७।
हँहूँ जरत तहँ निकसा समुँद बुझाएउँ आइ ।
समुँदौ जरा खार भा पानी धूम रहा जग छाइ ॥३१।१२॥

(१) विरह के दुःख में वह ऐसा जला कि धुआँ उठने से मेघ काले हो गए। (२) राहु के जलने पर केतु भी जल गया। सूर्य जल गया और चाँद जलकर आधा हो गया। (३) और सब नक्षत्र और तारे जल रहे हैं, जिनसे जलते टुकड़े (लूक) टूटकर धरती पर गिरते हैं। (४) उससे धरती भी स्थान-स्थान पर जल गई। पलाश के जंगल उसी आग से जले। (५) विरह की साँस से ऐसी ज्वालाएँ निकल रही हैं कि ज्वालामुखी पहाड़ दहक दहककर अंगारे बने जा रहे हैं। (६) भौंरे, पतिंगे, और नाग उसमें जले। कोयल, भुजंगे और सब कौवे उसी में जलकर काले हो गए हैं। (७) वन के पंछी सब अपना प्राण लेकर उड़ भागे। जल के पंछियों ने जलकर जल में डुबकी लगा ली।

(८) मैं भी वहाँ से जलता हुआ निकला, और आकर समुद्र में अपने को बुझाया। (९) समुद्र भी जल गया और उसका पानी खारा हो गया। उसीका धुआँ मेघों के रूप में संसार में छाया हुआ है।

(१) परजरा–सं० प्रज्वल > प्रा० पज्जल, पर्जल > पर्जर > परजरना।
कठा=कष्ट, दुःख। सं० कष्ट, प्रा० कट्ठ > कठा।
(२) चाँद जरि आधा–जायसी ने चाँद को विरह में आधा जला कहा है, इसीलिए वह ठंडा है। पर उस अग्नि में जलने के कारण विरहियों को जलाता भी है।
लूक=तारों के जलते हुए टुकड़े, चिनगारियाँ (३६३।३)।
(५) झारा=लपट। सं० ज्वाला।
(६) भुँजइल=भुजंगा।

[३७१]

राजैं कहा रे सरग सँदेसी । उतरि आउ मोहि मिलु सहदेसी ।१।
पाँव टेकि तोहि लावौं हियरे । प्रेम सँदेश कहौ होइ नियरे ।२।
कहा बिहंगम जो बनबासी । कित गिरिही तें होइ उदासी ।३।
जेहि तरिवर तर तुम अस कोऊ । कोकिल काग बराबरि दोऊ ।४।
धरती महँ बिख चारा परा । हारिल जानि पुहुमि परिहरा ।५।
फिरौं बियोगी डारहिं डारा । करौं चलै कहँ पंख सँवारा ।६।
जियन की घरी घटत निति जाहीं । साँसहि जिउ है देवसन्ह नाहीं ।७।

जौं लहि फेरि मुकुति है परौं न पिंजर माहँ ।
जाउँ बेगि थरि आपनि है जहाँ बिंफ बनाँह ॥३१।१३॥

(१) राजा ने कहा,—'हे स्वर्ग के दूत, नीचे उतर और समान देशवासी की भाँति मुझसे मिल। (२) तेरे पाँव पकड़कर हृदय से लगाऊँगा। निकट आकर प्रेम का संदेशा कह।' पक्षी ने कहा, 'जो वनवासी हुआ है वह भला गृहस्थ छोड़कर उदासी क्यों बनता है? जिस वृक्ष के नीचे तुम्हारे जैसा कोई सुननेवाला हो उस पर कोयल बोले या कौवा दोनों बराबर हैं। (५) धरती में विष का चारा फैला हुआ है, यह जानकर हारिल ने धरती को ही छोड़ दिया। (ऐसे ही क्या तुमने गृहस्थी में विषय और दुःखों को भरा देखकर, हृदय में हार मान ली?) (६) मैं वियोगी डाल-डाल फिरता हूँ और चलने के लिये पंख ठीक करता रहता हूँ। (७) जीवन की घड़ियाँ नित्य घटती जाती हैं। प्राण साँसों में है, दिनों की गिनती में नहीं।

(८) जब तक विचरने की मुक्ति है, पिंजड़े में न पड़ूँगा। (९) अतएव विन्ध्य वन में जहाँ मेरी स्थली है, शीघ्र वहाँ जाता हूँ।'

(१) सरग सँदेशी-स्वर्ग का संदेश वाहक, देवदूत। सहदेसी=समान देशवासी (३१०।८)।

(३-५) कित गिरही ते होइ उदासी-इन पंक्तियों में जायसी ने भारतीय धर्म की साधना का महत्त्वपूर्ण प्रश्न उठाया है। 'गृहस्थाश्रम छोड़कर उदासी क्यों बना जाय? जीवन रूपी वृक्ष के नीचे खड़े हुए मनुष्य का मन मुख्य वस्तु है। यदि मन में विवेक नहीं, तो उस वृक्ष के ऊपर कोयल का शब्द हो या कौवे का, अनसमझ के लिये दोनों एक से हैं। जो गृहस्थ को दुःखमय जंजाल समझकर-ऊपरी आँखों से उसमें विष का चारा फैला हुआ जानकर-गृहस्थ की दृढ़ धरती को छोड़ आकाश में उड़ना चाहता है, वह मन से हारा हुआ (हारिल) है। मनुष्य को चाहिए कि पक्षी की भाँति यहाँ से यात्रा के लिये अपने पंखों को सँवार कर रखे। वस्तुतः जीवन नित्यप्रति घट रहा है, किन्तु बुद्धिमान् के लिये जीवन का अर्थ प्राण है, दिनों की गिनती नहीं। 'सांसहि जिउ है, देवसन्ह नाहीं।' जायसी की यह उक्ति कठोपनिषद के 'अति दीर्घे जीविते को रमेत?' का स्मरण दिलाती है। इन पंक्तियों में प्रेम-मार्ग के इस कवि ने अपने समकालीन अनेक सम्प्रदायों को, जो गृहस्थाश्रम की निन्दा कर उसके त्याग में सुख ढूँढ़ते थे, 'कित गिरही ते होइ उदासी,' यह प्रश्न पूछकर कुंठित कर दिया है।

(५) परा-मनेर और गोपाल चंद्र की प्रति का पाठ 'परा' (=बिखरा हुआ, पड़ा हुआ) है। माताप्रसाद जी में 'पारा' पाठ है (=भरा हुआ)। सं० पारयति > प्रा० पारइ=पूर्ण करना, भरना (पासद० ७२७)। हारिल पक्षी वृक्षों के फलों का आहार करता है। कहा जाता है, कि वह कभी धरती पर नहीं उतरता, पानी भी उड़ते हुए ही पी लेता है। कुँवर सुरेशसिंह ने लिखा है— हारिल शायद ही कभी जमीन पर उतरता हो, इसकी मुख्य खुराक फल होने के कारण बरगद या पीपल आदि पेड़ों पर ही अड्डा जमाए रहता है (हमारी चिड़ियाँ, पृ० १०३)। इन्हीं दोनों बातों के आधार पर जायसी ने कल्पना की है कि हारिल ने पृथिवी के चारे को विषाक्त जानकर उसे त्याग दिया।

(९) थरि=स्थली, अकृत्रिम प्रदेश, पहाड़, जंगल। बनाँह=वन में। सं० वनमध्य > वनमज्झ > बन माँझ > बनमाँह > बनाँह।

(८) फेरि–फिरने की, घूमने की। पक्षी कहता है, जब तक घूमने की छूट या मुक्ति मिली है, तब तक पिंजड़े में न पड़ूँगा। जीव पक्ष में—शरीर के बन्धन में न आऊँगा।

[३७२]

कहि सो सँदेस बिहंगम चला। आगि लाइ सगरिउ सिंघला।१।
घरी एक राजैं गोहरावा। भा अलोप पुनि दिस्टि न आवा।२।
पंखी नाउँ न देखौं पाँखौ। राजा रोइ फिरा कै साँखौ।३।
जस हेरत यह पंखि हेराना। दिनेक हमहुँ अस करब पयाना।४।
जौं लगि प्रान पिंड एक ठाऊँ। एक बेर चितउर गढ़ जाऊँ।५।
आवा भँवर मँदिल जहँ केवा। जीउ साथ लै गएउ परेवा।६।
तन सिंघल मन चितउर बसा। जिउ बिसँभर जनु नागिनि डसा।७।
जेति नारि हँसि पूँछै अमिअ बचन जिमि नित।
रस उतरा सो चढ़ा बिख ना ओहि चिंत न मिंत॥३१।१४॥

(१) वह संदेश कहकर पक्षी चला गया, पर सारे सिंहल में आग लगा गया। (२) घड़ी भर तक राजा उसे पुकारता रहा, पर वह अलोप हो गया, और फिर दिखाई न दिया। (३) उसका पक्षी नाम सार्थक है, अतएव उड़ जाने के बाद उसका एक पंख भी दिखाई नहीं पड़ा। राजा रोकर और मन में क्षोभ करके वापिस लौट आया। (४) 'जैसे देखते देखते यह पक्षी अदृश्य हो गया, वैसे ही एक दिन हम भी ऐसे ही चले जाएँगे। (५) जब तक प्राण और शरीर एक साथ हैं, तब तक एक बार मैं चित्तौड़गढ़ जाऊँगा।' (६) यह सोचकर वह भौंरा (रत्नसेन) राजमंदिर में जहाँ कमल (पद्मावती) थी वहाँ आया। उसका प्राण तो पक्षी अपने साथ ले गया था। (७) शरीर सिंहल में था, मन चित्तौड़ में बसा हुआ था। जी ऐसा बेसुध था, मानों नागिन ने डस लिया हो।

(८) जितना ही वह बाला हँस हँसकर नित्य की भाँति अमृत वचनों से पूछती थी, (९) उतना ही उसका रस उतरता और विष चढ़ता जाता था। न उसमें अब स्मृति थी, और न उसका कोई मित्र था।

(३) पंखि–सं० पक्षी > प्रा० पंखी। पाँखौ–सं० पक्ष > प्रा० पंख > पाँख > पाँखौ=पंख भी। राजा का आशय है कि पक्षी अपने नाम के अनुसार चला गया, उसका कोई चिह्न पीछे न रहा। साँखौ–सं० संक्षोभ (=चित्त की व्यग्रता, क्षोभ, मन का दुःख) > प्रा० संखोह > साँखोह > साँखौ।

(४) हेरत=देखते हुए। हिराना=अदृश्य हो जाना।

(५) पिण्ड=शरीर।

(८) हँसि पूँछै–मनेर प्रति में पाठ, समुझावै।

(९) चिंत=सं० चिन्ता, स्मृति, स्मरण। मिंत=मित्र।

[३७३]

बरिस एक तेहि सिंघल रहे । भोग बेरास कीन्ह जस चहे ।१।
भा उदास जिउ सुना सँदेसू । सँवरि चला मन चितउर देसू ।२।
कँवल उदासी देखा भँवरा । थिर न रहै मालति मन सँवरा ।३।
जोगी औ मन पौन परावा । कत ये रहैं जौं चित्त उँचावा ।४।
जौं जिय काढ़ि देइ इन्ह कोई । जोगी भँवर न आपन होई ।५।
तजा कँवल मालति हियँ घाली । अब कत थिर आछै अलि आली ।६।
गंध्रपसेनि आए सुनि बारा । कस जिउ भएउ उदास तुम्हारा ।७।
मैं तुम्हहीं जिउ लावा दै नैनन्ह महँ बास ।
जौं तुम्ह होहु उदासी तौ यह काकर कबिलास ॥३१।१५॥

(१) वह एक बरस तक वहाँ सिंघल में रह चुका था, और उसने जैसा चाहा, वैसा भोग विलास किया था। (२) जैसे ही संदेश सुना, मन उदास हो गया और पहिली बातों का स्मरण करके उसका मन चित्तौड़ देश में चला गया। (३) कमल (पद्मावती) उदास हुई। उसने देखा कि भौंरा अब यहाँ स्थिर होकर न रहेगा, क्योंकि उसने मन में मालती का स्मरण किया है। (४) जोगी, मन और पवन ये सदा विचरण करते या अन्यत्र चले जाते हैं। जब एक बार ये अपना चित्त ऊपर उठा लेते या खींच लेते हैं, तो फिर कहाँ टिकते हैं। (५) यदि कोई अपना जी निकाल कर भी इन्हें दे दे, तो भी जोगी और भौंरे अपने नहीं होते। (६) 'हे सखि, भौंरे ने कमल छोड़कर मालती को हृदय में स्थान दिया है। अब वह कैसे स्थिर रहेगा।' (७) गंधर्वसेन रत्नसेन की ऐसी दशा सुनकर द्वार पर आए और पूछा, 'तुम्हारा जी कैसे उदास हो गया ?

(८) मैंने तुम्हें अपने नेत्रों में स्थान देकर (आँख की पुतली बनाकर) तुम्हीं में अपना मन लगाया। (९) यदि तुम ही उदासी हो जाओगे तब यह कैलास किसके काम आएगा ?'

(४) परावा–धा० पराना=भागना, विचरण करना। जोगी, मन और वायु इनका स्वभाव ही विचरण करना है। एक बार जिस जगह से चित्त उठा लिया, फिर वहाँ नहीं रहते। योगी अपनी इच्छा से एक स्थान में कुछ समय तक धूनी रमाकर फिर मन को वहाँ से खींचकर अन्यत्र चला जाता है, किसी भाँति नहीं रुकता। इसी प्रकार मन प्रेमी जन से जब एक बार उचट जाता है तो अन्यत्र आसक्ति ढूँढ़ता है। ऐसे ही वायु जब आकाश में ऊँची उठ जाती है, तो आँधी बनकर अन्यत्र चली जाती है।

चित्त उँचावा–(१) जोगी चित्त अर्थात् मन उठा लेता है। (२) चित्त अर्थात् मन के भीतर का विचार, ज्ञान। वह जब उच्च हो जाता है, तब मन विषय में न लगकर अन्यत्र चला जाता है। (३) वायु जब विचित्र ढँग से ऊँचा उठता या आँधी का रूप लेता है तब अन्यत्र चला जाता है। प्रत्येक ऋतु में सामान्यतः चलती हुई वायु का आँधी रूप में चलना ही विचित्रता है। फागुन का तेज फगुनहटा जाड़े की वायु को अन्यत्र ले जाता है। ऐसे ही वसन्त और ग्रीष्म की वायु

आँधी के रूप में अन्यत्र चली जाती है और तब वर्षा ऋतु की पुरवाई आ जाती है। चित्त= सं० चित्र, अद्भुत आश्चर्य जनक रीति से ऊँचा उठना, आँधी के रूप में चलना। उँचावा-प्रा० उच्चाव=ऊँचा करना, उठाना [पासद० पृ० १८४]

(७) बारा=(१) द्वार (२) बाल, बालक। जैसे पद्मावती गंधर्वसेन के लिए बारी (बालिका) थी, वैसे ही रत्नसेन जामाता होने के नाते उसके लिये बालक है।

३२ : रत्नसेन बिदाई खण्ड

[३७४]

रतनसेनि बिनवा कर जोरी। अस्तुति जोग जीभ कहँ मोरी।१।
सहस जीभ जौं होइ गोसाईं। कहि न जाइ अस्तुति जहँ ताईं।२।
काँचु करा तुम्ह कंचन कीन्हा। तब भा रतन जोति तुम्ह दीन्हा।३।
गाँग जो निरमल नीर कुलीना। नार मिलें जल होइ न मलीना।४।
तस हौं अहा मलीनी करा। मिलेउँ आइ तुम्ह भा निरमरा।५।
मान समुंद मिला होइ सोती। पाप हरा निरमल भै जोती।६।
तुम्ह मनि आएउँ सिंघल पुरी। तुम्हतें चढ़ेउँ राज औ कुरी।७।
सात समुँद तुम्ह राजा सरि न पाव कोइ घाट।
सबै आइ सिर नावहिं जहाँ तुम्हारइ पाट॥३२।१॥

(१) रत्नसेन ने हाथ जोड़कर बिनती की, 'आपकी स्तुति के योग्य मेरी जिह्वा कहाँ है ! हे गुसाईं, यदि एक सहस्र जिह्वा हों, तो भी आपकी स्तुति का जितना विस्तार है, कहा नहीं जा सकता। (३) काँच रूप मेरे लिए तुमने कंचन (पद्मावती) तैयार किया। जब तुमने मुझे उस कंचन के साथ मिलाकर ज्योति दी, तब मैं रत्न बना। (४) जो गंगा निर्मल जल वाली और उत्तम कुल में उत्पन्न है, उसमें नाला मिले, तो जल मलिन नहीं होता। (५) वैसे ही मैं भी मलिन रूप था, तुमसे आकर मिल गया और निर्मल हो गया। (६) मैं सीपी के सदृश था। मान के समुद्र तुमसे आ मिला। मेरा पाप दूर हो गया। और मेरे भीतर निर्मल ज्योति हो गई। (७) केवल तुम्हारी सिंहलदीपी मणि (पद्मावती) के लिये यहाँ आया था। पर तुमने मुझे राज्य और कुल की प्रतिष्ठा भी दी।

(८) तुम सातों समुद्रों के राजा हो। कोई छोटा व्यक्ति तुम्हारी समानता नहीं पा सकता। (९) जहाँ तुम्हारा सिंहासन है, वहाँ आकर सब सिर झुकाते हैं।

(१) रत्नसेन की यह विज्ञप्ति (पंक्ति २-९) शब्द और अर्थ दोनों की योजना में अत्यति उदात्त और राजाओं के योग्य है।

(३) काँचु करा=काँच का टुकड़ा रत्नसेन। उसके लिये तुमने यहाँ सिंहल में कंचन रूप पद्मावती सम्पन्न की। जब वह ज्योति (पद्मावती) मुझे दी तब मैं रत्न हुआ, अन्यथा निरा काँच था।

'रत्नं समागच्छतु काञ्चनेन' (रघुवंश ६।७९) न्याय के अनुसार कंचन पद्मावती से मिलकर रत्नसेन को रत्न की सच्ची शोभा प्राप्त हुई ।

(४) गांग=गंगा (पद्मावती) ।
कुलीना–उत्तम कुल में उत्पन्न, पर्वतराज हिमालय से उत्पन्न ।
नार=नाला (रत्नसेन) ।
मान समुँद= मान का समुद्र, प्रतिष्ठा का समुद्र (गंध्रपसेन सुगंध नरेसू, २६।१) ।

(५) सोती=सीपी । सं० शुक्ति > प्रा० सोत्ति > सोती । शुक्ति के भीतर निर्मल ज्योति या मुक्ता का जन्म समुद्र में पहुँच कर ही होता है ।

(७) सिंघलपुरी मणि=पद्मावती ।
कुरी=कुली–कुरी चढ़ेउँ–मैंने कुल प्रतिष्ठा पाई । रत्नसेन का आशय है, मैं केवल पद्मावती का इच्छुक होकर सिंहल में आया था, पर तुमने मुझे उसके अतिरिक्त राज्य भी दिया । तुम्हारे कुल के साथ नियमित विवाह सम्बन्ध जोड़ने से मैं भी छत्तीस राज-कुलों में गिनती के योग्य हुआ । वर्ण रत्नाकर (लगभग १३२४ ई०) में जो छत्तीस कुलों की सूची दी है, उसमें परमार चन्देल, चौहान, चालुक्य, राष्ट्रकूट, कलचुरि, बैस, बछोम, वर्धन (थानेश्वर का वंश), गुहिलौत, शिखर, शूर, इन प्रमुख क्षत्रिय कुलों की गिनती की जाती थी, जो मध्यकालीन इतिहास में (सप्तम से द्वादश शती तक) प्रसिद्ध हो चुके थे (१८५।१; २७३।७) । किसी क्षत्रिय वंश का इस सूची में परिगणन सार्वजनिक प्रतिष्ठा का सूचक समझा जाता था । ऐसी एक सूची बारहवीं शती के अन्त तक अवश्य बन चुकी थी । जयसिंहसूरि कृत हम्मीरमदमर्दन काव्य में उन्हीं की बनाई प्रशस्ति में (सं०१२७६-१२८६) 'सेवासमायातषट्त्रिंशद् राजकुली' का स्पष्ट उल्लेख है (गायकवाड़ ग्रन्थमाला, १०, पृ०५९) । दे०

(८) सरि न पाव कोइ घाट–कोई नदी तुम्हारा घाट नहीं पाती, तुम्हारे यहाँ तक नहीं पहुँच पाती । अथवा, जो किसी बात में भी घटा हुआ है, वह तुम्हारी बराबरी नहीं कर सकता ।

[३७५]

अवसि बिनति एक करौं गोसाईं । तब लगि कया जिऔं जब ताईं ।१।
आवा आजु हमार परेवा । पाती आनि दीन्ह पति देवा ।२।
राज काज औ भुइँ उपाराहीं । सतुरु भाइ अस कोइ हित नाहीं ।३।
आपनि आपनि करहिं सो लीका । एकहिं मारि एक चह टीका ।४।
भएउ अमावस नखतन्ह राजू । हम कै चाँद चलावहु आजू ।५।
राज हमार जहाँ चलि आवा । लिखि पठएन्हि अब होइ परावा ।६।
उहाँ नियर ढीली सुलितानू । होइहि भोर उठिहि जौं भानू ।७।
तुम्ह चिरंजिवहु जौं लहि महि गँगन औ जौं लहि हम आउ ।
सीस हमार तहाँ निति जहाँ तुम्हारइ पाउ ॥३२।२॥

(१) हे गुसाईं एक बिनती मैं अवश्य करूँगा । जब तक जीव है तब तक यह शरीर आपका ही है (२) किन्तु आज हमारा पक्षी आया है । हे इन्द्र (देवों के पति), उसने पत्री लाकर दी है । (३) राजकाज और भूमि के विषय में भाई के ऐसा शत्रु अन्य कोई

रिश्ते-नातेवाला नहीं है। (४) वे अपना-अपना हिसाब लगाते हैं। एक को मारकर एक राजतिलक चाहता है। (५) वहाँ चित्तौड़ में मेरे न रहने से अमावस का अन्धकार और नक्षत्रों का राज्य हो गया है। अब मुझे चाँद बनाकर आप जाने की आज्ञा दें। (६) जहाँ हमारा पैत्रिक राज्य चला आता है, वहाँ से लिखकर पत्री आई है कि वह अब पराया होना चाहता है। (७) वहाँ निकट में दिल्ली का सुल्तान है। यदि वह सूर्य की तरह उठ आया तो चन्द्रमा के समान मेरे लिये भोर ही हो जायगा।

(८) जब तक धरती और आकाश है तुम्हें चिर जीवन प्राप्त हो। जब तक मेरी आयु है (९) तब तक जहाँ तुम्हारा पैर है, वहाँ मेरा सिर रहेगा।'

(१) तब लगि कया जीव जब ताईं–इस वाक्य में रत्नसेन का निवेदन है जब तक जीव है तब तक इस शरीर पर आपका अधिकार है। किन्तु परिस्थितिवश मेरे लिये जाना आवश्यक हो गया है। तृ०२, पं० १, गोपालचन्द्र और मनेर की प्रति में 'जीव' पाठ है जो यहाँ रक्खा है।

(२) पतिदेवा-देवों का पति इन्द्र। २६।७ में भी गन्धर्वसेन को इन्द्र कहा गया है (और भी, ५३।८)।

(३) हित=सम्बन्धी, नाते, रिश्तेदार।

(४) लीका=लेखा, गणना हिसाब (शब्दसागर, बारिद नाद जेठ सुत तासू। भट महँ प्रथम लीक जग जासू। तुलसी)।

(५) भयेऊ अमावस–रत्नसेन का आशय है, कि मेरी अनुपस्थिति में चित्तौड़ में अनधिकारी व्यक्तियों का राज्य हो गया है। अब यदि मैं पहुँच जाऊँगा, तो पूर्णिमा हो जायगी। अन्यथा यदि सूरज की भाँति दिल्ली का सुल्तान चढ़ आया तो उस अमावस में प्रातः काल हो जायगा, फिर चाँद के लिये कोई स्थान न रहेगा। कवि ने आगे दिल्ली के सुल्तान को सूर्य और चित्तौड़ के राणा को चन्द्र का प्रतीक माना है।

[३७९]

राजसभा सब उठी सँवारी। अनु बिनती राखिअ पति भारी।१।
भाइन्ह माहँ होइ जनि फूटी। घर के भेद लंक असि टूटी।२।
बीरौ लाइ न सूखै दीजै। पावै पानि दिस्टि सो कीजै।३।
अनु राखा तुम्ह दीपक लेसी। पै न रहै पाहुन परदेसी।४।
जाकर राज जहाँ चलि आवा। उहै देस पै ताकहँ भावा।५।
हम दुहुँ नैन घालि कै राखहिं। अैसि भाख यहि जीभि न भाखहिं।६।
देहु देवस सैं कुसल सिधावहिं। दीरघ आउ होइ पुनि आवहिं।७।
सबहिं बिचार परा अस भा गवने कर साज।
सिद्ध गनेस मनावहु बिधि पुरवै सब काज॥३२।३॥

(१) यह सुनकर वह अलंकृत राजसभा समर्थन में उठ खड़ी हुई—हे महान् स्वामी, प्रसन्न हों। राजा की विनती पूरी कीजिए। (२) भाइयों में फूट न होनी चाहिए।

घर के भेद से ही लंका ऐसी नष्ट हुई थी। (३) पौधा लगाकर उसे सूखने न देना चाहिए। ऐसी दृष्टि कीजिए जिससे उसे पानी मिले। (४) आपने अनुकूल होकर एक दीपक लेस रखा था। किन्तु परदेसी पाहुना सदा नहीं रहा करता। (५) जिसका राज्य जहाँ चला आता है, निश्चय वही देश उसे अच्छा लगता है। (६) हम दोनों नेत्रों में उसे डालकर रक्खेंगे। भगवान् न करे आगे की भाषा हमारी जिह्वा से निकले। (७) कृपया दिन नियत कीजिए। कुशल के साथ ये लोग यहाँ से प्रस्थान करें। उनकी दीर्घ आयु हो। वे यहाँ फिर आवें।'

(८) सभीका ऐसा विचार हुआ। प्रस्थान की तय्यारियाँ होने लगीं। (९) सब कहने लगे, 'सिद्ध गणेश मनाओ। भगवान सब काम पूरा करें।'

(१) सँवारी=अलंकृत, सजाई हुई। उठी–राजा की बात का समर्थन सभासद लोग अपने स्थान पर खड़े होकर करते थे, यह राजसभा का शिष्टाचार था।
पति भारी=महान स्वामी या राजा (तुलना, पति देवा, ३७५।२)।
बीरौ–सं० विटप > प्रा० > विडव बिरउ > बीरौ।

(६) गंधर्वसेन ने ३७३।८ में ऊपर कहा है—'मैं तुम्हहीं जिउ लावा दै नैनन्ह में बास।' सभासदों ने नेत्रों में बास देने की बात तो कही, किन्तु शेष की ध्वनि यह है कि गन्धर्व सेन का प्राण रत्नसेन के अधीन है, उसके चले जाने पर वह न रहेगा। इस प्रकार की अभव्य वाणी वे नहीं कहना चाहते।

[३७७]

बिनौ करै पदुमावति नारी। हौं पिय कँवल सो कुंद नेवारी ।१।
मोहि असि कहाँ सो मालति बेली। कदम सेवती चाँप चँबेली ।२।
औ सिंगार हार जस ताका। पुहुप करी अस हिरदै लागा ।३।
हौं सो बसंत करौं निति पूजा। कुसुम गुलाल सुदरसन कूजा ।४।
बकचुन बिनवौं अवसि बिमोही। सुनि बिकाउ तजि जाही जूही ।५।
नागेसरि जौं है मन तोरें। पूजि न सकै बोलसरि मोरें ।६।
होइ सतबरग लीन्ह मैं सरना। आगें कंत करहु जो करना ।७।
केत नारि समुझावै भँवर न काँटे बेध।
कहै मरौं पै चितउर करौं जग्गि असुमेध ॥३२।४॥

(१) पद्मावती अपनी बाटिका की प्रशंसा (विज्ञप्ति) करती है। 'हे प्रिय, मैं कमल हूँ; वह नागमती कुंद और नेवारी के समान है (या, मैंने उस कुंदरूपी नागमती का निवारण कर दिया है)। (२) उसके पास मेरे जैसी मालती की बेल नहीं है। वह तो कदंब की सेवा करती है या चमेली लिए बैठी है। अथवा, उसकी बाटिका में मेरी बाटिका जैसी मालती की बेल, कदंब, सेवती, चंपा और चमेली कहाँ हैं? (३) मेरे यहाँ वह हरसिंगार जैसा दिखाई पड़ रहा है (वह अति सुंदर है)। उसके फूलों की कलियाँ

हृदय को लुभाती हैं। (४) मैं वह वसंत हूँ जो गुलाल, सुदर्शन और कुब्जक पुष्पों से सदा भरी रहती हूँ। या मैं सदा वसंत में गुलाल, सुदर्शन और कूजा के पुष्पों से शिव की पूजा करती हूँ; अथवा वसंत में मैं सदा फूल और गुलाल से शिव-पूजन करती हूँ और उनके दर्शन से आनंदित होती हूँ)। (५) जाही जूही के पुष्प छोड़कर बकावली पर अनुरक्त हो उसके गुच्छे चुनकर रखती हूँ। अथवा, उस बकावली को छोड़कर जाही जूही के गुच्छे चुनती हूँ। (६) तुम्हारे मन में जो नागकेसर है, वह मेरी मौलसरी की बराबरी नहीं कर सकती। (७) स्वयं सदबरग बनकर मैंने सरना फल का साथ पसंद किया है। हे प्रिय, तुम्हारे पास जो करना फूल (नागमती) है उसे सामने लाओ।'

(८-९) केतकी रूपी स्त्री समझाती थी, किन्तु भौंरा काँटे में न फँसता था। कहता था कि मैं चित्तौड़ में ही मरूँगा और वहीं अश्वमेध यज्ञ करूँगा।

(पद्मावती पक्ष में)

(१) पद्मावती बाला विनती करने लगी—'हे प्रिय, मैं पद्मिनी हूँ, वह (नागमती) खराद पर बनाई हुई (कठपुतली) है। (२) वह मेरे जैसी तीन भंगिमाओं वाली सुंदरी नहीं है। मैं आपके चरणों की सेवा करती और चमेली का तेल मलती हूँ (३) उसका शृंगार करनेवाला हार जैसा (अथवा जस्ते का) है, वह कली किए हुए पीतल की भाँति हृदय में चुभता है। (४) मैं आपके साथ शयन करने के लिये गुलाल सदृश पुष्प (ऋतु धर्म) से सदा भरती हूँ और आपके दर्शन से कूजती (आनंदित) होती हूँ। (५) आपके रूप से अपने वश में न रहकर मैं मोहित हो गई हूँ और वाक्य चुन-चुनकर विनती करती हूँ। उन्हें सुनकर आप मुझे बहकाकर और त्यागकर यदि चले जायँगे तो मैं आपकी बाट जोहूँगी। (६) यदि आपके मन में वह सर्पिणी बसी है तो वह मोर की (अथवा मेरी) बोली के सामने नहीं ठहर सकती। (७) सत्य के बल की अनुयायी होकर मैंने आपकी शरण ली है। हे कंत, आगे जैसा आप करना चाहें करें।'

(८) स्त्री कितना ही समझाती थी, किंतु भौंरा काँटे में न बिंधता था। (९) कहता था कि मैं चित्तौड़ में ही मरूँगा और वहीं अश्वमेध यज्ञ करूँगा।

(१) कँवल=पद्मिनी स्त्री या कमल का फूल। कुंद=खराद; एक फूल का नाम। नेवारी=बनाई गई, निवृत्त की गई; एक फूल का नाम। कुंद नेवारी=खराद पर खरादी हुई कठपुतली जिसे बौली (बाउलिया=पुतली) भी कहते हैं।

(२) मालति बेली=मालती की बेल। पद्मावती के पक्ष में अर्थ होगा 'मालति बेली अर्थात् तीन मोड़ या त्रिभंग या लता-बंध नामक रतिकरण जाननेवाली; त्रिभंगी मुद्रा से लिपट जानेवाली। माल=वेष्टित होना, लिपटना (पासद० पृ० ८५१); अथवा, माल=सुंदर (देशी० ६।१४६); तिबेली=त्रिभंगी शरीर-यष्टि वाली। कदम=कदंब का पुष्प; चरण। सेवती=सेवती या शतपत्रिका नामक सफेद गुलाब का फूल। सं० शतपत्रिका > प्रा० सयवत्तिया > सइउत्तिया > सेउतिआ > सेवती। चाँप=चंपा, चंपा का फूल; धातु चाँपना=मीड़ना, मलना, दबाना। चँबेली=चमेली।

(३) सिंगार हार=परिजात या हरसिंगार नामक फूल; अथवा शृंगार करने का हार। आईन की पुष्प-सूची में सिंगारहार का नाम है। जस ताका, जैसा उसका है; या जस्ते का बना हुआ। पुहुप=पुष्प; पीतल या फूल। करि=फूल की कली; अथवा कलई, मुलम्मा। हिरदै लागा=कंठ में पहना हुआ; हृदय में चुभता है; या मन को अच्छा लगता है।

(४) हौं सो बसंत=(फूलों के पक्ष में) मैं वह वसंत हूँ; (पद्मावती पक्ष में) मैं आपके साथ सोने के लिये (सोव+संत)। निति पूजा करौं=नित्य पूजन करती हूँ। (पद्मावती पक्ष में) ऋतु-धर्म से

नित्य भरती हूँ। फारसी लिपि में सो को सिव भी पढ़ा जायगा। वसंत में शिवरात्रि के दिन फूल-गुलाल से शिव का पूजन करती हूँ।

पूजा,–धातु पूजना, सं० पूयंते > प्रा० पुज्जइ। कुसुम गुलाल=सुंदर लाल रंग का फूल,अथवा फूल के पत्तों से बनाया हुआ अबीर। कुसुम=पुष्प; (पद्मावती पक्ष में) रजोधर्म। सुदरसन=सुदर्शन नामक फूल; (पद्मावती पक्ष में) सुन्दर दर्शन से। कूजा=कुब्जक नामक पुष्प, (पद्मावती पक्ष में) कूजना या प्रसन्नता से गुनगुनाना।

(५) बकचुन=(पद्मावती पक्ष में) इस शब्द का पदच्छेद होगा बक+चुन; वाक्य या शब्द चुन-चुनकर विनती करती हूँ। (फूलों के पक्ष में इसका पाठ बकुचन होगा) =छोटी गठरी या गुच्छा (जाही जूही बकुचन लावा)।

विनवौं=विनती या प्रशंसा करती हूँ या फूल चुनती हूँ। बकाउ, इसका पाठ माताप्रसाद जी ने बिकाउ दिया है। फारसी लिपि के अनुसार बकाउ और बिकाउ दोनों पाठ सम्भव हैं। बकाउ=वाक्य अथवा बहकाना। मुझे सन्देह है कि मूल पाठ सुनि बिकाउ था। प्रतीत होता है कि मूल पाठ सुबकाउरि था, जिसका अर्थ होगा (पद्मावती पक्ष में) सुन्दर वाक्यावली को (त्याग कर यदि तुम चले जाओगे)। (फूलों के पक्ष में) सुन्दर बकावली का पुष्प, गुलबकावली, जिसे हिन्दी में बकाउरि भी कहा जाता था (हिन्दी शब्दसागर, पृ०२३४९)। इसमें मुझे जायसी की द्व्यर्थ-गर्भित शैली की संगति के लिये इस पाठ-संशोधन की आवश्यकता जान पड़ती है। माताप्रसादजी को एक प्रति के अनुसार 'सो ककउर' पाठ है जो 'सुबकाउरि' मूलपाठ की ओर संकेत करता है। सुबकाउरि पाठ मानकर अर्थ होगा—नागमती रूपी सुन्दर गुलबकावली से विमोहित होकर क्या पद्मावतीरूपी जूही को छोड़ जाओगे? जाही=जाति नामक पुष्प; (पद्मावती-पक्ष में) जाओगे।

जूही=यूथिका नामक पुष्प; (पद्मावती पक्ष में) फारसी लिपि में इसका पाठ 'जोही' होगा=जोहना; बाट देखना; प्रतीक्षा करना या खोज लगाना।

(६) नागेसरि–सं० नागेश्वरी, नाग की स्त्री, साँपिन; नागमती की ओर संकेत है। बोलसरि=मौलसरी का फूल। सं० बकुलश्री। (पद्मावती पक्ष में) बोल अर्थात् वाक्य के; सरि=तुलना में। मोरें=मोर या मेरे। मोरनी रूपी पद्मावती के बोल सुनकर साँपिन रूपी नागमती बराबरी नहीं कर सकती।

(७) सतबरग=सदबर्ग नामक फूल, हजारा गेंदा; (पद्मामती पक्ष में) सत्य के बल से चलनेवाली (सत+बर+ग)। सरना=एक प्रकार का पौधा जिसका फूल गुलाबी रंग का होता है, बकुची, सं० सरण (मोनियर विलियम्स संस्कृत कोष, पृ० ११८२); इसे प्रसरा (मोनियर पृ०६९८) और प्रसारणी भी कहते हैं (मोनियर०; तथा वाट, डिक्शनरी ऑव इक्नॉमिक प्रॉडक्ट्स भाग६ खण्ड १ पृ० २, पीअडेरिया फोटिडा)। (पद्मावती पक्ष में) शरण।

करना=एक पौधा, जिसके पत्ते केवड़े की तरह लंबे और विना काँटों के होते हैं। उसमें सफेद फूल लगते हैं, सुदर्शन (हिन्दी शब्दसागर), सं० कर्ण। आईन अकबरी में फूलों की सूची में करना वसंत में फूलनेवाला एक सफेद फूल है (आईन ३०)। मोनियर विलियम्स संस्कृत कोश के अनुसार कर्ण दो पुष्पों का पर्यायवाची है—अमलतास (केसिया फिस्चुला) और आक या मदार (केलोट्रोपिस जाइगॅन्टिया) का। प्रसंग के अनुसार यहाँ आक का फूल अर्थ ठीक बैठता है। पद्मावती का आशय है कि अपने नागमतीरूपी मदार के फूल को मेरे आगे करो। सतबरग······इस चौपाई में तीन श्लेष से तीसरा भी अर्थ है। सत बरग=सात झंडे। तुरकी बैरक > हिं० बैरख, बरग=झंडा। सरना=एक प्रकार का नाय का बाजा। ये कम से कम नौ एक साथ बजाए जाते हैं।

करना=उसी प्रकार का दूसरा बाजा। ये चार एक साथ बजाए जाते हैं। अबुल फजल ने अकबर के नक्कारखाने का वर्णन करते हुए इन दोनों बाजों का उल्लेख किया है (आईन० २१, पृ० ५३)। जुलूस के समय कई प्रकार के शाही झंडे एक साथ चलते थे जिनका उल्लेख आईन-अकबरी में किया गया है (वही, पृ० ५२)। पद्मावती का आशय यह है कि जुलूस में सात झंडों के साथ होकर मैं सरना नामक बाजा बजा रही हूँ। तुम्हारे पास जो नागमती रूपी करना नामक बाजा है, उसे हे प्रियतम, मेरे सामने आने दो। इस प्रकार श्लेष से इस वाक्य की अर्थगति कई ओर है।

(८) केत=केतकी का फूल; (पद्मावती पक्ष में) कितना। केतकी के काँटे में भौंरे का फँसना कवि-समय था (१२५।८, २६२।१)।

[३७८]

गवनचार पदुमावति सुना। उठा धक्कि जिय औ सिर धुना।१।
गहबर नैन आए भरि आँसू। छाँड़ब यह सिंघल कबिलासू।२।
छाँड़िउँ नैहर चलिउँ बिछोई। एहि रे दिवस मैं होतहि रोई।३।
छाँड़िउँ आपन सखी सहेली। दूरि गवन तजि चलिउँ अकेली।४।
जहाँ न रहन भएउ निज चालू। होतहि कस न भएउ तहँ कालू।५।
नैहर आएँ का सुख देखा। जनु होइ गा सपने कर लेखा।६।
राखत बारि न पिता निछोहा। कत बियाहि कै दीन्ह बिछोहा।७।
हिएँ आइ दुख बाजा जिउ जानहु गा छेंकि।
मन तिवानि कै रोवै हरि भँडार कर टेकि ॥३२।५॥

(१) पद्मावती ने जब प्रस्थान समय का मंगलाचार सुना, उसका जी धक से होगया और वह सिर धुनने लगी। (२) व्याकुलता से नेत्रों में आँसू भर आए और सोचने लगी, 'सिंघल का यह स्वर्ग अब छोड़ना होगा। (३) पिता का घर छोड़कर बिछोही बनकर चलूँगी। इस दिन के कारण ही मैं जन्म के साथ रोई थी (अन्यथा राजकुल में सब सुख थे)। (४) अपनी सखी सहेलियों को अब छोड़ना होगा और उन्हें तजकर अकेले दूर जाना होगा। (५) जहाँ अपना रहना नहीं हुआ और चलना हुआ, वहाँ जन्म लेते ही मृत्यु क्यों न हो गई। (६) नैहर में आकर मैंने क्या सुख देखा, मानों सब स्वप्न की भाँति हो गया। निष्ठुर पिता भले ही बालापन में रक्षा न करता, पर ब्याह करके बिछोह का यह दुःख उसने क्यों दिया?'

(८) दुःख हृदय में आ पहुँचा मानों प्राण रुँध गया। (९) कटि पर हाथ रखे हुए मन में सोच-सोचकर वह रो रही थी।

(१) गवनचार=गौने की बिदा के समय का आचार या तैयारी।
(२) गहबर=दुर्गम या विषम अवस्था में पड़ी हुई उद्विग्न, व्याकुल, घबराई हुई।
(५) चालू=चाला, (१) प्रस्थान (२) कन्या का पहले पहल नैहर से ससुराल जाना।

(८) जिउ जानहु गा छेंकि—कवि की कल्पना है कि हृदय में जहाँ प्राण का निवास था वहाँ दुःख के पहुँच जाने से प्राण रुँध गया।

(९) तिवानि—धातु तेवाना, तिवाना=सोचना, चिन्ता करना (सं० ताम्यति)। हरि मँडार—हरि=सिंह। मँडार=उदर (शब्दसागर, पृ०२५२९)। हरिभंडार का अर्थ हुआ सिंह का पेट या कटि, उसके समान पतली कटि। जायसी ने पहले भी खड़े होकर विलाप करने की इस मुद्रा का वर्णन किया है—ठाढ़ि तिवानि टेकि कै लंका (३००।३)। यहाँ लंका के लिये ही कवि ने 'हरिभंडार' यह गूढ़ संकेत रक्खा है। दे० ३९४।१।

[३७९]

पुनि पदुमावति सुखीं बोलाईं। सुनि कै गवन मिलै सब आईं।१।
मिलहु सखी हम तहँवाँ जाहीं। जहाँ जाइ फिर आवन नाहीं।२।
सात समुंद्र पार वह देसू। कत रे मिलन कत आव सँदेसू।३।
अगम पंथ परदेस सिधारी। न जनहु कुसल कि बिथा हमारी।४।
पितैं निछोह किएउ हिय माहाँ। तहाँ को हमहिं राख गहि बाहाँ।५।
हम तुम्ह एक मिले सँग खेला। अंत बिछोउ आनि केइँ मेला।६।
तुम्ह असि हितू सँघाति पियारी। जियत जीय नहिं करौं निनारी।७।
कंत चलाई का करौं आएसु जाइ न मेटि।
पुनि हम मिलहिं कि ना मिलहिं लेहु सहेलिहु भेंटि॥३२।६॥

(१) फिर पद्मावती ने सखियों को बुलाया। उसका गमन सुनते ही वे सब मिलने आईं। (२) 'हे सखियो, मुझ से मिल लो। मैं वहाँ जा रही हूँ जहाँ जाकर फिर आना न होगा। (३) वह देश सात समुद्र पार है। फिर मिलना कहाँ, और सँदेश का आना भी कहाँ होगा? (४) अगम मार्ग में मैं परदेस सिधार रही हूँ। न जाने वहाँ कुशल से रहूँगी या दुःख मिलेगा। (५) पिता ने तो अपने मन में निठुराई कर ली। वहाँ मुझे बाँह पकड़कर कौन रखेगा? (६) मैं और तुम एक साथ मिलकर खेलती रहीं। अन्त में यह बिछोह किसने लाकर डाल दिया? (७) तुम्हारे ऐसी हितू और प्यारी सखियों को जीते जी अलग नहीं करना चाहती।

(८) पर कन्त की कही हुई बात है, मैं क्या करूँ? उनकी आज्ञा मेटी नहीं जाती। (९) फिर हम मिलें या न मिलें। हे सहेलियो, आओ गले मिल लो।'

(७) सँघाति, सँघाती=साथ की सखी, साथ की मित्र, सहचरी।

(८) कन्त चलाई—प्रीतम की कही हुई बात। 'चलाई' का यह प्रयोग भाषा का विशेष मुहावरा है (अजी इनकी भली चलाई)।

[३८०]

धनि रोवत सब रोवहिं सखीं । हम तुम्ह देखि आपु कहँ झखीं ।१।
तुम्ह ऐसी जहँ रहै न पाईं । पुनि हम काह जो आहिं पराईं ।२।
आदि पिता जो अहा हमारा । ओह नहिं यह दिन हिएँ बिचारा ।३।
छोह न कीन्ह निछोहैं ओहूँ । गा हम बेंचि लागि एक गोहूँ ।४।
मकु गोहूँ कर हिय बेहराना । पै सो पिता नहिं हिएँ छोहाना ।५।
औ हम देखी सखी सरेखी । एहि नैहर पाहुन के लेखी ।६।
तब तेइँ नैहर नाहिं पै चाहा । जेहि ससुरारि अधिक होइ लाहा ।७।
चलने कहँ हम औतरीं औ चलन सिखा हम आइ ।
अब सो चलन चलावै को राखै गहि पाइ ॥३२।७॥

(१) बाला रो रही थी । सब सखियाँ भी रोने लगीं । 'तुम्हें देखकर अब हम अपने लिये भी रोती हैं । (२) तुम्हारे जैसी जहाँ नहीं रहने पाई, फिर हम क्या जो पहले से ही पराए के आश्रित हैं । (३) हमारा जो पूर्व पिता था उसने इस दिन के विषय में हृदय में नहीं सोचा था (उसने तुम्हारी सखी बनने के लिये हमें राज महल में दे दिया था, यह नहीं सोचा था कि जब तुम ससुराल चली जाओगी तब हमारा क्या होगा ।) (४) वह भी निष्ठुर था, कुछ ममता नहीं की । हमें केवल गेहूँ (अपने अन्न भोजन) के लिये बेच गया । (५) भले ही गेहूँ का हृदय उस कारण फट गया, पर उस पिता के हृदय में दया न आई । (६) हमने अपनी चतुर सखी को इस नैहर में भी पाहुना बनते देख लिया । (७) उसी अवस्था में वह अवश्य नैहर को न चाहेगी, जिससे ससुराल में अधिक लाभ हो ।

(८) हम चलने के लिये जन्मी थीं, पर यहाँ आकर हम लोक के रीत-रिवाज सीखने में पड़ गईं । (९) वही लोक व्यवहार (चलन) हमारे जीवन को अब चला रहा है । कौन पैर पकड़ कर हमें रोकेगा ?

(१) झखीं—धातु झखना=विलाप करना, संतप्त होना,

(३) आदि पिता=पहला पिता । यहाँ जायसी ने उस मध्यकालीन प्रथा का उल्लेख किया है जिसके अनुसार सामन्त उमरा आदि अपनी सुन्दरी कन्याओं को राजमहल में सौंप देते थे । तदनन्तर राजा-रानी उन कन्याओं के माता-पिता माने जाते थे और वे राजकुमारी की सखी सहेली या रानी की परिचारिकाओं के रूप में रहतीं थीं । इसी प्रकार सामन्त आदि परिवारों के पुत्र भी राजघराने में आकर उसके अंग बन जाते थे । यह प्रथा बहुत पुरानी थी जिसका उल्लेख बाणभट्ट ने भी किया है । ऐसे लोग राज घराने में आने के बाद कुल पुत्र कहलाते थे । बाण ने एक कुलपुत्र के विषय में लिखा है—किमस्य तातो न तातः, किं वाम्बा न जननी । (हर्षचरित, उच्छ्वास ५, पृ०१६१), (प्रभाकरवर्धन की मृत्यु के बाद अग्नि में कूदकर प्राण दे देने वाले एक कुलपुत्र के विषय में हर्ष कह रहे हैं) 'क्या तात (प्रभाकरवर्धन) इसके भी पिता न थे, क्या माता (यशोवती) इसकी भी माता न थीं ?

(४) एक गोहूँ=एक गेहूँ के लिये । गेहूँ यहाँ पाप के कारण का उपलक्षण है । कहा जाता है कि आदम

और हौवा गेहूँ का एक दाना खा लेने के कारण स्वर्ग से निकाले गए।

(६) पाहुन–सं० पाघुण > प्रा० पाहुण=अतिथि।

(८) चलन=लोकाचार, रीत रिवाज। सखियों का आशय है कि जन्म लेते समय तो हम कुछ समय रहकर इस लोक से चले जाने के लिये आई थीं, किन्तु यहाँ आकर रीति रिवाजों के पचड़े में पड़ गईं जो अब हमारा जीवन चक्र चला रहा है। विवाह की प्रथा उसी लोक व्यवहार का अंग है जो हमें नैहर से ससुराल भेज देती है। कबीर के अनुसार नैहर यह संसार है और सासुर जहाँ साईं या प्रभु रहते हैं भगवत्स्थान या परलोक है। (इस सूचना के लिये मैं प० हजारी प्रसाद द्विवेदी का आभारी हूँ।) इस नैहर में सब पाहुने के समान हैं। जिसने ससुराल या परलोक में लाभ पाने की तैयारी की है, वह नैहर को नहीं चाहता।

[३८१]

तुम्ह बारी पिय चहुँ चक राजा। गरब किरोध ओहि सब छाजा।१।
सब फर फूल ओहि कै साखा। चहै सो चूरै चहै सो राखा।२।
आएसु लिहें रहेहु निति हाथा। सेवा करेहु लाइ भुइँ माँथा।३।
बर पीपर सिर ऊभ जो कीन्हा। पाकरि तेहि ते खीन फर दीन्हा।४।
बँवरि जो पौंढ़ि सीस भुइँ लावा। बड़ फर सुभर ओहि पै पावा।५।
आँब जो फरि कै नवै तराहीं। तब अंब्रित भा सब उपराहीं।६।
सोइ पियारी पियहि पिरीती। रहै जो सेवा आएसु जीती।७।
पोंथा काढ़ि गवन दिन देखहु कवन देवस दहुँ चाल।
दिसासूर औ चक्र जोगिनी सौंहँ न चलिअै काल॥३२।८॥

(१) तुम बाला हो और तुम्हारा पति चारों दिशाओं का राजा है। गर्व और क्रोध उसे सब शोभा देता है। (२) उसकी शाखा में सब तरह के फल फूल होते हैं। वह चाहे तो चूरा करे, चाहे रक्षा करे। (३) सदा उसकी आज्ञा हाथों में लिए रहना और भूमि पर मस्तक टेककर सेवा करना। (४) बड़, पीपल और पाकड़, इन्होंने सिर ऊँचा किया। इसीसे ये छोटा फल देते हैं। (५) लेकिन (खरबूजे तरबूज की) बेल फैलकर धरती में सिर लगाती है, इसलिए वह बड़े फलों से लद जाती है। (६) आम फल कर नीचे झुक जाता है इसीलिए वह सबसे उत्तम अमृत तुल्य होता है। (७) जो पति की सेवा और आज्ञा पालन में औरों से जीती हुई रहती है उसी प्यारी स्त्री से प्रियतम को प्रीति होती है।

(८) अपना पोथा निकाल कर यात्रा का दिन देखो किस दिन चलना होगा। (९) दिशाशूल, जोगिनी चक्र और काल सम्मुख हो तो न चलना चाहिए।

(१) चक–सं० चक्र=भूमि का बड़ा खण्ड, देश, विभाग, द्वीप।

(५) बँवरि=बेल, लता। धातु बँवरना=बौरना, मौरना। सं० मुकुलिता > मउलिया > बउरिआ > बँवरिआ > बँवरि।

(९) ज्योतिष में दिक्शूल, चन्द्रवासचक्र, जोगिनी, काल और राहु (यदि जोगिनी के साथ हो)

इनका यात्रा के सम्बन्ध में क्रमशः विचार किया जाता है और प्रचलित पंचागों में इनका निदर्शन रहता है। जायसी ने चार का उल्लेख किया हैं। दिशाशूल का विवरण दो० ३८२ में और योगिनी चक्र का दो० ३८३ में है। काल और चन्द्रमा का नाममात्र है, ब्यौरा नहीं दिया गया।

काल-काल के विषय में कहा है—सम्मुखे नेष्टम्, अर्थात् जिस दिशा में जिस दिन काल रहे उस दिन उस ओर यात्रा वर्जित है। काल ज्ञान इस प्रकार है—

रविवार को उत्तर, सोम को वायव्य; मंगल को पश्चिम, बुध को नैर्ऋत्य, बृहस्पति को दक्षिण, शुक्र को आग्नेय, शनि को पूर्व में काल रहता है। उस दिन उस दिशा में जाना इष्ट नहीं। काल ज्ञान में ईशानकोण रिक्त माना जाता है।

[३८२]

आदित सूक पछिउँ दिसि राहू। बिहफै दखिन लंक दिसि डाहू।१।
सोम सनीचर पुरुब न चालू। मंगर बुद्ध उतर दिसि कालू।२।
अवसि चला चाहै जौं कोई। ओखद कहौं रोग कहँ सोई।३।
मंगर चलत मेलु मुख धना। चलिअ सोम देखिअ दरपना।४।
सूकहि चलत मेलु मुख राई। बिहफै दखिन चलत गुरु खाई।५।
आदित हीं तँबोर मुख मंडिअ। बावभिरंग सनीचर खंडिअ।६।
बुद्धहिं दधि कै चलिअ भोजना। ओखद यहै और नहिं खोजना।७।
अब सुनु चक्र जोगिनी ते पुनि थिर न रहाहिं।
तीसौ देवस चंद्रमा आठौ दिसा फिराहिं॥३२१९॥

(१) इतवार और शुक्रवार को पश्चिम दिशा में दिशा शूल (राहु) रहता है। बृहस्पति को दक्षिण या लंका की दिशा में अग्नि दाह रहता है। इसलिए उधर यात्रा वर्जित है। (२) सोमवार और शनिवार को पूर्व में चलना ठीक नहीं। मंगल और बुध को उत्तर दिशा में काल रहता है। (३) लेकिन यदि किसी को अवश्य जाना चाहे तो दिशाशूल के उस दोष की औषध कहता हूँ। (४) मंगल को यात्रा करते हुए मुँह में धनिया रख लो। सोमवार को दिशा शूल की ओर जाना हो तो दर्पण में मुँह देख लो। (५) शुक्रवार को चलो तो मुँह में राई डाल लो। बृहस्पति को दक्षिण की ओर जाना हो तो गुड़ खालो। (६) इतवार को पान चबाकर मुँह की शोभा बढ़ाओ। शनिवार को बायबिड़ंग मुँह में डाल कर कूँचो। (७) बुधवार को दही खाकर यात्रा करो। यही दिशाशूल के दोष दूर करने का उपाय है और कुछ खोजने की आवश्यकता नहीं।

(८) अब जोगिनी चक्र सुनो। वे जोगिनी स्थिर नहीं रहतीं। (९) जोगिनी और चन्द्रमा तीसों दिन आठों दिशाओं में घूमते रहते हैं।

(१) राहू—ज्योतिष में राहु तमोग्रह, अशुभ या अन्धकार के लिये भी प्रयुक्त होता है। यहाँ दिक् शूल के लिये उसका प्रयोग किया गया है। ज्योतिष के अनुसार यात्रा में राहु का पृथक् विचार

भी है जो पंचागों में पथिराहुचक्र के नाम से दिया रहता है। दिक् शूल ज्ञान चक्र—
पूर्व–चन्द्र, शनि। दक्षिण–बृहस्पति। पश्चिम–सूर्य, शुक्र। उत्तर–मंगल, बुध। इन वारों में इन दिशाओं की यात्रा वर्जित है। कुछ लोग आग्नेय, नैऋर्त्य, वायव्य, ईशान, इन चार कोनों की यात्रा में भी दिक्शूल का विचार करते हैं, पर जायसी ने वह नहीं दिया।

(३) ओखद–जब दिक्शूल होते हुए भी यात्रा करना आवश्यक हो, तो उसके दोष का परिहार कहा गया है। जायसी का विचार ऊपर लिखा है। अन्य मत (शीघ्रबोध) के अनुसार रविवार को घी, सोमवार को दूध, मंगल को गुड़, बुधवार को तिल, गुरुवार को दही, शुक्रवार को जौ और शनिवार को उड़द खाकर यात्रा करने से दिक्शूल का दोष नहीं लगता।

(८) चक्र जोगिनी–योगिनी विचार प्राचीन ज्योतिष् में अविदित था। यह तंत्र मंत्र और योग साधना परायण मध्यकालीन संप्रदायों की देन जान पड़ता है।

(९) चन्द्रमा–सम्मुख और दाहिने रहने पर चन्द्रमा यात्रा में शुभ है—सम्मुखे अर्थलाभाय दक्षिणे सुखसंपदः। पृष्ठतो मरणं चैव वामे चन्द्रे धनक्षयः। किस राशि और किस नक्षत्र में चन्द्रमा किस दिशा में रहता है उस का चक्र इस प्रकार है—

पूर्व–मेष–अश्विनी, भरणी, कृत्तिका का १ चरण।
दक्षिण–वृष–कृत्तिका ३ चरण, रोहिणी, मृगशिरा आधा।
पश्चिम–मिथुन–मृगशिरा आधा, आर्द्रा, पुनर्वसु ३ चरण।
उत्तर–कर्क–पुनर्वसु १ चरण, पुष्य, श्लेषा।
पूर्व–सिंह–मघा, पूर्वा फाल्गुनी, उत्तरा फाल्गुनी १ चरण।
दक्षिण–कन्या–उत्तरा फाल्गुनी ३ चरण, हस्त, चित्रा आधा।
पश्चिम–तुला–चित्रा आधा, स्वाति, विशाखा ३ चरण।
उत्तर–वृश्चिक–विशाखा १ चरण, अनुराधा, ज्येष्ठा।
पूर्व–धन–मूल, पूर्वाषाढ़, उत्तराषाढ़ १ चरण।
दक्षिण–मकर–उत्तराषाढ़ ३ चरण, श्रवण, धनिष्ठा आधा।
पश्चिम–कुम्भ–धनिष्ठा आधा, शतभिषक्, पूर्व भाद्रपद ३ चरण।
उत्तर–मीन–पूर्वभाद्र १ चरण, उत्तर भाद्रपद, रेवती।

कहा है—मेषे च सिंहे धनपूर्वभागे वृषे च कन्या मकरे च याम्ये। युग्मे तुलायां च घटे प्रतीच्यां कर्कालिमीने दिशि चोत्तरस्याम्। (मुहूर्त चिन्तामणि)। प्रक्षिप्त छन्द ३८३ अ में राशियों के क्रम से चन्द्रमा का वर्णन किया है और लिखा है— सनमुख सोम लाभ बहु होई। दहिन चन्द्रमा सुख सरबदा। बाएं चन्द न दुख आपदा।

[३८३]

बारह ओनइस चारि सताइस। जोगिनि पच्छिउँ दिसा गनाइस।१।
नव सोरह चौबिस औ एका। पुरुब दखिन गौनै कै टेका।२।
तीन एगारह छबिस अठारह। जोगिनि दक्खिन दिसा बिचारह।३।
दुइ पचीस सत्रह औ दसा। दक्खिन पछिउँ कोन बिच बसा।४।
तेइस तीस आठ पंद्रहा। जोगिनि होइ पुरब सामुँहा।५।
बीस अठाइस तेरह पाँचा। उत्तर पछिउँ कोन तेहि बाँचा।६।
चौदह बाइस ओनतिस सात। जोगिनि उतर दिसा कहँ जात।७।

एकइस औ छ चौदह जोगिनि उत्तर पुरुब के कोन ।
यह गनि चक्र जोगिनी बाँचहु जौं चाहौ सिधि होन ॥३२।१०॥

(१) महीने की तिथियों में से १२, १९, ४, २७, इन तिथियों में जोगिनी दक्खिन-पश्चिम (नैऋर्त्य) कोण में रहती है, अतः पश्चिम दिशा की यात्रा में जोगिनी का हिसाब गिना जाता है, अर्थात् उधर यात्रा वर्जित है। (२) ९, १६, २४, १, इन तिथियों में पूर्व-दक्षिण के कोने में जाने की रोक है क्योंकि जोगिनी पूर्व में रहती है। (३) ३, ११, २६, १८, इन तिथियों में जोगिनी दक्खिन-पूरब (आग्नेय) कोण में रहती है, अतः दक्षिण दिशा में जोगिनी का विचार (यात्रा का निषेध) है। (४) २, २५, १७, १०, इन तिथियों में जोगिनी उत्तर में रहती है, अतः दक्खिन-पच्छिम के कोने में यात्री मार्ग में बस सकता है अर्थात् यात्रा की जा सकती है, क्योंकि जोगिनी यात्री के दाहिने हाथ होने से शुभ है। (५) २३, ३०, ८, १५, इन तिथियों में जोगिनी उत्तर-पूर्व (ईशान) कोण में रहती है, अतः यदि पूर्व दिशा की ओर यात्रा की जाय तो जोगिनी दोष लगेगा। (६) २०, २८, १३, ५, इन तिथियों में जोगिनी दक्खिन दिशा में रहेगी, अतः उत्तर-पच्छिम के कोने की यात्रा बचानी चाहिए। (७) १४, २२, २९, ७, इन तिथियों में जोगिनी उत्तर-पच्छिम (वायव्य) कोण में रहेगी। अतः उत्तर दिशा की यात्रा में जोगिनी का दोष लगेगा।

(८) २१, ६, १४, इन तिथियों में जोगिनी पच्छिम में रहती है, अतः उत्तर-पूरब (ईशान) कोण में यात्रा जोगिनी दोष करती है। (९) इस प्रकार गिनकर जोगिनी चक्र को बचाना चाहिए, यदि यात्रा में सिद्धि की अभिलाषा हो।

(१) जोगिनी–ज्योतिष के अनुसार जोगिनी सामने और बाएँ अशुभ है, पीठ पीछे और दाहिने रहे तो शुभ है—सा योगिनी सम्मुख वामगा चेन्न शुभा, दक्षिणे पृष्ठे च शुभा। जयदा पृष्ठ दक्षस्था भंगदा वामसंमुखी। त्रिविधं योगिनी चक्रमित्युक्तं ब्रह्मयामले। (नरपतिजयचर्या, अ० ३, योगिनीचक्र श्लोक ८)। किसी का मत है कि जोगिनी दाहिने अशुभ है, बाएँ शुभ है, किन्तु जायसी ने बाएँ अशुभ मान कर ही अपनी संख्याएँ लिखी हैं। जोगिनी की स्थिति किस तिथि को किस दिशा में होती है, इसका एक सूत्र है–पू–उ–अ–नै–द–प–वा–ई। इसका संकेत इस प्रकार है—

तिथि	दिशा	जोगिनी का नाम
प्रतिपदा	पूर्व	ब्राह्मी
द्वितीया	उत्तर	माहेश्वरी
तृतीया	अग्निकोण (पूरब-दक्खिन)	कौमारी
चतुर्थी	नैऋत्य कोण (दक्खिन-पच्छिम	वैष्णवी
पंचमी	दक्षिण	वाराही
षष्ठी	पश्चिम	इन्द्राणी
सप्तमी	वायव्य कोण (उत्तर-पच्छिम)	चामुंडा
अष्टमी	ईशान कोण (उत्तर-पूरब)	महालक्ष्मी

नवमी से पुनः वही चक्र घूमता है, अर्थात् नौमी को जोगिनी पूरब में, दसमी को उत्तर में, इत्यादि । आठ जोगिनी एक ही मूल शक्ति के आठ रूप हैं । जब पूर्व दिशा में १, ९, १६, २४ को जोगिनी का उदय होगा तो उसकी संज्ञा ब्राह्मी है । इसी प्रकार अन्य दिशाओं में उनके नाम हैं जो ऊपर लिखे हैं ।

योगिनी वास चक्र

वायव्य ७, १५	उत्तर २, १०	ईशान ८, ३०
पश्चिम ६, १४	×××	पूर्व १, ९
नैऋर्त्य ४, १२	दक्षिण ५, १३	आग्नेय ३, ११

यह एक पक्ष की तिथियों का जोगिनी चक्र है। दूसरे पक्ष की तिथियों के लिये १५ दिन जोड़ देने चाहिए। जैसे, ४, १२ को नैऋत्य कोण में जोगिनी की स्थिति है। १५ जोड़ने से ४, १२, १९, २७। इन चार तिथियों में जोगिनी नैऋत्य कोण में रहेगी। वही पं० १ में जायसी ने लिखा है। अब इन तिथियों में यदि कोई पच्छिम की यात्रा करे तो जोगिनी बाएँ हाथ पड़ेगी, जो अशुभ है। इसी प्रकार अन्यत्र भी गणना है।

(२) गौने कै टेका–जाने की रोक है, यात्रा वर्जित है।

(३) बिचारह–विचार करो। ज्योतिष में 'बिचार' का अर्थ होता है कि वैसा करने से दोष होगा।

(४) दक्खिन-पच्छिउँ कोन बिच बसा–पहली तीन पंक्तियों में जायसी ने बाएँ जोगिनी दिखाकर यात्रा का निषेध किया है। इस पंक्ति में दाहिने जोगिनी बताकर यात्रा का विधान किया है। २, १०, १७, २५, तिथियों को जोगिनी की स्थिति चक्र के अनुसार उत्तर दिशा में होगी, अतः दक्खिन-पच्छिम की यात्रा करते हुए वह दाहिनी पड़ती है, जो शुभ है, अतएव यात्री उस कोने के मार्ग में चल सकता है। यहाँ इतना अवश्य स्मरणीय है कि उत्तर और नैऋर्त्य के बीच में वायव्य और पश्चिम का व्यवधान है, फिर भी नैऋर्त्य कोण के यात्री के लिये उत्तर की जोगिनी दाहिने रहने से यात्रा विहित मानी जायगी।

(५) जोगिनि होइ–जोगिनी का दोष लगेगा। पूरब सामुंहा–यदि यात्री पूरब के सम्मुख चले। पूरब दिशा में चलने से ईशान कोण की जोगिनी बाएँ हाथ होने से दोष होगा। गोपालचन्द्र की प्रति में 'उत्तर' पाठ है जो भ्रान्त है। मनेर की प्रति में 'पूरब' पाठ है जैसा गुप्तजी ने रक्खा है।

(६) बाँचा–बचाया जाता है, छोड़ा जाता है। अट्ठाइस–माताप्रसादजी की प्रति में अठारह छपा है जो सम्भवतः छापे की भूल है। शुद्ध पाठ अठाइस ही होना चाहिए। गोपालचन्द्र की प्रति (चं० १) और मनेर की नई प्रति में 'अठाइस' ही है। चं० १ में तो अंक और अक्षर दोनों में अठाइस लिखा है। अठारह की तिथि (अर्थात् तृतीया) को जोगिनी आग्नेय कोण में रहेगी जिसका विचार पं० ३ में आ चुका है।

(७) जोगिनि उत्तर दिसा कहँ जात–गोपालचन्द्र की प्रति में 'पुरुब' पाठ है जैसा माताप्रसादजी की द्वि० ४, ६ में भी है। किन्तु मनेर की प्रति का प्रामाणिक पाठ 'उतर' ही है जो शुद्ध है। इस पंक्ति में १४ की जगह १५ पाठ होता तो अच्छा था, किन्तु सभी प्रतियों में १४ ही है जो पं० ८ में भी दोहराया गया है।

(८) गोपालचन्द्र और मनेर की प्रतियों में भी इसका यही पाठ है। ज्योतिष सम्बन्धी इस प्रकरण के समझने में मुझे अपने गुरु पं० जगन्नाथ जी से और यहाँ काशी विश्व विद्यालय में पं० रामजन्म मिश्र ज्योतिषाचार्य से सहायता मिली है जिसके लिये मैं उनका आभारी हूँ।

[३८४]

चलहु चलहु भा पिय कर चालू। घरी न देख लेत जिय कालू ।१।
समदि लोग धनि चढ़ी बेवाना। जो दिन डरी सो आइ तुलाना ।२।
रोवहिं मातु पिता औ भाई। कोइ न टेक जौं कंत चलाई ।३।
रोवै सब नैहर सिंघला। लै बजाइ कै राजा चला ।४।
तजा राज रावन का केऊ। छाड़ी लंक भभीखन लेऊ ।५।
फिरी सखी भेंटत तजि भीरा। अंत कंत सो भएउ किरीरा ।६।
कोउ काहूँ कर नाहिं नियाना। मया मोह बाँधा अरुझाना ।७।
कंचन कया सो नारि की रहा न तोला माँसु।
कंत कसौटी घालि कै चूरा गढ़ै कि हाँसु ॥३२१५॥

(१) 'चलो, चलो' के साथ प्रिय की यात्रा शुरू हो गई। काल प्राण लेते समय घड़ी नहीं देखता। (२) वह बाला स्वजनों से भेंट करके विमान पर चढ़ी। जिस दिन के लिये डरती थी वही आ पहुँचा था। (३) माता पिता और भाई रो रहे थे। जब कन्त चलाता है, कोई नहीं रोक सकता। (४) सिंहल में सारा नैहर रो रहा था। राजा बाजे गाजे के साथ उसे ले चला। (५) इस लंका का राज्य रावण ने भी छोड़ा। और किसी की तो बात क्या है ? छोड़ी हुई लंका भले ही पीछे विभीषण ले ले। (६) सखियों से भेंट करके भीड़ को छोड़कर पद्मावती घूमकर चली। अन्त में पति के साथ क्रीड़ा हुई। (७) परिणाम में और कोई किसीका नहीं है ! सब माया मोह के बन्धन में उलझे हुए हैं।

(८) स्त्री की कंचन रूप काया में तोला भर भी माँस न रहा। (९) पति अपने भुजालिंगन में डालकर चाहे चूर कर डाले या हास परिहास करे।

दोहे का दूसरा अर्थ—

(८-९) सुनारी के पास जो कंचन की पूँजी थी उसमें से तोला या माशा भर (चाशनी के रूप में) भी नहीं बचा। उसका कन्त सुनार सोने को कसौटी के साँचे में डालकर उससे पैर का कड़ा बनावे या गले की हँसली रचे।

(२) समदि–धातु समदना=भेंट करना, मिलना।
(७) नियाना–सं० निदान=अन्त।
(८) कया=काया, शरीर, स्त्री अपने शरीर का तोला भर माँस भी अपने लिये नहीं रखती। सारा शरीर पति को समर्पित कर देती है। पति अपने कसाव में कसकर चाहे उसे चूर कर डाले, चाहे उसके जीवन को आनन्दित करे।
(९) कसौटी=(पति के पक्ष में) भुजाओं का आलिंगन या कसाव। (सुनारी के पक्ष में) कसौटी

पत्थर का बना हुआ साँचा । कसौटी=कसने का पत्थर । सं० कषपट्टिका > कसउट्टिया > कसौटिआ > कसौटी ।

कया=(सुनारी के पक्ष में) पूँजी, मूलधन, शब्दसागर और मोनियर विलियम्स, दोनों कोषों में काय शब्द का यह अर्थ भी है । वस्तुतः मिताक्षरा (२।३७) में चार प्रकार के ब्याज या वृद्धियों में चौथी कायिका वृद्धि है, जिसमें काय का अर्थ मूलधन लिया गया है । मनुस्मृति ८।१५३ में भी काय शब्द मूलधन के अर्थ में प्रयुक्त हुआ है (देखिए कुल्लूक) । इस दोहे में जायसी का आशय सुनारी के पक्ष में इस प्रकार है–सोने की जो मूल पूँजी होती है उसके शोधने या सफाई के लिये उसे ग्राहक लोग सुनार को देते हैं । सुनार उसमें से एक छोटा टुकड़ा काटकर और शुद्ध करके नमूने के लिये ग्राहक को दे देता है । उसे चासनी कहते हैं । बाद में शेष सोने को भी शुद्ध कर लेता है । फिर कसौटी पर उस शुद्ध किए हुए सोने को और चासनी को कसकर रंग का मिलान करते हैं जिससे यह मालूम हो कि सुनार ने अपनी तरफ से कोई मिलावट नहीं की । चासनी देने का यह नियम बाहर के ग्राहकों के साथ बर्ता जाता है । लेकिन घर की सुनारी (सुनार की स्त्री) स्वयं अपने पति पर पूरा विश्वास कर चासनी के रूप में तोले या माशे भर भी सोना अपने पास नहीं रखती, सब दे देती है । सुनार उसके उस सोने को तपाकर और गलाकर कसौटी के साँचे में डालकर उसकी गुल्ली बनाता है । उसी गुल्ली से फिर घड़कर इच्छानुसार आभूषण तैयार करता है ।

हाँसु=(पद्मावती के पक्ष में) हँसी खुशी, आनन्द; (सुनारी के पक्ष में) हँसली । सं० अँस=कंधा । सं० अँसलिका=गले में पहनने का आभूषण, हँसली ।

[३८५]

जौं पहुँचाइ फिरा सब कोऊ । चले साथ गुन औगुन दोउ ।१।
औ सँग चला गवन जेत साजा । उहै देइ पारै अस राजा ।२।
डाँड़ी सहस चली सँग चेरीं । सबै पदुमनी सिंघल केरीं ।३।
भल पटवन्ह खरबार सँवारे । लाख चारि एक भरे पेटारे ।४।
रतन पदारथ मानिक मोंती । काढ़ि भँडार दीन्ह रथ जोती ।५।
परिखि सो रतन पारिखिन्ह कहा । एक एक नग सिस्टिहि बर लहा ।६।
सहस पाँति तुरियन्ह कै चली । औ सै पाँति हस्ति सिंघली ।७।
लिखै लाख जो लेखा कहै न पारहि जोरि ।
अरबुद खरबुद नील सँख औ खँड पदुम करोरि ॥३२।१६॥

(१) जब सब लोग पद्मावती को कुछ दूर तक पहुँचाकर लौट आए तो वह अकेली अपने गुण और अवगुणों को लेकर चली । (२) और भी गौने का जितना सामान था साथ में चला । वह गन्धर्वसेन राजा ही इतना दे सकता था । (३) साथ में चेरियाँ एक सहस्र पालकियों में बैठकर चलीं । वे सब सिंहलद्वीप की पद्मिनी स्त्रियाँ थीं । (४) पटुवों ने सुन्दर सुन्दर वस्त्र सज्जित किए जिनसे चार लाख पिटारे भर गए । (५) रत्न, पदार्थ, माणिक्य और मोती, राज भण्डार में से निकालकर, जुते हुए रथों में भरकर साथ में

दिए। (६) उन रत्नों को परखकर पारखियों ने बताया कि उनमें से एक एक नग संसार में उत्तम लाभ था। (७) घोड़ों की सहस्रों पँक्तियाँ और सिंहली हाथियों की सैकड़ों पँक्तियाँ चलीं।

(८) लाखों में भी उनका हिसाब कोई लिखने लगे तो जोड़कर उसे नहीं बता सकता। (९) वह हिसाब करोड़, अरब, खरब, नील, संख और पद्मों में था।

(१) गवन=गौना। सं० गमन।
साजा (संज्ञा)=सामान।

(३) डाँडी=चार आदमियों द्वारा कन्धे पर उठाई जाने वाली हल्की पालकी या झप्पान। सं० दंडिका।

(४) पटवन्ह–दे० ३२९।१, सं० पट्टवाय।
खरबार–इस शब्द का अर्थ निश्चित नहीं है। संभवतः बढ़िया वस्त्रों से तात्पर्य है। मनेर की प्रति में खरवार पाठ है। कला भवन की प्रति में भी वही है। च० १ प्रति में यह छंद त्रुटित है। खरबार को फारसी लिपि में घरबार भी पढ़ा जा सकता है, किन्तु पटुवन्ह के साथ अर्थ की संगति नहीं बैठती। शब्दसागर के अनुसार अवधी का एक शब्द है 'घर वात'=घर गृहस्थी का सामान (शब्दसागर, पृ० ८८१; कृश गात ललात जो रोटिन को घरवात घरै खुरपी खरिया, तुलसी। मुझे अनिश्चित है कि तुलसी में घरवात शब्द का कहाँ तक प्रामाणिक पाठ है और उसका अर्थ क्या है?)। किन्तु इस पाठ में भी 'पटुवन्ह' की संगति नहीं है। सम्भवतः खरबार का मूल रूप 'खिरबारि' था। उसका संस्कृत रूप क्षीरवारि क्षीरोदक नामक वस्त्र का पर्याय था। क्षीरोदक वस्त्र का उल्लेख जायसी ने खीरोदक नाम से किया भी है (३२९।३)। श्री लक्ष्मीधर के संस्करण के अनुसार (पृ० ९२) खीरोदक को खिरोदक (ह्रस्व इकार से), और खरदुक रूप में बाद में पढ़ लिया गया। वही स्थिति यहाँ है। मूल शब्द खिरबारि क्षीरोदक वस्त्र का ही काव्य-प्रयुक्त पर्याय ज्ञात होता है। पटुवन्ह के साथ इस अर्थ की संगति भी है।

[३८६]

देखि गवन राजा गरबाना। दिस्टि माहँ कोइ औरु न आना ।१।
जौं मैं होब समुँद के पारा। को मोरि जोरि जगत संसारा ।२।
दरब त गरब लोभ बिख मूरी। दत्त न रहै सत्त होइ दूरी ।३।
दत्त सत्त एइ दूनौ भाई। दत्त न रहै सत्त पुनि जाई ।४।
जहाँ लोभ तहँ पाप सँघाती। सँचि कै मरै आन कै थाती ।५।
सिद्धन्ह दरब आगि कै थापा। कोई जरा जारि कोइ तापा ।६।
काहू चाँद काहू भा राहू। काहू अंब्रित बिख भा काहू ।७।
तस फूला मन राजा लोभ पाप अँध कूप।
आइ समुँद्र ठाढ़ भा होइ दानी के रूप ॥३२।१७॥

(१) गौने का सामान देखकर राजा रत्नसेन को घमंड हुआ। वह और

किसी को अपनी निगाह में न लाया। (२) जब मैं समुद्र के पार हो जाऊँगा तो संसार में मेरे बराबर और कौन रहेगा ? (३) धन से गर्व होता है। लोभ विष की जड़ी है। उससे दान नहीं रहता और सत्य भी दूर चला जाता है। (४) दान और सत्य ये दोनों भाई हैं। जब दान नहीं रहता तो सत्य भी चला जाता है। (५) जहाँ लोभ है वहाँ पाप उसका साथी होता है। लोभी आदमी औरों की धरोहर इकट्ठी करके मर जाता है। (६) सिद्ध पुरुषों ने धन को आग कहा है। कोई उसमें जल जाता है। दूसरा उसे जलाकर तापता है। (७) धन किसी के लिये चाँद और किसी के लिये राहु हो जाता है। वह किसी के लिये अमृत और किसीके लिये विष हो जाता है।

(८) लोभ और पाप के उस अन्ध कूप में राजा का मन फूल गया। (९) उस दशा में समुद्र दान लेने वाले याचक का रूप बनाकर सामने आकर खड़ा हो गया।

(३) दत्त=दान। सत्त=सत्य। १४६।१, राजा दत्त सत्त दुहुँ सती।
(५) थाती=धरोहर।
सँचि=सँचित करके।
(९) दानी=दान लेने वाला, याचक।

३३ : देश यात्रा खण्ड

[३८७]

बोहित भरे चला लै रानी। दान माँगि सत देखै दानी ।१।
लोभ न कीजै दीजै दानू। दानहि पुन्य होइ कल्यानू ।२।
दरबहि दान देइ बिधि कहा। दान मोख होइ दोख न रहा ।३।
दान आहि सब दरब कचूरू। दान लाभ होइ बाँचै मूरू ।४।
दान करै रच्छया मँझ नीराँ। दान खेइ लै आवै तीराँ ।५।
दान करन दै दुइ जग तरा। रावण संचि अगिनि महँ जरा ।६।
दान मेरु बढ़ि लाग अकाराँ। सैंति कुबेर बूड़ तेहि भाराँ ।७।
चालिस अंस दरब जहँ एक अंस तहँ मोर।
नाहिं तो जरै कि बूड़ै कै निसि मूसहिं चोर ॥३३।१॥

(१) सामान से जहाजों को भरे हुए राजा रानी को साथ लेकर चला। याचक ने दान की भिक्षा माँग कर उसके सत की परीक्षा ली। (२) 'लोभ मत करो, दान दो। दान से पुण्य और कल्याण होता है। (३) विधाता का आदेश है कि द्रव्य को दान में देना चाहिए। दान से मोक्ष होता है, पाप नहीं रह जाता। (४) सब द्रव्यों का कचूर (सुगंधि द्रव्य) दान है। दान से जो मुनाफा कमाया जाता है उसीसे मूल की रक्षा

होती है। (५) समुद्र के बीच में दान ही रक्षा करता है। दान खेकर किनारे लगाता है। (६) दान देने से कर्ण दोनों लोकों में तर गया। रावण ने संग्रह किया, वह अग्नि में जल गया। (७) दान मेरु की तरह आकार में बढ़ने लगता है। कुबेर संग्रह करके उसी बोझे से डूब जाता हैं।

(८) जहाँ चालीस भाग द्रव्य है, उसमें एक भाग मेरा है। (९) यदि वह चालिसवाँ भाग दान में नहीं दिया गया, तो द्रव्य जल जायगा, डूब जायगा या रात में उसे चोर चुरा ले जाँएगे।

(४) कचूरू=एक पौधा जिसकी जड़ में कपूर जैसी महक होती है।
(७) अकाराँ, आकार में (३०२।५)।
कुबेर—अपने धन के भार से कुबेर के डूब जाने की कथा मुझे अविदित है। हाँ, कुबेर की सोने की लंका रावण ने मारकर छीन ली थी।
(८) मुस्लिम धर्म के अनुसार चालीस में एक अंश दान (ज़कात) में अवश्य देना चाहिए।

[३८८]

सुनि सो दान राजैं रिस मानी। केइँ बौराएसु बौरे दानी।१।
सोई पुरुष दरब जेहि सैंती। दरबहि तें सुनु बातैं एती।२।
दरब त धरम करम औ राजा। दरब त सुद्धि बुद्धि बल गाजा।३।
दरब त गरबि करै जो चाहा। दरब त धरती सरग बेसाहा।४।
दरब त हाथ आव कबिलासू। दरब त आछरि छाँड़ न पासू।५।
दरब त निरगुन होइ गुनवंता। दरब त कुबुज होइ रुपवंता।६।
दरब रहै भुइँ दिपै लिलारा। अस मनि दरब देइ को पारा।७।
कहा समुँद रे लोभी बैरी दरब न झाँपु।
भएउ न काहू आपन मूँदि पेटारे साँपु॥३३।२॥

(१) दान की वह बात सुनकर राजा रत्नसेन को क्रोध आ गया। उसने कहा 'रे पागल याचक, किसने तुझे बावला कर दिया है ? (२) वही पुरुष है जिसनें धन संचित किया है। सुन, धन से ही इतनी बातें होती हैं। (३) द्रव्य से धर्म, कर्म और राज होता है। धन से मनुष्य की बुद्धि शुद्ध होती है और वह बल से गर्जता है। (४) जो चाहे वह धन से गर्व भी कर सकता है। धन से धरती और स्वर्ग खरीदे जा सकते हैं। (५) धन से स्वर्ग हाथ आ जाता है। धन से अप्सराएँ पास से नहीं हटतीं। (६) धन से गुणहीन व्यक्ति गुणवान् बन जाता है। धन से कुबड़ा भी रूपवान् हो जाता है। (७) धरती में धन गड़ा हुआ है तो ललाट चमकता रहता है। ऐसा समझकर धन कौन दे सकता है ?'

(८) समुद्र ने कहा 'रे लोभी, इस वैरी धन को मत छिपा। (९) यह धन किसी

का अपना नहीं हुआ। यह पिटारे में मूँदा हुआ साँप है।'

(१) बौराएहु–धा० बौराना। सं० वातुल > वाउर > बौरा; उससे नाम धातु।
(२) सैंती–धा० सैतना। सं० समेत > सएँत > सइँत > सैंत।

[३८९]

आधे समुँद आए सो नाहीं। उठी बाउ आँधी उपराहीं।१।
लहरैं उठीं समुँद उलथाना। भूला पंथ सरग नियराना।२।
अदिन आइ जौं पहुँचै काऊ। पाहन उड़ाइ बहै सो बाऊ।३।
बोहित बहे लंक दिसि ताके। मारग छाँड़ि कुमारग हाँके।४।
जौं लै भार निबाहि न पारा। सो का गरब करै कनहारा।५।
दरब भार सँग काहु न उठा। जेइ सैंता तेहि सौं पुनि रूठा।६।
गहि पखान लै पंखि न उड़ा। मोर मोर जेइँ कीन्ह सो बुड़ा।७।
दरब जो जानहिं आपन भूलहिं गरब मनाहँ।
जौं रे उठाइ न लै सके बोरि चले जल माहँ॥३३।३॥

(१) अभी आधे समुद्र तक भी न आए थे कि ऊपर हवा का अंधड़ आता हुआ दिखाई दिया। (२) लहरें उठने लगीं और समुद्र उलटने लगा। रास्ता भुला गया और मानों आकाश पास आ गया। (३) जब किसी का बुरा दिन आता है तो पत्थरों को उड़ाने वाली प्रचंड हवा बहने लगती है। (४) जो जहाज चित्तौड़ की ओर जा रहे थे वे उलटकर लंका की ओर बहने लगे। मार्ग छोड़कर कुमार्ग में पड़ गए। (५) जब तक जहाज का कर्णधार बोझे को उस पार न पहुँचा दे तब तक उसका घमंड कैसा? (६) धन का बोझा लेकर कोई नहीं उठ सका। जो उसे एकत्र करता है उसी से धन रूठ जाता है। (७) जो पक्षी पत्थर पकड़कर ले चलता है वह उड़ नहीं सकता। जिसने मेरा-मेरा किया वही डूब गया।

(८) धन को जो अपना मानते हैं वे मन में घमंड से भूले रहते हैं। (९) यदि उस बोझे को उठाकर न ले जा सके, तो उसे उचित है कि बोझा जल में डुबाकर यात्रा करे।

(२) उलथाना=उलटना, उलीचना। सं० उदस्त > उल्लत्थ, उलथना। (तुलना पर्यस्त > प्रा० पल्लत्थ)।
(५) कनहारा–सं० कर्णधार (पतवार चलाने वाला) > प्रा० कण्णहार > कनहार।
(८) मनाहँ=मनमें। सं० मन+मध्य > मन+मज्झ > मन+माँझ > मनाहँ (तुलना, बनाहँ, ३७१।९)।
(९) यदि अपने बोझे को साथ न उठा सके तो उसे जल में फेंककर और नाव हलकी करके यात्रा करनी चाहिए।

[३९०]

केवट एक भभीखन केरा । आवा मंछ कर करत अहेरा ।१।
लंका कर राकस अति कारा । आवै चला मेघ अँधियारा ।२।
पाँच मुंड दस बाहैं ताही । डहि भौ स्याम लंक जब डाही ।३।
धुवाँ उठै मुख स्वाँस सँघाता । निकसै आगि कहै जब बाता ।४।
फेकरे मुंड चँवर जनु लाए । निकसि दाँत मुँह बाहिर आए ।५।
देह रीछ कै रीछ डेराई । देखत दिस्टि धाइ जनु खाई ।६।
राते नैन निडेरें आवा । देखि भयावनु सब डर खावा ।७।
धरती पाय सरग सिर जानहुँ सहसराबाहु ।
चाँद सुरुज नखतन्ह मह अस दीखा जस राहु ॥३३।४॥

(१) विभीषण का एक केवट मछली का शिकार करता हुआ उनकी ओर आया। (२) लंका का वह काला राक्षस अँधियाले मेघ की तरह चला आता था। (३) उसके पाँच सिर और दस भुजाएँ थी। जब लंका जली, वह भी जलकर काला हो गया था। (४) साँसों के संग उसके मुँह से धुआँ उठता था और जब बात कहता मुँह से आग निकलती थी। (५) नंगे सिर पर चँवर की तरह बाल झूल रहे थे। दाँत मुहँ से बाहर निकले हुए थे। (६) देह रीछ की सी थी। रीछ भी उसे देखकर डर जाता। आँखों की ओर देखते ही ऐसा लगता था मानों झपट कर खा लेगा। (७) लाल नेत्रों से निडर चला आता था। देखने में भयावना था। सब उससे भय खाते थे।

(८) उसके पैर धरती पर थे और सिर स्वर्ग को छूता था, मानों सहस्रबाहु अर्जुन हो। (९) चाँद, सूर्य और नक्षत्रों के मध्य में वह राहु सा दिखाई पड़ रहा था।

(१) इस दोहे में मध्यकालीन मल्लाहों की उन मन गढ़न्त कहानियों का जिन्हें मल्लाह समुद्र यात्रा की भयंकरता बिताने के लिये बना लेते थे एक नमूना दिया गया है।
केवट सं० कैवर्त > प्रा० केवट्ट।

(५) फेकरे मुंड=नंगे सिर। पछाँही हिन्दी में सिर फिकारना (नंगा करना) प्रयोग अभी तक चलता है। इस शब्द की व्युत्पत्ति अज्ञात है सम्भवतः फिक्कि + कृ से यह बना है अर्थात् हर्ष या खुशी में (फिक्कि=हर्ष, देशी नाम माला ६।८३) पगड़ी उतार कर उछाल देना।

(७) निडेरें=निडर। डेर=डर (शब्दसागर)।

(९) मह=बीच में। सं० मध्य > मध > मह।

[३९१]

बोहित बहे न मानहिं खेवा । राकस देखि हँसा जस देवा ।१।
बहुते दिनन्ह बार भै दूजी । अजगर केरि आइ भख पूजी ।२।
इहै पदुमिनी भभीखन पावा । जानहुँ आजु अजोध्या छावा ।३।

जानहुँ रावन पाई सीता । लंका बसी रमाएन बीता ।४।
मंछ देखि जैसें बग आवा । टोइ टोइ भुइँ पाउ उठावा ।५।
आइ नियर भै कीन्ह जोहारू । पूँछा खेम कुसल बेवहारू ।६।
जो बिस्वास घातिका देवा । बड़ बिस्वास करै कै सेवा ।७।
कहाँ मीत तुम्ह भूलेहु औ जावेहु केहि घाट ।
हौं तुम्हार अस सेवक लाइ देउँ तेहि बाट ॥३३।५॥

(१) जहाज बह चले । वे मल्लाहों का खेवा नहीं मान रहे थे । यह देखकर राक्षस देव की तरह हँसा और बोला । (२) बहुत दिनों में आज दूसरी बार ऐसा हुआ है कि अजगर को पूरा भोजन मिला हो । (३) इस पद्मिनी को राजा विभीषण पावेगा तो ऐसा जान पड़ेगा मानों उसके यहाँ भी आज अयोध्या छा गई हो (अयोध्या की सीता सी सुन्दरी आ गई हो) । (४) अथवा, इसके लंका में आने से ऐसा विदित होगा जैसे रावण को सीता मिल गई हो और राम-रावण युद्ध समाप्त होने पर लंका फिर पहले जैसी बस गई हो । (५) मछली देखकर जैसे बगुला आता है और सँभाल सँभाल कर धरती पर पैर उठाता है, (६) वैसे ही राक्षस ने निकट आकर प्रणाम किया एवं कुशल क्षेम और कार्य के विषय में प्रश्न किया । (७) जो विश्वासघाती देव था वह सेवा द्वारा गहरा विश्वास जमाना चाहता था ।

(८) (कहने लगा) 'मित्र, तुम कहाँ भटक गए, कौन से घाट जाना चाहते हो ? (९) मैं तुम्हारे सेवक के समान हूँ । तुम्हें उसी मार्ग पर पहुँचा दूँगा ।'

(१) खेवा=(१) मल्लाह; डाँड । सं० क्षेपक > प्रा० खेवय > खेवा ।
देवा=फारसी भाषा के अनुसार देव का वही अर्थ है जो संस्कृत में असुर, दैत्य, दानव या राक्षस का है । इस शब्द का यह अर्थ प्राचीन पारसी धर्म में ही विकसित हो गया था ।

(२) भख=भोजन । सं० भक्ष्य ।

(३) विभीषण का पद्मिनी पाना–इस पद्मिनी स्त्री को पाकर राजा विभीषण की लंका में ऐसा आनन्द होगा जैसा सीता को पाकर अयोध्या में हुआ था । अर्थात् अयोध्या की सीता जैसी सुन्दरी लंका में आ जाने का हर्ष होगा ।

(४) रावण–सीता–इस पद्मिनी के लंका में आने से ऐसा जान पड़ेगा मानों रावण को सीता मिल गई हो । अतएव असली सीता के लौटा देने पर रामायण या राम-रावण युद्ध की समाप्ति से रावण की लंका फिर से बस गई हो ।

(७) बिस्वासघातिका=विश्वासघात करने वाला । प्रायः जायसी ने 'बिस्वासी' का इस अर्थ में प्रयोग किया है, किन्तु यहाँ ठीक संस्कृत शब्द रखा है ।

[३६२]

गाढ़ परें जिउ बाउर होई । जो भलि बात कहै भल सोई ।१।
राजैं राकस नियर बोलावा । आगें कीन्ह पंथ जनु पावा ।२।

बहु पसाउ राकस कहँ बोला। बेगि टेकु पुहुमी सब डोला।३।
तूँ खेवक खेवकन्ह उपराहीं। बोहित तीर लाउ गहि बाँहीं।४।
तोहि तें तीर घाट जौं पावौं। नवगिरहीं टोडर पहिरावौं।५।
कुंडल स्रवन देउँ नग लाई। महरा कै सौंपौं महराई।६।
तस राकस तोरि पुरवौं आसा। रकसाइँधि कै रहै न बासा।७।
राजैं बीरा दीन्हेउ जानैं नाहिं बिसवास।
बगु अपने भख कारन भएउ मंछ कर दास॥३३।६॥

(१) विपत्ति आने पर जी बावला हो जाता है। उस समय जो कोई हित की बात कहे वही अच्छा लगता है। (२) राजा ने राक्षस को निकट बुलाया और उसे इस प्रकार अपने सामने किया मानों उसके द्वारा मार्ग मिल गया हो। (३) बहुत प्रसन्न होकर राक्षस से कहा—'जल्दी से पृथ्वी को स्थिर करो, सब डोल रहे हैं। (४) तुम सब नाविकों के ऊपर नाविक हुए। हमारी बाँह पकड़कर (सहारा देकर) जहाजों को किनारे लगाओ। (५) तुम्हारी कृपा से यदि मुझे किनारे पर घाट मिल जायगा तो तुम्हें नौ रत्नों का जड़ाऊ टोडर (एक प्रकार का लम्बा हार) पहनाऊँगा। (६) तुम्हारे दोनों कानों के लिये नग जड़े हुए कुंडल दूँगा। और तुम्हें अपना नाविक बनाकर उचित पुरस्कार सम्मान समर्पित करूँगा। (७) हे राक्षस, उस प्रकार तुम्हारी आशा पूर्ण करूँगा कि तुममें राक्षसपन की गन्ध भी न रह जायगी।'

(८) राजा ने उसे बीड़ा दिया। वह नहीं जानता था कि यह विश्वासघाती है। (९) बगुला अपने भोजन के लिये मछली का दास बन गया था।

(३) पसाउ=कृपा। सं० प्रसाद > प्रा० पसाय > पसाउ।
(४) खेवक=खेनेवाला, नाविक। सं० क्षेपक।
(५) नव गिरिहीं=नवग्रह के लिए शुभ नौ रत्नों से युक्त। ये इस प्रकार हैं:-सूर्य का वैदूर्य (लहसुनिया); चन्द्रमा का नीलम; मंगल का माणिक; बुध का पुखराज; बृहस्पति का मोती; शुक्र का हीरा; शनि का मूँगा; राहु का गोमेद; केतु का पन्ना।
टोडर=सामने छाती पर लम्बा लटकने वाला कई लड़ों को एक में मिलाकर बनाया हुआ बलेवड़ा हार। इसे संस्कृत में शेषहार (शेषनाग की तरह का हार) कहते थे जिसका बाण ने कादम्बरी में उल्लेख किया है (कादम्बरी द्वारा चन्द्रा पीड़ को भेजे गए उपहार के रूप में, कादम्बरी, वैद्य, पृष्ठ २०३, २१२)। नैषध में इसे दुंदुभक (दुंदुभ साँप की आकृति वाला हार) कहा गया है (मल्लिका कुसुम दुंदुभकेन २१।४३)। नैषध के टीकाकार ईशान देव ने (१३२२ ई०) इसका पर्याय टोडर लिखा है (दे० हन्दीकी, नैषधचरित, अँग्रेज़ी अनुवाद, पृ० ५६४; मेरा लेख, अहिच्छत्रा की मृण्मूर्तियाँ, पृ० १६०–६१, चित्र २५९ में टोडर या शेषहार का अंकन)।
(६) महरा—प्रधान अधिकारी। सं० महाराज > महराय > महराअ > महरा। वर्णरत्नाकर में राजोपजीवक अधिकारियों में अश्ववाहक, गजवाहक, के बाद 'महाराज' का उल्लेख पाया जाता है। महाराज से महरा का संबंध ज्ञात होता है। चित्रावली में राजा के राजनीति मंत्री

(५८१।५) को महताराय कहा गया है। यही महरा नामक अधिकारी हो सकता है। राजा की दृष्टि में महताराय की बहुत प्रतिष्ठा होती थी। चित्रावली में तो उसे राजकुमारी के भावी ससुर की प्रतिष्ठा दी गई है। जायसी में भी महरा का एक अर्थ ससुर (४२४।३) अभीष्ट है। महराई=श्रेष्ठता, प्रधान पद। अमीरुल बहर या प्रधान अधिकारी का पद। महरी बाईसी या कहारा नामा में इस शब्द का प्रयोग हुआ है–सुनो बिनति मैं किरति बखानौं महरा जस महराई रे (१।१)। महरा का अर्थ वहाँ भगवान् है। और भी, दास कबीर कीन्ह यह कहरा महरा मांदि समाना दो (बीजक के अन्तर्गत कहरा नामा)।

(७) रकसाइँधि–सं० राक्षसगंध > रक्सयंध > राकसयंध > रकसाइँध।

(८) बीरा देना=पान का बीड़ा देकर किसी काम का उंत्तरदायित्व सौंपना। बिस्वास=विश्वासघात।

[३९३]

राकस कहा गोसाइँ बिनाती। भल सेवक राकस कै जाती ।१।
जहिया लंक डही स्री रामा। सेव न छाँड़ि भएउँ डहि स्यामा ।२।
अबहूँ सेव करहिं सँग लागे। मानुस भूलि होहिं तिन्ह आगे ।३।
सेत बंध जहँ राघौ बाँधा। तहँ लै चढ़ौं भारु मैं काँधा ।४।
पै जब तुरित दान कछु पावौं। तुरित खेइ ओहि बाँध चढ़ावौं ।५।
तुरित जो दान पान हँसि दिया। थोरा दान बहुत पुनि किया ।६।
सेव कराइ जो दीजै दानू। दान नाहिं सेवा बर जानू ।७।
दिया बुझा सतु ना रहा हुत निरमल जेहि रूप।
बहुँ आँधी उड़ि आइ कै मारि किया अँध कूप ॥३३।७॥

(१) राक्षस ने कहा–'गुसाईं से मेरी एक बिनती है। राक्षस की जाति अच्छी सेवक होती है। (२) जब श्री रामचन्द्र ने लंका जलाई थी तब भी मैं अपने सेवा के स्थान से नहीं हटा और जलकर काला हो गया। (३) अब भी वे संग लगकर सेवा करते हैं। मनुष्य जब रास्ता भूल जाते हैं तो उनके आगे होकर मार्ग दिखाते हैं। (४) जहाँ राघव ने सेतुबन्ध बाँधा था वहाँ तुम्हारा बोझा अपने कन्धे पर लेकर पहुँचा सकता हूँ। (५) यदि तुरन्त कुछ दान पाऊँ तो तुरन्त ही खेकर उस बाँध पर तुम्हें पहुँचा दूँ। (६) जो दान तुरंत हँसकर हाथ में पान के साथ दिया जाता है, वह थोड़ा दान भी बहुत पुण्य देता है। (७) सेवा कराने के बाद जो दान दिया जाता है, उसे दान नहीं, सेवा के बल से मिला हुआ समझो।'

(८) जब राक्षस इतना कह चुका तो जो राजा अब तक निर्मल रूप था, उसके दान का दिया बुझ जाने पर उसमें कुछ सत न रह गया। (९) प्रचंड आँधी उठी और उसने आकर सब अँध कूप कर दिया।

(६) दान पान=पान के साथ अर्थात् बीड़ा देते समय, कार्य करने से पहले दिया हुआ दान ही

सच्चा दान है। काम कर लाने पर जो दान दिया जाय वह मजदूरी हो जाता है।

(८) दिया बुझा=राजा के दान की ज्योति बुझ गई। दिया बुझ जाने से अँधेरा छा गया। जिसका रूप (सौंदर्य या चाँदी) पहले निर्मल था, वह छिप गया।

[३९४]

जहाँ समुँद मँझधार भँडारू। फिरै पानि पातार दुवारू ।१।
फिरि फिरि पानि ओहि ठाँ भरई। बहुरि न निकसै जो तहँ परई ।२।
ओहि ठाँव महिरावन पुरी। हलका तर जमकातरि जुरी ।३।
ओहि ठाँव महिरावन मारा। परे हाड़ जनु परे पहारा ।४।
परी रीरि जहँ ताकरि पीठी। सेतबंध अस आवै डीठी ।५।
राकस आनि तहाँ कै छरै। बोहित भँवर चक महँ परै ।६।
फिरै लाग बोहित अस आई। जनु कुम्हार धरि चाक फिराई ।७।
राजै कहा रे राकस बौरे जानि बूझि बौरासि।
सेतबंध जहँ देखिअ आगें कस न तहाँ लै जासि ॥३३।८॥

(१) जहाँ मँझधार में समुद्र का उदर था वहाँ पानी का भवँर पड़ता था जा पाताल का द्वार था। (२) घूम घूम कर पानी उसी जगह भरता था। जो उसमें गिरता फिर बाहर न निकलता था। (३) उसी जगह पाताल में महिरावन की पुरी थी। लहरों के नीचे उस पुरी के कोट की जमकात तलवारें मानों घूमतीं थीं। (४) उसी जगह महिरावण मारा गया था। पहाड़ की तरह उसकी हड्डियों का ढेर लगा था। (५) जहाँ उसकी पीठ की रीढ़ पड़ी थी वहाँ सेतुबन्ध के पुल जैसा दिखाई देता था। (६) राक्षस छल करके सबको उस स्थान में ले आता था और जहाज भँवर के चक्कर में पड़ जाते थे। (७) जहाज वहाँ आकर ऐसे घूमने लगते थे जैसे कुम्हार अपना चाक डंडे से पकड़कर घुमाता है।

(८) राजा ने कहा, 'रे पागल राक्षस, तू जान बूझकर बौरा रहा है। जहाँ आगे सेतुबन्ध दिखाई देता है वहाँ क्यों नहीं ले जाता ?

(१) भँडारू-सं० भंडार=पेट, उदर (शब्दसागर)। इस विशिष्ट अर्थ में जायसी ने अन्यत्र भी इस शब्द का प्रयोग किया है (३७८।९, हरि भँडार कर टेकि)।

(२) ठाँ=स्थान > ठाँव > ठाँ।

(३) महिरावन=रावण के एक पुत्र का नाम।

हलका=लहर। धा० हलकाना=हिलोरें लेना, तरंग मारना, लहराना (शब्दसागर)।

तर=नीचे तले।

जमकातरि-यम की कटारी या तलवार, जमकात (१६१।२, ६२९।१, होइ हनिवँत जमकातरि ढाहीं)। जायसी की कल्पना है कि मानों लहरों के नीचे मृत्यु का आवाहन करने वाली जमकातरें लगी थीं मध्यकालीन दुर्गों की रक्षा के लिये गढ़ के ऊपर जमकात या जमकातर नामक

शस्त्र लगे रहते थे।

(५) रीरि=रीढ़। सं० कोशों में रीढ़क शब्द रीढ़ के अर्थ में दिया है, किन्तु वह देश्य है।

[३९५]

सुनि बाउर राकस तब हँसा। जानहुँ टूटि सरग भुइँ खसा।१।
को बाउर तुहुँ बौरे देखा। सो बाउर भख लागि सरेखा।२।
बाउर पंखि जो रह धरि माँटी। जीभ चढ़ाइ भखै निति चाँटी।३।
बाउर तुहुँ जो भखै कहँ आने। तबहुँ न समुझहु पंथ भुलाने।४।
महिरावन के रीरि जो परी। कहाँ सो सेतबंध बुधि हरी।५।
यह सो आहि महिरावन पुरी। जहँवाँ सरग नियर घर दूरी।६।
अब पछितावहु दरब जस जोरा। करहु सरग चढ़ि हाथ मरोरा।७।
जबहिं जियत महिरावन लेत जगत कर भार।
जौं रे मुवा लेइ गया न हाड़ौ अस होइ परा पहार ॥३३।९॥

(१) उसे सुनकर बावला राक्षस तब हँसा, मानों आकाश टूटकर धरती पर आ गिरा हो। (२) 'कौन सचमुच बावला है, यह तुझ बावले ने भी देख लिया। क्या वह बावला है जो अपना भोजन प्राप्त करने में चतुर हो? (३) बावली वह कीड़ी (दीमक) है जो मिट्टी के आश्रय से रहती है। उसे सदा चींटी जीभ से चाटकर खा जाती है। (४) तू बावला है जो मेरे द्वारा भक्षण के लिये लाए जाने पर भी नहीं समझा। ऐसा मार्ग भूला रहा। (५) महिरावण की जो रीढ़ पड़ी है क्या वह सेतुबन्ध हो सकती है? ऐसी तेरी बुद्धि नष्ट हो गई। (६) यह तो वह महिरावण की पुरी है जहाँ से स्वर्ग निकट है और घर दूर है। (७) अब जैसे तू ने धन जोडने में व्यर्थ समय गँवाया है वैसे ही पछता और स्वर्ग में पहुँचकर हाथ मल।

(८) जब महिरावण जीवित था, सारे संसार का बोझा उठाता था। (९) जब वह मर गया अपनी हड्डी भी साथ न ले जा सका। यह ऐसा पहाड़ सा पड़ा है।

(३) बाउर पंखि-पंखि=दीमक। जायसी का आशय है कि जो मिट्टी के बने इस शरीर के भरोसे निश्चिन्त बने रहते हैं उन्हें काल जीभ निकाल कर खा जाता है; जैसे दीमक मिट्टी खाकर, मिट्टी के सहारे मिट्टी के घर में रहती है पर कालरूप चींटी उसे सफाचट कर डालती है। जीभ चढ़ाइ—जीभ से चाटकर। चढ़ाना > सं० चटापयति (कटाहिश्च चटाप्यते, वस्तुपाल प्रबंध)।

[३९६]

बोहित भँवैं भवै जस पानी। नाचै राकस आस तुलानी।१।
बूड़हिं हस्ति घोर मानवा। चहुँ दिस आइ जुरे मँसुखवा।२।

तेतखन राजपंखि एक आवा । सिखर टूट तस डहन डोलावा ।३।
परा दिस्टि वह राकस खोटा । ताकेसि जैस हस्ति बड़ मोटा ।४।
आइ ओहि राकस पर टूटा । गहि लै उड़ा भँवर जल छूटा ।५।
बोहित टूक टूक सब भए । औस न जाने दहुँ कहँ गए ।६।
भए राजा रानी दुइ पाटा । दूनौ बहे भए दुइ बाटा ।७।
काया जीउ मिलाइ कै कीन्हेसि अनँद उछाहुँ ।
लवटि बिछोउ दीन्ह तस कोउ न जानै काहुँ ॥३३।१०॥

(१) पानी के घूमने के साथ जहाज भी घूमते थे। राक्षस नाचने लगा कि उसकी आशा पूरी होगी। (२) हाथी घोड़े और मनुष्य डूबने लगे। चारों दिशाओं से मांस खाने वाले राक्षस आकर इकट्ठे हो गए (३) उसी क्षण एक राजपक्षी आया जो अपने डैने इस तरह चला रहा था कि पहाड़ के शिखर टूट रहे थे। (४) वह दुष्ट राक्षस उसकी दृष्टि में पड़ गया। उसने उसे ऐसे ताका जैसे कोई बड़ा मोटा हाथी हो। (५) वह झपट्टा मारकर उस राक्षस पर टूट पड़ा और दबोचकर ले उड़ा। उसी समय भँवर का पानी ऊपर उछलने लगा। (६) सब जहाज टुकड़े टुकड़े हो गए। इतना भी पता न चला कि कहाँ चले गए। (७) राजा और रानी दो लड़की के फट्टों को पकड़े हुए अलग अलग मार्ग में बह गए।

(८) शरीर और जीव को मिलाकर दैव आनन्द और उछाह करता है। (९) फिर उलटकर ऐसा बिछोह देता है कि कोई दूसरे को जानता भी नहीं कि कहाँ गया।

(१) भँवँ–सं० भ्रमति > प्रा० भमइ > भँवइ > भवँ ।
आस तुलानी=आशा पूरी होने पर आ पहुँची ।

(२) मानवा=मानव, मनुज ।
मँसुखवा=माँस खाने वाला, मँसखउआ । सं० मांसखादक ।

(३) राजपंखि=गरुड़ या सीमुर्ग जैसा कोई विशालकाय पक्षी जिसके विषय में नाविकों की यह धारणा थी कि वह बड़े से बड़े जहाजों को पंजों में दबोचकर ले जाता है । महाभारत आदि पर्व में ही हमें यह अभिप्राय मिलता है जिसमें गरुड़जी आपस में लड़ते हुए हाथी और कछुवे को पंजों में उठा ले जाते हैं और उनका जलपान कर डालते हैं । मध्यकालीन नाविकों में इस प्रकार की अनेक कहानियाँ प्रचलित थीं । जायसी ने यहाँ दैत्य, भँवर और राजपंखि इन तीन अभिप्रायों का उल्लेख किया है । चित्रावली में भी राजपक्षी का उल्लेख है (ततखन राजपंछि एक आवा । परबत डोल जो डैन डोलावा । ३११।५) ।
डहन=पंख । सं० डयन ।

(७) पाटा=लकड़ी का तख्ता, फट्टा, फलक । सं० पट्ट ।

३४ : लक्ष्मी समुद्र खण्ड

[३९७]

मुरुछि परी पदुमावति रानी । कहँ जिउ कहँ पिउ अैस न जानी ।१।
जानु चित्र मूरति गहि लाई । पाटा परी बही तसि जाई ।२।
जनम न पौन सहै सुकुमारा । तेहि सो परा दुख समुँद अपारा ।३।
लखिमिनि मान समुँद कै बेटी । ता कहँ लच्छि भई जेइँ भेंटी ।४।
खेलत अही सहेलिन्ह सेंती । पाटा जाइ लगा तेहि रेती ।५।
कहेसि सहेलिहु देखहु पाटा । मूरति एक लागि एहि घाटा ।६।
जौं देखेन्हि तिरिया है साँसा । फूल मुएउ पै मुई न बासा ।७।
रंग जो राती पेम के जानहुँ बीर बहूटि ।
आइ बही दधि समुँद महँ पै रँग गएउ न छूटि ॥३४।१॥

(१) रानी पद्मावती मूर्च्छित होकर गिर गई । कहाँ प्राण हैं और कहाँ प्रियतम हैं, इसका उसे ज्ञान न रहा । (२) पटरे पर पड़ी हुई वह इस प्रकार बही जाती थी मानों चित्र में लिखी कोई मूर्ति लेकर उस फलक पर लगा दी हो । (३) जन्म भर में जो सुकुमारी वायु का झोंका भी नहीं सहती थी उस पर अब दुःख का अपार समुद्र (या अपार समुद्र में वह दुःख) आ पड़ा था । (४) लक्ष्मी जो समुद्र की बेटी मानी जाती है–जिसे वह मिल जाय उसका बड़ा सौभाग्य है–(५) अपनी सहेलियों के साथ खेलती थी । उसी रेती में वह पटरा जाकर लगा । (६) उसने सहेलियों से कहा, 'यह पाटा देखो । कोई मूर्ति इस घाट पर आकर लगी है ।' (७) उन्होंने जो देखा तो वह स्त्री थी और उसमें साँस थी । फूल मुरझा गया था, पर बास नहीं मरी थी ।

(८) जो बीर बहूटी की तरह प्रेम के रंग में लाल थी, (९) वह भयंकर दधि समुद्र में बहती हुई आई, फिर भी रंग न छूटा था ।

(२) जानु चित्र मूरति गहि लाई–मानों चित्रलिखित कोई मूर्ति लेकर फलक पर लगा दी हो । इसका तात्पर्य यह हुआ कि चित्र किसी वस्त्र या दूसरे माध्यम पर लिखा गया था । उस मूर्ति को लेकर लकड़ी के फलक पर लगा दिया था । दूसरा अर्थ यह भी सम्भव है कि चित्र अर्थात् अद्भुत सुन्दर मूर्ति लेकर फलक पर लगा दी गई थी । इसमें मूर्ति का अर्थ काष्ठ प्रतिमा है । पानी में तैरते हुए फलक के साथ विचित्र काष्ठ प्रतिमा अर्थ अधिक संगत है ।

(३) जनम पौन न सहै–बाहर की हवा भी जिसने जन्म भर नहीं सही, जो कभी रनिवास से बाहर नहीं आई ।

(४) लखिमिनि=लक्ष्मी । सं० लक्ष्मिणी > लखिमिनी । ता कहँ लच्छि भई जेइँ भेटी–समुद्र की पुत्री लक्ष्मी नाविकों की अधिष्ठात्री देवी मानी जाती थी । ऐसा विश्वास था कि उसकी जिससे भेंट हो जायगी उसके सौभाग्य का उदय हो जायगा । प्राचीन पाली साहित्य में देवी मणिमेखला का

यही स्थान था। महाजनक जातक में उल्लेख है कि जलयान मग्न हो जाने पर समुद्र में हाथ पैर चलाते हुए महाजनक को मणिमेखला ने दर्शन दिया। इस पर महाजनक ने कहा कि उसके दर्शन के परिणाम स्वरूप अवश्य ही उसके प्राणों की रक्षा होगी (जातक भाग ६, महाजनक जातक, पृ० ३५-३६)।

(९) दधिसमुँद–(४०६।५)।

[३९८]

लखिमिनि लखन बतीसौ लखी। कहेसि न मरै सभाँरहु सखी।१।
कागर पुतरी जैस सरीरा। पवन उड़ाइ परी मँझ नीरा।२।
उड़हिं झकोर लहरि जल भीजी। तबहु रूप रँग नाहीं छीजी।३।
आपु सीस लै बैठी कोरा। पवन डोलावहिं सखि चहुँ ओरा।४।
पहरक समुझि परा तन जीऊ। माँगेसि पानि बोलि कै पीऊ।५।
पानि पियाइ सखी मुँह धोईं। पदुमिनि जानु कँवल सँग कोईं।६।
तब लखिमिनि दुख पूँछ मरोही। तिरिया समुझि बात कहु मोही।७।
देखि रूप तोर आगर लागि रहा चित मोर।
केहि नगरी कै नागरि काह नाउँ धनि तोर॥३४।२॥

(१) लक्ष्मी ने उसे बत्तीस लक्षणों से युक्त देखकर कहा–'हे सखिओ, इसे सँभालो। यह मरने न पावे। (२) इसका शरीर कागज की पुतली जैसा है। यह हवा की उड़ाई हुई जल में गिर पड़ी है। (३) हवा के झोंकों से उड़ती हुई लहरों के जल में यह खूब भीजी है। तब भी रूप और रंग में कमी नहीं हुई।' (४) लक्ष्मी स्वयं उसका सिर गोद में लेकर बैठ गई और सखियाँ चारों ओर से हवा करने लगी। (५) एक पहर बाद जान पड़ा कि शरीर में प्राण आ गए हैं। तब उसने पति को सम्बोधन करके पानी माँगा। (६) पानी पिलाकर सखियों ने उसका मुँह धोया। पद्मिनी पद्मावती की तुलना में वे ऐसी लगती थी जैसे कमल के साथ कोकाबेली। (७) तब लक्ष्मी ने उस मरणासन्न से उसके दुःख की बात पूछी। 'हे बाला, विचारकर मुझ से अपना हाल कहो।

(८) तुम्हारा उत्तम रूप देखकर मेरा चित्त अनुरक्त है। तू किस नगरी की नागरी है? हे बाला, तेरा क्या नाम है?'

(२) कागर=कागज़, यह मूल शब्द चीनी भाषा से लिया गया था। लगभग १४ वीं शती में भारत में हस्तलिखित ग्रन्थों के लिए कागज का आम रिवाज हो गया था।

(३) झकोर=हवा का झोंका।

(४) कोरा=गोद। सं० क्रोड > प्रा० कोड > कोर।

(७) मरौही=मरणासन्न। माताप्रसाद जी ने लिखा है कि सभी प्रतियों में 'भरोही' पाठ है। उन्होंने उसे 'पिरौही' (=पीड़ावाली, दुःखिनी) कर दिया है! वस्तुतः गोपालचन्द्रजी की प्रति (माताप्रसा जी की च० १) में और भारत कला भवन की प्रति में मरोही पाठ है (मनेर की प्रति

यह अंश त्रुटित है) ।

[३९९]

नैन पसारि चेत धनि चेती । देखै काह समुँद कै रेती ।१।
आपन कोउ न देखेसि तहाँ । पूँछेसि को हम को तुम कहाँ ।२।
अहीं जो सखीं कँवल सँग कोईं । सो नाहीं मोहि कहाँ बिछोईं ।३।
कहाँ जगत मनि पीउ पियारा । जौं सुमेरु बिधि गरुअ सँवारा ।४।
ताकरि गरुई प्रीति अपारा । चढ़ी हिएँ जस चढ़ै पहारा ।५।
रहै न गरुई प्रीति सो झाँपी । कैसै जियौं भार दुख चाँपी ।६।
कँवल करी केइँ चूरी नाहाँ । दीन्ह बहाइ उदधि जल माहाँ ।७।
आवा पौन बिछाउ का पात परा बेकरार ।
तरिवर तजै जो चूरि कै लागै केहि की डार ॥३४।३॥

(१) वह बाला आँखें खोलने पर संज्ञा लाभकर होश में आई। देखती क्या है कि समुद्र की रेती फैली हुई है। (२) उसे वहाँ कोई अपना न दिखाई दिया। पूछने लगी, 'मैं कौन हूँ और तुम कौन हो। (३) मेरी जो सखियाँ कमल के साथ कुमुदिनी की भाँति थी वे नहीं दिखाई देतीं। मुझे कहाँ छोड़ गईं ? (४) संसार में मणि के समान श्रेष्ठ मेरा प्यारा प्रियतम कहाँ है जिसे दैव ने सुमेरु जैसा गौरवशाली बनाया है। (५) उसकी भारी अपार प्रीति मेरे हृदय में इस प्रकार टिकी है जैसे कोई पहाड़ अडिग हो। (६) वह भारी प्रीति छिपाई नहीं जा सकती। दुःख के बोझे से दबी हुई मैं कैसे जिऊँगी ? (७) मेरे स्वामी ने कमल की कली को क्यों चूर कर दिया और समुद्र के जल में फेंक दिया ?'

(८) बिछोह की हवा आई और पत्ता व्याकुल होकर वृक्ष से अलग जा पड़ा। (९) यदि वृक्ष ही उसे चूर करके फेंक दे तो वह किसकी डाल से जाकर लगे ?

(१) चेत=चैतन्य, संज्ञा ।
चेती=होश में आई ।

[४००]

कहेन्हि न जानहिं हम तोर पीऊ । हम तोहि पावा अहा न जीऊ ।१।
पाटा भरी आइ तूँ बही । असि न जानहिं दहुँ का अही ।२।
तब सो सुधि पदुमावति भई । सूर बिछोह मुरछि मरि गई ।३।
बिनु सिर रकत सुराही ढारी । जनहुँ बकत सिर काटि पबारी ।४।
खिनहिं चेत खिन होइ बेकरारा । भा चंदन बंदन सब छारा ।५।
बाउर होइ परी सो पाटा । देहु बहाइ कंत जेहि घाटा ।६।

को मोहि आगि देइ रचि होरी । जियत जो बिछुरी सारस जोरी ।७।
जेहि सर मारि बिछोहि गा देहि ओहि सर आगि ।
लोग कहै यह सर चढ़ी हौं सौ चढ़ौं पिय लागि ॥३४।४॥

(१) उन्होंने कहा, 'हम तेरे पति को नहीं जानतीं । हमने जब तुझे पाया तुझ में प्राण न था । (२) तू फलक के साथ बहती हुई आई थी । हम नहीं जानती थीं तू कौन है ।' (३) तब पद्मावती को पहली बात का स्मरण आया । सूर्य (रत्नसेन) के वियोग में मूर्च्छित होकर पुनः मृत हो गई । (४) उसके नेत्रों से रक्त के आँसू बहने लगे मानों विना ढक्कन वाली शरीर रूपी सुराही में भरा हुआ रक्त टपकने लगा । अथवा मानों पागलपन की दशा में उसने अपना सिर काटकर फेंक दिया हो । (५) क्षण भर में होश में आती और अगले क्षण बेसुध हो जाती थी । चन्दन और माथे का आभूषण सब धूल में भर गया । (६) वह पागल की भाँति फलक पर लेट गई और कहने लगी, 'मुझे उसी घाट पर बहा दो जहाँ मेरे स्वामी हैं । (७) कौन होली लगाकर मुझे अग्नि देगा ? जीवित रहते हुए भी सारस की जोड़ी के समान मैं अपने प्रिय से बिछुड़ गई हूँ ।

(८) वियोगी जिसे बिछोह का बाण मार कर जाय, उसकी चिता में भी उसे आग दे जाना चाहिए । (९) लोग कहते हैं कि यह बड़ी सिर चढ़ी है, किन्तु मैं अपने प्रियतम के लिये सौ बार सर (चिता) पर चढ़ सकती हूँ ।'

(३) मुरछि–मनेर की प्रति सँवरि ।
बन्दन=माथे का आभूषण, बन्दी (शब्दसागर) सर=बाणी । सर=चिता । सर=मस्तक ।

(४) रकत सुराही=रक्त से भरी हुई सुराही, शरीर ।
बिनु सर=विना टोपी या ढक्कन वाली । जिस सुराही में ढक्कन नहीं है तथा जो सब तरफ से बन्द है उसमें से भी नेत्रों के मार्ग से बूँद बूँद करके अपना रक्त बहा रही थी । अथवा रक्त की बहती हुई धार इतनी तेज थी मानों उसने उन्माद की दशा में स्वयं अपना सिर उतार कर फेंक दिया हो ।
बकत=बकते हुए अर्थात् पागलपन की दशा में ।
पबारी–धा० पबारना=फेंकना (कछु अंगद प्रभु पास पबारे, लंका कांड ३।२।६) । पबाड़ना धातु की व्युत्पत्ति संदिग्ध है । (तुलना कीजिए, पबेड़ना=फेंकना; सं० प्रवेरिता, यथा हिमवतः पृष्ठे निर्माल्येव प्रवेरिता, आदि पर्व, ६८।७३) ।

[४०१]

कया उदधि चितवौं पिय पाहाँ । देखौं रतन सो हिरदै माहाँ ।१।
जानु आहि दरपन मोर हिया । तेहि महँ दरस देखावै पिया ।२।
नैन नियर पहुँचत सुठि दूरी । अब तेहि लागि मरौं सुठि भूरी ।३।
पिउ हिरदै महँ भेंट न होई । को रे मिलाव कहौं केहि रोई ।४।
साँस पास नित आवै जाई । सो न सँदेस कहै मोहि आई ।५।

नैन कौड़िया भै मँड़राहीं । थिरकि मारि लै आवहिं नाहीं ।६।
मन भँवरा ओहि कँवल बसेरी । होइ मरजिया न आनहि हेरी ।७।
साथी आथि निआथि भै सकेसि न साथ निबाहि ।
जौं जिउ जारें पिउ मिलै फिटु रे जीय जरि जाहि ॥३४।५॥

(१) शरीर रूपी समुद्र में जब देखती हूँ तो प्रियतम मेरे पास है। जिस रत्न (रत्नसेन) को ढूँढ़ती हूँ वह मेरे हृदय में है। (२) मानों मेरा हृदय दर्पण है, उसमें प्रियतम दर्शन दे रहा है। (३) वह नेत्रों के अत्यन्त निकट है, पर पहुँचने में बहुत दूर है। अब मैं उस प्रियतम के लिये अत्यन्त चिन्तन करती हुई मृत्यु को प्राप्त हूँगी। (४) प्रियतम हृदय में है, फिर भी भेंट नहीं होती। कौन मिलावेगा ? किससे रोकर अपना दुःख कहूँ ? (५) मेरी साँस नित्य उसके पास आती और जाती है। किन्तु वह भी लौटकर मुझसे प्रिय का संदेश नहीं कहती। (६) मेरे नेत्र कौडिल्ला पक्षी होकर मँडरा रहे हैं। किन्तु वे झपट्टा मारकर उस प्रियतम को काया रूपी समुद्र से बाहर नहीं ले आते। (७) मेरा मन रूपी भौंरा उस कमल में बसता है। किन्तु उसके लिये गोताखोर की तरह समुद्र में घुसकर उसे ढूँढ़ नहीं लाता।

(८) वह साथी (सार्थवाह) अपनी पूँजी खोकर निर्धन हो गया। वह साथ न निबाह सका। (९) यदि प्राण जलाने से प्रियतम मिल सके, तो मेरा प्राण अभी जलकर नष्ट हो जाय।

(१) पाहाँ=पार्श्व में, पास में।
(३) नैन नियर=देखने में निकट किन्तु चलकर पहुँचने में अत्यन्त दूर।
(५) साँस पास–साँस शरीर से निकलकर उस प्रियतम के पास जाती है और फिर लौट आती है। विरहिणी की साँस क्षण भर में चली जाती है और लौट आती है। इसी पर यह कल्पना है।
(८) साथी=सार्थिक, सार्थवाह, व्यापारी। आथि=धनी। सं० अर्थी > प्रा० अत्थी > आथि। इसी का उलटा निआथि=निर्धन, जिसकी पूँजी नष्ट हो गई हो। जो पूँजी वाला व्यापारी था वह उसकी रक्षा न कर सका और साथ न निबाह सका। रत्नसेन रूपी पूँजी गँवाकर पद्मावती यह अपने लिये कह रही है।
(९) फिटु > प्रा० फिट्ट=विनष्ट।

[४०२]

सती होइ कहँ सीस उघारी । घन महँ बिज्जु घाय जस मारी ।१।
सेंदुर जरै आगि जनु लाई । सिर की आगि सँभारि न जाई ।२।
छूटि माँग सब भाँति पुरोई । बारहिं बार गरहिं जनु रोई ।३।
टूटहिं मोंति बिछोहा भरे । सावन बुंद गरहिं जनु ढरे ।४।
भहर भहर करि जोबन करा । जानहुँ कनक अगिनि महँ परा ।५।

अगिनि माँग पै देइ न कोई । पाहन पवन पानि सुनि होई ।६।
कनै लंक टूटी दुख जरी । बिनु रावन केहि बार होइ खरी ।७।
रोवत पंखि बिमोहे जनु कोकिला अरंभ ।
जाकरि कनक लता यह बिछुरी कहाँ सो प्रीतम खंभ ॥३४।६॥

(१) सती होने के लिये उसने अपना सिर उघाड़ा । वह ऐसे लगता था मानों बिजली ने बादल में चोट मारकर घाव किया हो । (२) उसका सिंदूर जल रहा था जैसे किसीने आग लगा दी हो । सिर में लगी हुई आग सँभाली नहीं जाती थी । (३) मोतियों से पिरोई हुई माँग सब बिखर गई । मोती बार बार गलकर गिर रहे थे, मानों उसके आँसू हों । (४) माँग में भरे हुए मोती वियोग में टूट रहे थे और ऐसे ढुलक रहे थे जैसे सावन में बूँदें गलती हैं । (५) उसके यौवन की कला धधक धधक कर जल रही थी, मानों सोना आग में तपाया जा रहा था । (६) वह आग माँगती पर कोई देता न था । उसका दुःख सुनकर मानों पत्थर भी आवे में पड़कर पानी हो रहा था । (७) उसकी सोने की लंका (सुवर्णालंकृत कटि) दुःख में जलकर (जीर्ण होकर) टूट गई । पति (रावन=रमण, रावण) की सहायता के बिना वह किसके सहारे से खड़ी होगी ?

(८) उसके रोने से पक्षी मोहित हो गए, मानों कोकिला ने अपना राग आरम्भ किया हो । (९) वह प्रियतम रूपी खंभा कहाँ है जिससे बिछुड़ कर यह सोने की बेल अलग पड़ी है ?

(१) सीस उघारी–सिर उघाड़ना वैधव्य का चिन्ह समझा जाता था । बालों के बीच में सिंदूर से भरी हुई माँग ऐसी दिखाई दी जैसे मेघों में विद्युत् ने घाव किया हो । घाय=घाव । सं० घात ।
(६) पवन=कुम्हार का आवा ।
(७) लंक=कमर और लंका । दोनों अर्थ इष्ट हैं ।
रावन=पति और रावण ।
बार=द्वार, आश्रय, स्थान, ठिकाना ।
(८) कोकिला=एक चिड़िया जो कोयल से भिन्न है किन्तु उसी की तरह बहुत मधुर बोलती है । (कुँवर सुरेशसिंह, हमारी चिड़ियाँ, तीसरा संस्करण पृ० १०४ ।) कोकिला हारिल की जाति की और कोयल पपीहे की जाति की है । कुछ लोग इस पहाड़ी चिड़िया की बोली को कोयल से भी मीठी मानते हैं ।

[४०३]

लखिमिनि लागि बुझावै जीऊ । ना मरु भगिनि जिअै तोर पीऊ ।१।
पिउ पानी होइ पौन अधारी । जस हौं तुहूँ समुंद्र कै बारी ।२।
मैं तोहि लागि लेब खटबाटू । खोजब पितैं जहाँ लगि घाटू ।३।
हौं जेहि मिलौं तासु बड़ भागू । राज पाट औ होइ सोहागू ।४।
कै बुझाउ लै मँदिल सिधारी । भई सुसार जेंवै नहिं नारी ।५।
जेहि रे कन्त कर होइ बिछोवा । का तेहि भूख नींद का सोवा ।६।

जिउ हमार पिउ लेबे अहा । दरसन देउ लेउ जब चहा ।७।
लखिमिनि जाइ समुँद पहँ बिनई ते सब बातैं चालि ।
कहा समुंद्र अहै घट मोरें आनि मिलावौं कालि ॥३४।७॥

(१) लक्ष्मी उसके मन को समझाने लगी, 'हे बहिन, तू मर मत। तेरा पति जीवित है। (२) तू जल ग्रहण कर और पवन का आधार कर। जैसे मैं वैसे ही तू भी समुद्र की पुत्री है। (३) मैं तेरे लिये अंसलपाटी लूँगी, और मेरे पिता जहाँ तक उनके घाट हैं तेरे पति की खोज करेंगे। (४) मेरी जिससे भेंट हो जाय वह बड़भागी है। उसे राज पाट और सुहाग मिलता है।' इस प्रकार समझा कर उसे साथ ले लक्ष्मी अपने मंदिर को गई। वहाँ रसोई बनी किन्तु पद्मावती नहीं खाती थी। (६) जिसे पति का वियोग हुआ है उसे भूख कहाँ और सोने के लिये नींद कहाँ? (७) 'मेरा जी प्रियतम द्वारा लेने के लिये था। हे प्रिय, दर्शन दो और उस जी को जब चाहे ले जाओ।'

(८) लक्ष्मी ने जाकर समुद्र से वे सब बातें चलाईं और विनती की। (९) समुद्र ने कहा, 'हाँ वह मेरे शरीर के भीतर है, कल लाकर मिला दूँगा।'

(१) बुझावै—सं० बुद्ध > बुज्झ > बूझना, बुझाना=समझाना।

(३) खटबाटू—खटपाटी, अंसल पाटी। मान करके कुछ खाए पिए विना किसी काम के लिये खाट की पट्टी पकड़कर पड़ रहना खटपाटी लेना कहा जाता है। स० खट्वापट्टिका > खटपट्टिआ > खटपाटी > खटबाटी।

(५) सुसार=रसोई (दे० २८३।१; ५४०।९)। स० सूपशाला > सूअसारा > सूसारा > सुसारा।

[४०४]

राजा जाइ तहाँ बहि लागा। जहाँ न कोइ सँदेसी कागा।१।
तहाँ एक परबत हा टूँगा। जहवाँ सब कपूर औ मूँगा।२।
तेहि चढ़ि हेरा कोइ न साथा। दरब सैंति कछु लाग न हाथा।३।
अहा जो रावन रैनि बंसेरा। गा हेराइ कोइ मिलै न हेरा।४।
धाह मेलि कै राजा रोवा। केइँ चितउर कर राज बिछोवा।५।
कहाँ मोर सब दरब भँडारू। कहाँ मोर सब कटक खँधारू।६।
कहाँ मोर तुरँग बालका बली। कहाँ मोर हस्ती सिंघली।७।
कहँ रानी पदुमावति जीउ बसत तेहि पाँह।
मोर मोर कै खोएउँ भूलेउँ गरब मनाँह ॥३४।८॥

(१) राजा भी बहता हुआ वहाँ जा लगा, जहाँ संदेश ले जाने के लिये कौआ तक न था। (२) वहाँ एक ऊँचा पर्वत था जहाँ सब कपूर और मूँगे भरे थे। (३) उस पर

चढ़कर देखा तो कोई साथी न था। धन एकत्र करके भी कुछ हाथ न लगा। (४) जहाँ रावण का रात में रहने का स्थान (शयन गृह) था वहाँ वह रास्ता भूल गया, ढूँढ़ने से भी कोई न मिला (सब निर्जन पड़ा था) (५) राजा धाड़ मारकर रोने लगा, 'किसने चित्तौड़ के राज्य का बिछोह करा दिया ? मेरा वह द्रव्य का सब भंडार कहाँ गया ? मेरा कटक और स्कन्धावार कहाँ गया ? मेरे वे बलवान हय किशोर कहाँ चले गए ? मेरे वे सिंघली हाथी कहाँ हैं ?

(८) और वह रानी पद्मावती कहाँ है जिसके पास मेरा प्राण रहता था ? (९) मेरा मेरा करके मैंने सब खो दिया और मन में घमण्ड करके मैं भूला रहा।

(२) ढूँगा–सं० तुँग > अप० ढुँग–ऊँचा। शुक्लजी ने डूँगा पाठ दिया है=पहाड़ की छोटी टेकरी। गोपाल चन्द्र की प्रति में ढूँगा पाठ है जिसका अर्थ भी वही है जो डूँगे का है।

(४) रैनि बसेरा=रात्रि का शयन गृह।

(५) धाइ=धाड़, जोर से चिल्लाकर रोना (शब्दसागर)।

(६) खँधारू=छावनी। सं० स्कन्धावार।

(७) तुरँग बालका=घोड़ों के किशोर बच्चे।

(९) मनाँह=मन में। सं० मनमध्य।

[४०५]

चंपा भँवरा कर जो मेरावा। माँगै राजा बेगि न पावा।१।
पदुमिनि चाह जहाँ सुन पावौं। परौं आगि औ पानि धसावौं।२।
टूटौं परबत मेरु पहारा। चढ़ौं सरग औ परौं पतारा।३।
कहँ अस गुरु पावौं उपदेसी। अगम पंथ को होइ सँदेसी।४।
परेउँ आइ तेहि समुँद अथाहा। जहवाँ वार पार नहिं थाहा।५।
सीता हरन राम संग्रामा। हनिवँत मिला मिली तब रामा।६।
मोहि न कोइ केहि बिनवौं रोई। को बर बाँधि गवेंसी होई।७।
भँवर जो पावा कँवल कहँ मन चिंता बहु केलि।
आइ परा कोइ हस्ति तहँ चूरि गएउ सब बेलि ॥३४।९॥

(१) चम्पा और भौंरे का जो मेल है राजा शीघ्र उसकी चाहना कर रहा था, किन्तु पाता न था। (२) 'जहाँ पद्मावती का समाचार सुन पाऊँ वहाँ पहुँचने के लिये आग में कूद पड़ूँ, और पानी में प्रवेश कर जाऊँ। (३) मेरु पर्वत पर भी एक दम वेग से टूट पड़ूँ, आकाश में चढ़ जाऊँ, और उसके लिए पाताल में गिर पड़ूँ। (४) मुझे ऐसा उपदेश देने वाला गुरु कहाँ मिलेगा जो उस अगम मार्ग का संदेश दे ? (५) मैं उस अथाह समुद्र में आ पड़ा हूँ जहाँ वारपार और थाह नहीं है। (६) सीता हरण के बाद जब राम के सामने संग्राम उपस्थित हुआ तब हनुमान की उनसे भेंट हुई; उससे

ही उन्हें सीता जी मिलीं। (७) पर मुझे कोई न मिला। किससे रोकर विनती करूँ ? कौन बल बाँधकर उसकी खोज करेगा ?'

(८) भौंरे का जब कमल से मिलाप हुआ उसने अपने मन में अनेक प्रकार से क्रीड़ा करने का विचार किया। (९) किन्तु वहाँ कोई हाथी आ गया और सारी बेल का चूरा कर गया।

(१) मेरावा=मेल। सं० मेलापक > मेलावअ > मेरावा।
(३) टूटौं–धातु टूटना=एक बार ही वेग से जाना, या झपटना।
(७) गवेंसी=गवेषणा करने वाला, ढूँढ़ने वाला। सं० गवेषी।

[४०६]

कासुँ पुकारौं का पहँ जाऊँ। गाढ़ें मीत होइ एहि ठाऊँ।१।
को यह समुँद मँथै बर बाढ़ा। को मथि रतन पदारथ काढ़ा।२।
कहाँ सो ब्रह्मा बिस्नु महेसू। कहाँ सो मेरु कहाँ सो सेसू।३।
को अस साज मेरावै आनी। बासुकि बंध सुमेरु मथानी।४।
को दधि मथै समुँद जस मँथा। करनी सार न कथनी कथा।५।
जौं लगि मथै न कोइ दै जीऊ। सूधी अँगुरि न निकसै घीऊ।६।
लै नग मोर समुँद भा बटा। गाढ परैं तौ पै परगटा।७।
लीलि रहा अब ढील होइ पेट पदारथ मेलि।
को उजियार करै जग झापाँ चाँद उघेलि ॥३४।१०॥

(१) 'किससे पुकार करूँ ? किसके पास जाऊँ ? कौन विपत्ति में इस स्थान पर मेरा मित्र बनेगा ? (२) कौन ऐसा बल में बढ़ा हुआ है जो इस समुद्र को मथेगा ? कौन मथकर इसमें से वह उत्तम रत्न (पद्मावती) निकालेगा ? (३) वे ब्रह्मा, विष्णु और शिव कहाँ हैं ? वह मेरु और वह शेषनाग कहाँ हैं ? (४) कौन वह सब सामान लाकर इकट्ठा करेगा जिसमें वासुकि नाग की रस्सी (बन्ध) और सुमेरु की मथानी हो। (५) जैसे क्षीर समुद्र मथा गया था, कौन ऐसा है जो दधि - समुद्र को भी उसी तरह मथ सके ? करनी में सार है कथनी कहने में नहीं ? (६) जब तक कोई अपना प्राण देकर मन्थन नहीं करता (सिद्धि नहीं मिलती)। सीधी उँगली से घी नहीं निकलता। (७) मेरा नग (पद्मावती) लेकर समुद्र बटाऊ बन गया (चलता बना)। उसके ऊपर कुछ दबाव पड़े तभी वह उसे प्रकट करेगा।'

(८) उसे निगल कर अब अंग ढीले छोड़कर लेटा है। वह पद्मावती उसके पेट में पड़ी है। (९) कौन ढके चाँद को उघाड़कर संसार में उजाला करेगा।

(१) गाढ़ें=विपत्ति में।

(२) बर बाढ़ा=बल में बढ़ा हुआ ।

(४) बन्ध=रस्सी (देखिए ३५६।४) ।

(५) करनी सार न कथनी कथा—कर्म प्रधान है कोरे कथन या पुस्तकी विद्या से कुछ नहीं होता—का भा जोग कहानी कथें । निकसे न घिउ बाजु दधि मथें (१२४।१) ।
दधि—३९७।९ में इसे दधि समुद्र कहा गया है । अध्यात्म पक्ष में दही मथकर घृत रूप तत्त्व निकालने की ओर संकेत है (पेम सों दाधा धनि वह जीऊ । दही माँहि मथि काढ़ै घीऊ । १५२।२) । उपनिषदों में आत्मज्ञान के लिये 'दही में घी' का भाव सर्व प्रथम पाया जाता है (तिलेषु तैलं दधनीव सर्पिरापः स्रोतस्स्वरणीषु चाग्निः । श्वेताश्वतर, १।१५) ।

(७) बटा—बटाऊ, बटोही (शब्दसागर) ।

(८) लीलि रहा अब ढील होइ—यह चित्र मगर जैसे पानी के जानवरों से लिया गया है जो शिकार निगालकर उसे पचाने के लिये शरीर ढीला छोड़कर किनारे पर पड़ जाते हैं । समुद्र ने तूफान उठाकर पद्मावती को निगल लिया और अब शान्त पड़ा था ।

(९) झाँपा—सं० आच्छादित > प्रा० झंपिअ ।

[४०७]

ऐ गोसाइँ तू सिरजनहारू । तूँ सिरिजा यहु समुँद अपारू ।१।
तूँ जल ऊपर धरती राखे । जगत भार लै भार न भाखे ।२।
तूँ यह गँगन अंतरिख थाँभा । जहाँ न टेक न थून्ही खाँभा ।३।
चाँद सुरुज औ नखतन्ह पाँती । तोरे डर धावहिं दिन राती ।४।
पानी पवन अगिनि औ माँटी । सब की पीठि तोरि है साँटी ।५।
सो अमुरुख बाउर औ अंधा । तोहि छाँड़ि औरहि चित बंधा ।६।
घट घट जगत तोरि है डीठी । मोहिं आपनि कछु सूझ न पीठी ।७।
पौन हुतें भा पानी पानि हुतें भै आगि ।
आगि हुतें भै माँटी गोरख धंधै लागि ॥३४।११॥

(१) हे गुसाईं, तू सिरजनहार है । तू ने यह अपार समुद्र रचा है । (२) तू ही जल के ऊपर धरती को टेके हुए है । तू ही सारे संसार का बोझा उठाकर भी उसे बोझा नहीं कहता । (३) तू ने यह आकाश अन्तरिक्ष में रोक रखा है, जहाँ न कोई टेक है, न थूनी है, न खम्भा है । (४) चाँद, सूर्य और नक्षत्रों की पक्तियाँ तेरे डर से दिन रात दौड़ रही हैं । (५) पानी, हवा, आग, और मिट्टी, इन सब की पीठ पर तेरा चाबुक है । (६) वह मूर्ख बावला और अन्धा है जो तुझे छोड़कर और में चित्त लगाता है । (७) संसार में घट घट पर तेरी दृष्टि पड़ रही है । मुझे तो अपनी पीठ भी नहीं दिखाई देती ।

(८) हवा से पानी हुआ । पानी से आग हुई । (९) आग से मिट्टी हुई । इन्हीं का गोरखधन्धा संसार में लगा है ।

(१) इस दोहे में जायसी ने ईश्वर की महिमा में उपनिषद् जैसी भाषा और भावों का प्रयोग किया है । चौथी पँक्ति की तुलना में देखिए—

भयादस्याग्निस्तपति भयात्तपति सूर्यः ।
भयादिन्द्रश्च वायुश्च मृत्युर्धावति पंचमः ॥

उसके भय से आग तपती है । उसके भय से सूर्य तपता है । उसके भय से अग्नि तपती है । उसके भय से वायु और उसी के भय से पाँचवीं मृत्यु सबके पीछे दौड़ रही है ।

(३) टेक, थून्ही, खम्भा–छप्पर में पीछे की तरफ़ उसे रोकने के लिए या तो पक्खा उठाते हैं या खम्भे खड़े करते हैं । सामने की ओर थून्ही लगाते हैं और बीच में आवश्यकतानुसार सहारे के लिए टेक लगाते हैं । कीन्ह न थूनी भीति न पाखा । केहि बिधि टेकि गगन यह राखा । (अखरावट ५०।२) ।

(५) साँटी=बाँस की पतली कमची, चाबुक, कोड़ा । इस प्रकार के सर्व व्यापी अनुशासन में प्रकृति को रखने वाले चाबुक की कल्पना ऋग्वेद में पाई जाती है । उसे वहाँ 'मधुकशा' (शहद में सना हुआ मीठा चाबुक) कहा गया है ।

(६) अमुरुख–मूर्ख ।
बाउर अंधा–जो मन से नहीं समझता और आँखों से नहीं देखता ।

(८-९) हवा पानी आग और मिट्टी इन चारों तत्वों के गोरखधन्धे से यह सृष्टि बन गई है, ऐसा किन्हीं प्राचीन और मध्यकालीन दार्शनिकों का अभिमत था । महाभारत में इसे लोकायत दर्शन का अंग कहा है । इस्लामी मत भी यही था ।

[४०८]

तूँ जिउ तन मेरवसि दै आऊ । तुँही बिछोवसि करसि मेराऊ ।१।
चौदह भुवन सो तोरें हाथा । जहँ लगि बिछुरे औ एक साथा ।२।
सब कर मरम भेद तोहि पाहाँ । रोवँ जमावसि टूटै तहाँ ।३।
जानसि सबै अवस्था मोरी । जस बिछुरी सारस कै जोरी ।४।
एक मुए सँग मरै सो दूजी । रहा न जाइ आइ सब पूजी ।५।
झूरत तपत दगधि का मरऊँ । कलपौं सीस बेगि निस्तरऊँ ।६।
मरौं सो लै पदुमावति नाऊँ । तूँ करतार करसि एक ठाऊँ ।७।
दुख जो पिरीतम भेंटि कै सुख जो न सोवै कोइ ।
इहै ठाउँ मन डरपै मिलि न बिछोवा होइ ॥३४।१२॥

(१) 'तू ही आयु देकर प्राण और शरीर को मिलाता है । तू ही बिछोह करता है और तू ही मेल करता है । (२) ये चौदह भुवन तेरे हाथ में हैं, जहाँ तक भी वे एक दूसरे से अलग होकर फैले हुए हैं या नियम में एक साथ बँधे हैं । (३) सबके गुप्त रहस्य का भेद तेरे पास है । एक रोयाँ जहाँ टूट जाता है तू उसे वहीं जमाकर ठीक कर देता है । (४) तू मेरी सारी अवस्था जानता है । जैसे सारस की जोड़ी बिछुड़ गई हो, ऐसा मैं हूँ । (५) एक के मरने पर दूसरा भी साथ में मर जाता है । जब आयु पूरी हो जाती है फिर रहा नहीं जाता । (६) सूखते हुए और तपते हुए जल कर क्या मरूँ ? यदि अपना सिर काट डालूँ तो शीघ्र ही छूट जाऊँगा । (७) उस पद्मावती का नाम लेकर मर जाऊँ तो अच्छा

है। तू करतार है, हम दोनों को एक जगह कर देगा।'

(८) प्रियतम से मिलने के बाद जो दुःख होता है, जिसके कारण कोई सुख से सोने नहीं पाता, (९) वह यही डर है कि कहीं मिलकर फिर बिछोह न हो जाय।

(१) तूँ घट जिउ मेर बसि दै आऊ (मनेर की प्रति में पाठ)।
(५) आइ=आयु (शब्दसागर)।
एक मुए–तुलना ३३।६, जिअन हमार मुअहिं एक पासा।
(६) कलपौं–धातु कलपना=काटना। सं० क्लृप्।

[४०६]

कहि कै उठा समुँद महँ आवा। काढ़ि कटार गरे लै आवा।१।
कहा समुंद्र पाप अब घटा। बाँभन रूप आइ परगटा।२।
तिलक दुवादस मस्तक दीन्हे। हाथ कनक बैसाखी लीन्हे।३।
मुंद्रा कान जनेऊ काँधे। कनक पत्र धोती तर बाँधे।४।
पायन्ह कनक जराऊ पाऊँ। दीन्ह असीस आइ तेहि ठाऊँ।५।
कहु रे कुँवर मोसौं एक बाता। काहे लागि करसि अपघाता।६।
परिहँसि मरसि कि कौनेहु लाजा। आपन जीउ देखि केहि काजा।७।
जनि कटार कँठ लावसि समुझि देखु जिउ आपु।
सकति हँकारि जीव जो काढ़ै महा दोख औ पापु ॥३४।१३॥

(१) यह कहकर राजा उठा और समुद्र के किनारे आया। वह तलवार निकालकर गले के पास ले गया। (२) समुद्र ने कहा कि अब इसका पाप जाता रहा (अथवा राजा के अपघात के रूप में बड़ा पातक होना चाहता है)। तुरन्त वह ब्राह्मण का रूप रखकर राजा के सामने प्रकट हुआ। (३) शरीर में बारह तिलक मस्तक आदि स्थानों में लगे हुए थे। हाथ में सोने का बैसाखी डंडा लिए था। (४) कान में मुद्रा पड़ी थी। कन्धे पर जनेऊ था। नीचे कनकपत्र नामक वस्त्र की धोती बाँधे था। (५) पाँवों में सोने की कामदानी पादुका थीं। उसने वहाँ आकर आशीर्वाद दिया (६) 'अरे कुँवर, मुझसे एक बात कह। तू क्यों आत्मघात करने चला है? (७) हँसी में या किसी पाप की लज्जा से मरने चला है? किस कार्य के लिये अपना प्राण दे रहा है?

(८) कटार से कंठ मत काट। अपने जी में समझ कर देख। (९) जो अपने बल की दुहाई देकर प्राण छोड़ता है, उसे महान् दोष होता है और पाप लगता है।'

(१) लावा–धातु लावना=काटना। सं० लूञ् छेदने।
(२) पाप=राजहत्या का महापाप।
(३) बारह तिलक–कुछ वैष्णव संप्रदायों में बारह तिलक लगाने की प्रथा थी–मस्तक, नासिका, दो कपोल, वक्षस्थल, दो भुजाएँ, नाभि, दो जंघाएँ और एक पीछे पीठ के चिक स्थान में जिसे वैष्णव लोग मंदोदरी तिलक कहते हैं। इस सूचना के लिये मैं श्री रायकृष्णदास जी का

अनुगृहीत हूँ। बीसल देव रासो में ब्राह्मण के वेष का वर्णन करते हुए बारह तिलक लगाने का उल्लेख है—पंडियउ आइ पहूतउ प्रोलि। द्वादस तिलक चंदन की षौलि। (छंद १०२, माताप्रसाद संस्करण), पंडित राज द्वार पर आया। वह बारह तिलक और चंदन की खौर लगाए था। बैसाखी=बगल में लगाकर चलने का डंडा। यद्यपि बैसाखी लँगड़े रखते हैं, पर प्रायः वृद्ध ब्राह्मणों के लिये भी इसका वर्णन आता है। देवगढ़ के दशावतार मंदिर में मिले हुए रुक्मिणी-कृष्ण-सुदामा के उत्कीर्ण शिलापट्ट में सुदामा बैसाखी लिए हुए दिखाए गए हैं (पं० माधोस्वरूप वत्स, देवगढ़ का गुप्त मंदिर, फलक १९, चित्र सी)।

(४) कनकपत्र—(दे० २८३।९) एक प्रकार का विशेष वस्त्र जिस पर मसाला लगाकर सोने के वर्क चिपकाकर भाँति भाँति के अलंकरण बनाए जाते थे (वर्ण रत्नाकर पृ० २१)।

(५) पाऊँ—सं० पादुका > पाउआ (पासद्द० पृ० ७२०) > पाऊँ। यह खड़ाऊँ न होकर जरदोजी की कामदानी पनही ज्ञात होती है। पाँवरि (खड़ाऊँ) और पैरीं (पनही) के भेद के लिये दे० २७६।८।

(६) अपघाता—सं० आत्मघात > अप्पघात > अपघाता (चित्रावली ४९१।३ अपघाती)।

(९) सकति हँकारि=शक्ति को बुलाकर अर्थात् बलपूर्वक। महादोष और पाप—किसी अनुचित कार्य के करने से दोष लगता है और धार्मिक दृष्टि से पातक और महापातक करने से पाप लगता है।

[४१०]

को तुम्ह उतर देइ हो पाँड़े। सो बोलै जाकर जिय भाँड़े।१।
जंबू दीप केर हौं राजा। सो मैं कीन्ह जो करत न छाजा।२।
सिंघल दीप राज घर बारी। सो मैं जाइ बियाही नारी।३।
लाख बोहित तेइँ दाइज भरे। नग अमोल औ सब निरमरे।४।
रतन पदारथ मानिक मोंती। हती न काहु के संपति ओती।५।
बहल घोर हस्ती सिंघली। औ सँग कुँवर लाख दुइ बली।६।
तेहि गोहन सिंघल पदुमिनी। एक सों एक चाहि रुपमनी।७।
पदुमावति संसार रूपमनि कहँ लगि कहौं दुहेल।
एत सब आइ समुँद महँ खोएउँ हौं का जियौं अकेल ॥३४।१४॥

(१) 'हे पाँड़े, तुम्हें कौन उत्तर दे ! जिसका जी अपने शरीर में हो वही बोल सकता है। (२) मैं जम्बू द्वीप का राजा हूँ। मैंने वह किया जो काम राजा को शोभा नहीं देता। (३) सिंहल द्वीप में राजा के घर एक बाला थी। मैंने चित्तौड़ से सिंहल जाकर उससे ब्याह किया। (४) उसके दाइज से लाखों जहाज भर गए जिसमें अमूल्य और निर्मल नग, (५) अनेक उत्तम रत्न, माणिक और मोती थे। उतनी सम्पत्ति किसी के पास नहीं थी। (६) अनेक घोड़े और सिंहली हाथी और साथ में दो लाख बली राजकुँवर भी दिए। (७) उसी के साथ एक से एक बढ़कर रूप की सुन्दरी सिंहल की पद्मिनी स्त्रियाँ भी थीं।

(८-९) संसार की स्त्रियों में पद्मावती रूप की मणि है। मैं अपना दुःख कहाँ तक

कहूँ ? यह सब मैंने आकर इस समुद्र में खो दिया। अब मैं अकेला क्या जिऊँ ?'

(१) भाँडे=भांड, घट, शरीर।

(६) बहल-सं० बहल=घने, बहुत से।

(७) गोहन=साथ, निकटस्थित समुदाय। सं० गोधान > हिं० गोहान। अवध के पूर्वी भागों में गाँव के बाहर की भूमि तीन भागों में बँटी होती है, गोइँड़ (गुंइँड़, सं० गोमुंड), मंझार और पालो। इनमें गोइंड़ धरती बहुत खाद वाली होने के कारण सबसे अच्छी मानी जाती है। इसे ही पश्चिमी अवधी में गौहानी कहते हैं (पैट्रिक कारनेगी, कचहरी टैकनिकैलिटीज़, इलाहाबाद १८७७, पृ० १२२-२३, विलियम क्रुक, ए रूरल एण्ड एग्रिकल्चरल ग्लॉसरी फॉर दी नार्थ वेस्ट प्रॉविन्सेज़ एण्ड दी अवध, १८८८ कलकत्ता, पृ० १०४)। गौहानी और गुइंड़ एक दूसरे के पर्याय हैं। गाँव से सटी हुई भूमि का घेरा गोहान कहलाता है, अतएव इस शब्द का लाक्षणिक अर्थ हुआ साथ में रहने वाला, मंडल, साथ। गौहानी धरती सबसे उत्तम और खादयुक्त समझी जाती है। सम्भवतः गायों के वहाँ बैठने और गाँव की कूड़ी आदि के पड़ने के कारण उसकी उपजाऊ शक्ति अधिक होती है। गोधान से गोहान, गोहन और गोमुंड से गोइँड़, ग्वैंड़ आदि शब्द रूप बने। सुबन्धु ने वासवदत्ता में खेत की मर्यादा या सीमा के लिये गोमुंड शब्द का प्रयोग किया है (जीवानन्द संस्करण पृ० ९१)। इससे अनुमान होता है कि गोइँड की भाँति उसके पर्याय गोहान में भी मूल में गो शब्द अवश्य था।

(८) दुहेल=दुःख। प्रा० सुहेलि (सं० सुखकेलि) का उल्टा दुहेल है।

[४११]

हँसा समुँद होइ उठा अँजोरा। जग जो बूड़ सब कहि कहि मोरा।१।
तोर होत तोहि परत न बेरा। बूझि बिचारि तुँही केहि केरा।२।
हाथ मरोरि धुनै सिर माँखी। पै तोहि हिएँ न उघरी आँखी।३।
बहुतन्ह ऐस रोइ सिर मारा। हाथ न रहा झूठ संसारा।४।
जौं पै जगत होति थिर माया। सैंतत सिद्ध न पावत राया।५।
बड़ेन्ह जौं न सैंत औ गाड़ा। देखा भार चूँबि कै छाड़ा।६।
पानी कै पानी महँ गई। जौं तू बचा कुसल सब भई।७।
जाकर दीन्ह कया जिउ लीन्ह चाह जब भाव।
धन लछिमी सब ताकरि लेइ तौ का पछिताव ॥३४।१५॥

(१) समुद्र हँसा। उससे सब ओर उजाला हो गया। 'जग में जो डूबे हैं वे सब उसे मेरा कहते हैं। (२) तेरा होता तो तुझ पर यह समय न पड़ता। तू ही सोच कि यह सब किसका है। (३) मक्खी की तरह हाथ मलकर सिर धुनता है, पर तेरे हिये की आँख नहीं खुली। (४) बहुतों ने इसी प्रकार रो-रोकर सिर मारा, पर यह झूठा संसार किसीके हाथ नहीं रहा। (५) यदि संसार में माया स्थिर होती तो सिद्ध लोग ही उसे समेट लेते, राजा न पा सकते। (६) बड़े लोगों ने जो माया को संचित नहीं किया और न

गाड़कर रखा, उसका यही कारण था कि उन्होंने उसका बोझा देख लिया था, अतएव चूमकर छोड़ दिया। (७) पानी की माया पानी में चली गई। जो तू बच गया यही सब प्रकार की कुशल हुई।

(८) जिसने शरीर और जी दिया है, उसे जब अच्छा लगता है ले लेता है। (९) धन लक्ष्मी सब उसीकी है। वह ले ले तो पछतावा क्या ?

(२) बेरा=बेला, समय। अथवा तेरा होता तो तेरा बेड़ा डूबता नहीं। देशी बेडय (देशी नाम माला ६।९५)।

परत=धातु पड़ना। एक स्थान से गिरकर दूसरी जगह पहुँच जाना। बेड़ा समुद्र की सतह से तलहटी में गिर गया।

(४) सिर मारा–सिर मारना=सिर खपाना, चिल्लाना।

(५) सँतत सिद्ध–सिद्ध अपनी योग शक्ति से अधिक सफलता से माया बटोर लेते, राजा उस प्रकार नहीं।

[४१२]

अनु पाँड़े फुरि कही कहानी। जौं पावौं पदुमावति रानी।१।
तपि कै पाव उमरि कर फूला। पुनि तेहि खोइ सोइ पँथ भूला।२।
पुरुख न आपन नारि सराहा। मुएँ गएँ सँवरा पै चाहा।३।
कहँ असि नारि जगत महँ होई। कहँ अस जिवन मिलन सुख सोई।४।
कहँ अस रहस भोग अब करना। अैसे जियन चाहि भल मरना।५।
जहँ अस बरै समुँद नग दिया। तहँ किमि जीव आछै मरजिया।६।
जस एइँ समुँद दीन्ह दुख मोकाँ। दै हत्या झगरौं सिवलोकाँ।७।
का मैं एहिक नसावा का एइँ सँवरा दाउ।
जाइ सरग पर होइहि एकर मोर नियाउ॥३४।१६॥

(१) 'पाँड़ेजी, आप प्रसन्न हों। आपकी कही हुई उपदेश-वार्ता सच्ची है, यदि मैं फिर रानी पद्मावती को पा सकूँ। (२) तप करके मैंने गूलर का फूल पाया था। उसे खोकर फिर उसीके मार्ग में भूला हूँ। (३) पुरुष अपनी स्त्री की सराहना नहीं करता, पर मरने या बिछोह होने पर उसका स्मरण अवश्य करना चाहता है। (४) ऐसी स्त्री संसार में दूसरी कहाँ होगी ? कहाँ ऐसा जीवन और मिलन का वैसा सुख होगा ? (५) कहाँ ऐसा आनन्द भोग अब करने पाऊँगा ? ऐसे जीने से मरना भला है। (६) जहाँ समुद्र में ऐसा दीपक सा रत्न (पद्मावती) जल रहा हो वहाँ मरजिया (गोता खोर) कैसे अपना जीवन बचाकर रख सकता है ? (उसे उचित है कि जान पर खेल कर भी उस मोती को ले आवे।) (७) जैसे इस समुद्र ने मुझे दुःख दिया है वैसे ही मैं भी इसे हत्या देकर शिवलोक में न्याय के लिये झगड गा।

(८) मैंने इसका क्या बिगाड़ा था ? इसने कौन सा दाँव मुझसे लिया ? (९) स्वर्ग में जाकर मेरा इसका न्याय होगा।'

(१) फुरि=साफ, सच सं० स्फुट > प्रा० फुड > फुर। समुद्र ने कहा था, 'जौं तू बचा कुसल सब भई।' रत्नसेन का कहना है कि यह बात तभी सच है जब मुझे पद्मावती मिल जाय।

(२) उमरि कर फूल=उदुम्बर का फूल जो अति अलभ्य है। पद्मावती मेरे लिये वैसी ही थी। मनेर की प्रति में 'ऊँबर कै फूला' पाठ है। प्रा० १ के 'डूमरि' पाठ से भी उसका समर्थन होता है। ऊमर का अर्थ भी उदुम्बर है। च० १ में यह छंद त्रुटित है।

[४१३]

जौं तूँ मुवा कस रोवसि खरा। न मुवा मरै न रोवै मरा।१।
जौं मर भया औ छाँड़ेसि माया। बहुरि न करै मरन कै दाया।२।
जौं मर भया न बूड़ै नीरा। बहत जाइ लागै पै तीरा।३।
तहूँ एक बाउर मैं भेंटा। जैस राम दसरथ कर बेटा।४।
ओहू मेहरी कर परा बिछोवा। एहि समुँद्र महँ फिरि फिरि रोवा।५।
पुनि जौं राम खोइ भा मरा। तब एक अंत भएउ मिलि तरा।६।
तस मर होहि मूँदु अब आँखी। लावौं तीर टेकु बैसाखी।७।
बाउर अंध पेम कर लुबुधा सुनत ओहि भा बाट।
निमिखि एक महँ लेइ गा पदुमावति जेहि घाट ॥३४।१७॥

(१) [समुद्र।] 'जब तू उसके लिये मर चुका है तो खड़ा हुआ क्या रो रहा है ? जो मर चुका वह फिर नहीं मरता। जो मरा है वह रोता भी नहीं। (२) यदि तू मर गया है और माया छोड़ चुका है, तो फिर मरने के जैसी करुणा मत कर। (३) जो मर चुका है वह पानी में नहीं डूबता। वह बहता हुआ किनारे जा लगता है। (४) तू भी एक बावला मुझे मिला है, जैसा दशरथ का बेटा राम था। (५) उस पर भी स्त्री का बिछोह पड़ा था और वह इसी समुद्र में घूम घूमकर रोता था। (६) फिर जब स्त्री को खोकर वह मर गया तब अन्त में दोनों एक साथ हो गए और मिलकर समुद्र के पार हो गए। (७) वैसे ही तू भी मरा हुआ होकर अब आँख मूँद ले, मैं तुझे किनारे पर पहुँचा दूँ। मेरी बैसाखी पकड़ ले।'

(८) प्रेम का लोभी बावला, अंधा होता है (समझता देखता नहीं)। सुनते ही राजा उस मार्ग में हो लिया। (९) एक निमिष में वह उसे वहाँ ले गया जिस घाट पर पद्मावती थी।

(१) मुवा=मरा हुआ। सं० मृत > मुय > मुत्र। यहाँ जायसी ने योग के मार्ग में सिद्धि प्राप्त व्यक्ति के लिये संकेत से इस शब्द का प्रयोग किया है। ऐसा व्यक्ति संसार की दृष्टि से अपने आपको मृत बना लेता है और मृत्यु से निडर हो जाने के कारण वह सच्चे अर्थ में जीवित हो

जाता है। जायसी को यह कल्पना बहुत प्रिय है (२३११६ २३४१३, २३८१६, २९३१९, ३०५१६-७, ४१२१६)।

(५) मेहरी=स्त्री। सं० महिला, महलिका > महरिआ > महरी > मेहरी।

[४१४]

पदुमावतिहि सोग तस बीता। जस असोग बीरौ तर सीता।१।
कनक लता दुइ नारँग फरी। तेहि के भार उठि सकै न खरी।२।
तेहि चढ़ि अलक भुअंगिनि डसा। सिर पर रहै हिएँ परगसा।३।
रही म्रिनाल टेकि दुख दाधी। आधा कँवल भई ससि आधी।४।
नलिनि खंड दुइ तस करिहाऊँ। रोमावलि बिछोउ कर भाऊ।५।
रहै टूटि जस कंचन तागू। कहँ पिउ मिलै जो देइ सोहागू।६।
पान न खंडै करै उपासू। सूख फूल तन रहा सुबासू।७।
गँगन धरति जल पूरि चखु बूड़त होइ निसाँसु।
पिउ पिउ चात्रिक ज्यों ररै मरै सेवाति पियासु॥३४।१८॥

(१) उधर पद्मावती की भी शोक में वैसी ही दशा हो गई जैसी अशोक विटप के नीचे सीता की हुई थी। (२) उस सुनहली लता में जो दो नारंगी फली थीं उनके भार से वह उठकर खड़ी न हो पाती थी। (३) उस लता पर चढ़ी हुई अलक रूपी भुजंगिनी उसे डसती थी। वह नागिन सिर पर रहती और हृदय पर दिखाई देती थी। (४) दुःख की जलाई हुई वह मृणाल के सहारे से जीवित थी। वह आधे भाग में चन्द्रमा और आधे में मृणाल के समान हो गई। (५) उसका कटि भाग कमल नाल के दो खंडों के समान था जिन्हें बीच में बिस तन्तु सी रोमावली अलग कर रही थी। (६) वह बीच से ऐसी टूटी थी जैसे सोने का धागा हो। वह प्रियतम कहाँ मिलेगा जो सुहागा देकर उस तार को जोड़ दे? (७) वह पान तक न खाकर केवल उपवास कर रही थी। फुल सूख गया था पर शरीर में सुगन्ध बच गई थी।

(८) उसके नेत्रों ने धरती और आकाश को जल से भर दिया। उसमें डूबती हुई वह बिना साँस के हो गई। (९) जैसे चातक 'पिउ पिउ' रटता है और स्वाति में भी प्यासा मरता है, ऐसी ही उसकी दशा थी।

(१) बीरौ–सं० विटप > प्रा० विडव > बिरउ > बीरौ।
(३) अलकावली रूपी साँपिन सिर पर चढ़ी थी, पर खुली लट हृदय तक लटकती थी।
(४) दुःख से जलकर शीतलता के लिये उसने मृणाल का आश्रय लिया, फिर भी उसमें दाह बनी रही। ज्ञात होता था कि शरीर का आधा भाग दाहक चन्द्रमा से और आधा शीतल मृणाल से बना था। कवि ने पद्मावती के लिये कमल और शशि दोनों उपमानों का प्रयोग किया है। अब ज्ञात होता था कि वह आधे भाग में कमल और आधे में शशि थी।

(५) नलिनि खंड–कटिभाग ऐसा पतला था जैसा मृणाल हो। वह भी बीच में से टूटकर दो हो गया था। उसके जो मृणाल तन्तु थे, वही मानों रोमावली है जो बीच से उन दोनों को जोड़े हुए थी। करिहाउँ। सं० कटिभाग > प्रा० कडिहाव > करिहाउँ।

(६) बीच से टूटे हुए उस सुनहले धागे को जोड़ने के लिये पति रूप सोहागे की आवश्यकता थी।

(७) उसका शरीर कमल पुष्प सा सुकुमार था। पर फूल सूख गया था, केवल सुगन्धि बच रही थी।

[४१५]

लखमिनि चंचल नारि परेवा। जेहि सत देखु छरै कै सेवा।१।
रतनसेनि आवा जेहि घाटा। अगुमन जाइ बैठ तेहि बाटा।२।
औ भै पदुमावति के रूपा। कीन्हेसि छाँह जरै जनि धूपा।३।
देखि सो कँवल भँवर मन धावा। साँस लीन्ह पै बास न पावा।४।
निरखत आई लखमिनी डीठी। रतनसेनि तब दीन्ही पीठी।५।
जौं भलि होति लखमिनी नारी। तज महेस कत होत भिखारी।६।
पुनि फिरि धनि आगे भै रोई। पुरुख पीठि कस देखि बिछोई।७।
हौं पदुमावति रानी रतनसेनि तूँ पीउ।
आनि समुँद महँ छाँड़ी अब रे देब मैं जीउ ॥३४।१९॥

(१) लक्ष्मी कबूतरी की तरह चंचल है। जिसमें सत देखती है उसीकी सेवाकर उसे छलती है। (२) जिस घाट पर रत्नसेन आया वह पहले से ही उस मार्ग में जाकर बैठ रही, (३) और पद्मावती के रूप की बन गई। उसने वहाँ छाँह करली जिससे धूप की जलन न हो। (४) उस कमल को देखकर भौंरे (रत्नसेन) का मन उधर दौड़ा। पर जब उसने साँस ली तो उसे उसमें कमल की गंध न मिली। (५) ध्यान पूर्वक देखते ही उसकी दृष्टि (पहचान) में लक्ष्मी आ गई। तब रत्नसेन ने पीठ फेर ली। (६) यदि लक्षणों वाली स्त्री (सती) भली होती तो शिव जी उसे छोड़कर भिखारी क्यों बनते ? (७) फिर वह स्त्री उसके आगे होकर रोने लगी, 'हे बिछोही पुरुष, तू मेरी ओर पीठ देकर क्यों देखता है ?

(८) मैं रानी पद्मावती हूँ। तू प्रिय रत्नसेन है। (९) तू ने लाकर समुद्र में छोड़ दिया अब मैं प्राण दे दूँगी।'

(१) नारि परेवा–परेवा अर्थात् कबूतर की स्त्री, कबूतरी।

(३) कीन्हेसि छाँह–बनी हुई पद्मावती ने अपने ऊपर छाँह करली जिससे वह रत्नसेन रूपी सूर्य की धूप पड़ने से कुम्हलावे नहीं।

(६) लखमिनी नारी–लक्षणों वाली स्त्री, बन ठन के साथ रहने वाली स्त्री। यहाँ सती के उस वेश की ओर संकेत है जिसमें उसने सीता का वेश रखकर राम को छलना चाहा था। उसी के बाद से शिव ने सती का अपने मन से त्याग कर दिया था और अंत में वे भिक्षाटन मूर्ति का

वेष रखकर घूमते फिरे थे । रामायण में सती और शिव के इस उपाख्यान का विस्तार से उल्लेख है । ज्ञात होता है उस समय लोक कथा के रूप में यह सुविदित था ।

[४१६]

अनु हौं सोइ भँवर औ भोजू । लेत फिरौं मालति कर खोजू ।१।
मालति नारि भँवर अस पीऊ । कहँ तोहि बास रहै थिर जीऊ ।२।
तूँ को नारि करसि अस रोईं । फूल सोइ पै बास न होईं ।३।
हौं ओहि बास जीउ बलि देउँ । औरु फूल कै बास न लेऊँ ।४।
भँवर जो सब फूलन्ह कर फेरा । बास न लेइ मालतिहि हेरा ।५।
जहाँ पाव मालति कर बासू । वारने जीउ देइ होइ दासू ।६।
कब वह बास पौन पहुँचावै । नव तन होइ पेट जिउ आवै ।७।
भँवर मालतिहि पै चहै काँट न आवै डीठि ।
सौंहे भाल छाय हिय पै फिरि देइ न पीठि ॥३४।२०॥

(१) 'तुम प्रसन्न हो । मैं वही भौंरा और भोग लेने वाला (राजा) हूँ । मालती की खोज करता फिरता हूँ । (२) स्त्री मालती है, पति जैसे भौंरा है । तेरी वह बास कहाँ है जिसे पाकर भौंरे का मन स्थिर हो जाता है और वह दूसरे फूल पर नहीं भटकता । (३) तू कौन स्त्री है जो ऐसा रोती है ? फूल तो वही है पर बास वह नहीं है । (४) मैं तो उसी सुगन्ध पर अपने प्राणों को बलि देता हूँ और फूल की बास नहीं लेता । (५) जो भौंरा सब फूलों का चक्कर काटता है सो वह उनकी बास नहीं लेता, मालती को ही ढूँढ़ता रहता है । (६) जहाँ मालती की बास पाता है वहाँ अपने जी को निछावर कर देता है और दास बन जाता है । (७) कब वायु वह सुगन्धि मेरे पास पुनः लाएगी जिससे शरीर नया होकर पेट में प्राण आयगा ?

(८) भौंरा मालती से प्रेम करता है, पर काँटा उसे नहीं दिखाई देता । (९) सामने होकर भाले की नोक पर अपना हृदय छा देता है, घूमकर पीठ नहीं दिखाता ।'

(१) इस दोहे में प्रेमी को भौंरा और प्रेमिका को मालती मानकर आदर्श प्रेम के व्यवहार का वर्णन किया गया है ।

(६) वारने=निछावर (दे० ३२८।७) ।

(९) छाय हिय=हृदय से छा या ढक देता है । सं० छादयति > छायइ (पासद्द०, पृ० ४२१) ।

[४१७]

तब हँसि बोली राजा आऊ । देखेउँ पुरुख तोर सति भाऊ ।१।
निस्चै भँवर मालतिहि आसा । लै गै पदुमावति के पासा ।२।
पीउ पानि कँवला जसि तपा । निकसा सूर समुँद महँ छपा ।३।

मैं पावा सो समुँद के घाटा । राजकुँवर मनि दिपै लिलाटा ।४।
दसन दिपहिं जस हीरा जोती । नैन कचोर भरें जनु मोंती ।५।
भुजा लंक उर केहरि जीता । मूरति कान्ह देख गोपीता ।६।
जस नल तपत दामनहि पूँछा । तस बिनु प्रान पिंड है छूँछा ।७।
जस तूँ पदिक पदारथ तैस रतन तोहि जोग ।
मिला भँवर मालति कहँ करहुँ दोउ रस भोग ॥३४।२१॥

(१) तब वह हँसकर बोली, 'हे राजा, तेरी आयु हो । रे पुरुष, मैं तेरा सतभाव देखती थी । (२) निश्चय भौंरा मालती की ही आशा में लगा है ।' यह कहकर उसे पद्मावती के पास ले गई (और कहने लगी), (३) 'हे कमल, तू जैसी तपी है, तेरे लिये प्रियतम रूपी पानी आ गया । जो सूर्य समुद्र में छिपा था वह निकल आया । (४) मैंने उसे समुद्र के घाट पर पाया । उस राजकुँवर के ललाट पर भाग्य की मणि चमकती है । (५) उसके दाँत ऐसे दिपते हैं जैसे हीरे की ज्योति हो । नैन ऐसे हैं जैसे मोती भरे कटोरे हों । (६) उसने अपनी भुजा, कटि और वक्षस्थल से सिंह को जीत लिया । हे गोपी, वह कृष्ण की मूर्ति है । उसे तू देख जैसे (७) नल तपता हुआ दमयंती को ही पूछता था वैसे ही प्राण रूप तेरे विना उसका शरीर छूँछा (रिक्त) है ।

(८) जैसी तू उत्तम हीरा है, वैसा ही तेरे योग्य साथ में लगने वाला वह रत्न है । (९) भौंरा मालती से मिल गया है । दोनों मिलकर रस भोग करो ।

(१) आऊ=आयु ।
(७) दामनहि—मनेर की प्रति में दमावति पाठ है ।
(८) पदिक पदारथ—पद्मावती रूप हीरे के साथ रत्नसेन रूप माणिक्य का योग दे० ४४०।६ (कंचन करी रतन नग बना । जहाँ पदारथ सोह न पना) ।

[४१८]

पदिक पदारथ खीन जो होती । सुनतहि रतन चढ़ी मुख जोती ।१।
जानहुँ सुरुज कीन्ह परगासू । दिन बहुरा भा कँवल बिगासू ।२।
कँवल बिहँसि सुरुज मुख दरसा । सूरुज कँवल दिस्टि सों परसा ।३।
लोचन कँवल सिरीमुख सूरू । भए अतियंत दुनहुँ रसमूरू ।४।
मालति देखि भँवर गा भूली । भँवर देखि मालित मन फूली ।५।
डीठा दरसन भए एक पासा । वह ओहि के वह ओहि के बासा ।६।
कंचन डाहि दीन्ह जनु जीऊ । उगवा सुरुज छूटि गा सीऊ ।७।
पाय परी धनि पिय के नैनन्ह सों रज मेटि ।
अचरज भएउ सबहि कहँ ससि कँवलहि भै भेंट ॥३४।२२॥

(१) उत्तम पदार्थ रूप पद्मावती फीकी हो रही थी। रत्न का नाम सुनते ही उसके मुँह पर ज्योति आ गई। (२) मानों सूर्य का प्रकाश हो गया, दिन लौट आया और कमल विकसित हो गया। (३) कमल ने खिलकर सूर्य का मुँह देखा और सूर्य ने अपनी दृष्टि से कमल का स्पर्श किया। (४) कमल (पद्मावती) के नेत्र और सूर्य (रत्नसेन) का श्रीमुख दोनों एक दूसरे को देखकर अत्यन्त रस-द्रवित हो गए। (५) मालती को देखकर भौंरा विमोहित हो गया। भौंरे को देखकर मालती मन में फूल गई (पुष्पित हो गई)। (६) दोनों ने एक दूसरे का दर्शन आँख भरकर किया। फिर दोनों एक दूसरे के पार्श्व में आ गए। वह उसके वशीभूत हो गया और वह उसके वश्य हो गई। (७) कंचन को तपाकर मानों उसे जीवनदान दिया गया। सूर्य उदय हुआ और शीत जाता रहा।

(८) बाला प्रियतम के पैरों में गिरकर नेत्रों के जल से उनकी रज धोने लगी। (९) सब को अचरज हुआ कि यह शशि की और कमल की भेंट कैसी।

(४) सिरीमुख=सुन्दर मुख। सं० श्रीमुख।
रसमूरू=प्रेम रस का मूल या स्रोत।

(६) एक पासा=एक दूसरे के पार्श्व में। जो आमने सामने बैठे हुए थे वे बराबर में आ गए।
बासा-यह क्लिष्ट पाठ था। सं० वश्य > प्रा० वस्स=अधीन, वशीभूत (पासद्द, पृ० ९३७)।

(७) कंचन डाहि दीन्ह जनु जीऊ-जीऊ=जीवन अर्थात् जल। जायसी की कल्पना है कि पद्मावती रूप कंचन शुद्ध करने के लिये अग्नि में तपाया गया। उसके लिये पति का मिलन तपे सोने को जल में बुझाने के समान था।

(९) ससि कँवलई भइ भेंट-पद्मावती शशि और रत्नसेन के चरण कमल हैं। उनकी भेंट से सबको अचरज हुआ।

[४१६]

ओहि दिन आइ रहे पहुनाई। पुनि भै बिदा समुद सैं जाई ।१।
लखमिनि पदुमावति सैं भेंटी। जो साखा उपनी सो मेंटी ।२।
समदन दीन्ह पान कर बीरा। भरि कै रतन पदारथ हीरा ।३।
और पाँच नग दीन्ह बिसेखे। स्रवन जो सुनें नैन नहिं देखे ।४।
एक जो अंब्रित दोसर हंसू। औ सोनहा पंछी कर बंसू ।५।
और दीन्ह सावक सादूरू। दीन्ह परस नग कंचन मूरू ।६।
तरुन तुरंगम दुऔ चढ़ाए। जल मानुस अगुवा सँग लाए ।७।
भेंटि घाट समदन कै फिरे नाइ कै माथ।
जल मानुस तब बहुरे जब आए जग्रनाथ ॥३४।२६॥

(१) उस दिन वे दोनों पहुनाई मनाते रहे। फिर समुद्र से जाकर बिदा ली। (२) लक्ष्मी ने पद्मावती से भेंट की। स्नेह की जो नई शाखा उत्पन्न हुई थी उसे रोका। (३)

भेंट में पान का बीड़ा दिया जिसमें उत्तम रत्न और हीरे भरे थे। (४) और भी पाँच विशेष रत्न दिए जो कान से सुने और आँख से देखे न थे। (५) एक अमृत; दूसरा हंस; तीसरा सोनहा पक्षी का वंशज; (६) चौथा शार्दूल शावक और पाँचवीं सोना बनाने की पारस पथरी। (७) फिर दोनों को तरुण घोड़ों पर सवार कराया और संग में मार्ग दिखाने वाले जल-मानुष दिए।

(८) घाट पर भेंट करके अंतिम मिलनी देकर, मस्तक नवाकर समुद्र और लक्ष्मी लौट गए। (९) जल-मानुष तब उलटे फिरे जब रत्नसेन और पद्मावती जगन्नाथ पुरी में आ गए।

(३, ८) समदन=मिलनी या भेंट के रूप में दिया हुआ द्रव्य।

(५) सोनहा पंछी=सुनहले पंखों वाला पक्षी। इस प्रकार के पक्षी के विषय में विश्वास अत्यंत प्राचीन काल से था। शांति पर्व के भीष्म स्तवराज में 'हिरण्यवर्ण शकुनि' का उल्लेख है—यः सहस्रसमे सत्रे जज्ञे विश्वसृजामृषिः। हिरण्यवर्णः शकुनिस्तस्मै हंसात्मने नमः॥ पूना, [४७।२९]। सुनहले पंखों वाले ऐसे हंस या गरुड़ का विश्वास दूसरे धार्मिक साहित्यों में भी था। (आगे दे० ४८७।६)।

(७) अगुवा=आगे चलने वाला। सं० अग्रपद > अग्गवय > अगुवा।

(९) जग्रनाथ और जगरनाथ (४२०।१), यह विशिष्ट उच्चारण मध्यकाल में चलता था (चित्रावली, जगरनाथ, ६१०।८)। इसी से अंग्रेजी में जग्गरनॉट बन गया।

[४२०]

जगरनाथ जौं देखेन्हि आई। भोजन रींधा हाट बिकाई ।१।
राजैं पदुमावति सौं कहा। साँठ नाठि किछु गाँठि न रहा ।२।
साँठ होइ जासौं सो बोला। निसँठा पुरुख पात पर डोला ।३।
साँठें राँक चलै मौराई। निसँठ राउ सब कह बौराई ।४।
साँठें ओद गरब तन फूला। निसँठें बोद बुद्धि बल भूला ।५।
साँठें जाग नींद निसि जाई। निसँठें खिन आवै औंघाई ।६।
साँठें द्रिस्टि जोति होइ नैना। निसँठें हियँ न आव मुख बैना ।७।
साँठें रहै सुधीनता निसठें आगरि भूख।
बिनु गथ पुरुख पंतग ज्यौं ठाठ ठाढ़ पै सूख ॥३४।२७॥

(१) जगन्नाथ जी में आकर देखा कि वहाँ राँधा हुआ भात हाट में बिक रहा था। (२) राजा ने पद्मावती से कहा, 'पूँजी नष्ट हो गई। गाँठ में कुछ नहीं रहा। (३) जिसके सम्मुख पूँजी होती है वही बोलता है। बिना पूँजी का पुरुष पत्ते पर बैठे हुए की भाँति तनिक सी वायु से डोल जाता है। (४) पूँजी से रंक मुकुट पहनकर चलता है। बिना पूँजी के राजा को सब पागल कहते हैं। (५) पूँजी की तरावट पाकर घमण्ड से शरीर

फूल जाता है। बिना पूँजी के बोदे व्यक्ति का बुद्धि बल बिसर जाता है। (६) पूँजी से ही आदमी जागता है, रात में नींद भी चली जाती है। पूँजी के बिना क्षण भर में नींद आ जाती है। (७) पूँजी से नेत्रों में देखने की ज्योति होती है। बिना पूँजी के न हिम्मत होती है न मुख से बात निकलती है।

(८) पूँजी से स्वाधीनता रहती है। बिना पूँजी के मनुष्य कठिन भूख के वश में पड़ जाता है। (९) बिना पूँजी के पुरुष पतंग के वृक्ष की तरह हो जाता है जिसका ठाठ खड़ा हो पर पत्तियाँ सूखकर गिर गई हों।

(१) भोजन रींधा—जगन्नाथजी में रँधे हुए भात का प्रसाद आज भी बाजार में बिकता है। उसे जात-पाँत के भेद भाव के बिना सब लेकर खाते हैं।

(२) इस दोहे में जायसी ने साँठ, पूँजी या कमाई के महत्त्व का वर्णन किया है। साँठ सं० संस्था > प्रा० संठा > साँठ।
नाँठि—सं० नष्ट > प्रा० नट्ठि > नाँठि।

(३) पात पर डोला=पत्ते पर बैठे हुए की तरह डोलता है। वायु के हलके झोंके से इधर उधर हिल जाता है।
पात (सं० पत्र) ऋण-पत्र को भी कहते हैं। ऋण-पत्र लिख देने पर भी निर्धन व्यक्ति की नीयत डोल जाती है।

(४) राँक—सं० रंक।
मौराई=मौर बाँधकर। सं० मुकुट > प्रा० मउड़ > मौड़ > मौर। इससे नाम धातु मौराना।

(५) ओद=गीलापन, तरावट। सं० उदन् से ओद्य > ओद्द > ओद।
बोद=बोदा, निर्बल। संभवतः देशी बोद्रह, बोद्दह=तरुण, कम आयु का (देशी नाममाला, ७।८०)। मनेर की प्रति में बूड़ पाठ है।

(६) औंघाई—सं० निद्रा धातु का प्राकृत धात्वादेश उंघ, उंघई=नींद लेना (हेम० ४।१२)।

(९) गथ=पूँजी। यह शब्द वैदिक ग्रथ से निकला है। ऋग्वेद ७।६।३ में पणि नामक व्यापारियों को ग्रथिनः=ग्रथ वाले कहा गया है।
पतंग=एक प्रकार का वृक्ष जिसमें लम्बी लम्बी पत्तियाँ होती हैं। पत्तियाँ ही इसकी शोभा है। पत्तियाँ झड़ जाने पर ठूँठ भद्दा लगता है। जायसी ने बिना गथ वाले निर्धन व्यक्ति की यह सटीक उपमा दी है। सं० पत्रांग (पत्ते प्रधान होने के कारण ही इसका यह नाम पड़ा)। पर्याय—रक्तकाष्ठ, रक्तक सिस अल पाइ निआ सप्पन, वैद्यकशब्दसिन्धु, पृ० ६३३; वाट, डिक्शनरी आव इकनॉमिक प्रॉडक्टस् भाग २, पृ० १०)।

[४२१]

पदुमावति बोली सुनु राजा। जीव गएँ धन कवने काजा।१।
अहा दरब तब लीन्ह न गाँठी। पुनि कत मिलै लच्छि जौं नाठी।२।
मुकुतें साँबर गाँठि जो करई। सँकरें परे सोइ उपकरई।३।
जौं तन पंख जाइ जहँ ताका। पैग पहार होइ जौं थाका।४।
लखिमिनि अहा दीन्ह मोहि बीरा। भरि कै रतन पदारथ हीरा।५।

काढ़ि एक नग बेगि भँजावा । बहुरी लच्छि फेरि दिनु पावा ।६।
दरब भरोस करै जनि कोई । दरब सोइ जो गाँठी होई ।७।
जोरि कटक पुनि राजा घर कहँ कीन्ह पयान ।
देवसहि भान अलोपा बासुकि इंद्र सँकान ॥३४।२८॥

(१) पद्मावती बोली, 'हे राजा, सुनो । जीव चला गया तो धन किस काम का ? (२) जब धन था तब उसे गाँठ में नहीं किया । जब लक्ष्मी नष्ट हो गई, फिर कहाँ मिलती है । (३) खूब छूट होने पर (समृद्धि के समय) जो सम्बल गाँठ में कर लेता है वही संकट पड़ने पर दूसरे का उपकार कर सकता है । (४) यदि शरीर में पंख हैं तो जहाँ इच्छा हो वहाँ उड़कर जाया जा सकता है । पर जब शरीर थक गया तो पग भर चलना भी पहाड़ हो जाता है । (५) लक्ष्मी ने मुझे बीड़ा दिया था । उसमें रत्न हीरे भरे थे ।' (६) उसमें से एक रत्न शीघ्र निकालकर उसने भुनाया । उससे लक्ष्मी बहुर गई और दिन फिर आए । (७) कोई धन का भरोसा न करे । अपना द्रव्य वही है जो गाँठ में होता है ।

(८) राजा ने फिर कटक दल जोड़कर घर की ओर प्रस्थान किया । (९) दिन में ही सूरज छिप गया । पाताल का राजा वासुकि और स्वर्ग का राजा इन्द्र मन में शंकित हुए ।

(३) मुकुतें=मुक्त अवस्था में, हाथ खुला होने पर, छुट्टा धन होने की अवस्था में । जब पैसा कम होता है, हाथ बंधा रहता है और जब अधिक होता है तब कहते हैं हाथ खुला है ।
सॉंबर–सं० शम्बल=रास्ते का भोजन, यात्रा के लिये संचित सामग्री ।
संकरें=संकट में ।
(४) पैंग=एक पैर सं० पद+एक > प्रा० पयएग > पैंग ।

३५ : चित्तौर आगमन खण्ड

[४२२]

चितउर आइ नियर भी राजा । बहुरा जीति इंद्र अस गाजा ।१।
बाजन बाजै होइ अँदोरा । आवहि हस्ति बहल औ घोरा ।२।
पदुमावति चंडोल बईठी । पुनि गै उलटि सरग सौं डीठी ।३।
यह मन अैंठा रहै न सूधा । बिपति न सँवरै सँपतिहि लुबुधा ।४।
सहस बरिख दुख जरै जो कोई । घरी एक सुख बिसरै सोई ।५।
जोगिन्ह इहै जानि मन मारा । तउव न मुवा यह मन औ पारा ।६।
रहै न बाँधाँ बाँधा जेही । तेलिया मुवा डारु पुनि तेही ।७।

मुहमद यह मन अमर है कहु किमि मारा जाइ ।
ग्यान सिला सौं जौं घँसै घँसतहिं घँसत बिलाइ ॥३५।१

(१) राजा चित्तौड़ के निकट आ पहुँचा। वह जीतकर लौटा था, अतएव इन्द्र की तरह गर्जता था। (२) बाजों के बजने का शोर हो रहा था। अनेक हाथी और घोड़े आ रहे थे। (३) पद्मावती अपने चंडोल में बैठी थी। फिर से उसकी दृष्टि उलट कर आकाश में गई। (४) यह एंठू मन कभी सीधा नहीं रहता। विपत्ति को याद नहीं रखता; सम्पत्ति पर लुभाया रहता है। (५) जो कोई सहस्र वर्ष तक दुःख में जलता रहे, वही एक घड़ी के सुख में उस दुःख को भूल जाता है। (६) जोगियों ने ऐसा समझकर अपने मन को ही वश में किया। तब भी यह मन और पारा मरे नहीं। (७) जिसने इसे बाँध लिया उसके वश में भी यह नहीं रहता। तेलिया कंद से पारा और तीन दिन रात के उपवास से मन मरता है। उसी में इसे डालो।

(८) मुहम्मद—यह मन अमर है। कहो इसे किस तरह मारा जाय। (९) ज्ञान की शिला पर यदि इसे घिसा जाय तो घिसते घिसते विलीन हो जाता है।

(२) अँदोरा=हलचल, शोर, कोलाहल।

(३) चंडोल=हाथी के हौदे या अम्बारी के आकार की पालकी जिसे चार आदमी उठाते हैं। सं० चंडदोल (बहुत अधिक हिलने या झूलने वाली) (चित्रावली ५८२।२, ७, चंदन चीर कीन्ह चंडोला; ५८९।१ चढि चंडोल चली बर नारी)।

(७) तेलिया—एक प्रकार का कन्द जो पारा बाँधने के काम आता है (शब्दसागर)। पारद के अट्ठारह संस्कारों में एक संस्कार चौबीस प्रकार के विषों में से एक या अधिक की सहायता से किया जाता है। उनमें तेलिया कंद मुख्य है। इस संस्कार के फलस्वरूप पारद के बद्ध होने में सुविधा होती है और उससे आगे बनने वाली सुवर्णादि धातुओं के ग्रास में तीव्रत्व आ जाता है।

तेलिया=(मन के पक्ष में) तीन दिन का उपवास, तेला (शब्दसागर)।

(९) ज्ञानसिला=ज्ञान रूपी शिला। ज्ञान द्वारा वृत्तियों को रोकने से मन वश में होता है। पारा रसायन विद्या के ज्ञान से पत्थर की खरल में घोटने से बँधता है।

[४२३]

नागमती कहँ अगम जनावा । गै सो तपनि बरखा रितु आवा ।१।
अही जो मुई नागिनि जसि तचा । जिउ पाएँ तन महँ भै सचा ।२।
सब दुख जनु कँचुली गा छूटी । होइ निसरी जनु बीर बहूटी ।३।
जस भुइँ दहि असाढ़ पलुहाई । परहिं बुंद औ सोंध बसाई ।४।
ओहि भाँति पलुही सुख बारी । उठे करिल नव कोंप सँवारी ।५।
हुलसी गँग जस बाढ़ै लेई । जोबन लाग तरंगै देई ।६।
काम धनुक सर दै भै ठाढ़ी । भागेउ बिरह रही जिसु डाढ़ी ।७।

पूँछहिं सखी सहेली हिरदै देखि अनंद ।
आजु बदन तुव निरमल कहाँ उवा है चंद ॥३५।२॥

(१) नागमती को राजा के आने की पूर्व सूचना अदृष्ट शक्ति ने दी। उसकी वह तपन जाती रही और वर्षा ऋतु आ गई। (२) जो नागिन के ऐसी मरी हुई खाल थी वह शरीर में प्राण आने से सच्ची खाल बन गई। (३) सारा दुःख जैसे केंचुल के समान छूट गया। वह उसमें से बीर बहूटी की भाँति लाल होकर निकली। (४) जैसे दग्ध हुई भूमि असाढ़ में फिर पलुहाती है और बूँद पड़ने पर सुगंध से भर जाती है, (५) उसी भाँति वह बाला सुख से हरी हो गई। जैसे करील में नए कोंपल निकलते हैं ऐसे वह सुहावनी हो गई। (६) उमँगी हुई गंगा में जैसे बाढ़ आती है वैसे ही उसका यौवन लहरें लेने लगा। (७) काम के धनुष पर बाण रखकर वह खड़ी हो गई। वह बिरह जिससे जलाई गई थी भाग गया।

(८) उसके हृदय में आनंद देखकर सखी सहेलियाँ पूछने लगीं, (९) 'आज तेरा मुख निर्मल है। कहाँ चन्द्रमा निकला है?'

(२) तचा=खाल। सं० त्वचा।
सचा=सच्ची, वास्तविक, असली। नागमती के शरीर पर जो केंचुली की तरह मुर्दार खाल थी वह नया प्राण पड़ने से सच्ची खाल बन गई।
(३) केंचुली–सं० कंचुलिका।
(४) सौंध–सं० सुगंधि > प्रा० सुअंधि, सुअंध (पासद्द) > सौंध।
(५) कोंप=कोंपल। सं० कुड्मल > प्रा० कुंपल (पासद्द)।
(७) डाढ़ी=जलाई हुई। सं० दग्ध > प्रा० डड्ढ > डाढा, स्त्री० डाढ़ी।

[४२४]

अब लगि सखी पवन हा ताता। आजु लाग मोहि सीतल गाता ।१।
महि हुलसै जस पावस छाहाँ। तस हुलास उपना जिय माहाँ ।२।
दसौं दाउ कै गा जो दसहरा। पलटा सोइ नाँउँ लै महरा ।३।
अब जोबन गंगा होइ बाढ़ा। औटन घटन मारि सब काढ़ा ।४।
हरियर सब देखौं संसारू। नए चार जानहुँ अवतारू ।५।
भागेउ बिरह करत जो डाहू। भा मुख चंद छूटि गा राहू ।६।
लहकहिं नैन बाँह हिय खिला। को दहुँ हितू आइ चह मिला ।७।
कहतहिं बात सखिन्ह सौं तेतखन आवा भाँट।
राजा आइ नियर भा मँदिल बिछावहु पाट ॥३५।३॥

(१) 'हे सखियो, अब तक जो पवन तप्त थी वह आज मेरे शरीर में शीतल लग

रही है। (२) जैसे धरती पावस ऋतु की छाँह में हुलसती है वैसे आज मेरे जी में उल्लास उत्पन्न हुआ है। (३) सुरत के दसों दाँव करके जो दशहरे के दिन गया था वह विचित्र सेना लेकर आज लौट आया है। (४) अब यौवन में गंगा के समान बाढ़ आ रही है। ग्रीष्म में जो ताप (औंटना) और कृशता (घटना) थी वह सब बलात् दूर हो गई। (५) सारे संसार को हरा देख रही हूँ, मानों मेरा नये सिरे से जन्म हुआ है। (६) दाह करने वाला विरह भाग गया। राहु के छूटने से मुख चन्द्रमा के समान हो गया। (७) नेत्र और भुजाएँ फड़क रही हैं। हृदय खिल गया है, जैसे कोई अपना हितू आकर मिला चाहता हो।'

(८) सखियों से बात कह ही रही थी कि उसी क्षण भाट आ गया। (९) 'राजा निकट आ पहुँचा है राजमन्दिर में शीघ्र सिंहासन बिछाओ।'

(२) पावस छाहाँ=बरसात के मेघों की छाँह पाकर। सं० प्रावृष् > प्रा० पावस, पाउस (पासह० ७२१, ७३१)।

(३) दसों दाँउ=काम की विरह जन्य दस अवस्थाएँ (नयन प्रीति, चित्त संग, संकल्प, जागर, कृशता, विषयद्वेष, लज्जा त्याग, उन्माद, मूर्च्छा, मरण, वर्णरत्नाकर पृ० २८, मेघदूत मल्लिनाथ टीका, २।३०)। अथवा पाँच प्रकार के नखक्षत और पाँच प्रकार के दशनक्षत (देखिए, ३१२।६, हौं नव नेह रचौं तोहि पाहाँ। दसौ दाउँ तोरे हिय माहाँ)।

दसहरा—शुक्लजी के अनुसार रत्नसेन ज्येठ के गंगा दशहरे को घर से निकला था अतएव नागमती का बारह मासा असाढ़ महीने से शुरू होता है।

नाँउँ लै महरा=मेरे ससुर का नाम लेकर। पद्मावती के ससुर का नाम चित्रसेन था (७३।१)। अतएव अर्थ हुआ चित्र या बड़ी सेना लेकर लौटा है (रत्नसेन की सेना के लिये देखिए, ३८५।७, ४२५।२-४)। तुलना कीजिए 'चातक कै भाखा' (३४२।७)=पिउ या प्रिय; अथवा 'बोलु पपीहा पाँखि=पिउ या प्रिय (३६७।९)।

महरा=ससुर (शब्दसागर २६८७)। सास के लिये जायसी ने महरी शब्द का प्रयोग किया है (३५८।६)।

लहकना=उत्कंठित होना, चाह से भरना। सं० लाभ+कृ > लहकइ।

[४२५]

सुनतहि खन राजा कर नाऊँ। भा अनंद सब ठावँहि ठाऊँ।१।
पलटा कै पुरखारथ राजा। जस असाढ़ आवै दर साजा।२।
देखि सो छत्र भई जग छाहाँ। हस्ति मेघ ओनए जग माहाँ।३।
सैन पूरि आए घन घोरा। रहस चाउ बरिसै चहुँ ओरा।४।
धरति सरग अब होइ मेरावा। भरिअहि पोखरि ताल तलावा।५।
लहकि उठा सब भुमिया नामा। ठाँवहि ठाँव दूब अस जामा।६।
दादुर मोर कोकिला बोले। हते अलोप जीभ सब खोले।७।
भै असवार परथमै मिलै चले सब भाइ।
नदी अठारह गंडा मिलीं समुँद कहँ जाइ॥३५।४॥

(१) राजा का नाम सुनते ही स्थान स्थान पर सब आनन्दित हो गए। (२) राजा पुरुषार्थ करके सेना के साथ लौटा था जैसे असाढ़ का महीना मेघ दल सजाकर आता है। (३) उसका छत्र देखकर संसार में छाँह हो गई। हाथी के रूप वाले बादल सब जगह छा गए। (४) सैनिकों की भाँति मेघ सब ओर भरकर घोरने गरजने लगे। आनन्द और चाव चारों ओर बरसने लगा। (५) अब धरती और स्वर्ग का मेल होगा। पोखर, ताल और तालाब भर जाँएगे। (६) भूमि पर जो कुछ है सब लहक उठा, स्थान स्थान पर जैसे दूब जम आई हो। (७) दादुर, मोर, और कोकिला बोलने लगे। जो पहले अदृश्य थे सबने अपनी जीभ खोल दी।

(८) उसके सब भाई बन्द घोड़ों पर सवार होकर आगे मिलने चले, (९) जैसे अठारह गंडे नदियाँ समुद्र से मिलने के लिये जाती हैं।

(२) इस दोहे में राजा रत्नसेन के सैनिक बल के साथ लौटने की उपमा असाढ़ मास से दी गई है, जो मेघों का दल सजाकर लगभग उसी महीने में आकाश को घेर लेता है और सर्वत्र आनन्द छा देता है।

(४) घोरा–धा० घे रना=गरजना। प्रा० घोरइ=घुर घुर आवाज करना (पासद्द० ३८८)। पछाँहीं हिन्दी में यह धातु मेघ के गरजने के अर्थ में प्रचलित है।

(७) भुमिया नामा–भूमि नाम धारी सब तृण वनस्पति आदि। तुलना, पंखी नामा १६२।१, बिहंगम नामा ३६४।६)।

(९) अठारह गंडे नदी=ज्ञात होता है मध्यकालीन भूगोल में भारत की मुख्य मुख्य नदियों की संख्या बहत्तर मानी जाने लगी थी। जायसी ने ६०४।१ में पुनः इस का उल्लेख किया है। शुक्लजी ने लिखा है कि अवध में जन साधारण के बीच यह प्रसिद्ध है कि समुद्र में अठारह गंडे नदियाँ मिलती हैं।

[४२६]

बाजत गाजत राजा आवा। नगर चहूँ दिसि होइ बधावा।१।
बिहँसि आइ माता कहँ मिला। जनु रामहि भेंटै कौसिला।२।
साजे मंदिल बंदनवारा। औ बहु होइ मंगलाचारा।३।
आवा पदुमावति क बेवानू। नागमती धिकि उठा सो भानू।४।
जनहुँ छाँह महँ धूप देखाई। तैस झार लागी जौं आई।५।
सहि नहिं जाइ सौति कै झारा। दोसरे मंदिल दीन्ह उतारा।६।
भै अहान चहुँ खंड बखानी। रतनसेनि पदुमावति आनी।७।
पुहुप सुगंध संसार मनि रूप बखानि न जाइ।
हेम सेत औ गौर गाजना जगत बात फिरि आइ॥३५।५॥

(१) बाजे गाजे के साथ राजा आया। नगर में चारों ओर बधावा होने लगा। (२) वह प्रसन्न हो अपनी माता से आकर मिला जैसे कौसल्या की राम से भेंट हुई हो।

(३) राजमन्दिर में बन्दनवार सजाए गए और अनेक मंगलाचार होने लगे। (४) जैसे ही पद्मावती का विमान आकर पहुँचा, वह नागमती के लिये सूर्य की भाँति दहक उठा। (५) जैसे छाँह में धूप दिखाई पड़ती है वैसे ही जब पद्मावती आई नागमती को लपटें लगने लगीं। (६) सौत की ज्वाला सही नहीं जाती। उसे दूसरे महल में उतारा गया। (७) चारों ओर यह बात कही जाने लगी कि रत्नसेन पद्मावती लाया है।

(८) पुष्प की सुगन्धि और मणि के रूप का बखान संसार में पूरी तरह नहीं किया जा सकता। (९) उन दोनों के यश की बात हिमालय से सेतुबन्ध रामेश्वर तक और गौड़ बंगाले से गजनी तक फिरती हुई कहीं न अटककर उसके स्वामी के पास फिर आ जाती है।

(१) बधावा–सं० वर्धापक > बद्धावय > बधावा=बधाई।

(३) मन्दिल=राजमन्दिर। मध्यकाल में मन्दिर का प्रयोग प्रायः रहने के महल या मकान के अर्थ में हुआ है। मन्दिर मन्दिर प्रति करि सोधा (सुन्दर कांड, ५।५), गयउ दसानन मंदिर माहीं (वही, ५।६); मंदिर महुँ न दीखि बैदेही (वही, ५।७); किन्तु–हरि मन्दिर तहँ भिन्न बनावा (वही, ५।८)। राज स्थान में अभी तक राजमहल के भिन्न भिन्न भागों के लिये मन्दिर शब्द का प्रयोग होता है, जैसे सुख मन्दिर।

(४) बेवानू=सवारी। सं० विमान।

धिकि उठा–धा० धिकना=गरम होना, आग की गरमी से लाल हो जाना, तप्त होना। सं० दह से इच्छार्थक धा० दिधक्ष् > दिहक्ख > धिक्ख > धिक्ख > धिकना।

(७) अहान–१५।३, १८५।१।

(८) रूप बखानि न जाइ–मध्यकाल के राज दरबारों में उत्तम सुगन्धि और उत्तम जाति की मणि इन दोनों के प्रति राजाओं की बड़ी आस्था थी और उनके पास की इन दो वस्तुओं की कीर्त्ति दूर-दूर तक फैल जाती थी।

(९) हेम सेत औ गौर गाजना–माताप्रसाद जी के संस्करण में यह क्लिष्ट पर श्रेष्ठ पाठ है (और भी देखिए ४९८।८)। जायसी के समय में भारतवर्ष के चारखूँट भूगोल का यह संक्षिप्त सूत्र था। उत्तर में हेम या हिमालय, दक्षिण में सेत या सेतुबन्ध, पूरब में गौड़ बंगाला (जिसकी राजधानी पंडुवा का जायसी ने दो बार उल्लेख किया है), और पश्चिम में गाजना या गजनी। इन चार स्थानों के बीच में उस समय के राजनैतिक और सांस्कृतिक जीवन का ताना बाना पूरा हुआ था। ज्ञात होता है लोगों की बोल चाल की भाषा से कवि ने इस सुन्दर भौगोलिक सूत्र को उठाकर रख लिया था। देश की चार दिशाओं के लिये इस प्रकार के भौगोलिक सूत्र समय-समय पर नए-नए शब्दों में अभिव्यक्त होते रहे हैं। बाण ने सातवीं शती में हर्ष की दिग्विजय प्रतिज्ञा के प्रसंग में, पूर्व में उदयाचल, दक्षिण में त्रिकूट पर्वत, पश्चिम में अस्तगिरि और उत्तर में यक्षों के निवास स्थान गन्ध मादन (बदरीनाथ के समीप हिमालय की एक चोटी), इन चार बिन्दुओं के रूप में समकालीन पृथिवी की दिक् सीमा का उल्लेख किया है। दशवीं शती में राष्ट्रकूट नरेश गोविन्दराज के देवली ताम्रपत्र (८१९ ई०) में दक्षिण के सेतु, उत्तर के तुषाराद्रि एवं पूर्व-पश्चिम के समुद्रों की सीमाओं की अवधि के बीच में 'एकातपत्रीकृता जगती' की कल्पना की है। और भी इस प्रकार के कई सूत्र मिलते हैं (यथा आत्रिकूटं हिमाद्र्यन्तं योजनैः शतपंचभिः। पूर्वापरौ तोयनिधी हिमदंडश्च भारते। अपराजितपृच्छता, ३८।१९)।

गाजना–गजनी का शुद्ध रूप यही था। स्कन्दपुराण माहेश्वर खंड के अन्तर्गत कुमारिकाखंड में

भारतवर्ष के ७२ विभागों की सूची में गाजणक–गौड़ साथ पढ़े गए हैं (अ० ३९, श्लो० १३०) जिससे विदित होता है कि गाजणक या गाजना ही लोक प्रचलित रूप था। साथ ही गौड–गाजना यह भौगोलिक सूत्र भी जायसी से कई सौ वर्ष पूर्व चल गया था। पृथ्वीचंद्रचरित्र (१४२१ ई०) में भी गाजणा रूप है (पृ० १२८)।

[४२७]

सब दिन बाजा दान दवाँवाँ। भै निसि नागमती पहँ आवा।१।
नागमती मुख फेरि बईठी। सौंह न करै पुरुख सौं डीठी।२।
ग्रीखम जरत छाँड़ि जो जाई। पावस आव कवन मुख लाई।३।
जबहिं जरै परबत बन लागे। औ तेहि झार पंखि उड़ि भागे।४।
अब साखा देखिअ औ छाहाँ। कवने रहस पसारिअ बाहाँ।५।
कोउ नहिं थिरकि बैठ तेहि डारा। कोउ नहिं करै केलि कुरुआरा।६।
तूँ जोगी होइगा बैरागी। हौं जरि मई छार तोहि लागी।७।
काह हँससि तूँ मोसौं किए जो औौर सौं नेहु।
तोहि मुख चमकै बीजुरी मोहि मुख बरसै मेंहु॥३५७॥

(१) दिन भर दान का नगाड़ा बजता रहा। रात होने पर राजा नागमती के पास आया। (२) नागमती मुँह फेरकर बैठ गई। सामने होकर अपने पुरुष से आँख न मिलाती थी। (उसने कहा,) 'जो ग्रीष्म में जलते हुए छोड़कर चला जाता है, वह पावस में क्या मुँह लेकर आता है ? (४) तब तो ग्रीष्म में पर्वत और बन जलने लगे थे और उसकी झार से पक्षी तक उड़कर भाग गए थे। (५) अब नई शाखा और छाँह देखकर किस आनन्द के लिये तुम बाँह फैलाते हो ? (६) कोई पक्षी फिर उसी डाल पर थिरककर नहीं बैठता। कोई वहीं पर क्रीड़ा और कलरव नहीं करता। (७) तू जोगी बैरागी बन गया था। मैं तेरे लिये जलकर राख हो गई।

(८) जब तू ने और से प्रेम कर लिया है तो मुझसे क्या परिहास करता है ? (९) तेरे मुख में बिजली चमकती है और मेरे मुख पर मेह बरसता है (तू हँस रहा है, मैं रो रही हूँ। तेरे लिये यह हँसी है मेरे लिये रुदन)।

(१) दवाँवाँ=दमामा, नगाड़ा। फा० दमामा। आईन अकबरी में अकबरी नक्कारखाने के बाजों में सबसे पहले दमामे का उल्लेख है। राजा के लौटने की प्रसन्नता में राजद्वार के सामने दान बाँटने का नगाड़ा बजाया जा रहा था।

(६) कुरुआरा–हिन्दी शब्दसागर में कुरियाल शब्द दिया है जिसका अर्थ है, 'चिड़ियों का मौज में बैठकर पंख खुजलाना वा झड़झड़ाना'। वही 'कुरुआरा' ज्ञात होता है। व्युत्पत्ति संस्कृति कुलाय (=घोंसला) + कार से ज्ञात होता है, 'घोंसला बनाकर उसमें पक्षि-दम्पती का पंख फुलाकर बैठने का सुख'।

[४२८]

नागमती तूँ पहिलि बियाही । कान्ह पिरीति डही जसि राही ।१।
बहुते दिनन्ह आवै जौं पीऊ । धनि न मिलै धनि पाहन जीऊ ।२।
पाहन लोह पोढ़ जग दोऊ । सोउ मिलहिं मन सँवरि बिछोऊ ।३।
भलेहि सेत गंगा जल डीठा । जउँन जो स्याम नीर अति मीठा ।४।
काह भएउ तन दिन दस डहा । जौं बरखा सिर ऊपर अहा ।५।
कोउ केहि पास आस कै हेरा । धनि वह दरस निरास न फेरा ।६।
कंठ लाइ कै नारि मनाई । जरी जो बेलि सींचि पलुहाई ।७।
फरे सहस साखा होइ दारिवँ दाख जँभीर ।
सबै पंखि मिलि आइ जोहारे लौटि उहै भै भीर ॥३५८॥

(१) (राजा ने कहा,) 'हे नागमती, तू पहले ब्याह कर आई । कृष्ण के प्रेम में जैसे राधा, वैसे तू विरह में दग्ध हुई । (२) जब प्रियतम बहुत दिनों के बाद आता है तो उससे जो स्त्री नहीं मिलती तो उस स्त्री का जी पत्थर का है । (३) पत्थर और लोहा ये दोनों संसार में बहुत कड़े माने जाते हैं, पर वे भी मन में पूर्व वियोग का स्मरण करके मिल जाते हैं । (४) भले ही गंगा का जल देखने में श्वेत है, पर जमुना का जो साँवला जल है वह बहुत मीठा है । (५) जब सिर के ऊपर वृष्टि आने को थी तो क्या हुआ यदि दस दिन तक तप ही गया ? (६) कोई किसी के समीप आशा लेकर आता है और उसके दर्शन से धन्य होता है । उसे निराश न फेरना चाहिए ।' (७) राजा ने रानी को कंठ लगाकर मनाया । जो बेल जल गई थी वह सींचने से पुनः पल्लवित हुई ।

(८) दाड़िम, द्राक्षा और जंभीर सहस्र शाखाओं वाले होकर फिर फले । (९) सब पक्षी मिलकर आए और उन वृक्षों को प्रणाम किया । पलट कर फिर वैसी ही भीड़ हो गई ।

(१) राही–सं० राधिका > प्रा० राहिआ > राही ।

(३) पत्थर और लोहा दोनों कड़े हैं–मनुस्मृति (९।३२१) में कहा है 'अश्मनो लोहमुत्थितम् ।' पत्थर से लोहा निकलता है । दोनों खान में एक साथ थे । दोनों का बिछोह हो गया । किन्तु फिर भवन आदि के निर्माण में दोनों का मेल हो जाता है । मध्यकाल की वास्तुकला में शिलापट्टों को परस्पर जोड़ने के लिये लोहे की गुल्लियाँ या आँकुड़ेदार पाँव काम में लाते थे उसीकी ओर संकेत है ।

(५) दिन दस डहा–जेठ में मृगशिरा नक्षत्र के १५ दिनों में सूर्य के तपने से माना जाता है कि आगे वृष्टि अच्छी होगी । इसमें भी मृगशिरा के दस दिन 'मृग डाह' कहलाते हैं (३४३।७) । 'क्या हुआ जो मृगदाह की तपन सह ली, जब उसके तुरत बाद अच्छी वृष्टि आने वाली है ।'

(८) दारिवँ, दाख, जंभीर से दाँत, अधर, स्तन की ओर संकेत है । दाड़िम=दाँत (वर्ण० पृ० ६; दाँतक शोभा देषि तालिवँ हृदय वीदीर्ण कएल) ।

(९) जोहारना, जुहारना=प्रणाम, नमस्कार करना । इस शब्द का मूल रूप ज्योक्+कृ था जिसका अर्थ बिदा लेना था । हिन्दी शब्द की व्युत्पत्ति भी उसीसे ज्ञात होती है । सं० ज्योक् आकारयति > जो हकारइ > जोहारइ > जोहारना । प्राचीन काल में राजाओं से बिदा लेने को आपृच्छन कहते थे ।

उसे ही शंकर ने हर्षचरित की टीका में 'ज्योक् करना' कहा है (आपृच्छयमानं ज्योक् क्रियमाणम्, हर्ष०, उच्छ्वास ५, पृ० १५६) । यद्यपि ज्योक् (=दीर्घ काल, दीर्घ आयुष्य) यह शब्द ऋग्वेद काल से चला आता था, किन्तु इस नए अर्थ में इसका प्रयोग मध्यकाल में ही हुआ ।

[४२९]

जौं भा मेरु भएउ रँग राता । नागमती हँसि पूँछी बाता ।१।
कहहु कंत जो बिदेस लोभाने । कसि धनि मिली भोग कस माने ।२।
जौं पदुमावति है सुठि लोनी । मोरे रूप कि सरबरि होनी ।३।
जहाँ राधिका अछरिन्ह माहाँ । चंद्रावलि सरि पूज न छाहाँ ।४।
भँवर पुरुख अस रहै न राखा । तजै दाख महुआ रस चाखा ।५।
तजि नागेसरि फूल सोहावा । कँवल बिसैंधे सौं मन लावा ।६।
जौं नहवाइ भरिअ अरगजा । तबहु गयंद धूरि नहिं तजा ।७।
काह कहौं हौं तोसौं किछौ न तोरे भाउ ।
इहाँ बात मुख मोसौं उहाँ जीउ ओहि ठाँउ ॥३५।९॥

(१) जब मेल हुआ और वह प्रेम में रँग गया तो नागमती ने हँसकर बात पूछी । (२) 'हे कंत, यह बताओ कि जो तुम विदेश में लुभा गए सो वहाँ कैसी स्त्री मिली थी और उसके साथ तुम्हारे मन ने कैसा भोग माना । (३) यद्यपि पद्मावती अत्यंत सुन्दरी है, पर क्या वह रूप में मेरे बराबर हो सकती है ? (४) जहाँ अप्सराओं के बीच में महा सुन्दरी राधिका हो, वहाँ चंद्रावली उसकी शोभा की तुलना नहीं कर सकती । (५) भौंरे जैसा रसिक पुरुष ऐसा होता है कि रखने से भी नहीं रहता । वह दाख छोड़कर महुवे का रस चखता है । (६) वह नागकेसर का सुन्दर फूल छोड़कर बिसैंधे कमल से प्रेम करता है । (७) स्नान के बाद हाथी के सारे शरीर में चाहे अरगजा भर दो, तो भी वह धूल डालना नहीं छोड़ता ।

(८) मैं तुमसे क्या कहूँ ? तुम्हारे मन में मेरे लिये कुछ भी भाव नहीं है । (९) यहाँ मुँह से बात मुझ से कर रहे हो, पर भीतर मन उसी जगह लगा है ।'

(१) मेरु=मेल ।

(४) छाहाँ=कांति, सुन्दरता । सं० छाया ।

(६) बिसैंधा=बिस या कमल की गंध वाला । यह शब्द यहाँ द्व्यर्थक है । इसी का निन्दा परक अर्थ है, मछली की चरबी जैसी गंधवाला । कमल की बढ़िया गंध को नागमती कुत्सा से सड़ी मछली की गंध कहती है । पर कवि कमल रूप पद्मावती की बिस गंध (कमल गंध) को उत्तम मानता है, इसकी दो अर्थों में दो व्युत्पत्तियाँ हैं । सं० बिसगंध > बिसयंध > बिसैंध । सं० वसागंध > प्रा० वसायंध > बिसाँयँध > बिसेंध ।

(७) गयंद-सं० गजेन्द्र > प्रा० गयंद (पासद्द०, ३६२) ।

[४३०]

कही दुख कथा रैनि बिहानी । भोर भएउ जहँ पदुमिनि रानी ।१।
भानं देख ससि बदन मलीनी । कँवल नैन राते तन खीनी ।२।
रैनि नखत गनि कीन्ह बिहानू । बिमल भई जस देखे भानू ।३।
सुरुज हँसा ससि रोई डफारा । टूटि आँसु नखतन्ह कै मारा ।४।
रहै न राखे होइ निसाँसी । तहँवहि जाहि जहाँ निसि बासी ।५।
हौं कै नेहु आनि कुँव मेली । सींचै लाग झुरानी बेली ।६।
भए वै नैन रहँट की घरी । भरीं ते ढारीं छूँछीं भरीं ।७।
सुभर सरोवर हंस जल घटतहि गएउ बिछोइ ।
कँवल प्रीति नहिं परिहरै सूखि पंक बरु होइ ॥३५।१०॥

(१) अपने दुःख की कथा कहते हुए नागमती ने रात बिता दी। प्रातःकाल होने पर राजा वहाँ गया जहाँ पद्मावती थी। (२) सूर्य ने देखा कि शशि का मुख मलीन था, उसके कमल से नेत्र रात में जागने से लाल थे और तन क्षीण हो गया था। (३) रात में तारे गिनकर प्रातःकाल किया था। जैसे ही उसने सूर्य को देखा वह विमल हो गई। (४) सूर्य हँसा और शशि धाड़ मारकर रो पड़ी। आँसू रूपी नक्षत्रों की माला टूटकर बिखर गई। (५) वह धैर्य बँधाने से भी स्थिर न होती थी और बेसाँस हो रही थी। 'वहीं जाओ जहाँ रात बिताई है। (६) मेरे साथ प्रेम करके तुम मुझे लाए, पर कुएँ में डाल दिया। जो सूखी बेल (नागमती) थी उसे सींचने लगे।' (७) उसके नेत्र रहट की घरिया हो गए। वे भर भर आतीं और ढरक जातीं, और रीती फिर भर आती थीं।

(८) ऊपर तक भरे हुए सरोवर में रहने वाला हंस जल घटते ही उसे छोड़कर चला गया। (९) पर कमल अपना प्रेम नहीं छोड़ता चाहे जल सूखकर कीचड़ ही क्यों न हो जाय।

(३) विमल भई=चन्द्रमा जैसे सूर्योदय होने पर श्वेत हो जाता है ऐसे ही वह भी रत्नसेन के मिलने पर रात के अंधकार से छूट गई।

(६) सींचै लाग झुरानी बेली–यह कामिजनों की शृंगारहाट वाली भाषा का सार्थक वाक्य है।

(७) रहँट–सं० अरघट्ट > प्रा० अरहट्ट > रहट्ट > रहट।

[४३१]

पदमावति तूँ जीव पराना । जिय तें जगत पियार न आना ।१।
तूँ जस कँवल बसी हिय माहाँ । हौं होइ अलि बेधा तोहि पाहाँ ।२।
मालति करी भँवर जौं पावा । सो तजि आन फूल कित धावा ।३।

अनु हौं सिंघल कै पदुमिनी । सरि न पूज जंबू नागिनी ।४।
हौं सुगंध निरमलि उजियारी । वह बिख भरी डरावनि कारी ।५।
मोरें बास भँवर सँग लागहिं । ओहि देखें मानुस डरि भागहिं ।६।
हौं पूरुख कै चितवौं डीठी । जेहि के जियँ असि अहौं पईठी ।७।
ऊँचे ठाँव जो बैठे करै न नीचेहँ संग ।
जहाँ सो नागिनि हिरगै काह कहिअ सो अंग ॥३५।११॥

(१) [रत्नसेन ।] 'हे पद्मावती तू मेरा जीव और प्राण है । संसार में जी से प्यारा और कोई नहीं । (२) तू कमल होकर मेरे हृदय में बसी है । मैं भौंरा बनकर तेरे पास बिंधा हूँ ।' [पद्मावती ।] 'जब भौंरा मालती की कली पा जाता है, तो उसे छोड़कर दूसरे फूल के पास क्यों दौड़कर जाता है ? (४) हे कन्त, प्रसन्न हो ! मैं सिंहल की पद्मिनी हूँ । जम्बू द्वीप की नागिनी मेरी बराबरी नहीं कर सकती । (५) मैं सुगंधित, निर्मल और उज्ज्वल हूँ । वह विष से भरी, डरावनी और काली (नागिन या रात) है । (६) मेरी सुगन्धि से आकृष्ट भौंरे संग लग जाते हैं । उसे देखकर मनुष्य डर से भाग जाते हैं । (७) जिसके जी में मैं इस प्रकार बसी होती हूँ (जैसे तुम्हारे जी में हूँ) उस पुरुष की दृष्टि (प्रेम दृष्टि) मैं पहिचानती हूँ (पुरुष की चितवन से ही मैं भाँप लेती हूँ कि मैं उसके अन्तःकरण में कहाँ तक हूँ) ।

(८) जो ऊँचे स्थान में बैठता है वह नीचे का संग नहीं करता । (९) जहाँ वह नागिनी चिमट गई हो उस शरीर के विषय में क्या कहा जाय ?'

(५) कारी=काली । रात और साँपिन दोनों के लिये यह विशेषण है । विशेष्य रूप में भी 'काला' सर्प के लिये प्रयुक्त होता है । मनेर की प्रति में 'भुवंगिनि कारी' पाठ है ।

(९) हिरगै–धातु हिलगना या हिरकना=पास होना, सटना, चिमटना । सं० हिरुक् > प्रा० हिलुग, हिलुगना, हिरगना ।

[४३२]

पलुही नागमती कै बारी । सोन फूल फूली फुलवारी ।१।
जावँत पंखि अहे सब डहे । ते बहुरे बोलत गहगहे ।२।
सारौ सुवा महरि कोकिला । रहसत आइ पपीहा मिला ।३।
हारिल सबद महोख सो आवा । काग कोराहर करहिं सोहावा ।४।
भोग बेरास कीन्ह अब फेरा । बासहिं रहसहिं करहिं बसेरा ।५।
नाचहिं पंडुक मोर परेवा । निफल न जाइ काहु कै सेवा ।६।
होइ उँजियार बैठि जस तपी । खूसट मुहँ न देखावहिं छपी ।७।
नागमती सब साथ सहेलीं अपनी बारी माँह ।
फूल चुनहिं फर चूरहिं रहस कोड सुख छाँह ॥३५।१२॥

पहला अर्थ [प्रशंसापरक]

(१) [पद्मावती ।] नागमती की वाटिका फिर से पल्लवित हुई है। उसमें सुनहले फूलों की फुलवारी फूली है। (२) जितने पक्षी थे, सब आकर उसमें उड़ने लगे हैं। वे सब लौटकर प्रफुल्लित होकर बोलने लगे हैं। (३) मैना, सुगा, ग्वालिन और कोकिला के साथ रहसता हुआ पपीहा आ मिला है। (४) उसमें हारिल बोल रहा है और महोख भी आ गया है। कौए सुंदर कोलाहल कर रहे हैं। (५) अब सब पक्षी फिर से भोग-विलास कर रहे हैं। वे सब उस वाटिका में बसते, रहसते और रात में बसेरा लेते हैं। (६) पंडुक, मोर और पारावत नाचते हैं। किसी की सेवा बिना फल के नहीं की जाती, सबको फलों का भोग मिलता है। (७) वह नागमती उज्ज्वल वेश में वहाँ तपस्विनी सी बैठी है। उसकी वाटिका में उल्लू मुँह नहीं दिखाते, कहीं छिप गए हैं।

(८-९) अपनी बगीची में नागमती और साथ की सब सहेलियाँ फूल चुनती और फल खाती हैं, एवं रहसक्रीड़ा और सुख का आनंद लेती हैं।

(१) पलुही=पल्लवित हुई। सं० पल्लव लभ > पल्लव लह > पालो लह पलुह।
(२) गहगहे=प्रफुल्ल या आनंदमग्न होकर। धातु० गहगहाना=आनंद और उमंग से फूलना। संभवतः सं० गद्‌गद से प्रा० गहगह=हर्ष से भर जाना (भविसयत्त कहा, पासद० ३६५)।
(७) खूसट=उल्लू की एक जाति।

दूसरा अर्थ [निंदापरक]

(१) नागमती की वाटिका पाला मारी हुई है। उसकी बगीची तो नहीं फूलती पर वह फूलवाली गर्व से फूल गई है। (२) उसमें जितने पक्षी थे, सब जल गए। जैसे वे बंधन में फँसे हों, ऐसे बहुत टें-टें कर रहे हैं। (३) किसने वहाँ सुग्गे को मार डाला और ग्वालिन को कील दिया? उसका सत अब और कैसे बचेगा जब उसमें पपहा (घुन) लग गया है? (४) सब कुछ देकर भी वह हार गई है। अब किसी साँड़ को पास बुलाती है। उसकी गोद में कौआ है। ऐसी निर्लज्ज है कि हाथ के इशारे से वह श्रृंगार-चेष्टा (हाव) करती है। (५) भोगी और विलासी अब उसके यहाँ फेरा करने लगे हैं। वे उसके साथ रहसते और उसी के यहाँ बसेरा करते हैं। (६) पंडुक रूपी उस नागमती को मोर जैसा पक्षी रत्नसेन अब नहीं चाहिए। अब तो किसी से भी सेवित होकर वह फल जाती है। (७) वह अनमनी होकर जली सी बैठी है और अपना खूसट मुँह नहीं दिखाती।

(८-९) वह नागिन मर गई है। साथ की सब सहेलियाँ उसकी अपनी बगीची में ही उसके फूल चुनती हैं और उसके निमित्त नारियल फोड़ती हैं। उसकी क्रीड़ा और उसका सुख सब समाप्त हो गया है।

(१) पलही=पाले से मारी हुई। फारसी-लिपि में पलुही और पलही दोनों पढ़े जा सकते हैं। सोनफूल का पदच्छेद होगा—सो न फूल=वह नहीं फूलती। फूली फुलवारी=फूलवाली घमंड में फूल गई है, अथवा शरीर से फूलकर मुटडंगी हो गई है जो बाँझ होने का लक्षण है।
(२) डहे का एक अर्थ उड़ना (डहना=पंख) और दूसरा जल जाना है। ते बहुरे=(१) वे वापिस लौट आए, (२) पदच्छेद करने पर ते बहु रे (बोलत)। गहगहे=बंधन में पकड़े हुए; सं० ग्रह=बंधन, गृहीत (=पकड़े हुए) > प्रा० गहीअ। गहगहीअ > गहगहे।

(३) सारौ; धातु सारना। सं० प्रह का धात्वादेश। प्रा० सारइ=मारता है [हेमचन्द्र० ४।८४]। महरि कोकिला, पदच्छेद महरि को किला=किसने ग्वालिन चिड़िया को कील दिया या उसका मुँह बंद कर दिया।

रहसत का पदच्छेद रह+सत–क्या उसका सत रह सकता है?

पपीहा=फारसी लिपि में लिखा हुआ यह शब्द पपहा भी पढ़ा जायगा। एक प्रकार का घुन जो जौ, गेहूँ आदि में घुसकर उनका सार खा जाता है और केवल ऊपर का छिल्का ज्यों-का-त्यों रहने देता है [शब्दसागर पृ० १८९०]।

(४) हारिल सबद=सब देकर भी हार गई।

महोख=(१) एक प्रकार का पक्षी (२) साँड़। काव्यशास्त्र के अनुसार पुरुष चार जाति के होते हैं–अश्व, मृग, वृष, शश। याँ वृष-संज्ञक पुरुष से तात्पर्य है। महोख > सं० महोक्ष=साँड़।

सो+आवा=सोआवा=सुलाती है।

काग=कौआ अथवा कौए की जाति जैसा चालाक।

कोराहर=[१] कोलाहल, [२] पदच्छेद–कोरा+हर=गोद में ले जाती है अर्थात् कौए जैसे धूर्त व्यक्ति को गोद में बैठाती है। कोरा, कोर > क्रोड़=गोद।

करहिं सोहावा [पदच्छेद, करहि सो+हावा] =वह हाथों से हाव [शृंगार चेष्टा] करती है। यह अत्यन्त कामुकता का सूचक है।

(५) भोग बेरास–फारसीलिपि में इसे भोगि बेरासि भी पढ़ा जायगा, अर्थात् भोगी विलासी या जार, उसके यहाँ चक्कर काटने लगे। वे उसके साथ उठते-बैठते क्रीड़ा करते और उसी के यहाँ रहते हैं।

(६) नाचहिं पंडुक, पदच्छेद ना + चहिं मंडुक अर्थात् फाख्ता जैसी वह मोर जैसे तुमको नहीं चाहती। निफल न जाइ काहु कै सेवा, इस वाक्य के कई व्यंग्य अर्थ हैं–[१] कोई भी उसकी सेवा करे, वह निष्फल नहीं जाती, उसी से फलवती या हरी हो जाती है; [२] वह बगीची बिना फल की है, किसी के काम नहीं आती।

(७) उँजियार–[फारसी-लिपि में यह अनजियार भी पढ़ा जा सकता है]=अन्य जी की, अनमनी। तपी=तपाई गई या जली हुई। होइ अंजियार बैठ जस तपी, इसका अर्थ यह भी हो सकता है–शरीर से काजल [अंजन] सी काली वह जली बैठी है। अंजियारि > अंजन कारिका।

(८) नागमती, पदच्छेद नाग+मती। फारसी लिपि में नाग को नागि भी पढ़ सकते हैं। नागि=नागिनी अर्थात् नागमती। मती, सं० मृता > आ० मत्त=मर गई। नागमती की मृत्यु होने पर उसकी अपनी बगीची में ही जहाँ वह क्रीड़ा करती थी, सखियों ने उसका दाह-संस्कार कर दिया।

(९) फूल चुनहिं=दाह-क्रिया के बाद तीसरे दिन अस्थि बीनने को फूल चुनना कहते हैं। फर चूरहिं=मृतक के अस्थि प्रवाह के साथ नारियल आदि फल तोड़कर साथ में डाल देते हैं। रहस कोड़, पदच्छेद रह+स कोड अर्थात् वह आनंद-सुख सब रह गया। कोड प्रा०, कोड्ड, कुड्ड=कौतुक, क्रीड़ा।

३६ : नागमती पद्मावती विवाद खण्ड

[४३३]

जाही जूही तेहिं फुलवारी। देखि रहस सहि सकी न बारी ।१।

दूतिन्ह बात न हिएँ समानी । पदुमावति सौं कहा सो आनी ।२।
नागमती फुलवारी बारी । भँवर मिला रस करी सँवारी ।३।
सखी साथ सब रहसहिं कूदहिं । औ सिंगार हार जनु गूंदहिं ।४।
तहँ जो बिकावरि तुम्ह सो लरना । बकुचुन कहौं लहौं जस करना ।५।
नागमती नागेसरि रानी । कँवल न आछै अपनी बानी ।६।
जस सेवती गुलाल चँबेली । तैसि एक जनि उहौ अकेली ।७।
अति जो सुदरसन कूजा तब सत बरगहि जोग ।
मिला भँवर नागेसरि सेंती दैय दीन्ह सुख भोग ॥३६।१॥

[प्रशंसा परक]

(१) उस फुलवारा में जाही जूही फूली थीं। उसे देखकर बाला नागमती अपने हर्ष को न रोक सकी। (अथवा उस बाला ने जाकर फुलवारी देखी और देखकर अपना आनन्द पूरी तरह न कह सकी)। (२) वह बात दूतियों के हृदय में न पची। उन्होंने आकर पद्मावती के सामने उस वाटिका का वर्णन किया। (३) 'नागमती की बगीची फूल वाली हो गई है। वहाँ वसन्त में रस से भरी हुई कलियों के साथ भौंरे का पुनः मिलन हुआ है। (४) उसके साथ में सखियाँ रहसती कूदती हैं (अथवा कुंद नामक पुष्प को देखकर प्रसन्न होती हैं) और हरसिंगार के फूलों को चुनकर (या सिंगार के लिये) हार गूँथती हैं। (५) वहाँ जो बकावली का फूल है तुम्हारे पुष्प के साथ उसकी तुलना नहीं है। करना जैसे फूलों के बकुचे भर माँगती हूँ तो वहाँ मिल जाते हैं। (६) रानी नागमती के यहाँ नागकेसर का पुष्प है। वहाँ के कमल की प्रशंसा के लिये अपने पास शब्द नहीं हैं। (७) सेवती, गुलाल, चमेली जैसी वहाँ हैं, वैसे फूलों वाली अकेली वही वाटिका है।

(८) जब वहाँ कूजा और सुदर्शन नामक पुष्पों की भरमार हुई तो सदबरग भी फूल गया। (९) नागेसर के साथ भौंरा (नागमती के साथ उसका प्रियतम) आ मिला है। विधाता ने उसे पुनः सुख का भोग दिया है।

(१) जायसी ने दो० ३५, ५९, १८८, ३७७ में पुष्पों के नाम दिए हैं। वहाँ इन नामों की पहचान लिखी जा चुकी है। आईन ३० में इनमें से अधिकांश नाम आए हैं।
जाही जुही–दो पुष्प, अथवा उस स्थान को जाकर देखा।
जाह=(फा०) जगह। जूही–फारसी में जोही पढ़ा जायगा। जोहना=देखना।
सहि सकी न बारी–बाला अपने आनन्द में फूली न समाई। अथवा सं० शास > प्रा० साह=कहना। उस हर्ष को प्रकट न कर सकी। किन्तु साथ की सखियों के हृदय में बात न पची। कुछ ने पद्मावती के यहाँ दूतपना जा लगाया।

(४) सिंगारहार–आईन में इसका यही रूप है।

(५) बिकावरि–३५।३, ५९।४, १८८।५ में इसका रूप बकौरी, ३७७।५ में बिकाउ, और यहाँ बिकावरि या बकावरि मिलता है। ३७७।५ में चं० १ (गोपालचंद्र की प्रति में बकौरि पाठ

ही है, किन्तु मनेर में 'बकाउ' है।

लरना-करना। ३५।७, १८८।३ में करना-बरना (चं० १ और मनेर में १८८।३ की भाँति सर्वत्र सानुनासिक, करनों-बरनों); ३७७।७ में सरना-करना; और यहाँ लरना-करना तुकान्त है। सब हस्त लेख इससे सहमत हैं। लरका सं० रूप सर ही है-तुम्हारे साथ उसकी सरि या बराबरी नहीं है।

(६) नागमती नागेसरि रानी-रानी नागमती नागकेसर के वर्ण की है, कमल जैसी नहीं।

(८) सतबरग-३७०।७ सतबरग; ५९।७, १८८।३ सद बरग।

[निन्दापरक अर्थ]

(३) बाला नागमती (या उसकी वाटिका) पुष्पवती हो गई है। भौंरा (रसिक प्रेमी) उससे मिलकर कली का ही रस पीने लगा (पुष्पों के खिलने तक नहीं ठहरा)। (४) उसके साथ जो सखियाँ हैं वे रहसती हुई (कामुकतावश) कूद रही हैं और शृंगार हरने वाले किसी से साँठ गाँठ करने लगी हैं। (५) वहाँ जितनी बातचीत (बकावरि=वाक्यावली) है तुम से लड़ने के लिये है। वाक्य चुनकर भी मैं कुछ कहती हूँ तो उसका ऐसा संकेत पाती हूँ मानों 'ना' कर रही है। (६) वह नागमती नागी के समान है। उसके यहाँ अपने रंग का कमल नहीं है। अथवा हे कँवल (पद्मावती), वह नागमती रूप साँपिन अपने कहे में या अपने वर्ण में नहीं है। (७) जिस ढंग से वह कभी गुलाल की, और उसे छोड़कर कभी चमेली की सेवा करती है, उससे विदित होता है कि वह पति की कामकेलि के विना एकाकी होने से व्याकुल है।

(८) वह सुन्दर पुरुष को देखकर इतना अधिक कूजती है, मानों वह सात बरों से गही जाने योग्य है। (९) नागी के समान उस कलूटी को भौंरे सा काला बर मिला है। यही दैव ने उसे सुख-भोग दिया है!

(३) फुलवारी बारी-इसमें व्यङ्ग्य है। जो बाला या अप्राप्त वयस्का है वह पुष्पवती हो गई है। रस लोभी भौंरा कली से ही छेड़छाड़ करने लगा है, यह भी दोष है।

(४) रहसहिं कूदहिं-सखियों का यह हुड़दंग लज्जास्पद है।
सिंगार हार-शृंगार का मर्दन करने वाला, कामी उपपति, उससे वे गँठजोड़ा मिलाती हैं।

(५) बकावरि=वाक्यावली; लच्छेदार बातें।
लरना=लड़ाई की बात।
बकचुन=वाक्य चुनकर, सँभाल कर वचन कह कर।
करना-एक बाजा जो भोंपू की तरह बोलता है। आईन के अनुसार ये एक साथ चार से कम न बजाए जाते थे जिससे बहुत शोर होता था (आईन २१, ब्लाखमैन पृ० ५३)। 'मैं तो वाक्य चुनकर कुछ कहती हूँ किन्तु उत्तर में करना जैसा भद्दा शोर पाती हूँ।

(६) नागेसरि-फारसी लिपि में नागी सरि=नागी की तरह।
बानी-(१) वाणी; (२) रंग (सं० वर्णिका > वण्णिआ > बानी)।

(७) अकेली-अ+केलि=केलि रहित। जिसे पति के साथ केलि प्राप्त नहीं हुई वही इस प्रकार कभी गुलाल, कभी चमेली के पास दौड़ती फिरेगी।

(८) सत बरगहि जोग-सात बरों से गही जाने या मर्दित होने योग्य है।

[४३४]

सुनि पदुमावति रिस न नेवारी। सखी साथ आई तेहि बारी।१।
दुऔ सवति मिलि पाट बईठीं। हियँ बिरोध मुख बातैं मीठीं।२।

बारी दिस्टि सुरँग सुठि आई। हँसि पदुमावति बात चलाई।३।
बारी सुफल आहि तुम्ह रानी। है लाई पै लाइ न जानी।४।
नागेसरि औ मालति जहाँ। सखदराउ न चाहिअ तहाँ।५।
अहा जो मधुकर कँवल पिरीती। लागेउ आइ करील की रीती।६।
जो अँबिली बाँकी हिय माहाँ। तेहि न भाव नाँरग कै छाहाँ।७।
पहिलें फूल कि दहुँ फर देखिअ हिएँ बिचारि।
आँब होइ जेहि ठाइँ जाँबु लागि रहि आरि ॥३६।२॥

(१) सुनते ही पद्मावती अपना क्रोध न रोक सकी। वह सखी के साथ उस वाटिका में आई। (२) दोनों सौत मिलकर आसनी पर बैठीं। हृदय में एक दूसरे के लिये विरोध भरा था, पर मुँह से मीठी बातें करती थीं। (३) वह वाटिका पद्मावती की आँखों को सुरंग और अच्छी लगी। अतः वह हँस कर बोली। (४) 'हे रानी, तुम्हारी बगीची खूब फली है। उसके फल उतार लिए गए हैं, पर वे इतने अधिक हैं कि लिए से नहीं जान पड़ते। (५) जहाँ नागेसरी (नागमती) और मालती को साथ रहना है, वहाँ आपस में दुराव न करना चाहिए। (६) अन्यत्र जो मधुकर कमल से प्रीति करता था, वह इस वाटिका में करील से रीति करने लगा (यह ऐसी धन्य है)। (७) जो हृदय की बाँकी इमली है, उसकी तुलना में नारंगी की सुन्दरता और शोभा भी कुछ नहीं है।

(८) पहले फूल होते हैं या फल, तुम ही हृदय में विचार कर देखो। (यह वाटिका ऐसी उत्तम है कि यहाँ तुरन्त फल आ गए)। (९) इसकी प्रशंसा कहाँ तक की जाय ? जहाँ आम होता है, वहीं पास में जामुन की बहार है।'

(२) हियँ बिरोध मुख बातें मीठी–यह इस प्रकरण का सूत्र है। चौपाईयों के अर्थ भी ऊपर से प्रशंसा सूचक पर भीतर से विरोध प्रकट करने वाले कूट परक होने चाहिएं।

(३) सुरंग=सेवा के कारण खूब रंग पर, चुह चुहाती हुई। सुठि=भली प्रकार नियम से लगाई हुई। मध्यकालीन बगीचों के लगाने की नियमित पद्धति थी जिसके अनुसार फल फूलों के हाशिये और तख्ते मेल में बैठाए जाते थे।

(४) सुफल=फलों से लदी हुई।
है लाइ पै लाइ न जानी–इसकी फसल तोड़ ली गई पर ऐसा जान नहीं पड़ता, क्यों कि इतनी अधिक फली है।

(५) नागेसरि–नागमती। मालती–पद्मावती।
सख दुराउ–सखि+दुराउ=हे सखि, आपस में कुछ दुराव या छिपाव न चाहिए।

(६) करील कै रीती–कमल की गंध लेने वाला भौंरा तुम्हारे यहाँ करील पर आसक्त हो गया, ऐसा अहो भाग्य इस वाटिका का है।

(७) बाँकी अँबिली–इमली ऐसी बाँकी है कि उसके सामने नारंगी का सौन्दर्य [भाव] और कान्ति [छाहाँ] कुछ नहीं। बाँकी=सुन्दर, रूप से इठलाती हुई।

(८) पहले फूल कि दहुँ फर–सब जगह फूल के बाद फल लगते हैं, पर इसका क्या कहना एक दम से

फल आ गए हैं।

[९] आरि=समीप में [सं० आरात्] आम के पास जामुन भी हो रही है जो अन्यत्र नहीं होती।

[निन्दापरक अर्थ]

[३] वाटिका देखकर पद्मावती की दृष्टि एकदम लाल हो गई। फिर भी ऊपरी हँसी से वह बोली। [४] 'हे रानी, तुम्हारे यहाँ किसीने सुफल का वारण कर दिया। तुमने वाटिका लगाई, पर लगानी नहीं आई। [५] जहाँ नागकेसर और मालती फल के पौधे हों, उनके पास में शंखद्राव [अमलबेंत] नहीं लगाना चाहिए। [६] जो भौंरा कमल से प्रीति करता था वह तुम्हारे यहाँ करील से लगकर केवल रीत निबाह रहा है [इस वाटिका में उसे और कुछ नहीं मिला]। [७] जो इमली बाँकी टेढ़ी है उसमें न भाव है, न रंग। अथवा बाँकी टेढ़ी इमली को नारंगी के इतना पास न लगाना चाहिए कि उस पर उसकी छाँह पड़े। अथवा तुम हृदय में बाँकी होने के कारण अनमिली रहती हो, तुममें न भाव है, न रंग।

[८] पहले फूल होता है या फल, तुम ही विचार कर देखो। फूल [फूल सी टटकी पद्मावती] का स्थान प्रथम है या फल [पक्वावस्था वाली नागमती] का—तुम ही सोच देखो। [९] जहाँ आम होता है, वहाँ जामुन अड़कर लगी है, यह भी कोई बात है ?

(३) दिस्टि सुरंग सुठि आई—क्रोध से आखें बिल्कुल लाल हो गईं।

(४) बारी सुफल आहि—यह भी व्यंग्य है कि तुम बालापन में ही फल गईं। या तुम्हारी वाटिका असमय में ही फलवाली हो गई। मध्यकालीन प्रथा के अनुसार वाटिका लगाने के बाद उसका विवाह किया जाता था। तब तक लगाने वाला उसके फल न खाता था। वापी, कूप, तड़ाग तीनों का विवाह करने के उपरान्त ही स्वामी उनका उपभोग करता था। पद्मावती का कूट है कि तुम्हारी वाटिका कुँआरी ही फल गई।

है लाई पै लाई न जानी—वाटिका लगाई तो पर लगाना नहीं आया। इसके कुछ उदाहरण पंक्ति ५, ७ और ९ में दिए गए हैं। मालती के फूल के पास शंखद्राव का पेड़, इमली के साथ नारंगी, और आम के साथ जामुन का लगाना अनाड़ीपन का सूचक है।

(५) नागकेसर और मालती फूलों के पौधे हैं, वे बाग के बीच में फूलों की क्यारियों में लगाने योग्य हैं। उनके साथ अमलबेंत का क्या मेल ?

शंखद्राव—अमलबेंत, एक प्रकार का नीबू जिसके फूल सफेद और फल गोल खरबूजे के समान पकने पर पीले और चिकने होते हैं। यह मध्यम आकार का पेड़ प्रायः बगीचों में लगाया जाता है (शब्दसागर, पृ० १४४)।

(६) अहा जो मधुकर—जो भौंरा (रत्नसेन) कमल (पद्मावती) से प्रीति करता था, जिस कारण वह जोग साधकर और बिरही बनकर सिंहल गया था, वही अब लौट कर तुम्हारे साथ रीत निबाह रहा है क्यों कि तुम्हारे साथ उसका विवाह हुआ था। भौंरे को करील से सच्ची प्रीति कहाँ ?

(७) अंबिलि बाँकी—बारी या वाटिका पक्ष में टेढ़ी मेढ़ी इमली के साथ नारंगी न लगानी चाहिए। वारी या बाला पक्ष में कूट यह है कि तुम अनमिली रहती हो, तुममें न रंग है, न शोभा।

(८) पहिलें फूल कि दहुँ फर—फूल पद्मावती है, फल नागमती है। प्रियतम रत्नसेन की दृष्टि में पहली कौन है ? अवश्य पद्मावती ही है, क्यों कि वह फूल सी टटकी और नई है। नागमती पके फल जैसी आयु में उतरी हुई और बासी है। साहित्यिक अभिप्राय के अनुसार राजाओं की दो पत्नियाँ, एक नई, एक पुरानी, हुआ करती थीं। उन्हींको संकेत से फूल और फल कहा गया है। यह अभिप्राय प्राचीन संस्कृत नाटकों से लेकर प्रेमाख्यान काव्यों तक में पाया जाता है। अग्निमित्र की धारिणी—मालविका, पुरूरवा की देवी—उर्वशी, उदयन की वासवदत्ता—रत्नावली,

अथवा वासवदत्ता–प्रियदर्शिका, एवं लोरिकायन प्रेम काव्य में मैना सतवन्ती–चन्दा, इत्यादि इसके उदाहरण हैं।

(९) आम-जामुन–४३५।३ से ज्ञात होता है कि मध्यकाल के बगीचों में आम बीच में और जामुन बाड़ पर लगाने की प्रथा थी। यहाँ जामुन को भी आम के साथ ही बीच में लगाना दोष कहा गया है।

[४३५]

अनु तुम्ह कही नीकि यह सोभा। पै फुल सोइ भँवर जेहि लोभा।१।
साँवरि जाँबु कस्तुरी चोवा। आँब जो ऊँच तौ हिरदै रोवाँ।२।
तेहि गुन अस भै जाँबु पियारी। लाई आनि माँझ कै बारी।३।
जल बाढ़ै ऊभै जो आई। हिय बाँकी अँबिली सिर नाई।४।
सो कस पराई बारी दूखी। तजै पानि धावहि मुँह सूखी।५।
उठै आगि दुई डार अभेरा। कौनु साथ तेहिं बैरी केरा।६।
जो देखी नागेसरि बारी। लाग मरै सब सुग्गा सारी।७।
जेहि तरिवर जो बाढ़ै रहै सो अपने ठाउँ।
तजि केसर औ कुंदहिं जाँउन पर अँबराउँ॥३६।३॥

(१) (नागमती।) 'हे पद्मावती, अनुकूल हो। तुमने इस शोभा की प्रशंसा की। जिस पर भौंरा लुभा जाय वही सचमुच फूल है। (२) जामुन काली है तो क्या, वह कस्तूरी जैसा रस चुआती है। आम देखने में ऊँचा है, पर उसके हृदय में रुदन भरा है। (३) अपने उस गुण के कारण जामुन ऐसी प्रिय लगती है कि उसे वाटिका के बीच में लाकर लगाया है। (४) जल बढ़ता है तो वह जामुन भी फूल आती है। किन्तु हृदय की टेढ़ी इमली सिर झुकाए रहती है। (५) वह दूसरे की बगीची को क्या दोष दे जो पानी के अभाव में स्वयं मुंह सूखी हो जाती है ? (६) जिन दोनों की डालें रगड़ने से आग उठती हो, उस बेर और केले को वाटिका में साथ न लगाना चाहिए। (७) जिसने नाग केसर (नागमती) की इस वाटिका को देखा वही स्पर्धा से मरने लगा कि यहाँ अनेक सुग्गे और सारिकाएँ भरी हैं।

(८) जो जिस वृक्ष के साथ बढ़ता है (या जिस वृक्ष को बढ़ाता है) वह अपने उसी स्थान में रहता है। (९) अतएव अपने केसर और कुंद को छोड़कर मैं दूसरे के बगीचे में नहीं जाती।'

(१) भँवर–पद्मावती ने कूट किया था कि नागमती की वाटिका में कमल नहीं है, अतएव भौंरा करील के फूल का रस लेता है, उसका उत्तर है कि फूल वही सुन्दर है जो भौंरे को लुभा ले।

(२) कस्तुरी चोवा–इसका यह भी अर्थ है कि जामुन कस्तूरी और चोवे के रंग के समान काली है।

(५) दूखी–धा० दूखना=दोष देना; या दुःख देना। उसे दूसरे की वाटिका ने क्यों दुःख दिया जो स्वयं पानी के विना मुँह सूखी रहती है।

बारी–(१) वाटिका; (२) जल; (३) बाला। वह दूसरे के बढ़े हुए जल को देखकर क्यों दुखी हुई जो पद्मावती रूप कमल स्वयं जल से विरहित होकर मुँह सूखी हो जाती है।

(६) अभेरा=रगड़, टक्कर, मुड़ भेड़।

बैरी=बेर। सं० बदर > प्रा० बयर > बयरि, बैरी। बेर और केले के स्वाभाविक विरोध के विषय में शिरेफ ने रहीम का एक दोहा उद्धृत किया है–कहु रहीम कैसे निभै बेर केर को संग। वे डोलत रस आपने उनके फाटत अंग।

(७) नागेसरि–(१) नागकेसर, (२) नागमती।

लाग=लाग डाँट, प्रतिस्पर्धा।

(९) जाँउन–जाउँ+न=नहीं जाती।

नागमती की वाटिका में कमल और आम नहीं हैं। वहाँ जामुन मुख्य है। इस छन्द में नागमती कई प्रकार से जामुन की प्रशंसा करती है।

[निन्दापरक अर्थ]

(१) तूने जो कहा कि इस वाटिका की शोभा कम है, यह मत तेरे अनुकूल है। पर मेरी दृष्टि में फूल वही है जो भौंरे को लुभा लेता है। (२) तू जामुन, कस्तूरी और चोवे के समान काली कलूटी है। जिस आम की तू निंदा करती है वह ऊँचा है तभी तो उसके हृदय में रोएँ हैं। (३) अपने उस काले रंग के गुण से ही तू प्रिय की ऐसी प्यारी बनी है कि उनकी आज्ञा को बीच में करके उसका उल्लंघन करती है। (४) जो किसीसे जलकर बढ़ती और ऊँचा उठती है, वह हृदय में कुटिल और स्वभाव से अनमिल होने के कारण सिर नीचा किए रहती है। (५) तू दूसरी बाला को क्या दोष देती है? यदि राजा तेरा हाथ छोड़ दे तो तू मुँह सूखी होकर भाग जाय। (६) दो तलवारों के टकराने से आग उठती ही है, इस लिये बैरी का साथ किस काम का? (७) तेरी बाटिका में जो साँपिन दिखाई पड़ी उसीसे वाटिका के सब सुग्गे और सारिकाएँ मरने लगीं।

(८) यह वाटिका ऐसी है कि इसमें जिस किसी तरह का जो वृक्ष बढ़ गया वही अपने स्थान पर जमा रहा। यह वाटिका क्या, जंगल है। (९) केसर और कुंद को छोड़कर केवल जामुन के बल पर तू आम्र वाटिका बनाना चाहती है।

(१) नीकि–फारसी लिपि में 'नेकु' पढ़ा जायगा। नैंक=कम।

(२) हिरदै रोवाँ–छाती में बाल हैं जो वीरता का लक्षण है।

(३) आनि–आन=आज्ञा। आज्ञा बीच में डालना, अर्थात् उसे काटकर पालन न करना। माँझ कै बारी=बीच में करके उसका वारण किया। अथवा कितनी बार पति की आज्ञा तू ने बीच में ही टाल दी। हीरामन सुग्गे के विषय में नागमती ने ऐसा ही किया था (तुलना, जो न कंत के आएसु माहाँ। कौनु भरोसु नारि कै नाहाँ। ८६।६; रहै जो पिय के आएसु औ बरतै होइ खीन। ९०।८)।

लाई–धा० लाना=काटना। लाई आनि–आज्ञा काट दी, आदेश का उल्लंघन किया।

(४) अँबिली=अनमिली, मेल से न रहने वाली।

(५) ऊभै–ऊभना=ऊँचे होना, उठना।

तजै–पानि=(१) जल, (२) हाथ। (कमल के पक्ष में) यदि जल तुझे छोड़ दे तो तेरा मुँह सूख जाय। नागमती और पद्मावती दोनों इसे एक दूसरे पर व्यङ्ग समझती हैं। नागमती विवाहिता है, पद्मावती को वह पाणिगृहीती (जिसे किसी प्रकार हाथ पकड़ कर रखैल कर लिया जाय, यस्याः कथंचित् पाणिर्गृह्यते) समझती है। उसका आशय है कि मैं विधिवत् विवाहित पट्ट महादेवी हूँ। तू कराव करके आई है। यदि राजा तेरा हाथ छोड़ देगा तो तू सूखा मुँह लेकर भाग जायगी। उधर पद्मावती की दृष्टि में वह स्वयं तो राजा की प्रेम पात्र है।

नागमती तो केवल पाणिग्रहण के उपचार से बंधी (पाणिगृहीता) है। यदि राजा उसका हाथ छोड़ देंगे तो वह चली जायगी।

(६) डार=तलवार का फल (शब्दसागर)। दो सौतों की स्थिति ऐसी है जैसे एक म्यान में दो तलवार। वे आपस में अवश्य टकराएँगी और उनसे आग पैदा होगी। इसलिए जो अपना वैरी हो उसका साथ करना ही न चाहिए।

(७) नागेसरि—फारसी लिपि में नागीसरि=नागीश्वरी, साँपिन। वाटिका में साँपिन का आना देखते ही शुक सारिकाओं की मृत्यु होने लगी। सुग्गे से नागमती का वैर था। उसकी वाटिका में सुग्गे के लिये मृत्यु थी।

(९) जाउँन पर अँबराउँ—अँबराउँ था आम्राराम तो आमों के सुन्दर फले हुए वृक्षों से बनता है। नागमती को जामुन से प्रेम है, आम से नहीं। इसी पर कूट है कि केवल जामुन के भरोसे तुम चाहती हो कि अमराई बन जाय।

वाक्यों में प्रसंग से वक्ता रूप में नागमती पद्मावती का अध्याहार कर लेना चाहिए।

[४३६]

तुम्ह अँबराँउ लीन्ह का चूरी। काहे भई नींबि बिख मूरी।१।
भई बैरि कत कुटिल कटैली। तेंदू कैथ चाहि बिगसैली।२।
नारँग दाख न तुम्हरी बारी। देखि मरहि जहँ सुग्गा सारी।३।
औ न सदाफर तुरुँज जँभीरा। कटहर बड़हर लौकी खीरा।४।
कँवल के हिय रोंवा तौ केसरि। तेहिं नहिं सरि पूजै नागेसरि।५।
जहँ केसरि नहिं उबरै पूँछी। बर पाकरि का बोलहिं छूँछी।६।
जो फर देखिअ सोइअ फीका। ताकर काह सराहिअ नीका।७।
रहु अपनी तैं बारी मों सौं जूझु न बाँझ।
मालति उपम कि पूजै बन कर सूझा खाझ॥३६।४॥

(१) [पद्मावती।] 'तुमने बगीचा लगाया, तो इसमें छिपाने की क्या बात है? उसमें विष की जड़ कड़वा नीम क्यों उत्पन्न हो गया? (२) उसमें टेढ़ी मेढ़ी और कटीली बेरी किस लिये उत्पन्न की गई? वह वाटिका तेंदू और कैथ से विकसित होना चाहती है। (३) तुम्हारी वाटिका में नारंग और दाख नहीं हैं। वहाँ सुग्गा सारी देखते ही क्यों मार दिए जाते हैं? (४) इसमें सदाफर, तुरंज और जंभीरी नींबू भी नहीं है। यहाँ कटहल, बड़हल के वृक्षों और लौकी खीरों की कैसी बहार है! (५) कमल के हृदय में रोयां है तो केसर भी है। नागकेसर उसकी बराबरी नहीं कर सकती। (६) जहाँ केसर है वहाँ गूलर की पूँछ नहीं होती। वहाँ बरगद और पाकर बिचारे क्या व्यर्थ में बक बक करें? (७) इस वाटिका में जो फल देखो वही हर्ष का कारण है। ऐसी बगीची को थोड़ा क्या सराहा जाय? (इसकी तो भरपूर प्रशंसा करनी चाहिए।)

(८) तुम अपनी वाटिका की सीमा में रहो। मुझसे व्यर्थ मत झगड़ो। (९) जंगल के छोटे खजहजे मालती के समान नहीं हो सकते।'

(१) का चूरी–फारसी लिपि में 'का चोरी' भी पढ़ा जायगा ।

(२) बिगसैली–विकास शील । सं० विकासिन् > प्रा० विआसिल्ल, विगसिल्ल > बिगसील, बिगसीली, बिगसैली ।

(३) नारंग, दाख–फलों के नाम भी हैं । बारी=बाला के पक्ष में नारंग=स्तन, दाख=अधर । नागमती क्रान्त वयस्का हुई, उसमें नारंग और द्राक्षा का भोग नहीं रहा ।
देखि मरहिं जहँ सुग्गा सारी–नागमती की वाटिका में सुग्गा सारी को देखते ही मारने का आदेश था । उसका हीरामन सुग्गे से वैर पड़ गया था (तुलना पंखि न राखिअ होइ कुभाखी । तहँ लै मारु जहाँ नहिं साखी । ८५।७) ।

(४) नागमती की वाटिका में तुरंज और जंभीरी नीबू हैं भी, तो वे सदा नहीं फलते ।

(५) नागमती ने आम के रोएँ पर कटाक्ष किया था (४३५।२) । पद्मावती कहती है कि कमल के भीतर भी बिस तन्तु होते हैं परन्तु उसका महत्त्व तो केसर से है । उसके मुकाबिले में नागकेसर (या नागमती) का कुछ मूल्य नहीं ।

(६) उँबरै–उदुम्बर । नागमती की वाटिका में गूलर, बड़, पाकर ऐसे पेड़ों का आदर है ।

(७) फीका–इसका सीधा अर्थ स्वाद रहित है जो निन्दासूचक है । देश्य फिक्कि=हर्ष (पासद्द०, पृ० ७७१; देशी० ६।८३) । जो फल देखिए उसीसे हर्ष होता है । इस वाटिका की तो भूरि भूरि प्रशंसा होनी चाहिए ।

(८) बाँझ–वन्ध्य, व्यर्थ ।

(९) खूझा खाझ–छोटे जंगली मेवे । क्षुद्र > खुद्द > खूद, खूझ । खाद्य > खज्ज > खाज, खाझ ।

[निन्दापरक अर्थ]

(१) तू खट्टी है । पति ने तेरा मर्दन करके क्या पाया ? (तेरी अमराई में पति को तोड़ने के लिये क्या मिला ?) विष की मूल तेरी नीवी के होने से उसने क्या लाभ पाया ? (२) हे बैरिन, तू ऐसी कुटिल कटीली क्यों हुई ? हे भेड़िए के स्वभाव वाली, तू क्या किसी तेंदुए को चाहती है (अथवा दो तीन पुरुषों को चाहती है) । (३) हे बाला, तेरे पास न रंग है, न मधु । सुग्गे जैसे श्रेष्ठ रसिक, तुझे देखते ही प्राण हीन हो जाते हैं । (४) तू कभी नहीं फलती (बाँझ) है । अथवा तेरे यहाँ तुरंज और जंभीरी जैसे खट्टे नीबू हैं वे भी सदा नहीं फलते । फलों में तेरे यहाँ कटहल बड़हल ही हैं । यह वाटिका क्या लौकी खीरों की पालेज है । (५) तेरे अनुसार कमल के हृदय में रोना है तो उसमें केसर भी तो है । तू नागी, उसकी तुलना नहीं करती । (६) जहाँ केसर नहीं है, वहीं गूलर की पूँछ होती है । तेरी वाटिका के वट और पाकर के वृक्ष व्यर्थ में क्या बोलें ? अथवा वे उदुम्बर तेरा बल पाकर व्यर्थ क्या कहें, उनमें अपना स्वाद या तत्त्व तो कुछ है नहीं । (७) यहाँ जो फल देखो वही फीका है । इसकी किस अच्छाई की सराहना की जाय ?

(८) हे बाला, तू अपने में रह । हे बाँझ, मुझ से मत लड़ । (९) तू जंगली घास फूस है । मालती से तेरी उपमा कहाँ ?

(१) अँब राँउ–अँब=आम, खट्टी । राँउ=रमण करने वाला पति । चूरी=चूर्णित या मर्दित करके ।
नींबि–नीम; अथवा नीवी=स्त्री के अधोवस्त्र का बन्धन ।

(२) बिगसैली–बिग=भेड़िया (सं० वृक > बिग; देश्य भाषाओं में भेड़िए के लिये यह चालू शब्द है) । बिग के शील या स्वभाव वाली ।
तेंदू=तेंदुआ नामक पशु । या, फारसी लिपि में 'तीन दो' पढ़ा जायगा ।
कैथ–सं० कदर्थ > प्रा० कयत्थ > कैथ=पीड़ित करना, हैरान करना । वृक स्वभाव की होने से तू कई पुरुषों को पीड़ित करना या निचोड़ना चाहती है ।

(३) सुग्गा सारी–सारी=सारग्राही, सार वाला । सुग्गे जैसे सार वाले रसिक प्रेमी से तुझमें नारंग और

दाख का अभाव देखकर प्राण छोड़ देते हैं ।
(४) न सदाफर–सदा नहीं फलती । वह वाटिका क्या है, लौकी खीरों की पालेज है, अथवा वहाँ कटहल बड़हल जैसे बेतुके और बेसवाद फल होते हैं ।

[४३७]

कँवल सो कवल सुपारी रोठा । जेहि के हिएँ सहस दुइ कोठा ।१।
रहै न झाँपे आपन गटा । सकति उघेलि चाह परगटा ।२।
कँवल पत्र दारिवँ तोरि चोली । देखसि सूर देसि हँसि खोली ।३।
ऊपर राता भीतर पियरा । जारौं वहै हरदि अस हियरा ।४।
इहाँ भँवर मुख बातन्ह लावसि । उहाँ सुरुज हँसि हँसि तेहि रावसि ।५।
सब निसि तपि तपि मरसि पियासी । भोर भएँ पावसि पिय बासी ।६।
सेजवाँ रोइ रोइ जल निसि भरसी । तूँ मोसौं का सरबरि करसी ।७।
सुरुज किरिन तोहि रावै सरवर लहरि न पूज ।
करम बिहून ए दूनौ कोउ रे धोबि कोउ भूँज ।।३६।७।।

(१) [नागमती ।] 'यह कैसा कमल है ! यह तो सुपारी की गुठली है । इसके हृदय में दो सहस्र कोठे हैं । (२) यह अपना बीज कोश ढक कर नहीं रहता । अपनी शक्ति दिखला कर प्रकट हो जाना चाहता है । (३) हे कमल, तेरी दाड़िम के समान लाल (या फटी हुई) पंखुड़ियाँ तेरी चोली हैं । तू सूर्य के सामने हँसकर अपना संपुट खोल देती है । (४) वह कमल ऊपर से लाल किन्तु भीतर से पीला है । जो हृदय हलदी जैसा पीला हो उसे जला दूँ, ऐसी इच्छा होती है । (५) एक ओर तू भौंरे को अपना मुख देकर बातों में लगाए रखती है । दूसरी ओर सूर्य से खिलखिला कर रमण करती है । (६) तू ग्रीष्म की सारी रात तो तप तप कर प्यासी मरती है । पावस में प्रातः काल बासी पति (ढका हुआ या मेघाच्छन्न सूर्य) तुझे प्राप्त होता है । (७) रात में तू रो रोकर आँसू रूपी ओस कणों से सारी सेज (पुरइन पत्रों को) भर देती है । तू मुझसे क्या समता करती है ?

(८) सूर्य किरणों से तुझे रमण कराता है । सरोवर की लहर से तेरा पूरा नहीं पड़ता । (९) ये दोनों ही कर्म विहीन हैं । कोई (सरोवर) तुझे धोता है, और कोई (सूर्य) तुझे भोगता है ।

(१) रोठा=रोड़ा, गुठली, कड़ी डली । ५५१ अ संख्यक प्रक्षिप्त छंद में सुपारी के रोठ या कड़ी गुठली का अर्थ स्पष्ट है (मुख सोंधिया जो रोठ सोपारी । सो सरौते कीन्ह दुइ फारी) । कमल के मध्य में जो कड़ा बीज कोश निकलता है उसे संस्कृत में वराटक भी कहते हैं, वह कौड़ी जैसे कड़े कमल गट्टों से भरा रहता है जो ठीक सुपारी की छोटी डली के समान कड़े और गोल होते हैं । सहस दुइ कोठा–कमल नाल के भीतर छेदों में जो अनन्त घर होते हैं उनकी ओर संकेत है ।

(२) गटा=कमलगट्टा, कमल का बीज। वह बीज ऊपर ही कोश में दिखाई पड़ जाता है। इसी पर आक्षेप है।

(३) पत्र=पंखड़ी। दारिवँ=अनार; या अवदारित, फटी हुई।

(५) इहाँ–पृथिवी पर। उहाँ–आकाश में।

(६) सब निसि–गर्मी की रातों में। पावसि=पाती हैं, या प्रावृष्, वर्षा में।

पिय बासी–बासी प्रियतम, भुक्त, निस्तेज, मेघाच्छन्न सूर्य। बासी=वस्त्र से आच्छन्न (वास=वस्त्र); अथवा, वास=वर्षाकाल (सं० वर्षा > प्रा० वरिस, वास, पासद्द०, पृ० ९४८)।

(७) सेजवाँ–कमल पुष्प के पक्ष में, पुरइन के पत्ते जो जल पर तैरते हुए सेज रूप जान पड़ते हैं। पद्मावती पक्ष में कमल के पत्तों से बनाई हुई सेज। खंडिता नायिका की सेज चित्रों में प्रायः कमल पत्रों से बनाई हुई दिखाई जाती है।

(८) सूर्य और सरोवर–नागमती का कटाक्ष है कि कमल को दो नायकों की आवश्यकता है, सूर्य और सरोवर की। सूर्य की किरण और सरोवर की लहर दोनों उसके जीवन के लिये आवश्यक हैं। दोनों अभागे हैं, एक उसका मार्जन करके तैयार करता है, चट दूसरा उसे भोग लेता है।

[निन्दापरक अर्थ]

(१) कमल (पद्मावती) का वन शोकप्रद है। उसमें से केवल सुपारी जैसा कड़ा फल मिलता है। उसके हृदय में हजारों भेद भाव के स्थान हैं। (२) वह अपना बीज गुप्त नहीं रख सकती। अपना यौवन दिखला कर पराया बीज चाहती है। (३) हे पद्मावती, तेरी चोली का कनक पत्र वस्त्र फटा है। अथवा उसमें स्तन रूप दाड़िम छिपे हैं। अथवा तू पातुर है। जहाँ तगड़ा पुरुष देखती है उन्हें हँस कर खोल देती है। अथवा जब तू सूर (शाह) को देखेगी अपनी चोली हँसकर खोल देगी। (४) ऊपर से लाल, भीतर से पीला तेरा हृदय हरजाई के समान जारों से मिला रहता है। (५) तू यहाँ (रात में) किसी रसिक प्रेमी से बातें करती है। वहाँ (दिन में) सूर्य या रत्नसेन से हँसकर लड़ मिलाती है। (६) रात में तू प्रियतम के लिये तपकर मरती है। प्रातः तू प्रियतम को अपने वश में पाती है। (७) तू रात भर रो रो कर आँसुओं से सेज भरती है। तू मुझसे क्या बराबरी करेगी? मैं रात को प्रिय के पास रहती हूँ।

(८) हे पद्मावती, सिंहल के मानसरोवर की लहर तेरे लिये पर्याप्त नहीं हुई। चित्तौड़ के सूर्य की किरण तुझे भली लगती है। (९) दोनों के भाग्य फूट गए। किसीने तुझे सोहाग दिया और कोई तुझे भोगता है।

(१) निन्दापरक अर्थ का लक्ष्य पद्मावती है।

सो कवन–कमल का वन भी लगाया जाय तो शोक के अतिरिक्त कुछ नहीं मिलता, क्यों कि उसमें फल नाम से केवल सुपारी जैसी गुठलियाँ निकलती हैं।

सहस दुइ कोठा–दो सहस्र छिद्र। या हँसकर वह अपने हृदय में दो कोठे रखती है। ऊपर के मन से कुछ और चाहती है, भीतर कुछ और।

(२) गटा=कमल गट्टा, बीज। पद्मावती को यौवन का ऐसा जोम है कि वह अपनी शक्ति को प्रकट रूप में कहकर दूसरे का बीज चाहती है।

(३) पत्र–यह कनक पत्र नामक वस्त्र जिसकी चोली बनाई गई थी। अथवा पत्र को फारसी लिपि में पतुर भी पढ़ा जायगा। नागमती पद्मावती को पातुर कहती है। अभी वह सूर्य (रत्नसेन) पर अनुरक्त है, भविष्य में किसी दूसरे शूर पुरुष (शाह अलाउद्दीन) के सामने अपनी चोली खोल देगी।

(४) जारौं–जला दूँ। अथवा जारौं=जारों के लिये।

(५) पद्मावती में पद्मिनी के गुण हैं। वह भ्रमर और सूर्य दोनों से प्रीति रखती है।

(६) भोर भएँ पावसि पिय बासी—रत्नसेन रात में नागमती के पास रहा (भै निसि नागमती पहँ आवा । ४२७।१) और प्रातः काल पद्मावती के पास आया (भोर भएउ जहँ पदुमिनि रानी । ४३०।१) । पिय बासी–प्रियतम को अपने बश में पाती है (सं० वश्य > प्रा० वस्स > बासि, बासी) या भुक्त भोगी बासी पति पाती है ।

(८) पद्मावती सिंहल के मानसरोवर में उत्पन्न पद्मिनी है । उस सरोवर की लहरें उसे तृप्त न कर सकीं । उसे सूर्य रूप रत्नसेन की आवश्यकता हुई ।

(९) कोउ रे धोबि कोउ भूँज–लोक में आचार है कि धोबी–धोबिन कन्या को पहले सोहाग देते हैं, फिर पति के साथ उसका विवाह होता है । ४३८।८ में धोबिन के धोने का उल्लेख है । धोबिन ऋतुमती कन्या के वस्त्रों को प्रथम बार लोकाचार पूर्वक धोती है, वही उसका सोहाग देना है । लोक कहानी के अनुसार सिंहलद्वीप की सोमना धोबिन ने राजा की कन्या को जिसकी चूनड़ी में वैधव्य दोष था, प्रथमबार सुहाग दिया था ।

[४३८]

अनु हौं कँवल सुरुज कै जोरी । जौं पिय आपन तौ का चोरी ।१।
हौं ओहि आपन दरपन लेखौं । करौं सिंगार भोर उठि देखौं ।२।
मोर बिगास ओहिक परगासू । तूँ जरि मरसि निहारि अकासू ।३।
हौं ओहि सौं वह मो सौं राता । तिमिर बिलाइ होत परभाता ।४।
कँवल के हिरदै मँह जौं गटा । हरिहर हार कीन्ह का घटा ।५।
जाकर देवस ताहि पै भावा । कारि रैनि कत देखै पावा ।६।
तूँ उँबरी जेहिं भीतर माँखा । चाँटिहि उठे मरन कै पाँखा ।७।
धोबिनि धोवै बिख हरै अंबित सौं सरि पाव ।
जेहि नागिनि डसु सो मरै लहरि सुरुज कै आव ।।३६।८।।

(१) [पद्मावती ।] 'हे नागमती, तुम अनुकूल हो । मैं कमल हूँ । सूर्य से मेरी जोड़ी है । जब प्रिय अपना है तो उसके साथ रमने में चोरी क्या ? (२) मैं उसे अपना दर्पण समझती हूँ । प्रातःकाल सिंगार करके पहले उठकर उसके दर्शन करती हूँ । (३) उसके प्रकाश से ही मेरा विकास होता है । तू तो आकाश की ओर देख जल मरती है । (४) मैं उसमें और वह मुझमें अनुरक्त है । उसके चमकते ही अंधकार हट जाता है । (५) कमल के हृदय में जो गटा है, तो विष्णु और शिव भी उसका हार धारण करते हैं । उसका क्या घट गया ? (६) जिसका दिन से संबंध है उसे दिन ही अच्छा लगता है । वह काली रात देखने का अवसर क्यों पावे ? (७) तू गूलर का फल है । तभी तो तेरे भीतर मक्खियाँ (या माख) है । उस गूलर की चीटियों में मरने से पहले पंख निकल आते हैं ।

(८) धोबिन जो कमल को धोती है, वह उसका विष हरती है कि जिससे वह अमृत की तुलना पा सके । (९) तू नागिन जिसे डस लेती है वह मर जाता है और उसे सूर्य की लू लगने जैसी विष की लहर आती है ।'

(१) नागमती ने कमल पर जो आक्षेप किए, इस छन्द में पद्मावती उनका उत्तर देती है। नागमती सूर्य (रत्नसेन) को अपना पति मानती है और उसके साथ पद्मावती के विलास को आक्षेप योग्य समझती है। पद्मावती कहती है कि रत्नसेन उसका भी विवाहित पति है, उसके साथ रमण करने में चोरी की क्या बात है।

(२) नागमती ने कहा कि भोर होने पर पद्मावती को बासी पति मिलता है। इसका उत्तर है कि मेरे लिये पति दर्पण है। प्रातःकाल मैं जैसे सोलह सिंगार करके खिलती हूँ वैसे ही वह भी सहस्र किरण से स्वरूपवान् होता है, उसके बासी या तेजहीन होने का प्रश्न ही नहीं है। उसीके प्रकाश से मैं खिलती हूँ और मेरा प्रतिबिम्ब उसमें पड़ता है।

(४) तिमिर बिलाइ–तुझे रात का अँधेरा अच्छा लगता है, पर मैं जब पति के पास होती हूँ तो अंधकार टूट जाता है।

(५) कमल के हृदय में गट्टे या बीज होने का क्या दोष जब उन कमलगट्टों की माला हरिहर तक पहनते हैं। कमलगट्टों को छेदकर देवता के लिये माला बनाई जाती है। इससे कमल की महिमा घटी नहीं, बढ़ी।

(६) पद्मावती का कथन है कि मुझे दिन प्रिय है, काली रात तेरे लिये है, मुझे वह क्यों देखनी पड़े। इसीलिए भोर होने पर मुझे पति मिलते हैं।

(७) ऊँबरी–गूलर का छोटा फल। सं० उदुम्बर > प्रा० उंबर > ऊँबर। पद्मावती ने कहा है कि नागमती की वाटिका में उदुम्बर का सम्मान है (४३६।६)। उदुम्बर के मशक की भाँति तेरे भी मरने से पहले पंख निकले हैं जो ऐसी बातें करती है।

माँखा–मक्षिका; (२) माँख या अमर्ष, क्रोध।

(८) नागमती ने कमल के धोने का जो उल्लेख किया है उस पर पद्मावती का उत्तर है कि उस धोने से ही कमल का विष धुल जाता है और उसमें अमृत जैसा मधु संचित होता है।

(९) पद्मावती का उत्तर है कि मैं तो सरोवर की लहर ही लेती हूँ, पर तुझ नागिन के डसने से विष की ऐसी झार आती है जैसे सूर्य की लहर।

शुक्ल जी की प्रति में ३६।५, ३६।६ दोहे ३६।७, ३६।८ से पहले हैं। यहाँ गुप्तजी का पाठ क्रम है।

[४३९]

जौं कटहर बड़हर तौ बड़ेरी। तोहि असि नाहिं जो कोका बेरी ।१।
स्यामि जानु मोर तुरुँज जँभीरा। करुई नींबि तौ छाँह गँभीरा ।२।
नरियर दाख ओहि कहँ राखौं। गलि गलि जाउँ न सौतहिं भाखौं ।३।
तोरें कहें होइ मोर काहा। फर बिनु बिरिख कोइ ढेल न बाहा ।४।
नवै सदा फर सो नित फरई। दारिवँ देखि फाटि हिय मरई ।५।
जैफर लौंग सुपारी हारा। मिरिचि होइ जो सहै न पारा ।६।
हौं सो पान रँग पूज न कोउ। बिरह जो जरै चून जरि होऊ ।७।
लाजन्ह बूड़ि मरसि नहि ऊभि उठावसि माँथ।
हौं रानी पिउ राजा तो कहँ जोगी नाथ ॥३६।५॥

(१) [नागमती।] 'यदि मेरी वाटिका में कटहल और बड़हल के वृक्ष हैं तो यह उसकी बड़ाई है। वह तेरे जैसी नहीं है जो कोकाबेली है। (२) मेरे यहाँ जो तुरंज और

जंभीर हैं मेरे स्वामी उनका स्वाद जानते हैं। यहाँ यदि कड़वी नीम है तो उसकी गंभीर छाया वाटिका को मिलती है। (३) मैं अपने नारियल और द्राक्षा को केवल स्वामी के लिये सुरक्षित रखती हूँ। गलगल और जामुन सौत से नहीं बताती हूँ (अथवा चाहे गलगल कर नष्ट हो जाऊँ सौत से बोलना नहीं चाहती)। (४) तेरे कहने से मेरा क्या बिगड़ता है? विना फले वृक्ष पर कोई ढेला नहीं चलाता (मेरी वाटिका फली है तभी तू व्यङ्गय कर रही है)। (५) जो सदाफल झुकता है वह नित्य फलों से लदा रहता है। किन्तु दाड़िम उसे देखकर हृदय फटने से मर जाता है। (६) इस वाटिका में जो जायफल, लौंग और सुपारी हैं उनका हाल जो नहीं सह सकता वह मिर्च के समान हो जाता है। (७) मैं वह पान हूँ जिसके रंग की तुलना में कोई नहीं है। किन्तु जो तेरे समान विरह में जलता भुनता है वह भले ही जलकर चूना बन जाय।

(८) अब भी तू लज्जा से डूबकर नहीं मरती? उलटे ऊँची होकर मस्तक उठाती है। (९) मैं रानी हूँ, मेरे प्रियतम राजा हैं। तेरे लिये तो वह जोगी और नाथ ही है।'

(१) बडेरी=बड़ी। बृहत्तर > अप० बड्डयर > बडेर+अ=बड़ेरा, बड़ेरी।
कोका बेरी=कोका बेली, कुमुदिनी, कमलिनी की जाति का एक फूल।
कोका=धाय की संतान। तू बेरी वृक्ष की धाय सन्तति है, या भाई बहिन की भाँति उसके निकट है।

(२) स्यामि-स्वामी, अथवा श्याम वर्ण की साँवली।
तुरुँज जँभीरा-दो प्रकार के नीबू, यहाँ दोनों स्तन।

(३) गलिगलि-गलगल नामक नीबू। अथवा, गलगल कर।
जाउँन=जामुन। जाउँन-चाहे गल जाऊँ सौत से न बोलूँगी।

(४) फर बिनु बिरिख-पद्मावती का कटाक्ष रूप ढेला चलाना ही सिद्ध करता है कि नागमती की वाटिका सुफल है। इस पंक्ति का पाठ मनेर की प्रति में यह है-फरे बिरिख को ढेल न बाहा।

(६) पद्मावती ने कहा था कि कमलगट्टे का हार शिव विष्णु पहनते हैं; सो नागमती कहती है कि हार तो जायफल, लौंग और सुपारी का भी बनता है। अथवा उसकी वाटिका में फले हुए जायफल लौंग सुपारी को जो नहीं सह सकता वह मिर्च के समान काला चरपरा होगा।

(८) पद्मावती ने कहा था कि नागमती में मरण पंख निकल रहे हैं। नागमती कहती है कि तू जिस सरोवर में लहर लेती है उसी में लज्जा से डूब क्यों नहीं जाती। तू नाथ जोगी की पत्नी होकर भी मस्तक ऊँचा करती है।

[४४०]

हौं पदुमिनी मानसर केवा। भँवर मराल करहिं निति सेवा।१।
पूजा जोग दैंय हौं गढ़ी। मुनि महेस के माँथें चढ़ी।२।
जानै जगत कँवल कै करी। तोहि असि नाहिं नागिन बिखभरी।३।
तूँ सब लेसि जगत के नागा। कोइलि भइसि न छाँड़सि कागा।४।

तूँ भुँजइलि हौं हंसिनि गोरी। मोहि तोहि मोंति पोति कै जोरी।५।
कंचन करी रतन नग बना। जहाँ पदारथ सोह न पना।६।
तूँ रे राहु हौं ससि उजियारी। दिनहि कि पूजै निसि अँधियारी।७।
ठाढ़ि होसि जेहि ठाइँ मसि लागै तेहि ठाउँ।
तेहि डर राँध न बैठौं जनि साँवरि होइ जाउँ ॥३६।६॥

(१) [पद्मावती।] 'मैं पद्मिनी मानसर की कमलिनी हूँ। भौंरे और हंस नित्य मेरी सेवा करते हैं। (२) विधाता ने मुझे पूजा के योग्य बनाया है। मैं मुनियों के और शिव के मस्तक पर चढ़ती हूँ (अथवा मुनियों द्वारा शिव के मस्तक पर चढ़ाई गई हूँ)। (३) मुझे सारा संसार कमल की कली के रूप में जानता है। मैं तेरे जैसी विषभरी साँपिन नहीं हूँ। (४) तू संसार भर के नागों से सम्बन्ध रखती है। ऊपर से कोयल का रूप रखकर भी तू कौवों को नहीं छोड़ती। (५) तू काली भुजंग है। मैं गोरी हंसिनी हूँ। मैं मोती और तू काँच के पोत की जोड़ी है। (६) सोने की कली बनाकर उसमें माणिक्य रत्न लगाया गया हो, तो उसमें हीरा जैसा सुशोभित होगा, पन्ना नहीं। (७) तू राहु है, मैं उज्ज्वल शशि हूँ। क्या रात की अँधेरी दिन की बराबरी कर सकती है ?

(८) तू जहाँ खड़ी होती है उस स्थान में भी स्याही लग जाती है। (९) इसी डर से मैं तेरे पास नहीं बैठती कि कहीं साँवली न हो जाऊँ।'

(१) केवा=कमल (२३६।४, २७४।५, ३०५।५, ३७२।६ ५७०।१)।
(२) मुनि—ऋषि या सप्तर्षि।
(४) कोइलि भइसि न छाँड़सि कागा—कोयल होकर भी कौवों का साथ नहीं छोड़ती। संस्कृत में कोयल परभृत कही गई है क्यों कि कौवे उसके बच्चों का पोषण करते हैं।
(५) भुँजइलि—भुजंगा पक्षी की मादा।
पोति=काँच का मोती या बहुत छोटी गुरिया।
(६) कंचन करी—जायसी की यह कल्पना सुनारों के जड़ाऊ अलंकरण से ली गई है। सोने की अध-खिली कली बनाकर उसमें चारों ओर माणिक्य का जड़ाव करते थे फिर बीचों बीच में हीरा लगाते थे। माणिक्य के साथ पन्ने का जड़ाव शोभाप्रद नहीं समझा जाता था। इसी पर पद्मावती की उक्ति है कि नागमती रूपी पन्ने का रत्नसेन रूपी माणिक्य के साथ वैसा मेल नहीं जैसा पद्मावती रूपी हीरे का (३१६।५)।
(९) राँध=पास (१८१।६, २४०।१)।

[४४१]

फूलु न कँवल भान के उएँ। मैल पानि होइहि जरि छुएँ।१।
भँवर फिरहिं तोरे नैनाहाँ। लुबुध बिसाँइधि सब तोहि पाहाँ।२।
मंछ कच्छ दादुर तोहि पासा। बग पंखी निसि बासर बासा।३।
जो जो पंखि पास तोहि गए। पानी महँ सो बिसाँइधि भए।४।

सहस बार जौं धोवै कोई । तबहुँ बिसाँइधि जाइ न धोई ।५।
जौं उजियार चाँद होइ उई । बदन कलंक डोवँ कै छुई ।६।
औ मोहि तोहि निसि दिन कर बीचू । राहु के हाथ चाँद कै मीचू ।७।
काह कहौं ओहि पिय कहँ मोहि पर धरेसि अँगार ।
तेहि के खेल भरोसें तुइँ जीता मोरि हार ॥३६।९॥

(१) [नागमती ।] 'हे कमल, सूर्य के उदय से मन में फूल मत जा । सूर्य के छूने से ही जलकर पानी सूख जायगा और मैला हो जायगा । (२) जो भौंरे तेरे नेत्रों के समान चंचल थे वे बिसाँयध या कमल गंध की लालच से तेरे पास आते थे । (३) मछली, कछुए और मेंढक भी उस सरोवर में तेरे साथ रहते हैं । बगुले और पक्षी भी रातदिन उसमें बसते हैं । (४) जो जो पक्षी तेरे सम्पर्क में आए वे उस सूखते जल में सड़ते हुए कमल की गंध से भर गए । (५) कमल की गंध को कोई हजार बार भी धोवे पर वह धोने से नहीं जाती । (६) तू उज्ज्वल चाँद की तरह दीखती थी किन्तु तेरे मुख पर कलंक है मानो तुझे डोम ने छू दिया हो । (७) मेरे और तेरे बीच में रात और दिन का अंतर है । राहु के हाथ चन्द्रमा की मृत्यु निश्चित है ।

(८) उस प्रियतम के लिये मैं क्या कहूँ जिसने तेरे जैसी सौत लाकर मेरे हृदय पर अंगार रख दिया । (९) उसीके खेल के भरोसे तेरी जीत हुई और मैं हारी (या तूने मेरा हार जीत लिया)।'

(१) फूल न-घमंड मतकर ।
जरि छूएँ-तेरी जड़ छूने से हाथ मैला हो जायगा अथवा सूखता हुआ पानी जड़ तक पहुँचकर मैला हो जाएगा ।

(२) बिसाँइधि-कमल के सड़ने की गंध । सं० बिसगंध > बिसयंध > बिसाँइधि ।

(६) डोवँ कै छुई-डोम की छुई हुई । लोक विश्वास है कि चंद्रमा डोमों का ऋणी है । वे अपना ऋण चुकाने के लिये उसे घेरते हैं तब ग्रहण लगता है (पं० रामचन्द्र शुक्ल) । पद्मावती शशि रूप है । इसी कारण नागमती व्यङ्ग्य करती है कि तू डोमों से छुए जाने के कारण कलंकित है ।

[४४२]

तोर अकेल जीतेउँ का हारू । मैं जीता जग केर सिंगारू ।१।
बदन जीतेउँ जो ससि उजियारी । बेनी जीतेउँ भुअंगिनि कारी ।२।
लोयन जीतेउँ मिरिग के नैना । कंठ जीतेउँ कोकिल के बैना ।३।
भौंह जीतेउँ अर्जुन धनुधारी । गीवँ जीतेउँ तँवचूर पुछारी ।४।
नासिक जीतेउँ पुहुप तिल सूवा । सूक जीतेउँ बेसरि होइ उवा ।५।
दामिनि जीतेउँ दसन चमकाहीं । अधर रंग रबि जीतेउँ सबाहीं ।६।
केहरि जीति लंक मैं लीन्हा । जीति मराल चाल ओइ दीन्हा ।७।

पुहुप बास मलयागिरि जीतेउँ परिमल अंग बसाइ ।
तूँ नागिनि मोरि आसा लुबुधी मरसि कि हिरकौं जाइ ॥३६।१०॥

(१) [पद्मावती ।] 'तेरे अकेले का ही हार मैंने नहीं जीता बरन् सारे संसार का सिंगार मैं जीत चुकी हूँ। (२) अपने मुख की शोभा से मैंने उज्ज्वल चंद्रमा को जीत लिया । अपनी वेणी से काली भुजंगिनी को जीत लिया । (३) अपने चंचल नेत्रों से मृगों के नेत्रों को जीत लिया । अपने मधुर कंठ से कोयल की वाणी को जीत लिया । (४) अपनी भौंहों से धनुर्धारी अर्जुन को जीत लिया । अपनी ग्रीवा से कुक्कुट और मयूर को जीत लिया । (५) अपनी नासिका से तिल के फूल और सुग्गे को जीत लिया । मैंने शुक्र को जीत लिया तो वही मेरी नाक का बेसर बनकर चमक रहा है। (६) अपने दाँतों की चमक से मैंने बिजली को जीत लिया । अधरों के रंग से प्रातः-काल के सूर्य को जीत लिया । (७) मैंने सिंह को जीत कर उसका कटि प्रदेश छीन लिया और हंस को जीतकर उसे अपनी चाल दे दी ।

(८) मेरे अंगों में जो परिमल है उससे मैंने पुष्पों की सुगंध और मलयगिरि चंदन को जीत लिया । (९) तू नागिनी इस आशा में लुभाई मरती है कि तू मेरे शरीर में आकर लिपट जाय।'

(९) हिरकौं=धातु हिरकना=पास आना, सटना, चिपटना । मनेर की प्रति में हिरकौं है। अर्थ की संगति से वही यहाँ रक्खा गया है ।

[४४३]

का तोहि गरब सिंगार पराएँ । अबहीं लेहिं लूसि सब ठाएँ ।१।
हौं साँवरि सलोनि सुभ नैना । सेत चीर मुख चात्रिक बैना ।२।
नासिक खरग फूल धुव तारा । भौंहैं धनुक गँगन को पारा ।३।
हीरा दसन सेत औ स्यामा । छपै बिज्जु जौं बिहँसै रामा ।४।
बिद्रुम अधर रंग रस राते । जूड़ अमीं अस रबि परभाते ।५।
चाल गयंद गरब अति भरी । बिसा लंक नागेसरि करी ।६।
साँवरि जहाँ लोनि सुठि नीकी । का गोरी सरबरि कर फीकी ।७।

पुहुप बास हौं पवन अधारी कँवल मोर तरहेल ।
जब चाहौं धरि केस ओनावौं तोर मरन मोर खेल ॥३६।११॥

(१) [नागमती ।] 'पराए श्रृंगार पर तू क्या गर्व करती है ? यह शोभा जिनकी है वे अब ही उसे सब स्थानों से लूट ले जाएँगे । (२) साँवली होते हुए भी मैं सुन्दरी हूँ जिसके अपने सुन्दर नेत्र हैं, जिसके शरीर पर श्वेत वस्त्र है और जिसके मुख में चातक के समान

'पिउ पिउ' की बोली है। (३) तेरी नासिका केवल तिल पुष्प की भाँति थी, मेरी खड्ग के समान है। तेरा नाक का फूल शुक्र जैसा था, मेरा ध्रुव नक्षत्र के तुल्य है। तेरी भौंहों ने अर्जुन का धनुष जोता था, मेरी भौंहों की तुलना आकाश का इन्द्र धनुष भी नहीं कर सकता। (४) तेरे दाँतों की ज्योति बिजली के समान थो, किंतु मेरे दाँत हीरे-से श्वेत हैं जिनके बीच में मिस्सी की श्यामता है। जब मैं हँसती हूँ, बिजली भी छिप जाती है। (५) तेरे अधर की लाली प्रातःकालीन सूर्य के समान थी, किन्तु मेरे अधर के रंगोन रस से विद्रुम लाल हुए हैं। वे अमृत के समान ठंडे और प्रातः सूर्य के समान अरुण हैं। (६) तेरी चाल हंस के समान थी, मेरी चाल गजेन्द्र के समान गर्व से भरी हुई है। तेरी कटि सिंह के समान थी, मेरा मध्य भाग बर्रं के समान क्षीण है। (७) साँवली होने पर भी जो अत्यन्त सुन्दरी और गुणवती है उसकी बराबरी रस हीन केवल गोरी क्या करेगी ?

(८) मैं वायु के समान केवल पुष्पों की सुगंध के आधार से रहती हूँ। हे कमल, तू सब प्रकार मुझसे घट कर है। (९) जब चाहूँ तुझे केश पकड़ कर मँगवा लूँ। मेरा खेल तेरा मरण हो सकता है।'

(१) लूसि–सं० लूषय् > प्रा० लूस=चुराना, बलपूर्वक छीन लेना।
ठाएँ–स्थान > प्रा० ठाय (पासद्द०, पृ० ४६१) > ठाँय। जिन जिन की शोभा छीन कर अपने अंगों में रक्खी है वे शीघ्र ही सब स्थानों से लूट ले जाएँगे।

(२) चात्रिक बैना–३४२।७, को मिलाव चात्रिक कै भाखा।

(३) धनुक गँगन–आकाश का धनुष, इन्द्र धनुष। नागमती का संकेत है कि तेरी भौंहों ने अर्जुन के धनुष को, पर मेरी भौहों ने उसके पिता इन्द्र के धनुष को जीत लिया।

(६) बिसा=बर्रं (११६।३, १६६।३)।

(८) तरहेल=अधीन, मातहत, पराजित (चित्रावली ३५१।६, सागर सदा मोर तरहेलू। कौन जगत जो अग्या पेलू)।

[४४४]

पदुमावति सुन उतर न सही। नागमती नागिन जिमि गही।१।
ओइँ ओहि कहँ ओइँ ओहि कहँ गहा। गहा गहनि तस जाइ न कहा।२।
दुऔ नवल भर जोबन गाजीं। अछरीं जानु अखारें बाजीं।३।
भा बाँहनि बाँहनि सौं जोरा। हिया हिया सौं बाग न मोरा।४।
कुच सौं कुच जौं सौंहें आने। नवहिं न नाए टूटहिं ताने।५।
कुंभ स्थल जेउँ गज मैमंता। दूनौ अल्हर भिरे चौदंता।६।
देव लोक देखत मुए ठाढ़े। लागे बान हियँ जाहिं न काढ़े।७।
जानहुँ दीन्ह ठग लाड़ू देखि आइ तस मींचु।
रहा न कोइ धरहरिया करै जो दुहुँ महँ बीचु ॥३६।१२॥

(१) उसे सुनकर पद्मावती ने कुछ उत्तर न दिया। उसने नागिन की भाँति

नागमती को पकड़ लिया। (२) उसने उसको पकड़ा और उसने उसको पकड़ लिया। उस गुत्थमगुत्था का मैं किस प्रकार वर्णन करूँ? (३) वे दोनों नवल वय की थीं और भर यौवन में गरज रही थीं, मानों दो अप्सराएँ अखाड़े में उतरी हों। (४) पहले दोनों की बाहों का बाहों से मिलान हुआ। फिर हृदय ने दूसरे के हृदय से टक्कर ली। कोई बाग मोड़कर हटती न थी। (५) सामने लाकर कुचों से कुच भिड़ा दिए। उनके बन्द टूट गए पर वे झुकने का नाम न लेते थे। (६) जैसे दो मैमन्त और अल्हड़ हाथी अपने कुंभस्थलों को टकराकर चौदन्त भिड़ जाते हैं, ऐसे ही वे दोनों भिड़ गईं। (७) देवता लोग प्राण शून्य की तरह स्तम्भित हो खड़े देखने लगे। इन्हें देखकर उनके हृदय में जो काम बाण लगे वे निकाले नहीं जाते।

(८) जैसे किसी ने उन्हें ठगलड्डू खिला दिए हों, इस प्रकार उनकी मृत्यु निकट आई दीख पड़ी। (९) कोई ऐसा धरहरिया न था जो दोनों में बीच बचाव करता।

(१) न सही–न सह सकी। नागमती का उत्तर सुनकर उसे न सह सकी। अथवा, सहना=कहना (४३३।१)। पद्मावती ने वे तीखे वचन सुनकर उत्तर में कुछ न कहा।

(२) गहागहनि–आपस में पकड़ा पकड़ी, गुत्थमगुत्था।

(३) अछरीं जानु अखारें बाजी–अखाड़े या रंगभूमि में उतरकर दो अप्सराओं का आपसी लाग डाँट से एक साथ नृत्य करना मध्यकाल के नृत्य की विशेषता थी। इसके कितने ही चित्र मुगलकला में मिलते हैं। शरीर की लोच, अंगों की मोड़-तोड़, बाहों के फिराने और जोड़ने, एवं अनेक प्रकार से नृत्य की मुद्राएँ प्रदर्शित करने में वे अद्भुत फुर्ती का परिचय देती थीं और दोनों आपस की स्पर्धा से ताल मिलाकर नाचती थीं। उसी ओर जायसी का संकेत है। किशनगढ़ के चित्र संग्रह में सुरक्षित चित्र में इन दो अप्सराओं को उर्वशी और तिलोत्तमा कहा गया है।

(४) बाग न मोरा–आमने-सामने से हटतीं न थीं।

(५) ताने=डोरे, कसनी या चोली के बंद।

(६) अल्हर=नई आयु के, पट्ठे।

चौदंत–दो हाथियों की आमने-सामने मुठभेड़ जिसमें उनके दाँत गुथ जाँय चौदंत भिड़ना कहलाता है (फीलहि फील ढुकावा भए दुवौ चौदंत। ५६७।८)।

[४४५]

पवन स्रवन राजा के लागा। लरहिं दुऔ पदुमावति नागा।१।
दूऔ सम साँवरि औ गोरी। मरहिं तो कहँ पावसि असि जोरी।२।
चलि राजा आवा तेहि बारीं। जरत बुझाइ दूनौ नारीं।३।
एक बार जिन्ह पिउ मन बूझा। काहे कौं दोसरे सौं जूझा।४।
अैस ज्ञान मन जान न कोई। कबहूँ राति कबहुँ दिन होई।५।
धूप छाँह दुइ पिय के रंगा। दूनौं मिली रहहु एक संगा।६।
जूझब छाँड़हु बूझहु दोऊ। सेव करहु सेवाँ कछु होऊ।७।

तुम्ह गंगा जमुना दुइ नारी लिखा मुहम्मद जोग ।
सेव करहु मिलि दूनहुँ औ मानहु सुख भोग ॥३६।१३॥

(१) उड़ती हुई हवा राजा के कान तक पहुँची कि पद्मावती और नागमती दोनों लड़ रही हैं। (२) राजा ने सोचा, 'साँवरी और गोरी तुम्हारे लिये दोनों का पद समान है। वे मर गईं तो ऐसी जोडी कहाँ मिलेगी ?' (३) राजा चलकर उस वाटिका में आया और क्रोध में भरी हुई उन दोनों बालाओं को समझाने लगा (जलती हुई दोनों को बुझाया)। (४) 'जिन्होंने एक बार पति का मन समझ लिया है, वे एक दूसरे से क्यों जूझेंगीं ? (५) सच्चा ज्ञान इस प्रकार है। कोई उसे मन में नहीं जानता। कभी रात होती है, कभी दिन होता है। (६) धूप और छाँह दोनों ही प्रियतम के रंग हैं। दोनों एक साथ मिलकर रहो। (७) लड़ना छोड़ो और दोनों समझो। सेवा करो और सेवा से ही कुछ प्राप्त करो।

(८) [मुहम्मद–] तुम दोनों गंगा जमुना के समान हो। तुम्हारे लिये परस्पर योग या संगम लिखा है। (९) दोनों मिलकर सेवा करो और सुख भोग करो।'

[योग पक्ष]

(१) प्राण ने आत्मा के कान में कहा,–'कुंडलिनी षट् पद्मों की शक्ति पद्मावती और नागी दोनों लड़ रही हैं। (२) एक साँवरी है, दूसरी गोरी है, किन्तु दोनों समान पद की हैं। यदि दोनों में से एक भी निष्प्राण हो गई तो फिर ऐसी जोड़ी कहाँ मिलेगी ? (३) यह सुनकर आत्मा या हंस ने आकर उन दोनों को रोका और इड़ा–पिंगला दोनों नाड़ियों का जारण करके (दोष पचाकर) उन्हें बुझाया या शान्त किया। (४) यदि दोनों नाड़ियों ने क्रौन्च-द्वार (एक बार) पहुँचकर सुषुम्णा को पहिचान लिया है, तो वे एक दूसरे से क्यों लड़ेगीं ? अथवा, एक बार भी यदि दोनों नाड़ियों ने सुषुम्णा को जान लिया है, अथवा एक बार भी यदि उन्होंने प्राण और मन को समझ लिया है तो उनमें विरोध कहाँ रहेगा ? (५) सुषुम्णा का ऐसा ज्ञान किसी को नहीं होता। अतएव वह कभी रात और कभी दिन का अनुभव करता है अर्थात् कभी चन्द्र या इड़ा और कभी सूर्य या पिंगला में रत रहता है। (६) धूप और छाँह दोनों में प्रिय का रंग है। दोनों नाड़ियों को मिलकर साथ रहना चाहिए। (७) परस्पर विरोध छोड़कर दोनों शान्त हो। दोनों सेवा करो और सेवा से कुछ प्राप्त करो।

(१) पवन=प्राण वायु। राजा=आत्मा।
पदुमावति=पद्मिनी या कमलिनी। षट् चक्रों की शक्ति।
नागा=नागिनी, कुण्डलिनी। मूलाधार की शक्ति जो क्रम से प्रत्येक चक्र में उस चक्र की शक्ति से मिलकर ऊपर उठती हुई अन्त में शिव तत्त्व तक पहुँचती है।

(२) साँवरि=पिंगला नाड़ी या यमुना, जिसका रंग साँवला माना जाता है।
गोरि=इड़ा नाड़ी या गंगा, जिसका रंग सफेद है।
मरहिं=प्राण रहित होना, प्राण शून्य रहना।

(३) राजा=जीव, हंस और प्राण के लिये निर्गुण सम्प्रदाय में राजा संकेत हैं (बर्थ्वाल, निर्गुण स्कूल आव पोइट्री, पृ० २७०)।
तेहि बारीं=उनके द्वारों पर अर्थात् इड़ा और पिंगला दोनों के पृथक् मार्ग या केन्द्र चक्रों में।

जरत–जारण करना=जीर्ण करना, पचाना, प्राण के मल और दोषों को शुद्ध करना (बर्थ्वाल वही, पृ० २७१)।
बुझाई=शान्त किया, प्रबोधित किया।

(४) एक बार–बार=द्वार। 'एक द्वार' वह रन्ध्र है जिसमें से होकर दोनों नाड़ियाँ मस्तिष्क में प्रवेश करती हैं। पाँचवें विशुद्धि चक्र के बाद यह रन्ध्र आता है। अँग्रेजी में इसे मेगनम फोरेमिन अर्थात् महारन्ध्र कहते हैं। संस्कृत में इसीका नाम क्रौंच रन्ध्र है क्यों कि इस रन्ध्र में सुषुम्णा या केन्द्रीय नाड़ी जाल कुछ तिरछा होकर प्रवेश करता है। यहाँ से आगे दो चक्र और माने जाते हैं एक आज्ञा चक्र ओर दूसरा सहस्रार चक्र, जिसे सहस्रदल कमल भी कहते हैं। मस्तिष्क में इसके ऊपर विदृति-द्वार होता है, जिसे ब्रह्मरन्ध्र भी कहते हैं। क्रौन्च-रन्ध्र से विदृति द्वार तक दोनों नाड़ियाँ मिलकर सुषुम्णा में लीन हो जाती हैं। जायसी का तात्पर्य यही है कि यदि सुषुम्णा को उस क्रौंच द्वार के क्षेत्र में एक बार समझ लिया जाय तो फिर इड़ा पिंगला का पार्थक्य या विरोध नहीं रहता।

पिउ मन–इसका अर्थ प्रियमणि अर्थात मणिपद्म या सहस्रार दल कमल और सुषुम्णा (सुखमन) दोनों ही सम्भव हैं। मन को फारसी लिपि में मनि भी पढ़ सकते हैं, जिसका अर्थ होगा बिन्दु, शुक्र या रेत। उस पक्ष में चौपाई का अर्थ होगा–जिसने एक द्वार अथवा ब्रह्माण्ड चक्र में अपने बिन्दु को शान्त कर लिया है, वह फिर कामुक बनकर स्त्री में लिप्त नहीं होता। योग का सिद्धान्त है कि जब साधक विशुद्धि चक्र या आकाश तत्वं से ऊपर उठ कर आज्ञा चक्र में पहुँच जाता है तब साधना मार्ग से पुनः विचलित नहीं होता। उसका बिन्दु या मणि प्रबुद्ध या शान्त बन जाती है वह फिर स्वप्न में भी स्खलित नहीं होता। पिउ मन इन दो शब्दों को अलग अलग लेने से अर्थ होगा–प्राण और मन को एक बार जिसने शान्त कर लिया या समझ लिया, अथवा जिसके मन में प्रिय या आत्मा का ज्ञान हो गया उसमें द्वैत भाव नहीं रहता।

(५) मन=हृदय; फारसी लिपि में मणि=शुक्र या मणिपद्म।

(८) गंगा-यमुना, रात-दिन, ये इड़ा-पिंगला की पारिभाषिक संज्ञाएँ हैं। (बर्थ्वाल, वही पृ०२७१)।
नारी=नाड़ी, या स्त्री।

इसके बाद शुक्ल जी के संस्करण में ३७ वाँ रत्नसेन संतति खंड है जिसमें केवल एक छन्द है। गुप्त जी के संस्करण में वह प्रक्षिप्त सिद्ध हुआ है और अन्त में दिया गया है (४४५ इ, जाएउ नागमती नगसेनिहिं···)।

३८ : राघव चेतन देस निकाला खण्ड

[४४६]

राघौ चेतनि चेतनि महा। आइ ओरँगि राजा के रहा।१।
चित चिंता जानै बहु भेऊ। कबि बियास पंडित सहदेऊ।२।
बरनी आइ राज कै कथा। सिंघल कबि पिंगल सब मथा।३।
कवि ओहि सुनत सीस पै धुना। स्रवन सों नाद बेद कबि सुना।४।
दिस्टि सो धर्म पंथ जेहि सूझा। ग्यान सो परमारथ मन बूझा।५।

जोग सो रहै समाधि समाना । भोग सो गुनी केर गुन जाना ।६।
बीर सो रिस मारैं मन गहा । सोइ सिंगार पाँच भल कहा ।७।
बेद भेद जस बररुचि चित चिंता तस चेत ।
राजा भोज चतुर्दस बिद्या भा चेतन सौं हेत ॥३८।१॥

(१) राघव चेतन बड़ा बुद्धिमान् था। वह चित्तौड़ में आकर राजा रत्नसेन के सिंहासन के निकट पहुँचा। (२) वह मन से विचार करने वाला था और अनेक रहस्य जानता था। व्यास जैसा कवि और सहदेव जैसा पण्डित था। (३) उसने आकर राजा को एक कथा सुनाई। सिंहलद्वीप संबंधी उस काव्य में समस्त पिंगल मथ कर उसका सार भर दिया गया था। (४) उसे सुनकर कवि भी सिर धुनने लगे, मानों उस काव्य में वेद का नाद उन्होंने अपने कानों से सुना। (५) वही सफल दृष्टि है जिससे धर्म का मार्ग दिखाई पड़े। वही सच्चा ज्ञान है जिससे मन में परमार्थ का बोध हो। (६) वही योग है, जिससे निश्चल (एक समान) समाधि में रहा जा सके। वही भोग सफल हैं जिसमें कलावन्त गुणियों की कलाओं का आनन्द लिया जाय। (७) वही वीर है जो क्रोध को मारकर मन को वश में रखता है। नारी का वही शृंगार अच्छा है, जिसे लोग भला कहें।

(८) उसने वररुचि के समान अपने चित्त में वेद के रहस्य का चिन्तन किया था और वैसी ही उसकी बुद्धि थी। (९) राजा रत्नसेन भोज के समान चौदह विद्याओं का ज्ञाता था, अतएव राघवचेतन से उसका प्रेम हो गया।

(१) राघौ चेतनि–जायसी के समय से पहले ही राघव चेतन विद्वान् किन्तु कुटिल ब्राह्मण का प्रतीक बन गया था। कहा जाता है कि राघो और चेतन नामक दो ब्राह्मणों का सुलतान अलाउद्दीन पर बहुत प्रभाव था। उन्होंने ही अलाउद्दीन को दिगम्बर जैनियों के विरुद्ध भी भड़काया था (जैन सिद्धान्त भास्कर भाग ५, पृ० १३८, तथा भाग १, पृ० ९)। श्री अगरचंद नाहटा ने 'जिन प्रभ सूरि का संक्षिप्त जीवन चरित' पुस्तक में (पृ० १२) इस प्रकार लिखा है, "एक बार सम्राट मुहम्मद तुगलक की सेवा में काशी से चतुर्दश विद्या निपुण मन्त्र-तन्त्रज्ञ राघव चेतन नामक विद्वान् आया; उसने अपनी चातुरी से सम्राट को रंजित कर लिया। सम्राट पर जैनाचार्य श्री जिनप्रभ सूरि का प्रभाव उसे बहुत अखरता था अतः उन्हें दोषी ठहराकर उनका सम्राट पर प्रभाव कम करने के लिये सम्राट की मुद्रिका अपहरण कर सूरि जी के रजोहरण में प्रच्छन्न रूप से डाल दी........." (इसके बाद किस प्रकार राघव-चेतन की पोल खुली यह कथा चलती है)। तीर्थ कल्प में अलाउद्दीन के एक मंत्री माधवविप्र का वर्णन है जिसने उसे गुजरात पर आक्रमण करने के लिये उकसाया था। राघव चेतन उसी प्रकार के उकसाने वाले का एक प्रतीक है।

ओरँगि–फा० अवरँग=तख्त, सिंहासन। भाव यह है कि राघव चेतन चित्तौड़ आकर अपने गुणों से राज दरबार में राजा के पार्श्ववर्तियों में गिना जाने लगा। पृ० ११२ पर श्री माताप्रसाद जी ने इसी शब्द का 'ओरगि' पाठ देकर उसका अरकाना (या अरगाना १२८।२) से सम्बन्ध बताया है। वस्तुतः अरगाना या अरकान भिन्न शब्द है। उसका अर्थ है सरदार या राज्य के प्रमुख स्तम्भ। ओरँगि दूसरा शब्द है, जो अवरंगजेब के नाम में भी

पाया जाता है।

(२) चिन्ता=विचार या चिन्तन करने वाला। सं० चिन्तक > प्रा० चिंतय > चिंतअ > चिंन्ता। कवि बिआस पंडित सहदेउ–दे० ७९।६।

(३) सिंघल कबि–सिंहल की पद्मावती और रत्नसेन की प्रेम कथा का काव्य। जायसी से पहले भी इस लोक कथा पर आश्रित छन्द बद्ध रचनाएँ रही होंगी। यहाँ राघव-चेतन के साथ उसके कर्तृत्व को जोड़ दिया है।
कबि=काव्य। प्रा० कव्व।
पिंगल सब मथा–सब काव्य और छन्द के गुणों का सार उसमें भर दिया था।
कै=के लिये। सं० - कृते।

(४) नाद बेद=अनहद नाद, अनहद वानी रूपी वेद या ज्ञान। चार वेदों से ऊपर शब्द ब्रह्म रूपी वेद। इसे निर्गुण सम्प्रदाय में नादब्रह्म, अनहद वाणी या केवल शब्द भी कहते हैं (बर्थ्वाल, निर्गुण स्कूल, पृ० २७२)।

(६) समाधि समाना=समान या एक रस, निर्विकल्प समाधि।
गुनी=संगीत, नाटक नाट्य, नृत्य, चित्र आदि कलाओं में निपुणता गुण थी। ऐसे कलावन्तों का पारिभाषिक नाम गुणी था। रामायण में भी इसी अर्थ में इस शब्द का प्रयोग हुआ है जनकपुर के बाजार, मार्ग, घर और देवालयों को सजाने के लिये राजा जनक ने महाजन या सेठों से, उन्होंने अपने परिचारक या कारकुन लोगों से और उन्होंने गुनियों से वितान बनाने के लिये कहा—पठये बोल गुनी तिन्ह नाना। जे वितान विधि कुसल सुजाना। (बाल० ३१९।७)।

(७) पाँच=पंच लोग या लोक।

(८) वररुचि–दे० ९१।८। मध्यकाल में वररुचि का नाम विद्या और बुद्धि का प्रतीक बन गया था।

(९) राजा भोज चतुरदस विद्या–इसका अर्थ श्री शिरेफ ने राघव-चेतन के पक्ष में किया है कि वह राजा भोज की तरह चौदह विद्याओं का जानने वाला था। कवि का आशय यह ज्ञात होता है कि राघव-चेतन वररुचि के समान विद्वान था और राजा रत्नसेन भोज के समान चौदह विद्याओं का जानने वाला था, अतएव दोनों में प्रीति हो गई।
चतुरदास विद्या (२२।६)–चार वेद, छह वेदांग, पुराण, मीमांसा न्याय और धर्मशास्त्र इन चौदह की गिनती चतुर्दश विद्याओं में की जाती थी। पुराण न्याय मीमांसा धर्मशास्त्रांगमिश्रिताः। वेदाः स्थानानि विद्यानां धर्मस्य च चतुर्दश)।

[४४७]

घरी अचेत होइ जौं आई। चेतन कर पुनि चेत भुलाई।१।
भा दिन एक अमावस सोई। राजैं कहा दुइज कब होई।२।
राघौ के मुख निकसा आजू। पँडितन्ह कहा कालिह बड़ राजू।३।
राजैं दुहूँ दिसा फिरि देखा। को पंडित बाउर को सरेखा।४।
पैज टेकि तब पँडितन्ह बोला। झूठा बेद बचन जौं डोला।५।
राघौ करत जाखिनी पूजा। चहत सो रूप देखावत दूजा।६।
तेहि बर भए पैज कै कहा। झूठ होइ सो देस न रहा।७।

राघौ पूजा जाखिनी दुइज देखावा साँझ।
पंथ गरंथ न जे चलहिं ते भूलहिं बन माँझ ॥३८।२॥

(१) जब अचेत होने की घड़ी आ जाती है तो बुद्धिमान् की बुद्धि भी भुला जाती है। (२) एक दिन आया। वह अमावस थी। राजा ने पूछा, 'दोयज कब होगी?' (३) राघव ने कहा, 'आज है।' पण्डितों ने कहा, 'महाराज, कल है।' (४) राजा ने दोनों की ओर घूमकर देखा कि दोनों पण्डितों में कौन मूर्ख है और कौन चतुर है। (५) तब पण्डितों ने शपथ पूर्वक कहा, 'यदि हमारा वचन टल जायगा तो शास्त्र झूठा है (अर्थात् हमने शास्त्र के अनुसार विचार कर कहा है)'। (६) राघव यक्षिणी की पूजा करता था। उसके चाहने पर वह किसी भी वस्तु का दूसरा रूप दिखा देती थी। (७) उसका बल होने से राघव ने भी शपथ करके कहा, 'जिसकी बात झूठ होगी वह देश छोड़ देगा।'

(८) राघव ने यक्षिणी की पूजा की और साँझ के समय दोयज के चांद का दर्शन करा दिया। (९) जो शास्त्र के मार्ग से नहीं चलते उन्हें वन में भटकना पड़ता है।

(१) चेतन कर पुनि चेत भुलाई–तुलना कीजिए, 'प्रायः समापन्न विपत्तिकाले धियोऽपि पुंसां मलिनी भवन्ति' (भर्तृहरि)।

(४) बाउर–सं० वातुल प्रा० > बाउल > बाउर=बावला, मूर्ख।
सरेखा=गुणियों की गिनती में जिसकी गिनती हो, चतुर, बुद्धिमान्।

(५) पैज–सं० प्रतिज्ञा > प्रा० पइज्जा > हिं० पैज=प्रण, शपथ, हठ।

(६) जाखिनी–अत्यन्त प्राचीन काल से यक्ष यक्षिणी पूजा प्रचलित थी। लोक में किसी समय यक्ष पूजा का बहुत प्रचार था। गाँवों में अब भी वह परम्परा बच गई है (दे० मेरा लेख, बीर बरह्म, जनपद वर्ष १, अंक ३ पृ० ६४-७३)। यक्षिणी-सिद्धि से चमत्कार की शक्ति सम्भव मानी जाती थी।
इस पंक्ति का पाठ कुछ प्रतियों में यह है–तेहि ऊपर राघव बर खाँचा, दुइज आजु तौ पंडित साँचा। उस यक्षिणी के ऊपर राघव बल बाँधता था। उसने कहा, 'यदि आज ही दोयज हो तभी मैं सच्चा पंडित हूँ।
खाँचा–प्रा० धा० खच् (हेम० ४।८९), खचइ=कसकर बाँधना (पासद्द० ३३९)।

(९) पंथ गरँथ=ग्रन्थ या शास्त्र प्रतिपादित मार्ग। इसके विपरीत यक्ष, भूत प्रेतादि की पूजा और सिद्धि का निकृष्ट मार्ग है।
ते भूलहिं बन माँझ–यहाँ कबि का संकेत राघव चेतन की ओर है, जिसे इसी छल के कारण अपना सम्मानित स्थान छोड़कर अन्यत्र भटकना पड़ा।

[४४८]

पंडित कहहिं हम परा न धोखा। यह सो अगस्ति समुँद जेइँ सोखा।१।
सो दिन गएउ साँझ भौ दूजी। देखिअ दूजि घरी वह पूजी।२।
पंडितन्ह राजहिं दीन्ह असीसा। अब कसिअइ कंचन औ सीसा।३।

जौं वह दूजि कालिन्ह कै होती । आजु तीजि देखिअति तसि जोती ।४।
राघौ कालिह दिस्टि बँध खेला । सभा मोहि चेटक सिर मेला ।५।
एहि कर गुरू चमारिन लोना । सिखा काँवरू पाढ़ित टोना ।६।
दूजि अमावस महँ जो देखावै । एक दिन राहु चाँद कहँ लावै ।७।
राज बार अस गुनी न चाहिअ जेहि टोना कर खोज ।
एहि छंद ठगबिद्या डहँका राजा भोज ॥३८।३॥

(१) पण्डितों ने कहा, 'हम कभी धोखे में नहीं पड़े। हमारा शास्त्र का विचार कभी मिथ्या नहीं हुआ। यह राघव-चेतन उस अगस्त्य के समान है, जिसने समुद्र सोख लिया था। इसके पीछे कोई चमत्कार है।' (२) वह दिन बीत गया, दूसरी सन्ध्या हुई जब वह घड़ी पूरी हुई (ठीक समय आया), दोयज ही दिखाई दी। (३) पण्डितों ने राजा को आशीर्वाद दिया, 'अब सोना और सीसा कस कर देख सकते हैं। यदि वह दोयज कल ही होती तो आज चन्द्रमा में तीज जैसी चमक दिखाई पड़ती। (५) राघव ने कल दृष्टि बाँधने का खेल किया था। सभा को मोहित कर सिर पर जादू डाल दिया था। (६) इसकी गुरु लोना चमारिन है। इसने कामरूप देश में टोना शास्त्र सीखा है। (७) जो अमावस्या में दोयज दिखा सकता है, वह किसी दिन चाँद के ग्रसने के लिये राहु भी ले आ सकता है।

(८) राजद्वार में ऐसे गुनी की आवश्यकता नहीं जिसे जादू-टोने का ज्ञान हो। (९) इसी प्रकार के छल-छंद और ठग-विद्या से राजा भोज भी ठगे गए थे।'

(१) अगस्त्य द्वारा समुद्र सोखना एक चमत्कार था, मानवीय शक्ति की सम्भावना नहीं। उसी ओर लक्ष्य है कि राघव-चेतन के पीछे भी कोई चमत्कार या सिद्धि है।

(५) चेटक–इन्द्रजाल या कपट (३९।६)।
चमारिनि लोना–दे० ३६९।३; ५८५।२। कामरूप की लोना चमारी अपने जादू के लिये प्रसिद्ध हो गई थी (क्रुक, पोपुलर रैलिजन पृ० ३७६; शेरिफ पद्मावती, पृ० २२२)।
काँवरू–सं० कामरूप > काँवरूअ > काँवरू।
पाढ़ित टोना=जादू-मन्त्र पढ़ना।
टोना=सं० स्तवन > टउन+क > टोना।

(७) चन्द्रमा को राहु लगाना–इससे पंडितों ने संकेत किया कि यह किसी दिन पद्मावती के लिये कोई बखेड़ा खड़ा करेगा।

(८) गुनी=कलावन्त या विद्वान्। ज्योतिषी की भी गणना गुनियों में होती थी।
खोज=पहचान। सं० क्षोद्य > खोज्ज > खोज।

(९) छन्द=इच्छा, मनमानी प्रवृत्ति; मार्ग छोड़कर इच्छानुसार कर्म, छलछन्द।
डहकना=छल करना, धोखा देना, ठगना। डहकि डहकि परचेहु सब काहू। अति असंक मन सदा उछाहू (बाल० १३७।३)।
डहँका राजा भोज–शिरेफ ने इसका अर्थ किया है कि राजा भोज ने छल किया, किन्तु यह संगत नहीं होता। प्रकरण के अनुसार कवि का आशय है कि भोज जैसा चौदह विद्याओं का

ज्ञाता भी ऐन्द्रजालिक की ठग विद्या से धोखा खा गया। कथा है कि एक बार किसी ऐन्द्रजालिक ने दरबार में आकर राजा भोज से कहा, 'महाराज, मैं देवताओं की ओर से असुरों के विरुद्ध युद्ध करने जा रहा हूँ। आप तब तक मेरी स्त्री की रक्षा करें। भोज ने स्वीकार कर लिया। कुछ समय बाद आकाश से उसी ऐन्द्रजालिक का शरीर टुकड़े टुकड़े होकर राजा के सामने गिरा। स्त्री ने कहा, 'महाराज, मेरा पति युद्ध में मारा गया।' यह कहकर वह उसके शरीर के साथ सती हो गई। कुछ समय बाद ऐन्द्रजालिक ने लौटकर राजा से अपनी पत्नी माँगी। राजा के सब हाल कहने पर उसने कहा, 'राजन्, आप क्या कह रहे हैं? वह तो आप ही के अन्तःपुर में है।' यह कह उसने अपनी स्त्री का नाम लेकर पुकारा और वह राजा के अन्तःपुर से बाहर निकल आई।

[४४९]

राघौ बैन जो कंचन रेखा। कसैं बान पीतर अस देखा।१।
अग्याँ भई रिसान नरेसू। मारौं काह निसारौं देसू।२।
तब चेतन चित चिता गाजा। पंडित सो जो बेद मति साजा।३।
कबि सो पेम तंत कबिराजा। झूँठ साच जेहि कहत न साजा।४।
खोट रतन सेवा फटिकरा। कहँ खर रतन जो दारिद हरा।५।
चहै लच्छि बाउर कबि सोइ। जेहिं सुरसती लच्छि कित होई।६।
कबिता सँग दारिद मति भंगी। काँटइ कुटिल पुहुप के संगी।७।
कबिता चेला बिधि गुरू सीप सेवाती बुंद।
तेहि मानुस कै आस का जो मरजिआ समुंद॥३८।४॥

(१) राघव का जो वचन कंचन रेखा की भाँति था, कसने पर उसका बान पीतल जैसा दिखाई दिया। (२) राजा ने क्रुद्ध होकर आज्ञा दी,—'इसे मारूँ क्या, देशनिकाला दे दूँ।' तब चेतन के मन में यह विचार प्रबल हुआ (३) 'पण्डित वही है जो वेद शास्त्र के अनुसार अपनी बुद्धि बनाता है। (४) महा कवि वही है जो प्रेम-तत्त्व के अनुसार काव्य रचना करे और जिसे झूठ सच कहने में आसक्ति न हो। (५) मैंने खोटे स्फटिक-रत्न की सेवा की। वह असली रत्न कहाँ था जो सदा के लिये मेरा दारिद्रय हर लेता? (६) जो लक्ष्मी की इच्छा करे ऐसा कवि मूर्ख है। जिसके पास सरस्वती है, उसके पास लक्ष्मी कहाँ आती है? (७) कविता के संग बुद्धि को कुण्ठित कर देने वाला दारिद्रय ऐसा ही है, जैसे फूल के साथ कुटिल काँटे होते हैं।

(८) ब्रह्मा रूपी गुरु से शिष्य के पास कविता ऐसे आती है जैसे स्वाति की बूँद सीप में उतरती है। (९) जो समुद्र में घुसकर मोती लाने वाला है वह मनुष्य से आशा क्यों रक्खे?'

(१) बान=वर्ण, शुद्धता का रंग, सोने को शुद्ध करके कसौटी पर परखने का पारिभाषिक शब्द। एक एक बान अधिक करते हुए सोने को बारहबानी बनाया जाता है।

(३) चिन्ता गाजा=विचार गाजने लगा अर्थात् प्रबल हुआ ।
(४) साजा=आसक्ति । सं०–सज्ज प्रा० > सज्ज=आसक्त होना ।
(५) फटिकरा=स्फटिक, फिटकरी ।
(६) लक्ष्मी और सरस्वती के विषय में जायसी की यह उक्ति मार्मिक है और इस सम्बन्ध की प्राचीन उक्तियों के अनुकूल है ।
(७) दारिद मतिभंगी=मति को भंग कर देने वाली निर्धनता ।
काँटइ=सं० कण्टक > कंट्य > काँटइ ।

[४५०]

यह रे बात पदुमावति सुनी । चला निसरि कै राघौ गुनी ।१।
कै गियान धनि अगम बिचारा । भल न कीन्ह अस गुनी निसारा ।२।
जेइँ जाखिनी पूजि ससि काढ़ी । सुरुज के ठाउँ करै पुनि ठाढ़ी ।३।
कबि कै जीभ खरग हिरवानी । एक दिसि आग दोसर दिसि पानी ।४।
जनि अजगुत काढ़ै मुख भोरें । जस बहुतें अपजस होइ थोरें ।५।
राघौ चेतनि बेगि हँकारा । सुरुज गरह भा लेहु उतारा ।६।
बाँभन जहाँ दखिना पावा । सरग जाइ जौं होइ बोलावा ।७।
आवा राघौ चेतनि धौराहर के पास ।
अैस न जानै हिरदै बिजुरी बसै अकास ॥३८।५॥

(१) होते होते यह बात पद्मावती ने सुनी कि गुनी राघव चित्तौड़ छोड़कर जा रहा है। (२) उस बाला ने सब बातों का ध्यान करके भविष्य सोचा–'राजा ने यह अच्छा नहीं किया जो ऐसे गुनी को देशनिकाला दिया।' (३) जिसने यक्षिणी पूज कर चन्द्रमा दिखला दिया, वह कभी उस चन्द्रमा को सूर्य के सामने भी खड़ा कर सकता है। (४) कवि की जिह्वा हिरवानी तलवार जैसी होती है उसमें एक ओर आग और दूसरी ओर पानी रहता है। (५) कहीं यह मूर्खता वश कोई अयुक्त बात अपने मुँह से न कह दे। यश तो बहुत परिश्रम से मिलता है, किन्तु अपयश थोड़ी बात से ही हो जाता है। (६) यह सोचकर उसने शीघ्र ही राघव-चेतन को बुला भेजा और कहलाया–'सूर्य ग्रह का कष्ट हुआ था। आकर उसकी पूजा (उतारा) लो।' (७) ब्राह्मण को जहाँ दक्षिणा मिलने वाली हो, तो वह उसके लिये बुलाने से स्वर्ग भी जा सकता है।

(८) राघव चेतन धवलगृह के पास आया। (९) उसे हृदय में यह ज्ञात न था कि आकाश में बिजली रहती है (धवल गृह में पद्मावती जैसी सुन्दरी है)।

(१) गुनी–दे० ४४६।६, ४४८।८, ४५२।१ । सब जगह राघव को गुनी कहा गया है । किसी एक शास्त्र या कला के जानने वाले के लिये गुनी शब्द प्रयुक्त होता था ।
(२) अगम बिचारा=आगामी या आने वाले भविष्य को सोचा ।
(३) सुरुज के ठाँउ करै पुनि ठाढ़ी–सुरुज से यहाँ अलाउद्दीन का संकेत है । पद्मावती मन में सोच

रही है कि राघव कहीं उसके रूप की बात सुल्तान अलाउद्दीन के आगे जाकर न कह दे जिससे कोई बखेड़ा खड़ा हो जाय। आने वाली आपत्ति की ओर कवि ने संकेत किया है।

(४) खरग हिरवानी—और भी, ६३०।३। शुक्ल जी ने प्रथम संस्करण में इसका पाठ हरवानी और दूसरे संस्करण में हर्द्वानी तथा शिरेफ ने भी यही पाठ माना है। शुक्ल जी ने लिखा है कि हरद्वान की तलवार प्रसिद्ध थी। किन्तु आईन अकबरी की शस्त्र सूची, पद्माकर कृत हिम्मत बहादुर बिरुदावली पृ० ३३-३४, सूदन कृत सुजान चरित एवं अन्य कई सूचियों में अनेक जाति की तलवारों के नामों के अन्तर्गत मुझे हरवानी या हरद्वानी तलवार का नाम नहीं मिला। हरवानी हैरात की तलवार ज्ञात होती है। जायसी ने कई जगह हैरात को हरेऊ (४९८।२, ५७७।३) या हरेव (५३२।५) कहा है। हिरवानी उसीका विशेषण है। प्राचीन पारसी लेखों में हेरात को हरइव, हरैव कहा गया है। उसके पास से बहने वाली हरी रूद का मूल नाम सरयू था।

इक दिसि आग दोसर दिसि पानी—कवि की वाणी में आग और पानी, अर्थात् युद्ध और शान्ति दोनों की शक्ति है। तलवार पक्ष में तेज करते समय एक ओर चिनगारियाँ निकलती हैं, दूसरी ओर पानी चढ़ता जाता है।

(५) अजगुत—सं० अयुक्त=अनुचित, युक्ति विरुद्ध बात।

[४५१]

पदुमावति सो झरोखें आई। निहकलंक जसि ससि देखराई।१।
तेतखन राघौ दीन्ह असीसा। जनहुँ चकोर चंद मुख दीसा।२।
पहिरें ससि नखतन्ह कै मारा। धरती सरग भएउ उजियारा।३।
औ पहिरें कर कंगन जोरी। लहै सो एक एक नग नव कोरी।४।
कंगन काढ़ि सो एक अडारा। काढ़त हार टूटि गौ मारा।५।
जानहुँ चाँद टूट लै तारा। छूटेउ सरग काल कर धारा।६।
जानहुँ सुरुज टूट लै करा। परा चौंधि चित चेतनि हरा।७।
परा आइ भुइँ कंगन जगत भएउ उजियार।
राघौ मारा बीजुरी बिसँभर कछु न सँभार॥३८।६

(१) जैसे ही पद्मावती झरोखे में आई, वह निष्कलंक चन्द्रमा सी दिखाई पड़ी। (२) उसी क्षण राघव ने आशीर्वाद दिया। चकोर जैसे चन्द्रमा को देखता है वैसे वह उसका मुँह देखने लगा। (३) अलंकृत पद्मावती के रूप में चन्द्रमा मानों नक्षत्रों की माला पहिने था जिससे पृथिवी और आकाश दोनों में उजाला हो गया। (४) वह हाथों में कंगन की जोड़ी पहिने थी। एक-एक में नौ रत्न कोर कर जड़े गए थे। (५) उनमें से एक कंगन उसने उतारकर फेंक दिया। उसके निकालने में हार का सूत टूट गया। (६) ऐसा जान पड़ा मानों चाँद तारों को साथ लेकर टूट पड़ा हो, या आकाश से मृत्यु की धारा छूट पड़ी हो, (७) अथवा सूर्य अपनी कलाओं के साथ टूटकर गिरा हो। राघव-चेतन उस प्रकाश से चौंधियाकर गिर पड़ा और उसका चित्त हरा गया (अथवा उसके

चित्त का ज्ञान चला गया)।

(८) कंगन धरती में आकर गिरा। उससे जगत में उजाला हो गया। (९) राघव को जैसे बिजली मार गई। वह बेहोश हो गया और उसे कुछ सुध-बुध न रही।

(१) झरोखा—सं० जाल गवाक्ष। महल में वह स्थान या गोख, जहाँ बैठकर राजा लोग प्रजा को दर्शन देते थे या बाहर की ओर देखते थे।

(३) पहिरे ससि नखतन्ह कै मारा—और देखिए ३८८।३, ४६६।८।

(४) लहै सो एक एक नग नव कोरी—इस क्लिष्ट पाठ को बदलकर सरल किया गया 'नग लागे जेहि महँ नौ कोरी'। शिरेफ ने अर्थ किया है कि प्रत्येक में नौ कोड़ी या १८० नग लगे हुए थे। यहाँ कोरी संज्ञा नहीं कोरना धातु की पूर्वकालिक क्रिया है। नग या संग को जड़ने के लिये चीरना, कोरना और पच्चीकारी करना, ये तीन क्रियाएँ की जाती थीं। गुसाईं जी ने रामचरित मानस में इनका स्पष्ट उल्लेख किया है—

मानिक मरकत कुलिस पिरोजा।
चीरि कोरि पचि रचे सरोजा। (बालकाण्ड २२८।४)

संग के खड़ या अनगढ़ टुकड़े में से पहले आवश्यकतानुसार छोटा या बड़ा टुकड़ा काटकर अलग करते हैं, उसे चीरना कहते हैं। चिरे हुए टुकड़े को घिसकर गोल करना या पहल धाट निकालना 'कोरना' कहलाता है। उसके बाद जड़ने या पच्चीकारी की क्रिया होती है। जायसी का आशय है कि प्रत्येक कंगन में नवों रत्न कोरकर लगाए गए थे। ऐसे कंगन को नौ-नगा भी कहते थे।

(५) अडारा—धा० अड़ारना=फेंकना, गिराना, हेम० (पासद्द० ४।१३) के अनुसार सं० क्षिप का एक धात्वादेश अड्डक है, उसी से अड़ाक > अड़ार ज्ञात होता है।
काढ़त हार टूट गौ मारा—हार की माला टूट गई। माला का अर्थ माल या वह धागा है, जिसमें हार गूँथा जाता है।

(६) चाँद······तारा—कंगन के साथ हार के मनके भी टूटकर गिरे। कंगन चाँद और मनके तारे हैं, ऐसी उत्प्रेक्षा की गई है। काल कर धारा=राघव के लिये वे ही मानों मृत्यु बनकर बरस पड़े थे।

(९) बीजुरी=सं० विद्युल्लता > विज्जुलया > प्रा० विज्जुलिआ, विज्जुली > बीजुरी।

[४५२]

पदुमावति हँसि दीन्ह झरोखा। अब तो गुनी मरइ मोहिं दोखा ।१।
सखीं सरेखीं देखहिं धाईं। चेतन अचेत परा केहि घाईं ।२।
चेतन परा न एकौ चेतू। सबन्हि कहा एहि लाग परेतू ।३।
कोइ कह काँप आहि सनिपातू। कोइ कह आहि मिरिगिया बातू ।४।
कोइ कह लाग पवन कर झोला। कैसेहुँ समुझि न राघौ बोला ।५।
पुनि उठारि बैसारिन्हि छाहाँ। पूँछहि कौनि पीर जिय माहाँ ।६।
दहुँ काहू के दरसन हरा। कै एहि धूत भूत छँद छरा ।७।
कै तोहि दीन्ह काहु किछु कै रे डसा तूँ साँप।
कहु सचेत होइ चेतन देह तोरि कस काँप ॥३८।७॥

(१) पद्मावती ने हँसकर झरोखा बन्द कर लिया। वह सोचने लगीं, 'अब यदि यह गुणी मर गया तो मुझे दोष लगेगा।' (२) चतुर सखियाँ दौड़कर देखने लगी कि किस घाव के लगने से राघव चेतन बेहोश होकर गिर पड़ा। (३) चेतन ऐसा गिरा कि उसे कुछ भी होश न रहा। सबने कहा कि इसे प्रेत लगा है या भूत बाधा है। (४) किसीने कहा कि यह काँप रहा है, इसे सन्निपात है। किसी ने कहा कि इसे मिरगी का रोग है। (५) किसीने कहा—इसे बर्फीली हवा का झोंका लगा है। किसी भी उपाय से राघव होश में आकर बोलता न था। (६) फिर सबने उठाकर उसे छाँह में बैठाया। वे पूछने लगीं, 'तुम्हारे जी में क्या पीड़ा है? (७) क्या किसी के दर्शन से तुम्हारा चित्त चुराया गया है? या किसी धूर्त ठग ने या भूत ने कपट से तुझे छल लिया है?

(८) या किसी ने तुझे कुछ दे दिया है? अथवा तुझे साँप ने डँसा है? (९) हे चेतन, होश में आकर बता तेरी देह क्यों काँप रही है?'

(१) दीन्ह झरोखा=झरोखा बंद कर दिया। तुलना मुहावरा किवाड़ा देना।

(२) सरेखीं=चतुर। सं० सार+ईक्षक=सार वस्तु का ईक्षक या विचार करने वाला।
घाई=घाव। सं० घात > घाय > घाई।

(४) मिरिगिया वातू=मिरगी नामक बात रोग।

(५) झोला=अत्यन्त बर्फीली हवा का झोंका, जिसके चलने से गेहूँ की बाल सूख जाती है। इस पारिभाषिक अर्थ का उल्लेख कारनेगी ने अपने कचहरी टैक्नीकैलिटीज (इलाहाबाद १८७७) नामक शब्द संग्रह में किया है (पृष्ठ १५२)।
समुझि—सं० सम्बुद्ध=होश में आना।

(७) धूत, भूत=ठग या भूत। दो कारणों से व्यक्ति बेसुध होता है, या तो ठग द्वारा कुछ खिलाकर छले जाने से, या किसी प्रेत की बाधा से।
छन्द=दे० ४४८।९।

[४५३]

भएउ चेत चेतन तब जागा। बकत न आव टकटका लागा।१।
पुनि जौं बोला बुधि मति खोवा। नैन झरोखा लाएँ रोवा।२।
बाउर बहिर सीस पै धुना। आप न कहै पराए न सुना।३।
जागहुँ लाई काहुँ ठगौरी। खिन पुकार खिन बाँधै पौरी।४।
हौं रे ठगा एहि चितउर माहाँ। कासौं कहौं जाउँ केहि पाहाँ।५।
यह राजा सुठि बड़ हत्यारा। जेइँ अस ठग राखा उजियारा।६।
ना कोइ बरज न लाग गोहारी। अस एहि नगर होइ बटवारी।७।
दिस्टि दिए ठगलाडू अलक फाँस परि गींव।
जहाँ भिखारि न बाँचहि तहाँ बाँच को जीव॥३८।८॥

(१) जब होश हुआ तब राघव चेतन जगा। किन्तु वह बोल न सका। उसकी

आँखें एक टक रह गईं। (२) पुनः जब वह बोला तो उसकी बुद्धि और मति खोई हुई सी थी। वह नेत्रों को ऊपर झरोखे की ओर लगाए रोता था। (३) बावले बहरे की तरह बस सिर धुनता था। न अपनी कहता था न पराई सुनता था। (४) मानों किसी ने जादू-टोना कर दिया था। क्षण भर में पुकार उठता, और क्षण भर बाद ऐंठन से मुट्ठियाँ बाँधने लगता था। (५) (वह कहता था) 'अरे, इस चित्तौड़ में मैं ठगा गया। किससे कहूँ, किसके पास जाऊँ? (६) यह राजा बड़ा भारी हत्यारा है। जिसने उजागर रूप में (खुलेआम) ऐसे ठग को बसा रक्खा है। (७) न कोई उसे रोकता है और न उसके यहाँ सहायतार्थ पुकार सुनी जाती है। इस नगर में बटोहियों की ऐसी ही लूट होती है।

(८) उसकी दृष्टि ने ही मुझे ठगों के लड्डू खिला दिए। उसकी अलकों की फाँसी मेरे गले में पड़ गई। (९) जहाँ भिखारी तक नहीं बचते, वहाँ अन्य प्राणी कौन बच सकता है?'

(१) बकत=उक्ति, वचन, वाक्य।
टकटका=स्थिर दृष्टि।

(२) बुधि=विचारशक्ति।
मति–इन्द्रियों द्वारा विषयों के ज्ञान करने की शक्ति।

(४) ठगौरी=ठगविद्या ठगों द्वारा प्रयुक्त ग्रास या भोजन। ठग (देशी० २।५८) + कवल > कउर > कौर (= ग्रास)। पौरी बाँधना=गाठों पर से अंगुलियों को मोड़कर मुट्ठी बाँधना। देह की ऐंठन या बाँयटे के समय रोगी ऐसा करता है।

(५) हौं रे ठगा एहि चितउर माँहा=इसकी दूसरी ध्वनि यह भी है कि इसने मन और हृदय से मुझे ठग लिया।

(७) गुहारी–धातु गुहारना=सहायता के लिये पुकारना। जंगल में चरती हुई गायों को जब शत्रु हर ले जाते थे तब उनकी रक्षा के लिये उनके रखवाले गायों के स्वामी या राजा के यहाँ पुकार करते थे। उससे इस शब्द की व्युत्पत्ति हुई। गाः आकारयति > गो हकारइ > गोहारई > गुहारना।
बटवारी=रास्ते में लूटमार, डकैती > बटपारी > बटमार > वर्त्म+मार (=रास्ते में मारने वाला, हिंसा करने वाला)।

(८) ठगलाडू–ठगों के लड्डू जिनमें बेहोश करने वाला कोई पदार्थ मिला रहता है।

[४५४]

कत धौराहर आइ झरोखें। लै गै जीव दक्खिना धोखें।१।
सरग सूर ससि करै अँजोरी। तेहि तें अधिक देउँ केहि जोरी।२।
ससि सूरहि जौं होति यह जोती। दिन भा रहत रैनि नहिं होती।३।
सो हँकारि मोहि कंगन दीन्हा। दिस्टि न परै जीव हरि लीन्हा।४।
नैन भिखारि ढीठ सत छाँड़े। लागे तहाँ बान बिखु गाड़े।५।
नैनहिं नैन जो बेधि समाने। सीस धुनहिं नहिं निसरहिं ताने।६।

नवहिं न नाएँ निलज भिखारी । तबहुँ न रहहिं लागि मुख कारी ।७।
कत करमुखे नैन भए जीव हरा जेहि बाट ।
सरवर नीर बिछोह जेउँ तरकि तरकि हिय फाट ॥३८।९॥

(१) वह पद्मावती अपने धवलगृह के झरोखे में क्यों आई ? दक्षिणा देने का धोखा देकर वह मेरा प्राण हर ले गई । (२) आकाश में सूर्य और चन्द्रमा का जैसा प्रकाश वह कर रही थी, उससे अधिक मैं किसके साथ उपमा दूँ ? (३) सूर्य और चन्द्र में जो ऐसा प्रकाश होता तो सदा दिन ही रहता, रात न होती । (४) उसने मुझे बुलाकर कंगन दिया, पर वह पूरी तरह दिखाई भी न पड़ी और जीव हर ले गई । (५) ढीठ भिखारी की तरह मेरे यह नेत्र अपना सत छोड़कर वहाँ जा लगे जहाँ विष के बुझे बाण (बरौनी रूप में) गड़े थे । (६) विषबाण रूपी बरौनियों से युक्त उसके नेत्र मेरे नेत्रों को बेधकर उनमें ऐसे समा गए हैं कि मेरे भिखारी नेत्र अपना सिर धुन रहे हैं, पर उसके वे नेत्र अब खींचने से भी नहीं निकलते । (७) पर ये भिखारी ऐसे निर्लज्ज हैं कि झुकाने से भी नीचे नहीं झुकते, हटाने से भी नहीं हटते लज्जा खोकर उसे एक टक निहारना चाहते हैं । इनके मुँह में कालिख लग गई फिर भी नहीं मानते ।

(८) मेरे ये नेत्र कलमुँहे क्यों हो गए हैं ? इसका कारण है कि मेरा प्राण इन्हीं के मार्ग से हरा गया । (९) जैसे सरोवर में जल के सूखने पर दरारें पड़ जाती हैं वैसे ही मेरा हृदय तड़फ-तड़फ कर फट रहा है ।

(५-६) नैन भिखारी–जायसी की कल्पना इस प्रकार है—राघव के नेत्र पद्मावती दर्शन के भिखारी हैं । वे पद्मावती के नेत्रों के पास पहुँचते हैं, किन्तु उसके नेत्रों में बरौनी रूपी विष बुझे बाण गड़े हैं । उन बरौनियों से युक्त वे नेत्र राघव के नेत्रों को बेधकर उसमें घुस जाते हैं । विष के प्रभाव के कारण राघव के भिखारी नेत्र सिर धुनते हैं किन्तु पद्मावती के वे तिरछे बाण अब खींचने से भी नहीं निकलते । यह उत्प्रेक्षा युद्ध में विष बुझे और दोनों पार्श्वों में फल लगे बाण लगने से व्यथित योद्धा से ली गई है जो विष के कारण छटपटाता है किन्तु बाणों को निकाल नहीं पाता ।

(७) लागी मुख कारी=नेत्रों की काली पुतलियाँ ही मानों उनके मुख की कालिख हैं ।

[४५५]

सखिन्ह कहा चेतनि बिसँभरा । हिएँ चेतु जिय जासि न मरा ।१।
जौं कोइ पावै आपन माँगा । ना कोइ मरै न काहू खाँगा ।२।
वह पदुमावति आहि अनूपा । बरनि न जाइ काहु के रूपा ।३।
जेइँ चीन्हा सो गुपुत चलि गएऊ । परगट काह जीव बिनु भएऊ ।४।
तुम्ह अस बहुत बिमोहित भए । धुनि धुनि सीस जीव दै गए ।५।
बहुतन्ह दीन्ह नाइ कै गीवा । उतरु न देइ मार पै जीवाँ ।६।

तूँ पुनि मरब होब जरि भुईं । अबहुँ उघेलु कान कै रूईं ।७।
कोईं माँगि मरै नहिं पावै कोइ बिनु माँगा पाउ ।
तूँ चेतनि औरहि समुझावहि दहुँ तोहि को समुझाउ ॥३८।१०॥

(१) पद्मावती की सखियों ने कहा, 'ओ बेसुध चेतन, हृदय में समझ, जी में मरा मत जा। (२) यदि कोई अपना मुँह माँगा हुआ पा जाता, तो न किसी की मृत्यु होती और न किसी को कुछ अभाव होता। (३) वह पद्मावती अनुपम है। किसी के रूप की समता देकर उसका वर्णन नहीं किया सकता। (४) जिसने उसे पहिचान लिया यह चुपचाप चला गया। फिर उसका अपना जीव (अहंभाव) नहीं रहता, अतएव कौन सी वस्तु प्रकट हो। (५) तुम्हारे ऐसे अनेकों विमोहित हो गए और सिर धुन-धुनकर अपना प्राण दे गए। (६) बहुतों ने अपनी ग्रीवा झुकाकर उसे दे दी। वह किसी को उत्तर नहीं देती। केवल प्राण ले लेती है। (७) तू भी मरेगा और जलकर राख हो जायगा। अब भी कानों की रुई निकाल (अर्थात् अपना बधिरपन छोड़)।

(८) कोई माँगकर मर जाता है किन्तु उसे नहीं पाता। और कोई बिना माँगे ही पा जाता है। (९) तू बुद्धिमान औरों को समझाता था तुझे कौन समझाएगा ?'

(१) बिसँभरा=बेसम्हाल, बेसुध । धा० सम्हालना, सं० संस्मृत > प्रा० सम्भारिअ=याद किया हुआ। सम्भारइ, सम्भालइ=याद करता है, सम्हालता है।

(२) जायसी का कथन है कि यदि प्रत्येक की इच्छा पूरी हो जाती तो यहाँ किसीको भी मृत्यु और अभाव का अनुभव न होता।
खाँगा—खाँगना=कम होना, घटना। सं० क्षयंगत > खअंगअ > खंगना=क्षीण होना।

(४) भाव यह है कि जिस जीव ने ईश्वर को पहिचान लिया उसका जीव या अहंभाव विलीन हो जाता है। फिर उसके पास अपना करके प्रकट करने को कुछ नहीं रहता। सब कुछ ब्रह्ममय हो जाता है।

(६) साधना के मार्ग में कितनों ने अपने प्राण दे दिए, किन्तु उस प्रेमी से कोई उत्तर नहीं मिलता।

(७) भूईं=राख। सं० भूति > प्रा० भूइ=शिव के अंग की भस्म (भूइ भूसियं हर सरीरं व, पासद० पृ० ८१३)।

(८) कोइ बिनु माँगा पाउ—इसमें जायसी ने आत्मा के स्वयंवर का संकेत किया है उपनिषदों में कहा है—'यमेवैष वृणुते, तेन लभ्यस्तस्यैष आत्मा वृणुते तनूं स्वाम' अर्थात् आत्मा जिसको स्वयं वरती है, वही उसे पाता है। वह अपने लिये सुन्दर पति स्वयं चुन लेती है।

[४५६]

भएउ चेत चित चेतनि चेता। बहुरि न आइ सहौं दुख एता ।१।
रोवत आइ परे हम जहाँ। रोवत चले कवन सुख तहाँ ।२।
जहँवाँ रहैं साँसौ जिय केरा। कौनु रहनि मकु चलौं सबेरा ।३।
अब यह भीख तहाँ होइ माँगौं। तेत देइ जग जरमि न खाँगौं ।४।

औं अस कंगनु पावौं दूजी । दारिद हरै इंछ मन पूजी ।५।
ढीली नगर आदि तुरुकानू । साहि अलाउदीन सुलतानू ।६।
सोन जरै जेहि की टकसारा । बारह बानी परहिं दिनारा ।७।
तहाँ जाइ यह कँवल अभासौं जहाँ अलाउद्दीन ।
सुनि कै चढ़ै भानु होइ रतन होइ जल मीन ॥३८।११॥

(१) होश हुआ तो चेतन ने अपने चित्त में विचार किया, 'मैं फिर यहाँ आकर इतना दुःख न सहूँगा । (२) जहाँ हम रोते हुए आए और रोते हुए ही चले वहाँ कौन सा सुख है ? (३) जहाँ रहने से प्राणों का संशय हो वहाँ क्या रहना ? वहाँ से तो शीघ्र ही चल देना चाहिए । (४) अब यह भिक्षा वहाँ जाकर माँगूँगा जो इतना देगा कि इस जगत में जन्म भर कमी न हो । (५) यदि ऐसा कंगन दूसरा मिल जाय तो वह मेरी दरिद्रता को हर लेगा और मन की इच्छा पूरी हो जायगी । (६) दिल्ली नगर तुरकाने में (तुर्कों के राज्य में) प्रधान है, शाह अलाउद्दीन वहाँ का सुलतान है; (७) जिसकी टकसाल में सोना गलाकर साफ किया जाता है, और उसमें से बारहबानी अलाई दीनारें ढलकर बाहर निकलती हैं ।

(८) ऐसा जहाँ अलाउद्दीन है वहाँ जाकर मैं इस कमल को प्रकाशित करूँगा । (९) उसे सुनकर वह सूर्य की तरह चढ़ आएगा और रतनसेन की ऐसी दशा होगी जैसी सूर्य के तपने पर जल में मछली की होती है ।

(३) साँसौ–सं० संशय > प्रा० संसय > साँसौ ।
(६) तुरकानू–तुरकाना=तुर्कों का राज्य, जैसे, हिन्दवाना, मुगलाना ।
शाह अलाउद्दीन–१२९५–१३१५ ई० तक दिल्ली का सुलतान था । उसके सोने के सिक्कों पर विरुद के साथ नाम इस प्रकार मिलता है—"अल् सुल्तान अला उल् दुनिया व उल्दीन अब्बुल मुजफ्फर मुहम्मद शाह अल सुल्तान' 'अला उल्' इतने अंश से वह अलावल शाह भी कहलाता था । अलाउद्दीन की दिल्ली की टकसाल में सोने को शोधने की नई युक्तियाँ की गई थीं । वहाँ से जो सिक्के ढलकर निकलते थे वे अलाई दीनार या मुहर कहलाते थे । अकबर के समय तक अलाई दीनार का सोना सबसे खरा समझा जाता था और उसे बारहबान की या बारहबानी मानते थे । लोक में किसी खरी या सच्ची वस्तु के लिये 'अलाई मुहर' यह महावरा प्रसिद्ध हो गया था, जो कि बुन्देलखण्डी बोली में अभी तक प्रचलित है । (मुझे इसकी सूचना श्री मैथिलीशरण जी गुप्त से मिली ।) सम्भव है और बोलियों में भी वह बच गया हो । अलाई मुहर के विषय में अबुल फजल ने लिखा है— बादशाह अकबर के प्रयत्न से अब सोने और चाँदी को ऊँचे दर्जे तक शोधा जाता है । फारसी में शोधने की पराकाष्ठा को दहदही कहते हैं क्योंकि ईरान में दश बान से आगे शोधने की प्रक्रिया नहीं जानते । भारत में इसे बारहबानी कहा जाता है क्योंकि यहाँ बारहबान तक शोधने की क्रिया की जाती है दक्षिण में हून नामक जो सोने का सिक्का चालू था वह खरे सोने का और दस बान का समझा जाता था । किन्तु अकबर के परखने से वह साढ़े आठ बान का निकला । इसी प्रकार अलाउद्दीन की गोल सोने की मुहर जिसे पहले शुद्धता में बारहबानी समझा जाता था अकबर

की परख में साढ़े दस बानी ही उतरी ।' सोने के बान करने की प्रक्रिया बानवारी कही जाती थी जिसका रूप बोलचाल में बनवारी था। बनवारी शीर्षक आईन में अबुल फजल ने बान करने की जटिल प्रक्रिया का वर्णन किया है । अकबर से पहिले ही दिल्ली की टकसाल में सोना चाँदी शोधने की बहुत उन्नत हो चुकी थी जिसका उल्लेख अलाउद्दीन की टकसाल के अध्यक्ष श्री ठक्कुर फेरू ने अपने 'द्रव्य परीक्षा' नामक ग्रन्थ में किया है। जायसी के समय में जलाई दीनार ही बारहबानी सोने का सर्वोत्तम उदाहरण थी ।

(८) अभासों=आभासित करना, प्रकट करना ।

३६ : राघव चेतन दिल्ली गमन खण्ड

[४५७]

राघौ चेतन कीन्ह पयाना । ढीली नगर जाइ नियराना ।१।
जाइ साहि के बार पहूँचा । देखा राज जगत पर ऊँचा ।२।
छतिस लाख श्रोरगन्ह असवारा । बीस सहस हस्ती दरबारा ।३।
जाँवत तपै जगत महँ भानू । ताँवत राज करै सुलतानू ।४।
चहूँ खंड के राजा आवहिं । होइ अस मर्द जोहारि न पावहिं ।५।
मन तिवानि कै राघौ भूरा । नहिं उबारु जिय कादर पूरा ।६।
जहाँ झुराहिं दिहें सिर छाता । तहाँ हमार को चालै बाता ।७।
अरध उरध नहिं सूझै लाखन्ह उमरा मीर ।
अब खुर खेह जाब मिलि आइ परे तेहि भीर ॥३६।१॥

(१) राघव चेतन ने चित्तौड़ से प्रस्थान किया और वह दिल्ली शहर के पास जा पहुँचा। (२) जाकर वह शाह के द्वार (राजद्वार) पर पहुँचा। जो राज्य सारे संसार में ऊँचा था उसे उसने देखा। (३) वहाँ उसने देखा कि दरबार में छत्तीस लाख तुर्की सवार और बीस सहस्र हाथी थे। (४) संसार में जहाँ तक सूर्य तपता है वहाँ तक सुल्तान राज्य करता है। (५) चारों खण्डों के राजा वहाँ आते हैं और ऐसी भीड़ होती है कि वे दरबार में उसे प्रणाम करने का अवसर भी नहीं पाते। (६) राघव मन में चिन्तित होकर सन्ताप करने लगा—'यहाँ मेरा उबरना कठिन है।' वह बहुत कातर हुआ। (७) 'जहाँ छत्रधारी राजा खड़े सूखते हैं वहाँ मेरी बात कौन चलाएगा ?

(८) लाखों अमीर उमराओं में ऊँच नीच नहीं सूझता। (९) अब इस भीड़ में आ पड़ा हूँ। इन सवारों के खुरों की धूल में ही मिल जाऊँगा।'

(१) ढीली नगर=शुक्ल जी का पाठ सर्वत्र दिल्ली नगर है किन्तु प्राचीन उच्चारण ढिल्ली या ढीली था। गुप्त जी के संस्करण में वही रूप मिलता है।

(२) साहि के बार=राजद्वार ।

(३) ओरगन्ह=यह जायसी के कठिन शब्दों में है । पद्मावत में निम्नलिखित शब्द आए हैं–ओरँगन्ह (२६।३); अरगाना (१२८।२; या उसीका रूपान्तर, उरगाना, ओरगाना, माताप्रसाद भूमिका पृ० ११२); ओरंगि (४४६।१), ओरगन्ह (४५७।३) उरँगा (५२४।६); इन सब स्थलों के तुलनात्मक विचार से ऐसा प्रतीत होता है कि यहाँ पर कई मूल शब्दों के भाषागत रूपों का प्रयोग जायसी ने किया है । ४४६।१ में मूल शब्द अवरंग है जिसका अर्थ तखत या सिंहासन था । १२८।२ में मूल शब्द अरकान था जो अरबी रुक्न का बहु वचन है । अरकान-ए-सल्तनत=राज्य के खम्भे, अतएव अरकान=राज्य के प्रधान अमीर उमरा । इन दो के अतिरिक्त ५२४।६ में प्रयुक्त ओरँगा (मनेर ओरगा) शब्द जातिवाचक है, जैसा जायसी ने लिखा है–'ओरँगा केरि कठिन है जाता, तौ पै लहै होई मुख राता । संदर्भ से इसका अर्थ यह है–ओरगा की जाति बड़ी कठिन होती है । वे युद्ध में निश्चय पूर्वक कब्जा करते हैं, इसीसे उनका मुँह लाल है । यह उक्ति अलाउद्दीन के सैनिकों के लिये है । यहाँ ओरगा का अर्थ तुर्क जान पड़ता है । ज्ञात होता है कि उइगर नामक मध्येशिया की तुर्क जाति के नाम से यह शब्द सब तुर्कों के लिये प्रयुक्त होने लगा । प्रस्तुत चौपाई में ओरगन्ह ओरगा का बहुवचन है, जिसका अर्थ तुर्क प्रसंग से संगत बैठता है (राज द्वार पर ३६ लाख तुर्की सवारों की पलटन सजी थी) ।

(५) मर्द=भीड़ में शरीर का रगड़ना, भीड़ भाड़ ।

तिवानि–धा० तिवान=चिन्ता करना, सोच करना। सं० ताम्यति > प्रा० तम्मइ (पासद्द०५२८) ।

जोहारना–प्रणाम करना । हर्षचरित की टीका में शंकर ने ज्योक् क्रियमाण का प्रयोग किया है, अर्थ है बिदा लेना । उसीसे इस शब्द की व्युत्पत्ति हुई । ज्योक् आकारयति > जोहक्कारइ > जोहारइ > जोहारना ।

(६) झूरना–सं० स्मृ का धात्वादेश झूर, झूरइ=याद करना, चिन्ता करना ।

[४५८]

पातसाहि सब जाना बूझा । सरग पतार रैनि दिन सूझा ।१।
जौं राजा अस सजग न होई । काकर राज कहाँ कर कोई ।२।
जगत भार वहि एक सँभारा । तौ थिर रहै सकल संसारा ।३।
औ अस ओहिक सिंघासन ऊँचा । सब काहू पर दिस्टि पहूँचा ।४।
सब दिन राज काज सुख भोगी । रैनि फिरै घर घर होइ जोगी ।५।
राँव राँक सब जावँत जाती । सब की चाह लेइ दिन राती ।६।
पंथी परदेसी जेत आवहिं । सब की बात दूत पहुँचावहिं ।७।
यह्व रे बात तहँ पहुँची सदा छत्र सुख छाँह ।
बाँभन एक बार है कँगन जराऊ बाँह ॥३९।२॥

(१) बादशाह सब जानता और समझता था । स्वर्ग से पाताल तक रात दिन उसे सब दिखाई पड़ता था । (२) यदि राजा ऐसा सावधान न हो तो किसका राज्य और कोई कहाँ करे ? (३) संसार का भार वही अकेला सम्हालता था । उसी से सब संसार स्थिर था ।

(४) उसका सिंहासन ऐसा ऊँचा था कि सब पर उसकी दृष्टि पहुँचती थी। (५) प्रतिदिन वह राज काज करता और सुख भोगता था। रात में वह जोगी के भेष में घर-घर की सूचना लेता था। (६) राजा से रंक तक सब जितनी जातियाँ थीं, रात दिन उनकी खबर लेता था। (७) जितने यात्री और परदेशी आते थे सबका समाचार दूत लोग उसके पास पहुँचा देते थे।

(८) यह बात भी उसके पास पहुँच गई—'छत्र की सुख छाया सदा आपके ऊपर हो। (९) एक ब्राह्मण राजद्वार पर आया है, वह बाँह में जड़ाऊ कंगन पहने है।'

(८) सदा छत्र सुख छाँह—सम्राट् का सम्बोधन करने से पूर्व इस प्रकार का कोई मांगलिक वाक्य कहा जाता था। जायसी ने यहाँ हिन्दू राज सभा में प्रयुक्त वाक्य का उल्लेख किया है किन्तु इसी से मिलते जुलते वाक्य मुसलमानों के दरबारी शिष्टाचारों में भी कहे जाते थे।

[४५६]

मया साहि मन सुनत भिखारी। परदेसी कहँ पूँछु हकारी ।१।
हम पुनि है जाना परदेसा। कौनु पंथ गवनब केहि भेसा ।२।
ढीली राज चिंत मन गाढ़ी। यह जग जैस दूध महँ साढ़ी ।३।
सैंति बिरोरि छाँछि कै फेरा। मथि घिउ लीन्ह महिउ केहि केरा ।४।
एहि ढीली कत होइ होइ गए। कै कै गरब छार सब भए ।५।
तेहि ढीली का रही ढिलाई। साढी गाढि ढीलि जब ताईं ।६।
रावन लंक जारि सब तापा। रहा न जोबन औ तरुनापा ।७।
भीखि भिखारिहि दीजिअै का बाँभनु का भाँट।
अग्याँ भई हँकारहु धरती धरै लिलाट ॥३९।३॥

(१) भिखारी का नाम सुनते ही शाह के मन में दया आ गई। उसने कहा, 'परदेसी को बुलाकर पूछो। (२) हमें भी परदेस जाना है किस मार्ग से और किस वेष में जाना होगा?' (३) यह कहते हुए दिल्ली के राजा के मन में गहरी चिन्ता व्याप गई। वह सोचने लगा, संसार की लीला ऐसी है जैसे दूध में मलाई की। (४) इसका संचित करना और बिलोना छाँछ मथने के समान है। मथकर घी निकाल लिया तो मट्ठा किस काम का? (५) इस दिल्ली में कितने हो-होकर चले गए? सब गर्व कर-करके धूल में मिल गए। (६) उनकी इस दिल्ली में क्या ढिलाई और कमी थी (जो उन्हें वह दिन देखना पड़ा)? तभी तक यह दिल्ली है जब तक इस पर गाढ़ी मलाई (या सुखभोग) है। (७) रावण की लंका जलाकर सबने तापा। यौवन और तरुण अवस्था सदा नहीं रहती।

(८) भिखारी को भीख देना चाहिए, चाहे वह ब्राह्मण हो या भाट।' (९) आज्ञा हुई कि उसे बुलाओ, वह आकर पृथिवी पर मस्तक रखकर जुहार करे।

(३) परदेस की बात आते ही शाह के मन में अपने जीवन और वैभव के विषय में कुछ सूफियाना विचार आने लगे ।

(४) सैंतना=संचित करना ।
बिरोरि–धातु बिरोलना । संस्कृत मन्थ का प्रा० धात्वादेश विरोल, विरोलइ=बिलोडन करना, मथना (पासद्द०, पृ० ९९४) ।
फेरा=फेरना, चलाना । दही फेरना या छाँछ फेरना महावरा दही चलाने के अर्थ में प्रयुक्त होता है । यह भी अर्थ है कि न जाने कितनी बार इस संसार का संग्रह करके, उसे बिलोकर अन्त में छाछ के समान छोड़ दिया ।
महिउ=सं० मथित > प्रा० महिउ=मठ्ठा ।

(६) साढ़ी गाढ़ि ढीलि जब ताँई–ढीली को फारसी लिपि में दहि लिह भी पढ़ा जा सकता है इसी पर जायसी का श्लेष है कि जब तक यह दही है तभी तक इस पर गाढ़ी श्रद्धा या मोटी साढ़ी (मलाई) है । मथने से जब इसमें ढिलाई आ गई तब इसका दिल्लीपना या दहीपना न रहा ।
साढ़ी गाढ़ि=(१) मोटी मलाई; (२) गाढ़ी श्रद्धा । सं० श्रद्धा । > सड्ढा । > साढ़ > साढ़ि > साढ़ी ।

(९) धरती धरै लिलाट–राघव चेतन जैसे साधारण व्यक्तियों के लिये दरबार में जुहारने का यह ढंग हिन्दू राज्य-काल से चला आता था ।

[४६०]

राघौ चेतनि हुत जो निरासा । तेतखन बेगि बोलावा पासा ।१।
सीस नाइ कै दीन्ह असीसा । चमकत नगु कंगनु कर दीसा ।२।
अग्याँ भई सो राघौ पाहाँ । तूँ मंगन कंगन का बाहाँ ।३।
राघौ बहुरि सीस भुइँ धरा । जुग जुग राज भान कै करा ।४।
पदुमिनि सिंघल दीप की रानी । रतनसेनि चितउर गढ़ आनी ।५।
कँवल न सरि पूजै तेहि बासाँ । रूप न पूजै चंद अकासाँ ।६।
जहाँ कँवल ससि सूर न पूजा । केहि सरि देउँ औरु को पूजा ।७।
सो रानी संसार मनि दखिना कंगन दीन्ह ।
आछरि रूप देखाइ कै धरि गहनें जिउ लीन्ह ॥३९।४॥

(१) राघव चेतन जो निराश हो चुका था उसी क्षण शीघ्र शाह के पास बुलाया गया (२) उसने सिर नवाकर आशीर्वाद दिया । शाह को उसके हाथ में चमकता हुआ कंगन दिखाई पड़ा । (३) सो राघव के लिये हुक्म हुआ, 'तू भिखारी है, बाँह में कंगन कैसा ?' (४) राघव ने फिर पृथिवी पर मस्तक टेका और कहा, 'सूर्य के प्रकाश की तरह जुग-जुग तक आपका राज्य रहे । (५) सिंहलद्वीप की रानी पद्मिनी को रतनसेन ब्याह कर चित्तौड़ गढ़ में लाया है । (६) उसकी सुगन्धि की बराबरी कमल भी नहीं करता । आकाश का चन्द्रमा उसके रूप की तुलना में कुछ नहीं है । (७) जहाँ कमल चन्द्रमा और सूर्य भी समता नहीं करते उसके लिये और किससे उपमा दूँ ? और कौन

बराबरी कर सकता है ?

(८) वह रानी सारे संसार में मणि है। उसने यह कंगन दक्षिणा में मुझे दिया। (९) अपना अप्सरा सा रूप दिखाकर वह इस कंगन को मेरे पास गिरवी रखकर मेरा प्राण हर ले गई।'

(१) निरासा=आशा रहित । पदमावत में प्रायः यह शब्द दूसरे ही अर्थ में प्रयुक्त हुआ है अर्थात् जो किसीसे आशा न करे (३०१६, २०८।५, २४४।४)।

(२) सीस नाइ कै=दरबारी शिष्टाचार के अनुसार राघव ने पहिली बार भी भूमि पर सिर टेककर आशीर्वाद दिया। अतएव चौथी पंक्ति में 'बहुरि' शब्द सार्थक है।

(३) अय्याँ भइ=शाह का हर एक वचन हुक्म कहलाता था, यद्यपि यहाँ उसने केवल प्रश्न किया है।

(९) धरि गहनें जिउ लीन्ह—यह पाठ अर्थ की दृष्टि से उत्तम है। गहनें धरना=गिरवी रखना। सं० ग्रहणक > गहनअ > गहना=गिरवी, न्यास। आभूषणों के लिये गहना शब्द इसीलिए प्रयुक्त हुआ क्योंकि प्रायः सोने चाँदी के आभूषण ही गिरवी रखने के काम में आते थे। प्राचीन परिभाषा में गिरवी पत्रों को ग्रहणक-पत्र कहते थे (लेख-पद्धति, पृ० ७०, जहाँ ठीक जायसी के समय का १५४३ का ग्रहणक पत्र दिया हुआ है)।

[४६१]

सुनि कै उतर साह मन हँसा। जानहुँ बीज चमकि परगसा ।१।
काँच जोग जहँ कंचन पावा। मंगन तेहि सुमेरु चढावा ।२।
नाउँ भिखारि जीभ मुख बाँची। अबहुँ सँभारु बात कहु साँची ।३।
कहँ असि नारि जगत उपराहीं। जेहि की सरिस सूर ससि नाहीं ।४।
जौं पदुमिनि तौ मंदिर मोरें। सातौ दीप जहाँ कर जोरें ।५।
सत्त दीप महँ चुनि चुनि आनी। सो मोरें सोरह सौ रानी ।६।
जौं उन्ह महँ देखसि एक दासी। देखि लोन होइ लोन बेरासी ।७।
चहूँ खंड हौं चक्कवै जस रवि तवै अकास।
जौं पदुमिनि तौ मंदिल मोरें आछरि तौ कबिलास ॥३९।५॥

(१) उत्तर सुनकर शाह मन में हँसा, मानों बिजली चमकने से प्रकाश हुआ हो। (२) 'जो काँच पाने के योग्य है, उसे यदि सोना मिल जाय, तो मँगता उस दाता को प्रशंसा के सुमेरु पर चढ़ा देता है। (३) तेरा नाम भिखारी है, इसीसे तेरे मुँह की जीभ खींच नहीं ली गई। अब भी सँभालकर सच्ची बात कह। (४) जगत में ऐसी स्त्री कहाँ है जिसकी तुलना में सूर्य और चन्द्रमा भी न हों ? (५) यदि तू पद्मिनी की बात कहता है तो मेरे महल में ऐसी सुन्दरी हैं कि सातों द्वीप उनके सामने हाथ जोड़कर सिर झुकाएँ। (६) सातों द्वीपों से वे चुन-चुन कर लाई गई हैं। ऐसी सोलह सौ रानियाँ मेरे यहाँ हैं। (७) जो तू उनमें से एक की दासी भी देख ले, तो तू उसका रूप (लोन) देखकर

पानी में नमक की भाँति बिला जायगा।

(८) मैं चारों दिशाओं में उसी प्रकार चक्रवर्ती हूँ जैसे सूर्य आकाश में तपता है। (९) यदि वह पद्मिनी है, तो पद्मिनी स्त्रियाँ तो मेरे महल में हैं। यदि वह अप्सरा है, तो अप्सराएँ स्वर्ग में होती हैं।'

(५) मंदिर=महल, राजकुल, घर। तुलसीदासजी ने इस अर्थ में इस शब्द का प्रयोग किया है (मुदित महीपति मंदिर आए। सेवक सचिव सुमंत्र बोलाए॥ अयोध्या० ५।१)।

(७) लोन=सं० लावण्य > लावण्ण > लाउण्ण > लोन=सौन्दर्य।

लोन=नमक; सं० लवण > लउण > लोन।

बेरासी–बिरोरि (४५९।४) की भाँति बेरासी प्राकृत के अधिक निकट है। सं० विली > प्रा० विरा=द्रवित होना, पिघलना, विराइ (पासद० पृ० ९९२) > बेराना, बिलाना।

[४६२]

तुम्ह बड़ राज छत्रपति भारी। अनु बाँभन हौं आहि भिखारी।१।
चारिहुँ खंड भीख कहँ बाजा। उदै अस्त तुम्ह असे न राजा।२।
धरम राज औ सत कुलि माहाँ। झूठ जो कहै जीभ केहि पाहाँ।३।
किछु जो चारि सब किछु उपराहीं। सो एहि जंबु दीप महँ नाहीं।४।
पदुमिनि अंबित हंस सदूरू। सिंघल दीप सो भलेहँ अँकूरू।५।
सातौं दीप देखि हौं आवा। तब राघौ चेतनि कहवावा।६।
अग्याँ होइ न राखौं धोखा। कहौं सो सब नारिन्ह गुन दोखा।७।
इहाँ हस्तिनी सिंघिनी औ चित्रिनि बनबास।
कहाँ पदुमिनी पदुमसरि भँवर फिरहिं चहुँ पास॥३९।६॥

(१) 'तुम बड़े राजा और भारी छत्रपति हो। मुझ पर प्रसन्न हो। मैं तो भिखारी ब्राह्मण हूँ। (२) चारों दिशाओं में भीख के लिये जाता रहता हूँ। उदयाचल से अस्ताचल तक तुम्हारे जैसा कोई राजा नहीं। (३) तुम धर्म से राज करते हो और राजाओं के छत्तीस कुलों में तुम्हारा सत है। जो झूठ कहे ऐसी जिह्वा किसके पास है? (४) जो कुछ चार वस्तुएँ सब में श्रेष्ठ हैं, वे इस जम्बू द्वीप में नहीं हैं। (५) वे ये हैं–पद्मिनी स्त्रियाँ, अमृत, हंस और शार्दूल। सिंहलद्वीप में वे भली प्रकार उत्पन्न होती हैं। (६) मैं सातों द्वीप देख आया हूँ, तभी राघव के साथ 'चेतन' मेरा नाम हुआ। (७) आज्ञा हो तो कुछ भेद न रखकर सब प्रकार की स्त्रियों के गुण दोष कहूँ।

(८) इस जम्बू द्वीप में हस्तिनी, सिंहनी और चित्रिणी (घर में क्या) वन में भी बसती हैं, (९) किन्तु पद्मावती जैसी पद्मिनी यहाँ कहाँ, जिसके चारों ओर भौंरे फिरते हों?'

(२) बाजा=बाजना, जाना, पहुँचना । सं० व्रज > प्रा० वज्ज, वज्जइ । इसी का धात्वादेश वञ्च भी होता है जिससे बने हुए बाँचना=जाना का भी प्रयोग जायसी ने किया है ।

(३) धरमराज=अलाउद्दीन ने कई प्रकार से यत्न किया कि प्रजाओं को उसका राज्य धर्म परायण प्रतीत हो । उसने सर्व प्रथम अदली नामक चाँदी के सिक्के ढलवाए [टामस, क्रॉनिकिल्स आव दी पठान किंग्स आव देलही, पृ० १५९) ।

औ सत कुलि माहाँ=अर्थ की दृष्टि से यह पाठ 'कलि माहाँ' से श्रेष्ठ है । मध्यकालीन राजनैतिक परिभाषा में प्रसिद्ध राजवंशों के लिये 'कुलि' शब्द का प्रयोग होता था । वर्णरत्नाकर में चन्देल, चौहान, चालुक्य, राठौर, कलचुरि, गुहलौत आदि छत्तीस कुलों की सूची दी गई है (छत्तीसओ कुली राजपुत्र चलुअह, पृ० ३१) । जायसी का तात्पर्य है कि छत्तीस कुली के राजाओं पर अलाउद्दीन का सत या प्रभाव था । जयसिंह सूरि (१२१९-१२२९) कृत वस्तुपाल तेजःपाल प्रशस्ति में छत्तीस राजकुली का उल्लेख हुआ है (सेवा समायात षट्त्रिंशद्राजकुलीय) । ३६ क्षत्रिय कुलों की सूची १३ वीं शती से पूर्व स्थिर हो चुकी थी । सं० १२८८ के लेख में सिद्धराज जयसिंह को 'षट्त्रिंशद्राजकुलीमुकुटायमान' कहा गया है । बीसल देव रासो (छंद २२, २४) में भी 'कुलीय छत्तीसइ' आया है । जायसी—छत्तीस कुरी भै गोहने भली (१८५।१) ।

(५) चार श्रेष्ठ वस्तुओं में से तीन अर्थात् अमृत, हंस और शार्दूल समुद्र द्वारा रत्नसेन को दिए गए थे । (दे० ४१९।५-६) ।

(८) वनवास=यह क्लिष्ट और श्रेष्ठ पाठ है । इसी का सरल पाठ बहुवास हो गया । कवि का आशय है कि जम्बुद्वीप में हस्तिनी, संखिनी और चित्रणी स्त्रियाँ घर क्या, वनों में भरी हैं । श्लेष से हस्तिनी, सिंघिनी और चित्रिनी का संकेत हथिनी, शेरनी और मादिन चीते से है, जो वनों में रहती हैं ।

(९) फिरहिं=गोपाल चन्द्र जी की प्रति में भवहिं पाठ है ।

४० : स्त्री-भेद-वर्णन खण्ड

[४६३]

पहिलें कहौं हस्तिनी नारी । हस्ती कै परकीरति सारी ।१।
कर औ पाय सुभर गियँ छोटी । उर कै खीनि लंक कै मोंटी ।२।
कुंभस्थल गज मैमँत आहीं । गवन गयंद ढाल जनु बाहीं ।३।
दिस्टि न आवै आपन पीऊ । पुरुख पराएँ ऊपर जीऊ ।४।
भोजन बहुत बहुत रति चाऊ । अछवाई सों थोर सुभाऊ ।५।
मद जस मंद बसाइ पसेऊ । औ बिसवास धरैं जस देऊ ।६।
डर औ लाज न एकौ हिएँ । रहै जो राखैं आँकुस दिएँ ।७।
गज गति चलै चहूँ दिसि हेरति लाइ जगत कहँ चोख ।
वह हस्तिनी नारि पहिचानिअ सब हस्तिन्ह गुन दोख ॥४०।१॥

(१) पहले हस्तिनी स्त्री का वर्णन करता हूँ। उसकी सारी प्रकृति हाथी की होती है। (२) हाथ और पैर मोटे और ग्रीवा छोटी होती है। उसका वक्ष स्थल क्षीण और कटि प्रदेश मोटा होता है। (३) उसके स्तन मदमत्त हाथी के कुम्भ स्थल जैसे होते हैं। चाल हाथी के समान होती है। उसकी दोनों भुजाएँ ऐसी लगती हैं मानों चँवर डुला रही हों। (४) उसे अपना पति तो दिखाई नहीं पड़ता; दूसरे पुरुष पर मन चलाती है। (५) आहार अधिक और रति में अधिक मन करती है। अस्पृश्यता के कारण उसका सौन्दर्य परिमित होता है [जिस तिसको छूने के कारण उसकी शोभा थोड़ी होती है]। (६) उसके पसीने से मद के जैसी मन्द बास आती है। विश्वास करने से वह दानव की भाँति विश्वासघात करती है। (७) उसके हृदय में डर और लज्जा नहीं होती। यदि कोई उसे अंकुश से वश में रक्खे तो वह वशीभूत रहती है।

(८) चारों ओर चकमक देखती हुई गज गति से चलती है, मानों संसार को चूसकर पी जाएगी। (९) उसे हस्तिनी स्त्री समझना चाहिए। उसमें हाथियों के सब गुण और दोष भी पाए जाते हैं।

(३) कुंभस्थल=(स्त्री पक्ष में)=कुचस्थल; (हाथी पक्ष में) गण्डस्थल।
ढाल जनु बाहीं–ढाल, धा० ढालना=चमर डुलाना या ढालना। देशी धातु ढाल=ढालना, नीचे गिराना, झुकाना, चमर आदि का डुलाना (पासद्द० ४६६)। चलते हुए उसकी भुजाएँ ऐसी हिलती हैं, जैसे हाथी के दोनों ओर चँवर झूलते हैं।

(५) अछवाई=अस्पृष्ट या मैले वस्त्रों वाली स्त्री। सं० स्पृष्टा > प्रा० छविया=छुई हुई।
सुभाऊ=सुन्दर। सं० सुभव्य > प्रा० सुभव्व > सुभाव > सुभाउ। इसका उल्टा अभव्य > अभव्व > अभाव > अभाउ (=असुन्दर, अचारु)। जैसे हथिनी स्नान के बाद छूत नहीं मानती और अपने शरीर पर धूल डालकर मैला कर लेती है, ऐसी ही हस्तिनी स्त्री जहाँ तहाँ भिड़ जाती है, बचकर नहीं रहती।

(६) औ बिसवास धरें जस देऊ–विश्वास करके पीठ पर बैठे हुए महावत या सवार को हथिनी कभी कभी दानव की तरह विश्वासघात करके मार डालती है। फारसी भाषा में देऊ=दैत्य या दानव।

(८) चोख–क्रि० चोखना=चूसकर पीना (शब्दसागर)। चारों ओर ऐसे देखती है मानों सारा संसार चूसकर पी लेगी। हस्तिनी आदि चार प्रकार की स्त्रियों के लक्षणों की परम्परा संस्कृत और भाषा के काम शास्त्र विषयक ग्रन्थों में चली आती थी। वहीं से जायसी को प्राप्त हुई। कर औ पाय सुभर गियँ छोटी (पं० २) के विषय में कथन है–वहति चरणयुग्मं कन्धरां ह्रस्वपीनाम् (रति रहस्य १।१८); खर्वं पीवर कन्धरा (रति रत्न प्रदीपिका, १।२०); स्थूलाँगुली (रति मंजरी, ७)। कुटिलांगुलीक चरणा ह्रस्वा नमत्कंधरा (अनंगरंग, १।१४)। कुंभस्थल गज (पं० ३)–स्थूल कुचा (रति मंजरी, ७); पृथु कुचा (पंच सायक १।९)। भोजन बहुत (पं० ५)–नितान्त भोक्त्री (रति मंजरी ७); बहु भोज्यभोजनरुचिः (पंचसायक, १।९), बहुभुक् (अनंगरंग, १।१४)।
बहुत रति चाऊ (पं० ५)–गाढ रति प्रिया (रति मंजरी, ७); रतिलोलुपा (रति रत्न प्रदीपिका, १।२४)।
मद जस मंद बसाइ पसेऊ (पं० ६)–द्विरद मदविगंधिः (रतिरहस्य, १।१८); करिदान'

गन्धिमदनस्रावा मता हस्तिनी (पंचसायक, १।९); मतंगजमदामोदरतिस्वेदजलान्विता (रतिरत्न प्रदीपिका, १।२१)।

डर औ लाज न एकौ हिएँ (पं ७)-वीत लज्जा (रतिरहस्य, १।१८); निर्लज्जा (रति रत्न प्रदीपिका, १।२१); त्रपावर्जिता (अनंगरंग, १।१४)।

[४६४]

दोसरें कहौं सिंघिनी नारी। करै बहुत बल अलप अहारी।१।
उर अति सुभर खीन अति लंका। गरब भरी मन धरै न संका।२।
बहुत रोस चाहै पिय हना। आगें घालि न काहूँ गना।३।
अपनै अलंकार ओहि भावा। देखि न सकै सिंगार परावा।४।
मोंट माँसु रुचि भोजन तासू। औ मुख आव बिसाइधि बासू।५।
सिंघ कै चाल चलै डग ढीली। रोवाँ बहुत होहि दुहुँ फीली।६।
दिस्टि तराहीं हेर न आगें। जनु मथवाह रहै सिर लागें।७।
सेजवाँ मिलत स्यामिहि लावै उर नख बान।
जे गुन सबै सिंघ के सो सिंघिनि सुलतान॥४०।२॥

(१) दूसरे स्थान पर सिंहिनीं स्त्री का लक्षण कहता हूँ। वह बल बहुत दिखाती है किन्तु अल्पाहार लेती है। (२) उसका वक्षस्थल भरा हुआ और कटि पतली होती है। गर्व से भरी हुई वह मन में कुछ भी शंका या डर नहीं लाती। (३) वह बहुत रोष में रहती है, पति को भी मार डालना चाहती है। अपने आगे आने पर किसी को कुछ नहीं समझती। (४) अपना ही बनाव सिंगार उसे अच्छा लगता है, दूसरे के सिंगार को नहीं देख सकती। (५) कलेजी का मांस खाने में उसकी रुचि होती है। उसके मुँह से सड़ी मछली की गन्ध आती है। (६) पैरों को ढीला छोड़कर सिंह की सी तेज चाल चलती है। दोनों पिंडलियों में रोएँ बहुत होते हैं। (७) उसकी दृष्टि नीचे रहती है, वह आगे नहीं देखती, मानों उसके सिर पर झालरदार पट्टी लगी हो।

(८) स्वामी से सेज पर मिलते समय वह अपने नख रूपी बाणों को उसकी छाती में चुभाती है। (९) हे सुलतान, जो सिंह के अनेक गुण हैं, वे सिंहिनी स्त्रियों में भी होते हैं।

(३) घालि-(१) सं० क्षिप का धात्वादेश घल्ल=फेंकना या डालना। (२) घल्लिय > घालिय= फेंका हुआ, डाला हुआ। (३) घल्ल=अनुरक्त प्रेमी (देशी० २।१०५)।

(५) मोंट माँसु=हृदय आदि अंगों का माँस मोटा माँस कहलाता है। उसे ही कसाबों की भाषा में कलेजी कहते हैं। इसके विपरीत कंकाल से लगा हुआ छोटे छोटे टुकड़ों में बँटा हुआ माँस पतला माँस कहलाता है (शब्दसागर, माँस, पृ० २७१०)।

बिसाँइध-सं० वसागन्ध=सड़ी मछली की गंध।

(६) डग ढीली=पैरों को ढीला छोड़कर ।

फीली=पिंडली (शब्दसागर)। चित्रावली १६२।७ फीली चरन सराहौं कहा, ५६७।३ परिवा दुइज तीजि बस फीली ।

(७) मथवाह=इस शब्द के तीन अर्थ किए गए हैं । (१) महावत (शब्दसागर); (२) सिर का दर्द (शुक्ल जी, पद्मावत प्रथम संस्करण); (३) झालरदार पट्टी, जो घोड़े के माथे पर धूप की चमक रोकने के लिये बाँधी जाती है । (शुक्ल जी, द्वितीय संस्करण) । यही अर्थ ठीक ज्ञात होता है इसे मथौरा भी कहते हैं ।

(९) जायसी ने शंखिनी को सिंहिनी मानकर ऊपर का सारा वर्णन दिया है । मूल फारसी लिपि में संखिनी और सिंघिनी एक ही प्रकार से लिखे जाते थे । प्राचीन प्रतियों में काफ और गाफ में भेद नहीं पाया जाता ।

काम शास्त्र के ग्रन्थों से लक्षण । अलप अहारी (पं० १)–न बहु भोक्ती (रति रहस्य १।१७); न स्तोकं न च भूरि भक्षति सदा (अनंगरंग, १।१३); मितभोजनी (रतिरत्नप्रदीपिका १।१७)। बहुत रोस (पं० ३)–कोप शीला (रति रहस्य १।१६); कोपना (रतिरत्नप्रदीपिका, १।१६); कोपिनी (अनंगरंग, १।१२) ।

रोवाँ बहुत (पं० ६)—स्मरगृहमतिलोम (रतिरहस्य, १।१६); प्रायो दीर्घकचा (रति मंजरी, ६); लोमशा (रतिरत्नप्रदीपिका, १।१६) ।

दिस्टि तराहौं हेर न आगे (पं० ७)–अनिभृतशिरमंगं दीर्घनिम्नं वहन्ती (रतिरहस्य, १।१६); आनिम्नं कुटिलेक्षणं (अनंगरंग १।१२) ।

सेजवाँ मिलत स्वामिहि लावै उर नख बान (पं० ८)–सृजति बहुनखांकं संप्रयोगे (रतिरहस्य, १।१७); नाना स्थान नख प्रदान रसिका (पंचसायक, १।८); संभोग काले प्रचुर नख क्षत विधायिनी (रतिरत्नप्रदीपिका, १।१७); संभोगे करजक्षतानि बहुशो यच्छत्यनंगाकुला (अनंगरंग, १।१३) ।

[४६५]

तीसरि कहौं चित्रिनी नारी । महा चतुर रस पेम पियारी ।१।
रूप सरूप सिंगार सवाई । अाछरि जसि नागरि अछवाई ।२।
रोष न जानै हँसता मुखी । जहँ असि नारि पुरुख सो सुखी ।३।
अपने पिय कै जानै पूजा । एक पुरुख तजि जान न दूजा ।४।
चंद बदन रँग कुमुदिनि गोरी । चाल सोहाइ हंस कै जोरी ।५।
खीर खाँड किछु अलप अहारू । पान फूल सौं बहुत पियारू ।६।
पदुमिनि चाहि घाटि दुइ करा । अौर सबै ओहि गुन निरमरा ।७।
चित्रिनि जैस कमोद रँग आव न बासना अंग ।
पदुमिनि सब चंदन अस भँवर फिरहिं तिन्ह संग ॥४०।३॥

(१) तीसरी चित्रिणी स्त्री का वर्णन करता हूँ । वह प्रेम रस में अति चतुर प्यार करने वाली होती है । (२) उसका रूप सुन्दर और शृंगार सवाया होता है । अप्सरा के समान वह नागरी और अछूती होती है । (३) क्रोध करना नहीं जानती, हँसमुखी

रहती है। जिसके पास ऐसी स्त्री हो वह पुरुष सुखी रहता है। (४) वह अपने ही पति की पूजा जानती है। एक पुरुष को छोड़कर दूसरा पुरुष नहीं जानती। (५) वह चंद्रमुखी और रंग में कुमुदिनी के समान गोरी होती है। वह चलती हुई ऐसी अच्छी लगती है मानों हंसों की जोड़ी चल रही हो। (६) खीर और खाँड का कुछ स्वल्पाहार करती है। पान फूल से उसे बहुत स्नेह होता है। (७) पद्मिनी से रूप में दो कला घटकर होती है। और सबों की तुलना में उसका गुण बिल्कुल निर्मल होता है।

(८) चित्रिणी स्त्री रंग में कुमुदिनी जैसी होती है। पर उसके अंगों से कुमुद की बास नहीं आती। (९) परन्तु पद्मिनी स्त्रियाँ सब चंदन जैसी होती हैं और गंध से आकृष्ट भौंरे उनके साथ फिरते हैं।

(२) आछरि जसि नागरि अछवाई=अप्सरा के समान नागरी, या श्रृंगाररस प्रवीण होते हुए भी अछबाई या अछूती जान पड़ती है, जैसे उसका सौन्दर्य अभुक्त हो। जायसी ने ४६३।५ में हस्तिनी के वर्णन में लिखा है 'अछवाई सौं थोर सुभाऊँ' उस क्लिष्ट पक्ति का अर्थ यह भी हो सकता है 'अछवाई अर्थात् चित्रिणी की तुलना में हस्तिनी का सौन्दर्य घटकर होता है' इसी दोहे की सातवीं पंक्ति में चित्रिणी का सौन्दर्य पद्मिनी की अपेक्षा दो कला न्यून कहा गया है। अछवाई का अर्थ अछूती या अभुक्त, सुन्दर, चित्रावली में भी आया है (सुन्दर जंघा पातरी अछवाई पुनि चाउ; ५५४।८; राउ रंक घर जानि न जाई। एक ते एक चाह अछवाई। १५१।५)।

(७) दुइ करा—पद्मिनी पूर्ण चन्द्रमा के समान सोलह कला के सौन्दर्य से युक्त होती है। चित्रिणी उससे दो कला कम अर्थात् चौदह कला के चन्द्रमा जैसी होती है [तु० ३२८।९, पुनि मैं चाँद जो चौदसि]। लक्षण—आछरि जसि नागरि अछवाई (पं० २) तथा, नागरिकात्वेन चित्रिणी जातिरिष्यते (रतिरत्नप्रदीपिका, १।१५)। हँसता मुखी (पं० ३)—चित्रवक्त्रा (रतिमंजरी, ५)।
खीर खाँड किछु अलप अहारू (पं० ६)—रसयति मधुराल्पं (रतिरहस्य, १।१५)।
लक्षण ग्रन्थों में इस जाति की स्त्री को नृत्य, गीत, चित्रकर्म, शिल्प और विद्या विषयक आलापों में कुशल किया गया है। तभी इसको नागरी संज्ञा चरितार्थ है और अप्सरा से उपमा भी ठीक घटित होती है।

[४६६]

चौथें कहौं पदुमिनी नारी। पदुम गंध सो दैय सँवारी।१।
पदुमिनि जाति पदुम रँग ओहीं। पदुम बास मधुकर सँग होहीं।२।
ना सुठि लाँबी ना सुठि छोटी। ना सुठि पातरि ना सुठि मोंटी।३।
सोरह करा अंग होइ बनी। वह सुलतान पदुमिनी गनी।४।
दीरघ चारि चारि लहु सोई। सुभर चारि चहुँ खीन जो होई।५।
औ ससि बदन रंग सब मोहा। चाल मराल चलत गति सोहा।६।
खीर न सहै अधिक सुकुवारा। पान फूल के रहै अधारा।७।

सोरह करा सँपूरन औ सोरहौ सिंगार।
अब तेहि भाँति बरन गुन जस बरनै संसार ॥४०।४॥

(१) चौथी पद्मिनी स्त्री का वर्णन करता हूँ। दैव ने उसे पद्म की गंध से सँवारा है। (२) पद्मिनी जाति की उस स्त्री में पद्म का रंग होता है। उसमें पद्म की गंध होती है, जिससे भौंरे उसके साथ लगे रहते हैं। (३) न वह बहुत लम्बी, न बहुत छोटी, न बहुत पतली, न बहुत मोटी होती है। (४) जिसका शरीर चन्द्र की सोलह कलाओं के सौन्दर्य से बना हो, हे सुलतान, उसे पद्मिनी समझना चाहिए। (५) उसके शरीर के अंगों में चार दीर्घ, चार लघु, चार भरे हुए, और चार पतले होते हैं। (६) उस चन्द्रमुखी के रंग पर सब मोहित हो जाते हैं। मराल की चाल से चलते हुए उसकी गति शोभित होती है। (७) वह इतनी सुकुमार होती है कि खीर का भोजन भी नहीं सह सकती, पान फूल के आधार से जीवित रहती है।

(८) उसकी मुख छवि सोलह कलाओं से संपूर्ण चन्द्रमा के समान होती है। उसके अंग-अंग सोलह श्रृंगारों से अलंकृत होते हैं। (९) संसार जैसे उसका वर्णन करता है, वैसे ही मैं भी कहता हूँ।

(१) दैय-सं० दैव > दइअ > दैय।

(४) सोलह श्रृंगारों की व्याख्या नीचे के दोहे में स्वयं कवि ने की है। दे० २९६।८, ३००।१, ३३२।६, ३३८।३।

लक्षण—पद्मिनी स्त्री के लक्षणों में पद्म गंध मुख्य है। पदुम गंध सो दैव सँवारी (पं० १), पदुम बास मधुकर सँग होहीं (पं० २)—पद्मिनी पद्मगंधा (रतिमंजरी, ४); मृद्वंगी विकचारविन्दसुरभिः (पंचसायक, १।६); फुल्लराजीवगन्धः (रतिरहस्य, १।११), फुल्लाम्भोज सुगन्धि कामसलिला (अनंगरंग, १।८)।

चाल मराल चलत गति सोहा (पं० ६)—व्रजति मृदु सलीलं (रतिरहस्य १।१३); हंस गतिः (रतिरत्नप्रदीपिका); हंसवधूगतिः (अनंगरंग, १।९)।

[४६७]

प्रथम केस दीरघ सिर होहीं। औ दीरघ अँगुरी कर सोहीं ।१।
दीरघ नैन तिक्ख तिन्ह देखा। दीरघ गीवँ कंठ तिरि रेखा ।२।
पुनि लघु दसन होहिं जस हीरा। औ लघु कुच जस उतँग जँभीरा ।३।
लघू लिलाट दुइज परगासू। औ नाभी लघु चंदन बासू ।४।
नासिक खीन खरग कै धारा। खीन लंक जेहि केहरि हारा ।५।
खीन पेट जानहुँ नहिं आँता। खीन अधर बिद्रुम रँग राता ।६।
सुभर कपोल देहिं मुख सोभा। सुभर नितंब देखि मन लोभा ।७।
सुभर बनी भुअडंड कलाई सुभर जाँघ गज चालि।
ये सोरहौ सिंगार बरनि के करहिं देवता लालि ॥४०।५॥

(१) सर्वप्रथम उसके सिर पर बाल लम्बे होते हैं, और हाथों में लम्बी अंगुलियाँ भी सुन्दर लगती हैं। (२) अपने दीर्घ नेत्रों से वह तिरछी चितवन से देखती है। उसकी ग्रीवा दीर्घ होती है। कण्ठ में तीन रेखाएँ दिखाई पड़ती हैं। (३) उसके छोटे दाँत हीरे जैसे चमकते हैं। उसके छोटे कुच जंभीरी नीबू के समान उठे होते हैं। (४) उसका कम चौड़ा ललाट दोयज के चन्द्रमा की भाँति चमकता है। उसकी नाभि कम गहरी होती है जिसमें से चन्दन की सुगन्धि आती है। (५) उसकी नाक तलवार की धार के समान पतली होती है। उसकी क्षीण कटि से सिंहिनी भी हार मानती है। (६) उसका पेट ऐसा पतला होता है मानों उसमें आँत न हों। उसका अधर पतला और मूँगे के रंग सा लाल होता है। (७) उसके भरे हुए गाल मुख को शोभा देते हैं। भरे हुए नितम्ब देखकर मन लुभा जाता है।

(८) उसकी भुजाओं की कलाई चौड़ी होती है। भरी हुई जाँघों से वह गज की चाल चलती है। (९) उसके वर्णन के ये सोलह श्रृंगार हैं जो देवताओं को भी उसके लिये लालायित कर देते हैं।

(४) दोयज=द्वितीया का चन्द्रमा।

(९) बरनि के–गोपालचन्द्र जी की उर्दू प्रति (मा० प्रा० च० १) में 'बरन' पाठ है। बरन=वर्ण अर्थात् वर्णन 'वर्ण रत्नाकर' पुस्तक के नाम में भी वर्ण वर्णन के लिये ही प्रयुक्त हुआ है। जायसी का आशय है कि नायिका के आदर्श वर्णन में उक्त सोलह श्रृंगार कहे गए हैं।
लालि=लालसा-युक्त, सस्पृह (दे० ४७४।७)।
लल्ल (=स्पृहा-युक्त) > लाल।
संस्कृत के लक्षण ग्रन्थों में पद्मिनी स्त्री के अन्य अंगों की प्रशंसा में कहा गया है कि उसके नेत्र प्रान्त भाग में रक्त, चकित मृगी के समान ईक्षण वाले, मुख पूर्णेन्दु के समान, उसकी गति राज हंसी के समान लीला युक्त, उसकी नासिका तिल प्रसून के सदृश, उसके स्तन श्रीफल के समान पीनोत्तुंग, उसका आहार मृदु, शुचि और अल्प, मध्यभाग त्रिवलि युक्त होता है। ऐसी सुग्रीवा, शुभ नासिका, ललित शुभ्रवेष से अलंकृत उत्तम नारी पद्मिनी कहलाती है।

४१ : पद्मावती रूप चर्चा खण्ड

[४६८]

यह जो पदुमिनि चितउर आनी। कुंदन कया दुवादस बानी।१।
कुंदन कनक न गंध न बासा। वह सुगंध जनु कँवल बिगासा।२।
कुंदन कनक कठोर सो अंगा। वह कोवँलि रँग पुहुप सुरंगा।३।
ओहि छुइ पवन बिरिख जेहि लागा। सोइ मलयागिरि भएउ सभागा।४।
काह न मूँठि भरी ओहि खेही। असि मूरति कै दैयँ उरेही।५।
सबै चितेर चित्र कै हारे। ओहिक चित्र कोइ करै न पारे।६।

कया कपूर हाड़ जनु मोंती । तेहि तें अधिक दीन्ह बिधि जोती ।७।
सूरुज क्रांति करा जसि निरमल नीर सरीर ।
सौहँ निरखि नहिं जाइ निहारी नैनन्ह आवै नीर ॥४१।१॥

(१) यह जो पद्मिनी चित्तौड़ में लाई गई है, उसकी काया बारह बानी कुन्दन जैसी शुद्ध और चमकीली है। (२) कुन्दन सोने में न गन्ध होती है न बास। पर वह ऐसी गन्ध वाली है मानों कमल खिला हो। (३) कुन्दन सोना कठोर होता है, पर उसके अंग कोमल हैं और उसका रंग फूल के समान लाल है। (४) उसे छूकर पवन जिस वृक्ष का स्पर्श करती है वह भाग्यशाली वृक्ष मलयागिरि चन्दन हो जाता है। (५) उस मुट्ठी भर धूल में क्या नहीं है? विधाता ने उसकी विलक्षण मूर्ति रची है। (६) सब चित्रकार उसका चित्र लिखकर हार गए। कोई भी उसका चित्र नहीं बना पाता। (७) उसकी काया कपूर के समान और हाड़ मोती के समान हैं। उनसे भी अधिक ज्योति विधाता ने उसे दी है।

(८) सूर्य-प्रभा की जैसी निर्मल कला होती है, ऐसी ही उसके शरीर की आभा है। (९) उसके सामने देखा नहीं जाता, देखने से आँखों में पानी भर आता है।

(१) कुंदन= एक दम खालिस सोना, जिसमें कोई खोख या खोट नहीं रह जाता। ऐसे सोने को बारहबानी कहते थे।

(२) गन्ध=निजी सुगन्धि, जैसे कमल इत्यादि के पुष्पों में।
बास=वह सुगन्धि जो बसाने से उत्पन्न होती है, जैसे फूलों द्वारा तिलों में।

(५) मूरति=रूप, आकृति।
उरेही=उरेहना, बनाना, रचना, घड़ना। चित्र के प्रसंग में इसका अर्थ चित्र लिखना होता है। उत् पूर्वक लिख धातु > प्रा० उल्लिह।

(८) क्रांति=कान्ति, प्रभा, प्रकाश।
करा=कला, किरण।

[४६९]

कत हौं अहा काल कर काढ़ा । जाइ धौराहर तर भौ ठाढ़ा ।१।
कत वह आइ झरोखें झाँकी । नैन कुरंगिनि चितवनि बाँकी ।२।
बिहँसी ससि तरई जनु परीं । कै सो रैनि छूटी फुलझरीं ।३।
चमकि बीज जस भादौं रैनी । जगत दिस्टि भरि रही उड़ैनी ।४।
काम कटाख दिस्टि बिख बसा । नागिनि अलक पलक महँ डसा ।५।
भौहँ धनुक तिल काजर ठोड़ी । वह भै धानुक हौं हियँ ओड़ी ।६।
मारि चली मरतहि मैं हँसा । पाछें नाग अहा ओइँ डसा ।७।

पाछें घालि काल सो राखा मंत्र न गारुरि कोइ ।
जहाँ मँजूर पीठि ओइँ दीन्हे कासुँ पुकारौं रोइ ॥४१।२॥

(१) क्यों मैं अपनी मृत्यु से खिंचा हुआ उसके धवल गृह के नीचे जा खड़ा हुआ। (२) क्यों वह झरोखे में आई और मृगी के नेत्रों की जैसी बाँकी चितवन से उसने झाँक कर देखा ? (३) वह चन्द्रवदनी जब हँसी तो मानों तारे बिखर गए। अथवा वह ऐसी शोभित हुई जैसे रात में फुलझड़ी छूटी हो। (४) या जैसे भादों की रात्रि में बिजली चमकने से संसार के नेत्रों को जुगनुओं की पंक्ति दिखाई पड़ी हो। (५) काम कटाक्ष से युक्त उसकी दृष्टि में विष बसता है। उसकी लट सर्पिणी की भाँति पलक मारते में डस लेती है। (६) उसकी भौंह धनुष के समान है। ठोड़ी पर काला तिल है। वह धनुष चलाने वाली हुई और मुझे अपने हृदय पर उसका वार रोकना पड़ा। (७) वह बाण मारकर चली तो बाण लगते ही मैं प्रसन्न हुआ, पर उसके पीछे जो वेणी रूपी नाग था उसने मुझे डस लिया।

(८) उसने काला नाग पीछे डाल रखा था। न उसके विष उतारने का कोई मंत्र था, न गारुड़ी या विषवैद्य। (९) जहाँ मोर ने भी उसे पीठ दे दी हो वहाँ किससे रोकर अपनी व्यथा कहूँ ?

(१) काल=मृत्यु ।
काढ़ा–सं० कष् > प्रा० कड्ढ=खींचना । कड्ढिय=आकृष्ट, खींचा हुआ ।
(३) बिहँसी ससि–ससि=शशि मुखी पद्मावती । उसके दाँतों की ज्योति की उपमा तारागण, फूलझड़ी और खद्योतपंक्ति से दी गई है ।
तरई=तारागण > तारायण > तरायन, तराइन > तरइन > तरइं ।
(४) उड़ँनी–इसका अर्थ जुगनू किया गया है (शब्दसागर), किन्तु व्युत्पत्ति की दृष्टि से उड़ँनी का अर्थ उडुश्रेणी अर्थात् तारिका पंक्ति विदित होता है ।
(६) ओड़ी–धा० ओड़ना=रोकना, वार ऊपर लेना । सं० ओण् धातु=अपनयन, हटाना ।
(८) काल=काला नाग ।
गारुरि–सं० गारुड़िक=विषवैद्य, साँप का विष उतारने वाला ।
(९) जहाँ मँजूर पीठि ओइँ दीन्हे–यह क्लिष्ट पाठ था जिसे सरल किया गया । जायसी का आशय है कि पद्मावती की ग्रीवा मयूर के समान है जो आगे की ओर मुँह किए है । अतएव मोर की पूँछ के समान वेणी पीछे की ओर है । इसी पर कल्पना है कि मोर ने भी जहाँ पीठ दिखा दी हो वहाँ सहायता के लिये और किसे बुलाया जाय ?

[४७०]

बेनी छोरि झारु जौं केसा । रैनि होइ जग दीपक लेसा ।१।
सिर हुति सोहरि परहिं भुइँ बारा । सगरे देस होइ अँधियारा ।२।
जानहुँ लोटहिं चढ़े भुवंगा । बेधे बास मलैगिरि संगा ।३।

सगबगाहिं बिख भरे बिसारे । लहरिआहिं लहकहिं अति कारे ।४।
लुरहिं मुरहिं मानहिं जनु केली । नाग चढ़ा मालति की बेली ।५।
लहरै देइ जानहुँ कालिंदी । फिरि फिरि भँवर भए चित फंदी ।६।
चवँर ढरत आछहिं चहुँ पासा । भवँर न उड़हिं जो लुबुधे बासा ।७।
होइ अँधियार बीजु खन लौकै जबहिं चीर गहि झाँपु ।
केस काल ओइ कत मैं देखे सँवरि सँवरि जिय काँपु ॥४१।४॥

(१) जब वह वेणी खोलकर अपने केशों को झाड़ती है तो रात हो जाती है और संसार दिया जलाने लगता है। (२) उसके बाल सिर से बिखर कर पृथिवी तक फैल जाते हैं; तब सारे देश में अंधकार छा जाता है। (३) अथवा, मानों ऊपर चढ़े हुए साँप लोट रहे हैं, जो उसकी गन्ध से बेधे हुए मलयागिरि रूपी शरीर के साथ लिपटे हुए हैं। (४) विष भरे हुए वे विषधर सकपकाते या हिलते डोलते हैं। अत्यन्त काले वे लहराते और झोंका लेते हैं। (५) मानों क्रीड़ा करते हुए वे उसके शरीर पर लोटते और मुड़ते हैं। उसकी वेणी मालती की बेल पर चढ़े नाग के समान है। (६) केशों का लहराना इस प्रकार है मानों जमुना लहरें देती हो। उन लहरों के बार-बार चक्कर में घूमने से जो भँवर पड़ते हैं वे ही केशों के फन्दे हैं जिनमें चित्त फँस जाता है। (७) उसके चारों ओर चँवर डुलाए जा रहे थे। फिर भी सुगन्ध के लोभी भौंरे उड़ते न थे।

(८) जब वह केशों के ऊपर अपनी ओढ़नी का चीर ढकती है तब ज्ञात होता है जैसे अँधेरे में क्षण भर के लिये बिजली चमक गई हो। (९) क्यों मैंने उसके काले केशों को देखा ! उनके स्मरण से जी काँप जाता है।

(१) पद्मावती के इस रूप वर्णन की तुलना राजा-सुआ संवाद के वर्णन के अन्तर्गत नख-शिख खण्ड (दो० ९९-११६) से करने योग्य है। केशों के वर्णन के लिये देखिये दो० ९९ ।

(२) सोहरि–क्रि० सोहरना=बिखरना, छिटकना, फैलना। [भोजपुरी में प्रचलित इस अर्थ की जानकारी के लिये मैं श्री रायकृष्णदास जी का कृतज्ञ हूँ ।]

(४) सगबगाहिं=सकपकाना ।
बिसारे [९९।५] । सं० विषधारक > बिसहारअ > बिसहारा > बिसारा ।
लहकना=झोके खाना, लहरें लेना ।

(८) होइ अँधियार बीजु खन लौकै–केश अन्धकार के समान हैं, उन पर डाला हुआ रत्न जटित वस्त्र बिजली कौंधने के समान है ।

[४७१]

कनक माँग जो सेंदुर रेखा । जनु बसंत राता जग देखा ।१।
कै पत्रावलि पाटी पारी । औ रचि चित्र बिचित्र सँवारी ।२।
भएउ उरेह पुहुप सब नामा । जनु बग बगरि रहे घन स्यामा ।३।

जमुँना माँझ सुरसती माँगा। दुहुँ दिसि चित्र तरंगहि गाँगा।४।
सेंदुर रेख सो ऊपर राती। बीर बहूटिन्ह की जनु पाँती।५।
बलि देवता भए देखि सेंदुरू। पूजै माँग भोर उठि सूरू।६।
भोर साँझ रबि होइ जो राता। ओहीं सो सेंदुर राता गाता।७।
बेनी कारी पुहुप लै निकसी जमुना आइ।
पूजा इंद्र अनंद सो सेंदुर सीस चढ़ाइ ॥४१।४॥

(१) सोने से अलंकृत माँग में जो सिन्दूर की रेखा है वह ऐसी शोभित है मानों रंग भरी वसन्त ऋतु जगत् में दिखाई पड़ रही हो। (२) पत्रावली बनाकर माँग के दोनों ओर केशों की पट्टियाँ बैठाई गई थीं, और विचित्र-चित्र रचना करके उन्हें सँवारा गया था। (३) सब प्रकार के पुष्पों से बनाई गई केशों में चित्र रचना ऐसी सुशोभित थी मानों काले मेघों में श्वेत बक-पंक्ति फैली हो। (४) वह माँग जमुना में मिली सरस्वती के समान थी। उसके दोनों ओर की पुष्प रचना गंगा की तरंगों के सदृश थी। (५) उस माँग पर लाल सिंदूर की रेखा बीर बहूटियों की पंक्ति सी लगती थी। (६) उसका सिंदूर देखकर देवता बलि हो गए। नित्य प्रातः उगता हुआ सूर्य उस माँग की पूजा करता है। (७) प्रातः और संध्या के सूर्य की जो लाली है, सो उसी सेंदुर से उसका शरीर लाल हो जाने के कारण है।

(८) पुष्पों से सजी हुई वेणी ऐसी लगती थी मानों कालिय नाग की नागिनी कमल पुष्प लिये हुए जमुना से बाहर निकली हो, (९) और उसने अपने सिर पर सेंदुर चढ़ाकर उन कमलों द्वारा आनन्द से राजा की पूजा की हो।

(१) माँग के इस वर्णन की तुलना दो० १०० से कीजिए।
कनक माँग=सोने से सजाई माँग।

(२) पत्रावली–२९७।३, केशों की पत्राकार रचना जिसे खजूर पट्टी भी कहते हैं, अथवा सोने की पत्रावली बनाकर सजाए हुए केश।

(३) जनु बग बगरि रहे घनस्यामा–तु० २९७।४।

(४) जमुँना माँझ सुरसती–तु० १००।४।

(८-९) बेनी कारी=काले केश जमुना के समान हैं उनसे लटकती हुई वेणी की तुलना पुष्प लेकर जमुना से बाहर आती हुई कालिय नाग की स्त्री से की गई है। कंस ने कालीदह में होने वाले कमल पुष्प लाने की आज्ञा नन्द को दी थी। कृष्ण उन पुष्पों को काली नाग और नागनियों पर लदवाकर जमुना से बाहर लाए। वे पुष्प राजा कंस के पास बड़े सम्मान के साथ नन्द द्वारा भेजे गए। कवि की कल्पना है कि कालिय नाग की पत्नी नागिनी ने और पुष्प देकर अपनी माँग के सिन्दूर की रक्षा की और कृष्ण एवं नन्द की इच्छा पूरी की। पद्मावती के पक्ष में, उसने अपने सिर पर सौभाग्य का चिन्ह सिन्दूर चढ़ाकर इन्द्र अर्थात् रत्नसेन की पूजा की। कालीदह से कमल लाने की कथा भागवत में नहीं है, किन्तु सूरसागर में विस्तार से है। नागिनी की सौभाग्य रक्षा का संकेत सूर ने भी किया है—

जब कान्ह काली लै चले तब नारि बिनवै, देव हो !
चेरि कौं अहिवात दीजै करैं तुम्हारी सेव हो।
लादि पंकज कढ्यौ बाहिर भयौ ब्रज-मन-भावना।
मथुरा नगरी कृष्न राजा सूर मनहिं बधावना॥
सूरसागर प्र० खंड, दशम स्कंध, पृ० ४५७ पद, ११९५॥

और भी—

काली ल्याए नाथि कमल ताही पर ल्याए।
अपने सम जे गोप कमल तिन साथ खलाए।
मन सब कै आनन्द कान्ह जल तें बच आए।
इक सुख स्याम बचें काली तें इक सुख कंसहिं कमल पठाए।
(सूरसागर, पृ० ४७१, क्रमांक पद १२०६-७)।

सूर ने मथुरा नगरी में कृष्ण राजा का उल्लेख किया है। जायसी के इन्द्र पद (पं० ९) से भी संभवतः कृष्ण का ही तात्पर्य है। पद्मावतीपक्ष में इन्द्र रत्नसेन हैं।
अनंद का पाठान्तर मनेर और गोपालचंद्र की प्रति में नंद है। तब अर्थ होगा कि कृष्ण और नन्द की पूजा की।

[४७२]

दुइज लिलाट अधिक मनि करा। संकर देखि माँथ भुइँ धरा ।१।
एहि निति दुइज जगत महँ दीसा। जगत जोहारै देइ असीसा ।२।
ससि होइ छपी न सरबरि छाजै। होइ जो अमावस छपि मन लाजै ।३।
तिलक सँवारि जो चूनी रची। दुइज माहँ जानहुँ कचपची ।४।
ससि पर करवत सारा राहू। नखतन्ह भरा दीन्ह परदाहू ।५।
पारस जोति लिलाटहि ओती। दिस्टि जो करै होइ तेहि जोती ।६।
सिरी जो रतन माँग बैसारा। जानहुँ गँगन टूट निसि तारा ।७।
ससि औ सूर जो निरमल तेहि लिलाट की ओप।
निसि दिन चलहिं न सरबरि पावहिं तपि तपि होहिं अलोप ॥४१।६॥

(१) द्वितीया के चन्द्रमा से भी उसका ललाट अधिक कान्तिमान है। शंकर ने भी उसे देखकर अपना मस्तक भूमि में टेका (प्रणाम किया)। (२) यह ऐसा दोइज का चाँद, जो नित्य जगत को दर्शन देता है और संसार इसे जुहारता और आशीर्वाद देता है। (३) शोभा में उसकी समता न करने के कारण चन्द्रमा अदृश्य हो जाता है। जो अमावास्या होती है, वह इसी कारण कि चन्द्रमा अपने मन में लजाकर छिप जाता है। (४) तिलक लगाकर जो उस पर चुन्नी लगाई गई है, उसकी शोभा ऐसी है मानों द्वितीया के चन्द्रमा के भीतर कृत्तिका नक्षत्र हो। (५) ललाट पर माँग ऐसी लगती है मानों राहु ने चन्द्रमा पर आरा चलाया हो; अथवा चन्द्रमा को नक्षत्रों से भरकर फिर उसने उसमें आग लगा दी हो। (६) उसके ललाट पर इतनी अधिक पारस ज्योति है

कि जो उसे देखता है वह भी वैसी ही ज्योति वाला हो जाता है। (७) माँग पर जो रत्नों की बेंदी बैठाई हुई है, वह ऐसी लगती है मानों अँधेरे में आकाश से तारा टूटा हो।

(८) शशि और सूर्य जो इतने निर्मल हैं, वे उसी ललाट की चमक के कारण हैं। (९) वे दोनों रात दिन (सान पर चढ़े हुए) आकाश में चलते रहने पर भी उसकी ललाट मणि के प्रकाश की बराबरी नहीं कर पाते, और तप-तप कर नित्य प्रति अदृश्य होते रहते हैं।

(१) दुइज=द्वितीया का चन्द्रमा [१०१।१]।
मनि करा=मणि की कला या कान्ति वाला।

(२) निति–द्वितीया का चन्द्रमा छिप जाता है किन्तु पद्मावती का ललाट सदा दिखाई देता है।
चूनी=चुन्नी, लाल काटने से जो उसके अत्यन्त छोटे कण बचते हैं वे चुन्नी कहलाते हैं। उन्हें मस्तक या कपोल आदि पर चिपका कर सजाते हैं।

(४) तिलक संवारि जो चूनी रची=गोल बिन्दी लगाकर उसके चारों ओर चुन्नी चिपकाने की ओर जायसी का संकेत है। इस प्रकार की रचना जायसी के समकालीन जैन चित्रकला के स्त्री चित्रों में पाई जाती है (मोतीचन्द्र, जैन मिनियेचर पेंटिंग आव वैस्टर्नइंडिया, चित्र ८५)।
कचपची=कृत्तिका नक्षत्र। चुन्नियों से घिरे हुए गोल तिलक की उपमा कृत्तिका नक्षत्र से दी गई है।

(५) इस पंक्ति में जायसी ने दो उत्कृष्ट उत्प्रेक्षाएँ की हैं। ललाट पर माँग ऐसी है जैसे राहु ने चन्द्रमा के सिर पर आरा चलाया हो। अथवा राहु ने चन्द्रमा से वैर शोधने के लिये नक्षत्रों को भी चन्द्रमा के भीतर भरकर दोनों में आग लगा दी हो। उसी आग की लपटें माँग की लाली है।
परदाहू–सं० प्रदाह।

(६) पारस जोति=वह ज्योति जिसके स्पर्श से दूसरी वस्तु भी ज्योतिष्मान् हो जाय, जैसे पारस के छूने से लोहा सोना बन जाता है। जो ललाट की पारस ज्योति के दर्शन करता है वही उस ज्योति से युक्त हो जाता है।

(७) सिरी=श्री गुप्तजी ने शुद्धाशुद्धि पाठ में 'सिरै' (=सिर पर) पाठ दिया है किन्तु शुक्लजी की प्रति में 'सिरी' पाठ है और वही यहाँ उपयुक्त ज्ञात होता है। फारसी लिपी में सिरी और सिरै एक ही प्रकार लिखे जाते हैं। श्री गोपालचन्द्र जी की प्रति (माताप्रसाद चं० १ में भी) 'सिरी' पाठ है। सिरी=श्री नाम का आभूषण या टिकली।

(८) ओप=चमक। देशी० ओप्पा=सान आदि पर मणि का घर्षण (देशी० १।१४८)। धा० ओपना, संज्ञा ओप।

(९) सूर्य और चन्द्र मानों सान पर चढ़े हुए आकाश में घूम रहे हैं, फिर भी पद्मावती के ललाट रूपी मणि की तुलना नहीं कर पाते। कवि ने ४७२।१ ललाट को मणि के समान कान्तिमान कहा है।
तपि तपि होहि अलोप– सूर्य दिन में तपकर रात को अदृश्य हो जाता है और चन्द्रमा रात में अपनी चमक दिखलाकर और अपने आपको उसके बराबर न पाकर दिन में तपता है और अदृश्य रहता है। जब वे अदृश्य होते हैं तब मानों खराद पर चढ़ने के लिये चले जाते हैं। वहाँ से निकलकर फिर अपना प्रकाश दिखाते हैं। यही क्रम दिन रात चलता रहता है।

[४७३]

भौहैं स्याम धनुक जनु चढ़ा । बेझ करै मानुस कहँ गढ़ा ।१।
चाँद कि मूँठि धनुक तहँ ताना । काजर पनच बरुनि बिख बाना ।२।
जा सहुँ फेर छोहाइ न मारे । गिरिवर टरहिं सो भौहँन्ह टारे ।३।
सेतबंध जेइँ धनुक बिडारा । उहौ धनुक भौहँन्ह सौं हारा ।४।
हारा धनुक जो बेधा राहू । औरु धनुक कोइ गनै न काहू ।५।
कत सो धनुक मैं भौहँन्हि देखा । लाग बान तेत आव न लेखा ।६।
तेत बानन्ह झाँझर भा हिया । जेहि अस मार सो कैसें जिया ।७।
सोत सोत तन बेधा रोवँ रोवँ सब देह ।
नस नस महँ भै सालहिं हाड़ हाड़ भए बेह ।।४१।७।।

(१) काली भौंहें ऐसी हैं मानों चढ़ा हुआ धनुष है। जिसे वह अपना लक्ष्य बनाए ऐसा योग्य मनुष्य कहाँ रचा गया ? (२) मुख रूपी चन्द्रमा की मुट्ठी में वह धनुष तना हुआ है। नेत्रों का काजल उसकी प्रत्यंचा और बरौनियाँ उसके विष बुझे बाण हैं। (३) उस धनुष को जिसके सामने घुमाती है उस पर दया नहीं दिखाती, बाण मार ही देती है। उन भौंहों के धक्के से पहाड़ भी विचलित हो जाते हैं। (४) जिस धनुष ने सेतुबन्ध का रूप बिगाड़ दिया था वह धनुष भी भौंहों से हार गया। (५) जिसने राधा वेध किया था, वह गाण्डीव भी इस धनुष से हार गया उसके सामने किसी और धनुष को कोई कुछ न गिने (भरोसा न करे), अथवा वह और किसी धनुष को कुछ नहीं समझती। (६) भौंहों के उस धनुष को मैंने क्यों देखा, जो इतने बाण मुझे आ लगे जिनकी गिनती नहीं ! (७) उतने बाण लगने से मेरा हृदय झंझरी हो गया। जिसे इस प्रकार मारा गया हो वह कैसे जी सकता है ?

(८) सब शरीर का एक-एक रोमकूप और रोयाँ-रोयाँ उसीसे बिंधा हुआ है। (९) नस-नस में छेद हो गए हैं और हड्डी हड्डी बिंध गई है।

(१) भौंह वर्णन-तुलना दो० १०२ ।
(२) चाँद=मुख रूपी चन्द्रमा । पनच=प्रत्यंचा ।
(३) फेर=फेरना, घुमाना ।
छोहाइ—छोहाना=अनुग्रह करना, दया करना ।
(४) सेतबन्ध जेइ धनुक बिडारा—जिस धनुष से राम ने बाण चलाकर सेतुबन्ध के पास समुद्र को दो टुकड़ों में बाँट दिया था । कवि का संकेत इसी लोक-कथा की ओर है ।
(५) बेधा राहू=अर्जुन कृत राधा वेध ।
(७) झाँझर=झंझरी या जाली ।
(८) सोत-सोत=प्रत्येक रोम कूप ।
(९) सालहिं=(१) छेद (२) घाव । सं० शल्य > प्रा० साल ।

[४७४]

नैन चतुर वै रूप चितेरे । कँवल पत्र पर मधुकर घेरे ।१।
समुँद तरंग उठहि जनु राते । डोलहिं तस घूमहिं जनु माँते ।२।
सरद चंद महँ खंजन जोरी । फिरि फिरि लरहिं अहोर बहोरी ।३।
चपल बिलोल डोल रह लागी । थिर न रहहिं चंचल बैरागी ।४।
निरखि अघाहिं न हत्या हतें । फिरि फिरि स्रवनन्हि लागहिं मतें ।५।
अंग सेत मुख स्याम जो ओहीं । तिरिछ चलहिं खिन सूध न होहीं ।६।
सुर नर गंध्रप लालि कराहीं । उलटे चलहिं सरग कहँ जाहीं ।७।
अस वै नैन चक्र दुइ भवँर समुँद उलथाहिं ।
जनु जिउ घालि हिंडोरैं लै आवहिं लै जाहिं ॥४१।८॥

(१) अवश्य ही रूप के किसी चतुर चित्रकार ने उन नयनों को बनाया है। उन्हें देखकर विदित होता है मानों कमल की पंखड़ियों पर भौंरे मँडरा रहे हैं। (२) वे इस प्रकार अनुराग से भरे हैं मानों समुद्र में लहरें उठती हों। वे नेत्र ऐसे चंचल हैं मानों मतवाले होकर घूमते हों। (३) अथवा शरद की चाँदनी में खेलती हुई खंजन की जोड़ी बार-बार हेराफेरी से मुड़ मुड़कर लड़ रही हो। (४) अथवा चपल स्वभाव वाले वे मानों हिलने वाले झूले पर बैठे हैं। वे नेत्र चंचल बैरागी के समान क्षण भर के लिये भी एक स्थान पर स्थिर नहीं रहते। (५) किसी की ओर केवल देखने से वे नेत्र तृप्त नहीं होते; वे तो हत्या करते हैं। घूम-घूम कर परामर्श के लिये कानों के पास जाते हैं। (६) उनका अंग श्वेत और मुख श्याम है। इसी कारण तिरछे चलते हैं, क्षण भर के लिये भी सीधे नहीं होते। (७) देवता, मनुष्य और गन्धर्वों को वे लालसा-युक्त (सस्पृह) करते हैं। इसी कारण ये तीनों तप करते हुए ऊर्ध्व दृष्टि करके स्वर्ग की ओर जाते हैं।

(८) ऐसे वे नेत्र दो चक्रों के समान हैं। वे भँवर की तरह समुद्र को उलीचते हैं। (९) वे प्राणों को हिंडोले में डालकर मानों बाहर ले आते और भीतर ले जाते हैं।

(१) रूप चितेरे=रूप के चित्रकार ने।
कँवल पत्र=पंखड़ियों समेत खिला हुआ कमल नेत्र है, और भौंरे पुतलियाँ हैं।

(३) राते–धा० रातना=अनुराग से भरना। जैसे समुद्र में जल की तरंगें उठती हैं, ऐसी ही नेत्रों में अनुराग या प्रेम की तरंगें भर-भर आती हैं।
डोलहिं=मदभरे नेत्र इस प्रकार घूर्णित होते हैं जैसे कोई मतवाला घूमता हो।
अहोरि बहोरी–अवधी अहोरा-बहोरा=हेराफेरी से, बार-बार लौटकर।

(४) डोल रह लागी=नेत्र रूपी खंजन मानों झूलते हुए हिंडोले पर बैठे हैं।
चंचल बैरागी=वह साधु जो क्षण भर के लिये भी स्थिर नहीं रहता।

(५) स्रवनन्हि–पद्मावती के नेत्र कानों के पास किस मंत्रणा के लिये जाते हैं इसकी कल्पना जायसी ने यों की है। नेत्रों का कार्य देखना है, वे इतने से सन्तुष्ट नहीं होते। जिसे देखते हैं, उसकी

हत्या भी कर डालते हैं। किन्तु ऐसा करने से पूर्व वे बार-बार कानों के पास जाकर उस व्यक्ति के विषय में परामर्श करते हैं कि कानों ने उसका कैसा यश सुना है।

(६) गौर शरीर के साथ काला मुँह—नेत्रों के श्वेत भाग पर काली पुतली। कवि ने इसे अवगुण मानकर कल्पना की है कि इसी कारण नेत्र तिरछे चलते या कटाक्ष करते हैं।

(७) उलटे चलहिं सरग कहँ जाहीं=सुर, नर, गन्धर्व नेत्रों को उलटकर स्वर्ग प्राप्ति के लिये त्राटक साधते हैं।

लालि—२९५।२, ४६७।९, लालसा।

[४७५]

नासिक खरग हरे धनि कीरू। जोग सिंगार जिते औ बीरू।१।
ससि मुख सौंहँ खरग गहि रामा। रावन सौं चाहै संग्रामा।२।
दुहूँ समुंद्र रचा जेन्हँ बीरू। सेत बंध बाँधेउ नल नीरू।३।
तिलक पुहुप अस नासिक तासू। औ सुगंध दीन्हेउ बिधि बासू।४।
करन फूल पहिरें उजियारा। जानु सरद ससि सोहिल तारा।५।
सोहिल चाहि फूल वह ऊँचा। धावहिं नखत न जाइ पहूँचा।६।
न जनैं केइँ फूल वह गढ़ा। बिगसि फूल सब चाहहिं चढ़ा।७।
अस वह फूल बास कर आकर भा नासिक सनमंध।
जेत फूल ओहि फूलहिं हिरगे ते सब भए सुगंध ॥४१।९॥

(१) उस बाला ने खड्ग सी पतली नासिका तोते से ली है। उसकी सहायता से उसने योग, श्रृंगार और वीर-रस इन तीनों को जीत लिया है। (२) चन्द्र मुख के सामने जो नासिका रूपी खड्ग है मानों इसके द्वारा वह रमणी अपने प्रियतम से संग्राम करना चाहती है। (शशि मुखी सीता को प्राप्त करने के लिये राम ने रावण से खड्ग लेकर संग्राम किया। ऐसे ही उसके पति को उसके चन्द्र मुख तक पहुँचने के लिये नासिका का सामना करना आवश्यक है)। (३) दोनों समुद्रों के बीच में राम ने पार उतरने के लिये बेड़ा बनाया था और फिर नल-नील की सहायता से उन पर पुल बाँधा था। वही सेतुबन्ध उसकी नासिका है। (४) तिल के पुष्प की भाँति उसकी नाक है जिसे विधाता ने सुन्दर गन्ध भी दी है। (५) वह नाक में करना का उज्ज्वल फूल पहिने है, मानों शरद् के चन्द्रमा के समीप सोहिल नक्षत्र उगा है। (६) सोहिल से भी वह फूल बढ़कर है। नक्षत्र दौड़ते हैं किन्तु वहाँ तक नहीं पहुँच पाते। (७) न जाने किसके लिये वह फूल गढ़ा गया है। सब पुष्प विकसित होकर उसी पर समर्पित होना चाहते हैं।

(८) नासिका के संपर्क से उस फूल में इतनी सुगन्धि भर गई है कि और जितने फूल उसके पास में आए वे भी सब सुगन्धित हो गए।

नासिका के वर्णन के लिये देखिए दोहा १०५।

(२) रामा रावन—स्त्री-पति; राम-रावण।

(३) बीरू=बीड़ा, नावों का बेड़ा । कवि की कल्पना इस प्रकार है– 'शशिमुखी सीता जी तक पहुँचने के लिये खड्ग लेकर राम ने जब रावण से संग्राम करना चाहा तो समुद्र पार करने के लिये उन्होंने पहले बेड़ा रचा, किन्तु फिर नल-नील की सहायता से पुल बनाया, वही सेतु यह नासिका है ।

(४) तिल के फूल में सुगन्ध नहीं होती, किन्तु उस नासिका को विधाता ने सुगन्धियुक्त किया है । पद्मिनी स्त्री की श्वास में गन्ध की कल्पना कवि-समय है ।

(५) कनक फूल–श्री माताप्रसाद जी ने लिखा है कि किसी भी प्रति में 'कनक फूल' पाठ नहीं मिलता, सब में 'करन फूल' पाठ है । मनेर और गोपालचन्द्र जी की प्रति में भी वही है । 'करन फूल=करना नामक छोटा श्वेत फूल जिसकी अनुकृति पर नाक का फूल बनाया गया था (२९८।४) ।

सोहिल तारा=अगस्त्य नक्षत्र, अरबी सुहेल ।

(८) बास कर आकर=सुगन्धि की खान ।

सनमंध=सम्बन्ध ।

(९) हिरगे=हिरकना–स्पर्श करना, छूना, सम्पर्क में आना ('पुहुप सुगंध करहिं सब आसा । मकु हिरगाइ लेइ हम बासा १०५।५) ।

[४७६]

अधर सुरंग पान अस खीने । राते रंग अमिअ रस भीने ।१।
आछहिं भीज तँबोर सों राते । जनु गुलाल दीसहि बिहँसाते ।२।
मानिक अधर दसन नग हेरा । बैन रसाल खाँड मकु मेरा ।३।
काढ़े अधर डाभ सौं चीरी । रुहिर चुवैं जौं खंडहि बीरी ।४।
धारे रसहिं रसहिं रस गीले । रकत भरे वै सुरंग रँगीले ।५।
जनु परभात रात रबि रेखा । बिगसे बदन कवँल जनु देखा ।६।
अलक भुवंगिनि अधरन्ह राखा । गहै जो नागिनि सो रस चाखा ।७।
अधर धरहिं रस पेम का अलक भुअंगिनि बीच ।
तब अंब्रित रस पाउ पिउ ओहि नागिनि गहि खींचु ॥४१।१०॥

(१) सुरंग अधर पान के समान पतले हैं । उनका रंग लाल है और वे अमृत के रस से सने हैं । (२) ताम्बूल के रंग में भींगे हुए वे रक्त दिखाई देते हैं, मानों गुलाल के फूल खिले हों । (३) अधर माणिक्य जैसे और दाँत हीरे से दिखाई देते हैं । उसके वचन ऐसे मीठे हैं मानों उनमें खाँड मिली हो । (४) उसके अधर मुख में छिपे थे, मानों किसीने डाभ से चीरकर उन्हें प्रकट कर दिया । वे ऐसे कोमल हैं कि पान की बीड़ी चबाने से भी रुधिर टपकने लगता है । (५) प्रेम रस धारण किए हुए और रस से गीले वे अधर रस का पान करते हैं । सुरंग रंगीले वे रक्त भरे से जान पड़ते हैं । (६) मानों प्रभात के समय सूर्य की लाल किरणें उदित हुई हों; अथवा मुखकमल विकसित होने पर लाल पंखड़ियाँ अधरों के रूप में खुली हों । (७) लट रूपी एक नागिन नीचे लटकती हुई

अधरों की रखवाली करती है। जो उस भुजंगिनी को वश में कर लेगा वही उनका रस चख सकता है।

(८) अधरों में प्रेम का रस भरा है। उनके और प्रियतम के बीच में लट रूपी नागिन है। (९) उस नागिन को पकड़कर यदि खींच ले तभी प्रियतम उस अमृत-रस का पान कर सकेगा।

(२) आछहिं भीज=ताम्बूल के रस से भींगे रहते हैं।
गुलाल=लाल रंग का एक फूल (३५।३, ५९।४)।

(४) काढ़े अधर=डाभ से चीरा लगाकर किसी ने अधरों को खोल दिया है।
खंडहि=खण्डित करती है, चबाती है।

(५) धारे रसहि रसहिं रस गीले–यह पाठ उत्कृष्ट है। पहला 'रसहि' पद संज्ञा और दूसरा क्रिया का रूप है। रसहिं=रस को, प्रेम रस को (तु० 'अधर धरहिं रस पेम का' ४७६।८)। रसहिं–रसना धातु=रस पान करना, प्रेम में अनुरक्त होना।

[४७७]

दसन स्याम पानन्ह रँग पाके। बिहँसत कवँल भँवर अस ताके ।१।
चमतकार मुख भीतर होई। जस दारिवँ औ स्याम मकोई ।२।
चमकै चौक बिहँसु जौं नारी। बीज चमक जस निसि अँधियारी ।३।
सेत स्याम अस चमकै डीठी। स्याम हीर दुहुँ पाँति बईठी ।४।
केइँ सो गढ़े अस दसन अमोला। मारैं बीज बिहँसि जौं बोला ।५।
रतन भीज रँग मसि भै स्यामा। ओही छाज पदारथ नामा ।६।
कत वह दरस देखि रँग भीने। लै गौ जोति नैन भौ खीने ।७।
दसन जोति होइ नैन पँथ हिरदै माँझ बईठि।
परगट जग अँधियार जनु गुपुत ओहि पै डीठि ॥४१।११॥

(१) पान का पक्का रंग चढ़ने से दाँत श्याम वर्ण हो गए हैं। जब हँसती है तो कमल पर भौंरे जैसे दिखाई देते हैं। (२) मुख के भीतर रंगों के मिलने का ऐसा चमत्कार हो रहा है मानों अनार के साथ काली मकोय मिली हो। (३) जब वह बाला हँसती है तो सामने के चार दाँत चमकते हैं, मानों अँधेरी रात में बिजली चमकती हो। (४) श्वेत और श्याम रंग चमकता हुआ ऐसा दिखाई पड़ता है जैसे नीलम और हीरे दो पंक्तियों में जड़े हों। (५) किसने ऐसे अनमोल दाँत रचे हैं? जब वह हँसकर बोलती है तो बिजली सी मारती है। (६) रत्न मिस्सी के रंग में भीजकर काला हो गया। पर उस पद्मावती का पदार्थ नाम सच्चा है क्योंकि उसने अपना शुभ्र रंग नहीं छोड़ा। (७) क्यों मैंने रंग में रंगा हुआ उसका वह दर्शन देखा, जो मेरी ज्योति को हर ले गया और नेत्रों को क्षीण कर गया?

(८) दाँतों की ज्योति नेत्रों के मार्ग से हृदय में प्रविष्ट हो गई। (९) इस कारण

बाहर का संसार अँधेरा दीखने लगा, पर भीतर वही दिखाई पड़ने लगी।

(१) पानन्ह रँग पाके=पानों के पक्के रंग से। पान का कच्चा रंग तो चूना और कत्थे का रंग होता है, किन्तु मिस्सी डालकर खाने से वह रंग पक्का हो जाता है। जायसी ने इन चौपाइयों में मिस्सी के काले रंग और दाँतों के श्वेत रंग के संयोग की कल्पना की है। ताके=देखने से।

(२) चमत्कार=आश्चर्य।

(३) चौक=आगे के चार दाँत।

(४) श्याम हीर–नीलम और हीरा। शुक्ल जी की प्रति में इसी का सरल पाठ 'नीलम हीरक' है।

(६) रतन भीज–रत्न या लाल मसूड़े मिस्सी के रंग में भीज कर लाल हो गए हैं। पर हीरे जैसे दाँत वैसे ही श्वेत हैं। अथवा रत्नसेन ने अपना रंग बदल दिया, पर पदार्थ (=हीरा) यह नाम उस पद्मावती को ही फबता है जो रंग परिवर्त्तन नहीं करती।

[४७८]

रसना सुनहु जो कह रस बाता। कोकिल बैन सुनत मन राता।१।
अंब्रित कोंप जीभ जनु लाई। पान फूल असि बात मिठाई।२।
चात्रिक बैन सुनत होइ साँती। सुनै सो परै पेम मद माँती।३।
बीरौ सूख पाव जस नीरू। सुनत बैन तस पलुह सरीरू।४।
बोल सेवाति बुंद जेंउ परहीं। स्रवन सीप मुख मोंती भरहीं।५।
धनि वह बैन जो प्रान अधारू। भूखे स्रवननि देहिं अहारू।६।
ओन्ह बैनन्ह कै काहि न आसा। मोहहिं मिरिग बिहँसि भरि स्वाँसा।७।
कंठ सारदा मोहहिं जीभ सुरसती काह।
इंद्र चंद्र रबि देवता सबै जगत मुख चाह ॥४१।१२॥

(१) अब उस रसना की बात सुनो जो रस के वचन कहती है। उसकी कोयल सी मीठी वाणी सुनकर मन प्रेम में पग जाता है। (२) वह जिह्वा अमृत की कोंपल से बनी है। उसकी बातों में पान और फूल जैसी मिठास है। (३) चातक के समान मधुर वाणी सुनने से शान्ति होती है। जो उसे सुनता है, वह प्रेम मद में भरकर मूर्च्छित हो जाता है। (४) जैसे सूखा पौधा जल पाने से हरा होता है, वैसे ही उसके वचन सुनकर शरीर पल्लवित हो जाता है। (५) उसके वचन स्वाति की बूँदों के समान झरते हैं और श्रवण रूपी सीप को मोतियों से भर देते हैं। (६) वह वचन धन्य है जो प्राणों का आधार बनकर भूखे श्रवणों को भोजन देता है। (७) उन वचनों की कौन आशा नहीं करता? जब वह स्वाँस भरकर हँसती है तो मृग मोहित हो जाते हैं।

(८) कंठ से निकले हुए वचन शारदा को मोह लेते हैं। उसकी जिह्वा के सामने सरस्वती की क्या गिनती है? (९) इन्द्र, चन्द्र, सूर्य, देवता और सारा जगत् उसके मुख (के वचनों) की इच्छा करता है।

(२) कोंप=कोंपल।
(३) चात्रिक बैन–वचनों की उपमा कोयल और चातक दोनों से दी गई है।
(४) बीरौ=विटप, पौधा।
(७) बिहँसि भरि स्वाँसा=साँस भरकर हँसना, ऊँचा अट्टहास करना। उसके हास्य में संगीत है जिससे मृग मोहित हो जाते हैं।

[४७९]

स्रवन सुनहु जो कुंदन सीपी। पहिरें कुंडल सिंघल दीपी।१।
चाँद सुरुज दुहुँ दिसि चमकाहीं। नखतन्ह भरे निरखि नहिं जाहीं।२।
खिन खिन करहिं बिज्जु अस काँपे। अंबर मेघ रहहिं नहिं झाँपे।३।
सूक सनीचर दुहुँ दिसि मतें। होहिं निरार न स्रवनन्हि हुतें।४।
काँपत रहहिं बोल जौं बैना। स्रवनन्हि जनु लागहिं फिरि नैना।५।
जो जो बात सखिन्ह सौं सुना। दुहुँ दिसि करहिं सीस वै धुना।६।
खूँट दुहूँ धुव तरईं खूँटीं। जानहुँ परहिं कचपचीं टूटी।७।
बेद पुरान ग्रंथ जत सबै सुनै सिखि लीन्ह।
नाद बिनोद राग रस बिंदक स्रवन ओहि बिधि दीन्ह ॥४१।१३॥

(१) अब उसके कानों का वर्णन सुनो जो कुंदन की सुनहली सीपी के समान शोभित हैं। वे सिंहल द्वीपी कुंडल पहिने हैं। (२) कुंडलों के रूप में दोनों ओर चाँद और सूरज चमक रहे हैं। वे रत्न रूपी नक्षत्रों से जगमगाते हैं तो उनकी ओर देखा नहीं जाता। (३) क्षण क्षण में उनकी किरणें बिजली सी काँपती हैं। उन पर मेघ जैसा वस्त्र ढका है, पर उसमें वे छिपे नहीं रहते। (४) कुंडलों में जड़े हुए हीरे और नीलम क्या हैं, मानों दोनों ओर शुक्र शनिश्चर मन्त्रणा करते हैं और कानों से (या श्रवण नक्षत्र से) अलग नहीं होना चाहते। (५) जब वह बोलती है तो वे शुक्र शनिश्चर काँपते रहते हैं कि कहीं फिर नेत्र कानों के सम्पर्क में न आ जाँय। (६) जैसे-जैसे वह सखियों से बात सुनती है तो दोनों ओर मंत्रणा करते हुए शुक्र शनिश्चर हाथों से सिर धुनने लगते हैं। (७) दोनों कानों के खूँट नामक आभूषण मानों दो ध्रुव हैं। उनसे लटकतीं हुई खूँटी तरईं के समान हैं। ज्ञात होता है कि कचपचिया नक्षत्र टूट पड़ा हो।

(८) बेद पुराणों के जितने ग्रन्थ हैं सब उसने सुनकर सीख लिए हैं। (९) नाद का आनन्द और रागों के रस का अनुभव करने वाले श्रवण विधाता ने उसे दिए हैं।

(२) दोनों कुण्डलों की चाँद सूर्य से उपमा के लिये तुलना कीजिए ११०।३। हठ योगियों की साधना पूरी होने का लक्षण था चाँद और सूर्य को वश में करके उनका परस्पर सम्मिलन। हाड़ीपा या जालंधर नाथ की योग सिद्धि का कथन करते हुए मैनामती कहती है कि उसने चन्द्र सूर्य को अपना कुंडल बना लिया है–ए देशिय हाड़ी नाय बंग देशेघर। चाँद सुरुज राखछे दुइ

कानेर कुंडल (गोपीचन्दर गान)। यम राजा हय यार निजेर चाकर। चन्द्र सूर्य दुइ जन कुंडल कानेर (गोपीचंद्रेर सन्यास) [शशि भूषणदास गुप्त, ऑबस्क्योर रिलीजस कल्ट्स, पृ० २७३]।

(३) तुलना कीजिए ११०।६ ।
करहिं=किरणों से।

(४) सूक सनीचर=हीरे और नीलम से जड़े हुए कुण्डलों की कल्पना शुक्र शनिश्चर के रूप में की गई है। श्रवण नक्षत्र की मकर राशि है। मकर का स्वामी शनि है। शनि का मित्र शुक्र है। एक बार जब शनि श्रवण नक्षत्र पर आता है तो लगभग तेरह मास रहता है। उतने समय में शुक्र कई बार श्रवण नक्षत्र पर हो जाता है। इस प्रकार शुक्र, शनि, श्रवण तीनों एक राशि पर आ जाते हैं। श्रवण का आधा भाग अभिजित् है, आधा श्रवण है। श्रवण के इन दो नक्षत्रों में से एक पर शुक्र आ जाय और दूसरे पर शनि, तो उस समय जो स्थिति होगी उसकी कल्पना यहाँ जायसी ने की है।

(५) स्रवनन्हि जनु लागहिं फिरि नैना—श्रवण नक्षत्र विवाह के लिये ग्राह्य नहीं है। शुक्रास्त में भी विवाह नहीं होता। और शनि शुक्र का मित्रगृही है। इस लिए शुक्र शनि जब तक श्रवण में रहेंगे तो विवाह नहीं होगा अर्थात् सूर्य और चन्द्र का मेल न हो सकेगा। जब वह बोलती है तो शुक्र शनि डरते हैं कि कहीं नेत्र कानों से न जा लगें। यौवन में नेत्रों के कटाक्ष चलने लगते हैं। वही नेत्रों का बढ़कर कानों तक पहुँचना है। नेत्र यौवन के आगम की सूचना श्रवणों को दे देते हैं। पहली बार नैन श्रवण से लगे थे तो उन्होंने रत्नसेन को जोगी करके जीत लिया था। अब फिर उनका मेल होगा तो किसी दूसरे सूर्य को राज्यच्युत कर उसे जीतेंगे। जायसी ने आगे सुलतान को भी सूर्य कहा है। इसलिए शुक्र और शनि श्रवण के पास बैठकर मंत्रणा कर रहे हैं कि दूसरी बार ऐसा अवसर न आवे जो उसका फिर किसी से विवाह योग पड़े। प्रत्यक्ष में यह शुक्र शनि श्रवण का षड्यंत्र पद्मावती और अलाउद्दीन के विरुद्ध है, किन्तु वस्तुतः दोनों के लिये हितावह है। इसी से एक के सौभाग्य और दूसरे के राज्य की रक्षा होगी। योग पक्ष में एक बार चन्द्र-सूर्य का मेल हो चुका है जो सबसे बड़ी सिद्धि है। दूसरी बार ये विघ्नकारी तत्त्व चन्द्र को सूर्य से नहीं मिलने देना चाहते। इसमें कवि ने आने वाले विग्रह और उसकी असफलता का भी बीज रूप में संकेत किया है।

(६) जो जो बात सखिन्ह सौं सुना—सखियाँ उससे यौवन के विषय में बात करती हैं तो शुक्र शनि अपना सिर धुनते हैं। सखियाँ नक्षत्र हैं। जब विवाह योग (शशि सूर्य मिलन) कराने वाले नक्षत्र आने को होते हैं तो शुक्र शनि दुःखी होते हैं। (कुंडल पक्ष में) कुंदन सोने के रत्न जड़ाउ कुंडलों की किरणें दोनों ओर सिर पर लौंकती हैं।

(७) खूँट=कान का गोल गहना जो दिए के आकार का होता है (११०।४, तेहि पर खूँट दीप दुइ बारे। दुइ धुव दुऔ खूँट बैसारे)।

खूँटी=खूँट से छोटा आभूषण। ११०।५ में खुंभी नामक आभूषण की तुलना भी कचपचिया नक्षत्र से की गई है।

(९) नाद=अनहद नाद। राग=नाद से उत्पन्न संगीत की व्यक्त स्वरात्मक ध्वनि। उन कानों से वह अनहद नाद और संगीत का राग, दोनों का रस लेती है।

[४८०]

कँवल कपोल ओहि अस छाजे। और न काहु दैयँ अस साजे।१।

पुहुप पंक रस अमिअ सँवारे। सुरंग गेंदु नारँग रतनारे।२।
पुनि कपोल बाएँ तिल परा। सो तिल बिरह चिनिगि कै करा।३।
जो तिल देख जाइ डहि सोई। बाईं दिस्टि काहु जनि होई।४।
जानहुँ भँवर पदुम पर टूटा। जीउ दीन्ह औ दिएहुँ न छूटा।५।
देखत तिल नैनन्ह गा गाड़ी। औरु न सूझै सो तिल छाँड़ी।६।
तेहि पर अलक मंजरी डोला। छुऐ सो नागिनि सुरँग कपोला।७।
रख्या करै मँजूर ओहि हिरदैं ऊपर लोट।
केहि जुगुति कोइ छुइ सकै दुइ परबत की ओट ॥४१।१४॥

(१) उसके कमल से लाल कपोल जैसे सुशोभित हैं वैसे विधाता ने और किसी के नहीं बनाए। (२) वे पुष्पों के पराग और अमृत के रस से सँवारे गए हैं। गोलाई में वे सुरंग गेंद और लाल नारंगी के समान हैं। (३) उसके बाएँ कपोल पर काले तिल का चिह्न पड़ा है। वह तिल बढ़ी हुई विरहाग्नि की उछटी हुई चिंगारी है। (४) जो उस तिल को देख लेता है वही दग्ध हो जाता है। ईश्वर न करे किसी की भी दृष्टि बाईं ओर हो। (५) तिल क्या है, कमल पर पड़ा हुआ भौंरा है, जिसने कमल के लिये अपना प्राण दिया, पर उतने से भी उसके बन्धन से छूट न पाया। (६) जिसने कपोल के उस तिल को देखा तुरन्त वह उसके नेत्रों में गड़ गया। उस तिल को छोड़ कर अब नेत्रों को और कुछ नहीं सूझता (नेत्रों में जो वस्तु गड़ जाती है, उन्हें भा जाती है, वे उसे ही देखते हैं)। (७) उस कपोल पर झूलती हुई जो लट है वही मानों तिल की मञ्जरी है जिस पर वह तिल फला है। नागिनी सी वह लट सुन्दर कपोल को मानों तिल के स्थान पर चूम रही है।

(८) मयूर रूपी ग्रीवा बीच में आकर उस नागिनी से उसकी रक्षा करती है नहीं तो वह उसके हृदय पर जा लोटती। (९) कुच रूपी दो पर्वतों की आड़ में सुगुप्त उस हृदय को कोई किस युक्ति से छू पाएगा ?

(२) गेंदु=गेंद। शिरेफ ने 'गेंदा' अर्थ किया है। किन्तु गेंदा बाहर से आया हुआ विलायती फूल है। आईन अकबरी की पुष्प सूची में वह नहीं है।

(३) चिनिगि=चिंगारी। सं० चिणाग्नि [चिणी=चिंचा] > चिनग्गि > चिनिगी > चिनिगि। इमली का कोयला सब में अधिक दहकने वाला और सच्चा समझा जाता है। उसकी आग का पतिंगा चिनगी हुआ। चिंगारी > चिणांगारिका > चिनांगारिआ > चिनगारी > चिंगारी। बिरह चिनिगि—वियोग में प्रज्वलित प्रेमाग्नि।
करा=कला, किरण।

(४) बाई दिस्टि—बाईं ओर देखने वाली आँख जिससे वह बाएँ कपोल का तिल दिखाई पड़े। इसका दूसरा अर्थ अध्यात्म-पक्ष में ऋजु दृष्टि का उल्टा वाम या वक्र-दृष्टि है। कवि का आशय है, वाम मार्गी दृष्टि, विषय गामिनी वृत्ति किसी की न हो।

(५) भौंरे ने कमल के प्रेम से उस पर गिर कर उसके भीतर मुँद कर अपना प्राण दे दिया।

(६) कपोल का तिल मानों नेत्र का तिल बन कर नेत्रों में गड़ गया। आँख में जो वस्तु गड़

जाती है, आँख उसे ही देखना चाहती है। अतएव आँख का तिल कपोल के तिल को छोड़कर और कुछ नहीं देखता।

(७) अलक मंजरी–लट रूपी मंजरी या पौधा।

मंजरी=तिल के पौधे की विशिष्ट संज्ञा (शब्दसागर पृ० २६०८)। मंजरी शब्द का यह सुन्दर प्रयोग काव्य साहित्य में अपने ढंग का एक ही है।

छुवै सो नागिनि–कवि की दूसरी कल्पना है कि वह अलक नहीं साँपिनि है जो तिल बिन्दु पर कपोल का स्पर्श कर रही है। कपोल को चूम-चाट कर वह फिर हृदय को जाकर डसती, यदि बीच में मोर जैसी लम्बी ग्रीवा ने आकर उसे हृदय तक जाने से रोक न दिया होता।

[४८१]

गीवँ मँजूर केरि जनु ठाढ़ी। कुंदें फेरि कुँदेरैं काढ़ी।१।
धन्य गीवँ का बरनौं करा। बाँक तुरंग जानु गहि धरा।२।
घुरत परेवा गीवँ उँचावा। चहै बोल तवँचूर सुनावा।३।
गीवँ सुराही कै असि भई। अमिय पियाला कारन नई।४।
पुनि तिहि ठाउँ परी तिरि रेखा। नैन ठाँव जिउ होइ सो देखा।५।
सूरुज कांति करा निरमली। दीसै पीकि जाति हिय चली।६।
कंज नार सोहै गिवँ हारा। साजि कँवल तेहि ऊपर धारा।७।
नागिनि चढ़ी कवँल पर चढ़ि कै बैठ कमंठ।
जो ओहि काल गहि हाथ पसारै सो लागै ओहि कंठ ॥४१।१५॥

(१) उसकी ग्रीवा ऐसी है मानों मोर ने अपनी गरदन सीधी तान ली हो; अथवा मानों खरादी ने खराद पर घुमा कर बनाई हो। (२) वह ग्रीवा धन्य है, उसकी शोभा का क्या वर्णन करूँ, मानों बाँके तुरंग की किसी ने रास खींच ली हो। (३) गुटरगूँ करता हुआ कबूतर जैसे अपनी ग्रीवा ऊँची करता है, अथवा जैसे ताम्रचूड (मुर्गा) बाँग सुनाने के लिये अपनी ग्रीवा तान लेता है, वैसी ही उठी हुई उसकी ग्रीवा है। (४) वह ग्रीवा सुराही जैसी है जो पति रूप प्याले में अमृत भरने के लिये झुकती है। (५) उसमें तीन रेखाओं के चिह्न बने हैं। जो उसे देखता है उसके प्राण सिमिट कर नेत्रों में आ जाते हैं। (६) वह ग्रीवा सूर्य प्रभा की ज्योति से भी अधिक निर्मल है। हृदय के भीतर जाती हुई पीक भी उसमें दिखाई पड़ती है। (७) सरोवर में जो कमल की नाल सुशोभित हुई, वह उसकी ग्रीवा से हार गई। अतएव उसने अपने ऊपर कमल सजाया, किन्तु वह भी उसकी मुख शोभा से हार गया।

(८) वेणी रूपी नागिनी मुख कमल पर चढ़ी है, और चढ़ कर पृष्ठ रूपी कमठ पर बैठ गई है। (९) जो काल रूपी उस वेणी को पकड़ कर हाथ बढ़ाएगा वही उसके कण्ठ से लग सकेगा।

(१) ठाढ़ी–सीधी खड़ी हुई ।
कुंद=खराद । संस्कृत कुंद=खराद ।
कुंदेरा–कुंद कारक ।
(२) बाँक तुरंग–१११४ में बाग तुरंग पाठ है ।
(३) घुरत=धातु–घुरना=शब्द करना । 'धिरिनि परेवा' अपपाठ है, मूल पाठ घुरत परेवा ही था ।
(४) जो उसे देखता है उसका सारा जी सिमिट कर मानों नेत्रों में आ जाता है ।
(७) गिवँ हारा-कमल नाल पहले प्रकट हुई । वह उसकी ग्रीवा से हार गई । फिर उसने अपने ऊपर कमल सजाकर दिखाया । वह भी पद्मावती के मुख से हार गया । भाव यह कि ग्रीवा कमल नाल से पतली और मुख कमल से अधिक सुन्दर था ।
(८) कमंठ–सं० कमठ=कछुआ ।
(९) वेणी काला नाग है, उस मृत्यु को वश में करके जो पद्मावती के लिये हाथ फैलाता है वही उसका आलिंगन पाता है ।

[४८२]

कनक डंड भुज बनीं कलाईं । डाँड़ी कँवल फेरि जनु लाईं ।१।
चँदन गाभ की भुजा सँवारी । जनु सुमेल कोंवलि पौंनारी ।२।
तिन्ह डाँड़िन्ह वह कँवल हथोरी । एक कँवल कै दूनौ जोरी ।३।
सहजहिं जानहुँ मेंहदी रची । मुकुता लै जनु घुँघुची पची ।४।
कर पल्लौ जो हथोरिन्ह साथाँ । वै सुठि रकत भरे दुहुँ हाथाँ ।५।
देखत हिए काढ़ि जिउ लेहीं । हिया काढ़ि लै जाहिं न देहीं ।६।
कनक अँगूठी औ नग जरी । वह हत्यारिनि नखतन्ह भरी ।७।
जैसनि भुजा कलाईं तेहि बिधि जाइ न भाखि ।
कंगन हाथ होइ जहँ तहँ दरपन का साखि ॥४१।१६॥

(१) स्वर्ण दण्ड जैसी भुजाओं में कलाइयाँ ऐसी हैं मानों कमल की डंडी उलट कर लगाई गई हो । (२) ऊपरी भुजा मानों चन्दन वृक्ष के गाभे से बनाई गई है । कलाइयों से उनका मेल सुकुमार कमल की नाल के समान है । (३) कलाई के आगे की हथेली ऐसी है मानों नाल पर कमल हो । दो हथोरियाँ एक कमल के दो भाग जैसी जान पड़ती हैं । (४) उनकी स्वाभाविक लाली ऐसी है जैसे मेंहदी रची हो । वह हाथ में मोती लेती है तो घुंघुची की पच्चीकारी सी जान पड़ती है । (५) हथेलियों से मिला हुआ जो कर-पल्लव या उँगलियाँ हैं उनसे दोनों हाथों में रक्त चुचुवाने की सी लाली भर रही है । (६) देखते ही वे हृदय में से प्राण निकाल लेती हैं । जिस हृदय को निकाल ले जाती हैं, लौटाती नहीं । (७) उसके हाथ में सोने की अँगूठी रत्नों से जड़ी है । हत्यारिनि होते हुए भी मानों वह भाग्यशाली नक्षत्रों से भरी है ।

(८) जैसी भुजा और कलाई हैं वह कहा नहीं जाता । (९) जहाँ हाथ में कंगन हो वहाँ उसे देखने के लिए दर्पण की क्या आवश्यकता ?

(१) फेरि जनु लाई–कमल का फूल डंडी के ऊपर रहता है । कलाई भुजा के नीचे होती है, इसी लिए उत्प्रेक्षा है कि मानों सनाल कमल उलट कर रखा है ।

(२) भुजा और कलाई की उपमा चन्दन के गाभे से युक्त पद्मनाल से दी गई है ।
पौनारी–सं० पद्मनाल > पउमनार > पौमनार > पौंनार ।

(३) हथोरी–सं० हस्तपुटिका > हत्थउड़िया > हथोड़िआ > हथोड़ी ।

(४) तुलना कीजिए ५९०।४, ओहि के रँग तस हाथ मँजीठी । मुकुता लेउँ तौ घुँघुची डीठी । जायसी में तद्गुणालंकार का यह सुन्दर उदाहरण है ।
पची–पच्चीकारी की गई । (तुलना कीजिए–चीरि कोरि पचि, बालकाण्ड २८८।३, ४) ।

(६) रक्त भरी हुई उँगलियों की कल्पना हत्या करने वाली डाकिनी से की गई है जो देखते ही कलेजा निकाल लेती है ।

(७) नखतन्ह भरी–इस प्रकार की हत्यारिन होते हुए भी वह भाग्य शाली नक्षत्रों से भरी है ।

(९) कंगन हाथ–तुलना 'हत्थ कंकणं किं दप्पणेण पेक्खिअदि' (कर्पूरमंजरी १।१८) । हाथ का कंगन देखने के लिये दर्पण की आवश्यकता नहीं; मुख सिर या कंठ का श्रृंगार दर्पण में देखा जाता है ।
साख=प्रमाण, प्रतिष्ठा । सं० साक्ष्य > प्रा० सक्ख > साख ।

[४८३]

हिया थार कुच कनक कचोरा । साजे जनहुँ सिरीफल जोरा ।१।
एक पाट जनु दूनौं राजा । स्याम छत्र दूनहुँ सिर साजा ।२।
जानहुँ लटू दुऔ एक साथाँ । जग भा लटू चढ़ै नहिं हाथाँ ।३।
पातर पेट आहि जनु पूरी । पान अधार फूल असि कोवँरी ।४।
रोमावलि ऊपर लट भूमा । जानहुँ दुऔ स्याम औ रूमा ।५।
अलक भुवंगिनि तेहि पर लोटा । हेंगुरि एक खेल दुइ गोटा ।६।
बाँह पगार उठे कुच दोऊ । नाग सरन उन्ह नाव न कोऊ ।७।
कैसेहुँ नवहिं न नाएँ जोबन गरब उठान ।
जो पहिलें कर लावै सो पाछें रति मान ।।४१।१७।।

(१) हृदय थाल है । उसनें दोनों कुच सोने के कटोरे हैं; अथवा मानों श्रीफल का जोड़ा सजाया है । (२) या एक सिंहासन पर दो राजा बैठे हैं और दोनों के सिर पर श्याम छत्र सजा है । (३) या मानों एक साथ दो लड्डू रखे हैं । संसार उन पर लट्टू है पर वह किसी के हत्थे नहीं चढ़ती । (४) पतला पेट पूड़ी के समान है । ऐसी सुकुमार है कि पान फूल के आधार से रहती है । (५) रोमावली के ऊपर झूमत हुई लट ऐसी शोभती है मानों श्याम और रूम देशों का जोड़ा मिला है । (६) अलक रूपी नागिनी हृदय पर लोटती हुई ऐसी लगती है मानों चौगान के खेल में एक डंडे से दो गेंदे खेले जा रहे हैं । (७) भुजा रूपी परकोटे में दोनों कुच दो बुर्जों के समान उठे हैं । हाथी भी उनकी शरण लेते हैं । उन्हें कोई नवा नहीं सकता ।

(८) यौवन का गर्व लेकर वे उठे हैं। किसी तरह नवाने से नहीं नव सकते। (९) जो पहले उन्हें अपना करद करेगा (करके नीचे लावेगा) वही पीछे रति सुख भोगेगा।

(१) हिया थार--तुलना कीजिए ११३।१, हिया थार कुच कंचन लाडू। कनक कचोर उठे करि चाडू॥

(५) स्याम=शाम या सीरिया का देश। रूमा=कुस्तुन्तुनिया का मुल्क। इन दोनों की सीमाएँ एक दूसरे से लगती थीं। जायसी की यह उत्प्रेक्षा बड़ी विशाल है। तुलना कीजिए अश्वघोष--'सिद्धार्थ और नन्द के मध्य में शुद्धोदन ऐसे सुशोभित हुए जैसे हिमवान् और पारियात्र पर्वतों के बीच में मध्य देश' (सौन्दरनन्द २।६२)।

(६) हेंगुरि एक खेल दुइ गोटा--यह कल्पना चौगान के खेल से ली गई है, जिसमें कई घुड़सवार खिलाड़ी मैदान में गेंद डालकर मुड़ी हुई छड़ी से खेलते हैं। 'आईन-अकबरी' के अनुसार अकबर के समय में यह खेल बहुत प्रिय था (आईन ३९, पृ० ३०९)। हेंगुरि का अर्थ हृदय रूपी डंडा ज्ञात होता है। कला भवन की प्रति में डींगुर (=डेंगुरि) पाठ है। डंडे के अर्थ में अवधी का यह चालू शब्द है, जैसे-'अक्कल बिन पूत कठैंगुर से। बुद्धी बिन बिटिया डेंगुर सी।' संस्कृत-दण्डार्गल > डेंगुर; काष्ठार्गल > कठैंगर। इसी प्रकार हेंगुरि मूलपाठ की व्युत्पत्ति हय+अर्गल (=घोड़े पर चढ़कर खेलने का डंडा) से होगी। उस्मानकृत चित्रावली में लिखा है--चढ़इ तुरंग होइ अनुरागी। कै अहेर कै हेकर लागी (१४।२)। यहाँ 'हेकर' का शुद्ध पाठ निश्चितरूप से हेगुर या हेंगुर था। कवि ने कहा है कि जहाँगीर का कोई शत्रु नहीं रहा था जिस पर कोप करके वह घोड़े पर चढ़ता, किन्तु शिकार और चौगान के लिये वह शौक से घोड़े की सवारी करता था। इससे ज्ञात होता है कि हेंगुर शब्द १६ वीं-१७ वीं शती की अवधी में प्रयुक्त होता था, और उसके दो अर्थ थे, चौगान, या चौगान का डंडा। जायसी ने स्वयं आगे लट की उपमा चौगान और कुचों की गेंद से दी है (लट चौगान गोइ कुच साजी। ६२८।३)। मनेर की प्रति में हियरा और गोपालचन्द्र जी की प्रति में हेगर या हेगुर पाठ है।

(७) पगार-सं० प्राकार > प्रा० पाआर > अपभ्रंश पागार, पगार।

किले के परकोटे में सामने द्वार की ओर दो बड़े बुर्ज रहते हैं। उन्हीं से कवि का तात्पर्य है। हाथियों की टक्कर से फाटक के वे बुर्ज जीते जाते थे। पर हाथियों के कुंभस्थल कुचों से घट कर हैं, अतएव उन्हें कोई झुका नहीं सकता।

(९) कर लावै-(१) हाथ लगाना; (२) कर या खिराज देकर अधीनता स्वीकार करना।

[४८४]

भ्रिगि लंक जनु माँझ न लागा। दुइ खँड नलिनि माँझ जेस तागा।१।
जब फिरि चली देख मैं पाछे। आछरि इंद्र केरि जस काछें।२।
उजहि चली जनु भा पछिताऊ। अबहूँ दिस्टि लागि ओहि भाऊ।३।
ओहि के गवन छपि अछरीं गईं। भईं अलोप नहिं परगट भईं।४।
हंस लजाइ समुँद कहँ खेले। लाज गयंद धूरि सिर मेले।५।
जगत इस्त्रीं देखी महूँ। उदै अस्त असि नारि न कहूँ।६।

महि मंडल तौ अैस न कोई । ब्रह्ममँडल जौं होइ तो होई ।७।
बरनी नारि तहाँ लगि दिस्टि झरोखें आइ ।
औरु जो रही अदिस्टि भै सो कछु बरनि न जाइ ॥४१।१८॥

(१) भृङ्गी की कमर के समान उसकी क्षीण कटि ऐसी है मानों बीच का भाग लगा ही नहीं । या वह कटि कमलिनी के दो खण्डों को बीच में जोड़ने वाला तन्तु है । (२) जब वह लौटकर चली तो मैंने पीछे से उसे ऐसे देखा मानों वेश सजाए हुए इन्द्र की अप्सरा घूमकर चली हो । (३) जैसे ही वह छोड़कर चली, मेरे मन में पश्चात्ताप हुआ । अब भी दृष्टि उसके उसी भाव पर लगी है । (४) उसकी उस ठमक भरी चाल से लजाकर अप्सराएँ छिप गईं । वे ऐसी अदृश्य हुईं कि प्रकट नहीं होतीं । (५) हंस लजा कर मानसर समुद्र को चले गए । हाथी लज्जित होकर सिर पर धूल डालने लगे । (६) मैंने भी संसार में अनेक स्त्रियाँ देखी हैं, पर उदय से अस्त तक ऐसी स्त्री कहीं नहीं है । (७) भूमण्डल में तो कोई ऐसी है नहीं, ब्रह्म मण्डल में कोई हो तो हो ।

(८) वह जितनी मुझे झरोखे में दिखाई पड़ी, उतनी मैंने कही । (९) और जो अनदेखी हुई रही, उसका कुछ वर्णन नहीं किया जाता ।

(१) भृङ्गि=बिल्नी ।

(२) जब फिरि चली–तुलना कीजिए ११५।१, वैरिनि पीठि लीन्ह ओइँ पाछें । जनु फिर चली अपछरा काछें । मध्यकालीन मूर्तियों में पीठ फेरकर जाती हुई और ग्रीवा घुमाकर पीछे देखती हुई अप्सरा की यह मुद्रा प्रायः मिलती है (देखिए कुमारस्वामी, भारतीयकला, चित्र २२६, नोहखास ग्राम, एटा की अप्सरामूर्ति) ।

(३) उजहि चली–उजहना धातु=छोड़कर जाना । सं० उद्धृ > प्रा० उज्झ=छोड़ना ।

(७) ब्रह्म मंडल=ब्रह्माण्ड, जिसका जायसी ने आकाश के अर्थ में प्रयोग किया है (१४।४, ५०९।३) ।

[४८५]

का धनि कहौं जैसि सुकुवारा । फूल के छुएँ जाइ बिकरारा ।१।
पँखुरी लीजहि फूलन्ह सेंती । सो नित डासिअ सेज सुपेती ।२।
फूल समूच रहै जो पावा । ब्याकुलि होइ नींद नहिं आवा ।३।
सहै न खीर खाँड औ घीऊ । पान अधार रहै तन जीऊ ।४।
नसि पानन्ह कै काढ़िअ हेरी । अधरन्ह गड़ै फाँस ओहि केरी ।५।
मकरी क तार ताहि कर चीरू । सो पहिरें छिलि जाइ सरीरू ।६।
पालक पाँव कि आछहिं पाटा । नेत बिछाइअ जौं चल बाटा ।७।
घालि नयन जनु राखिअ पलक न कीजै ओट ।
पेम क लुबुधा पावै काह सो बड़ का छोट ॥४१।१९॥

(१) वह बाला कितनी सुकुमार है इसे कैसे कहूँ ? फूल के छू जाने से भी व्याकुल हो जाती है। (२) फूलों की पंखुड़ी लेकर नित्य उसकी सेज पर चादर बिछाई जाती है। (३) यदि कोई फूल पूरा रह जाता है तो वह व्याकुल हो जाती है और उसे नींद नहीं आती। (४) खीर खाँड और घी का भोजन भी नहीं सह पाती। पान के सहारे उसके शरीर में जीव रहता है। (५) भली प्रकार देखकर पानों की नसें काढ़ी जाती हैं, क्यों कि उनकी फाँस उसके अधरों में गड़ जाती है। (६) उसका वस्त्र मकरी के जाले जैसे तारों से बना है। फिर भी उसके पहरने से शरीर छिल जाता है। (७) उसके पैर या तो पलंग पर रहते हैं, या पाद पीठ पर। जब वह मार्ग में चलती है तो नेत नामक रेशमी वस्त्र बिछाया जाता है।

(८) वह जैसे नेत्रों में रखने योग्य है। निमिष भर भी ओट में करने योग्य नहीं है। (९) जो प्रेम से लुभाया हुआ है वही उसे पा सकता है, चाहे वह बड़ा हो या छोटा।

(१) बिकरारा=बेचैन (फा० बे+अरबी करार)।

(२) सुपेती=बिछाने की चादर (देखिए ३३५।४ पर टिप्पणी)।

(६) मकरी क तार—१६ वीं शती में कपड़ों की बारीकी पर बहुत ध्यान दिया गया। बादशाह के लिये बुनी जाने वाली 'मलमल खास' बहुत महीन होती है। और भी आबेरवाँ (बहता पानी), बाफ्त हवा (बुनी हुई हवा), शबनम (रात की ओस)—इस प्रकार के नाम महीन वस्त्रों के लिये थे। उन्हीं में से 'मकरी का तार' भी एक वस्त्र था।

(७) पालक=पलंग।

नेत—तुलना कीजिए ६४१।८, नेत बिछावा बाट, एक प्रकार का रेशमी वस्त्र। सं० नेत्र। विशेष विवरण के लिये देखिए, टिप्पणी ३३६।५।

[४८६]

राघौ जौं धनि बरनि सुनाई। सुना साह मुरुछा गति आई।१।
जनु मूरति वह परगट भई। दरस देखाइ तबहिं छपि गई।२।
जो जो मँदिल पदुमिनी लेखी। सुनत सो कवँल कुमुद जेउँ देखी।३।
मालति होइ असि चित्त पईठी। औरु पुहुप कोइ आव न डीठी।४।
मन ह्वै भवँर भँवै बैरागा। कँवल छाँड़ि चित औरु न लागा।५।
चाँद के रंग सुरुज जस राता। अब नखतन्ह सौं पूँछ न बाता।६।
तब अलि अलाउदीन जग सूरू। लेउँ नारि चितउर कै चूरू।७।
जौं वह मालति मानसर अलि न बेलंबै जात।
चित्तउर महँ जो पदुमिनी फेरि वहै कहु बात।।४१।२०।।

(१) जब राघव ने बाला का वर्णन सुनाया, तो उसे सुनकर शाह को मूर्च्छा की दशा आ गई। (२) मानों वह उसके सामने एक मूर्ति सी प्रकट हुई और दर्शन दिखाकर

तत्काल छिप गई। (३) अपने राजमन्दिर में वह जिस जिस को पद्मिनी समझता था, अब कमल (पद्मावती) का बखान सुनने के बाद उसे कुमुदिनी समझने लगा। (४) पद्मावती मालती का पुष्प होकर उसके चित्त में बैठ गई। और कोई फूल अब आँख में न आता था। (५) मन भौंरा बनकर बैरागपने से इधर उधर घूमता था। कमल को छोड़कर चित्त अब कहीं और न लगता था। (६) सूर्य जैसे चन्द्रमा (पद्मावती) की शोभा में अनुरक्त हो गया था, अब नक्षत्रों (रनिवास की अन्य स्त्रियों) की बात न पूछता था। (७) 'तब मैं जगत में अलावल अलाउद्दीन सच्चा शूर (या सूर्य) हूँ, जब चित्तौड़ को नष्ट करके उस बाला को प्राप्त करूँ।

(८) यदि वह मालती मानसरोवर में भी होती तो भी भौंरा उसके लिए जाते हुए विलम्ब न लगाता। (९) हे राघव, चितौड़ में जो पद्मिनी है फिर उसीकी बात कहो।'

(७) अलि अलाउद्दीन-अलाउद्दीन को अलावल शाह भी कहा गया है (कटक असूझ अलावल साही, ५२२।१)। लोक में उसका छोटा नाम अला या अलाउल भी चलता था जिससे अलाई मुहर अलाई दरवाजा, अलाई तारीख आदि विशेषण बने। उसके सोने के सिक्कों पर लेख है-'अल् सुल्तान अल् आज़म अला उल् दुनिया व उल् दीन अबू उल् मुज़फ्फ़र मुहम्मदशाह अल् सुल्तान' (नेलसन राइट, दिल्ली सुल्तानों की मुद्रासूची, मुद्रा सं० ३०५)। इसी के एक अंश अलाउल् से अलावल और अला या अलि संकेत बन गए। पंक्ति आठ में अलि शब्द का अर्थ भौंरा और संकेत से अलाउद्दीन भी है। ४५६।८ में 'तहाँ जाइ यह कँवल अभासौं जहाँ अलाउद्दीन' का पाठ मनेर प्रति में यह है-'तहाँ जाइ यह कँवल बिगासौं जहँ अलि अलाउद्दीन।'

(८) बेलंबे-धा० विलंबना=विलम्ब करना, देर लगाना।

(९) चितउर-(१) चित्तौर; (२) चित्त। जो पद्मिनी मेरे चित्त में बसी है, फिर उसकी बात कहो।

[४८७]

ए जग सूर कहौं तुम्ह पाहाँ। औरु पाँच नग चितउर माहाँ।१।
एक हंस है पंखि अमोला। मोंती चुनै पदारथ बोला।२।
दोसर नग जेहि अँब्रित बसा। सब बिख हरै जहाँ लगि डसा।३।
तीसर पाहन परस पखाना। लोह छुवत होइ कंचन बाना।४।
चौथ अहै सादूर अहेरी। जेहिं बन हस्ति धरे सब घेरी।५।
पाँचौ है सोनहा लागना। राज पंखि पंखी कर जना।६।
हरिन रोझ कोइ बाँच न भागा। जस सैचान तैस उड़ि लागा।७।
नग अमोल अस पाँचौं मान समुँद ओहि दीन्ह।
इसकंधर नहिं पाएउ जौं रे समुँद धँसि लीन्ह ॥४१।२१॥

(१) 'हे जग के सूर्य, तुम से कहता हूँ कि चित्तौर में और भी पाँच रत्न हैं। (२) एक हंस है जो अनमोल पक्षी है। वह मोती चुनता है, उसकी बोली अति उत्तम है। (३)

दूसरा रत्न है जिसमें अमृत का बास है। जितने प्रकार के दंश हैं, वह उन सबका विष हर लेता है। (४) तीसरा रत्न पारस पत्थर है। लोहा उससे छूते ही सोने के रंग का हो जाता है। (५) चौथा एक शिकारी शार्दूल है, जिसने सब जंगली हाथियों को घेर कर पकड़ लिया है। (६) पाँचवा सोनहा जाति का श्येन है जो पक्षी के वंश में जन्म हुआ राजपक्षी है। (७) हिरन और नील गाय, कोई उससे बचकर नहीं भाग सकता। वह बाज़ की तरह उड़कर झपटता है।

(८) ऐसे पाँचों अनमोल रत्न समुद्र ने सम्मान के लिये उसे भेंट में दिए थे। (९) रत्नसेन ने समुद्र में घुसकर जो प्राप्त किया वह सिकन्दर को भी नहीं मिला था।'

(२) पाँच रत्न–समुद्र ने विशेष रूप से उन्हें रत्नसेन को भेंट में दिया था। (४१९।४ ६)।
(६) सोनहा–यह एक जंगली शिकारी काला छोटे कद का कुत्ता होता है। कहते हैं यह शेर पर भी हावी हो जाता है। जायसी का अभिप्राय सोनहा जाति की मादा में किसी श्येन पक्षी से उत्पन्न विशेष प्रकार के पक्षी से है जो पृथ्वी पर भी चलता था और बाज की तरह उड़कर शिकार पर झपटता था।
लागना=एक प्रकार का बाज़; इसे मानसोल्लास में 'लग्न' कहा है (मानसोल्लास, भाग २, चतुर्थ विंशति, श्येन विनोद, श्लो० १३६२)।
(७) सैचान– बाज़। सं० संचान।

[४८८]

पान दीन्ह राघौ पहिरावा। दस गज हस्ति घोर सौ पावा।१।
औ दोसर कंगन कर जोरी। रतन लागि तेहि तीस करोरी।२।
लाख दिनार देवाई जेंवा। दारिद हरा समुद कै सेवा।३।
हौं जेहि देवस पदुमिनी पावौं। तोहि राघौ चितउर बैसावौं।४।
पहिलें कै पाँचौं नग मूँठी। सो नग लेउँ जो कनक अँगूठी।५।
सरजा सेर पुरुख बरियारू। ताजन नाग सिंघ असवारू।६।
दीन्ह पत्र लिखि बेगि चलावा। चितउर गढ़ राजा पहँ आवा।७।
पत्र दीन्ह लै राजहि किरिपा लिखी अनेग।
सिंघल की जो पदुमिनी सो चाहौं यहिं बेगि ॥४१।२२॥

(१) राघव को शाह ने पान और सरोपा दिया। दस नर हाथी और सौ घोड़े भी उसे मिले। (२) और दूसरी कंगन की जोड़ी दी। उसमें तीस करोड़ मूल्य के रत्न लगे हुए थे। (३) शाह ने उसे एक लाख दीनारें आजीविका के लिये दीं, मानों समुद्र की सेवा करने से राघव का दारिद्रय दूर हो गया। (४) शाह ने कहा, 'जिस दिन मैं पद्मिनी पाऊँगा उस दिन, हे राघव, तुझे चित्तौर के सिंहासन पर बैठा दूँगा। (५) पहले पाँचों रत्नों को मुट्ठी में करके फिर उस नग को प्राप्त करूँगा, जो हाथ की शोभा के लिये

सोने की अँगूठी में जड़ने योग्य है।' (६) सरजा बलवान पुरुषसिंह था। साँप का चाबुक लिये सिंह पर सवार रहता था। (७) शाह ने उसे पत्र लिखकर दिया और शीघ्र भेजा। वह चित्तौरगढ़ में राजा के पास आया।

(८) उसने वह पत्र ले जाकर राजा को दिया। उसमें अनेक प्रकार की कृपा लिखकर लिखा था–(९) 'सिंहल की जो पद्मिनी तुम्हारे पास है, उसे मैं शीघ्र यहाँ चाहता हूँ।'

(१) पहिरावा–पोशाक। राजाओं की ओर से प्रसन्न होकर इनाम में दिया जाने वाला वेश।
(२) तीस करोरी–शुक्ल जी का पाठ बत्तीस कोरी है, किंतु माताप्रसाद जी ने वैसा कोई पाठान्तर नहीं दिया। कला भवन, मनेर और गोपालचन्द्र जी की प्रतियों में तीस करोरी पाठ ही है।
(३) जेंवा=आजीविका, ग्रास, मददेमाश।
(६) ताजन=चाबुक। फा० ताज़ियानाः=चाबुक, कोड़ा।
(७) किरिपा–मध्यकालीन पत्र तीन प्रकार के होते थे, (१) संदेशात्मक, (२) व्यवहारात्मक, (३) निदेशात्मक। पहले में प्रवृत्ति, विधि, निषेध, हर्ष, शोक आदि की सूचनाएँ रहती थीं। दूसरे में किसी के दिए हुए वचन में उसके द्वारा परिवर्तन का खंडन, निराकरण या अस्वीकृति रहती थी। तीसरे निदेशात्मक पत्र में राजा की आज्ञा रहती है। पत्रों के सात भाग होते थे–(१) मंगल (इष्ट देवता को प्रणाम, या छोटों को आशीर्वाद); (२) उद्देश्य (जिसके पास पत्र भेजा जाय, उसका नाम), (३) उद्देशक (पत्र भेजने वाले का नाम); (४) उपचार; (५) देश (दोनों के वास-स्थान); (६) काल (पत्र लिखने की तिथि मास वर्ष आदि); (७) उदन्त (=विधि निषेधात्मक कार्य)। इनमें चौथा उपचार महत्त्व का था। अपने से उत्तम या बड़े को लिखे पत्र में प्रदक्षिणा, प्रणाम, भक्ति, सेवा, विनय आदि की विज्ञप्ति रहती थी। मध्यम या बराबर वाले को लिखे पत्र में प्रेम, मिलने की उत्कंठा आदि लिखी जाती थी। अवम या अपने से नीचे को लिखे पत्र में आशीर्वाद, प्रसन्नता, उसकी वर्तमान स्थिति की वृद्धि कामना, या आलिंगन आदि के वाक्य लिखे जाते थे (लेख पद्धति, पृ० ८०)। अलाउद्दीन ने रत्नसेन को बराबरी के नाते से पत्र लिखा। उसमें जो उपचार का भाग था उसे ही जायसी ने 'किरिपा लिखी अनेग' कहा है, अर्थात् शाह ने रत्नसेन के प्रति अनेक प्रकार से प्रेम मिलन कुशल आदि लिखी। तब अन्त में जो उदन्त नामक पत्रांश था उसमें यह आज्ञा लिखी कि तुम्हारे पास जो सिंहल की पद्मिनी है उसे मैं शीघ्र दिल्ली में चाहता हूँ।

४२ : बादशाह चढ़ाई खण्ड

[४८९]

सुनि अस लिखा उठा जरि राजा। जानहुँ देव तरपि घन गाजा।१।
का मोहि सिंघ देखावसि आई। कहौं तो सारदूर लै खाई।२।
भलेहँ सो साहि पुहुमिपति भारी। माँग न कोइ पुरुख कै नारी।३।

जौं सो चक्कवै ता कहँ राजू । मँदिर एक कहँ आपन साजू ।४।
आछरि जहाँ इंद्र पै रावा । औरु जो सुनै न देखै पावा ।५।
कंस क राज जिता जौं कोपी । कान्हहि दीन्ह काहुँ कहुँ गोपी ।६।
का मोहि तें अस सूर अँगाराँ । चढ़ौं सरग औ परौं पताराँ ।७।
का तोहि जीव मरावौं सकति आन के दोस ।
जो तिस बुझै न समुँद जल सो बुझाइ कत ओस ॥४२।१॥

(१) पत्र में ऐसा लिखा हुआ सुनकर राजा रत्नसेन जल उठा, मानों बादल ने तड़प कर घोर गर्जन किया हो। (२) 'तू मुझे अपना सिंह क्या दिखलाता है? अभी कहूँ तो मेरा शार्दूल उसे पकड़कर खा जाय। (३) भले ही वह शाह भारी पृथ्वीपति है, पर कोई दूसरे पुरुष की स्त्री कभी नहीं माँगा करता। (४) यदि वह चक्रवर्ती है तो राज्य उसका है, किंतु अपना घर प्रत्येक के लिये अपना वैभव है। (५) जहाँ अप्सरा रहती है वहाँ इन्द्र ही रमण करता है। और कोई यदि उसके विषय में सुन भी ले, उसे देख नहीं सकता। (६) यद्यपि कृष्ण ने कोप करके कंस का राज्य जीत लिया, पर क्या इससे किसी गोप ने उन्हें अपनी गोपी दे दी? (७) वह जो ऐसा सूर्यरूपी अंगारा है उससे मुझे क्या? मैं स्वयं वह सूर्य हूँ, जो आकाश पर चढ़ सकता हूँ और पाताल में भी पड़ सकता हूँ।

(८) अन्य के बल पर किए अपराध से तेरा प्राण क्या लूँ? (९) जो प्यास समुद्र-जल से नहीं बुझती वह ओस से क्या बुझेगी?'

(१) सुनि—इससे ज्ञात होता है कि पत्र राजा को बाँचकर सुनाया गया। कलाभवन की प्रति में 'देखत लिखा' पाठ है जो मूल नहीं ज्ञात होता।
देव=बादल। संस्कृत में भी यह शब्द इस अर्थ में प्रयुक्त होता है, जैसे, देवो वर्षति।

(४) मँदिर एक कहँ आपन साजू—जायसी की यह पंक्ति अति श्रेष्ठ है और मध्यकाल के मुसलमानी शासन में भी राज्य के मुकाबले में प्रत्येक गृहस्थ की सुरक्षित स्थिति के दावे को सूचित करती है। जो चक्रवर्ती होता वह बाहर के राज्य पर अधिकार कर लेता था। किंतु हरेक का घर उसका अपना किला था, जिसमें बाहर के किसी व्यक्ति को छेड़छाड़ करने का अधिकार न था।
साजू—राजाओं का साज-सामान, वैभव, ठाठ। तुलना कीजिए, २६।२, तेहु चाहि बड़ ताकर साजू; ८१।१ सुर्जें असीस दीन्ह बड़ साजू।
मँदिर—घर।

(५) रावा—रावना=रमणकरना। सं० रम्।

(६) पंक्ति ४ में जो बात कही है उसी का समर्थन यहाँ है। कृष्ण ने कंस पर चढ़ाई करके मथुरा का राज्य ले लिया, पर उससे व्रज के किसी गोप की गोपी पर उनका अधिकार नहीं हो गया।

(७) का मोहि तें—गोपालचन्द्र और कला भवन की प्रति में 'को मोहि तें' पाठ है। अर्थ व्यञ्जना की दृष्टि से 'का मोहि तें' पाठ ही उत्तम है। रत्नसेन सरजा से कहता है, "तेरा जो सूर

(शूर और सूर्य) है, वह मेरी दृष्टि में अंगारा है । मुझे उससे क्या ? मैं स्वयं वह सूर्य हूँ, जिसकी स्वर्ग से पाताल तक गति है । मनेर की प्रति का पाठ–को मोहि ते अस सूर अगारा । चढ़ै सरग खसि परै पतारा ।

(८) सकति=शक्ति, बल ।

[४९०]

राजा रिसि न होहि अस राता । सुनि होइ जूड़ न जरि कहु बाता ।१।
आवा हौं सो मरै कहँ आवा । पातसाहि अस जानि पठावा ।२।
जौं तोहि भार न औरहि लेना । पूँछिहि काल उतर है देना ।३।
पातसाहि कहँ अैस न बोलू । चढ़ै तौ परै जगत महँ दोलू ।४।
सूरहि चढ़त न लागै बारा । धिकै आगि तेहि सरग पतारा ।५।
परबत उड़हिं सूरि के फूँके । यह गढ़ छार होइ एक झूँके ।६।
धँसै सुमेरु समुँद गा पाटा । भुइँ सम होइ धरै जौं बाटा ।७।
तासौं का बड़ बोलसि बैठि न चितउर खासि ।
उपर लेहि चँदेरी का पदुमिनि एक दासि ॥४२।२॥

(१) [सरजा ।] 'हे राजा, क्रोध से ऐसे लाल नहीं हुआ जाता । सुनकर ठंडे रहो, जल कर बातें न कहो । (२) मैं यहाँ आया, सो मरने के लिये ही आया । बादशाह ने भी ऐसा ही समझ कर भेजा । (३) जो तुम्हारा बोझा है वह और किसी के लेने का नहीं है (तुम्हें ही निश्चय करना है) । बादशाह कल पूछेगा उसे उत्तर देना होगा । (४) बादशाह के लिये ऐसा न बोलो । यदि वह चढ आवेगा तो जगत में हलचल मच जाएगी । (५) शूर (सूर्य) को चढ़ते देर नहीं लगती । उसकी आग से आकाश पाताल दोनों जलने लगते हैं । (६) शूर के फूँकने से पर्वत उड़ जाते हैं । यह गढ़ एक झोंके में राख हो जायगा । (७) जब वह कूच करता है तो सुमेरु धँस जाता है, समुद्र पट जाता है, और धरती बराबर हो जाती है ।

(८) उसके सामने क्या बड़ा बोल बोलते हो ? क्यों अपने चित्तौर में राजा बन कर नहीं बैठे रहते ? (९) ऊपर से चँदेरी का किला भी ले लो । एक दासी के समान पद्मिनी क्या है ?

(७) समुँद गा पाटा–मनेर और कला भवन की प्रति में 'जो पाटा' पाठ है । गोपालचन्द्र और अन्य प्रतियों में 'गा' पाठ है जो तत्कालीन फारसीलिपि में 'का' लिखा जाता था ।

(८) चितउर खासि–चित्तौड़ खास या निज की राजधानी चित्तौड़ ।

[४९१]

जौं पै घिहिनि जाइ घर केरी । का चितउर केहि काज चँदेरी ।१।

जिऔं लेइ घर कारन कोई । सो घर देइ जो जोगी होई ।२।
हौं रनथँभउर नाँह हमीरू । कलपि माँथ जेइ दीन्ह सरीरू ।३।
हौं तौ रतनसेन सक बंधी । राहु बेधि जीती सैरिंधी ।४।
हनिवँत सरिस भारु मैं काँधा । राघौ सरिस समुँद हठ बाँधा ।५।
बिक्रम सरिस कीन्ह जेइँ साका । सिंघल दीप लीन्ह जौं ताका ।६।
ताहि सिंघ कै गहै को मोंछा । जौं अस लिखा होइ नहिं ओछा ।७।
दरब लेइ तौ मानौं सेव करौं गहि पाउ ।
चाहै नारि पदुमिनी तौ सिंघल दीपहि जाउ ॥४२।३॥

(१) [रत्नसेन ।] 'यदि घर की गृहिणी ही चली गई तो फिर क्या चित्तौड़ और किस काम की चँदेरी ? (२) घर के कारण ही कोई जीवित रहता है (घर नहीं तो जीना किस काम का ?) । जो जोगी हो जाता है वही अपना घर छोड़ता है । (३) क्या मैं रणथम्भोर का राजा हम्मीर हूँ जिसने अपना माथा काटकर शरीर दे दिया था ? (४) मैं तो रत्नसेन साका करने वाला हूँ, जैसे अर्जुन ने राधा वेध करके द्रौपदी जीती थी । (५) हनुमान के समान बोझा मैंने अपने कंधे पर लिया है । मैं राम के सदृश हूँ, जिन्होंने हठ पूर्वक समुद्र पर पुल बाँध लिया था । (६) मैं विक्रमादित्य के समान हूँ, जिसने साका किया था । जब मैंने उस ओर दृष्टि की तो सिंहलद्वीप ले लिया । (७) कौन ऐसे सिंह की मोंछ पकड़ सकता है ? पर जिसने पत्र में कृपा की वैसी बातें लिखी हैं, वह शाह भी हृदय का ओछा न होगा ।

(८) यदि वह द्रव्य ले ले तो मुझे स्वीकार है । मैं पैर पकड़ कर उसकी सेवा करूँगा । किंतु यदि वह पद्मिनी स्त्री चाहता है तो सिंहलद्वीप जाय ।'

(२) जिऔं लेइ—जीवित रहता है ।

(३) हमीरू—रणथम्भोर के राजा हम्मीर, जिन्होंने चित्तौड़ के हमले से दो वर्ष पहले १३०१ ई० में अलाउद्दीन से लड़कर प्राण दिए थे । दे० ५३४।७, ५३५।१-२, ६१३।३ ।
नाँह=नाथ, राजा या स्वामी (८३।४, ८६।६, ८९।९) ।
कलपि—काट कर । धा० कलपना, सं० क्लप ।

(४) सकबंधी—साका बाँधने या चलाने वाला । साका का मूल अर्थ शक संवत् था । पीछे केवल सम्वत् के लिये भी वह प्रयुक्त होने लगा । 'विक्रम साका कीन्ह' में वही अर्थ और मुहावरा है । आगे चल कर किसी अलौकिक यश या कीर्ति के काम के लिये साका शब्द का प्रयोग होने लगा । 'सकबंधी' उस युग का पारिभाषिक शब्द ज्ञात होता है । जो स्त्रियों से जौहर करवा कर युद्ध में लड़ते हुए प्राण देने का व्रत लेता था वह सकबंधी कहलाता था (देखिए ५०३।७) ।
राहु—राहु=राधा, रोहू मछली ।

(७) जौं अस लिखा—रत्नसेन का संकेत अलाउद्दीन के पत्र के पूर्व भाग पर है, जिसके लिए ४८८।८ में कहा है 'किरिपा लिखी अनेग' । उसी नम्रता प्रदर्शन के उत्तर में राजा ने भी अपना नम्र भाव ४९१।८ में व्यक्त किया ।

[४९२]

बोलु न राजा आपु जनाई । लीन्ह उदैगिरि लीन्ह छिताई ।१।
सत दीप राजा सिर नावहिं । औ सैं चलीं पदुमिनी आवहिं ।२।
जाकरि सेवा करै सँसारा । सिंघल दीप लेत का बारा ।३।
जनि जानसि तूँ गढ़ उपराहीं । ताकर सबै तोर कछु नाहीं ।४।
जेहि दिन आइ गाढ़ कै छेंकै । सरबस लेइ हाथ को टेकै ।५।
सीस न झारु खेह के लागें । सिर पुनि छार होइ देखु आगें ।६।
सेवा करु जो जियनि तोहि फाबी । नाहिं तौ फेरि भाँग होइ जाबी ।७।
जाकरि लीन्हि जियनि पै अगुमन सीस जोहारि ।
ताकर कै सब जानै काह पुरुख का नारि ॥४२।४॥

(१) [सरजा ।] 'हे राजा, अपने आपको इस प्रकार बड़ा जताकर न बोलो । शाह ने उदयगिरि पर अधिकार कर लिया और देवगिरि जीतकर वहाँ की राजकुमारी छिताई ले ली । (२) सातों द्वीपों के राजा उसे मस्तक नवाते हैं, और पद्मिनी स्त्रियाँ उसके यहाँ स्वयं चली आती हैं । (३) जिसकी सेवा संसार करता है, उसे सिंहलद्वीप लेते क्या देर लगती है ? (४) यह मत समझो कि तुम अपने गढ़ के कारण औरों से ऊपर हो । वस्तुतः सब कुछ उसी शाह का है, तुम्हारा कुछ नहीं । (५) वह जिस दिन यहाँ पहुँचकर सबको विपत्ति में डालकर गढ घेर लेगा, सर्वस्व छीन ले जायगा । उसका हाथ रोकने वाला कौन है ? (६) धूल के लग जाने से सिर को ही मत झाड़ डालो । उसी सिर को राख होता हुए तुम आगे देखोगे । (७) जो तुम्हें जीवन भला लगता है तो सेवा करो, नहीं तो फिर बिलकुल टूट जाओगे ।

(८) जिससे जीवन प्राप्त हुआ है आगे बढ़कर उसे प्रणाम करना चाहिए । (९) और क्या पुरुष, क्या स्त्री, सबको उसीका सब कुछ समझना चाहिए ।

(१) उदयगिरि–यह देवगिरि से भिन्न दक्खिन में एक किला था । ५००।७ में उदैगिरि, देवगिरि के साथ पढ़ा है । ५७७।४ में भी उदैगिरि का उल्लेख है ।
छिताई–देवगिरि के राजा की लड़की थी । उसकी कथा 'छिताई वार्ता' नामक अवधी काव्य में कही गई है ।
(२) सैं=सं० स्वयं, प्रा० सइं ।
(४) तूँ गढ़ उपराहीं–यहाँ चित्तौड़ गढ़ की तत्कालीन दुर्गों में अजेय और अभेद्य स्थिति की ओर संकेत है ।
(५) गाढ़–संकट, विपत्ति ।
(७) फाबी–प्रा० फव्वीह=इच्छानुसार लाभ करना, भली प्रकार प्राप्त करना ।
भाँग–सं०, भंग (भञ्ज् धातु) > भाँग ।

[४९३]

तुरुक जाइ कहु मरै न धाई । होइहि इसकंदर कै नाई ।१।

सुनि अंब्रित केदली बन धावा । हाथ न चढ़ा रहा पछितावा ।२।
उड़ि तेहि दीप पतँग होइ परा । अगिनि पहार पाउ दै जरा ।३।
धरती सरग लोह भा ताँबै । जीउ दीन्ह पहुँचब गा लाँबै ।४।
यह चितउर गढ़ सोइ पहारू । सूर उठै धिकि होइ अँगारू ।५।
जौं पै इसकँदर सरि कीन्ही । समुँद लेउ धँसि जस वै लीन्ही ।६।
जौं छरि आने जाइ छिताईं । तब का भएउ जो मुक्ख जताईं ।७।
महूँ समुझि अस अगुमन सँचि राखा गढ़ साजु ।
कालिह होइ जेहि अवना सो चढ़ि आवौ आजु ॥४२।५॥

(१) [राजा ।] तुरुक से जाकर कहो कि वह मरने के लिये न दौड़े, नहीं तो उसकी भी सिकन्दर जैसी गति होगी । (२) वह अमृत का नाम सुनकर कदली वन में दौड़ा गया, अमृत उसके हाथ न पड़ा, केवल पश्चात्ताप ही रहा । (३) वह उसके लिये उड़कर दीपक में पतिंगा बनकर गिरा । आग के पहाड़ पर पैर रखने से वह जल गया । (४) उस पहाड़ के धरती और स्वर्ग जलकर लोहे से ताँबे जैसे हो गए । उसने वहाँ पहुँचने के लिये अपना प्राण दे दिया । पर वहाँ न पहुँच कर लम्बा चला गया । (५) यह चित्तौड़गढ़ वही पहाड़ है । सूर्य के निकलने पर जलकर अंगार हो जाता है (किसी शूर के चढ़ाई करने पर यह चित्तौड़ अंगारे की तरह दहकने लगता है, या जौहर द्वारा जलकर राख हो जाता है)। (६) यदि तुमने सिकन्दर की बराबरी की है तो समुद्र में घुसकर मन चाही वस्तु लो, जैसे उसने प्राप्त की थी (सिंहलद्वीप जाकर पद्मिनी लो)। (७) जो तुम देवगिरि जाकर छल से छिताई ले आए, तो उतने से क्या हुआ जो अपने को सबका मुखिया जताने लगे ।

(८) मैंने भी भविष्य सोचकर सब सामग्री सञ्चित करके गढ़ को तैयार कर रखा है । (९) जिसे कल आना हो वह आज ही चढ़ आए ।'

(१) इसकंदर कै नाई–कथा है कि सिकन्दर अमृत की खोज में था । उसकी मित्रता ख्वाजा खिज्र से हो गई । ख्वाजा उसे जल्मात नामक अंधकार के लोक में ले गया । उसीको यहाँ जायसी ने कदली वन या कजली वन कहा है । वहाँ जीवन के जल का सोता बताया जाता था किंतु सिकन्दर उसका पान न कर सका । जायसी के अनुसार वहीं अग्नि के पहाड़ में जलकर उसने प्राण दे दिया (दे० शिरेफ कृत जायसी का अँग्रेजी अनुवाद, १।१३।३, पृ० १०, टिप्पणी ३१) ।

(२) केदली वन–इसे ही जायसी ने कजली वन कहा है (१३०।७) । गोरखनाथ गोपीचन्द आदि सिद्ध और साधकों के लिये वह आदर्श स्थान माना जाने लगा था । यहाँ कवि ने सिकन्दर की कथा के अंधकार लोक से कजली वन को मिला दिया है । वन पर्व के अनुसार हरिद्वार से बदरीनाथ तक का हिमालय प्रदेश कदली वन कहलाता था, जो सिद्धों का निवास स्थान था ।

(४) लोह भा ताँबै–अन्धकार के उस लोक में धरती और आकाश लोहे की तरह काले थे; वे अग्नि से तप्त होकर ताँबे की तरह लाल हो गए ।

जीउ दीन्ह पहुँचब गा लाँबै–सिकन्दर ने पहुँचने के लिये अपना प्राण दे दिया और वह शव रूप में लंबा या लेटा हुआ चला गया।

(६) इसकंदर सरि–अलाउद्दीन ने अपने आपको सिकंदर सानी (दूसरा सिकंदर) प्रसिद्ध किया था।

(७) छिताई (४९२।१)–देवगिरि के राजा की पुत्री। यह वार्ता जायसी के समय में प्रसिद्ध थी (देखिए, नाहटा जी का लेख छिताई वार्ता, विशाल भारत, मई १९४३)।
मुक्ख=प्रधान। सं० मुख्य > प्रा० मुक्ख।

(८) सँचि राखा गढ़ साजु–जायसी ने लिखा है, गढ़ तस सँचा जो चाहिअ सोई (५०४।१)।

[४९४]

सरजा पलटि साहि पहँ आवा। देव न मानै बहुत मनावा।१।
आगि जो जरा आगि पै सूझा। जरत रहै न बुझाएँ बूझा।२।
असैं पंथ न आवै देऊ। चढ़ै सुलेमा मानै सेऊ।३।
सुनि कै रिसि राता सुलतानू। जैसे धिकै जेठ कर भानू।४।
सहसौं करा रोस तस भरा। जेहि दिसि देखै सो दिसि जरा।५।
हिंदू देव काह बर खाँचा। सरगहुँ अब न आगि सौं बाँचा।६।
एहि जग आगि जो भरि मुँह लीन्हा। सो सँग आगि दुहूँ जग कीन्हा।७।
जस रनथँभउर जरि बुझा चितउर परी सो आगि।
एहि रे बुझाएँ ना बुझै जरै दोस की लागि ॥४२।६॥

(१) सरजा लौटकर शाह के पास आया। उसने कहा, वह देव नहीं मानता, 'मैंने बहुत मनाया। (२) जो आग का जला है उसे आग ही सूझती है (अथवा जो आग में तपाया हुआ होता है, वह लोहा आग से ही सीधा किया जाता है)। वह जलता रहता है, समझाने से नहीं समझता (बुझाने से नहीं बुझता)। (३) देव यों रास्ते पर नहीं आता। जब सुलेमान उसपर चढ़ाई करता है तब वह सेवा में आता है।' (४) यह सुनकर सुलतान क्रोध से लाल हो गया, जैसे जेठ का सूर्य दहकता है। (५) वह ऐसा क्रोध में भर गया मानों सहस्रों किरणों से तप रहा हो। जिस दिशा में देखता था, वही जलने लगती थी। (६) हिन्दू राजा किस बलपर तना हुआ है? स्वर्ग में भी अब वह मेरे क्रोध की आग से न बच सकेगा। (७) जिसने इस संसार में आग से अपना मुँह भर लिया उसने दोनों लोकों में मानों अपने साथ आग कर ली (उसके लिये यहाँ भी नाश और वहाँ भी नरक की आँच)।
(८-९) जैसे रनथंभोर जलकर बुझ गया, वैसे ही वह आग चित्तौर पर पड़ी है। पर यहाँ वह बुझाए न बुझेगी और इसके दोष से लगी हुई वह अन्यत्र भी जलती रहेगी।

(१) देव–हिन्दू राजा के लिये प्रयुक्त उपाधि।

(३) देऊ–देव=हिन्दू राजा; (सुलेमान पक्ष में) जिन, जिसे उसने अपनी तिलिस्मी अँगूठी से वश में किया था।

(६) काह बर खाँचा–किस बल पर ऐंठता है ।
खाँचा–खाँचना=खींचना, तानना, ऐंठना, कड़े पड़ना ।

(९) 'जरै दोष की लागि ।'–आशय यह है कि रनथंभोर का युद्ध तो वहीं समाप्त हो गया था, किंतु चित्तौर सब हिन्दुओं का गढ़ है (चितउर है हिंदुन्ह कै माता । ५०२।३; चितउर हिंदुन्ह कर अस्थानू), अतएव चित्तौड़ में लगी हुई युद्ध की यह अग्नि यहीं न बुझेगी । जहाँ जहाँ हिन्दू होने के नाते चित्तौर से संबन्ध है, चित्तौर के अपराध से भड़की हुई यह आग उसे भी भस्म कर देगी ।

[४९५]

लिखे पत्र चारिहुँ दिसि धाए । जावँत उमरा बेगि बोलाए ।१।
डंड घाउ भा इंद्र सँकाना । डोला मेरु सेस अँगिराना ।२।
धरती डोली कुरुँम खरभरा । महनारंभ समुँद महँ परा ।३।
साहि बजाइ चढ़ा जग जाना । तीरा कोरा भा पहिल पयाना ।४।
चितउर सौहँ बारिगह तानी । जहँ लगि कूच सुना सुलतानी ।५।
उठि सरवान गँगन लहि छाए । जानहुँ राते मेघ देखाए ।६।
जो जहँ तहाँ सूति अस जागा । आइ जोहारि कटक सब लागा ।७।
हस्ति घोर दर परिगह जावँत बेसरा ऊँट ।
जहँ तहँ लीन्ह पलानी कटक सरह घटि छूट ॥४२।७॥

(१) अलाउद्दीन के लिखे हुए पत्र (फरमान) लेकर दूत चारों ओर दौड़े गए । जितने अमीर उमरा थे, सबको शीघ्र बुलाया गया । (२) जैसे ही युद्ध के बड़े नक्कारे पर डंडे की चोट पड़ी, इन्द्र डर गया, मेरु डगमगाया, और शेष अँगड़ाई लेने लगा । (३) धरती हिली, कूर्म खलभलाने लगा, और समुद्र मथा जाने लगा । (४) संसार ने जान लिया कि शाह डंका बजाकर युद्ध के लिये चढ़ा है । पहला पड़ाव दिल्ली से तीस कोस पर हुआ । (५) जहाँ तक सुलतान की कूच का समाचार उमरा आदि ने सुना, वहाँ तक सबको सूचना हुई कि शाह का दरबारी शामियाना चित्तौर के सामने ताना जायगा । (वहीं दरबार होगा) । उमराओं के निजी सरवान नामक तम्बू उठकर आकाश तक छा गए, मानों लाल मेघ दिखाई पड़ रहे थे । (७) जो जहाँ था, वह कूच का हाल सुनकर मानों सोते से जगा । सब कटक आ-आकर जोहारने और एकत्र होने लगा ।

(८-९) हाथी, घोड़े, पैदल, सामान और जितने खच्चर और ऊँट थे, वे अनेक स्थानों में सज्जित हुए और कटक में मिलने के लिये शरभ मृगों के झुंड की तरह छूटे ।

(१) पत्र धाए,–तुलना कीजिए 'दौराई पाती' ५०१।३ ।
(२) डंड घाउ–सं० दण्डघात=युद्ध के बड़े नक्कारे पर डंके की चोट ।
(३) महनारंभ–सं० मथनारम्भ ।

(४) तीस कोस–४९९।८ में सात-सात योजन का एक पड़ाव कहा गया है ।

(५) बारिगह–विद्यापति ने कीर्तिलता में (काशी सं०, पृ० ५०, ९६), ठक्कुर फेरु (अलाउद्दीन की टकसाल के अध्यक्ष) ने अपने गणितसार ग्रन्थ के वस्त्राधिकार में और ज्योतिरीश्वर ठक्कुर (१३२४ ई०) ने वर्णरत्नाकर में बारिगह का उल्लेख किया है । आईन अकबरी के अनुसार बारगह तम्बू दरबार के काम में आता था । बड़े बारगह में दस हजार आदमी बैठ सकते थे और उसे एक हजार फर्राश एक हफ्ते में खड़ा कर पाते थे । अकबर के समय में सादे बारगह का मूल्य लगभग दस हजार रुपए होता था और कामदानी का लाखों रुपये (आईन, पृ० ५५) । जायसी का अभिप्राय है कि जब शाह के फर्मान उमराओं को शीघ्र बुलाने के लिये चारों ओर भेजे गए तो वे कहाँ आवें, इसकी भी सूचना उन्हें दी गई कि सब लोग दिल्ली न आकर चित्तौर में एकत्र हों, जहाँ शाही दरबार के लिये बारगह तानने का हुक्म था ।

(६) सरवान–यह भी एक प्रकार का तम्बू था । आईन अकबरी में यह शब्द नहीं है, किंतु वर्णरत्नाकर में वस्त्रगृह-वर्णना के अन्तर्गत सरइचा के साथ सरमान भी कहा गया है । सरमान ही जायसी का सरवान है । इब्नबतूताकृत रेहला (यात्रा वृत्तान्त) के अनुसार राजकीय सेराचा का रंग लाल होता था, जिसका इस्तेमाल अमीर उमरा ही कर सकते थे । औरों के लिये उसका रंग सफेद होता था । जायसी ने उच्च पद के अधिकारियों द्वारा प्रयुक्त सरवान का रंग लाल कहा है । उसकी दूसरी विशेषता अकबर के दो आशियानी मंजिल की तरह उसकी ऊँचाई थी । विद्यापति ने सरमाण, वारिगह, सरइचा, एकचोई और मंडल, इन पाँच तंबुओं एक साथ उल्लेख किया है (कीर्तिलता, पृ० ९६) ।

(७) लागा–इकट्ठा होने लगा ।

(८) दर–दल, सेना, पैदल सेना ।

परिगह–१२९।८ (राज पाट दर परिगह सब तुम्ह सों उजिआर) में इसका अर्थ राजा के ठाठ बाट की सामग्री छत्र चँवर आदि किया गया है जिसे परिच्छद भी कहते हैं । हिन्दी परिगह, सं० परिग्रह का एक अर्थ रनिवास, अन्तःपुर, घर भी है । यह अर्थ १२९।८ में ठीक बैठता है । परिगह और प्रतिग्रह का अर्थ सेना की सुरक्षित टुकड़ी या उसका पिछला भाग भी संस्कृत और हिन्दी कोशों में मिलता है ।

[४९६]

चली पंथ पैगह सुलतानी । तीख तुरंग बाँक कैकानी ।१।
पखरैं चली सो पाँतिन्ह पाँती । बरन बरन औ भाँतिन्ह भाँती ।२।
काले कुमैंइत लील सनेबी । खंग कुरंग बोर दुर केबी ।३।
अबलक अबसर अगज सिराजी । चौधर चाल समुँद सब ताजी ।४।
खुरुमुज नोकिरा जरदा भले । औ अगरान बोलसिर चले ।५।
पँच कल्यान संजाब बखाने । महि सायर सब चुनि चुनि आने ।६।
मुसुकी औ हिरमिजी इराकी । तुरुकी कहे भोथार बुलाकी ।७।
सिर औ पोंछि उठाए चहुँ दिस साँस ओनाहिं ।
रोस भरे जस बाउर पवन तरास उड़ाहिं ।।४२।८।।

(१) सुलतान की घुड़सवार सेना मार्ग में चली । उसमें तेज और बाँके केकाण

देश के घोड़े थे। (२) लोहे की झूलें (कवच) पहने हुए कतार पर कतार बाँधकर अनेक रंगों के और अनेक भाँति के घोड़ों से युक्त होकर वह सेना चली। (३) और भी, काले, कुम्मैत, लीले, सनेबी, खङ्ग, कुरंग, बोर, दुर, केबी घोड़े उसमें चले। (४) उनमें अबलक, अबरस, अगज रंग के शीराजी घोड़े थे। चौधर, चाल और समंद रंग के अनेक ताजी घोड़े उस सेना में थे। (५) खुरमुज़ से आने वाले नुक़रा और जरदा रंग के घोड़े भद्र जाति के थे। उनके साथ अगरान और बोलसिर घोड़े भी चल रहे थे। (६) कुछ उनमें पंचकल्यान और संजाब थे जो पृथिवी के अनेक भागों और समुद्रपार के देशों से चुन-चुन कर लाए गए थे। (७) मुश्की, हुरमुजी और इराक देश के घोड़े थे। भोथार या सलोतरी लोगों के अनुसार वहाँ तुर्की घोड़ों में बुलाकी (काले-सफेद) श्रेष्ठ घोड़े थे।

(८) वे सिर और पूँछ उठाए हुए चारों दिशाओं में साँस छोड़ रहे थे, (९) और उन्मत्त की तरह क्रोध से भरे हुए पवन के समान उड़े जाते थे।

(१) पैगह—श्री माताप्रसाद जी का पाठ 'परिगह' है, किन्तु गोपालचन्द्र जी की प्रति (माताप्रसाद जी की चं० १ जिसका पाठ यहाँ उन्होंने नहीं दिया) और मनेर की प्रति में 'पैगह' है। पैगह का फारसी रूप पयगह या पाएगाह था। इसका अर्थ है अस्तबल (स्टाइनगास, पर्शियन डिक्शनरी, पृ० २३५)। हाशिमी (१५२० ई०) ने पायगाह शब्द का अश्वशाला के अर्थ में प्रयोग जायसी से लगभग बीस वर्ष पहले किया है (फरसनामा, पृ० २४; 'जिस पायगाह में ऐसा सफेद घोड़ा हो कि उसका दाहिना कान काला हो तो वह पायगाह बहुत भरापुरा हो जाता है')। इस अर्थ में पैगह शब्द सुलतानी युग की सैनिक शब्दावली में प्रचलित था। अमीर खुसरू कृत किरानुस्सादैन (१२८९ ई०) नामक फारसी इतिहास में (जिसमें कैकुबाद और उसके पिता नासिरुद्दीन के मिलने का वर्णन है) कैकुबाद की अपरिमित अश्वसेना की बीच की टुकड़ी को पाएगाह-ए-खास अर्थात् शाही अश्वसेना की टुकड़ी कहा गया है। यही जायसी की 'सुल्तानी पैगह' थी। खुसरू के कुछ वर्ष बाद विद्यापति ने 'पाइग्गाह' शब्द का शाही घुड़साल के अर्थ में प्रयोग किया है (पाइग्गह पअ भरें भउँ पलानिअउँ तुरंग, अर्थात् जौनपुर में शाही पैगह के स्थान में भरे हुए अश्वों पर पलान रखकर उन्हें युद्ध के लिये सज्जित किया गया, कीर्तिलता, काशी सं०, पृ० ८४)। हिन्दी शब्दों के इतिहास की दृष्टि से विद्यापति का यह उल्लेख महत्त्वपूर्ण है। सं० प्रतिग्रह > पडिग्गह > परिगह यह एक व्युत्पत्ति की परंपरा है। इसी शब्द का फारसी में विकास पाएगाह या पैगह के रूप में हो सकता था, जैसे सं० प्रतिकृति से पडिकर > पइकर > पैकर (=तस्वीर)। भिन्न देशों के और भिन्न रंगों के घोड़ों का जो वर्णन जायसी ने दिया है, ठीक ऐसा ही साहित्यिक अभिप्राय हर्षचरित में आता है, जहाँ पैगह सुरितानी को 'भूपाल वल्लभ तुरंगों से आरचित मंदुरा' कहा है (हर्ष० उच्छ्वास २, पृ० ६४)।

कैकानी—केकाण देश के घोड़े। भोजकृत युक्ति कल्पतरु (अश्व परीक्षा, श्लो० २६, पृ० १८२), मानसोल्लास (४।६६९), नकुल कृत अश्व चिकित्सित (२।२), बीसल देव रासो (छं० २१ माताप्रसाद संस्करण) और शालिभद्र सूरि कृत बाहुबलि रास (१२ वीं शती) में केकाण देश के घोड़ों का उल्लेख है। चीनी यात्री श्यूआन चुआङ् को पता चला कि गोमल नदी के पश्चिम में कि–कियाङ्-ना नामक प्रदेश पड़ता था। इस प्रदेश की भेड़ें और घोड़े मशहूर थे। ऊँचे पूरे घोड़ों की एक नस्ल की तो विदेशों में बड़ी माँग थी (वाटर्स, श्यूआन चुआङ्

२।२६२)। श्री ए० फूशे के अनुसार कि-कियाङ्-ना की पहचान अरब इतिहासकारों के कैकानान, कैकान अथवा कीकान से की जा सकती है। ब्राहुइयों का यह प्राचीन प्रदेश जो अब भी घोड़ों की अच्छी नस्लों के लिये प्रसिद्ध है बोलन दर्रे के दक्खिन बलूचिस्तान के उत्तर पूर्व में मस्तुंग और कलात के इलाकों को घेरे हुए है (फूशे, बाल्हीक से तक्षशिला तक का प्राचीन भारतीय मार्ग—ला वैय्य रूत द लंदं द बक्त्र आ तक्षिला नामक फ्रेंच पुस्तक, भाग २, पृ० २३६-३७)। [इस पहचान के लिये मैं अपने मित्र श्री मोतीचंद्र जी का कृतज्ञ हूँ।]

(२) पखरै—प्रा० धातु पक्खर=अश्व को कवच से सज्जित करना (पासद्द०, पृष्ठ ६१९)। यों भी साधारणतः मनुष्य, हाथी, घोड़ों के कवच के लिये पक्खर शब्द अपभ्रंश में प्रयुक्त होने लगा था—पिंधउ दिढ सण्णाह बाह उप्पर पक्खर दइ। बंधु समदि रण धसउ सामि हम्मीर वअण लइ (प्राकृत पिंगल सूत्र)। विद्यापति में भी पक्खर शब्द कई बार आया है—विछि वाछि तेजि ताजि। पष्खरेहि साजि साजि; अर्थात् दोनों पार्श्वों में और सामने वक्षस्थल पर तेजी और ताजी अश्वों को पक्खरों से सजा सजाकर (कीर्तिलता, पृ० ८४)। वर्तमान काल में हाथी के दोनों बगलों की लोहे की झूल को पाखर और सामने सिर की ओर के कवच को सिरी कहते हैं (कला और संस्कृति, पृ० २६१)।

(३) काला, कुम्मैत, लील, ज़रदा, मुश्की—ये घोड़ों के मुख्य रंग हैं।

कुम्मैत—वह घोड़ा जिसका रंग उन्नाब अथवा ताजी खजूर की तरह स्याही मायल सुर्ख हो। अँग्रेजी बे। यह रंग सब में अच्छा समझा जाता है। इस रंग का घोड़ा गर्मी सर्दी और सफर की तकलीफ सह सकता है (फरहंग-ए-इस्तिहालात, भाग पाँचवाँ, पृष्ठ २६)। रंगीं ने लिखा है—जो आवे रंग में घोड़ों के तकरार। तो कह सब से कुम्मैत अच्छा है यार (फरसनामा रंगीं, अ० ७)। कुम्मैत अरबी भाषा का शब्द है (स्टाइनगास, फारसी कोश, पृ० १०५१) जो अरब, ईरान, भारत, सब जगह चल गया था। औरंगजेब के समकालीन जबरदस्त खाँ ने कुम्मैत को सुर्ख का ही उपभेद माना है जब उसका रंग स्याही मायल हो (फरसनामा, फिलौट सम्पादित, पृ० ६)। जयदत्त ने पके ताड़ के फल के रंग के घोड़े को कयाह कहा है (पक्वतालनिभो वाजी कयाह परिकीर्तितः)। वही हेमचन्द्र का कियाह है। जायसी ने ४६।९ में किआह का उल्लेख किया है। वही कुमैत होना चाहिए। संस्कृत में इसे पाटल या शोण के अन्तर्गत समझा जाता था। ताते अति ही लाल जो लखे खैर के अंग। आल पूँछ पग श्याम तो सो कुमैत के अंग (नकुलकृत शालिहोत्र, पृ० ३७)। काला=सियाह (हाशिमी)। इसे ही संस्कृत में श्याम या कृष्ण वर्ण कहा जाता था। अनेक भेद होते हुए भी घोड़ों के मूल रंग चार ही थे—सफेद, स्याह, लाल, जर्द (हाशिमी, पृ० १७)। इन्हें ही बाण ने श्वेत, श्याम, शोण, पिंजर लिखा था। मानसोल्लास के अनुसार भी शुद्ध वर्ण चार और मिश्रवर्ण अनेक थे (मानसो० पृ० २१२)।

लील—नीले रंग का (दे० ४६।२)। अं० डार्क या आयरन ग्रे (फिलौट)।

सनेबी—शब्द अज्ञात है। युक्तिकल्पतरु, मानोल्लास, हेमचन्द्रकृत अभिधान चिन्तामणि, नकुल कृत अश्वचिकित्सत, जयदत्त कृत अश्ववैद्यक, हाशिमी कृत फरसनामा (१५२० ई०) जबरदस्तखाँ कृत फरसनामा (१७०० ई०), फरसनामा रंगीं (१८००) इन ग्रन्थों की अश्व सूचियों में सनेबी केबी नहीं मिले। फारसी में 'सनेब' का अर्थ है लोहा (स्टाइनगास, फारसी०, पृ० ७०४), अतएव काले नीले के साथ सनेबी का अर्थ 'लोहे के रंग' का यह हो सकता है। श्री हसन असकरी के अनुसार अरबी में सनेब का अर्थ 'लाखी रंग' है।

खंग—हाशमी (पृ० १४), जबरदस्तखाँ (पृ० ७), फरहंग इस्तहालात (पृ० १८), स्टाइनगास (पृ० ४११) में इसका उच्चारण खिंग है। किन्तु हिन्दी में खंग है जो माताप्रसादजी ने

रक्खा है। फारसी लिपि में दोनों पढ़े जा सकते थे। दूध की रंगत के समान सफेद रंग का घोड़ा (फरहंग०)। फिलौट ने इस अर्थ का समर्थन करते हुए लिखा है कि यह शब्द ईरान और भारत में अब चालू नहीं रहा। (फरसनामा हाशिमी, पृ० १४)। हेमचन्द्र ने पीयूष या दूध के रंग के घोड़े को सेराह कहा है (फारस की खाड़ी के सेराफ बन्दर के नाम से; आभिधान० ४।३०४)। यही मूल श्वेत रंग था। उसे अरब सौदागरों ने सेराह कहा और अन्त में वही खिंग या खंग कहलाया। इसके कई भेद नुकरा खंग, सब्जा खंग, यूज़ खंग, सुर्ख खंग थे। (पशुचिकित्सा, पृ० ११५) बिन सेली तन पांडुरो होई इक सम अंग। दूजो रंग न देखिए तासों कहिए खिंग (नकुलकृत शालिहोत्र, पृ० ३७)।

कुरंग–दे० ४६।३। स्टाइनगास ने इसे सुर्ख का ही भेद माना है (फारसी कोश, पृ० १०२५; अँग्रेजी बे)। 'जिस घोड़े के रोएं स्याह, सुर्ख व जर्द हों, और जिसकी चमड़ी सुर्ख हो, उसे कुरंग कहते हैं' (हाशिमी, फरसनामा, फिलौट सम्पादित, बिबलिओथिका इंडिका, पृ० २१)।

बोर–माताप्रसाद, मनेर और गोपालचन्द्र, सर्वत्र बोर पाठ है। यह सुर्ख रंग का ही उपभेद था। स्टाइनगास ने इसे शहद के रंग का घोड़ा कहा है (फारसी कोश, पृ० २०६)। फिलौट के अनुसार बोर शब्द भारत में प्रचलित नहीं रहा, किन्तु बलूची भाषा में जीवित है (हाशिमी फरसनामा, पृ० १०, टिप्पणी)। हेमचन्द्र ने पाटल रंग के घोड़े को वोरुखान और जयदत्त ने वेरुहान कहा है। हाशिमी ने स्पष्ट लिखा है कि हिन्दू लोग बोर को ही शोण वर्ण कहते थे (वही, पृ० १७)। फरहंग इस्तिलाहात में बोर को सुरंग भी कहा है (पृ० २३)। शुक्लजी में और माताप्रसादजी की केवल एक प्रति में बोज पाठ है। यह भी घोड़े का एक रंग था। स्टाइनगास ने इसे बादामी रंग कहा है (फारसी कोश० पृ० २०६ अं० रोन)। फिलौट ने लिखा है कि भारत में अब यह शब्द नहीं रहा। भूरे रंग के लिये यह तुर्की शब्द था। हिन्दुस्तान के सलोतर इसे हल्के भूरे रंग के लिये प्रयुक्त करते हैं (हाशिमी कृत फरसनामा, पृ० १३ टिप्पणी)। नहीं चाम लाली लखं नहिं लहसुन की छाँह। सो हय बोझ कहावही शूर सभी नरनाँह (शालिहोत्र, पृ० ३६)।

दुर–यह नाम अलग नहीं मिलता। हाशिमी ने घोड़ों के श्वेत वर्ण के अन्तर्गत मोती (मुरवारीद), दूध, चाँदी, बरफ, चंद्रमा जैसी सफेदी का उल्लेख किया है। वही मोती या मुरवारीद की सफेदी के रंग का घोड़ा दुर या गौहर ज्ञात होता है (अरबी दुर्, फारसी दुर=मोती)। रंगों ने अपने फारसनामे में लिखा है–'समंद अच्छा है गौहर उससे कम है।' श्वेत रंग की चाम में झलकै जिनकी छाह। मोती ता रंग सों कहै नुकरा वाजी वाह (शालिहोत्र, पृ० ३६)।

केबी–अर्थ अज्ञात है। सम्भवतः चित्र विचित्र रंग के घोड़े के लिये यह शब्द है। केवू एक इसी प्रकार की चिड़िया होती है (स्टाइनगास, पृ० १०६८)। फारस की खाड़ी में कुवैत अरबी घोड़ों के व्यापार का सबसे बड़ा केन्द्र था (ऐ० साइ० ब्रि० १३।५२५)। स्यात् उससे यह नाम हो।

अबलक–दो रंग का घोड़ा जो सुर्ख व सफेद रंग का, या सियाह व सफेद रंग का होता है। जिसके चारों पैर सफेद हों ऐसे घोड़े को भी अबलक कहते हैं (फरहंग०, पृ० ३)। अरबी अबलक। अं० पाइबाल्ड। सं० चित्रित, चित्रल या कर्बुर, जिसे हेमचन्द्र ने हलाह भी कहा है। सोमेश्वर में इसका लक्षण है – विशालैः पट्टकैः श्वेतैः स्थाने स्थाने विराजितः। येन केनापि वर्णेन हलाह इति कथ्यते (मानसोल्लास ४।६९८)। कुला या कुल्ला नामक घोड़े में भी जेब्रा के जैसी पट्टियाँ कही गई हैं (फिलौट, फरसनामा रंगों, पृ० ९, पादटिप्पणी)।

अबरस–माताप्रसादजी ने अबसर पाठ माना है, किन्तु मनेर, गोपालचन्द्र और तृ० १

(जो माताप्रसाद जी की श्रेष्ठ प्रतियों में है) एवं चार अन्य प्रतियों में अबरस पाठ है जो यहाँ स्वीकार किया गया है। अरबी अबरश=वह कुम्मैत रंग का घोड़ा जिस पर खरबूजे की फाकों जैसी धारियाँ हों। बाज सवार सुर्ख और सफेद मिले रंगोंवाले घोड़े को भी अबरस कहते हैं। (फरहंग०, पृ० २; स्टाइनगास, पृ० ७, अं० डैपिल ग्रे, पाइबाल्ड, स्पाटेड रेड ऐंड व्हाइट)। फिलौट ने इसपर ठीक प्रकाश डालते हुए लिखा है कि ईरान और हिन्दुस्तान में इसे मगसी (सं० मक्षिका > फा० मगस) कहते हैं (स्टाइनगास, वही, पृ० १३०२; फिलौट, हाशिमी फरसनामा, पृ० १३)। जबर्दस्तखाँ के अनुसार असली रंग पर छोटे-छोटे नुकते पड़े हों वह घोड़ा अबरश कहलाता है (फरसनामा, पृ० ८; अँग्रेजी फ्ली-बिटेन ग्रे)। बुंद प्रमान रोम छिटकारो। मगसी कहै जा में गुण भारो (नकुल कृत शालिहोत्र, हिन्दी पृ० ३९)। बाण ने जिसे कृत्तिका पिंजर कहा है वह यही है (हर्षचरित, उच्छ्वास २, पृ० ६२, तारक कदम्बकल्पानेक बिन्दुकल्माषित त्वचः कृत्तिका पिंजराः, शंकर)। सोमेश्वर में इसे तरंज कहा है (चित्रितः पार्श्वदेशे च श्वेतबिन्दु कदम्बकैः। यो वा को वा भवेद्वर्णस्तरंजः कथ्यते हयः (मानसोल्लास ४।६९९)। किसी भी रंग का घोड़ा अबरस या बुँदकीदार हो सकता है। हाशिमी ने कुम्मैत अबरश, बोर अबरश, स्याह अबरश का उल्लेख किया है और इस जाति के घोड़ों को बहुत भाग्यशाली माना है (फरसनामा, पृ० ५३)। फारसी में एक शब्द आबसँर है जो मजे की चाल चलने वाले घोड़े के लिए प्रयुक्त होता है (स्टाइनगास, वही, पृ० ८)। सम्भव है कुछ प्रतियों का अबसर पाठान्तर उसी के लिये हो।

अगज–सभी अच्छी प्रतियों में इसका पाठ यही है। यह शब्द किसी फरसनामे में नहीं मिला। किन्तु अरबी में अगश उस घोड़े को कहते हैं जिसका सिर बिलकुल सफेद रंग का हो। (स्टाइनगास, अरबी कोश, १८८४, पृ० ५९)। जायसी का अगज वही ज्ञात होता है। तुर्की में अकश श्वेत रंग का वाचक है (वहीद मोरान, तुर्की कोश, पृ० २४)।

सिराजी–शीराज़ी=शीराज नगर का। किन्तु अरबी, तुर्की, इराकी के अतिरिक्त शीराज़ के घोड़ों की प्रसिद्धि मेरे पढ़ने में नहीं आई। अरबी शब्द सिराजी का अर्थ चमकीला, नक्षत्र या चन्द्र जैसा श्वेत है (स्टाइनगास, पृ०६६८)। जिसे हेमचन्द्र ने कोकाह कहा है वह सिराजी के निकट है।

चौधर–सुरंग या लाल रंग के घोड़े की खाल में सफेदी का अंश और झलकने लगे तो उसे चौधर कहते हैं। लोक में यह शब्द अभी तक चालू है (मैं इस सूचना के लिए श्री अम्बाप्रसाद सुमन का आभारी हूँ)। शुक्लजी की प्रति में चौघर छापा है, किन्तु सब प्रमाणिक प्रतियों में चौधर पाठ है और लोक में प्रचलित शब्द का रूप वही है। जैसो सुरंग तेलिया होई। तामें मिले सफेदी सोई॥ आल पूँछ उज्ज्वल जो होइ। चौधर ताहि कहै सब कोई (शालिहोत्र, पृ० ३९)।

चाल–४६।२ में भी यह शब्द प्रयुक्त हुआ है। वहाँ इसका अर्थ ठीक नहीं हुआ। पाठक कृपया सुधार लें। सुर्खी मायल रंग के घोड़े को चाल कहते हैं (स्टाइनगास, वही, पृ० ३८६)। सुर्ख व सफेद मिले जुले बालोंवाला चकोर की रंगत का घोड़ा (फरहंग इस्तिहालात, भाग ५, पृ० १६)। कम इन सबसे है पंच कल्यान और चाल। नहीं है बाद उसके कुछ माल (रंगीं, फरसनामा, अध्याय ७)। यह तुर्की शब्द था जो अब भारत में चालू नहीं रहा (फिलौट, रंगीं का अँग्रेजी अनुवाद, पृ० ९)।

समुँद–दे० ४६।२। समंद रंग का घोड़ा; वह घोड़ा जिसका रंग सोने के रंग के समान हो (फरहंग० पृ० २३)। यह प्रसिद्ध रंग है जिसे शुतुरी भी कहते हैं। जर्दा या पीले का ही उपभेद है। अं० डन। संस्कृत में इसे स्वर्ण वर्ण कहते थे। पिंग, पिशंग, कपिल भी इसके प्राचीन

नाम थे। सोमेश्वर ने कांचनाभ रंग के घोड़े को उस समय की शब्दावली में सेराह कहा है (मानसोल्लास ४।६८७, केशैस्तनुरुहैर्बालैः कांचनाभैस्तुरंगमः । सेराह इति विख्यातः वैश्य जाति समुद्भवः)।

ताजी—अरब देश के घोड़े। अरबों का प्रसिद्ध नाम ताजिक था। आठवीं शती में जब अरब सौदागर और यात्री पच्छिमी भारत में आने लगे तो यह नाम इस देश में चल गया। नौसारी के ७३८ ई० के लेख में चालुक्यराज पुलिकेशी द्वारा सिन्ध सौराष्ट्र पर आक्रमण करने वाली ताजिक सेना की पराजय का उल्लेख है। गुर्जर राजा जयभट्ट तृतीय के ७३४ ई० के लेख में 'तज्जिक' आया है (एपिग्राफिया इंडिका, २०।२६३; एवं २३।१५१)। शाहनामे में (दसवीं शती) 'ताजी अस्प' का कई बार उल्लेख है। भोजकृत युक्तिकल्पतरु (ग्यारहवीं शती) में ताजिक, खुरषाण, तुषार, गोजिकाण और केकाण देश के घोड़ों के नाम हैं जिनमें ताजिक अश्वों को सर्वोत्तम माना गया है (युक्ति० पृ० १८२)। सोमेश्वर ने ताजी न कहकर तेजी कहा है (मानसोल्लास, ४।६६९; ६१२; बीसलदेव रासो, माताप्रसाद संस्करण, छन्द २१, दीन्हा तेजीय तुरीय केकाण)। विद्यापति ने तेजी ताजी को अलग माना है (कीर्तिलता, पृ० ८४,८८)। वर्णरत्नाकर (पृ० ३१) और पृथ्वीचन्द्रचरित्र में (पृ० १३७) भी तेजी ताजी दो प्रकार के अश्व हैं। मकरान की राजधानी तीज या तेज से आने वाले बलूची घोड़े तेजी होने चाहिए (अलबरूनी, अनुवाद, १।२०८)।

(५) खुरमुज—ईरान की खाड़ी के उपरले सिरे पर खोर मूसा नामक समुद्री खाल (फारसी खोर=समुद्र का भीतर घुसा हुआ भाग) और उसी नाम का बन्दरगाह है (गिब्स, इब्नबतूता, पृ० ३४८)। किसी समय वह घोड़ों के चालान का बड़ा केन्द्र था। वहाँ के घोड़ों का व्यापारिक नाम खुरमुजी या खुरमुज पड़ गया, जैसे हुरमुज बन्दरगाह के आने वालों का हुरमुजी।

नोकिरा—इकरंग सफेद घोड़ा, चाँदी के रंग की तरह चमकदार। फारसी नुक़रई, अरबी नुक़रहः=चाँदी। हिन्दी में भी सलोतर इस शब्द का प्रयोग करते हैं। गाँवों में इसे नोकड़ा कहते हैं। इसे ही फारसी में नुकरए खिंग (चाँद की भाँति श्वेत) कहते हैं। संस्कृत में यह श्वेत वर्ण या कर्क कहा जाता था। जायसी का कोकाह भी यही था (४६।३; और भी जयदत्त, अश्व वैद्यक, ३।१००)।

जरदा—स्वर्ण के से पीले रंग का घोड़ा। अं० डन। इसमें पीले रंग की सभी रंगतों के घोड़े आ जाते हैं। पीत, हरिय, समंद, महुआ (४६।३) इसी के अन्तर्गत हैं। अरबी में इसे असफर कहते हैं (=पीले रंग का घोड़ा)। जर्दा को संस्कृत में स्वर्ण कहते थे जिससे इस रंग का घोड़ा सुबरन भी कहा जाता है।

अगरान—सूचियों में अगरान शब्द कहीं नहीं मिला। केवल नकुल कृत शालिहोत्र के हिन्दी अनुवाद में अगरान का लक्षण दिया है—चौधर रंग के घोड़े में यदि सफेदी विशेष न झलकती हो तो उसे अगरान कहते हैं (जो पं झलकत श्वेत न होय। तौ अगरान कहै सब कोइ। शालिहोत्र हिन्दी०, वेंकटेश्वर प्रेस, संवत् १९६३, पृ० ३९)। जबरदस्तखाँ के अनुसार उस छोटे सफेद निशान को जो दिरहम (या अठन्नी) से छोटा हो कुरह और घोड़े को अकरह कहते हैं। यदि माथे पर सफेद निशान इससे बड़ा हो तो उसे गुर्रः और घोड़े को अगर्रः कहते हैं (फरसनामा, पृ० ९, स्टाइनगास, पृ० ११)। अगर्रः से ही सम्भवतः बहु वचन रूप अगरान था। लोक में पहले को सितारापेशनी और दूसरे को टिप्पल कहते हैं। जिसके माथे पर सफेदी का निशान हाथ के अँगूठे की चौड़ाई से बड़ा हो, अर्थात् उस पर यदि अँगूठा रख दिया जाय तो निशान बाहर निकला रहे उसे टिप्पल कहते थे।

बोलसिर–यह नाम भी ग्रंथों में नहीं है। सम्भव है इस नाम का संबंध बोल्लाह से हो। किन्तु ४६।३ में पृ० ४७ पर मैंने उसकी जो व्युत्पत्ति लिखी है वह चिन्त्य है। फारस की खाड़ी में उफ्रातु नदी के मुहाने पर स्थित उबुल्लह से आने वाले घोड़ों का बोल्लाह नाम पड़ा, अपने मित्र श्री मोतीचंद्र जी का यह मत मुझे सत्य जान पड़ता है। भारत और उबुल्ला के बीच इतना व्यापार चलता था कि अरब उसे भारत का ही एक टुकड़ा समझते थे। (सुलेमान नदवी, अरब और भारत के संबंध, पृ० ४२-४३)। हुरमुज, खुरमुज, बोलाह, जायसी की सूची के ये तीन नाम फारस की खाड़ी में स्थित बन्दरगाहों के नाम पर घोड़ों के व्यापारिक जगत् में चालू हुए और वहीं से साहित्य में फैल गए। इसी प्रकार वहीं के बन्दर सेराफ से आने वाले घोड़े सेराह नाम से प्रसिद्ध हुए जिनका उल्लेख जायसी में तो नहीं, किन्तु हेमचन्द्र (अभिधान० ४।३०४) आदि में है (देखिए ऊपर समुंद की टिप्पणी)। बारहवीं सदी में कैस ने सीराफ का स्थान ले लिया और करीब १३०० के वहाँ का व्यापार हुरमुज़ के हाथ में आ गया (गिब्स, इब्न बतूता, पृ० ३५३, टि० २८)।

(६) पंचकल्यान–प्रसिद्ध नाम, वह घोड़ा जिसके घुटनों तक चारों पैरों पर और मुख पर सफेदी हो, शरीर का रंग चाहे जो हो—येन केनापि वर्णेन मुखे पादेषु पाण्डरः। पंच कल्याणनामायं भाषितः सोमभूभुजा (मानसोल्लास, ४।६९५)।

संजाब–जंगली चूहे और लोमड़ी की रंगत से मिलता हुआ घोड़ा (फरहंग०, पृ० २३; स्टाइनगास, पृ० ७००)। यही संस्कृत का उन्दीर था (उन्दुरेण समच्छायः सप्तिरुन्दीर उच्यते, मानसोल्लास, ४।६९२)। फारसी सिंजाब इस देश का संजाब है। अकबरनामा अनुवाद, पृ० ४३८, अँग्रेजी एरमिन। इसकी चमड़ी पर छिपे हुए सफेद और काले निशान होते हैं, जो पानी से भिगोने पर साफ जान पड़ते हैं (फिलौट)। रंगों के अनुसार संजाब घोड़ा पंजाब और हिन्दुस्तान में बुरा नहीं माना जाता था, किन्तु फारस में इसे अच्छा नहीं समझते थे (फरसनामा फिलौट कृत अँग्रेजी अनुवाद, पृ० ९)। लाल पूँछ तनु श्वेत रोम सब देखिये। बिचबिच लहसुन के सी छाया पेखिये॥ वाम मध्य शोणित की लाली धावही। गनत नाम बुधि जन संजाब कहावही (नकुल कृत शालिहोत्र, पृ० ३५)।

(७) मुसुकी–स्याह घोड़ा। हाशिमी के अनुसार जिसे संस्कृत ग्रंथों में कृष्ण वर्ण या श्याम कहा जाता था उसे ही ईरान में मुश्की कहते थे।

(७) हिरभिजी–हुरमुजी=हुरमुज से आने वाले घोड़े। फारस की खाड़ी में बन्दर अब्बास के पास हुरमुज नाम का छोटा द्वीप है और मीनाब नदी के मुहाने पर एक बन्दरगाह भी है। किसी समय यह स्थान व्यापार का बड़ा केन्द्र था। याकूती के अनुसार भारतवर्ष का सारा व्यापार सिमिट कर हुरमुज के व्यापारियों के हाथ में आ गया था। घोड़ों के हुरमुजी सौदागर पश्चिमी भारत में राष्ट्रकूट राजाओं के समय से आने लगे थे। मार्को पोलो ने (जो १२७२ और १२९३ में दो बार वहाँ गया) लिखा है कि यह स्थान घोड़ों के व्यापार का मुख्य केन्द्र था (यूल, मार्को पोलो १।८३-४)। लगभग चौदहवीं शती में हुरमुज का बन्दरगाह ईरान की भूमि से उठकर उसी नाम के द्वीप में आगया और सोलहवीं शती तक जब जायसी ने इसका उल्लेख किया यह फारस की खाड़ी का सबसे प्रधान व्यापार स्थान बन गया था। भारत से जाने वाला सारा माल फारस की खाड़ी में हुरमुजी सौदागर सम्हालते थे।

इराकी–इराक देश के घोड़े (४९९।८)। आईन अकबरी में कहा है कि अकबर की घुड़साल में तुर्की, इराकी और ताजी घोड़े बराबर आते रहते थे।

तुरकी–तुर्की या रूम देश से आने वाले घोड़े।

भोथार—बिहार शरीफ की नई प्रति में भुतार पाठ है । स्वर की कठिनाई होते हुए भी, सम्भव है यह शब्द अरबी बंतार का हिन्दी रूप हो जिसका अर्थ था अश्ववैद्य, घोड़ों का विशेषज्ञ, सलोतरी (स्टाइनगास अरबी कोश, पृ० १५५; फारसी कोश, पृ० २२२; वहीदमोरान, तुर्की कोश, पृ० १२०) अरबी के 'तोय' अक्षर का हिन्दी उच्चारण में 'थ' हो जाना सम्भव है । इस अर्धाली का अर्थ संदिग्ध है ।

बुलाकी—४६।३ में बलाह का एक अच्छा पाठान्तर बोलाक भी है, पर अर्थ अनिश्चित है । फारसी बलक् का अर्थ काला-सफेद घोड़ा है (स्टाइनगास, फारसी कोश, पृ० १९८) । सम्भव है वही बोलाक हो । इस संबंध में तुर्की बाकलाकिरि (वहीद मोरानकृत तुर्की-अँग्रेजी कोश, इस्ताम्बोल, १९४५; अं० डॅपिलग्रे, गुलदार सब्जा) शब्द भी ध्यान खींचता है ।

(९) तरास—वेग से । सं०, प्रा० तरसा=शीघ्र, वेग से ।

पाएगाह शब्द के अर्थ और रंगी के मूल फरसनामे से उद्धरण भेजने के लिये मैं अपने मित्र प्रो० हसन अस्करी (पटना कालिज) का आभारी हूँ ।

[४९७]

लोहें सारि हस्ति पहिराए । मेघ घटा जस गरजत आए ।१।
मेघन्ह चाहि अधिक वै कारे । भएउ असूझ देखि अँधियारे ।२।
जनु भादौं निसि आई डीठी । सरग जाइ हिरगै तिन्ह पीठी ।३।
सवा लाख हस्ती जब चला । परबत सरिस चलत जग हला ।४।
कलित गयँद माँते मद आवहिं । भागहिं हस्ति गंध जहँ पावहिं ।५।
ऊपर जाइ गँगन सब खसा । औ धरती तर गहि धसमसा ।६।
भा भुइँचाल चलत गज गानी । जहँ पौ धरहिं उठै तहँ पानी ।७।
चलत हस्ति जग काँपा चाँपा सेस पतार ।
कुरुँम लिहें हुत धरती बैठि गएउ गज भार ॥४२।९॥

(१) लोहे की झूलों से ढके हुए हाथी मेघ समूह के समान गरजते हुए आए । (२) वे मेघों से भी अधिक काले थे । उनका अन्धकार देखने से और सब असूझ हो गया, (३) मानों भादों की रात दिखाई पड़ी हो । उनकी पीठ आकाश से जाकर अटकती थी । (४) जब सवा लाख हाथी चलते थे तो जैसे पर्वतों के चलने से पृथ्वी काँपती थी । (५) सजे हुए मतवाले हाथी आ रहे थे । उनकी गंध से भी दूसरे हाथी दूर भागते थे । (६) उनसे बचने के लिये आकाश जो ऊपर उठा तो सब ओर से खिसक गया, और धरती अपनी पेंदी को लेकर और नीचे धँस गई । (७) प्रधान हाथियों के चलने से भूचाल आ गया । वे जहाँ पाँव रखते थे वहीं पानी फूट निकलता था ।

(८) हाथियों के चलने से संसार काँप गया । शेषनाग ने कसकर पाताल को पकड़ लिया । (९) जो कूर्म अपनी पीठ पर धरती रोके था वह भी हाथियों के भार से और नीचे धँस गया ।

(१) सारि–युद्ध के लिये हाथियों की झूल (देशीनाममाला, ७।६१; भविसयत्त कहा; पासह०) ।

(५) कलित=सज्जित, सजाए हुए ।

(६) जायसी का आशय है कि उन ऊँचे हाथियों की टक्कर से बचने के लिये आकाश अपने स्थान से और ऊँचा उठा तो चारों ओर के उसके दिक् संधि बंध खिसक गए । दूसरी ओर उनके बोझ से नीचे की धरती अपनी पेंदी के साथ और नीचे धँस गई ।

(७) गजगानी–मुख्य हाथी । सं० गण्य > प्रा० गन्न (पासह०, पृ० ३६०, सव्वो गुणेहि गन्नो) > गान, गानी ।

(८) चाँपा–दबाया । प्रा० चम्प धातु (हेमचन्द्र ४।३९५)=चाँपना, दबाना ।

(९) लिहें हुत–मनेर में 'लिहें हुत' पाठ है, माताप्रसादजी ने 'लिहें होत' रक्खा है ।

[४९८]

चले सो उमरा मीर बखाने । का बरनौं जस उन्ह के थाने ।१।
खुरासान औ चला हरेऊ । गौर बंगाले रहा न केऊ ।२।
रहा न रूम साम सुलतानू । कासमीर ठट्ठा मुलतानू ।३।
जावँत बीदर तुरुक कि जाती । माँडौ वाले औ गुजराती ।४।
पाटि ओडैसा के सब चले । लै गज हस्ति जहाँ लगि भले ।५।
काँवरू कामता औ पँडुआई । देवगिरि लेत उदैगिरि आई ।६।
चला सो परबत लेत कुमाऊँ । खसिया मगर जहाँ लगि नाऊँ ।७।
हेम सेत औ गौर गाजना बंग तिलंग सब लेत ।
सातौ दीप नवौ खँड जुरे आइ एक खेत ॥४२।१०॥

(१) उस समय के जो प्रसिद्ध उमरा और मीर थे, वे सुलतान की सहायता के लिये चले । उनके जैसे थाने थे उनका क्या वर्णन करूँ ? (२) खुरासान और हेरात के लोग चले । गौड़ और बंगाले में भी कोई न रह गया । (३) रूम (कुस्तुन्तुनियाँ) और साम (सीरिया) का सुलतान भी आया । काश्मीर, ठट्ठा (सिंध की राजधानी) और मुलतान के अमीर भी चले । (४) बीदर (बहमनी राज्य की राजधानी) में जितने तुर्कों के समुदाय थे, वे सब चले । माण्डोगढ़ के और गुजरात के सब लोग चले । (५) महानदी और गोदावरी के बीच की पट्टी और उड़ीसा के सब लोग जितने भद्र जाति के नर हाथी थे, उन्हें साथ लेकर चले । (६) कामरूप, कामता और पंडुआ के सब लोग आए । देवगिरि के लोगों को साथ लेते हुए उदयगिरि के अमीर भी आए । (७) पहाड़ी प्रदेश से कुमाऊँ के लोग जहाँ तक खसिया और मगर जातियाँ हैं उस सबको साथ लेकर आए ।

(८) हिमालय से सेतुबन्ध रामेश्वर तक और गौड़ से गाज़ना तक की सीमाओं के भीतर, बंग और तिलंग तक के सब लोगों को साथ लेते हुए, (९) सातों द्वीप और नवों खण्डों के लोग एक ही संग्राम भूमि में आकर इकट्ठे हो गए ।

(१) थाने–वे किले जिनमें अमीर लोग अपनी सैनिक टुकड़ी के साथ किसी देश पर दखल करने के लिये रहते थे (दे० आईन अकबरी भाग १, पृ० ३६९, पाद टिप्पणी; जायसी ५३२।६) ।

(२) खुरासान–उत्तर पूर्वी फारस का एक प्रांत । इसके पूर्व में हिन्दूकुश तक फैला हुआ हेरात का प्रांत था, और तब हिन्दूकुश के दक्षिण-पूर्व का प्रदेश गज़नी कहलाता था । जायसी ने प्रायः खुरासान और हरेऊ का साथ उल्लेख किया है (५७७।३) । इसी छन्द में गज़नी का भी उल्लेख है ।

हरेऊ–हेरात का प्रदेश जिसमें हरीरूद नदी बहती है । इसका प्राचीन ईरानी नाम हरैव था । जायसी ने ५३२।५ में लिखा है–'पछिउँ हरेव दीन्ह जो पीठी ।' इससे ज्ञात होता है कि हरेऊ या हरेव अलाउद्दीन के राज्य की सीमा के पश्चिम में था । खुसरूकृत 'इंशा-ए-अमीर खुसरो' ग्रंथ के अनुसार अलाउद्दीन ने गज़नी फतेह किया था । उस समय तक भारतवर्ष की पश्चिमी सीमा गज़नी तक मानी जाती थी । उसी के पश्चिम में हेरात और हेरात के पश्चिम में खुरासान था ।

गौर बँगाले–अमीर खुसरू भारत की तत्कालीन भाषाओं की गिनती करते हुए नूह-सिपिहर ग्रंथ में गौड़ और बंगाल को अलग-अलग लिखते हैं (वाहिद मिरज़ा, मूल सं०, पृ० १८०) । अब्बासकृत तारीखे शेरशाही में भी गौड़ बंगाले को सदा अलग माना है । वस्तुतः गंगा और ब्रह्मपुत्र के बीच का उत्तरी बंगाल का प्रदेश गौड़-लखनौती का राज्य कहलाता था । गंगा की मुख्य धाराओं के बीच का प्रदेश बंगाल था और भागीरथी के पश्चिम का प्रदेश पंडुआ का राज्य था ।

(३) रूम-साम–कुस्तुन्तुनियाँ-तुर्की और अरब के उत्तर सीरिया के राज्य मध्यकाल में रूम और साम के नाम से प्रसिद्ध थे । उसे ही अंग्रेजी में ओटोमन (उस्मान अली) का साम्राज्य कहते हैं ।

ठट्ठा–सिंध की राजधानी । मध्यकालीन इतिहास में ठट्ठा अति प्रसिद्ध नगर था । प्रायः सिंध के लिये सरकार ठट्ठा नाम व्यवहृत होता था ।

(४) बीदर–बहमनी राज्य की राजधानी ।

माँडौ–मालवा की राजधानी माण्डवगढ ।

(५) पाटि ओडैसा–हिन्दी में दो शब्द थे, पाटि और प्रान्तर । विद्यापति ने कीर्तिलता में दोनों का साथ प्रयोग किया है–पाव्हे चलु दुअओ कुमर । हरि हरि सवे सुमर ॥ बहुल छाडल पाटि पाँतरे । बसने पाव्हेल आँतरे आँतरे ॥ (कीर्तिलता, काशी सं०; पृ० २४) । अर्थात् कीर्तिसिंह और उसका भाई, दोनों राजकुमार पाटि-प्रान्तर तय करते हुए चले । संस्कृत कोषों के अनुसार प्रान्तर का अर्थ आरंभ में सूने प्रदेश का मार्ग था (प्रान्तरं दूरशून्योऽध्वा, अमर) । आगे चलकर कान्तार या अरण्य भी इसका अर्थ हो गया (प्रान्तरं दूर शून्योऽध्वा कान्तारो वर्त्म दुर्गमम्, अभिधान चिन्तामणि, ४.५१; विश्व प्रकाश, प्रान्तरं विपिने दूरशून्य वर्त्मनि, पृ० १३८; मेदिनी, पृ० १४१) । श्री उमेश मिश्र के अनुसार पाँतर मैथिली में दूर तक फैले हुए निर्जन प्रान्त को कहते हैं (विद्यापति ठाकुर, पृ० ८२) । 'पाटि प्रान्तर' में प्रान्तर का अर्थ निकाल देने पर पाटि का अर्थ होगा, आबाद इलाका । पाटि उड़ीसा में यह अर्थ ठीक घटित होता है । उडीसा के दो भौगोलिक क्षेत्र थे, एक सुवर्ण रेखा से महानदी तक फैली हुई समतल पट्टी और दूसरे जंगल और पहाड़ी प्रदेश या प्रान्तर भाग । गोपालचन्द्र की प्रति और गुप्त जी की अच्छी प्रतियों में 'पाटि उडैसा' यही पाठ है । मनेर में 'पटा' पाठ है । किन्तु गुप्त जी की कुछ प्रतियों में 'पाटि' का पाठान्तर 'पटना' भी है, जो महानदी के दक्षिण में आज भी 'पटना' नामक उड़ीसा का बड़ा भाग है ।

भऊे–भद्र जाति के हाथी ।

कामता-कामतापुर मध्यकालीन कोच वंश की राजधानी थी। यहाँ के राजा कामतेश्वर कहलाते थे। कोचवंश की स्थापना महाराज विश्वसिंह (लगभग १५१५-४० ई० ने की। उत्तरी बंगाल के भूतपूर्व कोचबिहार राज्य में कामतापुर प्रसिद्ध स्थान और स्टेशन है। कामता राज्य के इतिहास के लिये देखिए, गेट कृत हिस्ट्री ऑव आसाम, द्वितीय संस्करण, पृ० ४२। [मैं इस पहचान के लिये अपने मित्र श्री दिनेश चंद्र सरकार का ऋणी हूँ।] 'काँवरू -कामता-पंडुआ' इस सूत्र में असम, पूर्वी बंगाल और पच्छिमी बंगाल ये तीनों प्रदेश आ जाते हैं।

पँडुआई-पँडुआ के। ३२९।२ में भी जायसी ने इसी अर्थ में पँडुआए शब्द का प्रयोग किया है। पँडुआ पश्चिमी बंगाल की राजधानी थी जहाँ की अदीना मस्जिद प्रसिद्ध है। (आईन०, भाग३, पृ० ६८)। पँडुआ के भग्नावशेष मालदा से नौ मील उत्तर-पूर्व में फैले हैं।

देवगिरि-ताप्ती-गोदावरी के बीच में देवगिरि का प्रसिद्ध यादव वंशीय राज्य था। देवगिरि दुर्ग पीछे दौलताबाद कहलाया।

उदयगिरि-आन्ध्र के नेल्लूरु ज़िले में पेन्नार के उत्तर उदयगिरि का किला था (आईन० १।३६९)। उड़ीसा के सूर्यवंशी गजपति और विजयनगर के राजाओं में उदयगिरि के लिये युद्ध होता रहा। एक ऊदगीर या उदयगिरि का किला सरकार मंडला में चम्बल के किनारे था (आईन, अनु०, पृ० ४१२, ५५६)।

(७) खसियामगर-और भी देखिए, ५२५।१।

खसिया=कुमाऊँ और गढवाल में बदरीकेदार का प्रदेश जो खस जाति का निवास स्थान था (दे० शब्दसागर, खस शब्द)।

मगर=पश्चिमी नेपाल में काली और गंडकी के बीच की एक जाति और उनका प्रदेश।

उस्मान कृत चित्रावली (१६१३ ई०) से खसिया और मगर देशों की पहिचान ज्ञात होती है—सिरीनगर गढ देखि कुमाऊँ। खसिया लोग बसहिं तेहि गाऊँ॥ पुनि बदरी केदार सिधारा। ढूँढा फिरि फिरि सकल पहारा॥ दुरगम देखि मगर कर देसा। चला ताकि नैपाल नरेसा॥ (चित्रा० १४४।५-७)। गढ़वाल की राजधानी अलकनंदा के तट पर श्री नगर थी और कुमाउँ की चम्पावती। कुमाउँ-बदरी-केदार तक का उत्तराखंड प्रदेश खसिया जाति का और उससे पूर्व में नेपाल मगर जाति का निवास स्थान था। [इस सूचना के लिये मैं श्री शंभुप्रसाद बहुगुना, लखनऊ का आभारी हूँ।]

(८) हेम सेत औ गौर गाजना=जायसी के युग का भौगोलिक सूत्र जिसमें भारतवर्ष की सीमाएँ कही गई हैं। ४२६।९ में भी जायसी ने इसे दोहराया है (विशेष टिप्पणी वहीं देखिए)। खुसरो के अनुसार अलाउद्दीन ने गाजना तक का प्रान्त फतेह किया था और वहीं तक भारतवर्ष की सीमा मानी जाती थी। खुसरू ने अपने 'अशीक़ा' नामक इतिहास ग्रंथ में हिन्दुस्तान पर इस्लाम की विजय का उल्लेख करते हुए 'गज़नी से समुद्र तट' तक इस देश का भौगोलिक विस्तार माना है।

तिलंग=कृष्णा-गोदावरी के बीच का प्रदेश जिसकी राजधानी एकशिला या वारंगल थी। यही तिलंगाना कहलाया। अमीर खुसरू के 'नूह सिपिहर' में इस प्रदेश को 'तिलिंग' कहा गया है। यहाँ का हिन्दू राजा अत्यंत बलवान था। इब्नबतूता के अनुसार देवगिरि से तिलंग तक की दूरी चालीस दिन की यात्रा थी।

(९) सातौ दीप नवौ खंड-जायसी ने अनेक बार पृथिवी के भूगोल के इन संकेतों का उल्लेख किया है। इनके साथ ही चौदह भुवन की कल्पना भी है (१।५; १४।४; ४०८।२)। ये अभिप्राय जायसी से पूर्व ही साहित्य में चले गए थे। श्री जयसिंह सूरि कृत वस्तुपाल तेजःपाल प्रशस्ति में (१२२५ ई०) नव-वसुधा खंड और चतुर्दश विश्वों का उल्लेख है।

[४९९]

धनि सुलतान जेहिक संसारू । उहै कटक अस जोरै पारू ।१।
सबै तुरुक सिरताज बखाने । तबल बाज औ बाँधे बाने ।२।
लाखन्ह मीर बहादुर जंगी । जंत्र कमानैं तीर खदंगी ।३।
जेबा खोलि राग सों मढ़े । लेजिम घालि इराकिन्ह चढ़े ।४।
चमकैं पखरैं सारि सँवारीं । दरपन चाहि अधिक उजियारीं ।५।
बरन बरन औ पाँतिहि पाँती । चली सो सेना भाँतिहि भाँती ।६।
बेहर बेहर सब कै बोली । बिधि यह खानि कहाँ सौं खोली ।७।
सात सात जोजन कर एक एक होइ पयान ।
आगिल जहाँ पयान होइ पाछिल तहाँ मेलान ।।४२।११।।

(१) वह सुल्तान धन्य है जो संसार भर का स्वामी है। वही ऐसी सेना जोड़ सकता है। (२) तुर्कों के जो अनेक प्रसिद्ध सरदार कहे जाते थे, वे तबल लिए हुए थे और युद्ध का बाना सजाए थे। (३) लाखों की संख्या में बहादुर और युद्ध कुशल मीर थे। उनके पास यंत्र से खींचकर चलाई जाने वाली बड़ी कमानें और खदंगी तीर थे। (४) वे जिरहबख्तर, टोप और टाँगों का कवच पहने हुए ऊपर से नीचे तक मँढ़े जान पड़ते थे। गले में लेज़िम डाले वे ईराक़ी घोड़ों पर सवार थे। (५) उनके घोड़ों की पाखरें चमक रही थीं और हाथियों पर सँवारी हुई लोहे की झूलें दर्पण से भी अधिक चमकीली थीं। (६) अनेक रंगों की और अनेक पंक्तियों में भाँति भाँति की वह सेना चली। (७) सबकी बोली अलग-अलग थी। हे भगवान्, यह खान कहाँ से खुल पड़ी!

(८) सात-सात योजन का एक-एक कूच होता था। (९) सेना का अगला भाग जहाँ से कूच करता था, उसका पिछला भाग कूच के अंत में वहीं आकर लगता था।

(२) तबल–फरसा (फ़ा० तबर)। दे० सुजान चरित, शस्त्र सूची, पृ० १७२।
बाँधे बाने–लड़ाई का पूरा वेश और सब हथियार बाँधे हुए। अच्छा सिपाही सिर से पैर तक अपने आपको बख्तर से ढक कर बारह हथियार बाँधता है। (कला और संस्कृति, मध्यकालीन शस्त्रास्त्र, पृ० २६२)।

(३) जंत्र कमानैं=लोहे के बड़े धनुष जो हाथ के बजाय चर्ख से खींचकर चलाए जाते थे। इन्हें कमाने हिकमत या सरकमान भी कहा जाता था (स्टाइनगैस, फारसी कोश, पृ० ४५६, १०४७)। वर्णरत्नाकर में जंत्र कमान चलाने वाले पदातियों का जंत्रधानुक नाम से उल्लेख है (वर्ण०, पृ० ३४)।

तीर खदंगी–खदंग या चनार के बने हुए तीर। फारसी में खदंग का अर्थ है श्वेत चनार का वृक्ष (जिसे अरबी में हव्वर कहते हैं) जिससे तीर एवं धनुष भी बनाए जाते थे। अतएव खदंग का अर्थ भी तीर हो गया (स्टाइनगास, फारसी कोश, पृ० ४५०)। तारीख़-ए-फ़रिश्ता के उस अंश में जहाँ गक्खड़ों के साथ महमूद के युद्ध का वर्णन है, लिखा है कि गक्खड़ों के

हाथी नफ्थ के जलते हुए गोलों और खदंगी तीरों की मार से विचलित हो गए। ब्रिग्स ने अपने अनुवाद में लिखा है कि नफ्थ की जगह तोप और खदंग की जगह तुफंग पाठ पीछे बदल दिया गया। जायसी की कुछ प्रतियों में भी खदंगी की जगह तुफंगी कर दिया गया। तोप और तुफंग के लिये बारूद की आवश्यकता थी, यंत्रकमान और खदंगी तीर के लिये नहीं। माताप्रसाद जी ने खडंगी पाठ रक्खा है, किन्तु गोपालचन्द्र की प्रति में खदंगी है। फारसी का शब्द भी खदंग है।

(४) जेबा=ज़िरह या कवच (आईन अकबरी की शस्त्रसूची, आईन, ३५, पृ० ११८)।
खोलि=कुलाह, टोप (आईन, शस्त्रसूची सं० ५४)
राग=टाँगों की रक्षा के लिये ज़िरहदार पाजामा (आईन, शस्त्र सूची सं० ६९, फलक १४, चित्र ५६)। आईन के अनुसार घुटनों तक के लिये मोज़ा आहनी पहना जाता था और पूरी टाँग के लिये कवच का नाम राग था। जायसी ने रत्नसेन के सैनिकों के वर्णन में भी राग का उल्लेख किया है (५१२।४)। सूदनकृत सुजान चरित में भी राग का उल्लेख है (पृ० १७२)।
लेज़िम=एक प्रकार की कमान जिसमें डोरी की जगह लोहे की प्रत्यंचा होती है।
इराकिन्ह–दे० ४९६।७।

(५) पखरैं–प्रा० पक्खर, पाखर=अश्वसन्नाह, घोड़े का कवच।
सारि=गज सन्नाह, हाथी का कवच (४७९।१)।

(७) बेहर–सं० विघट > विहड़=अलग।

(८) सात योजन का प्रयाण–दे० ४९५।४ जहाँ ३० कोस का एक प्रयाण कहा गया है। १ योजन=लगभग ४ कोस; इस हिसाब से एक कूच सात योजन का हुआ।

[५००]

डोले गढ़ गढ़पति सब काँपे। जीउ न पेट हाथ हिय चाँपे ।१।
काँपा रनथँभउर डरि डोला। नरवर गएउ झुराइ न बोला ।२।
जूनागढ़ औ चंपानेरी। काँपा माँडौ लेत चँदेरी ।३।
गढ़ गवालियर परी मथानी। औ खंधार मठा होइ पानी ।४।
कालिंजर महँ परा भगाना। भाजि अजैगिर रहा न थाना ।५।
काँपा बाँधौ नर औ प्रानी। डर रोहितास बिजैगिरि मानी ।६।
काँप उदैगिरि देवगिरि डरा। तब सो छिताई अब केहि धरा ।७।
जावँत गढ़ गढ़पति सब काँपे औ डोले जस पात।
का कहँ बोलि सौंहँ भा पातसाहि कर छात ॥४२।१२॥

(१) शाही सेना के कूच करने से गढ़ हिल उठे और गढ़पति काँप गए। उनके पेट में जी न रहा और उन्होंने धड़कते हृदय को हाथ से दबा लिया। (२) रनथंभोर काँप गया और डर से विचलित हो गया। नरवरगढ़ सूख गया और बोल न सका। (३) जूनागढ़ और चंपानेर काँप गए। चंदेरी लेते ही माँडौगढ भी काँप गया। (४) ग्वालियर के किले को जैसे किसी ने बिलो दिया, और खंधार के दुर्ग रूपी मट्ठे का डर से जैसे पानी हो गया। (५) कालिंजर में भग्गी पड़ गई। अजयगिरि अपने थाने उठा

कर भागा। (६) बाँधौगढ़ (रीवा) के मनुष्य और सब प्राणी काँप गए। रोहतासगढ़ और बीजागढ़ ने अत्यन्त भय माना। (७) उदैगिरि काँपा और देवगिरि यह सोचकर डरा कि तब तो वह छिताई को ले गया था, अब किसको पकड़ेगा ?

(८) जितने गढ़ और गढ़पति थे, सब काँप उठे और पत्ते की तरह हिलने लगे। (९) किसको चुनौती देकर बादशाह का छत्र सामने हुआ है !

(१) गढ़–मध्यकालीन इतिहास में देश की सैनिक सत्ता गढ़ों के रूप में थी। गढ़ जीत लेने से वह प्रान्त विजित हो जाता था। अलाउद्दीन से शेरशाह और अकबर तक के इतिहास में बार-बार इन दुर्गों के नाम आते हैं। जायसी के कानों में भी ये नाम गूँज रहे थे। रनथंभोर, चित्तौड़, ग्वालियर, चंदेरी, रोहतास, माँड़ौ, बीजागढ़ आदि में शेरशाह के किले थे जहाँ उसने अपने सैनिक रखकर थाने कायम कर रक्खे थे। सम्भवतः इस वर्णन में जायसी ने शेरशाह की ही विजय को अपने वर्णन का आदर्श माना था।

(३) ग्वालियर के पास चंदेरी का किला था। वह माँड़ौ के रास्ते में पड़ता था। माँड़ौगढ़ मालवा की राजधानी थी।

(५) अजैगिरि=अजयगढ़। कालिंजर–सब गढ़ों में यहाँ का दुर्ग प्रसिद्ध था (गढ़ माहि कलिंजरु, पृथ्वीचंद्र चरित्र, पृ० १४३)।

थाना–सैनिक रखकर किसी प्रदेश को कब्जे में रखने के लिये बने हुए दुर्ग (दे० ४९८।१)। शेरशाह ने रनथंभोर, चित्तौड़, रोहतास, माँड़ौ आदि में अपने थाने रखे थे, जैसे माँडौ में दस हजार घुड़सवार और सात हजार बंदूकची थे। दुर्ग की हार होने से ये थाने उठ जाते थे। वस्तुपाल-तेजःपालप्रशस्ति में रक्षा चतुष्किका (= रक्षार्थ स्थापित सैनिक चौकी) का उल्लेख है (श्लोक ७, जयसिंह सूरि कृत वस्तुपाल तेजः पाल-प्रशस्ति, हम्मीरमद मर्दन के अन्त में मुद्रित)। वे ही थाने थे। कश्मीर और उत्तरापथ में उनके लिये द्रंग शब्द था।

(६) बाँधौगढ़–रीवाँ प्रदेश की संज्ञा थी (आईन, २।१६९)। उसके साथ 'नर' और 'प्राणी' का विशेष संकेत स्पष्ट नहीं है।

बिजैगिरि–बीजागढ़, माण्डू से ६० मील दक्षिण एक दुर्ग (अकबरनामा, पृ० १८, पाद टिप्पणी; अब्बासखाँ कृत तारीख-ए-शेरशाही का अँग्रेजी अनुवाद, कलकत्ता संस्करण, पृ १०९)। यह मालवे के सब दुर्गों में सिरमौर था (निजामुद्दीन कृत तबकाते अकबरी, पृ० ११३)।

रोहतास का गढ़ इतना दृढ़ था कि शेरशाह ने भी उसे लेने के लिये छल का प्रयोग किया था (तारीख-ए-शेरशाही)।

(७) उदैगिरि और देवगिरि–दे० ४९८।६।

छिताई–दे० ४९२।१; ४९३।७। देवगिरि के राजा की लड़की छिताई को अलाउद्दीन छल से पकड़ लाया था। छिताई वार्ता नामक एक अवधी काव्य भी प्राप्त हुआ है (अगरचन्द नाहटा, छिताई वार्ता, विशाल भारत, मई १९४३)।

(९) छात–सं० छत्र > छत्त > छात।

[५०१]

चितउर गढ़ औ कुंभलनेरै। साजे दूनौ जैस सुमेरै ।१।
दूतन्ह आइ कहा जहँ राजा। चढ़ा तुरुक आवै दर साजा ।२।

सुनि राजैं दौराईं पाती। हिंदू नाँव जहाँ लगि जाती।३।
चितउर हिंदुन्ह कर अस्थानू। सतुरु तुरुक हठि कीन्ह पयानू।४।
आवा समुँद रहै नहिं बाँधा। मैं होइ मेंड़ भारु सिर काँधा।५।
पुरवहु आइ तुम्हार बड़ाईं। नाहिं त सत गौ छाँड़ि पराईं।६।
जौ लगि मेंड़ रहै सुख साखा। टूटे बार जाइ नहिं राखा।७।
सती जो जिय महँ सतु करै मरत न छाड़ै साथ।
जहँ बीरा तहँ चून है पान सुपारी काथ ॥४२।१३॥

(१) चित्तौड़ गढ़ और कुम्भलनेर के दोनों गढ़ ऐसे सज्जित किये गए थे जैसे सुमेरु हो। (२) दूतों ने राजा से आकर कहा कि तुर्क सेना लेकर चढ़ाई करता चला आ रहा है। (३) राजा ने जब यह सुना तो उसने हिन्दू नामधारी जितने राजा थे सबके पास तुरन्त पत्र लेकर दूत दौड़ाए। (४) उसने लिखा, 'चित्तौड़ हिन्दुओं का मुख्य स्थान है। बैरी तुर्क ने उस पर हठ-पूर्वक चढ़ाई की है। (५) वह समुद्र की तरह बढ़ा आता है। अपनी सीमा में नहीं रुकता। मैंने उसे रोकने के लिये मेड़ बनकर अपने सिर पर बोझा लिया है। (६) जो मेरे साथ आकर मिलोगे तो तुम्हारी बड़ाई मानूँगा। नहीं तो सत्य और गौ की मर्यादा त्याग कर चले जाओ। (७) जब तक मेड़ रहती है तभी तक सुख की शाखा रहती है। मेड़ के टूटने पर फिर द्वार की रक्षा नहीं हो सकती।

(८) जो सती स्त्री अपने जी में सत करती है वह मरने पर भी साथ नहीं छोड़ती। (९) जहाँ बीड़ा है वहाँ पान सुपारी कत्थे और चूने का साथ रहना आवश्यक है।'

(१) कुम्भलनेर—उदयपुर से ३४ मील उत्तर पश्चिम एक प्रधान दुर्ग। निजामुद्दीन कृत तबकाते अकबरी के अनुसार कुंभलनेर इस प्रदेश का मुख्य गढ़ था। रत्नसेन द्वारा कुंभलनेर के रायदेवपाल के वध के बाद कुम्भलनेर भी संभवतः चितौड़ के शासन में आ गया था और राणा लोगों ने उसे अपना निवास स्थान बना लिया था।

(३) दौराई पाती—दे० ४९५।१।

(५) काँधा—काँधना धातु=सिर पर उठाना, लेना।

(६) पुरवहु—पूरा करो अर्थात् आकर मिलो।

सत गौ छाँड़ि पराई—सत्य और गौ के नाम से शपथ दिलाई जाती थी। नाहिं त सत को पार छड़ाई (मनेर और गोपालचंद्र की प्रति)=नहीं तो मेरा सत कौन छुड़ा सकता है? गौ आकारयति, गाय रक्षा के लिये बुलाई रही है—यही उस समय गुहार का रूप था।

(७) मेंड़, बार—कवि की यह कल्पना दुर्ग की रक्षा से ली गई है। मेंड़ या किले की दीवार की रक्षा आवश्यक थी, उसके टूटने पर फिर मुख्य द्वार की रक्षा संभव नहीं रहती थी, शत्रु का गढ़ में प्रवेश हो जाता था।

(९) बीरा-राजा की ओर से पत्र के साथ बीड़ा भेजा गया। उसका यह अर्थ था कि जैसे चूना, कत्था, पान सुपारी इन चारों के मिलने से बीड़ा बनता है, वैसे ही मुझे तुम सब के सहयोग की आवश्यकता है।

[५०२]

करत जो राय साहि कै सेवा । तिन्ह कहँ पुनि अस आउ परेवा ।१।
सब होइ एकहि मतें सिधारै । पातसाहि कहँ आइ जोहारै ।२।
चितउर है हिंदुन्ह कै माता । गाढ़ परैं तजि जाइ न नाता ।३।
रतनसेनि है जौहर साजा । हिंदुह माँह अहै बड़ राजा ।४।
हिंदुन्ह केर पतिंग कर लेखा । दौरे परहिं आगि जहँ देखा ।५।
किरिपा करसि त करसि समीरा । नाहिं त हमहिं देहि हँसि बीरा ।६।
हम पुनि जाइ मरहिं ओहि ठाऊँ । मेटि न जाइ लाज कर नाऊँ ।७।
दीन्ह साहि हँसि बीरा आवहिं तीन दिन बीच ।
तिन्ह सीतल को राखे जिन्हैं आगि महँ मीच ॥४२।१४॥

(१) जो राय शाह की सेवा करते थे (उससे मेल रखते थे), उनके पास भी चित्तौड़ से भेजा हुआ संदेशवाहक पहुँचा । (२) सबने एक मत होकर कूच किया और आकर शाह को प्रणाम किया । (३) उन्होंने कहा, 'चित्तौड़ हिन्दुओं की माता है । उस पर जब विपत्ति आती है, तो उससे सम्बन्ध नहीं तोड़ा जाता । (४) रत्नसेन ने जौहर की तैयारी की है । वह हिन्दुओं के बीच में सबसे बडा राजा है । (५) हिंन्दुओं का स्वभाव पतिङ्ग जैसा होता है । जहाँ आग देखते हैं दौडकर उसमें जा गिरते हैं (ध्वनि यह है कि जौहर की आग में कूदने का आकर्षण हम नहीं रोक सकते) । (६) आप यदि कृपा करेंगे तो उससे वायु उत्पन्न होगी (जो उस दीपक को बुझा देगी और हमें फतिङ्गे बनकर वहाँ जाने की आवश्यकता न रह जायगी) । नहीं तो प्रसन्नता पूर्वक हमें बीड़ा दीजिए (जाने के लिए बिदा कीजिए) । (७) तो हम भी जाकर उसी चित्तौड़ में अपना प्राण दें । हमें अपने नाम की लाज है । उसे हम छोड़ नहीं सकते ।'

(८) शाह ने हँसकर उन्हें बीड़ा दिया और कहा कि तीन दिन का बीच देकर वे वहाँ आवें । (९) जिन्हें आग में मरना ही है उन्हें कौन शीतल कर सकता है ?

(१) राय—मुसलमानी इतिहासों के अनुसार उस समय हिन्दू राजाओं का यही खिताब था । अमीर खुसरू कृत अशीका नामक इतिहास में गुजरात, रनथंभोर, माण्डू, तिलंग, माबर (चोल मंडल), देवगिरि के हिन्दू राजाओं को राय कहा गया है । इन्हीं में से बड़े बड़े राय रायान कहलाते थे, जैसे देवगिरि के राय रायान रामदेव । इसीसे हिन्दी रैयाराय बना ।

परेवा—शीघ्र चलने वाला पत्र वाहक (शब्दसागर) । सैनिक प्रयाण के अवसर पर जिन्हें राजा विशेष आज्ञा देते थे उन अधिकारियों में परेवा का भी उल्लेख हैं (वर्ण रत्नाकर, पृ० ३१) ।

(५) पतिंग—फतिंगा । उड़ने वाला छोटा कीट । (सं० पतंग > प्रा० पयंग > पइंग, पइँग > पनिग) ।

(६) किरिपा करसि त करसि समीरा—राजाओं ने बहुत ही युक्तिपूर्ण ढंग से अलाउद्दीन से यह संकेत किया कि यदि वह कृपा करके पद्मावती की ओर से अपना मन फेर ले तो उसकी शीतल वायु से वह युद्ध ही समाप्त हो जाय और फिर उन्हें फतिंगे की तरह जाने की आवश्यकता न रहे ।

यदि ऐसा नहीं तो फिर शाह उन्हें प्रसन्नता से बिदा करे जिससे वे जाकर चित्तौड़ की ओर से लड़ सकें, क्योंकि अपने नाम की लज्जा के कारण वे जाए बिना नहीं रह सकते थे।

[५०३]

रतनसेनि चितउर महँ साजा। आइ बजाइ पैठ सब राजा ।१।
तोंवर बैस पवाँर जो आए। औ गहिलौत आइ सिर नाए ।२।
खत्री औ पँचबान बघेले। अगरवार चौहान चँदेले ।३।
गहरवार परिहार सो कुरी। मिलन हंस ठकुराई जुरी ।४।
आगे ठाढ़ बजावहिं हाड़ी। पाछें धजा मरन कै काढ़ी ।५।
बाजहिं सींग संख औ तूरा। चंदन घेवरें भरें सेंदूरा ।६।
सँचि संग्राम बाँधि सत साका। तजि कै जिवन मरन सब ताका ।७।
गँगन धरति जेइँ टेका का तेहि गरुअ पहार।
जब लगि जीव कया महँ परै सो अँगवै भार ॥४२।१५॥

(१) रत्नसेन ने चित्तौड़ में सब तैयारी कर रखी थी। वहीं युद्ध के बाजे बजाकर आते हुए सब राजा एकत्र होने लगे। (२) तोंवर, बैस, पँवार (परमार), गहिलौत, (३) खत्री, पंचबान, बघेले, अगरवार, चौहान, चन्देले–इन सबने आकर राजा को जुहारा। (४) गहड़वाल, प्रतिहार भी उसी छत्तीस कुली के अंग थे। मिलन हंस नामक क्षत्रियों के साथ सब ठकुरायत वहाँ जुड़ गई। (५) सामने खड़े हुए हाड़ी बाजे बजाकर युद्ध के लिये प्रेरित कर रहे थे। अपने पीछे उन्होंने मरण की ध्वजा खड़ी कर रखी थी। (६) सींग, शंख और तूर बज रहे थे। क्षत्रिय शरीर पर चन्दन और माथे पर सिन्दूर का तिलक लगाए थे। (७) युद्ध की तैयारी करके, साका करने के लिये सत बाँधकर (दृढ़ निश्चय करके) और जीवन की आशा छोड़कर सबने मरण का ही विचार कर लिया था।

(८) जिसने आकाश और पृथिवी का बोझ सँभाला हो उसके लिए पहाड़ क्या भारी है? (९) जब तक शरीर में प्राण है तब तक जो भी पड़े वीर पुरुष उसका भार उठाता है।

(१) तोंवर–तोमर। दिल्ली का तँवर राजवंश प्रसिद्ध था। अनंगपाल तोमर ने दिल्ली बसाई (दिल्ली संग्रहालय शिलालेख, १३२८ ई०, ए० इंडिका, भाग १, पृ० ९३)। यद्यपि चारण तोमरों की गिनती छत्तीस कुलों में करते हैं, पर वर्णरत्नाकर की छत्तीस कुल सूची में तोमरों का उल्लेख नहीं है (वर्ण० पृ० ३१)।
बैस–वर्ण रत्नाकर की सूची में इनका उल्लेख है। वर्ण रत्नाकर में वर्द्धन, पुष्पभूति तथा वएस इन तीनों के नाम आते हैं (पृ० ३१, ६१)।
पवांर–परमार, मालवे का प्रसिद्ध राजवंश।
गहिलौत–गुहिल द्वारा स्थापित वंश जो सूर्य वंशी कहे जाते हैं। मेदपाद और सीसोद के गुहिलौत प्रसिद्ध थे।

(३-४) चौहान, चँदेल, गहरवार (काशी कन्नौज के राजा), परिहार (कान्य कुब्ज का गुर्जर--प्रतिहार वंश), छत्तीस कुलों में प्रसिद्ध थे,
खत्री–वर्ण रत्नाकर में बहत्तर राजकुलों की सूची में 'खाति' की गिनती है।
अगरवार–इस नाम के क्षत्रियों का उल्लेख अन्यत्र मेरे देखने में नहीं आया। जायसी से पहले के लेखों और ग्रन्थों में अग्रोतकान्वय वैश्यों का वर्णन आता है। जायसी ने स्वयं अगरवारिनि का छत्तीस पौनियों में उल्लेख किया है (१८५।३)।
मिलन हंस और पंच बान नामक क्षत्रियों का उल्लेख अन्यत्र अभी तक मुझे नहीं मिला।

(५) हाड़ी–मनेर और गोपालचंद्र की प्रति में ढाढी पाठ है। काढी के साथ तुक की दृष्टि से वही मिलता है। हाडी और ढाढी इन दोनों की वर्णरत्नाकर में नीच जातियों में गिनती की गई है (वर्ण० पृ० १)। बंगला साहित्य में हाडी हलाल खोर के लिये प्रयुक्त हुआ है (नाथ संप्रदाय, पृ० ७७)। स्टाइनगास ने भी हारी का इसी अर्थ में उल्लेख किया है (फारसी कोश, पृ० १४८६)। अलबेरूनी ने मंद-आतियों में हाड़ी को सबसे ऊँचा लिखा है (इंडिआ, १।१०२-३)।

[५०४]

गढ़ तस सँचा जो चाहिअ सोई। बरिस बीस लहि खाँग न होई।१।
बाँके चाहि बाँक सुठि कीन्हा। औ सब कोट चित्र कै लीन्हा।२।
खंड खंड चौखंडी सँवारी। धरी बिखम गोलन्ह की नारी।३।
ठाँवहि ठाँव लीन्ह गढ़ बाँटी। बीच न रहा जो सँचरै चाँटी।४।
बैठे धानुक कँगुरहि कँगुरा। पुहुमि न आँटी अँगुरहि अँगुरा।५।
औ बाँधे गढ़ि गढ़ि मँतवारे। फाटै छाति होहिं जिवधारे।६।
बिच बिच बुरुज बने चहुँ फेरी। बाजै तबल ढोल औ भेरी।७।
भा गढ़ गरजि सुमेरु जेंउ सरग छुवै पै चाह।
समुँद न लेखें लावै गाँग सहस मकु बाह ॥२४।१६॥

(१) चित्तौड़गढ़ में इस प्रकार सामान का संचय किया गया था कि जो चाहिए वही वहाँ था। बीस बरस तक भी युद्ध चले तो भी सामान की कमी न हो। (२) गढ़ को दृढ़ से भी और अधिक दृढ़ बनाया गया। उसका जो परकोटा था उसको भी बुर्ज आदि से विचित्र कर लिया गया। (३) परकोटे के एक एक भाग में चौखण्डे बुर्ज बनाए गए थे, जिनके ऊपर विकट गोलों की तोपें रखीं गई थीं। (४) गढ़ में सब ओर की भूमि राजाओं ने बाँटकर अपनी रक्षा में ले ली। इतना भी स्थान बीच में अरक्षित न रहा जो चींटी भी निकल सके। (५) हर एक कँगूरे के पीछे धनुर्धर योद्धाओं ने अपना अपना स्थान ले लिया। वहाँ इतनी अधिक भीड़ थी कि एक-एक अंगुल भूमि भी बाँट में न आई। (६) और भी वहाँ पत्थरों को गढ़ गढ़ कर इकट्ठा बाँधकर मतवाले बनाए गए थे। नीचे लुढ़काने पर जब उनकी छाती फटती थी तो वे मानों सजीव हो कर चारों ओर छिटकते थे। (७) चारों ओर दीवार में परकोटे के बीच बीच में बुर्ज बने हुए थे। तबल, ढोल और भेरी नामक बाजे बज रहे थे।

(८) उस भयंकर ध्वनि से गढ़ ऐसा लगने लगा जैसे मेघ गर्जन से युक्त सुमेरु ऊँचा उठा हुआ आकाश को छूना चाहता हो (९) जल की प्रचुरता में समुद्र की भी उसके सामने कुछ गिनती न थी, जैसे हजारों गंगाएँ वहाँ बह रही थीं।

(१) गढ़ तस सँचा–चित्तौड़ का गढ़ पहाड़ी के ऊपर था जो लगभग एक कोस ऊँची थी। वह किसी दूसरी पहाड़ी से जुड़ी हुई न थी। पहाड़ के ऊपर किले की लम्बाई तीन कोस और चौड़ाई आध कोस थी। उसमें बहते हुए पानी की बहुतायत थी (निजामुद्दीनकृत तबकाते-अकबरी ईलियटकृत अँग्रेजी अनुवाद, कलकत्ता संस्करण, पृ० १६९)।
सँचा=संचित किया गया, सामग्री का संग्रह किया गया (दे० ४९३।८)। वर्णरत्नाकर के अनुसार गढ में अर्थ, जल और अन्न का भरपूर संचय किया जाता था (वर्ण०, पृ० ६७)।
खाँग=कमी।

(२) कोट चित्र कै लीन्हा=किले को और भी अद्भुत या आश्चर्य जनक बना लिया। चित्र=विलक्षण, आश्चर्य जनक।

(३) चोखंडी=चार खंड की चौकियाँ या बुर्ज।
गोलन्ह की नारीं=गोला छोड़ने की नालें या तोपें।
नारीं=तोप (दे० ५०७।१)

(४) लीन्ह गढ़ बाँटी= गढ़ के अलग अलग भागों को रक्षा करने वालों की टुकड़ियाँ अपने अपने अधिकार में कर लेती थीं। इसी प्रकार गढ़ तोड़ने वाले भी करते थे (५२२।७)। तबकाते अकबरी में लिखा है कि जब अकबर ने चित्तौड़ का घेरा डाला तो किले की चारों तरफ की जमीन को बाँटकर अमीरों के सुपुर्द कर दिया जिससे वे उस-उस भाग को तोड़ने का यत्न करें।

(५) कँगुरा=कँगूरा, संस्कृत में इसे कपिशीर्ष और हिन्दी में कौसीस कहते थे। दे० ओदरहिं बुरुज परहिं कौसीसा (५२५।७)।
आँटी=पूरी पड़ी। आँटना धातु।

(६) मँतवारे=वे भारी पत्थर जो किले पर से शत्रुओं को मारने के लिए नीचे लुढ़काए जाते थे। (शब्द सागर, देखिए जायसी ग्रंथावली, प्रक्षिप्त छन्द ६५१३।६, मतवारे असगिरि ढहराहीं। कचरे जाहि सो थिर न रहाहीं)। जायसी ने यहाँ गढ़ि गढ़ि, बाँधे, फाटे, होंहि जीव धारे इन पारिभाषिक शब्दों द्वारा उस समय में मतवाले बनाने की प्रक्रिया पर प्रकाश डाला है। पत्थरों के छोटे गोले गोली गढ़कर उन्हें बारूद के साथ अन्दर भरा जाता था और ऊपर से मिट्टी, सन, जटा, रुई आदि लपेट कर बड़े बड़े गोले बाँधे जाते थे। नीचे फेंकने पर जब वे फटते तो उनमें से बारूद के कारण पत्थर के गोले गोलियाँ चारों ओर छिटककर मार करती थीं। जायसी के समय में बारूद का खूब प्रचार हो चुका था। उसे उस समय दारू कहते थे, जिसके कारण तोपों को मँतवारी (दारू पियहिं सहज मँतवारी। ५०७।१) और बड़े गोलों को मँतवारे कहा जाता था। बारूद के आविष्कार से पहले पत्थर के बड़े ढोके किले पर से लुढ़का कर फेंके जाते थे। उस समय उनके लिये जो शब्द था उसे हटा कर बारूद के साथ पत्थर भरे हुए गोलों के लिये 'मतवाला' यह नया शब्द प्रचलित हुआ।
फाटे छाति–मतवाले गोलों की छाती फटने से अर्थात् नीचे गिर कर उनके फूटने से वे जीवधारी या सजीव से लगते थे।

(८) गरजि–गढ़ में होने वाले अनेक शब्द जैसे सुमेरु की कन्दरा में मेघ गर्जन प्रतिध्वनित होता है।

(९) समुँद न लेखे लावै–तबकाते अकबरी में स्पष्ट लिखा है कि चित्तौड़ के किले में बहते हुए पानी का बहुत अच्छा प्रबन्ध था। उसी का उल्लेख जायसी ने काव्यमय ढंग से किया है मानों

वहाँ सहस्त्रों गंगा बहती थीं ।
बाह—धा० बाहना=बहना, प्रवाहित होना (शब्दसागर) ।

[५०५]

पातसाहि हठि कीन्ह पयाना । इंद्र फनिंद्र डोलि डर माना ।१।
नबे लाख असवार सो चढ़ा । जो देखिअ सो लोहें मढ़ा ।२।
चढहिं पहारन्ह भै गढ़ लागू । बनखँड खोह न देखहिं आगू ।३।
बीस सहस घुम्मरहिं निसाना । गल गाजहिं बिहरै असमाना ।४।
बैरख ढाल गँगन गा छाई । चला कटक धरती न समाई ।५।
सहस पाँति गज हस्ति चलावा । खसत अकास धँसत भुइँ आवा ।६।
बिरिख उपारि पेंड़ि सौं लेहीं । मस्तक झारि डारि मुँह देहीं ।७।
कोउ काहू न सँभारै होत आव तस चाँप ।
धरति आपु कहँ काँपै सरग आपु कहँ काँप ।।४२।१७।।

(१) बादशाह ने अपने मन में रत्नसेन के विरुद्ध हठ बाँधकर कूच का हुक्म दे दिया। इन्द्र और शेषनाग विचलित हुए और डरने लगे। (३) नब्बे लाख सवारों के साथ उसने चढ़ाई की। जिसे देखो वही लाहे से मढ़ा था (लोहे का जिरह बखतर पहने था)। (३) गढ़ के लिये उनके मन में ऐसी लगन लगी थी कि पहाड़ों पर चढ़े जाते थे और आगे आए हुए वनखण्ड और खोहों को भो नहीं देखते थे (शीघ्र गढ़ तक पहुँचने के लिये एकदम सीधे जाना चाहते थे)। (४) बीस हजार धौंसे घोर शब्द कर रहे थे और ऐसे गरज रहे थे कि आसमान फटा जाता था। (५) झण्डे और ढालों से आकाश ढक गया। ऐसा कटक चला कि धरती पर न समा सका। (६) नर हाथी सहस्त्रों पंक्तियों में चले जिससे आकाश डगमगाने और धरती धँसने लगी। (७) वे हाथी तने के साथ वृक्षों को उखाड़ लेते और डालों को मस्तक पर झाड़कर मुँह में रख लेते थे।

(८) भीड़ का ऐसा दबाव बढ़ा कि कोई किसीकी सँभाल नहीं कर पा रहा था। (९) धरती अपने को काँपती थी, आकाश अपने को काँपता था।

(१) फनिंद्र=फणीन्द्र, शेषनाग। आकाश में इन्द्र और पाताल में शेषनाग दोनों का जब आसन डगमगाया तो वे शंकित हुए।
(२) लोहे मढ़ा—दे० ४९९।४।
(३) लागू—लाग=लगन, मनमें उत्साह, तत्परता। सवार समतल भूमि के टेढ़े मार्ग को छोड़कर पहाड़ों पर क्यों चढ़े जा रहे थे? इसका उत्तर कवि ने दिया है।
(४) गल गाजहिं—सं० गलगर्जन=गड़ गड़ाना।
बिहरै—बिहरना=फटना (सं० विघटयति > प्रा० विहड़इ)।
(५) बैरख—झण्डा (तु० बैरख)।
(७) पेंड़ि=पेड़ का तना, धड़, काण्ड। सं० पिण्ड > प्रा० पेंड।

[५०६]

चलीं कमानैं जिन्ह मुख गोला । आवहिं चलीं धरति सब डोला ।१।
लागे चक्र बज्र के गढ़े । चमकहिं रथ सब सोने मढ़े ।२।
तिन्ह पर बिखम कमानैं धरीं । गाजहिं अस्ट धातु की भरीं ।३।
सौ सौ मन पीअहिं वै दारू । हेरहिं जहाँ सो टूट पहारू ।४।
माँती रहहिं रथन्ह पर परी । सतुरुन्ह कहँ सो होंहिं उठि खरी ।५।
लागहि जौं संसार न डोलहिं । होइ भौकंप जीभ जौं खोलहिं ।६।
सहस सहस हस्तिन्ह कै पाँती । खाँचहिं रथ डोलहिं नहिं माँती ।७।
नदी नगर सब पानी जहाँ धरहिं वै पाउ ।
ऊँच खाल बन बेहड़ होत बराबरि आउ ॥४२।१८॥

(१) तोपें साथ में चलीं जिनके मुँह में गोले रखे थे। जब वे चलतीं तो धरती हिलती थी। (२) फौलादी लोहे के बने हुए पहिये उन रथों में लगे थे जिन पर वे रखी हुई थीं। उन सबके रथ सोने के पत्तर से मढ़े हुए चमक रहे थे। (३) उन रथों पर विकट तोपें रखी हुई थीं। वे अष्ट धातु की भरत से ढाली गई थीं। अतएव चलते समय उनसे घहराता हुआ शब्द निकल रहा था। (४) वे सौ-सौ मन बारूद पी जाती थीं। जिसकी ओर वे ताकतीं या मुँह करती थीं वह पहाड़ भी हो टूट जाता था (५) दारू पीने से मानों मतवाली बनी हुई वे रथों पर लेटी रहती थीं, किन्तु शत्रुओं के सामने उठ खड़ी होती थीं। (६) वे इतनी भारी थीं कि सारा संसार भी खींचने में लग जाय तो भी न हिलती थीं। यदि अपनी जीभ खोल दें (चलने लगें) तो भूकंप हो जाता था। (७) हजार-हजार हाथी पंक्ति बाँधकर उनका रथ खींचते थे, फिर भी वे हिलती न थीं। ऐसी मस्त होकर बेसुध पड़ी थीं।

(८) जहाँ वे पैर रखतीं वहीं पाताल का पानी फूट निकलने से नदी और नगर सर्वत्र बहिया आ जाती थी। (९) ऊँचे पहाड़, नीची नदियाँ, बन और टीले, सब पिस कर बराबर होता चलता था।

(१) कमानैं—तोपें। कमान शब्द पहले धनुष के लिये था, किन्तु आरम्भ में तोपों के लिये भी यही शब्द काम में आता रहा। इसी प्रकार गोले के लिये बान शब्द का प्रयोग हुआ (५०७।८; ५२४।४)।

(२) रथ—तोपों की गाड़ी के लिये पारिभाषिक शब्द था।

(३) अस्ट धातु की भरीं—धातु गलाकर साँचे में ढालने के लिये भरना शब्द का प्रयोग होता है, जैसे 'भरत का माल,' अर्थात् ठोस ढाला हुआ। सोना, चाँदी, ताँबा, पीतल, काँसा, जस्ता, सीसा, लोहा—इन अष्ट धातुओं से ढली हुई तोपों को खींचते समय उनसे घहराती हुई आवाज़ निकलती थी।

(६) जीभ—बारूद भरने के बाद तोपों के मुहँ में लगी हुई पच्चर के लिए सम्भवत: यह पारिभाषिक शब्द था। ५०७।६ में इसे रसना कहा है।

(७) सहस सहस हस्तिन्ह कै पाँती–तोपखाने में भारी भारी तोपें (तोप-एकलाँ) होती थीं। बाबर ने आगरे में एक बड़ी तोप ढलवाई थी जिसे ढालते समय साँचे के चारों ओर लगी हुई आठ भट्टियों में से एक साथ गरम धातु बहकर साँचे में भर गई थी। कन्नौज के युद्ध में (१५४० ई०) हुमायूँ के पास कुछ तोपें थीं जिनमें से प्रत्येक को १६ बैल (मिर्जा हैदर लिखित इतिहास के अनुसार साठ जोड़ी या १२० बैल) खींचते थे। भारी तोपों को खींचने या धक्का देने के लिये हाथी भी काम में लाए जाते थे। क्रमशः और भी भारी तोपें ढाली जाने लगीं। १७१२ में बहादुरशाह के पुत्रों के युद्ध में तीन तोपों को खींचते समय प्रत्येक में २५० बैल और ५-६ हाथी लगे थे। १७१९ में आगरे के युद्ध में हर तोप को खींचने में चार हाथी और ६०० से १७०० तक बैल लगे थे। तोपें जमीन से कुछ उठे हुए ठाठर पर चढ़ाकर खींची जाती थीं। इनके पहिए एक ही लकड़ी में से काटकर बने हुए होते थे जो घूमने के बजाय घिसटते अधिक थे। अहमदनगर में १५४८ में मुहम्मद नामक एक तुर्क या रूम देश के निवासी ने बहुत बड़ी तोप ढाली थी। इसकी लम्बाई १४ फुट ३ इंच, व्यास ६५ इंच और दाहने का छेद २८ इंच था। आगरे में एक भारी तोप का वज़न १४६९ मन कहा गया है (अरविन, आर्मी ऑव दी इंडिअन मुगल्स, पृ० ११४-१२५)। उसमान ने भी इसी प्रकार का वर्णन किया है–एक एक पाइ लाग सौ जना (चित्रा० ३६५।७); पाएन लागे ना चलैं खैंचहिं हाथिन्ह पाँति (३६५।८) अर्थात् एक एक पहिये पर सौ-सौ आदमी लगते थे, फिर भी नहीं सरकती थीं तो हाथी खींचते थे।

(८) नदी नगर सब पानी–उन हाथियों के पैर रखने से पाताल का पानी फूट निकलता था और जल थल सब पानी में हो जाते थे।

(९) बेहड़–ऊँचे नीचे टीलों से भरा हुआ प्रदेश बेहड़ कहलाता है, जैसे ग्वालियर के पास चम्बल का बेहड़। जायसी ने यहाँ चार प्रकार की धरती का उल्लेख किया है–पहाड़, नीची नदियाँ, समतल जंगल और ऊँचे-नीचे बेहड़।
खाल–प्रा० खाल=नाला, नदी। बीसलदेव रासो, छन्द ७५, खलहल्या षाल नइ बह गई खेह। पासद० पृ० ३४६।

[५०७]

कहौं सिंगार सो जैसी नारीं। दारू पिअहिं सहज मँतवारीं।१।
उठै आगि जौं छाँड़हिं स्वाँसा। तेहिं डर कोउ रहै नहिं पासा।२।
सेंदुर आगि सीस उपराहीं। पहिया तरिवन झमकत जाहीं।३।
कुच गोला दुइ हिरदैं लाए। अंचल धुजा रहहिं छिटकाए।४।
रसना गूँगि रहहिं मुख खोले। लंका जरी सो उन्हके बोले।५।
अलकैं साँकरि हस्तिन्ह गीवाँ। खाँचत डरहिं मरहिं सुठि जीवा।६।
बीर सिंगार दुवौ एक ठाऊँ। सुतुरुसाल गढ़भंजन नाऊँ।७।
तिलक पलीता तुपक तन दुहुँ दिसि बज्र के बान।
जहँ हेरहिं तहँ परै भगाना हँ हि त केहि के मान ॥४२।१९॥

[तोप पक्ष में]

(१) जैसी वे नालें (तोपें) हैं उनके साज सामान का वर्णन करता हूँ। पहले उनमें मतवाले गोले भरे जाते हैं और फिर बारूद भरी जाती है। (२) पलीता

लगाने पर जैसे ही उनमें से धुआँ निकलता है तत्काल ही उन से आग का धड़ाका होता है। उसके डर से कोई पास में नहीं रहता। (पलीता देकर फौरन दूर हट जाते हैं)। (३) उनके सिर पर सेंदुर की तरह पलीते की लाल लपट जलती है। उनके रथ के पहिए ताल के पत्ते की तरह गोल बने हुए झमकते या प्रकाश छिटकाते चलते हैं। (४) बत्ती लगे दो गोले उन नालों के भीतर रखे जाते हैं। उनके ऊपर ध्वजा का अञ्चल फहराता है। (५) उनकी जीभ गूँगी हैं और मुँह खुले हुए हैं। पर जब बोलती हैं लंका जैसे किले भस्म हो जाते हैं। (६) अलकों की तरह छल्लेदार श्रृङ्खलाओं से हाथियों की गर्दन में बँधी हैं, किन्तु वे खींचते हुए डरते हैं कि कहीं प्राण न निकल जाँय। (७) शत्रुशाल और गढ़भञ्जन जैसे नामों वाली उन भारी तोपों में मानों वीर और श्रृङ्गार दोनों रस साथ मिले हैं।

(८) उन तोपों के शरीर पर तिलक के आकर का पलीता लगा है। वे दाहिने-बाँएँ दोनों ओर लोहे के गोले छोड़ती हैं। (९) जहाँ देखती हैं वहीं भगदड़ पड़ जाती है। जब वे जल उठती हैं तो किसी के मान की नहीं रहतीं।

(१) सिंगार–साज सामान। नारीं–नालें या तोपें। तोप के लिये सं० नालिका शब्द का प्राचीन प्रयोग १५५० से पूर्व लिखित आकाश, भैरव तंत्र में आया है। १५९६ ई० के राष्ट्रौढ वंश महाकाव्य में 'नालिका विनिहित आयस गोलकों' का उल्लेख है (२०।५२) [श्री पी० के० गोडे, गंस ऐंड गनपाउडर इन इंडिया लेख]।

दारू–बारूद। इसे सं० में औषध (राष्ट्रौढ० २०।५१, ७३), आग्नेयौषध या अंगार चूर्ण कहा गया है।

मँतवारी–मतवाले गोलों से युक्त (दे० ५०४।६)।

(२) स्वाँसा–धुआँ।

(३) तरि वन=तालपर्ण, ताड़ का गोल पत्ता। एक ही भारी लकड़ी में से काट कर बनाया हुआ ठोस गोल पहिया कान के तरौने सा जान पड़ता था।

झमकत–धा० झमकना=प्रकाश की किरणें छिटकाना, चमकना।

(४) कुच गोला–तोप पक्ष में कुच जैसे गोले जिनके सूराख में स्तन के अग्र भाग जैसी बत्ती लगी रहती थी। अंचल=वस्त्र, या पल्ला।

(५) रसना=जीभ (दे० ५०६।६)=तोप के मुँह में लगी हुई डाट। इस डाट के निकालने पर तोप का मुँह खुला हुआ दिखाई पड़ता था।

(७) सुतुरू साल और गढ़ भंजन–तोपों के भारी भरकम नाम हुआ करते थे। अरविन ने कुछ पुराने नाम एकत्र किये हैं, जैसे शेरदहाँ धूमधाम, बुर्जशिकन, जहाँकुशा, किश्वर कुशा, औरंगबार, गढभंजन, आदि (वही, पृ० ११८)

(८) तिलक=स्त्रियों के माथे का एक आभूषण; उसीकी जैसी आकृति का पलीता तोप के ऊपर के सिरे पर बना रहता है। उसके पास सोजन सूराख नामक छेद पलीता लगाने के लिये होता है।

तुपक–तोप (दे० ५२६।४)।

बज्र=वज्र या एक प्रकार का लोहा, फौलाद। भोज ने लोहे से अनेक प्रकार के वज्र या फौलाद बनाने का उल्लेख किया है (युक्तिकल्पतरु, पृ० १५७)।

बान=गोले (५२४।४)।

दुहुँ दिसि–तोपें कीली पर घूमती हैं जिससे दाहिने बाएँ उनका मुँह घुमाकर गोले चलाए जाते हैं।

(९) हँसहिं–हँसना=चिनगारी छूटना। तुलना कीजिए सं० हसन्ती=दहकती हुई अँगीठी।

[स्त्री पक्ष में]

(१) उन नारियों के श्रृंगार का वर्णन करता हूँ। एक तो वे सहज ही यौवन मद से भरी हैं; ऊपर से दारू पीती हैं। (२) उत्तेजना की अग्नि जब उठती है तो गहरी साँस छोड़ती हैं। उससे डरकर कोई पास नहीं रहता। (३) उनके सिर पर माँग में सेंदुर आग की तरह दिखाई देता है। चक्राकृति तरौने पहन कर झमकती हुई चलती हैं। (४) उनके हृदय पर दो गोलाकार कुच हैं। ध्वजा की भाँति साड़ी के अंचल को छिटकाए रहती हैं। (५) जिह्वा से मौन बनी हुई मुंह खोले रहती हैं। पर जब बोलती हैं तो लंका भस्म कर डालती हैं। (६) इन हस्तिनियों की ग्रीवा पर साँकड़ जैसी अलकें लिपटी हैं। केशाकर्षण करते हुए लोग डरते हैं कि कहीं प्राणापहारक न हो जाएँ। (७) वीर और श्रृंगार दोनों का उनमें एक साथ निवास है। शत्रुओं को पीड़ा पहुँचाने और गढ़ों का भंजन कराने में उनका नाम है (उनके कारण कितने युद्ध हुए और गढ टूटे)।

(८) उनके मस्तक पर तिलक या टीका नामक आभूषण उद्दीपन का पलीता है। वे शरीर से अत्यन्त चंचल हैं। दाएँ बाएँ दोनों ओर वज्रभेदी कटाक्षबाण चलाती हैं। (९) जिधर देखती हैं उधर से ही रूप के आकर्षण से लोग भागे चले आते हैं। यदि हँस देती हैं तो किसका मान उनके सामने टिक सकता है?

(१) नारी=स्त्री।

सिंगार=रूप की शोभा।

दारू=मद्य।

सहज मतवारी=स्वाभाविक यौवन मद से भरी।

(२) आगि=कामाग्नि।

(३) पहिया तरिवन=चक्राकृति ताटंक, गोल तरकी, तरौना या कर्ण फूल। सं० ताल पर्ण > प्रा० तालवण्ण > तरिवन या तरवन।

(६) हस्तिन्ह–नारी पक्ष में हस्तिनी स्त्री। उसी का जायसी ने यहाँ वर्णन किया है।

(७) सुतुरु साल (शत्रुसाल)=हस्तिनी रूप में।

गढ़भंजन=पद्मिनी रूप में, जिनके कारण गढ़ टूटें।

बीर सिंगार–स्त्रियों में वीर रस और श्रृङ्गार रस दोनों एक साथ रहते हैं, जैसे पद्मावती में भोग के समय श्रृंगार और जौहर के समय वीर रस। अथवा साहित्यगत अभिप्राय में रति श्रृंगार का युद्ध के समान वर्णन जायसी ने स्वयं किया है–कहौं जूझि जस रावन रामा। सेज बिधंसि बिरह संग्रामा (३१८।१); हौं असजोगि जान सब कोऊ। बीर सिंगार जिते मैं दोऊ (३३४।१)।

उसमान ने चित्रावली में भी तोपों का इसी प्रकार की द्व्यर्थक शैली द्वारा (तोप और स्त्री पक्ष में) सजीव वर्णन किया है जो पारिभाषिक शब्दों की दृष्टि से अति समृद्ध है (चित्रा० ३६७।१-९)। साथ ही तोप की कल्पना सती विरहिणी या जोगिन के रूप में भी श्लेषात्मक शैली में की है (३६६।१–९)।

(८) तिलक=इस नाम का आभूषण।

तुपकतन=अत्यन्त चंचल

बज्र के बान=वज्र तुल्य कटाक्ष बाण।

[५०८]

जेहि जेहि पंथ चली वै आवहिं। आवै जरत आगि तसि लावहिं।१।

जरहिं सो परबत लागि अकासा। बन खँड ढंख परास को पासा।२।

गैंड गयंद जरे भए कारे । औ बन मिरिग रोझ झौंकारे ।३।
कोकिल काग नाग औ भँवरा । औरु जो जरहिं तिन्हैं को सँवरा ।४।
जरा समुंद्र पानि भा खारा । जमुना स्याम भई तेहिं झारा ।५।
धुआँ जामि अंतरिख भै मेघा । गँगन स्यामु भै भार न थेंघा ।६।
सूरुज जरा चाँद औ राहू । धरती जरी लंक भा डाहू ।७।
धरती सरग असूझ भा तबहुँ न आगि बुझाइ ।
अहुठौ बज्र दंगवै मारा चहै जुझाइ ॥४२।२०॥

(१) वे जिस-जिस मार्ग से चली आती थीं, वह उनके आग उगलने से जलता जाता था । (२) आकाश को छूने वाले पर्वत भी भस्म हो गए । बनखंड, जंगल और पलाश कौन पास में ठहर सकता था ? (३) गैंडे, हाथी उस आग में जलकर काले हो गए, और वन के हिरन और रोझ उस की लपट से झुलस गए । (४) कोयल, कौवे, नाग और भौंरे उसी से काले हो गए । और भी जो जल रहे हैं उनकी गिनती कौन कर सकता है ? (५) आग से समुद्र का पानी जला तो खारा हो गया । उस की झार से यमुना काली हो गई । (६) उसीका धुँवा आकाश में जमने से मेघ हो गए । आकाश काला हो गया और उस जमे हुए धुँवे के भार को न सह सका । (७) सूरज, चन्द्रमा और राहु सब उससे जल गए । उसीसे पृथ्वी जलकर लंका का दाह हुआ ।

(८) धरती से आकाश तक सब असूझ हो गया । तब भी वह आग बुझती न थी । (९) लगता था जैसे द्रंगपति राजा (चित्तौड़ का गढपति) साढ़े तीन वज्रों को मारकर जूझने का इच्छुक था ।

(२) ढंख=ढाक के जंगल ।
(३) रोझ=नीलगाय ।
झौंकारे–धा० झौंकारना=झुलसना या काले हो जाना ।
सं० ध्मात कृ० > झाँवकर > झौंकरना ।
(५) झारा=सं० ज्वाला > झाला > झारा ।
(६) भार न थेंघा=धुँवा जमने से बने हुए मेघों का बोझा आकाश न उठा सका । इसी कारण उनके टुकड़े पृथिवी तक आ जाते हैं । थेंघना=टेकना ।
(९) अहुठौ वज्र=साढ़े तीन वज्र । कौषीतिकी ब्राह्मण (१२।२) के अनुसार वज्र के तीन रूप थे, जल, सरस्वती और पञ्चदश ऋचाएँ । इन्हीं वज्ररूपों से देवों ने असुरों को इन लोकों से भगा दिया । शतपथ ब्राह्मण (१।२।४।१) में इसी का एक लोक प्रचलित रूप दिया है–'इन्द्र ने वृत्र पर वज्र चलाया । उसके चार टुकड़े हो गए । एक तिहाई से तलवार (स्फ्य), एक तिहाई से यूप, और एक तिहाई से रथ बन गया । वज्र चलाने से जो एक चिप्पी गिरी वही बाण हुआ ।' इसी से साढ़े तीन वज्रों की अनुश्रुति चली । इस वैदिक कथा का पौराणिक रूप भी है । मत्स्य पुराण के अनुसार विश्व कर्मा ने सूर्य को खराद पर चढ़ाया । उसके तेज की जो छीलन उतरी उससे विष्णु का चक्र, शिव का त्रिशूल और इन्द्र का वज्र बना । इसी में कहीं इतना

और है कि संसार में जितना कुछ विनाशकारी तत्त्व है वह बचे हुए चूरे से बन गया।
दंगवै=द्रंगपति, गढ़पति। सब अच्छी प्रतियों में दंगवै मूल पाठ था। उसे ही फारसी लिपि में 'दिन कोई' पढ़ लिया गया (५२६।८ में भी ऐसा ही है)। कलाभवन की कैथी प्रति और माताप्रसाद जी की कई प्रतियों में दुंगवै पाठ है। मनेर और गोपालचन्द्र जी की प्रति से भी दंगवै पाठ का समर्थन होता है। दंगवै विशेषण रत्नसेन के लिये है। ६२९।६ (हौं होइ भीवँ आजु रन गाजा। पाछें घालि दंगवै राजा) में 'दंगवै राजा' उपाधि स्पष्टतः रत्नसेन के लिये कवि ने प्रयुक्त की है। ३६१।२ में भी 'दंगवै' पद चित्तौड़ के गढ़पति के लिये ही आया है।
जुझाइ–जूझना=युद्ध में मरकर प्राण देना। कोई गढ़पति अहुठ वज्रों को मारकर जूझना चाहता है। यहाँ जायसी ने रत्नसेन के आने वाले भीषण युद्ध का अग्रिम संकेत दिया है।

[५०९]

आवै डोलत सरग पतारू। काँपै धरति न अँगवै भारू ।१।
टूटहिं परबत मेरु पहारा। होइ होइ चूर उड़हिं होइ छारा ।२।
सत खँड धरति भई खट खंडा। ऊपर अस्ट भए ब्रह्मंडा ।३।
इंद्र आइ तेहि खँड होइ छावा। औ सब कटक घोर दौरावा ।४।
जेहि पँथ चला एरापति हाथी। अबहुँ सो डगर गँगन महँ आथी ।५।
औ जहँ जामि रही वह धूरी। अबहुँ बसी सो हरिचँद पूरी ।६।
गँगन छपान खेंह तसि छाई। सूरुज छपा रैनि होइ आई ।७।
इसिकंदर केदली बन गवने अस होइ गा अँधियार।
हाथ पसार न सूझै बरै लागु मसियार ॥४२।२१॥

(१) सेना के चलने से आकाश पाताल हिल रहे थे। धरती काँपती थी और उस भार को उठा नहीं पा रही थी। (२) पर्वत और मेरु पहाड़ टूट रहे थे। सेना के धक्के से चूर चूर होकर वे धूल बनकर उड़े चले जाते थे। (३) सात खण्डों वाली धरती छह खण्डों की रह गई। एक खण्ड धूल बनकर ऊपर उड़ गया जिससे आकाश में आठ खण्ड हो गए। (४) इन्द्र ने आकर उसी आठवें खण्ड में अपनी छावनी डाली और वहीं वह अपने सारे कटक और घोड़ों को दौड़ाने लगा। (५) जिस मार्ग से उसका ऐरावत हाथी चला, अब भी उसके पैरों से दबी हुई धूल का वह मार्ग बना हुआ है। (६) और आकाश में जहाँ वह धूल जमकर घनीभूत हुई, अब भी वहाँ हरिश्चन्द्र की पुरी बसी हुई है। (७) ऐसी धूल छाई कि आकाश छिप गया। सूर्य छिप गया और रात हो गई।

(८) जैसे सिकन्दर के कदली वन में जाने पर हुआ था वैसा ही अँधेरा हो गया। (९) फैलाया हुआ हाथ भी दिखाई न देता था। दिन में मसालें जलने लगीं।

(१) अँगवै–अँगवना=स्वीकार करना, सहना, उठाना।

(३) सतखँड धरति–दे० १४।४; १।५ । सेना के प्रयाण से उठी हुई धूल का वर्णन प्राचीन साहित्यिक अभिप्राय था । कालिदास (रघु ४।२९-३१) और बाण (कादम्बरी, चन्द्रापीड सैन्य प्रयाण, पृ० ११५) से यह आरम्भ होकर आगे भी चलता रहा ।

(४) इन्द्र······छावा–आकाश में कभी कभी दृष्टि भ्रम से हाथी घोड़े मनुष्य से चलते हुए जान पड़ते हैं । उसे ही इन्द्र की छावनी कहते हैं ।

(५) आथी=स्थित है । सं० आस्थित > आत्थिअ > आथी । अथवा अस्ति से भी अत्थि > आथि हो सकता है ।

(६) हरिचंद पूरी–अयोध्या के राजा हरिश्चन्द्र अपनी सब प्रजाओं के साथ स्वर्ग चले गए थे । वहीं उनके निवास के लिये एक अलग पुरी की कल्पना की गई है । निश्चय सत्य अमर को मूरी । प्रगट देखियै हरिचंद पूरी (चित्रावली, ४३।७); धाएउँ देखि रही घर की सी । गई अथं हरिचंद पुरी सी (चित्रा०, २९७।३) ।

(८) सिकन्दर और कदलीबन–दे० ४९३।२, १३०।७ ।

[५१०]

दिनहिं राति अस परी अचाका । भा रबि अस्त चंद रथ हाँका ।१।
दिन के पंखि चरत उठि भागे । निसि के निसरि चरैं सब लागे ।२।
मँदिलन्ह दीप जगत परगसे । पंथिक चलत बसेरैं बसे ।३।
कवँल सँकेता कुमुदिनि फूली । चकई बिछुरि अचक मन भूली ।४।
तैस चलावा कटक अपूरी । अगिलहि पानी पछिलहि धूरी ।५।
महि उजरी सायर सब सूखा । बनखँड रहा न एकौ रूखा ।६।
गिरि पहार पब्बै भे माँटी । हस्ति हेरान तहाँ को चाँटी ।७।
जिन्ह जिन्ह के घर खेह हेराने हेरत फिरहिं ते खेह ।
अब तौ दिस्टि तबहिं पै आवहिं उपजहिं नए उरेह ॥४२।२२॥

(१) दिन में ही अचानक रात जैसी होगई । सूर्य अस्त हो गया और चन्द्रमा ने अपना रथ हाँक दिया (चन्द्रमा आकाश में आ गए) । (२) दिन के पक्षी जंगल में चुगते हुए उठकर भागे । रात के पक्षी निकल कर सब चरने लगे । (३) संसार भर में घरों के दीपक जल उठे । चलते हुए बटोही बसेरा लेने लगे । (४) कमल मुँद गया और कुमुदिनी खिल गई । चकई कृत्रिम अँधेरे में चकवे से अकस्मात् बिछुड़ने के कारण मन में खोई सी हो गई । (५) सेना इस प्रकार फैली हुई चल रही थी कि आगे वालों को जहाँ पानी मिलता था पिछले वालों को वहाँ तक पहुँचने पर केवल धूल मिलती थी । (६) धरती उजड़ गई और समुद्र सब सूख गया । वन खण्ड में एक भी पेड़ न रहा (७) गिरि, पहाड़, पर्वत सब पिसकर मिट्टी हो गए । उस हलचल में हाथी भी खो जाते थे । चींटी का तो कहना ही क्या ?

(८) जिन-जिन के घर उस धूल में खो गए थे, वे उनके लिये मिट्टी ढूँढ़ते फिरते हैं । (९) अब तो तभी दिखाई पड़ेंगे जब उनके नए रूप उत्पन्न होंगे ।

(१) अचाका—अचानक, अकस्मात् (भोजपुरी में चालू शब्द)।
(२) चरत—चरते हुए; चारा या चुग्गा खाते हुए।
(३) मंदिलन्ह—मंदिरों या घरों में।
(४) सँकेता—संकुचित हो गए।
(५) अपूरी—व्याप्त करके, फैल कर।
(७) गिरि, पहार, पब्बै—अतिशय बताने के लिये कई पर्याय वाची शब्दों को दुहराया गया है।
(९) उपजहिं नए उरेह—अध्यात्म पक्ष में—जो मिट्टी में मिल गए हैं वे अब किसी प्रकार देखे नहीं जा सकते। नया जन्म लेकर या नए रूपों में आकर ही वे दिखाई पड़ेंगे।
उरेह—मूर्ति या रूप।

[५११]

एहि बिधि होत पयान सो आवा। आइ साहि चितउर नियरावा।१।
राजा राउ देखि सब चढ़ा। आउ कटक सब लोहैं मढ़ा।२।
चहुँ दिसि दिस्टि परी गज जूहा। स्याम घटा मेघन्ह जग रूहा।३।
अरध उरध कछु सूझ न आना। खरग लोह घुम्मरहिं निसाना।४।
बैरख ढाल गँगन भै छाहाँ। रैनि होत आवै दिन माहाँ।५।
चढ़ि धौराहर देखहिं रानी। धनि तूँ असि जाकर सुलतानी।६।
कै धनि रतनसेनि तूँ राजा। जाकहँ बोलि कटक अस साजा।७।
अंध कूप भा आवै उड़त आव तसि छार।
ताल तलाव अपूरि गढ़ धूरि भरी जेंवनार ॥४२।२३॥

(१) इस प्रकार सेना का प्रयाण होता आता था। तब शाह चित्तौड़ के निकट आ पहुँचा। (२) राजा और राव सबने किले पर चढ़कर देखा कि शाह की सारी सेना लोहे से मढ़ी हुई आ रही थी। (३) चारों ओर हाथियों के यूथों पर दृष्टि गई, तो ऐसा लगा मानों काली घटा संसार में उमड़ आई हो। (४) नीचे ऊपर और कुछ न दिखाई देता था। केवल लोहे की तलवारें चमकती थीं, या शब्द करते हुए धौंसे सुनाई पड़ते थे। (५) झण्डे और ढालों से आकाश में छाँह हो गई, मानों दिन में ही रात होती आती थी। (६) रानियाँ भी धवलगृह पर चढ़कर देखने लगीं। उन्होंने सोचा, 'हे शाह, तू धन्य है जिसकी ऐसी सुलतानी है। (७) हे राजा रत्नसेन, तू भी धन्य है जिसे चुनौती देकर ऐसी सेना सजाई गई है।'

(८) ऐसी धूल उड़ रही थी कि बिलकुल गुप्प अन्धकार हो गया। (९) ताल तालाबों को भरकर वह धूल खाने की वस्तुओं में भी भर गई।

(२) राउ—राय। दे० ५०२।१
लोहैं मढ़ा—दे० ५०५।२।

(३) रूहा–धा० रूहना < प्रा० रूह–उत्पन्न होना, रुहइ (पासद० पृ० ८८८) ।
(५) बैरख–दे० ५०५।५ ।
(६) सुलतानी–भाव वाचक संज्ञा, जैसे मुगल से मुगलई ।
(७) बोलि–द० ५००।९ ।
(८) अन्धकूप– अन्धा कुआँ, घोर अन्धकार ।

[५१२]

राजैं कहा कीन्ह सो करना । भएउ असूझ सूझ जस मरना ।१।
जहँ लगि राज साज सब होऊ । तेत खन भएउ सँजोउ सँजोऊ ।२।
बाजे तबल अकूत जुझाऊ । चढ़ा कोपि सब राजा राऊ ।३।
राग सनाहा पहुँची टोपा । लोहैं सार पहिरि सब कोपा ।४।
करहिं तोखार पवन सौं रीसा । कंध ऊँच असवार न दीसा ।५।
का बरनौं जस ऊँच तोखारा । दुइ पैरीं पहुँचै असवारा ।६।
बाँधे मौर छाँह सिर सारहिं । भाँजहिं पूँछि चँवर जनु ढारहिं ।७।
टैआ चँवर बनाए औ घाले गज झाँप ।
औ गज गाह सेत तिन्ह बाँधे जो देखै सो काँप ।।४२।२४।।

(१) राजा ने कहा, 'जो हमें करना था वह सब किया । अब तो और कुछ सूझता नहीं; केवल जैसे मरना ही सूझता है । (२) जहाँ तक हमारा राज है सब सज्जित हो जाओ ।' राजा की ऐसा आज्ञा पाकर उसी क्षण सब सामान सजाया जाने लगा । (३) अनगिन्त युद्ध के धौंसे बजने लगे । सब राजा और राय क्रोध कर युद्ध के लिये चले । (४) सब लोग फौलादी लोहे के बने हुए पाजामानुमा कवच (राग), ज़िरहबखतर (सनाहा), दस्ताने (पहुँची) और झिलमटोप पहन कर क्रोध में भर गए । (५) उनके तुखार देश के घोड़े हवा से ईर्ष्या कर रहे थे । उन के कंधे इतने ऊँचे थे कि उन पर बैठे हुए सवार सामने से दिखाई न पड़ते थे । (६) उन घोड़ों की ऊँचाई का क्या वर्णन करूँ ? सवार लोग सीढ़ी के दो डंडे चढ़कर उनकी पीठ पर पहुँचते थे । (७) सिर पर बाँधे हुए मुहर की छाया से भड़ककर वे अपना सिर इधर उधर हिलाते थे, और पूँछ इधर उधर घुमाते हुए ऐसे लगते थे मानों चँवर ढाल रहे हों ।

(८) उनके मस्तक टैया और चँवर से सजाए गए थे । उनकी पीठ पर गजझाँप झूलें पड़ी थीं । (९) उनके गले में सफेद रंग के गजगाह बाँधे गए थे । जो उन्हें देखता था वही काँप उठता था ।

(१) राजा रत्नसेन के वाक्य संक्षिप्त सारगर्भित और दृढ़ निश्चय के सूचक हैं । उन्होंने चार बातें कहीं–'जो हमें करना चाहिए था वह किया । अब कुछ सूझता नहीं । मरण निश्चित जान पड़ता है । जहाँ तक हमारा अधिकार क्षेत्र है सब तैयार हो जाओ ।'

(२) सँजोउ–(संज्ञा) सँजोया=साजसामान।

सँजोऊ–(क्रिया) सँजोया गया, तैयार किया हुआ।

(४) राग सनाहा–रत्नसेन की ओर का सैनिक वेश वर्णन करते हुए जायसी ने संस्कृत शब्दों की परम्परा का प्रयोग किया है। तुलना कीजिए–अलाउद्दीन के सैनिकों का वेश (४९९।४, जेबा खोलि राग सों मढ़े)। केवल राग शब्द दोनों में समान है।

राग–देखिए ४९९।४।

सनाहा–सं० सन्नाह=ज़िरह बख़्तर।

पहुँची=दस्ताना। आईन अकबरी में इसे दस्तवाना कहा है (आईन, अँग्रेजी अनुवाद, पृ० ११८, फलक १४, चित्र ५५)।

टोपा–खोल या कुलह।

सार=फौलाद (मुई खाल की साँस से सार भसम होइ जाइ। रहीम)

(५) रीसा=ईर्ष्या। 'कंध ऊँच असवार न दीसा' में क़दम चाल का संकेत हैं। क़दम उस चाल को कहते हैं जिससे घोड़ा चलते हुए इतना सिर उठा ले कि आगे से सवार की पगड़ी तक न दीखे।

(७) मौर–सं० मुकुट > प्रा० मउड़ > मउर > मौर।

सारहिं–सं० सारयति > प्रा० सारइ=टारना हटाना, इधर से उधर करना।

(८) टैया–अबुल फ़ज़ल के अनुसार टैया हाथी का आभूषण था जिसे शोभा के लिये गले में पहनाते थे। बित्ते भर लम्बी और चार अंगुल चौड़ी पाँच पट्टियों को छल्लों से जोड़कर और सिरे पर दोहरी जंजीर बाँधकर टैया बनाया जाता था (आईन, अनुवाद, पृ० १३६)। जायसी के समय में टैया घोड़ों का भी गहना था।

गजझाँप–वह बड़ी झूल जो घोड़े के दोनों ओर लगभग घुटनों तक लटकती है। उसका प्रकार हाथी की झूल से मिलता था, इसी से यह नाम पड़ा। आईन अकबरी के अनुसार दो कपड़े दोनों पार्श्वों के लिये और एक पीठ के लिये बीच में जोड़कर सीने से गजझाँप बनती थी। (आईन, पृ० २३६)। यह हाथी की पाखर या लोहे की झूल के ऊपर डाला जाता था।

(९) गजगाह–घोड़ों के कण्ठ में बाँधी जाने वाली पैरों के सामने लटकती हुई झालर, गोपालचन्द्र जी की प्रति के पाठ में किसीने इसका स्थान निर्देश करते हुए 'कण्ठ' पद पीछे से मूल में जोड़ दिया है (औ गज गाह सेत कँठ बाँधे)।

[५१३]

राज तुरंगम बरनौं काहा। आने छोरि इंद्र रथ बाहा।१।
अैस तुरंगम परे न डीठी। धनि असवार रहहिं तिन्ह पीठी।२।
जाति बालका समुँद थहाए। माँथे पूँछि गँगन सिर लाए।३।
बरन बरन पखरे अति लोने। सार सँवारि लिखे सब सोने।४।
मानिक जरे सिरी औ काँधे। चँवर मेलि चौरासी बाँधे।५।
लागे रतन पदारथ हीरा। पहिरन देहिं देहिं तिन्ह बीरा।६।
चढ़े कुँवँर मन करहिं उछाहू। आगें घालि गनहिं नहिं काहू।७।
सेंदुर सीस चढ़ाएँ चंदन घेवरें देह।
सो तन काह लगाइअ अंत भरै जो खेह ॥४२।२५॥

(१) राज वल्लभ तुरंगों (खासा घोड़ों) का क्या वर्णन करूँ ? मानों इन्द्र के रथ के वाहन खोलकर लाए गए थे। (२) ऐसे घोड़े और नहीं दिखाई पड़ते। वे सवार धन्य हैं जो उनकी पीठ पर बैठते हैं। (३) वे अश्व उस जाति के बालक हैं जिन्होंने समुद्र की थाह ली थी (वे समुद्र से जन्म लेने वाले उच्चैःश्रवा के वंशज हैं)। उनकी लम्बी पूँछ मस्तक को छूती थी और सिर आकाश में लगता था। (४) भाँति भाँति के कवचों से सज्जित वे अति सुन्दर लगते थे। उनके सन्नाह के लोहे पर सोने का काम सँवार कर बनाया गया था। (५) मस्तक पर सिरी नामक आभूषण में माणिक जड़े हुए थे। गले में छोटी चौरियाँ लगाकर बनाया हुआ घुंघुरूदार कंठा (चौरासी) पड़ा था। (६) रत्न और उत्तम हीरे लगी हुई पोशाकें देकर राजकुमारों को बीड़े दिए जा रहे थे। (७) वे कुँवर उन घोड़ों पर चढ़े हुए मन में बड़ा उछाह मान रहे थे। वे उन्हें आगे बढ़ाकर अपने सामने किसीको कुछ न गिनते थे।

(८) वे सिर पर सेंदुर लगाए थे और देह में चन्दन का खौर किए थे। (९) उस देह में कुछ भी क्या लगाना जिसमें अन्त को मिट्टी भरनी है ?

(१) राज तुरंगम—राजा के खास घोड़े जिन्हें राजवल्लभ तुरंग कहते थे। रथ वाह=रथ के घोड़े।

(३) बालका—जायसी ने यह शब्द २६।४ (साँवँकरन बालका) और ४०४।७ (तुरंग बालका) में भी प्रयुक्त किया है। अर्थ यह है कि वे घोड़े समुद्र से उत्पन्न उच्चैःश्रवा की जाति के थे।
थहाए—गहराई का अंत लिया, थाह ली, अर्थात् समुद्र तल में से जन्म लिया।
माँथे पूँछ—पूँछ इतनी लम्बी थी कि जब उसे फटकारते तो मस्तक में जाकर लगती थी। अथवा, सं० माथ=मार्ग। घोड़े की पूँछ का पृथिवी में लगना या खिचड़ना शुभ लक्षण है।

(४) पखरे—प्रा० धातु पक्खर=अश्व को कवच से सज्जित करना।
सार—घोड़े की पाखर या झूलें फौलाद की बनी थीं और उन पर सोने के पानी से सजावट का काम बना था।
लिखे सब सोने—लोहे पर फूल पत्ती आदि लोहे के कलम से लिखकर (खोदकर) उसमें सोने का तार पीटकर किया हुआ कोफ्त तिलाई का काम (अं० गोल्ड डमैसनिंग)। गहरे खोदकर मोटे तार से तहनिशाँ, हल्के खोदकर पतले तार से कोफ्तगरी और उससे हल्के खुर्चे हुए बेल बूटों में सोना के वर्क जमाने से बना हुआ काम दीवाली कहलाता था। लोहे और फौलाद के हथियार और कवच आदि पर इस काम का बहुत रिवाज था।

(५) सिरी—हाथी या घोड़े के सामने मस्तक पर का आभूषण या कवच का भाग।
काँधे—गरदन (दे० ५१२।५)। घोड़ों की गरदन में चौंरी लगा हुआ कंठा बँधा था।
चौरासी—घुँघुरूदार कंठा। मध्यकाल में चौरासी योगासन के समान चौरासी किंकिणी लगाकर मेखला बनाई जाती थी। इसी कारण हनुमान के लिये कहा जाता है चौरासी घंटे वाले की जय। पीछे किसी भी घुँघुरूदार चौड़ी पट्टी के लिये यह शब्द प्रयुक्त होने लगा। आईन में चौरासी को हाथी का आभूषण कहा है और बहुत शोभा वर्धक माना है (आईन पृ० १३५)। अबुल फजल के अनुसार चौड़ी पट्टी में घुँघुरू लगाकर चौरासी बनाई जाती थी। टैआ, गजझाँप, चौरासी, पाखर, ये चारों साज हाथी और घोड़ों के लिये समान थे।
चँवर मेलि—दो बड़े चँवर कानों के दोनों ओर गले में लटकाए गए थे। अथवा छोटी चौरियों को चौरासी में ही झालर की तरह लगाकर गले में बाँधा गया था।

[५१४]

गज मैमँत पखरे रजबारा । देखिश्र जानहुँ मेघ श्रकारा ।१।
सेत गयंद पीत श्रौ राते । हरे स्याम घूमहि मद माँते ।२।
चमकहिं दरपन लोहैं सारी । जनु परबत पर परी श्रँबारी ।३।
सिरी मेलि पहिराइँ सूँड़ैं । कटक न भाय पाय तर रूँदैं ।४।
सोनैं मेलि सो दाँत सवाँरे । गिरिवर टरहिं सो उन्हकें टारे ।५।
परबत उलटि पुहुमि सब मारहिं । परै ज्यों भीर तीर जेउँ टारहिं ।६।
श्रस गयंद साजे सिंघली । गवनत कुरुँम पीठि कलमली ।७।
ऊपर कनक मँजूसा लाग चँवर श्रौ ढार ।
भलइत बैठ भाल लै श्रौ बैठे धनुकार ॥४२।२६॥

(१) राजद्वार पर मतवाले हाथी कवच पहने हुए खड़े थे । वे देखने में मेघ से लगते थे । (२) सफेद, पीले, लाल, हरे, काले मदमस्त वे हाथी झूम रहे थे । (३) उनकी लोहे की झूलें शीशे सी चमक रही थीं । उनकी पीठ पर रखी हुई अम्बारी ऐसे लगती थी जैसे पहाड़ पर रक्खी हो । (४) सिरी नामक सामने की झूल को मस्तक पर डाल कर उसका निचला भाग सूड़ों में पहना दिया गया था । पैर में डाले हुए कड़े उन्हें न सुहा रहे थे । पैरों तले रौंद देना चाहते थे । (५) सोने की बंगरी पहनाकर दाँतों को सजाया गया था । उनके धक्के से पहाड़ भी हट जाते थे । (६) वे पर्वतों को उलटकर पृथ्वी पर सब को मार सकते हैं । उनके सामने भीड़ आ जाय तो तीर की तरह झपट कर उसे हटा देते थे । (७) ऐसे सिंहलद्वीपी हाथी वहाँ सज्जित किये गए थे जिनके चलने से कूर्म की पीठ डगमग होती थी ।

(८) उनके ऊपर सोने की मंजूषा रक्खी थी । उसमें चँवर और ढाल लगी हुई थी । (९) उनकी पीठ पर भल्लैत भाला लिए हुए और धनुर्धारी योद्धा धनुष लिए बैठे थे ।

(१) रजबारा=राजद्वार ।
(२) हाथियों पर सफेद, पीले, लाल और हरे रंग की सजावट (सं० भृति) बनाई गई थी । इसी कारण हाथियों का भी रंग वैसा दिखाई पड़ता था ।
(३) सारी=लोहे की झूल, पाखर । प्रा० सारि ।
अँबारी=हाथी का हौदा (अ० अम्मारी) । इसी का प्राचीन नाम मँजूषा था जिसे हटा कर अम्मारी शब्द चल गया । जायसी ने पंक्ति ८ में मंजूषा शब्द का भी प्रयोग किया है ।
(४) सिरी=यह पाखर का ही भाग था, जो कवच की तरह लोहे के छल्ले या जंजीरों से बनता था । सिरी के दो भाग होते थे, एक मस्तक के ऊपर डालने के लिये और दूसरा लम्बा ऊपर से नीचे तक सूँड़ को ढकने के लिये ।
पखरे (५१३.४) । पाखर=हाथी का लोहे का कवच । यह कई हिस्सों में बनती थी, दोनों बगल, मस्तक और सूँड़ के लिये अलग-अलग टुकड़े होते थे (आईन, अनु० पृ० १३६) । मस्तक का भाग 'सिरी' कहलाता था ।
कटक=पैर का कड़ा ।

(५) सोनैं=सोने की बंगड़ी या कड़े जो हाथी के दाँतों में शोभा के लिये पहनाए जाते थे। (आईन० पृ० १३७)। यहाँ सोने के कड़ों के लिये 'सोनें' शब्द प्रयुक्त हुआ है। राजस्थान में अभी तक 'सोना बख्शना' इस महावरे में सोना शब्द सोने के कड़े के लिये प्रयुक्त होता है।

(८) मँजूषा=अंबारी के लिये प्राचीन संस्कृत शब्द।

(९) भलइत=भाला चलाने वाले, भल्लैत। दे० टिप्पणी ५१८।६।

[५१५]

असु दल गज दल दूनौ साजे। औ घन तबल जूझ कहँ बाजे।१।
माथैं मटुक छत्र सिर साजा। चढ़ा बजाइ इंद्र होइ राजा।२।
आगें रथ सैना भइ ठाढ़ी। पाछें धजा अचल सो काढ़ी।३।
चढ़ा बजाइ चढै जस इंदू। देव लोक गोहन सब हिंदू।४।
जानहुँ चाँद नखत लै चढ़ा। सुरुज कि कटक रैनि मसि मढ़ा।५।
जौ लहि सुरुज चाह देखरावा। निकसि चाँद घर बाहेर आवा।६।
गँगन नखत जस गने न जाहीं। निकसि आइ तस भुइँ न समाहीं।७।
देखि अनी राजा के जग होइ गएउ असूझ।
दहुँ कस होइ चलत ही चाँद सुरुज कै जूझ॥४२।२७॥

(१) अश्व दल और गज दल दोनों सज्जित हुए। तब युद्ध के लिये जोर से धौंसे बजने लगे। (२) माथे पर मुकुट और सिर पर छत्र लगाकर राजा रत्नसेन बाजे गाजे के साथ इन्द्र के समान युद्ध के लिये तैयार हुआ (३) आगे रथ की सेना खड़ी हुई। पीछे अचल ध्वजा खड़ी की गई जिसे देखकर कोई युद्ध भूमि से भागता न था। (४) वह ऐसे बाजा बजाकर रण के लिए चला जैसे इन्द्र चढ़ा हो। उसके साथ सब हिन्दू राजा ऐसे थे जैसे इन्द्र के साथ देवलोक हो। (५) अथवा मानों चन्द्रमा ने नक्षत्रों के साथ चढ़ाई की हो और सूर्य (अलाउद्दीन) के कटक को रात के अन्धकार से छा लिया हो। (६) जब तक सूर्य (शाह) अपना प्रकाश दिखलाना चाहे उससे पहले ही चाँद (रत्नसेन) घर से बाहर आकर प्रकाशित होगया। (७) जैसे आकाश में नक्षत्रों की गिनती नहीं हो सकती वैसे ही रत्नसेन की सेना (नक्षत्र) निकल आई और भूमि में समाती न थी (जैसे आकाश में नक्षत्र वैसे ही पृथिवी पर राजा के सैनिक असंख्य थे)।

(८) राजा की सेना देखकर संसार में अँधेरा हो गया। (९) न जाने चाँद (रत्नसेन) और सूर्य (अलाउद्दीन) का युद्ध छिड़ने पर क्या हाल होगा।

(१) तबल=बड़ा नक्कारा (२३।२, ५०४।७, ५१२।३)।

(२) मटुक-सं० मुकुट का बोली में विपर्यस्त रूप (४७।३, २७६।६; चित्रावली ३५।४, मटुक बंद सब सेवा करहीं)।

(३) अचल धजा-वह ध्वजा जो सेना के पीछे इस लिए गाड़ी जाती थी कि कोई युद्ध भूमि में उससे

पीछे न हटे, भले ही वह प्राण दे दे। इसीको मरण ध्वजा भी कहा जाता था (दे० ५०३।५)। गोपालचंद्र की प्रति में 'पाछैं धजा मरन कै काढी' यह पाठ है।

(४) गोहन=साथी (दे० १८३।९, १८५।१, ४१०।७ पर टिप्पणी)।

(९) चाँद सुरुज–पद्मावती और रत्नसेन के लिये जब इन शब्दों का प्रयोग हुआ है तो वे एक दूसरे के अनुकूल कल्पित किए गए हैं। इन्हीं प्रतीकों को रत्नसेन और अलाउद्दीन शाह का वाचक भी माना है जब चाँद और सूर्य एक दूसरे के प्रतिपक्षी हैं। चन्द्रमा अमृत और सूर्य विष है। एक प्राण का शीतल प्रवाह और दूसरा उष्ण प्रवाह है। चन्द्र और सूर्य की परिभाषा सिद्ध और नाथ पन्थ का आवश्यक अंग थी।

४३ : राजा-बादशाह-युद्ध-खण्ड

[५१६]

इहाँ राजा असि साज बनाई। उहाँ साहि की भई अवाई।१।
अगिलै धौरी आगें आई। पाछिल बाछु कोस दस ताँई।२।
आइ साहि मंडल गढ़ बाजा। हस्ती सहस बीस सँग साजा।३।
ओनै आइ दूनौ दर गाजे। हिंदू तुरुक दुऔ सम बाजे।४।
दुऔ समुँद दधि उदधि अपारा। दूऔ मेरु खिखिंद पहारा।५।
कोपि जुझार दुहूँ दिसि मेले। औ हस्ती हस्तिन्ह कहँ पेले।६।
आँकुस चमकि बीज अस जाहीं। गरजहिं हस्ति मेघ घहराहीं।७।
धरती सरग दुऔ दर जूहहिं ऊपर जूह।
कोऊ टरै न टारे दूऔ बज्र समूह ॥४३।१॥

(१) इधर राजा ने ऐसी तैयारी की ही थी कि उधर शाह की अवाई हुई। (२) सेना की अगली टुकड़ी (घुड़ सवारों की) दौड़ती हुई पहले पहुँच गई। पिछला भाग उसके वक्ष स्थल की तरह दश कोस तक फैला हुआ था। (३) शाह दिल्ली से चलकर मण्डल गढ़ आ पहुँचा। उसके साथ बीस हजार हाथियों का ठाठ था। (४) निकट आने पर दोनों दल गरजने लगे। हिन्दू और तुर्क दोनों साथ आ पहुँचे। (५) दोनों कटक दधि समुद्र और उदधि समुद्र के समान अपार थे। दोनों मेरु और किष्किन्धा पहाड़ों के समान अजेय थे। (६) दोनों ओर से जुझार सैनिक क्रोध करके आपस में मिले और हाथी हाथियों को दबाने लगे। (७) अंकुश बिजली की तरह चमक जा रहे थे। हाथी गजरते थे, मानों मेघ घहरा रहे थे।

(८) धरती से आकाश तक दोनों दल भर गए। झुण्ड के ऊपर झुण्ड टूट रहे थे। (९) कोई भी एक दूसरे के दबाव से हटता न था। दोनों ठोस वज्र की तरह थे।

(२) अगिलै–सेना का अग्रभाग (५१०।५), नासीर या हरावल।

धौरी–कुदाते हुए आगे बढ़ती हुई। धौरना भोजपुरी में चालू है। यहाँ घुड़ सवार सेना के कुदाते हुए धीरे से आगे बढ़ आने से तात्पर्य है (सं० धौरित=कूद कर धीरे से चलना)।

पाछिल–सेना का पिछला भाग (५१०।५)।

बाछु=वक्ष, सीना, छाती। फैलकर चलती हुई सेना के पिछले भाग की उपमा वक्षस्थल से दी गई है। अगला भाग मानों सिर की तरह आगे था। विद्यापति में भी छाती के लिए वाछि शब्द है (विछि वाछि तेजि ताजि पवखरेहि साजि साजि, कीर्तिलता, पृ० ८४)। हेम० २।१७, पासद्द० ९१६।

(३) मंडल गढ़–चित्तौड़ के रास्ते में गागरौन से लगभग दस मील पर मण्डल गढ़ का किला था (तबकाते अकबरी, कलकत्ता संस्करण, पृ० १७० पाद टिप्पणी)। दिल्ली से बयाना, बारी, शिवपुर, कोटा, गागरौन, मण्डल गढ़, चित्तौड़ यह यात्रा मार्ग था।

(४) ओनै=अवनत > अउनय > अउनइ > ओन=नवा हुआ, झुका हुआ, निकट आया हुआ।

बाजे–व्रज धातु > बाजना=पहुँचना।

(५) दधि और उदधि समुद्रों को जायसी ने एक दूसरे से अलग माना है (दे० १५२।१; १५३।१)

[५१७]

हस्तिन्ह सौं हस्ती हठि गाजहिं। जनु परबत परबत सौं बाजहिं ।१।
गरुअ गयंद न टारे टरहीं। टूटहिं दंत सुंड भुइँ परहीं ।२।
परबत आइ जो परहिं तराहीं। दर महँ चाँपि खेह मिलि जाहीं ।३।
कोइ हस्ती असवारन्ह लेहीं। सुंड समेटि पाय तर देहीं ।४।
कोइ असवार सिंघ होइ मारहिं। हनि मस्तक सिउँ सुंड उतारहिं ।५।
गरब गयंदन्ह गँगन पसीजा। रुहिर जो चुवै धरति सब भीजा ।६।
कोइ मैमंत सँभारहिं नाहीं। तब जानहिं जब सिर गड़ खाँहीं ।७।
गँगन रुहिर जसि बरिसै धरती भीजि बिलाइ।
सिर धर टूटि बिलाहिं तस पानी पंक बिलाइ ॥४३।२॥

(१) हाथी हाथियों से भिड़कर गरजते थे मानों पर्वत से पर्वत टकराते हों। (२) वे भारी गजेन्द्र हटाए नहीं हटते थे। उनके दाँत और सूँड टूटकर धरती पर गिर रहे थे। (३) पर्वत भी यदि नीचे गिर जाँय तो गज दल में दबकर धूल में मिल जाँय। (४) कोई हाथी सवारों को अपनी सूँड़ में लपेट कर पैरों से कुचल देते थे। (५) कोई सवार ही शेर की तरह हाथियों को मारते थे और मस्तक को चीरकर सूँढ़ उखाड़ लेते थे। (६) जिन हाथियों के गर्व (मद) से आकाश पसीज गया (भीग गया) था, अब उन्हीं का रक्त चूने से सब धरती भीग गई। (७) कोई हाथी ऐसे मतवाले थे कि उन्हें अपने चारों ओर का कुछ भी पता न था। जब सिर में गड़ नामक दुफंकी भाला चुभाया जाता तब कुछ होश में आते थे।

(८) आकाश से वृष्टि की भाँति रक्त की धाराएँ छूट रही थीं। उसमें भीगकर धरती बही जाती थी। (९) जैसे पानी की बहिया में कीचड़ बह जाती है ऐसे सिर और धड़ (रुण्ड मुण्ड) टुकड़े टुकड़े होकर बहे जाते थे।

(६) गरब गयंदन्ह—कवि की यह विचित्र उक्ति है। जिन बड़े मतवाले हाथियों से कभी इतना मद बहता था जैसे आकाश पसीजता हो, उनसे अब युद्ध में इतना रुधिर बह रहा था कि धरती भीज गई।

पसीजा—सं० प्रस्विद्, प्रस्विद्यते > प्रा० पसिज्जै > पसीजना।

(७) गड़—आईन के अनुसार यह छोटा लोहे का बर्छा होता था जिसमें एक नोक की जगह आगे की ओर दो शूल निकले रहते हैं। बहुत शरारती हाथी को वश में करने के लिये भोई या महावत गड़ का प्रयोग करते थे (आईन अकबरी, आईन ४५, अँग्रेजी अनुवाद पृ०१३७)।

[५१८]

अहुठौ बज्र जूझि जस सुना। तेहि तें अधिक होइ चौगुना ।१।
बाजहिं खरग उठै दर आगी। भुइँ जरि चहै सरग कहँ लागी ।२।
चमकै बीज होइ उजियारा। जेहि सिर परै होइ दुइ फारा ।३।
सैन मेघ अस दुहुँ दिसि गाजै। खरग जो बीच बीज अस बाजै ।४।
बरिसै सेल आँसु होइ काँदो। जस बरिसै सावन औ भादों ।५।
टूटहिं कुंत परहिं तरवारी। औ गोला ओला जस भारी ।६।
जूझे बीर लिखौं कहँ ताईं। लै अछरि कबिलास सिधाईं ।७।
स्यामी काज जे जूझे सोइ गए मुख रात।
जो भागे सत छाँड़ि कै मसि मुख चढ़ी परात ॥४३।३॥

(१) साढ़े तीन वज्रों का युद्ध जैसा भयंकर सुना जाता है उससे भी चौगुना वह युद्ध हुआ। (२) तलवारों के टकराने से सेना में आग उठ रही थी। धरती से उठती हुई लपटें आकाश छू लेना चाहती थीं। (३) खड्ग बिजली सी चमकती थीं जिससे उजाला हो जाता था। जिसके सिर पर पड़ती उसीकी दो फाँक हो जातीं। (४) सेनाएँ दोनों ओर मेघों के समान गरज रही थीं। बीच बीच में तलवारें टकरा कर बिजली के समान गिरती थीं। (५) जैसे सावन और भादों में मेह बरसता है वैसे ही लम्बे भालों से रक्त की बूँदें आँसू सी टपक रही थी जिससे कीचड़ हो रही थी। (६) भाले टूट रहे थे और तलवारें गिर रही थीं और भारी गोले ओले की तरह गिर रहे थे। (७) अनेक वीर जूझ गए। कहाँ तक लिखूँ ? कितनों को लेकर अप्सराएँ कैलास चली गईं।

(८) जो स्वामी के काम के लिए जूझ गए वही सुर्खरू होकर गए। (९) जो सत छोड़कर भागे उन भगोड़ों के मुहँ पर कालिख पुत गई।

(१) अहुठौ बज्र—दे० ५०८।९।

(३) फारा—फाड़ या फाँक।

(५) सेल—जायसी ने ६३०।३, ६३१।६ और ६३२।१ में सेल शब्द का प्रयोग किया है। अन्तिम प्रमाण (भै बगमेल सेल घनघोरा) से ज्ञात होता है कि सेल घुड़सवारों की निकट की भिड़न्त

में प्रयुक्त होने वाला, बल्लम की जाति का कोई हथियार होता था। अबुल फ़ज़ल ने सेलारा नामक हथियार का उल्लेख किया है जिसका सिरा और डंडा साँगी से कुछ छोटा होता था। अर्विन ने लिखा है कि आईन के अतिरिक्त यह शब्द अन्यत्र उन्हें नहीं मिला। उनका यह कहना कि सेलार और हिन्दी सेल एक दूसरे से सम्बधित हैं ठीक ही ज्ञात होता है।

(६) कुंत–यह प्राचीन शब्द था। अमरकोश में कुन्त और प्रास दोनों को पर्याय माना है (अमर, २।८।९५)। आईन अकबरी ने नेज़ा, बर्छी, साँग, सेंठी और सेलार, पाँच प्रकार के भाले कहे हैं। इनमें नेज़ा घुड़सवार ही प्रयुक्त करते थे। घोड़े की पीठ पर बैठकर दूसरे घुड़सवार या हाथी पर बैठे सवार पर वार करने के लिए नेज़ा काम में लाते थे। इसकी डंडी बाँस की १२ से १५ फुट तक लम्बी होती थी। उस पर छोटा लोहे का सिरा लगा होता था जो पत्तीनुमा या कभी कभी तिकोना भी बनता था। जायसी ने ६३०।५ में नेजे का उल्लेख किया है। प्राचीन काल में घुड़सवार जिस शस्त्र का प्रयोग करते थे उसे रघुवंश में भल्ल कहा गया है। पारसीकों के साथ युद्ध में भारतीय घुड़सवारों ने भाले का प्रयोग किया था (रघुवंश ४।६३)। इससे अनुमान होता है कि अश्वारोही सेना द्वारा प्रयुक्त नेजे का ही संस्कृत में नाम भल्ल था। जायसी ने भी ५१४।९ में लिखा है कि भलैत लोग भाला लेकर हाथी पर बैठे थे। तात्पर्य यह है कि भाले या नेजे का प्रयोग घोड़े या हाथी के सैनिक करते थे, पैदल नहीं। पैदलों का हथियार बर्छा था, जो आईन की सूची में दूसरा शस्त्र है। यह बिलकुल लोहे का बनता था। इसके डण्डे की लम्बाई नेजे के बराबर ही होती थी और सिरे की पत्ती भी वैसी ही छोटी होती थी। अर्विन के अनुसार इसका अधिकतर प्रयोग पैदल सैनिक ही करते थे। घुड़सवार के लिये इतना भारी अस्त्र काम में लाना कठिन था (अर्विन, आर्मी ऑफ दी इंडियन मुगल्स, पृ० ८३)। जायसी ने बर्छे का उल्लेख नहीं किया। अनुमान होता है कि उनका कुन्त ही बर्छा था। कुन्तधारी सैनिक दौड़कर चल रहे थे (५२०।६), जायसी के इस कथन से भी कुन्त और पदाति सेना के सम्बन्ध की पुष्टि होती है। १८ वीं शती के सूदन ने बरछैत या बर्छाधारी सैनिकों का उल्लेख किया है। पृथ्वीचंद्र चरित्र (संवत् १४७८) में कुंत और भाला दो अलग हथियार छत्तीस दंडायुधों की सूची में कहे हैं।
नेजा=भाला, घुड़सवारों द्वारा प्रयुक्त।
कुंत=बर्छा, पैदल सेना में प्रयुक्त।

(९) परात–धा० पराना=भागना। सं० परा + अय् > पलायते > प्रा० पलायइ > पराना।

[५१९]

भा संग्राम न अस भा काऊ। लोहैं दुहुँ दिस भएउ अघाऊ ।१।
कंध कबंध पूरि भुइँ परे। रुहिर सलिल होइ सायर भरे ।२।
अनँद बियाह करहिं मँसुखाए। अब भख जरम जरम कहँ पाए ।३।
चौसँठि जोगिन खप्पर पूरा। बिग जँमुकन्ह घर बाजहिं तूरा ।४।
गीध चील्ह सब माँड़ौ छावहिं। काग कलोल करहिं औ गावहिं ।५।
आजु साहि हठि अनी बियाही। पाई भुगुति जैस जियँ चाही ।६।
जेन्ह जस माँसू भखा परावा। तस तेन्ह कर लै औरन्ह खावा ।७।
काहूँ साथ न तनु गा सकति मुएँ पै पोखि।
ओछ पूर तब जानब जब भरि आउब जोखि ॥४३।४॥

(१) ऐसा संग्राम हुआ जैसा पहले कभी न हुआ था। दोनों पक्ष लोहे के शस्त्रास्त्रों से चमक रहे थे। (२) मस्तक और कबन्ध धरती में फैले हुए पड़े थे। जल की तरह रक्त का समुद्र भरा था। (३) माँस खाने वाले भूत प्रेत आदि प्रसन्न होकर ब्याह रचाने लगे। आज जन्म जन्म के लिये भोजन मिला है। (४) चौंसठ जोगिनियों ने अपने खप्पर भर लिए। सियार और भेड़ियों के घर बाजा बजने लगा। (५) गिद्ध और चील ब्याह के उत्सव का मण्डप छवाने लगे। कौवे किलोल करने और गाने लगे। (६) आज शाह स्वयं हठ पूर्वक सेना के पति बने हैं (सेनापति रूप में सैन्य संचालन कर रहे हैं)। अतएव घन घोर युद्ध होने से जैसे माँस की जिसे इच्छा थी वैसा भोजन उसे मिला है। (७) जिन्होंने जैसे पराया माँस खाया था वैसे ही उनका माँस और लोग खा रहे थे।

(८) किसीके साथ यह शरीर नहीं गया। हर कोई शक्तिभर उसे पुष्ट करके मर जाता है। (९) यह कम या पूरा तब समझा जायगा जब तोलने पर भरा हुआ उतरेगा।

(१) काऊ–कभी भी। सं० कदापि

लोहैं–लोहे के बने हुए शस्त्रास्त्र, कवच आदि।

अघाऊ–माताप्रसाद जी की प्रति में अगाहू है किंतु उनकी श्रेष्ठ प्रति तृ० १-तृ० २ तथा कई अन्य प्रतियों में अघाऊ है। कला भवन की कैथी प्रति में भी अघाऊ है। सं० 'राज्' का धात्वादेश अग्घ=चमकना, शोभित होना (हेमचन्द्र ४।१००; पासद्द० पृ० २२)। गोपालचन्द्र जी की प्रति और माताप्रसाद जी की एक सामान्य प्रति में अगाऊ पाठ है, अर्थात् दोनों सेनाओं में अगवानी लोहे से हुई। 'अगाहु' पाठ मानें तो अर्थ होगा–दोनों सेनाओं में बहुत लोहा हुआ, गहरा शस्त्र युद्ध हुआ।

(३) मँसुखाए–दे० ३९६।२,।

(४) चौंसठि जोगिनि–दुर्गा द्वारा निर्मित चौंसठ विकराल देवियाँ जो भूतमाता या रण पिशाचिनी भी कहलाती थीं। मध्यकाल में इनकी पूजा प्रचलित थी और इनके कई मन्दिर भी पाए गए हैं। बिग=भेड़िया। सं० वृक।

(६) हठि अनी बियाही–साधारणतः दूसरे सेनापति सेना संचालन करते थे। विशेष कारण वश राजा स्वयं रण में उतरते थे और उस दिन सबसे भयंकर युद्ध होता था। उसी की ओर यहाँ संकेत है। सेना से विवाह करने का तात्पर्य है उसका पति अर्थात् सेना पति बनना। हठि की ध्वनि यह है कि औरों के रोकने पर भी शाह ने स्वयं कमान ग्रहण की।

(९) ओछ पूर तब जानब–कवि का आशय है कि इस शरीर को सब लोग बढ़िया सामग्री से भरते हैं किंतु यह पूरा भरा गया या रिक्त रहा यह तब जाना जायगा जब कर्मों का लेखा जोखा होने के समय (प्रलय के दिन) पूरा उतरेगा। मुस्लिम धर्म के अनुसार कयामत के दिन सब के कर्मों का हिसाब होता है।

[५२०]

चंद न टरै सूर सौं रोपा। दोसर छत्र सौंहँ कै कोपा।१।
सुना साहि अस भएउ समूहा। पेले सब हस्तिन्ह के जूहा।२।
आजु चंद तोहि करौं निपातू। रहै न जग महँ दोसर छातू।३।

सहस कराँ होइ किरिन पसारा । छपि गा चाँद जहाँ लगि तारा ।४।
दर लोहें दरपन भा आवा । घट घट जानहुँ भानु देखावा ।५।
बहु किरोध कुंताहल धावै । अगिनि पहार जरत जनु आवै ।६।
खरग बीज जस तुरुक उठाएँ । ओड़ न चंद कँवल कर पाएँ ।७।
चकमक अनी देखि कै धाइ दिस्टि तसि लागि ।
छुई होइ जौं लोहें रुई माँझ उठ आगि ॥४३।५॥

(१) रत्नसेन (चंद्र) शाह (सूर्य) के सामने अड़ गया, हटता न था। उसने क्रुद्ध होकर शाह के छत्र के सामने अपना छत्र लगा दिया। (२) शाह ने सुना कि इस प्रकार (विरोधी) सैन्यदल एकत्र हुआ है। तो उसने अपने सब हाथियों के दल को उस पर चढ़ाने की आज्ञा दी। (३) उसने कहा, 'हे चन्द्र, आज मैं तेरा नाश करूँगा। संसार में दूसरा छत्र नहीं रहेगा।' (४) फिर उसने अपनी सहस्र कलाओं का तेज फैलाया जिससे चाँद और जितने तारे थे सब छिप गए। (५) सैन्यदल चमकते हुए लोहे के बख्तर से ढका हुआ मानों दर्पण की तरह चला आता था जिसके घट घट में सूर्य रूपी शाह का प्रतिबिम्ब पड़ रहा था। (६) बरछा लिए हुए बरछैत अत्यन्त क्रोध से दौड़े चले आते थे मानों अग्नि का पहाड़ जलता हुआ आ रहा हो। (७) तुर्क लोग बिजली सी चमकती हुई तलवारें हाथों में उठाए थे। जब वह बिजली गिरेगी तो चन्द्रमा (रत्नसेन) कमल (पद्मावती) का उससे बचाव न कर पाएगा।

(८) राजा की सेना चकमक के समान थी। उसे देखते ही फौलाद के समान शाही सेना की दृष्टि उसकी दृष्टि से जाकर भिड़ी। (९) दोनों की टक्कर से आग उत्पन्न हुई मानों चकमक और लोहे के टकराने से बीच में रुई जल उठी हो।

(१) चन्द–राजा रत्नसेन।
सूर=सूर्य–शाह अलाउद्दीन।

(५) दर=दल, सेना।
लोहें=शस्त्रास्त्र तथा कवच के अर्थ में जायसी ने बहुधा इस शब्द का प्रयोग किया है, ४९७।१, ५१२।४, ५१९।१।

(६) कुन्ताहल=कुन्तधारी सैनिक, बछैत।

(७) ओड़ न चन्द–धा० ओडना=रक्षा करना, वार रोकना। ओड और न को अलग लेने से अर्थ होगा, रत्नसेन तुर्कों से पद्मावती की रक्षा न कर पाएगा। किन्तु वस्तुतः पद्मावती तुर्कों के हाथ में नहीं पड़ सकी; अतएव युक्ति से जायसी ने दूसरे अर्थ का भी संकेत किया है। इस पक्ष में ओड़न=ढाल। रत्नसेन पद्मावती (कँवल) के लिये ढाल बन सकेगा।

(८) चकमक अनी–जायसी ने आमने सामने खड़ी हुई दोनों सेनाओं का इसमें चित्र खींचा है। राजा की सेना चकमक के समान है और शाह की लोहे के। लोहा जब चकमक का स्पर्श करता है तब उससे चिनगारी निकलती है और रुई जल उठती है। उसी प्रकार दोनों सेनाओं की दृष्टि मिली और उससे युद्ध की अग्नि प्रज्वलित हो उठी।

[५२१]

सूरज देखि चाँद मन लाजा । बिगसत बदन कुमुद भा राजा ।१।
चंद बड़ाई भलेहँ निसि पाई । दिन दिनियर सौं कौनु बड़ाई ।२।
अहे जो नखत चंद सँग तपे । सूर की दिस्टि गँगन महँ छपे ।३।
कै चिंता राजा मन बूझा । जेहि सिउँ सरग न धरती जूझा ।४।
गढ़पति उतरि लरै नहिं धाए । हाथ परें गढ़ हाथ पराएँ ।५।
गढ़पति इंद्र गँगन गढ़ साजा । देवस न निसर रैनि को राजा ।६।
चंद रैनि रह नखतन्ह माँझा । सुरुज न सौंह होइ चह साँझा ।७।
देखा चंद भोर भा सूरुज के बड़ भाग ।
चाँद फिरा भा गढ़पति सुरुज गँगन गढ़ लाग ॥४३।६॥

(१) शाह को देखकर राजा मन में लज्जित हुआ । राजा का कमल की तरह विकसित मुख कुमुद के समान हो गया । (२) भले ही रात में चन्द्रमा का बड़प्पन हो किन्तु दिन में सूर्य के सामने उसकी क्या बड़ाई ? (३) जो नक्षत्र चन्द्रमा के साथ में चमक रहे थे वे सूर्य की दृष्टि पड़ते ही छिप गए । (४) सोच विचार कर राजा ने मन में इस प्रकार समझ लिया, 'जिसके पास स्वर्ग है वह धरती में युद्ध नहीं करता । (५) जो गढ़पति है वह गढ़ से नीचे उतरकर लड़ने के लिए दौड नहीं पड़ता । यदि बाहर आने से वह पकड़ा गया तो गढ़ भी पराए हाथों में चला जाता है । (६) गढ़पति इन्द्र के समान है जो आकाश में बने हुए गढ़ का राजा है । जो रात्रि का स्वामी है वह दिन में बाहर नहीं आता । (७) रात में चन्द्रमा नक्षत्रों के बीच में रहता है । उस समय सूर्य उसके सामने नहीं होता । सूर्य तो प्रातःकाल चाहता है ।

(८) रत्नसेन ने देख लिया कि मैदान का युद्ध उसके लिये प्रातःकाल के समान है और वह शाह (सूर्य) के लिए भाग्यप्रद है । (९) यह सोचकर वह लौटा और गढ़ के भीतर पहुँचकर गढ़पति बन गया । तब शाह (सूर्य) ने आकाश की भाँति ऊँचे गढ़ को घेर लिया ।

(१) बिगसत बदन कुमुद भा राजा—जायसी ने रत्नसेन के दो रूप कहे हैं । जब वह अकेला है तो सूर्य है । जब शाह के सामने है तो शाह को सूर्य और उसे चन्द्रमा माना है । इसी पर उक्ति है कि जो रत्नसेन पहले विकसित कमल के समान था वह अब सूर्य के सामने कुम्हलाने वाला कुमुद हो गया ।

(२) दिनियर–सं० दिनकर > प्रा० दिनयर ।

(३) नखत–रत्नसेन रूपी चन्द्र के संगी साथी सामन्त वीर । वे सब लोग अत्यन्त पराक्रमी थे किन्तु गढ़ युद्ध में दक्ष थे । मैदान के युद्ध में शाह की सेना के समक्ष उनकी कुछ न चली ।

(४) राजा मन बूझा—ऊपर की स्थिति को राजा रत्नसेन ने चट ताड़ लिया और उसने निश्चय कर लिया कि शाह के मुकाबिले में गढ़ के भीतर से लड़ने में ही उसका कल्याण है । अगली पंक्तियों में जायसी ने क़िलेबन्दी की लड़ाई के लाभ कहे हैं : राजपूत उसी में अभ्यस्त थे ।

(६) गढ़पति इन्द्र–गढ़ के भीतर बैठे हुए गढ़पति की तुलना आकाश के इन्द्र से की गई है। गढ़ भी आकाश के समान ऊँचा और सुरक्षित कहा गया है (पुनि आइय सिंहल गढ़ पासा। का बरनौं जस लाग अकासा। ४०।१; चित्तौड़ गढ़ के लिये देखिए ५०४।८)।

देवस, रैनि–यहाँ रात्रि गढ़ के लिए और दिन गढ़ से बाहर मैदान के युद्ध के लिये है।

(७) साँझा–सं० संध्या=प्रातःकाल।

(९) गढ़ लाग–गढ़ से लग गया अर्थात् उसका घेरा डाल दिया।

[५२२]

कटक असूझ अलावल साही। आवत कोइ न सँभारै ताही ।१।
उदधि समुँद जेउँ लहरैं देखें। नैन देखि मुँह जाहिं न लेखें ।२।
केत बजावत उतरे घाटी। केत बजाइ गए मिलि माँटी ।३।
केतन्ह नितिहि देइ नव साजा। कबहुँ न साज घटै तस राजा ।४।
लाख जाहिं आवहिं दुइ लाखा। फरहिं झरहिं उपनहिं नौ साखा ।५।
जो आवै गढ़ लागै सोई। थिर होइ रहै न पावै कोई ।६।
उमरा मीर अहे जहँ ताईं। सबहूँ बाँटि अलंगै पाईं ।७।
लागि कटक चारिहुँ दिसि गढ़ सो परा अगिडाहु।
सुरुज गहन भा चाँदहि चाँद भएउ जस राहु ॥४३।७॥

(१) अलाउद्दीन की शाही सेना विशाल थी। चढ़कर आते हुए उसके धक्के को कोई सँभाल नहीं सकता था। (२) देखने में ऐसी जान पड़ती थी मानों उदधि समुद्र लहरें ले रहा हो। आँख से देखने पर भी मुँह से कही नहीं जाती थी। (३) कितने गाजे बाजे के साथ चित्तौड़ की घाटी पार कर गए। कितने ज़ोर शोर से चढ़े पर मिट्टी में मिल गए। (४) कितनों को वह नित्य प्रति नया नया साज सामान देता था। कभी उसका साज सामान घटता न था, ऐसा वह राजा था। (५) एक लाख सिपाही जाते तो उनकी जगह लेने दो लाख आ जाते थे। उसकी ऐसी स्थिति थी जैसे कोई लता फलती है, फलकर झड़ती है और फिर नई शाखाओं का फुटाव लेती है। (३) जो आता वही गढ़ के घेरने में लग जाता। कोई निश्चल न बैठने पाता था। (७) जितने उमरा और मीर थे सबको गढ़ की लड़ाई में बाँट कर अलग अलग भाग दिया गया।

(८) चारों ओर से शाह की सेना हमला करने लगी। उससे गढ़ अग्नि की ज्वालाओं के बीच में पड़ गया। (९) शाह रत्नसेन के लिये ग्रहण हो गया और रत्नसेन शाह के लिये जैसे राहु हो गया (अथवा शाह के यश के लिये राहु के समान बन गया)।

(१) अलावल साही–दे० ४८६।७। अलाउद्दीन के सोने के सिक्के पर उसके नाम का यह रूप मिलता है–अलाउल् दुनिया व अद्दीन। इसी अलाउल् से ही अलावल यह नाम लोक में चल गया था। क्षेपक दो० ४९४ अ। ४ में भी साहि अलावलि प्रयोग है।

(२) उदधि समुद–दे० १५३।१-२। जायसी ने उदधि समुद्र को जलती हुई आग के समुद्र के रूप में माना है। देखिए, सुलेमान का यात्रा विवरण, काशी, पृ० ३३।

(३) घाटी–चित्तौड़ के दुर्ग के चारों ओर की नीची भूमि।

(६) गढ़ लागं–लगना=घेरना। गढ़ के घेरे से सम्बन्धित युद्ध में प्रवृत्त होना। (दे० ५२१।९ और ५२२।८)।

(७) उमरा=सामन्त, राजा, नवाब आदि।

मीर=राज्य के उच्च पदाधिकारी।

अलंगं=ओर, तरफ, दिशाओं के पृथक् पृथक् भाग। निज़ामुद्दीन कृत तबकाते अकबरी में अकबर द्वारा चित्तौड़ के घेरे का वर्णन करते हुए लिखा है, बादशाह के हुक्म से किले के चारों तरफ़ की भूमि भिन्न भिन्न अमीरों को बाँट दी गई कि अपने-अपने हिस्से में हमला करें (तबकात, पृ० १७०)। यही गढ़ का घेरा करने की तरकीब थी जो अकबर से पहले से चली आती थी। अबुल फ़ज़ल ने भी अकबर नामे में इसका उल्लेख किया है (अकबर नामा, अंग्रेज़ी अनुवाद, पृ० ४६४)।

[५२३]

अँथवा देवस सुरुज भा बासाँ। परी रैनि ससि उवा अकासाँ।१।
चाँद छत्र दै बैठेउ आई। चहुँ दिसि नखत दीन्ह छिटकाई।२।
नखत अकासहुँ चढ़े दिपाहीं। टूटहिं लूक परहिं न बुझाहीं।३।
परहिं सिला जस परैं बजागी। पहनहि पाहन बाजि उठ आगी।४।
गोला परहिं कोल्हु ढुरुकावहिं। चून करत चारिहुँ दिसि आवहिं।५।
ओनइ अँगार बिस्टि झरि लाई। ओला टपकै परै न बुझाई।६।
तुरुक न मुँह फेरहिं गढ लागें। एक मरें दोसर होइ आगें।७।
परहिं बान राजा कै मुख न सकै कोइ काढ़ि।
अनी साहि कै सब निसि रही भोर लहि ठाढ़ि॥४३।८॥

(१) दिन अस्त हुआ और शाह (सूर्य) की सेना में विश्राम होने लगा। रात हो गई चन्द्रमा आकाश में उदित हुआ (रत्नसेन अपने गढ़ पर आया)। (२) राजा छत्र के नीचे आकर बैठा। उसने चारों ओर अपने वीर सामन्तों (नक्षत्र) को कोट पर फैला दिया। (३) ऊँचे कोट पर चढ़े हुए वे योद्धा सुशोभित हो रहे थे। कोट के ऊपर से जलती हुई मशालें फेंकी जा रहीं थीं। वे शाही सेना पर गिर रही थीं पर बुझती न थीं। (४) चट्टानें ऐसे गिर रही थीं जैसे गाज (वज्राग्नि) गिरती हो। पत्थर के संग पत्थर के टकराने से आग उठ रही थी। (५) गोले बरस रहे थे और ऊपर से कोल्हू ढरकाए जा रहे थे। वे चारों ओर जिस पर गिरते उसका चूरा कर देते थे। (६) अंगारों की वृष्टि झुक आई थी और झड़ी लगी हुई थी। ओलों सी टपकने पर भी वह बुझती न थी। (७) किन्तु इतने पर भी गढ़ पर हमला करने वाले तुर्क मुँह न मोड़ते थे। एक के मरने पर दूसरा आगे आ जाता था।

(८) राजा के गोले गिर रहे थे। कोई मुँह न निकाल सकता था। (९) शाह की सेना को रात भर, प्रातःकाल होने तक, खड़े ही रहना पड़ा (विश्राम न कर सकी)।

(१) सुरुज भा बासाँ–शाह (सूर्य) के यहाँ विश्राम होने लगा। बासाँ=युद्ध से विरत सेना का विश्राम।

(२) चाँद छत्र दै=ध्वनि यह है कि रत्नसेन स्वयं उस रात सैन्य संचालन कर रहा था।

(३) लूक–कवि ने इस दोहे में कोट के ऊपर से होने वाली अग्नि वर्षा और युद्ध का वर्णन किया है। लूक, शिला, गोला, कोल्हू, अंगार, ओले और बान यह सब लड़ाई की उस विधि के अंग थे। लूक–सं० उल्का=जलती हुई लुआठ, अं० फायर ब्रैण्ड। इस प्रकार की जलती हुई उल्का को धनुष से दूर तक फेंकते थे और शत्रु के साबात, गरगज, खेमे आदि में आग लगाने की कोशिश करते थे।

(४) सिला–पत्थरों के बड़े बड़े ढोंके जिन्हें कोट पर से गिराते थे।

(५) गोला–ये वे गोले हैं जिन्हें जायसी ने मतवारे कहा है (५०४।६)। कोल्हू–थोड़े दिन पूर्व तक पत्थर के कोल्हुओं का रिवाज था। वे काफी भारी और गोल होते थे। युद्ध के समय गाँवों से इकट्ठा करके नीचे गिराए जाते थे।

(६) ओनइ अंगार बिस्टि–माताप्रसाद जी ने इसका पाठ 'अवनि अँगार दिस्टि' माना है। किन्तु मनेर की प्रति में और गोपालचन्द्र जी की प्रति में ऊपर का पाठ ही है और भी कई प्रतियों से इस पाठ का समर्थन होता है और अर्थ की दृष्टि से उस की स्पष्ट संगति है। अंगार–यह शब्द तत्कालीन युद्ध की परिभाषा से लिया गया ज्ञात होता है। मुसलमानी लेखकों ने जिन्हें नफ्थ या मिट्टी के तेल के गोले (अं० नफ्था बौल्स) कहा है उन्हीं के लिये कवि का अंगार शब्द है। हम्मीर महाकाव्य में वह्नि गोलक और राल मिला तेल गिराने का उल्लेख है (१३।४२; ११।७२; ११।९०)।

(८) बान–वे गोले जो तोपों से फेंके जाते थे (दे० तिलक पलीता तुफक तन दुहुँ दिसि भ्रम्र के बान, ५०७।८)। जायसी का यह वर्णन तथ्य पर आश्रित है। चित्तौड़ गढ़ के युद्ध का वर्णन करते हुए तबकाते अकबरी ने लिखा है कि किले के अन्दर की सेना तोप और तुफंग से निरन्तर आग बरसाती थी (तबकात, कलकत्ता संस्करण, पृ० १७०)

[५२४]

भएउ बिहान भान पुनि चढ़ा। सहसहुँ करा कैस बिधि गढ़ा।१।
भा ढोवा गढ़ लीन्ह गरेरी। कोपा कटक लाग चहुँ फेरी।२।
बान करोरि एक मुख छूटहिं। बाजहिं जहाँ फोंक लगि फूटहिं।३।
नखत गँगन जस देखिअ घने। तस गढ़ फाटहिं बानन्ह हने।४।
जानहुँ बेधि साहि कै राखा। गढ़ भा गरुर फुलाएँ पाँखा।५।
ओरगा केरि कठिन है जाता। तौ पै लहै होइ मुख राता।६।
पीठि देहिं नहिं बानन्हि लागे। चाँपत जाहिं पगहिं पग आगे।७।
चारि पहर दिन बीता गढ़ न टूट तस बाँक।
गरुव होत पै आवै दिन दिन टाँकहि टाँक ॥४३।९॥

(१) सबेरा हुआ और फिर सूर्य (शाह) सहस्रों कलाओं से चढ आया जैसा विधाता ने उसे बनाया है। (२) धावा बोल दिया गया और गढ़ को सब ओर से घेर लिया गया। क्रुद्ध हुई सेना चारों ओर से हमला करने लगी। (३) करोड़ों बान एक ओर छूटते थे। जहाँ वे टकराते थे पंखों तक गड़ जाते थे। (४) आकाश में जिस प्रकार अनेक नक्षत्र दिखाई पड़ते हैं वैसे ही अनगिन्त बाणों के लगने से गढ़ फट रहा था। (५) मानों बाणों से बेधकर गढ को सेही के समान कर दिया था अथवा गढ़ पंख फुलाए हुए गरुड़ जैसा लगता था। (६) तुर्क की जाति बड़ी कठोर होती है। वे हठ पूर्वक कब्जा करते हैं इस लिए उनका मुख लाल है। (७) गोलों के लगने पर भी पीठ न देते थे और पैर पैर बढ़ते दबाते हुए चले जाते थे।

(८) चार पहर दिन बीत गया फिर भी गढ़ न टूटा। वह ऐसा बाँका था। (९) जैसे एक एक टाँक दिन प्रति दिन अधिक करने से उत्तरोत्तर धनुष की दृढ़ता ज्ञात होती है उसी प्रकार दिन प्रति दिन के युद्ध से गढ़ और अधिक दृढ जान पड़ता था।

(२) ढोवा–धावा, हमला (५३६।५, ६५१।७)।
गरेरी–अवधी धा० गरेरना=घेरना।

(३) एक मुख–एक ही लक्ष्य पर।
फोंक–सं० पुंख=बाण में लगे पंख।

(५) साहि=सेही जिसके शरीर में बड़े काँटे होते हैं। बाणों से बिंधे गढ़ की उपमा से ही और पंख फुलाए गरुड़ से दी गई है।

(६) ओरगा–मध्य एशिया में उइगुर तुर्क नाम की प्रसिद्ध जाति थी जो अब भी है, उसीसे तुर्क मात्र के लिये यह शब्द प्रयुक्त हुआ ज्ञात होता है। जैसा ४४६।१ की टिप्पणी में कहा गया है, जायसी में ओरगाना, ओरँगि और ओरगा तीन पृथक् शब्द अलग अलग अर्थों में प्रयुक्त हुए हैं। मनेर शरीफ़ और गोपालचन्द्र जी की प्रतियों में ओरगा पाठ है जो यहाँ रखा है। माताप्रसाद जी का पाठ ओरँगा है। खुसरू ने नूह सिपिहर में उइगुर या ओइगुर तुर्कों का उल्लेख किया है (मुहम्मद वाहिद मिर्ज़ा द्वारा सम्पादित, भूमिका पृ० ३१, मूल पृ० १७६)।
मुखराता–विद्यापति ने कीर्तिलता में तुर्कों के लाल रंग की उपमा दहकते हुए ताम्रकुंड से दी है (वएन तातल तमकुंडा, कीर्तिलता पृ० ४०)।

(९) टाँकहि टाँक–टाँक धनुष की शक्ति परीक्षा के लिये एक तोल थी जो २५ सेर की होती थी। इस तोल के बटखरे को धनुष की डोरी में लटकाते थे। जितने टाँक से डोरी पूरे खिंचाव पर आ जाती थी उतने टाँक का वह धनुष माना जाता था। कोई धनुष सवा टाँक, कोई डेढ़ टाँक, कोई दो या तीन टाँक तक का होता था (शब्दसागर, पृ० १२५४)।

[५२५]

छेंका गढ़ जोरा अस कीन्हा। खसिया मगर सुरँग तेइँ दीन्हा।१।
गरगज बाँधि कमानैं धरीं। चलहिं एक मुख दारु भरीं।२।
हबशी रूमी औ जो फिरंगी। बड़ बड़ गुनी औ तिन्ह के संगी।३।
जिन्ह के गोट जाहिं उपराहीं। जेहि ताकहिं तेहि चूकहिं नाहीं।४।
अस्ट धातु के गोला छूटहिं। गिरि पहार पब्बै सब फूटहिं।५।

एक बार सबू छूटहिं गोला । गरजै गँगन धरति सब डोला ।६।
फूटै कोट फूट जस सीसा । ओदरहिं बुरुज परहि कौसीसा ।७।
लंका रावट जसि भई डाह परा गढ़ सोइ ।
रावन लिखा जो जरै कहँ किमि अजरावर होइ ॥४३।१०॥

(१) शाह ने गढ़ छेक लिया और उसे तोड़ने के लिये इस प्रकार जोर लगाया । खसिया और मगर जाति के लोगों को गढ़ में सुरंग लगाकर उड़ाने का काम सौंपा । (२) फिर किले के सामने गरगज बाँधकर उन पर तोपें रखीं गईं । उनमें बारूद भरी थी और सब एक साथ एक-एक लक्ष्य पर छोड़ी जाने लगीं । (३) हबशी, रूमी, और फिरंगी जो तोप खाने के काम में बहुत होशियार थे वे उन पर नियुक्त थे, (४) जिनके गोले ऊपर जाकर गिरते थे । जिस पर निशान लगाते उससे चूकते न थे । (५) अष्ट धातु के गोले छूट रहे थे । उनके लगने से गिरि पहाड़ पर्वत सब टूट कर गिर जाते थे । (६) एक बार ही उन सबसे गोले छूटते तो आकाश गड़गड़ाता और पृथ्वी काँप जाती थी । (७) गढ़ का परकोटा ऐसे फूट जाता था जैसे शीशा फूटता हो । किले के बुर्ज विदीर्ण हो रहे थे और कँगूरे गिर रहे थे ।

(८) जिस अग्नि से लंका जलकर लाजवर्दी रंग की हो गई थी वही अग्नि गढ में लगी थी । (९) रावण के भाग्य जलना लिखा था तो वह अजर अमर कैसे हो पाता ?

(१) जोरा अस कीन्हा–गढ़ तोड़ने के लिये शाह ने दो उपाय किए, एक सुरंग लगा कर उड़ाना और दूसरे गरगज बाँध कर तोपों से कोट तोड़ना ।
खसिया–दे० ४९८।७ । खसिया कुमाऊँ–गढ़वाल की लड़ाकू खस जाति थी । श्री शंभुप्रसाद जी बहुगुना ने मुझे सूचित किया है कि 'खस जाति युद्ध प्रिय रही है । सुरंगों से ही नहीं अन्य आसान तरीकों से चट्टानों को तोड़ देते हैं' ।
मगर–जाति नेपाल में मिलती है । आजकल के राज नैतिक विभागों की दृष्टि से पश्चिमी नेपाल राज्य के देलैख, सल्यान, प्यूठान, नुवाकोट के जिलों में मगर भाषा भाषी मगर जाति के लोग बसते हैं । इस सूचना के लिए मैं श्री शंभुप्रसाद बहुगुना का आभारी हूँ ।

(२) गरगज=वह ऊँचा कृत्रिम बुर्ज जो किले से बाहर बनाया जाता था । उस पर तोपें चढ़ा कर किले पर गोलाबारी करते थे । इसे ही फारसी में मोरचाल कहते थे (तुलना हिं० मोरचा बाँधना; स्टाइनगास फारसी कोश, पृ० १३४३) । चित्रावली ३७७।२ (मुरचन आइ कोट नियराने) से ज्ञात होता है कि गरगज या मोरचाल खिसका कर इधर उधर ले जाए भी जा सकते थे । हम्मीर महाकाव्य में गरगज को दलिक दुर्ग (=लकड़ी का बना बुर्ज) कहा है ।

(३) हबसी–हबश देश या अबिसीनिया के निवासी ।
रूमी–तुर्की के निवासी । रूम देश के तोपची प्रसिद्ध थे । उन्होंने ही सर्व प्रथम दक्खिन में तुर्की तोप शब्द का प्रयोग किया था ।
फिरंगी–जायसी के समय यह शब्द पुर्तगालियों के लिये प्रयुक्त होता था ये जैसा शुक्ल जी ने लिखा है फारस में यह शब्द रूम से आया । रूम या तुर्की में ईसाई धर्म युद्ध के समय यूरोप से आए हुए फ्रांक लोगों के लिये पहले पहल फिरंगी शब्द प्रचलित हुआ । फारस से यह शब्द भारत में आया और उस समय के पुर्तगालियों के लिये प्रयुक्त हुआ (पं० रामचन्द्र शुक्ल, जायसी ग्रंथावली) ।

(४) गोट—गोले ।

(५) अष्ट धातु—५०६।३ में अष्टधातु की ढली हुई तोपों का उल्लेख है । उसीके गोले भी बनते थे ।
सुवर्ण रजतं ताम्रं रीतिः कांस्यं तथा त्रपु । सीसं च धीवरं (=लौहं) चैव अष्टौ लोहानि चक्षते ॥
(हेमचन्द्र अभिधान० टीका ४।१०५) ।

(७) ओदरहिं—विदीर्ण होना ।
कौसीसा—मनेर और गोपालचन्द्र की प्रति से भी इस पाठ का समर्थन होता है । सं० कपिशीर्षक=कँगूरा (५०४।५)

(८) रावट—दे० २०६।१

(९) रावन—राव शब्द हिन्दू राजाओं के लिए प्रयुक्त होता था । कवि का व्यंग्य है कि तुर्कों के मुकाबले में हिन्दू राजाओं को विपत्ति लिखी थी, तो वे कैसे बच सकते थे ।

[५२६]

राजा केरि लागि रहै ढोईं । फूटै जहाँ सँवारहिं सोई ।१।
बाँके पर सुठि बाँक करेईं । रातिहि कोट चित्र कै लेईं ।२।
गाजै गँगन चढ़े जस मेघा । बरिसहिं बज्र सिला को थेघा ।३।
सौ सौ मन के बरिसहिं गोला । बरसहिं तुपक तीर जस ओला ।४।
जानहुँ परी सरग हुति गाजा । फाटै धरति आइ जहँ बाजा ।५।
गरगज चूर चूर होइ परहीं । हस्ति घोर मानुस संघरहीं ।६।
सबहिं कहा अब परलौ आवा । धरती सरग जूझ दुहुँ लावा ।७।
अहुठौ बज्र जुरे सनमुख होइ एक दंगवै लागि ।
जगत बरै चारिहुँ दिसि को रे बुझावै आगि ॥४३।११॥

(१) राजा की ओर से दुर्ग में मरम्मत लगी हुई थी । वह जहाँ से फूटता था वहाँ से ही नया बना देते थे । (२) वह पहले ही से दृढ़ था पर उसे और मज़बूत बना रहे थे । रात रात में ही कोट को कँगूरे आदि से सजा कर चित्र की तरह परिपूर्ण कर लेते थे । (३) ऊँचे दुर्ग में से इस प्रकार घहराने का शब्द उठ रहा था जैसा आकाश में उठे हुए मेघों से । दुर्ग के ऊपर से वज्र के समान शिलाएँ बरस रही थीं । उन्हें कौन रोक पाता ? (४) सौ सौ मन के गोले बरस रहे थे । तोपें ऐसे गोले बरसा रही थीं जैसे ओले गिरते हैं । (५) मानों आकाश से गाज गिरती थी और जहाँ टकराती वहाँ धरती फट जाती थी । (६) गरगज या मोरचों के बुर्ज चूर चूर होकर गिर रहे थे । हाथी, घोड़े और मनुष्यों को कुचलकर मार रहे थे । (७) सब कहने लगे अब प्रलय होना चाहती है क्योंकि धरती और आकाश दोनों में लड़ाई ठन गई है ।

(८) साढ़े तीन वज्र उसके सामने इकठे हुए थे । उनके मुकाबले में अकेला वह गढ़पति (रत्नसेन) डटा था । (९) चारों दिशाओं में संसार जलने लगा । अरे, उस आग को कौन बुझा सकता था ?

(१) ढोई—निर्माण के समय चूने, गारे, ईंट इत्यादि का ढोया जाना, निर्माण कार्य, मरम्मत ।

(२) बाँके पर सुठि बाँक—तु० बाँकै चाहि बाँक सुठि कीन्हा, ५०४।२ । बाँका=टेढ़ा या दुर्गम । किला जितना दुर्गम हो उतना ही वह मजबूत समझा जाता है ।
कोट चित्र कै लेई—तु० ७३।१, १७६।८, ५०४।२ । सब जगह चित्तौड़ गढ़ के परकोटे को 'चित्र' कहा गया है । दे० ७३।१ ।

(३) थेघा—धा० थेघना=रोकना ।

(४) तुपक=तोप (५०७।८) । तोप तुर्की शब्द था ।
तीर—इस देश में तोप चल जाने के बाद कुछ समय तक तीर कमान शब्द गोले और तोपों के लिए व्यवहृत होते रहे । धनुष बाण वाला अर्थ भी चलता रहा । जायसी से कुछ ही पहले तोपों का प्रयोग यहाँ शुरू हुआ था, अतएव पद्मावत में यह दोहरी शब्दावली पाई जाती है । तोप के लिये कमान शब्द कई जगह आया है (५२५।२, ५०६।३; चित्रावली ३६७।१ में भी यह शब्दावली प्रयुक्त हुई है) ।

(६) गरगज—दे० ५२५।२

(७) धरती सरग जूझ—साधारणतः युद्ध पृथ्वी की ही दो शक्तियों में होता है । जहाँ पृथ्वी और आकाश आपस में लड़ने और टकराने लगें उसे प्रलय का दृश्य कहा है । धरती से तात्पर्य नीचे स्थित शाह की सेना; सरग से तात्पर्य दुर्ग पर स्थित रत्नसेन की सेना ।

(८) अहुठौ बज्र=साढ़े तीन वज्र । दे० ५०८।९ ।
दंगवै—जायसी में यह शब्द चार जगह प्रयुक्त हुआ है (३६१।२, ५०८।९, ५२६।८, ६२९।६) । सब जगह वह रत्नसेन के लिये आया है । दंगवै—सं० द्रंगपति=गढ़पति । माताप्रसाद जी की तीन प्रतियों में (प्र० २, द्वि०२, तृ० ३) जो देवनागरी लिपि में लिखी हुई हैं दंगवै पाठ मिलता है । पाठान्तरों के तुलनात्मक अध्ययन से विदित होता है कि दंगवै ही यथार्थ मूल पाठ था जो फ़ारसी लिपि में 'दिन कोई' लिखा और पढ़ा जा सकता था कला भवन की कैथी प्रति में भी दंगवै पाठ है ।

[५२७]

तबहूँ राजा हिएँ न हारा । राज पँवरि पर रचा अखारा ।१।
सौहैं साहि जहँ उतरा आछा । ऊपर नाच अखारा काछा ।२।
जंत्र पखाउझ आउझ बाजा । सुरमंडल रबाब भल साजा ।३।
बीन पिनाक कुमाइच कही । बाजि अँबिरती अति गहगही ।४।
चंग उपंग नागसुर तूरा । महुवरि बाज बंसि भल पूरा ।५।
हुरुक बाज डफ बाज गँभीरा । औ तेहि गोहन झाँझ मँजीरा ।६।
तंत बितंत सुभर घनतारा । बाजहिं सबद होइ झनकारा ।७।
जस सिंगार मन मोहन पातर नाँचहिं पाँच ।
पातसाहि गढ़ छेंका राजा भूला नाँच ॥४३।१२॥

(१) युद्ध का ऐसा दृश्य होने पर भी राजा के हृदय में हार न थी । उसकी आज्ञा से राजद्वार के ऊपर के भाग में अखाड़ा सजाया गया । (२) सामने ही जहाँ शाह उतरा हुआ था, उसके ऊपर नाच का अखाड़ा जुड़ा था । (३) जंत्रों में पखावज और आउज बज रहे थे । सुरमंडल और रबाब का सुन्दर साज था । (४) वीणा, पिनाक और

कुमाइच बाजे भी वहाँ थे। अमिरती अत्यन्त गहगही आवाज में बज रही थी। (५) चंग, उपंग, नागसुर और तूर बज रहे थे। बीन बज रही थी और वंशी में सुन्दर स्वर भरा जा रहा था। (६) हुडुक बजने के साथ डफ की गहरी ध्वनि थी; और उसी के साथ झाँझ मँजीरे बज रहे थे। (७) तार के और बिना तार के बाजे और खड़ताल पूरे आवेग से बज रहे थे; और पंच शब्द या नौबत के बाजों के बजने से झंकार उठ रही थी।

(८) जिस शृंगार से मन मोहित हो जाता है, उसी प्रकार से संजी हुई पाँच नर्तकियाँ नाच रहीं थीं। (९) उधर शाह ने गढ़ छेक रखा था, इधर राजा नाच में भूला हुआ था।

(१) अखारा=अखाड़ा, संगीत और नृत्य का समाज (११६।६)। जायसी ने अखाड़े का स्वरूप कहा है—नट नाटक पतुरिनि औ बाजा। आनि अखार सबै तहँ साजा (५५७।४)। हम्मीर महाकाव्य में रनथम्भोर और अलाउद्दीन के युद्ध के समय सायं सन्धि के बीच में वहाँ के हम्मीर द्वारा इसी प्रकार की गोष्ठी या शृंगार-चर्चरी करने का उल्लेख है जिसमें मृदंग, वीणा, वेणु का वादन, गवैयों का गान और नर्तकी के नृत्य का आयोजन किया गया था। उसका उद्देश्य योद्धाओं के मन को कुछ विश्राम देना था (सभ्यानां मनसीव प्रमोदिनी, हम्मीर महाकाव्य, १३।१७)। तुलसीदास ने भी युद्ध के बीच में रावण द्वारा लंका के ऊपरी आगार में इसी प्रकार के अखाड़े का उल्लेख किया है (लंका सिखर उपर आगारा। तँह दसकंधर देख अखारा, लंका काण्ड, १३।४)। जिस प्रकार जायसी ने शत्रु द्वारा अखाड़े की नर्तकी पर बाण चलाए जाने का उल्लेख किया है, वैसे ही हम्मीर महाकाव्य में भी धारा नर्त्तकी पर अलाउद्दीन द्वारा बाण चलवाए जाने का उल्लेख है, तथा रावण के अखाड़े पर भी राम द्वारा बाण मारकर रसभंग करने का वर्णन है (प्रभु मुसकान समुझि अभिमाना। चाप चढ़ाइ बाण संधाना। वही, १३।४)। चित्रावली में भी राजा चित्रसेन द्वारा रूपनगर में इसी प्रकार से अखाड़ा रचाने का उल्लेख है (७२।१)। राज पँवरि=राज प्रतोली, राजद्वार अर्थात् राजमहल के मुख्य द्वार के ऊपर यह अखाड़ा जमा था। यह द्वार दुर्ग के बाहरी द्वार से भिन्न, दुर्ग के भीतर होता था। शाह ने गरगज बाँध लिया था अतएव वहाँ से उसको अखाड़ा दिखाई पड़ना संभव था।

(२) काछा–धा० काछना=तैयार करना, सजाना, सँवारना।

(३) जंत्र—सब प्रकार के बाजे वाद्य यंत्र या केवल यंत्र भी कहलाते हैं (वस्तुतः सर्वयंत्रेषु रागाणां वादनं समम्, संगीत रत्नाकर, ६।३९९)।

पखाउझ—सं० पक्षवाद्य=पखावज। संस्कृत के किसी भी प्राचीन या नवीन कोष में यह शब्द मुझे नहीं मिला। वर्णरत्नाकर (१६२४ ई०) की बाजों की सूची में भी नहीं है। हेमचन्द्र कृत अभिधान चिन्तामणि (१२ वीं शती) एवं कल्पद्रु कोश (१६६० ई०) में पक्षवाद्य नहीं है। पृथ्वीचंद्र चरित (१४२१ ई०) में बाजों की सूची में मृदंग शब्द दिया है, पखावज नहीं (पृ० १३६)। किन्तु उसी ग्रंथ में अन्यत्र पखाउजी का उल्लेख है, (पृ० १३१)। चित्रावली (१६१३) में 'बाज पखाउज आउज संगा' (७२।७) उल्लेख जायसी की भाँति आया है। नाट्य शास्त्र में प्राचीन शब्द मृदंग था। संगीत रत्नाकर (१२१०-४७ ई०) में मृदंग, मर्दल, मुरज को पर्याय मान कर लम्बा विवेचन किया है, किन्तु पक्षवाद्य का उल्लेख नहीं है। ज्ञात होता है पन्द्रहवीं शती के लगभग यह शब्द अपनी भाषा में आया। टी० एन० मुखर्जी ने पखावज को मृदंग की आकृति के समान पर उससे कुछ लम्बा कहा है (आर्ट मैन्यूफैक्चर्स आफ इंडिया, १८८८, पृ० ९३)। पोपली ने इसका समर्थन करते हुए लिखा है कि पखावज का

चलन उत्तरी भारत में होता है और मृदंग का दक्षिण में (म्यूजिक आफ इंडिया, १९५० पृ० १२५)।

आउज–व्युत्पत्ति की दृष्टि से यह शब्द सं० आतोद्य से बना है–आतोद्य > प्रा० आओज्ज, आउज्ज (पासद०) > आउज। अमर कोश में वाद्य, वादित्र, आतोद्य को पर्याय माना है (अमर १।६।४-५)। नाट्य शास्त्र में भी आतोद्य शब्द से सब बाजों का ग्रहण किया है (अथातोद्य-विधिस्त्वेष मया प्रोक्तः समासतः। ३३।१, २०)। संगीत रत्नाकर में लिखा है कि बाजों के स्थानीय नाम जानने वाले कुछ लोग 'आवज' (जो आउज का ही रूप है) को हुडुक्का का पर्याय मानते हैं (लक्ष्यज्ञास्त्वावजं प्राहुरिमां स्कन्धावजं तथा। ६।१०७५)। इस दृष्टि से आउज के बजाने वाले आउजी और हुडकिए एक हुए। गढ़वाली में औजी और हुड़क्या दोनों शब्द भिन्न अर्थों में प्रचलित हैं। ढोल दमामा बजाने वाले औजी कहलाते हैं (धुंयाल, गढवाली लोक गीत संग्रह, पृ० ङ, ज, २)। जायसी और चित्रावली दोनों में आउझ या आउज और हुडुक का पृथक् उल्लेख किया गया है। वह ढोल जैसा मँढा हुआ कोई वाद्य होना चाहिए। बाजे मात्र के अर्थ में इस शब्द का प्रयोग जायसी ने नहीं किया। पृथ्वीचंद्र चरित्र में 'आउजी, पखाउजी, पटाउजी' का एक साथ उल्लेख है (पृ० १३१)। पटाउजी पट्टवाद्य या लेजिम बजाने वाले के लिये है (संगीत रत्नाकर, ६।१२०३-७)। पखाउजी का उल्लेख ऊपर हो चुका है, और आउजी यही है जिसका अर्थ ढोलिया अथवा नगाड़ची ज्ञात होता है। शब्दसागर में ताशे को आउज कहा है, पर संगीत रत्नाकर के स्कंधावज या कंधे से लटकने वाले बाजे को ताशा कहना अधिक उपयुक्त होगा।

सुरमंडल–सं० स्वर मंडल–यह प्राचीन कात्यायनी वीणा या शत तंत्री वीणा का ही रूप था। संगीत रत्नाकर में इक्कीस तारों वाली मत्तकोकिला वीणा का उल्लेख है जिसे सब वीणाओं में प्रधान माना है (६।११०-११२)। टीकाकार कल्लिनाथ ने मत्तकोकिला को ही स्वर मंडल माना है (मत्तकोकिलेव लोके स्वर मंडल मित्युच्यते)। पोपली के अनुसार स्वर मंडल का ही वर्तमान रूप ईरानी कानून नामक वाद्य है जिसमें ३७ तार होते हैं। वे अंग्रेजी पिआनो को स्वर मंडल का ही विकसित रूप मानते हैं। स्वरमंडल तीन फुट लंबा, डेढ़ फुट चौड़ा और सात इंच ऊँचा बाजा है, इसमें लोहे के तार होते हैं जो मिजराब से बजाए जाते हैं। इसमें से अत्यन्त मधुर स्वर उत्पन्न होते हैं (वही, पृ० ११६-१७)। चित्रावली (१६१३) में सुर-मंडल के बत्तीस तार कहे गए हैं (सुरमंडल तहँ अपुरब दीसा। एक सरासन पइँच बतीसा। ७२।५)।

रबाब–सारंगी की तरह का बाजा, जो भारी रागों (मालकोस, कान्हड़ा आदि) के बजाने के काम में आता था। यह बीन का समकक्ष था और हाथ से बजाया जाता था। इसकी तबली चमड़े से मढ़ी होती थी। किन्हीं के मत से प्राचीन रुद्र वीणा का ही रबाब हो गया (मुखर्जी, आर्ट मैन्यूफैक्चर्स आफ् इंडिया, पृ० ८२)। यह किंवदन्ती कि रबाब का आविष्कार तानसेन ने किया, जायसी के इस उल्लेख से कट जाती है (पोपली, वही, पृ० १८)। रबाब ईरान और अरब देशों से स्पेन में प्रचलित हुआ और उसीका एक रूप रेबेक नाम से यूरुप में चल गया। भारतीय सारंगी और सरोद उसी जाति के बाजे हैं। पोपली के अनुसार इन सबका मूल भारतीय वीणा ही थी (वही, १०२-१०३)। कुछ विद्वानों के मत से योरुपीय वायलिन का विकास रबाब से ही हुआ (इंसाइक्लोपीडिया ब्रिटैनिका, १९, पृ० ८, ९)।

(४) बीन–मध्यकाल में लोक भाषाओं में वीणा के लिये बीन शब्द चल गया था (पोपली, पृ० १८, १०४)। पृथ्वीचंद्र चरित में भी वीणा बजाने वाले को वीणकार कहा है (पृ० १३१)। सूरसागर और चित्रावली में भी बीन ही रूप है। तानसेन के शिष्य बीनकार और रबाबिये

इन दो वर्गों में विभक्त थे (पोपली, पृ० १८) । वीणा भारतीय संगीत का शिरोमणि वाद्य है । उसका माधुर्य सब वाद्य यंत्रों से अधिक है । संगीत रत्नाकर में अनेक प्रकार की वीणाओं का उल्लेख है, यथा एक तंत्री वीणा, नकुल वीणा और सप्त तंत्री या चित्रा नामक वीणा इत्यादि ।

पिनाक—यह तार का अत्यन्त प्राचीन बाजा था । कहा जाता है शिव ने इसका आविष्कार किया (पोपली, वही) । शार्ङ्गदेव के अनुसार पिनाक इकतालीस अंगुल लम्बा बाजा था जो इक्कीस अंगुल लम्बे वादन चाप या धनुही से बजाया जाता था (अश्ववालधि केशोत्थो गुणो वादन धन्वनः । मानं वादन चापे स्यादंगुलान्येक विंशतिः ॥ ६, ४०५-७) । चित्रावली में पिनाक नामक बाजे से सुर साधने का उल्लेख है (गहि पिनाक जानहु सुर गहा । ७३।४) । वर्णरत्नाकर की पिनाक धरणी वीणा यही ज्ञात होती है (वर्ण० पृ० ५२) ।

कुमाइच—वर्णरत्नाकर में २७ वीणाओं की सूची में जिसे कूर्म वीणा कहा है वही यह ज्ञात होती है (वर्ण० पृ० ५२) । मुखर्जी के अनुसार अलाबु सारंगी नामक प्राचीन हिंदू बाजे का ही मुसल्मानी नाम कमरचा था । कश्मीर में इसे कमाँचा भी कहते हैं (वही, पृ० ८२-८३) । चित्रावली (७३।३) में भी इसका उल्लेख है ।

अँबिरती—यह भी एक प्राचीन तार का बाजा था । पोपली के अनुसार रावणहस्त नामक तार के बाजे के सदृश एक बाजे का नाम अमृत था (वही, पृ० १०२) । सूरसागर में इसे अमृत कुंडली कहा है (बाजत बीन रबाब किन्नरी अमृत कुंडली यंत्र । सुर सरमंडल जल तरंग मिलि करत मोहनी मंत्र ॥ शब्दसागर में उद्धृत, पृ० १४७) ।

गहगहे—देशी गहगह=हर्ष से भर जाना (भविसयत्त कहा, गहगहइ, पासह०) ।

(५) चंग—बड़ी खंजड़ी जिसे अभी तक लावनीबाज़ बजाते हैं, डफ के आकार का बाजा । वर्णरत्नाकर की सूची में और बाजों के साथ चंग का भी उल्लेख है ।

उपंग—संस्कृत उपांग । मुखर्जी के अनुसार उपांग नस तरंग नामक बाजा था । यह तुरही के आकार का होता था और गले पर लगाकर नसों को फुलाकर बजाया जाता था । भारतवर्ष के अतिरिक्त अन्य किसी देश में इस प्रकार का वाद्य नहीं होता । मथुरा वृंदावन की ओर इसका विशेष प्रचार था (मुखर्जी, वही, पृ० ९५) । सूर ने भी इसका उल्लेख किया है (मुरली मुरज रबाब उपंग ॥ सूरसागर, प० १७९८) । चित्रावली ७३।२ में अतंक अपपाठ है उपंग होना चाहिए ।

नागसुर—नागसुरम् या नागेसर=मुँह से फूँककर बजाये जाने का एक वाद्य । यह विशेष रूप से दक्षिण में प्रचलित है । यह दो से ढाई फुट तक लम्बा होता है तथा इसमें बारह छेद होते हैं । लकड़ी या नरकुल का बनाया जाता है और ऊपर से ताँबा या चाँदी मढ़ते हैं ।

तूरा=तुरही । सं० तूर्य > प्रा० तूर ।

महुवरि—सं० मधुकरी । संगीत रत्नाकर के अनुसार मधुकरी सींग या लकड़ी की बनी अट्ठाईस अंगुल लम्बी होती थी । यह शहनाई की तरह का बाजा था, जिसके पतले सिरे पर ताँबे की बारीक नली (यवस्थूला नलिका) लगी रहती थी । मुखरंध्र से चार अगुल नीचे सात छिद्र होते थे तथा एक आठवाँ छिद्र मुखरंध्र और सप्तरंध्रों के बीच में नीचे की ओर बनाया जाता था (संगीत० ६।७८५-७९१) । वर्णरत्नाकर में भी महुवरि का उल्लेख है (पृ० ३४) । शब्दसागर में महुवर को तूमड़ी या सपेरों की बीन कहा है । सूरसागर में कृष्ण को महुअरि बजाने में प्रवीण कहा गया है (सूर श्याम जानी चतुराई जिहिं अभ्यास महुअरि कौ, २१०५) जिससे अनुमान होता है कि महुअरि मूल में वंशी या मुरली की भाँति का बाजा था ।

(६) हुरुक—हुड़क नाम का बाजा । सं० हुडुक्का । इसके दोनों सिरों पर चमड़ा मँढा रहता है । शार्ङ्गदेव के अनुसार हुडुक्का की लम्बाई एक हाथ, परिधि २१ अंगुल, मुख का व्यास ७ अंगुल

और लकड़ी की मोटाई एक अंगुल होती है। हुडुक कंधे से लटका कर बांए हाथ से बीच में पकड़कर दाहिने हाथ से बजाते हैं (संगीत० ६।१०६६-७४)।

डफ–एक ओर मढ़ा हुआ बाजा। इसके गोल घेरे के ऊपर चमड़ा मढ़ा रहता है। पीछे की ओर ताँत का जाल सा बुना रहता है जिसके बीच में एक छेद छोड़ दिया जाता है (मुखर्जी, वही, पृ० ९५)।

गोहन=साथ में (१८३।९, १८५।१, ४१०।७ पर टिप्पणी, ५१५।४)।

झाँझ–प्रा० झंझा=कांस्य का बना हुआ तश्तरी के आकार का जोड़ा जिन्हें टकरा कर बजाते हैं। शार्ङ्गदेव के अनुसार कांस्य के बने तेरह अंगुल चौड़े, कमल के पत्ते के समान फैले हुए दो पट्ट जिनके बीच में अंगुल पर गहरा गड्ढा पीछे की ओर दो अंगुल चौड़ा रहता है कांस्यताल कहलाते हैं (संगीत० ११८२-३)। ये ही झांझ हैं। पृथ्वीचंद्र चरित की सूची में झाँझ की जगह कसाल का उल्लेख है (पृ० १३४)।

मँजीरा–छोटी कटोरी के आकार का एक प्रचलित घन वाद्य। शार्ङ्गदेव की वाद्य सूची में जिसे ताल कहा है वह यही है–'कांस्य का बना, सवा दो अंगुल चौड़ा, अंगुल भर गहरा, आकृति में गोल ताल नामक बाजा होता है। इसके जोड़े में पीछे उभरे हुए भाग में नेत नामक रेशमी वस्त्र की बटी हुई डोरी डालकर हाथों से पकड़कर बजाते है। इसकी मन्द ध्वनि शक्ति का रूप और ऊँची ध्वनि शिव का रूप है' (अल्पनादो भवेच्छक्तिर्भूरिनादः शिवो भवेत्। शिवे स्निग्धे घनो नादः शक्तौ स्यात्तद्विपर्ययः॥ संगीत० ६।११७८)।

(७) तंत–बितंत–सं० तंत्र–वितंत्र या तत वितत, तार के और बिना तार के (मढ़े हुए) बाजे। चित्रावली (७३।८) में तंत वितंत का उल्लेख है।

घनतारा=घनताल, करताल या खड़ताल (शब्दसागर)। लकड़ी के चार लम्बे टुकड़े जिनका एक-एक जोड़ा दोनों हाथों में लेकर बजाते हैं। शार्ङ्गदेव ने जिसे कम्रा नामक वाद्य कहा है उसका वर्णन खड़ताल से ठीक मिलता है–'खैर की लकड़ी या ठोस बाँस के बारह अंगुल लम्बे और दो अंगुल चौड़े चार टुकड़े कम्रिका या कम्रा कहलाते हैं। अंगूठे और बीच की अंगुली में पिरोकर दोनों हाथों में दो दो पकड़ कर मणि बंध को कँपाते हुए कम्रिका वादन किया जाता है' (संगीत० ११९४-९९)।

बाजहिं सबद होइ झनकारा–इस उक्ति का समकक्ष उल्लेख चित्रावली में इस प्रकार है–पाँचौ सबद जो जगत महँ होइ रहा झनकार (७३।९)। बाजहिं सबद अर्थात् शब्द बज रहे थे, जायसी की इस उक्ति का संकेत पंच शब्द से है। पंच शब्द की परंपरा अत्यन्त प्राचीन काल से चली आती थी। पाली महावंस की वंसत्थप्पकासिनी टीका में पंचगिक तुरीय निग्घोस सद्द (=पंचांगिक तूर्य निर्घोष शब्द) का उल्लेख है। बाण ने सेना के प्रयाण का वर्णन करने से पूर्व छावनी में एक पहर रात रहते पटह (नगाड़ा), नांदी, गुंजा, काहल (तुरही जैसा बाजा जिसे काहली कहते हैं) और शंख, इन पाँच बाजों के बजाने का उल्लेख किया है। पंच शब्द का अधिकार राजा को होता था अथवा अन्य जिस किसी को राज्य द्वारा यह अधिकार प्रदान किया जाता था। ज्ञात होता है कालान्तर में नक्कार खाने में बजाई जाने वाली नौबत पंच शब्द का ही मध्यकालीन रूप थी। इनके बाजों के प्रकार और संख्या में कुछ अंतर होता रहता था किन्तु भाव वही था। अबुलफ़ज़्ल ने आईन में नक्कार खाने के बारे में दमामा, नगाड़ा, ढोल, करना, सरना, नफ़ीर, सींग, और मँजीरे का उल्लेख किया है। इस प्रकार की नौबत नित्य प्रति नियत समय पर एवं विशेष अवसरों पर बजाई जाती थी (आईन १९)।

[५२८]

बीजानगर केर सब गुनी। करहिं अलाप बुद्धि चौगुनी।१।

प्रथम राग भैरौ तेन्ह कीन्हा । दोसरें माल कौस पुनि लीन्हा ।२।
पुनि हिंडोल राग तिन्ह गाए । चौथें मेघ मलार सोहाए ।३।
पुनि उन्ह सिरी राग भल किया । दीपक कीन्ह उठा बरि दिया ।४।
छवउ राग गाएनि भल गुनी । औ गाएनि छत्तीस रागिनी ।५।
ऊपर भईं सो पातर नाँचहिं । तर भै तुरुक कमानै खाँचहिं ।६।
सरस कंठ भल राग सुनावहिं । सबद देहिं मानहुँ सर लागहिं ।७।
सुनि सुनि सीस धुनहिं सब कर मलि मलि पछिताहिं ।
कब हम हाथ चढ़हिं ये पातरि नैनन्ह के दुख जाहिं ॥४३।१३॥

(१) बीजानगर के अनेक कलावन्त गायक अलाप ले रहे थे और अपनी चौगुनी प्रतिभा का प्रकाश कर रहे थे । (२) पहले उन्होंने भैरव राग गाया । फिर दूसरे स्थान पर मालकोश राग छेड़ा । (३) फिर उन्होंने हिंडोल राग गाया । चौथे सुन्दर मेघ मलार का गान किया । (४) फिर उन्होंने शोभन रूप में श्रीराग का गान किया । तदनन्तर जब दीपक राग गाया तो दीपक जल उठा । (५) प्रसिद्ध गायकों ने छहों राग गाए और उनकी छत्तीस रागिनियाँ भी गाईं । (६) ऊपर वे नर्त्तकी नाच रही थीं । नीचे तुर्क कमानें खींच रहे थे । (७) वे सरस कंठ से अच्छे-अच्छे राग सुना रही थीं । जो स्वर वे सुनातीं वे बाण की तरह लगते थे ।

(८) सब लोग सुन-सुनकर सिर धुन रहे थे और हाथ मल-मल कर पछताते थे । (९) कब ये नर्त्तकी हमारे हत्थे चढ़ें जो नेत्रों की पीड़ा मिटे ?

(१) बीजानगर—दे० १३८।४ । फ़रिश्ता के अनुसार विजयनगर के नाम का उच्चारण उस समय बीजानगर प्रसिद्ध था । बीजानगर के राजाओं के संरक्षण में संगीत विद्या की बहुत उन्नति हुई । उत्तरी भारत में उनके कर्नाटक संगीत की ख्याति फैल गई थी ।
गुनी—कलावन्त, उस्ताद (४४६।६) ।

(२) छः राग और छत्तीस रागिनियों के नाम सोलहवीं शती से कई शती पहले प्रसिद्धि पा चुके थे । किन्तु रागमाला या राग-रागिनी परिवार की कल्पना १५ वीं शती में किसी समय की गई ।

[५२९]

पतुरिनि नाँचै दिहें जो पीठी । परिगै सौंहँ साहि कै डीठी ।१।
देखत साहि सिंघासन गूँजा । कब लगि मिरिग चंद रथ भूँजा ।२।
छाँड़हु बान जाहिं उपराहीं । गरब केर सिर सदा तराहीं ।३।
बोलत बान लाख भा ऊँचा । कोइ सो कोट कोइ पँवरि पहूँचा ।४।
मलिक जहाँगिर कनउज राजा । ओहि क बान पातरि कहँ बाजा ।५।
बाजा बान जंघ जस नाँचा । जिउ गा सरग परा भुइँ साँचा ।६।
उदसा नाँच नचनिया मारा । रहसे तुरुक बाजि गए तारा ।७।

जो गढ़ साजा लाख दस कोटि सँवारहिं कोट ।
पातसाहि जब चाहै बचहि न कौनिहु ओट ॥४३।१५॥

(१) जो नर्त्तकी पीठ देकर नाच रही थी वह शाह की दृष्टि के सामने पड़ी। (२) देखते ही शाह अपने सिंहासन पर गरज उठा, 'कब तक मृग को चाँद अपने रथ में जोते हुए उसका भोग करेगा ? (३) बाण चलाओ जो ऊपर की ओर जाएं। गर्व का सिर सदा नीचे होना चाहिए।' (४) आज्ञा देते ही लाखों बाणों ऊपर छोड़े गए। उनमें से कोई कोट तक और कोई फाटक तक पहुँचा। (५) मलिक जहाँगीर कन्नौज का राजा था। उसका बाण नर्तकी को जाकर लगा। (६) जैसे ही बाण लगा वैसे ही टाँग जैसे नाच गई। प्राण स्वर्ग को चला गया और देह रूपी ढाँचा भूमि पर पड़ा रह गया। (७) नाचने वाली के मरने से नाच उखड़ गया। तुर्क प्रसन्न हुए और तालियां बज उठीं।

(८) जो गढ़ दस लाख मनुष्यों से सज्जित हुआ हो और करोड़ों ने जिसका परकोटा बनाया हो, (९) वह भी यदि बादशाह नाश करना चाहे तो किसी रक्षा से नहीं बच सकता।

(१) पतुरिनि नाँचै दिहें जो पीठी—पतुरी नाच का यह अभिप्राय रनथंभोर के हमीर और अलाउद्दीन के युद्ध में आया है। एक दिन हम्मीर देव श्रृंगार चर्चरी की सभा में बैठा था। सभासदों का मन बहलाने के लिये धारा देवी नाम की नर्तकी अपना नाच दिखा रही थी। अन्त में तांडव का प्रदर्शन करते हुए उसकी पीठ अलाउद्दीन की ओर होगई। इससे अपमान समझकर अलाउद्दीन ने क्रोध में कहा—है कोई ऐसा धनुर्धारी जो इसे अपने बाण का निशाना बना दे ? बताया गया कि राजपूत बन्दी उड्डानसिंह वैसा कर सकता है। उसे ले आए और हथकड़ी बेड़ी खोल दी गई। उसने नर्तकी को अपने बाण का निशाना बना दिया और वह बिजली की तरह छटक कर नीचे आ गिरी (नयचन्द्र सूरि कृत हम्मीर महाकाव्य, बम्बई १८७९, सर्ग १३, श्लो० ११-३२, मूर्च्छांमतुच्छामृच्छन्ती बाणघातेन तेन सा। उपत्यकायां न्यपतद्दिवो विद्यु दिव च्युता ॥३२॥ जगनलाल गुप्त, हम्मीर महाकाव्य, नागरी प्रचारिणी पत्रिका, भाग १३, पृ० ३०६-७)।

(७) उदसा—धा० उदसना=अस्त व्यस्त होना, उखड़ जाना। चित्रावली में उडसना (७७।६, ८८।२) और उधसना (४०९।८, ५३७।४) ये दो रूप भी इसके प्रयुक्त हुए हैं (चित्रावली, काशी संस्करण)। भोजपुरी में प्रचलित धातु है—उडसलि सेजिया भयने मोर डसावेले (कृष्ण देव उपाध्याय, भोजपुरी ग्राम गीत, १३७।११)।

[५३०]

राजैं पँवरि अकास चलाई। परा बाँध चहुँ फेर अलाई ।१।
सेतबंध जस राघौ बाँधा। परा फेरु भुइँ भारु न काँधा ।२।
हनिवँत होइ सब लाग गुहारा। आवहिं चहुँ दिसि केर पहारा ।३।
सेत फटिक सब लागै गढ़ा। बाँध उठाइ चहूँ गढ़ मढ़ा ।४।
खँड ऊपर खँड होहिं पटाऊ। चित्र अनेग अनेग कटाऊ ।५।
सीढ़ी होति जाहिं बहु भाँती। जहाँ चढ़हिं हस्तिन्ह कै पाँती ।६।

भा गरगज अस कहत न आवा । जनहुँ उठाइ गँगन कहँ लावा ।७।
राहु लाग जस चाँदहि गढ़हि लाग तस बाँध ।
सब दर लीलि ठाढ़ भा रहा जाइ गढ़ काँध ।।४३।१९।।

(१) राजा ने गढ़ की पौर आकाश तक ऊँची बना रखी थी। उसके मुकाबले के लिये चारों ओर से अलउद्दीन ने बाँध बाँधना शुरू किया। (२) जिस युक्ति से रामचन्द्र ने सेतुबन्ध बाँधा था, वैसे ही हाथों हाथ सामान ढोने का प्रबन्ध किया गया। कुछ भी बोझा धरती पर न रखना पड़ता था। (३) हनुमान के समान जोर से चिल्लाकर सब सेना में पुकार पड़ी। चारों ओर से पहाड़ तोड़ तोड़कर लाए जाने लगे। (४) सफेद पत्थरों को अनेक कारीगर गढ़ने लगे। उनका बाँध उठाकर चारों ओर से गढ़ को मढ़ दिया गया। (५) उस बाँध में एक खंड के ऊपर दूसरे खंड का पटाव होने लगा। उसमें अनेक चित्र और अनेक कटाव बनाए। (६) बाँध बाँधते समय बहुत प्रकार की सीढ़ियाँ भी बनती जाती थीं जिन पर हाथियों की पंक्तियाँ चढ़ सकती थीं। (७) उस बाँध से ऐसा गरगज तैयार हो गया कि कहा नहीं जा सकता, मानों गरगज उठाकर उसे आकाश तक ऊँचा ले गए थे।

(८) जैसे चन्द्रमा को राहु ग्रसता है वैसे ही बाँध ने गढ़ को ग्रस लिया। (९) वह सारे सैन्य दल को अपने भीतर निगलकर गढ़ के परकोटे तक जा पहुँचा।

(१) पँवरि अकास चलाई–गढ़ की पौर आकाश तक ऊँची थी। इस कारण शाह गढ़ तोड़ने या नाँघने में सफल नहीं हो रहा था। अतएव उसने चारों ओर बाँध बाँधकर अपना ढलवाँ गरगज परकोटे तक ऊँचा उठाने का निश्चय किया जिससे गढ़ के भीतर की सेना को उँचाई का कुछ लाभ न रहे।
बाँध–पत्थर मिट्टी आदि का चौड़ा ऊँचा बन्धा।
अलाई–अलाउद्दीन का। जैसे अलाई दरवाजा, अलाई मोहर।

(२) परा फेरु–यहाँ उस प्रकार के प्रबन्ध की ओर संकेत है जिसमें बोझा ढोने वालों की पंक्ति उसे हाथों हाथ पहुँचाती है और भार को कहीं पृथ्वी पर नहीं रखना पड़ता।

(३) हनिवँत–पहले कहा है कि हनुमान जी लंका के मार्ग में रहते हैं और छठे महीने जागकर हाँक देते हैं। छठएँ मास देइ उठि हाँका। २०८।१-२; और भी, १३६।६, २३७।२, ३५५।२)। उसी प्रकार शाह की सेना में जोर की पुकार हुई।

(४) सेत फटिक–चित्तौड़ के आसपास के पत्थर का यही रंग है।

(६) सीढ़ी–बाँध बाँधते समय इस प्रकार का ढाल रखते थे कि हाथी भी चढ़ सके। इन्हें मध्यकाल की परिभाषा में पथा या पाज कहते थे।

(७) गरगज–दे० ५२५।२, ५२६।६। यहाँ बंधे को ही गरगज के रूप में तैयार किया गया है जो शहतीरों से बने और खिसकने वाले गरगज से भिन्न था।

(९) काँध–गढ़ का कन्धा या परकोटे का कंगूरे वाला सिरा।

[५३१]

राजसभा सब मतैं बईठी। देखि न जाइ मंदि भै डीठी ।१।

उठा बाँध तस सब गढ़ बाँधा । कीजै बेगि भार जस काँधा ।२।
उपजै आगि आगि जौं बोई । अब मत किएँ आन नहिं होई ।३।
भा तेवहार जो चाँचरि जोरी । खेलि फागु अब लाइअ होरी ।४।
समदहु फागु मेलि सिर धूरी । कीन्ह जो साका चाहिअ पूरी ।५।
चंदन अगर मलैगिरि काढ़ा । घर घर कीन्ह सरा रचि ठाढ़ा ।६।
जौहर कहँ साजा रनिवाँसू । जेहि सत हिएँ कहाँ तेहि आँसू ।७।
पुरुखन्ह खरग सँभारे चंदन घेवरे देह ।
मेहरिन्ह सेंदुर मेला चहहिं भईं जरि खेह ॥४३१।१७॥

(१) सारी राज सभा मंत्रणा के लिये जुड़ी। 'हमें कुछ सूझ नहीं पड़ता। दृष्टि मन्द हो गई है। (२) बाँध इस प्रकार उठाया गया है कि उसने सब गढ़ को छेक लिया है। जो बोझा हमने स्वीकार किया है उसे शीघ्र कर डालना चाहिए। (३) जब हमने आग बोई है तो उससे आग ही उत्पन्न होगी। अब मंत्रणा करने से दूसरा कुछ नहीं हो सकता। (४) वह त्योहार हो चुका जिसमें चाँचर जोड़ी थी। अब होली में आग लगाकर फाग खेलो। (५) सिर में धूल डाल कर फाग मिलो, यदि साका पूरा करना चाहते हो।' (६) इस प्रकार सभा का निश्चय हो जाने पर मलयगिरि चन्दन इकट्ठा किया गया और घर घर में चिता चुनकर लगाई गई। (७) रनिवास जौहर के लिये तैयार हुआ। जिसके हृदय में सत है उसके आँसू कहाँ?

(८) पुरुषों ने खड्ग सँभाल लिए और देह में चन्दन लगाया। (९) स्त्रियों ने माँग में सिंदूर भरा। वे जलकर भस्म हो जाना चाहती थीं।

(१) मतैं=मंत्रणा के लिये।
(३) आगि जौं बोई–अर्थात् जब हमने युद्ध का निश्चय किया तो अब युद्ध ही करना होगा, मंत्रणा करने से उसे अब संधि में नहीं बदला जा सकता।
(८) घेवरे–धा० घेवरना=पोतना, लगाना (१९९।८)। ग्रह > प्रा० घे, घेप्प से अपभ्रंश में यह धातु बनी ज्ञात होती है।

[५३२]

आठ बरिस गढ़ छेंका अहा । धनि सुलतान कि राजा महा ।१।
आइ साहि अँबराँउ जो लाए । फरे झरे पै गढ़ नहिं पाए ।२।
हठि चूरौं तौ जौहर होई । पदुमिनि पाव हिएँ मति सोई ।३।
एहि बिधि ढीलि दीन्ह तब ताँई । ढीली कीं अरदासैं आईं ।४।
पछिउँ हरेव दीन्ह जौ पीठी । सो अब चढ़ा सौंहँ कै डीठी ।५।
जिन्ह भुइँ माँथ गँगन तिन्ह लागा । थाने उठे आउ सब भागा ।६।
उहाँ साह चितउर गढ़ छावा । इहाँ देस सब होइ परावा ।७।

जेहि जेहि पंथ न तिनु परत बाढ़े बैरि बबूर ।
निसि अँधियारि बिहाइ तब बेगि उठै जब सूर ॥४३।१८॥

(१) आठ बरस तक गढ़ घिरा रहा। सुल्तान को धन्य कहा जाय या राजा को बड़ा कहा जाय ? (२) शाह ने आकर जो बगीचे लगाए थे वे फल गए और झर गए, पर वह गढ़ नहीं लिया जा सका। (३) उसके मन में यही विचार बना रहा था कि पद्मिनी प्राप्त करनी चाहिए, पर यदि हठ से गढ़ तोड़ूँगा तो जौहर हो जायगा। (४) इसीलिए उसने तब तक ढील दी थी। अब दिल्ली से बिनतियाँ आने लगीं। (५) 'पश्चिम में जिस हेरात ने पहले पीठ दिखा दी थी, वह अब सामने आँख मिलाकर चढ़ आया है। (६) जिनका मस्तक धरती में रहता था अब आकाश में जा लगा है। थाने उठ गए हैं और सब भागे आ रहे हैं। (७) वहाँ शाह चित्तौड़ गढ़ पर छाया हुआ है, यहाँ सब देश पराया हुआ जाता है।

(८) जिस-जिस मार्ग में घास भी नहीं उगती थी वहाँ बेर और बबूल (या बैरी रूपी बबूल) बढ़ गए हैं। (९) रात्रि का अंधकार तब दूर होगा जब शीघ्र ही सूर्य का यहाँ उदय होगा।'

(१) आठ बरिस–यह कवि की उक्ति है। वस्तुतः चित्तौड़ का घेरा सन् १३०३ में छः मास सात दिन तक रहा था और १६ अगस्त १३०३ (३ मोहर्रम हि० ७०३) को समाप्त हुआ था। (अकबरनामा, अंग्रेजी अनुवाद, पृ० ४७५)।

(४) अरदासैं–फा० अर्ज़दाश्त=बिनती, विज्ञप्ति।

(५) हरेव=हेरात (५७७।३)। उत्तर पश्चिम में उस समय तीन सूबे थे, पहले गजनी, दूसरे हिन्दू कुश के पश्चिम में हेरात और उसके पीछे खुरासान। अलाउद्दीन ने गजनी तक फ़तह किया था और उसके राज्य की सीमा वहीं तक थी (खुसरो कृत इंशा-ए-अमीर खुसरू, कलकत्ता संस्करण, पृ० १७५)। अतएव जायसी का यह लिखना यथार्थ है कि हेरात के शासक ने पीछे से अलाउद्दीन के राज्य पर चढ़ाई कर दी थी और शाही थाने उठा दिए थे। ये शत्रु मुग़ल थे और इल्तुतमिश के समय से उस इलाके में बस गए थे।

(६) थाने–वे किले जिनमें सैनिक टुकड़ी रखकर मुल्क पर कब्जा कायम रखा जाता था (आईन अकबरी, १।३६९ पाद टिप्पणी)। इसके लिए मध्यकालीन परिभाषा में संस्कृत शब्द रक्षा-चतुष्किका (रक्षार्थ चौकियाँ) था (वस्तु पाल तेजःपाल प्रशस्ति, १२२५ ई० के लगभग, श्लोक ७)।

४४ : राजा-बादशाह-मेल-खण्ड

[५३३]

सुना साहि अरदासि जो पढ़ी। चिंता आनि आन कछु चढ़ी ।१।
तब अगुमन मन चिंतै कोई। जो आपन चिंता कछु होई ।२।

मन झूठा जिउ हाथ पराएँ । चिंता एक भए दुइ ठाँए ।३।
गढ़ सौं अरुझि जाइ तब छूटा । होइ मेराउ कि सो गढ़ टूटा ।४।
पाहन कर रिपु पाहन हीरा । बेधौं रतन पान दै बीरा ।५।
सरजा सेंती कहा यह भेऊ । पलटि जाहि अब मानै सेऊ ।६।
कहु तोसौं न पदुमिनी लेऊँ । चूरा कीन्ह छाँड़ि गढ़ देऊँ ।७।
आपन देस खाहि भा निस्चल औरु चँदेरी लेहि ।
समदन समुँद जो कीन्ह तोहि ते पाँचौं नग देहि ॥४४।१॥

(१) अरदास जो पढ़ी गई, शाह ने उसे सुना । अब तक उसे कुछ और चिन्ता थी; अब दूसरी चढ़ गई । (२) तब आगे की बात मन में कोई सोचे कि जब अपना सोचा हुआ कुछ होता हो (मनुष्य सोचता कुछ है, होता कुछ और है) । (३) वह मन झूठा है जिसका जी पराए हाथ में हो । वह दो स्थानों में होकर एक की बात सोचता है (सच्चा वह है जो एक में लगकर एक की ही बात सोचे) । (४) शाह सोचने लगा कि गढ़ से उलझ कर तभी छूटा जा सकता है जब या तो मेल हो जाए या गढ़ टूटे । (५) पत्थर का वैरी हीरे की भाँति पत्थर ही होता है । मैं भी इस रतन को पान का बीड़ा देकर बेधूँगा (सम्मान देकर परास्त करूँगा) । (६) शाह ने सरजा से यह भेद कहा कि जिस युक्ति से राजा पलट जाय और अब भी सेवा मान ले । (७) 'उससे जाकर कहो कि अब तुझसे पद्मिनी न लूँगा । यद्यपि गढ़ का चूरा कर चुका हूँ पर उसे भी छोड़ दूँगा ।

(८) अपने देश का निश्चल होकर उपभोग करो और साथ में चंदेरी भी लो । (९) समुद्र ने तुम्हें जो भेंट दी थी वे पाँचों रत्न मुझे दे दो ।'

(१) अरदासि जो पढ़ी–प्राचीन काल में और मध्य काल में विशेष अधिकारी होते थे जो राजा को पत्रादि पढ़कर सुनाते थे ।

(३) मन झूठा -कवि का आशय है कि मन वही सच्चा है जो अपने वश में है । अध्यात्म पक्ष में जो ईश्वर की बात सोचकर संसार में आसक्त रहता है वह झूठा मन है ।

(५) पाहन हीरा–माणिक्य या रत्नों को बेधने के लिये हीरे की कनी काम में लाते हैं । शाह का भी यही आशय है कि रत्नसेन के मन को जीतने के लिये सम्मान रूपी हीरे का प्रयोग करूँ ।

(९) पाँचों नग–दे० ४१।९।४-६, ४८७।१-७ ।

[५३४]

सरजा पलटि सिंघ चढ़ि गाजा । अग्याँ जाइ कही जहँ राजा ।१।
अबहूँ हिएँ समुझु रे राजा । पातसाहि सौं जूझ न छाजा ।२।
जाकरि धरी पिरिथिमी सेई । चहै त मारै औ जिउ देई ।३।
पींजर महँ तूँ कीन्ह परेवा । गढ़पति सो बाँचै कै सेवा ।४।
जब लगि जीभि अहै मुख तोरें । पँवरि उघेलु बिनौ कर जोरें ।५।

पुनि जौं जीभ पकरि जिउ लेई। को खोलै को बोलै देई।६।
आगें जस हमीर मत मंता। जौं तस करसि तोर भावंता।७।
देखु काल्हि गढ़ टूटिहि राज ओही कर होइ।
करु सेवा सिर नाइ कै घर न घालु बुधि खोइ॥४४।२॥

(१) सरजा शाह के यहाँ से लौटकर अपने सिंह पर चढ़कर गर्जा और जहाँ राजा रत्नसेन था वहाँ जाकर शाह की आज्ञा कही। (२) 'हे राजा, अब भी मन में समझ। शाह से युद्ध शोभा नहीं देता। (३) जिसकी टेकी हुई पृथ्वी का तू सेवन करता है वही चाहे तो मारे और चाहे जीवन दे। (४) उसने तुझे पिंजड़े का पक्षी बना दिया है। उससे वही गढ़पति बच पाता है जो सेवा करता है। (५) जब तक तेरे मुँह में जीभ है तब तक हाथ जोड़कर विनय के साथ गढ़ की पौर खोल दे (६) फिर जब वह तेरी जीभ पकड़कर जीव ले लेगा, फिर किसका खोलना और कौन बोलने देगा ? (७) आगे जैसा हमीर ने अपना मत बनाया था, यदि तू भी वैसा ही करना चाहे तो तेरी इच्छा।

(८) देख, कल गढ़ टूट जायगा और राज्य उसी शाह का हो जायगा। (९) इसलिए सिर नवाकर सेवा कर। बुद्धि खोकर घर का नाश न कर।'

(१) सिंघ चढ़ि–दे० ४८८।६, ताजन नाग सिंह असवारू। च० १ में सिंघ पाठ ही है।
(७) हमीर–दे० ४९१।३। रणथंभोर के हमीर ने संधि करके झुकने की अपेक्षा युद्ध में प्राण देने और जौहर करने का ही निश्चय किया था (नय चन्द्र सूरि कृत हम्मीर महाकाव्य, १३।१७१-१९७)।

[५३५]

सरजा जस हमीर मन थाका। ओर निबाहेसि आपन साका।१।
ओहि अस हौं सकबंधी नाहीं। हौं सो भोज बिक्रम उपराहीं।२।
बरसि साठि लहि अन्न न खाँगा। पानि पहार चुवै बिनु माँगा।३।
तेहि ऊपर जौं पै गढ़ टूटा। सत सकबंधी केर न छूटा।४।
सोरह लाख कुँवरि हहिं मोरे। परहिं पतिग जस दीप अँजोरे।५।
तेहि दिन चाँचरि चाहौं जोरी। समदौं फागु लाइ कै होरी।६।
जो दै गिरिहिनि राखत जीऊ। सो कस आहि निपुंसिक पीऊ।७।
अब हौं जौहर साजि कै कीन्ह चहौं उजियार।
फागु गएँ होरी बुझें कोउ समेटहु छार॥४४।३॥

(१) राजा ने उत्तर दिया, 'हे सरजा, जैसा हमीर का मन था वैसा उसने अन्त तक अपने साके का निर्वाह किया। (२) मैं उसके जैसा केवल सकबंधी नहीं हूँ। मैं वह हूँ जो भोज और विक्रम से भी अधिक हूँ। (३) मेरे गढ़ में साठ बरस तक भी

अन्न की कमी न होगी। मेरे यहाँ बिना माँगे ही पानी पहाड़ से झरता है। (४) उस पर भी यदि गढ़ टूट जायगा तो मुझ सकबंधी का सत तो न छूट जायगा। (५) मेरे यहाँ सोलह लाख क्षत्रिय हैं। वे युद्ध में ऐसे टूट कर पड़ेंगे जैसे दीपक पर पतिंगे। (६) उस दिन के लिये मैं चाँचर जोड़ना चाहता हूँ। मैं होली जला कर फाग खेलूँगा। (७) जो अपनी घरवाली देकर अपना प्राण बचाता है वह कैसा नपुंसक पति है?

(८) अब मैं जौहर रच कर उजाला करना चाहता हूँ। (९) फाग बीतने पर जब होली बुझ जायगी तो जो कोई चाहे राख बटोर ले।'

(१) हमीर–दे० ४९११३, ५३४१७, ६१३१३।

(२) सकबंधी–ज्ञात होता है कि सकबंधी उस समय का पारिभाषिक शब्द बन गया था। वीर क्षत्रिय राजा पहले तो मुस्लिम आक्रमणकारी से युद्ध करते थे। अन्त में अपनी विजय न देखकर स्त्री बच्चों से जौहर करा कर स्वयं युद्ध करते हुए रण में प्राण दे देते थे। यही सक बाँधना था। जायसी ने भी लिखा है – संचि संग्राम बाँधि सत साका। तजि कै जिवन मरन सब ताका (५०३१७)। हम्मीर महाकाव्य से ज्ञात होता है कि हम्मीर ने महिमाशाह (मुसल्मानी इतिहास के मुहम्मदशाह मुगल) को शरण दी थी। इसी पर उसका अलाउद्दीन से वैर हुआ। उसने अत्यन्त भयंकर युद्ध किया। फिर सर्व संहार का समय आया जानकर उसने रनिवास को जौहर की आज्ञा दी (प्रवेष्टुं ज्वलने शिष्ट मतिरादिष्टवान् प्रियाः। हम्मीर० १३।१७१) और अन्त में भीषण युद्ध करते हुए प्राण दिए। शत्रु के हाथ में पड़ने की अपेक्षा उसने स्वयं अपना मस्तक काटकर अन्त कर लिया।

(३) बरसि साठि लहि अन्न न खाँगा–५०४।१ में कहा है कि गढ़ का संचय बीस वर्ष तक भी कम न होता। यह संचय चार प्रकार का था-अन्न संचय, जल संचय, शस्त्र संचय, अर्थ संचय (वर्ण रत्नाकर पृ० ६७)। यहाँ अन्न संचय को साठ वर्ष के लिये पर्याप्त बताया है। सोमेश्वर ने दुर्ग में आयुध, पत्थर, बजरी, कुदाल, रस्सी, बेंत, डलिया, सब शिल्प सामग्री, औषध, बाजे, घास दाना, ईंधन, गुड़, तैल, घी, मधु, धान्य, पशु, गोरस, विष का संचय करने के लिये लिखा है (मानसो० १।२।५५४-५९)।

पानि पहार चुवै–चित्तौड़ के गढ़ में जल संचय की आवश्यकता न थी। वहाँ प्राकृतिक पानी के अक्षय्य सोते थे जो पहाड़ों में से झरते रहते थे। ख्वाजा निजामुद्दीन अहमद ने लिखा है– चित्तौड़ के दुर्ग में पानी का बहता हुआ अक्षय सोता था (तबकाते अकबरी, अँग्रेजी अनुवाद, कलकत्ता संस्करण, पृ० १७०)।

(६) चाँचरि–नृत्यगीतादि का उत्सव। हम्मीर महाकाव्य में रणथंभोर के युद्ध के समय इसी प्रकार की चाँचर जोड़ने का उल्लेख है। उसे 'शृंगार चर्चरी' कहा गया है (१३।१)। हास्य, गीत, गोष्ठी के अतिरिक्त राधा पातुर का नृत्य उसी में हुआ था। समदौं फागु लाइ कै होरी–होली की आग के समान जौहर जला कर फिर रक्त से फाग खेलूँगा।

[५३६]

अनु राजा सो जरै निआना। पातसाहि कै सेव न माना।१।
बहुतन्ह अस गढ़ कीन्ह सजौना। अंत भए लंका के रवना।२।
जेहि दिन ओइँ छेंकी गढ़ घाटी। भएउ अन्न तेहि दिन सब माँटी।३।

तूँ जानहि जल चुवै पहारू । सो रोवै मन सँवरि सँघारू ।४।
सोतहि सोत अैस गढ़ रोवा । कस होइहि जौं होइहि ढोवा ।५।
सँवरि पहार सो ढारै आँसू । पै तोहि सूझ न आपन नासू ।६।
आजु कालिह चाहै गढ़ टूटा । अबहुँ मानु जौं चाहसि छूटा ।७।
हहिं जो पाँच नग तो सिउँ लै पाँचौं करु भेंट ।
मकु सो एक गुन मानै सब औगुन धरि मेंट ॥४४।४॥

(१) सरजा ने कहा, 'हे राजा, प्रसन्न हो। जो शाह की सेवा न स्वीकार करेगा वह अन्त में जल ही मरेगा। (२) बहुतों ने इसी प्रकार गढ़ सजाया था, पर अन्त में उनकी गति लंका के रावण जैसी हो गई। (३) जिस दिन उसने आकर गढ़ की घाटी छेक ली, उसी दिन संचित किया हुआ सब अन्न मिट्टी हो गया। (४) तू जानता है कि पहाड़ जल चुआता है। वस्तुतः वह आने वाले नाश का स्मरण करके आँसू बहाता है। (५) यदि अभी से पहाड़ के एक-एक सोत से गढ ऐसा रो रहा है, तो धावा होने पर क्या हाल होगा ? (६) पहाड़ तो उस स्थिति को याद करके आँसू गिरा रहा है। पर तुझे अपना नाश नहीं सूझता। (७) आज या कल में गढ़ टूटना ही चाहता है। यदि तू उस नाश से बचना चाहे तो अब भी मान जा।

(८) तेरे पास जो पाँच रत्न हैं उन पाँचों को लेकर शाह को भेंट कर दे। (९) संभव है वह सब अवगुण भूलकर तेरे इस एक गुण से ही प्रसन्न हो जाय।'

(२) सजौना–सं० सज्जित वर्ण=सजाया हुआ।
(३) गढ़ घाटी–चितौड़ में दुर्ग और पहाड़ी घाटी अलग-अलग थीं। अकबर ने जब गढ़ घेर लिया था तो राणा घाटी की ओर चले गए थे। इसे अद्रि घट्टिका कहा गया है।
(५) ढोवा=धावा (५२४।२, ६५१।७)।

[५३७]

अनु सरजा को मेंटै पारा । पातसाहि बड़ आहि हमारा ।१।
औगुन मेंटि सकै पुनि सोई । औरु जो कीन्ह चहै सो होई ।२।
नग पाँचौं औ देउँ भँडारा । इसकंदर सौं बाँचै दारा ।३।
जौं यह बचन तौ माँथें मोरें । सेवा करौं ठाढ़ कर जोरें ।४।
पै बिनु सपत न अस मन माना । सपत क बोल बचा परवाना ।५।
नाइत माँझ भँवर हति गीवाँ । सरजैं कहा मंद यहु जीवाँ ।६।
खंभ जो गरुव लेहिं जग भारू । ताकर बोल न टरै पहारू ।७।
सरजैं सपत कीन्ह छर बैनन्हि मीठै मीठ ।
राजा कर मन माना मानी तुरित बसीठि ॥४४।५॥

(१) राजा ने कहा, 'हे सरजा, प्रसन्न हो। इस बात को कौन मेंट सकता है कि बादशाह हमारा बड़ा है ? (२) फिर, वही अपराध क्षमा कर सकता है। और भी, जो वह करना चाहता है वही होता है। (३) उसे मैं पाँचों नग और अपने भंडार की सामग्री भी दे सकता हूँ यदि इस प्रकार सिकन्दर से दारा की मुक्ति हो सकती हो। (४) यदि शाह का यही कहना है तो मेरे सिर माथे है। मैं हाथ जोड़े हुए खड़ा रहकर सेवा कर सकता हूँ। (५) पर शपथ के बिना मेरा मन यों नहीं मान सकता। शपथ के साथ कही हुई बात प्रमाण होती है।' (६) सरजा ने कहा, 'नाइत की बीच भँवर में गरदन मारना—यह नीच जीवों का काम है। (७) जो खम्भ के समान संसार का बोझ उठाते हैं उनका बोल पहाड़ की तरह अटल होता है।'

(८) सरजा ने मीठे-मीठे वचनों से छलपूर्वक शपथ ली। (९) राजा के मन ने विश्वास मान लिया और उसने तुरन्त दूत भेजना स्वीकार कर लिया।

(३) दारा—हखामनी वंश का अंतिम राजा जो सिकंदर से हारा था। दारा का अर्थ स्त्री भी है। कथा है कि स्त्री राज्य की रानी ने भेंट भेज कर दूर से ही सिकंदर से संधि कर ली थी। प्रस्तुत प्रसंग में अलाउद्दीन की उपाधि भी 'सिकंदर सानी' थी।

(५) सपत=शपथ।

(६) नाइत—देशी 'णायत्त'=समुद्र मार्ग से व्यापार करने वाला वणिक, सामुद्रिक व्यापारी। 'नाइत' महत्त्व पूर्ण पाठ है। आचार्य हरिभद्र सूरि (आठवीं शती) कृत उपदेश पद ग्रन्थ की मुनिचंद्र कृत टीका (१२ वीं शती) में नाइत और नायत्त दोनों रूप मिलते हैं (पासद्द० पृ० ४७८ पवहण वाणिज्ज परो सुहंकरो आसि नाम नायत्तो, अर्थात् प्रवहण वाणिज्य करने वाला शुभंकर नाम का नायत्त था, उपदेश पद गाथा ५८० की टीका गाथा १८१-१८२)। नाइत माँझ भँवर हति गीवाँ—सामुद्रिक व्यापारी को विश्वास पूर्वक बीच समुद्र में ले जाना और वहाँ उसकी गर्दन मार देना। यह लोकोक्ति उस समय के चाँचियागीरों (समुद्री डाकुओं) की भाषा से ली गई है। सरजा ने चतुराई से लोकोक्ति द्वारा शपथ लेकर राजा को संदेह का अवसर ही न दिया। इसी वाक्य की छलयुक्त ध्वनि सरजा ने अपने मन में इस प्रकार बैठाली, 'नाइत की बीच भँवर में गरदन मारना, यह मेरे जैसे मंद जीव के लिये मामूली बात है।' प्राकृत या देशी साहित्य में 'नाइत' जैसे विशेषार्थक शब्द का प्रयोग अत्यन्त विरल है। केवल उपदेश पद टीका के ही दो उदाहरण अब तक मुझे मिल सके हैं। लोकोक्ति में पड़ा होने के कारण जायसी में यह शब्द बच गया था। शुक्ल जी की प्रति में इस क्लिष्ट पाठ का रूपान्तर इस प्रकार हो गया—नाव जो माँझ भार हुँत गीवा। पासद्द० में यह शब्द मुझे मिल गया था, किन्तु उपदेश पद टीका के मुद्रित संस्करण में इसका पाठ ढूढ देने के लिये मैं श्री बेचरदास जोशी, अहमदाबाद का कृतज्ञ हूँ। मुनिचंद्र ने नाइत का पर्याय सं० नौवित्तक दिया है। मैं यह जानने के लिये उत्सुक हूँ कि हिन्दी के अतिरिक्त गुजराती, बंगाली आदि किसी भाषा के प्राचीन साहित्य में इस शब्द का प्रयोग हुआ है या नहीं।

(९) बसीठि=बसीठ=दूत। सं० अवसृष्ट।

[५३८]

हंस कनक पिंजर हुति आना। औ अंब्रित नग परस पखाना।१।

औ सोनहा सोने की डाँड़ी। सारदूर रूपे की काँड़ी।२।

बसिठि दीन्ह सरजा लै आए। पातसाहि पहँ आनि मिलाए।३।
ऐ जग सूर पुहुमि उजियारे। बिनती करहिं कांग मसि कारे।४।
बड़ परताप तोर जग तपा। नवौ खंड तोहिं कोइ न छपा।५।
कोह छोह दूनौ तोहि पाहाँ। मारसि धूप जियावसि छाहाँ।६।
जौं मन सुरुज चाँद सौं रूसा। गहन गरासा परा मँजूसा।७।
भोर होइ जौं लागै उठहिं रोर कै काग।
मसि छूटै सब रैनि कै कागा काँय अभाग ॥४४।६॥

(१) सोने के पिंजड़े समेत हंस लाया गया और अमृत, पारस पत्थर नग (२) तथा सोने की डाँड़ी पर बैठा हुआ सोनहा पक्षी, एवं चाँदी के कटघरे में शार्दूल—(३) ये सब बसीठी में देने के लिये सरजा के पास ले आए। उसने जाकर उन्हें शाह के सामने पेश किया—(४) 'हे जगत् के सूर्य, पृथ्वी में प्रकाश फैलाने वाले, स्याही से कलूटे कौवे बिनती करते हैं। (५) आपका प्रताप महान् है; वह संसार में तप रहा है। पृथ्वी के नवों खण्डों में कोई आप से छिपा नहीं है। (६) क्रोध और कृपा आप में दोनों हैं। आप धूप से मारते और अपनी छाँह से जीवित करते हैं। (७) यदि सूर्य का मन चाँद से रुष्ट हो जाय है तो उस कारण चाँद को ग्रहण लग जाता है और वह मंजूषा (बन्धन) में पड़ जाता है।

(८) जैसे ही आपके तेज से प्रकाश (प्रातःकाल) होने लगता है ये कौवे काँव काँव करने लगते हैं। (९) आपके द्वारा रात की सारी कलौंस छूट गई। कौवों का ही क्यों अभाग्य है ?'

(१) हुति=साथ, समेत। परस=पारस (५२।५, ४१९।६, ४८७।४)।
(२) काँड़ी–सं० कंडिका=कंडी या कटघरा।
(३) बसिठि=बसीठी, दूत मंडल और साथ की उपहार सामग्री।
(७) सुरुज–शाह। चाँद–रत्नसेन।
परा मँजूसा–रूस, पर, गरास, ये संभाव्य भविष्यत् के रूप हैं जो छंद में दीर्घ हो गए है। यहाँ कवि ने शाह के रूठने पर राजा के बन्धन में पड़ने की निकट भविष्य में होने वाली घटना की ओर संकेत किया है (५७६।२, औ धरि बाँधि मँजूसा मेला)।
(८) काग–हिन्दू रावों की ओर सरजा का व्यंग्य है। शाह के उगते हुए प्रताप के सामने वे प्रसन्न न होकर काँव काँव करते हैं।

[५३९]

कै बिनती अग्यौं असि पाई। कागहु सैं आपुहि मसि लाई।१।
पहिलें धनुक नवै जब लागे। काग न नए देखि सर भागे।२।
अबहूँ तेहिं सर सौंहँ न होहीं। देखहिं धनुक चलहिं फिरि ओहीं।३।
तिन्ह कागन्ह कै कौनु बसीठी। जो मुख फेरि चलहिं दै पीठी।४।

जौं ओहि सर सौं होत संग्रामा । कत बग सेत होत ओइ स्यामा ।५।
करहिं न आपन उज्जर केसा । फिरि फिरि कहहिं पराव सँदेसा ।६।
काग नाग एइ दूनौ बाँके । अपने चलत स्याम भै आँके ।७।
अब कैसेहुँ मसि जाइ न मेंटी भे जो स्याम ओइ अंक ।
सहस बार जौं धोवहु तबहुँ गयंदहि पंक ॥४४।७॥

(१) इस प्रकार बिनती सुनाने पर शाह की आज्ञा हुई–'कौवों ने स्वयं ही अपने आपको स्याही पोती है। (२) आरम्भ में जब धनुष चढ़ाया जाने लगा, कौवे उसके सम्मुख नहीं झुके, बाण देखकर भागे। (३) अब भी तो उस बाण के सामने नहीं होते। जैसे ही धनुष देखते हैं उससे पीठ फेर कर भागते हैं। (४) उन कौवों के दूत भेजने का क्या अर्थ जो अब भी मुँह फेरकर और पीठ दिखा कर चलते हैं? (५) जो उस शाही बाण के सामने संग्राम में हो लेते हैं, वे बगले कैसे श्वेत हैं, पर कौवे काले ही बने रहे? (६) स्वयं वे अपने केश उजले नहीं करते। घूम घूम कर सूर्य के तेज से भागने की ही बात कहते हैं। (७) कौवे और साँप ये दोनों टेढ़े हैं। अपने चलन से ही वे काले कलंकित हैं।

(८) उस कलौंस से जो काले हो चुके हैं, अब कैसे भी उनकी स्याही नहीं मिटाई जा सकती। (९) हजार बार भी धोया जाय तो भी हाथी कीचड़ में सना रहता है।'

(१) अय्याँ–शाह की प्रत्येक उक्ति आज्ञा या हुक्म कहलाती थी (४६०।३)। इसे ही आदेश या राजादेश (= आयसु, रजायसु) कहते थे।
कागहु–इस दोहे में कौओं के ब्याज से शाह ने हिन्दू रावों पर अपना रोष निकाला है।
(२) पहिलें धनुक नवँ जब लागे–शाह का आशय है कि आरम्भ में ही जब उसने दिग्विजय के लिये धनुष पर बाण चढाया था, तब उन्हें उसकी अधीनता मान लेनी थी।
(५) ओहि सर–शाह रूपी सूर्य के प्रताप का तीर श्वेत रंग का है। वह जिसे लगता है उस का रंग भी श्वेत हो जाता है। शाह ने श्वेत बगले उन राजाओं को कहा है जो युद्ध में उसके सामने आ गए हैं और उसके प्रताप का श्वेत बाण लगने से उनका रंग निखर गया है, अर्थात् वे हिन्दू राजा जो उसकी अधीनता मान चुके हैं। पर जो अभी तक उसके सामने से भागते रहे हैं, वे काले कौवे बने हैं।
(६) पराव=भागने का। धा० पराना=भागना।

[५४०]

अब सेवाँ जौं आइ जोहारै । अबहूँ देखौं सेत कि कारै ।१।
कहहु जाइ जौं साँच न डरना । जहवाँ सरन नाहिं तहँ मरना ।२।
कालिह आव गढ़ ऊपर भानू । जौं रे धनुक सौंहँ हिय बानू ।३।
बसिठन्ह पान मया के पाए । लीन्ह पान राजा पहँ आए ।४।

जस हम भेंट कीन्ह गा कोहू । सेवा महँ पिरीति औ छोहू ।५।
कालिह साहि गढ़ देखै आवा । सेवा करहु जैस मन भावा ।६।
गुन सों चलै सो बोहित बोझा । जहँवाँ धनुक बान तहँ सोझा ।७।
भा आयसु राजा कर बेगिहि करहु रसोइ ।
तस सुसार रस मेरवहु जेहिं रे प्रीति रस होइ ।।४४।८।।

(१) 'अब जब वह सेवा में आकर प्रणाम करेगा तब मैं देखूँगा कि सफेद है या काला । (२) जाकर कहो कि यदि वह सच्चा हो तो उसे डर नहीं । जहाँ शरणागति है वहाँ मरना नहीं पड़ता । (३) कल सूर्य गढ़ के ऊपर आएगा । यदि वह राजा धनुष के समान हुआ तो सीधा उसके हृदय पर बाण समझो ।' (४) तब दूतों को शाह की कृपा के सूचक पान मिले । पान लेकर वे राजा के पास लौट आए और कहा, (५) 'जैसे ही हमने शाह से भेंट की उसका क्रोध दूर हो गया । सेवा में ही प्रीति और कृपा रहती है । (६) कल शाह गढ़ देखने आएगा । जैसा मन को रुचा है उसकी सेवा करो ।' (७) जो गून से खींचा जाता है, उसी जहाज में बोझा लादा जाता है । (राजा के पक्ष में–जो गुण युक्त आचरण करता है, बोहित के समान उस में शाह की कृपा का बोझ भरा जाता है ।) पर जहाँ धनुष का टेढ़ापन है, उसके लिये तो सीधा बाण है ।'

(८) राजा की आज्ञा हुई, 'शीघ्र रसोई तैयार करो । (९) भोजन सामग्री में ऐसा रस मिलाओ कि उससे प्रीति का रस उत्पन्न हो ।'

(३) भानू–शाह ।
धनुक-बानू–यदि राजा धनुष की भाँति टेढ़ा और तना हुआ रहा तो धनुष के हृदय की भाँति उसकी छाती पर बाण तना हुआ समझो ।
(६) जैस मन भावा–जैसी अब तुम्हारे मन की रुचि है ।
(७) गुन–(१) गुनरखे में बाँध कर जहाज को खींचने की रस्सी । (२) विनीत आचरण ।
बोझा–धा० बोझना=लादना ।
(९) सुसार–दे० २८३।१, ४०३।५ ।

४५ : बादशाह भोज खण्ड

पद्मावत में जेंवनार का प्रसंग दो बार आया है । एक रत्नसेन-पद्मावती के विवाह के अवसर पर (दो० २८३, २८४) और दूसरे यहाँ । पहले वर्णन में सब रसोई घी, दूध, पूड़ी, मिठाई, और शाकाहार तक सीमित है, और वर्णन भी साधारण है । किन्तु रत्नसेन द्वारा शाह की इस दावत का वर्णन बहुत विस्तृत है । ज्ञात होता है जायसी ने अपने इस वर्णन में उस समय की राजकीय पाकशालाओं का चित्र खींच दिया है । सोमेश्वरकृत मानसोल्लास में भी इसी प्रकार की सामिष और

शाकाहारी रसोई का ब्यौरेवार वर्णन है (मानसोल्लास, अन्नभोग, ३।१३४२–१६००)। संक्षेप में जायसी के भोज प्रकरण की रूपरेखा इस प्रकार है।

दो० ५४१–पशु पक्षियों की गिनती जो पकड़कर लाए गए और मारे गए।

दो० ५४२–मछलियों की गिनती जो जाल में पकड़कर लाई गई।

दो० ५४३–गेहूँ का सामान, माँड़े, पूरी, लुचुई, सुहारी।

दो० ५४४–सत्ताइस प्रकार के चावलों के नाम।

दो० ५४५–माँस के विभिन्न प्रकार। (१) कटवाँ (२) बटवाँ (३) सूप या रसा (४) मांस के खण्डे (५) समूचे छागर।

दो० ५४६–मांस का भरवाँ सामान। (१) समोसे (२) फल (३) मसौरा या कबाब।

दो० ५४७–मछलियों के पदार्थ। (१) काटे मंछ (२) खण्डरे (३) मछलियों के अण्डे (४) घी में बघारा हुआ अरदावा या भरता।

दो० ५४८–फलशाक, कंदशाक, पत्रशाक और शिम्बिशाक।

दो० ५४९–भाँति भाँति के बड़े और बड़ियाँ।

दो० ५५०–तहरी, दूध दही का सामान और मिठाइयाँ।

[५४१]

छागर मेंढा बड़ औ छोटे। धरि धरि आने जहँ लगि मोंटे।१।
हरिन रोझ लगुना बन बसे। चीतर गौन झाँख औ ससे।२।
तीतर बटई लवा न बाँचे। सारस कूँज पुछारि जो नाँचे।३।
धरे परेवा पंडुक हेरी। खेहा गुडरू उसरबगेरी।४।
हारिल चरज आइ बँदि परे। बनकुकुटी जलकुकुटी धरे।५।
चकवा चकई केंब पिदारे। नकटा लेदी सोन सिलारे।६।
मोंट बड़े सब टोइ टोइ धरे। उबरे दुबरे खुरुक न चरे।७।
कंठ परी जब छूरी रकत ढरा होइ आँसु।
कै आपन तन पोखा भा सो परावा माँसु ॥५४१॥

(१) बड़े-बड़े और छोटे-छोटे छागर और मेढ़े जहाँ तक मोटे मिल सके पकड़-पकड़कर लाए गए। (२) बन में रहने वाले हिरन, रोझ, लगना, चीतल, गौन, झाँक, और खरगोश लाए गए। (३) तीतर, बटेर, लवा, सारस, कुंज और नाचने वाले मोर भी न बच सके। (४) कबूतर, पण्डुक, खेहा, गुडरू, और उसरबगेरी नामक पक्षी खोज कर लाए गए। (५) हारिल और चरज भी आकर उस बन्धन में पड़े। (६) बनमुर्गी और जलमुर्गी पकड़ी गई। चकवा, चकवी केंवा, पिद्दे, नकटा, लेदी, सोन और सिलारे, (७) सब मोटे और बड़े चुन-चुनकर पकड़े गए। जो दुबले पतले थे वे बिना खुटक चर रहे थे।

(८) जब कंठ पर छुरी रखी गई तो रक्त आँसू होकर ढलक गया। (९) शरीर को अपना जानकर पोसा था, पर वह अब दूसरों के लिये मांस बन गया।

मानसोल्लास में वराह, सारंग, हरिण, अवि, अज, मत्स्य, शकुनि रुरु, सम्बर इतने मांसों

का राजा के लिये उल्लेख है (३।१४।१७-१९) । जायसी की सूची भी लगभग वही है ।

(१) छागर–बकरा ।

(२) रोझ–नील गाय । सं० ऋश्य, देशी रोज्झ (देशी० ७।१२) ।

लगुना–पाढ़ा नामक हिरन । इसे खरलगुना भी कहते हैं । अं० हौगडीयर [श्रीसुरेशसिंहजी] ।

चीतर–चीतल ।

गौन–एक प्रकार का बारहसिंगा जिसे गोंढ़ भी कहते हैं ।

झाँख–साँभर (चित्रावली ५९।२, ३३७।९, झारन अरुझा जाइकै अपने सींगन झाँक) ।

(३) बटई–बटेर । लवा–बटेर से छोटा उसी जाति का पक्षी । अं० बटनक्वेल ।

कूँज=कुंज, क्रौंच, कुलंगपक्षी ।

(४) खेहा–तीतर की जाति का एक पक्षी । माताप्रसाद जी ने खीहा पाठ रखा है किन्तु भोज प्रकरण में 'खेहा' यही शुद्ध पाठ है । 'खेहा और खीहा दो भिन्न-भिन्न पक्षी हैं । खेहा एक प्रकार का तीतर है जिसका शुद्ध नाम केहा है । अँग्रेजी नाम है क्याह पार्ट्रिज । तुही तुही कह गुडरू खीहा (२९।४) में खीहा शुद्ध पाठ है और वह एक प्रकार की चर्खी है (अं० बैब्लर), जिसके चर्खां, बहेनिन, पंधा, गौगाई, सतबहिनी, खैर, चिलचिल आदि पर्यायवाची शब्द हैं । जायसी इसे भला कैसे भोज खंड में खाई जाने वाली चिड़ियों के साथ रखते जबकि इस पक्षी को कोई खाता नहीं । अतः भोज खण्ड में खेहा, गुडरू, उसरबगेरी पाठ ही ठीक होगा (श्री सुरेशसिंह जी का पत्र ता० १४।७ ५४) ।

गुडरू–बटेर जाति का इसी नाम से प्रसिद्ध पक्षी । अं० कॉमन बस्टर्ड क्वेल । इसे लोक में गुलू, गुँडरू, गुँडलू भी कहते हैं किन्तु गुँडरू रूप ही प्रसिद्ध है ।

उसरबगेरी–भार्दूल जाति की एक छोटी चिड़िया । यह भूरे से रंग की होती है और ऊसर में छिपी रहती है । यह एक साथ दो सौ, तीन सौ के झुंड में पाई जाती है । चित्रावली, ६२।६, उसरबगेरी गुडुरू जावा । (काशी संस्करण में 'और बगेरे कदरू जावा' यह अशुद्ध पाठ छपा है) ।

(५) हारिल–वृक्षों पर रहने वाला एक पक्षी जो पृथ्वी पर बहुत कम उतरता है । (कुँ० सुरेशसिंह, हमारी चिड़ियाँ, पृ० १०३ । अं० ग्रीन पिजन) । चरज=सोहन नामक एक बड़ी चिड़िया जो मोर से कुछ छोटी होती है । इसे चरत और केरमोर भी कहते हैं । (अं० बस्टर्ड, आईन० अँग्रेजी अनुवाद पृ० ६६) ।

(६) कैंव–जलबोदरी नामक चिड़िया । यह बत्तख और मुर्गी के बीच की चिड़िया है इसे खैमा, खेमा, केमा या कैमा भी कहते हैं । यह एक प्रकार की जलमुर्गी ही है । इसके पैर जालपाद नहीं होते, किन्तु इसके पंजों पर पतवार की सी बनावट रहती है जिससे वह आसानी से पानी पर तैर लेती है । यह टिकरी (अं० कूट) की जाति का पक्षी है जो गिरोह में रहता है (हमारी चिड़ियाँ, पृ० १११) । अं० पर्पिल कूट । पहले ३३।७ (कँवा सोन ढेंक बग लेदी) में मैंने कँवा को कोई जलपक्षी इतना कहकर छोड़ दिया था, पीछे कुं० सुरेशसिंह जी के सौजन्य से मुझे इसकी ठीक पहचान विदित हुई । पाठक ३३।७ में इसे कृपया सुधार लें ।

पिदारे=पिद्दे (अं० बुशचैट, हमारी चिड़ियाँ पृ० २७) ।

नकटा=एक प्रकार की बत्तख । इसके नर की चोंच पर काला कुब्ब सा उठा रहता है (हमारी चिड़ियाँ, पृ० ११३) ।

लेदी–छोटी मुर्गाबी या छोटी बत्तख (दे० ३३।७) ।

सोन–सवन, बत या कलहंस । यह एक बड़ी बत्तख होती है । अं० बारहैडेड गूज (हमारी चिड़ियाँ, पृ० ११७। ।

सिलारे–मिलरी या सिल्हरी, एक प्रकार की बतख (कुँ० सुरेशसिंह, जायसी का पक्षियों का ज्ञान, प्रेमी अभिनन्दन ग्रंथ, पृ० १६२)।

[५४२]

धरे मंछ पढ़िना औ रोहू । धीमर मारत करैं न छोहू ।१।
संध सुगंध धरे जल बाढ़े । टँगनि मोइ टोइ सब काढ़े ।२।
सिंगी मँगुरी बीनि सब धरे । नरिया भोथ बाँब बंगरे ।३।
मारे चरक चाल्ह परहाँसी । जल तजि कहाँ जाइ जल बासी ।४।
मन होइ मीन चरा मुख चारा । परा जाल दुख को निरुवारा ।५।
माँटी खाइ मंछ नहिं बाँचे । बाँचहि का जो भोग सुख राँचे ।६।
मारै कहँ सब अस कै पाले । को उबरा एहि सरवर घाले ।७।
एहि दुख कंठ सारि कै अगुमन रकत न राखा देह ।
पंथ भुलाइ आइ जल बाझे झूठे जगत सनेह ॥५४२॥

(१) पढिन और रोहू मछलियाँ पकड़ी गईं। उन्हें मारते हुए धींवरों को कुछ दया न आई। (२) सँधा और सिलंध नामक मछलियाँ जो जल में भरी हुई थीं पकड़ी गईं। टेंगनी और मोय को हाथ से पकड़कर निकाल लिया गया। (३) सिंगी, मोंगरी, नरिया, भोथ, बाँब, बाँगुर, मछलियों को चुन चुनकर पकड़ लिया गया। (४) चरखी, चेल्हवा और पर्यांसी मछलियाँ मार डाली गईं। जल में रहने वाला बिचारा जल छोड़कर कहाँ जाय ? (५) मन भी मछली के समान सुख से चारा चरता रहता है। वह भी जाल में फँसा है। कौन उसका यह संकट मिटाएगा ? (६) जब मिट्टी खाने वाली मछलियाँ नहीं बच सकीं, तब जो भोगों के सुखों में फँसे हैं वे कैसे बच सकते हैं ? (७) मारने के लिये ही सबको इस प्रकार पाला गया था। इस सरोवर में पड़कर कौन बच सका है ?

(८) जो चतुर हैं वे इस दुःख के लिये कंठ को पहले से ही तैयार रखते हैं और देह का रक्त सब (साधनों द्वारा) सुखा डालते हैं। (९) जो मूर्ख हैं वे सच्चा मार्ग भूलकर जगत के झूठे स्नेह से जल में पड़कर जाल में फँसते हैं।

इस दोहे में पन्द्रह मछलियों की सूची इस प्रकार है—

१–पढिना–पढिन, पाईना। सं० पाठीन। अँ० फ्रेशवाटर शार्क।
२–रोहू–रोहू, बड़ी छिलकार मछली। सं० रोहित। अँ० रोहू।
३–संध–संधा, सँधा, या सुंभा मछली। अं० क्लाइम्बिंग पर्च।
४–सुगंध–सम्भवतः यह सिलन्द या सिलंध मछली है। सं० शिलीन्ध्र। बहुत छोटी मछली।
५–टेंगनि–टेंगनी या टेंगारा, जो आवाज़ बहुत करती है। अं० फिडलर।
६–मोइ–मोय, मोह। बड़ी किस्म की पतली चौड़ी मछली। अं० फेदरवेट।
७–सिंगी–सींगी, ताल की छोटी मछली, सं० शृंगी। अं० सिंगी।

८–मँगुरी–मोंगरी, मुँगरी, मागुर । सं० मद्गुर । अं० मागुर ।
९–नरिया–नयना, नैनी, या मृगैल मछली । अं० मृगाल ।
१०–भोथ–भोथवा । इसे भूँजी मछली भी कहते हैं । अं० भोथवा ।
११–बाँब–बाम, साँप की शकल से मिलती जुलती मछली जिसकी जिल्द पर बारीक छिल्के होते हैं । बड़ी से बड़ी एक गज तक लम्बी होती है । सं० चन्द्रिका । अं० ईल ।
१२–बंगरे–बाँगुर, बँगुरी, या बोल। मछली, चौड़े मुंह की समन्दरी छोटी किस्म की मछली । सं० भंगिका । अं० बोला ।
१३–चरक–चरक या चरखी ।
१४–चाल्ह–चेल्हवा, बहुत छोटी मछली ।
१५–परहाँसी–परियाँसी, छोटी मछली, अधिक से अधिक पाव सेर की । अं० पुपटा ।

मछलियों की पहिचान के लिये मैं श्री कुँवर सुरेशसिंह जी का आभार मानता हूँ ।

(८) सारि कै–ठीक या तैयार करके । सं० सारयति > प्रा० सारइ ।
अगुमन–आगे से, पहिले से ही ।

[५४३]

देखत गोहूँ कर हिय फाटा । आने तहाँ होब जहँ आटा ।१।
तब पीसे जब पहिलेहिं धोए । कापर छानि माँड भल पोए ।२।
करिल चढ़े तहँ पाकहिं पूरीं । मूँठिहिं माँह रहहिं सो चूरीं ।३।
जानहुँ सेत पीत ऊजरी । लैनू चाहि अधिक कोंवरी ।४।
मुख मेलत खिन जाहिं बिलाईं । सहस सवाद पाव जो खाईं ।५।
लुचुइं पोइ घीय सो भेईं । पाछें चहीं खाँड सों जेईं ।६।
पूरि सोहारी करी घिउ चुवा । छुवत बिलाहिं डरन्ह को छुवा ।७।
कही न जाइ मिठाई कहति मीठि सुठि बात ।
जेंवत नाहिं अघाइ कोइ हिय बरु जाइ सिरात ॥४५।३॥

(१) दो पाटों के बीच की विपत्ति देखकर गेहूँ का हृदय फट गया । उन्हें वहाँ लाया गया जहाँ आटा होने को था । (२) वे जब पहिले खूब धो लिए गए तब पीसे गए । कपड़े से छानकर खूब माँड कर पोए गए । (३) कड़ाह चढ़े हुए थे । उनमें पूरियाँ उतर रही थीं । वे मुट्ठी में ही चूर होकर रह जाती थीं । (४) वे श्वेत, पीत और उज्ज्वल लगती थीं और मक्खन से भी अधिक मुलायम थीं । (५) मुख में डालते क्षण ही बिला जाती थीं । जो खाता था वह सहस्र स्वाद पाता था । (६) लुचुई पोकर घी में भिगो दी गईं । पीछे इच्छानुसार खाँड से खाई गईं । (७) पूरी और सोहारी ऐसी बनी थीं कि घी चू रहा था । छूते ही घुल जाने के डर से कोई छूता न था ।

(८) उनकी मिठास कही नहीं जाती । उनके विषय में बात भी कहने में बड़ी मीठी लगती थी । (९) खाते हुए कोई अघाता न था, मन भले ही तृप्त हो जाय ।

(१) गोहूँ कर हिय फाटा-गेहूँ के नाम से जायसी का मन अध्यात्म की ओर चला गया। पृथिवी और आकाश या जन्म और मृत्यु चक्की के दो पाट हैं जो सबको पीस रहे हैं। धोना, पीसना, कपड़े से ढकना—ये क्रियाएँ मनुष्य शरीर के साथ भी की जाती हैं।

(२) माँडि भल पोए-तुलना कीजिए २८४।२, झालर माँड आए घिउ पोए। ऊजर देखि पाप गए धोए। सम्भवतः यहाँ भी 'माँडि' के स्थान पर संज्ञा शब्द 'माँड' ही अधिक उचित है। २८४।२ का अर्थ लिखते समय झालर शब्द का ठीक पता मुझे न लग सका था। अब कुं० सुरेशसिंह जी ने सूचित किया—'झलरा रीवाँ की ओर एक प्रकार का भोज्य पदार्थ है जो चावलों के मांड से बनाया जाता है। चावल पकाने के बाद जो मांड पसाया जाता है उसे किसी थाल में जमा कर लेते हैं, और जब वह गाढा हो कर जम सा जाता है तो उसे घी में तल लेते हैं। यहाँ जायसी का शायद उसीसे तात्पर्य है।'

(३) करिल=बड़े कड़ाह। रीवाँ की ओर प्रचलित शब्द है। सोहागपुर में कुरिलिया कड़ाही को और बड़े कड़ाह को कुरिल कहते हैं। देशी कडिल्ल=लोहे का बड़ा पात्र, कटाह (पासद०, पृ० २७३)। और भी, जं तलेउ कठल्लिहिं पप्पुडव्व (जिन्हें नरक में पापड़ की तरह कड़ाह में तला जाता है, हिन्दी काव्य धारा, पृ० ४२०)।

(४) लैंनू=लोनी घी, नवनीत।

(६) लुचुई, सोहारी, पूरी—देखिए २८४।३ पूरी से बड़ी सोहारी और सोहारी से बड़ी लुचुई होती है। लुचुई बहुत पतली मुलायम और चौड़ी पूड़ी होती है। उसमें मोयन पड़ा रहता है और वह लुचलुची होती है।

पीछे चहीं खाँड सों जेईं—यह बहुत स्वाभाविक वर्णन है, क्योंकि लुचुई प्रायः खाँड के साथ खाई जाती है। दोनों का मेल प्रसिद्ध है।

[५४४]

सीझहिं चाउर बरनि न जाहीं। बरन बरन सब सुगँध बसाहीं।१।
रायभोग औ काजररानी। झिनवा रौदा दाउदखानी।२।
कपुरकांत लेंजुरि रितुसारी। मधुकर ढेला जीरासारी।३।
घिर्तकाँदौ औ कुँवर बेरासू। रामरासि आवै अति बासू।४।
कहिअ सो सोंधे लाँबे बाँके। सगुनी बेगरी पढ़िनी पाके।५।
गड़हन जड़हन बड़हन मिला। औ संसारतिलक खँडचिला।६।
रायहंस औ हंसाभौरी। रूपमाँजरि केतुकी बिकौरी।७।
सोरह सहस बरन अस सुगँध बासना छूटि।
मधुकर पुहप सो परिहरे आइ परे सब टूटि॥४५।४॥

(१) जो जो चावल पक रहे थे कहे नहीं जाते। भाँति भाँति के अनेकों थे जो सुगंध फैला रहे थे। (२-४) राजभोग, रानीकाजर, झिनवा, रदुआ, दाउदखानी, कपूरकान्त, लेंजुरि रितुसारी, मधुकर, दिहुला, जीरासारी, घृतकाँदौं, कुँवरबिलास, रामरास, इन चावलों में से अत्यन्त सुगंधि उठ रही थी। (५) वे सीधे, लंबे और

बारीक थे। सगुनी, बेगरी और पद्दिनी नामक चावल राँधे जा रहे थे। (६-७) गड़हन, जड़हन, बड़हन, संसारतिलक, खंडचिला, राजहंस, हंसाभौरी, रूपमंजरी, केतकी, बिकौरी नाम के चावल सिद्ध हो रहे थे।

(८) ऐसे सोलह सहस्र प्रकार के चावल थे जिनसे ऐसी प्यारी सुगन्ध निकल रही थी (९) कि भौरों ने फूल छोड दिए और सुगन्ध से खिंचकर वहाँ एकत्र हो गए।

(१) जायसी ने यहाँ सत्ताइस प्रकार के चावलों के नाम गिनाए हैं।

(२) रायभोग–राजभोग, एक प्रकार का सुगन्धित धान जो बहुत छोटा होता है। यह छींटकर बोया जाता है। रायभोग लियो भात पसाई—सूरसागर (शब्दसागर, पृ० १३२८)।
काजर रानी–मिथिला में काजल रानी और मुजफ्फरपुर में कुमोद कहलाता है। यह अगहनी धान है। तुष काला और दाना महीन एवं सुगन्धित होता है (श्री गणेश चौबे)।
झिनवा–यह सफेद पर मुँह का काला, पतला तथा छोटा धान है। दाना सफेद और सुगन्धित होता है। यह नाम चम्पारन में प्रचलित है। इस सूचना के लिए मैं श्री गणेश चौबे का आभारी हूँ।
रौदा–रुदुवा, एक प्रकार का धान जो अगहन में तैयार होता है और जिसका चावल सालों तक रह सकता है (शब्दसागर)। बस्ती जिले में अभी तक प्रचलित है (श्री सुरेशसिंह)।
दाउदखानी–यह धान भादों में कट जाता है। चावल पतला और सफेद तथा छिलका लाल होता है (गणेश चौबे)। अवध में यह नाम प्रचलित है।

(३) कपुरकान्त–कपूर कान्त, इसका धान उजले रंग का, एवं भीतर का चावल भी उजला, पतला और लम्बा होता है। इससे कपूर की सुगन्धि आती है। अतएव इसे कपुरिया भी कहते हैं। यह खीर के लिये अत्यन्त उपयुक्त है (श्री गणेश चौबे, चंपारन)।
लेंजुरि–मिथिला में लाँजी या लाँची नाम का उजला, लम्बा एवं पतला अगहनी धान होता है। इसमें गन्ध नहीं होती। इसका चावल सफेद होता है। संभवतः यही जायसी का लेंजुरि है (गणेश चौबे; दे० ग्रिअर्सन, बिहार पीजेंटलाइफ, अनुच्छेद ९६५)।
रितु सारी–संभवतः यह लाल रंग का धान था। रक्त शालि या लोहित शालि का संस्कृत ग्रन्थों में भी उल्लेख आता है। रक्त शालि से रतसारि रूप बनेगा जिससे रितु सारी भी पढ़ा जा सकता था।
मधुकर–यह दक्षिण चम्पारन में अभी तक होता है। एक प्रकार का पतला, छोटा और महीन धान है। इसका रंग हल्का काला और चावल सफेद तथा हल्का सुगंधि युक्त होता है। यह अगहनी है और रोपा जाता है (श्री गणेश चौबे)।
ढेला–गोपालचन्द्र जी की प्रति में देहुला पाठ है, जो अवध में प्रसिद्ध धान होता है। उक्ति है–
ईख सरौती देहुला धान। इन्हें छाँड़ि जानि बोयो आन॥
जीरा सारी–इसे कनक जीर या साम जीरा भी कहते हैं। इस धान का तुष सफेद और मुँह पर थोड़ा सा काला होता है। यह इतना महीन होता है कि पुआल के साथ नहीं कपटा जाता। सिर को अलग कपट लेते हैं और पीटकर धान झाड़ लेते हैं। यह ऊँची भूमि पर होता है जहाँ पानी कम हो। अत्यन्त मीठा और सुगन्धित चावल है (श्री गणेश चौबे और श्री राजेन्द्र,)।

(४) घिर्तकाँदौ–यह एक प्रकार का जड़हन है जो चम्पारन में अभी तक मिलता है। इसका छिलका लाल और चावल सफेद तथा मोटा होता है। इसकी विशेषता यह है कि घी के बिना ही इसका मुलायम भात स्वाद में घी युक्त सा जान पड़ता है (श्री गणेश चौबे)। इसे घी काँड़र भी कहते हैं। इसीसे मिलता हुआ दूध काँड़र होता है। (श्री राजेन्द्र, मुजफ्फरपुर)।

कुँवर बेरासू-स्पष्ट है इसका नाम कुँवर विलास होगा। कई धानों के अन्त में विलास शब्द जुड़ा मिलता है किन्तु कुँवर विलास की विशेष पहचान अभी तक मैं नहीं जान सका।

रामरासि–माताप्रसाद जी की श्रेष्ठ प्रति पं० १ में राम सारि पाठ है (=रामशालि)। मिथिला में जिसे राम बिलास कहते हैं, यह वही ज्ञात होता है। मनेर और गोपालचन्द्र जी की प्रति का पाठ राम रासि ही है।

(५) सगुनी–इसे मिथिला में सउनि भी कहते हैं। दोनों सं० शकुनि से हैं। जीरा सारी या कनक जीर की भाँति इसका दाना भी महीन और चावल अत्यन्त सुगन्धित होता है।

बेगरी–इसकी पहचान निश्चित नहीं है। मिथिला में बगरी या बगड़ी नाम का एक मोटा धान प्रसिद्ध है जो जेठ में रोपा जाता है और सावन में कटता है। इसका छिलका काला और चावल लाल होता है पर यह धान मोटा और निम्न कोटि का है। संभवतः जायसी का बेगरी इससे भिन्न हो (गणेश चौबे)।

पढ़िनी–पूर्व चम्पारन में बढ़नी नामक धान मिलता है। संभव है यह वही हो, किन्तु गोपालचन्द्र जी की प्रति और मनेर की प्रति में भी स्पष्ट पढ़िनी पाठ है।

(६) गड़हन, जड़हन, बड़हन–जड़हन तो प्रसिद्ध है। गड़हन और बड़हन नाम नहीं मिले। श्री चणेश चौबे का यह मत मुझे ठीक जान पड़ता है कि ये तीनों भेद संभवतः धान की खेती की पद्धति से उद्भूत हैं। चम्पारन में खहुंअन उस धान के पौधे को कहते हैं जो पहले रोपा या बोया जा चुका है और उसके पूरा बढ़ जाने के बाद उखाड़ कर दूसरी जगह रोप देते हैं। खड़ा हुआ होने पर रोपा जाने के कारण इसका यह नाम पड़ा। जायसी का बड़हन यही होना चाहिए। गड़हन संभवतः वह धान था जो पानी भरे गड्ढे या तालाब की धरती में रोपा जाता है।

संसार तिलक–यह नाम अभी तक सुनने में नहीं आया।

खँडचिला–इसके विषय में भी कुछ ज्ञात नहीं हो सका।

(७) राय हंस–हंसराज नामक प्रसिद्ध चावल ज्ञात होता है।

हंसा भौंरी–इसे दूध कजरी या दुधराज भी कहते हैं। इसका छिलका उजला, चावल भी उजले रंग का और भात मुलायम होता है। यह अगहनी धान है। (श्री गणेश चौबे)।

रूप मौंजरि–इसकी पहचान अज्ञात है।

केतुकी–मिथिला में कतकी नाम का प्रसिद्ध जड़हन है। इसमें सोंधी गंध आती है। भात बहुत मीठा होता है। अगहन में कट जाता है। इसका दाना न बहुत मोटा और न बहुत पतला होता है (श्री राजेन्द्र, मुजफ्फरपुर)।

बिकौरी–इसकी भी पहचान अनिश्चित है।

(८) सोरह सहस बरन–सोलह सहस्र भाँति या प्रकार। लोक में प्रसिद्ध है कि पान और धान इन दोनों की अनगिनत जातियाँ होती हैं। एक घड़े में धान के जितने दाने आते हैं उतने ही चावल के प्रकार कहे गए हैं।

[५४५]

निरमल माँसु अनूप पखारा। तिन्ह के अब बरनौं परकारा।१।
कटवाँ बटवाँ मिला सुबासू। सीझा अनबन भाँति गरासू।२।
बहुते सोंधै घिरित बघारा। औ तहँ कुंकुहँ पीसि उतारा।३।
सेंधा लोन परा सब हाँड़ी। काटे कंद मूर कै आँड़ी।४।

सोवा सौंफ उतारे धना। तेहि ते अधिक आव बासना।५।
पानि उतारा टाँकहिं टाँका। घिरित परेह रहा तस पाका।६।
औरु कीन्ह माँसुन्ह के खंडा। लाग चुरै सो बड़ बड़ हंडा।७।
छागर बहुत समूँचे धरे सरागन्हि भूँजि।
जो अस जेंवन जेंवै उठै सिंघ अस गूँजि ॥४५।५॥

(१) बढ़िया माँस धोकर साफ किया गया। जितने प्रकार उससे बनाए गए उनका वर्णन करता हूँ। (२) टुकड़े काटकर कटवाँ (कीमा) और पीस कर बटवाँ माँस तैयार किया गया और उनमें गन्ध के लिये कई पदार्थ मिलाए गए। फिर उनसे अनेक प्रकार के भोज्य पदार्थ सिद्ध किए गए। (३) फिर उन्हें बहुत सी सुगन्धियों से और घी से बघारा गया, और केसर पीसकर ऊपर से छिड़का गया। (४) माँस की जितनी हाँड़ियाँ चढ़ी थीं सबमें सेंधा नमक डाला गया। कंद मूल की गाँठें भी काटकर डाली गईं। (५) सोवा, सौंफ, और धनियाँ बारीक करके ऊपर से छिड़क दिए गए। इससे उनमें अधिक वासना (सुगंधि) आने लगी। (६) बड़े बड़े टाँकों या बर्तनों में पानी भरकर उनमें माँस चुराया गया और उन्हें घी के साथ इस प्रकार पकाया गया कि ऊपर घी उतिराने लगा। यों माँस का सूप तैयार हुआ। (७) इसके अतिरिक्त माँस के खंडे बनाकर बड़े-बड़े हंडों में चुराए जाने लगे।

(८) अनेकों समूचे छागर लेकर उनमें सरागें पिरोकर भूनकर रक्खे गए। (९) जो इस प्रकार के भोजन जीमता है वह तगड़ा बन शेर की तरह गरज उठता है।

इस दोहे में जायसी ने माँस के कई प्रकार के भोज्य पदार्थ बनाने का उल्लेख किया है। निरमल माँसु अनूप पखारा—सोमेश्वर ने भी माँस के लिये लिखा है—क्षालयेन्निर्मलैः जलैः (मानसोल्लास, ३।१४३१)।

(२) कटवाँ—तुलना कीजिए, समेदस्कानि मांसानि कृत्वा दीर्घाणि कर्त्तनैः। हिंगुतोयेन संसिच्य लवणेन विलोडयेत् ॥ छायायां तानि खंडानि वायुना परिशोषयेत् (मानसो० ३।१५१३-१४)। पूगीफलप्रमाणानि कृत्वा खंडानि पूर्ववत् (वही, ४।१४७३)।
बटवाँ—तुलना, आमं मांसं च पेषण्यां हिंगुतोयेन संचितम्। लवणेन च चूर्णेन सहितं पेषयेद् बुधः (वही, ३।१४७८-७९)।
मिला सुबास—सोंठ, जीरा, धनियाँ आदि मसालों को पहले ही माँस के साथ डालते हैं। उन्हीं से तात्पर्य है। गन्धार्थं धान्यकं हिंगु जीरकं तत्र निक्षिपेत् (वही, ३।१४४४)। सीझ जाने के बाद सुगंधित पदार्थों को घी में डालकर छौंकते हैं।

(३) उतारा—यह पारिभाषिक शब्द है। ऊपर से किसी मसाले को छिड़कना, या बुरकना उतारा कहा जाता है। केसर पीसकर उसे ऊपर से छींट दिया गया।

(४) सेंधा लोन—माँस के चुरने के लिये सेंधा नमक आवश्यक है। सोमेश्वर ने बार-बार इसका उल्लेख किया है। पश्चाद्विचूर्णितं श्लक्ष्णं सैन्धवं तेषु योजयेत् (वही, ३।१४९३), हिंगुना चार्द्रकेणापि सैन्धवेन च संयुतम् (वही, ३।१५०८)।

आँड़ी-गाँठें, जैसे प्याज की आँड़ी ।

(६) टाँकहिं टाँका–१३५।१ । टाँक=बड़ा बर्तन ।

पानि उतारा–माँस के बारीक टुकड़े पानी से भरे हुए टाँकों में डालकर बहुत देर तक चुराकर फिर खूब घी और मसाले डालकर उसका सूप बनाते हैं, उसी से जायसी का तात्पर्य है (तुलना, मानसोल्लास, ३।१५०८-९ मृद्भांडे स्थालवक्त्रे तन्निक्षिप्य बहलोदके उत्काथितमिदं सूपं ख्यातं शास्त्रविशारदैः) ।

(७) माँसुन्ह के खंडा–सोमेश्वर ने बदराकार खंडे (वही, ३।१४५३), पूगीफल प्रमाण खंडे (वही, ३।१४७३), अथवा बड़े आँवले के बराबर खंडे (स्थूलामलक संकाशान् शुद्ध मांसस्य खंडकान्, वही, ३।१४५७) बनाकर उनके विविध संस्कार करने या चुराने का उल्लेख किया है (क्वाथयेद्राजिका तोयैर्नागरार्द्रक संयुतैः, १४५७) ।

[५४६]

भूँजि समोसा घिय महँ काढ़े । लौंग मिरिच तिन्ह महँ सब डाढ़े ।१।
औरु जो माँसु अनूप सो बाँटा । भे फर फूल आँब औ भाँटा ।२।
नारँग दारिवँ तुरुँज जँभीरा । औ हिंदुआना बालबाँ खीरा ।३।
कटहर बड़हर तेउ सँवारे । नरियर दाख खजूर छोहारे ।४।
औ जावँत खजेहजा होहीं । जो जेहि बरन सवाद सो ओहीं ।५।
सिरिका मेइ काढ़ि ते आने । कँवल जो कीन्ह रहहिं बिगसाने ।६।
कीन्ह मसौरा धनि सो रसोई । जो किछु सबहि माँसु हुतें होई ।७।
बारी आइ पुकारै लिहें सबै फर छूँछ ।
सब रस लीन्ह रसोईं अब मो कहँ को पूँछ ।।५४६।।

(१) माँस के समोसे भूनकर घी में तले गए। फिर उनमें लौंग मिर्च मिलाकर वे भूने गए। (२) और भी जो बढ़िया माँस पीसा गया था, उसे आम, भांटा जैसे फल फूलों में भरकर तैयार किया गया। (३) नारंगी, अनार, तुरुँज, जँभीर, तरबूज, बालमखीरा, (४) कटहल, बड़हल, नारियल, अंगूर, खजूर, छोहारे, इन सब फलों को उन-उनके भीतर पिसा माँस भरकर तैयार किया गया। (५) और भी जितने मेवे और फल होते हैं सब में यही नफासत पैदा की गई। जो जिस भाँति का था उसके भीतर भरे हुए माँस में वैसा ही ज़ायका मिलता था। (६) बनाने के बाद वे सब फल सिरके में भिगोकर रक्खे गए थे। उसी में से निकालकर परोसने के लिये लाए गए। पद्मावती ने जो उन्हें तैयार कराया था इसी से ताजे बने हुए थे। (७) वहाँ कबाब तैयार हुए। वह रसोई धन्य थी। जो कुछ था सब माँस से बनाया गया था।

(८) बाग का माली व्यर्थ ही सब फल लिए हुए आकर पुकार रहा था—(९) 'सब फलों का स्वाद तो रसोई में ही खाने वालों ने पा लिया। अब मुझे कौन पूछेगा ?'

(१) समोसा–यहाँ माँस के समोसों से तात्पर्य है। अब्बुल फजल ने अकबर की रसोई के वर्णन में

इस प्रकार के खाद्य को 'समोसा' ही कहा है -१० सेर माँस, ४ सेर मैदा, २ सेर घी, १ सेर प्याज, पाव भर अदरक, आध सेर नमक, १ छटाँक काली मिर्च, धनिया, आधी छटाँक इलायची, जीरा, लौंग—इस सामग्री से बीस प्रकार के समोसे बनाए जा सकते हैं और चार तश्तरी तैयार होती हैं' (आईन० ब्लाखमैन, पृ० ६३)।

(२) भे फर फूल—यह प्रकरण ठीक प्रकार से समझ में न आता था। शिरेफ में भी फलों के नाम आ जाने से अर्थ स्पष्ट नहीं हो पाया। सोमेश्वर के वर्णन से मैं इसका अर्थ जान सका। बात यह थी कि जितने प्रकार के फल मेवे तरकारी थीं सबके बीज आदि निकाल कर उनके भीतर बारीक पिसा हुआ मांस भर देते थे। फिर उसे तेल में पकाकर सिरके में डालकर रख लेते थे।

वार्ताकं वृन्त देशस्य समीपे कृतरन्ध्रकम् ।
निष्कासितेषु बीजेषु तेन मांसेन पूरितम ॥
तैलेन पाचित किञ्चिदाणके परिपाचयेत् ।
पूरभट्टाक सज्ञं तत्स्वादुना परिपाचयेत् ॥
कोशातकी फलेऽप्येवं मूलकस्य च कन्दके ।
पूरिते चूर्णं मांसेन तत्तन्नाम्ना तु कथ्यते ॥

(मानसोल्लास, ३।१४८३-८५)

बैंगन में डंठल के पास छेद करके बीज निकालकर पिसा हुआ माँस भर कर पकाने से जो भांटे का बनेगा वह 'भरा भाँटा' कहलाएगा। उसके मांस में वही भाँटे का स्वाद आएगा। ऐसे ही तरोई (कोशातकी), मूली आदि में भी बनाया जा सकता है। उसका वही-वही नाम पड़ेगा।

जो जेहि बरन सवाद सो ओहीं—जायसी का यह लिखना एक दम ठीक है। सोमेश्वर के 'तत्स्वादुना' और 'तत्तन्नाम्ना तु कथ्यते' से जायसी का अर्थ स्पष्ट हो जाता है।

कँवल=पद्मावती (५६३।४)। अथवा कँवल=कटोरा (५६३।५)। वे फल जब कटोरों में भरकर रक्खे गए तो खिले हुए (ताज़ी) से लगते थे।

(३) हिंदुवाना=तरबूज़।

बालबाँ खीर=बालम खीरा। खीरे की एक कोमल जाति।

(७) मसौरा—कबाब के लिये यह चालू शब्द है। सीख कबाब और शामी कबाब, इन दोनों में से यहाँ शामी का तात्पर्य है, वे ही बटवाँ मांस से बनाए जाते हैं।

(८) बारी आई पुकारै—बगीची से ताजे फल फूल लाने वाला माली फल लेकर आता है, पर कोई उनमें रुचि नहीं दिखाता, क्योंकि सब फल और मेवों का स्वाद तो ऊपर की रीति से मांस भरकर बनाए हुए फलों से ही उन्हें मिल जाता था। यद्यपि मांस भी असली फलों में ही भराजाता था, किन्तु ताजी फलों को उसने भोजन में व्यर्थ बना दिया था।

[५४७]

काटे मंछ मेलि दधि धोए। औ पखारि चहुँ बार निचोए।१।
करुए तेल कीन्ह बसिवारू। मेंथी कर तेहि दीन्ह धुँगारू।२।
जुगुति जुगुति सब मछ बघारे। आँब चीरि तेहि माहँ उतारे।३।
ऊपर तेहिं तहँ चटपट राखा। सो रस परस पाव जो चाखा।४।
भाँति भाँति तिन्ह खँडरा तरे। अंडा तरि तरि बेहर धरे।५।
घिउ टाटक महँ सोधि सेरावा। अनेक बखान कीन्ह अरदावा।६।
कुंकुहँ परा कपूर बसाई। लौंग मिरिचि तेहि ऊपर लाई।७।

घिरित परेह रहा तस हाथ पहुँच लहि बूड़ ।
बूढ़ खाइ तौ होइ नवजोबन सौ मेहरी लै ऊड़ ॥४५।७॥

(१) पहले मछलियों को काटा गया। तब उन्हें दही डालकर धोया गया। चार बार धोने के बाद वस्त्र में बाँधकर उनका जल निचोड़कर निकाल दिया गया। (२) फिर उन्हें कडुवे तेल में छौंका गया। उसमें मेंथी का धुँगार दिया गया। (३) तरह तरह से अनेक मछलियों को बघारा गया। आम की खटाई की फाँके करके उन्हें उन पर छिड़का गया। (४) ऊपर से लौंग मिर्च पीपल आदि छिड़ककर उन्हें चटपटा बनाया गया। जो उन्हें चक्खेगा वही उनका उत्तम रस पाएगा। (५) भाँति भाँति से उन मछलियों के खँडरे बनाकर तले गए। उनके अंडों को तल तलकर अलग रखा गया। (६) उन्हें टटके घी में तलकर ठंडा किया गया। अनेक भाँति का अरदावा (मछलियों का भरता) बनाया गया। (७) उसमें केसर डालकर कपूर से सुवासित किया गया और ऊपर से लौंग और काली मिर्च डाली गई।

(८) उसमें इतना घी तैर रहा था कि पहुँचे तक हाथ डूब जाता था। (९) बूढ़ा यदि उसे खा ले तो उसमें नया यौवन आ जाय। फिर वह सौ स्त्रियों के साथ विवाह कर सकता है।

(१) दधि धोए—मछली को दही से धोते हैं, उससे गंध निकल जाती है।
चहुँ बार निचोए—मछली को हल्दी के पानी से कई बार धोकर कपड़े में बाँधकर निचोड़ते हैं (मानसोल्लास, क्षालयेदुदकैः पश्चाद्धरिद्राकल्क मिश्रितैः। वस्त्रे बद्ध्वा निपीड्यैतान् स्रावयेत संगतं जलम् ॥३।१५२८)।

(२) बसिबारू—सं० वेसवार या वेशवार। धनिया, मिर्च, राई आदि छौंक के मसाले, उनसे छौंकना।
करुए तेल—मछली घी में कभी नहीं बनाते, कड़वे तेल में ही बनाई जाती है।
धुँगारू—जायसी ने बसिवार या छौंकना, धुँगारना और बघारना इन तीनों का उल्लेख किया है। घी या तेल में मसाला कड़कड़ा कर सब्जी माँस आदि उसमें डालना छौंकना कहलाता है। थोड़े घी को चमचे में गरम करके हींग जीरा आदि डालकर साग सब्जी में खुदबुदाने को बघारना कहते हैं। धुँगारने की क्रिया इन दोनों से भिन्न है। उसमें हींग आदि को आग में डालकर उसके ऊपर बरतन ढक देते हैं जिससे वह उसकी खुशबू से बस जाता है। फिर जो पदार्थ उसमें बनाया जाता है उसमें उसी की बासना आ जाती है।

(३) आँब चीरि—मछली में कोई खटाई अवश्य दी जाती है। प्रायः आम की देते हैं। लोक में आम और मछली का जोग प्रसिद्ध है। जायसी ने भी इसका उल्लेख किया है (१८१।८, बसै मीन जल धरती अंबा बिरिख अकास)।

(४) परस—पारस, उत्तम, श्रेष्ठ।

(५) खँडरा—काटे हुए टुकड़े (मत्स्यांश्च खंडशः कृत्वा चतुरंगुल सम्मितान्, मानसोल्लास, ३।१५३३)।

अंडा तरि तरि—मछली के अंडों की बाल बाजरे के बाल जैसी होती है। वे सरसों के समान छोटे एक में मिले रहते हैं। उस बाल में बेसन लगाकर भूनकर खाते हैं (अं० कावियर)।

(६) टाटक—टटका, ताजा। अवधी में घी के लिये अब भी चलता है।

सोधि=घी में चलाकर या सिद्ध करके।

अनेक बखान—माता प्रसाद जी की प्रति में 'पंखि बघारि' पाठ है। वह पाठ प्रामाणिक ही होगा, किन्तु अर्थ की दृष्टि से मैं उसका समाधान नहीं कर सका। यहाँ मछलियों का प्रकरण चल रहा है और उन्हीं के अरदावे या भरते का उल्लेख कवि ने किया है। पक्षियों का अरदावा नहीं बनाया जाता। गोपालचन्द्र जी की प्रति में 'अनेक बखान' पाठ है, वही यहाँ रखा गया है। मनेर की प्रति इस समय सामने न होने से उसका पाठ अविदित रहा, यद्यपि उस प्रति में भी यह छंद है।

(८) परेह—धा० परेहना=उतिराना, ऊपर तैरना।

(९) ऊढ़—धा० ऊढ़ना=विवाह करना। सं० ऊढ।

मॉस प्रकरण को समझने के लिये मैं कुँवर सुरेशसिंह और मानसोल्लास का आभारी हूँ।

[५४८]

भाँति भाँति सीझी तरकारी। कइउ भाँति कुम्हड़ा कै फारी।१।
भै भूँजी लौआ परबती। रैता कहँ काटे कै रती।२।
चुक्क लाइ कै रींधे भाँटा। अरुई कहँ भल अरिहन बाँटा।३।
तोरई चिचिंडा डिंडसी तरे। जीर धुँगारि कलै सब धरे।४।
परवर कुँदुरू भूँजे ठाढ़े। बहुते घियँ चुरुचुर कै काढ़े।५।
करुई काढ़ि करैला काटे। आदी मेलि तरे किए खाटे।६।
रींधे ठाढ़ सेंब के फारा। छौंकि साग पुनि सोंधि उतारा।७।
सीझी सब तरकारी भा जेंवन सब ऊँच।
दहुँ जेंवत का रूचै केहि पर दिस्टि पहूँच ॥५४८॥

(१) अनेक प्रकार की तरकारियाँ सिद्ध की गईं। कई प्रकार से कुम्हड़े की फाँके बनाई गईं। (२) पहाड़ी लौकी की भूजी बनाई गई। रायते के लिये उसके रत्ती रत्ती से टुकड़े काटे गए। (३) चूक की खटाई डालकर भाँटा राँधा गया। अरबी में डालने के लिये अरिहन पीसा गया। (४) तोरई, चिचिंडा और टिंडे तले गए और ज़ीरे से धुँगारकर घी में कलकला कर रखे गए। (५) परवल, कुँदरू समूचे भूने गए और तैरते हुए घी में चुराकर निकाले गए। (६) करेलों का कड़वापन निकाल कर उन्हें काटा गया और अदरक डालकर तला गया एवं खटाई डाली गई। (७) खड़े सेम की फाँकें राँधी गईं। सागों को छौंककर और सोंधा करके उतार लिया गया।

(८) अनेक प्रकार की तरकारी सिद्ध की गई। सब भोजन बहुत बढ़िया था। (९) न जाने भोजन के समय क्या रुचे और किस पर दृष्टि पहुँच जाय।

(१) फारी=फाँक (दे० सेंब के फारा)।

(२) लौआ परबती—पहाड़ी लौकी। किसी विशेष प्रकार की लौकी से तात्पर्य है जिसकी पहचान मुझे स्पष्ट नहीं है।

(३) अरिहन–वह आटा या बेसन जो साग तरकारी पकाते समय उसमें मिला दिया जाता है, आलन (मेरठ की बोली में)।

(४) कलं=तलना। अरबी कलं=कढ़ाई में डालकर भूनना या पकाना (स्टाइनगास, अरबी कोष, पृ० ८५४)।

[५४६]

घिरित कराहन्हि बेहर धरा। भाँति भाँति सब पार्कहिं बरा।१।
एकहि आदि मिरिच सिउँ पीठे। औरु जो दूध खाँड सो मीठे।२।
भई मुँगौछी मिरिचैं परीं। कीन्ह मुंगौरा औ गुरबरी।३।
भई मेंथौरी सिरिका परा। सोंठि लाइ कै खिरिसा धरा।४।
मीठ महिउ औ जीरा लावा। भीजि बरी जनु लैनू खावा।५।
खँडुईं कीन्ह अँबचुर तेहि परा। लौंग लाइची सिउँ खँडि धरा।६।
कढ़ी सँवारी औ डुभुकौरी। औ खँडवानी लाइ बरौरी।७।
पान लाइ कै रिंकवछ छौंके हींगु मिरिच औ आद।
एक कठहँडी जेंवत सत्तरि सहस सवाद ॥४५।६॥

(१) कड़ाहियों में अलग घी भरा हुआ था। उसमें तरह तरह के बड़े उतारे जा रहे थे। (२) एक पिट्ठी के साथ मिर्च और अदरक मिलाकर बनाए गए थे। दूसरे दूध और खाँड के साथ मीठे बनाए गए। (३) मिर्च डालकर मूँग का पथ्याहार बनाया गया। मूँग के मुँगौड़े और मीठी बड़ियाँ बनीं। (४) मेंथौरी बड़ियाँ बनाई गईं जिनमें सिरका डाला गया। सोंठ डालकर खिरिसा बनाया गया। (५) मीठी दही में जीरा डालकर बड़ियाँ भिगोई गईं जो खाने में मक्खन की तरह कोमल थीं। (६) खाँड की चाशनी बनाकर उसमें अमचुर डाला गया और लौंग एवं इलायची के साथ मिलाकर रखा गया। (७) कढ़ी और डुभकौरी बनाई गईं और खाँड के पानी या पने में बरौरी बनीं।

(८) पत्ते लाकर रिंकवछ छौंका गया और उसमें हींग मिर्च और अदरक डाला गया। (९) एक-एक काठ की हाँडी का सामान चखने से सत्तर सहस्र स्वाद मिलते थे।

(१) बेहर=अलग, पृथक्। मनेर और गोपालचन्द्र की प्रति में बेगर पाठ है। शुक्लजी ने बेगर का अर्थ उर्द या मूँग का रवेदार आटा किया है।

(२) आदि=अदरक।

(३) मुँगौछी=मूँग का कोई नमकीन पदार्थ मुद्गपथ्या > मुग्गपच्छा > मुँगौछी। जनपदीय बोली में यह शब्द सुरक्षित होना चाहिए, पर मुझे नहीं मिला। पथ्य=पच्छ, देखिए पं ८ में रिंकवछ।
मुँगौरा=मूँग के बड़े।
गुरबरी–मीठी बड़ियाँ। सूरसागर पद १०१४ में गुरबरा शरबत या चासनी के अर्थ में प्रयुक्त है (मूँग पकौरा पनौ पतबरा। इक कोरे इक भिजे गुरबरा)।

(४) मैंथौरी–पेठे के साथ उड़द की दाल पीसकर बड़ियाँ बनाते हैं जिनमें मैंथी आदि का मसाला डाला जाता है । इन्हें ही कुम्हरौरी भी कहते हैं । मिथौरि (सूरसागर १०१४) ।
खिरिसा–सोंठ शक्कर पीसकर उन्हें आटे की गुँझिया में भरकर घी में तल लेते हैं और पाग लेते हैं । इसे खिरिसा कहते हैं (पं० जगन्नाथ जी) । वर्णरत्नाकर में खिरिसा को पकान्न माना है (पृ० १३) । रीवाँ में खिरिसा छेने को कहते हैं (कुं० सुरेशसिंह) । यही अर्थ ठीक है । अरबी करीस का अर्थ भी पनीर या छेना है (स्टाइन गास, फारसी कोश, पृ० १०२६, अरबी कोश, पृ० ८८३) ।

(५) महिउ=दही ।

(६) खँडुई=चासनी (दे० २८४।५) । खंडि–दे० २८४।५ ।

(७) डुभुकौरी–यह इस प्रकार बनती है कि पकौड़ियों को पहले घी या तेल में नहीं तलते पर पानी में हल्दी वगैरह डालकर उसे खूब खौलाते हैं और उसी खौलते पानी में पकौड़ी डाल देते हैं । वह गरम पानी में ही पक जाती है (कुं० सुरेशसिंह) ।
बरौरी–उड़द की पकौड़ी । खाँड की चाशनी में भीगी हुई बरौरी वही ज्ञात होती है जिसे उस्मान ने 'खँडबरा' कहा है (डुभका छोमी औ खँडबरा, चित्रा० ५२३।४) ।

(८) रिंकवछ–प्रायः अरवी के पत्तों को महीन कतरकर उड़द की पीठी में लपेट कर घी में तल लेते है और उन्हें फिर सूखा या रसेदार छौंक लेते हैं । अवध में यह प्रचलित भोजन है । बिहार में इसे रिंकवछ या सेंढा कहते हैं (बिहार पेजेंट लाइफ, पृ० ३५७) । रिक्क=स्तोक, थोड़ा (देशी० ७१६, पासद०, ८८३)+पथ्य > पच्छ (अप०, प्रा०, पासद०, जस हर चरिउ २।११।११ पच्छिउ=पथ्य) । रिक्क पथ्य > रिकपच्छ > रिकवछ=हल्का पथ्याहार ।

[५५०]

तहरी पाकि लोनि औ गरी । परी चिरौंजी औ खुरुहुरी ।१।
घिरित भूँजि कै पाका पेठा । औ भा अंबित गुरँब गरेटा ।२।
चुंबक लोहड़ा औटा खोवा । भा हलुवा घिउ करै निचोवा ।३।
सिखरन सोंधि छनाई गाढ़ी । जामा दूध दहिउ सिउँ साढ़ी ।४।
और दहिउ के मोरँड बाँधे । औ संधान बहुत तिन्ह साँधे ।५।
भै जो मिठाई कही न जाई । मुख मेलत खिनु जाइ बिलाई ।६।
मोंतिलडु छाल और मुरकुरी । माँठ पेराक बुंद दुरहुरी ।७।
फेनी पापर भूँजे भए अनेग परकार ।
भै जाउरि पछियाउरि सीझा सब जेंवनार ॥४५।१०॥

(१) लौनी घी और गरी डालकर तहरी पकाई गई । ऊपर से उसमें चिरौंजी और खुरहुरी डाली गई । (२) घी में भूनकर पेठा पाग बनाया गया । चाशनी में डालकर बनाए हुए गुलम्बे में अमृत जैसा स्वाद मिला । (३) चुंबक लोहे की कढ़ाही में खोया औटाया गया । ऐसा हलुवा बनाया गया जिसमें घी निचुड़ रहा था । (४) सुगंधित द्रव्य डालकर गाढ़ी सिखरन छानी गई । मोटी मलाई वाले दूध से दही जमाई गई । (५) फिर दही के मोरंडे बाँधे गए और बहुत प्रकार के अचारों के मसाले

उनमें मिलाए गए। (६) जो जो मिठाइयाँ बनीं कही नहीं जातीं। मुँह में डालते क्षण ही घुल जाती थीं। (७) मोती लड्डू, छाल, मुरकुरी, माँठ, गूँझे, बुँदिया की दुरहुरी—ये सब मिठाइयाँ बनाई गईं।

(८) फेनी बनी और पापड भूने गए। बहुत प्रकार की सामग्री तैयार हुई। (९) जाउरि और पछियाउरि बनी। यों अनेक भाँति की जेवनार (भोजन सामग्री) सिद्ध हुई।

(१) तहरी—चावल की बढ़िया खिचड़ी जिसमें मेवा केसर आदि डाले जाएँ।
गरी—बादाम आदि की मींगी गरी कहलाती है।
खुरहुरी—दे २८।४ में टिप्पणी। प्रकरण से यहाँ मेवा अर्थ भी लगता है।

(२) पाका पेठा—इसे सूर ने पेठापाक (पद ११४) और हेसमि (पद ८०१, हेशमी) कहा है।
गुरँब—गुरम्बा या गुलम्बा=आम के टुकड़े या अमचूर को गुड़ की चाशनी में डालकर पकाते हैं। वही गुराँव या गुलम्बा कहलाता है। उसे पूड़ी आदि से खाते हैं। अवध में प्रिय भोजन है। अनन्त चतुर्दशी के व्रत में नमक नहीं खाया जाता, तब गुलम्बा अवश्य बनता है।
गरेठा—सम्भवतः प्रा० गलत्थिअ [= डाला हुआ] > गरट्ठिअ > गरेठा। अर्थात् गुड़ की चाशनी में अमचूर डालकर जो रख दिया गया वह अमृत के समान स्वादिष्ट लगा।

(३) लोहड़ा—लोहे की कड़ाही। ऐसा समझा जाता है कि अयस्कान्त लोहे के बर्तन में पकाने से दूध का गुण बढ़ जाता है।

(४) मोरँड—२८५।६ में भी यह आ चुका है। अब कुँवर सुरेशसिंह जी से इसका निश्चित अर्थ इस प्रकार ज्ञात हुआ है—'दही को किसी कपड़े में बाँधकर लटका देते हैं कि उसका पानी निचुड़ जावे। फिर उसे पत्थर के नीचे दबाकर और बचा हुआ पानी भी निकाल देते हैं। तब उसके टुकड़े टुकड़े काटकर घी में तल लेते हैं। दही को कपड़े में बाँधने को मोरंडा बाँधना कहते हैं।' (पत्र, १३।९।५४)। अवधी क्षेत्र में प्रचलित यह अर्थ प्रामाणिक मानना चाहिए। दूध दही के मोरंडे बाँधना, जायसी के ये शब्द भी संगत हो जाते हैं। मोरंडे बनाकर उनमें नमकीन स्वाद के लिये बहुत प्रकार के नीबू आदि के मसाले (संधान) मिलाए गए।
साँधे-धा० साँधना=मिलाना, मिश्रित करना (शब्दसागर; विविध मृगन्ह कर आमिष राँधा। तेहि महँ बिप्रमासु खल साँधा॥ तुलसी)।

(७) छाल—सम्भवतः छाक है। शब्दसागर में यही पंक्ति देकर मिठाई विशेष अर्थ किया है।
मुरकुरी—अमिरती। अपभ्रंश मुरुक्की (पासद्द०, पृ० ८६२)। इधर हिन्दी में मुरकुरी शब्द प्रचलित नहीं रहा, अमिरती शब्द ने उसका चलन उठा दिया है। श्री पं० बेचरदास दोशी, अहमदाबाद ने कृपया सूचित किया है कि अपभ्रंश मुरुक्की से निकला हुआ मुरकी शब्द गुजराती में एक विशेष प्रकार की मिठाई के लिये प्रचलित है। जलेबी के आकार की अपेक्षा मरकी का आकार गोल बंगड़ी या कंकण जैसा होता है। यह अमिरती ही हुई। मुरकी शब्द का मूल ज्ञात नहीं। अपभ्रंश सनत्कुमार चरित में एक बार यह शब्द आया है (जैकोबी द्वारा संपादित)।
माँठ—बड़ी मठरियाँ, चौड़े फैले हुए मैदा के थान या झाल जो पाग लिए जाते हैं।
पेराक—बड़े गूँझे। माठ-पेराक ब्याह में विशेष रूप से बनते हैं।
बुंद—बुँदिया। दुरहुरी शब्द का अर्थ निश्चित नहीं। किन्तु ढरुआ गोल मटर को कहते हैं (शब्दसागर पृ० १३३४) बुँद दुरहुरी सम्भवतः हरी मटर या हरे चने की बुँदियों के लड्डू हों। मूँग ढरहरी हींग लगाई, सूरसागर (शब्दसागर में उद्धृत)।

(८) परकार—भोजन की किस्मों के लिये यह शब्द प्रायः प्रयुक्त होता है (षटरस के परकार जहाँ लगि, सूर० पद ७०७) ।
भए अनेग परकार—अकबर के भोजन में सौ प्रकार हर समय रहते थे। हेरात में हुमायूँ के प्रातः कलेवे में तीन सौ और दोपहर के भोजन में बारह सौ प्रकार की तश्तरी परोसी गई (अकबरनामा, पृ० ४२६) । शाह तहमास्प ने जब उसकी दावत की तो तीन सहस्र प्रकार रक्खे थे (अकबरनामा) । सूर ने सत्तरह सौ प्रकार के भोजन नन्द भवन में कृष्ण के आरोगने के समय लिखे हैं (नंद भवन में कान अरोगें''सत्तरह सौ भोजन तहँ आए । पद १०१४) गोवर्धन में अन्नकूट के समय के लिये लिखा है—परुसत भोजन प्रातहिं तैं सब । रबि माथे तैं ढरकि गयौ अब (पद १५२६, प्रातःकाल से परसने लगे तो दोपहर बीत गया) । ये वस्तुतः भोजन के अनेक प्रकारों की कुछ संख्याएं हैं जो उस काल के जीवन में लोगों को विदित थीं ।

(९) जाउरि पछियाउरि—देखिए २८४।७ की टिप्पणी । बुंदेलखंड में पछियाउरि मिष्ठ पेय के रूप में प्रचलित है । जेंवनार के अन्त में चावल तथा आम का शर्बत, या श्री खंड, या गोरस में गुड़ मिला कर परोसने की प्रथा है, वही पछियाउरि कहलाता है (श्री सुमित्रानंदन, चिरगाँव) ।

[५५१]

जति परकार रसोइँ बखानी । तब भइ जब पानी सौं सानी ।१।
पानी मूल परेखौ कोई । पानी बिना सवाद न होई ।२।
अंब्रित पानि न अंब्रित आना । पानी सों घट रहै पराना ।३।
पानि दूध महँ पानी घीऊ । पानि घटें घट रहै न जीऊ ।४।
पानी माहँ समानी जोती । पानिहि उपजै मानिक मोती ।५।
पानी सब महँ निरमरि करा । पानि जो छुवै होइ निरमरा ।६।
सो पानी मन गरब न करई । सीस नाइ खाले कहँ ढरई ।७।
मुहमद नीर गँभीर जो सो नै मिलै समुँद ।
भरे ते भारी होइ रहे छूँछे बाजहिं दुंद ॥४५।११॥

(१) जितने प्रकार की रसोई कही गई हैं वे तभी तैयार हुई जब उनमें पानी की सहायता ली गई । (२) यदि कोई परीक्षा करके देखे तो पानी सबका मूल है । पानी बिना रस उत्पन्न नहीं होता । (३) पानी ही अमृत है और अमृत कुछ नहीं है । पानी से ही शरीर में प्राण रहता है । (४) दूध में पानी ही है और घी भी पानी का ही रूप है । पानी घटने से शरीर में प्राण नहीं रहते । (५) पानी में ही ज्योति समाई हुई है । पानी से ही माणिक और मोती उत्पन्न होते हैं । (६) पानी ही सबमें निर्मलता का रूप है । जो पानी छूता है वही निर्मल हो जाता है । (७) वह पानी मन में गर्व नहीं करता । सिर झुकाकर नीचे की ओर बहता है ।

(८) [मुहम्मद] जो गहरा जल है वह झुककर समुद्र में मिल जाता है । (९) जो भरे हैं वे भारी होते हैं । जो रीते हैं वे नगाड़े की तरह बजते हैं ।

(३) परेखौ=परीक्षा करना, जाँचना ।

(४) पानि=जल; आब, प्रतिष्ठा ।

(५) पानी माहँ समानी जोती—धरती, पानी, आग और हवा इन चार तत्त्वों से दुनिया बनी है। इनमें एक एकके भीतर है। इसको दूसरी ध्वनि भी है। बिन्दु शुक्र या पानी का पर्याय है। नाद ज्योति का पर्याय है (बर्थ्वाल, निर्गुण स्कूल; पृष्ठ २७०-७१)। नाद और बिन्दु से ही मानवी पुतला बना है।

(७) खाले=नाला, मोरी (पासद०, पृष्ठ ३४६; बीसलदेव रासो, छन्द ७५)।

(८) नीर गँभीर—जिस मेघ में गंभीर जल होता है वही पृथिवी पर बरस कर समुद्र में जा मिलता है। अथवा गंभीर जल वाले बड़े जलाशय का जल ही बह कर समुद्र की ओर जाता है, क्षुद्र का नहीं।

(९) दुंद=दुंदुभी, नगाड़ा (शब्दसागर)। दे० ५७७।७।

भरे ते भारी होइ रहे—तुलना कीजिये मेघदूत—रिक्तः सर्वो भवति हि लघुः पूर्णता गौरवाय १।२०।

४६ : चित्तौड़ गढ़ वर्णन खण्ड

[५५२]

सीझि रसोईं भएउ बिहानू। गढ़ देखै गवनै सुलतानू।१।
कवँल सहाइ सूर सँग लीन्हा। राघौ चेतनि आगें कीन्हा।२।
तेतखन आइ बेवान पहूँचा। मन सों अधिक गँगन सौं ऊँचा।३।
उघरी पँवरि चला सुलतानू। जानहुँ चला गँगन कहँ भानू।४।
पँवरि सात सातौ खँड बाँकी। सातौ गढ़ि काढ़ी दै टाँकी।५।
जानु उरेह काटि सब काढ़ीं। चित्र मूरति जनु बिनवहिं ठाढ़ीं।६।
आजु पँवरि मुख भा निरमरा। जौं सुलतान आइ पगु धरा।७।
लख लख बैठ पँवरिया जिन्ह सों नवहिं करोरि।
तिन्ह सब पँवरि उघारी ठाढ भए कर जोरि।।४६।१।।

(१) रसोई तैयार हुई। उधर प्रातःकाल हुआ और सुलतान गढ़ देखने के लिये आया। (२) शाह (सूर्य) ने सरजा को संग में लिया और राघव चेतन को आगे किया। (३) क्षण भर में ही उसका विमान आ पहुँचा। वह गति में मन से अधिक और ऊँचाई में आकाश से भी ऊँचा था। (४) गढ़ की पौर खोल दी गई और सुल्तान उसमें प्रविष्ट हुआ मानों सूर्य आकाश पर चढ़ रहा हो। (५) गढ़ में सात पौरियाँ थीं। सातों में बाँके खण्ड बने हुए थे। सातों को ही पहाड़ में से टाँकी द्वारा गढ़कर बनाया गया था। (६) ऐसा ज्ञात होता था मानों मूर्तियाँ गढ़कर उभार में बनाई गई थीं, या मानों सुन्दर मूर्तियाँ खड़ी हुई स्वागत के लिए बिनती कर रही थीं। (७) आज जब सुलतान ने आकर पैर रखा तो उन पौरियों का मुख निर्मल हो गया।

(८) एक-एक पौरी पर लाख-लाख द्वार-रक्षक बैठे हुए थे जिनके आगे करोड़ों व्यक्ति झुकते थे। (९) उन्होंने सब पौरियाँ खोल दीं और हाथ जोड़कर खड़े हो गए।

(१) सीझि रसोई—दावत के लिए रसोई दूतों के आने के क्षण से ही बनने लगी थी और रात भर बनती रही।

(२) कवँल सहाइ—जायसी ने सांकेतिक ढंग से सरजा को 'कवँल सहाइ' कहा है। सहाइ माने साथ उत्पन्न होने वाला। कमल का साथी भी सरोवर में जन्म लेगा अतएव वह भी सर+जा हुआ। वस्तुतः सरजा फा० शरज़: का रूप था जिसका अर्थ है भयंकर कुपित सिंह (स्टाइनगास फारसी कोष, पृ० ७४१)। 'कवँल सहाइ' का जायसी ने आगे भी उल्लेख किया है (५५६।७)। १८६।१ में भी सहाय का यही अर्थ है (सहजात > सहजाय > सहाय, सहाइ) और 'कँवल सहाय' का अर्थ है कुमुदिनी जो कमल के समान उसी सरोवर में उत्पन्न होती है। वहाँ शुद्ध अर्थ यह होगा-कुमुदिनी रूप सखियाँ फुलवाड़ी को चलीं।

(५) पँवरि सात—राजा का धवल गृह दुर्ग के मध्य में था वहाँ तक पहुँचने के लिये सात पौरि या फाटक पार करने पड़ते थे। प्रत्येक पौरि में भी कई कई खण्ड बने हुए थे। वे पौरियाँ पहाड़ी चट्टान में से काटकर निकाली गई थीं।

(६) उरेह—मूर्तियाँ।

काढ़ीं—पत्थर की पृष्ठ भूमि में से आगे निकली हुई (अं० इन रिलीफ)। तुलसीदास जी ने भी इस शब्दावली का प्रयोग किया है (सुर प्रतिमा खंभन्हि बनि काढ़ीं। मंगल द्रव्य लिए सब ठाढ़ीं ॥ बालकाण्ड, २८८।६)। चट्टान को काटकर और उकेरकर जैसे निकली हुई मूर्तियाँ गढ़ी जायँ वैसे ही प्रतोलियों का वास्तु और स्थापत्य चट्टान को गढ़कर बनाया गया था।

चित्र मूरति—सुन्दर मूर्ति; अथवा संस्कृत शिल्प ग्रंथों की परिभाषा के अनुसार पत्थर की चारों ओर उकेरकर बनाई मूर्ति को चित्र मूर्ति और खंभे या भीत पर उकेरी हुई मूर्ति को अर्द्ध चित्र कहते थे।

(८) पँवरिया—प्रतोली पर नियुक्त द्वार-रक्षक।

[५५३]

सातहुँ पँवरिन्ह कनक केवारा। सातहुँ पर बाजहिं घरियारा ।१।
सातहुँ रंग सो सातहुँ पवँरी। तब तहँ चढ़ै फिरै सत भँवरी ।२।
खँड खँड साजी पालक पीढ़ी। जानहुँ इंद्र लोक की सीढ़ी ।३।
चंदन बिरिख सुहाईं छाँहाँ। अंब्रित कुंड भरे तेहि माहाँ ।४।
फरे खजेहजा दारिवँ दाखा। जो ओहि पंथ जाइ सो चाखा ।५।
सोने क छात सिंघासन साजा। पैठत पँवरि मिला लै राजा ।६।
चढ़ा साहि चितउर गढ़ देखा। सब संसार पाँव तर लेखा ।७।
साहि जबहिं गढ़ देखा कहा देखि कै साजु।
कहिअ राज फुर ताकर सरग करै जो राजु ॥४६।२॥

(१) सातों पौरियों में सोने के किवाड़ लगे थे। सातों पर ही घड़ियाल बजते थे।

(२) सात पौरियों के सात प्रकार के रंग थे। तब कोई उन पर चढ़ सकता था जब भीतर ही भीतर उनकी गरेरी सीढ़ियों पर सौ चक्कर काटे। (३) एक एक खण्ड में जहाँ सीढ़ियाँ समाप्त होतीं उनमें पलंग जैसी चौड़ी पीढ़ियाँ बनी हुई थीं। वे इतनी ऊँची थीं मानों इन्द्रलोक (स्वर्ग) तक चढ़ने के लिए सीढ़ियाँ हों। (४) वहाँ चंदन वृक्षों की सुहावनी छाँह थी और भीतर अमृत सदृश जल के कुंड भरे थे। (५) अनेक मेवे, अनार और अंगूर फले थे। जो उस मार्ग से जाता था वह चखता था। (६) सोने का छत्र और सिंहासन सजाए हुए राजा रत्नसेन शाह के पौर में प्रवेश करते ही अगवानी के लिये मिला। (७) शाह ने ऊपर चढ़कर चित्तौड़ का गढ़ देखा। उसे सारा संसार अपने नीचे जान पड़ा।

(८) शाह ने जब गढ़ देखा तो वहाँ का साज देखकर उसके मुँह से निकल पड़ा, (९) 'उसीका राज करना सच्चा है जो स्वर्ग पर राज्य करे।'

(१) बाजहिं घरियारा—प्रत्येक पौरी पर समय सूचित करने के लिए घड़ियाल बजता था और सबसे अंत की पौरी पर राज घड़ियाल या बड़ा घड़ियाल बजाया जाता था। (तु० ४२।१)।

(२) सातहुँ रंग—संभवतः जायसी ने यह कल्पना प्राचीन ईरानी कथानकों से ली है जहाँ सासानी महलों में राजमहल की भिन्न भिन्न कक्षाओं में सात भिन्न रंगों का प्रयोग किया जाता था।

(३) पालक पीढ़ी—गरेरी या घूमती हुई सीढ़ी जब एक खंड से दूसरे खंड में पहुँचती तो अंत में एक चौड़ा चौका बनाया जाता है, उसीके लिये पालक पीढ़ी शब्द है (अं० लैण्डिंग)।

(९) फुर=सच्चा, सं० स्फुट > फुड > फुर।

[५५४]

चढ़ि गढ़ ऊपर बसगति दीखी। इंद्रपुरी सो जानु बिसेखी।१।
ताल तलाव सरोवर भरे। औ अँबराउँ चहूँ दिसि फरे।२।
कुँवा बावरी भाँतिन्ह भाँती। मढ़ मंडप तहँ भे चहुँ पाँती।३।
राय राँक घर घर सुख चाऊ। कनक मँदिल नग कीन्ह जराऊ।४।
निसि दिन बाजहिं मंदिर तूरा। रहस कोड सब लोग सँदूरा।५।
रतन पदारथ नग जो बखाने। खोरिन्ह महँ देखिअ छिरिआने।६।
मँदिल मँदिल फुलवारी बारी। बार बार तहँ चित्तरसारी।७।
पाँसा सारि कुँवर सब खेलहिं स्रवनन्ह गीत ओनाहिं।
चैन चाउ तस देखा जनु गढ़ छेंका नाहिं॥४६।३॥

(१) शाह ने गढ़ पर चढ़कर ऊपर की बस्ती देखी। वह इन्द्रपुरी सी बसी हुई जान पड़ती थी। (२) वहाँ ताल, तालाब और सरोवर भरे हुए थे और चारों ओर बगीचे फले थे। (३) अनेक प्रकार के कुएं और बावड़ियाँ थीं। वहाँ चारों ओर मठ और मण्डप बने हुए थे। (४) राजा और रंक, प्रत्येक के घर में सुख और उत्साह था। सर्वत्र कनक मंदिरों में रत्नों का जड़ाव था। (५) भवनों में रात और दिन समयानुसार

बाजे (नौबत) बजते थे। आनन्द और कौतुक में मग्न सब लोग रक्तवर्ण बने रहते थे। (६) रत्न, हीरे आदि जो नग कहे गए हैं वे वहाँ खोलियों (छोटी कोठरियों) में बिखरे हुए थे। (७) प्रत्येक भवन में फुलवाड़ियाँ और फल-वृक्षों के उद्यान थे। हरेक द्वार के सामने चित्तरसारी बनी हुई थी।

(८) सब राजकुमार गोट और पाँसों से चौपड़ खेलते थे और कान संगीत में लगे रहते थे। (९) शाह ने वहाँ ऐसी शान्ति और उत्साह देखा मानों गढ़ घेरा ही न गया हो।

(१) बसगति—बसापत, बस्ती (चित्रावली, २४।४, १४४।८, बाँक कोट बसगित बहुत)।

(३) मढ़ मण्डप—दे० टिप्पणी १७८।६, १८९।५।

(४) कनक मंदिल—महल के भीतर स्वर्ण मंदिर या रत्न मंदिर जो गृहपति और गृहपत्नी के निजी निवास का स्थान था, सुहाग मंदिर (४८।२-६)।

(५) मंदिर तूरा—नौबत जो दिन और रात में नियत समय नक्कार खाने (नौबत खाना) में बजती थी (आईन अकबरी, आईन १९, पृ० ५३)। सूर्योदय से चार घड़ी पहले और दिन छिपने से चार घड़ी पहले नौबत बजने का समय नियत था। अकबर ने इसे बदल कर मध्य-रात्रि में और सूर्योदय के समय कर दिया था (आईन १९)।

सेंदूरा—सिंदूर के रंग के, रक्तवर्ण।

(६) खोरिन्ह—खोली या छोटी कोठरी। देशी खोल्ल=कोटर या खोंड़र, उसीके समान बनी हुई भण्डरिया (पासद्द०)। छिरियाने—छितराए हुए।

(७) बार बार तहँ चित्तरसारी—भवनों के द्वार के सामने वाटिका में चित्तरसारी बनाई जाती थीं। इनका उल्लेख चित्रावली में आया है—चित्रावलि की है चितसारी। बारी माँहि विचित्र सँवारी ॥ ८१।३।

(८) पाँसा सार—दे० ३१२।१।

[५५५]

देखत साहि कीन्ह तहँ फेरा। जहाँ मँदिल पदुमावति केरा ।१।
आस पास सरवर चहुँ पासाँ। माँझ मंदिल जनु लाग अकासाँ ।२।
कनक सँवारि नगन्हि सब जरा। गँगन चाँद जनु नखतन्ह भरा ।३।
सरवर चहुँ दिसि पुरइनि फूली। देखा बारि रहा मन भूली ।४।
कुँवर लाख दुइ बार अगोरे। दुहुँ दिसि पँवरि ठाढ़ कर जोरे ।५।
सारदूर दुहुँ दिसि गढ़ि काढ़े। गल गाजहिं जानहुँ रिसि बाढ़े ।६।
जावँत कहिअै चित्र कटाऊ। तावँत पँवरिन्ह लाग जराऊ ।७।
साहि मँदिल अस देखा जनु कबिलास अनूप।
जाकर अस धौराहर सो रानी केहि रूप ॥४६।४॥

(१) देखते हुए शाह वहाँ पहुँचा जहाँ पद्मावती का महल था। (२) आस पास चारों ओर सरोवर था, बीच में महल था जो मानों आकाश से लग रहा था। (३)

सोने से सँवारकर सब प्रकार के रत्नों से जटित था, मानों आकाश में चन्द्रमा नक्षत्रों से घिरा हुआ हो। (४) सरोवर में चारों ओर कमल की बेल फूली थी। जल देखकर शाह का मन भुला गया। (५) दो लाख कुँवर द्वार की चौकसी करते थे। वे पौर के दोनों ओर हाथ जोड़े खड़े थे। (६) दोनों ओर दो शार्दूल गढ़कर बनाए गए थे, वे मानों अत्यन्त क्रोध की मुद्रा में गरज रहे थे। (७) जितने प्रकार के कटावदार चित्र कहे जाते हैं वे सब महल की पौरियों में रत्नों के जड़ाव से बने थे।

(८) शाह ने महल इस प्रकार का देखा मानो सुन्दर स्वर्ग हो। (९) उसने सोचा जिसका ऐसा धवलगृह है, वह रानी कैसे रूप की होगी?

(५) अगोरना=रखवाली करना, पहरा देना।

(६) सारदूर=शार्दूल। दुर्ग या भवनों के द्वार पर शार्दूल बनाने की प्रथा लगभग गुप्तकाल से चली आती थी। इस प्रकार के सिंहों को व्याल या व्यालक कहते थे।
गल गाजहिं–दहाड़ना, चिंघाड़ना, गड़गड़ाना।

(७) चित्र कटाऊ–चित्रों के कटाव या नक्काशी के प्रकार, वे रत्न या नगों की पच्चीकारी करके बनाए गए थे।

[५५६]

नाँघत पँवरि गए खँड साता। सोनै पुहुमि बिछावन राता।१।
आँगन साहि ठाढ़ भा आई। मँदिल छाँह अति सीतलि पाई।२।
चहूँ पास फुलवारी बारी। माँझ सिंघासन धरा सँवारी।३।
जनु बसंत फूला सब सोने। हँसहि फूल बिगसहिं फर लोने।४।
जहाँ सो ठाँउ दिस्टि महँ आवा। दरपन भा दरसन देखरावा।५।
तहाँ पाट राखा सुलतानी। बैठ साहि मन जहाँ सो रानी।६।
कँवल सहाइ सूर सौं हँसा। सूर क मन सो चाँद पहँ बसा।७।
सो पै जान पेम रस हिरदैं पेम अँकूर।
चंद जो बसै चकोर चित नैनन्ह आव न सूर ॥४६।५॥

(१) वे पौरियों को पार करते हुए महल के सातवें खण्ड में पहुँचे जहाँ सोने से मढ़ी हुई पृथ्वी पर लाल बिछावन बिछे थे। (२) शाह आँगन में आकर खड़ा हो गया। महल में उसे अत्यन्त शीतल छाया मिली। (३) महल के उस भाग में चारों ओर फुलवाड़ी और वाटिका जैसी सजावट थी। उसके बीच में सिंहासन सजाकर रखा गया। (४) भवन के उस स्वर्णमंडित भाग की शोभा ऐसी थी मानो वसन्त सुनहले रूप में फूला हुआ हो। उसमें फूल खिल रहे थे और फल विकसित हो रहे थे। (५) जहाँ से उस पद्मावती का स्थान दृष्टि में आता था और दर्पण में होकर उसका दर्शन दिखलाई पड़ता था, (६) वहाँ सुल्तान का आसन बिछाया गया। शाह उस पर बैठ गया, किन्तु मन वहाँ था जहाँ रानी पद्मावती थी। (७) सरजा शाह के सामने मुस्कराया पर शाह (सूर्य) का मन उसी चाँद (पद्मावती) के पास था।

(८) वही प्रेम का रस जानता है जिसके हृदय में प्रेम अंकुरित हुआ है। (९) जिस चकोर के मन में चन्द्रमा बसा है उसके नेत्रों में सूर्य नहीं समाता।

(१) सोनें पुहुमि–दे० ४८।१, साजा राजमँदिर कबिलासू। सोने कर सब पुहुमि अकासू॥ चित्रावली में सोने के पानी से फ़र्श ढालने का उल्लेख है खँड ऊपर खँड होंहि बिनानी। कै गच ढारहिं कंचन पानी ॥१०५।७।

बिछावन राता–लाल रंग विशेषतः राजाओं के छत्र (२७६।७), चँदोवे, बिछावन (२७५।५, २९१।४), वस्त्र (२७६।७) इत्यादि के लिये प्रयुक्त होता था। तुलना, रक्तक्षौमामिवास्तीर्ण पदन्यासाय भूभृतः (हम्मीर महाकाव्य, १३।७), अर्थात् कुट्टिम पर राजा के लिये लाल बिछावन बिछाया गया था।

(४) जनु बसंत फूला सब सोने–इन पंक्तियों में महल के जिस भाग का वर्णन है वह वसन्त मन्दिर या वसन्ती कमरा था। वहाँ की सब सजावट फुलवाड़ी के ढंग की थी और सब फूल, पत्ती, फल, वृक्ष, वाटिका आदि सोने के ही बने थे। उसी का जायसी ने पंक्ति तीन और चार में उल्लेख किया है।

(५) दरपन भा दरसन देखरावा–देखिए ५६७।३-४।

(७) कँवल सहाइ=सरजा (दे० ५५२।२)। माता प्रसाद जी ने "कँवल सुभाइ" पाठ दिया है किंतु उनकी नागराक्षरों में अत्यन्त सुलिखित प्रति तृ० ३ तथा गोपालचन्द्र और मनेर की प्रतियों में भी "कमल सहाइ" पाठ है जो पहले (५५२।२) भी आ चुका है और वहाँ गुप्त जी ने ठीक पढ़ा है। कमल, सूर्य और चन्द्र इन तीन शब्दों को रखकर जायसी ने अर्थ का चमत्कार उत्पन्न किया है, अन्यथा वे कँवल सहाइ न कहकर सीधे सरजा भी कह सकते थे। ज्ञात होता है कि कँवल सहाइ इस छिपे हुए नाम से सरजा का संकेत कवि ने इस कारण किया है कि वह रूप छिपाकर शाह के साथ गढ़ में आया था। सरजा तो इतने से ही प्रसन्न हो गया कि शाह पद्मावती के मन्दिर तक आ गया था किंतु शाह का मन चाँद (पद्मावती) के लिये अटक रहा था।

[५५७]

रानी धौराहर उपराहीं। गरबन्ह दिस्टि न करहि तराहीं ।१।
सखीं सहेलीं साथ बईठी। तपै सूर ससि आव न डीठी ।२।
राजा सेव करै कर जोरें। आजु साहि घर आवा मोरें ।३।
नट नाटक पतुरिनि औ बाजा। आनि अखार सबै तहँ साजा ।४।
पेम क लुबुध बहिर औ अंधा। नाच कोड जानहुँ सब धंधा ।५।
जानहुँ काठ नचावै कोई। जो जियँ नाँच न परगट होई ।६।
परगट कह राजा सौं बाता। गुपुत पेम पदुमावति राता ।७।
गीत नाद जस धंधा धिकै बिरह कै आँच।
मन की डोरि लागि तेहि ठाँईं जहाँ सो गहि गुन खाँच ॥४६।६॥

(१) रानी पद्मावती धवलगृह के ऊपरी भाग में थी। वह गर्व से नीचे दृष्टि न करती थी। (२) वह सखी सहेलियों के साथ बैठी थी। नीचे सूर्य (शाह) संतप्त हो

रहा था कि चाँद (पद्मावती) दृष्टि में नहीं आता। (३) राजा हाथ जोड़े हुए सेवा में उपस्थित था कि आज शाह मेरे घर आया है। (४) नट, नाटक, नर्तकियाँ और बाजे बुलवाकर उसने वहाँ अखाड़े का पूरे प्रबन्ध किया। (५) प्रेम का लुभाया हुआ बहिरा और अंधा होता है, नाच तमाशा सब उसके लिये बखेड़ा है। (६) शाह की सब चेष्टा इस प्रकार थी जैसे कठपुतली हो, दूसरा उसे नचा रहा हो। जो उसके मन में नाचती थी वह प्रकट न होती थी। (७) वह दिखाने के लिये राजा से बात कर रहा था, किन्तु भीतर भीतर पद्मावती के प्रेम में अनुरक्त था।

(८) गीत और राग बखेडा लग रहा था क्योंकि भीतर विरह की आँच धधक रही थी। (९) मन की डोरी उसी स्थान पर लगी हुई थी जहाँ बैठी हुई पद्मावती उस डोरी को पकड़े हुए खींच रही थी।

(४) नट नाटक=यहाँ जायसी ने अखाड़े का स्वरूप कहा है जिसमें कला करने वाले नट, अभिनेताओं द्वारा नाटक, पातुर का नाच और बाजे इन चारों के द्वारा मनोविनोद किया जाता था। राज सभा में पातुर के नाच का विस्तृत वर्णन वर्णरत्नाकर में आया है (पात्र नृत्य वर्णना, पृ० ५०–५१)। शाह के आने के उत्सव में राजा ने यह दूसरा अखाड़ा सज्जित किया।

(६) काठ=कठपुतली। शाह-कठपुतली। पद्मावती-कठपुतली को नचाने वाली। सभा में बैठकर शाह को कठपुतली के समान सब चेष्टाएँ तो करनी पड़ रही थीं, किन्तु उसका मन पद्मावती के पास था।

(९) गुन=डोरी। सं० गुण।

[५५८]

गोरा बादिल राजा पाहाँ। राउत दुवौ दुवौ जनु बाहाँ।१।
आइ स्रवन राजा के लागे। मूँसि न जाहि पुरुख जौं जागे।२।
बाचा परखि तुरुक हम बूझा। परगट मेरु गुपुत दर सूझा।३।
तुम्ह न करहु तुरुकन्ह सौं मेरू। छर पै करहिं अंत के फेरू।४।
बैरी कठिन कुटिल जस काँटा। ओहि मकोइ रहि चूरिहि आँटा।५।
सतुरु कोटि जौं पाइअ गोटी। मीठे खाँड जेंवाइअ रोटी।६।
हम सो ओछ कै पावा छातू। मूल गए सँग रहै न पातू।७।
इहौ किस्न बलि बार जस कीन्ह चाह छर बाँध।
हम बिचार अस आवै मेरहि दीज न काँध।।४६।७।।

(१) गोरा और बादल राजा के पास में थे। दोनों रावत थे और मानों उसकी दो भुजाएँ थे। (२) उन्होंने आकर राजा के कान में कहा, 'जो पुरुष जागता है वह मूसा नहीं जाता। (३) हमने वाणी से परीक्षा करके तुर्क को जान लिया है। प्रकट में मेल और गुप्त रूप से वह सेना की बात सोचता है। (४) तुम तुर्कों से मेल मत करो। अन्त के दाँव में वे अवश्य छल करते हैं। (५) शत्रु काँटे के समान कठिन और कुटिल होता

है। उसके साथ कँटीला मकोय ही रह सकता है जो दाँव पाकर उसका चूरा कर दे। (६) जो शत्रु की कोटि में है उसे जब अपनी गोटी में पा जाय, तो क्या उसे मीठी खाँड के साथ रोटी जिमाना चाहिए ? (७) आज हमारे हाथ में उस दुष्ट का छत्र गया है। मूल के नष्ट होने पर संग के पत्ते भी नहीं रहते।

(८) बलि के द्वार पर विष्णु की भाँति यह भी छल से बन्धन करना चाहता है। (९) हमारे विचार में ऐसा आता है कि मेल को न अपनाना चाहिए।

(१) राउत-सं० राजपुत्र > राअउत्त > राउत्त > राउत, रावत। यहाँ प्रधान सामन्तों से तात्पर्य है। जायसी ने राजा, राय, राउत इन तीन उपाधियों का उल्लेख किया है (५११।२, ५१२।३, १८४।५)। राजा=स्वतंत्र सत्ता युक्त। राउ=राय, अधीन या सहायक राजा। राउत=प्रमुख सरदार या सामन्त विशेष या राजा के प्रधान सहायक। राउत राजा की ओर से युद्ध में भी भाग लेते थे (पखरै राउत पहिरि सनाहा, चित्रावली ५०१।६)। श्री दशरथ जी ओझा ने रावत शब्द पर विशेष प्रकाश डालते हुए मुझे लिखा है—'रावत या राउत राजपुत्र का परिवर्तित रूप है। इससे कुछ अनुमान होता है कि यह उपाधि शुरू में राजवंशियों तक परिमित थी। बीकानेर में बीकानेर के संस्थापक राव बीका के भाई कांधल के वंशज रावत कहलाते हैं। अन्य सब ठाकुर हैं। उदयपुर में जहाँगीर ने जब महाराणा अमरसिंह से संधि की तो अमरसिंह के चाचा सगर को राणा की पदवी छोड़नी पड़ी। उसे रावत की पदवी दिलवाई गई और उसके उत्तराधिकारी रावत कहलाए। वैसे रावत पदवी काफी पुरानी है। संवत् १२०२ के नाडलाई (जोधपुर) शिला लेख में गुहिल वंश के राउत अधरण का उल्लेख है। बेलखारा (मिर्जापुर) के सं० १२५३ के लेख में इसी प्रकार राउत आनन्द के पुत्र राउत सकरुक का नाम मिलता है। इस लेख से यह भी स्पष्ट है कि राणक उपाधि राउत से बड़ी थी। संवत् १३१७ में रावत जतन चन्देल वीखम का मंत्री था। राउत शब्द को सेनापति अर्थ में मैंने कहीं नहीं देखा। राउत को हम सामन्त विशेष कह सकते हैं जिनका दर्जा सामान्य सामन्तों से अधिकतर ऊँचा रहा होगा। पद्मावत के गोरा बादल रावत हैं। वे महाराणा की दो बाहु हैं। इससे सिद्ध है कि दरबार में उनका स्थान बहुत ऊँचा रहा होगा। किन्तु सामन्तों में भी हम उनकी गणना कर सकते हैं, क्योंकि रावत भी अन्ततोगत्वा सामन्त ही थे। 'तुम्ह सावँत नहिं सरवरि कोऊ' (६११ २) से प्रकट है कि रावत गोरा बादल रत्नसेन के मुख्य सामन्त थे, (पत्र, २४-१०-५४)। श्री नरोत्तरदास स्वामी ने भी सूचित किया है कि बीकानेर में राजा पहले राव कहलाते थे, उनके अधीन एक प्रमुख सरदार की उपाधि रावत थी जो अभी तक चली आई है।

(३) दर सूझा-सेना सजाने या युद्ध की बात सूझती है।

(५) बैरी=(१) शत्रु, (२) बेर की झाड़।

मकोइ=मकोय (१३७।६)। एक कँटीला पौधा जो प्रायः सीधा ऊपर की ओर उठता है, इसमें लगभग सुपारी के आकार के ललाई लिए हुए पीले फल लगते हैं (शब्दसागर, २६१७)। मकोय एक प्रकार का क्षुप भी है जिसमें काली मिर्च के आकार के फल लगते हैं, उसमें कांटे नहीं होते। वह यहाँ इष्ट नहीं है।

आँटा-दाँव, मौका, अवसर।

(६) गोटी-गुप्ति > गुत्ति, गुट्टि > गोटि, गोटी=बंधन (पासद्द०, पृ० ३७३)।

गोटी पाइअ-यदि विपक्षी को अपने वश में पा लिया जाय।

(७) ओछ=ओछा, नीच या विश्वासघाती। यहाँ शाह की ओर संकेत है।

छातू=छत्र, राजछत्र। गोरा का आशय यह है कि इस समय शाह अपनी मुट्ठी में है, उसका छत्र भंग किया जा सकता है।

[५५९]

सुनि राजा हियँ बात न भाई। जहाँ मेरु तहँ अस नहिं भाई ।१।
मंदहि भल जो करै भलु सोई। अंतहु भला भले कर होई ।२।
सतुरु जौं बिख दै चाहै मारा। दीजै लोन जानु बिख सारा ।३।
बिख दीन्हे बिखधर होइ खाई। लोन देखि होइ लोन बिलाई ।४।
मारें खरग खरग कर लेई। मारै लोन नाइ सिर देई ।५।
कौरवँ बिख जौं पंडवन्ह दीन्हा। अंतहुँ दाँउ पंडवन्ह लीन्हा ।६।
जो छर करै ओहि छर बाजा। जैसें सिंघ मँजूसा साजा ।७।
राजैं लोनु सुनावा लाग दुहूँ जस लोन।
आए कोंहाइ मंदिल कहँ सिंघ जानु औगौन ॥४६।८॥

(१) राजा को वह बात सुनकर मन में अच्छी न लगी। 'हे भाई, जहाँ मेल है, वहाँ ऐसा नहीं होता। (२) मंद के साथ जो भला करे वह भला है। अंत में भले का भला होता है। (३) यदि शत्रु विष देकर मारना चाहे तो अपनी ओर से उसे नमक (लौन= सुन्दर व्यवहार) देना चाहिए, तो मानों तुमने उसका विष दूर कर दिया। (४) विष देने से शत्रु विषधर बनकर खाने आता है, किन्तु शिष्टाचार देखकर स्वयं नमक होकर गल जाता है। (५) खड्ग से मारने पर वह भी हाथ में खड्ग ले लेता है, पर शिष्टाचार से मारने पर सिर झुका देता है। (६) कौरवों ने जो पाण्डवों को विष दिया, तो अन्त का दाँव पाण्डवों के ही हाथ रहा। (७) जो छल करता है, उसे छल ही मिलता है, जैसे शेर फिर पिंजड़े में बन्द हो गया था।

(८) राजा ने जो नमक (सुन्दर व्यवहार) की बात सुनाई वह उन दोनों को घाव पर नमक के समान लगी। (९) वे क्रोध में भरे अपने भवन को लौट आए, जैसे खत्ते में गिरे हुए लाचार सिंह हों।

(३) दीजै लोन जानु बिख सारा—नमक के पानी से वमन कराने से विष का परिहार होता है। सारा-धा० सारना, हटाना, दूर करना (पासह०, पृ० १११७)।

(७) जैसे सिंघ मँजूसा साजा—जैसे सिंह को मंजूषा या पिंजड़ा मिला। यह एक लोक कथा थी। एक ब्राह्मण ने दया करके शेर को पिंजड़े से निकाल दिया। शेर उसे खाने दौड़ा। ब्राह्मण ने पूछा, 'क्या भलाई का बदला बुराई है?' शेर ने कहा, 'अपना भक्ष्य नहीं छोड़ना चाहिए।' निर्णय करने के लिए उन्होंने पंच किए और अंत में गीदड़ पंच हुआ। उसने कहा तुम दोनों जिस दशा में थे, उसी दशा में थोड़ी देर के लिये हो जाओ तो मैं मामला समझूँ। शेर फिर पिंजड़े में चला गया। गीदड़ के इशारे पर ब्राह्मण ने द्वार बन्द कर दिया। इस प्रकार शेर को छल के बदले में छल मिला और दोबारा पिंजड़े में बन्द होना पड़ा।

(९) औगौन=औगी, हाथी, शेर, भेड़िये आदि को फँसाने का गड्ढा जो घास-फूँस से ढका रहता है (शब्दसागर, पृ० ४०३)। मनेर और गोपालचन्द्र जी की प्रति में भी वही पाठ है जो माताप्रसाद जी ने रखा है।

[५६०]

राजा के सोरह सै दासीं। तिन्ह महँ चुनि काढ़ीं चौरासीं ।१।
बरन बरन सारीं पहिराईं। निकसि मँदिल हुतें सेवाँ आईं ।२।
जनु निसरीं सब बीर बहूटीं। रायमुनी पिंजर हुति छूटीं ।३।
सबै प्रथम जोबन सौं सोहीं। नैंन बान औ सारँग भौंहीं ।४।
मारहिं धनुक फेरि सर ओहीं। पनघट घाट ढंग जित होहीं ।५।
काम कटाख रहैं चित हरनी। एक एक तें आगरि बरनी ।६।
जानहुँ इंद्र लोक तें काढ़ीं। पाँतिन्ह पाँति भईं सब ठाढ़ीं ।७।
साहि पूँछ राघौ कहँ सर तीखे नैनाहँ।
तैं जो पदुमिनी बरनी कहु सो कवन इन्ह माहँ ॥४६।९॥

(१) राजा रत्नसेन के यहाँ सौलह सौ दासियाँ थीं। सबमें से चौरासी चुनकर अलग की गईं। (२) उन्हें रंग-रंग की साड़ियाँ पहिनाई गईं। वे महल में से निकलकर सेवा में उपस्थित हुईं, (३) मानों अनेक बीर बहूटियाँ निकल पड़ी थीं, या राय मुनियाँ पिंजड़े से छूटी थीं। (४) सब नवल यौवन से सुशोभित थीं। उनके कटाक्ष बाण के और भौंहें धनुष के समान थीं। (५) पनघट, घाट और जंगल में जहाँ भी वे जातीं थीं वहीं वे धनुष घुमाकर उन बाणों को मारती थीं। (६) काम भरी हुई चितवन से वे मन हर लेती थीं। उनमें एक से एक श्रेष्ठ वर्ण की थी, (७) मानों इन्द्र लोक से निकलकर अप्सराएँ पंक्ति पर पंक्ति बाँधकर खड़ी हो गई हों।

(८) शाह ने नेत्र के तीखे कटाक्ष से राघव से पूछा, (९) 'तुमने जिस पद्मिनी का वर्णन किया था, कहो इनमें वह कौन है।'

(१) चौरासी–चौरासी सिद्ध, चौरासी आसन की भाँति यहाँ भी सांकेतिक संख्या है।
(५) पनघट, घाट, ढंग–गोपालचन्द्र और मनेर की प्रति में ढंग का पाठ धनुक है। फ़ारसीलिपि में लिखे होने के कारण उसे ढंग भी पढ़ा जा सकता है।
ढंग=ढांग या डांग, पहाड़ी जंगल।

[५६१]

दीरघ आउ पुहुमिपति भारी। इन्ह मह नाहिं पदुमिनी नारी ।१।
यह फुलवारि सो ओहि की दासी। कहँ वह केत भँवर सँग बासी ।२।
वह सो पदारथ एइ सब मोती। कहँ वह दीप पतँग जेहि जोती ।३।

ये सब तरइँ सेव कराहीं । कहँ वह ससि देखत छपि जाहीं ।४।
जौ लहि सूर कि दिस्टि अकासू । तब लगि ससि न करै परगासू ।५।
सुनि कै साह दिस्टि तर नावा । हम पाहुन एक मँदिल परावा ।६।
पाहुन ऊपर हेरै नाहीं । हना राहु अरजुन परिछाहीं ।७।
तपै बीज जस धरती सूख बिरह कै घाय ।
कब सुदिस्टि कै बरिसै तन तरिवर होइ जाय ॥४६।१०॥

(१) 'हे महान् पृथ्वी पति, आपकी दीर्घ आयु हो । इनमें वह पद्मिनी स्त्री नहीं है । (२) यह जो फुलवारी है, सब उसकी दासियाँ हैं । भौंरे के संग रहने वाली वह केतकी इनमें कहाँ ? (३) वह हीरा है, ये सब मोती हैं । वह दीपक इनमें कहाँ जिसकी ज्योति पतिंगों को मोह लेती है ? (४) ये सब तारों की पंक्तियाँ हैं जो उसकी सेवा में रहती हैं । शशि रूप वह (पद्मावती) कहाँ जिसके प्रकाशित होते ही इनका तेज छिप जाता है ? (५) जब तक सूर्य की दृष्टि आकाश में होती है, तब तक चन्द्रमा अपना प्रकाश नहीं करता ।' (६) सुनते ही शाह ने अपनी दृष्टि नीचे झुका ली । उसने सोचा कि हम पाहुने के रूप में अकेले यहाँ हैं और यह महल भी दूसरे का है । (७) पाहुना ऊपर निगाह नहीं करता । अर्जुन ने भी परछाँही देखकर ही (नीचे की ओर दृष्टि करके) राधा वेध किया था ।

(८) जैसे बीज धरती में तपता है, वैसे ही वह विरह के घाव से सूख रहा था । (९) मन में आशा लगी थी कि कब वह कृपा दृष्टि करके बरसेगी जिससे शरीर हरा भरा होगा ।

(१) पुहुमिपति भारी–जायसी ने शेरशाह को भी भारी पुहुमिपति कहा है (१३।७) । उस्मान ने जहाँगीर के लिये भारी महीपति कहा है । नुरुद्दीन महीपति भारी, १३।१; चित्रावली, ४१८।१, जहाँ पुहुमिपति होइ नरेसा । ज्ञात होता है दिल्ली पति सम्राट् के लिये पुहुमिपति बिरुद प्रयुक्त होता था ।

(३) पदारथ–दे० ४७७।६ ।

(९) तपै बीज जस धरती–नीचे बैठा हुआ शाह विरह में (प्रेम वृष्टि के अभाव में) इस प्रकार सूख रहा था जैसे धरती में पड़ा हुआ बीज मेंह के बिना सूखता है ।

[५६२]

सेव करहिं दासी चहुँ पासाँ । अछरीं जानु इंद्र कबिलासाँ ।१।
कोइ लोटा कोंपर लै आईं । साहि सभा सब हाथ धोवाईं ।२।
कोइ आगें पनवार बिछावहिं । कोइ जेंवन सब लै लै आवहिं ।३।
कोईं माँडि जाहिं धरि जोरी । कोईं भात परोसहिं पूरी ।४।
कोईं लै लै आवहिं थारा । कोइ परसहिं बावन परकारा ।५।

पहिरि जो चीर परोसै आवहिं । दोसरैं औरु बरन देखरावहिं ।६।
बरन बरन पहिरहिं हर फेरा । आव झुंड जस अछरिन्ह केरा ।७।
पुनि सँधान बहु आनहिं परसहिं बूकहिं बूक ।
करै सँवार गोसाईं जहाँ परै किछु चूक ॥४६।११॥

(१) चारों ओर एकत्र होकर दासियाँ शाह की सेवा कर रही थीं, मानों अप्सराएं स्वर्ग में इन्द्र की सेवा में उपस्थित हों। (२) कोई लोटा और कोंपर ले आईं और शाह एवं सभा में अन्य सबके हाथ धुलाए। (३) कोई आगे पत्तलें बिछाने लगीं। कोई सब प्रकार की भोजन सामग्री ले लेकर आने लगीं। (४) कोई पत्तलों पर दो दो माँडे रखकर जा रही थीं और कोई भात और पूरी परोसती थीं। (५) कोई भरे हुए थाल ले लेकर आती थीं और कोई बावन प्रकार की सामग्री परोस रही थीं। (६) जो वस्त्र पहन कर परोसने के लिये आती थीं, दूसरी बार में फिर दूसरे ही वेश में दिखाई पड़ती थीं। (७) हर फेरे में भिन्न भिन्न रंग के वस्त्र पहनती थीं और अप्सराओं के समान दल के दल बनाकर आती थीं।

(८) फिर अनेक प्रकार के अचार लाती थीं और एक एक करके चंगुलों से परस रही थीं। (९) जहाँ पर भी कुछ भूल होती, राजा स्वयं सँभाल करते थे।

दो० ५४१-५५१ में रसोई की सामग्री तैयार कराने का उल्लेख है। उसके बाद सुल्तान के आने और बैठने का, एवं अब भोजन परोसने और खाने का प्रसंग है।

(२) कोंपर=परात। बुंदेलखंडी में अभी तक इस अर्थ में यह शब्द प्रचलित है। तुलसीदास ने इस शब्द का प्रयोग किया है (बाल काण्ड, ३२३।१२, भरे कनक कोपर कलस; ३२४।५, कनक कलस मनि कोपर रूरे। सुचि सुगंध मंगल जल पूरे; ३०५।१, कनक कलस कल कोपर थारा)।

(३) पनवार=पत्तल।

(४) माँडि=माँडा। दे० ५४३।२।

(५) बावन परकारा—मुझे अभी तक किसी प्राचीन ग्रंथ में बावन प्रकार के व्यंजनों की सूची प्राप्त नहीं हुई। लोक में छप्पन प्रकार के व्यंजन भी प्रसिद्ध हैं। उनके नाम भी अभी तक नहीं मिले। किंतु श्री कंठमणि शास्त्री (विद्या विभाग, काँकरौली) ने सूचित किया है कि छप्पन भोग का उत्सव प्रतिवर्ष अन्नकूट उत्सव के बाद किया जाता है। उसमें कई सौ प्रकार के पक्वान्न होते हैं। वर्ष भर के प्रधान उत्सव छप्पन की संख्या में होते हैं; उन्हीं की सामग्री किसी एक ही दिन समर्पित करने से उसका नाम छप्पन भोग पड़ा। यदि भोजन के बावन प्रकारों की सूची उपलब्ध हो सके तो वह ऐतिहासिक दृष्टि से विशेष उपयोगी होगी। और भी दे० टिप्पणी ५५०।८।

(८) बूकहिं बूक—देशी बुक्का=मुष्टि या मुट्ठी (देशी नाममाला, ६।९४)।

(९) करै सवार गोसाईं—यहाँ कवि ने राजकीय शिष्टाचार की ओर संकेत किया है। राजा अपने समान या अपने से श्रेष्ठ किसी व्यक्ति को निमंत्रित करते तो उसके सुपास के लिये व्यक्ति गत ध्यान देते थे। अकबरनामे में तहमास्प द्वारा हुमायूँ के लिये इस प्रकार की निजी देख रेख का उल्लेख है।

[५६३]

जानहुँ नखत रहहिं रबि सेवाँ। बिनु ससि सूरहि भाव न जेंवाँ ।१।
सब परकार फिरा हर फेरें। हेरा बहुत न पावा हेरें ।२।
परी असूझ सबै तरकारी। लोनी बिना लोन सब खारी ।३।
मंछ छुअै आवहिं कर काँटे। जहाँ कँवल तहँ हाथ न आँटे ।४।
मन लागेउ तेहि कँवल की डंडी। भावै नहिं एकौ कठहंडी ।५।
सो जेंवन नहिं जाकर भूखा। तेइ बिनु लाग जानु सब रूखा ।६।
अनभावत चाखै बैरागा। पँच अंब्रित जानहुँ बिख लागा ।७।
बैठि सिंघासन गूँजै सिंघ चरै नहिं घास।
जौं लहि मिरिग न पावै भोजन गनै उपास ॥४६।१२॥

(१) शाह ऐसे था मानों नक्षत्र सूर्य की सेवा में लगे हों, किन्तु सूर्य को चन्द्रमा के बिना भोजन में कुछ रुचि न आती थी। (२) हर फेरे में सब प्रकार के पदार्थ चले आते थे। शाह बहुत ध्यान से देखता था पर जिसमें उसकी रुचि थी उसे वह ढूँढ़ने से भी न पा रहा था। (३) सब प्रकार की तरकारी बे हिसाब थी किन्तु उस सुन्दरी के बिना सब नमकीन पदार्थ खारी (बे स्वाद) लगते थे। (सुन्दरी पद्मावती के बिना सब प्रकार का भोजन अरुचि पूर्ण लगता था)। (४) वह ऐसा खोया हुआ था कि मछली लेने के लिये हाथ बढ़ाता तो काँटे हाथ में आते थे। जो खाने का ग्रास था वहाँ हाथ नहीं पड़ता था (जहाँ पद्मावती थी वहाँ हाथ न पहुँचता था)। (५) उसका मन तो उसी मधुपात्र की डंडी पकड़ना चाहता था। एक भी काठ की हाँडी उसे रुचती नथी! (६) वह भोजन नहीं मिला जिसका वह भूखा था। उसके बिना ऐसा लगा मानों सब रूखा हो। (७) अनचाही वस्तु को अनमने भाव से चख रहा था। पंचामृत भी मानों विष लग रहा था।

(८) वह सिंहासन पर बैठा घुन्ना रहा था। सिंह घास नहीं खाता। (९) वह जब तक हिरन नहीं पाता, भोजन को भी उपवास मानता है। (भोजन होने पर भी उपवास ही करता है)।

(१) नखत, रबि, ससि–दासियाँ, शाह, पद्मावती।
(३) असूझ–बहुत अधिक, बे हिसाब।
लोनी–लावण्यमयी, सुन्दरी, पद्मावती।
लोन सब खारी–सब नमकीन पदार्थ खारी लगने लगा अथवा और सब सौन्दर्य विरस लगता था। कवि ने इस पंक्ति में नमकीन, चौथी में मांस और पाँचवी में मिष्टान्न पदार्थों की ओर संकेत किया है।
(४) काँटे=मछली की हड्डियाँ। मछली सिद्ध की जाने पर बहुत मुलायम हो जाती है। अतएव उसे खाने में सावधानी बरतनी पड़ती है। शाह का मन इतना खोया था कि भूल कर जाता था।
कँवल=(१) कौर, ग्रास, (२) पद्मावती।

आँटे–धा० आँटना=पहुँचना, जाना। सं० ऋत > प्रा० अट्ट (=गत, प्राप्त, पासद्द०, पृ० ३१)।

(५) कँवल–इस शब्द के दो अर्थ हैं (१) कटोरा, प्याला, पानपात्र, मधुपात्र। जायसी ने रस भरे हुए पात्र को रसकौंला (रस कँवला) कहा है (२४।६, कवि बिआस रसकौंला पूरी)। अरबी में कुमअल, कुमुल्, कुमूल्=प्याला, पानपात्र (स्टाइनगास, फारसी कोष, पृ० ९८९, अरबी कोष, पृ० ८५७)। संस्कृत कमल की अपेक्षा (जैसा मैंने भ्रान्तिवश पहले लिख दिया है, पृ० २४) मूल अरबी से इस शब्द की व्युत्पत्ति इस अर्थ में अधिक संभव है। कठहंडी के साथ इस स्थान पर कवि को कँवल का पात्र अर्थ अभिप्रेत है। भाव यह है कि शाह का जो मन पानपात्र में रमा हुआ था उसे काठ की हाँडी क्या अच्छी लगती। कठहंडी की मिठाई में पानपात्र की मादकता कहाँ? (२) कँवल का दूसरा अर्थ कमल या पद्मावती है। इस पक्ष में कठहंडी का संकेत दासियों के लिये है।

डंडी–पानपात्र के मध्य का छड़ीला भाग। पद्मावती पक्ष में गात्रयष्टि का मध्य भाग।

कठहंडी–दे० २८४।५ (खँडरा खंडि खँडोई खंडी। परी एकोतर सै कठहंडी); ५४९।९ (एक कठहंडी जेंवत सत्तत्तर सहस सवाद)।

(७) बैरागा–विरक्त भाव से, अरुचि से।

(८) गूँजै–धा० गूँजना=भौंर की तरह गुंजार करना, धुन्नाना, भुनभुनाना।

[५६४]

पानि लिहें दासीं चहुँ ओरा। अंब्रित बानी भरें कचोरा।१।
पानी देहिं कपूर क बासा। पियै न पानी दरस पियासा।२।
दरसन पानि देइ तौ जीयौं। बिनु रसना नैनन्ह सौं पीयौं।३।
पीउ सेवाती बुंदहि अघा। कौनु काज जौं बरिसै मघा।४।
पुनि लोटा कोंपर लै आईं। कै निरास अब हाथ धोवाईं।५।
हाथ जो धोवै बिरह करोरा। सँवरि सँवरि मन हाथ मिरोरा।६।
बिधि मिलाउ जासौं मन लागा। जोरि न तोरु पेम कर तागा।७।
हाथ धोइ जस बैठेउ ऊभि लीन्ह तस साँस।
सँवरा सोईं गोसाईं देहि निरासहि आस ॥४६।१३॥

(१) पानी लिए हुए दासियाँ चारों ओर थीं। वे अमृत तुल्य जल कटोरों में भर रही थीं। (२) वे कपूर से सुगंधित जल देती थीं, पर वह पानी न पीता था। वह तो दर्शन का प्यासा था। (३) वह सोचने लगा—'अब वह दर्शन रूपी जल देगी तभी मैं जीवित रह सकूँगा। उस जल को जिह्वा से जूठा किए बिना केवल नेत्रों से पान करके ही तृप्त हो जाऊँगा। (४) पपीहा स्वाती की बूँद से अघाता है। मघा नक्षत्र में कितना ही जल बरसे उसके किस काम का?' (५) फिर वे दासियाँ लोटा और कोंपर ले आईं। उसे निराश करके अब वे हाथ धुलाने लगीं। (६) वह जैसे जैसे हाथ धो रहा था, विरह उसको कचोट रहा था। मन में पद्मावती का स्मरण कर करके हाथ मल रहा था—(७) 'हे दैव, उससे मिला जिससे मन लगा है। प्रेम का धागा जोड़ कर अब मत तोड़।'

(८) हाथ धोकर जैसे ही बैठा वैसे ही उसने खींच कर गहरी साँस ली। (९) फिर उसने भगवान का स्मरण किया जो निराश की आशा पूरी करता है।

(१) अंम्रित बानी—अमृत के वर्ण या रंग का।
(४) पीउ=पपीहा, जो पिउ पिउ बोलता है।
अघा=अघाता है, तृप्त होता है; सम्मान करता है, आदर करता है।
(६) करोरा—धा० करोरना=करोटना, खुरचना, कुरेदना।
(८) ऊभि—धा० ऊभना=ऊँचा करना, छाती और गरदन तानना। सं० ऊर्ध्वय् > प्रा० उब्भ (पासद० पृ० २०८)।

[५६५]

मै जेवनार फिरा खँडवानी। फिरा अरगजा कुंकुहँ बानी।१।
नग अमोल सौ थारा भरे। राजैं सेवा आनि कै धरे।२।
बिनती कीन्ह घालि गियँ पागा। ऐ जग सूर सीउ मोहि लागा।३।
औगुन भरा काँप यह जीऊ। जहाँ भान रह तहाँ न सीऊ।४।
चारिहुँ खंड भान अस तपा। जेहि की दिस्टि रैनि मसि छपा।५।
कँवल भान देखे पै हँसा। औ भानहि चाहै परगसा।६।
औ भानहि असि निरमरि करा। दरस जो पाव सोइ निरमरा।७।
रतन स्यामि तहँ रैनि मसि ऐ रबि तिमिर सँघार।
करु सुदिस्टि औ किरिपा देवस देहि उजियार ॥४६।१४॥

(१) ज्योनार समाप्त हुई। शरबत घुमाया गया। केसर मिला हुआ अरगजा सबको दिया गया। (२) अमूल्य रत्न सौ थालों में भर कर राजा ने शाह की सेवा में रखे। (३) राजा ने शाह के गले में पगड़ी पहना कर बिनती की, 'हे जगत् के सूर्य, मुझे शीत लगता है (मैं आपसे रक्षा चाहता हूँ)। (४) अवगुणों से भरा हुआ मेरा मन डरता है। किन्तु जहाँ सूर्य होता है, वहाँ फिर शीत नहीं रह जाता। (५) चारों दिशाओं में सूर्य ऐसा तप रहा है कि उसके दर्शन से रात की अँधेरी मिट गई है। (६) कमल सूर्य के दर्शन से स्वयं खिलना चाहता है और सूर्य के लिये भी चाहता है कि वह प्रकाशित हो। (७) और सूर्य की भी ऐसी निर्मल कान्ति होती है कि जो उसका दर्शन करता है वही निर्मल हो जाता है।

(८) रात के अँधेरे से रत्न काला है। हे सूर्य, तू अपने प्रकाश से उस तिमिर का संहार कर। (९) तू सुदृष्टि और कृपा कर दिन का उजाला कर दे।

(१) खँडवानी—शरबत।
अरगजा—एक विशेष सुगंधि।
(३) घालि गियँ पागा—अतिथि के सम्मानार्थ उसके गले में अपनी पगड़ी पहनाना शिष्टाचार था।
(६) राजा का आशय यह है कि वह अपना और शाह दोनों का कल्याण और परस्पर हित चाहता है।

[५६६]

सुनि बिनती बिहँसा सुलतानू । सहसहुँ करा दिपै जस भानू ।१।
अनु राजा तूँ साँच जड़ावा । भै सुदिस्टि सो सीउ छड़ावा ।२।
भान की सेवा जाकर जीऊ । तेहि मसि कहाँ कहाँ तेहि सीऊ ।३।
खाहि देस आपन करु सेवा । और देउँ माँडौ तोहिं देवा ।४।
लीक पखान पुरुख कर बोला । धुव सुमेरु तेहि उपरैं डोला ।५।
बहु बौसाउ दीन्ह नग सूरू । लाभ देखाइ लीन्ह चह मूरू ।६।
हँसि हँसि बोलै टेकै काँधा । प्रीति भुलाइ चहै छरि बाँधा ।७।
माया बोलि बहुत कै पान साहि हँसि दीन्ह ।
पहिलें रतन हाथ कै चहै पदारथ लीन्ह ।।४६।१५।।

(१) बिनती सुनकर सुल्तान हँसा, जैसे सहस्रों किरणों से सूर्य दिप जाता है। (२) 'हे राजा, तुम सचमुच शीत से पीड़ित थे। किन्तु अब तुम्हें सुदृष्टि मिली जिसने उस शीत को छुड़ा दिया है। (३) सूर्य की सेवा में जिसका मन होता है, उसे कहाँ अँधेरा और कैसा शीत ? (४) तू अपने देश (राज्य) का भोग कर और सेवा कर। हे राजा, चित्तौड़ के अतिरिक्त माण्डवगढ़ भी तुझे दूँगा। (५) पुरुष का वचन पत्थर की लीक की तरह प्रमाण होता है। ध्रुव उसी सुमेरु के ऊपर चक्कर काटता है। (६) ऊपर से तो सूर्य (शाह) ने रत्न (राजा) को और अधिक व्यवसाय (वृत्ति) प्रदान किया, पर वस्तुतः वह लाभ दिखाकर मूल भी हर लेना चाहता था। (७) वह हँस हँसकर बातें कर रहा था और राजा के कंधे पर हाथ रक्खे हुए था। वह प्रीति का भुलावा देकर छल से उसे पकड़ लेना चाहता था।

(८) बात चीत में बहुत माया करके शाह ने हँसकर राजा को पान दिया। (९) वह चाहता था कि पहले रत्न हाथ में करके पीछे से हीरा (पद्मावती) भी ले ले।

(२) भै सुदिस्टि—तुम्हें सुदृष्टि मिली। शाह के इस वाक्य की अर्थ गति दोनों ओर है—राजा को स्वयं ठीक दृष्टि मिल गई, अथवा शाह रूपी सूर्य का सुन्दर दर्शन मिल गया।

(३) भान की सेवा—सूर्य रूपी शाह की अधीनता।

(४) खाहि देस—अपने राज्य का भोग करो।

देवा—देव=हिन्दू राजा की उपाधि और सम्बोधन (४९४।१)। देव का अर्थ फारसी भाषा में जिन भी है। कवि ने इन्हीं शब्दों द्वारा अलाउद्दीन का कपट मनोरथ भी प्रकट करा दिया है। कथा है कि सुलेमान के पास एक तिलिस्मी अँगूठी थी जिसके प्रभाव से वह जिनों को ताँबे के गोल कुम्हड़ों में कैद कर लेता था। इसमें चार रत्न जड़े थे जो वायु, पक्षी, पृथिवी और जीवों के प्रतिनिधि थे। उन पर क्रमशः ये मंत्र खुदे थे–(१) ईश्वर की ही महिमा और शक्ति है। (२) सारा संसार उस ईश्वर की ही प्रशंसा करता है। (३) स्वर्ग और पृथिवी ईश्वर के वश में हैं। (४) ईश्वर एक है। इस अंगूठी के प्रभाव से सुलेमान ने सब जिन या देवों को अपने वश में कर लिया था। सख नाम का एक जिन उसका विरोधी हो गया। सुलेमान ने उसे बन्दी

बना लिया। इसी जिन ने सुलेमान को शेबा देश की बिलकिस नाम की रानी का राज्य प्राप्त कराया। यह रानी सूर्य की पूजा करती थी। सुलेमान ने उसे जीत कर अपनी स्त्री बना लिया। [मैं इस कहानी के लिये श्री शिरेफ का अनुगृहीत हूँ। देखिए १३।६, जहाँ सुलेमान की अँगूठी का उल्लेख है।]

अलाउद्दीन के मन का भाव यह है–तेरे राज्य का उपभोग करके रानी शेबा के सदृश पद्मावती को अपनी बनाऊँगा और सख जिन की तरह तुझ देव को मांडौ (कूष्मांड या अंगूठी रूप आभूषण) में बन्द करके रक्खूँगा अथवा तेरा मर्दन करूँगा (मांडौ–मांडना=मर्दन करना)। (रत्नसेन पक्ष में) तुझे अलग मंडप में डालकर बन्दी बनाऊँगा। आगे रत्नसेन के बंधन के बाद कहा भी है–देव सुलेमाँ की बँदि परा (५७७।१)।

(५) लीक पखान–मनेर की प्रति और गोपालचन्द्र की प्रति दोनों का पाठ 'लीक पखान' है। श्री माताप्रसाद जी ने ७।१२।५४ के पत्र में मुझे सूचित किया है कि 'लीक प्रवान' की जगह 'लीक पखान' पाठ ही चाहिए।

ध्रुव सुमेर तेहि उपरै डोला–सब नक्षत्र ध्रुव के चारों ओर घूमते हैं, किन्तु ध्रुव सुमेरु की परिक्रमा करता है। सत्यवादी पुरुष ही वह सुमेरु है जिसकी ध्रुव प्रदक्षिणा करता या जिसके बल पर वह घूमता है।

(६) बहु बौसाउ दीन्ह नग सूरू–यह क्लिष्ट किन्तु अर्थ की दृष्टि से अति सुन्दर मूल पाठ था। बौसाउ > व्यवसाय=जीविका का साधन, वृत्ति या जीविका (शब्दसागर)। नग=रत्न, रत्नसेन। शाह ने रत्नसेन को चित्तौड़ के अतिरिक्त मांडवगढ़ देने का दिखावा किया, किन्तु मन में वह चित्तौड़ भी छीन लेना चाहता था। मनेर की प्रति में 'जग' के स्थान में 'नग' पाठ है। वही उपयुक्त है। 'जग' यहाँ भर्ती का शब्द है। गोपालचन्द्र जी की प्रति (चं० १) में बहु बौसाउ पाठ है जो मूल था। उसीका पाठान्तर बसाउ माताप्रसाद जी की पं० १, तृ० १, तृ० २, तृ० ३ इन सर्व श्रेष्ठ प्रतियों में मिलता है, जो मूल पाठ का समर्थन करने के लिये पर्याप्त है। व्यवसाय, नग, लाभ, मूल, दीन्ह, लीन्ह–इन शब्दों की संगति भी व्यवसाय परक अर्थ के साथ उपयुक्त बैठती है। माताप्रसाद जी का पाठ यह है–बहुरि पसाउ दीन्ह जग सूरू। इसका अर्थ होगा–जग के सूर्य शाह ने (राजा को) और अधिक अपनी प्रसन्नता या कृपा (प्रसाद) प्रदान की। [श्री गुप्तजी ने ७।१२।५४ के अपने पत्र में 'जग' पाठ को छापे की भूल लिखा है।]

(९) रतन पदारथ–माणिक्य और हीरा, रत्नसेन और पद्मावती।

[५६७]

मया सूर परसन भा राजा। साहि खेल सँतरज कर साजा।१।
राजा है जौ लहि सिर घामू। हम तुम्ह घरिक करहिं बिसरामू।२।
दरपन साहि पैंत तहँ लावा। देखौं जबहि झरोखें आवा।३।
खेलहिं दुवौ साहि औ राजा। साहि क रुख दरपन रह साजा।४।
पेम क लुबुध पयादें पाऊँ। चलै सौंहँ ताकै कोनहाऊँ।५।
घोरा दै फरजी बँदि लावा। जेहि मोहरा रुख चहै सो पावा।६।
राजा फील देइ सह माँगा। सह दै साहि फरजी दिग खाँगा।७।
फीलहि फील ढुकावा भए दुवौ चौ दंत।
राजा चहै बुरुद भा साहि चहै सह मंत॥४६।१६॥

(१) शाह की कृपा देखकर राजा प्रसन्न हुआ। फिर शाह ने शतरंज का खेल सजाया। (२) 'हे राजा, जब तक सिर पर धूप है, हम तुम घड़ी भर विश्राम कर लें।' (३) शाह ने वहाँ पाँयत की ओर दर्पण रख लिया। इच्छा थी कि जब पद्मावती खेल देखने झरोखे में आएगी, तब उसे देख पाऊँगा। (४) शाह और राजा दोनों खेलने लगे। शाह का रुख दर्पण की ओर लगा हुआ था (उसका मुख शतरंज की ओर था, पर कनखियों से दर्पण की ओर देख रहा था)। (५) प्रेम का लुभाया हुआ प्यादे की भाँति पाँवों से जाता है। वह सामने चलता है, पर उसके कटाक्ष दांए बांए होते हैं। (६) शाह चाहता था कि अपने घोड़े को राजा के घोड़े की बराबरी में लाकर उसे फरजी बंद (दिखावटी बंधन में) कर ले और जिस पद्मावती के चेहरे मोहरे का इच्छुक था उसे पा जाय। (७) राजा ने शाह को हाथी देकर उसकी रक्षा चाही। शाह ने शह तो दी किन्तु उसका मन रानी (फरजी) की ओर अड़ा हुआ था।

(८) राजा ने अपने हाथी को शाह के हाथी के सामने करके मिलाया और दोनों प्रेम पूर्वक चौदंत हुए। (९) राजा चाहता था कि शाह से यों मैत्री करके ऊपर से लाभ में रहे। शाह चाहता था कि शाह का सोचा हुआ हो (पद्मावती मिले)।

(१) मया=दया, प्रसन्नता।

साहि खेल सँतरज कर साजा—शतरंज खेलने का प्रस्ताव शाह की ओर से हुआ और जिस बसंती भवन में शाह ठहरा था (५५६।२-३) वहीं बाज़ी बिछाई गई।

(३) दरपन साहि पैंत तहँ लावा—ऊपर कह चुके हैं कि जहाँ से उस पद्मावती का स्थान दृष्टि में आता था और दर्पण में होकर उसका दर्शन दिखलाई पड़ता था, वहाँ सुल्तान का आसन बिछाया गया और शाह उस पर बैठा (५५६।५-६)। किन्तु बात यह थी कि वह दर्पण शाह के सिरहाने की ओर था। शिष्टाचार की दृष्टि से शाह के लिये वह आसन देना उचित था। राजा शाह के सामने बैठा था। दर्पण में पड़ने वाली परछाईं शाह के पीठ पीछे होती थी और राजा के सामने। शाह ने चतुराई से इसे ताड़ कर शतरंज का खेल आरम्भ करते हुए अपना आसन ऐसे कर लिया कि दर्पण उसके पाँयत या मुँह के सामने आ गया। उसकी अभिलाषा थी कि जब पद्मावती ऊपर झरोखे में आएगी तब उसे दर्पण में देखूँगा। ऊपर दृष्टि करके देखना शिष्टाचार के विरुद्ध होता।

पैंत—सं० पादान्त > पायन्त > पायँत > पैंत।

झरोखें—महलों के विशिष्ट कमरों में या सभा स्थान में ऊपर छत्त के पास पालकीनुमा जालीदार गोखें बनी रहती थीं जिनमें बैठकर रानियां आस्थान मंडप में नीचे की सब बातें देख सकती थीं। प्राचीन काल में इसे शिबिका कहते थे। इनकी जालियों के कटाव भिन्न भिन्न प्रकार के होते थे। एक ऐसा कटाव था जिसमें जाली के नकशे में वृक्ष या झाड़ की आकृति डालकर सम्पूर्ण जाली बनाई जाती थी। अहमदाबाद की सीदी सैयद मस्जिद में लगी हुई इस प्रकार की झाड़दार जाली जाली के शिल्प का सुप्रसिद्ध नमूना है। झाड़+गवाक्षक > झरोखा।

(४) रुख-चेहरा, ध्यान, निगाह।

रह साजा=सज्जित था, लगा हुआ था, आसक्त था।

(५) चलै सौंह ताकै कोनिहाऊँ—योगी और प्रेमी दोनों अपने इष्ट की ओर दृढ़ता से सामने ही बढ़ते हैं, विघ्नों से रुद्ध नहीं होते। किन्तु योगी की दृष्टि स्थिर और नासाग्र होती है। प्रेमी की दृष्टि कटाक्ष करती है। शतरंज के प्यादे की तरह प्रेमी जाता सीधे है, पर चोट तिरछी करता है।

कोनहाऊँ–सं० कोण भाग > कोनहाव > कोनहाउ > कोनहाऊँ ।

(६) घोरा दै–घोड़ा देना–घोड़े का घोड़े से जोड़ा मिलाना (शब्दसागर)। शाह ने अपने व्यवहार द्वारा मानों अपना घोड़ा राजा के घोड़े की बराबरी में लाकर उससे समानता का व्यवहार दिखाया, किन्तु मन में कपट था।

फरजी–शतरंज का मुहरा जिसे रानी या वज़ीर भी कहते हैं। शाह राजा की रानी को अपने बंधन में लाना चाहता था। अथवा फरजी बंद शतरंज की एक चाल है, इसे शहफरजा भी कहते हैं। घोड़े से शाह को शह देकर फरजी को मारते हैं, पर घोड़ा स्वयं कट जाता है। फरजी बंद का अर्थ झूठ मूठ का बंधन भी है।

जेहि मोहरा रुख=जिस मोहरे या व्यक्ति का मुख (चेहरा मोहरा) देखना चाहता था, उसे पा जाय।

लावा······पावा=लाव······पाव।

(७) राजा फील देइ–शाह ने राजा को घोड़े का सम्मान दिया, राजा ने शाह को हाथी का।

सह माँगा–शाह की शह माँगी, उसकी रक्षा या समर्थन चाहा।

फरजी दिग खाँगा–शाह ने राजा को शह देना स्वीकार किया, पर उसका मन फरजी या रानी की ओर लगा हुआ था।

खाँगना–लिप्त होना, लग जाना; अटकना, अड़ना।

(८) फीलहि फील ढुकावा–राजा ने अपना हाथी शाह के हाथ के सामने स्थापित किया।

ढुकाना=पेलना, प्रविष्ट करना, डालना, झुकाना, भिड़ाना।

चौदंत–४४४।६ (दूनौ अस्हर भिरे चौदंता)।

चौदंत होना=आमने सामने से मिलना, जैसे दो हाथी एक दूसरे से भिड़कर दाँतों से गुथ जाते हैं।

(९) बुरुद–खेल में ऊपरी या दिखावटी लाभ। धातु बुरदन=खेल में लाभ में रहना (स्टाइनगास, फारसी कोश, पृ० १७३), बराबरी की बाज़ी, झगड़े की समाप्ति।

सह मंत=(१) शहमात, (२) शाह का मत या विचार, या सोचा हुआ। शाह चाहता था कि उसकी बात रहे।

[शतरंज पक्ष में]

इस दोहे में कवि को शतरंज का अर्थ भी अभिप्रेत है। उसकी व्याख्या मेरे अनुरोध से चिरगाँव निवासी श्री रामदास गुप्त ने कृपा पूर्वक इस प्रकार भेजी है। मुझे इस खेल का पर्याप्त ज्ञान नहीं है। शतरंज के विशेषज्ञ इन अर्थों पर कृपया और भी विचार करें—(६) घोरा दै फरजी बँदि लावा–शाह ने घोड़ा देकर राजा के फरजी को बंद कर लिया; यानी शाह ने अपना घोड़ा मरवा कर राजा के फरजी का मार्ग उस जगह पर (घर पर) जाने से बंद कर दिया जहाँ पर राजा का फरजी जाकर शाह के बादशाह की शह मात करता था। [यहाँ पर शाह ने घोड़ा चला और राजा ने शाह का घोड़ा मार लिया।] जेहि मोहरा रुख चहै सो पावा–शाह ने रुख (हाथी) से वह मुहरा पा लिया जिसे वह चाहता था। यह मोहरा शाह की मात करता था, इससे मारना आवश्यक था। [नक्शे में शाह का हाथी राजा के घोड़े को मारता है जिसके द्वारा राजा एक चाल में शाह की शह मात करता है।] (७) राजा फील देइ सह माँगा–राजा ने फील (ऊँट) चल कर शह दी। सह दै साहि फरजी दिग खाँगा–शाह ने अपना बादशाह फरजी के पास खँगते (डट कर या अड़ा कर रखते) हुए राजा को शह दी। [नक्शे में शाह का बादशाह फरजी के सामने से हट कर बगल में आ गया, यानी फरजी का साथ नहीं छोड़ा, उसके पास खँगा रहा और उठन्त शह दी।]

(८) फीलहि फील ढुकावा भए दुवौ चौदंत–राजा ने शाह की शह बचने के लिये अपने फील (ऊट) को ढुँका (ढकेल) दिया, यानी अदंब में डाल दिया। इस पर शाह ने अपने फील

(ऊँट) को उस पर डाल दिया और दोनों चौदंत यानी आमने-सामने बराबरी से आ गए। (९) राजा चहै बुरुद भा शाह चहै सह मंत-अब स्थिति यह हुई कि राजा शाह की बुर्द बाजी करना चाहता था, और शाह राजा की शह मात करता चाहता था।

(४) रुख-इसे रथ, किश्ती और हाथी भी कहते हैं। अं० कासिल, रुक।

(५) पयादें-प्यादा जो सामने के घर में चाल चलता है पर तिरछे घर मार करता है।

(६) फरजी=इसे रानी या वज़ीर भी कहते हैं। फा० फरज़ी। अं० क्वीन।

(७) फील-गोपालचंद्र जी की प्रति में 'पील' पाठ है, आठवीं पंक्ति में भी 'पीलहि पील' है। अवधी में ठेठ उच्चारण 'सह पीला' आदि शब्दों में यही चलता है। इसे गज या हाथी या ऊँट भी कहते हैं।

खाँगा-धा० खाँगना=खँगना, अड़ना, अटक जाना, अचल होकर रह जाना (शब्दसागर, पृ० ६८०)। श्री रामदास गुप्त के अनुसार खँगना धातु अड़ने या फँसने के अर्थ में बुंदेलखंडी में अभी तक प्रचलित है।

(९) बुरुद-बुर्द, शतरंज के खेल में वह अवस्था जिसमें किसी पक्ष के सब मोहरे मारे जाते हैं, केवल बादशाह बच रहता है, यह आधी हार मानी जाती है (शुक्ल जी; फरहंग इस्तिला हात, भाग ८, पृ० १४९)।

'घोरा दै फरजी बँदि लावा' (पं० ६) में 'फरजी बंद' चाल; 'जेहि मोहरा रुख चहै सो पावा' में शह रुखा चाल; राजा पील देइ सह माँगा (पं० ७) में सह पीला (फैलन पृ० ८२३, प्लाट ७३८, फा० शह पील, स्टाइनगास, फारसी कोश, पृ० ७६९); एवं नवीं पंक्ति में बुरुद और शहमात चालों का उल्लेख है। रुख, पीला, और फरजी से दी गई शह क्रमशः शह-रुख, शहपीला और शह फरजा कहलाती है। फरजी बंद=फरजी को बाँधने वाली चाल (फैलन, पृ० ८६९, प्लाट ७७८)। शतरंज के इस दोहे पर विचार करके श्री रामदास जी गुप्त ने एक नक्शा तैयार किया है जो अंत में छपा है।

इसकी चालें इस प्रकार समझनी चाहिए—

शाह—काले मुहरे।	राजा—सफेद मुहरे।
१. घोड़ा—बा. घो. ६ शह	१. घोड़ा × घोड़ा (व. घो. ३)
२. हाथी × घोड़ा (बा. ३)	२. फील (ऊँट)—व. घो. २ शह
३. बा. × प्यादा (बा. घो. ५)	३. फील (ऊँट)—व. हा. २ (अरदब में डालना)
४. फील (ऊँट) × घोड़ा (बा. घो. ६)	४. वजीर × फील (ऊँट) (व. घो. ३) शह
५. वज़ीर × वज़ीर (बा. घो. ६)	५. फील (ऊँट) × वज़ीर (व. बो. ३)
६. बा. × फील (ऊँट) (बा. घो. ६)	

अब सफेद मोहरे या राजा की चाल है। यदि सफेद वजीर बनाने का लोभ करता है तो काला हाथी (बा. ८ पर) शह देता है जिसमें केवल ऊँट अरदब में जाता है और हाथी उसे भी मारकर शह मात करता है। इससे

	६. बा—व. घो. १.
७. हा.—बा. ८ शह	७. फील (ऊँट)—व. ऊँ. १ (अरदब में डालता है)
८. हा.—बा. ८	८. प्या.—व. हा. ६
९. हा. × प्या. (व. २)	९. प्या.—व. हा.)
१०. हा.—व. १	१०. प्या.—व. घो. ७
११. हा.—व. २	११. प्या.—व. हा. ८ (हाथी बनता है)
१२. हा. × प्यादा (बा. घो. २)	१२. प्या.—बा. घो. ५

अब सफेद (राजा) के पास हाथी और ऊँट है तथा तीसरा प्यादा घोड़ा बन जाता है, जिससे सफेद (राजा) की बाजी बहुत जोरदार हो जाती है । काला (शाह) यदि थोड़ी सी लापरवाही करता है तो उसकी मात होने की संभावना है । इससे मजबूर होकर हाथी कटाना पड़ता है और सफेद (राजा) काले (शाह) की बुर्द बाजी कर देता है ।

[५६८]

सूर देखि ओइ तरइँ दासीं । जहँ ससि तहाँ जाइ परगासीं ।१।
सुना जो हम ढीली सुलतानू । देखा आजु तपै जस भानू ।२।
ऊँच छत्र ताकर जग माँहाँ । जग जो छाँह सब ओहि की छाँहाँ ।३।
बैठि सिंघासन गरबन्ह गूँजा । एक छत्र चारिहुँ खँड भूँजा ।४।
सौहँ न निरखि जाइ ओहि पाहीं । सबै नवहिं कै दिस्टि तराहीं ।५।
मनि माँथें ओहि रूप न दूजा । सब रुपवंत करहिं ओहि पूजा ।६।
हम अस कसा कसौटी आरसि । तहूँ देखु कंचन कस पारस ।७।
पातसाहि ढीली कर कत चितउर महँ आव ।
देखि लेहि पदुमावति हियँ न रहै पछिताव ॥४६।१७॥

(१) सूर्य रूपी शाह को देखकर वे नक्षत्र रूपी दासियाँ जहाँ शशि रूप पद्मावती थी वहाँ जाकर प्रकाशित हुई । (२) [वे कहने लगीं,] 'वह दिल्ली का सुलतान, जिसके विषय में हमने सुना था, आज देख लिया । वह सूर्य की भाँति तपता है । (३) संसार में उसका ऊँचा छत्र है । जगत् में जितनी छाँह है सब उसी छत्र की छाया है । (४) वह अपने सिंहासन पर बैठकर गर्व से गूँजता है । वह चारों दिशाओं में एकछत्र राज्य का उपभोग करता है । (५) उसके पास में होकर सामने नहीं देखा जाता । सब नीची दृष्टि किए हुए ही उसके सामने झुकते हैं । (६) उसके माथे पर मणि चमकती है । उसके रूप का दूसरा कोई नहीं है । सब रूपवान् उसीकी पूजा करते हैं । (७) किन्तु हमारे ऐसी तो कसौटी पर काँच ही कस कर देखती रही हैं । हे रूप की पारस, तू भी देख कि वह सोना कैसा है ?

(८) दिल्ली का पातशाह चित्तौड में फिर क्यों आएगा ? (९) हे पद्मावती, देख लो जिससे मन में पछतावा न रह जाय ।'

(४) बैठि सिंघासन गरबन्ह गूँजा–दे० ५२९।२, ५६३।८ ।
(६) मनि माँथें–माथे पर रूप की मणि के लिये, दे० १६।८, ७३।४ ।
(७) हम अस कसा कसौटी आरसि–इस चौपाई का पाठ सब प्रतियों में और शुक्ल जी के संस्करण में भी यही है । किन्तु दर्पण रूपी कसौटी पर देखकर या दर्पण में देखकर परीक्षा की, यह अर्थ ठीक नहीं बैठता । सखियों का आशय है कि उनके जैसी दासियाँ तो काँच की ही परख जानती हैं, उन्हें मणियों की परख कहाँ ? पद्मावती रूप की पारस है, उसे कंचन की परीक्षा करनी चाहिए । आरस–सं० आदर्श > आअरस > आरस=शीशा, काँच । कसा कसौटी=कसौटी पर कसती रही हैं, परीक्षा करती रही हैं ।

पारस–६५।१ (कहा मानसर चहा सो पाई । पारस रूप इहाँ लगि आई); १७८।७ (सूरुज परस दरस की ताईं)। कवि की कल्पना है कि पद्मावती तो साक्षात् पारस है जिसके स्पर्श से औरों को रूप मिलता है (भा निरमर तेन्ह पायन्ह परसें। पावा रूप रूप के दरसें। ६५।२), अतएव उसे शाह रूपी कंचन की परख करनी चाहिए।

[५६९]

बिगसि जो कुमुद कहैं ससि ठाँऊँ । बिगसा कँवल सुनत रबि नाऊँ ।१।
भै निसि ससि धौराहर चढ़ी । सोरह करा जैसि बिधि गढ़ी ।२।
बिहँसि झरोखें आइ सरेखी । निरखि साहि दरपन महँ देखी ।३।
होतहि दरस परस भा लोना । धरती सरग भएउ सब सोना ।४।
रुख माँगत रुख तासौं भएऊ । भा सह माँत खेल मिटि गएऊ ।५।
राजा भेदु न जानै झाँपा । भै बिख नारि पवन बिनु काँपा ।६।
राघौ कहा कि लाग सुपारी । लै पौढावहु सेज सँवारी ।७।
रैनि बिहानी भोर भा उठा सूर तब जागि ।
जौं देखै ससि नाहीं रही करा चित लागि ॥४६।१८॥

(१) कुमुदिनी रूप सखियों ने प्रसन्न होकर शशिरूप पद्मावती के समीप जब वह समाचार कहा तो सूर्य का नाम सुनकर कमल विकसित हो गया। (२) रात होते ही पद्मावती धवलगृह के ऊपर गई। वह आभूषणों से सुसज्जित ऐसी सुशोभित हुई जैसा विधाता ने सोलह कलाओं से युक्त चन्द्रमा रचा है। (३) वह चतुर बाला बिहँस कर जैसे ही झरोखे में आई कि तुरत शाह ने निरखकर उसे दर्पण में देख लिया। (४) रूप की पारस उसका दर्शन होते ही शाह के लिये सब सुन्दर हो गया। धरती से स्वर्ग तक सब कुछ सोना बन गया। (५) वह शतरंज का रुख माँगता था, पर उसके सम्मुख पद्मावती का रुख आ गया। उसके दर्शन से शाह बेहोश हो गया (शह मात हो गई) और खेल समाप्त कर दिया गया। (६) राजा यह छिपा हुआ भेद नहीं जान पाया। शाह को विषकन्या का विष चढ़ गया था। इस कारण बातरोग के बिना भी उसे कँपकपी आ रही थी। अथवा शाह को वह नारी (स्त्री) विषतुल्य हो गई जिसे न पाने के कारण वह काँप रहा था। (७) राघव चेतन ने कहा, 'शाह को सुपारी लग गई है। सँवारी हुई सेज पर ले जाकर इसे सुलाओ।'

(८) रात बीत गई और प्रातःकाल हुआ। तब शाह जागकर उठा। (९) जब उसने देखा तो शशि (पद्मावती) नहीं थी। केवल उसकी कला (सुन्दरता) मन में लगी थी।

(१) ठाऊँ=समीप, पास में (शब्दसागर)।

कुमुद=सखियाँ और कुमुदिनी।

बिगसि जो कुमुद–जायसी का यह चित्र इस प्रकार है। पद्मावती के दो रूप हैं, शशि रूप और

कमल रूप। सरोवर में कुमुद खिले हैं, उसीके पास कमल उगा हुआ है। कुमुद शशि (पद्मावती) के दर्शन से विकसित हो गए। किन्तु उनका साथी कमल विकसित नहीं हुआ। जब उन्होंने शाह रूप सूर्य के प्रताप का वर्णन किया तो उसका नाम सुनने से ही (देखे बिना भी) सरोवर का कमल (पद्मावती का कमलरूप) हर्षित हो गया। भाव यही है कि सखियाँ पद्मावती को देखकर प्रसन्न हुईं और पद्मावती शाह के आने की बात जानकर प्रसन्न हुई। उसने सरल स्वभाव और विस्रब्ध भाव से शाह को देखना स्वीकार कर लिया।

(२) सोरह करा जैसि बिधि गढ़ी–पद्मावती शशि रूप है। उसमें सोलह कलाएँ हैं। उसके अंग प्रत्यंग या शरीर का निर्माण चन्द्र की चौदह कलाओं से और मुख की रचना पूर्णिमा के पूर्ण चन्द्र से हुई। उसने जो श्रृंगार किया वही सोलहवीं कला है। पूर्णिमा के चन्द्र में पन्द्रह कलाएँ होती हैं, आकाश में भरे हुए नक्षत्र जिनके मध्य में चन्द्रमा सुशोभित होता है उसकी सोलहवीं कला है। यों पूर्णिमा को ही चन्द्रमा सोलह कलाओं से पूर्ण हो जाता है (देखिए ३३८।२-३ और उसकी व्याख्या)। कवि का आशय यह है कि पद्मावती सब श्रृंगारों से सज्जित होकर धवलगृह पर शाह के देखने के लिये चढ़ी।

(३) झरोखें–दे० ५६७।३।

निरखि–निरखना=ध्यानपूर्वक देखना, अभिलाषा पूर्वक या चाह के साथ देखना।

(४) परस–पारस (५२।५, १७८।७, ४१९।६, ४८७।४)। पद्मावती रूप या सौन्दर्य की पारस थी (५६८।७, ६५।१), अर्थात् उसके दर्शन से रूप प्राप्त होता था। साधारण पारस पथरी के स्पर्श से कुधातु लोहा सोना बन जाती है। रूप की पारस पद्मावती के स्पर्श की आवश्यकता नहीं, उसके दर्शन मात्र से ही कुरूपता मिट कर लावण्य या रूप प्राप्त हो जाता है। शाह के नेत्रों ने जैसे ही उस पारस के दर्शन किए, उनमें सब कुछ सुन्दर भासने लगा, पृथिवी और आकाश के बीच में सब सुवर्ण (सुन्दर वर्ण का) हो गया। अध्यात्म पक्ष में, रहस्य तत्त्व की झाँकी मिलते ही सब कुछ सुन्दर भासने लगता है।

(५) रुख माँगत रुख तासौं भएऊ–देखिए ५६७।६, जेहि मुहरा रुख चहै सो पावा। शाह शतरंज के खेल का रुख माँगता था, पर उसके सामने पद्मावती का रुख आ गया। जो जीवन का खेल था, वह उसके सम्मुख तत्त्वदर्शन के रूप में आ गया। इसमें शहरुखा नामक चाल का संकेत है (स्टाइनगास, फारसी कोश, पृ० ७६९)। शहरुखा और शहमात चालों के लिये दे० फैलन पृ० ८२३, प्लाट ७३८)।

भा सह माँत–शहमात भी एक चाल का नाम है जिसमें शाह की गति अवरुद्ध होने से मात हो जाती है (स्टाइनगास, वही, पृ० ७७०, शहमात)। दूसरा अर्थ यह है कि शाह अलाउद्दीन उसे देखते ही बेहोश हो गया और इस कारण खेल समाप्त कर दिया गया।

माँत–सं० मत्त > प्रा० मत्त > माँत=मतवाला, मदयुक्त, बेहोश।

(६) झाँपा=ढका हुआ। सं० आच्छादय् का धात्वादेश झंप > झंपइ। झंपिअ=आच्छादित (पासद०)।

भै बिखनारि पवन बिनु काँपा–इस पंक्ति में बिखनारि के चार अर्थ हैं और उसीके अनुसार चौपाई के भी अर्थों की अलग गतियाँ हैं—

(अ) बिखनारि=स्त्री विषरूप हो गई। शाह को नारी या पद्मावती विष रूप हो गई। उसे पाए बिना उसकी देह काम व्यथा के कारण काँप रही थी।

पवन–सं० प्रापण > पावन > पवन=पाना।

(आ) बिखनारि=विषकन्या। शाह को विषकन्या का विष चढ़ गया था, जिसके कारण उसकी देह में बात रोग के विना ही कँपकपी (कम्प या ऐंठन) आ रही थी। विष से देह काँपती है, ऐसा चरक और सुश्रुत का प्रमाण है (चरक, चिकित्सास्थान, २३।१९; सुश्रुत, कल्पस्थान, २।१२, स्पंदनं कालकूटे वेपथुः स्तम्भ एव च, २।३५, ४।३७)।

(५) बिखनारि=विषयुक्त नाड़ी, योग में अभ्यास या क्रिया के बिगड़ जाने से नाड़ी कुपित हो जाती है। पिंगला विष और इडा अमृत है। अभ्यास की गड़बड़ी से विष की नाड़ी कुपित हो जाती है। नाड़ी के विषाक्त हो जाने से प्राणशुद्धि (पवन) के विना उसका शरीर कम्पित हो रहा था। विषाक्त नाड़ी प्राण शुद्धि से प्रकृतिस्थ या शान्त होती है।

(ई) बिख नारि=विषम तोपें। बिख=बिखम (शब्दसागर, पृ० २४५२)। जायसी ने स्वयं इनका उल्लेख किया है–धरीं बिखम गोलन्ह कै नारीं (५०४।३, अर्थात् चित्तौड़ के दुर्ग में जगह-जगह चौखडियाँ या बुर्ज बनाकर उन पर जहरीले गोले फेंकने वाली तोपें रक्खी हुई थीं। उनकी मार के आगे शाह की एक न चली और उसका कंपा कुछ पाए विना ही रह गया। काँपा=कम्पा। चिड़ियाँ पकड़ने की लग्गी या खोंचे के सिरे में लगी हुई तीलियों का कूँचा जिसमें लासा लगा रहता है, उसे कंपा कहते हैं। (शब्दसागर पृ० ४१६)।

(७) लाग सुपारी–सुपारी लगना=सुपारी का कलेजे में अटकना। सुपारी खाते समय, कभी कभी पेट में उतरते हुए छाती में अटक जाती है, इसीको सुपारी लगना कहते हैं (शब्दसागर, पृ० ३५९७)। यह मुहावरा क्षेमेन्द्रकृत समयमातृका में भी आया है–पूग फलमस्य लग्नम् (समयमातृका ८।६)।

(९) करा=कला या कोर; रूप या सौन्दर्य।

[५७०]

भोजन पेम सो जान जो जेंवा। भँवर न तजै बास रस केवा।१।
दरस देखाइ जाइ ससि छपी। उठा भान जस जोगी तपी।२।
राघौ चेतन साहि पहँ गएऊ। सूरुज देख कँवल बिख भएऊ।३।
छत्रपती मन कहाँ पहूँचा। छत्र तुम्हार गँगन पर ऊँचा।४।
पाट तुम्हार देवतन्ह पीठी। सरग पतार रैनि दिन डीठी।५।
छोह त पलुहै उकठा रूखा। कोह त महि सायर सब सूखा।६।
सकल जगत तुम्ह नावै माँथा। सब की जियनि तुम्हारे हाथा।७।
दिन न नैन तुम्ह लावहु रैनि बिहावहु जागि।
अब निचित अस सोए काहे बेलँब असि लागि ॥४६।१९॥

(१) प्रेम के भोजन को वही जानता है जिसने उसे खाया है। भौंरा कमल की सुगन्धि और रस एक बार पाकर फिर नहीं त्यागता। (२) अपना दर्शन दिखाकर शशि जा छिपी। इधर सूर्य उस योगी के समान जागा जिसने तप किया हो (समाधि ली) हो। (३) राघव चेतन शाह के पास गया [और बोला], '(आश्चर्य है कि) कमल को देखकर सूर्य को विष हो गया। (४) हे छत्रपति, तुम्हारा मन कहाँ चला गया ? तुम्हारा छत्र तो आकाश से भी ऊँचा है। (५) तुम्हारा सिंहासन देवताओं की पीठ पर रहता है (वे उसका वहन करते हैं)। अतएव स्वर्ग और पाताल में सब कुछ तुम्हें रात दिन दिखाई पड़ता है। (६) तुम्हारी कृपा हो तो वह वृक्ष भी हरा हो जाय जो सूख गया हो। तुम क्रोध करो तो धरती और समुद्र में सब सूख जाय। (७) सारा संसार तुम्हें मस्तक नवाता है (प्रणाम करता है)। सबका जीवन तुम्हारे हाथ है।

(८) तुम दिन में पलक नहीं मारते थे और रात भी जागकर बिताते थे (इतने अधिक काम में डूबे थे)। (९) अब ऐसे निश्चिन्त होकर सोए हो। किस कारण ऐसी तन्द्रा लगी है ?'

(१) भोजन पेम–प्रेम का भोजन (इस प्रकार के उलटे समास जायसी में प्रायः मिलते हैं–शुक्ल जी)। केवा=कमल (२७४।५ इत्यादि)। कमल में सुगन्धि और पराग रस दोनों होते हैं। ऐसे ही प्रेम में भी बाहर गंध है और भीतर रस है।

(२) तपी=तप करने वाला, समाधि लगाने वाला। भाव यह कि जैसे जोगी समाधि से जागा हो वैसे ही शाह निद्रा से उठा।

(३) सूरुज देख कँवल बिख भएऊ–सूर्य के प्रकाश से कमल खिलता है। यदि वह अधिक उग्र हो जाय तो मुरझा भी जाता है। किन्तु ऐसा कहीं नहीं देखा गया कि कमल का विष या कमल की गर्मी सूर्य को चढ़ जाय। यही राघव चेतन का उपालम्भ है।

(६) पलुहै=पल्लवित होना, पनपना, हरिआना।
उकठा=जो सूख गया हो।

(९) बेलँब=विश्राम, तन्द्रा, आलस्य। सं० विलम्ब।

[५७१]

देखि एक कौतुक हौं रहा। अहा अँतरपट पै नहिं अहा।१।
सरवर एक देख मैं सोई। अहा पानि पै पानि न होई।२।
सरग आइ धरती महँ छावा। अहा धरति पै धरति न आवा।३।
तेहि महँ है पुनि मंडप ऊँचा। करहि अहा पै कर न पहूँचा।४।
तेहि मंदिल मूरति मैं देखी। बिनु तन बिनु जिय जियैं बिसेखी।५।
चाँद सँपूरन जन होइ तपी। पारस रूप दरस दै छपी।६।
अब जहँ चित्र बिसै जिउ तहाँ। भान अमावस पावै कहाँ।७।
बिगसा कँवल सरग निसि जनहुँ लौकि गा बीजु।
यहौ राहु भा भानहि राघौ मनहिं पतीजु ॥४६।२०॥

(१) [शाह ने कहा,] 'मैं एक अचम्भा देख रहा था। देखते हुए बीच में एक परदा-सा था, और नहीं भी था। (२) उस अचम्भे में मैंने एक सरोवर देखा। उसमें पानी भरा था, पर पीने योग्य नहीं था। (३) आकाश नीचे उतर कर पृथिवी पर छा गया। वह धरती पर आया, पर वस्तुतः धरती पर नहीं था। (४) धरती की ओर उतरने वाले उस आकाश में एक ऊँचा मंडप दिखाई पड़ा। वह हाथ की पहुँच के भीतर होते हुए भी हाथ में न आता था। (५) उस मंदिर में मैंने एक मूर्ति देखी। मेरे मन ने निश्चित किया कि न उसके शरीर था और न प्राण। (६) वह जैसे पूर्ण चन्द्र के समान प्रकाशित हुई। वह रूप की पारस दर्शन दिखाकर छिप गई। (७) अब जहाँ उस आश्चर्य का निवास है, वहीं मेरा प्राण है। सूर्य अमावस में उस पूनो के चाँद से कैसे मिल सकता है ?

(८) रात के समय आकाश में मैंने कमल खिला हुआ देखा ! मेरे सामने मानों बिजली कौंध गई। (९) बस यही मुझ सूर्य के लिये राहु हो गया है। हे राघव, मेरे कहने से 'इस अचम्भे पर विश्वास करो।'

(१) कौकुत–कौतुक का बोली में उच्चारण, जैसे मुकुट का मटुक (५२५।२, २७६।६)। अँतरपट–२४५।१ (कोटि अँतरपट बिच हुत दीन्हा)। दर्पण में मिले हुए पद्मावती के दर्शन को शाह आश्चर्य के रूप में वर्णन कर रहा है। वह है–नहीं की स्थिति के बीच में है। तत्त्व का साक्षात् दर्शन या रहस्य की पहली झाँकी इस वर्णन में कवि को इष्ट है। जीव और ईश्वर के बीच से व्यवधान या परदा हट जाता है, किन्तु प्राप्ति नहीं होती, अतएव परदा बना भी रहता है। अज्ञेय तत्त्व के लिये अचंभे की कल्पना उपनिषदों के रहस्य वाद में भी मिलती है—आश्चर्यवत्पश्यति कश्चिदेनमाश्चर्यं वद् वदति तथैव चान्यः। आश्चर्यवच्चैनमन्यः शृणोति श्रुत्वाप्येनं वेद न चैव कश्चित् ॥ गीता २।२९, आश्चर्यो वक्ता आश्चर्यो ज्ञाता, कठ उप० २।७।

(२) सरवर–सरोवर रूपी दर्पण की ज्योति जल के समान जान पड़ी, किन्तु वह जल पीने के लिये सुलभ न था। पानी सच्चा वही है जो पिया जा सके।

(३) सरग आइ धरती महँ छावा–रहस्य की झाँकी आकाश और पृथिवी का मिलन है। क्षितिज का आकाश पृथिवी पर उतरा हुआ भी पकड़ा नहीं जाता।

(४) मंडप–गोपालचंद्र जी की प्रति में मंदिर पाठ है जो पंक्ति ५ में भी है। मंडप का अर्थ भी देव स्थान है (पदुमावति गै देव दुआरू। भीतर मंडप कीन्ह पैसारू ॥ १९१।१)।

(५) बिनु तन बिनु जिय–शाह ने दर्पण में जो परछाईं देखी उसमें न शरीर था न प्राण। उस प्रतिबिम्ब का दर्शन करके उसने अपने मन में उसे जड़ चेतन दोनों से विशिष्ट जाना। उसे अशरीर और अप्राण निश्चित किया।
बिसेखा–बिसेखना=निर्णय करना, निश्चित करना (शब्दसागर)।

(६) पारस रूप–५६९।४।

(७) चित्र बसै–गोपालचंद्र जी की प्रति में यह पाठ है। माताप्रसाद जी ने अन्य प्रतियों के आधार पर 'छत्र दिसै' पाठ रक्खा है; अर्थात् आकाश में जहाँ मेरा ऊँचा छत्र दिखाई पड़ता है वहीं पद्मावती के पास मेरा प्राण है।
भान अमावस–पूर्णचन्द्र का दर्शन पूर्णिमा में संभव है, अमावस में नहीं। अमावस का अंधकार तो सूर्य ग्रहण का दिन है। अमावास्या वह दिन है जिस दिन चंद्रमा की एक भी किरण का दर्शन न हो। इसीलिये नवीं पंक्ति में शाह ने कहा है कि पद्मावती का दर्शन देकर छिप जाना सूर्य रूप मेरे लिये अमावास्या में लगने वाले राहु का ग्रास हो गया। सिद्ध और नाथ साहित्य में चन्द्र सूर्य की परिभाषा और शब्दावली बहुत प्रचलित थी। जायसी ने प्रेम मार्ग में उसीका प्रेमी–प्रेमिका के लिये प्रयोग किया है।

(८) बिगसा कँवल सरग निसि–आकाश में और रात के समय कँवल का खिलना दोनों अद्भुत आश्चर्य हैं।

[५७२]

अति बिचित्र देखेउँ सो ठाढ़ी। चित कै चित्र लीन्ह जिय काढ़ी ।१।
सिंघ की लंक कुंभस्थल जोरू। अंकुस नाग महावत मोरू ।२।
तेहि ऊपर भा कँवल बिगासू। फिरि अलि लीन्ह पुहुप रस बासू ।३।

दुहुँ खंजन बिच बैठेउ सुवा । दुइज क चाँद धनुक लै उवा ।४।
मिरिग देखाइ गवन फिरि किया । ससि भा नाग सुरुज भा दिया ।५।
सुठि ऊँचे देखत औचका । दिस्टि पहुँचि कर पहुँचि न सका ।६।
भुजा बिहूनि दिस्टि कत भई । गहि न सकी देखत वह गई ।७।
राघौ आघौ होत जौं कत आछत जियँ साध ।
ओहि बिनु आघ बाघ बर सकै त लै अपराध ॥४६।२१॥

(१) [शाह ।] 'मैंने उसे विलक्षण सौन्दर्य के साथ खड़े हुए देखा । अपना चित्र मेरे चित्त में प्रविष्ट कर वह मेरा हृदय निकाल ले गई । (२) मैंने उस रूप में ऐसी विचित्रता देखी कि कटि सिंह की है, उस पर हाथी के कुंभस्थलों का जोड़ा है । ऊपर मोर रूपी महावत नाग का अंकुश लिये हुए है । (३) उसके ऊपर कमल खिला हुआ है । भौंरे घूम घूमकर उस पुष्प का रस और बास ले रहे हैं । (४) और विचित्रता देखी कि दो खंजनों के बीच में सुग्गा बैठा है एवं द्वितीया का चन्द्रमा धनुष लेकर उदित हुआ है । (५) मृग दिखाकर वह घूमकर चली गई । चन्द्रमा नाग बन गया और सूर्य दीपक हो गया । (६) अचानक अत्यन्त ऊँचे पर उसे देखते हुए केवल दृष्टि पहुँची, हाथ न पहुँच सका । (७) दृष्टि भुजा से विहीन क्यों हुई जो देखते ही उसे पकड़ न सकी और वह चली गई ?

(८) हे राघव, यदि मैं अघाया हुआ (तृप्त) होता तो मन में उसके लिये इच्छा ही क्यों होती ? (९) उसके बिना यदि मुझे बाघ सूँघ ले तो अच्छा हो । तुझमें शक्ति हो तो तू ही इस अपराध के बोझे को ले (मुझे बाघ के सामने डाल) ।'

(२) सिंघ की लंक–सिंह की कटि के सदृश कमर । पद्मावती की उस सौन्दर्य समष्टि में रूप के भिन्न-भिन्न उपमानों के एकत्र सम्मिलन की कल्पना कवि ने की है । इस वर्णन शैली का प्रसिद्ध उदाहरण सूरदास का पद है—अदभुत एक अनूपम बाग इत्यादि । सूरसागर, पद, २७२८ ।

कुंभस्थल जोरू–दोनों स्तन ।

अंकुस नाग महावत मोरू–अंकुश=अलक । नाग=सर्प । मोर=ग्रीवा । कवि की कल्पना है कि कुच कुंभस्थल है । उन पर जो अलक रूपी भुजंग लोटता है वही अंकुश है । ऊपर जो ग्रीवा है वही मयूर है । वह महावत की तरह ऊपर बैठकर अंकुश से हाथी के कुंभस्थल को वश में कर रहा है । अलकें ग्रीवा पर से होती हुई कुच स्थल तक आती हैं (अलक भुअंगिनि तेहि पर लोटा । हेंगुरि एक खेल दुइ गोटा ॥ ४८३।६) ।

(३) कँवल–कमल मुख है और भौंरे आँखों की पुतलियाँ हैं ।

(४) खंजन–दो खंजन दोनों नेत्र, सुग्गा नासिका, द्वितीया का चन्द्रमा ललाट और धनुष भौहें हैं ।

(५) मिरिग–नेत्र कटाक्ष ।

फिरि–घूमकर ।

ससि भा नाग–जैसा शुक्ल जी ने लिखा है, पद्मावती के घूमकर जाने से मुख रूपी चन्द्रमा के स्थान में नाग रूपी वेणी दिखाई पड़ी ।

सुरुज भा दिया–सूर्य रूपी शाह उस नाग को देखते ही दीपक के समान निस्तेज हो गया । ऐसा कहा जाता है कि नाग के सामने दीपक की लौ झिलमिलाने लगती है (शुक्ल जी) ।

(६) औचका—सहसा, अचानक ।

(७) भुजा बिहूनि दिस्टि कत भई । गहि न सकी देखत वह गई—माताप्रसाद जी ने 'गहि न सके' पाठ रखा है । फ़ारसीलिपि में दोनों एक प्रकार से लिखे जाते हैं । अर्थ की दृष्टि से सकी पाठ ही श्रेष्ठ और संगत है । उसका कर्त्ता दिस्टि है । शाह का आशय है कि दृष्टि भुजा के बिना क्यों हुई जो देखते क्षण ही उस पद्मावती को पकड़ न सकी ।

(८) आघौ–प्रा० अग्घविय=पूर्ण, भरा हुआ, तृप्त, अघाया हुआ (पासद्द०; पृ० २३) । राघौ आघौ–राघव चेतन ने शाह को उपालम्भ देते हुए ऊपर कहा है, 'हे छत्रपति, तुम्हारा छत्र तो सबसे ऊपर है, तुम्हारा मन उस पद्मावती पर कैसे गया ।' शाह का कथन उसीके उत्तर में है, 'यदि मैं उस अपने एकछत्र राज्य के वैभव से तृप्त होता तो मेरे मन में उस पद्मावती की चाह न होती ।

(९) आघ-सं० आघ्रा > प्रा० अग्घा > आघ=सूँघना (पासद्द०, पृ० २३) । आघ बाघ बर–(महावरा) बाघ का सूँघ लेना अर्थात् खा लेना अच्छा है । लोक प्रसिद्ध है कि बाघ, सिंह और रीछ व्यक्ति को सूँघकर जीवित को खा लेते हैं तथा मृत को छोड़ देते हैं ।

[५७३]

राघौ सुनत सीस भुइँ धरा । जुग जुग राज भान कै करा ।१।
ओहि करा औ रूप बिसेखी । निस्चै तुम्ह पदुमावति देखी ।२।
केहरि लंक कुँभस्थल हिया । गीवँ मंजूर अलक रबि दिया ।३।
कँवल बदन औ बास समीरू । खंजन नैन नासिका कीरू ।४।
भौंहँ धनुक ससि दुइज लिलाटू । सब रानिन्ह ऊपर वह पाटू ।५।
सोई मिरिग देखाइ जो गएऊ । बेनी नाग दिया चित भएऊ ।६।
दरपन महँ देखी परिछाँहीं । सो मूरति जेहि तन जिय नाहीं ।७।
सबहि सिंगार बनी धनि अब सोई मत कीज ।
अलक जो लगुने अधर कें सो गहि कै रस लीज ॥४६।२२॥

(१) सुनते ही राघव ने पृथ्वी पर मस्तक टेका और कहा, सूर्य के प्रकाश की भाँति युग युग तक आपका राज्य रहे । (२) उसीकी कला और उसीके रूप का तुमने विशेष प्रकार से वर्णन किया है । निश्चय तुमने पद्मावती देखी है । (३) तुमने जो सिंह की कटि देखी वह उसका कटि भाग है । कुंभस्थल उसका हृदय (छाती) है । मयूर ग्रीवा है । अलकें वह नाग है जिसने सूर्य को निस्तेज करके दीपक बना दिया । (४) कमल उसका मुख है जिसकी सुगन्धि उसका गंधयुक्त श्वास प्रश्वास है । वे खंजन उसके नेत्र हैं । शुक नासिका है । (५) धनुष उसकी भौंहें हैं और द्वितीया का चन्द्रमा उसका ललाट है । सब रानियों के ऊपर वह पटरानी है । (६) जो हिरन उसने जाते समय दिखाया वह उसका कटाक्षपात है । उसके पीछे फिरने से जो नाग दिखाई पड़ा वही उसकी वेणी थी । उस नाग से जो दीपक तेजहीन हो गया वही तुम्हारा चित्त था । (७) तुमने दर्पण में उसकी परछाईं देखी थी । उसकी वह मूर्ति प्रतिबिम्ब मात्र थी, जिसमें न शरीर था, न प्राण ।

(८) किन्तु वस्तुतः वह बाला सब शृंगारों से संपन्न है। अब ऐसा मत स्थिर कीजिए (९) जिसके द्वारा अधर के समीप रहने वाले अलकों को पकड़कर अधर का रस लिया जा सके।

(१) राघो'''करा–दे० ४६०।४।
(२) कला=सौन्दर्य, आभा। रूप=आकृति।
बिसेखी–बिसेखना–विशेष प्रकार से वर्णन करना (शब्दसागर)।
(३) अलक रबि दिया–अलकावली को ऊपर नाग कहा है (५७२।२)। उस नाग ने ही सूर्य रूपी शाह को दीपक के समान तेज विहीन बना दिया (५७२।५)।
(५) पाट्ट–पट्ट > पाट=पटरानी, पट्ट महादेवी (३४३।१)।
(६) बेनी नाय–दे० पं० ३।
(७) सो मूरति जेहि तन जिय नाहीं–दे० ५७१।५।
(८) सबहि सिंगार बनी धनि–यद्यपि उसके प्रतिबिम्ब में प्राण और शरीर नहीं है, किन्तु इससे यह न समझना चाहिए कि वह रूप विहीन है। उसके मूल रूप में समस्त शृंगारों की शोभा है; जितने प्रकार का सौन्दर्य और रूप विधान है वह सब उसीमें है।
(९) लगुने–(१) संलग्न; (२) प्रेमी। राघव चेतन का संकेत यह भी है कि अलक रूपी नाग के समान जो अधर का प्रेमी राजा है उसे पकड़ कर तुम स्वयं अधरपान की युक्ति करो।

४७ : रत्नसेन बंधन खण्ड

[५७४]

मत भा माँगा बेगि बेवानू। चला सूर सँवरा अस्थानू ।१।
चलन पंथ राखा जो पाऊ। कहाँ रहन थिर कहाँ बटाऊ ।२।
पंथिक कहाँ कहाँ सुस्ताई। पंथ चलै पै पंथ सिराई ।३।
छर कीजै बर जहाँ न आँटा। लीजै फूल टारि कै काँटा ।४।
बहुत मया सुनि राजा फूला। चला साथ पहुँचावै भूला ।५।
साहि हेतु राजा सौं बाँधा। बातन्ह लाइ लीन्ह गहि काँधा ।६।
घिउ मधु सानि दीन्ह रस सोई। जो मुख मीठ पेट बिख होई ।७।
अमिअ बचन औ माया को न मुएउ रस भीजि।
सतुरु मरै जौं अंब्रित कत ताकहँ बिख दीजि ॥४७।१॥

(१) मत निश्चित हो गया। शाह ने तुरन्त विमान मँगवाया। उसने अपने स्थान का स्मरण किया और विमान में बैठकर चल पड़ा। (२) जिसने चलने के मार्ग में पैर रक्खा हो उसका फिर रहना कहाँ? जो बटोही है वह स्थिर कैसे रह सकता है? (३) कहाँ पान्थ और कहाँ विश्राम? (दोनों का मेल नहीं।) मार्ग तो चलने से ही समाप्त होता है। (४) जहाँ बल से पूरा न पड़े वहाँ छल करना उचित है। काँटा दूर करके फूल ले लेना

चाहिए। (५) शाह से अनेक कृपा की बातें सुनकर राजा मन में फूल गया। धोखे में आकर वह उसे पहुँचाने के लिये साथ चला। (६) शाह ने राजा से बड़ा स्नेह प्रकट किया और बातों में लगाकर उसका कंधा हाथ से पकड़ लिया। (७) घी और शहद मिलाकर उसने वह रस दिया जो मुँह में मीठा था, पर पेट में पहुँचने पर विषतुल्य घातक था।

(८) अमृत के समान मीठे वचन और कृपा के रस में डूबकर कौन नहीं मारा गया ? (९) यदि शत्रु अमृत से ही मर जाय तो उसे विष क्यों दिया जाय ?

(१) बेवानू—५५२।३ में विमान के लिये कहा है कि वह आकाश तक ऊँचा था। अबुलफज़ल ने पालकी, सिंहासन, चौडोल, डोली—इन चार सवारियों का उल्लेख किया है (आइन, अनुवाद, पृ० २६४)। इनमें से सिंहासन ही विमान ज्ञात होता है जिसे कहार कंधों पर उठाकर ले चलते थे।

(३) सिराना=अन्त को पहुँचना, समाप्त होना।

(४) औंटा—औंटना=पहुँचना, पूरा पड़ना (५५८।५, ६२१।८)। सं० ऋत > प्रा० अट्ट=गत, प्राप्त (पासद्द०, पृ० ३१)।

[५७५]

एहि जग बहुत नदी जल जूड़ा। कौन पार भा को नहिं बूड़ा ।१।
को न अंध भा आँखि न देखा। को न भएउ डिठियार सरेखा ।२।
राजा कहँ बियाधि भै माया। तजि कबिलास परे भुइँ पाया ।३।
जेहि कारन गढ़ कीन्ह अगूठी। कत छाँड़ै जौं आवै मूँठी ।४।
सतुरुहि कोउ पाव जौं बाँधी। छाँड़ि आपु कहँ करै बियाधी ।५।
चारा मेलि धरा जस माँछू। जल हुँति निकसि सकति मुव काछू ।६।
मंत्रन्ह नाग पेटारें मूँदा। बाँधा मिरिग पैगु नहिं खूँदा ।७।
राजा धरा आनि कै औ पहिरावा लोह।
अैस लोह सो पहिरै जो चेत स्यामि कहँ दोह ।।४७।३।।

(१) इस संसार (रूपी समुद्र) में अनेक नदियों का जल एकत्र हुआ है। कौन उसके पार जा सका है ? कौन डूब नहीं गया है ? (२) कौन अंधा नहीं हो गया जिसने आँखें रहते भी उनसे नहीं देखा ? अपनी आँखों से देखने वाला कौन चतुर नहीं हो गया ? (३) वह कृपा राजा के लिये व्याधि (दुःख का कारण) हो गई। वह अपना दुर्ग का ऊँचा महल छोड़कर नीचे उतर आया। (४) जिसके कारण शाह ने गढ़ को घेरकर कारागार कर दिया था, वह जब मुट्ठी में आ गया हो तो उसे क्यों छोड़ना चाहिए ? (५) यदि कोई शत्रु को अपने बंधन में पा जाय, तो उसे छोड़कर वह अपने लिये विपत्ति बुलाता है। (६) चारा डालकर मछली की तरह शाह ने राजा को पकड़ लिया। जल से बाहर निकलने पर कछुए को उसकी शक्ति छोड़ देती है। (७) मंत्रों से साँप को पिटारे में मूँदने की भाँति

शाह ने राजा को पकड़ लिया। उसे हिरन के समान ऐसा बाँध लिया कि पग भर कूद कर न जा सका।

(८) उसने राजा को बंदी कर लिया और अपने यहाँ लाकर लोहे की हथकड़ी बेड़ी पहना दीं। (९) वही ऐसा लोहा पहिनता है जो अपने स्वामी के विरुद्ध द्रोह की बात सोचता है।

(१) जूड़ा–प्रा० जुडिय=जुड़ा हुआ, मिला हुआ, एकत्र (पासद्द० पृ० ४४९, सुहडेहिं समं सुहडा जुडिया, उपदेशपद ७२८, टीका)। संसार समुद्र है, उसमें भिन्न भिन्न प्राणी रूप अनेक नदियों का जल मिला है। कौन ऐसा है जो सबसे पार पा गया हो और कौन ऐसा है जो कहीं न कहीं डूब न गया हो?

(२) आँखि न देखा–ज्ञान चक्षु या विवेक के नेत्र से जो नहीं देखता, वह अंधा है।
डिठियार=दृष्टि वाला, ज्ञान चक्षु वाला। स्वयं अपनी बुद्धि से विचार करने वाला कौन व्यक्ति चतुर या ज्ञानी नहीं बन गया? सं० दृष्टिकार > दिट्ठियार > डिठियार दृष्टि=आँख; बुद्धि, मति, विवेक, विचार।

(३) कबिलास=दुर्ग में बना हुआ राजमहल।

(४) अगूठी–कारागार, बन्धन सं० आगुप्ति > आगुत्ति, अप० अगुट्ठि > अगूठी। प्रा० गुत्ति=कैदखाना, कठघरा (पासद्द० पृ० ३७३)। हेमचन्द्र ने 'गुत्ति' को देशी मानकर उसका अर्थ 'बन्धन' दिया है (देशी० २।१०१)। भविसयत्तकहा में भी यह शब्द प्रयुक्त हुआ है। हिन्दी में अगोटना और अगोट शब्दों का भी सूर, बिहारी आदि कवियों ने प्रयोग किया है जो उसी मूल शब्द से सम्बन्धित हैं (बिहारी सतसई, दो० ७८, १२९)।
जेहि कारन–पं० ४, ५ में कही हुई नीति अलाउद्दीन के मत को प्रकट करती है। रत्नसेन की नीति न केवल मेल को छल से अलग रखने की थी, बल्कि नीच के साथ भी भलाई करने की थी (५५९।१-२)।

(६) मेलि=डालकर, छोड़कर, फेंककर। सं० मुंच् का धात्वादेश मिल्ल और उसीका मेल्ल होता है (=छोड़ना, त्यागना (हेम० ४।९१; पासद्द०, पृ० ८५६, ८६६)।
जल हुंति निकसि सकति मुव काछू–जायसी की भाषा शक्ति और ठेठ अवधी की प्राचीन परम्परा का यह अच्छा उदाहरण है। जल से बाहर आने पर शक्ति कछुए को छोड़ देती है। जल रूपी दुर्ग ही जलचर की शक्ति है, ऐसे ही राजा का दुर्ग ही उसका बल था, बाहर आते ही उसकी शक्ति चली गई। माछू काछू दोनों उपमान कवि ने साभिप्राय रक्खे हैं।
सकति–माताप्रसाद जी ने सकत पाठ रक्खा है, जो वस्तुतः फारसी लिपि से सकति पढ़ा जाना चाहिए था। अर्थ की दृष्टि से 'सकत' ठीक नहीं बैठता। सकति=शक्ति। यही संज्ञा 'मुव' धातु का कर्ता है।
मुव–छोड़ देती है। सं० मुच् का प्रा० धात्वादेश मुअ (पासद्द०, पृ० ८५७) जिसका अपभ्रंश में मुव भी रूप होता है (पासद्द०, पृ० ८६२)। अवहेडइ, उस्सिकइ, छड्डइ, णिल्लुञ्छइ, धंसाडइ, मुअइ, मेलइ, रेअवइ–मुंच के इन आठ धात्वादेशों का हेमचन्द्र ने उल्लेख किया है, जिनमें से मुअइ मार्कण्डेय ने भी दिया है। 'मुअइ' अपभ्रंश में भी पयुक्त है।

(७) नाग पेटारें मूँदा–३८८।९ (मूँदि पेटारे साँपु)।
खूँदा–खूँदना=उछलना, कूदना। स्कुदि आप्रवणे (आप्लवन=कूदना) स्कुंदति > खुंदइ।

[५७६]

पायन्ह गाढ़ी बेरीं परीं। साँकरि गींव हाथ हथकरीं।१।

औं धरि बाँधि मँजूसा मेला । अस सतुरुहु जनि होइ दुहेला ।२।
सुनि चितउर महँ परा भगाना । देस देस चारिहुँ खँड जाना ।३।
आजु नराएन फिर जग खूँदा । आजु सिंघ मंजूसा मूँदा ।४।
आजु खसे रावन दस माँथा । आजु कान्ह कारी फन नाथा ।५।
आजु परान कंससेनि ढीला । आजु मीन संखासुर लीला ।६।
आजु परे पंडौ बँदि माहाँ । आजु दुसासन उपरी बाहाँ ।७।
आजु धरा बलि राजा मेला बाँधि पतार ।
आजु सूर दिन अँथवा भा चितउर अँधियार ॥४७।४॥

(१) राजा के पैरों में मजबूत बेड़ी, गर्दन में जंजीर और हाथों में हथकड़ी डाल दी गई। (२) और पकड़कर बाँधने के बाद राजा को कठघरे में डाल दिया गया। भगवान् न करे शत्रु को भी ऐसा कष्ट हो। (३) समाचार सुनकर चित्तौड़ में भगदड़ मच गई। चारों खंडों में देश-देश में बात फैल गई। (४) [लोगों ने संत्रस्त होकर अनुभव किया जैसे] आज नारायण ने (परशुराम रूप में) संसार को खूँद डाला है। आज सिंह को मंजूषा में मूँदा गया है (५) आज रावण के दसों मस्तक गिर गए हैं। आज कृष्ण ने कालीनाग का फन नाथ दिया है। (६) आज कंससेन ने अपना प्राण छोड़ दिया है। आज मत्स्यावतारधारी विष्णु ने शंखासुर को निगल लिया है। (७) आज पाण्डव बंधन में पड़ गए हैं। आज दुःशासन की भुजा उखाड़ी गई है।

(८) आज राजा बलि पकड़ कर पाताल में डाल दिया गया है। (९) आज दिन में ही सूर्य डूब गया है। चित्तौड़ में अँधेरा ही हो गया।

(१) गाढ़ी=दृढ़, मज़बूत।

(२) मँजूसा=कठघरा। दे० ५३८।७ में कवि ने पहले ही इसका संकेत किया था।

(३) दुहेला=वि० दुखिया, दुःखी। संज्ञा, दुःखदायक कार्य, या स्थिति। विशेषण मानने से अर्थ होगा—शत्रु भी ऐसा दुखिया न बने।

(४) जायसी ने यहाँ लोक में उथल पुथल मचाने वाले कुछ कार्यों की सूची देकर रत्नसेन के बंधन से उत्पन्न प्रजा के क्षोभ का चित्र खड़ा किया है जो अति प्रभावोत्पादक है। बनारसीदास ने अकबर की मृत्यु के समय जौनपुर में हुए ऐसे असमय का वर्णन किया है (अर्धकथानक, २५१-२५५)। रावण वध से पूर्व होने वाले उत्पात और कम्प भी इसी प्रकार के हैं (लंका कांड १०२-१०३)। सूर ने भी कंस के मरने से पहले की हलचल में भगदड़ पड़ने का उल्लेख किया है (सूरसागर, पद ३६९५)।

नराएन फिर जग खूँदा-बलिबंधन का उल्लेख पं० ८ में है, अतएव यहाँ परशुराम रूप में नारायण के सर्वक्षत्रान्तक पराक्रम द्वारा संसार को क्षुब्ध करने का ही वर्णन ज्ञात होता है। जायसी ने परशुराम, राम, कृष्ण, वामन, मत्स्य इन पाँच अवतारों के पराक्रमों का उल्लेख कर दिया है।

(६) कंससेनि-उग्रसेन के पुत्र कंससेन। साहित्य में और लोक में प्रायः कंस नाम ही प्रसिद्ध है। परान ढीलना-प्राण छोड़ना।

मीन=विष्णु ने मत्स्य का रूप रखकर समुद्र में छि हुए शंखासुर का वध किया था।

(७) पंडौ बँदि माहाँ—जब पाण्डव वारणावत में दुर्योधन और धृतराष्ट्र के कूट जाल में फँस कर लाक्षा-गृह में पुरोचन द्वारा रक्खे गए थे, उसी घटना की ओर संकेत है (आदि पर्व, अ० १३४-१३५) । उनके जलने के समाचार से प्रजा में इसी प्रकार की विभीषिका फैल गई थी ।

(९) आजु सूर दिन अँथवा—सूर्य दिन में अथांत् सब शक्ति रहते हुए भी राजा बंधन में पड़ गया ।

[५७७]

देव सुलेमाँ की बँदि परा । जहँ लगि देव सबहि सत हरा ।१।
साहि लीन्ह गहि कीन्ह पयाना । जो जहँ सतुरु सो तहाँ बिलाना ।२।
खुरासान औ डरा हरेऊ । काँपा बिदर धरा अस देऊ ।३।
बिंधि उदैगिरि धवलागिरी । काँपी सिस्टि दोहाई फिरी ।४।
उवा सूर भै सामुहँ करा । पाला फूटि पानि होइ ढरा ।५।
डंडवै डाँड़ दीन्ह जहँ ताईं । आइ सो डँडवत कीन्ह सबाईं ।६।
दुंदि डाँड़ि सब सरगहि गई । पुहुमि जो डोल सो अस्थिर भई ।७।
पातसाहि ढीली महँ आइ बैठ सुख पाट ।
जिन्ह जिन्ह सीस उठाए धरती धरे लिलाट ॥४७५॥

(१) वह देव सुलेमान के बंधन में पड़ गया तो जहाँ तक और देव थे सबका सत हर लिया गया (रत्नसेन की सहायता के लिये जो अन्य राजा आए थे सब का साहस टूट गया)। (२) शाह ने उसे पकड़ लिया और सैनिक प्रयाण किया । जो शत्रु जहाँ था वहीं छिप गया । (३) खुरासान और हेरात डर गए । बीदर काँप गया कि शाह ने ऐसे भारी देव (हिन्दू राजा) को पकड़ लिया (तो हमारी क्या गति है) । (४) विन्ध्याचल, उदयाचल, और हिमाचल तक सारी दुनियाँ काँप उठी और सर्वत्र शाह की दुहाई फिर गई । (५) सूर्य उदित हुआ । उसके प्रताप की किरणें सामने दिखाई दीं । जो पाला था वह पिघल कर पानी होकर बह गया । (६) उस दंडपति ने जहाँ तक राजाओं पर दंड लगाया, सब ने आ आकर अब उसे प्रणाम किया । (७) उसकी दुंदभि सबको दंडित करके स्वर्ग में चली गई (वहाँ उसका यश भर गया) । पृथिवी जो युद्ध से कंपित हुई थी वह स्थिर हो गई ।

(८) बादशाह दिल्ली में पहुँचकर सुख से सिंहासन पर बैठा । (९) जिस-जिसने सिर उठाया था, अब धरती में मस्तक टेककर प्रणाम किया ।

(१) देव—हिन्दू राजा; जिन ।
बँदि—कैद, बंधन ।
जँह लगि देव—रत्नसेन के बन्दी हो जाने पर और जो हिन्दू राजा चित्तौड़ की सहायता के लिये एकत्र थे, उन्होंने युद्ध जारी क्यों नहीं रक्खा, इसका यह उत्तर है । राजा के पकड़े जाने पर उनकी हिम्मत टूट गई ।

(२) बिलाना—बिला गया, छिप गया ।

पयाना=सैनिक प्रयाण, चढ़ाई। शुक्लजी और शिरेफ ने लिखा है कि चित्तौड़ से लौटते हुए शाह ने सिर उठाने वाले प्रदेशों को, विशेषतः उत्तर-पश्चिम की ओर के हेरात और खुरासान को वश में करने के लिए सैनिक कूच किया। दे० ५३२।५ (पछिउँ हरेव दीन्ह जो पीठी। सो अब चढ़ा सौंह कै डीठी)।

गहि=पकड़कर।

(३) खुरासान औ हरेऊ-गजनी, हेरात और खुरासान-ये तीन सूबे एक दूसरे के बाद उत्तर-पश्चिम की ओर थे। इनमें गजनी अलाउद्दीन के राज्य में सम्मिलित था। हेरात उसका विरोधी था।

बिदर-बीदर का सुल्तान।

(४) बिंधि=विन्ध्याचल। उदैगिरि=उदयाचल। धवलागिरि=हिमालय। विन्ध्याचल से पूर्व में उदयाचल और उत्तर में हिमालय तक।

(५) पाला=बरफ, ओला। फूटि=पिघल कर।

(६) डंडवै-दण्डपति > डंडवइ > डंडवै। दण्ड=सेना।

डाँड-दंड, अर्थ दंड, वह खिराज जो सम्राट् अन्य राजाओं पर दंड स्वरूप लगाता है और जिसे देकर वे आधीनता स्वीकार करते हैं।

(७) दुंदि डाँडि-माताप्रसादजी ने 'छाँड़ि' पाठ रक्खा है, किन्तु गोपालचन्द्रजी की प्रति और मनेर की प्रति में 'डाँडि' पाठ है जो अर्थ संगति के कारण स्वीकार किया गया है। शाह की दुंदुभि पृथिवी में सब को दण्डित करके स्वर्ग चली गई, अर्थात् उसके यश की दुंदुभि स्वर्ग में बजने लगी। युद्ध में दुंदुभि बजने से जो पृथिवी संत्रस्त थी वह सुस्थिर हो गई।

दुंदि=दुंदुभि। जायसी में दो बार पहले यह शब्द आ चुका है-१८९।२, बाजे ढोल दुंद औ भेरी-माताप्रसाद जी ने इसका पाठ 'डंड' रक्खा है और मैंने भी वहाँ उस शब्द के समझने और अर्थ करने में भूल की है। पाठक कृपया सुधार लें। वहाँ शुक्ल जी का पाठ 'दुंदुभि' और च० १ का 'दुंद' है। ३४४।१, साजा बिरह दुंद दल बाजा-इस पंक्ति का पाठ शुक्ल जी, मा० प्र० और च० १ में समान है। इसमें भी 'दुंद' शब्द का अर्थ मुझसे ठीक नहीं बन पड़ा। शुद्ध अर्थ इस प्रकार होना चाहिए-बिरह ने चढ़ाई की तैयारी की और उसकी सेना में दुंदभि बज उठी।

(८) जिन्ह जिन्ह सीस उठाए धरती धरे ललाट-५३२।६ (जिन्ह भुइँ माँथ गगन तिन्ह लागा) का यह प्रतिकार हुआ।

[५७८]

हबसी बंदिवान जियबधा। तेहि सौंपा राजा अगिदधा ।१।
पानि पवन कहँ आस करेई। सो जिय बधिक साँस नहिं देई ।२।
माँगत पानि आगि लै धावा। मोंगरुहूँ एक आइ सिर लावा ।३।
पानि पवन तैं पिया सो पिया। अब को आनि देइ पापिया ।४।
तब चितउर जिय अहा न तोरें। पातसाहि है सिर पर मोरें ।५।
जबहिं हँकारहि है उठि चलना। सो कत करौं होइ कर मलना ।६।
करौं सो मीत गाढ़ि दिं जहाँ। पानि पवन पहुँचावै तहाँ ।७।

जल अंजुलि महँ सोवा समुँद न सँवरा जागि ।
अब धरि काढ़ा मंछ जेउँ पानी माँगत आगि ॥४७८॥

(१) कैदियों पर एक हबशी जल्लाद नियुक्त था। उसे राजा को अग्निदग्ध करने के लिये सौंप दिया गया। (२) पानी और पवन की वह क्या आशा करे? वह जल्लाद साँस भी न लेने देता था। (३) पानी माँगने पर राजा को जलाने के लिये आग लेकर दौड़ता था और आकर सिर में एक मोंगरी भी मारता था। (४) 'तू जो हवा-पानी पी चुका सो पी चुका। पापी, अब तुझे कौन लाकर दे? (५) जब चित्तौड़ में था तब तूने मन में यह न सोचा, मेरे सिर पर बादशाह का शासन है। (६) जब वह बुलाएगा मुझे उठकर जाना होगा। मैं वह क्यों करूँ जिससे हाथ मलकर पछताना पड़े? (७) तूने न सोचा कि उसे अपना मित्र बना लूँ जो इतना दयालु है कि कठिन कारागार में भी पानी और हवा का प्रबन्ध करता है।

(८) तू अंजलि भर जल में सोता रहा। होश में आकर समुद्र का स्मरण नहीं किया। (९) अब मछली की तरह उसने तुझे पकड़कर निकाल लिया है। पानी माँगते हुए आग पाएगा।'

(१) बंदिवान=कैदी, बंदीवान (शब्दसागर)।
जियबधा=जीव बध करने वाला, हत्यारा; जल्लाद, बधुआ। पं० २ में इसीके लिये बधिक शब्द है।
अगिदधा=अग्नि से दग्ध करने के लिये।

(३) मोंगर–सं० मुद्गर > प्रा० मोग्गर=मूँगरी।
पापिया=पापी। सं० पापीयान्।

(६) जबहिं हँकारहि है उठि चलना–यह और अगली पंक्ति रत्नसेन की ओर से बधिक कह रहा है। इनकी अध्यात्म व्यंजना भी है। 'तब अपने चित्त में यह न सोचा कि मेरे ऊपर संसार का सम्राट् है। वह जब बुलावेगा संसार से उठकर चलना होगा। ऐसा काम क्यों करूँ जिससे हाथ मलकर पछताना पड़े। उस भगवान् को ही अपना मित्र बना लूँ जो गर्भवास के कठोर कारागृह में भी पानी और हवा पहुँचाता है। जीव अंजुलि भर जल के समान अपने धंधों में बेसुध रहता है। महा समुद्र जो ईश्वर है जागकर उसका स्मरण नहीं करता। मृत्यु के समय वह पानी से मछली की तरह बाहर निकाल लेता है और अन्त में पानी चाहने वाले आग पाते हैं।

(९) पानी माँगत आग–(मछली के पक्ष में) वह पानी के विना तड़फड़ाती है, पर लोग उल्टे उसे आग में भूनते हैं।

[५७९]

पुनि चलि दुइ जन पूँछै आए। ओहि सुठि दगध आइ देखराए ।१।
तूँ मरपुरी न कबहुँ देखी। हाड़ जो बिथुरें देखि न लेखी ।२।
जाने नहिं कि होब अस महूँ। खोजें खोज न पाउब कहूँ ।३।
अब हम उतर देहि रे देवा। कवने गरब न माने सेवा ।४।

तोहि अस केत गाड़ि खनि मूँदे । बहुरि न निकसि बार कै खूँदे ।५।
जो जस हँसै सो तैसै रोवा । खेलि हाँसि एहि भुँइ पै सोवा ।६।
तस अपने मुँह काढ़ै धुवाँ । चाहसि परा नरक के कुँवा ।७।
जरसि मरसि अब बाँधा तैस लाग तोहि दोख ।
अबहूँ मानु पदुमिनी जौं चाहसि भा मोख ॥४७७॥

(१) फिर दो जने चलकर पूछताछ के लिये आए। उन्होंने आकर प्रचंड अग्नि से जलाने का भय दिखलाया। (२) 'क्या तूने मृतकपुरी कभी नहीं देखी ? वहाँ जो हड्डियाँ बिखरी हुई थीं उन्हें देखकर भी तू नहीं समझा। (३) क्या तू यह न जान पाया कि हम भी ऐसे ही हो जाएँगे, ढूँढ़ने पर भी हमारा चिह्न कहीं न मिलेगा ? (४) अरे देव, अब हमें उत्तर दे। किस गर्व के कारण तू सेवा नहीं स्वीकार करता ? (५) तेरे जैसे कितनों को गढ़ा खोदकर मूँद दिया। उन्होंने फिर निकलकर अपने घर के द्वार का चक्कर नहीं लगाया। (६) जो जैसे हँसता है उसे जीवन में वैसे ही रोना भी पड़ता है। हँस खेल लेने के बाद वह इसी भूमि पर सो जाता है। (७) तू जो अहंकार में भरकर अपने मुँह से वैसा धुँआ निकालता था, उस कारण तू नरक के कुएँ में डाले जाने योग्य है।

(८) अब जो तू कैद में पड़ा हुआ जल-मर रहा है सो तू ऐसे ही अपराध का दोषी है। (९) यदि छुटकारा पाना चाहे तो अब भी पद्मिनी देना स्वीकार कर ले।'

(१) सुठि दगध–दगध (संज्ञाशब्द)=दाह, आग से जलाना या दागना। शब्दसागर में दगध और मानिअरविलियम्स में दग्ध का संज्ञा रूप में भी अर्थ दिया गया है। सुश्रुत में दागने के अर्थ में संज्ञावाची दग्ध शब्द आया है।

(२) मरपुरी=मरे हुओं का वासस्थान, श्मशान।

(३) लेखी–लेखना=समझना, विचारना (शब्दसागर)।

(५) गाड़ि–गाड़=गड्ढा।
बार–सं० द्वार > वार > बार। बार खूँदना=द्वार की देहली पर पैर रखना।

(७) मुँह काढै धुँवा–धुँवा काढना=गर्व या अहंकार की बात करना, बढ़ बढ़कर बातें कहना (शब्दसागर)।

(९) मानु–मान जाओ, स्वीकार कर लो। तृ० १, २, ३, पं० १, च० १ प्रतियों में 'मांगु' पाठ है (=पद्मिनी मँगा भेजो)। कलाभवन की कैथी प्रति में 'मानु' है।

[४८०]

पूँछेन्हि बहुत न बोला राजा । लीन्हेसि चूपि मीचु मन साजा ।१।
खनिगड़ ओबरी महँ लै राखा । निति उठि दगध होहिं नौ लाखा ।२।
ठाँउ सो साँकर औ अँधियारा । दोसरि करवट लेइ न पारा ।३।
बीछी साँप आनि तहँ मेले । बाँका आनि छुवावहिं हेले ।४।
दहकहिं सँडसी छूटहिं नारी । राति देवस दुख गंजन भारी ।५।

जो दुख कठिन न सहा पहारू। सो अँगवा मानुस सिर भारू।६।
जो सिर परै सरै सो सहैं। कछु न बसाइ काहु के कहें।७।
दुख जारै दुख भूँजै दुख खोवै सब लाज।
गाजहि चाहि गरुव दुख दुखी जान जेहि बाज ॥४७।८॥

(१) उन्होंने बहुत पूछा, पर राजा ने कुछ उत्तर न दिया। उसने चुप्पी साध ली और मृत्यु के लिये मन को तैयार कर लिया। (२) खोदकर गाड़ने वाली कोठरी में उसे ले जाकर रक्खा। प्रतिदिन उठने पर उसकी देह में नौ निशान दागे जाते थे। (३) कोठरी में जगह तंग और अँधेरी थी। उसमें दूसरी करवट भी न ले सकता था। (४) फिर बिच्छू और साँप लाकर वहाँ छोड़ दिए गए। डोम लोग शरीर में बाँका छुआ कर (चुभा कर) तंग करते थे। (५) जब गरम सँडसियों से दागते तो नाड़ियाँ फट जाती थीं। रात दिन यातना का भारी अपमान सहना पड़ता था। (६) जो पहाड़ सा कठिन दुःख कभी न सहा था, उसका बोझा मनुष्य के सिर पर सहना पड़ा। (७) जो सिर पर पड़ता है उसे सहने से ही पूरा पड़ता है। किसी से कहने से कुछ वश नहीं चलता।

(८) दुःख जलाता है। दुःख भून डालता है। दुःख सब लज्जा खो देता है। (९) दुःख वज्र से भी भारी है। वह दुखिया ही उसे जानता है जिस पर दुःख पड़ता है।

(२) खनिगड़ ओबरि—बंदीघर में यातना देने के लिए यह वह कोठरी थी जिसमें बन्दी को आधा-परधा गाड़ कर दुःख देते थे। दे० ६४२।४, खनिगड़ ओवरी महँ लै राखा)।
दगध=अग्नि से दागना।
नौ लाखा—नौ निशान या दाग दागे जाते थे। लाखा < सं० लक्ष=चिह्न, निशान (शब्दसागर, मानिअर विलियम्स)

(४) बाँका—टेढ़े फल का चाकू। आईन अकबरी की शस्त्रसूची में इसे बाँक कहा है (आईन० पृ० ११७, संख्या ८, फलक १२, चित्र ७)। ६४२।६, आवहिं डोंब छुवावहिं बाँका)
हेले—हेला=डोम (शुक्लजी)। शिरेफ ने लिखा है कि हेला भंगियों की उपजाति है। मुझे कोश में या अन्यत्र इसका उल्लेख अभी तक नहीं मिला।

(५) गंजन=अपमान, तिरस्कार।

(७) सरै—सरना=पूरा पड़ना, सहारा मिलना। प्रा० सरइ=आश्रय लेना, अवलम्बन करना (पासद्द०, पृ० ११०१)।
बसाइ—बसाना=वश चलना, अपना अधिकार जमना।

(९) गाजहि=वज्र से। सं० गर्ज > गज्ज > गाज।

४८ : पद्मावती नागमती विलाप खण्ड

[५८१]

पदुमावति बिनु कंत दुहेली। बिनु जल कँवल सूखि जसि बेली।१।

गाढ़ि प्रीति पिय मो सों लाए । ढीली जाइ निचिंत होइ छाए ।२।
कोइ न बहुरा निबहुर देसू । केहि पूछौं को कहै सँदेसू ।३।
जो गौनै सो तहाँ कर होई । जो आवै कछु जान न सोई ।४।
अगम पंथ पिय तहाँ सिधावा । जो रे जाइ सो बहुरि न आवा ।५।
कुँआ ढार जल जैस बिछोवा । डोल भरें नैनन्ह तस रोवा ।६।
लेंजुरि भई नाँह बिनु तोही । कुवाँ परी धरि काढ़हु मोही ।७।
नैन डोल भरि ढारै हिएँ न आगि बुझाइ ।
घरी घरी जिउ बहुरै घरी घरी जिउ जाइ ॥४८।१॥

(१) पद्मावती अपने स्वामी के बिना ऐसे दुखी हुई जैसे कमल की बेल जल के बिना सूखने लगती है। (२) प्रियतम की मुझसे गाढ़ी प्रीति थी, पर दिल्ली जाकर जैसे वे निश्चिन्त होकर बस गए हैं। (३) कोई वहाँ से नहीं लौटता। वह ऐसा निबहुर देश है। किससे पूछूँ ? कौन वहाँ संदेश ले जायगा ? (४) जो जाता है वहीं का हो रहता है। जो आता है उसके विषय में कुछ जानकारी नहीं रखता। (५) वह अनबूझ मार्ग है। वहीं प्रियतम गए हैं। जो वहाँ जायगा फिर लौट कर न आयगा। (६) कुएँ पर मोटढरवा (पानी ढारने वाला) जैसे जल गिराता है, वैसे ही वह डोल की तरह भरे हुए नेत्रों से रो रही थी। (७) हे कन्त तुम्हारे बिना मैं रस्सी के समान तन छीन हो गई हूँ। मैं कुएँ में पड़ी हुई हूँ। मुझे पकड़कर निकालो।

(८) नेत्र रूपी डोल भर भरकर वह पानी ढार रही थी। पर हृदय की आग बुझती न थी। (९) एक एक घड़ी में प्राण लौट आते थे। एक-एक घड़ी में फिर चले जाते थे।

(१) दुहेली=दुःखी ।
(२) ढीली जाइ—ढीली शब्द पर श्लेष है। वह गाढ़ी प्रीति ढीली या पतली हो गई।
(३) निबहुर—जहाँ से कोई लौटकर न आवे। २–५ तक की पंक्तियों में अध्यात्म व्यंजना से परलोक का भी संकेत है।
(५) अगम=न जानने योग्य, अज्ञेय ।
(६) कुँआ ढार—कुएँ पर तीथ या चौड़े में मोट से पानी रीता करने वाला जिसे ढरनिहार या मोट ढरवा कहते है (ग्रियर्सन, बिहार पेजेन्ट लाइफ, अनु० ९४३)।
बिछोवा—प्रा० विच्छोव धातु=वियुक्त करना, अलग करना, विरहित करना।
डोल—अरबी दल्व, दल=डोल, कुएँ में लटकाने का बर्तन (स्टाइनगास, अरबी कोश, पृ० ३७१)।

[५८२]

नीर गँभीर कहाँ हो पिया । तुम बिनु फाट सरोवर हिया ।१।
गएहु हेराइ बिरह के हाथा । चलत सरोवर लीन्ह न साथा ।२।

चरत जो पंछि केलि कै नीरा । नीर घटै कोउ आव न तीरा ।३।
कँवल सूख पँखुरी बिहरानी । कन कन होइ मिलि छार उड़ानी ।४।
बिरह रेति कंचन तनु लावा । चून चून कै खेह मिलावा ।५।
कनक जो कन कन होइ बिहराई । पिय पै छार समेटै आई ।६।
बिरह पवन यह छार सरीरू । छारहु आनि मिला बहु नीरू ।७।
अबहुँ मया कै आइ जियावहु बिथुरी छार समेटि ।
नव अवतार होइ नइ काया : दरस तुम्हारें भेंटि ॥४८।२॥

(१) हे गम्भीर जल के समान प्रियतम, तुम कहाँ चले गए ? तुम्हारे बिना मेरा हृदय सरोवर की भाँति फटा जा रहा है। (२) विरहकारी सूर्य (शाह) के हाथों (किरणों द्वारा) तुम न जाने कहाँ खो गए ? सरोवर छोड़कर जाते हुए तुम उसे अपने साथ न ले जा सके। (३) जो पक्षी जल में क्रीड़ा करके खेलते थे, अब तुम्हारे चले जाने पर (जल के अभाव में) कोई पास नहीं आता। (४) कमल सूख गया। उसकी पंखुडियाँ बिखर गईं। कण-कण होकर वे धूल में मिल गईं और उड़ गईं। (५) बिरह की रेती शरीर रूपी कंचन को काट रही है, और जर्रा जर्रा करके उसे मिट्टी में मिला रही है। (६) यदि सोना कण कण करके धूल में बिखर जाय, तब भी हे प्रियतम, तुम राख समेटने के लिये अवश्य आना। (७) विरह पवन है। शरीर छार है। हे प्रिय, आकर इस राख में नीर मिलाकर इसे छानो और सोना एकत्र करो।

(८) अब भी दया करके आओ और बिखरी राख समेटकर जीवित करो। (९) तुम्हारे दर्शन करके और तुम से मिलकर नया जन्म और नया शरीर हो जायगा।

(१) पति के गम्भीर स्नेह की उपमा गहरे जल से दी गई है।
(२) हाथा=हाथ और किरण दोनों अर्थ हैं। शाह सूर्य है। वही विरहकारक है। उसीकी किरणें सरोवर के जल का शोषण करती हैं। जल चला जाता है पर सरोवर को साथ नहीं ले जाता।
(६) कन कन—इसका पाठ मनेर की प्रति में 'ककुनु' है। ककनू पक्षी स्वयं अपने घोंसले में अग्नि उत्पन्न करके जल जाता है और उसीकी बिखरी हुई राख में से वर्षा आने पर नए ककनू पक्षी का जन्म होता है।
(७) छारहु—छानो। छालना=छानना (शब्दसागर)।
मिला बहु नीरू—यह कल्पना सोना धोने वाले निआरियों की भाषा से ली गई है। सोना मिली हुई राख में पानी मिला मिलाकर वे उसे धोते हैं और सोना निकालते हैं।
(८) बिखरी राख समेट कर उसमें से पुनः प्राण उत्पन्न करने की कल्पना ककनू पक्षी से ली गई है (२०५।१, ककनूँ पंखि जैस सारि साजा। सर चढ़ि तबहि जरा चह राजा।; २०५।६ छार समेटे पाउब नाहीं)।

[५८३]

नैंन सीप मोंतिन्ह भर आँसू। टुटि टुटि परहिं करै तन नाँसू ।१।

पदिक पदारथ पदुमिनि नारी । पिय बिनु भै कौड़ी बर बारी ।२।
सँग लै गएउ रतन सब जोती । कंचन कया काँचु भै पोती ।३।
बूड़ति हौं दुख उदधि गँभीरा । तुम्ह बिनु कंत लाव को तीरा ।४।
हिएँ बिरह होइ चढ़ा पहारू । जल जोबन सहि सकै न भारू ।५।
जल महँ अगिनि सो जान बिछूना । पाहन जरै होइ जरि चूना ।६।
कवने जतन कंत तुम्ह पावौं । आजु आगि हौं जरत बुझावौं ।७।
कवन खंड हौं हेरौं कहाँ मिलहु हो नाहँ ।
हेरें कतहु न पावौं बसहु तौ हिरदै माहँ ॥४८।३॥

(१) नेत्र रूपी सीपियों में आँसू मोती से भर भर आते हैं। वे टूट टूट कर गिर रहे हैं। शरीर अपना नाश कर रहा है। (२) वह पद्मिनी स्त्री उत्तम हीरे के समान थी। पति के विना वह बाला कौड़ी मोल हो गई। (३) वह रत्न सब ज्योति अपने साथ लेकर चला गया। कंचन की काया काँच की पोती बन गई। (४) 'मैं दुःख के गहरे समुद्र में डूब रही हूँ। हे प्रियतम, तुम्हारे विना कौन किनारे लगाएगा ? (५) विरह पहाड़ बनकर छाती पर चढ़ बैठा है। जल के समान यौवन उसका बोझा नहीं सह सकता। (६) यौवन के जल में लगी हुई आग को वही जानता है जो बिरही हो। उसकी धधक से पत्थर भी जल जाता है और जलकर चूना बन जाता है। (७) हे प्रियतम, किसी यत्न से भी तुम्हें पा सकूँ तो आज ही इस जलती हुई अग्नि को बुझा दूँ।

(८) किस खंड में तुम्हें ढूंढ़ूँ ? हे प्रियतम, तुम कहाँ मिलोगे ? (९) ढूँढ़ने पर भी तुम्हें कहीं नहीं पाती। पर वस्तुतः तुम तो हृदय में ही बस रहे हो।'

(२) कौड़ी वर=कौड़ी के बल या मोल की।
(३) पोती=कांच का छोटा मोती।
(६) बिछूना=वियुक्त, वियोगी।
(८-९) यहाँ कवि ने अध्यात्म व्यंजना का भी आश्रय लिया है।

४९ : देवपाल दूती खण्ड

[५८४]

कुंभलनेरि राय देवपालू । राजा केर सतुरु हिय सालू ।१।
ओइँ पुनि सुना कि राजा बाँधा । पाछिल बैर सँवरि छर साँधा ।२।
सतुरु साल तब नेवरै सोई । जौ घर आव सतुरु कै जोई ।३।
दूती एक बिरिध ओहि ठाऊँ । बाँभनि जाति कमोदिनि नाऊँ ।४।
ओहि हँकारि कै बीरा दीन्हा । तोरे बर मैं बर जिय कीन्हा ।५।

तूँ कुमुदिनी कँवल के नियरे । सरग जो चाँद बसै तुव हियरे ।६।
चितउर महँ जो पदुमिनि रानी । कर बर छर सो देहि मोहिं आनी ।७।
रूप जगत मनि मोहनि औ पदुमावति नाउँ ।
कोटि दरब तोहि देहूँ आनि करसि एक ठाउँ ॥४६।१॥

(१) कुंभलनेर का राय देवपाल राजा रत्नसेन का शत्रु था। उसके हृदय में राजा का शल्य था। (२) उसने सुना कि राजा बंदी कर लिया गया। पिछले वैर का स्मरण कर उसने छल साधने का विचार किया। (३) शत्रु की खटक तभी मिटती है जब उसकी स्त्री अपने महल में आ जाय। (४) उस नगर में एक बूढ़ी दूती थी। वह जाति की ब्राह्मणी थी और कुमुदिनी नाम था। (५) राय ने उसे बुलाकर बीड़ा दिया और कहा, 'तेरे भरोसे पर मैंने अपने मन में कुछ बल किया है। (६) हे कुमुदिनी, तू कमल के निकट की है। आकाश का जो चन्द्रमा है वह भी तेरे हृदय के पास है। (७) चित्तौड़ में जो रानी पद्मिनी है, अपने छल बल से उसे लाकर मुझसे मिला।

(८) वह रूप के संसार में मोहिनी मणि है। वह पद्मावती प्रसिद्ध है। (९) तुझे कोटि द्रव्य दूँगा यदि उसे लाकर मेरे पास मिला देगी।

(१) कुंभलनेरि–उदयपुर से ३४ मील उत्तर-पश्चिम में एक प्रसिद्ध दुर्ग था।
(३) नेवरैं–निवृत्त होता है, पूरा होता या समाप्त होता है।
जोई=स्त्री। युवति > जुवइ > जुअइ > जोइ, जोय।
(४) दूती=कुट्टिनी।

[५८५]

कुमुदिनि कहा देखु मैं सो हौं । मानुस काह देवता मोहौं ।१।
जस काँवरू चमारी लोना । को न छरा पाढ़ित औ टोना ।२।
बिसहर नाँचहि पाढ़ित मारें । औ धरि मूँदहिं घालि पेटारें ।३।
बिरिख चलै पाढ़ित की बोला । नदी उलटि बह परबत डोला ।४।
पाढ़ित हरै पँडित मति गहरे । औरु को अंध गूँग औ बहिरे ।५।
पाढ़ित औसि देवतन्ह लागा । मानुस का पाढ़ित हुति भागा ।६।
पाढ़ित कै सुठि काढ़त बानी । कहाँ जाइ पदुमावति रानी ।७।
दूती बहुत पैज कै बोली पाढ़ित बोल ।
जाकर सत्त सुमेरु है लागै जगत न डोल ॥४९।२॥

(१) कुमुदिनी ने कहा, 'देखो, मैं वह हूँ जो मनुष्य क्या देवता को भी वश में कर लेती हूँ। (२) जैसे कामरूप की लोना चमारिन के मंत्र-तंत्र से कौन नहीं छला गया, वैसी ही मैं हूँ। (३) मेरे मंत्र पढ़कर मारने से विषधर साँप वश में आकर नाचने लगता है।

और उसे पकड़ कर पिटारे में डालकर बन्द कर देते हैं। (४) मेरे मंत्र पढ़ते ही वृक्ष चलने लगता है, नदी उलटी बहने लगती है और पहाड हट जाता है। (५) पंडित की गंभीर बुद्धि को भी मेरा जादू हर लेता है। अंधे गूँगे बहरे और व्यक्तियों का तो कहना ही क्या ? (६) मेरा मंत्र अवश्य ही देवताओं पर भी असर करता है। मनुष्य उससे बचकर कहाँ भाग सकता है ? (७) मेरे भली प्रकार मंत्र का बोल निकालते ही बिचारी पद्मावती रानी कहाँ ठहरेगी ?

(८) कुट्टिनी ने अनेक प्रकार की प्रतिज्ञा करके मंत्रों की शक्ति के बारे में बातें कहीं। (९) पर जिसका सत सुमेरु की भाँति अडिग है, चाहे सारा संसार भी लग जाय उसे नहीं हिला सकता।

(२) चमारी लोना—दे० ३६९।३, ४४८।६।
पाढित=मंत्र पढ़कर किया जाने वाला जादू।
(६) औसि—अवश्य > प्रा० अवस्स > अउस्स > औस, औसि।
(८) पैज कै बोली—अपनी मंत्र शक्ति के विषय में अनेक बड़ी बड़ी बातें कहीं। प्रतिज्ञा > पइज्ज > पैज। ज्ञ को ज्ज और ण दोनों होते हैं, जैसे आज्ञा > आण, आन और प्रतिज्ञा > पइज्ज।

[५८६]

दूती दूत पकवान जो साँधे। मोंतिलड्डु कीन्ह खिरौरा बाँधे।१।
माँठ पेराक फेनी औ पापर। भरे बोझ दूती कै कापर।२।
लै पूरी भरि डाल अछूती। चितउर चली पैज कै दूती।३।
बिरिध बएस जो बाँधै पाऊ। कहाँ सो जोबन कत बेबसाऊ।४।
तन बुढ़ाइ मन बूढ़ न होई। बल न रहा लालच जिय सोई।५।
कहाँ सो रूप देखि जग राता। कहाँ सो गरब हस्ति जस माँता।६।
कहाँ सो तीख नैन तन ठाढ़ा। सबै मारि जोबन पुनि काढ़ा।७।
मुहमद बिरिध जो नै चलै काह चलै भुइँ टोइ।
जोबन रतन हेरान है मकु धरती महँ होइ॥४९।३॥

(१) दूती ने शीघ्र ही पकवान तैयार कराए। मोतीचूर के लड्डू बनाए गए और खिरौरे बाँधे गए। (२) माँठ, पेराक, फेनी और पापड़—इनके भरे हुए भार दूती ने मनुष्यों के सिरों पर रखवाए। (३) और पूरियों की अछूती टोकरियाँ भरवा कर, वह दूती प्रतिज्ञा करके चित्तौड़ की ओर चली। (४) बूढ़ी आयु होने पर यदि कोई किसी बड़े काम के लिये गाँठ बाँधता है, तो व्यर्थ है। फिर वह यौवन कहाँ रह जाता है और कहाँ वह उद्यम रहता है ? (५) तन बूढ़ा हो जाता है, पर मन बूढ़ा नहीं होता। बल नहीं रहता, पर जी में लालच वैसी ही बनी रहती है। (६) फिर वह रूप कहाँ जिससे संसार लुभा जाता है ? फिर वह गर्व कहाँ जिससे हाथी के समान मद चढ़ा रहता है ?

(७) वह तीखे कटाक्ष और वह ठाड़ी देह कहाँ रह जाती है? यौवन सबको मारकर स्वयं भी निकल जाता है।

(८) [मुहम्मद—] बूढ़ा जो झुककर चलता है, वह धरती में क्या ढूँढ़ता चलता है? (९) उसका यौवनरूपी रत्न खो गया है। उसे ही खोजता है कि शायद धरती में गिरा हो।

(१) दूत—सं० द्रुत > दुत्ति (देशी० ५।४१, पासद्द०)=शीघ्र, जल्दी।
खिरौरा—ग्रियर्सन के अनुसार चावल के आँटे से गर्म पानी में बनाए हुए लड्डू (बिहार पेजेंन्ट लाइफ, पृ० ३४७)। शुक्ल जी ने 'खँडोरा' पाठ मान कर खाँड के लड्डू अर्थ किया है। किन्तु गोपालचन्द्र की ओर मनेर की प्रति में पाठ खिरौरा ही है।

(२) माँठ पेराक—दे० ५५०।७।
कापर—सं० कर्पर > प्रा० कप्पर > कापर=सिर पर, मूँड़ पर। कुट्टिनी मिठाइयों के डल्ले मनुष्यों के सिर पर लदवा कर चली।

(३) डाल—प्रा० अप० डल्ल=डला, पिटार, बांस का बना हुआ टोकरा। इस प्रकार खाद्य पदार्थों से भरा हुआ बोझ अभी तक डल्ला कहलाता है।
अछूती—जिसे किसी ने छुआ न था, अर्थात् खाने की गर्म पूड़ियाँ बहुत शुद्धता से डल्ले में रखकर अलग उठवाई गईं।

(४) पाऊ—शुक्लजी शिरेफ आदि ने पाँव अर्थ किया है। वस्तुतः सं० पर्व > प्रा० पव्व > पाव, पाउ यह शब्द है जिसका अर्थ 'ग्रन्थि या गाँठ है (पासद्द०, पृ० ७११)।
जायसी ने इस दोहे में दूत, कापर, पाऊ, इन तीनों को प्रचलित शब्द रूपों और अर्थों से विलक्षण प्राकृत-अपभ्रंश की परम्परा से लिया है।
बेवसाऊ—व्यवसाय=उद्योग, परिश्रम (५६६।६, बौसाउ)

(७) काढ़ा—सं० कृष्ट > कड्ढिय=खिंचा हुआ। यौवन सब को लेकर स्वयं भी खिंच जाता है।

[४८७]

आइ कमोदिनि चितउर चढ़ी। जोहन मोहन पाढ़ित पढ़ी।१।
पूँछि लीन्ह रनिवाँस बरोठा। पैठि पँवरि भीतर जहँ कोठा।२।
जहँ पदुमावति ससि उजियारी। लै दूती पकवान उतारी।३।
बाँह पसारि धाइ कै भेंटी। चीन्है नहिं राजा कै बेटी।४।
हौं बाँभनि जेहि कुमुदिनि नाँऊ। हम तुम्ह उपनी एकहि ठाँऊ।५।
नाँउ पिता कर दूबे बेनी। सदा पुरोहित गंध्रप सेनी।६।
तुम्ह बारी तब सिंघल दीपाँ। लीन्हें दूध पिआइउँ छीपाँ।७।
ठाउँ कीन्ह मैं दोसर कुंभलनेरिहि आइ।
सुनि तुम्ह कहँ चितउर महँ कहिउँ कि भेंटौं जाइ॥४९।४॥

(१) कुमुदिनी आकर चित्तौड़ में पहुँच गई। वह जोहन, मोहन, और पाढित सीखी हुई थी। (२) उसने रनिवास और राजद्वार का पता पूछा और पौर में प्रवेश करके

वहाँ पहुँची जहाँ राजभवन में आस्थान मंडप था। (३) जहाँ शशि के समान उज्ज्वल पद्मावती थी, वहीं पहुँच कर दूती ने सब पकवान उतारे। (४) उसने बाँह फला कर शीघ्रता से आगे बढ़कर भेंट की और कहा, 'हे राजकुमारी, क्या तुम मुझे नहीं पहचानतीं? (५) मैं ब्राह्मणी हूँ, मेरा नाम कुमुदिनी है। हम तुम दोनों एक ही स्थान में जन्मी थीं। (६) मेरे पिता का नाम बेनी दूबे था। वह सदा राजा गंधर्वसेन की पुरोहिताई में रहा। (७) तब मैं सिंहलद्वीप में तुम्हें बाल्यावस्था में गोद में लेकर मुँह में टपकाकर दूध पिलाया करती थी।

(८) मैं कुंभलनेर चली आई और वहीं दूसरा स्थान बना लिया। (९) चित्तौड़ में तुम्हारा आना सुनकर मैंने सोचा कि चलकर भेंट करूँ।'

(१) जोहन—जोह धातु से कृदन्त संज्ञा, जोहन=देखना, त्राटक, दृष्टि बंध करना।
मोहन—किसीको अपनी मानस शक्ति से वश में कर लेना।
पाढ़ित—मंत्र पढ़कर जादू चलाना।

(२) बरौठा—सं० द्वार कोष्ठ=राजद्वार, अलिन्द, ड्यौढ़ी का फाटक।
कोठा—राजभवन में जो बीच का बड़ा स्थान आस्थान मंडप या सभा स्थान कहलाता था उसे ही कोठा भी कहते थे। ३१३।८ (तेहि बिच कोठा बोल न बाँचा) में जायसी ने इस पारिभाषिक शब्द का प्रयोग किया है।

(७) छीपाँ—मुँह में टपका कर। प्रा० छिप्पिअ=टपकाया हुआ, झरा हुआ, क्षरित (पाइअलच्छि नाम माला, पासद्द० ४२३)। द्वितीय श्रेणी की प्रतियों में इस कठिन पाठ का पाठान्तर 'सीपों' कर दिया गया, परन्तु गोपालचन्द्र की प्रति, मनेर की प्रति और माताप्रसाद जी की श्रेष्ठ प्रतियों का पाठ छीपाँ ही है।

[५८८]

सुनि निस्चै नैहर कै कोई। गरें लागि पदुमावति रोई।१।
नैन गँगन रबि बिनु अँधियारे। ससि मुख आँसु टूट जनु तारे।२।
जग अँधियार गहन दिन परा। कब लगि ससि नखतन्ह निसि भरा।३।
माइ बाप कत जनमी बारी। दइउ तुहूँ न जन्मतहि मारी।४।
कत बियाहि दुख दीन्ह दुहेला। चितउर पठै कंत बँदि मेला।५।
अब एह जीवन बादि जो मरना। भएउ पहार जरम दुख भरना।६।
निसरि न जाइ निलज यह जीऊ। देखौं मंदिल सून बँदि पीऊ।७।
कुहुँकि जो रोई ससि नखत नैनन्ह रात चकोर।
अबहूँ बोलहिं तेहिं कुहुँकि कोकिल चातिक मोर॥४९।५॥

(१) यह बात पक्की समझ कर कि कोई पिता के घर से आया है, पद्मावती ने गले लगकर बहुत विलाप किया। (२) उसके नेत्र रूपी आकाश में रत्नसेन रूपी सूर्य के विना अँधेरा था। चन्द्रमा रूपी मुख से आँसू तारों की भाँति टूट रहे थे। (३) चित्तौड़ के

उस संसार में अँधेरा छाया था क्योंकि दिन में ही ग्रहण लग गया था (सब कुछ रहते हुए राजा बंधन में पड़ गया था)। सूर्य के अभाव में कब तक शशि आँसू रूपी नक्षत्रों से उस अँधेरी रात को भरती रहेगी ? (राजा के आने की संभावना न थी, और उस रोने का अंत न था)। (४) 'माता पिता ने मुझे बालापन में जन्म ही क्यों दिया ? हे दैव, तूने भी उत्पन्न होते हुए मुझे क्यों नहीं उठा लिया ? (५) क्यों ब्याह करके मुझे यह कष्ट दिया और चित्तौड़ से भेजकर प्रियतम को बन्दी गृह में डाल दिया ? (६) अब यदि इसी प्रकार मरना है तो यह जीवन व्यर्थ है। जन्म भर दुःख भरना पहाड़ हो गया। (७) यह निर्लज्ज जी निकलता भी नहीं। मैं सूना राजमंदिर देख रही हूँ और प्रियतम बंदीगृह में पड़े हैं।'

(८) शशि रूप पद्मावती चकोर से लाल नेत्रों से नक्षत्र रूपी आँसू बरसाती हुई विलाप करके रोई। (९) आज भी उसीकी टीस भरी कुहक के बोल से कोयल, चातक और मोर पुकार रहे हैं।

(१) सुनि निस्चै–पद्मावती की सखियों ने भी इस बीच में कुमुदिनी के भुलावे में पड़कर यही निश्चय मान लिया कि वह उसके नैहर की थी।

(५) दुख दीन्ह और बंदि मेला क्रियाओं का कर्त्ता 'दइउ' है। दैव ने यह सब लीला की कि मुझे बड़ी हो जाने दिया, इतनी दूर ब्याह किया और अन्त में यहाँ भी पति को छीनकर बंदी करा दिया।

(९) बोलहि–गोपालप्रसाद जी की प्रति में यही पाठ है, किन्तु मनेर में 'रोवहिं' है।

[५८६]

कुमुदिनि कंठ लागि सुठि रोई। पुनि लै रोग वारि मुख धोई।१।
तूँ ससि रूप जगत उजियारी। मुख न झाँपु निसि होइ अँधियारी।२।
सुनि चकोर कोकिल दुख दुखी। घुँघुची भई नैन कर मुखी।३।
केतौ धाय मरै कोइ बाटा। सो पै पाव जो लिखा लिलाटा।४।
जो पै लिखा आन नहिं होई। कत धावै कत रोवै कोई।५।
कत कोइ इंछ करै औ पूजा। जो बिधि लिखा सो होइ न दूजा।६।
जेत कमोदिनि बैन करेई। तस पदमावति स्रवन न देई।७।
सेंदुर चीर मैल तस सूखि रहे सब फूल।
जेहिं सिंगार पिउ तजि गा जरम न बहुरै मूल॥४९।६॥

(१) कुमुदिनी के गले लग कर वह खूब रोई। फिर उसने सोने का जल कलश लेकर मुहँ धोया। (२) 'हे शशि, तेरे रूप से जगत् में उजाला है। मुहँ न ढँक, नहीं तो अँधेरा हो जायगा। (३) तेरा रोना सुनकर चकोर और कोयल भी उस दुख से दुखी हैं। उनकी नेत्र रूपी घुँघची उस दुख से कृष्णमुखी होगई है। (४) कितना ही कोई मार्ग में

दौड़कर प्राण दे, मिलता वही है जो ललाट में लिखा है। (५) जो भाग्य में लिखा है वह अन्यथा नहीं हो सकता। दौड़ धूप करने और रोने से क्या लाभ ? (६) कोई देवता के सामने प्रार्थना और पूजा क्या करे ? जो विधाता ने लिख दिया है वही होता है, दूसरा नहीं।' (७) कुमुदिनी जितनी लच्छेदार बातों की झड़ी लगा रही थी, पद्मावती उतना सुन भी न पाती थी।

(८) उसका लाल चीर मैला हो गया था और सिर पर शृंगार के सब फूल सूख गए थे। (९) प्रियतम जिस सिंगार को छोड़कर चला गया हो वह पहला शृंगार फिर इस जन्म में नहीं लौटता।

(१) रोग वारि=सोने का छोग कलसा। गोपालचन्द्र जी की प्रति में यही पाठ है। माताप्रसाद जी ने कोई पाठान्तर नहीं दिया। वारि शब्द यहाँ जल वाचक नहीं है, अन्यथा बारि रूप होता। फारसी लिपि में वारि औ वार एक से लिखे जाने के कारण वार का वारि पढ़ा जाना संभव है। सं० वार, वारक=लघु कलश (मानियर विलियम्स पृ० ९४४)। पाली बार=जल पात्र (जातक ४।४९२, उदक वार, धम्मपद अट्ठ कथा १।४९, स्टीड पाली कोश)। एजर्टन ने बौद्ध लौकिक संस्कृत में भी वार शब्द का उल्लेख किया है (पानक वार, दिव्यावदान ३४३।१)। पासद्द० के अनुसार वारक का वारग भी होता था। यह शब्द लोक भाषा में भी छोटे घट के लिये चलता था, और जवारा शब्द में अभी तक बच गया है। बुंदेलखंड में जवारे उन घड़ों को कहते हैं जिनमें यवांकुर उगाए जाते हैं। झुंड की झुंड स्त्रियाँ उन्हें सिर पर रखकर दशहरे की उत्सव यात्रा में निकलती हैं। जवारा की व्युत्पत्ति यव + वारक से है=जौ का घड़ा। रोग—फारसी लिपि में रोक भी लिखा गया है। कला भवन की कैथी प्रति में 'रोग' पाठ ही है। सं० रुक्म > रुक्क > रोक > रोग।

(७) बैन करेई—बैन करना=नाटक, रामलीला, स्वाँग आदि में पात्रों का वचन कहना, लच्छेदार बातें बनाना।

स्रवन न देई—सुनने में पद्मावती की अनिच्छा न थी क्योंकि अभी तक तो कुमुदिनी के प्रति उसके मन में आदर भाव था। कवि का आशय यह है कि दूती ने बातों की जो झड़ी लगाई उस सबको सुन सकना पद्मावती के लिये संभव न था।

(८) सेंदुर=सेंदुर के रंग का, लाल। अथवा, सेंदुर को अलग पद मानें तो माँग का सिंदूर और सिर का चीर दोनों मैले या फीके रंग के हो गए थे।

जरम न बहुरै.मूल—पती के जिस शृंगार को पति छोड़ गया हो उसकी वह पहली शोभा फिर कभी नहीं लौटती। वियोगिनी शृंगार करे भी तो उसमें वह पहले जैसा दिव्य सौन्दर्य नहीं होता। प्रियेषु सौभाग्य फला हि चारुता—नारी की शृंगार शोभा तभी सुफल है जब प्रियतम का सौभाग्य मिला हो। मूल=पहले का (शब्दसागर, पासद्द०)

[५९०]

पुनि पकवान उघारे दूती। पदुमावति नहिं छुवै अछूती।१।
मोहिं अपने पिय केर खँभारू। पान फूल कस होइ अहारू।२।
मो कहँ फूल भए जस काँटे। बाँटि देहु जेहि चाहहु बाँटे।३।
रतन छुए जिन्ह हाथन्ह सेंती। और न छुओं सो हाथ सँकेती।४।

ओहि के रँग तस हाथ मँजीठी। मुकुता लेउँ तौ घुँघुची डीठी।५।
नन करमुखे राती काया। मोंति होहिं घुँघुची जेहि छाया।६।
अस कर ओछ नैन हत्यारे। देखत गा पिउ गहै न पारे।७।
का तेहि छुओं पकावन गुर करुवा घिउ रूख।
जेहि मिलि होत सवाद रस लै सो गएउ सब भूख ॥४९७॥

(१) फिर दूती ने पकवानों को उघाड़कर आगे किया। पर पद्मावती जैसे अछूती बनी थी; उसने उनमें से कुछ भी न छुआ। (२) मुझे अपने स्वामी का शोक है। मेरे लिये पान फूल का भी आहार कैसा? (मैं पान फूल का भी आहार नहीं जानती, तेरे पकवान की तो बात क्या है।) (३) मुझे फूल काँटे जैसे हो गए हैं। यह पकवान जिसे बाँटना चाहो बाँट दो। (४) रत्न (रत्नसेन) ने अपने हाथों से मेरे जिन हाथों को छुआ है, उन हाथों से अब और किसी को संकेत देकर न छुऊँगी। (५) उस रत्न का रँग लगने से मेरे हाथ ऐसे लाल हो गए हैं कि मोती हाथ में लेती हूँ तो घुँघुची दिखाई पड़ती है। (६) उस रत्न के स्पर्श से मेरे शरीर का रँग पक्का लाल है, पर उसके वियोग में नेत्र कल मुँह हो गए हैं। इन्हीं दोनों की छाया से मेरे हाथों में आकर मोंती भी घुँघुची हो जाते हैं। (७) ये ओछे नेत्र ऐसे हत्यारे हैं कि उनके देखते हुए प्रियतम चला गया पर वे उसे पकड़ न सके।

(८) इस कारण मैं पकवानों में क्या हाथ लगाऊँ? उनका गुड़ कड़वा और घी रूखा (स्नेह रहित) है। (९) जिसके साथ मिलकर ही सब रसों में स्वाद आता था वह प्रियतम मेरी सारी भूख लेकर चला गया (भोजन की सब इच्छा प्रियतम के साथ चली गई)।'

(१) अछूती—वह स्त्री जिसे छूना न हो। पद्मावती अछूती की भाँति पकवानों को हाथ से न छू रही थी।

(२) खँभारू=शोक।

(४) रतन छुए जिन्ह हाथन्ह सेंती—ये तीन चौपाईयाँ पद्मावत के सर्वोत्कृष्ट काव्य स्थलों में हैं। शुक्लजी का पाठ 'रतन छुआ' है किन्तु 'रतन छुए' पाठ ही गोपालचन्द्र जी की प्रति एवं माताप्रसाद जी की सब श्रेष्ठ प्रतियों में है। अर्थ चमत्कार की दृष्टि से वही समीचीन है। प्रायः इसका यह अर्थ किया गया है—मैंने जिन हाथों से अपने रत्न (रत्नसेन) को छुआ उनसे अब कुछ और समेटकर नहीं छुऊँगी। वस्तुतः कवि का आशय यह है—रत्न (रत्नसेन) ने अपने हाथों से मेरे जिन हाथों को छुआ था उनसे अब मैं प्रेम संकेत देकर अन्य किसी को नहीं छुऊँगी। [रतन जिन्ह छुए (निज) हाथन्ह सेंती, सो हाथ सँकेती औरु न छुओं]। छूने वाली पद्मावती नहीं रत्नसेन है जिसने विवाह के अवसर पर अपने हाथों में पद्मावती के हाथ लेकर उन्हें छुआ था अर्थात् पाणिग्रहण किया था। उन हाथों से अब वह किसी दूसरे को प्रेम संकेत का आमंत्रण देकर स्पर्श नहीं करेगी।

सँकेती—सँकेतना धातु की पूर्वकालिक क्रिया=प्रेम के लिए बुला कर। संकेत=शृंगार चेष्टा, काम सम्बन्धी हाव भाव या इंगित (शब्दसागर)। प्रेमी से मिलने के लिये प्रेमिका की ओर से

इंगित (मानियरविलियम्स), प्रिय समागम के लिये गुप्त स्थान का निर्देश (पासह०)। पति के प्राणि स्पर्श द्वारा पक्के लाल रँग में रँगे हुए उन हाथों से अब और को संकेत देकर न छुऊँगी ।

(५) हाथ मँजीठी–पति के स्पर्श से मेरे हाथों पर पक्का लाल रँग चढ़ गया है, मोती लेती हूँ तो हाथों की लाली से वह घुँघुची दिखाई देता है ।

(६) नैन करमुखे–वियोग में नेत्र कलमुहे हो गए हैं (५८९।३)।
रातो काया–शरीर पीला नहीं हुआ, पति वियोग में भी हाथ लाल है क्योंकि पति ने उन पर पक्का मँजीठी रँग चढ़ाया था । अतएव लाल हाथ और कलमुहे नेत्रों की परछाईं से जितने मोती (रत्नसेन के अतिरिक्त परपुरुष) हैं वे मुझे गुंजाफल के समान तुच्छ लगते हैं ।

(७) ओछे नैन–पद्मावती नेत्रों को नीच हत्यारे कहती है जिन्होंने पति को खो दिया, जाते हुए उसको बाँधकर न रख सके ।

[५९१]

कुमुदिनि रही कँवल के पासा । बैरी सुरुज चाँद की आसा ।१।
दिन कुँभिलानि रहै भै चोरू । रैनि बिगसि बातन्ह कर भोरू ।२।
कत तूँ बारि रहसि कुँभिलानी । सूखि बेलि जस पाव न पानी ।३।
अबहीं कँवल करी तूँ बारी । कोंवलि बएस उठत पौनारी ।४।
बैरिनि तोरि मैलि औ रूखी । सरवर माँझ रहसि कत सूखी ।५।
पानि बेलि बिधि कया जमाई । सींचत रहै तबहिं पलुहाई ।६।
करु सिंगार सुख फूल तँबोरा । बैठु सिंघासन झूलु हिंडोरा ।७।
हार चीर तन पहिरहि सिर कर करहि सँभार ।
भोग मानि ले दिन दस जोबन के पैसार ॥४९।८॥

(१) वह कुमुदिनी दूती पद्मावती के पास ठहर गई । उसके लिये दिन बैरी हुआ । उसे रात की आशा थी । (२) दिन में वह चोर की तरह कुम्हलाई रहती । रात में खिलकर बातों से उसे भुलावे में डालना चाहती थी । (३) वह कहती, 'हे बाला, तू इस भाँति मुरझाई हुई क्यों रहती है, जैसे बेल पानी पाए बिना सूख जाती है । (४) अब ही तू कमल की कली के समान अनखिली बाला है । तू सुकुमार आयु में उठती हुई पद्मनाल के समान है । (५) तेरी बैरिन को मैली और रूखी रहना पड़े; ये मलिन वस्त्र और शृंगार का अभाव तेरे योग्य नहीं । तू सरोवर के बीच में रह कर भी सूखी क्यों है ? (६) विधाता ने इस काया को पान की बेल के समान उत्पन्न किया है । सींचते रहने से ही यह पलुहाती है । (७) सिंगार कर और पान फूल का सुख उठा । सिंहासन पर बैठ और हिंडोले में झूलने का आनन्द ले ।

(८) शरीर पर हार और वस्त्र पहन । सिर पर केशों का संस्कार कर । (९) दस दिन भोग मना ले जब तक यौवन का प्रवेश है ।

(१) कुमुदिनी,–कमल, सूर्य, चाँद–इन शब्दों का वाच्य अर्थ और संकेत दोनों घटित होते हैं । सूर्य

रूप रत्नसेन उस दूती का बैरी था, पर उसे शशि रूप पद्मावती को पाने की आशा थी (शुक्लजी)।

(२) रहै–रहती थी। दूती कई दिन तक वहाँ ठहरी रही। दिन में वह चुप रहती, रात में फुसलाने और ठगने की बातें चलाती थी।

भोरू=भुलावा, ठगना। धातु भोल, भोलव=ठगना (पासद्द०, पृ० ८१७)।

(४) पौनारी–कमल की नाल। सं० पद्मनाल > पउमनाल > पउअनार > पौनार।

(६) पलुहाई–पलुहाना=नए नए पत्ते धारण करना।

(९) पैसार=प्रवेश। धा० पइसरइ=प्रवेश करना (पासद्द०)।

[५९२]

बिहँसि जो कुमुदिनि जोबन कहा। कँवल जो बिगसा संपुट गहा।१।
कुमुदिनि कहु जोबन तेहि पाहाँ। जो आछहि पिय की सुख छाहाँ।२।
जाकर छतिवनु बाहर छावा। सो उजार घर को रे बसावा।३।
अहा जो राजा रैनि अँजोरा। केहि क सिंघासन केहि क हिंडोरा।४।
को पालक सोवै को माढ़ी। सोवनिहार परा बँदि गाढ़ी।५।
जेहि दिन गा घर भा अँधियारा। सब सिंगार लै साथ सिधारा।६।
कया बेलि तब जानौं जामी। सींचनिहार आव घर स्यामी।७।
तब लगि रहौं भूरि असि जब लहि आव सो कंत।
यहै फूल यह सेंदुर नव होइ उठै बसंत ॥४९।९॥

(१) कुमुदिनी दूती ने हँस हँसकर जो यौवन के सुखों का वर्णन किया, उससे कमल जितना खिला था वह भी मुरझा गया। (२) [पद्मावती ने कहा,] 'हे कुमुदिनी, यौवन की बात उसके पास जाकर कहो जिसे पति के सुख की छाँह मिली हो। (३) जिसके बाहर छतिवन का वृक्ष छाया हुआ है ऐसे उजाड़ घर को कौन बसाएगा ? (४) जो राजा था वही रात का उजाला था। उसके पीछे किसका सिंहासन और किसका हिंडोला ? (५) अब कौन पलंग पर सोवे और कौन महल में ? सोने वाला तो दृढ़ बन्धन में पड़ा है ? (६) वह जिस दिन गया अँधेरा कर गया और सारा सिंगार अपने साथ ही लेकर चला गया। (७) इस शरीर रूपी बेल को तभी जमा हुआ समझूँगी, जब इसे सींचने वाला प्रियतम घर लौटेगा।

(८) जब तक वह प्रियतम आवे तब तक मैं सूखी की भाँति ही रहूँगी। (९) उसके आने पर यही फूल और यही सेंदुर वसन्त की भाँति नए हो उठेंगे।'

(१) संपुट गहा–संपुटित हो गया, बन्द हो गया।

(३) छतिवनु–सं० सप्तपर्ण > प्रा० अप० छत्तिवण्ण (पासद्द० पृ० ४१९, हेम० १।२६५)=सतौना या छतिवन का पेड़। इसकी अति उग्र गन्ध के कारण इसे घर के पास नहीं लगाया जाता। गंध से शिरः पीड़ा तक होने लगती है। लोक में मान्यता है कि इसका लगाना शुभ नहीं है।

छावा–छाना=बितान की तरह फैलना ।

(५) पालक=पलंग ।

माढ़ी–सं० माडि=महल (मानिअर विलियम्स कोश, पृ० ८०६) । देशी नाममाला के अनुसार माडिअ=गृह (६।१२८) जो कन्नड़ माड़ि और तमिल माड़म् से आया है (रामानुजस्वामीकृत देशी नाम० संस्करण) । शब्दसागर के अनुसार माढा घर की अटारी के ऊपर के चौबारे को कहते हैं । वहाँ जायसी का यही उदाहरण दिया है । अवधी में इस शब्द की जीवित परम्परा ढूंढनी होगी । प्लाट ने माढा और माँढा मंडप के अर्थ में दिया है (प्लाट कृत हिन्दु० कोश पृ० ९७९, ९८५) ।

[५९३]

जनि तूँ बारि करसि अस जीऊ । जौ लहि जोबन तौ लहि पीऊ ।१।
पुरुख सिंघ आपन केहि केरा । एक खाइ दोसरेह मुँह हेरा ।२।
जोबन जल दिन दिन जस घटा । भँवर छपाइ हंस परगटा ।३।
सुभर सरोवर जौ लहि नीरा । बहु आदर पंछी बहु तीरा ।४।
नीर घटें पुनि पूँछ न कोई । बेरसि जो लीज हाथ रह सोई ।५।
जब लगि कालिंदिरी बेरासी । पुनि सुरसरि होइ समुँद गरासी ।६।
जोबन भँवर फूल तन तोरा । बिरिध पोंछ जस हाथ मरोरा ।७।
किस्न जो जोबन करत तन मया गुनत नहिं साथ ।
छरिकै जाइहि बान लै धनुक छाँड़ि तोहि हाथ ॥४९।१०॥

(१) [दूती ।] 'हे बाला, तू यों मन भारी न कर । जब तक यौवन है तब तक प्रियतम का सुख मिल सकता है । (२) पुरुषरूपी बाघ किसका अपना हुआ है ? एक को खाकर वह दूसरे का मुँह देखता है । (३) यौवन का जल जैसे दिन प्रति दिन घटता है, वसन्त कालीन भौंरे (काले केश) छिपकर शरत्कालीन हंस (श्वेत केश) प्रकट होने लगते हैं । (४) जब तक सरोवर नीर से भरा है तभी तक उसका बहुत आदर होता है और अनेक पंछी उसके तीर पर आते हैं । (५) जल घटने पर फिर कोई नहीं पूछता । जो बिलस लिया जाय वही हाथ रहता है (जो भोग भोग लिया जाय वही लाभ है) । (६) जब तक तू यमुना जैसी श्यामा (काले केश वाली, यौवनवती) है बिलास कर ले । फिर तो गंगा सी श्वेत होने पर समुद्र द्वारा ग्रस ली जायगी । (७) यौवन भौंरा है । यह सुकुमार शरीर फूल है । जैसे ही वृद्धावस्था उसका रस पोंछ डालेगी, हाथ मलना पड़ेगा ।

(८) वह यौवन जो शरीर में कृष्ण (श्यामवर्ण) उत्पन्न करता है, वह देह के साथ कोई दया नहीं मानता । (९) वह छल करके बाण (वर्ण या कान्ति) लेकर चला जायगा और (वृद्धावस्था में) केवल धनुषाकृति काया तुम्हारे हाथ में छोड़ जायगा ।

(३) भँवर–भौंरे की तरह काले केश, यौवन का लक्षण ।

हंस–हंस के समान शुभ्र केश, बुढ़ापे का चिह्न ।

(५) बेरसि–बिरसना=बिलसना, भोगना ।

(६) कालिंदिरी–कालिन्दी=यमुना जिसका जल श्याम माना गया है; यौवन की अवस्था जिसमें शरीर पर श्यामता छा जाती है ।

(७) बिरिध–वृद्ध=वृद्धावस्था (शब्दसागर) ।
पोंछ–पोंछना=साफ कर देना, हर लेना ।

(८) क्रिस्न जो जोबन करत तन–यौवन के आगमन से केश, बरौनी, भौं आदि की गहरी कृष्णच्छवि । क्रिस्न=श्यामता, श्याम वर्ण । कृष्ण शब्द पर श्लेष भी है। वह कृष्ण जो गोपियों के शरीर से यौवन की क्रीड़ा करता था, उसने उनके साथ दया नहीं दिखाई, उन्हें छलपूर्वक छोड़कर चला गया । मया=कृपा, अथवा प्रेमपाश (कृष्ण ने जिनके शरीर के साथ जोबन किया, उनके प्रेमबंधन का विचार न करके उन्हें छोड़ दिया) ।
बान–(१) वर्ण या कान्ति–यौवन अपनी कान्ति लेकर चला जाता है, झुका हुआ (धनुषाकृति) शरीर छोड़ जाता है। (२) बाण, तीर–यौवन रूपी बाण मनुष्य को छलकर चला जाता है, बाण निकल जाने पर रीता धनुष पड़ा रह जाता है। अथवा इसमें यह भी ध्वनि है कि शरीर रूपी धनुर्दण्ड पर जोबन (स्तन द्वय रूपी) बाण लगा है। यौवन बीत जाने पर वह बाण नहीं रहता, केवल धनुष रह जाता है । (३) कटाक्ष बाण–यौवन के साथ नेत्रों के कटाक्ष चले जाते हैं, भौहें रूपी धनुष केवल रह जाता है। (४) बान उस मुठिया या छोटे दस्ते को भी कहते हैं जिससे धनुही की ताँत खींचकर रुई धुनते हैं (शब्दसागर) । लोक में यह अर्थ प्रसिद्ध है, जैसे किसी स्यार ने जुलाहे को देखकर पूछा–काँधे धनुष हाथ है बाना । कहाँ चले सौरीपति राना । शरीर धनुही पर रक्खा हुआ स्तन द्वय रूपी बान यौवन के साथ चला जाता है, वृद्धावस्था में जोबन रहित शरीर यष्टि रह जाती है। दोनों सिरों पर गुम्बदाकार मुठिया या बान को यौवन में उठे हुए स्तनों का उपमान माना है । जोबन का अर्थ छाती या स्तन भी है । शरीर की युवावस्था उन्हें श्याम बनाती है ।

[५९४]

कित पावसि पुनि जोबन राता । मैमँत चढ़ा स्याम सिर छाता ।१।
जोबन बिना बिरिध होइ नाऊँ । बिनु जोबन थाकसि सब ठाऊँ ।२।
जोबन हेरत मिलै न हेरा । तेहि बन जाइहि करिहि न फेरा ।३।
हहिं जो केस नग भँवर जो बसा । पुनि बग होहिं जगत सब हँसा ।४।
सेंबर सेइ न चित करु सुवा । पुनि पछितासि अंत होइ भुवा ।५।
रूप तोर जग ऊपर लोना । यह जोबन पाहुन जग होना ।६।
भोग बेरास केरि यह बेरा । मानि लेहि पुनि को केहि केरा ।७।
उठत कोंप तरिवर जस तस जोबन तोहि रात ।
तौ लहि रंग लेहि रचि पुनि सो पियर होइ पात ॥४९।१२॥

(१) 'ऐसा राग भरा यौवन तुम पुनः कहाँ पाओगी ? जोबन मैमंत हाथी पर चढ़कर आता है जिसके सिर पर काला छत्र लगा रहता है (२) यौवन के न रहने पर

'वृद्ध' यह नाम पड़ता है ! यौवन के बिना सर्वत्र थकी हुई रहोगी (सब पुरुषार्थ थक जाएँगे) । (३) यौवन एक बार चला गया तो ढूँढ़ने पर भी नहीं मिलता । उसे कितना ही मोल मँगवाइए फिर वापिस नहीं आता । (४) जिन नाग रूपी केशों में भौंरा बसता है (जो नागों के समान सटकारे हुए काले केश हैं) वे बगुले के समान श्वेत हो जाएँगे और सारा संसार हँसेगा । (५) सुग्गे की भाँति सेमल की सेवा का मन मत कर । अन्त में जब उस पर भुए लगेंगे तो पछताना होगा । (६) तेरा रूप जगत् में सबसे सुन्दर है । पर यह यौवन जग में पाहुने की भाँति जाने के लिये है । (७) भोग विलास का यही समय है । मेरी बात मान लो; नहीं तो फिर कौन किसका है ?

(८) जैसे वृक्ष में कोंपल निकलती है ऐसे ही तेरा यौवन सुरंग है । (९) तभी तक राग रंग रचा लो । अन्त में वही पीला पत्ता हो जायगा ।'

(१) राता=ललित, राग से भरा हुआ, सुरंग ।
मैमंत चढा–जोबन मैंमत हाथी अर्थात दोनों स्तन रूपी कुम्भस्थल पर चढ़कर आता है । उसके सिर पर श्याम स्तनाग्र का छत्र लगा रहता है ।

(२) बिरिध होइ नाऊँ–यौवन नहीं तो वृद्ध कहलाता है । श्रन् का धात्वादेश थक्=थकना ।

(३) बनजाइहि–बनजाना=बनिज कराना, मोल लेना । बन जाइहि को दो शब्द मानें तो अर्थ होगा कि उसके लिये बन में जाओ तो भी वह वापिस नहीं आता ।

(४) नग=नाग, सर्प (शब्दसागर) ।
भँवर जो बसा=केश काले हैं मानों उनमें भौंरा बसता है ।
बग होंहि–बगुले के समान श्वेत हो जाते हैं ।

(९) रंग=राग रंग, भोग बिलास ।

[५९५]

कुमुदिनि बैन सुनाए जरे । पदुमिनि हिय अँगार जस परे ।१।
रँग ताकर हौं जारौं रचा । आपन तजि जो पराएँ लचा ।२।
दोसर करै जाइ दुइ बाटा । राजा दुइ न होहिं एक पाटा ।३।
जेहि जियँ पेम प्रीति दिन होई । सुख सोहाग सौं निबहा सोई ।४।
जोबन जाउ जाउ सो भँवरा । पिय की प्रीति सो जाइ न सँवरा ।५।
एहि जग जौं पिय करिहि न फेरा ।ओहि जग मिलिहि सो दिन दिन मेरा ।६।
जोबन मोर रतन जहँ पीऊ । बलि सौंपौं यह जोबन जीऊ ।७।
भरथ बिछोउ पिंगला आहि करत जिय दीन्ह ।
हौं बिसारि जौं जियत हौं यहै दोस बहु कीन्ह ॥४९।१३॥

(१) कुमुदिनी ने ऐसे जले हुए वचन सुनाए । वे पद्मिनी के हृदय में अंगार की भाँति लगे । (२) 'उसके रचे हुए रंग को मैं जलाने योग्य समझती हूँ जो अपना छोड़कर पराए की ओर झुकती है । (३) जो दूसरे को अपना बनाती है वह दो राहों प चलती है ।

एक आसन पर कभी दो राजा नहीं हो सकते (हृदय के एक आसन पर दो प्रेमी नहीं बैठ सकते)। (४) जिस दिन जी में प्रेम की प्रीति होती है वही दिन सोहाग सुख से पूरा हुआ समझना चाहिए। (५) वह यौवन बीत जाय और वे काले केश भी चले जाँय, जिनसे प्रियतम की प्रीति का स्मरण नहीं किया गया। (६) यदि इस संसार में प्रियतम फिर न मिलेंगे तो उस संसार में तो उनसे प्रतिदिन मिलना होगा। (७) मेरा यौवन वहीं है जहाँ प्रियतम रत्नसेन हैं। यह यौवन और जीवन उनकी बलि होकर उन्हीं को सौंपती हूँ।

(८) भरथरी के वियोग में पिंगला रानी ने आह करते हुए प्राण त्याग दिया। (९) मैं प्रियतम को भूली हुई जो अभी तक जीवित हूँ यही मेरा भारी अपराध है।'

(२) लचा-लचना=झुकना।
(४) निबहा-निबहना=पूरा होना, निर्वाह होना।
(५) भँवरा-भौंरे से काले केश।
(६) मेरा=मेल, मिलन।
(८) भरथ-भर्तृहरि (१६०।२, १९३।६-७, २०८।३)।

[५९६]

पदुमावति सो' कवनि रसोई। जेहि परकार न दोसर होई ।१।
रस दोसर जेहि जीभ बईठा। सो पै जान रस खट्टा मीठा ।२।
भँवर बास बहु फूलन्ह लेई। फूल बास बहु भँवरन्ह देई ।३।
तैं रस परस न दोसर पावा। तिन्ह जाना जिन्ह लीन्ह परावा ।४।
एक चुरू रस भरै न हिया। जौ लहि नहिं भरि दोसर पिया ।५।
तोर जोबन जस समुँद हिलोरा। देखि देखि जिउ बूड़ै मोरा ।६।
दिन क ओर नहि पाइअ बैसे। जरम ओर तुइँ पाउब कैसें ।७।
देखि धनुक तोर नैना मोहि लागहिं बिख बान।
बिहँसि कँवल जौं मानै भँवर मिलावौं आनि ॥४९।१४॥

(१) 'हे पद्मावती, वह रसोई किस काम की जिसमें दूसरे प्रकार का पदार्थ न हो ? (२) जिसकी जिह्वा दूसरा रस चख लेती है, वही खट्टे और मीठे दोनों रसों को जानती है। (३) भौंरा अनेक फूलों की गन्ध लेता है। फूल भी अनेक भौंरों को अपनी गंध देते हैं। (४) तू ने दूसरे रस का स्पर्श नहीं पाया। जिन्होंने दूसरे रस का स्वाद लिया वे ही उसे जानते हैं। (५) एक चुल्लू रस से हृदय तृप्त नहीं होता, जब तक दूसरा चुल्लू भी भरकर न पिया जाय। (६) तेरा यौवन समुद्र की भाँति हिलोर ले रहा है। मेरा जी उसे देख देखकर डूबा जाता है। (७) बैठे रहने से दिन का भी अन्त नहीं मिलता। तू चुपचाप रहकर जन्म का अन्त कैसे पाएगी ?

(८) तेरे धनुष तुल्य नेत्रों को देखने से मुझे जैसे विष बुझे बाण लग जाते हैं। (९) हे कमल, जो तू हँसकर स्वीकार करे तो भौंरे को लाकर तुझसे मिलाऊँ।'

(१) कवनि रसोई-किस काम की रसोई है ?
(२) परकार=प्रकार, भाँति ।
(५) चुरू=चुल्लू । सं० चुलुक ।

[५९७]

कुमुदिनि तूँ बैरिनि नहिं धाई । मुँह मसि बोलि चढ़ावै आई ।१।
निरमल जगत नीर कस नामा । जौं मसि परै सोउ होइ स्यामा ।२।
जहँवाँ धरम पाप तहँ दीसा । कनक सोहाग माँझ जस सीसा ।३।
जो मसि परी भई ससि कारी । सो मसि लाइ देसि मोहि गारी ।४।
कापर महँ न छूट मसि अंकू । सो मोहि लाए असै कलंकू ।५।
स्यामि भँबर मोर सूरज करा । औरु जो भँवर स्याम मसि भरा ।६।
कँवल भँवर रबि देखै आँखी । चंदन बास न बैठे माँखी ।७।
स्यामि समुँद मोर निरमल रतनसेनि जग सेनि ।
दोसर सरि जो कहावै तस बिलाइ जस फेनि ॥४९।१५॥

(१) [पद्मावती ।] 'हे कुमुदिनी, तू धाय नहीं कोई बैरिन है। तू अपने वचनों से मेरे मुँह पर स्याही पोतने (मुँह काला करने) आई है। (२) संसार में जल कैसा निर्मल कहा जाता है ? यदि स्याही पड़ जाय तो वह भी काला हो जाता है। (३) जहाँ धर्म है वहाँ पाप तुरन्त अलग दिखाई पड़ता है, जैसे सोने में सोहागा मिलाने से सीसा अलग हो जाता है। (४) जो उस पर स्याही डाली गई तो देखो शशि कला भी काली हो गई है। वही स्याही लगाकर तू मुझे गाली देती है। (५) स्याही का दाग कपड़े पर से नहीं छूटता। सो ऐसी स्याही लेकर तू ने मेरे पोत दी। (६) मेरा प्रियतम ऐसा भौंरा है जैसे सूर्य की किरण। और जितने भौंरे हैं वे स्याही से काले (पाप से कलंकित) हैं। (७) कमल रूपी पद्मावती सूर्य रूपी अपने भ्रमर को आँख भरकर देखती है। जहाँ चंदन की सुगंधि है वहाँ मक्खी नहीं बैठती।

(८) मेरा प्रियतम समुद्र जल के समान निर्मल है। रत्नसेन जग में श्येन पक्षी है। (९) यदि दूसरा उसकी बराबरी करेगा तो फेन के समान विलीन हो जायगा।

(१) मुँह मसि—अपने वचनों से मेरे मुँह पर कालिख पोतने आई है।
(३) कनक सोहाग—सोने में सोहागा डालने से उसका मैल सीसा अलग हो जाता है।
(६) सूरज करा—मेरे स्वामी रत्नसेन मुझ कमल के लिये भ्रमर हैं किन्तु वे सूर्य की किरण के समान निर्मल हैं। और जो भौंरा मेरे रस का लोभी होगा वह स्याही या कलंक से काला होगा।
(७) जग सेनि—जगत् में श्येन पक्षी की भाँति सं० श्येन > प्रा० सेण (देशी० ७।८४, पासद्द०, ११७०)=बाज़ नामक शिकारी पक्षी। संसार के अन्य राजा पक्षी हैं, रत्नसेन उन पर सचान की भाँति है। तुलसी—ज्यों गच काँच बिलोकि सेन जड़ छाँड़ आपने तन की। टूटत अति आतुर अहार बस छति बिसार आनन की।

[५९८]

पदुमिनि बिनु मसि बोलु न बैना । सो मसि चित्र दुहूँ तोर नैना ।१।
मसि सिंगार काजर सब बोला । मसि क बुंद तिल सोह कपोला ।२।
लोना सोइ जहाँ मसि रेखा । मसि पुतरिन्ह निरमल जग देखा ।३।
जो मसि घालि नैन दुहुँ लीन्ही । सो मसि बेहर जाइ न कीन्ही ।४।
मसि मुंद्रा दुहुँ कुच उपराहीं । मसि भँवरा जस कँवल बसाहीं ।५।
मसि केसन्हि मसि भौहँ उरेही । मसि बिनु दसन सोभ नहिं देही ।६।
सो कस सेत जहाँ मसि नाहीं । सो कस पिंड न जेहि परिछाहीं ।७।
अस देवपाल राउ मसि छत्र धरा सिर फेरि ।
चितउर राज बिसरि गा गइउँ जो कुंभलनेरि ।।४९।१६।।

(१) [दूती ।] 'हे पद्मिनी, स्याही के बिना बोल की बात व्यर्थ है । उस स्याही से ही तुम्हारे दोनों नेत्र सुन्दर हैं । (२) मसि श्रृंगार है । सब उसे ही काजल कहते हैं । मसि की बूँद ही तिल है जिससे कपोल की शोभा है । (३) वही सौन्दर्य है जहाँ मसि की रेखा हो । वही मसि पुतलियों में है जो संसार को इतनी निर्मलता से देखती हैं । (४) जो मसि दोनों नेत्र में डाल ली गई है, उस मसि को अपने से अलग नहीं किया जा सकता । (५) तुम्हारे दोनों स्तनों पर मसि की ही मुहर लगी है । वह मसि ऐसी सोहती है जैसे कमलों पर भौंरे बैठे हों । (६) मसि तुम्हारे केशों में है और मसि से ही भौहें चित्रित हैं । मसि के विना दाँत भी शोभा नहीं पाते । (७) वह श्वेत वर्ण कैसा जिसमें मसि नहीं ? वह शरीर कैसा जिसमें परछाहीं नहीं ?

(८) राय देवपाल में भी ऐसी ही शोभा वर्द्धक मसि है । उसके सिर के चारों ओर छत्र लगा है । (९) मैं जो कुँभलनेर गई तो चितौड का राज्य भूल गया ।

(१) बोलु–(१) वचन, (२) एक विशेष प्रकार का गोंद जो काजल के साथ स्याही में पड़ता है । यथा, सहवर भृंग त्रिफला कासीसं लोहमेव नीलीच । सम कज्जल बोलयुता भवति मषी ताड़पत्राणाम् ॥ और भी, बोलस्य द्विगुणो गुन्दो गुन्दस्य द्विगुणा मषी । मर्दयेद्याम युग्मं तु मषी वज्रसमा भवेत् ॥ (लेख पद्धति, बड़ौदा, पृ० ९५, जहाँ ताड़ पत्र पर लिखने की काली स्याही बनाने के कई योग दिए हैं) । पद्मावती ने कहा था कि तू मेरे मुँह में अपने बोल से स्याही पोतने आई है (५९७।१) । दूती उसी बात का उत्तर बोल शब्द पर श्लेष करके वाक् चातुरी से देती है कि वह 'बोल' किस काम का जिससे मसी न बनाई जाय । बोल को आयुर्वेद ग्रन्थों में वोल लिखा है (अं० गम मिर) ।

(२) मसि=दीप का कज्जल या अन्य काले पदार्थ जिनसे आँख का काजल बनता है ।

(३) जहाँ मसि रेखा–शरीर में जहाँ मसि की रेखा खींच दी गई है वही सौन्दर्य का स्थान है, जैसे केश, भौं, नेत्र, आदि ।

(४) घालि नैन–मसि इतनी प्रिय है कि उसे आँखों के बीच डालकर रखते हैं । जो आँख की पुतली में है उसे अपने से अलग कैसे किया जा सकता है ?

(६) मसि बिनु दसन—मिस्सी के रूप में दाँतों की शोभा ।
(७) कस सेत—कैसा श्वेत वर्ण अर्थात् वह गोरा रंग निकम्मा है जिसमें मसि की रेखाएँ न खिंची हों । कस पिंड—वह शरीर किस काम का होगा जिसके साथ परछाहीं न हो ? मनुष्य शरीर में परछाहीं आवश्यक है ।
(८) सिर फेरि—सिर को चारों ओर से घेर कर उसके ऊपर छत्र धरा है ।
(९) गइउँ—गोपालचन्द्र जी की प्रति में 'गयउ' पाठ है । जो कुंभलनेर गया उसे चित्तौड़ भूल गया ।

[५९९]

सुनि देवपाल जो कुंभलनेरी । कँवल जो नैन भँवर धनि फेरी ।१।
मोरे पिय क सतुरु देवपालू । सो कत पूज सिंघ सरि भालू ।२।
दोख भरा तन चेतनि कैसा । तेहि क संदेस सुनावहि बेसा ।३।
सोन नदी अस मोर पिय गरुवा । पाहन होइ परै जौं हरुवा ।४।
जेहि ऊपर अस गरुवा पीऊ । सो कस डोल डोलाएँ जीऊ ।५।
फेरत नैन चेरि सौ छूटीं । भै कूटनि कुटनी तसि कूटीं ।६।
कान नाक काटे मसि लाईं । बहु रिसि काढ़ि दुवार नँघाईं ।७।
मुहमद गरुए जो बिधि गढ़े का कोई तिन्ह फूँक ।
जिन्हके भार जगत थिर उड़ाहिं न पवन के झूँक ।।४९।१७।।

(१) कुंभलनेरी देवपाल का नाम सुनते ही कमलरूपी नेत्रों की जो भ्रमररूप पुतलियाँ थीं उन्हें उस बाला ने तरेरा । (२) उसने कहा, 'देवपाल मेरे प्रियतम का शत्रु है । वह भालू सिंह की समता क्या करेगा ? (३) राघव चेतन की भाँति उसका शरीर भी दोषों से भरा है । अरी बेसवा, तू उसीका संदेस मुझे सुनाती है ? (४) मेरा प्रियतम सोने की नदी के समान भारी है । जो हलकी वस्तु उसमें पड़ती है तो पत्थर हो जाती है । (५) जिसके ऊपर ऐसा गौरवशाली पति है उसका जी डुलाने से कैसे डोल सकता है ?' (६) पद्मावती के आँख से संकेत देते ही सौ दासियाँ दौड़ पड़ीं और उस कुट्टिनी को ऐसे कूटा जैसे सिल को रहा दिया हो (पत्थर की कूटन कर दी हो) (७) कान नाक काट कर मुँह पर स्याही पोत दी और अति क्रोध से उसे निकाल कर राजद्वार से बाहर कर दिया ।

(८) [मुहमद]—विधाता ने जिन्हें गौरवयुक्त बनाया है उन्हें फूँक क्या उड़ा सकती है ? (९) जिन पर्वतों के भार से संसार टिका है वे हवा के झोंके से नहीं उडा करते ।

(१) चेतनि=राघव चेतन । देवपाल और राघव चेतन दोनों का मन काला था ।
(२) बेसा—वेश्या, बेसवा ।
(३) सोन नदी—सोने की नदी । फारसी नाम जरफशाँ नदी अर्थात् अपने बहाव में सोना बखेरने वाली (अफशाँ, फिशाँ=बखेरना या उड़ाना) । वंक्षु या आमू दरिया के उत्तर और सिर दरिया के दक्खिन के प्रदेश में लगभग बीचोंबीच बहने वाली जरफशाँ नदी है जिसके किनारे पर

समरकन्द है। इसे ही संस्कृत ग्रन्थों में शैलोदा कहा है (महाभारत, सभापर्व ४८।२; रामायण, किष्किन्धा कांड ४३।३७), जिसका शब्दार्थ है वह नदी जिसके पानी में गिरी हुई वस्तु पत्थर बन जाती हो। यही यशब की नदी (अं० जेड रिवर) मानी जाती थी। चीनी धारणा के अनुसार यशब शिला और पानी के सर्वोत्तम सार भाग के मिलने से निर्मित हुआ है। सोने की नदी की सूचना मध्यकालीन साहित्य में प्राचीन संस्कृत और फारसी साहित्य से आई होगी। महाभारत में उल्लेख है कि शैलोदा नदी के तटवासी लोग 'पिपीलिक' नामक सोना युधिष्ठिर के लिये उपहार में लाए। यह नदी के रेत से धोया जाने वाला रवेदार सोना थैलों में भरकर भारत में लाया जाता था।

पद्मावती का आशय है—मेरा पति गौरव शाली है, तेरा देवपाल तुच्छ है। मेरा पति सोना है, तेरा देवपाल पत्थर है।

५०: बादशाह दूती खण्ड

[६००]

रानी धरमसार पुनि साजा। बंदि मोख जेहिं पावै राजा ।१।
जाँवत परदेसी चलि आवा। अन्न दान पय पानि पियावा ।२।
जोगी जती आव जेत कंथी। पूँछै पियहि जान कोइ पंथी ।३।
देत जो दान बाँह भइ ऊँची। जाहि साहि पहँ बात पहूँची ।४।
पातर एक हुती जोगि सुवाँगी। साहि अखारें हुति ओहि माँगी ।५।
जोगिनि भेस बियोगिनि कीन्हा। सिंगी सबद मूल तँतु लीन्हा ।६।
पदुमिनि कहँ पठइँ कै जोगिनि। बेगि आनु कै बिरह बियोगिनि ।७।
चतुर कला मन मोहनि परकाया परवेस।
आइ चढ़ी चितउर गढ़ होइ जोगिनि के भेस ॥५०।१॥

(१) फिर रानी पद्मावती ने धर्मशाला सजाई जिसके पुण्य से राजा को कारागार से छुटकारा मिले। (२) जितने परदेसी चलकर आते थे उन्हें अन्न दान मिलता था और पानी पिलाया जाता था। (३) जोगी, जती और जितने कंथाधारी आते थे, सबसे पूछती थी कि कोई बटोही उसके पति का समाचार जानता हो। (४) दान देते हुए जो उसकी भुजा ऊँची रहने लगी, यह बात शाह के पास तक जा पहुँची। (५) एक पातुर थी जो जोगी का रूप धरने में चतुर थी। शाह ने अपने अखाड़े से उसे बुला भेजा। (६) उसने जोगिन का भेस रखकर अपने को बियोगिन बना लिया। सिंगी फूँककर उसने शिव का नाम पुकारा। (७) शाह ने उसे जोगिन बना पद्मावती के पास भेजा और कहा—'तू उसे बिरह में वियोगिनी बनाकर शीघ्र ले आ।'

(८) (उसने घोषित किया) 'मैं मन मोहने की कला में चतुर हूँ, परकाया प्रवेश भी जानती हूँ।' (९) यों जोगिन का भेस रखकर वह चित्तौड़ के गढ़ में आ पहुँची।

(१) धरमसार—धर्मशाला जिसे पुण्यशाला और अन्नसत्र भी कहते हैं जहाँ सदावर्त्त बाँटा जाता था। चित्रावली में भी धरमसाल सजाने का उल्लेख है (११०।८, १११।२, १४६।१, १४८।२)।

यह साहित्यिक अभिप्राय बन गया था।

(२) पय–सं० प्राप्त > प्रा० पत्त या पय (पासद्द० पृ० ६६७)। अथवा, पय पानि=दूध पानी की तरह पिलाया जाता था।

(३) कंथी=कंथाधारी।

जोगी–सिद्ध एवं नाथ परम्परा के साधु जिनके वेष का उल्लेख दोहा १२६ और ६०१ में किया गया है। चित्रावली (१११।३) में भी जोगी जती को अलग माना है।

जती–नारदपरिव्राजकोपनिषद् से ज्ञात होता है कि हंस परमहंस साधु यति कहलाते थे। वे कौपीन युगल, कन्था, एक दंड, केवल इतना परिग्रह रखते थे। गेरुवे रंग की कथरी पहन कर (नारद० ३।३०), यज्ञोपवीत और अग्निहोत्र छोड़कर (३।३२), मोक्षसाधन के लिये सदा अकेले रहते थे (३।५७) और उत्तर में 'नारायण' कह कर पुकारते थे (३।५९)। यतियों के लिये देव पूजा का विधान नहीं है। शुक्ल वस्त्र, मंचक, यान, स्त्री, दिवास्वाप–ये यतियों के लिये पातक हैं। वैष्णव प्रवृत्ति के साधु यति और शैव मार्ग के जोगी ज्ञात होते हैं। जायसी ने दो० ३० में जोगी जती को अलग कहा है।

(५) पातर–सं० पात्र=नर्तकी, पतुरिया।

सुवाँगी–सुवांग या भेष धरने वाली, बहुरूपिया।

अखारें–अखाड़ा=रंगशाला, नृत्यघर (११६।६, ५२७।१ ५५७।४)।

(६) जोगिनि भेस बियोगिनि–जोगिन के भेस में पति से वियुक्त विरहिणी बन पति को ढूँढ़ते फिरना, यह मध्यकाल में एक अभिप्राय हो गया था। बिरहिणी जोगिनी के अनेक चित्र मुगल कला में मिलते हैं।

मूल तँतु=मूल तत्त्व, शिव ही वे आदि तत्व हैं।

(८) परकाया परवेस–दे० २५६।८, २५७।५;।

[६०१]

माँगत राजबार चलि आई। भीतर चेरिन्ह बात जनाई।१।
जोगिनि एक बार है कोई। माँगै जैस बियोगिनि होई।२।
अबहिं नवल जोबन तप लीन्हे। फारि पटोरा कंथा कीन्हे।३।
बिरह भभूति जटा बैरागी। छाला काँध जाप कँठ लागी।४।
मुंद्रा स्रवन डँड न थिर जीऊ। तन तिरसूल अधारी पीऊ।५।
छात न छाँह धूप जस मरई। पाय न पाँवरि भूँभुरि जरई।६।
सिंगी सबद धधाँरी करा। जरै सो ठाँउ पाँउ जहँ धरा।७।
किंगिरी गहें बियोग बजावै बारहिं बार सुनाव।
नैन चक्र चारिहुँ दिसि हेरै दहुँ दरसन कब पाव॥५०।२॥

(१) वह भिक्षा माँगती हुई राजद्वार तक चली आई। चेरियों ने यह बात भीतर रानी से कही। (२) 'कोई एक जोगिन द्वार पर आई है। वह इस प्रकार भीख के लिये टेरती है जैसे पति से बिछुड़ी हुई वियोगिनी हो। (३) अब ही उसका नवल यौवन है पर उसने तप साध रक्खा है। अपना पटोरा फाड़कर कंथा बना ली है। (४) बिरह में उसने

भभूत लगाई है और बैरागियों की सी जटाएँ की हैं। कंधे पर मृगछाला है और कंठ में जय माला पहनी है। (५) कानों में मुद्राएँ हैं। चंचल मन उसका दंड है। तन को त्रिशूल बनाकर अपने प्रियतम के ध्यान को अधारी बनाया है। (६) वह धूप में कष्ट पाती है पर छाते की छाँह नहीं करती। पैर में खडाँव नहीं है यद्यपि भूभल में जल रही है। (७) सिंगी फूँकती है और हाथ में गोरखधंधा लिए है। जहाँ पाँव रखती है वह जगह भी जल जाती है।

(८) हाथ में किंगरी लिए उस पर विरह का राग बजा रही है और बार बार उसे ही सुनाती है। (९) नेत्रों को चक्र की भाँति घुमाकर चारों ओर देखती है कि न जाने कब प्रियतम का दर्शन मिल जाय।

(३) पटोरा=विवाह का रेशमी लहँगा (३२९।१, ६४८।१)।

(४) बिरह भभूत–इन पंक्तियों में जोगिन का भेस कहा गया है। दो० १२६ में जोगी रत्नसेन के वेष वर्णन में कई वस्तुओं का अधिक उल्लेख है—किंगरी, जटा, भसम, मेखला, सिंगी, चक्र, धंधारी, जोगपट्ट, रुद्राक्ष, अधारी, कंथा, डंड, मुंद्रा, जपमाला, कमण्डलु, बाघंबर, खडाँव, छाता, खप्पर। चित्रावली में कंथा, जटा, गेरुआवस्त्र, भस्म, पाँवरि, मेखला, सिंगी, चक्र, अधारी, जोगौटा, रुद्राक्ष, धंधारी, इन बारह को सिद्ध का भेष कहा गया है (२०९।१-४ ; दो० २२० में जोगी के भेष वर्णन में कुछ भेद से चौदह वस्तुएँ कही हैं; और भी २३०।३)। चित्रावली ५१।५ में जोगी के भेष को 'जंगम भेस' भी कहा है।

जाप–जायसी ने अवश्य ही यह शब्द जपमाला के लिये प्रयुक्त किया है (१२६।६)। इस अर्थ में केवल जाप का प्रयोग मुझे अन्यत्र नहीं मिला। सं० जप्य > प्रा० जप्प शब्द है जिससे जाप 'जपने योग्य' इस अर्थ में बन सकता है।

(५) डँड न थिर जीऊ–अस्थिर चित्त यही दंड रूप था। काय दंड, वाक् दंड, मनोदंड, इस प्रकार त्रिदंड की कल्पना की जाती है। उनमें से मन का ही यहाँ दंड रूप में उल्लेख किया गया है। वह मन चंचल था, स्थिर न हुआ था।

अथवा डँड=दंड, घड़ी, २४ मिनट। घड़ी भर भी उसका मन स्थिर नहीं रहता। किन्तु पहला अर्थ ही प्रकरण संगत है।

तन तिरसूल–शरीर ही त्रिशूल की आकृति का हो रहा है। दो बाहों के बीच में पतली अँगलेट, यही उसका त्रिशूल है।

अधारी पीऊ–यहाँ जायसी ने जोगी के भेष के कुछ स्थूल चिह्न कहे हैं और कुछ में अध्यात्म कल्पना की है। शरीर त्रिशूल, प्रियतम का ध्यान अधारी और नेत्र चक्र के समान, ये अध्यात्म रूपक हैं। चित्रावली में जोगी के पूरे वेष की अध्यात्म व्याख्या की गई है—कंथा=शरीर; अधारी=प्रियतम का ध्यान; सींगी=अनहद शब्द; धँधारी=संसार, चक्र=नेत्र; जपमाला=साँस; भस्म=माया के जलाने से उत्पन्न विभूति; योगपट्ट या जोगौटा=हृदय; खडावँ=इच्छा। प्रेम के द्वार पर पहुँच कर जोगी अपना प्रकट या स्थूल वेष छोड़कर इसी अध्यात्म वेष से आगे प्रवेश करता है (चित्रावली, २१०।४-७)।

भूँभुरि=गर्म रेत।

[६०२]

सुनि पदुमावति मँदिल बोलाई। पूँछी कवन देस सों आई।१।

तरुनि बैस तुम्ह छाज न जोगू । केहि कारन अस कीन्ह बियोगू ।२।
कहेसि बिरह दुख जान न कोई । बिरहिनि जान बिरह जेहि होई ।३।
कंत हमार गए परदेसा । तेहि कारन हम जोगिनि भेसा ।४।
काकर जिउ जोबन औ देहा । जौं पिय गएउ भएउ सब खेहा ।५।
फारि पटोर कीन्ह मैं कंथा । जहँ पिउ मिलै लेहुँ सो पंथा ।६।
फिरा करौं चहुँ चक्र पुकारा । जटा परीं को सीस सँभारा ।७।
हिरदै भीतर पिउ बसै मिलै न पूँछौं काहि ।
सून जगत सब लागै पिय बिनु किछौ न आहि ॥५०।३॥

(१) सुनकर पद्मावती ने उसे भीतर राजमंदिर में बुलवाया और पूछा, 'तू किस देश से आई है ? (२) तरुणवय में तुझे योग शोभा नहीं देता । किस कारण ऐसी वियोग दशा बनाई है ?' (३) उसने कहा, 'बिरह का दुःख कोई दूसरा नहीं जान सकता । जिसे विरह होता है, वह विरहिणी ही उस दुःख का अनुभव करती है । (४) मेरा प्रियतम परदेश में चला गया । उसी कारण मैंने जोगिन का भेस ले लिया । (५) यह जी, यौवन और शरीर किसका हुआ है ? जब प्रियतम चले गए सब मिट्टी हो गया । (६) लहँगा फाड़कर मैंने कंथा बना ली । जहाँ वह प्रियतम मिलेगा वहीं मार्ग मैं लूँगी । (७) चारों दिशाओं में पुकारती फिरती हूँ । बालों की जटाएं बन गई हैं; सिर की सँभाल कौन करे ?

(८) प्रियतम हृदय के भीतर बस रहा है किन्तु मिलता नहीं । किससे पूछूँ ? (९) सारा संसार सूना लग रहा है । प्रिय के विना कुछ नहीं है ।

(१) मँदिल=राजमंदिर ।
(६) पटोर–६०१।३ ।

[६०३]

स्रवन छेदि मुंद्रा मैं मेले । सबद ओनाउँ कहाँ दहुँ खेले ।१।
तेहि बियोग सिगी नित पूरौं । बार बार होइ किंगरी झूरौं ।२।
को मोहिं लै पिउ के डँड लावै । परम अधारी बात जनावै ।३।
पाँवरि टूटि चलत गा छाला । मन न मरै तन जोबन बाला ।४।
गइँउ पयाग मिला नहिं पीऊ । करवत लीन्ह दीन्ह बलि जीऊ ।५।
जाइ बनारसि जारिउँ कया । पारिउँ पिंड निबहुरे गया ।६।
जगरनाथ जगरन कै आई । पुनि दुवारिका जाइ अन्हाई ।७।
जाइ केदार दाग तन कीन्हेउ तहँ न मिला तन आँकि ।
ढूँढ़ि अजोध्या सब फिरिउँ सरग दुवारी झाँकि ॥५०।४॥

(१) 'कानों में छेद करके मैंने मुंद्रा डाल ली है । मैं प्रिय का शब्द सुनने के लिये

कान झुकाती हूँ कि न जाने प्रियतम कहाँ विचर गया है। (२) उसके वियोग में नित्य सिंगी फूँकती हूँ। द्वार द्वार पर जाकर किंगरी बजाती हुई उसका स्मरण करती हूँ। (३) कौन मुझे लेकर प्रिय के मुहल्ले में ले जाएगा। और वहाँ का अत्यन्त विश्वसनीय समाचार बताएगा? (४) खडाँव टूट गई और चलते हुए छाला पड़ गया। मन वश में नहीं रहता। बाला के शरीर में जोबन भरा है। (५) मैं प्रयाग गई पर प्रियतम नहीं मिला। मैंने करवत ली और प्राणों की बलि दी। (६) बनारस जाकर शरीर को जलाया। नहीं लौटने वाले उस प्रियतम के लिये गया में पिंडा दिया। (७) जगन्नाथ में उसके लिये जागरण कर आई हूँ। फिर द्वारका जाकर नहा चुकी हूँ।

(८) केदारनाथ जाकर शरीर को अंकित कराया। वहाँ भी उस प्रिय के शरीर का चिह्न नहीं मिला। (९) अयोध्या में सर्वत्र ढूँढ़ फिरी और वहाँ स्वर्ग द्वार भी झाँक कर देख लिया।'

(१) मुंद्रा मेले—कानों में मुंद्रा डाल लीं। भाव यह भी है कि मुंद्रा डालकर बाहरी शब्द के लिये कान मूँद लिए। कई ताम्रपत्रों को एक दूसरे के साथ जोड़कर एक ओर कटक पहना कर ऊपर से मुद्रा डाल देते थे तो वह ताम्रपत्र बंद हो जाता था। उसी से 'मुद्रा मेलना' महावरा बंद करने के अर्थ में प्रचलित हुआ।
सबद ओनाउँ—शब्द सुनने के लिये कान झुकाना। अनहद नाद सुनने के लिये भीतर ध्यान लगाने से तात्पर्य है।

(२) बार बार=द्वार द्वार पर।
झूरौं—झूरना=स्मरण करना। प्रा० धातु झूरइ (स्मृ का धात्वादेश)।

(३) डँड—देशी शब्द डंडय का अर्थ गली, मुहल्ला है (देशीनाममाला ४।८)। वही यहाँ ठीक बैठता है।
अधारी—आधारयुक्त, विश्वसनीय, अपने अनुभव में आई हुई।

(४) पाँवरि टूटि—इसी कारण दो० ६०१।६ में 'पाय न पाँवरि' लिखा है।

(५) करवत—दे० १००।५।

(८) आँकि—अंक=निशान, चिह्न।

(९) सरग दुवारी—अयोध्या में एक स्थान।

(६) निबहुरे—निबहुरा=न लौटने वाला, यहाँ अपने प्रियतम के लिये संकेत है। दे० ५८१।३, निबहुर देसू। 'निबहुरे गया' का यह भी अर्थ है कि जो इस प्रकार चला गया है कि कभी नहीं लौटेगा। उसके लिये अपना शरीर दे दिया।

[६०४]

बन बन सब हेरेउँ बनखंडा। जल जल नदी अठारह गंडा।१।
चौंसठि तिर्थ कीन्ह सब ठाँऊ। लेत फिरौं ओहि पिय कर नाऊँ।२।
ढीली सब हेरेउँ तुरुकानू। औ सुलतान केर बँदिवानू।३।
रतनसेनि देखेउँ बँदि माहाँ। जरै धूप खिन पाव न छाहाँ।४।
का सो भोग जेहि अंत न केऊ। एहि दुख लिहें भई सुखदेऊ।५।

सब राजा बाँधे औ दागे । जोगिनि जानि राजा पाँ लागे ।६।
ढीली नाउँ न जानहि ढीली । सुठि बँदि गाढ़ न निकसै कीली ।७।
देखि दगध दुख ताकर अबहूँ कया न जीउ ।
सो धनि जियत किमि आछै जेहिक अस बँदि पीउ ॥५०।६॥

(१) 'हर वन में सब वनखंडियाँ मैंने ढूँढ़ डालीं । अठारह गंडे नदियों में से प्रत्येक के जल में नहा आई । (२) अनेक स्थानों में चौंसठ तीर्थ कर आई । उसी प्रियतम का नाम लेती हुई फिरती रही । (३) दिल्ली में सब तुर्कों को ढूँढ़ डाला और सुलतान के बंदियों को भी देखा । (४) रत्नसेन को वहाँ बंधन में देखा । वह धूप में जलता है । क्षण भर के लिये भी छाँह नहीं पाता । (५) वह भोग कैसा जिसका कुछ अंत न हो ? यही दुःख लिए हुए मैं शुकदेव हो गई (दो घड़ी से अधिक कहीं नहीं ठहरती) । (६) सभी राजा को बाँधने दागने के लिये तैयार थे । जोगिन जानकर राजा ने मेरे पैर पकड़ लिए । (७) उसका नाम तो 'ढीली' है, पर वह किसी प्रकार की ढील नहीं जानती । वहाँ की कैद बड़ी मजबूत है । उसकी अर्गला कभी नहीं खुलती ।

(८) उसका दुःख देखकर जैसे अब भी मेरे शरीर में प्राण नहीं हैं (९) वह बाला कैसे जीती होगी जिसका प्रियतम इस प्रकार बंदी है ?'

(१) बनखंडा-सं० वनषंड (जिसे वनखंड भी लिखने लगे)=वन में वृक्षों का भारी झुरमुट (मानिअर विलियम्स) ।

(२) नदी अठारह गंडा-दे० ४२५।९ । यह भारत की मुख्य नदियों की संख्या है जो मध्यकालीन तीर्थ ग्रन्थों की अनुश्रुति से जायसी ने प्राप्त की होगी । वन पर्व ११४।२ के अनुसार अकेली गंगा ही पाँच सौ नदियों को लेकर समुद्र में मिलती है । पंच तंत्र में यह संख्या नौ सौ तक है (यत्र जाह्नवी नव नदी शतानि गृहीत्वा नित्यमेव प्रवशति तथा सिन्धुश्च, पंच तंत्र १।३५८) ।
चौंसठि तीर्थ-वाचस्पति मिश्र कृत तीर्थ चिन्तामणि आदि ग्रन्थों में मध्यकाल के प्रमुख तीर्थों की गणना की गई थी । उसीसे इस प्रकार की संख्या ली गई होगी । वर्णरत्नाकर में तीर्थ वर्णना के अन्तर्गत सत्तर नाम हैं ।

(३) तुरकानू=तुर्कमान, तुर्क ।
बँदिवानू=कैदी (५७८।१) । कैदखाने के लिये तो जायसी में 'बंदि' शब्द प्रयुक्त हुआ है ।

(५) भई सुखदेऊ-शुकदेव बन गई । शुकदेव जी किसी एक स्थान पर 'गोदोहन' (जितनी देर में गाय दुही जाय) समय से अधिक नहीं ठहरते थे (नूनं भगवतो ब्रह्मन् गृहेषु गृहमेधिनाम् । न लक्ष्यते ह्यवस्थानमपि गोदोहनं क्वचित् ॥ भागवत १।१९।४०) । जोगिन कहती है कि रत्नसेन का वह भारी दुःख देखकर मैं शुकदेव जी की तरह एक स्थान से दूसरे स्थान पर घूमती फिरती हूँ । शुकदेव जी की कथा का इस प्रकार साहित्यिक अभिप्राय के रूप में यह प्रयोग अति सुन्दर है ।
सुठि बंदि गाढ़=अत्यन्त दृढ़ बंदीगृह, बहुत मजबूत कैद ।
कीली-वह अर्गला जो फाटक में लगती थी, ब्योंडा ।

[६०५]

पदुमावति जौं सुना बँदि पीऊ । परा अगिनि महँ जानहुँ घीऊ ।१।
दौरि पायँ जोगिनि के परी । उठी आगि जोगिनि पुनि जरी ।२।
पाय देइ दुइ नैनन्ह लावौं । लै चलु तहाँ कंत जहँ पावौं ।३।
जिन्ह नैनन्ह देखा तैं पीऊ । सो मोहि देखाउ देउँ बलि जीऊ ।४।
सत औ धरम देउँ सब तोही । पिय की बात कही जेंइ मोही ।५।
तूँ मोरि गुरू तोरि हौं चेली । भूली फिरत पंथ जेइँ मेली ।६।
डंड एक माया करु मोरें । जोगिनि होउँ चलौं सँग तोरें ।७।
सखिन्ह कहा पदुमावति रानी करहु न परगट भेस ।
जोगी सोइ गुपुत मन जोगवै लै गुरु कर उपदेस ॥५०।७॥

(१) पद्मावती ने जब पति को बंदीगृहमें सुना, मानों दुःख की आग में घी पड़ गया। (२) वह दौड़कर जोगिन के पैरों पर गिर पड़ी। उससे जो आग निकली उससे जोगिन भी जलने लगी। (३) 'तू अपने चरण दे। मैं इन्हें दो नेत्रों में लगा लूँ। इनके बल पर तू मुझे वहाँ ले चल जहाँ मैं भी कंत को देख पाऊँ। (४) जिन नेत्रों से तूने प्रियतम को देखा है उन नेत्रों (उसी दृष्टि) से मुझे भी दिखा। मैं तुझ पर प्राण निछावर करती हूँ। (५) अपना सत्य और धर्म सब तुझे सौंपती हूँ जिसने प्रियतम का समाचार मुझसे कहा है। (६) तू मेरी गुरु है, मैं तेरी चेली हूँ। मैं भूली फिरती थी। तूने मुझे प्रियदर्शन के मार्ग पर डाल दिया है। (७) घड़ी भर मुझ पर कृपा करके ठहर। मैं भी जोगिन बनकर तेरे साथ चलूँगी।'

(८) यह सुनकर सखियों ने समझाया, 'हे पद्मावती रानी, जोगिन का बाहरी भेस मत धारण करो। (९) सच्चा जोगी वही है जो गुरु से उपदेश लेकर गुप्त रूप से मन को वश में करता है।'

(३) पाय देइ दुइ नैनन्ह लावौं–इन दो पंक्तियों की व्यंजना अध्यात्म की ओर अधिक उन्मुख है। तू ये पैर दे तो मैं तेरे इन चरणों को अपने नेत्रों में लगा लूँ। तेरे चरण प्रियतम का स्थान देख आए हैं। मेरे नेत्रों को भी ये वहाँ तक ले जा सकेंगे। पं० ४ में पद्मावती उस दृष्टि की भी सहायता चाहती है जिससे जोगिन ने उस प्रिय के दर्शन किए। उस रहस्य तत्त्व तक पहुँचने का मार्ग और उसके अनुभव की दृष्टि इन दोनों की ओर संकेत है।

(५) सत औ धरम देउँ–सांसारिक जीवन में जितना सत्य और धर्म कमाया है उसका पर्यवसान रहस्य दर्शन में है।

(८) परगट भेस–चित्रावली २१०।७ में भी जोगी के 'परगट भेस' या बाहरी बाने की अपेक्षा अन्तरंग साधना पर महत्त्व दिया गया है।

[६०६]

भीखि लेहि जोगिनि फिर माँगू । कंत न पाइअ किए सँवागू ।१।

एइ बिधि जोग बियोग जो सहा। जैसें पिउ राखै तिमि रहा ।२।
गिरिही महँ भै रहै उदासा। अंचल खप्पर सिंगी स्वाँसा ।३।
रहै पेम मन अरुझा लटा। बिरह धँधारि परहिं सिर जटा ।४।
नैन चक्र हेरै पिय पंथा। कया जो कापर सोई कंथा ।५।
छाला पुहुमि गँगन सिर छाता। रंग रकत रह हिरदै राता ।६।
मन माला फेरत तँत ओहीं। पाँचौं भूत भसम तन होहीं ।७।
कुंडल सो जो सुनै पिय बैना पाँवरि पाय परेहु।
डँड एक जाहु गोरा बादिल पहँ जाइ अधारी लेहु ॥५०८॥

(१) सखियाँ समझाने लगीं, 'हे पद्मावती, जोगिन बनकर भिक्षा फिर माँग लेना। केवल रूप भरने से प्रियतम नहीं प्राप्त किया जा सकता। (२) जो इस विधि से मन का जोग लेकर विरह सहती है वह उसी अवस्था में संतुष्ट रहती है जिसमें प्रियतम ने रक्खा है। (३) वह गृहस्थ दशा में ही उदासी की साधना रखती है। उसके लिये आँचल ही खप्पर है। साँस सिंगी है। (४) उसका मन प्रेम में उलझा हुआ उसीमें लीन रहता है। बिरह के गोरखधन्धे के कारण स्वयं ही उसके सिर पर जटा पड़ जाती है (उचित केश संस्कार न होने से विरहिणी के केश स्वयं ही जटा के समान हो जाते हैं, उसके लिये कुछ करने की आवश्यकता नहीं)। (५) चक्र की तरह घूमते हुए नेत्रों से वह प्रियतम की बाट देखती है (पृथक् चक्र की आवश्यकता नहीं)। शरीर पर जो वस्त्र हैं वे ही उसकी कथरी हैं। (६) धरती उसकी मृगछाला है। आकाश ही सिर पर छत्र है। रक्त के गेरुवे रंग से उसका हृदय लाल रहता है। (७) उसीके ध्यान में मन की माला फेरती है। पंच भूतों के जलने की भस्म ही उसके शरीर की भभूत है।

(८) प्रियतम के विषय में जो शब्द सुनती है वे ही उसके कानों के कुंडल हैं। जो पैरों से चलती है वही खड़ाँव है। (९) घड़ी भर के लिये गोरा बादल के पास हो आओ और वहाँ जाकर आश्वासन प्राप्त करो।'

(१) भीखि लेहि जोगिनि—इस सारे दोहे में सखियाँ पद्मावती को समझाती हैं कि बाहरी भेस व्यर्थ है, केवल रूप बदलने से प्रियतम नहीं मिल सकता, जोगिन बनकर भीख तो जब चाहे माँगी जा सकती है, मुख्य बात मन की साधना है।

(३) गिरही महँ भै रहै उदासा—गृहस्थ जीवन में रहते हुए ही उदासी के धर्मों का पालन करना यह जायसी का हार्द भाव है। पहले भी कह चुके हैं—कहा बिहंगम जो बनबासी। कित गिरही तें होइ उदासी (३७१।३)। जो वन में रहने वाला पक्षी था, उसने कहा, 'गृहस्थ आश्रम छोड़कर कोई उदासी क्यों बने?'

अंचल खप्पर सिंगी स्वाँसा—जोगी के वेष की अध्यात्म कल्पना के लिये देखिए ६०१।५ की टिप्पणी। जायसी की भाँति चित्रावली में भी इस अध्यात्म वेष का वर्णन है (चित्रा० दो० २१०।४-७)।

(७) पाँचौ भूत—दे० ६४४।६।

(८) परेहु-धा० परेहना=चलना, जाना। शब्दसागर में यह धातु इस अर्थ में नहीं है। सं० पराय् से इसका संबंध ज्ञात होता है।

५१ : पद्मावती गोरा बादल संवाद खण्ड

[६०७]

सखिन्ह बुझाई दगधि अपारा । गै गोरा बादिल के बारा ।१।
कँवल चरन भुइँ जरम न धरे । जात तहाँ लगि छाला परे ।२।
निसरि आए सुनि छत्री दोऊ । तस काँपे जस काँप न कोऊ ।३।
केस छोरि चरनन्ह रज झारे । कहाँ पाउ पदुमावति धारे ।४।
राखा आनि पाट सोनवानी । बिरह बियोग न बैठी रानी ।५।
चँवरिधारि होइ चँवर डोलावहिं । माथें छाहँ रजायसु पावहिं ।६।
उलटि बहा गंगा कर पानी । सेवक बार न आवै रानी ।७।
का अस कीन्ह कस्ट जिय जो तुम्ह करत न छाज ।
अग्याँ होइ बेगि कै जीव तुम्हारे काज ॥५१।१॥

(१) सखियों ने उसकी गहरी जलन को शान्त किया । तब वह गोरा बादल के घर गई । (२) उसने जन्म भर में कभी अपने चरण कमल धरती पर न रखे थे । वहाँ तक चलने में ही छाले पड़ गए । (३) सुनते ही वे दोनों क्षत्रिय वीर बाहर निकल आए । रानी को देखकर वे इस प्रकार काँपने लगे जैसे पहले कभी न काँपे थे । (४) अपने केश खोलकर वे रानी के चरणों की धूल झाड़ने लगे और बोले, 'रानी पद्मावती को कहाँ पैर रखने पड़े ?' (५) उन्होंने तुरन्त सोने का पाट लाकर रक्खा, किन्तु प्रियतम के वियोग में दुःखी रानी ने उस पर बैठना स्वीकार न किया । (६) फिर वे चँवरधारी बनकर चँवर डुलाने लगे । उन्होंने कहा, 'यदि हमें कुछ आदेश मिलें तो वह तुम्हारे द्वारा हमारे मस्तक पर छाँह होगी । (७) आज गंगा की धारा उलटी बहने लगी । सेवक के द्वार पर रानी नहीं आया करती ।

(८) क्यों तुमने अपने जी में इतना कष्ट माना है ? ऐसा कष्ट तुम्हें शोभा नहीं देता । (९) शीघ्र आज्ञा करें । हमारा प्राण तुम्हारे कार्य के लिये है ।'

(१) दगधि–६४०।८ ।
(३) छत्री–जायसी ने इस शब्द को गौरव, मर्यादा, वीरता, स्वामिभक्ति आदि गुणों के आदर्श की व्यंजना के लिये प्रयुक्त किया है ।
काँपे–रानी को पैदल देखकर अनिष्ट की आशंका से उनका हृदय काँप गया ।
(५) सोनवानी–सोने के वर्ण वाला, सुनहरी । सं० स्वर्णवर्णी ।
(६) चँवरिधारि–दे० ६४१।६ ।

[६०८]

कहै रोइ पदुमावति बाता । नैनन्ह रकत देखि जग राता ।१।

उलथि समुँद जस मानिक भरे । रोई रुहिर आँसु तस ढरे ।२।
रतन के रंग नैन पै वारौं । रती रती कै लोहू ढारौं ।३।
कँवलन्ह ऊपर भवर उड़ावौं । सूरज जहाँ तहाँ लै लावौं ।४।
हिय कै हरद बदन कै लोहू । जिउ बलि देउँ सो सँवरि बिछोहू ।५।
परहिं आँसु सावन जस नीरू । हरियर भुइँ कुसुंभि तन चीरू ।६।
चढ़े भुवंग लुरहिं लट केसा । भै रोवत जोगिनि के भेसा ।७।
बीर बहूटी होइ चली तबहूँ रहहिं न आँसु ।
नैनन्हि पंथ न सूझै लागेउ भादवँ मासु ॥५१।२॥

(१) पद्मावती ने रो-रो कर सब समाचार सुनाया । उसके नेत्रों में रक्त के आँसू देखकर संसार भी लाल हो गया । (२) उसके रोने से रक्त के आँसू इस प्रकार गिर रहे थे जिस प्रकार समुद्र अपने भीतर भरे हुए माणिक्यों को उलीचता है । (३) (वह मानों कह रही थी,) 'मैं रत्न के उस लाल रंग पर अपने इन नेत्रों को निछावर कर दूँगी और अपने शरीर के सब रक्त को रत्ती-रत्ती करके बखेर दूँगी । (४) (नेत्र रूपी) कमलों पर से (पुतली रूपी) भौरों को उड़ाकर वहाँ भेजूँगी जहाँ वह सूर्य (रत्नसेन) है । (५) उस प्रियतम के वियोग का स्मरण करती हुई मैं हृदय का केसरिया बाना करके और मुँह को सुर्खरू बनाकर अपना प्राण निछावर कर दूँगी । (६) उसके आँसू ऐसे गिर रहे थे जैसे सावन में मेह बरसता है । उनसे भूमि हरी होती है । इनसे तन का चीर कुसुंभी बन रहा था । (७) केशों की लटें बनी हुई सिर पर सापों की तरह लोट रही थीं । उस रुदन से उसका भेस जोगिन का बन गया था ।

(८) उसके नेत्रों से रक्त के आँसू गिरने से पृथिवी पर बीरबहूटियाँ रेंगने लगीं । तब भी आँसू रुकते न थे । (वह वीरांगना बनकर चली थी, पर आँसू न थमते थे ।) (९) नेत्रों से मार्ग न दिखाई देता था । भादों मास की वृष्टि की भाँति आँसुओं की झड़ी लगी थी ।

(१) उलथि-उलथना=उलीचना, उलटना, उलटकर बाहर करना (३१।६) ।

(२) रतन के रंग-नेत्रों ने रत्न को देखा था । उसका वह रंग नेत्रों में बस गया और वे भी लाल हो गए । अथवा रोते रोते नेत्र लाल हो गए थे । किन्तु नेत्रों की लाली रत्न की लाली के सामने कुछ नहीं थी, उसपर निछावर करने योग्य थी । रती रती कै-उस रंग को गहरा करने के लिये रक्त को रत्ती-रत्ती करके नेत्रों द्वारा ढाल रही थी ।

(४) हिय कै हरद-हल्दी का रंग पीला होता है । हृदय को उसके रंग से काया को केसरिया बनाऊँगी । कमल के हृदय में यों भी स्वभावतः केसर रहता है और ऊपर मुख लाल होता है । पद्मावती का आशय है कि वीर बधू का केसरिया बाना धारण कर अब मैं सुर्खरू बनना चाहती हूँ । रत्नसेन की मुक्ति के लिये वीरवधूटी बनकर कुछ करूँगी ।
बदन कै लोहू-मुख लाल करके, सुर्खरू बनकर ।

(६) हरियर भुइँ-सावन में भूमि हरी होती है । पर रक्त के आँसुओं से ओढ़ा हुआ चीर लाल बन

रहा था। कुसुंभी बाना बीरवेष का सूचक भी है।

(७) जोगिनि के भेसा–सखियों ने पद्मावती को जोगिन का प्रकट भेस करने से रोक दिया था। किन्तु उसके रुदन ने उसका वेष जोगिन का बना दिया; अर्थात् लाल नेत्र, सूरज की ओर ताकती हुई पुतलियाँ, प्राणों की बलि, लाल वस्त्र, सिर पर साँप-इन चिह्नों से वह जोगिन जान पड़ती थी।

(८) वीर बहूटी–इन्द्रवधू, लाल रंग का बरसाती कीड़ा। दूसरा अर्थ वीरांगना, जो अपने पति के लिये कोई विशेष साहस का काम करने के लिये चले।

[६०९]

तुम्ह गोरा बादिल खँभ दोऊ। जस भारथ तुम्ह औरु न कोऊ।१।
दुख बिरिखा अब रहै न राखा। मूल पतार सरग भइ साखा।२।
छाया रही सकल महि पूरी। बिरह बेलि होइ बाढ़ि खजूरी।३।
तेहि दुख केत बिरिख बन बाढ़े। सीस उघारें रोवहिं ठाढ़े।४।
पुहुमी पूरि सायर दुख पाटा। कौड़ी भई बिहरि हिय फाटा।५।
बिहरा हिए खजूरि क बिया। बिहरै नहिं यह पाहन हिया।६।
पिय जहँ बंदि जोगिनि होइ धावौं। हौं होइ बंदि पियहि मोकरावौं।७।
सूरज गहन गरासा कवँल न बैठे पाट।
महूँ पंथ तेहि गवनब कंत गए जेहि बाट॥५९।३॥

(१) 'हे गोरा बादल, तुम दोनों इस राज्य के खंभ हो। युद्ध में जैसे तुम हो, और कोई नहीं है। (२) दुःख का वृक्ष अब ऐसा बढ़ा है कि रोके नहीं रुकता। उसकी जड़ पाताल में और शाखाएँ आकाश तक पहुँच गई हैं। (३) उस दुख की छाया सारी धरती पर पड़ रही है। विरह की बेल खजूर जैसी ऊँची बढ़ गई है। (४) दुःख के उस वृक्ष से निकल कर और भी जंगल में कितने वृक्ष बढ़ गए हैं जो सिर नंगा किए हुए खड़े रोते हैं। (५) धरती में भरकर उस दुःख ने समुद्र को भी पाट दिया है। समुद्र में रहने वाली कौड़ी उस दुःख से विदीर्ण हो गई और उसका हृदय फट गया। (६) खजूर के बीज का हृदय भी फट गया। पर यह मेरा पत्थर सा हृदय नहीं फटता। (७) जहाँ वे प्रियतम बंधन में पड़े हैं अब जोगिन हो वहीं दौड़कर जाऊँगी। मैं स्वयं बंदीगृह में पड़कर प्रिय को बंधन से छुड़ाऊँगी।

(८) सूर्य को राहु ने ग्रस लिया है। ऐसे समय कमल पाट पर नहीं बैठ सकती। (९) मैं भी उसी मार्ग पर चलूँगी जिस मार्ग पर कंत गए हैं।'

(१) खँभ–राज्य के स्तम्भ। तुलना कीजिए फारसी 'अरकाने दौलत', अर्थात् राज्य के रुक्न या सुतून। इसी कारण गोरा बादल को पहले रावत कहा गया है (५५८।१) जो अतिविशिष्ट पदवी थी।

भारथ–अर्जुन (३४१।५) महाभारत ग्रन्थ (१०८।७) और भारत युद्ध इन तीनों अर्थों में इस शब्द का जायसी ने प्रयोग किया है। यहाँ युद्ध अर्थ ही इष्ट है।

(२) बिरिखा=वृक्ष। शुक्लजी के 'बरखा' पाठ पर शिरेफ ने टिप्पणी दी थी कि वहाँ कोई वृक्षवाची शब्द होना चाहिए था। पं० ४ में यही शब्द फिर आया है। जायसी ने दुःख की वृक्ष रूप में विराट् कल्पना की है। पाताल में, स्वर्ग में, पृथिवी पर, समुद्र में, वन में, घर में, सर्वत्र दुःख का महा वृक्ष फैला था।

(७) जोगिनि होइ धावौं–इस पंक्ति में वीरांगना पद्मावती के दृढ़ निश्चय की सूचना है। जहाँ सब मार्ग रुद्ध हो गए थे वहाँ भी वह आगे बढ़ने का कर्म मय मार्ग निकालती है। वह निश्चय करती है कि अब मैं कुछ कर मरूँगी।

मोकरावौं–धा० मोकराना=छुड़ाना। देशी मुक्कल=स्वतंत्र, बन्धनमुक्त (देशी० ६।१४७, पासद्द० ८५८)। 'हौं होइ बंदि पियहिं मोकरावौं' इस पंक्ति से सूचित होता है कि पद्मावती रत्नसेन को छुड़ाने के लिये अपनी योजना बना चुकी थी। गोरा बादल ने उसमें इतना परिवर्तन कर दिया कि पद्मिनी को न जाने दिया वरन् उसके चंडोल में बेड़ी काटने वाले लोहार को बैठाया।

[६१०]

गोरा बादिल दुवौ पसीजे। रोवत रुहिर सीस पाँ भीजे ।१।
हम राजा सौं इहै कोहाने। तुम्ह न मिलहु धरियेहु तुरुकाने ।२।
जो मत सुनि हम आइ कोंहाई। सो निआन हम माँथें आई ।३।
जब लगि जियहिं न ताकहिं दोहू। स्यामि जिअै कस जोगिनि होहू ।४।
उअै अगस्ति हस्ति घन गाजा। नीर घटा घर आइहि राजा ।५।
का बरखा अगस्ति की डीठी। परै पलानि तुरंगम पीठी ।६।
बेधौं राहु छड़ावौं सूरू। रहै न दुख कर मूल अँकूरू ।७।
वह सूरज तुम्ह ससि सरद आनि मिलावहिं सोइ।
तस दुख महँ सुख उपनै रैनि माँझ दिन होइ ॥५१।४॥

(१) गोरा बादल दोनों ही रानी की व्यथा सुनकर पसीज गए। वे रोने लगे और रुधिर के आँसुओं से सिर से पैर तक भीज गए। (२) 'हम राजा से इसीलिए तो कुपित हो गए थे कि तुम मेल न करो, इस तुर्क को पकड़ लो। (३) राजा के जिस विचार को सुनकर हम कुपित होकर चले आए थे, अन्त में उसका फल हमारे ही मत्थे पड़ा। (४) जब तक यह जीवन है कभी द्रोह का विचार नहीं कर सकते। हे रानी, स्वामी के जीते जी तुम जोगिन कैसे बनोगी? (५) जब अगस्त्य नक्षत्र उगेगा, हस्त नक्षत्र में घन गरजेंगे और पृथिवी पर जल घट जायगा, तब राजा घर लौट आएँगे। (६) अगस्त्य की दृष्टि के सामने वर्षा कहाँ टिकती है? उस समय घोड़ों की पीठ पर पलान रक्खी जायगी (सैनिक अभियान की तैयारी होगी)। (७) तब मैं राहु को बेध कर सूर्य को छुड़ाऊँगा। उससे तुम्हारे दुःख का मूल अंकुर मिट जायगा।

(८) वह सूर्य है। तुम शरद् की पूर्ण शशि हो। उसे लाकर तुमसे मिलाएँगे। (९) यों दुख में से सुख उत्पन्न होगा और रात का अँधेरा हटाकर दिन निकलेगा।'

(१) दुवौ पसीजे–जो राजा से रुष्ट होकर चले आए थे उनका क्रोध जाता रहा और हृदय पिघल गया। सीस पाँ भीजे–गोरा बादल भी रक्त के आँसू गिराकर रोने लगे और उनसे भीग गए।

(२) राजा सौं इहै कोहाने–आए कोंहाइ मंदिल कहँ (५५९।९)।
तुरकाने–तुर्कमान, तुर्क (६०४।३); यहाँ अलाउद्दीन से अभिप्राय है।

(४) ताकहिं=ताकना=तर्कणा करना, विचार मन में लाना।

(५) हस्ति घन गाजा–आश्विन शुक्ल में हस्त नक्षत्र आता है। तभी वर्षा का अन्त हो जाता है। उस समय रीते मेघ गरजने लगते हैं (३४७।३, उए अगस्ति हस्ति घन गाजा)। मेघ हाथी के समान गरजने लगेंगे। या शरद् में राजाओं की चढ़ाई के समय हाथी मेघों के समान गरजने लगेंगे।

(६) परै पलान–सैनिक अभियान के लिये घोड़ों पर जीन कसी जायगी।

(७) राहु–ग्रहण लगाने वाले शत्रु।
मूल अँकूरू–दुःख का मूल अंकुर जो बढ़कर महा वृक्ष बन गया था (६०९।२)।

[६११]

लेहु पान बादलि औ गोरा। केहि लै देउँ उपमा तुम्ह जोरा।१।
तुम्ह सावँत नहिं सरबरि कोऊ। तुम्ह अंगद हनिवँत सम दोऊ।२।
तुम्ह बलबीर जाज जगदेऊ। तुम्ह मुस्टिक औ मालकँडेऊ।३।
तुम्ह अरजुन औ भीम भुआरा। तुम्ह नल नील मेंड़ देनिहारा।४।
तुम्ह टारन भारन जग जाने। तुम्ह सो परसु औ करन बखाने।५।
तुम्ह मोरे बादिल औ गोरा। काकर मुख हेरौं बँदिछोरा।६।
जस हनिवँत राघौ बँदि छोरी। तस तुम्ह छोरि मिलावहु जोरी।७।
जैसें जरत लखा ग्रिहँ साहस कीन्हेउ भीवँ।
जरत खंभ तस काढ़हु कै पुरुखारथ जीवँ॥५१।५॥

(१) यह सुनकर रानी ने कहा, 'हे बादल और गोरा, यह बीड़ा स्वीकार करो। तुम्हारी इस जोड़ी की उपमा किससे दूँ? (२) तुम जैसे सामंतों की तुलना में और कोई नहीं है। तुम दोनों अंगद और हनुमान के तुल्य हो। (३) तुम बल के निधान जाज और जगदेव हो। तुम मुष्टिक और मार्कण्डेय हो। (४) तुम अर्जुन और भीम भूपाल के समान हो। तुम समुद्र में बाँध (मेंड़) बाँधने वाले नल नील हो। (५) तुम बोझा हटाने में जग विख्यात हो। तुम उन परशुराम और कर्ण के समान कहे गए हो। (६) हे बादल और गोरा, जब तुम मेरे हो, तब मैं बंधन छुड़ाने के लिये और किसका मुँह देखूँगी? (७) जैसे हनुमान ने राम का बंधन छुड़ाया था, वैसे ही तुम राजा को छुड़ाकर हम दोनों को मिलाओगे।

(८) जैसे जलते हुए लाक्षागृह में भीम ने साहस किया था, वैसे ही तुम भी उस जलते हुए खंभे (राजा) को जान पर खेलकर निकाल लाओ।

(१) लेहु पान–किसी कठिन काम का दायित्व सौंपते हुए पान का बीड़ा दिया जाता था ।

(२) सावँत–सामंत, राजा के अधीन राव या सरदार। सामन्त मध्यकाल की अत्यन्त महत्वपूर्ण संस्था थी (दे० हर्षचरित, एक सांस्कृतिक अध्ययन, पृ० २१७-२२०) ।

(३) जाज–रनथंभोर के हमीर का अत्यन्त विश्वासपात्र और प्रधान वीर। जयचन्द्रसूरिकृत हम्मीर महाकाव्य में इसे श्री जाजदेव (१०।३८, १३।१८१), जाज (१४।१६), और चाहमान जाजा (१४।१८) कहा गया है। वह अत्यन्त स्वामिभक्त था। अलाउद्दीन के साथ युद्ध करते हुए हमीर अन्त में जाज को ही अपना दुर्ग सौंपकर स्वयं दिवंगत हुए थे। जाज ने दो दिन तक बड़ी वीरता से दुर्ग की रक्षा कर वीरगति पाई—एको नंदतु जाज एव जगति स्वाभाविक प्रीतिभृत् । येनात्रायि दिवंगतेऽपि नृपतौ दुर्गं किलाहर्द्वयीन् ॥१४।१६) ।

प्राकृत पिंगल के कुछ उदाहरणों में हम्मीर के मंत्री जज्जला का उल्लेख है। हम्मीर महाकाव्य में जाज को राजा की परिषद् के आठ वीरों में माना गया है (वही १०।३३-३४)। प्राकृत पिंगल में भी जज्जल हम्मीर का मंत्रिवर है। जाजदेव और जज्जल दोनों अपभ्रंश भाषा के रूप हैं जिनका मूल संस्कृत जय्य या याज्य होना चाहिए (जय्य > जज्ज > जाज, अथवा यज् > जज, पासद्द० पृ० ४३१)। उत्तरपदस्थित देव का लोप करके उसका सूचक प्रत्यय जोड़ने से जज्जल बनता है। प्राकृत पिंगल के जज्जल की इस पहचान से यह बात सूचित होती है कि जज्जल के प्रभु हम्मीर रनथंभोर के राजा थे। जाज के लिये विशेष देखिए, श्री दशरथ शर्मा जी का अँग्रेजी लेख—जाज, जाजा, जाजदेव, रणथंभोर के हमीर के मंत्री और सेनापति (इंडिअन हिस्टारिकल क्वार्टरली, १९४९, पृ० २९२-२९५) ।

जगदेऊ–धार के परमार राजा उदयादित्य की बड़ी रानी का पुत्र। अपनी विमाता के आदेश से उसके पुत्र रणधवल के लिये राज्य प्राप्ति का मार्ग निष्कंटक करने के लिये जगदेव अपनी स्त्री के साथ धारा छोड़कर पाटन के महाराज सिद्धराज जयसिंह के यहाँ पहुँचा। उन्होंने उसे अपने सामंत के रूप में आश्रय दिया। जगदेव ने सिद्धराज की रक्षा के लिये अपना मस्तक दिया (देखिए परिशिष्ट)। और भी दे० ६३४।४, प्रक्षिप्त दोहा ६२७ अ आ, पं० १३, पृ० ६२९ ।

मुस्टिक–कंस का एक मल्ल जिसे बलदेवजी ने पछाड़ा था।

मालकँडेऊ–मार्कण्डेय ऋषिकुमार जिसने शिव की आराधना दृढ़व्रत होकर की और उनके अनुग्रह से अपने आपको यम बंधन से मुक्त किया ।

(४) अरजुन औ भीम भुआरा–भूपाल भीम और अर्जुन इन दो नामों का संकेत दो राजाओं से है जो एक दूसरे के समकालीन थे। भीम गुजरात के भोलो भीम हैं (लगभग ११७८-१२४१) जिनका उल्लेख जायसी ने कई बार किया है (विशेष देखिए ३६१।१ पर टिप्पणी)। ६३५।८ में 'भोरा राउ' संकेत भी इन्हीं भोलो भीम के लिये है जो 'बाल' विरुद से भी प्रसिद्ध थे। भीम के समकालीन धारा के अति प्रतापी मालवराज सुभटवर्मा के पुत्र और उत्तराधिकारी अर्जुनवर्मा थे। इन्होंने गुजरात के चालुक्य राजा जयसिंह पर विजय पाई थी। डा० हुल्श के अनुसार यह जयसिंह भीमदेव द्वितीय था जिनका एक विरुद्ध 'अभिनव सिद्धराज' भी था। अर्जुन वर्मा के तीन लेख मिले हैं जो १२११-१५ ई० के बीच के हैं। इन्हीं के राजकवि मदन ने राजा का चरित्र पारिजातमंजरी या विजयश्री नामक नाटिका में अंकित किया था (हुल्श द्वारा संपादित, ऐपिग्राफिआ इंडिका, भाग ८, पृ० ९६-१२२, हेमचन्द्रराय, डाइनेस्टिक हिस्ट्री, भाग, २, पृ० ८९५-९९) ।

मेंडि=बाँध। सं० मर्यादा ।

(७) हनिवँत राघौ बँदि छोरी–शिरेफ ने लिखा है कि यह संकेत स्पष्ट नहीं है। वस्तुतः महिरावण राम लक्ष्मण को हरकर पाताल में ले गया था; हनुमान उन्हें छुड़ाकर लाए। यहाँ इसी लोक कथा का उल्लेख है जो रामायण के क्षेपकों में पाई जाती है। श्री बुल्के के अनुसार

यह कथा जैमिनी भारत, कृत्तिवास रामायण, आनन्द रामायण में मिलती है (राम कथा, पृ० ४०२)। इनमें कृत्तिवास रामायण की कथा इस प्रकार है—महिरावण रावण का पुत्र था। वह राम तथा लक्ष्मण को पाताल में ले जाकर दोनों को काली की भेंट चढ़ाना चाहता था। महिरावण, उसकी पत्नी तथा उसके पुत्र को मारकर हनुमान ने राम तथा लक्ष्मण को छुड़ाया। दे० ३१४।३-४, ६१४७।

(८) लखाग्रिहँ—लाक्षागृह।

[६१२]

गोरा बादिल बीरा लीन्हा। जस अंगद हनिवँत बर कीन्हा।१।
साजि सिंहासन तानहिं छातू। तुम्ह माँथें जुग जुग अहिबातू।२।
कवँल चरन भुइँ धरत दुखावहु। चढ़हु सिंघासन मँदिल सिधावहु।३।
सुनि सूरज कवँलहि जिय जागा। केसरि बरन बोल हियँ लागा।४।
जनु निसि महँ रबि दीन्ह देखाई। भा उदोत मसि गई बिलाई।५।
चढ़ि सो सिंघासन झमकत चली। जानहुँ दुइज चाँद निरमली।६।
औ सँग सखी कमोद तराईं। ढारत चवर मँदिल लै आईं।७।
देखि सो दुइज सिंघासन संकर धरा लिलाट।
कवँल चरन पदुमावति लै बैसारेन्हि पाट॥५१।७॥

(१) गोरा बादल ने बीड़ा ले लिया। जैसे अंगद और हनुमान ने रामकाज के लिये किया था वैसे ही उन्होंने भी बल किया। (२) वे बोले, 'तुम्हारे लिये सिंहासन सजाकर उसपर छत्र तानेंगे। तुम्हारा माथे पर युग युग तक सौभाग्य सुख रहेगा। (३) अपने चरण कमल पृथिवी पर रखकर तुमने दुःख पाया है। अब सिंघासन पर चढ़ो और अपने राजमन्दिर को प्रस्थान करो।' (४) सूर्य (रत्नसेन) का नाम सुनकर कमल (पद्मावती) का हृदय खिल गया। उन दोनों का वह वाक्य केसरिया रंग बनकर उसके हृदय में लग गया। (५) जैसे रात में सूर्य दिखाई पड़ गया हो, इस प्रकार का उजाला हो गया और कालिमा मिट गई। (६) वह सिंहासन पर चढ़कर प्रकाश फैलाती हुई चली मानों दोयज का निर्मल चन्द्रमा हो। (७) साथ में कुमुदिनी और तारों के समान सखियाँ चँवर ढालती हुई रानी को राजमन्दिर में ले आईं।

(८) दोयज के चन्द्र सी निर्मल उसे सिंहासन पर बैठे देखकर शंकर ने द्वितीया के चन्द्र को अपने ललाटरूपी आसन पर स्थान दिया। (९) पद्मावती के कमल रूपी चरणों का स्पर्श करके सखियों ने उसे पाट पर बैठाया।

(३) सिंघासन—विशेष प्रकार की छोटी पालकी। अबुलफजल ने पालकी, सिंहासन, चौडोल और डोली इन चार प्रकार के यानों का उल्लेख किया है जिन्हें कहार या पालकीबरदार कंधे पर उठाकर चलते थे (आईन, ब्लॉखमैन अनुवाद, पृ० २६४)। गोपालचन्द्र और मनेर की प्रतियों में एवं माताप्रसाद जी की देवनागरी प्रति तृ० ३ में सिंघासन पाठ है। पंक्ति ६ और

८ में 'सिंघासन' का ही उल्लेख है । माताप्रसाद जी ने 'सुखासन' पाठ माना है ।

(८) देखि सो दुइज सिंघासन–सुन्दरता की मूर्ति पद्मावती को सिंघासन पर बैठे देखकर शिवजी उसके रूप पर ऐसे मोहित हो गए कि उसी के समान द्वितीया के चन्द्रमा को अपने ललाट पर स्थान देकर मानों उन्होंने उसकी प्रतिमूर्ति कल्पित की ।

(९) चरन लै–चरण लेना=चरण स्पर्श करना । गोरा बादल की भेंट के अनन्तर सखियों ने पहली बार पद्मावती को राजपट्ट पर बैठाकर उसकी अभ्यर्चना की ।

५२ : गोरा बादल युद्ध यात्रा खण्ड

[६१३]

बादिल केरि जसोवै माया । आइ गहे बादिल के पाया ।१।
बादिल राय मोर तूँ बारा । का जानसि कस होइ जुझारा ।२।
पातसाहि पुहुमीपति राजा । सनमुख होइ न हमीरहिं छाजा ।३।
छत्तिस लाख तुरै जेहिं छाजहिं । बीस सहस हस्ती दर गाजहिं ।४।
जबहिं आइ जुरिहै वह ठटा । देखत जैस गगन घन घटा ।५।
चमकहिं खरग सो बीज समाना । गलगाजहिं घुम्मरहिं निसाना ।६।
बरिसहिं सेल बान घन घोरा । धीरज धीर न बाँधहि तोरा ।७।
जहाँ दलपती दलमलहिं तहाँ तोर का जोग ।
आजु गवन तोर आवै मंदिल मानु सुख भोग ॥५२।१॥

(१) बादल की माता यशोवती ने आकर बादल के पैर पकड़ लिए और कहा, (२) 'मेरे बादलराय, तू अभी बालक है । तू क्या जाने युद्ध करने वाले बीर बाँकुडे कैसे होते हैं ? (३) बादशाह अलाउद्दीन पृथिवीपति राजा है । उसका विरोध करके हमीर की भी कुशल नहीं हुई । (४) उसके यहाँ छत्तीस लाख घोड़ों की शोभा है । उसकी सेना में बीस सहस्र हाथी गरजते हैं । (५) जब उनका ठट्ठ आकर जुड़ेगा ऐसा जान पड़ेगा मानों आकाश में मेघों की घटाएँ हों । (६) सेना में तलवारें चमकेंगी तो बिजली सी कौंधेगी । हाथी गरजेंगे तो नगाड़ों जैसा शब्द होगा । (७) सेल और बाणों की घनघोर वृष्टि होगी । उस युद्ध में तेरा धैर्य स्थिर न रह सकेगा ।

(८) जहाँ दलपति लोग सर्व संहार करने लगेंगे, वहाँ तेरा क्या ठिकाना लगेगा ? (९) आज तेरा गौना आने वाला है, तू अपने घर पर ही सुख भोग कर ।'

(१) जसोवै–सं० यशोवती > जसोवइ > जसोवै ।

(२) जुझारा=विशेष रूप से युद्ध करने वाला, सूरमा । सं० युद्धकार > जुज्झआर > जुझार । यों तो युद्ध भूमि में सभी योद्धा लड़ते हैं, किन्तु 'जुझार' पद विशेष सूरमा या रण बाँकुरे योद्धाओं के लिये प्रयुक्त होता था । मध्यकाल की परम्परा में इस प्रकार के वीर को सहस्रभट

सामन्त था साहसवीर कहते थे । वह अकेला ही हजार आदमियों से युद्ध करने की शक्ति रखता था। (दे० ६२५।७, मरनिहार सो सहसनि मारा) ।

(३) पुहुमीपति राजा–दिल्लीपति सम्राट् के लिये प्रयुक्त बिरुद (दे० ५६१।१) ।
न हमीरहिं छाजा–रनथंभोर के हमीर का अलाउद्दीन से युद्ध हुआ था । १२९९ ई० में हमीर विजयी हुआ किन्तु अन्त में १३०१ के युद्ध में वह काम आया (४९१।३, ५३५।१, २,) ।

(७) सेल–दे० टिप्पणी ५१८।५-६, ६१९।५ ।

(८) दलमलहिं–दलमलना=मसल डालना, मींड़ डालना, रौंदना, विनष्ट कर देना । सं० मर्दय का धात्वादेश प्रा० अप० दरमल=चूर्ण करना, विदारना; दरमलइ (भविसयत्त कहा) ।
जोग=ठिकाना, जुगाड़ (शब्दसागर) ।

[६१४]

मता न जानसि बालक आदी । हौं बादिला सिंघ रनबादी ।१।
सुनि गज जूह अधिक जिउ तपा । सिंघ की जाति रहै नहिं छपा ।२।
तब गाजन गलगाज सिंघेला । सौहँ साहि सौं जुरौं अकेला ।३।
अंगद कोपि पाँव जस राखा । टेकौं कटक छतीसौ लाखा ।४।
को मोहि सौहँ होइ मैमंता । फारौं कुंभ उचारौं दंता ।५।
जादौं स्याम सँकरे जस टारा । बल हरि जस जुरजोधन मारा ।६।
हनिवँत सरिस जंघ बर जोरौं । धँसौं समुंद्र स्याम बँदि छोरौं ।७।
जौं तुम्ह मात जसोवै कान्ह न जानहु बार ।
जहँ राजा बलि बाँधा छोरौं पैठि पतार ॥५२।२॥

(१) 'हे माता, तू मुझे निरा बालक मत जान । मैं बादल रण में गरजने वाला सिंह हूँ । (२) हाथियों के ठठ्ठ की बात सुनकर सिंह का जी और जलता है । सिंह की जाति छिपी नहीं रहती । (३) हे माँ, तभी मेरा गरजना शेर के बच्चे की दहाड़ है जब मैं शाह के मुकाबले में अकेला जाकर भिड़ूँ । (४) जैसे अंगद ने कोप करके पाँव जमाया था, वैसी ही मैं भी शाह की छत्तीसों लाख सेना को रोकूँगा । (५) कौन सा वह मैमंत है जो मेरे सामने डटेगा ? मैं उसका मस्तक फाड़ डालूँगा और दाँत उखाड़ लूँगा । (६) यदुवंशी कृष्ण ने जैसे संकटों को दूर किया जैसे (भीम ने) उसका बल हरकर दुर्योधन को मारा, वैसे ही मैं भी करूँगा । (७) हनुमान के समान मैं भी जंघाओं में बल भरूँगा और समुद्र में घुसकर स्वामी को बन्धन से छुड़ाऊँगा ।

(८) जो तुम यशोवती माता हो तो अपने कृष्ण को बालक मत समझो (९) जहाँ राजा बलि को बाँधा था उस पाताल में भी प्रवेश करके राजा को छुड़ाऊँगा ।'

(१) मता=माता ।
आदी=निपट, बिल्कुल (दे० टिप्पणी १६०।१, ६१४।१, ६३०।२, ६३५।५) ।
रनबादी=रण में बादने वाला । बादना=प्रतिस्पर्धी के मुकाबिले में डटकर बोलना । यह इस धातु का विशेष अर्थ है जो बोली में अभी तक चलता है ।

(३) गाजन–सं० गर्जन > प्रा० अप० गज्जण > गाजन=गरजना, गर्वयुक्त वचन कहना ।
गलगाज–सं० गलगर्जि > प्रा० अप० संज्ञा शब्द गलगज्जि > गलगाज=गले का गर्जन, दहाड़ (पासद्द, पृ० ३६३) ।
सिंघेला=सिंह का बच्चा ।

(५) उचारौं–उचारना=उचाड़ना उखाड़ना, उपाड़ना । देशी उच्चल्ल=विदारित, छिन्न (षड् भाषा चंद्रिका, पासद्द०, पृ० १८३) ।

(६) जादौं=यादव, यदुवंशी ।
संकरे–संकट > प्रा० अप० संकड (=दुःख, संकट, पासद्द०) > संकर ।
जस जुरजोधन मारा–इस वाक्य में 'भीम' कर्ता का अध्याहार करना पड़ता है ।

(७) हनिवँत सरिस–समुद्र के नीचे महिरावनपुरी से राम को छुड़ा लाने का संकेत है । (६११।७) ।

(८) मात जसोवै–यशोवती और यशोदा (जसोवै, जसोआ) दोनों को एक ही मानकर कहा गया है ।

(९) जहँ राजा बलि बाँधा–वामन रूप में जिस पाताल में राजा बलि को बाँधा था, वहाँ राजा रत्नसेन हों तो भी जाकर छुड़ा लाऊँगा ।

[६१५]

बादिल गवन जूझि कहँ साजा । तैसेहिं गवन आइ घर बाजा ।१।
लिहें साथ गवने कर चारू । चन्द्र बदनि रचि कीन्ह सिंगारू ।२।
माँग मोंति भरि सेंदुर पूरा । बैठ मँजूर बाँक तस जूरा ।३।
भौंहैं धनुक टँकोरि परीखे । काजर नैन मार सर तीखे ।४।
घालि कचपची टीका सजा । तिलक जो देख ठाउँ जिउ तजा ।५।
मनि कुंडल डोलहिं दुइ स्रवना । सीस धुनहिं सुनि सुनि पिय गवना ।६।
नागिनि अलक झलक उर हारू । भएउ सिंगार कंत बिनु भारू ।७।
गवन जो आई पिय रवनि पिय गवने परदेस ।
सखी बुझावौं किमि अनल बुझै सो कहु उपदेस ॥५२।३॥

(१) बादल ने युद्धयात्रा की तैयारी की, वैसे ही उसका गौना घर पर आ पहुँचा । (२) साथ में गौने का सब आचार लिए हुए चन्द्रमुखी नववधू ने रचकर शृंगार सजाया था । (३) सिन्दूर भरकर मोतियों से माँग पूरी थी । जूड़ा ऐसा बाँका था मानों मोर बैठा हो । (४) भौंहे ऐसी चंचल थी जैसे धनुष को टँकार कर परखते हैं । नयनों में लगा हुआ काजल तीक्ष्ण बाण मार रहा था । (५) कचपची नक्षत्र से निर्मित टीका जैसे माथे पर सजाया गया था । जो उसका तिलक देखता तत्काल प्राण छोड़ देता था । (६) दोनों कानों में मणिजटित कुंडल चंचल थे । प्रियतम की युद्धयात्रा सुन सुनकर मानों वे सिर धुन रहे थे । (७) नागिन सी एक लट हृदय के हार के पास झलक रही थी । ऐसा सिंगार भी उसे प्रियतम के बिना अब भार हो रहा था ।

(८) जैसे ही वह प्रिय रमणी गौना लेकर आई, प्रियतम परदेश जाने लगे। (९) 'हे सखी, यह आग कैसे बुझाऊँ ? ऐसी सीख दे जिससे यह बुझ सके।'

(१) जूझि-सं० युद्ध > प्रा० अप० जुज्झ > जूझ।
गवन=यात्रा।
गवन-गौना, विवाह के उपरान्त बहू का पहली बार ससुराल आना।
बाजा-बाजना=पहुँचना। सं व्रज् का धात्वादेश वज्ज। यह धातु जायसी में बहुधा प्रयुक्त हुई है।

(२) चारू-चार=आचार, रीति, रस्म।
रचि=रचकर, सँवारकर, बनठनकर।
बैठ मँजूर बाँक तस जूरा-जूड़ा माथे के पास, सिर के बीच में और गुद्दी के पास तीन स्थानों में बाँधा जाता है। यहाँ जायसी ने उस जूड़े का चित्र खींचा है जो सिर के बीच भाग में उठा हुआ बाँधा गया हो। उसके पीछे गर्दन के पास झूलती हुई वेणी की लटें ऐसी लगती थी मानों मोर गर्दन तानकर बैठा हो।

(४) परीखे-सं० परीक्ष् > प्रा० अप० परिक्ख > परीखइ=परखना, परीक्षा करना। धनुष की डोर खींचकर टंकार शब्द निकालते हुए जैसे उसकी परीक्षा करते समय वह नवता और सीधा होता है, ऐसे ही चंचल भौहें थिरक रही थीं।
काजर नैन-नेत्रों में अपांगों से बाहर की ओर खिंची हुई काजल की रेखा बाण सी लगती थी। उसे ही कटाक्षबाण कहते हैं।

(५) घालि-अप० घल्लिअ=घटित, निर्मित, बनाया हुआ (पासद०, पृ० ३८४)। माथे पर टीका ऐसा था मानों कृत्तिका नक्षत्र लेकर बनाया गया हो।

(७) नागिनि अलक-इस पंक्ति का दूसरा दुःख परक अर्थ भी है। अलकें नागिनि सी लगती थीं और हृदय हार से जल रहा था।
झलक-इसका मूल शब्दार्थ था 'जलना'। दग्ध का प्रा० अप० रूप झलक्किअ=जला हुआ, भस्मीभूत (पासद०, पृ० ४५६)।

[६१६]

मानि गवन जस घूँघट काढ़ी। बिनवै आइ नारि भै ठाढ़ी।
तीखे हेरि चीर गहि ओढ़ा। कंत न हेर कीन्ह जिय पोढ़ा।
तब धनि बिहँसि कीन्ह चखु डीठी। बादिल तबहिं दीन्ह फिरि पीठी।
मुख फिराइ मन उपनी रीसा। चलत न तिरिया कर मुख दीसा।
भा मन फीक नारि के लेखें। कस पिय पीठि दीन्हि मोहिं देखें।
मकु पिय दिस्टि समानेउ चालू। हुलसा पीठि कढ़ावै सालू।
कुच तूँबी अब पीठि गड़ोवौं। कहेसि जो हूक काढ़ि रस धोवौं।
रहौं लजाइ तौ पिय चलै कहौं तो मोहि कह ढीठि।
ठाढ़ि तिवानी का करौं दूभर दुवौ बसीठि ॥५२।४॥

(१) पति का गमन समझकर वह बाला जैसी घूँघट काढ़े हुए थी, वैसी ही बिनती करने के लिये आकर खड़ी हो गई। (२) एक बार तीखी निगाह से देखकर उसने तुरन्त फिर चीर खींच कर ओढ़ लिया। तो भी प्रियतम ने न देखा; उसने जी ऐसा कड़ा कर लिया था। (३) तब बाला ने बिहँसकर नेत्र भर कर प्रिय की ओर देखा। तभी बादल ने घूम कर उसकी ओर पीठ कर ली। (४) यों मुख फिरा लेने पर उसके हृदय में क्रोध उत्पन्न हुआ। उसने सोचा, 'चलते समय भी प्रियतम ने प्रिया का मुख न देखा। (५) क्या स्त्री के प्रति उसका मन फीका (रसहीन) हो गया है? मुझे देखकर उसने पीठ क्यों कर ली? (६) (फिर वह श्रृंगारमय कल्पना करने लगी,) 'शायद प्रियतम की आँखों में भी गौने का रंग भर गया है। आँखों की ओर से लगकर पीठ की ओर निकले हुए कटाक्ष बाण को वह प्रसन्न होकर निकलवाना चाहता है। (७) अब मैं उसकी पीठ में कुच रूपी तूँबी गड़ाऊँगी और जो पीड़ा उसने कही है उसे निकालकर रस से धो दूँगी।

(८) जो मैं लजाती रहूँ तो प्रियतम चला जायगा। यदि कहकर प्रेम प्रकट करूँ तो वह मुझे ढीठ समझेगा।' (९) वह खड़ी सोचने लगी, 'क्या करूँ? प्रियतम तक मन का संदेश पहुँचाने में दोनों भाँति कठिनाई है।'

(१) जस घूँघट काढी–घूँघट काढी नई बहू जैसी थी।
(२) तीखे हेरि–तीखा देखना=तिरछी निगाह या कटाक्ष से देखना। प्रा० तिक्ख > तीख=तेज, तीखा, पैना।
(३) चखु डीठी–भरपूर आँख से देखना, सामने की दृष्टि।
(४) रीसा=क्रोध (२२०।१, ६५३।८)।
(६) चालू–चाला=गौना, नई बहू का मायके से ससुराल में आना।
साल–सं० शल्य > प्रा० सल्ल > साल=शरीर में घुसा हुआ काँटा, तीर आदि (पासद्द० ११०४)।
(७) कुचतूँबी–गड़े हुए काँटे को तूबी लगाकर निकालने की ओर संकेत है।
हूक–व्यथा, पीड़ा।
(९) तिवानी–दे० ३७०।३, ३७८।९। सं० तन्, ताम्यति > प्रा० तम्मइ, तामइ=चिंता करना सोच करना।
बसीठि–दूतकर्म, संदेश कथन।

[६१७]

मान किहें जौं पियहि न पावौं। तजौं मान कर जोरि मनावौं।१।
कर हुँति कंत जाइ जेहि लाजा। घूँघट लाज आव केहि काजा।२।
तब धनि बिहँसि कहा गहि फेंटा। नारि जो बिनवै कंत न मेंटा।३।
आजु गवन हौं आई नाहाँ। तुम्ह न कंत गवनहु रन माहाँ।४।
गवन आव धनि मिलन की ताईं। कवन गवन जौ गवनै साईं।५।
धनि न नैन भरि देखा पीऊ। पिय न मिला धनि सौं भरि जीऊ।६।
तहँ सब आस भरा हिय केवा। भँवर न तजै बास रस लेवा।७।
पायन्ह धरै लिलाट धनि बिनति सुनहु हो राय।
अलक परी फँदवारि होइ कैसेहुँ तजै न पाय॥५२।५॥

(१) यदि मान करने से प्रियतम को नहीं पा सकती, तो मान छोड़कर उसे हाथ जोड़कर मनाऊँगी। (२) जिस लज्जा के कारण प्रियतम अपने हाथ से निकल जाय, वह घूँघट और लज्जा किस काम आएगी ? (३) तब उस बाला ने बिहँस कर प्रियतम की फेंट पकड़कर कहा, 'स्त्री जो विनती करती है, प्रियतम उसे नहीं मेटा करता। (४) हे नाथ, मैं आज गौने आई हूँ। प्रियतम, तुम रण में मत जाओ। (५) गौने में स्त्री पति से मिलने आती है, यदि पति चला जाय तो गौना किस काम का ? (६) जहाँ प्रिया ने आँख भरकर प्रियतम को नहीं देखा, और प्रियतम जी भर कर प्रिया से नहीं मिल पाया, (७) वहाँ सब आशाएँ हृदयकमल में ही भरी रहती हैं। सुगन्धि और रस लेने वाले भौंरे को उसे न त्यागना चाहिए।'

(८) वह बाला पति के चरणों में मस्तक टेक कर कहने लगी, 'हे राय, मेरी बिनती सुनो।' (९) उसकी लट फन्दा लगाने वाली बनकर पैर में पड़ गई। किसी तरह भी वह पैर को छोड़ती न थी।

(७) केवा=कमल (२३६।४, ५७०।१)
(९) फँदवारि=फंदेवाली (अस फँदवारे केस वै राजा, ९९।८)।

[६१८]

छाँड़ु फेंट धनि बादिल कहा। पुरुख गवन धनि फेंट न गहा।१।
जौं तूँ गवन आइ गजगामी। गवन मोर जहँवाँ मोर स्वामी।२।
जब लगि राजा छूटि न आवा। भावै बीर सिंगारु न भावा।३।
तिरिया पुहुमि खरग कै चेरी। जीतै खरग होइ तेहि केरी।४।
जेहिं कर खरग मूठि तेहिं गाढ़ी। जहाँ न आँड न मोंछ न दाढ़ी।५।
तब मुख मोंछ जीव पर खेलौं। स्याम काज इंद्रासन पेलौं।६।
पुरुख बोलि कै टरै न पाछू। दसन गयंद गीव नहिं काछू।७।
तूँ अबला धनि मुगुध बुधि जानै जाननिहार।
जहँ पुरुखन्ह कहँ बीर रस भाव न तहाँ सिंगार ॥५२।६॥

(१) बादल ने कहा, 'हे बाला, फेंट छोड़ दे। पुरुष की यात्रा के समय स्त्री फेंट नहीं पकड़ा करती। (२) हे गजगामिनी, यदि तू गौने आई है, तो मेरा भी गमन वहाँ है जहाँ मेरा स्वामी है। (३) जब तक राजा छूट कर नहीं आता, तब तक मुझे वीररस अच्छा लगता है, शृंगार नहीं। (४) हे बाला, भूमि खड्ग की दासी है। जो उसे खाँड़े से जीतता है उसीकी हो जाती है। (५) जिसके हाथ में तलवार है उसीकी मुट्ठी भरी हुई होती है। जहाँ आँड नहीं, वहाँ न मोंछ होती है, न दाढ़ी। (६) तब मेरे मुहँ पर मोंछ होगी जब मैं प्राणों पर खेल जाऊँगा और अपने स्वामी के लिये इन्द्रासन को भी हटा दूँगा।

(७) पुरुष बात कहकर उससे पीछे नहीं हटता। उसका बोल हाथी के दाँत की भाँति है, कछुए की ग्रीवा नहीं।

(८) हे बाला, तू अबला है। तेरी बुद्धि भोली है। जो इन बातों को जानने वाला है वही समझता है (तू नहीं समझती)। (९) पुरुषों के लिये जहाँ वीररस उचित है, वहाँ उन्हें शृंगार अच्छा नहीं लगता।

(४) तिरिया पुहुमि खरग कै चेरी–इसमें तिरिया संबोधन है। अथवा स्त्री और पृथिवी खड्ग की चेरी है। तुलना, 'जिमीं जोरू जोर की। जोर घटें काऊ और की' ('बुंदेलखंडी कहावत)। [मैं इस सूचना के लिये श्री हरगोविन्द गुप्त का आभारी हूँ।]

(५) गाढ़ी=सान्द्र, निबिड़, भरी हुई; दृढ़, मज़बूत। मुठि=मुट्ठी; मूठ। जिसकी मुट्ठी में तलवार है उसकी मुट्ठी भरी एवं औरों की रीती होती है; अथवा जो हाथ तलवार पकड़ता है उसे उसकी मूठ दृढ़ता से पकड़नी चाहिए।
आँड=(१) अंड कोश (२) मूठ के बीच का अंडाकृति भाग जिसे अँबिया, पुतली, या फारसी में बुत कहते हैं। (१) जहाँ आँड नहीं वहाँ पुरुषत्व नहीं। (२) जिस पुरुष की मुट्ठी में तलवार की अँबिया नहीं उसकी मूछ ऊँची नहीं रह सकती। तलवार की मूठ के नौ भाग होते हैं। उसके विषय में यह दोहा प्रसिद्ध है—पर्ज चौक चुंजक गटा अँबिया ठोली फूल। कंठ कटोरी जेसखी नौ नग गिनिए मूठ।

(७) दसन गयंद–हाथी के दाँत जो एक बार बाहर निकल कर भीतर नहीं आते।
कछुए की ग्रीवा–जो बार बार भीतर बाहर होती रहती है।

[६१९]

जौं तुम्ह जूझि चहौ पिय बाजा। किहें सिंगार जूझि मैं साजा।१।
जोबन आइ सौंहँ होइ रोपा। पखरा बिरह काम दल कोपा।२।
भएऊ बीर रस सेंदुर माँगा। राता रुहिर खरग जस नाँगा।३।
भौंहैं धनुक नैन सर साँधे। काजर पनच बरुनि बिख बाँधे।४।
दै कटाख सो सान सँवारे। औ नख सेल भाल अनियारे।५।
अलक फाँस गियँ मेलि असूझा। अधर अधर सौं चाहै जूझा।६।
कुंभस्थल दुइ कुच मैमंता। पेलौं सौंहँ सँभारहु कंता।७।
कोप सँघारहु बिरह दल टूटि होइ दुइ आध।
पहिलें मोहि संग्राम कै करहु जूझ कै साध॥५२।६॥

(१) 'हे प्रियतम, यदि तुम युद्ध में बाजना (लड़ना) चाहो, तो मैंने शृंगार करके युद्ध का ठाठ सजाया है। (२) जोबन ने आकर मुकाबिले में मोरचा अड़ा दिया है। विरह का कवच पहनकर काम की सेना कुपित हुई है। (३) वीररस में सेंदुर भरी माँग ऐसी हुई है मानों नंगी तलवार रुधिर से लाल हो। (४) भौंह रूपी धनुष नेत्ररूपी बाणों से निशाना साधते हैं। आँखों में खिंची हुई काजल की रेखा प्रत्यंचा है। बरौनियाँ विष की ऐंठन उत्पन्न करती हैं। (५) कटाक्षपात द्वारा उन बाणों पर सान

रक्खी गई है। नुकीले नख सेल और भाले हैं। (६) अलक रूपी न छूटने वाला फंदा ग्रीवा में डालकर मेरा अधर तुम्हारे अधर से भिड़ना चाहता है। (७) दोनों कुच मैमंत हाथी के कुंभस्थल हैं, उन्हें सामने ठेलती हूँ। हे प्रियतम, अपना आपा सँभालो।

(८) क्रोध में भरकर विरह की इस सेना का इस प्रकार संहार करो कि बीच से दो टुकड़े हो जाँय। (९) पहले मेरे साथ संग्राम करो फिर युद्ध की इच्छा करना।

(१) बाजा–बाजना=टकराना, लड़ना।
सिंगार जूझि मैं साजा–श्रृंगार भाव में वीररस के वर्णन के लिए दोहा ३३४ देखिए।
रोपा–रोपना=अड़ाना, प्रतिष्ठित करना।

(२) पखरा–कवच पहनना (४९६।२, ५१३।४)।

(४) बरुनि बिख बाँधे–नेत्र बाण से चुभते हैं। उनके साथ की बरौनियाँ और भी अधिक घातक हैं, वे गड़कर विष की ऐंठन उत्पन्न करती हैं, अर्थात् बाण विष से बुझे हैं। बाँधना=ऐंठन उत्पन्न करना, शरीर को जकड़कर तोड़ना मोड़ना। तुलना कीजिए सं० अनुबंधिका=गात्रसंधिपीड़ा (हर्ष चरित, उच्छ्वास ५, निर्णयसागरीय पंचम संस्करण, पृ० १५७, अनुबद्ध मनुबंधिकाभिः)। जायसी ने इसी अर्थ में 'बाँधी' शब्द का प्रयोग किया है (नैन न सूझ मरौं दुख बाँधी, ३५५।५)। ज्ञात होता है संस्कृत बन्ध और हिन्दी बाँधना, दोनों का एक अर्थ 'अंगों का ऐंठना, टूटना' भी था। और भी दे० ४५४।५ (लागे तहाँ बान बिखु गाड़े)।

(५) सेल भाल–दे० टिप्पणी ५१८।५, ६।
अनियारे=नुकीले, धारदार, पैने (शब्दसागर)। अणीधारक > अनीहारक > अनीआरअ > अनियारा।

(८) दुइ आध=दो अद्धे, एक के दो भाग। तुम्हारे बीच में प्रवेश करने से काम की एक सेना टूटकर दो टुकड़ों में बट जायगी।

[६२०]

कैसेहुँ कंत फिरै नहिं फेरें। आगि परी चित उर धनि केरें ।१।
उठे सो धूम नैन करुआने। जबहीं आँसु रोइ बेहराने ।२।
भीजे हार चीर हिय चोली। रही अछूत कंत नहिं खोली ।३।
भीजी अलक चुई कटि मंडन। भीजे भँवर कँवल सिर फुंदन ।४।
चुइ चुइ काजर आँचर भीजा। तबहुँ न पिय कर रोवँ पसीजा ।५।
छाँड़ि चला हिरदै दै डाहू। निठुर नाहँ आपन नहिं काहू ।६।
सबै सिंगार भीज भुइँ चुवा। छार मिलाइ कंत नहिं छुवा ।७।
रोएँ कंत न बहुरै तेहि रोएँ का काज।
कंत धरा मन जूझ रन धनि साजे सब साज ॥५२०॥

(१) किसी भाँति प्रियतम फेरे नहीं फिरता था। इससे बाला के हृदय की उमंगों पर और वक्षस्थल पर आग पड़ गई (उसके मन की सारी आशाएँ झुलस गईं)। (२) उस आग से धुएँ के बादल उठे जिनसे नेत्र कड़ुवा गए। तभी आँसू बरसा कर

वे नेत्र फटे रह गए। (३) उन आँसुओं से हार, ओढ़नी, छाती और चोली भीज गई। वह चोली अछूती ही रही। प्रियतम ने उसे खोला तक नहीं। (४) छाती पर लटकने वाली अलकभीज गई। कटि की शोभावर्धक करधनी चू पड़ी। कमलरूपी स्तन, भौंरों के समान काले उनके अग्रभाग और सिर के फुंदने भीज गए। (५) नयनों का काजल चू-चूकर अंचल भीज गया। तब भी प्रियतम का रोआँ न पसीजा। (६) हृदय में आग लगाकर वह उसे छोड़ चला। निष्ठुर प्रियतम किसी का अपना नहीं हुआ। (७) सब सिंगार भीजकर धरती में चू गया। प्रियतम ने उसे मिट्टी में मिला दिया, पर छुआ नहीं।

(८) जिस रोने से प्रियतम लौट न आवे वह रोना किस काम का ? (९) जब प्रियतम ने रण में जूझना मन में निश्चित कर लिया था, तब बाला ने श्रृंगार के वे सब साज सजाए थे।

(१) आगि परी—आग पड़ना=झुलस जाना।
चित उर=मन और हृदय में (शुक्ल जी), मन की आशाओं पर और हृदय या वक्षस्थल पर चित उर=चित्तौड़ (उस बाला के लिये तो चित्तौड़ पर ही मानों आग बरस गई)।

(२) बेहराने—बेहराना=फटना, विदीर्ण होना। जली हुई उमंगों का धुआँ लगने से नेत्र पहले कड़ुवाए और फिर फटकर बरस पड़े।

(३) कटि मंडन=कटि का अलंकरण, करधनी (शुक्ल जी)। इसे कटिजेब भी कहते थे (शब्दसागर पृ० ४३०)।
भीजे भँवर कवँल सिर फुंदन—इन शब्दों को कई प्रकार से समझा जा सकता है। भँवर=पुतलियाँ; कवँल=मुख। अथवा, भँवर=काले केश। अथवा, कवँल=कमल के समान स्तन; भँवर=स्तन के अग्र भाग, चूचुक। कवँल=कमल, या कटोरा (५६३।५); स्तनों की उपमा कनक कचोर या कटोरे से भी दी गई है, यथा ११३।१, ४८३।१। कवँल सिर फुंदन—इनका यह अर्थ भी सम्भव है, कटोरे रूपी स्तनों के अग्र भाग में काले फुंदनों के समान, भ्रमर रूपी चूचुक। इस पंक्ति का पाठ मनेर और गोपालचन्द्रजी की प्रति में भी यही है।

५३ : गोरा बादल युद्ध खण्ड

[६२१]

मँते बैठ बादिल औ गोरा। सो मत कीज परै नहिं भोरा।१।
पुरुख न करहिं नारि मति काँची। जस नौसाबैं कीन्ह न बाँची।२।
हाथ चढ़ा इसिकंदर बरी। सकति छाँड़ि कै भै बँदि परी।३।
सजग जो नाहिं काह बर काँधा। बधिक हुते हस्ती गा बाँधा।४।
देवन्ह चलि आई असि आँटी। सुजन कँचन दुर्जन भा माँटी।५।
कंचन जुरै भए दस खंडा। फुटि न मिलै माँटी कर भंडा।६।
जस तुरुकन्ह राजहिं छर साजा। तस हम साजि छड़ावहिं राजा।७।

पुरुख तहाँ करै छर जहँ बर कीन्हें न ग्राँट।
जहाँ फूल तहाँ फूल होइ जहाँ काँट तहाँ काँट ॥५३।१॥

(१) बादल और गोरा बैठ कर सलाह करके लगे। 'ऐसा मंत्र स्थिर करना चाहिए जो कच्चा न पड़े। (२) पुरुष स्त्री की भाँति कच्ची मति से कर्म नहीं करते, जैसा नौशाबा ने किया था और फिर वह न बच सकी। (३) बली सिकंदर उसके हाथ में पड़ गया था, किन्तु वह परी अपनी शक्ति खोकर स्वयं उसके बंधन में पड़ गई। (४) जो सावधान नहीं है उसका बल रखना किस काम का? देखो, बली हाथी शिकारी से बाँध लिया गया। (५) देवों में चली आई रीति ऐसी है कि सज्जन सोना है और दुर्जन मिट्टी है। (६) दस टुकड़े होने पर भी सोना जुड़ जाता है। पर मिट्टी का हंडा फूटने पर नहीं जुड़ता। (७) जैसे तुर्कों ने राजा के साथ छल किया, वैसे ही हम भी करके राजा को छुड़ाएँगे।

(८) पुरुष वहाँ छल करता है जहाँ बल करने से पूरा नहीं पड़ता। (९) जहाँ फूल है वहाँ वह फूल बन जाता है। जहाँ काँटा है वहाँ वह काँटा हो जाता है।'

(१) भोरा=भोला, कच्चा, चूकवाला।

(२) नारि मति काँची=अनुभवहीन मति जिसे व्यवहार में नहीं परखा गया। ऐसी बुद्धि से पुरुष को कर्म में प्रवृत्त नहीं होना चाहिए। गोरा बादल का संकेत पद्मावती की उस राय से है जिसमें उसने जोगिन बनकर प्रियतम के पास बंदीगृह में जाने और स्वयं बंदी बनकर उसे छुड़ा लेने की बात कही थी (६०९।७)। यह तो तीनों की सम्मति से निश्चित हो गया कि राजा को बंधन मुक्त करना है, पर कैसे करना चाहिए इस विषय में वे व्यवहार योग्य पक्की राय सोच रहे हैं जिसमें चूक न पड़े। पद्मावती का अपने आपको बंधन में डालना, यह कच्ची मति थी।

जस नौसाबैं कीन्ह न बाँची—सिकंदरनामा के अनुसार नौशाबा एक रानी थी जिसके यहाँ सिकंदर पहले दूत बनकर गया था। उसने सिकंदर को पहचान कर भी छोड़ दिया। पीछे सिकंदर ने उसे अपना अधीन मित्र बनाया (शुक्लजी)।

(३) इसिकंदर—(१) सिकंदर नौशाबा के वश में आ गया था। (२) सिकंदर सानी अर्थात् अलाउद्दीन सुलतान जो दुर्ग में आया हुआ पद्मावती की मुट्ठी में आ गया था।

(४) बधिक हुते हस्ती गा बाँधा—यह संकेत पंचतंत्र की लोक कथा के आधार पर है। किसी प्रदेश में बहुत से चूहे बिल बनाकर रहते थे। वहाँ से हाथियों का राजा झुंड के साथ ताल पर पानी पीने के लिये निकला। बहुत से चूहे कुचल गए। जो बचे उन्होंने उपाय सोचा और जाकर हाथियों के राजा से कहा, 'आप हम पर दया कीजिए तो हम भी किसी दिन आपकी सेवा करेंगे। ताल पर जाने के लिये कोई दूसरा मार्ग चुन लें।' उसने यह बात मान ली। कभी एक राजा ने अपने बहेलियों को हाथी पकड़ने का आदेश दिया। उन्होंने हाथियों के राजा को झुंड के साथ पकड़ लिया और मोटे रस्सों से बाँधकर पेड़ से बाँध दिया। तब हाथियों के राजा ने चूहों के पास समाचार भेज कर उन्हें बुलवाया और बन्धन से मुक्ति पाई।

(५) देवन्ह—देवों में, हिन्दू राजाओं में जिन्हें जायसी ने देव इस बिरुद से कई बार कहा है। आँटी=अभिसन्धि, रीति, नियम, परम्परा। संभवतः सं० ऋत > प्रा० अट्ट (=प्राप्त, परंपरा से

आया हुआ) >आँट, आँटी। पं० ५-६ में जायसी ने पंचतंत्र के इस श्लोक का भाव लिया है—
मृद् घटवद् सुखभेद्यो दुःसंधानश्च दुर्जनो भवति। सुजनस्तु कनकघटवद् दुर्भेद्यः संधनीयश्च ॥
(मित्रप्राप्ति, श्लो० २२)।

(८) आँट–धा० आँटना, अँटना=पूरा पड़ना (५७४।४)।

[६२२]

सोरह सौ चंडोल सँवारे। कुँवर सँजोइल कै बैसारे ।१।
साजा पदुमावति क बेवानू। बैठ लोहार न जानै भानू ।२।
रचि बेवान तस साजि सँवारा। चहुँ दिसि चँवर करहिं सब ढारा ।३।
साजि सबै चंडोल चलाए। सुरँग ओढ़ाइ मोंति तिन्ह लाए ।४।
भै सँग गोरा बादिल बली। कहत चले पदुमावति चली ।५।
हीरा रतन पदारथ झूलहिं। देखि बेवान देवता भूलहिं ।६।
सोरह सै सँग चलीं सहेली। कँवल न रहा औरु को बेली ।७।
रानी चली छुड़ावै राजहिं आपु होइ तेहि ओल।
बतिस सहस सँग तुरिअ खिंचावहि सोरह सै चंडोल ॥५३।२॥

(१) उन्होंने सोलह सौ चंडोल तैयार कराए और उनमें राजपूत सरदारों को शस्त्रसज्जित करके बैठाया। (२) फिर पद्मावती के लिये विमान तैयार कराया, किन्तु उसके भीतर एक लोहार बैठाया गया। यह भेद सूर्य ने भी नहीं जाना। (३) विमान रचकर ठीक वैसे ही सजाकर तैयार किया गया जैसा पद्मावती का था। सब लोग चारों ओर हाथों से चँवर ढालने लगे। (४) सबको तैयार करके चंडोल रवाना किये गए। उनके ऊपर लाल पर्दे ओढ़ाए गए जिनमें मोती टँके थे। (५) बलवान् गोरा बादल साथ हो लिए। वे यह कहते हुए चले कि पद्मावती जा रही है। (६) पद्मावती के विमान में हीरे, लाल और उत्तम रत्न लटक रहे थे जिनकी शोभा देखकर देवता भी मोहित होते थे। (७) [कहा गया कि] पद्मावती के साथ में उसकी सोलह सौ सखियाँ चल रहीं हैं। जब पद्मावती ही न रही तो और कोई सखी कैसे पीछे रुकती ? [जब कमल न रहा, तो दूसरी बेल उस फुलवाड़ी में कैसे ठहरती ?]

(८) [कहा गया कि] रानी अपने आपको बन्धक रखकर राजा को छुड़ाने चली है। (९) वह संग में बत्तीस सहस्र घोड़े और सोलह सौ चंडोल ले जारही है।

(१) चंडोल–एक प्रकार की पालकी जो हाथी के हौदे या अंबारी के आकार की होती थी और जिसे चार आदमी उठाते थे (शब्दसागर)। आईन में इसे ही चौडौल कहा है (ब्लाखमैन, अनुवाद, पृ० २६४)। चित्रावली में स्त्रियों की बढ़िया सवारी के रूप में चंडोल का प्रायः उल्लेख आया है (५८२।२, ३, चंदन चीर कीन्ह चंडोला; ५८९।१, चढ़ि चंडोल चली बर नारी'''चारि कँहार बाँस धरि काँधा, ६००।३, चली दोऊ धनि करत कलोला, अपने अपने चढ़ि चंडोला)। अलाओल ने पद्मावत के बँगला अनुवाद में चतुर्दोलि लिखा है। सँजोइल=हथियारों से तैयार। तुलसी, होइ सँजोइल रोकहु घाटा (अयोध्या० १९०।१)।

शस्त्र, कवच आदि युद्ध की सामग्री के लिये सँजोऊ पद का प्रयोग हुआ है (तुलसी, बेगहु भाइहु सजहु सँजोऊ। अयोध्या०, १९१।१)। तुलना० संयुग > संजुअ (युद्ध, संग्राम)।

(२) न जानै भानू-पद्मावती के विमान में लोहार के बैठने की बात नितान्त गुप्त रक्खी गई, मानों सूर्य को भी इस भेद का पता न चला।

(३) करहिं=हाथों.से। तुलना कीजिए, सरौ करहिं पाइक फहराहीं (बालकांड ३०२।७); अर्थात् पैदल हाथों से सरौ केआकार के लाल झंडे फहरा रहे थे।

(४) सुरंग ओढाइ मोंति तिन्ह लाए—चंडोल के ऊपर कीमती ओहार ओढ़ाने की प्रथा थी जिसमें मोतियों की झालर लगी रहती थी। चित्रावली ५८२।३-४, अपुरब एक ओहार सुहावा। बिबिध भाँति कै आनि ओढावा॥ झूलहिं चहुँ दिसि झालरि मोती। छिटकि रही जग जगमग जोती॥

(७) कँवल न रहा औरु को बेली—बेली=सखी, संगी, साथी (५९।३ रस बेलीं, शब्दसागर पृ० ३९५०)। अथवा यह भी संभव है कि पद्मावती की सखियों की उपमा बेलों से दी गई है (६२।२, पाएँ नीर जानु सब बेली। हुलसी करहिं काम कै केली)। कँवल-बेली का अर्थ बड़ा कटोरा छोटी और बिलिया या कटोरी भी है (२४।६, ५६३।५)।

(८) ओल=बंधक, जमानत, वह व्यक्ति जो दूसरे के पास किसी शर्त की पूर्ति के लिये बंधक रूप में रहे (शब्दसागर)।

(९) तुरिअ—तुरग > तुरय > तुरिअ (६३०।९, तुरिअ होहिं बिनु काँधे)।

[६२३]

राजा बँदि जेहि की सौंपना। गा गोरा ता पहँ अगुमना।१।
टका लाख दस दीन्ह अँकोरा। बिनती कीन्ह पाय गहि गोरा।२।
बिनवहु पातसाहि पहँ जाई। अब रानी पदुमावति आई।३।
बिनै करै आई हौं ढीली। चितउर की मो सिउँ है कीली।४।
एक घरी जौं अग्याँ पावौं। राजहिं सौंपि मँदिल कहँ आवौं।५।
बिनवहु पातसाहि के आगें। एक बात दीजै मोहिं माँगें।६।
हते रखवार आगें सुलतानी। देखि अँकोर भए जस पानी।७।
लीन्ह अँकोर हाथ जेइँ जाकर जीव दीन्ह तेहि हाँथ।
जो वह कहै सरै सो कीन्हे कनउड़ भार न माँथ॥५३।३॥

(१) राजा बन्दीगृह में जिसकी सुपुर्दगी में था, गोरा पहले ही उसके पास पहुँचा। (२) उसे दस लाख टके भेंट दी। फिर गोरा ने पैर पकड़कर विनती की। (३) बादशाह के पास जाकर ऐसी बिनती करो। अभी रानी पद्मावती आई है। (४) यह विनय करती है कि मैं दिल्ली में आ पहुँची हूँ। चित्तौड़ के दुर्ग की कुंजी मेरे साथ है। (५) एक घड़ी के लिये यदि आपकी आज्ञा मिल जाय, तो उसे राजा को सौंप कर आपके महल में आ जाऊँ। (६) तुम बादशाह के सामने इस प्रकार निवेदन करो। यह एक बात मुझे माँगे दो।' (७) सुलतानी रखवाले आग के बने हुए थे। वे घूस देखकर पानी हो गए।

(८) जिसने जिसके हाथ से घूस ले ली, उसने उसके हाथ में अपना प्राण दे दिया।

(९) जो वह कहता है वह करते ही बनता है। जो एहसान से दबा है वह एहसान करनेवाले की गर्दन नहीं मार सकता।

(१) सौंपना=सुपुर्दगी।
अगुमना–अगुमन=आगे, पहले।
(२) टंका–टका नामक चाँदी का रुपया जो सुल्तानी समय में चलता था।
अँकोरा–अँकोर=भेंट, नजर, घूस, रिशवत।
(४) कीली–पुराने ढंग के तालों में लगने वाली कील या मेखनुमा चाबी। ६२४।६ में इसे 'कुंजी' कहा है।
(७) हतें रखवार आगें सुलतानी–मनेर की प्रति में 'आग' और गोपालचन्द्रजी की प्रति में 'आगें' पाठ है। आगें–आग्नेय > प्रा० अग्गेय > आगें=आग के बने हुए, अत्यन्त क्रोधी, तेज स्वभाव के
(९) कनउड़=कनौड़ा, एहसानमंद, उपकृत, दबैल (शब्दसागर)।
झार–झारना, झाड़ना=मारना। सिर झाड़ना=सिर अलग करना, गिराना।
कनउड़ झार न माथ–लोकोक्ति, जो जिसका दबैल है वह उसे हलाल नहीं कर सकता।

[६२४]

लोभ पाप कै नदी अँकोरा। सत्तु न रहै हाथ जस बोरा ।१।
जहँ अँकोर तहँ नेगिन्ह राजू। ठाकुर केर बिनासहिं काजू ।२।
भा जिउ घिउ रखवारन्ह केरा। दरब लोभ चंडोल न हेरा ।३।
जाइ साहि आगें सिर नावा। ऐ जग सूर चाँद चलि आवा ।४।
औ जावँत सँग नखत तराईं। सोरह सै चंडोल सो आईं ।५।
चितउर जेति राज कै पूँजी। लै सो आइ पदुमावति कूँजी ।६।
बिनति करै कर जोरें खरी। लै सौंपौं राजहिं एक घरी ।७।
इहाँ उहाँ के स्वामी दुहूँ जगत मोहि आस।
पहिलें दरस देखावहु तौ आवौं कबिलास ॥५३।४॥

(१) घूस लोभ और पाप की नदी है (लोभ से उत्पन्न होकर पाप की ओर बहती है)। जैसे ही कोई उसमें हाथ डुबाता है उसका सत्त नहीं रहता। (२) जहाँ घूस चलती है वहाँ नौकरों का राज हो जाता है। वे मालिक का काम बिगाड़ने लगते हैं। (३) बन्दीगृह के रखवालों का जी भेंट पाकर घी की तरह पिघल गया। धन के लोभ में उन्होंने चंडोलों की तलाशी न ली। (४) उन्होंने जाकर शाह के आगे प्रणाम किया और कहा, 'हे जगत् के सूर्य, शशि रूप पद्मावती आपके पास चलकर आई है। (५) और जितनी संग की सखी सहेलियाँ हैं वे भी उसके साथ सोलह सौ चंडोलों में आई हैं। (६) चित्तौड़ में राज्य की जितनी पूँजी है उस सरकारी खजाने की कुंजी भी पद्मावती साथ लेकर आई है। (७) वह हाथ जोड़कर खड़ी हुई बिनती करती है, "एक घड़ी भर में मैं उसे लेकर राजा को सौंप आऊँ।

(८) जो मेरे लिए यहाँ और वहाँ के स्वामी थे, दोनों लोकों में मुझे जिनकी आशा थी,(९) पहले मुझे उनका दर्शन करा दें, तो फिर आपके महल में आऊँ।"-'

(१) सत्त-(१) सत्य=सचाई; (२) सत्त्व=बल।
(२) नेगिन्ह=नौकर चाकर, अधिकारी वर्ग, राजोपजीवी लोग।
(८) इहाँ उहाँ के स्वामी-शिरेफ ने इस वाक्य को अलाउद्दीनपरक लिया है। ऊपर से वही अर्थ जान पड़ता है। पर वस्तुतः पद्मावती यहाँ रत्नसेन का उल्लेख करके शाह से निवेदन करा रही है कि पहले उसे राजा का दर्शन करा दिया जाय तब वह शाह के महल में प्रवेश करे।
(९) कबिलास-राजमंदिर में धवलगृह या उसका भाग (दे० टिप्पणी ४८।१, २९१।१, ३१३।७)।

[६२५]

अग्याँ भई जाउ एक घरी। छूँछि जो घरी फेरि बिधि भरी।१।
चलि बेवान राजा पहँ आवा। सँग चंडोल जगत गा छावा।२।
पदुमावति मिस हुत जो लोहारू। निकसि काटि बँदि कीन्ह जोहारू।३।
उठेउ कोपि जब छूटेउ राजा। चढ़ा तुरंग सिंघ अस गाजा।४।
गोरा बादिल खाँडा काढ़े। निकसि कुँवर चढ़ि चढ़ि भए ठाढ़े।५।
तीख तुरंग गँगन सिर लागा। केहु जुगुति को टेकै बागा।६।
जौं जिउ ऊपर खरग सँभारा। मरनिहार सो सहसन्हि मारा।७।
भई पुकार साहि सौं ससियर नखत सो नाहिं।
छर कै गहन गरासा गहन गरासे जाहिं॥५३।५॥

(१) शाह की आज्ञा हुई, 'अच्छा, एक घड़ी के लिये राजा के पास हो आओ।' पद्मावती के लिये जो घड़ी रीती थी, वह विधाता ने इस आज्ञा द्वारा फिर भर दी। (२) उसका विमान चलकर वहाँ आया जहाँ राजा था। साथ के चंडोलों से संसार छा गया। (३) पद्मावती के बहाने जो लोहार उसमें बैठा था, उसने बाहर निकलकर राजा के बंधन काटकर प्रणाम किया। (४) जैसे ही बंधन कटने से राजा मुक्त हुआ, वह क्रोध से भर उठा। वह घोड़े पर चढ़ा और सिंह के समान गरजने लगा। (५) गोरा बादल ने भी तलवार निकाल ली। साथ के क्षत्रिय सरदार अपने अपने घोड़ों पर चढ़कर तैयार हो गए। (६) तेज घोड़ों का सिर आकाश को छू रहा था। किस उपाय से कौन उनकी बाग रोक सकता था ? (७) जब कोई योद्धा अपने जी का मोह छोड़कर तलवार सँभालता है, तो मरते हुए भी वह हजारों को मार जाता है।

(८) शाह के पास पुकार हुई, 'वे चन्द्रमा और नक्षत्र (पद्मावती और उसकी सखियाँ) नहीं हैं। (९) हमने जिन्हें छल से ग्रहण में ग्रसा था वे अब हमें ग्रहण लगाकर जा रहे हैं। (अथवा सूर्य [शाह] को छल से ग्रहण ने ग्रस लिया है। वे बंदी को लिए जा रही हैं।)

(१) घरी–(१) घड़ी भर का समय; (२) रहट की घड़िया ।
(२) गा छावा–पट गया, भर गया ।
(७) जिउ ऊपर–प्राणों से ऊपर उठकर, जी का मोह छोड़कर, जान की बाजी लगाकर ।
मरनिहार–मरनेवाला, जिसकी मृत्यु निश्चित है ।
सो सहसन्हि मारा–दे० ६१३।२ । ऐसे रणबाँकुड़े योद्धा 'सहस्र भट' सामन्त कहलाते थे (सामन्तोऽस्य महासत्त्वः सहस्रभट नामकः । हरिषेण कृत बृहत्कथा कोश, ३५।२, ३५।५) । हेमचन्द्र ने उन्हें साहस्र और सहस्री (=हजारी) कहा है (ये सहस्रेण योद्धारस्ते साहस्राः सहस्रिणः । अभिधानचिन्तामणि, ३५।२) । ऐसे वीरों की राजदरबारों में बड़ी माँग और कदर थी ।
(८) ससियर–सं० शशधर > प्रा० ससहर > ससअर, ससियर ।
(९) छर कै–हमने जिसे छला था, वे अब हमें छलकर जा रहे हैं । अथवा, गहन गरासा–राहु ने शाह रूपी भानु को ग्रस लिया है । गहन=ग्रहण, राहु ।
गहन गरासे जाहिं–राजा रूपी बंदी को लिए जाते हैं । गहन=ग्रहण, वह जो बंधक या बंदी रूप में था । इसे संस्कृत में ग्रहण, या ग्रहणक कहते थे । प्रायः आभूषण गिरवीं रक्खे जाते थे, इसलिए उन्हें ग्रहणक या गहना कहा जाने लगा । गरासे=ग्रसे हुए, पकड़ हुए, लिए हुए ।

[६२६]

लै राजहिं चितउर कहँ चले । छूटेउ मिरिग सिंघ कलमले ।१।
चढ़ा साहि चढ़ि लागि गोहारी । कटक असूझ पारि जग कारी ।२।
फिरि बादिल गोरा सौं कहा । गहन छूट पुनि जाइहि गहा ।३।
चहुँ दिसि आइ अलोपत भानू । अब यह गोइ इहै मैदानू ।४।
तूँ अब राजहिं लै चलु गोरा । हौं अब उलटि जुरौं भा जोरा ।५।
दहुँ चौगान तुरुक कस खेला । होइ खेलार रन जुरौं अकेला ।६।
तब पावौं बादिल अस नाऊँ । जीति मैदान गोइ लै जाऊँ ।७।
आजु खरग चौगान गहि करौं सीस रन गोइ ।
खेलौं सौंहँ साहि सौं हाल जगत महँ होइ ॥५३।५॥

(१) वे राजा को छुड़ाकर चित्तौड़ की ओर ले चले । मृग के छूटने से सिंह कुलबुलाने लगे । (२) शाह ने चढ़ाई कर दी । चढ़ाई के लिये पुकार मच गई । असूझ कटक ने संसार में कालिमा पार दी या अंधकार फैला दिया (अथवा असंख्य सेना के कारण उठी काली आँधी ने जग को ढक लिया) । (३) घूमकर बादल ने गोरा से कहा, जो ग्रहण से छूटा है वह फिर पकड़ा जायगा । (४) चारों ओर से सूर्य (शाह) हमें घेरता हुआ चला आता है । अब मेरे लिये यह सिर ही गेंद होगी और यहीं खेल का मैदान होगा । (५) हे गोरा, तू अब राजा को लेकर आगे चल । मैं लौट कर उसकी जोड़ बनकर शाह से भिड़ूँगा । (६) देखूँ, तुरुक कैसा चौगान खेलता है । मैं खिलाड़ी बनकर संग्राम में अकेला भिड़ूँगा । (७) तभी मेरा बादल नाम सच्चा होगा, जब मैदान जीतकर गेंद ले जाऊँ ।

(८) आज तलवार रूपी चौगान का बल्ला हाथ में लेकर रणभूमि में शत्रु के सिर की गेंद बनाऊँगा। (९) सामने होकर शाह के साथ खेलूँगा। तब संसार में हलचल (या कीर्ति) होगी।'

(१) छूटेउ मिरिग–गोपालचन्द्र, मनेर, और माताप्रसाद जी की सब प्रतियों में यही पाठ है। असंख्य तुर्कों के बीच में राजा मृग के समान असहाय था। उसके छूटते ही बड़े बड़े तीसमारखाँ तुर्कों में खलभली पड़ गई। अथवा मृग एक जाति का हाथी, जिसकी आँखें बड़ी बड़ी होती हैं। राजा रूपी हाथी के छूटने से तुर्क रूपी शेरों में खलभली मच गई।
कलमले–कलमलना=कुलबुलाना, अंगों की हलचल करना (चिक्करहिं दिग्गज डोल महि अहि कोल कूरम कलमले। बालकांड २६१।१०)।

(२) चढ़ि=चढ़ाई, सैनिक प्रयाण।
पारि–पारना=(१) किसी वस्तु पर जमा कर कोई वस्तु तैयार करना, (२) अन्तर्गत करना या किसी वस्तु के भीतर लेना। कारी=कालिमा, अँधेरी, काली आँधी, काली घटा। गोपालचन्द्र जी की प्रति में 'परी जग कारी' पाठ है। नवप्राप्त बिहारशरीफ की प्रति में भी यही है। ६२७।९ में 'परत आव जग कारी'–कालिका > प्रा० कालिआ=काली आँधी > काली, कारी (पासद० पृ० ३०१)। 'पारि' क्लिष्ट पाठ है। इस कारण संभवतः वही मूल पाठ था।

(४) गोइ=गेंद। फारसी गूय=गेंद। बादल का आशय है कि सिर ही गेंद होगी (६२८।९)।

(५) जोरा=जोड़, बराबरी का या मुकाबले का खिलाड़ी।

(६) चौगान–एक प्रकार का खेल। दे० दोहा ६२८।
खेलार–खेलने वाला, खिलाड़ी। खेलकार > खेल आर > खेलार।

(७) गोइ लै जाऊँ–मैदान जीतते हुए गेंद को हाल या कूरी तक ले जाना।

(८) चौगान=चौगान खेलने का मुड़ा हुआ डंडा या बल्ला (६२८।३)।

(९) हाल=(१) हलचल; (२) कीर्ति; (३) चौगान के मैदान के अन्त में बने हुए दो गुमटीनुमा खम्भे जिनके बीच में से गेंद निकाली जाती है। हाल जगत में होइ–इसका यह भी संकेत है कि मेरे इस खेल का हाल या अन्तिम छोर यह संसार होगा। मुझे अपने मस्तक रूपी गेंद से उसके पार तक खेलना है।

[६२७]

तब अंकम दै गोरा मिला। तूँ राजहिं लै चलु बादिला ।१।
पिता मरै जो सारैं साथैं। मींचु न देइ पूत के माँथैं ।२।
मैं अब आउ भरी औ भूँजी। का पछिताँउ आइ जौं पूजी ।३।
बहुतन्ह मारि मरौं जौं जूझी। ताकहँ जनि रोवहु मन बूझी ।४।
कुँवर सहस सँग गोरैं लीन्हें। औरु बीर सँग बादिल दीन्हें ।५।
गोरहि समदि बादिला गाजा। चला लीन्ह आगें कै राजा ।६।
गोरा उलटि खेत भा ठाढ़ा। पुरुखन्ह देखि चाउ मन बाढ़ा ।७।
आउ कटक सुलतानी गँगन छपा मसि माँझ।
परत आव जग कारी होत आव दिन साँझ ॥५३।७॥

(१) तब गोरा गले लगकर मिला। 'हे बादल, तू राजा को लेकर चल। (२) सार्थ की रक्षा करते हुए यदि पिता की मृत्यु होती हो तो वह पुत्र के मत्थे मृत्यु का संकट नहीं आने देता। (३) मैंने अब पूरी आयु प्राप्त कर ली है और खूब भोग भी भोग लिया है। यदि आयु समाप्त हो जायगी, तो क्या पछतावा है ? (४) यदि जूझूँगा तो बहुतों को मारकर मरूँगा। मन में समझकर मेरे लिये तुम विलाप मत करना।' (५) यह कहकर गोरा ने एक सहस्र सरदार अपने साथ ले लिए और शेष बीर बादल के संग कर दिए। (६) गोरा से अन्तिम भेंट करके बादल गरजा और राजा को आगे करते हुए बढ़ चला। (७) इधर गोरा घूमकर रणक्षेत्र में डट गया। उसे देखकर वीर पुरुषों के मन में उत्साह कीबाढ़ आ गई।

(८) सुल्तानी सेना के चढ़ आने से आकाश कालिमा में छिप गया। (९) संसार में काली घटा चढ़ती आ रही थी जिससे दिन में ही साँझ हो गई।

(१) अंकम=आलिंगन, भेंट (तब तिरिया कुंदन की नाईं। भेंटैं अंकम भरि नग साईं॥ चित्रावली, ५७८।७)। सं० अंक, अंकपाली > अंकवाली, अंक माली। किन्तु अंकं दत्त्वा अंकं भरित्वा से 'अंकम' शब्द बना जान पड़ता है।

(२) पिता मरै जो सारैं साथैं—यह लोकोक्ति सार्थवाहों की भाषा से ली गई जान पड़ती है। साथैं—सार्थ > साथ=सार्थ समूह, सार्थ में चलने वाला व्यापारी वर्ग। सारैं—सारना=रक्षा करना।

(३) आइ=आयु (शब्दसागर)। सतयुग लाख वर्ष की आई। त्रेता दश सहस्र की गाई॥ सूर। अथवा, आइ=युद्ध, संग्राम। सं० आजि > प्रा० आइ। यदि युद्ध में वह पूरी हो जाय तो पछताना क्या ?

(९) कारी—दे० ६२६।२; और भी १४।३, ५२३।१।

[६२८]

होइ मैदान परी अब गोई। खेल हाल दहुँ काकरि होई।१।
जोबन तुरै चढ़ी सो रानी। चली जीति अति खेल सयानी।२।
लट चौगान गोइ कुच साजी। हिय मैदान चली लै बाजी।३।
हाल सो करै गोइ लै बाढ़ा। कूरी दुहूँ बीच कै काढ़ा।४।
भए पहार दुवौ वै कूरी। दिस्टि नियर पहुँचत सुठि दूरी।५।
ठाढ़ बान अस जानहुँ दोऊ। सालहिं हिए कि काढ़ै कोऊ।६।
सालहिं तेहि न जासु हियँ ठाढ़े। सालहिं तासु चहै ओन्ह काढ़े।७।
मुहमद खेल पिरेम का घरी कठिन चौगान।
सीस न दीजै गोई जौं हाल न होइ मैदान॥५३।८॥

[चौगानपरक अर्थ]

(१) अब गेंद मैदान में आकर पड़ी है। खेल में न जाने हाल किसका होगा (विजय किसकी रहेगी) ? (२) जोबन में भरी वह रानी तुरंग पर चढ़ी है। खेल में

अति सयानी वह जीतकर चली है (या जीतने के लिये खेल आरम्भ किया है)। (३) (वक्षस्थल पर लोटती हुई) लट चौगान के खेल का बल्ला है। गेंद कुच के समान सजाई है। वह रानी उमंग से मैदान में बाजी लेने चली है। (४) जो गेंद लेकर बढ़ता है और उसे दोनों खम्भों के बीच से निकालता है, वही हाल करता है (उसी की विजय होती है)। (५) खेल के मैदान के अन्त में बनी दोनों कूरियाँ पहाड़ के समान हो गई जो देखने में पास लगती थीं पर वहाँ तक पहुँचने में दूर थीं। (६) वे दोनों कूरियाँ बाण की तरह खड़ी थीं। वे खिलाड़ियों का हृदय व्यथित कर रही थीं कि कोई उनके बीच से गेंद निकालकर दिखाए। (७) वे कूरी रूप बाण जिसके हृदय पर हैं उसे नहीं सालते। उसका हृदय सालते हैं जो उनके बीच से गेंद निकालना चाहता है।

(८) [मुहम्मद—] यह खेल प्रेम से मिलकर खेलने का है। चौगान के खेल की एक घड़ी की अवधि बड़ी कठिन होती है। (९) जब तक गेंद के साथ सिर भी न दिया जाय, मैदान में जीत नहीं होती।

(१) मैदान–वह खुली हुई भूमि जहाँ चौगान खेला जाता है। अबुलफजल ने भी इसी शब्द का प्रयोग किया है।

गोई=गेंद। फा० गूय। इस के लिये प्राचीन शब्द गोटा (४८३।६) और कंदुक थे।

हाल–चौगान के मैदान के अन्त में दोनों ओर दो गूमटनुमा खंभे, आजकल की भाषा में गोल। उनके बीच से गेंद मारकर निकालने से बाज़ी होती थी। उन्हीं का भारतीय नाम कूरी था। अबुलफजल ने 'हाल' का यह अर्थ दिया है (आईन अकबरी, भाग २, आईन २९, ब्लाखमैन, पृ० ३०९)। फा० हाल (दो चश्मी 'हे' से शुरू होने वाला शब्द)=चौगान के खेल का गोल (स्टाइनगास, फारसी कोश, पृ० १४८६)। हाल होना (पं० १, ९) = गोल होना, खेल में जीत होना। हाल करना (पं० ४) = गोल करना। लारेन्स बिनयन कृत कोर्ट पेन्टर्स आव दी ग्रॉड मुगल्स पुस्तक के पृ० १८के सामने फलक ७ पर छपे 'शाहजादी हुमा गूयबाज़ी करदन' चित्र में राजकुमारी घोड़े पर चढ़कर सिरे पर मुड़ी हुई लकड़ी से गेंद छीनती हुई चौगान खेल रही है। मैदान के दोनों सिरों पर गूमटनुमा दो दो खंभे हैं जिनमें से बाईं ओर के दोनों साफ हैं, दाहिनी ओर का केवल एक कुछ टूटा हुआ चित्र में बचा है। सूर ने भी चौगान के प्रसंग में मैदान, गोइ, और हाल का उल्लेख किया है—मन मोहन खेलत चौगान। द्वारावती कोट कंचन मैं राख्यौ रुचिर मैदान।...जबही हरि लै गोइ कुदाव ८ कंदुक कर सौं लाइ। तबहीं औंचकहीं करि धावत हलधर हरि के पाँइ॥ कुँवर सबै घोड़े फेरे पै छाँड़त नहिं गोपाल। बलै अछत छल बल करि जीते सूरदास प्रभु हाल॥ (सूरसागर, काशी, पद ४७८४)।

(२) तुरै–तुरग > तुरय, तुरइ > तुरै। जोबन तुरै–यौवन से भरकर घोड़े पर चढ़कर; अथवा यौवन रूपी घोड़े पर चढ़ कर।

(३) चौगान–चौगान के खेल का डंडा या बल्ला भी चौगान कहलाता था। अँग्रेजी पोलो स्टिक।

लट चौगान–छाती पर झूलती हुई लट की भाँति मुड़ा हुआ बल्ला। दे०, अलक भुवंगिनि तेहि पर लोटा। हेंगुरि एक खेल दुइ गोटा॥ (४८३।६)। वहाँ चौगान के बल्ले को हेंगुरि कहा गया है और उसकी तुलना रोमावली तक झूमती हुई लट से की गई है। ५७२।२ में अलक को अंकुश कहा गया है।

बाजी–(१) बाजी=खेल, खेल में अपनी बारी। (२) घोड़ा–रानी अपना घोड़ा मैदान में

दौड़ाने लगी। हिय=हृदय से, उत्साह पूर्वक।

(४) हाल सो करै–दे० पं० १। हाल करना, हाल जीतना, हाल होना, ये तीनों प्रयोग प्राचीन साहित्य में मिलते हैं जो अब गोल शब्द के साथ प्रचलित हैं।

कूरी–फारसी हाल के लिये यह संस्कृत परम्परा का शब्द था। सं० कूट=(मिट्टी पत्थर का ढेर, पहाड़ की चोटी) > कूड, > कूर, कूरी। पछाहीं बोली में कूड़ी शब्द हाल या गोल अर्थ में अभी तक प्रचलित है।

(५) भए पहार–दोनों कूरियों तक गेंद पहुँचाना अति दुस्साध्य हो गया।

पहार=अति कठिन कार्य, दुष्कर कार्य।

दिस्टि नियर पहुँचत सुठि दूरी–अबुलफ़जल ने चौगान के मैदान की नाप का उल्लेख नहीं किया। बदाउनी के अनुसार अकबर ने आगरे के पास नगरचीं नामक स्थान में चौगान के लिये मैदान बनवाया था। वर्तमान पोलो के खेल में मैदान की लम्बाई ३०० गज और चौड़ाई २०० गज (हाकी के मैदान से तिगुनी) होती है। दोनों ओर की कूरियाँ एक दूसरे से २५० गज की दूरी पर रहती हैं।

(६) ठाढ़ बान अस–बान शब्द के यहाँ दो अर्थ हैं—बाण और धुनने की मुठिया। कूरी या हाल की गुमटियाँ मैदान में बाण सी चुभी हुई लगती हैं। शृंगार पक्ष में दोनों स्तन बाण या मुठिया के समान हैं (दे० ५९३।९)।

(८) घरी–माताप्रसाद जी में इसका पाठ 'खरी' है। गोपालप्रसाद जी की, मनेर की और बिहार शरीफ की फारसी लिपि की प्रतियों में 'खरी' और 'घरी' दोनों पढ़ सकते हैं। उस समय की फारसी लिपि में काफ्-गाफ् दोनों एक तरह से लिखे जाते थे। अर्थ की दृष्टि से 'घरी' पाठ समीचीन है और वही मूल ज्ञात होता है। आईन के अनुसार चौगान के खेल में प्रत्येक दो खिलाड़ी एक घड़ी (= २४ मिनट) तक खेलकर हट जाते थे और दूसरे खिलाड़ी उनकी जगह ले लेते थे (आईन० पृ० ३०९)। इस समय प्रत्येक खिलाड़ी आठ से दस मिनट तक खेलकर बदल जाता है।

चौगान–अबुल फजल ने इस खेल का विशेष वर्णन दिया है—'बादशाह को इस खेल का बहुत शौक है। यह खेल मैदान में खेला जाता है। इसमें एक साथ दस खिलाड़ी से अधिक नहीं होते, किन्तु और बहुत से खिलाड़ी तैयार बैठे रहते हैं। जब एक घड़ी बीत जाती है, दो खिलाड़ी सुस्ताने चले जाते हैं और उनकी जगह दो नए खिलाड़ी आ जाते हैं। चौगान के बल्ले से गेंद मारते हुए मैदान के बीच से हाल की ओर ले जाते हैं। खेल के इस ढंग को हिन्दी में 'रोल' कहते हैं। दूसरा ढंग 'बेला' कहलाता है।...गेंद के हाल पार कर जाने पर नक्कारा बजाकर जीत की सूचना दी जाती है।...बादशाह अँधेरी रात में भी चौगान खेलते हैं, (आईन २।२९, ब्लाखमैन, पृ० ३०९-१०)। अमीर खुसरू कृत नूह सिपिहर नामक ग्रन्थ में पूरा आठवाँ अध्याय चौगान के खेल पर है जिससे ज्ञात होता है कि यह खेल सुल्तानी युग में काफी शौक से खेला जाता था। वस्तुतः चौगान ईरानी खेल था। वहाँ से वह तुर्किस्तान, तिब्बत, हिन्दुस्तान, चीन, जापान आदि देशों में फैला। इंग्लिस्तान में सर्वप्रथम वह १८६९ में पहुँचा और वहाँ से यूरुप और अमरीका में फैला। तिब्बती पुल, 'गेंद,' से अं० पोलो शब्द बना। भारत में यह काल मुसलमानी खेल से फैला। और इसकी पुरानी परम्परा मणिपुर में चली आई थी।

[शृंगारपरक अर्थ]

(१) हृदयरूपी मैदान में कुच रूपी गेंद पड़ी थी। काम क्रीड़ा में आज हाल (विभिन्न काम दशाएँ) किसका होगा ? अथवा, हाल या आनन्द का अनुभव किसे प्राप्त होगा ? (२) वह रानी

यौवन के तुरंग पर चढ़ी हुई, कामक्रीड़ा में अति चतुर, विजय के लिये चली। (३) उसकी एक लट चौगान के बल्ले के समान झूम रही थी। दोनों कुच गेंद के समान थे। वह हृदय रूपी मैदान में बाजी खेलने चली (कामदशा करने चली)। (४) जो कुच रूपी गेंद से आरम्भ करता है और इन दोनों कूरियों को बीच में करके खींचता है वही आनन्द (हाल) करता है। (५) वे दोनों स्तन पर्वत की चोटियों के समान थे। वे दृष्टि के निकट, किन्तु हाथ की पहुँच से दूर थे। (६) दोनों स्तन धुनकी की मुठिया की भाँति उठे थे। वे कामार्तों के हृदय में कसक उत्पन्न करते थे कि कोई उन्हें खींचे। (७) जिसके हृदय पर वे स्तन थे उसे तो न सालते थे। पर उसे व्यथित कर रहे थे जो उन्हें खींचना चाहता था।

(८) [मुहम्मद–] प्रेम की क्रीड़ा घड़ी भर के लिये भी चौगान की भाँति कठिन है। (९) इस मार्ग में जब तक गेंद के समान सिर भी न दिया जाय, आनन्द के स्थान में असली सुख नहीं मिलता।

(१) इस पक्ष में जायसी ने चौगान और गेंद के खेल को शृंगार या प्रेम का रूपक मानकर कल्पना की है। वस्तुतः इस कल्पना का सर्वोत्तम वर्णन खुसरूकृत नूह सिपिहर के आठवें अध्याय में मिलता है। उसमें लगभग छह सौ पंक्तियों में गूय या गेंद और चौगान या बल्ले के बीच संवाद का वर्णन है (गूय-ओ-चौगान बाज़ी)। गेंद प्रेमी और चौगान प्रेमिका है। प्रेमी अपने निस्स्वार्थ प्रेम का प्रस्ताव करता है। कवि ने इस कथानक में अध्यात्म प्रेम का ही वर्णन किया है। प्रेम सब प्रकार की पूर्णता का प्रतीक है (नूह सिपिहर, मुहम्मद वाहिद मिर्जा द्वारा संपादित, बम्बई १९५०, भूमिका, पृ० २४)।

हाल–(१) कूरी, गोल, जीत; (२) हलचल, हिलना; (३) यश; (४) कामदशा, चुम्बन, केशा कर्षण आदि। (५) आनन्द, सूफी साधना के मार्ग में अनुभव की एक अवस्था (स्टाइन गास, फारसी कोश, पृ० ४०९, इस अर्थ में हाल बड़ी हे से शुरू होता है)।

खेल=कामक्रीड़ा, विषय विहार (शब्दसागर)।

(३) बाजी=गूय बाज़ी, गेंद का खेल।

गोइ कुच–गेंद और कुच का साम्य प्रायः कहा गया है। केशवदास ने स्तनों को 'हाल गोला' कहा है (किधौं चित्त चौगान के मूल सोहैं। हिये हेम के हाल गोला बिमोहैं। शब्दसागर।

(६) बान–धुनकी की मुठिया से दोनों स्तनों की तुलना के लिये दे० ५९३।९।

(९) मैदान–वह स्थान जहाँ हाल या महासुख की प्राप्ति होती है। इसे खुसरू ने हालगाह कहा है।

[युद्धपरक अर्थ]

(१) युद्ध के लिये मैदान में रानी गुप्त रूप से उतरी थी। रण में हलचल किसके हाथ रहेगी? (२) यौवन में भरी हुई वह घोड़े पर सवार थी। खेलने में चतुर वह जीतकर जा रही थी (राजा को छुड़ाकर ले जा रही थी)। (३) वह अपना घोड़ा लिए हुए रणक्षेत्र में चली। उसके लिये चौगान का खेल जाता रहा, उसने कुचों की शोभा छिपा ली। (४) जो योद्धा सिर को गेंद की तरह लेकर बढ़ता है और दोनों दलों के बीच से उसे निकाल ले जाता है, वही जग में हाल (हलचल या यश) करता है। (५) रण खेत में वे दोनों दल एक दूसरे के लिये चट्टान के समान हो गए। देखने में पास पास थे पर अन्त तक पहुँचते हुए अति दूर तक विस्तृत थे। (६) दोनों ऐसे जान पड़ते थे कि बाण (गोले) तैयार हों। कोई भी यदि उन बाणों को खींचकर छोड़ देगा तो वे हृदय सालने लगेंगे। (७) जिस वीर के हृदय के पास वे बाण थे उसे न सालते थे। पर जिसका लक्ष्य करके उन्हें खींचा जाता था उसे सालते थे।

(८) [मुहम्मद–] प्रेम का खेल खेलो। चौगान रूपी युद्ध की तो एक घड़ी भी कठिन है। (९) जब तक गोलों की तरह सिर भी न दिया जाय, रण भूमि में हलचल नहीं होती (यश नहीं मिलता)।

(१) गोई–गुप्त (सत्संगति महिमा नहिं गोई। तुलसी; अइसिउ पीर बिहँसि तेहि गोई। अयोध्या, कांड २७।५)।

खेल=रण, युद्ध। खेलना=युद्ध करना (६२९।१, खेलौं आजु करौं रन साका)।
(३) लट–लटना=मंद पड़ना।
(४) गोइ–गेंदरूपी सिर (पं० ९)।
कूरी–युद्ध भूमि में अपना अपना पाला।
(९) मैंदान=युद्ध भूमि (शब्दसागर)।

[६२९]

फिरि आगें गोरैं तब हाँका। खेलौं आजु करौं रन साका ।१।
हौं खेलौं धौलागिरि गोरा। टरौं न टारा बाग न मोरा ।२।
सोहिल जैस इंद्र उपराहीं। मेघ घटा मोहि देखि बिलाहीं ।३।
सहसौं सीसु सेस सरि लेखौं। सहसौं नैन इंद्र भा देखौं ।४।
चारिउ भुजा चतुर्भुज आजू। कंस न रहा औरु को राजू ।५।
हौं होइ भीवँ आजु रन गाजा। पाछें घालि दंगवै राजा ।६।
होइ हनिवँत जमकातरि ढाहौं। आजु स्यामि सँकरें निरबाहौं ।७।
होइ नल नील आजु हौं देउँ समुँद महँ मेंड़।
कटक साहि कर टेकौं होइ सुमेरु रन बेंड़ ॥५३।९॥

(१) तब आगे घूमकर गोरा ने पुकार कर कहा। 'मैं आज खेलूँगा और रण में साका करूँगा। (२) मैं गोरा हिमालय के समान अडिग होकर खेलूँगा। किसीके हटाने से न हटूँगा। किसीके सामने बाग न मोड़ूँगा। (३) मैं सोहिल नक्षत्र की भाँति वृष्टि के देवता इन्द्र के ऊपर रहूँगा। मुझे देखते ही मेघों की घटाओं सी सेनाएँ छट जायँगी। (४) युद्ध भूमि में अपने आपको शेष के समान सहस्र सिर वाला समझूँगा। सहस्रों नेत्रों से इन्द्र के समान सब ओर देखूँगा। (५) चार भुजाओं से आज मैं चतुर्भुज विष्णु बनूँगा। उनके सामने कंस भी न रहा। और राजाओं की तो बात क्या ? (६) द्रंगपति राजा रत्नसेन को पीछे डालकर मैं भीम बनकर आज रण में गरजूँगा। (७) मैं हनुमान बनकर महिरावणपुरी में लगी हुई जमकातर गिरा दूँगा और आज स्वामी के संकट पार करूँगा।
(८) आज मैं नल नील बनकर समुद्र में भी मेंड़ बाँध दूँगा। (९) सुमेर के समान अडिग मैं युद्ध को अर्गला बन कर शाह का कटक दल रोकूँगा।

(१) फिरि=घूमकर, उलटकर (६२७।७)।
साका–विशेष पराक्रम।
(२) धौलागिरि=हिमालय (५७७।४)।
बाग न मोरा–बाग मोड़ना=घोड़े को पीछे फेरना।
(३) सोहिल–अगस्त्य तारा जो वृष्टि का अन्तर कर देता है। अरबी सुहेल।
(४) लेखौं–लेखना=समझना, मानना। अपने को सहस्रसिर वाला शेषनाग समझूँगा। युद्ध में शेष सा भयंकर बनूँगा, अथवा जैसे अपने पास हजार सिर कटाने के लिए हों ऐसा संग्राम

करूँगा । तुलना कीजिए ६२५।७ ।

(६) भीवँ–भीम, गुजरात के राजा भीमदेव द्वितीय चालुक्य (दे० टिप्पणी ३६१।२) । भीम (११७८-१२४१) ने मुहम्मद गोरी के चित्तौड़ पर आक्रमण के समय वहाँ के राजा की सहायता की थी और गोरी की सेना को परास्त किया था । जायसी के भीम भूपाल (६११।४) और भोरा राउ (६३५।८) उल्लेख भी इसी भीमदेव के लिये हैं जो भोलो भीम विरुद से प्रसिद्ध था ।

दंगवै–द्रंगपति > दंगवइ > दंगवै (३६१।२, ५०८।९, ५२६।८) ।

(७) होइ हनिवँत जमकातरि ढाहीं–समुद्र की लहरों के नीचे महिरावन की पुरी में जमकातर लगी थी (३६४।३) जिसका नाशकर हनुमान ने महिरावन को मारकर राम लछमन को छुड़ाया था (६११।७, ६१४।७) । रामानन्द के एक पद में भी इसका उल्लेख है–पैठि पताल जमकातर तोरयो (शब्दसागर, भूमिका, पृ०९२) ।

जमकातरि–जमकात (१६१।२, औ जमकात फिरै जम केरी; ६३१।५) ।

निरबाहीं–निरबाहना=पार लगाना, निभाना ।

सकरें–६१४।६ ।

(९) बेंड़–आड़ा दंडा, अर्गला (बिहार पेजेंट लाइफ, अनुच्छेद १२५०, बेंड, बेंडा=द्वार के पीछे लगाए जाने वाला भारी ब्योंडा या अर्गला दंड) ।

[६३०]

ओनै घटा चहुँ दिसि तसि आई । चमकहिं खरग बान झरि लाई ।१।
डोलै नाहिं देव जस आदी । पहुँचे तुरुक बादि कहँ बादी ।२।
हाथन्ह गहे खरग हिरवानी । चमकहिं सेल बीज की बानी ।३।
सजे बान जानहुँ ओइ गाजा । बासुकि डरै सीस जनि बाजा ।४।
नेजा उठा डरा मन इंदू । आइ न बाज जानि कै हिंदू ।५।
गोरैं साथ लीन्ह सब साथी । जनु मैमंत सुंड बिनु हाथी ।६।
सब मिलि पहिलि उठौनी कीन्ही । आवत अनी हाँकि सब लीन्ही ।७।
रुंड मुंड सब टूटहिं सिउँ बकतर औ कुंडि ।
तुरिअ होहिं बिनु काँधे हस्ति होहिं बिनु सुंडि ॥५३।१०॥

(१) जैसे घटा उमड़ती है, ऐसे सेना चारों ओर से एकत्र हुई । तलवारें चमकने लगीं और बाणों की झड़ी लग गई । (२) गोरा एक दम देव के समान डोलता न था । तुर्क जोड़ के तोड़ की तरह उसके मुकाबिले में आ पहुँचे । (३) वे हाथों में हिरवानी तलवार लिए हुए थे । उनके सेल बिजली की तरह चमक रहे थे । (४) जो बाण तैयार थे वे मानों वज्र थे । बासुकि नाग डर रहा था कि कहीं वे बाण उसके सिर से आकर न टकराएँ । (५) उनका भाला उठा तो इन्द्र डर गया कि कहीं मुझे हिन्दू समझकर मेरी ओर न आ पहुँचें । (६) गोरा ने सब साथी संग में ले लिए । वे मानों बिना सूंड के मैमंत हाथी थे । (७) सबने मिलकर पहला हमला या पहल की और सुलतान की आती हुई सेना को ललकार सब उससे भिड़ गए ।

सेना के आते ही ललकार कर सब उससे भिड़ गए।

(८) अनेक रुंड ज़िरह बख्तर के साथ और मुंड लड़ाई के टोप के साथ कटकर गिरने लगे। (९) घोड़े बिना गर्दन के और हाथी बिना सूँड़ के होने लगे।

(१) ओनै–ओनाना=घिरना। 'आई' क्रिया के कर्ता 'सेना' का अध्याहार किया जायगा।

(२) डोलै–गोपालचन्द्र, मनेर और बिहार की प्रतियों में मुझे एक वचनान्त पाठ मिला है जो यहाँ रक्खा है। इसका कर्ता भी अध्याहार से 'गोरा' है। माताप्रसाद जी ने 'ढोलहिं' पाठ माना है। उसका कर्ता होगा 'गोरा और उसके साथी'।
देव जस आदी–देव=दानव, जिन। गोरा बिल्कुल जिन की भाँति अडिग था।
आदी=बिल्कुल, एकदम, नितान्त। 'आदी' शब्द का यह विशिष्ट प्रयोग जायसी में कई बार आया है–दे० १६०।१, ६१४।१, ६३५।५। आखिरी कलाम ८।५ में भी यही अर्थ है (पहलवान नाए सब आदी)। २७१।५, में 'आदि'=जन्म से (वहाँ अर्थ अशुद्ध हो गया है; पाठक कृपया सुधार लें। और भी तुलना करें ३६७।५, ६४४।३)।
बादि कहँ बादी–६३५।५ एवं आखिरी कलाम ८।५ में भी यह मुहावरा आया है। इसका अर्थ है–वादी के मुकाबिले का प्रतिवादी, जोड़ का तोड़। (जोड़=दही का जमावन; तोड़=दही का पानी, जोड़ के मुकाबिले में तोड़होता है)। माताप्रसाद जी ने यहाँ 'बाद' पाठ रक्खा है, किन्तु ६३५।५ के अनुसार 'बादि' ही ठीक है।

(३) खरग हिरवानी=हेरात की बनी तलवार (दे० टिप्पणी ४५०।४)।
सेल=एक प्रकार का बल्लम (दे० टिप्पणी ५१८।५)।
बानी=वर्ण, रंग; बानगी, नमूना। सं० वर्णिका > वन्निआ > बानी।

(४) बान–बाण या गोले। गाजा=वज्र।

(५) नेजा=भाला (दे० टिप्पणी ५१८।६)।

(६) साथ लीन्ह सब साथी–गोरा ने अपने एक हजार साथियों को एक जगह इकट्ठा कर लिया। 'साथ लीन्ह' का संकेत है कि वे सब पंक्तिबद्ध खड़े हो गए।

(७) उठौनी=धावा, हमला, वार, युद्ध का आरम्भ। कान्हड़ दे प्रबन्ध (१४५५ ई०) में ऊठवणी शब्द का इसी अर्थ में प्रयोग हुआ है—पहिली तुरक तणी ऊठवणी रणि वाउला विछूटा (३।७६)। बीजो ऊठवणी हींदूनी तेजी दीधा साट (३।७८)। अर्थात् पहली उठौनी या हमला तुरकों की ओर से और दूसरी हिन्दुओं की ओर से की गई (कान्हड़ दे प्रबन्ध, राजस्थान पुरातन ग्रन्थमाला)। शब्दसागर में उठौनी के जो बारह अर्थ दिए गए हैं उनमें यह अर्थ नहीं है। 'गंगा उठाकर शपथ ली' अर्थ अशुद्ध छप गया है। ठीक अर्थ यह है—सबने मिल कर पहला धावा किया। हाँकि—जैसे ही शाह की सेना आ पहुँची योद्धाओं ने हुंकार पूर्वक गर्जन किया। 'हाँकि सब लीन्ही' यही उत्तम पाठ है 'दीन्हीं' नहीं।

(८) टूटहिं–कटकर गिर रहे थे।
कुंडि=लड़ाई में पहनने की लोहे की टोपी (अँगरी पहिरि कूँडि सिर धरहीं। अयोध्या कांड १९१।३)।
सिउँ=संग, सहित।
बकतर–बगतर, बकतर, दोनों फारसी रूप हैं (स्टाइनगास, फारसी कोश, पृ० १९४-५), हिन्दी बख्तर।

(९) कांधे=गर्दन, कंध (कंध ऊँच असवार न दीसा, ५१२।५)।

[६३१]

ओनवत आव सैन सुलतानी। जानहुँ पुरवाई अतिवानी।१।
लोहैं सैन सूझ सब कारी। तिल एक कतहुँ न सूझ उघारी।२।
खरग पोलाद निरँग सब काढ़े। हरे बिज्जु अस चमकहिं ठाढ़े।३।
कनक बानि गजबेलि सो नाँगी। जानहुँ काल करहिं जिउ माँगी।४।
जनु जमकात करहिं सब भवाँ। जिउ लै चहहिं सरग उपसवाँ।५।
सेल साँप जनु चाहहिं डसा। लेहिं काढ़ि जिउ मुख बिख बसा।६।
तिन्ह सामुहँ गोरा रन कोपा। अंगद सरिस पाउ रन रोपा।७।
सुपुरुस भागि न जानै भएँ भीर भुइँ लेइ।
असि बर गहैं दुहूँ कर स्यामि काज जिउ देइ ॥५३।११॥

(१) सुलतान की सेना घेरती हुई चली आती थी, मानों प्रचंड पुरवाई झुकती आ रही हो। (२) लोहे से मढ़ी हुई सारी सेना काली दिखाई पड़ रही थी। वह तिल भर भी कहीं से उघाड़ी हुई न थी। (३) सबने फौलाद की तलवारें म्यान में से खींच लीं। खड़ी हुई तलवारें हरे रंग की बिजली सी चमक रही थीं। (४) गजबेल लोहे की बनी हुई उन नंगी तलवारों में सोने सी चमक थी। मानों काल उन तलवारों के रूप में अपने हाथ फैलाकर जी माँग रहा था। (५) मानों अनेक जमकातें घूम रही थीं और प्राण लेकर स्वर्ग को जाना चाहती थीं। (६) साँप के समान सेल मानों डसना चाहते थे। उनके मुँह पर विष लगा था जिससे प्राण हर लेते थे। (७) उनके सामने होकर गोरा रण में कुपित हुआ। युद्ध भूमि में उसने अंगद के समान पाँव जमा दिया।

(८) वीर पुरुष भागना नहीं जानता। संकट के समय वह रण में खेत संभाल लेता है। (९) दोनों हाथों में उत्तम तलवार लेकर वह अपने स्वामी का कार्य पूरा करने के लिये प्राण दे देता है।

(१) जानहुँ पुरवाई अतिवानी—इस पंक्ति के कई पाठ मिलते हैं। गोपालचंद्रजी की प्रति (जो इस समय मेरे सामने है) माताप्रसाद जी की च०१,—जानहुँ पुर वाउ अतिवानी। बिहार शरीफ की प्रति—जानहुँ परलै आव अतिवानी। मनेर की प्रति—जानहुँ परलै आइ तुलानी। कला भवन की प्रति—जानहुँ परलै आउ अति वानी। ज्ञात होता है कि मूल पाठ 'जानहुँ पुरवाई अतिवानी' था। अतिवानी शब्द का प्रयोग जायसी काल की अवधी में प्रचलित था। यह ३४५।१ से भी ज्ञात होता है। उसका पाठ माताप्रसाद जी में 'सावन बरिस मेह अति पानी' है। किन्तु गोपालचन्द्र, बिहार शरीफ और कला भवन की कैथी प्रति में जो इस समय मेरे पास हैं 'अतिवानी' पाठ है। वही वहाँ भी मूल जान पड़ता है। शब्दसागर में अतवान का अर्थ अधिक, अत्यन्त दिया है और पद्मावत ३४५।१ का ही प्रमाण दिया है। चालू अवधी में इस शब्द का प्रयोग है या नहीं, मैं नहीं जान सका, किन्तु खोजने योग्य है। माताप्रसाद जी ने २०।१।५५ के पत्र में मुझे लिखा है कि 'अतिवानी' पाठ ही शुद्ध है, 'अतिबानी' छापे की भूल है। साधन कृत मैना सत नामक प्राचीन अवधी काव्य में आया है—घन गरजै बरसै अतिवानी। काँप

हिरिद लोहू होइ पानी ॥ कवि सूरदास कृत नलदमन की हस्तलिखि प्रति में (जो मुनि कान्तिसागर जी के पास है) यह शब्द प्रयुक्त हुआ है—ज्यौं ज्यौं कढ़ै बढ़ै त्यौं पानी । धर्म सोत उमड़ै अतिवानी ॥ (नलदमन ४०।७) ।

(२) लोहैं–लोहे के बने कवच और शस्त्रास्त्र (५२०।५, दर लोहें दरपन भा आवा; और भी ४९७।१, ५१२।४ ५१९।१) ।

(३) पोलाद=फौलाद । फारसी में 'पोलाद' रूप ही है । ५६७।८ में भी 'फीलहि फील' की जगह हस्त लिखित प्रतियों के अनुसार जायसी का पाठ 'पीलहि पील' ही था ।
निरंग–यह क्लिष्ट पाठ है । देशी शब्द णिरंगी, निरंगी का अर्थ अवगुण्ठन या परदा है (देशी० ४।३१, २।२०, पासह०) । यहाँ म्यान या कोश अर्थ संगत बैठता है जिसमें तलवार छिपी रहती है।
हरे–कवचों का नीला रंग और सुनहली गजबेल की तलवारों का पीला रंग मिलकर हरी बिजली सी चमकती जान पड़ती थी ।

(४) गजबेलि–एक प्रकार का ताव दिया हुआ लोहा । पुराने सिकलीगरों के अनुसार लोहा पाँच पकार का तपाया जाता था–१ सकेला–कच्चा और पक्का लोहा मिला हुआ, वह तलवार जो नरम और कड़े लोहे के मेल से बनाई जाय । २ खेड़ी–सकेले से उतर कर, मुलायम लोहा । ३ नानपारचा–खेड़ी से मिलता हुआ लोहा । ४ गजबेल–फौलाद से कुछ नरम लोहा । ५ फौलाद–अत्यन्त उत्तम तपाया हुआ लोहा । गजबेल नाम संभवतः इस लिये पड़ा कि इस लोहे से हाथी की सिकड़ या जंजीर बनाई जाती थी । कान्हड़ दे प्रबन्ध(१४५५ ई०) में भी यह शब्द प्रयुक्त हुआ है (षांडा तणा पटा गजवेलि, ४।४७) ।
करहिं=हाथों से । जायसी ने अन्यत्र भी करहिं शब्द का इसी प्रकार प्रयोग किया है—चहुँ दिसि चँवर करहिं सब ढारा (६२२।३) । तुलसीदास जी में भी इस शब्द का ऐसा ही छिपा हुआ प्रयोग मिलता है जहाँ प्रायः टीका कारों ने भ्रम वश उसे क्रिया पद मान लिया है—सरौ करहिं पाइक फहराहीं (बालकांड ३०२।७) अर्थात् पैदल सेवक हाथों से सरौ के आकार के झंडे जलूस में घुमाते हुए चल रहे थे ।

(६) सेल–दे० टिप्पणी ५१८।५ ।

[६३२]

भै बगमेल सेल घन घोरा । औ गज पेल अकेल सो गोरा ।१।
सहस कुँवर सहसहुँ सत बाँधा । भार पहार जूझि कहँ काँधा ।२।
लागे मरै गोरा के आगें । बाग न मुरै घाव मुख लागें ।३।
जैस पतंग आगि धँसि लेहीं । एक मुएँ दोसर जिउ देहीं ।४।
टूटहिं सीस अधर धर मारे । लोटहिं कंध कबंध निनारे ।५।
कोई परहिं रुहिर होइ राते । कोइ घायल घूमहिं जस माँते ।६।
कोइ खुर खेह गए भरि भोगी । भसम चढ़ाइ परे जनु जोगी ।७।
घरी एक भा भारथ भा असवारन्ह मेल ।
जूझि कुँवर सब बीते गोरा रहा अकेल ॥५३।१२॥

(१) उधर से शाही घुड़सवारों के सेलों से एक साथ घन घोर धावा हुआ, और इधर गोरा ने अकेले अपना हाथी पेल दिया । (२) उसके साथ केवल एक हजार सरदार

थे, पर वे हजारों ही सत से बँधे थे। उन्होंने शाही सेना से युद्ध के लिये पहाड़ सा भारी बोझा अपने ऊपर लिया। (३) तुरंत वे गोरा के आगे बढ़कर प्राण देने लगे। मुँह पर घाव लगने से भी उनके घोड़ों की बागें न मुड़ती थीं। (४) वे बरसती हुई आग में पतिंगों के समान घुसकर शत्रुओं से लड़ रहे थे। एक के मरने पर दूसरे आ-आकर प्राण देते थे। (५) उन वीरों के सिर कटकर गिर जाते तो धड़ ही अधर में प्रहार करते जाते थे। फिर धड़ और सिर दोनों अलग-अलग भूमि पर लोटने लगते थे। (६) कोई खून में लथपथ होकर गिर जाते थे। कोई घायल होने पर मतवाले से घूमते थे। (७) कोई सरदार घोड़ों के खुर से उठी धूल से भर गए, मानों भस्म लगाए हुए योगी पड़े थे।

(८) एक घड़ी भर युद्ध होता रहा। सवारों में बगमेल भिड़न्त हुई। (९) जितने सरदार थे युद्ध करके समाप्त हो गए। गोरा अकेला रह गया।

(१) बगमेल–बाग मिलाकर घुड़सवारों का पंक्ति में चलना, किसीका पंक्ति बद्ध होकर चलना, (हरषि परस्पर मिलन हित कछुक चले बगमेल। बालकांड, ३०५।९); एक साथ आमने सामने आकर धावा या भिड़न्त (जैसे यहाँ है; और भी ६३७ अ। ६ होइ बगमेल जूझ सो गिरा; २६८ ई।३ जस गज पेलि होहिं रन लागे। तस बगमेल करहु संग लागे ॥)।
सेल–जायसी ने यहाँ घुड़ सवारों के युद्ध में सेल का उल्लेख किया है। ज्ञात होता है कि यह भाले की तरह अश्वारोही या गजारोही सेना का हथियार था (दे० टिप्पणी ५१८।५)।

(२) सहस कुँवर सहसहुँ सत बाँधा–युद्ध का चित्र इस प्रकार है—शाही घुड़सवारों ने एक साथ पहल की। गोरा ने अकेले अपना हाथी उनकी ओर बढ़ाया। उसके साथ केवल एक हजार वीरों की टुकड़ी थी। उन्होंने गोरा से आगे बढ़कर युद्ध का भार सँभाला। उनमें से हर एक सत से बँधा हुआ था, शपथ उठाकर प्रतिज्ञा कर चुका था कि जान पर खेलकर लड़ेगा।
सत बाँधा–सत बाँधना, यह तत्कालीन युद्ध की शब्दावली का पारिभाषिक शब्द ज्ञात होता है; इस प्रकार की प्रतिज्ञा करना कि युद्ध में प्राण दे देंगे पर पीछे न हटेंगे। ऐसे योद्धा ही 'जाँबाज़' कहलाते थे। खुसरू ने नूहसिपिहर में जाँबाज़ सवारों का उल्लेख किया है (सिपिहर २, पृ० ८७)।

(३) बाग न मुरै–बाग मुड़ना=घोड़े को पीछे हटाना।

(४) लेहीं–लेना=युद्ध में भिड़ना, सेना को रोकना।

(५) टूटहिं–६३०।८
अधर धर मारे–सिर के अलग हो जाने पर धड़ अधर में अर्थात् विना लक्ष्य मारा मारी करने लगे। अधर में मारना—मुहावरा, तुलना अँग्रेजी पुआइन्ट ब्लैंक।
कंध–सिर, गर्दन (५१२।५, ५१३।५, ५१९।२, ६३०।९, ६४७ अ। ७)।

(७) भोगी–(१) भोग करने वाले; (२) ठिकानेदार, सामंत (सं० भोगिक)। जो 'भोगी' थे वे धूल में भर कर भस्म रमाए जोगी बन गए।

(८) भारथ–महाभारत, युद्ध (६०९।१ जस भारथ तुम्ह और न कोऊ)।

[६३३]

गोरैं देख साथ सब जूझा। आपन काल नियर भा बूझा।१।
कोपि सिंघ सामुहँ रन मेला। लाखन्ह सौं नहिं मुरै अकेला।२।

लई हाँकि हस्तिन्ह कै ठटा । जैसें सिंघ बिडारै घटा ।३।
जेहि सिर देइ कोपि करवारू । सिउँ घोरा टूटै असवारू ।४।
टूटहिं कंध कबंध निनारे । माँठ मँजीठि जानु रन डारे ।५।
खेलि फागु सेंदुर छिरिआवै । चाँचरि खेलि आगि रन धावै ।६।
हस्ती घोर आइ जो ढूका । उठै देह तिन्ह रुहिर भभूका ।७।
भै अग्याँ सुलतानी बेगि करहु एहि हाथ ।
रतन जात है आगें लिए पदारथ साथ ॥५३।१३॥

(१) गोरा ने देखा कि साथ के सब लोग जूझ गए । उसने अपना अन्त भी निकट आया हुआ जान लिया । (२) कुपित होकर वह शेर सामने रण में पिल पड़ा । लाखों से मुकाबिला होने पर भी वह अकेला मुड़ता न था । (३) उसने हाथियों की सेना की ओर हुंकार के साथ गर्जन किया और तब सिंह की भाँति उनकी घटा को विदीर्ण करने लगा । (४) क्रोध करके जिसके सिर पर तलवार चलाता था, वह सवार घोड़े के साथ कटकर गिर जाता था । (५) सिर और धड़ कटकर अलग-अलग गिर रहे थे, मानों रण भूमि में मंजीठ के घड़े किसीने लुढ़का दिए हों । (६) वह फाग खेलकर सिंदूर छिड़क रहा था, अथवा चाँचर खेलकर युद्धरूपी अग्नि की ओर दौड़ रहा था । (७) हाथी या घोड़ा, जो भी उस ओर आ झुकता, उसीके शरीर से रक्त ऐसे छूटता जैसे आग की लपट उठती हो ।

(८) सुलतान की आज्ञा हुई, 'तुरन्त इसे पकड़ लो ।' (९) आगे रत्न (रत्नसेन) हीरा (पद्मावती) लिए हुए बढ़ा जा रहा है ।'

(१) साथ सब—साथ के सब लोग । 'साथि' पाठ भी संभव है ।

(३) लई हाँकि—हुंकार भरी, गर्जन किया (६३०।७) । गोरा ने हाथियों के ठट्ठ देखकर पहले हुंकार पूर्वक गर्जन किया और फिर वह सिंह की तरह उन्हें फाड़ने लगा ।
घटा=हस्ति-समूह, हाथियों का जमघट या ठट्ठ ।
ठटा-ठट्ठ, झुंड ।

(४) टूटै—६३०।८, ६३२।५ । करवारू—करवार=करवाल, तलवार (शब्दसागर) । सं० करपाल; करपालिका (=हिन्दी करौली) । गोपाल चंद की प्रति में 'कोप कै वारू' पाठ है ।

(५) टूटहिं कंध कबंध निनारे=दे० ६३२।५
माँठ=घड़ा । माँट, माट और माँठ, माठ चारों रूप मिलते हैं । गोपालचन्द्र की प्रति और बिहार की प्रति में माँठ पाठ है, कलाभवन की प्रति में माठ । ६४४।८, मँठाहँ=घड़े में ।

(६) छिरिआवै—बखेरता है । ५५४।६ में छिरिआने और ६४८।७ में छिरिआवौं पाठ है । यहाँ भी गोपालचन्द्र और बिहार की प्रतियों में 'छिरिआवै' रूप है ।
सेंदुर छिरिआना—अबीर उड़ाना ।
आगि रन धावै—चाँचर खेलकर जैसे होली में आग लगाने के लिये गाँव के बाहर जंगल की ओर जाते हैं वैसे ही वह युद्ध की अग्नि की ओर दौड़ रहा था । रन=(१) अरण्य, जंगल; (२) युद्ध (गोपालचन्द्र और बिहार की प्रतियों में 'आगि रन लावै' पाठ है ।

(७) रुहिर भभूका—रक्त के उठते हुए फव्वारे की तुलना आग की उठती हुई लाल लपट से की गई है ।
भभूका=ज्वाला, लपट ।

[६३४]

सबहि कटक मिलि गोरा छेंका । गुंजर सिंघ जाइ नहिं टेका ।१।
जेहिं दिसि उठै सोइ जनु खावा । पलटि सिंघ तेहिं ठायँन्ह आवा ।२।
तुरुक बोलावहिं बोलहिं बाहाँ । गोरैं मींचु धरा मन माहाँ ।३।
मुए पुनि जूझि जाज जगदेऊ । जियत न रहा जगत महँ केऊ ।४।
जनि जानहु गोरा सो अकेला । सिंघ की मोंछ हाथ को मेला ।५।
सिंघ जियत नहि आपु धरावा । मुएँ पार कोई घिसियावा ।६।
करै सिंघ हठि सौंही डीठी । जब लगि जिऐ देह नहिं पीठी ।७।
रतनसेनि तुम्ह बाँधा मसि गोरा के गात ।
जब लगि रुहिर न धोवौं तब लगि होउँ न रात ॥५३।१४॥

(१) शाह की सारी सेना ने मिलकर गोरा को घेर लिया, पर दहाड़ते शेर की भाँति वह रोका न जाता था । (२) जिस दिशा में वह उछलता उसे ही मानों खा जाता था । फिर शेर की तरह घूमकर उसी स्थान पर आ जाता था । (३) तुर्क उसे ललकारते थे । उसकी भुजाएँ उत्तर देती थीं । गोरा ने मन में अपना अन्त निश्चित जान लिया । (४) वह सोचने लगा, 'जाज और जगदेव जैसे वीर भी युद्ध में काम आ गए । संसार में कोई भी सदा जीवित न रहा । (५) यह मत समझो गोरा अकेला है । सिंह की मूंछ पर कौन हाथ चला सकता है ? (६) सिंह जीते जी अपने आपको पकड़ने नहीं देता । मरने के बाद कोई उसे घिसिया सकता है । (७) सिंह हठ पूर्वक सामने ही दृष्टि करता है । वह जब तक जीता है पीठ नहीं देता ।

(८) ऐ तुर्को, तुमने रत्नसेन को पकड़ लिया । इससे गोरा के मुहँ में कालिख लग गई । (९) जब तक रक्त से उसे न धोऊँगा, तब तक सुर्खरू न हूँगा ।'

(१) गुंजर सिंघ–मनेर, बिहार शरीफ और गोपल चंद्रजी की प्रतियों में (जो मैं देख सका) रकारान्त पाठ ही है । या तो इस शब्द को गुंजर पढ़ना चाहिए या कुंजर । ४१।६ (कुंजर डरहिं कि गुंजरि लीहा) में माताप्रसाद जी ने गुंजर माना है । यहाँ भी वही मानकर अर्थ किया है । प्रा० गुंज=गर्जना, सिंह आदि का आवाज करना (गुंजति सीहा, पासद०) । कुंजर सिंघ पाठ मानें तो भी संगत हो सकता है । मध्यकालीन चित्रों में सिंह की एक आकृति बनाते हैं जिसमें शरीर और मुख सिंह का रखते हुए भी हाथी का शुंड युक्त मुख भाग जोड़ दिया जाता है । इस प्रकार के कल्पित पशु में शेर और हाथी दोनों का बल माना जाता था । माताप्रसाद जी ने 'कुंजल सिंह' पाठ रखखा है ।

(४) जाज–दे० ६११।३ को टिप्पणी । प्रक्षिप्त छंद ६२७ अ आ (पृ० ६२९ की अन्तिम पंक्ति) में भी जाजा और जगदेव के नाम आए हैं । जगदेव की कथा के लिये देखिए परिशिष्ट ।

(६) पार=परे, आगे (शब्द सागर) ।

[६३५]

सरजा बीर सिंघ चढ़ि गाजा । आइ सौंहँ गोरा के बाजा ।१।

पहलवान सो बखाना बली । मदति मीर हमजा औ अली ।२।
मदति अयूब सीस चढ़ि कोपे । राम लखन जिन्ह नाउँ अलोपे ।३।
औ ताया सालार सो आए । जिन्ह कौरौ पंडौ बँदि पाए ।४।
लिंधउर देव धरा जिन्ह आदी । और को माल बादि कहँ बादी ।५।
पहुँचा आइ सिंघ असवारू । जहाँ सिंघ गोरा बरियारू ।६।
मारेसि साँगि पेट महँ धँसी । काढ़ेसि हुमुकि आँति भुइँ खसी ।७।
भाँट कहा धनि गोरा तू भोरा रन राउ ।
आँति सैंति करि काँधे तुरै देत है पाउ ।।५३।१५।।

(१) वीर सरजा जो सिंह पर चढ़ कर गरजता था, गोरा के सामने आकर भिड़ा । (२) वह बलशाली पहलवान कहा जाता था । उसे अमीर हमजा और अली की मदद थी । (३) मदद के लिये अयूब उसके सिर पर चढ़ा हुआ कुपित जान पड़ता था, जिसने राम लक्ष्मण का यश भी छिपा दिया था । (४) और वह ताया सालार भी उसकी मदद के लिये आया जिसने कौरव पाण्डव (जैसे वीरों) को अपने बंधन में डाला था । (५) जिसने लिंधउर देव को पकड़कर बिल्कुल वश में कर लिया था (ऐसा वीर वह सरजा था) । और कौन-सा मल्ल उसके जोड़-तोड़ का हो सकता था ? (६) सिंह पर सवार वह वहाँ आ पहुँचा जहाँ सिंह के समान बली गोरा था । (७) उसने आते ही साँगी मारी जो गोरा के पेट में घुस गई । फिर ज़ोर लगाकर उसे खींच लिया जिससे गोरा की आँतें धरती पर आ गिरीं ।

(८) भाट ने देखते ही कहा—'हे गोरा, तुझे धन्य है । तू युद्ध में भोला भीम जैसा है । (९) तू आँतों को समेट कर और उन्हें कन्धे पर डाल कर घोड़े पर पैर रखने वाला है ।'

(१) सरजा–अलाउद्दीन का सर्वश्रेष्ठ वीर (४८८।६)

(२) मीर हमजा–मीर हमज़ा मुहम्मद साहब के चचा थे जिनकी वीरता की बहुत सी कल्पित कहानियाँ पीछे से जोड़ी गईं (शुक्लजी) । सोलहवीं शती में दास्तान अमीर हमजा की बहुत प्रसिद्धि थी । अकबर ने उस पर आश्रित चौदह सौ चित्र कपड़े पर बनवाये थे, जिनमें से सौ से कुछ ऊपर अभी तक बच गए हैं । इन चित्रों का बनना हुमायूँ के समय से ही शुरू हो गया था । इससे ज्ञात होता है कि शेरशाह के समय में भी अमीर हमज़ा का किस्सा खूब प्रचलित था । दे० आखिरी कलाम ८।४ (बल हमजा कर जैस सँभारा । जो बरियार उठा तेहि मारा ॥) ।
अली–मुहम्मद साहब के चचा जात भाई और दामाद, मुसलमानों के चौथे खलीफा (६५६-६६१) । ये वीरता के उपमान हैं ।

(३) अयूब–बाइबिल में इन्हें जॉब कहा गया है (हिब्रू इयोब) । ये अत्यन्त धर्मात्मा थे । शैतान ने सन्देह किया और उसे इनकी परीक्षा लेने की अनुमति मिली । हजरत अयूब पर अनेक विपत्तियाँ आईं, सम्पत्ति नष्ट हो गई, शरीर भी व्याधिग्रस्त हो गया । पर उन्होंने ईश्वर के प्रति कृतज्ञता का भाव न छोड़ा । अन्त में उनके दिन बहुरे । अयूब साधुता और धर्म परायणता

के साथ कष्ट सहन के उपमान हैं, जैसे कष्ट राम लक्ष्मण ने सहे थे।

(४) ताया सालार–शुक्लजी के अनुसार 'शायद सालार मसऊद गाजी (गाजी मियाँ)' ताया–अरबी ताया=आज्ञाकारी (स्टाइनगास, फारसी कोश, पृ० ८०७)।

कौरों पंडौ बंदि पाए-कवि का संभवतः यह आशय है कि कौरव-पाण्डवों के वीर वंशज जिस सालार के सामने युद्ध में बंदी हो गए।

लिंधउर देव–'लंधौर देव नामक एक कल्पित हिन्दू राजा जिसे मीर हमजा ने जीतकर अपना मित्र बनाया था; मीर हमजा के दास्तान में यह बड़े डील-डौल का और बड़ा भारी वीर कहा गया है' (शुक्लजी)। लिंधउर, लिंधर (बिहार की प्रति), लंधौर–ये कई रूप इस नाम के मिलते हैं। वस्तुतः 'देव' हिन्दू राजा के लिये जायसी में बराबर आया है। वारंगल (प्राचीन एकशिला) के काकतीय राजा प्रताप रुद्र देव (१२९६-१३२३) को अमीर खुसरू, बरनी एवं अन्य मुस्लिम ऐतिहासिकों ने लुद्दर देव लिखा है (नूह सिपिहर, मुहम्मद वाहिद मिर्जा की भूमिका, पृ० १९)। रुद्रदेव के नाम का यह अपभ्रंश रूप था। हमारी सम्मति में यही लुद्दर देव लिंधउर देव के रूप में किस्सः अमीर हमजा में शामिल कर लिए गए। रुद्रदेव अत्यन्त शक्तिशाली और गुणी राजा थे। विद्यानाथकृत प्रताप रुद्रयशोभूषण में उनके यश का वर्णन है। वे यशस्विनी महारानी रुद्राम्बा के पौत्र थे। १३०३ में अलाउद्दीन खिल्जी ने वारंगल के विरुद्ध जो सेना भेजी थी उसे प्रतापरुद्र ने करारी हार दी। १३०९ में फिर मलिक कफूर ने वारंगल के अति सुदृढ़ दुर्ग को घेर लिया। तब राजा ने संधि करली। १३१८ में कुतुबुद्दीन मुबारक शाह खिल्जी ने फिर तिलंग विजय के लिये सेना भेजी। घोर युद्ध हुआ और अन्त में संधि हो गई। १३२० में गयासुद्दीन तुग़लक़ ने उलुग खाँ के सेनापतित्व में वारंगल को जो सेना भेजी वह भी परास्त हुई। अन्त में १३२२ में वारंगल के दुर्ग का फिर घेरा डाला गया और घोर युद्ध के बाद काकतीय राजधानी विजित हुई। प्रताप रुद्रदेव बन्दी करके दिल्ली भेजे गए, किन्तु मार्ग में काशी पहुँचकर उन्होंने गंगा में अपना प्राणान्त कर डाला। 'लिंधउर' देव को पकड़ने का उल्लेख इस ऐतिहासिक पृष्ठभूमि में अब ठीक समझा जा सकता है। रुद्रदेव या लुद्दर देव के वीरता पूर्ण कार्यों की गूँज उत्तर भारत में भर गई थी। हिन्दू सैनिकों की वीरता के लिये खुसरू ने लिखा है—सवारान हिन्दू ब लाफ़ दिलेरी। ब हर गोशः करदन्द दावाए शेरी (नूह सिपिहर, अध्याय २, पृ० ८८)। लुद्दर देव के चरित्र का अतिरंजित रूप दास्तान अमीर हमजा में घुल मिल गया। उसका तुलनात्मक विवेचन करने योग्य है।

माल–सं० मल्ल > प्रा० मल्ल > माल=पहलवान।

बादि कहँ बादी–दे० टिप्पणी ६३०।२।

(५) आदी–दे० टिप्पणी ६३०।२

(७) साँगि–साँगी=लोहे का छोटा भाला। साँगी का डंडा और सिर बज्र या फौलाद का होता था (६३६।४)।

हुमुकि–हुमुकना=हुम् करके जोर लगाना।

(८) भोरा राउ=भोला राजा। यह उल्लेख भीम देव द्वितीय चालुक्य राज के लिये है जो भोलो भीम देव के बिरुद से प्रसिद्ध थे। दे० टिप्पणी ३६१।१।

[६३६]

कहेसि अंत अब भा भुइ परना। अंत सो तंत खेह सिर भरना।१।
कहि कै गरजि सिंघ अस धावा। सरजा सारदूर पहँ आवा।२।
सरजैं कीन्ह साँगि सौं घाऊ। परा खरग जनु परा निहाऊ।३।

बज्र साँगि औ बज्र के डाँडा । उठी आगि सिर बाजत खाँडा ।४।
जानहुँ बजर बजर सौं बाजा । सब हीं कहा परी अब गाजा ।५।
दोसर खरग कुंडि पर दीन्हा । सरजै धरि ओड़न पर लीन्हा ।६।
तीसर खरग कंध पर लावा । काँध गुरुज हत घाव न आवा ।७।
अस गौरैं हठि मारा उठी बजर की आगि ।
कोइ न नियरैं आवै सिंघ सदूरहि लागि ॥५३।१६॥

(१) गोरा ने कहा, 'अन्त में अब पृथिवी पर गिरना होगा । अन्त में यही सार है जो सिर में धूल भरती है ।' (२) यह कह वह गरज कर सिंह के समान झपटा और सरजा शार्दूल के ऊपर आया । (३) सरजा ने जिस सांगी से घाव किया था, गोरा का खड्ग उस पर ऐसे टकराया जैसे लोहे का घन बजा हो । (४) सांगी फौलाद की थी, उसका डंडा भी फौलाद का था । सांगी के सिरे पर खांडे के टकराते ही आग निकली, (५) मानों वज्र की टक्कर वज्र से हुई । सबने यही कहा कि अभी गाज गिरी है । (६) गोरा ने तलवार का दूसरा प्रहार सरजा के सिर पर ढके हुए फौलादी टोप पर मारा । सरजा ने अपने को मजबूती से सँभालकर उस वार को ढाल पर रोका । (७) गोरा ने तलवार का तीसरा हाथ गर्दन पर मारा । कंधे पर गुर्ज था, इसलिए घाव नहीं लगा ।

(८) इस प्रकार गोरा ने हठ करके कई वार किए । उनसे वज्र की आग उठी । (९) सिंह और शार्दूल (गोरा-सरजा) की उस झपट में कोई और पास न आता था ।

(१) अंत=१. अन्त में; २. समाप्ति, अवसान (जीवन के अन्त में, अब भूमि पर पड़ना होगा); ३. आँत (आँतों के कारण अब रणभूमि में गिर जाना निश्चित है) ।
तंत=तत्त्व, सार ।

(३) घाऊ-सं० घात > प्रा० घाय > घाव, घाउ, घाऊ । निहाऊ=लोहे का घन । सं० निघाति । (मानिअर विलियम्स कोश)

(४) वज्र साँगि औ बज्र के डाँडा-साँगी (लम्बाई ७ से ८ फुट) । बर्छे (लम्बाई १२ फुट से १५ फुट) से छोटी होती है उसका सिरा ढाई फुट लम्बा और पतला होता है । उसका डंडा भी लोहे का होता है (अरविन, आर्मी ऑव दी इंडिअन मुगल्स) । पृथ्वी चन्द्र चरित्र में दी हुई छत्तीस दंडायुधों की सूची में पाँचवा आयुध षंग सांग या सांगी है ।
सिर-सांगी का अगला सिरा या शीर्षभाग ।

(६) कुंडि-लोहे का टोप (६३०।८) । जायसी ने इसे ही खोल (४९९।४) और टोप (५१२।४) कहा है । भारतीय शब्दावली के अनुसार इसका नाम कूंड था ।
ओड़न-ढाल, जिससे वार रोका जाय (५२०।७) । अयोध्या कांड १९१।६, एक कुशल अति ओड़न खाँड़े ।
धरि=अपने आप को मजबूती से सँभाल कर ।

(७) गुरुज-फा० गुर्ज=गदा ।
लागि=स्पर्धा, मुड़ भेड़, भिड़न्त ।

[६३७]

तब सरजा गरजा बरिवंडा । जानहुँ सेर केर भुश्रडंडा ।१।
कोपि गुरुज मेलेसि तस बाजा । जनहुँ परी परबत सिर गाजा ।२।
ठाठर टूट टूट सिर तासू । सिउँ सुमेरु जनु टूट अकासू ।३।
धमकि उठा सब सरग पतारू । फिरि गै डीठि भवाँ संसारू ।४।
भा परलौ सबहूँ अस जाना । काढ़ा खरग सरग नियराना ।५।
तस मारेसि सिउँ घोरैं काटा । धरती फाटि सेस फन फाटा ।६।
अति जौं सिंघ बरिअ होइ आई । सारदूर सौं कवनि बड़ाई ।७।
गोरा परा खेत महँ सिर पहुँचावा बान ।
बादिल लै गा राजहिं लै चितउर नियरान ॥५३।१७॥

(१) तब बरिबंड वीर सरजा ने हुंकार छोड़ी। उसकी बाँह और कलाई शेर के जैसी थी। (२) उसने क्रोध में भर कर गुर्ज चलाई जो ऐसे टकराई जैसे पहाड़ी की चोटी पर बिजली गिरी हो। (३) गोरा के शरीर का पंजर टूट गया और सिर का चूरा हो गया, मानों सुमेर के साथ आकाश टूट कर गिर पड़ा हो। (४) आकाश और पाताल सब धमक उठे। गोरा की आँखें फिर गईं, उसके लिए संसार घूमने लगा। (५) सब ने ऐसा जाना कि प्रलय हुई। सरजा ने तलवार निकाली तो जैसे आकाश पास आगया हो (अर्थात् उसके चारों ओर बिजली कौंध गई। मानों उसका सिर आकाश से छू गया हो)। (६) उसने ऐसा प्रहार किया कि घोड़े सहित सवार काट दिया। धरती फट गई और शेष का फन फट गया। (७) सिंह कितना भी अधिक बलवान् होकर झपटे, शार्दूल के सामने उसकी क्या शक्ति ?

(८) गोरा रणखेत में अन्त को प्राप्त हुआ। उसने वीरता की बानगी के रूप में अपना सिर शत्रु के पास भेज दिया। (९) बादल राजा को लेकर बढ़ गया और चित्तौड़ के निकट पहुँच गया।

(१) बरिवंडा= बलवान्। अपभ्रंश बलिवंड (णाय कुमार चरिउ १।६।१४, ८।३।२)
(३) ठाठर–शरीर का ढाँचा, अस्थि पञ्जर।
(५) काढा खरग सरग नियराना–सरजा के तलवार खींचते ही बिजली सी चमक गई। उसी का चित्र देने के लिये कवि ने 'सरग नियराना' उत्प्रेक्षा की है।
(६) धरती फाटि–माताप्रसाद जी ने पत्र द्वारा (ता० २०-१-५५) सूचित किया है कि 'काढ़ि' नहीं, 'फाटि' शुद्ध पाठ है। गोपालचंद्रजी और बिहार शरीफ़ की प्रतियों में 'धरती फाटि' पाठ है।
(७) बरिअ–सं० बलिक > प्रा० बलिअ > अपभ्रंश बरिअ=सबल, पराक्रमी (पासद०, पृ० ७८०)।
(८) सिर पहुँचावा बान–यह अति क्लिष्ट और मौलिक पाठ था जिसे कई प्रकार से सरल किया गया। गोपाल चन्द्र की प्रति में तो चरण ही बदल दिया गया-कै भारथ कुरुखेत। बिहार की प्रति में 'सिर (या सुर) पहुँचावा पान' पाठ है। बान=बानगी, नमूना, सोने का वह भाग जिसे चासनी कहते हैं और जिससे सब सोने का खरापन मिलाकर देखते हैं। गोरा ने बीरता की बानगी के रूप में अपना सिर शत्रु के पास पहुँचा दिया।

५४ : बंधन मोक्ष; पद्मावती मिलन खंड

[६३८]

पदुमावति मन श्रही जो झूरी । सुनत सरोवर हिय गा पूरी ।१।
श्रद्रा महँ हुलास जस होई । सुख सोहाग श्रादर भा सोई ।२।
नलिनि निकंदी लीन्ह श्रँकूरू । उठा कँवल उगवा सुनि सूरू ।३।
पुरइनि पूरि सँवारे पाता । पुनि बिधि श्रानि धरा सिर छाता ।४।
लागे उदै होइ जस भोरा । रैनि गई दिन कीन्ह बहोरा ।५।
श्रस्तु श्रस्तु सुनि भा किलकिला । श्रागें मिलै कटक सब चला ।६।
देखि चाँद श्रसि पदुमिनि रानी । सखी कमोद सबै बिगसानी ।७।

गहन छूट दिनकर कर ससि सौं होइ मेराउ ।
मँदिल सिंघासन साजा बाजा नगर बधाउ ॥५४।१॥

(१) पद्मावती का मन मुरझाया हुआ था। समाचार सुनते ही उसके हृदय का सरोवर भर गया। (२) वर्षारम्भ में आर्द्रा नक्षत्र में जैसा आनन्द होता है, उसे पति का सौभाग्य और आदर पाकर फिर वैसा ही सुख मिल गया। (३) जो कमलिनी विना जड़ के होगई थी उसने फिर फुटाव लिया। सूर्य उदय हुआ, यह सुनकर कमल जी उठा। (४) उसने बेल फैलाकर नए पत्ते धारण किए। विधाता ने उस नलिनी के सिर पर पुनः कमल पुष्प का छत्र लगा दिया। (५) सूर्योदय से वे सब बातें होने लगी जैसी प्रातःकाल होती हैं। रात की कालिमा हट गई, दिन लौट आया। (६) 'सूर्य है—है' सुनकर हर्षध्वनि होने लगी। राजा की अगवानी करने के लिये सब सेना चली। (७) रानी पद्मावती को चाँद के समान निर्मल देखकर सखीरूपी सब कुमुदिनी विकसित हुई।

(८) सूर्य का ग्रहण छूट गया था। शशि से अब उसका मेल होने को था। (९) राजमंदिर में सिंहासन सजाया गया और नगर में बधाई के बाजे बजने लगे।

(२) अद्रा–आर्द्रा नक्षत्र जो आषाढ़ कृष्ण में होता है और वृष्टि का आरम्भ माना जाता है (तपनि मिरगिसिरा जे सहहिं अद्रा ते पलुहंत (३४३।९ । और भी, जस भुइँ दहि असाढ पलुहाई । ४२३।४) ।

(३) निकंदी=विना कंद या जड़ की । अथवा, निकंदना=नष्ट होना, सूख कर मुरझा जाना । उठा कँवल–कमल में पुनः जीवन आगया ।

(४) पुरइनि पूरि सँवारे पाता–१५८।२, हियँ हुलास पुरइन होइ छावा ।
छाता–रत्नसेन के आने से पद्मावती पुनः राजछत्र के नीचे बैठेगी । नलिनी पक्ष में, उसके सिर पर पुनः छत्राकार कमल पुष्प लगेगा । छाता–छत्र, छत्रक, छत्ता=भुइँफोड़ खुम्भी के आकार का पुष्प ।

(५) लागे उदै होइ–जायसी ने प्रातःकाल होने वाले हर्ष सूचक परिवर्तनों का पहले उल्लेख किया है—भिनुसार के समय रवि-किरणों का फूटना, कमल का बिगसना, भौंरों का रस लेना, हंसों का हँसना, क्रीड़ा करना और मोती चुनना (१५८।३-६)। वे ही सब बातें अब होने लगीं। उदै ठीक पाठ है, उहै छापे की भूल है (माताप्रसाद जी का पत्र, २०।२।५५)।

(६) किलकिला–आनन्द सूचक शब्द, हर्ष ध्वनि, किलकारी (शब्दसागर)।
अस्तु अस्तु,–रत्नसेन रूपी सूर्य को लोग बिल्कुल गया हुआ मान चुके थे। वह जीवित है और आ गया है, यह जानकर पुनः हर्षित हो किलकारी करने लगे। १५८।४, अस्तु अस्तु साथी सब बोले।

(९) सिंघासन–राजमंदिर के एक भाग आस्थान मंडप या सभा भवन में राजा के स्वागत के लिये सिंहासन सजाया गया। यहीं पर दरबार होता था।
बधाउ–बधाव=बधाई के बाजे, मंगल वाद्य। तुलसी, सुनि पुर भएउ अनंद बधाव बजावहिं (जानकी मंगल, १३२); घर घर उत्सव बाज बधावा (बालकांड, १७२।३)। सं० वर्धापक।

[६३९]

बिहँसि चंद दै माँग सेंदूरा। आरति करै चली जहँ सूरा।१।
औ गोहने सब सखीं तराई। चितउर की रानी जहँ ताईं।२।
जनु बसंत रितु फूली छूटी। कै सावन महँ बीरबहूटी।३।
भा अनंद बाजा पँच तूरा। जगत रात होइ चला सेंदूरा।४।
राजा जनहुँ सूर परगासा। पदुमावति मुख कँवल बिगासा।५।
कँवल पाय सूरुज के परा। सूरुज कँवल आनि सिर धरा।६।
दुंद मृदँग मुर ढोलक बाजे। इंद्र सबद सो सबद सुनि लाजे।७।
सेंदुर फूल तँबोर सिउँ सखी सहेलीं साथ।
धनि पूजै पिय पाय दुइ पिय पूजै धनि माथ॥५४।२॥

(१) शशि (पद्मावती) बिहँस कर माँग में सिन्दूर भरने लगी और जहाँ सूर्य (रत्नसेन) था वहाँ आरती उतारने चली। (२) साथ में सब नक्षत्ररूपी सखियाँ और चित्तौड़ में राजा के रनिवास की जितनी रानियाँ थीं वे भी चलीं। (३) मानों फूलों से भरी हुई वसंत ऋतु चारों ओर फैल गई हो; या सावन में बीर बहूटियाँ छूटी हों। (४) सर्वत्र आनन्द छा गया और पंच बाजे बजने लगे। संसार सिंदूर से लाल होने लगा। (५) राजा रत्नसेन सूर्य के समान प्रकाशित हुआ। उसके दर्शन से पद्मावती का मुख कमल खिल गया। (६) कमल सूर्य के चरणों में पड़ गया। सूर्य ने कमल को पुनः आकर सादर स्वीकार किया। (७) दुदुंभि, मृदंग, मुरज, ढोलक, ये बाजे बजने लगे। इन्द्र के अखाड़े के संगीत की ध्वनि उस ध्वनि को सुनकर लज्जित हुई।

(८) उस बाला ने सखी सहेलियों के साथ जाकर सिंदूर, फूल और ताम्बूल से प्रियतम के दोनों चरणों की पूजा की और प्रियतम ने प्रिया के मस्तक का पूजन किया।

(२) गोहने–साथ में (१८३।९, १८५।१, २०३।४, ५१५।४, ६५०।२)।

चितउर की रानी जहँ ताईं–यहाँ राजा रत्नसेन के रनिवास की और दूसरी रानियों से तात्पर्य है। दे० सब रनिवास पाट परधानी। ८३।१; एवं १२९।२, १३३।३, ८-३।

) छूटी–छूटना=फैलना, भर जाना।

पँचतूरा=पाँच बाजे, पाँच शब्द। नौबत के लिये यह प्राचीन शब्द ज्ञात होता है। इसीलिए 'पंचतूरा बाजा' एक वचन है। पाली साहित्य में इसे पंचंगिक तुरिय कहा गया है। नौबत के लिये संस्कृत में 'नान्दी' शब्द भी था। भवभूति ने रामराज्याभिषेक के समय रात दिन नान्दी या नौबत बजने का उल्लेख किया है–रात्रिंदिवमसंहृतनांदीकः (उत्तररामचरित) पंच शब्द या नौबत की विशेष व्याख्या के लिये देखिए टिप्पणी ५२७।७।

(६) आनि=लौटकर, पुनः आकर (तुलना, आगत्य अंभोजिनीं प्रसादयति शनैः प्रभाते सहस्ररश्मिः, काव्य प्रकाश ५।१२)।

सिर धरा–सादर स्वीकार किया (शब्दसागर)। कमल ने तो अपने को पैरों में डाल दिया, किन्तु सहृदय प्रियतम ने उसे चरणों में नहीं, सिर पर ही रक्खा। तुलना, स्वाभाविकी सुरभिणः कुसुमस्य सिद्धा मूर्ध्नि स्थितिर्न चरणैरवताडनानि (उत्तररामचरित)।

(७) दुंद=दुंदुभि (१८९।२, ३४४।१, ५५१।९, ५७७।)

मुर–मुरज > मुरय, मुरअ, मुरै=एक प्रकार का मृंदग।

इंद्र सबद–इन्द्र के अखाड़े अर्थात् अप्सरा नृत्य के समय होने वाला मधुर वाद्य संगीत जिसमें वीणा वेणु मृदंग कांस्यताल आदि की मधुर झंकार उठती हो।

(९) धनि पूजै पिय पाय–पद्मावती ने राजा के चरणों में प्रणाम करते हुए मस्तक झुकाया तो राजा ने उसके ऊपर फूल आदि रक्खे।

[६४०]

पूजा कवनि देऊँ तुम्ह राजा। सबै तुम्हार आव मोहि लाजा।१।
तन मन जोबन आरति करेऊँ। जीउ काढ़ि नेवछावरि देऊँ।२।
पंथ पूरि कै दिस्टि बिछावौं। तुम्ह पगु धरहु नैन हौं लावौं।३।
पाय बुहारत पलक न मारौं। बरुनिन्ह सेंति चरन रज झारौं।४।
हिया सो मँदिल तुम्हारै नाहाँ। नैनन्हि पँथ आवहु तेहि माहाँ।५।
बैठहु पाट छत्र नव फेरी। तुम्हरें गरब गरुइ हौं चेरी।६।
तुम्ह जियँ हौं तन जौं अति मया। कहै जो जीउ करै सो कया।७।
जौं सूरुज सिर ऊपर आवा तब सो कँवल सुख छात।
नाहिं तौ भरे सरोवर सूखै पुरइनि पात ॥५४।३॥

(१) पद्मावती ने कहा, 'हे राजा, तुम्हें कौन सी पूजा दूँ ? सब ही तुम्हारा है। इसी से मुझे लज्जा आ रही है। (२) अपने तन, मन और यौवन से तुम्हारी आरती करती हूँ। अपना प्राण लेकर तुम पर निछावर देती हूँ। (३) तुम्हारे मार्ग में अपनी दृष्टि भर कर बिछाती हूँ। फिर मैं नेत्र देती हूँ कि तुम पैर रखने की कृपा करो। (४) पाँवों को साफ करते हुए पलक न झपकूँगी। बरौनियों से चरणों की धूलि को समेट कर झाड़ूँगी। (५) हे स्वामी, मेरा जो हृदय है वही तुम्हारा निवास मन्दिर है। नेत्रों के

मार्ग से उसमें प्रवेश करो। (६) तुम राजसिंहासन पर विराजो। फिर से नया छत्र होगा। तुम्हारे ऊपर गर्व करके यह चेरी भी सम्मानित होगी। (७) यदि तुम मुझ पर अति कृपालु हो तो अपने आपको प्राण, और मुझे शरीर समझो। प्राण जो आज्ञा देता है शरीर वही करता है।

(८) जब सूर्य सिर के ऊपर प्रकाशित होता है, तभी कमल के ऊपर सुख का छत्र होता है। (९) नहीं तो भरे सरोवर में भी कमल की बेल और पत्ते सूख जाते हैं।'

(३) दिस्टि बिछावौं– जैसे मार्ग में पहले दरी आदि बिछाकर उसके ऊपर लाल कपड़ा बिछाया जाता है, वैसे ही पहले दृष्टि बिछाकर उसपर नेत्र डालने की कल्पना की गई है। नैन के पर्याय नेत्र का अर्थ आँख या पलक और रेशमी वस्त्र दोनो है (४८५।७, ६४१।८)।

(४) पलक न मारौं– (१) पलक बंद न करूँगी, पलक बंद करने का समय भी बीच में न लूँगी, उतना भी विलम्ब न करूँगी।

(६) छत्र नव फेरी–(१) पुनः नया छत्र लगेगा; (२) पुनः तुम्हारा छत्र या राज्य का आरम्भ होगा युक्ति कल्पतरु के अनुसार विशुद्ध सोने का मोतियों की बत्तीस झालरों से युक्त छत्र नव कनक छत्र कहलाता था।

[६४१]

परसि पाय राजा के रानी। पुनि आरति बादिल कहँ आनी।१।
पूजे बादिल के भुअडंडा। तुरिअ के पाउ दाबि कर खंडा।२।
यह गज गवन गरब सिउँ मोरा। तुम्ह राखा बादिल औ गोरा।३।
सेंदुर तिलक जो आँकुस अहा। तुम्ह माँथें राखा तब रहा।४।
काज रतन तुम्ह जिय पर खेला। तुम्ह जिउ आनि मँजूसा मेला।५।
राखेउ छात चँवर औ ढारा। राखेउ छुद्रघंट झनकारा।६।
तुम्ह हनिवँत होइ धुजा बईठे। तब चितउर पिय आइ पईठे।७।
पुनि गज हस्ति चढ़ावा नेत बिछावा बाट।
बाजत गाजत राजा आइ बैठ सुख पाट॥५४।४॥

(१) रानी राजा का चरण स्पर्श कर चुकी तो फिर बादल के लिये आरती लाई। (२) उसने बादल के भुजदंडों की पूजा की। फिर उसने घोड़े के पिछले पैर, अगले हाथ और सिर दबाया। (३) (तब वह बोली,) 'गर्व के साथ यह मेरा हाथी के समान चलना, हे बादल, हे गोरा, तुमने ही रक्खा। (४) मेरे माथे पर जो अंकुश के समान सिंदूर का तिलक है, तुमने उसकी रक्षा की तो वह बचा। (५) रत्नसेन के कार्य के लिये तुम अपने प्राणों पर खेल गए! बंधनागार के कठघरे में पड़े हुए उस मेरे प्राण को तुम ही ले आए। (६) तुमने मेरे छत्र, चँवर और उनके ढालने वालों की रक्षा की। तुमने मेरी करधनी में झंकार की रक्षा की। (७) तुम हनुमान बनकर ध्वजा पर बैठ गए। तब ही मेरे प्रियतम आकर चित्तौड़ में प्रविष्ट हो पाए।'

(८) फिर राजा को श्रेष्ठ हाथी पर बैठाया गया और मार्ग में रेशमी नेत्रवस्त्र बिछाया गया। (९) इस प्रकार बाजे गाजे के साथ आकर राजा सुख से सिंहासन पर बैठे।

(१) तुरिअ के पाउ दाबि कर खंडा—इस पंक्ति का पाठ सब प्रतियों में और शुक्लजी में भी यही है । यहाँ रानी द्वारा बादल के घोड़े के पैर हाथ और सिर को दबा कर आदर प्रदर्शन करने का उल्लेख है । सलोतरों की भाषा में और संस्कृत के शालि होत्र ग्रन्थों में घोड़े के अगले पैरों को उसके हाथ और पिछले पैरों को पैर कहा जाता है ।

खंडा—देशी नाममाला के अनुसार देशी खंड=मस्तक, शिर (देशी नाम० २।७८, खंड सिर सुरमंडेसु । खंडं मुंडं मद्यभाण्डं चेति द्व्यर्थम्) । यहाँ यही अर्थ ठीक बैठता है ।

(४) आँकुस—'सिंदूर की रेखा जो मुझ गजगामिनी के सिरपर अंकुश के समान है, अर्थात् मुझ पर दाब रखने वाले मेरे स्वामी के सौभाग्य की सूचक है' (शुक्लजी) ।

(५) मँजूसा मेला—दे० ५३८।७, ५७६।२ (औ धरि बाँधि मँजूसा मेला) । अथवा, तुमने मेरे प्राण रूपी रत्न को लाकर पुनः उसे राजभंडार की मंजूषा में रख दिया है (तुलना २३९।७) ।

(६) ढारा=ढालने वाला । दे० ५१४।८, ६०७।६

(८) गजहस्ति-शुंडाल अर्थात् नर मैमंत हाथी ।

नेत—एक प्रकार का रेशमी वस्त्र (दे० टिप्पणी ३३६।५, ४८५।७) ।

बाजत गाजत—२७७।३, ४२६।१ ।

[६४२]

निसि राजैं रानी कँठ लाई । पिय मरजिया नारि ज्यौं पाई ।१।
रँग कै राजैं दुख अगुसारा । जियत जीव नहिं करौं निनारा ।२।
कठिन बंदि लै तुरुकन्ह गहा । जौं सँवरौं जिय पेट न रहा ।३।
खनि गड़ ओबरी महँ लै मेला । साँकर औ अँधियार दुहेला ।४।
राँध न तहँवा दोसर कोई । न जनौं पवन पानि कस होई ।५।
खिन खिन जीव सँडासिन्ह आँका । आवहिं डोंब छुवावहिं बाँका ।६।
बीछी साँप रहहिं निति पासा । भोजन सोइ डसहिं हर स्वाँसा ।७।
आस तुम्हारे मिलन की रहा जीव तब पेट ।
नाहिं तो होत निरास जौं कत जीवन कत भेंट ॥५४।५॥

(१) रात में राजा ने रानी को कंठ से लगाया । जब नारी (स्त्री और नाड़ी) मिली तो प्रियतम मरा हुआ जी गया । (२) क्रीड़ा करके राजा ने अपना दुःख आगे रक्खा । 'हे प्रिये, जीते जी मैं तुम्हें अलग न करना चाहता था । (३) पर तुर्कों ने मुझे पकड़कर कठिन कारागार में दुःख दिया । जब उसका स्मरण करता हूँ तो जी पेट में नहीं रहता (प्राण नहीं रहता) । (४) खोदकर गाड़ने वाली कोठरी में मुझे पकड़कर डाला । वहाँ स्थान तंग था और दुःखदायी अंधकार था । (५) वहाँ पास में दूसरा कोई न था । वहाँ मैंने नहीं जाना कि हवा पानी कैसा होता है । (६) क्षण-क्षण में प्राण को दहकती संडसियों से दागते थे । डोम आते और टेढे चाकू शरीर में गड़ाते थे । (७) बिच्छू साँप सदा पास में रेंगते थे । हर साँस के साथ वे डसते थे । यही खाना-पीना था ।

(८) तुमसे मिलने की आशा बनी थी । इसीसे शरीर में प्राण रह गए । (९) नहीं तो यदि मैं निराश हो गया होता, तो फिर कहाँ का जीवन और कहाँ का मिलन ?'

(१) कंठ लाई–कंठ लाना=कंठालिंगन करना ।
मरजिया–मरकर जीने वाला, गोताखोर ।
नारि–स्त्री, नाड़ी; रस्सी । मरजिया या गोताखोर को डूबते हुए जैसे रस्सी मिल गई हो ।

(२) रंग=क्रीड़ा, विलास ।
अगुसारा–अगुसरना=आगे होना । अगुसारना=आगे करना या रखना । 'अगुसारा' क्रिया का कर्म दुख है ।

(३) लै=पकड़कर ।
गहा–गहाना=दुःख देना ।

(४) खनिगड़ ओबरी–वह कोठरी जिसमें गड्ढा खुदा रहता था और उसीमें कैदी को आंशिक रूप से गाड़ कर रखते थे (५८०।२) साँकर औ अँधियार–५८०।३ ।

(६) जीव सँडासिन्ह आँका–दहकती सँडसियों से शरीर क्या, मेरा प्राण दागते थे ।
बाँका–५८०।४ ।

[६४३]

तुम्ह पिय भँवर परी अति बेरा । अब दुख सुनहु कँवल धनि केरा ।१।
छाँड़ि गएहु सरवर महँ मोहीं । सरवर सूखि गएउ बिनु तोहीं ।२।
केलि जो करत हंस उड़ि गएऊ । दिनअर मीत सो बैरी भयऊ ।३।
गईं भीर तजि पुरइन पाता । मुइउँ धूप सिर रहा न छाता ।४।
भइउँ मीन तन तलफै लागा । बिरहा आइ बैठ होइ कागा ।५।
काग चोंच तस साल न नाहाँ । जसि बँदि तोरि साल हिय माहाँ ।६।
कहेउँ काग अब लै तहँ जाही । जहँवाँ पिउ देखै मोहि खाही ।७।
काग निखिद्ध गीध अस का मारहिं हौं मंदि ।
एहि पछताएँ सुठि मुइउँ गइउँ न पिय सँग बंदि ॥५८१६॥

(१) [पद्मावती ।] 'हे प्रियतम, तुम्हारी नाव सचमुच बड़े भँवर में पड़ी थी । अब अपनी प्यारी कवँल का दुःख सुनो । (२) तुम मुझे सरोवर में छोड़कर चले गए । पर तुम्हारे विना वह सरोवर सूख गया । (३) जो हंस उसमें क्रीडा करता था वह उड़ गया । जो सूर्य पहले मित्र था वह बैरी हो गया । (४) विपत्ति में वह बेल भी पत्तों के साथ मुझे छोड़कर चली गई । मैं धूप में मरने लगी । सिर पर कोई छत्र न रहा । (५) मैं मछली की भाँति हो गई । शरीर तड़फने लगा । ऐसे समय विरह कौवे की भाँति मुझे नोचकर खाने के लिये आ बैठा । (६) हे प्रियतम, कौवे की चोंच मुझे ऐसा कष्ट न देती थी जैसा तुम्हारा कारावास मेरे हृदय को सालता था । (७) मैंने उससे कहा, "हे काग, मुझे लेकर अब तू वहाँ चल । जहाँ वह प्रियतम देख सके वहाँ मुझे खाना ।

(८) हे कौवे, निखिद्ध माँस के लिये गीध की भाँति मुझ मंद भागिनी को क्या मारता है ? (९) मैं तो स्वयं ही इस पछतावे से नितान्त मरी हुई हूँ कि प्रियतम के साथ बंदीगृह में नहीं गई ।'

(३) बेरा=नाव। देशी बेड़ (= नौका जहाज) पुल्लिंग है। किन्तु देशी बेड़ा, बेड़िया, बेड़ी शब्द (जिनका भी वही अर्थ है) स्त्रीलिंग है (पासद०, पृ० ७८९)। यहाँ जायसी ने स्त्रीलिंग बेड़ा > बेरा का ही प्रयोग किया है।

(४) भीर=संकट, कष्ट, विपत्ति।

(४) निखिद्ध=गंदा, मरा माँस जिसके खाने का निषेध है। जैसे गीध मरे हुए का माँस खाता है, ऐसे ही मैं जो पहले से ही मरी हुई हूँ उसे तू और क्या कचोटता है? तू भी क्या गिद्ध की तरह मरा माँस खाने वाला है?

[६४४]

तेहि ऊपर का कहौं जो मारी। बिखम पहार परा दुख भारी।१।
दूति एक देवपाल पठाई। बाँभनि भेस छरै मोहिं आई।२।
कहै तोरि हौं आदि सहेली। चलु लै जाउँ भँवर जहँ बेली।३।
तब मैं ग्यान कीन्ह सतु बाँधा। ओहि के बोल लागु बिख साँधा।४।
कहेउँ कँवल नहिं करै अहेरा। जौं है भँवर करिहि सै फेरा।५।
पाँच भूत आतमा नेवारेउँ। बारहिं बार फिरत मन मारेउँ।६।
औ समुझाएउँ आपन हियरा। कंत न दूरि अहै सुठि नियरा।७।
बास फूल घिउ छीर जस निरमल नीर मँठाहँ।
तस कि घटै घट पूरुख ज्यों रे अगिनि कठाहँ॥५४।७॥

(१) 'उसके बाद मुझपर जो चोट पड़ी उसका क्या वर्णन करूँ? भारी दुःख का विषम पहाड़ मुझपर टूट पड़ा। (२) देवपाल ने एक दूती भेजी। वह ब्राह्मणी के वेश में मुझे छलने आई। (३) कहने लगी, "मैं तेरी जन्म की सहेली हूँ। तू चल, मैं तुझे वहाँ ले जाऊँगी जहाँ भौंरा तेरा संगी होगा।" (४) तब मैंने मन में ज्ञान किया और सत बाँधा। उसका वचन मुझे विष में सना हुआ लगा।' (५) मैंने कहा, 'कमल आखेट के लिए नहीं जाता। यदि कोई भौंरा है तो सौ बार यहीं आएगा। (६) शरीर के पाँच भूतों को और आत्मा को रोककर रक्खा, एवं बार बार चंचल मन को मारा। (७) और अपने हृदय को समझाया कि स्वामी कहीं दूर नहीं, तेरे अति निकट ही हैं।

(८) जैसे फूल में सुगंधि, दूध में घी, और घड़े में निर्मल जल रहता है, (९) और जैसे काष्ठ के भीतर अग्नि रहती है, वैसे ही क्या मेरे घट में रहने वाला मेरा पुरुष कभी मुझ से दूर हो सकता है?'

(३) आदि=जन्म से। इस शब्द का यह विशिष्ट अर्थ पद्मावत में अन्यत्र भी आया है—उड़ै सौ आदि जगत महँ जाना (३६७।५); 'वह जन्म से ही संसार में उड़ना जानता है। २७१।५ (हौं सेवक तुम्ह आदि गोसाईं) में भी यही शब्द है। वहाँ मैंने इसकाअर्थ अशुद्ध किया है। पाठक कृपया सुधार लें।

बेली=साथी, संगी (६२२।७, कँवल न रहा और को बेली।) शब्द सागर परिशिष्ट में (पृ० ३९५०) यह शुद्ध अर्थ दिया गया है। ५९।२, रस बेलीं=रस या क्रीड़ा की संगी।

(४) बिख साँधा–विष में सना हुआ । उसका विष वचन बुझे बाण की तरह लगा । दे० २२५।१, ४५४।५, ६९९।४ ।

(६) पाँच भूत आत्मा निवारेउँ–इस पंक्ति में पद्मावती के जोगिन का मार्ग छोड़ कर सखियों के समझाने से अध्यात्म योग स्वीकार करने का संकेत है । तुलना, ३०।९; और, मन माला फेरत तँत ओही । पाँचौं भूत भसम तन होहीं ॥ (६०६।७) । बारहिं बार फिरत मन मारों— इसका यह अर्थ भी हो सकता है, 'योगिनी होकर द्वार द्वार फिरने की इच्छा को रोका' (शुक्लजी)

(८) बास फूल घिउ छीर=जायसी का यह वाक्य उपनिषद् की शैली में है—तिलेषु तैलं दधनीव सर्पिरापः स्रोतस्स्वरणीषु चाग्निः । एवमात्मात्मनि गृह्यतेऽसौ सत्येनैनं तपसा योऽनु पश्यति (श्वेताश्व० १।१५) ।

मँठाहँ–माँठ=घड़ा (६३३।५) + मध्य > माँझ । दे० ६३३।५ ।

(९) कठाहँ–काष्ठ+माँझ=लकड़ी के भीतर । तुलना कीजिए बनाहँ (३७१।९), मनाहँ (३८९।८) । पूरुष–(१) पति; (२) ईश्वर या पुरुष । घट=शरीर ।

५५ : रत्नसेन देवपाल युद्ध खण्ड

[६४५]

सुनि देवपाल राव कर चालू । राजहि कठिन परा जिय सालू ।१।
दादुर पुनि सो कँवल कहँ पेखा । गादुर मुख न सूर कर देखा ।२।
अपने रँग जस नाँच मँजूरू । तेहि सरि साध करै तँवचूरू ।३।
जब लहि आइ तुरुक गढ़ बाजा । तब लगि धरि आनौं तौ राजा ।४।
नींद न लीन्ह रैनि सब जागा । होत बिहान जाइ गढ़ लागा ।५।
कुंभलनेरि अगम गढ़ बाँका । बिखम पंथ चढ़ि जाइ न झाँका ।६।
राजहि तहाँ गएउ लै कालू । होइ सामुँह रोपा देवपालू ।७।
दुवौ लरैं होइ सनमुख लोहें भएउ असूझ ।
सतुरु जूझि तब निबरै एक दुहूँ महँ जूझ ॥५५।१॥

(१) राव देवपाल का चलन सुनकर राजा रत्नसेन के जी में बड़ी वेदना उत्पन्न हुई । (२) 'वह मेंढक है जो कमल की ओर ताकना चाहता है । वह चमगादड़ है जिसने सूर्य का मुँह नहीं देखा । (३) मोर जैसे अपनी छवि से नाच रहा हो और उसे देखकर मुर्गा उसकी बराबरी की इच्छा करे, ऐसी ही यह उसकी करतूत है । (४) जब तक तुर्क चित्तौड़गढ़ आकर पहुँचे, उससे पहले ही मैं उसे पकड़ लाऊँ तो मैं राजा रत्नसेन हूँ ।' (५) यह निश्चय करके राजा ने निद्रा भी न ली, सारी रात जागता रहा । सबेरा होते ही जाकर कुँभलनेर का गढ़ घेर लिया । (६) कुंभलनेर का गढ़ दृढ़ और दुर्गम था । उसमें पहुँचने का मार्ग टेढ़ा था । वह इतना ऊँचा था कि कोट पर चढ़कर

नीचे खाई की ओर झाँका न जाता था। (७) काल राजा को वहाँ ले गया। उसने सामने जाकर देवपाल को छेक लिया।

(८) दोनों आमने सामने होकर लड़ने लगे। हथियारों के चलने से कुछ सूझता न था। (९) शत्रु के साथ युद्ध तब समाप्त होता है जब दोनों में से एक जूझ जाता है।

(१) चालू– चलन, करतूत ।
(३) रँग–रंग=छवि, सौन्दर्य । साध=इच्छा । तँवचूरू–ताम्रचूड=मुर्गा ।
(५) लागा=घेर लिया (५२१।९, ५२२।६, ८)
(६) अगम=दुर्गम । बाँका=दृढ़ । बिखम=टेढ़ा, कठिन । दुर्ग में प्रवेश करने का मार्ग बहुत टेढ़ा और कठिन बनाया जाता था।
(७) कालू–काल=मृत्यु । रोपा–रोपना=रोकना, छेकना (शब्दसागर परिशिष्ट, पृ० ३९७०) ।
(८) लोहें=हथियार, । जायसी में यह शब्द कवच और शस्त्रास्त्र इन दो अर्थों में प्रयुक्त हुआ है (४९७।१, ५१२।४, ५१९।१, ५२०।५, ८, ५२०।९) । असूझ=अँधेरा ।
(९) निबरै–निबरना=समाप्त होना । निवृत्त > निवट्ट > निबड़ना > निबरना । जूझ–जूझना=लड़ते हुए मारे जाना ।

[६४६]

चढ़ि देवपाल राउ रन गाजा । मोहि तोहि जूझि एकौझा राजा ।१।
मेलेसि साँगि आइ बिख भरी । मेंटि न जाइ काल की घरी ।२।
आइ नाभि तर साँगि बईठी । नाभि बेधि निकसी जहँ पीठी ।३।
चला मारि तब राजैं मारा । कंध टूट धर परा निनारा ।४।
सीस काटि कै पैरैं बाँधा । पावा दाउँ बैर जस साँधा ।५।
जियत फिरा आइउँ बलु हरा । माँझ बाट होइ लोंहैं धरा ।६।
कारी घाउ जाइ नहिं डोला । गही जीभ जम कहै को बोला ।७।
सुद्धि बुद्धि सब बिसरी बाट परी मँझ बाट ।
हस्ति घोर को काकर घर आना कै खाट ॥५५।२॥

(१) राव देवपाल ने रण में चढ़कर गर्जन किया। 'हे राजा, मेरे तेरे बीच में एक-एक का युद्ध हो।' (२) यह कह उसने विष बुझी साँगी फेंकी। काल की घड़ी टाली नहीं जा सकती। (३) वह साँगी आकर रत्नसेन की नाभि के नीचे घुस गई, और नाभि को बेधती हुई पीठी की ओर जा निकली। (४) साँगी मारकर जैसे ही देवपाल चला, राजा ने भी उस पर प्रहार किया जिससे उसकी गर्दन टूट गई और धड़ अलग जा गिरा। (५) शत्रु का सिर काट कर राजा ने अपने पैरों में बाँध लिया। उसने जैसा बैर अपना लक्ष्य बनाया था वैसा दाँव ले लिया। (६) वह जीवित लौटा पर उसका आयु बल क्षीण हो चुका था। बीच रास्ते में ही हथियार (के उस घाव) ने उसे

धर दबोचा। (७) काले साँप के काटने पर जैसे हिला डुला नहीं जाता, ऐसे ही यम ने उसकी जीभ जकड़ दी थी। अब वह क्या बात कहता ?

(८) राजा की सुध बुध सब जाती रही। बीच मार्ग में ही उस पर विपत्ति आ गई। (९) हाथी, घोड़ा, कौन किसका होता ? उसे खाट पर डाल कर घर लाए।

(१) एकौझा=एक को संमुख करना, या एक के संमुख होना। सं० एक आवर्ज > एक आउज्ज+अ > एकौझा। अथवा, एक युद्ध > एक जुज्झ > एकौझ, एकौझा।

(५) सीस काटि कै पैरें बाँधा–शत्रु के मस्तक को अपने चरणों में डालकर रत्नसेन ने संतोष माना। साँधा–संधान या लक्ष्य किया था।
बैर जस साँधा–देवपाल के साथ उसने ऐसे बैर की कल्पना की थी कि शत्रु का सिर अपने चरणों में लोटे।

(६) जियत फिरा–कहने के लिये तो रत्नसेन युद्ध से जीता लौटा पर उसका आयुर्बल टूट चुका था। कलाभवन की प्रति में 'जीति बहुर आउ बल हारा' पाठ है (राजा जीत कर तो लौटा पर उसका आयुबल टूट चुका था)। फारसी लिपि में 'जियत' 'जीति' एक प्रकार लिखे जाते थे, अतएव मनेर और गोपालचन्द्रजी की प्रति में भी 'जीति' फिरा पाठ सम्भव है। आइउँ–आयु का। सं० आयुष् > प्रा० आइ।
लोहें–हथियार। लोहें धरा–साँगी विष बुझी थी, बीच रास्ते में ही उसके विष का प्रभाव होने लगा, उससे राजा का शरीर ऐंठने लगा।

(७) कारी=काला साँप। घाउ=घात, काटने का व्रण।

(८) बाट परी–बाट पड़ना=डाका पड़ना, घोर विपत्ति आना। तुलसी, बाट पड़ै मोरि नाव उड़ाई (अयोध्या कांड, १००।३)।

५६ : राजा रत्नसेन वैकुंठवास खण्ड

[६४७]

तेहि दिन्न साँस पेट महँ रही। जौ लगि दसा जियन की रही।१।
काल आइ देखराई साँटी। उठि जिउ चला छाँड़ि कै माँटी।२।
काकर लोग कुटुँब घरबारू। काकर अरथ दरब संसारू।३।
ओहि घरी सब भएउ परावा। आपन सोइ जो बेरसा खावा।४।
अहे जो हितू साथ के नेगी। सबै लाग काढैं पै बेगी।५।
हाथ झारि जस चला जुवारी। तजा राज होइ चला भिखारी।६।
जब हुत जीव रतन सब कहा। जौं भा बिन जिय कौड़ि न लहा।७।
गढ़ सौंपा बादिल कहँ गए निकसि बसुदेउ।
छाँड़ी लंक भभीखन जेहि भावै सो लेउ॥५६।१॥

(१) उस दिन राजा के शरीर में तब तक साँस चलती रही जब तक उसके

जीवन की अवधि थी। (२) जब मृत्यु ने आकर अपना चाबुक दिखाया तो जीव निकलकर चल दिया और शरीर रूपी मिट्टी पीछे छोड़ गया। (३) लोग, कुटुम्ब, घर, द्वार यह किसका अपना है ? अर्थ, द्रव्य, संसार यह भी किसका है ? (४) जब मृत्यु आती है, उसी घड़ी यह सब पराया हो जाता है। जो जीवन में भोग लिया और खा लिया वही अपना है। (५) जो अपने हितैषी, साथी और सेवक हैं, सभी उसे शीघ्र घर से निकालने लगते हैं। (६) वह जुवारी की भाँति रीते हाथ झाड़कर चल देता है। वह अपना राज छोड़ भिखारी बनकर चला जाता है। (७) जब शरीर में प्राण था सब उसे रत्न (रत्नसेन) कहते थे। जब प्राण के विना हो गया तब वह कौड़ी का भी न रहा।

(८) अपने पीछे उसने दुर्ग बादल को सौंप दिया। उसके शरीर में बसने वाले देवता निकलकर चले गए। (९) विभीषण ने लंका छोड़ दी; जिस किसीका मन हो उस पर अधिकार करले।

(१) दसा–दशा=नक्षत्र योग, घड़ी मुहूर्त।

(३) अरथ दरब=सोना चाँदी और नगदी सिक्के, धन दौलत।

(८) बसुदेउ–(१) बसने वाला देवता; (२) राजा रत्नसेन (बसु=वसु, रत्न+देउ=देव, राजा) ; (३) वासुदेव कृष्ण; जैसे वे गोकुल छोड़ कर चले गए ऐसे ही जीव देह छोड़ गया।

(९) छोड़ी लंक भभीखन—आनन्द रामायण में कथा है कि दशस्कंध रावण के वध के पश्चात् जब विभीषण लंका का राजा बन गया तो शतस्कंध रावण ने विभीषण को भगा कर पुनः लंका का राज्य अपने हाथ में कर लिया (बुल्के, रामकथा, अनुच्छेद ५३१)।

५७ : पद्मावती नागमती सती खण्ड

[६४८]

पदुमावति नइ प्रहिरि पटोरी। चली साथ होइ पिय की जोरी।१।
सूरुज छपा रैनि होइ गई। पूनिवँ ससि सो अमावस भई।२।
छोरे केस मोंति लर छूटे। जानहुँ रैनि नखत सब टूटे।३।
सेंदुर परा जो सीस उघारी। आगि लाग जनु जग अँधियारी।४।
एहि देवस हौं चाहति नाहाँ। चलौं साथ बाहौं गल बाँहाँ।५।
सारस पंखि न जियै निनारे। हौं तुम्ह बिनु का जियौं पियारे।६।
नेवछावरि कै तन छिरिआवौं। छार होइ सँगि बहुरि न आवौं।७।
दीपक प्रीति पतंग जेउँ जनम निबाह करेउँ।
नेवछावरि चहुँ पास होइ कंठ लागि जिउ देउँ॥५७।१॥

(१) पद्मावती नई रेशमी साड़ी पहनकर अपने प्रियतम की जोड़ी बन उसके साथ चली। (२) सूर्य छिप गया, रात हो गई। जो पूर्णिमा का चन्द्रमा था वह सूर्य के अभाव में अमावस का हो गया। (३) उसके बाल बिखर गए और मोतियों की लड़

बिखर गईं, मानों रात में अनेक तारे टूट रहे थे। (४) उघाड़े हुए सिर पर माँग में जो सेंदुर भरा था वह ऐसा लगता था, मानों अंधकार से भरे हुए संसार में आग लगी थी। (५) 'हे प्रियतम, मैं इसी दिन को चाहती थी कि तुम्हारे गले में अपनी भुजाएँ डालकर साथ चलूँ। (६) सारस पक्षी अपनी जोड़ी से अलग होकर नहीं जीता। हे प्रियतम, मैं भी तुम्हारे विना कैसे जी सकूँगी ? (७) यह शरीर तुम पर नेछावर करके छितरा दूँगी। तुम्हारे साथ ही राख हो जाऊँगी जिससे फिर यहाँ जन्म न लेना पड़े।

(८) दीपक के प्रेम में पतिंगे की भाँति मैंने अपना यह जन्म तुम्हारे साथ पूरा किया। (९) तुम्हारे चारों ओर इसकी नेवछावर देकर और कंठ से लगकर अब प्राण उत्सर्ग कर दूँगी।'

(१) पटोरी=रेशमी साड़ी (शब्दसागर)।
होइ पिय की जोरी—जैसी विवाह के समय हुई थी उसी प्रकार सती होने के समय भी नवल श्रृंगार किया जाता है।
(२) पूनिवँ ससि—जो पद्मावती रत्नसेन के साथ पूनों की कला थी, वह उस सूर्य के बिना अमावास्या की अँधेरी या तेज हीन हो गई।
(४) सीस उघारी—सती सिर उघाड़कर अन्तिम यात्रा पर निकलती है।
(५) बाहौं—बाहना—डालना। गल बाहौं=कंठालिंगन। गलबाहीं डाले हुए साथ चलूँगी।
(७) छिरिआवौं—५५४।६, ६३३।६।
बहुरि न आवौं—फिर जन्म न लूँगी, मुक्त हो जाऊँगी।
(९) चहुँ पास होइ=चारों ओर प्रदक्षिणा करके।

[६४९]

नागमती पदुमावति रानीं। दुवौ महासत सती बखानीं ।१।
दुवौ आइ चढ़ि खाट बईठीं। औ सिवलोक परा तिन्ह डीठीं ।२।
बैठौ कोइ राज औ पाटा। अन्त सबै बैठिहि एहि खाटा ।३।
चंदन अगर काढ़ि सर साजा। औ गति देइ चले लै राजा ।४।
बाजन बाजहिं होइ अकूता। दुऔ कंत लै चाहहिं सूता ।५।
एक जो बाजा भएउ बियाहू। अब दोसरें होइ ओर निबाहू ।६।
जियत जो जरहिं कंत की आसा। मुँए रहसि बैठहिं एक पासा ।७।
आजु सूर दिन अँथवा आजु रैनि ससि बूड़ि।
आजु बाँचि जिय दीजिअ आजु आगि हम जूड़ि ॥५७२॥

(१) नागमती और पद्मावती राजा की रानियाँ थीं। दोनों अपने ऊँचे सतीत्व के कारण सती प्रसिद्ध थीं। (२) दोनों आकर उसके विमान पर बैठ गईं। उनकी दृष्टि में शिवलोक समा गया (दोनों ने राजा के साथ सती होकर शिवलोक की यात्रा का निश्चय

किया)। (३) कोई राज्य और सिंहासन पर भले ही बैठा हो, अन्त में सब को इसी खाट (अर्थी) पर बैठना पड़ता है। (४) चंदन, अगर एकत्र कर चिता बनाई गई, और सब राजा को अन्त्येष्टि के लिये ले चले। (५) बाजे बज रहे थे एवं अव्यक्त या दिव्य ध्वनि हो रही थी। दोनों प्रियतम के साथ सोना चाहती थीं। (६) एक बार जो बाजा बजा था तो पति के साथ विवाह हुआ था। अब दूसरी बार के बाजे में उसी विवाह के जीवन का अन्त होगा। (७) जो जीवन में प्रियतम के प्रेम में जलते हैं वे ही उसके मरने पर प्रसन्नता से साथ जाते हैं।

(८) 'आज दिन में ही सूर्य अस्त हो गया। आज रात में ही चन्द्रमा डूब गया। (९) आज अभिलाषा के साथ हम अपना प्राण देंगी। आज हमारे लिये अग्नि भी शीतल है।'

(१) महासत–उत्तम पतिव्रत धर्म।

(२) खाट-विमान, अर्थी।
सिवलोक=कैलास, स्वर्ग, परलोक।

(४) गति देइ=अन्त्येष्टि क्रिया के लिये।

(५) अकूता–अव्यक्त ध्वनि या दिव्य बाजों का शब्द। तुलना अकूट (१६६।१, १९२।२)।

(७) जियत जो जरहिं कंत की आसा–इसका यह संकेत भी है कि नागमती पद्मावती पति के जीवन काल में उसे अपने अपने वश में करने की आशा से आपस में सौतिया डाह से जलती थीं, पर पति के मरने पर अब वे प्रसन्नता से एक पास बैठी थीं।

(९) बाँचि-सं० कांक्ष का धात्वादेश वच्च=चाहना, अभिलाषा करना। वच्चइ (हेमचंद्र, ४।१९२)। अथवा, बाँचि=पहुँच कर (व्रज > वच्च, वच्चइ)।

[६५०]

सर रचि दान पुन्नि बहु कीन्हा। सात बार फिरि भाँवरि दीन्हा।१।
एक भँवरि भै जो रे बियाहीं। अब दोसरि दै गोहन जाहीं।२।
लै सर ऊपर खाट बिछाई। पौढ़ीं दुवौ कंत कँठ लाई।३।
जियत कंत तुम्ह हम कँठ लाईं। मुए कंठ नहिं छाँड़हिं साँईं।४।
औ जो गाँठि कंत तुम्ह जोरी। आदि अंत दिन्हि जाइ न छोरी।५।
एहि जग काह जो आथि निआथी। हम तुम्ह नाहँ दुहूँ जग साथी।६।
लागीं कंठ आगि दै होरीं। छार भईं जरि अंग न मोरीं।७।
रातीं पिय के नेह गईं सरग भएउ रतनार।
जो रे उवा सो अँथवा रहा न कोइ संसार।।५७।३।।

(१) चिता रचकर बहुत सा दान पुन्न किया। फिर सात बार पति के शरीर की भाँवर दी। (२) एक बार भाँवर तब पड़ी थी जब ब्याह हुआ था। अब दूसरी बार भाँवर देकर वे पति के साथ जा रही थीं। (३) फिर अर्थी लेकर चिता पर रक्खी गई। दोनों प्रियतम को कंठ से लगाकर चिता पर लेट गईं। (४) 'हे प्रियतम, जीते जी तुमने हमें

जिस कंठ से लगाया था मरने पर भी, हे स्वामिन्, हम उस कंठ को न छोड़ँगी। (५) और भी हे प्रियतम, जो गाँठ तुमने हमारे साथ जोड़ी थी, वह आरम्भ से लेकर जीवन के अन्त तक के लिये लगाई थी, वह छूट नहीं सकती। (६) इस संसार का क्या भरोसा ? यहाँ जो अस्ति है वह नास्ति हो जाता है। किन्तु हे प्रियतम, हम और तुम दोनों लोकों में साथ निभाएँगे।' (७) इस प्रकार कहकर उन्होंने कंठालिंगन किया और होली में आग लगा ली। वे जलकर राख हो गईं, पर अंग न मोड़ा।

(८) प्रियतम के प्रेम में अनुरक्त (लाल) वे इस लोक से चली गईं। आकाश भी उनसे रक्तवर्ण हो गया। (९) अरे, जो भी उगा वह अस्त हो गया। संसार मे सदा कोई नहीं रहा।

(५) दिन्हि=दीन्हि। अथवा दिन्हि=दिन की, पुरानी, दिनही। वह घुटी हुई पुरानी गाँठ खोली नहीं जा सकती।

(६) आथि–अस्ति > अत्थि > आथि। आथिका उल्टा निआथि = मिट जाने वाला, नश्वर।

[६५१]

ओइ सह गवन भईं जब ताईं। पातसाहि गढ़ छेंका आई ।१।
तब लगि सो औसर होइ बीता। भए अलोप राम औ सीता ।२।
आइ साहि सब सुना अखारा। होइ गा राति देवस जो बारा ।३।
छार उठाइ लीन्हि एक मूँठी। दीन्हि उड़ाइ पिरिथमी भूठी ।४।
जौ लगि ऊपर छार न परई। तब लगि नाहिं जो तिस्ना मरई ।५।
सगरैं कटक उठाईं माँटी। पुल बाँधा जहँ जहँ गढ़ घाटी ।६।
भा ढोवा भा जूझि असूझा। बादिल आइ पँवरि होइ जूझा ।७।
जौहर भईं इस्तिरी पुरुख भए संग्राम।
पातसाहि गढ़ चूरा चितउर भा इसलाम ॥५७४॥

(१) जब तक वे पति के साथ सती हुईं, तब तक बादशाह ने आकर दुर्ग घेर लिया। (२) पर तब वह अवसर पूरा हो कर बीत चुका था; राम और सीता अदृश्य हो चुके थे। (३) शाह ने पहुँच कर उस वीरता का सब हाल सुना। रात दिन उसने जिसे रोका था वही हो गया था। (४) उसने एक मुट्ठी राख उठा ली और 'यह पृथिवी झूठी है,' कहते हुए हवा में उड़ा दी (५) जब तक मनुष्य के ऊपर धूल नहीं पड़ती तब तक उसकी तृष्णा का अन्त नहीं होता (जीते जी कुछ न कुछ तृष्णा बनी ही रहती है)। (६) तब सारी सेना ने मिट्टी खोदी और जहाँ जहाँ गढ़ के चारों ओर घाटी थी उस पर पुल बाँध दिया। (७) फिर शाह की सेना का धावा हुआ और असूझ युद्ध हुआ। बादल आगे बढ़कर दुर्ग की पौर में लड़ता हुआ जूझ गया।

(८) स्त्रियों ने जौहर कर लिया। पुरुष संग्राम करते हुए अन्त को प्राप्त हुए। (९) बादशाह ने गढ़ चूर कर दिया। चित्तौड़ इस्लाम के नीचे आ गया।

(१) सहगवन=पति के साथ सती होना, सहमरण।

(३) अखारा-(१) पराक्रम या वीरता का कोई काम; (२) अथवा सभा, ५२७।१, राज पँवरि पर रचा अखारा।

बारा=निवारण किया, रोका। शाह ने रात दिन जिस दुर्घटना को रोकने का यत्न किया था वही हो गई, पद्मिनी अग्नि में जल मरी। दे० ५३२।३, हठि चूरौं तौ जौहर होई। पदुमिनि पाव हिएँ मति सोई।

(६) घाटी—५२२।३, केत बजाबत उतरे घाटी।

(७) पँवरि—शाह अभी गढ़ के बाहर था। उसने नीची घाटी को पटवाकर जाने के लिए पुल बनवाया। तब सेना द्वारा गढ़पर धावा बोला गया। उस समय बादल ने आगे बढ़कर गढ़ के मुख्य द्वार पर लड़ते हुए युद्ध में प्राण छोड़े।

ढोवा=धावा (५२५.२)

(८) भए=हो बीते, जूझ गए।

चूरा—चूरना=चूरा करना, तोड़ डालना।

५८ : उपसंहार खण्ड

[६५२]

मुहमद यहि कबि जोरि सुनावा। सुना जो पेम पीर गा पावा।१।
जोरी लाइ रकत कै लेई। गाढ़ी प्रीति नैन जल भेई।२।
औ मन जानि कबित अस कीन्हा। मकु यह रहै जगत महँ चीन्हा।३।
कहाँ सो रतनसेनि अस राजा। कहाँ सुवा असि बुधि उपराजा।४।
कहाँ अलाउदीन सुलतानू। कहँ राघौ जेइँ कीन्ह बखानू।५।
कहँ सुरूप पदुमावति रानी। कोइ न रहा जग रही कहानी।६।
धनि सो पुरुख जस कीरति जासू। फूल मरै पै मरै न बासू।७।
केइँ न जगत जस बेंचा केइँ न लीन्ह जस मोल।
जो यह पढ़ै कहानी हम सँवरै दुइ बोल॥५८।१॥

(१) मुहम्मद ने यह काव्य रचकर सुनाया। जिसने सुना उसे प्रेम की पीड़ा का अनुभव हुआ। (२) इस प्रेम कथा को रक्त की लेही लगाकर जोड़ा है। इसकी गाढी प्रीति को आँसुओं से भिगोया है। (३) और मन में यह समझ कर ऐसा कवित्व रचा है कि शायद जगत् में यही निशानी बची रह जाय (४) कहाँ है वह रत्नसेन, जो ऐसा राजा था? कहाँ है वह सुग्गा, जो ऐसी बुद्धि लेकर जन्मा था? (५) कहाँ है वह अलाउद्दीन सुलतान? कहाँ है वह राघवचेतन जिसने पद्मिनी का शाह से बखान किया? (६) कहाँ है वह सुन्दरी

रानी पद्मावती ? कोई न रहा। जग में कहानी भर रह गई। (७) धन्य है वह पुरुष जिसके यश की कीर्ति है। फूल मर जाता है, पर उसकी गंध नहीं मरती।

(८) किसीने जगत् में यश नहीं बेचा। किसी ने यश मोल नहीं लिया (अपनी अपनी करनी से सब उसे खोते और पाते हैं)। (९) जो इस कहानी को पढ़े वह हमारे लिये दो शब्द स्मरण करे।

(१) कवि–काव्य > कब्ब > कबि (उघरी जीभ प्रेम कबि बरनी। २०।७; सोई बिमोहा जेइँ कबि सुनी। २११।१)। पेम पीर–प्रेम की पीड़ा, प्रेम की व्यथा का अनुभव।

(२) जोरी लाइ रकत कै लेई–रत्नसेन में प्रेम की पीड़ा उत्पन्न हुई। उसने उसे रक्त से सींचा। पद्मावती के मन में गाढी प्रीति थी। अन्त में उस गाढी प्रीति को उसने अपने आँसुओं से सींचा। आटे से लेई बनाते समय उसमें पानी मिलाना आवश्यक है। ऐसे ही राजा ने प्रेम की पीड़ा में अपना रक्त मिलाकर उसे जोड़ा। गाढी होने पर लेई में पानी मिलाया जाता है। ऐसे ही जब वह प्रेम गाढा हुआ तो रानी ने उसमें अपने आँसू मिलाए। यही इस प्रेम कथा का सूत्र है—रत्नसेन के रक्त और पद्मावती के नेत्र जल मिलने से यह प्रेम कथा पूरी हुई। कवि जायसी के पक्ष में भी यह अर्द्धाली घटित होती है। अपने शरीर के श्रम और हृदय की करुणा से उसने यह काव्य जोड़ा है। 'इस कविता को मैंने रक्त की लेई लगाकर जोड़ा है और गाढ़ी प्रीति को आँसुओं से भिगो भिगोकर गीला किया है' (शुक्ल जी)।

(८) केइँ न जगत जस बेंचा–यश अन्य स्थूल वस्तुओं के समान बेचने मोल लेने से नहीं मिलता। यश धनसाध्य नहीं है, वह साधना से मिलता है।

हम सँवरै दुइ बोल–'वह हमारे लिये भी दो बोल याद कर लें।' श्री शिरेफ के अनुसार 'दो बोल कुरान शरीफ के दो छोटे सूरे हैं। कब्रों के पत्थर पर प्रायः यह प्रार्थना लिखी रहती है कि जाने वाले पथिक उन दो कलमों को पढ़ दें। इससे मृतव्यक्ति को पुण्य और शान्ति मिलती है।' यह काव्य जायसी का स्मारक है। जो इस स्मारक को पढ़े वह इसके कर्ता के लिये 'दो बोल' पढ़ दे। यह कवि की नम्र उक्ति है। ये दो शब्द दुआए मग़फ़िरत कहलाते हैं, जो इस प्रकार हैं—'रब्बे इग़फ़िर' हे ईश्वर, क्षमा कर। इस काव्य से तृप्त हुए सहृदय का मन कवि के लिये ईश्वर से क्षमा की प्रार्थना करे।

(९) दुइ बोल–दो बोल। कवि ने अपने काव्य को भी संक्षेप में 'दो बोल' कहा है। इसमें एक रत्नसेन का बोल है, दूसरा पद्मावती का बोल है। सारा काव्य इन्हीं दो बोलों की व्याख्या है—रतन पदारथ बोलइ बोला (२३।५)।

[६५३]

मुहमद बिरिध बएस अब भई। जोबन हुत सो अवस्था गई।१।
बल जो गएउ कै खीन सरीरू। दिस्टि गई नैनन्ह दै नीरू।२।
दसन गए कै तुचा कपोला। बैन गए दै अनरुचि बोला।३।
बुद्धि गई हिरदै बौराई। गरब गएउ तरहुँड़ सिर नाई।४।
सरवन गए ऊँच दै. सुना। गारौ गएउ सीस भा धुना।५।
भँवर गएउ केसन्ह दै भुवा। जोबन गएउ जियत जनु मुवा।६।

तब लगि जीवन जोबन साथाँ । पुनि सो मींचु पराए हाँथा ।७।
बिरिध जो सीस डोलावै सीस धुनै तेहि रीस ।
बूढ़े आढ़े होहु तुम्ह केइँ यह दीन्ह असीस ॥५८।३॥

(१) [मुहम्मद—] अब बूढ़ी आयु हो गई है । जो यौवन था वह अवस्था चली गई । (२) जो बल था, शरीर को क्षीण करके चला गया । दृष्टि मंद हो गई, और नेत्रों से पानी ढलने लगा । (३) दाँतों के जाने से गाल पिचक गए । वचन चले गए, अब बोल किसी को नहीं सुहाता । (४) विचारने की शक्ति चली गई, हृदय में बावलापन आगया । गर्व सिर को नीचे झुकाकर चला गया । (५) कानों की शक्ति जाती रही, ऊँचा सुनाई देने लगा । गौरव चला गया और सिर धुनी हुई रुई सा हो गया । (६) केशों में रहने वाली भौरों की श्यामता चली गई, वे भुए के समान श्वेत हो गए । यौवन चला गया, शरीर जीते जी मरे के समान हो गया । (७) तभी तक जीवन है, जब तक यौवन का साथ है । फिर पराए वश हो जाना, यही मृत्यु है ।

(८) बूढ़ा मनुष्य जो सिर हिलाता है, वह मानों इस क्रोध से सिर धुनता है— (९) 'तुम बूढ़े होकर आदर पाओ,' किसने यह आशीर्वाद दिया ?

(३) कै तुचा कपोला–माँस से फूले हुए गाल पिचक कर त्वचा मात्र रह गए ।
अनरुचि=अरुचि, कही बात का न सुहाना ।
बैन–लच्छेदार बातें (५८९।७, ५९५।१) ।
(४) बौराई–बावला करके, सोचने की शक्ति से हीन करके ।
तरहुँड़=नीचे (चित्रावली, ५५२।७, ५७६।७) ।
(५) गारौ–सं० गौरव > प्रा० गारव=गुरुता, भारीपन (पासद्द, पृ० ३६८) ।
धुना=धुनी हुई रुई के समान (शुक्लजी) ।
(८) रीस=रिस, क्रोध (२२०।१, ६१६।४ मुख फिराइ मन उपनी रीसा) ।
(९) आढे=सम्मान योग्य । सं० आद्रृ का धात्वादेश आढा, आढाइ=आदर करना, मानना (पासद्द०)
आढिअ=सम्मानित (हेमचन्द्र ४।१४३) ।

अर्थ परिशिष्ट टिप्पणी और शुद्धि पत्र

इसमें नए अर्थ, पाठ और प्रमाणों की ओर एवं छापे की भूलों की ओर ध्यान दिलाया गया है। पाठक कृपया अपनी प्रति तदनुसार ठीक करलें।

२।६ सेत औ स्यामा ठीक पाठ है। ('सेत और स्यामा' नहीं।)

३।१ कीन्हेसि अन्न भुगुति तेहि पाई—उसने अन्न बनाया जिससे मनुष्य को भुक्ति मिली।

३।६ कोड—अपभ्रंश में कुड्ड शब्द का प्रयोग खूब चलता था—'जइ केवँइ पावीसु पिउ अकिआ कुड्ड करीसु। पाणिउ णवइ सरावि जिवँ सव्वंगे पइसीसु॥ (हेमचन्द्र ४।३९६) अर्थात् यदि मैं अपने प्रिय को पाजाऊँ तो अपूर्व क्रीड़ा (अकिआ कुड्ड) करूँ। नए शराव में रक्खे पानी के समान मैं उसके सर्वांग में प्रवेश कर जाऊँ।

४।२ कीन्हेसि मंत्र हरइ जेहिं डसा—ऐसा मंत्र बनाया जो उन नागों के डसे हुए को दूर कर देता है।

५।७ ओह न काहु कइ आस निरासा—उसे किसी की आशा नहीं, ऐसा वह निराश (सब आशाओं से रहित) है।

९।५ दीन्हेसि चरन अनूप चलाहीं—उसने ऐसे चरण दिए हैं जो अनुपम ढंग से (अर्थात् खड़ी मुद्रा में जो सब पशु जगत् से भिन्न है) चलाते हैं।

१८।५ करिअ—दे० सूरसागर पद १७९८, रुदन करत नदि बढ़ी गँभीर। हरि करिया नहिं जा में पीर॥

१८।७ हाथी=हत्थी। हत्थी देना=सहारा देना।

१८।९. घर=वंश, खानदान, सिलसिला। श्री प्रो० हसन अस्करी का कथन है कि सैयद अशरफ जहाँगीर सिमनानी, जो कछौछा फैजाबाद में चिश्ती परम्परा के सन्त थे, जायसी से पहले आठवीं शती हिज्री के अन्त और नवीं शती हिज्री के आरम्भ में हुए थे। अतएव जायसी के 'हौं उन्ह के घर बाँद' का तात्पर्य है कि मैं उनकी परम्परा का एक बन्दा हूँ (बिहार रिसर्च सोसाइटी की पत्रिका, २२।२९)।

२०।१ गुरु मोहदी—श्री अस्करी के अनुसार 'महदी' पाठ शुद्ध है। वस्तुतः बिहार शरीफ, मनेर शरीफ और गोपालचन्द्रजी की प्रति में 'महदी' पाठ स्पष्ट और निश्चित है। श्री माताप्रसाद जी ने गोपालचन्द्र वाली प्रति का उपयोग किया था, किन्तु इस पाठ का उल्लेख नहीं किया। इस पाठ के लिये और भी श्रेष्ठ प्रतियों को देखना चाहिए। प्रो० अस्करी का कथन है कि अखरावट २७।१ (पा पाएउँ गुरु महदी मीठा) और ३८।४ (चलै उताएल महदी खेवा) में भी मनेर शरीफ की नई प्रति में महदी पाठ ही मिला है। अखरावट २७।५ में सैयद मुहमद महदी साँचा पाठ है। हिजरी ९१० या सन् १५०४ में सैयद मुहमद की मृत्यु हुई। कुछ विद्वान् जायसी को सैयद मोहीउद्दीन का शिष्य मानते हैं, यह ठीक नहीं।

जायसी का कथन सैयद मुहम्मद महदी जौनपुरी के लिये ही है। सैयद मुहम्मद ने 'महदी' होने का दावा किया था और वह इमाम–ए–महदियान कहलाने लगा था। बदाउनी ने सैयद मुहम्मद का उल्लेख किया है। यह सैयद मुहम्मद शेख दानियाल खिज्री का शिष्य था। विशेष के लिये दे० प्रो० अस्करी का लेख (पदमावत की एक नई प्रति, बिहार रिसर्च सोसाइटी की पत्रिका, १९५३, भाग १-२ पृ० २४-२५)। पृ० २० पर २०।६ के अर्थ में सैयद हामिद शाह को 'राजी' नहीं 'राजे' पढ़ना चाहिए।

२३।५ सुरस पेम मधु भरिअ अमोला–जो बोल प्रेम से सुरस हैं और अनमोल मधु से भरे हैं।

२९।१ 'बासहिं' का शुद्ध अर्थ 'बोलना' है, 'बसना' नहीं। दोनों जगह (२९।१, ४३२।५) वह अशुद्ध हो गया है। सं० वाश > प्रा० वास > बासना=पक्षियों का बोलना (पासद्द० पृ० ९४८, खीर दुमम्मि य वासइ वामत्थो वायसो चलितपक्खो, पउमचरिय ५४।३१)।

३२।३ 'हंस गामिनी' शुद्ध पाठ है ('हँसगामिनी' नहीं)।

३२।७ 'जा सौं' शुद्ध पाठ है ('जासौं' नहीं)।

३३।१ तलावरि–प्राचीन गुजराती में तलावली छोटे तालाब के अर्थ में प्रयुक्त हुआ है– विकसित पंकज पाँखड़ी आंषडी ऊपम टालि। ते विष सलिलि तलावली सा वली पांपिणि पालि॥ (रत्न मंडण गणि कृत नारी निरास फाग, विक्रम की सोलहवीं शती का पूर्वार्ध, सांडेसरा, प्राचीन फागु संग्रह, पृ० ७१)।

३४।१ 'बारी' शुद्ध है ('वारी' नहीं)।

३४।२ 'बेद' शुद्ध है ('बद' नहीं)।

३६।३ 'राउ' शुद्ध है ('राऊ' नहीं)

३७।७ 'ता कहँ' शुद्ध है ('ताकहँ' नहीं)।

३९।५ रामपुर राजकीय पुस्तकालय की नई प्रति में भी 'छरहटा' पाठ है।

४१।४ 'ठाढ़े' शुद्ध पाठ है ('ठाडे' नहीं)।

४१।९ चार पड़ाव–सूफी साधना के अनुसार चार पड़ाव, शरीअत, तरीकत, मआरिफत, हकीकत।

४३।९ 'पावा' ('पाबा' नहीं) और 'ब्याधि' ('व्याधि' नहीं) शुद्ध हैं।

४५।८ 'भार' शुद्ध है ('मार' नहीं)

४६।३ की टिप्पणी में बोल्लाह की व्युत्पत्ति अशुद्ध हो गई है। वस्तुतः फारस की खाड़ी में तिग्रा नदी के मुहाने पर स्थित उबुल्लाह नामक बंदरगाह से आने वाले घोड़ों के लिए बोल्लाह नाम पड़ा (दे० ४९६।१ की टिप्पणी)।

४७।५ 'सभा' शुद्ध है ('सगा' नहीं)।

४७।३ 'मुकुटबंध' का शुद्ध अवधी रूप 'मटुकबंध' था। बिहार शरीफ की नई प्रति में 'मटुक' ही पाठ है। जायसी में भी मटुक रूप आया है (२७६।६, ५१५।२)। चित्रावली ३५।४ में 'मटुक बंद' रूप है।

४९।६ तुलना कीजिए ३२९।९ ।

५०।२ सलोनी से सोना साफ करने की प्रक्रिया इस देश में बहुत प्राचीन काल से चली आती थी । कौटिल्य के अर्थशास्त्र में सलोनी मसाले को 'सैन्धविका' (सेंधा नमक का मसाला) कहा है (अर्थशास्त्र २।१३)। और भी देखिए ८३।५ की टिप्पणी का शुद्धिपत्र।

५२।८ रामा आइ अजोध्याँ उपने लखन बतीसौ अंग–इस पंक्ति के दूसरे अर्थ की ओर श्री मैथिलीशरण जी गुप्त ने मेरा ध्यान दिलाया है, 'जैसी स्त्री (राम की पत्नी सीता) अयोध्या में आई थी जिसके शरीर में बत्तीसों लक्षण उत्पन्न हुए थे, वैसी ही वह पद्मावती थी।' इस अर्थ में कथा सम्बन्धी कोई कूट कल्पना नहीं करनी पड़ती।

५३।५ 'पदुमिनि' पाठ है ('पदुमिनी' नहीं)।

५४।१ 'संजोग' शब्द के 'विवाह योग्य' इस विशिष्ट अर्थ के लिये और भी दे० १७४।७, १९१।८, २७४।१, २८५।८।

५४।६ 'दैयँ' पाठ है ('दैंयँ' नहीं)।

५४।८ 'बेद' पाठ है ('वेद' नहीं)।

५५।३ ससि माँथे हुइ दुइजि बईठी–चन्द्रमा द्वितीया का चन्द्र बनकर उसके मस्तक पर सुशोभित हुआ।

५५।५ 'करी' पाठ है ('करि' नहीं)।

५९।४ 'सु गुलाल' पाठ है ('सुगुलाल' नहीं)।

६०।२ 'सहेली' पाठ है ('सलेली' नहीं)।

६२।८ 'पुकारै' पाठ है ('पुकोरै' नहीं)।

६३।९ 'जेउँ' पाठ है ('जेऊँ' नहीं)।

६४।१ 'गँवाना' पाठ है (गँवावा नहीं)।

६६।९ पुनि बिसरा भा सँवरना–फिर वह प्रियतम बिसर जाता है और उसका स्मरण ऐसा हो जाता है मानों स्वप्न में कभी भेंट हुई हो।

७४।१ की टिप्पणी में बनिजारा की व्युत्पत्ति सं० वाणिज्यारक दी है। यद्यपि मध्यकालीन लेखों में यह शब्द मिलने लगता है, पर मूल सं० वाणिज्यकारक था।

७९।३ 'औरु' पाठ है ('ओरु' नहीं)।

८३।५ बनवारी–इस शब्द का जो अर्थ (शुद्ध सोने की पत्री) मैंने टिप्पणी में लिखा है वह अशुद्ध हो गया है। वस्तुतः बनवारी का शुद्ध संस्कृत रूप वर्णमालिका था। वर्णमालिका > वण्ण मालिआ > बानवारी > बनवारी। बनवारी उन शलाकाओं को कहते थे जिनके सिरे पर भिन्न भिन्न बान या शुद्धि के सोने की छोटी गोलियाँ लगी रहती थीं। श्रीधर कृत पाटी गणित (नवीं शती) के अनुसार वर्णमालिका बनाने की विधि यह थी कि सोलह बान के शुद्धतम सोने से चौथाई-चौथाई बान घटाते हुए हर प्रकार के सोने की २–२ माशे की गोलियाँ सिरे पर लगाकर सूची या शलाकाएँ बना ली जाती थीं [द्विमाषक शलाकाभिः कर्तव्या वर्णमालिका। अक्षयात् षट् क्षयं यावत् पादवर्ण क्षयक्रमात्॥]। बान का मानदंड दो प्रकार का था, एक सोलह

बानी दूसरा बारह बानी। कौटिल्य के समय से हिन्दू युग तक सोलह बान की शुद्धि का सोना सब से खरा माना जाता था। पद्मावती प्रक्षिप्त दोहा ३१६ अ।१ में सोलह बानी शुद्धि का उल्लेख है। किन्तु जायसी में प्रायः बारह बानी सोने का ही उल्लेख आया है (४९।७, ९३।१०, १००।८, २७३।९)। बारह बानी मान की स्वर्ण शुद्धि मुसलमानी काल से आरम्भ हुई। सोलहबानी शुद्धि में दस बान से सोलह बान तक २५ वर्णमालिका शलाकाएँ या बनवारी होती थीं। सोलह, पौने सोलह, साढे पन्द्रह, सवा पन्द्रह आदि बान का सोना क्रमशः घटिया होता जाता था। दस बान से कम का ओखा सोना विचार के योग्य न माना जाता था। सोना कसने के लिये दो वस्तुओं की आवश्यकता थी, एक तो बानवारी शलाकाओं की और दूसरे कसौटी की। जिस सोने की परीक्षा की जाती थी उसकी रेखा कसौटी पर खींचकर फिर हर एक बान की बनवारी सलाई की रेखा खींचकर दोनों को मिलाते थे; और जिस बान से सोने की रेखा का रंग मिल जाता था वह सोना उसी बान का समझा जाता था। नागमती ने मानों सुनारी स्त्री की भाँति कसौटी और बनवारी सलाइयाँ सुग्गे के सामने रखकर कहा कि मेरे सौन्दर्य रूपी स्वर्ण को कसकर उसका बान देखो। बारहबानी शुद्धि मान के अनुसार बारह बान का सोना सबसे शुद्ध और छह बान का सबसे निकृष्ट माना जाता था। छह बान से घटिया सोने की फिर सोने में गिनती न होती थी। सोलह बान के शुद्ध सोने में कितनी चाँदी और कितना ताँबा मिलाया जाय कि वह पौने सोलह, साढ़े पन्द्रह, पन्द्रह, चौदह, बारह आदि बानों का बन जाय, इसका सुनिश्चित अनुपात कौटिल्य ने अर्थशास्त्र में दिया है। इसी प्रकार बारहबानी सोने के विविध बान बनाने की विधि और मिलावट का अनुपात अबुलफजल ने आईन अकबरी (आईन ६) में दिया है। सोलह बान के बिल्कुल शुद्ध सोने को अक्षय सुवर्ण, भित्तिसुवर्ण, षोडशवर्णक, या 'सोलमा' सोना कहते थे। फिर मुसलमानी काल से वह बारहबानी कहलाने लगा। हिन्दी साहित्य और भाषा में यही शब्द अधिकतर मिलता है। ओखे सोने को खरा बनाने के लिये, जैसे दस बान के सोने को बारह बान का बनाने के लिये, उसे बराबर सलोनी मसाले के साथ कंडों की आँचों में तपाया जाता था। गोसाईं जी ने लिखा है—कनकहि बान चढ़इ जिमि दाहें। तिमि प्रियतम पद नेह निबाहें ॥ (अयोध्याकांड, २०५।५)। बनवारी, बारहबानी, सलोनी के अर्थ की व्यंजना का जायसी ने कितनी ही बार उपयोग किया है। उसे समझने के लिये बनवारी और सलोनी का परिचय आवश्यक है [विशेष वर्णन के लिये दे० मेरा लेख, दि हाइस्ट प्यूरिटी आफ गोल्ड इन इंडिया, जर्नल आफ दि न्यूमिस्मेटिक सोसाइटी, भाग १६, १९५४, पृ० २७०-७४]। यह भी वक्तव्य है कि काशिराज की नागरी प्रति और कलाभवन की कैथी प्रति में स्पष्ट बनवारी पाठ है।

८५।३ जिसे माताप्रसाद जी ने अँगूरू पढ़ा है उसका मूल रूप 'अँकूरू' ज्ञात होता है। काशिराज और कलाभवन की प्रतियों में वही है। शेष फारसी लिपि की प्रतियों में तो

अँकूरू है ही जिसे अँगूरू पढ़ लिया गया। बिख राखौ नहिं होइ अँकूरू=विष नहीं रखना चाहिए, कहीं अँकुर न फूट आवे।

८६।२ 'जाइ' पाठ है ('जेइ' नहीं)।

९०।५ इस पंक्ति का अर्थ अशुद्ध हो गया है। पाठक कृपया इस प्रकार ठीक कर लें—जिसके क्रोध से मरण हो और जिसकी प्रसन्नता से जीवन मिले, उसके साथ रस के सिवाय रिस कभी न करना चाहिए। गोसाईं जी ने भी कहा है—मारे मरिय जिवाए जीजै। तासौं कबहुँ बैर नहिं कीजै ॥ शुद्ध अर्थ और तुलसी की चौपाई के लिये मैं श्री मैथिलीशरणजी गुप्त का अनुगृहीत हूँ।

९०।७ कंत सुहाग कि आइय साँधा—पियतम और सौभाग्य इन दोनों का मेल क्या प्राप्त किया जा सकता है?

९१।१ 'सिँगार' पाठ है ('सिगार' नहीं)।

९१।२ को औरु नरेसा का अर्थ—हे राजा और की तो बात ही क्या?

१०६।४ कुसुम रंग थिर रहा न आगे—उनके आगे कुसुम्भ के फूलों का रंग भी टिकाऊ नहीं रहा।

१०१।७ सँजोऊ=युद्ध का साज सामान।

१०१।९ 'परा मुरुछि' शुद्ध पाठ है ('पट मुतछि' नहीं)।

१०८।६ 'एक एक' पाठ है ('एक पक' नहीं)।

११२।६ बाहूँ=भुजबंद नामक आभूषण (२९९।५, ३१८।६)

११४।१ पेट पत्र=पेट ऐसा मुलायम है मानों पत्ते पर चंदन का लेप लगाया गया हो।

११६।५ 'पैग देत' शुद्ध है ('पग देत' नहीं)।

११६।३ परिहँस=ईर्ष्या, डाह (४०९।७)।

१२८।२ ओरगाना—कान्हड दे प्रबंध में 'उलगाणा' इसीका रूप आया है—लाष बिच्यारि वाणिजू चालइ बार लाष उलगाणा (२।९२)।

१३७।६ मकोइ=एक काँटेदार पेड़ का भी यही नाम है और यहाँ वही अभीष्ट अर्थ है (दे० ५५८।५)।

१४१।३ 'बिनाती' शुद्ध है ('बिनती' नहीं)।

१४३।५ पेम मोर पानी कै करा—प्रेम और पानी की कला या गुण समान है। दोनों मृत व्यक्ति को डुबाते नहीं बहाकर ले जाते हैं। जो मर कर प्रेम मार्ग में पड़ता है उसे प्रेम अपनी शक्ति से आगे बहा ले जाता है।

१४५।१ 'जीवन' शुद्ध है ('जीबन नहीं')।

१४७।१ 'जस रथ' शुद्ध है ('गज रथ' नहीं)।

१४७।२ 'धावहिं' शुद्ध है ('धावंहि' नहीं)।

१४८।१ गवेंजा—श्री अम्बाप्रसाद सुमन से मुझे ज्ञात हुआ है कि अलीगढ़ की जनपदीय बोली में गएँजा (= गाँव के लोगों के बीच गपशप) शब्द प्रचलित है (जैसे, सावन मास गएँजे कीए भादों खाए पूआ)।

१४९।४ धरती सरग जाँत पर दोऊ—पृथ्वी और आकाश दोनों चक्की के पाट हैं जो घूम

रहे हैं। पर-संस्कृत भ्रम का धात्वादेश। पर=भ्रमण करना, घूमना (हेम० ४।१६, पासद्द० पृ० ६७१, परइ=भ्रमति)।

१५१।४ जोगी मनहिं ओहि रिस मारहिं–क्योंकि मन द्रव्य चाहता है और योग का मार्ग भुलवा देता है, इसलिये योगी लोग इस क्रोध से पहले मन को ही मारते हैं, और नया द्रव्य लेना तो दूर, हाथ में आया द्रव्य भी समुद्र में फेक देते हैं।

१५२।४ वस्तुतः इस पंक्ति का 'दँहेड़ि' पाठ किसी भी हस्तलिखित प्रति में नहीं है। उसे माताप्रसादजी ने संदिग्ध पाठ के रूप में प्रश्न चिह्न के साथ रख दिया था। अब इस पंक्ति का शुद्ध पाठ गोपालचन्द्र जी की प्रति में मिल गया है—साँस दुआलि मन मँथनी गाढ़ी। हिएँ चोट बिनु फूट न साढी॥ दुआलि=रस्सी (फा० दुआल, स्टाइनगास, फारसी कोश, पृ० ५३९; शब्द सागर पृ० १५८० पर दुआल, दुआली दोनों शब्द दिए हैं=चमड़े का तस्मा, बद्धी, रस्सी)। मथनी=मथने की हंडी, दहेंड़ी। मथानी भिन्न शब्द है=रई, मंथन दंड (दे० जायसी ४०६।४, ५००।४)। चौपाई का ठीक अर्थ इस प्रकार है–साँस रस्सी है, मन गहरी हंडी है। हृदय (रूपी रई) की चोट के विना उस दहेंड़ी के भीतर जमी हुई दही को साढी नहीं फूटती और उसका घी पृथक् नहीं निकलता। योग का उद्देश्य है दही मथकर घी निकालना (दही माँहि मथि काढै घीऊ। १५२।२; का भा जोग कथनि के कथें। निकसै न घिउ बाजु दधि मथें॥ १२४।१)। और भी ४०६।५ में जायसी ने स्पष्ट कहा है कि जब तक कोई जी दिए विना नहीं मथता, दही में से घी नहीं निकलता–जौं लगि मथै न कोइ दै जीऊ। सूधी अँगुरी न निकसै घीऊ॥ यहाँ पर जी को ही हिया या हृदय कहा गया है। जी या हृदय में ही जायसी सत का निवास मानते हैं (१४९।६, १५०।१, १५०।७, १७३।३)। मन को हृदय या जी से पृथक् माना है (दे० ४०१।७-९)।

१६०।१ बिक्रमआदी–यह ज्ञातव्य है कि जायसी के समय में विक्रमादित्य के लिये विक्रमादी रूप भी चालू था। राणा संग्राम सिंह के कनिष्ठ पुत्र राणा विक्रमादित्य (१५३२-३६) के सिक्कों पर उन्हें विक्रमादी कहा गया है (जर्नल आव दि न्यूमिस्मैटिक सोसाइटी, भाग १६, अंक २, पृ० २८४, फलक ५)।

१६०।९ 'लै बास' शुद्ध है(ल बास नहीं)।

१८०।३ आगि बुझाइ ढोइ जल काढ़ैं–और आग बुझ जाती है यदि जल ढोकर उस अग्नि के चारों ओर जल की रेखा खींच दी जाय, अर्थात् उसे जल से घेर दिया जाय। यहाँ काढ़ैं का प्रयोग विशिष्ट अर्थ में किया गया है। कड्ढ=रेखा करना, घेरना (पासद्द० पृ० २७४)

१८८।३ 'कोइ सदबरग कुंद' शुद्ध है ('कोई सदबरग कुँद' नहीं)।

१८९।२ इस पंक्ति में डंड की जगह दुंद शुद्ध पाठ है। दुंद=दुंदुभि (३४४।१, ५७७।७)।

१९१।८ कलस–वर्ण रत्नाकर के अनुसार बारह पवित्र नदियों का जल एक कलश में एकत्र किया जाता था (गंगा, यमुना, नर्मदा, सरस्वती, गोदावरी, तमसा, ताम्रपर्णी,

गोमती, वितस्ता, कौशिकी, वाग्मती, कावेरी द्वादशओ जे पुण्यतोया नद अधिकह तकरें जे पानी सुवर्ण कलशे आनी (वर्ण० पृ० १२)।

१९३।२ 'देस सौं' शुद्ध है ('देश सौं' नहीं)।

१९३।९ 'केहु राजा के पूत' शुद्ध है ('केतु राजा कै पूत' नहीं)।

१९६।८ कहाँ रे जिय बलि भीवँ–कि उसका जीव कहाँ भयंकर बलि चढ़ गया।

१९९।९ 'सिर' शुद्ध है ('सुर नहीं')।

२०२।२ 'खेई' शुद्ध है ('स्वेई' नहीं)।

२०६।३ मुल्ला दाउद कृत चंदायन नामक अवधी प्रेम काव्य में भी लंका-पलंका का उल्लेख है– 'हौं फिन चाँद हेरि जो पाऊँ। लंका छाडि पलंका धाऊँ।'

२०६।६ की टिप्पणी में 'लाल और काले मुँह' शुद्ध है।

२०७।६ में छाव शब्द के लिये दे० चित्रावली ५३।९, छाव=बालक, बच्चा।

२०९।८ 'कबिलास' शुद्ध है ('काबिलास' नहीं)।

२११।८ शिव को एक ब्रह्महत्या तो निश्चित रूप से ब्रह्मा के सिर काटने से लगी थी जिसकी कथा मत्स्यपुराण (१८३।१०३) में है। दूसरी ब्रह्म हत्या संभवतः दक्ष प्रजापति के वध से लगी थी। किन्तु उसका उल्लेख अभी तक मुझे नहीं मिला।

२१६।२ 'बंदी' शुद्ध पाठ है ('बँदी' नहीं)।

२२९।२ 'ओहिक' शुद्ध पाठ है ('औहिक' नहीं)।

२३१।६ न जनहु अबहिं जिऔ मरि सोई=न जाने वह अब तक मरकर फिर जीवित बना या नहीं। प्रेम की साधना में कवि की दृष्टि में 'मर जिआ' होना आवश्यक है।

२३२।२ पद्मावती ने जो पत्री लिखी उसमें अर्थ गर्भित केवल यही एक वाक्य था। शेष २३२।३ से २३४।९ तक का समस्त अंश उसी प्रकार पद्मावती का मुख वचन था जिस प्रकार २२४।१ से २२५।९ तक का अंश रत्नसेन ने जबानी कहने के लिये सुग्गे से कहा था। कवि ने रत्नसेन का मौखिक संदेश तो बताया, किन्तु उसने पत्री में क्या वाक्य लिखा यह स्पष्ट नहीं कहा। पद्मावती की पत्री का लिखित अंश स्पष्ट कहा गया है, मौखिक अंश को समझना पड़ता है। उसका उल्लेख कवि ने २३६।२में आगे चलकर किया है।

२३६।४ परेवा=संदेशहर दूत (दे० ३७५।२, ५०२।१)।

२४५।८ रामपुर की प्रति में 'ढाठ' पाठ है, अर्थ 'लगाम' दिया है।

२४९।२ 'अंचल' की जगह माताप्रसाद जी ने मनेर की नई प्रति के आधार पर 'आँचर' शुद्ध पाठ माना है (साहित्य, जनवरी १९५४, पृ० ४७)।

२५१।८ -९ पद्मावती कमल रूप से लहरों में डूबती उतिराती थी, और शशि रूप से ग्रहण में ग्रसित होती थी।

२५२।६ यह अर्थ अच्छा होगा—'हे पुरइन धाय, सूर्य के ग्रहण से कमल की कली पर जो छाया आ गई थी, उस व्यथा का तुमने इस प्रकार सुग्गे को लाकर हर लिया।'

२५५।९ 'भान' शुद्ध पाठ है ('भाव' नहीं)।

२५६।१ 'लिलाट्' शुद्ध है ('लिलट्ट' नहीं)।

२५६।८ पिंड कमावा फेरि—तुम्हारा जीव उस जोगी की काया में भर रहा है। उसका जीव तुम्हारे रूप में आकर मानों पुनः शरीर का उपभोग कर रहा है। कमावा–सं० उपभुज का धात्वादेश कम्मवइ=उपभोग करना (हेमचंद्र ४।१११; पासद्द० पृ० २८३)।

२५७।८ 'गुरु सों करै अछेद' शुद्ध पाठ है ('गुरू सौ करै अछेद' नहीं)।

२५८।९ के अर्थ में 'घर' की जगह 'घट' पढ़िए।

२५९।१ 'नेवरी' शुद्ध है (नेवरि नहीं)।

२६२।५ 'महँ' शुद्ध है (भहँ नहीं)।

२६४।१ अर्थ–जो उसकी खोज करेगा वह यह भेद जान लेगा।

२६५।४ 'बरम्हा' ठीक पाठ है ('वरम्हा' नहीं)।

२७०।५ 'अस्तुति' शुद्ध है ('अस्तुत' नहीं)।

२७०।६ तुलना कीजिए ३५४।४।

२७१।५ आदि=जन्म से (तुलना कीजिए ३६७।५, ६४४।३)। आदि गोसाईं=जन्म से स्वामी या प्रभु।

२७९।१ 'चमकहिं' शुद्ध है (चमकहि नहीं)।

२८३।४ 'खंभ' शुद्ध है (खाँम नहीं)।

२८४।२ 'झालर' शब्द का ठीक अर्थ आगे ५४३।२ की टिप्पणी में लिखा है। अतः यह टिप्पणी अनावश्यक है।

२८७।२,७ 'गोसाइँ' शुद्ध है (गौसाइँ नहीं)।

२८९।६ 'समुँद हिलोरा' भाँति का फर्श मुगल स्थापत्य और उससे पूर्व की पठान शैली की विशेषता थी। इसमें ईंटों का या पत्थर का काम लहरिया गति में दिखाया जाता था।

२९०।५ कुंकुमा चोवा=चोवा भरा हुआ कुंकुमा या लाख का गोला जिसके फूटने पर चोवा चारों ओर छिटककर बिखर जाता था।

२९१।१ अर्थ–वहाँ शयनागार के एक भाग सुखबासी नामक कमरे में शय्या थी।

२९३।७ 'अँधियारा' शुद्ध है (अधियारा नहीं)।

२९८।४ माताप्रसाद जी को सब प्रतियों में करनफूल पाठ मिला था, कनक फूल उन्होंने अपने मन से कर दिया था। ४७५।५ के अर्थ में हमने दिखाया है कि 'करन फूल' पाठ का अर्थ ही यहाँ संगत होता है।

३०४।७ 'बार' शुद्ध है (बारि नहीं)।

३१२।१ पद्मावती का आशय यह है कि– (१) चौपड़ पासे के खेल में तुम जुग बाँध सको (युगनद्ध हो सको) तो जानूँगी तुम पूरे हो। (२) रति क्रीड़ा में जुग बाँध सके (युगनद्ध हो सके) तो जानूँगी तुममें सार है और तुम पासा या असल हो। (३) योग में तुम इडापिंगला को बाँध सके तो तुम्हें कुंडलिनी से मिला हुआ समझूँगी (सारि=शबलित, चित्रित वर्ण की चित्रिणी या कुंडलिनी; पासा=उसके पास)।

योगपरक अर्थ में जायसी ने संख्याओं को प्रतीकात्मक अर्थ में लिया है, जैसे २ (इडा-पिंगला, वायु-बिंदु, प्राण-रेत), ३ (इडा पिंगला-सुषुम्णा), ४ (मन बुद्धि चित्त अहंकार), ७ (सप्तप्राण, सप्त चक्र), ८ (आठ चक्र, योग के अष्टांग), ९ (नौ चक्र, नौ इन्द्रिय द्वार), १० (दस इन्द्रियाँ), ११ (दस इन्द्रियाँ और मन), १२ (आठ योगांग और अंतः करण चतुष्टय), १६ (दस इंद्रिया, पाँच तन्मात्रा, मन), १७ इंद्रियाँ तन्मात्रा, मन, बुद्धि), १८ (अट्ठारह सांसारिक द्वन्द)।

३१३।४ बोल—व्यवहारासन से राजा के निर्णय को जायसी ने स्वयं अन्यत्र 'सबद' कहा है (२३९।२)।

३१४।३ निति=उद्देश से, लिये (३०७।४)।

३२०।७ 'तब' शुद्ध है (तव नहीं)।

३२३।७ 'चतुरसम' शुद्ध है (चतुर सम नहीं)। माताप्रसाद जी ने २७।११।५४ के पत्र में मुझे सूचित किया है कि पाठान्तर में चतुरसम छपने से रह गया है। वस्तुतः चतुरसम ही मूल पाठ था। स्त्री के लिये पति ऐसे दौड़ता है जैसे चंदन की स्वल्प गंध के लिये हवा वेग से उसके पास जाती है। यहाँ चंदन चोंप स्त्री का उपमान है और पवन पति का। पद्मावती पद्मिनी जाति की स्त्री होने के कारण साक्षात् चतुरसम सुगंध के समान थी, सखियों का अभिप्राय है कि पति ने उसके साथ क्या न किया होगा ! चदन चोंप रूपी स्त्री, तुलना कीजिए 'मालति नारि' (४१६।२)।

३२४।८ 'लहरैं' शुद्ध है ('लहरै' नहीं)।

३२९।४ मेघौना—कान्हड़ दे प्रबंध (३।१५०) में मेघवन्नां वस्त्र का उल्लेख है

३३१।६ 'सहस' ठीक है ('सरस' नहीं)।

३३३।१ 'पुहुमि' ठीक है ('पुहुम' नहीं)।

३३३।२ 'भै' ठीक है ('मै' नहीं)।

३३५।४ 'सौर सुपेती' में सौर और सुपेती समानार्थक शब्द थे। सौड़ या सौर नामक वस्त्र उत्तर भारत में प्रचलित था। सुपेती दक्षिण भारत की भाषाओं से आया और बहुभाषिता नियम के अनुसार 'नान पाव' की तरह दोनों एक साथ बोले जाने लगे। मुझे मुनि पुण्य विजय जी से ज्ञात हुआ कि सुपइत्तिए शब्द मलधारी हेमचंद्र कृत भवभावना ग्रन्थ में (११७० वि०) प्रयुक्त हुआ है। तेलुगु भाषा में पत्ति का अर्थ है रुई, अतएव सुपइत्तिय खूब रुई भरी हुई रजाई थी। तेलुगु पत्ति, कन्नड़ हत्ति, तमिल पंजि या पन्नि, मलयालिम पन्नि=रुई (इस सूचना के लिये मैं श्री मोतीचंद्र जी और श्री ए० एन० गुलाटी, बम्बई का आभारी हूँ)।

३६६।१ तपनि शुद्ध है (तपिन नहीं)।

३४४।१ दुंद दल बाजा=उसकी सेना में दुंदभि बजने लगी।

३४५।१ सावन बरस मेह अतिवानी, यह मूल पाठ था; अतिपानी अशुद्ध पाठ है। अतिवानी का जायसी ने ६३१।१ में भी प्रयोग किया है।

३५४।४ आइ आगि सौं करु फुलवारी—इसकी ध्वनि यह भी है कि चिता में जल छिड़ककर मेरे अंगारों को बुझाओ और फूल चुनो। अथवा मेरी चिता शीतल करके उस पर फुलवारी लगाओ। जायसी को यह कल्पना प्रिय है (दे० २७०।६)।

३५५।५ बाँधी—इसके लिये और भी दे० १०।३, ५६९।६, ६१४।४।

३६०।२ 'फिरि फिरि' शुद्ध है ('फिरे फिरे' नहीं)।

३६१।२ भीवँ शब्द की टिप्पणी में पृ० ३६० पर, ११७८-१२४१ सन्, यह भीमदेव की ठीक राज्य तिथि थी।

३६३।२ 'सिंघल' शुद्ध है ('सिंधल' नहीं)।

३६७।३ 'फिरै' शुद्ध है ('फिरैं' नहीं)।

३६७।४ 'बाएँ' शुद्ध है ('बाए' नहीं)।

३६७।५ आदि=जन्म से ही (दे० २७१।५, ६४४।३)।

३७०।७ 'जल' शुद्ध है ('गल' नहीं)।

३७१।२ 'संदेस' शुद्ध है ('संदेशे' नहीं)।

३७१।१ सहदेसी=अपने देश का रहने वाला। स्वक > सह (पासद्द० ११०८)।

३७१।९ बनाहँ—तुलना कठाहँ, मठाहँ (६४४।८ ९), मनाहँ (३८३।८)।

३७५।२ परेवा का अर्थ पक्षी नहीं, दूत होना चाहिए (दे० ५०२।१ की टिप्पणी)।

३७६।१ सँवारी—इसकी व्यंजना यह है कि सभा में जो प्रतिष्ठित गण्य मान्य व्यक्ति सुसज्जित वेष पहने हुए थे वे समर्थन में उठ खड़े हुए।

३७९।१ 'सखी' ठीक है (सुखी नहीं)।

३८०।७ अर्थ—तभी कोई नैहर को न चाहेगी जब उसे ससुराल में अधिक लाभ होगा।

३८५।३ 'पदुमिनी' शुद्ध है (पदुमनी नहीं)।

३८५।३ इस पंक्ति में खंड शब्द का अर्थ रह गया है। कवि का आशय है कि जिस हिसाब में एक एक खण्ड या टुकड़ा अरब खरब आदि के बराबर था उसका जोड़ लाख लेखा लिखने पर भी कोई कैसे निकाल सकता था।

३८५।४ टिप्पणी—खरबार—रामपुर की प्रति का पाठ है 'भल पनवन्ह खरवार सँवारे' और खरवार का अर्थ बुख्चाहा=गठरी किया है। बिहार शरीफ की प्रति में खरबार पाठ है। स्टाइन गासकृत फारसी कोश में खरवार=ढेर (पृ० ४५७)।

३८७।७ दान मेरु बढ़ि लाग अकाराँ—इसमें प्रसंग से अकाराँ का अर्थ मेघ या आकाश ठीक बैठता है। ३०२।५ (भौंह धनुक जो छगा अकाराँ) में भी अकाराँ 'मेघ' होना चाहिए। अरबी अकार का अर्थ ऊँचा प्रासाद, श्वेत मेघ, सूर्य को छिपाने वाला मेघ या कुहरा दिया है (स्टाइनगास, फारसी कोश, पृ० ८०७, ८५८)। तब ३८७।७ का अर्थ होगा—मेरु दान के कारण बढ़कर मेघों को छूता है। ३०२।५ का अर्थ—भौहों से हार कर इन्द्र धनुष मेघों में छिप गया।

३९१।१ 'खेवा' शुद्ध है ('खेबा' नहीं)।

३९२।१ 'भल' शुद्ध है ('मल' नहीं)।

३९२।५ तीर घाट=अप्रधान या कोई सा घाट, मीर घाट का उल्टा।

३९४।३ महिरावण की दन्त कथा हिन्देशिया के समुद्रगिरि द्वीप या सुमात्रा द्वीप में भी पाई जाती था। उसका एक रूप यह है कि लंका के राजा रावण ने भारतीय द्वीप समूह के कुछ द्वीप नागों से छीनकर उनपर कब्जा कर लिया था और अपने पुत्र महिरावण को उनका राजा बना दिया था (जेरीनी, रिसर्चेज आन टालेमीज़, ज्यॉगरफी, १९०९, पृ० ६५८)।

३९६।५ भँवर जल छूटा–जल में भवँर पड़ने लगा।

४००।२ 'परी' शुद्ध है ('भर' नहीं)।

४००।३ मनेर और बिहार की प्रतियों में 'सूर' की जगह 'सँवरि' पाठ है।

४०१।७ मन भँवरा ओहि कँवल बसेरी–मेरा मन रूपी भौंरा हृदय कमल में बसने वाले उस प्रियतम को मरजिआ (गोताखोर) बनकर ढूँढ़ नहीं लाता। ४०१।१,४ में कहा गया है कि प्रियतम हृदय में बसता है। जायसी ने मन और हृदय को अलग अलग माना है (दे० १५२।४)।

४०१।८ इसका यह भी अर्थ संभव है कि साँस, नेत्र, मन आदि जो मेरे साथी किसी समय अस्ति थे, अब नास्ति हो गए हैं, अन्त तक प्रियतम का साथ न निभा सके। गोपालचन्द्रजी की प्रति में 'सके' बहुवचन पाठ है। अथवा एक वचन पाठ मान कर अर्थ होगा–जो साथी साथ न निभा सका वह अस्ति से नास्ति हो गया।

४०४।५ धाह–देशी धाहा=पुकार, चिल्लाहट (पउमचरिय, ५३।८८, पासद्द० ६०१)। धाह मार कर रोना, इसीका बिगड़कर 'धाड़ मार कर रोना' बोला जाता है।

४०५।१ भौंरा चम्पा का मेल–भौंरा अपनी मृत्यु के लिये चम्पा के पास जाता है। राजा भी मृत्यु चाह रहा था, किन्तु पाता न था।

४०९।७ परिहँसि–इस शब्द का अर्थ अशुद्ध हो गया है। 'ईर्ष्या, डाह' होना चाहिए (दे० १७६।२, जहाँ अर्थ ठीक हुआ है)।

४१३।१ न मुवा मरै न रोवै मरा–जो पहले से ही मरा हुआ या संकल्प हीन है वह योग में मरने का साहस नहीं कर सकता। जो योग मार्ग में लगा हुआ मृत्यु का आवाहन कर चुका है वह रोता नहीं।

४१६।६ मालति नार–तुलना कीजिए ३२३।७ (चंदन चोंप पवन अस पीऊ) जहाँ स्त्री की उपमा चंदन चोंप से दी गई है।

४१८।४ 'रसमूरू' शुद्ध है ('रममूरू' नहीं)।

४२२।८ निसठे आगरि भूख–विना पूँजी वाले या निर्धन व्यक्ति को भूख की व्यथा बढ़ जाती है।

४२२।२ 'आवहिं शुद्ध है ('आवहि' नहीं)।

४२४।३ 'नाँउँ लै मेहरा' की टिप्पणी में 'पद्मावती के ससुर' की जगह 'नागमती के ससुर' चाहिए।

४२६।८ 'मनिरूप' का अर्थ रूपमणि भी संभव है। जायसी की यह शैली है कि समास के शब्दों को फारसी के ढंग पर विपरीत क्रम से रखते हैं जैसे लीक-परबान पुरुष कर बोला

(शुक्ल जी)। ४१०।८ में पद्मावती को संसार में रूपमणि कहा गया है। वही यहाँ भी है। तब अर्थ होगा—रूपवती स्त्री के सौन्दर्य का यश पुष्प की सुगन्धि के समान पूरी तरह कहने में नहीं आता। उसकी बात सर्वत्र घूम फिर कर जहाँ से उठी थी वहीं लौट आती है अर्थात् वह अपने आप में अनुपम ठहरती है।

४३२।८ बासहिं—बसते हैं अर्थ अशुद्ध है। शुद्ध अर्थ 'बोलते हैं' (दे० २९।२ की नई टिप्पणी)।

४३४।५ 'सँखदराउ' शुद्ध है ('सखदराउ' नहीं)।

४३६।६ 'उँबरै' शुद्ध है ('उबरै' नहीं)।

४३६।९ 'खूझा' शुद्ध है ('सूझा' नहीं)।

४३६।१ का निन्दा परक अर्थ इस प्रकार भी हो सकता है—तुमने कचूर की सुगंधि वाली (काचूरी) वाटिका पाई थी। उसमें विष की मूल कड़वी नीम कैसे उत्पन्न होगई ?

४३७।१ 'कवन' शुद्ध पाठ है ('कवल' नहीं)।

४४६।४—इस पंक्ति में कवि का शुद्ध पाठ कवि है। इसके आगे की अर्द्धाली में 'स्रवन सों' के स्थान में विहार शरीफ की प्रति में 'स्रवन सो' पाठ है जो कि पंक्ति ५, ६ और ७ के उल्लेख को देखते हुए सही जान पड़ता है। तब अर्थ इस प्रकार होगा--कान वे ही धन्य हैं जिनसे अनहदनाद, वेद और काव्य सुना जाय।

४४९।६ 'साई' शुद्ध है ('सोइ' नहीं)।

४५३।४ 'जानहुँ' शुद्ध है ('जागहुँ' नहीं)।

४६७।९ लालि--इसका अर्थ मैंने विशेषण के रूप में किया है, किन्तु अपभ्रंश में लल्लि का प्रयोग विशेष्य के रूप में होने लगा था उदाहरण=तहि गुरु वहि हउँ सिस्सिणी अण्णहिँ करमि ण लल्लि, अर्थात् मैं उस गुरु की शिष्या हूँ दूसरे की लालसा नहीं करती (पाहुड़ दोहा-१७४)। यहाँ भी विशेष्य अर्थ ही लेना चाहिए।

४७०।५ लुरहिँ मुरहिँ मानहिँ जनु केली–वे केशरूपी नाग मुड़ मुड़ कर लोट रहे थे मानों काम केलि कर रहे हों।

४७१।८-९ बेनी कारी पुहुप लै···संशोधित अर्थ के लिये प्राक्कथन देखिए।

४७१।८–सारे रसहिँ रसहिँ रस गीले=उन अधरों के भीतर जो रस भरा हुआ है वही उनमें से छन छन कर निकल रहा है, इसलिए बाहर भी वे मानों उसी रस से गीले हैं। वस्तुतः तो वे ताम्बूल के रस से गीले हैं। अधरों के रक्त के समान अत्यन्त लाल रंग के संबन्ध में कवि की यह उत्प्रेक्षा है। इस में रसहिँ या रसना धातु का अर्थ रिसना, छन छन कर बाहर आना, टपकना आदि है (शब्द सागर पृ० २९१०)।

४७७।४-सेत स्याम अस चमकै डीठी। स्याम हीर दुहुँ पाँति बईठी ॥—दाँतों का सफेद रंग पान खाने के कारण ऐसा काला दिखाई पड़ता है जैसे काले हीरे दो पंक्तियों में जड़े हों। "हीरा अधिकतर तो सफेद होता है, पर पीले, हरे, नीले और कभी कभी काले हीरे भी मिल जाते हैं" (शब्द सागर पृ० ३८२७)

४७७।५ 'मारै' शुद्ध है ('मारैं' नहीं)। माताप्रसाद जी ने अपने १७।६।५६ के पत्र में एक वचन पाठ को ही ठीक लिखा है।

४७७।६ की टिप्पणी में 'रंग में भीज कर श्याम हो गए हैं' चाहिए।

४७८।६ 'देहि' शुद्ध है ('देहिं' नहीं)।

४८३।६ हेंगुरि—बिहार शरीफ की नई प्रति में हेंगर या हेंगुर पाठ है जिसका अर्थ भी पतले अक्षरों में 'चौगान' लिखा है।

४८७।९ 'इसकंदर' शुद्ध है (इसकंधर नहीं)।

४८८।२ तीस करोरी=तीस करोड़ मूल्य के रत्न, यह अर्थ संभवतः कवि का आशय नहीं था। करोरी, करोरना=कुरेदना, तराशना, उकेरना (दे० ५६४।६ में करोरना =कुरेदना, खुरचना)। अतएव ठीक अर्थ यह होगा कि कंगन की उस जोड़ी में तीस रत्न पचीकारी करके लगाए गए थे।

४९०।४ 'चढै' शुद्ध है ('चढैं' नहीं)।

४९२।६ सीस न झारु—सिर को ही अलग मत कर डालो।

सं० शद् का धात्वादेश झर; उससे झार=गिराना, मारना (तुलना० ६२३।९ कनउड़ झारि न माथ)।

४९३।६ 'इसकंदर' शुद्ध है ('इसकँदर' नहीं)।

४९५।५ 'बारिगह'—कान्हड़दे प्रबन्ध में भी 'बारगइ' शब्द इसी अर्थ में प्रयुक्त हुआ है (२।१०५, १।१९)। इब्नबतूता कृत रिहला में भी बारगह आया है।

४९६।१ पैगह—कान्हड़दे प्रबन्ध (१४५५ ई०) में भी घोड़ों की 'पायगइ' का उल्लेख आया है (१।७९)।

४९६।४ सिराजी—श्री अख्तर हुसैन निजामी ने रीवा से सूचित किया है कि सफेद रंग में पीले रोएँ के घोड़े को वहाँ शिराजी कहते हैं। खींची गंगेव कृत निंबावतरो दोपहरो ग्रन्थ में घोड़े के २५ रंगों में सिराजी का भी उल्लेख है।

५०३।५ बिहार शरीफ की प्रति में भी 'ढाढी' पाठ है।

५०४।१ गढ तस सँचा—गढ को विविध सामग्री से संचने का पूरा विवरण मानसोल्लास में दिया गया है (१।२।५५–५९)। और भी देखिये मत्स्य पुराण २१७।२९-८७।

५०७।१ नालि (= तोप) और गोलों का उल्लेख कान्हड़दे प्रबन्ध में भी है (४।१४७)।

५०७।९ 'हँसहिं' शुद्ध पाठ है (हँ हि नहीं)।

५१२।४ जायसी से लगभग सौ वर्ष पूर्व लिखित कान्हड़दे प्रबन्ध काव्य (१४५५ ई०) में सनाह (पृ० ४७) टोप (पृ० ४०, ७१) और राग (पृ०४७) का सैनिक वेष के वर्णन में उल्लेख है। वहाँ राग (पूरी टाँग के कवच) के साथ मोजा (आधी टाँग के आहनी मोजे) का भी उल्लेख किया गया है जैसा आईन अकबरी में है। कान्हड़दे प्रबन्ध में दो टाँगों में पहने जाने वाले दो रागों के लिये रगाउलि (= रागावली, पृ० ४०, ७१) का वर्णन है जिसे संपादक ने रंगाउलि समझा है।

५१४।४ कटक न भाय पाय तर रूँदैं—इस पंक्ति में रूँदै पाठ अशुद्ध है। 'सूँडैं' की तुक इससे नहीं मिलती। प्रतियों के पाठ इस प्रकार है—

गोपालचन्द्रजी की प्रति—सिरी मेलि पहिराईं सूँडैं। कटक न भायँ पायँ तर लूँडैं॥

बिहार शरीफ की प्रति–सिरी मेलि पहराई सूँडैं । कटक सभाय पाय तर रूँडैं ॥
काशिराज की नागरी प्रति –सिरी मेल पहिराई सूँडी । कटक न भाए पाए तर लूडी ॥
श्री माताप्रसाद जी ने गोपालचन्द्रजी की प्रति (च०१) का पाठ सुंडी लूंडी लिखा है । वह प्रति इस समय मेरे सामने है । उसमें जैसा ऊपर लिखा है सूँडैं-लूँडैं पाठ स्पष्ट और निश्चित है । माताप्रसादजी ने तृ०१ और पं०१ संज्ञक श्रेष्ठ प्रतियों का पाठान्तर सुंडी-कुंडी दिया गया है । हमारी सम्मति में यह सूँडै-गूँडै पढ़ा जाना चाहिए । यों तीन पाठ होते हैं–लूँडैं, रूँडैं और गूडैं । मूल पाठ लूँडैं ही ज्ञात होता है । लूँडै लुठ धातु का अपभ्रंश रूप है जिसका अर्थ था मार कर गिराना, झटक कर गिराना (मानिअर विलियम्स, संस्कृत कोश) । हाथियों के पैरों में जो कड़े पड़े हुए थे वे उन्हें सुहाते न थे, अतएव एक पैर के कड़े को दूसरे पैर के तलवे से नीचे गिराने का प्रयत्न कर रहे थे । रूँडै पाठ का भी अर्थ बिल्कुल यही है । लुठ की ही समानार्थक रुठ धातु है । तीसरा पाठ गूँडैं भी हाथियों के प्रसंग में संगत बैठता है । प्राकृत और अपभ्रंश में गुड धातु का विशेष अर्थ था हाथियों का युद्ध के लिये सजाना या तैयार करना (पासद्द० ३७२) । कान्हड़दे प्रबन्ध में इस धातु का प्रयोग हुआ है (हस्ती गुडिया, पृ०४६; गयवर गुडीया, पृ०११७) जिससे ज्ञात होता है कि पुरानी राजस्थानी में इसका प्रयोग प्रचलित था । संभव है कि पुरानी हिन्दी में भी अन्यत्र कहीं इसके प्रयोग का पक्का प्रमाण मिल जाय । इस अर्थ में पाठ ऐसा होगा–कटक सभाय पाय तर गूडैं=सुन्दर कड़ों से पैर के नीचे का भाग सजाया गया था । पाठ प्रामाण्य और अर्थ संगति की दृष्टि से 'लूँडै' पाठ ही मौलिक ज्ञात होता है ।

५१४। लाग चँवर औ ढार–ढार का अर्थ ढालने वाले किया जाय तो अधिक संगत होगा (दे० ६०७।६, ६४१।६), अर्थात् अंबारी के साथ चँवर और ढालने वाले भी नियुक्त थे ।

५१५।८ 'राजा कै' शुद्ध है (राजा के नहीं) ।

५१८।८ 'आछरि' शुद्ध पाठ है (अछारि नहीं) ।

५१९।१ बिहार शरीफ की प्रति और रामपुर की प्रति में 'अघाऊ' पाठ है । रामपुर में उसका फारसी में अर्थ है 'सेरी' अर्थात् 'जी भर कर'–दोनों ओर से जी भर कर लोहा बजा ।

५२१।७ सुरुज न सौंह होइ चह साँझा–इसका ठीक अर्थ यह होगा, 'चन्द्रमा सूर्य के सामने नहीं होता, वह अपने लिये सन्ध्याकाल ही चाहा करता है ।' ऐसे ही गढ़ युद्ध में समर्थ रत्नसेन रूपी चन्द्रमा खुलकर शाह के सामने मैदान में नहीं आना चाहता, वह रात्रि के समय का गढ़ युद्ध ही पसन्द करता है ।

५२२।७ अलंगै–आलंग, अलंग फारसी शब्द है=दुर्ग की दीवार का भाग, सैनिक टुकड़ी (स्टाइनगास, फारसी कोश, पृ०९५) ।

५२४।३ ओरगा केरि कठिन है जाता–इसमें जाता का अर्थ जाति नहीं, बच्चा करना चाहिए । सं० जातक=बच्चा । तुर्क बच्चा बड़ा कठिन होता है । कान्हड़दे प्रबन्ध में भी 'तुरक

बचा' का प्रयोग हुआ (१।५५) है।

५२५।२ 'दारू' शुद्ध है ('दारु' नहीं)।

५२५।६ 'सब' शुद्ध है ('सबू' नहीं।

५२५।७ 'परहि' शुद्ध ('परहि' नहीं)।

५२६।८ काशिराज की नागरी प्रति में दंगवे पाठ है। बिहार शरीफ की प्रति में नून और काफ मिलाकर लिखे हैं, अतएव दंगवै पढ़ना ही अधिक संगत है। रामपुर की फारसी प्रति का पाठ निर्भ्रान्त है; वहाँ उसमें दाल के ऊपर ज़बर का चिह्न है, अतएव दंगवइ ही पढ़ना होगा। इसका जो फारसी तर्जुमा दिया है उसका अर्थ यह है कि बड़े बड़े देवता इकट्ठे हुए और एक राजा को चिमट गए। अनुवादक की दृष्टि में 'दंगवइ' का अर्थ राजा रत्नसेन था।

५२७।१ राज पवँरि पर रचा अखारा—युद्ध के बीच में 'अखाड़ा' रचने की प्रथा का उल्लेख साहित्यिक अभिप्राय बन गया था। कान्हड़दे प्रबन्ध में भी युद्ध के बीच में ही 'पेषणां मांडने', उसमें पातुर के नृत्य करने और नीचे से शाही सेना के एक मीर द्वारा बाण चलाकर उसके मारने का उल्लेख है (वही, पृ० ८६-८७)।

५२७।३ पखाउझ आउझ—गीतावली में भी इन दोनों शब्दों का साथ प्रयोग हुआ है (घंटा घंटि पखाउज आउज झाँझ बेनु डफ तार, गीता० १।२)।

५२७।३-७ बाजों के सम्बन्ध में श्री चुन्नीलाल शेष ने मथुरा से कुछ उपयोगी सूचनाएँ भेजी हैं। सुर मंडल—इसमें तार सब पड़े हुए लगते हैं जिनकी संख्या आकार के अनुसार २७ से ५४ तक होती है। पूर्ण स्वर मंडल नीचे ३ बालिस्त ५ अंगुल तथा ऊपर २ बालिस्त ५ अंगुल होता है।

पिनाक—यह वाद्य पिनाक धनुष की भाँति होता है जिसमें तीन तूँबे लगे रहते हैं तथा ऊपर से नीचे तार लगे रहते हैं। किसी किसी में तीन और किसी में सात तार होते हैं।

उपंग—इस बाजे का वर्णन व्रज मंडल में भिन्न होता है। यह वाद्य यंत्र डमरू के सदृश होता है जो एक ओर खाल से मढा रहता है। इस खाल के मध्य से एक ताँत जाती है जो दूसरी ओर खुले भाग में निकल कर एक लकड़ी पर लिपटी रहती है। यह यंत्र बाईं बगल में दाब कर बजाया जाता है तथा ताँत लिपटी हुई लकड़ी बाँएँ हाथ से पकड़ी जाती है। इसकी ताँत को बढ़ाकर या घटा कर अन्य वाद्य यंत्रों से इसका स्वर मिलाया जाता है। दाहिने हाथ में एक छोटी मुठिया से इसे बजाते हैं।

चंग—ढप से लगभग आधे आकार का होता है।

घनतारा—शेष जी के अनुसार घनतारा तानपूरे का ही एक रूप है जिसमें नीचे का तूँबा नहीं होता।

५३२।६ थाने उठे आउ सब भागा—'सुल्तान अलाउद्दीन का यह नियम था कि जब कभी वह देहली से किसी ओर कोई सेना भेजता तो वह तिलपत से जो कि पहली मंजिल है, उस स्थान तक जहाँ कि सेना जाती थी, जहाँ जहाँ भी थाने स्थापित करना

संभव होता, थाने स्थापित कर देता था' [सैयद अतहर अब्बास रिजवी, खलजी कालीन भारत, पृ० ९४ पर तारीखे फीरोजशाही का अनुवाद]।

५३५।३ बरसि साठि लहि अन्न न खाँगा—कान्हड़दे प्रबन्ध में भी उल्लेख है कि गढ़ में अन्न और वस्त्र साठ वर्ष के लिये पर्याप्त संचित किया गया था (साठ वरस वावरताँ पुहुचइ धान तणा कोठार, २।९९; और भी ४।१२६)।

५३७।६—नाइत—जैसी आशा थी यह शब्द अपभ्रंश भाषा में उसके प्रसिद्ध ग्रन्थ भविसयत्तकहा (दशमी शती) में मुझे मिल गया—"तो कय विक्कय दाय सइत्तइँ। अहिमुख मिलिय सयल नाइत्तइँ।" (भविसयत्त ८।१३।१, पृ० ५२, बड़ोदा) अर्थात् तब क्रय विक्रय करने में मुदित (सइत्त) सब सामुनिक वणिक् एक दूसरे से मिले। हाल ही में प्रकाशित स्वयंभू कृत अपभ्रंश काव्य पउम चरिउ में भी यह शब्द मिल गया है—पायार भुएहिं पुर णाइँतेण (३१।७।१; सिंघी जैन ग्रन्थ माला में प्रकाशित संस्करण)। वहाँ टिप्पणीकार ने नाइत का अर्थ पुर व्यवहारक= नगर का व्यापारी ऐसा किया है। मेरी प्रार्थना पर उपदेश पद का अवतरण ढूँढने वाले पंडित जी का शुद्ध नाम श्री बेचरदास दोशी है (जोशी नहीं)।

५३९।५ कत बग सेत—शाह रूपी सूर्य के प्रताप से अधीन शत्रुओं के श्वेत हो जाने की कल्पना का उल्लेख खुसरो ने अलाउद्दीन को लिखे लुद्दर देव के पत्र में किया है (खजाअनुल फ़ुतूह, हबीब अंग्रेजी अनुवाद पृ० ७१)।

५४०।७ जहवाँ धनुक बान तहँ सोझा—जहां शाह के विरुद्ध कोई धनुष पर बाण चढ़ाता है (युद्ध की बात सोचता है), वहाँ शाह उसे सीधा कर देता है (उसके धनुष को बाण रहित कर देता है, या उसे सीधा बना देता है)।

५४४।५ बेगरी—मेरे मित्र श्री अख्तरहुसैन निजामी ने, दरबार कालिज रीवा से सूचित किया है कि रीवा में बगरी एक खास धान को कहते हैं जिसका छिलका काला होता है और अन्दर दाना लाल होता है।

५४४।६ श्री निजामी के अनुसार बड़हन रीवा की तरफ एक बड़े धान को कहते हैं जिसकी भूसी लाल और चावल सफेद होता है। खेद है कि बहुत प्रयत्न करने पर भी संसार तिलक, खँड चिला, रूप माँजरि नामों की कोई पहचान या पता मुझे नहीं मिल सका, किन्तु मेरा विश्वास है कि जनपदीय बोलियों में इन नामों की परम्परा मिलेगी अवश्य।

५४७।३ 'मंछ' शुद्ध पाठ है ('मछ' नहीं)।

५५०।५ ज्ञात होता है देश भेद से मोरंडा बनाने के कई प्रकार थे। अभिधान राजेन्द्र कोश में मोरंड को देशी शब्द मानकर तिल आदि का मोदक या खाद्य विशेष लिखा है (पासद्द० पृ० ८६९ पर उद्धृत)।

५५३।६ सोने क छात सिंघासन साजा—रत्नसेन ने शाह के लिये सोने का छत्र और सिंहासन सजा कर रक्खा था। फिर वह शाह का स्वागत करने के लिये गढ़ की पौरी पर आया।

५५७।५ 'जानहु' शुद्ध पाठ है ('जानहुँ' नहीं)।

५६२।४ 'जोरी' के साथ 'पूरी' का मुद्रित पाठ अशुद्ध है। गोपालचंद्र जी और बिहार शरीफ की प्रतियों में जोरीं–पोरीं पाठ है। 'कोई अँगुलियों की पोरियों से भात परोसती थीं।' काशिराज की नागरी प्रति में भी 'पोरी' पाठ है (पूरी नहीं)। ज्ञात होता है गुप्तजी के संस्करण में 'पूरी' छापे की भूल है।

५६८।७–हम अस कसा कसौटी आरस–गोपाल चन्द्र, बिहार शरीफ आदि प्रतियों में 'आरस' पाठ है और वही ठीक है। 'आरसि' छापे की भूल है।

५६९।१–बिगसि जो कुमुद कहै ससि ठाँऊँ–माताप्रसाद जी की मुद्रित प्रति में 'कहै' (एक वचन) पाठ था, किन्तु गोपालचन्द्र जी की प्रति में 'कहैं' (बहु वचन) है। बिहार शरीफ में भी 'कहै' (एक वचन) पाठ है। '५६९।१ में प्रतियों के साक्ष्य के अनुसार कहै अधिक मान्य प्रतीत होता है, यद्यपि जैसा आपने लिखा है 'सखियों' उसके पूर्व बहुवचन में रक्खा गया है।' (माताप्रसाद जी का पत्र दिनाङ्क ७।१२।५४)

५७१।५–बिनु तन बिनु जिय जियै बिसेखी–न उसके शरीर था और न प्राण, किन्तु हृदय से ही वह पहिचानी जाती थी।

५७१।६ 'जनु' शुद्ध पाठ है ('जन नहीं')।

५७५।६–जल हुँति निकसि सकति मुव काछू–'मुञ्च' के धात्वादेश मुव का अपभ्रंश साहित्य में मुझे प्रायः प्रयोग मिला है (भविसयत्त कहा १।२।३, १।५।१२, 'णं गयणु मुएवि सग्ग खण्डु महि अवयरिउ'–मानों आकाश को छोड़ कर स्वर्ग का खण्ड पृथ्वी पर आगया हो)।

५७१।७ 'बसै' शुद्ध पाठ है ('बिसै नहीं)।

५७७।८ 'पाट' शुद्ध है ('पाठ' नहीं)।

५८३।१ 'परहिं' शुद्ध पाठ है (परइ नहीं)।

५९१।१ मसि बोलि=तू बोल की बनी हुई पक्की स्याही मेरे मुहँ पर पोतने आई है।

५९७।६ 'भँवर' शुद्ध पाठ है (भँबर नहीं)।

५९८।१ पदुमिनि बिनु मसि बोल न बैना–सं० वदन > वयन > वअन > बैन=मुख। सं० वचन से भी बैन बनता है। यहाँ दोनो अर्थ सम्भव हैं, किन्तु मुख परक अर्थ उत्तम है। पद्मावती ने कहा था कि दूती उसके मुख पर बोल की स्याही पोतना चाहती थी। उसीका उत्तर दूती चतुराई से देतो है–हे पद्मावती, बिना स्याही के और बिना बोल के तो मुहँ होता ही नहीं। तेरे मुख में भी दोनो हैं। जिह्वा में बोल या वचन है और नेत्रों में मसि या स्याही है।

६०३।२ 'सिंगी' शुद्ध पाठ है ('सिगी' नहीं)।

६०८।४ 'भवँर' शुद्ध पाठ है ('भवर' नहीं)।

६१०।२ 'धरि येहु' शुद्ध है ('धरियेहु नहीं')।

६१२।७ 'चँवर' शुद्ध पाठ है ('चवर' नहीं)।

६१४।६--बल हरि जस जुरजोधन मारा--इस पंक्ति का अर्थ करते समय 'मारा' क्रिया का कर्त्ता कवि के शब्दों में मुझे नहीं मिल रहा था, अतएव 'भीमने' इस कर्त्ता का अध्याहार

किया था। वस्तुतः 'बल हरि' यह शब्द भीमसेन के लिये ही आया है। विपरीत क्रम से समास रखने की शैली जायसी को बहुत प्रिय है। 'बलहरि' का उलटा 'हरिबल' है। हरि का अर्थ है वायु, अतएव हरिबल अर्थात् वायु का बल रखने वाला वायुपुत्र भीमसेन। हरि शब्द का वायु परक अर्थ अमरकोश, मेदनी, हलायुध आदि संस्कृत कोशों में दिया हुआ है। बॉटलिङ्क एवं मानियर विलियम्स कोश में भी इसका प्रमाण है। जिस प्रकार ४७१।९ में नन्द शब्द का विष्णु परक अर्थ कम प्रचलित होते हुए भी जायसी ने रक्खा है उसी प्रकार यहाँ भी हरि शब्द का वायु अर्थ में प्रयोग किया है जो अपेक्षाकृत कम प्रचलित था।

६१८।६ 'स्यामि' शुद्ध पाठ है ('स्याम' नहीं)।

६२१।३ परी--परी के समान सुन्दरी नौशाबा

६२३।९ कनउड़ झार न माथ-सं० शद् का धात्वादेश झड़ धातु, उसका प्रेरणार्थक रूप झाड़=मारना, गिराना (पासद्द० पृ० ४५५ पर झड का यही अर्थ है)। मत्थ > माथ-सिर।

६२४।५ 'तराईं' शुद्ध है (तराई नहीं)।

६३०।७ इस पंक्ति की टिप्पणी में 'गंगा उठा कर... ..गया है।' वाक्य निकाल दीजिए।

पुनश्च--

१३८।८ दुआरा—यह शब्द असम प्रान्त के भूगोल में मुझे मिल गया। असम और तिब्बत के बीच भूटान होते हुए बहुत से दर्रे या मार्ग हैं जो भूटान दुआर कहलाते हैं। तबकात नासिरी में उनकी संख्या पैंतीस लिखी है। सुनीतिकुमार चटर्जी, प्लेस ऑव आसाम इन दी हिस्ट्री ऐंडसिविलाइजेशन ऑव इंडिया, वाणीकान्त काकति व्याख्यान माला, १९५४, पृ० ५, ६४)। उड़िया भाषा में भी यह शब्द मिलना चाहिए।

६३५।५ लिंधउर देव धरा जिन्ह आदी—इसमें आदी व्यक्ति का नाम है जो लिंधउरके समान अमीर हमजा का बली सैनिक था, और जिसके चरित्र का उल्लेख दास्तान अमीर हमजा में दिया हुआ है।

५७१।६ पारस=तेजोमयवृत्त जो चन्द्रमा के चारों ओर कभी कभी दिखाई देता है। यह अर्थ ब्रजभाषा और पछाहीं हिन्दी में अभी सुरक्षित है। इस ओर ध्यान दिलाने के लिये मैं श्री चुन्नीलाल 'शेष' मथुरा का आभारी हूँ।

अर्थ—तपस्वी के समान सम्पूर्ण चन्द्र जैसे कुण्डली के बीच में अपने रूप का दर्शन देकर छिप जाता है, ऐसे ही प्रभामंडल से युक्त पद्मावती का चन्द्रमुख झाँकी दिखाकर अदृश्य हो गया।

परिशिष्ट

जगद्देव की कहानी

[ले० श्रीमैथिलीशरण गुप्त]

[जायसी ने पद्मावत में दो बार जाज और जगदेव नामक वीरों का उल्लेख किया है—तुम्ह बलवीर जाज जगदेऊ (६११।३); मुए पुनि जूझि जाज जगदेऊ (६३४।४) ।

जाज विषयक सूचना पृ० ६६५ पर संकलित है। जगदेव की कहानी श्रीमैथिलीशरणजी गुप्त को परम्परा से प्राप्त अनुश्रुति के रूप में याद थी। मेरी प्रार्थना पर उन्होंने उसे लिपिबद्ध करने की कृपा की है।—वासुदेवशरण]

धार (उज्जैन) के पमार राजा उदयादित्य सो रहे थे। उसी समय उनकी बड़ी रानी के पुत्र हुआ। दासी यह सुसंवाद लेकर आई और राजा के जागने की प्रतीक्षा में एक ओर खड़ी हो गई। अभी राजा जागा न था कि उनकी दूसरी रानी के भी पुत्र हुआ और उसकी दासी भी यह शुभ समाचार देने आई। उसने ज्यों ही शयनगृह में प्रवेश किया, राजा नींद से जागकर उठ रहा था। दासी ने अभिवादन कर कहा—"बधाई है अन्नदाता, छोटी महारानी ने कुमार को जन्म दिया है।" तत्क्षण बड़ी रानी की दासी ने राजा के सम्मुख आकर निवेदन किया—"खमा पृथ्वीनाथ, पहले बड़ी महारानी के कुमार का जन्म हुआ है और मैं पहले से आकर खड़ी हूँ।" राजा ने कहा—"ठीक है, परन्तु मैंने पहले छोटी महारानी के पुत्र होने की बात सुनी है, इस कारण राज्य का अधिकारी वही होगा।"

कहने की आवश्यकता नहीं, राजा का प्रेम छोटी रानी पर अधिक था। बड़ी रानी के पुत्र का नाम जगद्देव हुआ और छोटी के पुत्र का नाम रणधवल। यथा समय रणधवल राजा हुआ। जगद्देव ने इससे कुछ अनख न माना। वह अत्यन्त उदार प्रकृति का था और भक्त भी। उसने देवी की ऐसी आराधना की जिससे देवी ने उसे प्रत्यक्ष दर्शन ही नहीं दिया, यह वर भी दिया कि 'जब किसी गाढ़े प्रसंग में तू मुझको पुकारेगा मैं आप आकर तेरी रक्षा करूँगी।'

जगद्देव राज्य से वंचित होकर भी उसका रक्षक रहा। अपने छोटे भाई पर उसका स्नेह वैसा ही था जैसा किसी बड़े भाई का छोटे भाई पर हो सकता है। परन्तु छोटे भाई के मन में उसकी ओर से खुटका था जिससे वह उदास रहता था। परिणामतः विमाता ने उसे राज्य से दूर चले जाने का आदेश दिया, जिसमें उसका प्यारा अनुज निश्चिन्त हो जाय।

जगद्देव ने इस आज्ञा को भी बिना किसी विरोध के स्वीकार किया। उसकी रानी भी समानशीलवाली थी। उसे लेकर वह राज्य छोड़कर चला गया। मार्ग में उसकी सुकुमारता के कारण उसे अनेक असुविधाओं का सामना करना पड़ा। एक बार जब वह उसके लिए दुःख प्रकट करके उसे प्रबोध देने लगा तब रानी ने उससे कहा—"मेरी बात छोड़िए, आपको इस प्रकार निराश्रित मुझसे नहीं देखा जाता। कहते हैं आप पर भवानी की कृपा है। ऐसे में आप उनका स्मरण क्यों नहीं करते?" जगद्देव ने हँसकर कहा—"हम पर ऐसी कौन-सी विपत्ति आ पड़ी है? हम स्वतन्त्र हैं; हमारा मार्ग खुला हुआ है, फिर किसलिए भगवती को पुकार कर उन्हें व्यर्थ कष्ट दिया जाय?" रानी ने कहा—"मेरी भूल हुई, आप ठीक ही कहते हैं।" एक लम्बी साँस लेकर वह चुप होगई।

कुछ दिन में वे लोग पाटन पहुँचे। वहाँ के राजा सिद्धराज जयसिंह ने जगद्देव को अपने एक सामन्त के रूप में आश्रय दिया। जगद्देव ने कुछ ही दिनों में अपने गुणों के कारण उसे इतना सन्तुष्ट किया कि राज्य के अधिकारी उससे ईर्ष्या करने लगे। जयसिंह ने यह बात समझकर उससे कहा—"नित्य राजसभा में तुम्हारे आने की आवश्यकता नहीं, जब मैं चाहूँगा तुम्हें बुला भेजूँगा; जब तुम चाहो, एकान्त में आकर मुझसे मिला करो।"

कुछ दिन पश्चात् एक नई रानी के आने पर सिद्धराज ने सभा में आना छोड़ दिया। दस पाँच दिन तो इस बात पर किसी ने ध्यान न दिया। फिर लोगों में काना फूसी होने लगी और अन्त में अनेक झूठे सच्चे अनुमान लगाये जाने लगे। जगद्देव ने भी सुना,—"महाराज अस्वस्थ हैं।" उसने सोचा इसीलिए महाराज ने इधर मेरा स्मरण नहीं किया। उसे चिन्ता हुई। वह स्थिर न रह सका। एक दिन संध्या समय स्वयं राजभवन में गया। शयनागार के द्वार तक जाने की उसे छूट थी। उसके आने का समाचार पाकर महाराज ने निरुत्साह पूर्वक ही कहा—"आने दो।" जगद्देव ने भीतर प्रवेश करके जो देखा उससे वह सन्न हो गया। यह जो पीले पत्ते-सा झड़ने को है और सूखकर काँटा हो गया है, यही क्या वह सिद्धराज जयसिंह है जिससे लड़ने का कोई साहस नहीं कर सकता था ? 'सिद्धराज जयसिंह सौं भिडे न को रन मंडली' और प्रसिद्ध है, जिसके यहाँ "असी लक्ख पक्खर परै" उसकी यह दुर्गति। कहाँ वह तेजोदीप्त ललाट और कहाँ यह करुणोत्पादक दीन मुख ? जगद्देव का जी भर आया। उसने कहा—"महाराज यह क्या हो गया है आपको ? यह कौन-सी व्याधि है और इसकी क्या चिकित्सा है ?" राजा ने सूखी हँसी हँसकर कहा—"व्याधि नहीं आधि।" उसके नेत्र छलछला आए।

जगद्देव—"इस स्थिति में भी आपने इस जन को स्मरण करने की कृपा नहीं की।" उसके स्वर में उलहना था।

राजा—"मैं तो भोग ही रहा हूँ, तुम्हें व्यर्थ व्यथित करने से क्या होता ?"

जगद्देव—"धिक्कार है हम लोगों को। आप ऐसे दुःखमें हों और हम लोग निश्चिन्त बैठकर सुख भोगें। इससे बड़ा दुर्भाग्य और क्या हो सकता है ?"

राजा—"परन्तु जो मनुष्य के वश के बाहर की बात हो उसके लिए क्या दोष ?"

जगद्देव—"महाराज, मनुष्य उद्योग करके दैव को भी मना सकता है। यदि आप मुझे अपना अन्तरंग जन मानते हैं तो मन की बात कहने में संकोच न कीजिए।"

राजा—"परन्तु मुझे सावधान किया गया है कि मैं वह बात किसीसे न कहूँ।"

जगद्देव—"यदि कह दें तो ?"

राजा—"मेरी मृत्यु।"

क्षण भर उसके मुहँ की ओर देखकर जगद्देव बोला—"क्षमा कीजिए, मृत्यु क्या इस स्थिति से भी भयानक है ? विश्वास कीजिए आपका वह अन्त देखने के लिए मैं जीवित न रहूँगा; अच्छा, मुहँ से कुछ न कहकर हाथ से लिखकर बता दीजिए।"

सिद्धराज ने भी सोचा,—सचमुच ऐसे जीने से मरना भला। उसने लिखा—"नई महारानी से प्रथम मिलन की रात को ज्यों हीं दासियाँ उसे मेरे समीप छोड़कर किवाड़ लगाती हुई चली गईं और मैंने उसे हाथ पकड़कर पलंग पर बैठाना चाहा, त्यों ही न जाने कहाँ से एक भयंकर मूर्ति ने प्रकट होकर एक ही धक्के में मुझे नीचे गिरा दिया। मैं तुरन्त उठा और उससे

भिड़ गया; परन्तु व्यर्थ। कुछ ही क्षणों में उसने मुझे निर्जीव-सा कर दिया और पलंग के पाये के नीचे दबाकर आप रानी के साथ उस पर बैठ गया। सारी रात यही दशा रही। प्रातःकाल होने पर मुझे मुक्ति देकर और यह कहकर कि 'सावधान, भला चाहो तो यह बात कभी किसीसे न कहना,' वह अन्तर्धान हो गया। तब से नित्य रात को वह रानी के कक्ष में दिखाई देता है। परन्तु मैं देखकर भी अनदेखा करके मौन रह जाता हूँ।"

जगद्देव आपे में न रहा। क्षोभ के मारे वह खड़ा हो गया। किसी प्रकार अपने को संयत करके बोला—"महाराज, आज रात मुझे वहाँ आने की आज्ञा दी जाय।"

राजा ने करुणापूर्वक कहा—"भाई, तुम क्यों अपने को संकट में डालते हो? मैंने चखकर देखा है, वह फल खट्टा है।"

जगद्देव—"महाराज, खट्टा है तो भी खा जाऊँगा और मीठा है तो कहना ही क्या! जिसे अपनी ही भूमि न झेल सकी, उसे आपने आश्रय ही नहीं, आदर भी दिया है। वह शरीर आपके ही काम न आया तो उसके रहने से क्या?"

राजा ने खेदपूर्वक ही स्वीकृति दी। जगद्देव अभिवादन करके चला आया।

उसकी पतिव्रता स्त्री ने आज उसकी जो मुखमुद्रा देखी तो वह सहम गई। इच्छा करके भी कुछ न पूछ सकी। सिर नीचा करके रह गई। जगद्देव ने आदर से उसे छाती से लगा लिया और कहा—"कोई चिन्ता की बात नहीं, आज अभी मुझे फिर राजभवन में जाना है।" यथासमय वह काला शाल ओढ़कर और एक कटार मात्र लेकर घर से निकला और राजा के द्वार पर आ गया। कुछ क्षण पीछे सिद्धराज शिथिल गति से आया और भीतर जाकर एक कोने में सिर नीचा किए हुए खड़ा हो गया। क्षण भर पीछे सूत्र संचालित पुतली-सी रानी भी आई और पलंग के समीप खड़ी हो गई।

जगद्देव ने उधर से दृष्टि फेरकर दूसरी ओर कर ली। परन्तु तत्क्षण एक हलकी-सी हुंकार सुनकर जो उसने फिर घूमकर देखा तो लम्बी जटाओं वाला एक भयंकर काला भूत-सा उसे पलंग पर बैठा दिखाई दिया। वह इधर उधर झूम रहा था। जगद्देव ने देखा, जिधर उसका सिर हिलता है, उधर ही दूर तक उसका उत्तरांग कई गुना बढ़कर फैल जाता है और फिर सिकुड़कर दूसरी ओर उसी प्रकार फैलता दिखाई देता है। लम्बी जटाएँ इधर से उधर हिलती हुई आपस में मिल-मिल कर बिखर जाती हैं। जगदेव क्षण भर सन्न रह गया। फिर उसने सोचा, इसके पश्चात्? साथ ही उसने दाँत पीसे और उस हलकी हुंकार को अपनी हुंकार से दबाते हुए कहा—"अरे दुरात्मा, तू कोई हो, सावधान हो जा, तू प्रेत है, तो मैं जीवित पुरुष हूँ, आज मेरी तेरी बरनी है।" मानो बिजली कौंध गई। क्षण भर में दोनों भिड़कर गुँथ गए। सिद्धराज ने सिर उठाकर दोनों का युद्ध देखा और मन ही मन जगद्देव को सराहा। परन्तु कब तक? उसने सोचा और निराशा की आह निकल पड़ी। रानी तो पहले ही मूर्च्छित हो चुकी थी। जगद्देव के प्रतिद्वन्द्वी ने भयङ्कर हुङ्कार मारी और उसे दोनों भुजाओं में कसकर दबाते हुए कहा—"मरने को प्रस्तुत हो।" जगद्देव ने भी समझा अब अन्त है। उसने क्षोभ से मन ही मन कहा—"माँ, भवानी, घर छूटा तब भी मैंने तुझे कष्ट नहीं दिया। परन्तु अब इससे बड़ा और कौन-सा संकट होगा? कहाँ है तू?" उसी क्षण उसमें इतना आवेश और बल आ गया कि एक झटके में वह विपक्षी के नीचे से निकल कर उसके ऊपर आगया। दूसरे ही

क्षण तड़ाक से उसके शत्रु की एक टाँग टूट गई। और वह चिल्लाया—"मैंने हार मानी, मुझे मत मार। अब मैं कभी यहाँ न आऊँगा।" जगद्देव ने उसे छोड़ दिया और घृणापूर्वक हाथ के संकेत से निकल जाने का आदेश दिया। वह लँगड़ाता हुआ उठा और द्वार से बाहर जाकर अदृश्य हो गया। रानी तब तक चैतन्य लाभ कर चुकी थी। बधिक के हाथ से छूटी हुई हरिणी के समान वह जगद्देव के पैरों पर गिर पड़ी। जगद्देव ससंभ्रम पीछे हट गया और बोला—"आप मेरी माता के समान हैं, मुझे अपराधी न बनाइए। राजा ने उसे अंक में भरकर कहा—"तुमने मेरे प्राण से भी अधिक मेरा मान बचाया है, मैं तुम्हें क्या दे सकता हूँ? क्या दूँ?"

जगद्देव—"आपने मुझे पहले ही क्या नहीं दिया है? अब क्या माँगूँ? मेरी यही याचना है कि महारानी के प्रति आप कोई दुर्भाव न रक्खें। इनका कोई दोष नहीं।"

राजा—"यह तुम्हारी याचना नहीं तुम्हारा दान है। मैं इसे स्वीकार करता हूँ।"

वह रानी इतनी सुन्दरी थी कि महादेव का कोई भैरव गण उस पर रीझ गया था। परन्तु अन्त में उसे इस प्रकार खट्टा खाना पड़ा। वह रोता हुआ देवी की ही शरण गया। देवी ने पहले तो उसकी भर्त्सना की। फिर द्रवित होकर कहा—"क्या चाहता है तू? उसने कहा—"जगद्देव का सिर। जब तक गेंद बनाकर मैं न खेलूँगा, तब तक मुझे शान्ति कहाँ?"

देवी चारिणी के रूप में लम्बा-सा शूल हाथ में लिये सिद्धराज की सभा में पहुँची। उसने राजा को अशीष दी। फिर जगद्देव की ओर देखकर उसने अपनी ग्रीवा नीची कर ली। राजा राजा ही होता है। उसने सोचा—"मुझे केवल आशीष और जगद्देव को प्रणति। उसके स्वाभिमान को ठेस लगी। तुरन्त सभा विसर्जन करके उसने चारिणी को अपने समीप बुलाया और उससे कहा—"जा, जगद्देव से जो तुझे मिले, उससे सौगुना मुझसे ले जाना।" चारिणी के हाथ के त्रिशूल में सहसा चौगुनी चमक आगई। स्वयं उसने सूखी हँसी हँसकर कहा—"राजा, तू उतना ही दे देगा तो मैं बहुत मानूँगी?"

लौटकर वह जगद्देव के पीछे-पीछे उसके घर पहुँची। उसने आदरपूर्वक उसे लिया। चारिणी ने रीति के अनुसार उसके गुणों की गाथा गाई। उसे सुनकर उसने सिर झुका लिया। परन्तु उसकी गृहिणी का सिर अपने आप ऊँचा उठ गया। जगद्देव ने कहा—"मैं आपको क्या अर्पण करूँ?" उसकी रानी ने कहा—"जो इच्छा हो कहो।" चारिणी मुस्कराई। परन्तु तुरन्त गम्भीर हो गई और बोली—"मैं तुम्हारे सिर की याचना करती हूँ।" रानी की ओर देखकर उसने कहा—"तुम अपने हाथों थाल में लेकर यह सिर मुझे देना।" परन्तु रानी इसके पहले ही जड़ीभूत-सी हो चुकी थी, मानों उसने स्वप्न में यह सब देखा सुना।

जगद्देव ने कृतज्ञता प्रकट की—"आपने कृपा कर ऐसी याचना की है जिसे मैं पूर्ण कर सकता हूँ। रानी भी समाहित हो गई। उसने अपने जीवन का मोह छोड़ दिया था। जगद्देव ने तलवार से सिर उतार दिया और रानी ने थाल में लेकर किसी प्रकार उसे चारिणी के हाथों में सौंप दिया। देवी ने कहा—"मेरे लौटने तक तुम्हें जीना होगा। दान के अन्त की असीस लेने के लिए।" रानी ने कहा—"मुझे अब उसकी अपेक्षा नहीं। परन्तु तुमसे शीघ्र लौटने की प्रार्थना करती हूँ।"

सिद्धराज के सम्मुख पहुँच कर चारिणी ने कहा—"राजा, अपना वचन पूरा कर।" राजा ने देखा, थाल में वस्त्र से ढँका हुआ कुछ उसके हाथ में है। उसने उत्तर दिया—"हाँ, हाँ, देखूँ

क्या दिया है उसने !" चारिणी ने वस्त्र हटाया तो जगद्देव का सिर दिखाई दिया जिसके मुख पर मन्द मुसकान थी। राजा के रोंगटे खड़े हो गए। उसका मुहँ पीला पड़ गया और वह काँपने लगा। चारिणी ने कहा—"विलम्ब मुझे असह्य है। क्या तू अपना वचन पूरा नहीं करना चाहता ?" राजा ने हताश भाव से उसकी ओर देखकर कहा—"मुझे थोड़ा समय दे, मैं अपनी रानियों से पूछ लूँ। वह भीतर चला गया। पहले वही नई रानी मिली। राजा ने थोड़े में सब बात बताकर कहा—"तुम क्या कहती हो ?" रानी सुनकर अत्यन्त दुखी हुई। उसने कहा—"जगद्देव जैसे आत्मीय जन पर ऐसी ईर्ष्या आपके अनुरूप न थी। फिर भी वचन निभाना चाहिए। सौ गुना नहीं तो दुगुना तो देना ही चाहिए,—मेरा और अपना सिर। राजा ने सिर खुजलाते हुए कहा—"रानी अपना और तुम्हारा सिर दे दूँ ? ऐसी बात तुमसे कैसे कही गई। जीवन क्या व्यर्थ देने के लिए हैं।" रानी ने उत्तर दिया—"महाराज, मेरी तुच्छ बुद्धि में जो आया, वही मैंने निवेदन किया। दूसरी रानियों से पूछ देखिए।"

दूसरी रानियों ने सुनकर कहा—"यह चारिणी है या हत्यारी। उसे दान क्या दंड देना उचित है।" राजा ने सहारा-सा पाया। फिर भी उसने कहा—"मैंने उसे वचन दिया है।" रानियों ने कहा—"ऐसा वचन कहीं दिया जाता है, यह महाराज के किसी शत्रु का षडयन्त्र जान पड़ता है। वह भिखारिन बनकर आई है, इसलिए उसे जीता छोड़ देना ही बहुत है। दासियो जाकर उससे कह दो—यही बहुत है कि अपने प्राण लेकर तुरन्त भाग जा यहाँ से।"

परन्तु दासियों को जाना नहीं पड़ा। सब ने देखा, चारिणी स्वयं अन्तःपुर में आ पहुँची है। उसे रोक ही कौन सकता था। उसकी ओर देखकर सब सहम गईं। उसने कहा—"राजा, साहस नहीं है तो नाहीं कर दे। मैं और नहीं रुक सकती।" रानियाँ उससे कुछ न कहकर राजा को ही प्रेरित करने लगीं—"एक ना कहने में शत्रुओं का षड्यन्त्र मिटे तो इसमें क्या दोष है।" राजा ने दीनभाव से चारिणी की ओर देखा। चारिणी ने थाल वाला बाँया हाथ उसकी ओर बढ़ा कर कहा—"निकल जा इस थाल के नीचे से तीन बार।" राजा ने आगा पीछा किया तो रानियों ने राजा के दोनों हाथ पकड़ कर उसे तीन बार थाल के नीचे से इधर से उधर कर दिया और चारिणी से कहा—"हत्यारिन, अब तो पिंड छोड।"

चारिणी तुरन्त वहाँ से प्रयाण कर फिर जगद्देव के घर पहुँची। उसने उसकी रानी को ऐसी स्थिति में पाया जैसे वह उत्सुक होकर मृत्यु की बाट जोह रही हो। चारिणी भी उसे देखकर हतप्रभ होगई। लज्जित भाव से बोली—"पतिव्रते, बता मैं तुझे क्या असीस दूँ, ?" रानी ने कहा—"जहाँ मेरे प्रभु हों वहाँ शीघ्र से शीघ्र पहुँच कर मैं उनसे जा मिलूँ।" चारिणी ने कहा—"धीरज धर, यही होगा।" यह कह कर उसने जगद्देव के धड़ से वस्त्र हटाया और थाल से सिर उठा कर उसे जोड़ने चली।

"हैं, हैं, यह क्या करती हो ?" बिगड़कर रानी ने उससे कहा। चारिणी ने चकित होकर उत्तर में कहा—"रोकती क्यों हो ? तेरे पति का सिर धड़ से मिला कर अभी उसे जिलाये देती हूँ।

"परन्तु यह सिर दान में दिया जा चुका है।"

"क्या कहती है रानी ?"

"ठीक कहती हूँ, क्या मेरे पति इसे कभी स्वीकार करेंगे ? उन्हें मैं जानती हूँ; तुम नहीं। इस दिये हुए सिर का स्पर्श भी हमारे लिए सम्भव नहीं; लेना तो दूर की बात है।"

"तब ?"

"तब क्या ? तुम्हारी इच्छा पूरी होगई ।"

"तुम्हारे पति की समता करने वाला कोई पुरुष नहीं । परन्तु तुम उनसे भी"...

"पाप शान्त हो, मैं उनकी अनुचरी मात्र हूँ ।"

"अच्छा, धड़ को ढक दो ।"

ज्यों ही वह धड़ पर वस्त्र डालने लगी त्यों ही सबने देखा कि उसमें से अपने आप जगद्देव का सिर निकल आया है। रानी ने एक बार थाल में रक्खे हुए अपने पति के सिर की ओर देखा और हर्षातिरेक से वह मूर्च्छित हो गई। जगद्देव ने भी उठकर एक बार वह दृश्य देखा और वह अपनी सहधर्मिणी को सँभालने लगा। इसी बीच चारिणी थाल के साथ अदृश्य होगई। केवल उसकी यह वाणी गूँजती रह गई—

'जय, जगद्देव की जय।'

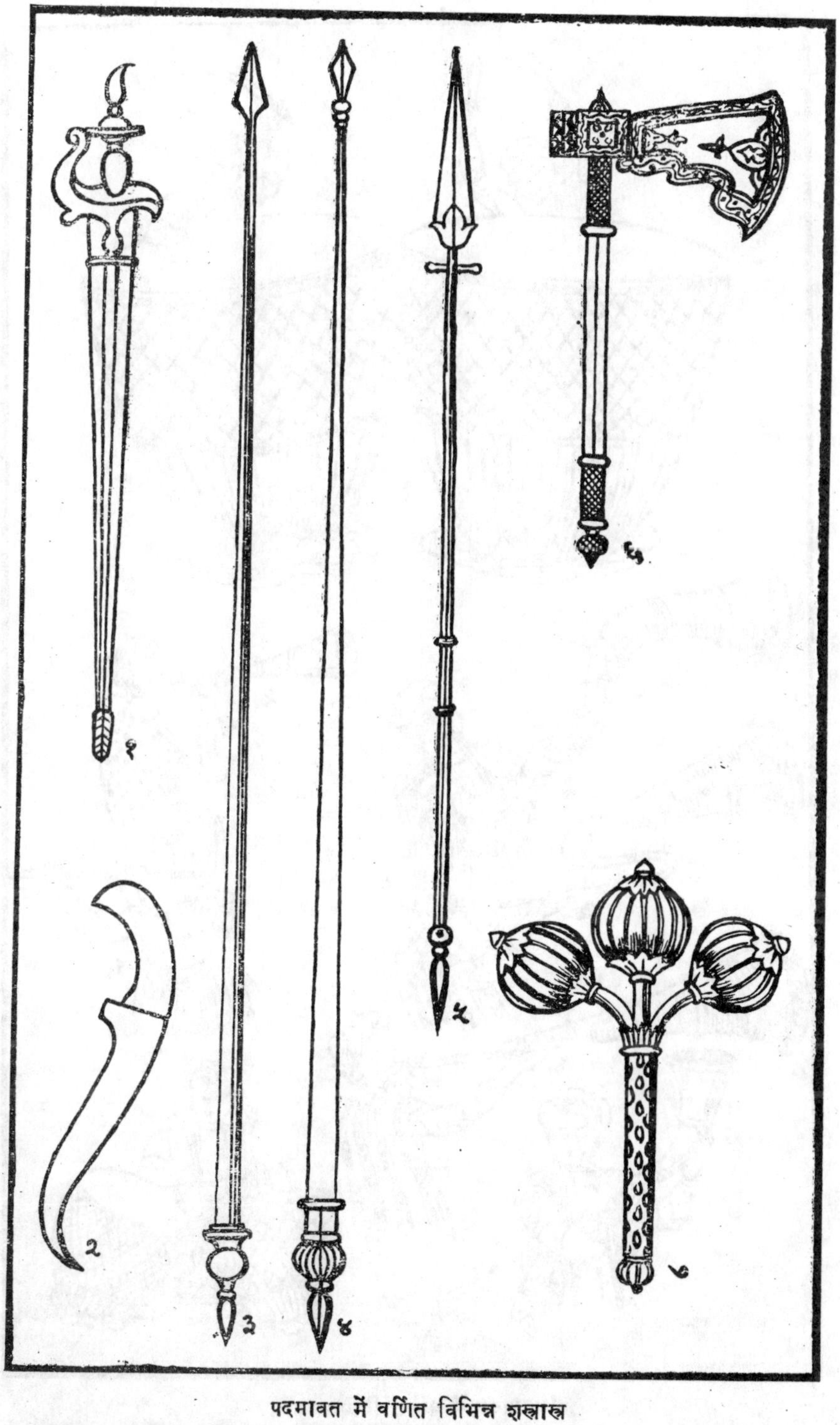

पदमावत में वर्णित विभिन्न शस्त्रास्त्र

१. खाँडा या सीधी तलवार (२२।३) । २. बाँक (५८०।४. ६४२।६) । ३. नेजा या भाला) ६३०।५, टि० पृ० ५५२) । ४. कुंत या बर्छा (५१८।६) । ५. साँगी (६३५।७, ६३६।३-४) । ६. तबर । ७. गुरुज या गुर्ज (६३७।२) ।

पदमावत में वर्णित विभिन्न वाद्य

१. दमामा (४२७।१) । २, ३, ४. करना (३७७।७, पृ० ३८२) ।
५-६. सरना (३७७।७, पृ० ३८१, सं० ६ को आईना में हिन्दी सरना कहा है) । ७. सिंगा
८. नक्कारा या तबल (२३।३) ।

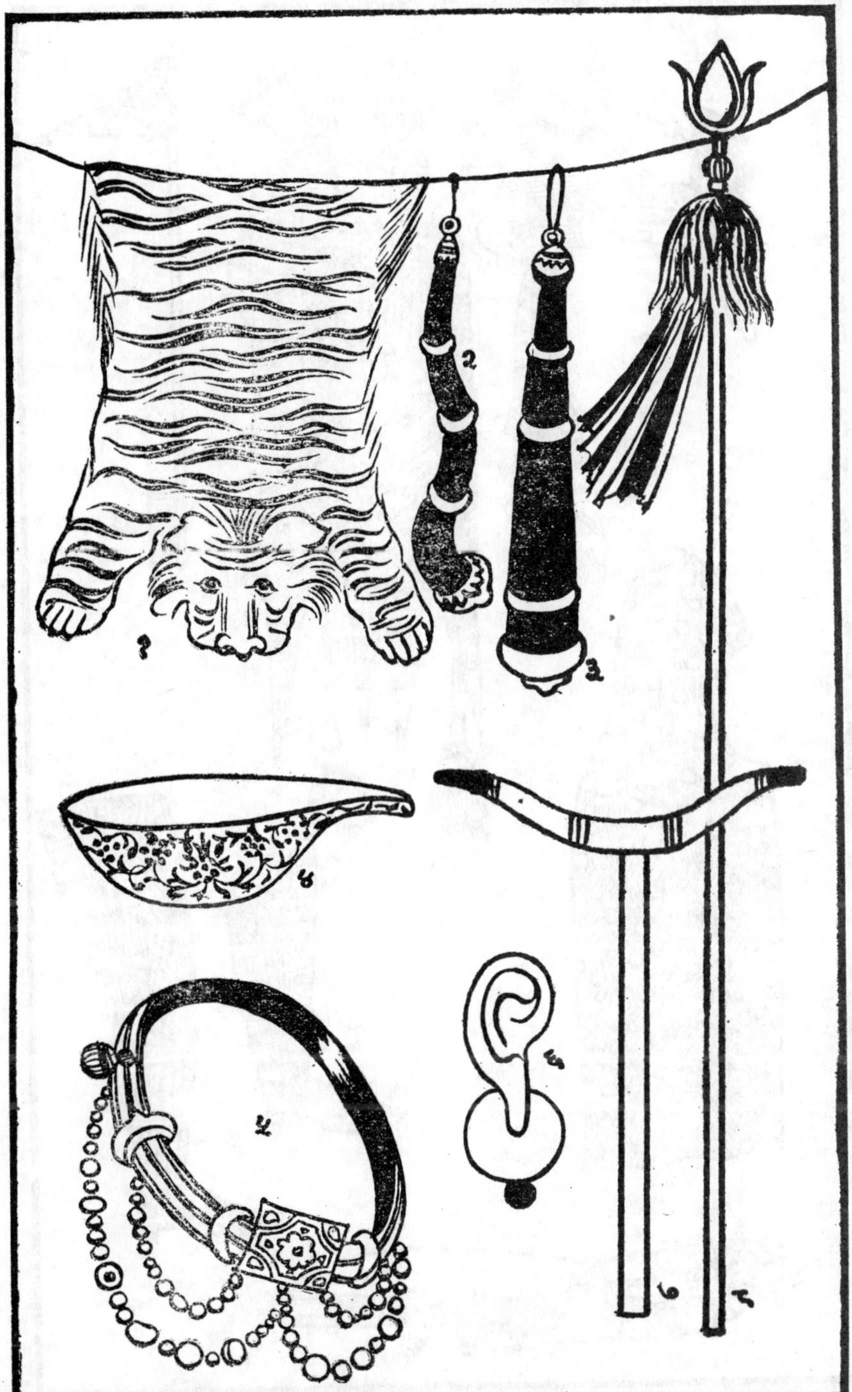

अवधूत जोगी के वेष की वस्तुएं (दोहा १२६, ६०१)

१. बघछाला २. सिंगी । ३. डंड । ४. खप्पर । ५. मेखला । ६. कान में मुद्रा । ७, अधारी । ८. तिरसूल । ये आकृतियाँ सोलहवी शती के अकबरकालीन चित्रों में अंकित हिन्दू जोगियों से ली गई हैं ।

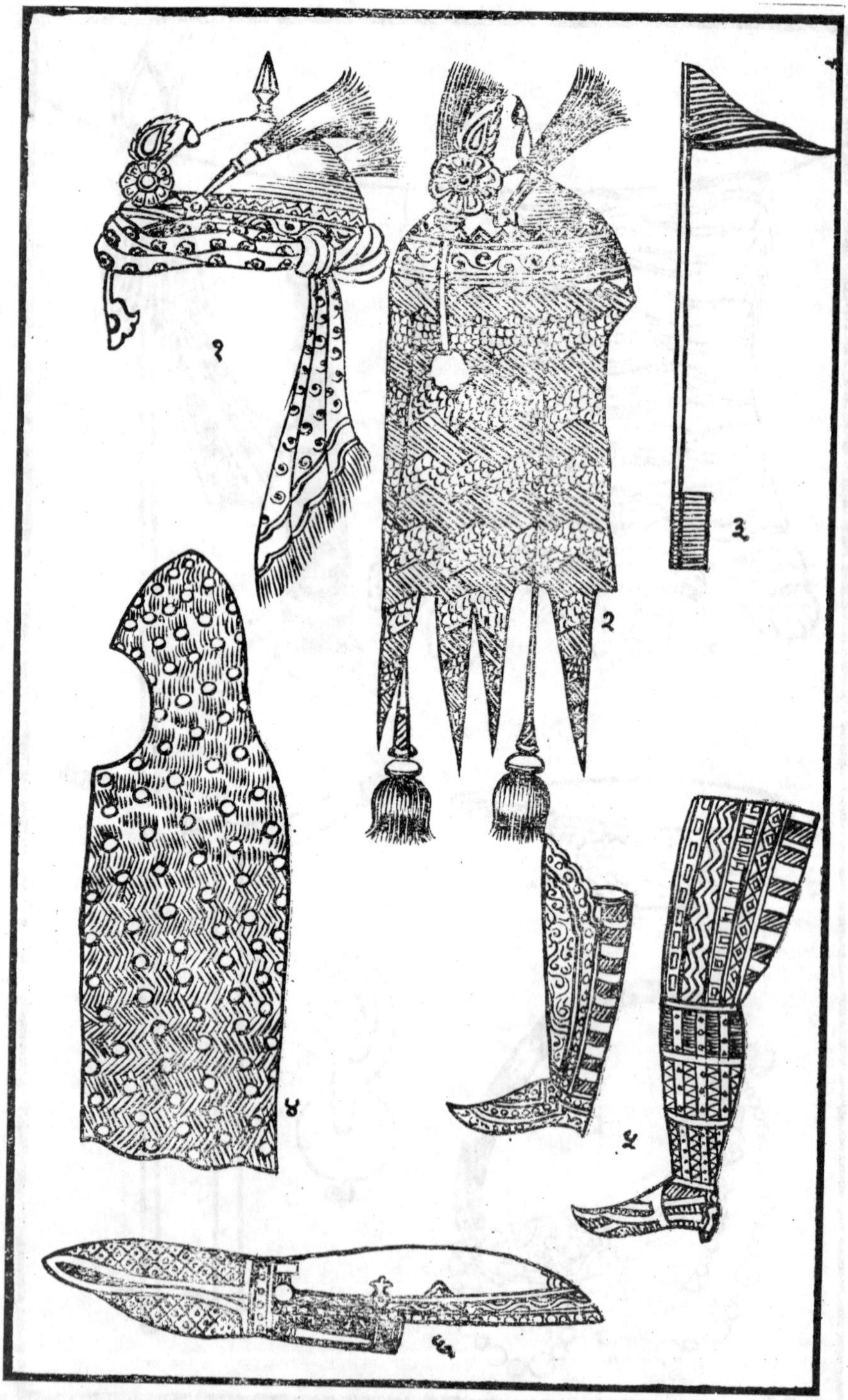

सैनिकों का वेष

१. टोप (५१२।४) । २. झिलम टोप या खोल (४९९।४) । ३. बान । ४. जेबा या सनाह (४९९।४, ५१२।४) । ५. पहला आधी टाँग का मोजा आहनी; दूसरा पूरी टाँग का कवच या राग (४९९।४, ५१२) । ६. पहुँची या दस्तवाना (५१२।४) ।

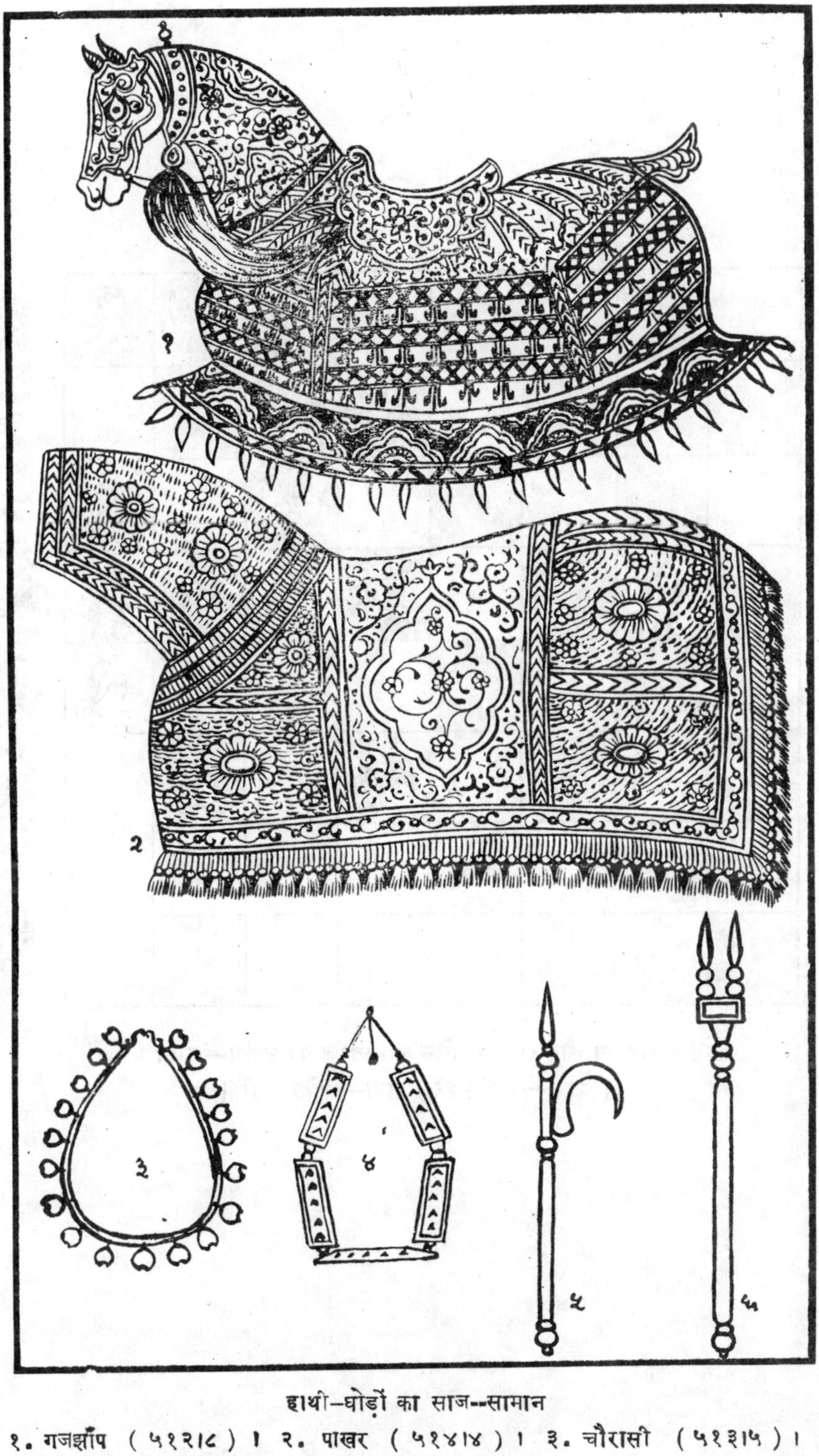

हाथी–घोड़ों का साज--सामान

१. गजझाँप (५१२।८)। २. पाखर (५१४।४)। ३. चौरासी (५१३।५)। ४. टैया (५१२।८)। ५. अंकुश। ६. गड़ नामक दोफंकी भाला (५१७।७)।

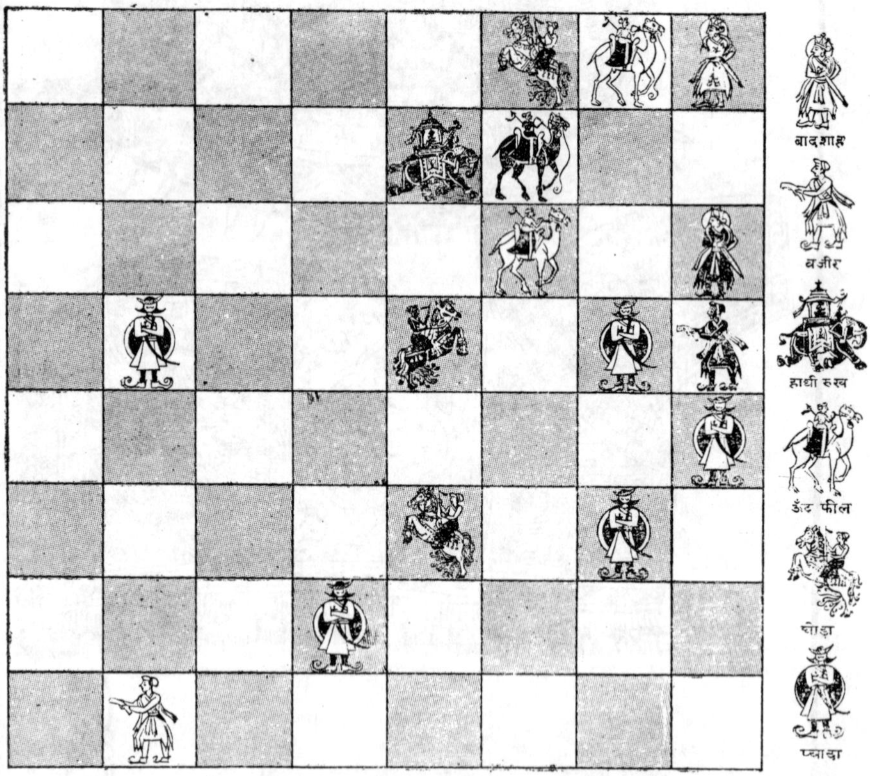

शाह अलाउद्दीन और राजा रत्नसेन की शतरंज का नक्शा—दोहा ५६७
[शाह—काले मुहरे । राजा—सफेद मुहरे]

शब्दानुक्रमणी

अंकम ६२७।१

अंकवरी १३७।३

अँकोर ६२३।७, ६२३।८

अँगएउँ ३०५।४

अँगवा ५८०।६

अँगवै ४५।८, ५०३।९, ५०९।१

अँगारों ४८९।६

अँगिराना ४९५।२

अँजोर १८।३, २९१।३

अँजोरा १४५।६, ४११।१, ५९२।४

अँजोरो ७३।५, ४५४।२

अँजोरे ५३५।५

अंतरपट २४५।१, ३०७।७, ३१५।८, ३३०।७, ५७१।१

अँतराहीं २४५।३

अँथवा १९९।५, ५२३।१, ५७६।९ ६४९।८, ६५०।९

अँदोरा ४२२।२

अँधकूप १९९।६, ३८६।८, ३९३।९, ५११।८

अँबराउँ २७।८, ४३५।९, ४३६।१, ५३२।२ ५५४।२

अँबराऊँ २७।२, २८।६, २९।८

अँबिरती ५२७।४

अँबिरथा १५२।६

अँब्रतबानी ५६४।१

अकथ्थ २२३।८

अकरूर ३४१।७

अकारों ३०२।५, ३८७।७

अकाशी १३५।६

अकूट १६६।१, १९२।२

अकूत १४१।८, ५१२।३

अकूता ६४९।५

अखारा ५२७।१, ५२७।२, ५५७।४, ६५१।३

अखारैं ४४४।३, ६००।५

अगज ४९६।४

अगरवार ५०३।३

अगरवारिनि १८५।३

अगरान ४९६।५

अगाह २५६।६

अगाहू ८२।८, २३६।६, २४७।३

अगिडाहू ३२६।६, ३४८।३, ५२२।८

अगिदधा ५७८।१

अगिनिबान ११३।५

अगिलहि १४।७, ५१०।५

अगिलैं ५१६।२

अगुमन ३९।९, ४६।५, १२८।९, १४८।७, १५७।७, २२१।३, २२४।७, २४३।८, ३२५।५, ४१५।२, ४९२।८, ४९३।८, ५३३।२, ५४२।८

अगुमना ६२३।१

अगुसारा ६४२।२

अगूठी ५७५।४

अगोरा २५३।४

अगोरे ५५५।४

अग्गि ३४१।५

अघा ५६४।४

अघाइ ३।४, ३२०।३, ५४३।९

अघाऊ ५१९।१

अचक ५१०।४

अचरिजु ६९।३

अचाका ५१०।१

अछत ६।२, १०६।५

अछरीं ३२।८, ४९।१, १९४।२ २९२.५, ४२९।४, ४४४।३, ४८४।४, ५६२।१, ५६२।७

अछत्राई ४६३।५, ४६५।२

अछेद २५७।८

अजगुत ४५०।५

अजानबीरौ १८८।७

अजैंगिरि ५००।५

अजोध्या ३९१।२, ६०३।९

अठखँभा ३३०।१

अड़ा ७१।४, ७१।५

अड़ार १०३।५

अड़ारा ४५१।५

अढ़वौं ३५८।८

अतिवानी ३४५।१, ६३१।१

अतैं ५१।४, ५१।८

अत्र १०१।६, २६४।४

अथबैंन १०८।५

अथवैं २८८।५

अदिन ३८९।३

अदेस २२।५, ९१।५, १३०।९, १८२।३ ३१०।९

अधजर १९०।९, ३५५।५

अधारी १२६।४, ३२७।२, ४०३।२, ४४३।८, ६०१।५, ६०३।३, ६०६।९,

अनँग २०५।८

अनपत्त ३५२।३

अनबन ३७।४, ४८।५, ३२९।८, ५४५।२

अनभावत ५६३।७

अनरुचि ६५३।३

अनवट ११८।७, २९९।८

अनियारे ६१९।५

अनिरुध २३३।७, २७४।३, २७४।४

अनी १०४।१, ५१५।८, ५१९।६, ५२०।८ ५२३।९

अनु ३०५।१, ३०७।१, ३२६।१, ३७६।१, ३७६।४, ४१२।१, ४१६।१, ४३५।१, ४३८।१, ४६२।१, ५३६।१, ५३७।१

अनुरुध १९८।७

अपघाता ४०९।६

अपछरा ११५।१, २०९।३; २८५।५

अपेल १७०।५

अबरस ४९६।४

अबलक ४९६।४

अबाबकर १२।२

अभाऊ २७६।५

अभासौं ४५६।८

अभिमनु २९४।१

अभेरा ४३५।६

अभोग ११८।८

अमरपुर २२१।३

अम्मर १५ ९, २५४।६, २५९।१, ३०४।७

अयाने १२४।८

अयुब ६३५।६

अरइल ११४।६, ३२१।७

अरगज ३१८।९, ३२३।८

अरगजा २८५।१, ३२८।८ ४२९।७, ५६५।१

अरगला २६७।२

अरघ ३२८।६

अरघानि ११७।९, १७८।८

अरघानी ६१।२, ९९।३

अरजुन १९७।७, २३४।९, ५६१।७, ६११।४

अरथजूझ १०८।७

अरदावा ५४७।६

अरदासि ५३३।१

अरदासैं ५३२।४

अरिहन ५४८।३

अरुई ५४८।३

अलंगैं=दुर्ग की दीवार का भाग ५२२।७

अलहदाद २०।३

अलाई ५३०।१

अलाउदीं २४।३

अलाप ५२८।१

अलावलसाही ५२२।१

अलिअलाउदीन ४८६।७

अली ६३५।२

अल्हर ४४४।६

अवगास ३४७।७

अवगाह १८।७, १२१।९, १४३।२
अवगाहा ३१।१, १४३।१, २१५।६, २३८।२
अवगाहु १।९,
अवटि २८९।४, ३१३।९
अवधूत ३०।८
अवसान १५५।८
अष्टधात ५०६।३
असुपति २६।६, ४४।१
असुबल ५१५।१
असुमेध १७।७, ३७७।९
असोग ४१४।१
अस्टधातु ५२५।५
अस्टौकुरी २६४।५
अस्तु अस्तु १५८।३, २७४।१, ६३८।६
अहान १५।३, १८५।१, ४२६।७
अहिबात १३१।९, ६१२।२
अहुठ १२१।८, १२२।५
अहुठौ ५०८।९
अहुठौ बज्र ५१८।१, ५२६।८
अहेरा ३६४।१, ३९०।१, ६४४।५
अहेरी ३८।४, ४८६।५
अहेरैं ८३।१
अहोर बहोरी ४७४।३
आँकुसगज २६।६
आँगी २३२।१
आँट १८८।८, ६२१।८
आँटा १४।७, २३४।२, ५५८।५, ५७४।४
आँटी १६६।७, ५०४।५, ६२१।५
आँटे ५६३।४
आँड ६१८।५
आँडी ५४५।४
आउझ ५२७।३
आऊ=आयु ४२।६, ५७।२, ६९।४, ४०८।१, ४१७।१
आखौं ५८।३
आगर ३९८।८
आगरि १६।५, ८४।३, १३१।६, ३११।८, ३५६।२, ४२०।८, ५६०।६
आगिल ४९९।९
आगैं ५३४।७, ६२३।७
आघ=सूँघना ५७२।९
आघौ=तृप्त ५७२।८
आछत ४८।६, ५७२।८
आछरिं २७७।७, २८२।९, २८९।८, ३०२।८, ३८८।५ ४६०।९, ४६१।९, ४६५।२, ४८४।२, ४८९।५, ५१८।७
आछे ४३३।६
आछै ४१२।६
आढ़े=आदरयोग्य ६५३।९
आतमा ३०।९, ६४४।६
आथि=अस्ति ४०१।८, ६५०।६
आर्थी-आर्थिक १४४।७, ५०९।४
आद=अदरक ५४९।८
आदि=जन्म से १८२।३, २७१।५, ३६७।५, ४५६।५, ५४९।२
आदि पिता ३८०।३
आदिल १५।२
आदि सहेली ६४४।३
आदी=बिल्कुल १६०।१, ५४८।६, ६१४।१, ६३५।५
आदेस=प्रणाम २५८।९
आरन=जंगल २।५, २५।७, १३७।४, १९३।७
आरि ४३४।९
आहर=आहार २०४।६
इंछ १७७।६, ४५६।५, ५८९।६
इंछा ५७।७, १८३।८, १९१।९, १९२।७, ३०७।९
इंछि १९२।१
इंद्र अखार ११६।६
इंद्रपुरी ५५४।१
इंद्रलोक ४०।२, २६४।४, ५५३।३, ५३०।७
इंद्रसबद ६३९।७
इंद्रसभा ४७।१
इंद्रासन २८।४, ४७।७, २९०।९, ६१८।६
इंद्रासनपुरी ३६।६
इराकिन्ह ४९९।४
इराकी ४९६।७
इसकंदर १३।५, ४८६।९, ४९३।१, ४९३।६, ५०९।८, ५३७।३, ६२१।३
इंगुर २२८।७

उँचावा ३७३।४, ४८१।३
उँबरी=गूलर ४३८।७
उंदुर ६।४
उकठा ५७०।६
उकठी १९९।४
उखा २३३।७
उग्गवइ १७५।९
उघेला ७२।३
उघेलि ४३७।२
उघेली २५१।२, ४०६।९
उघेलु ४५५।७, ५३४।५
उजहि=छोड़कर ४८४।३
उठौनी=हमला ६३०।७
उड़ंत छाल २३६।७
उड़ानफर ६८।४
उतंग ११३।६, ३६४।२, ४६७।३
उतंगू ९४।४
उताइल २०।१
उतारा ५४५।३
उतारे ५४५।५
उतिमाँहा ५०।१
उदधिसमुंद १५३।१, ५२२।२
उदपान=कमंडलु १२६।६
उदसा=उखड़गया ५२९।७
उदासा ६०६।३
उदासी १२३।५, ३१०।७, ३७१।३,
३७३।३ ३७३।९
उदैंगिरि ४९२।१, ४९८।६, ५००।७, ५७७।४
उदोत २८३।६, ६१२।५
उदोती ३१५।६
उपंग=एकबाजा ५२७।५
उपटि २१३।६
उपनहि ५२२।५
उपना ५२।५, १७८।६, ४२४।२
उपनी १५३।२, २३७।१, ४१९।२, ५८७।५,
६१४।४
उपनै ३०८।२, ३११।१, ६१०।९
ऊपराजा-जी ६५२।४, ११।२
उपराजि ४।८
उपराहीं ३८९।१
उपसइं २०३।७, २५८।४ २९२।६
उपसवहिं २४०।२, ३०६।४
उपसवा १०३।२, ३४१।६, ६३१।५
उबट १३७।२
उबरे दुबरे ५४१।७
उबेहे ४८।४
उभैं ५।८
उमरा ४५७।८, ४९५।१
उमरामीर ४९८।१, ५२२।७
उम्मर १५।३
उरध ४५७।८, ५११।४
उरेह ४८।४, ४७१।३, ५१०।८, ५५२।६
उरेहा १।३
उरेही ४६८।५, ५९८।६
उरेहे ४८।४, १६८।६
उलथहिं ३१।६, १५१।२
उलथाहिं १०३।१, ४७४।८
उलथाना ३८९।२
उलथि १०३।३, ६०८।२,
उसमान १२।४
उसर बगेरी=एक चिड़िया ५४१।४
ऊखा १९८।७, २७४।४
ऊड़=ब्याहना ५४७।९
ऊभ ९८।१, २४३।२, २५०।२, ३८१।४
एकमुख=एक निशाने पर ५२४।३, ५२५।२
एकोतर सै २८४।५
एकौझा=एक-एक का युद्ध ६४६।१
एरापति २६।५, ५०९ ।४
ओछ २६६।८, ५१९।९, ५५८।७, ५९०।७
ओझा १२०।२, १०२।४
ओठँघि ३६।५
ओड़ ५२०।७
ओड़न=ढाल ६३६।६
ओड़ी ४६९।६
ओड़ँसा=ओड़ूदेस १३८।८
ओद ४२०।५
ओदर ५०।५
ओदरहि ५२५।७
ओधा २६२।६, २६४।२
ओनंत ५५।१, ६२

ओनए ६।३, २९८।९, ४२५।३
ओनवत ६३।१
ओप २८०।३, ४७२।८
ओपा १७९।२
ओबरि ३३५।५
ओबरी ५८०।२, ६४२।४
ओरँगन्ह २६।३
ओरँग=तुर्क ५२४।६
ओरँगि=सिंहासन ४४६।१
ओरगन्ह ४५७।३
ओरगाना १२८।२
ओरगाने ९९।९
ओरा ७४।५, १२२।४, २१९।७, ५६४।१
ओराहीं ३१०।१
ओरी ३४६।५
ओहट ३०४।४
ओहटें २५५।४
ओहारा ३३६।५
औगौन=शेर को फँसाने का गड्ढा ५५९।९
औचका ५७२।६
औटन ४२४।४
औधान ५०।६
औधारा ८०।३
औधूत १९३।८
औना ३०९।५
कँठलवा ३५८।५
कँठलागू ३१६।१
कँडारहा १८।६
कँवलपत्र ४३७।२
कँवल सहाइ=सरजा ५५२।२, ५५६।७
कँवल सहाय=मद्मावती की सखियाँ १८६।१
कँवलागंधी ९६।७
कंचनकरा १८०।१
कंचनकरी १७८।१, ३१६।५ ४४०।६
कंचनगिरि २१।६
कंचनपुर २३३।५
कंचनलाड़ू ३२५।५
कंचुक ३८।६
कंचुकि २८०।३, ३१८।५
कंचुकी ११५।३, २९८।४, ३२९।१
कंचुली ४२३।३
कंज ४८१।७
कंठसिरी ११।८
कंथी ६००।३
कंस ४८९।६
कंससेनि ५७६।६
कंसासुर १०२।४
ककनूँ २०५।१
कचपचिन्ह १५९।६, १६०।६
कचपचीं ४७९।७
कचपची ११०।५, २९७।७, ४७२।४, ६१५।५
कचूरू ३१०।३, ३८७।४
कचोर १९४।३, ४१७।५
कचोरा ५६४।१
कजरी १३०।७, १९३।७
कटक खँधारू ४०४।६
कटकाई १२८।१
कटवाँ ५४२।२
कटि मंडन=करधनी ६२०।४
कठहंडी २८४।५, ५४९।९, ५६३।५
कठा=कष्ट ३७०।१
कठाइँ=काष्ठ में ६४४।९
कतनंसा=एकपक्षी ३५८।७
कथ्था २४।५, ८२।७
कनउज ५२९।५
कनउड़ ६२३।९
कनककचोरा ४८३।१
कनककचोरी २६९।९
कनकपत्र=एक वस्त्र २८३।९, ४०९।४
कनकपानि २३२।१
कनक मँदिल ५५४।४
कनकलता ४०२।९, ४१४।२
कनकसिला ४१।७
कनकहाट ३७।२
कनहारा=कर्णधार ३८९।५
कनै कोट १६०।५
कनैलंक ४०२।७
कपुरकांत ५४४।३
कबि=काव्य २०।७, २१।१, २२।१, ४४६।२, ४४६।४, ४४९।४, ६५२।१

कबिता ४४९।७

कबिराजा ४४९।४

कबिलास १।२, २६।५, २७।१, ३६।२ ४३।४, ४८।१ ४९।१, ५१।३, ५६।२, ९५।१, १४६।६, १५६।९, १६०।४, १९०।३, २१०।४, २१०।५, २२७।७ २७५ २, २८२।८, २८८।१, २८८।९, २८९।१ २८९।९, २९१।१ ३१३।७, ३३५।३, ३७३।९, ३७८।२, ३८८।५, ४६१।९, ५१८।७, ५५८।८,

कमंठ ४८१।८

कमानै=धनुष ४९९।३, ५२८।२

कमानें=तोपें ५०६।१, ५०६।३, ५२५।६

कमाल १९।३

कमावा=उपभोग कर रहा है २५६।६

कया १२६।८, १३९।३, १९६।८, ३८४।८ ४६८।७, ६०३।६

करन=कर्ण १४५।७, ३४१।५, ३८०।६ ६११।५

करनफूल=करना पुष्प जैसा आभूषण २९८।४, ४७५।५

करना=पुष्प ३५।७, ५९।३, ३७७

करना=कर्त्तव्य ७१।६

करबरहीं २९।३

करभँज ३०९।४

करमुँहा २०६।६

करमुखी २५७।२, ३५९।२, ५८९।३

करमुहाँ १०९।४

करवत १००।५, १००।७, ११४।८, १७२।२, २४३।९ ३०९।६, ४७२।५, ६०३।५

करवारू ६३३।४

करिअ=कर्णधार १८।५

करिआ=कर्णधार ५८।९

करिल=काले ६२।४, ४२३।५, ५४३।३

करिहाऊँ ४१४।५

करीता ३१३।५

करुआने ६२०।२

करोरा=कुरेदना ५६४।६

करोरि=करोड़ ३८५।९, ५२४।३, ५५२।८,

करोरी=उकेरकर ४८८।२

कलपि ३२१।९, ४९१।३

कलप्प १२३।९

कलमली ५१४।७

कलमले ६२६।१

कलस=पवित्र जल का घट १९१।८

कलँ=तलकर ५४८।४

कलोल ५१९।५

कसनिआ ३२९।२

कसनो २८०।४

कसाँदा १२७।६

कसौटी ८३।५, १००।३, २११।३, २७३।९, ३२५।६, ३८४।९, ५६८।७

काँटइ ४४९।७

काँटे=मछली की हड्डिकाँ ५६३।४

काँठा ७९।५, २२३।७

काँड़ी ५३८।२

काँथरि १४३।४, २०७।१

काँदन=मार काट २२।३

काँदौ=कीचड़ ५१८।५

काँध=कंधा ७९।७, २६६।५, ५३०।९, ५५८।९, ५६६।७, ५७४।६,

काँधा=उठाया ५८।७, ३९३।४, ४९१।५, ५०१।५, ५३१।२

काँधा=रखा, टिकाया ५३०।२

काँधा=बोझ लिया ६२१।४

काँधिअ २६९।७

काँवरि १२९।६, ३६२।७, ३६२।८

काँवरू ३६९।३, ४४८।६, ४९८।६, ५८५।२

कागर=कागज १०।२, ३९८।२

काजर=काला ४६९।६, ६१५।४, ६१९।४

काजर=काजल ४७३।२

काजर रानी=एक चावल ५४४।२

काटर २७३।६

काढ़त ५८५।७

काढ़ा ४६९।१, ५८६।७, ६२८।४

काढ़ीं २९०।२, ५५२।६

काढ़ी ३४९।१, ४८१।१, ५५२।५

काढ़े ४१।४, ५५५।६

काढ़ँ=रेखा खींचना १८०।३

कादर ४५७।६

कान्ह २१६।२, २ २।३, ४१७।६,

४२८।१, ५७६।५, ६१४।८
कान्हहि ४८९।६,
कापर=वस्त्र २७६।१, ३३१।८, ५४३।२, ५९७।५, ६०६।५
कापर=सिर, कपाल ५८६।२
काम कंदला ७०।६
कामता=एकदेश ४९८।६
कामधनुक ४२३।७
कामबेध १७३।६
कारन=यातना ३६०।३
कारी=काली नाग ११५।२, ११५।६, ४४२।२, ४७१।८, ५७६।५, ६२६।२, ६४६।७
कारी=कालिमा ४५४।७
कारी=काली घटा ६२७।९, ६३१।२
काल मंजारी ५७।५
कालिंजर ५००।५
कालिंदिरी ५९३।६
कालिंदी २१६।२, ३२१।६, ३५५।४, ४७०।६
कालिंद्री ११४।६
कासमीर ४९८।३
कासीकुंड ३२१।८
किआह=एक अश्व ४६।२
कित्तु ३३५।९
किरसुन १०२।३, १२२।२, २४०।८ २६५।३
किरिपा ४८८।८
किरीरा ५२।५, १५८।६, ३८४।६
किलकिला=एक छोटी चिड़िया ९४।५
किलकिला=एक समुद्र १४१।८
किलकिला=किलकारी, प्रसन्नता ६३८।६
किस्न ११५।५, ५५८।८
किस्नमुरारी ५६४।४
कुंकुमा=लाख का गोला २९०।५
कुंकुहँबानी २८५।१, ५६५।१
कुंजा=क्रौंच ३५९।४
कुंडर ११४।७, ११७।१
कुंडि ६३०।८, ६३६।६
कुंत ५१७।६
कुताहल ५२०।६
कुंदनकनक ४६८।२, ४६८।३
कुँदेरैं ११२।१
कुँदेरैं ४८१।१
कुंदै=खराद १११।२, ४८१।१
कुँभकरन २६५।९
कुंभलनेर ५०१।१, ५८४।१, ५८७।८, ५९८।९, ५९९।१, ६४५।६
कुंभस्थल ३३४।७, ४४४।६, ४६३।३, ५७२।२, ५७३।३, ६१९।७
कुँव=कूप ४३०।६
कुँवरबेरासू=एक चावल ५४४।४
कुँह कुँह ३७।२
कुबानी=कुबानी=कुवाणिज्य ७५।४
कुभाखी ८५।७
कुमँइत ३९६।३
कुमाइच=एकबाजा ५२७।४
कुमाऊँ ४९८।७
कुरकुटा १२९।७, १३२।७, २९३।६, ३०३।५
कुररहिं ३४७।६
कुरलहिं ३३।६, ३३९।८
कुरारी १३५।७
कुरिआर ७१।३
कुरी=कुली, वंश ९९।९, ३७४।७, ५०३।४
कुरुआरा ४२७।६
कुरुकुटा ३०४।४
कुरलहि ३१६।७
कुलि ४६२।३
कुसस्थल २५।७
कुसुमगेंद २९८।६
कूँज=क्रौंच १११।१, १८१।७, ५४१।३
कूँदे=खरादे गए ११३।२
कूचा=क्रौंच पक्षी १३५।७
कूजा=एक पुष्प ३५।३, ५९।७, ३७७।४, ४३३।८
कूर=ढेर १९४।६, २०१।१, २३५।१
कूरी ६२८।४, ६२५।५
कूसलखेमा ६३।७, १४९।१
केंब=एक जलपक्षी (दे० ३३।७) ५४१।६
केत ३३।२, १२५।८, २६२।१, ३७७।८, ५७९।५
केदली ३०२।७
केदलीबन ४९३।२, ५०९।८

केदार ६०३।८
केर्व=एक अश्व ४९६।३
केवाँ=एक जल पक्षी ३३।७
केवा २३६।४ २७४।५, ३०५।५, ३७२।६, ४४०।१, ५७०।१, ६१७।७
कैकानी=केवान देश के घोड़े ४९६।१
कैथिनि १८५।६
कोंप ६२।५, २०१।९, ४२३।५ ४७८।२, ५९४।८
कोंपर ५६२।२, ५६४।५
कोकाबेरी ४३९।१
कोकाह ४६।३
कोटवार ४१।३, २५६।४, २१५।३
कोटि ७३।१, ८७।६
कोठा=कोठरी ४३७।१
कोठा=आस्थानमंडप ५८७।२
कोड ३।६, ३२।६, ३९।४, ५२।१, १८९।७, ३३२।९, ४३२।९
कोनहाऊँ ५६७।५
कोराँ=कोने में १७३।२
कोरा=गोद ३९८।४
कोराहर २९।७, ४३२।४
कोरे=साबुत बाँस ३५६।७
कोहाने ६१०।२
कौंधा ११०।२
कौंला २४।६
कौकुत ५७१।१
कौड़िया १४३।९, २९३।८, ४०१।६
कौरवँ ५५९।६
कौरौपंडौ ६३५।४
कौसिला ४२६।२
कौसीसा=कँगूरा ४०।६, ४२५।७
क्रांति ४६८।८, ४८।६
क्रिस्न ५९३।८
खंग ४९६।३
खँड=टुकड़ा ३८५।९
खंड=मंजिल ५०४।३, ५३०।५ ५५२।५
खंड=द्वीप ४६१।८, ४६२।२
खंड=देश-विभाग ५८३।८
खँडखँड ५५३।२
खँडचिला ५४४।६
खँडरा २८४।५, ५४७।५
खँडवानी ३४।८, २८५।१, ३२८।२, ५४९।७, ५६५।१
खंडहिं ४७६।४
खंडा ५४५।७, ६४१।१
खंडि २८४।५, ५४९।६
खंडी २८४।५
खँडुई ५४९।६
खंडोई २८४।५
खँधार ५००।४
खँधारू ३३४।६
खँभारू २९०।२
खग्गि=खगी ३४१।८
खजहजा २८।६, ३४।७
खजेहजा ५४६।५, ५५३।५
खटबाटू ४०३।३
खटरसबिंदक ३१६।२
खटोला १३८।५
खत्री ५०३।३
खदंगी=चनार का तीर ४९९।३
खनिगढ़ ५८०।२, ६४२।४
खर=घास १४।७
खर=खरा ४४९।४
खरबाबान=एक पक्षी ३५८।२
खरबार=गट्ठर, ढेर ३८५।४
खरबुद ३८५।९
खरभरहीं ७०।२
खरभरा २१७।४, ४९५।३
खसिया ४९८।७, ५२५।१
खाँग ३२०।९, ५०४।१
खाँगा १२०।७, १४१।१, २६८।६, ४५५।२, ५३५।३, ५६७।७
खाँगी ३३१।६
खाँगौं १४९।५, ४५६।४
खाँचा ४९४।६
खाँचौं ३३३।४
खाँभ ३६२।४
खाँभा ४०७।३
खाधुक ७८।३

खाधू ७२।५, १७२।५
खाल ५०६।९
खाले ५५१।७
खिंखिद २।१, १९।४, ५१४।५
खिजिर २०।५
खिताब १२।३
खरिसा ४९५।४
खिरौरा १०९।२, ५८६।१
खिरौरी ३९।२
खीरी १८७।३
खीरोदक=एक वस्त्र ३२९।३
खीहा=एक पक्षी २९।४
खुँटिला २९७।७
खुंभी ३८।२, ११०।५
खुमरिहा ३२०।२, ३२०।७
खुरहुरी २८।४
खुरासान ४९८।२, ५७७।३
खुरुमुज ४९६।२
खुरुहुरी ५५०।१
खूँट ११०।४, ४७९।७
खूँटी २९७।७, ४७९।७,
खूँदा ५७५।७, ५७६।४
खूसट ४३२।७
खेमकुसल ३९१।६
खेले ४८४।५
खेवरा ३०।८
खेवा २०।१, १५७।७, ३९१।१
खेह १०।४, १८६।४, १८९।८, २४१।६, २८७।९, ४५७।९, ४९२।६, ५१०।८, ५१३।८, ५३१।९, ५८२।५, ६३६।१
खेहा १०३, १२६।३, १२९।३, ५४१।४, ६०२।५
खेही ४६८।५
खोंचा ६९।८, ७१।५
खोंपा ६१।१
खोज=ढूँढ़ ९१।९
खोज=पूछताछ ३२३।९
खोज=निशान ५७९।३
खोजू=पदचिह्न ११७।३
खोजू=पूछताछ २४७।२
खोजू=ढूँढ़ २६०।५, २६४।१
खोजू=निशान ३४०।३
खोरिन्ह=कोठरी, खोली ५५४।६
खोरी=कटोरी २८३।३, २९०।३
खोलि=कुलह टोप ४९९।४
गँगनेहा २५७।३
गंजन ९८।३, ५८०।५
गँठिछोरा ३९।८
गंडा ४२५।९, ६०४।१
गउव १५।५
गगनधनुक १०२।९
गच २८९।६
गजगाह ५१२।९
गजझाँप ५१२।८
गजपति २६।६, ४४।१, १४०।२, १४०।५, १४१।१, १४२।१, १४६।२
गजबेलि=बढ़िया लोहा ६३१।४
गजर ४२।७
गजरथ १४७।१
गजहस्ति ४८८।१, ४९८।५, ५०५।६, ६४१।८
गटा २०७।४, ४३७।२
गड़=दो नोक का छोटा भाला ५१७।७
गड़हन ५४४।६
गडुअन्ह २८३।४
गड़ौना ३०९।३
गढ़काँध ५३०।९
गढ़पति ५००।१, ५००।८, ५२१।५, ५२१।९, ५३४।४.
गढ़पती ४४।१, १२०।६
गढ़भंजन ५०७।७
गढ़भेद २७०।९
गढ़ाखटंगा १३८।६
गथ ३८।८, ३९।९, ४२०।९
गनक १२७।१
गय १४.२
गया ६०३।६
गरगज ५२५।५, ५३६।६
गरबगहीलि ३०२।९
गरबगहीली २५०।५

गरबाना ३८६।१
गरह ४५०।६
गरिआरा १५७।२
गरिगुरि ३११।९
गरुआई ३०१।२
गरुर २३५।९, ५२४।५
गरेठा ५५०।२
गरेरी=चक्करदार ३१।४
गरेरी=घेरकर ५२८।२
गलगल ३४।३
गलिगलि ४३९।३
गलगाज ६१४।३
गलगाजहिं ५०५।४, ५५५।६, ६१३।६
गलसुइ=एक तकिया २९१।६
गवन ३८६।१
गवनचार ३७८।१
गवालियर ५००।४
गवेंजा १४८।१
गवेंसी ४०५।७
गहगही ५२७।४
गहगहे ४३२।२
गहबर ३७८।२
गहबरा २१३।१
गहरवार ५०३।४
गहरु ३००।२
गहागहनि ४४४।२
गहिगहि ३४३।८
गहिलौत ५०३।२
गाजन ६१४।३,
गाढ़ २२७।२, २४२।४, २३५।७, ३९२।१, ४०६।७, ४९२।५ ५०२।३, ६०४।७,
गाढि ४५९।६, ५७८।७,
गाढ़ी १५२।४, २५२।४, ४५९।३, ५५०।४, ५७६।१, ६१८।५,
गाढ़ै ४०६।१,
गादुर १३५।५, ६४५।२,
गानी=मुख्य ४९७।७,
गाभ ४८२।२,
गारुरि ४६९।८,
गारुरी १२०।२
गारौ ३४४।८, ६५३।५,
गियँ ७१।९, ५६५।३,
गिरिहिंत्ति ५३५।७,
गिरिही ३१०।७
गिलावा ४८।३, २८९।२,
गुंजरसिंघ ६३४।१,
गुंजरि ४१।६,
गुंज ३५९।४,
गुआ २८।८
गुडरू=एक चिड़िया ५४१।४
गुजरानी ३२९।२, ४९८।४
गुदर २४१।१
गुदरि १२८।७
गुन=डोरी ५५७।९
गुनगौरी १८८।५
गुनी १०।१, २१।१, ५३।३, १२०।२, ४४६।६, ४८८।८, ४५०।१ ४५०।२, ४५२।१, ५२८।१, ५२५।३, ५२८।५
गुरब=गुलंबा ५५०।२,
गुरबरी ५४९।३
गुरुइ=गुरआनी ३६१।७
गुरुज ६३६।७, ६३७।२
गुलाल ३५।३, ५९।४, १८८।४, ३२६।१, ३७७।४ ४३३।७, ४७६।२
गुवा १८७।४
गूँज २५३।६
गूँजा ५२९।२, ५६८।४
गूंदहिं ४३३।४
गूद २६२।८
गेँडुवा २९१।६
गेंड ५०८।३
गोइ ६२६।४, ६२६।८, ६२८।३, ६२८।४
गोई ६२८।१, ६२८।९
गोआ १९२।४
गोट ५२५।४
गोटा २२०।५, ४८३।६
गोटी ५५८।६
गोटेका २१७।२
गोतउचारा २८६।१
गोपिचंद १३०।६, १६०।२, १९३।६

गोपीचंद ३४।१६, ३६२।१
गोपीता १०२।७, १२२।२, ४१७।६
गोरख १२६।५, १६०।३, १८२।२ १९४।६, २१२।९, ३०३।९ ३०४।१, ४०७।९
गोहन २७७।२, ४१०।७, ५१५।४, ५२७।६ ६५०।२
गोहने १८३।९, १८५।१, १८५।८, २०३।४, ६३९।२
गोहारी २६४।४, ३६९।६, ४५३।७, ६२६।२
गौर=गौड़ ४२६।९, ४९८।२, ४९८।८
गौरवा=चिरौंटा ३५८।५
गौरा पारबती २०७।५
ग्यानसिला ४२२।९
ग्रिहिन ४९१।१
घउरी ३४।५
घटग १२१।७, ४२४।४
घटा ४०९।२, ६३३।३
घनतारा ५२७।७
घनबेली ३५।२
घमोई=एक क्षुप ३६८।२
घरिआरी ४२।२
घरी=घड़ी भर का का समय ६२८।८
घाइ २२७।८
घाई ४५२।२
घाउ २४८।५, ४९५।२
घाऊ ६३६।३
घाटी २१५।५, ५२२।३, ५३६।२
घानि=गंध ६८।८
घाय ४०२।१, ५६१।१
घाया २३।६
घाला १७९।७, २८६।२
घालि ५८।३, २६९।९, ४६४।३, ४६९।८, ४७४।९, ४९९।४, ५१३।७, ५६५।३, ५८५।३, ५९८।४, ६१५।५, ६२९।६
घाले ५४२।७
घेरिनि परेवा १६८।७, ३५३।८
घिर्तकाँदौ=एक चावल ५४४।४
घिसियावा ६३४।६
घुँघुरवारि ९९।७
घुम्मरहिं ५०५।४, ५११।४, ६१३।६
घुरत=बोलता हुआ ४८१।३
घुमि १०८।४
घूँटत ११।६, ११४।९
घूबिअ ४५।१
घेवरा १९९।८
घेवरें ५०३।६, ५१३।८, ५३१।८
घोरसारा २६।६
घौरी १८७।७
चंग ५२७।५
चंदन चीर १६८।३, २९६।१, ३३४।२
चदन चोला २९९।२, ३२७।३
चँदनौटा ३२९।३
चंदेरा १३७।७, ४८९।९, ४९१।१, ५००।३
चंदेलिनि २८५।४
चदेले ५०३।३
चँदोवा २९१।४
चंद्रावलि ४२९।४
चंपानेरी ५००।३
चंपावति ४९।४, ३२७।१, ३२७।९
चँवरधारि ६०७।६
चकचून ३०८।८
चकचौंहट २९२।४
चकाबूह २९४।१
चक्कवै २६।८, ४६१।८, ४८९।४
चक्रजोगिनी ३८२
चतुरसम=एक सुगंधि २७६।४, ३२३।७, ३३२।३
चतुर्दस बिद्या ४४६।९
चमारिन लोना ४४८।६
चरक=एक मछली ५४२।४
चरज=एक चिड़िया ५४१।५
चरत ५१०।२
चरपट ३९।८, ५४७।४
चलाई ३७९।८, ३८४।३
चहा ६५।६
चहुँचक ३८१।१
चाँचरि १८९।७, ३३५।६, ३५२।५ ५३१।४, ५३५।६, ६३३।६
चाँड ४६।४
चाँडा ३५०।७

चखना ३१९।७
चाड़ू ११३।१, ३०१।७, ३२५।५
चात्रिक कै भाखा=पिउ ३४२।७
चाख्ह १४७।५, १४८।२, ५४२।४
चाल्हा १४७।४
चिकवा ३२९।४
चिचिंडा ५४८।४
चितरोख=एक पक्षी ३५८।४
चित्तर सारी २८२।२, ५५४।७
चित्र मिंत=चंद्रमा ३४७।४
चित्रिनी ४६२।८
चिरकुट २७६।७
चिस्ती १८।८
चिहूटँ ३१७।१
चीतर=चीतलमृग ५४१।२
चुर चुर ५४८।५
चुहचुही २९।२
चेटक ३८।८, ३९।६, ४४८।५
चेना=कपूर भेद १०।४
चोंप=स्वदपरस ३२३।७
चोप=चाव २०१।८
चोला १८८।४, ३३७।७, ३४२।६, ३५४।१
चोली ३२१।३, ३४२।३, ४३७।३, ६२०।३
चोवा ४४।८, १८४।७, २९०।२, ३१६।८, ४३५।२
चौखंडी ५०४।३
चौगान ६२६।६, ६२६।८, ६२८।३
चोदंत ५६७।८
चौदंता ४४४।६
चौदह चाँद ३३८।२
चौधर=अश्व की जाति ४९६।४
चौपर ३१२।७
चौपारा ४४।५, २८९।३
चौबारा ३३७।५
चौरा ३६।४
चौरासी=पशुओं का कंठाभूषण ५१३।५
चौरासी आसन ३१६।२
चौरासी सिद्ध २६४।८
चौहान २६८।४, २७३।३, ५०३।३
चौहानी १८५।४
छंद ९७।३, ३०६।३, ३१०।१, ४४८।९, ४५२।७
छंदू ३४१।५
छतिवनु=सप्तपर्ण ५९२।३
छतीस कुरीं १८५।१, २७३।७
छतीसौ रागा २९९।७
छत्रपति २६।३, २४१।३, ४६२।१, ५७०।४
छत्री ६०७।३
छबीली ३२६।१
छरहटा ३९।५
छहराने ३१८।५
छाएल=छपे वस्त्र ३२९।२
छागर ५४१।१, ५४५।८
छाजन ३५६।६, ३५६।७
छाजनि ३५६।१
छाजा ६।१, २४०।६
छात १३।२, ५००।९
छाता ३१।५, १५४।१
छाति ५०४।६
छातू ५२०।३, ५५८।७, ६१२।२
छान्हिन ३५६।८
छापे सोने ३२९।४
छाल ५५०।७
छाला ९०।२, १६७।१, २००।४, २०७।३, ३६१।६, ६०१।४, ६०३।४, ६०६।६, ६०७।२
छावा=बच्चा २०७।६
छावा=छावनी डाली ५०९।४, ५३२।७
छावा<छाना ३४४।७; ३९१।२, ५७१।३, ५९२।३
छिताई ४९२।१, ४९३।७, ५००।७
छिरिआने=बिखरे हुए ५५४।६
छिरिआवँ ६३३।६
छीप ६२।१
छीपाँ ५८७।७
छुद्रघटि ११६।६, २९९।७, ६४१।६
छुद्रावलि २९६।६
छूँछी ४३०।७
छेवा ३०५।५
छोह ३२४।६, ५३८।६, ५७०।६
छोहाई ४७३।३
छोहाना ३८०।५
छोहू २५५।५, ५४०।५, ५४२।१

जंगम ३०।७
जंगी ४९९।३
जंघ ३०२।७, ५२९।६, ६१४।७
जंत्र=बाजा ५२७।३
जंत्रकमानैं ४९९।३
जंबूदीप २५।६, २७२।५, ४१०।२
जँमुकन्ह ५१९।४,
जगदेऊ ६११।३, ६३४।४
जगरनाथ ४२०।१, ६०३।७
जग्गि १७।७ ३७७।९,
जग्रनाथ ४१९।८
जजु १०८।५
जड़काला ३५१।१
जपमाला १२६।६
जपा ३०।३
जमकात १६१।२, २०३।५, ६३१।५
जमकातरि ३९४।३, ६२९।७
जमबार ५२।७, ३०१।४
जरम ६०।९, ७५।५, ९०।९, २०२।५, २११।५, २८७।८, ३०८।५, ३११।३, ३१३।७
जरमनिबाह ३०१।३
जरमहु १७।६
जरिया १७९।६,
जलंधर ३४१।६,
जलकुकुटी ५४१।५
जलबासी ५४२।४
जलभेदी ३३।७
जलमानुस ४१९।७, ४१९।८
जवास ३४६।६,
जसोवै ६१३।१, ६१४।८
जहाँगीर १८।८, ५२९।५
जहिया ३९३।२
जाँत १४९।३
जाँघत १२८।२, २७५।७, ६००।२
जाउरि २८४।७, ५५०।९
जाएस २३।१,
जाखिनी ४४७।६, ४४७।८, ४५०।३
जाज ६११।३, ६३४।४,
जातरा १६४।८, २४६।२,
जाता=बच्चा ५२४।६,
जाति २६१।१, ६१४।२
जादौं ६१४।६
जान १४४।५
जाननिहार ६१८।८
जाही ३५।६, ५९।५, ४३३।१
जिअन ४।३, १३।५, १३।६
जिअना ५।६
जिउलेवा ७२।४,
जिअबधा ५७८।१
जियअधिक ५७८।२
जियधारे ५०४।६,
जीतपत्र २६६।९,
जीरासारी ५४४ ३
जुग ३१३।६
जुगसारि ३१२।५,
जुगुति २१८।६, ४८०।८, ५४७,३
जुझाऊ ५१२।३
जुझार ५१६।६
जुझारा ६१३।२
जुझारु २२।४, १२।५
जुड़ान १५९।३
जुड़ानी ३३९।५
जुरजोधन ६१४।६
जुलकराँ १३।५
जूनागढ़ ५००।३
जूह ५१६।८, ६१४।२
जूहहि ५१६।८
जूहा ५११।३, ५२०।२
जूही ३५।६, ५९।५, ४३३।१
जेठ असाढ़ी ३५६।१
जैमार २७८।६,
जैमारा २७४।३,
जैमाला २८६।२
जोख १।१
जोखि ५१९।९
जोगजंत १९३।३
जोगतंत २२१ ९ २४६।१
जोगवं ६०५।९
जोगिनी १३१।२, ३८१।९

जोगी ५७०।२, ६००।३, ६००।५
जोगीनाथ १६१।९ ४३९।९
जोगौटा=योगपट्ट १२६।४
जोबनबान ११३।४
जोबनबारी ३३५।५
जोहन ५८७।१
जौहर ५३५।८, ५३२।३, ६५१।८
झँकोरा ३४५।५
झँकोरि झकोरी ३४६।५
झँकोरै ३५२।१, ३५५।२
झखौं २८१।६, ३८०।१
झमकत ५०७।३, ६१२।६
झरक्कि १०७।८
झरक्के ३३७।८
झरि ५२३।६, ६३०।१
झरोखा ४५२।१, ४५३।२
झरोखें ४५१।१, ४५४।१, ४६९।२, ४८४।८
५६७।३, ५६९।३
झाँख ५४१।२
छाँखर १३७।६
झाँझर ४७३।७
झारखंड १३८।७
झारहु २७६।६
झारा १५३।१, १५३।५, १८७।१, २५३।१,
२५४।५, ३६५।३, ३६९।१, ३७०।५, ५०८।५
झारीं १९९।४
झार=मारना, गिरना ४९२।६, ६२३।९
झारु ९९।४, ४७०।१,
झालर २८४।२
झिझकार २३७।५
झिनवा ५४४।२
झिलमिल ३२९।३, ३४१।५
झीना ३३६।२
झीनी ११६।२
झीने ५०।७
झुरवै ७४।१
झुरानी ३४५।१, ४३०।६
झूक ५९९।९
झूंके ४९०।६
झूमक ३४८।६
झूमा ४८३।५
झूर १५८।९
झूरत ४०८।६
झूरा १४४।६, २३५।१, ४५७।६
झूरी २५५।४, ४०१।३
झोंपा ११७।६
झोरा ३५२।२
झोल ३५१।९
झोला=हवा का झोका १५७।५, ३५१।६, ४५०।५
झौंकारे ५०८।३
टँकोर ३३३।३
टँकोरि ६१५।४
टकटका ४५३।१
टकसारा ४५६।७
टट=किनारा ३६९।९
टाँकहि टाँक=टाँक नामक तोल ५२४।९
टाँकहि टाँका=टाँक नामक बर्त्तनों में ५४५।६
टाका १३५।१
टाटक ५४७।६
टाटी ६९।१
टाड ११२।६, २९९।५, ३१८।३
ढुक २९९।८
ढूँगा ४०४।२
टेंगनि ५४२।२
टेक ९।१, ३१३।८, ३३७।८, ३४६।९
३५६।५, ३६२।३,
टेका ३५४।७, ३८३।२, ६२४।१
टैआ=घोड़े के कंठ का गहना ५१२।८
टोडर=एक आभूषण ३९२।५
टोपा=सिर का सैनिक वेष ५१२।४
ठकुराई ५०३।४
ठगलाडू २९२।८, ४४४।९, ४५३।८
ठगविद्या ३९।६, ४४८।९
ठगौरी ४५३।४
ठटा ६१३।५, ६३३।३
ठट्ठा ४९८।३
ठठियारि ३२५।९
ठमकि ११४।४
ठवँकन्ह १८५।४
ठाँ=स्थान ३९४।२

ठाकुर ४।३, ५७।४, २७२।२, ३५६।७, ६२४।२
ठाट ३५६।७
ठाटी १४७।१
ठाटू १७६।२
ठाठ २४५।८, ४२०।९
ठाठर=ढाँचा ६३७।३
ठेंघा ४५।४, ३६३।२
ठोर ५६।९, ७९।६, १४८।५
डँड=मार्ग ६०३।३
डँड=घड़ी १६७।८ ३६०।९, ६०५।७, ६०६।८,
डंड=डंडा १२६।५, ६०१ ५
डंड=डुग्गी ४९५।२
डंडवै=दंडपति ५७७।६
डँसा १९२।५
डगर ५०९।५
डगा=कदम २३।३
डफ १८९।३, ५२७।६
डफार २१३।१
डफारा ३६३।६, ४३०।४
डभकहिं २११।४
डहकाँ ४४८।९
डहन ७०।३, ७९।५, १४८।६, ७२।४ ३९६।३
डही २०६।८, ४२८।१
डाँक=डंका १७।४
डाँडा=दंडित किया ४२।४
डाँडा=डंडा ६३६।४
डाँड़ि=दंडित करके ५७७।७
डाँडी=एक सवारी ३८५।३
डाँडी=डंडी ५३८।२
डाल=टोकरा ५८६।३
डासिअ ४८५।२
डासी २९१।५, ३३५।४, ३३७।६
डिंडसी=एक साग भाजी ५४८।४
डिठियार ५७५।२
डुभुकौरी ५४९।७
डेली ७०।१
डोंब ६४२।६
डोबँ ४४।६
डोरिया=वस्त्र ३२९।६
डोल=बर्त्तन ५८१।६, ५८१।८
डोल=हिंडोला ४७४।४
डोलै=काँपे ५००।१
ढंक ३७०।४
ढंख १०४।८, ३४५।८, ५०८।२
ढंग=पहाड़ी जगह ५६०।५
ढँढोरी=अच्छी तरह ढूँढ़ना १४९।७
ढाँखबन १३७।५
ढाँखा १०।३, ६६।२
ढार=चँवर डुलोने वाला (दे० ६४१।६) ५१४।८
ढार=मोट ढरवा ५८१।६
ढारा=ढालने वाला, ६४१।६
ढारी ४३०।७
ढाह ६।४
ढिल्ली १३।१, २४।३
ढीलि ४५९।६, ५३२।४
ढीली ३७५।७, ४६४।६, ५३२।४, ५६८।८, ५७७।८, ६०४।३, ६०४।७
ढुकत ७०।४
ढुका ६९।१
ढुकावा ५६७।८
ढुरहुरी ५५०।७
ढूका ६३३।७
ढेक=एक पक्षी ३३।७
ढेल=ढेला ४३९।४
ढेला=देहुला धान ५४४।३
ढोइ=लेजाकर १८०।३
ढोई=मरम्मत ५२४।१
ढोवा=हमला २२४।२, ५३६।५, ६५१।७
तंतमंत २९२।८
तँवचुर ११।५
तँवचूर ४४२।४
तँवचूरू ६४५।३
तउव=तब भी ४२२।६
तचा=त्वचा ४२३।२
तपा=तपसी २३।७, ३०।३, ८० ३, १००।७, १२३।५, १६७।१, २११।२, २६०।१, २६०।४, २९५।२, ६१४।२
तपी=तपसी ४३२।७, ५७०।२
तप्प १२३।८

तबल २३।३, ५१२।३, ५१५।१
तबलबाज ४९९।२
तर=नीचे ५५३।७
तरई ६२।७, १००।९, २९५।१, ३३२।४, ५६१।४, ५६८।१
तरहुँड ६५३।४
तरहेल ४४३।८
तराइन ६।१, ६३।२, ३०३।४
तराई १०।४, ४३।६, ११८।७, १६०।८, १६१।४, १९०।४, २९३।२, ३०३।१, ६१२।७, ६३९।२
तरास ४९६।९
तराहि तराहि ११९।९
तराहीं=नीचे ३८१।६, ४६४।७, ५१७।३, ५२९।३, ५५७।१, ५६८।५
तरुनापा ६।९, ४५९।७
तरेंडा २०२।८
तलावरि ३३।१
तवँचूर ४८१।३
तहरी ५५०।१
तहिअँ ६८।४
ताँई ५१६।२
ताँति ३६१।८
ताँबे ४९३।४
तावँत ५५५।७
ताई ५७७।६, ६१७।५
ताजन=चाबुक ४८८।६
ताजी ४९६।४
ताने=खींचने से ४५४।६
तायन=चाबुक ४६।४
ताया सालार ६३५।४
तारामँडर=एक वस्त्र १८४।३
तारी २३५।३
तिआगी १७।२
तिक्ख ४६७।२
तिन ६।५
तिनुवर ३५१।८, ३५६।२, ३१२।७
तिरहेल ३१२।७
तिरि रेखा ११६।६, ४६७।३, ४८१।५
तिलंग ४९८।८
तिलंगा १३८।६
तिलोरि ३५८।७
तिवाई ८६।४
तिवानि ३००।३, ३७८।९, ४५७।६
तिवानी ६१६।९
तिस्ना ७२।५, १२४।६, ६५१।५
तीर घाट ३९२।५
तीवइ ११७।५
तुखार ४६।४
तुखारा २६।४, १५७।२
तुखारू २७३।६
तुचा=त्वचा ६५३।३
तुपक ५०७।८, ५२६।४
तुरँज ३४।३, १८७।३, ४३९।२
तुरकहिं २४।४
तुरिअ ६२२।९, ६३०।९
तुरियन्ह ३८५।७
तुरी ४६७।४
तुरुँज ४६६।४, ५४६।३
तुरुक ४९३।२, ४९८।४, ५०१।२, ५०१।४, ५१६।४, ५२०।७, ५२३।७, ५२८।६, ५२९।७, ५५८।३, ६३०।२, ६४५।४
तुरुकन्ह ५५८।४, ६२१।७
तुरुकानू ४५६।६, ६०४।३
तुरुकाने ६१०।२
तुरुकी ४९६।७
तुरँ=घोड़ा ८६।७, १२८।६, १७१।४, २७३।७, ३४७।३, ३६४।३, ६१३।४, ६३५।९
तूत ३४।६
तूर १८५।२
तूरा ५०३।६, ५१९।४, ५२७।५, ५५४।५
तूरू २६०।६
तेलिया ४२२।७
तोंवर ५०३।२
तोखार २७६।८, ५१२।५
तोखारा ५१२।६
तोखू ३१७।३
थरि=स्थली ३७१।९
थलथल ३११।१
थहाए ५१३।३

थँभा ४०७।३
थाक ३४२।९
थाकसि ५९४।८
थाका ६९।६, १३६।६, ४२१।४, ५३५।१
थाकी ३४५।७
थाती ३८६।५
थाना ५००।५
थाने ४९८।१, ५३२।६
थापा ३८६।६
थीती ३४३।३
थँघा ५०८।६, ५२३।३
दंगवै=द्रंगपति ३६१।२, ५०८।९, ५२६।८, ६२०।६
दइउ १६।२, १७।१, १९।२, २५।२, २९।९ ५८८।४
दई ११।५
दगल २७६।७, ३४०।२
दत्त=दिया हुआ १४६।१, ३८६।३
दधिसमुंद १५२।१, ३९७।९
दमनहि २५५।७
दमावति २००।७
दयंता=दैत्य ४।७
दरकि १०।९
दरब भँडारू ४०४।६
दलपति ६१३।८
दलमलहिं ६१३।८
दवँगरा ३५४।७
दव ३६५।६
दवाँवाँ ४२७।१
दवा १९९।७, ३६५।६
दवै २५१।४
दसइँ अवस्था ११९।७ २५५।६
दसएँ लखन १९३।५, २५५।६
दसरथ ३६२।९, ३६८।५, ४१३।६,
दसवँदुआर २१५।४, २१६।१
दसहरा ४२४।३
दसौंदाँउ ३१२।६,
दस्तगीर १८।७
दह १६।५
दहिनावर्त्त १३।९
दाउँ ३२०।९, ५५९।६
दाइज २८६।९, २८७।१, ४१०।४
दाउ=दाँव ४१२।८
दाउदखानी=चावल ५४४।२
दाखबेलि २५४।९
दानिआल २०।५
दानौ ३६६।३
दामनहि ४१७।७
दामिनि ४४२।६
दारा ८०।४, ५३७।३
दारिउँ ३४।४, १८७।३
दारू ५०६।४, ५०७।१, ५२५।२
दावाँ=दावाग्नि ३७०।४
दिगम्बर ३०।५
दिनअर १।६, ३०७।१ ३५५।८, ६४३।३
दिनार ४८८।३, ४८८।४,
दिनारा ४५६।७
दिनयर ५२१।२
दिनेक ३७२।४
दिह्नि=दिनही, पुरानी ६५०।५
दिब्ब=दिव्य परीक्षा २३०।१
दियादीप २५।५
दियारा १७७।२
दिसासूर ३८१।९
दिस्टिबंध ४४८।५
दिंस्टिवंत ८।९
दीठी ४१५।५
दीपपतँग ३०५।४
दुंद=दुंदुभि ३४४।१, ५५१।९, ६३९।७,
दुंदि=दुंदुभि ५७७।७
दुआदस बानि ९३।४, १००।८, ४६८।१
दुआरा=पर्वत के बीच मार्ग या घाटी १३८।७
दुआलि=डोरी, रस्सी ('दहेंडि' अशुद्ध पाठ का मूल शुद्ध पाठ) १५२।४
दुइबोल ६५२।९
दुक्ख ६३।५, १२२।९
दुखंत=दुष्यन्त २००।६
दुखदाधी ४१४।४
दुखवई १५।१
दुनिआईं १५।३
दुनियाईं २५५।१

दुनी १३।४
दुर=एक घोड़ा ४९६।३
दुरपदी ४३।१
दुवा ३१२।५
दुवारिका ६०३।७
दुसासन ५७६।७
दुहेल ४१०।८
दुहेला ९२।२, १७०।, २००।१, २४८।७, ५७६।२, ५८८।५, ६२४।४
दुहेली २५४।२, ५८१।१
दुखी ४३५।५
दूत=द्रुत, शीघ्र ५८६।१
दूबरि ३५६।५
दूबे ५८७।६
दूभर ३४६।१, ३४९।१, ६१६।९
देऊ=देव, जिन ४६३।६, ४९४।३, ५७७।३
देनिहारा ३१३।६, ६११।४
देव=हिन्दू राजा ७७।१, ४९४।१, ४९४।६, ५६६।४ ५७७।१, ५७९।४
देव=बादल ४८ ।१
देव=जिन ३९१।१, ६३०।२
देवगिरि ४९८।६
देवपाल ५९८।८, ५९९।१, ६४४।२
देवपालू ५२४।१, ५९९।२
देवबार=देवता का द्वार १७३।७
देवलोक=देवता लोग ४४४।७, ५१९।४
देवहरै=देवगृह ३३५।९
देवारी १९०।७, ३४८।५
देसंतर १७।६
देसनिकारा ३४०।५
देसरें=देश में ३५९।८
दैंय ४४०।२
दैंअहि ९२।६
दैंतन्ह २७४।४
दैंयँ ५३।४, ५४।६, ७०।३, २८२।६, २९७।१, ४६८।५, ४८०।१
दैंय ७७।४, १०७।९, १८३।१, २७८।६, २९५।५, ४३३।९, ४६६।१,
दोहाग ८९।२
द्रौपदी २३४।९
धँधार १६७।४
धँधारि ६०६।४
धँधारी १२६।४, ६०१।७
धक्कि ३७८।१
धज=बगीची का तख्ता ५५।१
धना—धनिया ३८२।४
धनि=बाला (सं० धन्या) २५।३, ८९।१, ९४।६, १६८।६
धनिआ=धन्या ३०९।१
धनुक गँगन ४४३।३
धनुकार ५१४।९
धन्नि=धन्य २७८।७
धमारी ६६।१, १८९।६, ३३५।५, ३५३।१
धरनी=पृथिवी २३५।६
धरमराज ४६२।३
धरमसार ६००।१
धरहरि २०३।२
धरहरिया ३३७।७, ४४४।९
धवलगिरि ५७७।४
धवलसिरी ३७।५
धसमसा ४ ७।६
धसमसाइ १४।६
धानुक १०२।६, १०२।८, ४६९। , ५०४।५
धामिनी ८५।४
धावन १२०।८
धाह=पुकार, चिल्लाहट (देशी धाह।) ४०४।५
धिकै ३०८।४, ४९४ ४, ५५७।८
धीमर ५४२।१
धुँगारि ५४८।४
धुँगारू ५४७।२
धुँध ७७।९, ३६५।१
धुना ४७९।६, ६५३।५
धुवतारा ४४३।३
धूत ४५२।७
धँधै ३४६।२
धोरैँ=पट्टी, किनारी ५१।५
धौरहर ४४।२, ४८।७, ३३१।७
धौराहर ४८।२, ५४।२, २७८।१, २८८।१, २८८।६, २८८।८ २९२।९, ५४०।८, ४५४।२, ४६९।१, ५११।६, ५५५।९,

	५५७।१
धौरी	३४४।२, ३५८।४, ५१६।२
धौलागिरि	१४७।४, ६२९।२
नंसा	३१६।७, ३१८।३, ३४३।७
नकटा=एक पक्षी	५४१।६
नगत्रासी	९७।४
नरपती	२६।७, ४४।१
नरबर	५००।२
नराएन	३४१।४, ५७६।४,
नरिया=एक मछली	५४२।३
नवगिरही	३९२।५
नवरँग	३४।२
नवाई	१३।४
नवौ नाथ	१६४।८
नाइत=समुद्री व्यापरी	५३७।६
नागफाँस	२४४।३
नागमती	३४१।१
नागरि	३४१।२, ३९८।९, ४६५।२
नागसुर=एक बाजा	५२७।५
नाच कोड	५५७।५
नाटक	३९।६, ५५७।४
नाठि	३८।९, ४२०।२
नाठी	४२१।२
नाथ=नथ	१५।४
नारँग	३२६।३
नार=नाल	४८१।७
नार=नाली	३७४।४
नार=नाला	२।२, १३६।५
नार=कमलनाल	१११।१
नारि परेवा=कबूतरी	४१५।१
नारीं=नाड़ी	४४५।३
नारीं=तोपें	५०४।३, ५०७।१
नारी=स्त्री	१२०।२, २३५।३, २५४।१
नारी=नाड़ी	८०।५
नावत	१९२।४
नास्ति	२२१।५, २४५।६
निबकौरी	१८७।७
निआउ	१५।७
निआथि	४०१।८
निआथी	६५०।६
निआन	१३०।२, १३४।३, १६१।३, ६१०।३
निआना	५३६।१
निउजी	३४।६
निकंठी	६३८।३
निखिद्ध	६४३।८
निगड़	८९।९
निचोए	५४७।१
निचोया	२४९।३
निछत्रहि	६।३
निछोह	३७९।५
निछोहा	२५०।७, ३७८।७
निछोहहिँ	२९४।२
निछोहो	२३०।९
निछोहैं	३८०।४
निडरें	३९०।७
निति=लिये	३०७।४, ३१४।३
नित्तु=नित्य	३३५।८
निनार	१३४।४
निपातू	५२०।३
निपाते	१८३।७, ३५९।५
निबहुर	५८१।३
निबहुरे	६०३।६
निबूधी	८८।४
निबेरा	२६१।५
निभरोसी	३।८
निमत	४५।७
नियाउ	४१२।९
नियाना	३८४।७
निरंग	३२१।३, ३२७।१, ३२७।८ ६३१।३
निरगुना	८०।६
निरधातु	२९३।४
निरभाव	१४०।६
निरारा	२६१।७
निरास	३०।६, ८१।३, ११४।९, २१०।९, २१९।९, ५६४।५
निरासा	५।७, ३८।७, ७५।९, ९८।१, २०२।७, २०८।५, २४४।४, ४६०।१
निरुवारा	५४२।५
निसँठा	४२०।३
निसँसि	२५०।२

निसँसँ १११९।५
निसत १६३।४
निसाथाँ १२२।७
निसु=बिलकुल १२४।८
निसोगा= ४२।७, ५७।८
निहाऊ ६३६।३
निहोरा २१९।७
नील ३८५।९, ६११।४,
नीवी २९९।६
नीवीबंध ११७।९
नेगी १२०।१ ६२४।२, ६४७।५,
नेजा ६३०।५
नेत=रेशमी वस्त्र ३३६।६, ४८५।७, ६४१।८
नेवत २७५।१
नेवती ३०९।४
नेहुगीत=प्रेमगीत ।५
नैन चक्र
नैनाहाँ २१।३, ३।५, ४४१।२, ५६०।८
नौसावैं ६२१।२
नौजि ३६९।२
न्यौंजो १८७।३
पंखी ५।४, ३१।७, ६८।१, ३९५।३, ४२७।४, ४८०।२, ४८६।६
पंखीनाऊँ ३७२।३
पंखीनामा १६२।१
पंखुरी ४८५।२, ५८२।४
पँखेरू १२७।८, २८२।५
पंच अंम्रित ५६३।७
पंच कल्यान ४९६।६
पंच तूरा ६३८।४
पंचबान ५०३।३
पंचिमी १८३।४, १८९।१
पंडवन्ह ५५९।६
पँडुआई ४९८।६
पँडुआए ३२९।२
पंडुक ३५८।४, ४३२।६, ५४१।४
पंडौ ५७६।७,
पंथिक २७।६, ५७४।३
पंथी ४५८।७, ६००।३
पँत्रनारि ११२।८
पँवरि ४४।३, ५२९।४, ५३०।१, ५३४।५, ५५२।४, ५५२।५, ५५२।७, ५५२।९, ५५३।६, ५५५।५, ५५६।१, ५८७।२, ६५१।७
पँवरिन्ह ५५५।७
पँवरिया ५५२।८
पँवरी ३६।१, ४०।५, ४१।२, ४१।३, १३७।३, ५५३।२
पँवार=ढेर ३७।४
पँवारी=लोहार की सुम्मी १०५।४
पखरा ६१८।२
पखरिहौं १३१।५
पखरे ५१३।४, ५१४।१
पखरैं ४९६।२, ४९९।५
पखाउझ ५२७।३
पखान ३८९।७
पगार ४८३।७
पची ४८२।४
पछिताऊ ४८४।३
पछलागू १३६।७
पछियाउरि २८४।७, ५५०।९
पछिलगा २३।३
पटबन्ह ३८५
पटाऊ ५३०।५
पटुइनि १८५।७
पटुवन्ह ३२९।१
पटोर ३३२।१, ६०२।६
पटोरा १८५।२, ३५१।७,
पटोरी ६४८।१
पटोरे ३२९।१
पढ़िना ५४२।१
पढ़िनी=चावल का भेद ५४४।५
पतंग ९४।२, १७८।४, २४६।८, ३०७।४, ३०६।७, ६३२।४
पतंग=एक वृक्ष ४२०।९
पतराई १५६।७
पतिआई २९४।२
पतिदेवा ३७५।२
पतीजु ५७१।९
पतुरिनि ५५७।४, ५२९।१

पत्रावलि २९७।३, ४७।१२
पदारथ २३।५, ५२।६, २७६।१, ४०६।८, ४१०।५, ४१७।८, ४१९।३, ४७७।६, ४८६।२, ५१३।६, ५६१।३, ५६६।९,
पदिक ७३।५, ४१७।८
पदिकपदारथ २१३।४, ४१८।१, ५८३।२
पदुमसरि ४६२।९
पदुमावति रामा २६२।३
पदुमिनि ४१।७
पनच ४७३।२, ६१८।४
पनवार २८३।१, २८३।९, ५६२।२
पना ४४०।६
पनिग ५०२।५
पपीहरा ३५९।९
पबारहिं २५१।४
पबारा १९२।३
पबारी ४००।४
पब्बै ४५।६, २४१।४, ५१०।७, ५२५।५
पयाग ११४।६, ३२१।७, ६०३।५
पयादें ५६७।५
पयान १३६।१, १३९।१, १४२।३, १९६।१, ३४२।७, ४२१।८, ४९९।८, ४९९।९ ५११।१
परकाया परबेस २५८।८, ६००।८
परकार ५५०।८, ५५१।१, ५६३।२, ५९६।१
परकीरति ४६३।१
परगाहा ३६१।२
परजरा ३७०।१
परजरे २००।२
परब ३४८।५
परबता १६४।२
परबती=पहाड़ी ५४८।२
परवान १२।७
परमेसरीं १९०।३
परवाना ५३७।५
परवानू २६९।५
परस ४४।३ ५२।५, १७८।७, ५६९।४ ५९६।४
परस-नग ४१९।६
परसपखाना ५३८।१
पर सबद २५९।६
परहाँसी=एक मछली ५४२।४
परहेलिउँ ८९।९
पराई ५०१।६
परात ५१८।९
परान परेवा २६१।६
परावति १९५।४, २१९।४
परासौं १७४।५
परिगह १२९।८, ४९५।८
परिमल १२७।८, २११।२, २९०।६, ३३५।३,
परिमलभेद ५९।९, ३३६।२
परिहँस=ईर्ष्या ११६।३, ४०९।७
परिहार ५०३।४
परी ६२१।३
परेखौ ५५१।१
परेवा=कबूतर २९।३, १३०।७, १८१।७, २२४।१, २५७।४, ३५८।३, ३७२।६, ४३२।६, २३६।४, ४८१।३,
परेवा=दूत १६२।१, २३६।४, ३७५।२, ५०२।१
परेह ५४५।६
पलंका २०६।३, ३५५।३
पलानि ३४७।३, ६१०।६
पलानी ४९५।९
पलीता ५००८
पलुहन्त ३४३।९
पलुह २५४।४, ३२०।७, ४७८।४
पलुहाई ४२२।७, ४२३।४, ५९१।६,
पलुही ४३२।१
पलुहै २०२।५, ३४७।२, ३५४।९, ५७०।६
पल्लौ ९।४
पवनबंध १७३।६
पवनि=नेग पानेवाली १८५।८
पवाँर=एक क्षत्रिय वंश ५०२।२
पसाउ ३९२।३
पसेऊ २२५।२, ४६३।६
पहल ३५१।२
पाँखौ ३७२।३
पाँच=पंच लोग ४४६।७

पाँजर ३६९।७
पाँजरि ३४१।९
पाँवरि १२६।७, १६७।६, २७६।८, ३६१।५, ६०१।६, ६०३।४, ६०६।८
पाँवरी ३०।१
पाँह ४०४।८
पाऊ=प्रतिज्ञा ५८६।४
पाखँड ३९।५
पाजी=पैदल ४१।२
पाट=रेशम २९१।६
पाटपरधानी ४७।४, ८३।२
पाटमहादेइ ३४३।१,
पाटि (पट्टी) ४९८।५,
पाटी=पर्वत की पट्टी १३६।४
पाटी=बालों की पट्टी ४७१।२
पाटी=खाट की पट्टी २६६।५, ३४६।३
पाठा ७९।५
पाढ़ित ११।५, ४४८।६, ५८५।२, ५८५।३, ५८५।४, ५८५।४, ५८५।६, ५८७।१
पातर=पतला ४८३।४
पातर=नर्त्तकी ५२७।८, ५२८।६, ६००।५
पातसाहि ४५८।१, ५०२।२, ५०५।१, ५२७।८, ५२९।९, ५३४।२, ५३६।१, ५३७।१, ५३८।३, ५६८।८, ५७७।८, ६१३।३,
पानिबेलि ५९१।६
पापिया ५७८।४,
पायल ११८।६, २९६।६, २९९।८, ६१३।१
पारइ=पाली २६६।९
पारस ६५।१, ४७२।६, ५६८।७
पारसरूप ३०३।२, ५७१।६
पाल ३१।८
पालक ४८५।७, ५५३।३, ५९२।५
पाला ३४०।१, ३५१।१, ५७७।५
पालि=ताल का किनारा ६०।१, ६७।५
पालैं १९४।५
पालौ १८३।७, ३८९।३,
पाहाँ २८८।४, ४०१।१, ५५८।१,
पिंगल १०८।७, १०८।८, ४४६।३,
पिंगला १९३।७, २०८।३, २३५।३ ५९५।८
पिंड=शरीर १६६।७, १९६।६, २५६।८, ३७२।५, ४१७।७, ५९८।७
पिंड=पिंडा ६०३।६
पिदारे ५४१।६
पिनाक ५२७।४
पियरि=पियरी नामक वस्त्र ३५८।७
पियरी ३२९।६
पिरिथिमी ३३८।६, ३५१।४, ५३४।३
पींड=जड़ २८।२
पीरबिहूना २९४।३
पुछारि ९७।४, ११।२, ३५८।१, ५४१।३
पुछारी ४४२।४
पुतरिन्ह ५९८।३,
पुतरी ३९८।२, २९०।२
पुरइनि १५८।२, २५२।१, २५२।६, ५५५।४, ६३८।४, ६४०।९, ६४३।४
पुरवाई ६३२।१
पुरान १२।१, १२।४, ५२।२, ५३।२, १०८।८, ४७९।८
पुरानू ३९।३
पुरुबिला १९८।७
पुहुपसिंगार ३१८।८
पहुपावती ५९।५
पुहुमि २७।२, ११६।१, ३३३।१, ५०४।५, ५५६।१, ५७७।७, ६०६।६ ६०९।५, ६१८।४
पुहुमीपति १४।१
पूनिवँकला ३३८।२
पेंडि=जड़ ५०५ ७
पेंडी=एक प्रकार का पान ३०९।२
पेई=राजा की रत्न टिका २१४।६
पेखन ३९।५
पेमचा ३२९।६
पेमतंत ४४९।०
पेमधुव १२२।७
पेमबार २४६।७
पेमावति २३३।७
पेराक ५५०।७' ५८६।२
पैंत २१५।७, ५६७।१
पैगह=शाही अश्वशाला ४९६।१

पैंज=प्रतिज्ञा ३३३।४, ४४७।५, ४४७।७, ५८५।८, ५८६।९
पैंत=पादान्त ३१३।३
पैरीं=पनही २७६।८
पैरी=सीढ़ी ५१२।६
पैसार=प्रवेश ६४।४, १९१।१, ५९१।९
पोति=मोती ४४०।५, ३३६।५, ५८३।३
पोती=पानी का पुचारा १५४।६
पोलाद=फौलाद ६३१।३
पौढ़ि ३८१।५
पौढ़ि २९१।७
पौ=एक दाँव ११३।३
पौनारी ३०२।७, ४८२।२, ५९१।४
प्रतीहार १३५।४
प्रस्थावा ३४०।८
प्रीतिबेल २५४।३
फँदवारि ९९।८, ६१७।९
फटिक २७६।५
फटिकरा ४४९।४
फनिग ११५।७, १८२।४
फरजी ५६७।६, ५६७।७
फाबी=भली लगना ४९२।७
फागु ३५।९, १८६।४, २०४।४, २०४।५, ३२६।८, ३३५।३, ५३५।९, ५३१।४, ५३१।५, ५३५।६, ६३३।६
फारा ५१८।३, ५४८।७
फारी (एक वस्त्र) ३२९।३
फारी=फाँक ५४८।१
फिद्ध=विनष्ट ४०१।९
फिरंगी ५२५।३
फीली=पिंडली ४६४।६
फुंदन ६२०।४
फुंदिया ३२९।२
फुलचुही ३२६।५
फुलझरीं ४६९।३
फुलडासू ३३८।४
फुलहारी ३९।१
फुलाएल ६३।९ २७६।६
फूल दुपहरी १०६।२
फेकरे=नंगे सिर ३९०।५
फेनी=एक मिठाई ५५०।८ ५८६।२
बंग ४९८।८
बंगरे=एक मछली ५४२।३
बंगाले ४९८।२
बँदि=कैद ६०४।९
बँदिछोरा ६११।६
बंदिमोख ६००।१
बंदिवान ५७८।१
बँदिवानू ६०४।३
बँध ४०६।४, ५३०।८
बँवरि=बेल ३८१।५
बंसवारि १८९।३
बकचुन ३७७।५
बकौरी ३५।३, ५९।४, १८८।५
बगमेल ६३२।९
बगरि=एक चावल ४७१।३
बघछाला १२६।६
बघेले ५०३।३
बचा १६४।१, १८१।६, २७८।५, ५३७।५
बजागि १८०।३ ३५४।२, ३६३।२
बजागिनि ३५४।३
बजागी २४८।५ २५३।३, ५२३।४
बज्जर २०६।७
बज्रसिला ५२६।३
बज्रागि २०५।३, २०६।७
बटई=बटेर ५४१।३
बटपारा १३६।५
बटवाँ ५४२।२
बटवारी=लूट ४५२।७
बटा=बटोही ४०६।७
बटाऊ ३८।९, ४२।६, ५७४।२
बड़राजा ४४७।३, ४६२।१, ५०२।४
बड़हन ५४४।६
बड़ेरी ४३९।१
बडौना=एक पान ३०९।३
बतास ३३७।८
बतीसौ लक्खना २७३।८
बत्तीसौ लक्खन १९३।५
बनखंड २४।८, ६६।३ १३७।४, ५०५।३, ५०८।२, ५१०।६

बन ढाँखा ३५२।३
बनफती २२८।५, ३५३।५
बनवारी=सोने का बान कसने की शलाकाएँ, ८३।५
बनाँह ३७१।९
बनान ४१।५
बनाफति १८३।५, ३५२।४
बनारसि ६०३।६
बनावरि=बाणावली १०४।३
बनाहाँ १३७।४
बनिज ७४।६ ७५।१, ७९।२, २१८।५
बनिजार २१८।५
बनिजारा ७४।१
बनिजारे २१८।१
बया ३५८।५
बरइनि १८५।७
बरजनहार ७।९
बरन=वर्णन २५।२
बरम्हाऊ= आशीर्वाद २६३।५, २६५।१
बरम्हावउँ २६८।७
बरम्हावसि २६७।६
बररुचि ९१।८, ४४६।८
बराभँन ७६।६
बरिआर ३।८
बरिबंड २६६।२, २७८।८, ६३७।१
बरियाई २५१।३
बरियारू १२।५, ४८८।६, ६३५।६
बरोक ५३।९, १२०।९, २७४।२
बरोकाँ २६९।६
बरोठा ५८७।२
बरौरी ५४९।७
बलिराजा ३४१।४, ५७६।८
बलिहारी २४६।५
बवंडर ३५५।१
बसगति ५५४।१
बसा=भिड़ ११६।२, ११६।३, १६६।३
बसिठ २१८।९, २२०।१, ५४०।४
बसिठि ५३८।३
बसिबारू ५४७।२
बसियानी ३२२।३
बसीठ २१७।९, २६८।९
बसीठि ६१६।९
बसीठी ५३७।९, ५३९।४
बसुदेउ ६४७।८
बसेरी ४०।७
बहरावहि ३३५।९
बहल ४१०।६, ४२२।२
बहुल ३९।२, ७०।२
बहोरा ६३८।५
बाँटा ५४६।२
बाँध ३९३।५, ५३०।१, ५३०।४, ५३१।२
बाँधी=ऐंठन, पीड़ा १०४।३, ३५५।५
बाँस पोर=एकवस्त्र ३२९।३
बाँहू=भुजबंद ११२।६, २९९।५, ३१८।६
बाक=छप्पर में लगी हुई आड़ी कड़ियाँ ३५६।४
बाज २।९, ६०३।५
बाजा=पहुँचा २७२।५
बाजु १२४।१, १९६।९, २९४।६
बाझे=फँस गए ५४२।९
बादि कहँ बादी ६३०।२, ६३५।५
बान=वर्ण, कस ८३।६, ४४९।१
बान=वर्ण, रंग १७२।६
बान=गोले ५०७।८, ५२९।३
बान=कान्ति, ५९३।९
बान=धुनने की मुठिया ६२८।६
बान=तीर, ४४४।७, ५२९।३, ६१३।७
बान=बानगी, नमूना, कस ६३७।८
बानपरस्ती ३०।८
बानारसी ११४।७
बानासुर २७४।३
बानिनि १८५।६
बार=बाल १५६।७
बारह आभरन २९५।९, २९६।७, ३३२।६
बारिगह=दरबारी शामियाना ४९५।५
बालक ६१४।१
बालका २६।४, ४०४।७, ५१३।३
बालवाँ=बालमखीरा ५४६।३
बावनकरा ३४१।४
बासना=सुगंध ११७।८
बासहिं=बोलते हैं २९।२, ४३२।५
बासुकि १४।५, ९९।२, १७९।८, २४१।५,

३०२।५, ४०६।४, ४२१।९
बाह=बहना ५०४।९
बिंझ ३७१।९
बिंदक ४७९।९
बिंधि ५७७।४
बिंसाइध ४६४।५
बिआस २४।६, ७९।७, १३५।९
बिकरारा २४९।७, ४८५।१
बिकावरि ४३३।५
बिकौरी ५४४।७
बिक्रम १७।२, ७३।८, ८८।१, १६०।१, २१२।६, २३३।३, २७१।४, २७२।९, ४९१।३, ५३५।२
बिखबाँधे ६१९।४
बिखबान ५९६।८
बिखभरी ४४०।३
बिखमूरी ३८६।३, ४३६।१
बिखसाँधा ६४४।४
बिग=भेड़िया ५१४।४
बिगसैली ४३६।२
बिचकोठा=आस्थान मंढप ३१३।४
बिछावन ३३८।५, ५५६।१
बिछोइ ४३०।८
बिजैगिरि १३८।४ ५०८।६
बिज्जु ४०२।१
बिटंड २६७।५
बिडारा ४७३।४
बितंत ५२७।७
बिथरि ८९।६
बिथुरी ५८२।८
बिथुरैं ५७९।२
बिथुरे ३२२।५
बिदर १३७।७, ५७७।३
बिनाती १४१।३, १९८।२, ३९३।१
बिरसैं ३३७।१
बिरोरि=बिलोकर ४५९।४
बिर्खं १३५।५
बिसँभार ३२२।३
बिसरामी ८६।२
बिसवासी ८०।३, २०२।१
बिसहर ६२।४, ९।३, १९२।५, ५८५।३
बिसाँइधि ४४१।२, ४४१।४, ४४१।५
बिसुकर्मं २८९।३
खेबिसेहु ३३१।३
बिसेसर १८६।८
बिसैंधे ४८९।६
बिस्वासघातिका ३९१।७
बिहंगमनामा ३६४।६
बिहारी=बिहार सम्बन्धी १९७।२
बींझ १३७।४
बीजानगर १३८।४, ५२८।१
बीदरी ३२९।६
बीरबहूटी २२३।५, ३३७।२, ३४५।३, ३९७।८, ४२३।३, ४७१।५, ५६०।३, ६०८।८
बीरौ=विटप ४७८।४
बीरौलोना २९३।५
बुक्का १२९।६
बुरहानू २०।२
बुरुद ५६७।९
बुलाकी=एक प्रकार का घोड़ा ४९६।७
बूकहिं बूक ५६२।८
बूत १४१।९
बेंड ६२९।८
बेझ १०२।६, ३४४।६, ४७३।१
बेड़िनी ११२।७
बेद भेद १०८।९, ४४६।८
बेना ४।१, ३७।६, ३३६।४
बेबसाऊ ५८६।४
बेरसहि ३३६।८
बेलँब २०८।७, ५७०।९
बेबलं २०८।७
बेलबाँवा २०८।१
बेलौं=संगी साथी ६२२।७, ६४४।३
बेवस्था ११९।७
बेवहरिआ ७५।६
बेस ४९५।५
बेसरि १७५।२, ४४२।५
बेसो ३८।१, ५९९।३
बेसाहना ३७।८, ७४।८
बेह ११२।९, ४७३।९

बेहड़ ३४५।८, ५०६।९
बेहर ४८।९, ४९९।७, ५४७।५, ५४९।१, ५९८।४
बेहराना २३७।७, ३८०।५
बेहराने ६२०।२
बैकुंठी १६६ २
बैना=मुख ५९८।१
बैरख ५०५।५, ५११।५
बैसंदर २२६।७, २६४।७, २६६।३
बैसाई ३१४।५
बैसाखी ४०९।३, ४१३।७
बैसावौं ४८८।४
बोझा=लादा हुआ ५४०।७
बोर=अश्वभेद ४९६।३
बोलसरि ५९।५, ३७७।६
बोलसिर=अश्वभेद ४९६।५
बोलसिरी ३५।७
बोला ६४६।७
बोलाह=अश्वभेद ४६।३
बोलु=एक प्रकार का गोंद ५९८।१
बौंडरा ११७।२
बौसाउ=व्यवसाय ५६६।६
ब्याकरन १०८।८
ब्रह्मा ५४।९
ब्रह्मचर्ज ३०।५
ब्रह्ममँडल ४८४।७
भँडार २३।४, २३९।८, ३८५।५
भँडारी=भाण्डागरिक ६७।१
भँडारू=पेट ३७८।९, ३९४।१
भँभीरा ३४५।६
भँवति २४७।७
भख=भोगन ६६।६, २२२।९, ३९१।२, ३९२।९, ३९५।२, ५१९।३
भगाना=भगदड़ ५००।५, ५०७।९, ५७६।३
भभीखन ३८४।५, ३९०।१, ३९१।३, ६४७।९
भभूका ६३३।७
भरथरि १३२।४, १६०।२, १९३।३
भरथ ५९५।८
भरनि ३४५।१
भरम १४६।३
भर्त्तहरि २०८।३
भलइत ५१४।९
भसमंत २०४।९, २४८।८
मसमंत २०४।९, २४८।९
भाँडा ४२।४
भाँडे १२७।५, ४१०।१
भाँवरि ११९।४, १५४।२, २८६।६, २८६।८, ६५०।१
भाई=सुन्दर बनाना ११२।१
भाई ५५९।१
भागवंत ७१।२
भागिवंत ३३६।७
भागीरथी ३६८।७
भाटदसौंधी २६३।१
भाठी १५४।५
भारथ १०८।७, २४२।८, २६४।२, ३४१।५, ६०९।१, ६३२।८
भावंता ५३४।७
भावसती १०८।८
भिनुसार १५८।३
भिनुसारा ३२१।४
भिँवसेना ३६६।४
भीनि=अलग अलग, चीदी १०७।२
भीम ६११।४
भीवँ १९६।८, २६५।९, ३६१।२, ६११।८, ६२९।६
भीवँसेन ४।१
भुँजइल ३७०।६, ४४०।५
भुँजौना=एक पान ३०९।५
भुअडंड २६६।२, ४६०।८, ६३७।१, ६४१।२
भुअपती २६।७
भुआ ८९।५, ९२।१
भुआरा ६११।४
भुइंचाल २४१।७, ४९७।७
भुई=राख ४५५।७
भुमियानामा ४२५।६
भुम्मि ३३०।३, ३३७।७
भुवा ५९४।५, ६५३।६
भूभुरि ६०१।६
भेदबात २२।२

भोकस ४।७
भोगबेरास ३७३।१, ५९४।७
भोगिनी १३१।२
भोज ७३।८, ९१।८, ४४६।९, ४४८।९, ५३५।२
भोजू ११७।३, २६४।१, ४१६।१
भोथ=एक मछली ५४२।३
भोथार=अश्वभेद ४९६।७
भोरा=भूल ६२१।१
भोरा=गुजरात का राजा भोलाभीम, ६३५।८
मंग=माँग ३१८।४, ३२७।९
मंगलचार २७४।९, २७७।९
मंगलचारा २८६।१, ४२६।३
मँगुरी=एक मछली ५४२।३
मंजन=स्नान २७६।४, २९६।७, २९७।२
मंजरी=तिल का पौधा ४८०।७
मँजारि १७६।४
मँजारी ५६।३, ६६।१, ६७।१, ६८।६, ८६।२
मँजीठी ५९०।५
मँजीरा ५२७।६
मँजूर=मोर ८५।९, ८६।५, १११।५, ११४।४, ३६९।६, ४६९।९, ४८०।८, ४८१।१
मँजूसा=अँबारी ५१४।८
मँजूसा=कठघरा ५३८।७, ५५९।७, ५७६।२, ५७६।४
मँजूसा=पिंजरा ७७।२, २७०।४
मँजूसा=राज्य कोश की पेटी ६४१ ५
मँझनीराँ ३८७।५, ३९८।२
मँझिआरा २१५।३, १२४।७
मँठाइँ=घड़े में ५४४।८
मंडर २८८।३, ३२८।१
मंडलगढ़ ५१६।३
मंडा=मर्दित धूल १४।४
मंडौ ३३४।३
मँतवारी=बारूद पिई हुए तोपें ५०७।१
मतवारे=फटने वाले पत्थर के गोले ५०४।६
मंत्रा=मंत्र, शम्बल १२८।७
मँथनी=मथने की हाँडी १५२।४
मँदचाला ८५।५
मँदारे ७३।३
मंस खादू ७८।६
मँसुखवा ७८।३, ३९६।२
मँसुखाए ५१९।३
मंसूरू १२४।४, २६०।६
मकरी ४८५।६
मकोइ=एक काँटेदार पेड़ १३८।६, ५५८।४
मकोई=मकोय का फल ४७७।२
मखदूम १८।९
मगर=एक पहाड़ी जाति ४९८।७, ५२५।१
मछिंदरनाथ १६०।३, २३८।४
मटुक २७६।६, ५१५।२
मढ़ मंडप ५५४।३
मतिभंगी ४४९।७
मथवाह ४६४।७
मथनी=दहेंड़ी १५२।४
मथानी=रई ४०६।४, ५००।४
मदनसहाय २७७।१
मधुमालति २३३।६
मनई ११६।९
मनभावंत २७९।९
मन मोहन ५२७।८
मनमोहनि ६००।८
मनसहिँ=इच्छा करते हैं ३०९।४
मनसा=इच्छा १५८।८
मनाँह=मन में ३८९।८, ४०४।९
मनुवाँ १५१।३
मनुहारी ३१७।२
मनोराझूमक १८६।३
मनोहर=एक राजकुमार २३३ ६
मरगज ३१८।९, ३२३।८
मरजिआ ३३।९, ४०१।७ आदि
मरनपंख २४०।४
मरनपुर ९२१।३
मरनिहार ६२५।७
मरनी २५९।१
मरपुरी ५७९।२
मरोरा ३९५।७, ५९३।७
मरोही ३९८।७
मलयगिरि चंदन २८९।२
मलँ १३९।३
मसिआरा २६६।४

मसियर २७७।४
मसियार २७७।८, ५०९।९
मसियारा २८३।५, २८९।७
मसौरा=कबाब ५४६।७
मस्ट=मौन ७२।९
महदी २०।१
महनारंभ १५५।५, ४९५।३
महरा ३९२।६, ४२४।३
महराई ३९२।६
महरि २९।६, ३५८।६, ४३२।३
महाजन ३७।२
महादेव गौरँ २२९।४
महापातर २६८।८
महावत ५७२।२
महासत ६४९।१
महासिधि १३५।८
महिउ ४५९।४, ५४९।५
महि मंडल २४४।८, ४८४।७
महिरावन ३९५।५, ३९५।८
महिरावन पुरी ३९४।३, ३९५।६
महुवर १८९।३
महुवरि ५२७।५
महुस्थल २५।७
महोख ४३२।४
माँखा ४३८।७
माँखी ४११।३, ५९७।७
माँखे २२२।२
माँझ भँवर ५३७।६
माँझी २२३।४
माँठ ५५०।७, ५८६।२, ६३३।५
माँड=एक भोज्य पदार्थ २८४।२, ५४३।२, ५६२।३
माँडौ=माँडू गढ़ ४९८।४
माँहुर ३५१।५
माढ़ी ५९२।५
माधौनलहि २००।६
मानवा ७२।३, ३९६।२
मानसमुंद ३७४।६
मानसरोदक ३१।१, ५९।१
मानिकदिया २७५।६
मानुसहरा २५।७
माल=माला २०१।१, २६०।४
माल=मल्ल ६३५।५
मालकँडेउ ६११।३
मालकौस ५२८।२
माला=डोरी ३६१।६
मिरगरिन १३९।१
मिरिगावति २३३।५
मिरिगाया बातू ४५२।४
मिरोरा ५६४।६
मिलनहंस ५०३।४
मिसुइँ २३२।५
मीर ४५७।८, ४९९।३
मीर हमजा ६३५।२
मुँगौछी ५४९।३
मुँगौरा ५४९।३
मुंड=सिर ३९०।३, ३९०।५
मुकताहल १५८।६
मुकुटबंध ४७।३
मुकुतैं ४२१।३
मुक्ख ४३३।७
मुगुधावति २३३।४
मुनिवरा=सप्तर्षि ३४८।७
मुबारक १९।३
मुर=एक बाजा ६३९।७
मुरकुरी=इमिरिती ५५०।७
मुरसिद १९।८
मुरारी ३५७।३
मुरुछागति २८०।९
मुलतानू ४९८।३
मुव=छोड़ना ५७५।६
मुसुकी ४९६।७
मुस्टिक ६११।३
मेंजा=मेंढक १४८।१
मेंढ़ ५०१।५, ५०१।७, ६२९।८
मेंथौरी ५४९।४
मेखल १२६।४
मेघावरि ३२।५
मेघौना=एक वस्त्र ३२९।४
मेद ३६।४, ४७।६, ११७।८, ३१६।८

मेदू २९०।७
मेराउ ३५८।५, ५३३।४, ६३८।८
मेरावा १६२।७, १९७।५, १९९।७, २८२।७, ४२५।५
मेलेसि १९५।२
मेहरी १३२।६, ४१३।६, ५४७।९
मैन=मदन ३४२।४
मैन=मोम १६६।३, २७३।५
मैनावती ३६२।१
मोट माँसु ४६४।५
मौंतिलड्डु ५८६।१
मौंतीचूरू ४३।२
मोइ=एक मछली ५४२।२
मोकराईं ६१।१
मोतिलड्डु ५५०।६
मोरँड ५५०।५
मोरंडा २८४।६
मोहरा ५६७।६
मौराई ४२०।४
म्रिदंग ३३२।८
म्रिनाल ४१४।४
युसुफमलिक ३२।२
रंगनाथ १४२।८
रंग रंगीली ३२१।३
रँगराता ४२९।१
रँगीली १८४।७
रकसाइँधि ३९२।७
रखवारी ३४।१, १८६।७, २०६।१
रख्या ४८०।८
रछ्या ३८७।५
रजबार ४६।१, ५१४।१
रजाउरि ३३०।३
रजाएसु ८०।१ आदि
रतनचौक २८५।४
रतनपदारथ ४०६।२, ५५४।६
रतनपुर १३८।७
रतनसेनि २४।२, ७३।२, ५०८।५ आदि
रतनार २२८।२, ६५०।८
रथबाहा ५१३।१
रथसैना ५१५।३
रनघंट २६४।३
रनथँभउर ४९१।३, ४९४।८, ५००।२
रनबादी ६१४।१
रनभारथ २६४।९
रबाब ५२७।३
रमाएन ३९१।४
ररि ३६२।८, ३५०।९, ३५६।५
रवना ५३६।२
रवनि ६१५।८
रसगीले ४७६।५
रसबेली ५९।३
रसभोग ४१७।९
रसमूरू ४१८।४
रसमूल ३५१।४
रस रीसा २६७।३
रसलेवा २७५।५
रहँट ४२।८, ४३४।७
रहचह ८९।३
राँक ३६।३, ४२०।४, ५५४।४
राँग २९४।६
राँचा २३१।३
राँध २४०।१, ४४०।९, ६४२।७
राँधा १८१।६
राइ ३०१।२, ३२३।६, ३८२।५
राउ ५११।२, ६३५।८
राउत ५५८।१
राकस ४।७, ३९०।२, ३९१।१, ३९३।१, ३९३।१, ३९६।४
राग ११६।७, ४७९।९
राग=टाँगो का कवच ४९९।४, ५११।४
रागभैंरो ५२८।२
रागहि ११६।७
रागिनी ११६।७, ५२८।५
राघौ २४।३, १०२।३, १३२।२, ३९३।४, ४९१।५, ५३०।२, ५७१।९, ५९२।८, ६११।७
राघौचेतन ४४६।१, ५७०।३, ५५२।२
राजकुअँर २३३।५, ३१२।१, ४१४।४
राजघरिआरू ४२।१
राजचार २८६।८

राजदुआरू ४५।१
राजधन ११५।९
राजपंखि १४८।४, ३९६।३, ४८६।६
राजपंवरि ५२७।१
राजपाट ४०२।४
राजबार ४४८।८, ६०१।१
राजबँन २७३।५
राजभंडार मंजूषा २३९।७
राजमंदिर ७९।९, ८२।२, २७७।९
राजसभा ४७।१, ३७६।१, ५३१।१
राजाबलि ६१४।९
राजा भोज २६०।५, २७१।४
राजाराऊ ५१२।३
राजेसुर महा २७१।२
राधिका ४२९।४
रावण लंका २०६।८
राम १०४।२, १२०।५, २११।६, २८०।५, ४१३।४, ४१३।६,
रामजन ३०।४
राम रासि=एक चावल ५४४।४
राम लखन ६३५।३
राम संग्रामा ४०५।६
रामा ५२।८, १६२।१, ३०४।१, ३१८।१, ३३३।४, ३४२।२, ४०१।६, ४७५।२, ४४३।४
रायकरौंदा ३४।६
रायभोग ५४४।२
रायमुनी ३२६।५, ५६०।३
रायहंस ५४४।७
रावट २०६।९
रावन=रम्य २६।२, २८।६
रावन ५२।९, १०२।४, १०४।२, १६६।१, १९७।६, १९८।५, २३२।८, २४८।८, २८०।५, ३०४।१, ३०६।५, ३१८।१, ३२३।६, ३२४।१, ३२५।६, ३३३।५, ३८७।६, ३९१।४, ४०२।७, ४०४।४, ४५९।७, ५७६।९
रिंकवछ=एक भोज्य पदार्थ ५४९।८
रिखेस्वर ३०।४
रितुसारी=एक चावल ५४४।३
रिनिबन्धी ९७।७
रीरि ३९४।५, ३९५।५
रीस ६५३।८
रीसा ५१२।५, ६१६।४
रीसी १११।१
रुंडमाल २०७।२
रुद्र २०७।४, ३६६।४
रूँडँ ५१४।४
रूचा १३५।७
रूचँ ३६९।५, ५४८।९
रूपमंजरी ३५।५
रूपमनि ४१०।८
रुपमाँजरि=एक पुष्प १८८।५
रूपमाँजरि=एक चावल ५४४।७
रूपसहाई १९९।३
रूम ४८३।५, ४९८।३
रूमी ५ ५।३
रेहू ३६३।४
रैता ५४८।२
रैनिबसेरा ४०४।४
रोग ५८९।१
रोजू २४७।३
रोझ ४८६।६७, ५०८।३, ५४१।२
रोटा २२०।५
रोठा=गुठली ४३७।१
रोर ५३८।८
रोवाँ ४६४।६
रोहितास ५०९।६
रोहू १४८।२, ५४२।२
रौताई ६३।७
रौदा=एक चावल ५४४।२
लंक ११६।१, ११६।२, १३७।८, ३१८।२, ४५९।७, ४६३।२
लंकदिसि ३५०।१, ३८२।१, ३८९।४
लंकसिंघिनी ३२।३
लखनबतीसों ३९८।१
लखिमिनि ३९७।४, ३९८।१, ४०३।१, ४०३।८, ४१५।१, ४१५।५, ४१९।२, ४२१।५
लखमिनी नारी ४१५।६
लखाग्रिहँ ६११।८

लगुना ५४।२
लगुने ५७३।९
लचा ५९५।२
लच्छि ५३।६, १२९।२, ३९७।४, ४२१।२, ४२१।६, ४४९।६
लछिमी ३७।१, ४११।९
लटा ३४७।१, ६०६।४
लर ६४८।३
लरना ४३३।५
लषन १२०।४
लहकहिं ४२४।७, ४७०।४
लहकि ४२५।६
लाखा=चिह्न ५८०।२
लाग ५२१।९
लागना ४८६।६
लागा ६४५।५
लाडू ११३।१, ३०१।७
लाभी ३२१।८
लालि २९५।२, ४६७।९, ४७४।७
लासा ६९।८
लिंधउर ६३५।५
लिखनी १०।५, २२३।८
लीहा ४१।६
लुचुई २८४।३, ५४३।६
लुरहिं ९९।३, १०३।७, ४७०।५, ६०८।७
लुरैं मुरैं ३२१।६
लुवारा ३५२।१
लूक ३६३।३, ३७०।३, ५२३।३
लूकी ३६५।४
लूसि ४४३।१
लूसी १९७।८
लूसौं ३३४।६
लेंजुर ५४४।३
लेई ६५२।२
लेजिम ४९९।४
लेनिहारन्ह ११९।८
लेदी=एक जलपक्षी ३३।७, ५४१।६
लेसा १८।२, ४७०।१
लेसि ११।३, ४००।४
लेसी २९५।४, ३७६।४
लैनू=नवनीत ५४३।४, ५४९।५
लोकचार २१६।४
लोना ८३।६, ३१४।४, ३६९।३, ५६९।४, ५८५।२, ५९४।६, ५ ८।३
लोनि ८३।७, ४४३।७, ५५०।१
लोनी ५३।६, ९४।७, २९९।५, ५६३।३
लोयन ४४२।३
लोवा ४।६, १३।६
लोहड़ा ५६०।३
लोहें ४९७।१, ५०५।२, ५११।२, ५१२।४, ५१४।३, ५१९।१, ५२०।५, ५२०।९, ६३१।२, ६४५।८, ६४६।६
लौआ ५४८।२
लौकहिं ११०।२
वारने ३२८।७, ४१६।६
वारनैं ३२७।९
वारपार ३३।१, १४३।१, ४०५।५
वारि=वार, कलसा ५८९।१
वारौं ६०८।३
सँकरें ४२१।३, ६२९।७
सँकरे ६१४।६
सँकलपि १४२।३
सँकारा=प्रातःकाल १११।५
सँकेता ५१०।४
सँकेती ५९०।४
संखदराउ ३४।७, ४३४।५
संखासुर ५७६।६
सँघाता १२।६, ३९०।४
सँधानी ३८६।५
संचरैं १६९।८, ५०४।४
सँचा ५०४।१
संचि ३८६।५, ३८७।६, ५०३।७
संजाद=अश्वमेद ४९६।६
संजीवनि २३५।८
सँजूत १४७।७
सँजोइल २४१।२, ६२२।२
सँजोउ ५१२।२
सँजोऊ १०१।७, ५१२।२, २२२।३
सँजोग १७४।७, १९८।९, २८५।८
सँजोगाँ १६८।१

सँडासिन्ह ६४२।६
सँतरज ५६७।१
सँदेसरा ३४९।८, ३६३।९
संदेसी ३१४।३, ३६६।९
संध=एक मछली ५४२।२
संधान २८४।६, ५५०।५, ५६२।८
संपुट २५०।९, ५९२।१
सँवरिआ १३५।५
सँवागू ६०६।१
संसकिरत ३६।७
संसार तिलक=एक चाकल ५४४।६
संसौ १९१।२
सउजन्ह १०४।९
सकति ४३७।२
सकतिबान १२०।४, २५५।८
सकबंधी ४९१।४, ५३५।२, ५३५।४
सगबगाहिं ४७०।४
सगुनिआँ १३५।१
सगुनी=एक चावल ५४४।५
सजीवनिमूरी १२०।५, १६४।४
सजौना=सज्जित ५३६।२
सतढीली २५०।५
सतपूरा १५०।१
सतफेर २८६।२
सतबरगहि ४३३।८
सतबाता ३१४।१
सतभाउ ३१६।१, २०९।१
सतभाखा ९२।६
सतभाखी २७३।१
सतिभाऊ ३२४।१, ४१७।१
सते १२२।१
सत्त ९२।१, १४६।१
सदबरग ३५।४, ५९।७, १८८।३
सनमंध ४७५।८
सनोहा ५१२।४
सनिपातू ४५२।४
सनेबी=अश्वभेद ४९६।३
सपत ३१३।१, ५३७।५, ५३७।८
सपनावति २३३।३
सबाईं १६१।४, ५७७।६
सबाहीं ४४२।६
सभागइँ १९।१
सभागे २८३।४
सभापति ३६।५
सम=साथ ५१६।४
समदन ४१९।३ ४१९।८, ५३१।५
समापति १८२।९
समीरा ५०२।६
समीरी २९०।६
समुँद=समंद घोड़ा ४९६।४
समुँद लहरि ११७।५
समुँद हिलोरा २८९।६
समोसा ५४५।१
सरगदुवारी २१५।९, २३८।७, ६०३।९
सरगसँदेसी ३७१।१
सरजा ५३८।३ आदि
सरना=एक फूल ३७७।७
सरब बियापी ७।२
सरबरि ४९।६, ४२९।३, ४३७।७
सरवन ८०।६, ३६२।६, ३६२।७, ३६७।८, ३६८।३, ३६८।४
सरबरि ३३३।७ आदि
सरयान=एक तंबू ४९५।६
सरसुर २३३।७
सरह ४९५।९
सराँ दीप २५।५
सरा ९२।५, ५३३।१
सराग २५३।५
सरागन्हि १५४।७
सरागिनि २००।३
सरि २२१।३
सरेखा ३९५।२
सरौत ३०९।६
सलार २२।३
सलोनी २९९।५, ४४३।२
सवाई ४६५।२
ससिअर ३०७।१
ससिबाहन १६८।५
सहगवन ६५१।१
सहदेऊ ७९।७, ८१।५, ४४६।२

सहदेस ३१०।८
सहदेसी ३७१।१
सहलंगी १३८।३
सहवाँरू २५०।३
सहसकराँ ५२०।४
सहसराबाहु ३९०।८
सहस्सरबाहू १०२।५
सहार=सहकार, आम ३३६।८
साँकर १५६।३, १५६।६, ५८०।३, ६४२।४
साँकरि ५७६।१
साँखौ ३७२।३
साँगि ६४६।२, ६१६।३,४, ६३५।७
साँटी ६४७।२
साँठ ४२०।२, ४२०।३,
साँठि ३५६।३
साँठी १२८।४
साँथरि १३९।२
साँधा १७६।६
साँबर १२८।२, १४२।३, ४२१।३
साँसौ ४५६।३
साईं ६१७।५
साउज २।५
साएर २२५।५
साका ७३।८, २४२।५, ५०३।७, ५३१।५, ६२९।१
साकुंतला २००।६
साखि ४८२।९
साजन ३०१।८
साजना ३४३।८
साढ़ी १५२।४, ४५९।३, ४५९।६, ५५०।४
साथी १४४।७
सादूर ४८६।५
साध २१२।९, ५७२।८
साधा १६१।३
साम=सामवेद १०८।५
साम=शाम देश ४९८।३
सामुद्रिक ७३।३
सायर १५०।१
सारँगनैनी ३२।६
सारँग मौहीं ५६०।४
सार ४०६।५
सार=लोहा ५१२।४, ५१३।४
सारदा ४७८।८
सारहिँ ५१२।७
सारी ५१४।३
सारौ ४३२।२
सालू ६१६।६, ६४५।१
साँवकरन २६।४
साँवँत ६११।२
सासुर ६०।५
सास्तर ५४।८, २७०।८
सिंगारहाट ३८।१
सिंगारहार ५९।६, ३२६।६
सिंगी ३६१।४, ३६७।२, ५४२।३, ६००।६, ६०१।७
सिँघलदीपी ४७९।१
सिँघेला=सिंह का बच्चा ६१४।३
सिँधोरी २९०।३
सिउँ ५१७।५, ५२१।४, ५३६।८
सिखरन ५५०।४
सिगरी १५।३
सिदिक १२।२
सिद्दीक १२।२
सिद्धगनेस ३७६।९
सिद्धगोटिका २१७।१, २९४।५, ३१४।५
सिद्धपुरुष २०।४
सियरि ३४९।६
सियाला ३४०।१
सिरजनहार ४०७।१
सिरजना ७।४
सिरताज ४९९।२
सिरमौर २६।६
सिराई ३५०।२
सिराजी=अश्वभेद ४९६।४
सिरावा ३५९।२
सिरी ४७२।७, ५१३।५, ५१४।४, ५२८।४
सिरीपंचमी १६२।५, १८३।१
सिरीमुख ४१८।४
सहमाँत ५६९।५
सहराई १३२।५

सिबलोक ३६।८, ५०।९, ५३।८, ६४९।२
सिरै २९७।५
सींचनिहार ५९२।७
सीऊ ५६५।३, ५६६।२, ५६६।३
सीसा ३९१।४, ४१४।४
सीताहरन ४०५।६
सीता=शीशा ५२५।७
सीसी १११।१
सुकेत ५९।३
सुक्ख ६७।३, १२३।४
सुखजेंवन ३१९।६
सुखदेऊ=शुकदेव ६०४।५
सुखपाट ५७७।८
सुखबासी २९१।६, ३३५।४, ३३७।६
सुखबासू १४६।६, २२६।३, २९१।१
सुखभोजन ३१९।६
सुखमन २३५।३
सुखसाख २५४।८, ५०१।७
सुखसोवना ७८।४
सुख सोहाग ५९५।४
सुखिया १४१।६
सुतुरुसाल ५०७।७
सुदिस्टि २१४।३
सुदै बच्छ २३३।४
सुद्धिबुद्धि ६४६।८
सुनिरासि=एक पान ३०९।२
सुन्नि २३५।३
सुपेती ४८५।३
सुबासिक २८४।८
सुभाऊ ४६३।५
सुभावहि १०७।६
सुमेरु ३६८।१
सुरँग ४३४।३
सुरंगम ४९।६
सुरखुरु २०।३
सुरमंडल ५२७।३
सुरसती ४४९।३, ४७१।४, ४७८।८
सुरासमुंद १५४।१
सुलेमाँ १३।६, ४९४।३, ५७७।१
सुलक्खने २३६।८
सुवाँगी ६००।५
सुसार ४०३।५, ५४०।९
सुसारा २८३।१
सुस्ताई ५७४।३
सुहेला १७५।९
सूँड़=सूंड को ढकने का आभूषण ५१४।४
सेंवर ५९४।५
सेऊ=सेवा ५३४।६
सेजवाँ ४३७।७, ४६४।८
सेख १९।३, २२।५
सेत फटिक ५३०।४
सेतबंध ३९३।४, ३९४।५, ३९४।९, ३९५।५, ४७३।४, ४७५।३, ५३०।२
सेरसाहि १३।१, १७।८
सेरावा ५४७।६
सेल ५१८।५, ६१३।७, ६१९।५, ६३०।३, ६३१।६, ६३२।१
सेवरा=जैन साधु ३०।८
सैं २८९।३
सैंत ४११।६
सैचान ३५०।७, ४८६।७
सैयद २०।४
सैयद असरफ १८।१
सैयद राजे २०।६
सैरिन्धी ४९१।४
सोंटिअन्ह १२८।१
सोंटिया=प्रतिहार २६६।४
सोझा ५४०।७
सोत सोत १७४।३
सोतहि सोत १७४।३, २२८।१, २६२।६
५३६।५
सोती १००।६, ३७४।६,
सोनजरद ५९।६, १८८।४, ३२६।२
सोन नदी ५९९।४
सोनफूल ४३२।१
सोनवरन ३२७।७
सोनवानी ६०७।५
सोनहा ४१९।५, ४८६।६, ५३८।२
सिवसाज १७६।९
सिलारे ५४१।६

सोर १७।५
सोनैं=सोने के कड़े ५१४।५
सोरह करा ५६९।२
सोरहसिंगार २९६।८, ३३२।६
सोवनारा २९०।१, ३३६।५
सोवनारि २९१।१
सोवनिहार ५९२।५
सोहरि ४७०।२
सोहागी=सोहागिन ३१७।४
सोहारी २८४।३, ५४३।७
सोहिल ४७५।५, ४७५।६, ६२९।३
सोहिला २७७।७
सौर सुपेती १३९।२, ३३५।४, ३३६।६, ३४०।२
स्यामि ४३९।२, ६२९।७
हँकारहि ५७८।६
हँथोड़ा=हाथ के कड़े ३७।३
हँसगामिनी ३२।३
हँसतामुखी ३६।३, ४६५।३
हंसाभौंरी ५४४।७
हँहू ३७०।८
हजरति ख्वाजे २०।६
हड़ावरि २०७।२
हतियार १०२।२
हत्थ २२३।९
हत्यारिनि १९६।२, ४८२।७
हथकरौं ५७६।१
हथोरी ११२।२, ४८२।३
हथोरिन्ह ४८२।५
हना ३१६।४
हनूँ १९७।८
हनिवँत १२०।५, १३६।६, २३७।२, ४०५।६, ४९१।५, ५३०।३, ६११।२, ६११।७, ६१२।१, ६१४।७, ६२९।७, ६४१।७
हनिवंत २४८।८ २५३।२, ३५५।२
हनिवँत बीर २०६।१, २०७।६
हबसी ५७८।१
हमीर ५३४।७
हमीरहिं ६१३।३
हमीरू ४९१।३
हय १४।२
हरतार २९३।६, २९४।४
हरद ६०८।५
हरदि २९२।३, ४३७।४
हरपा रेउरी ३४।५, १८७।६
हरा ५७७।१
हरिचंद १६०।१
हरिचँदपूरी ५०९।६
हरिभँडार ३७८।९
हरियर ६०८।६
हरिलंक २५०।६
हरिहर ४३८।५
हरुई ३५१।८
हरुव १५७।३
हरुवा ५९९।४
हरेऊ ४९८।२, ५७७।३
हरेव ५३२।५
हलका ३९४।४
हस्तिकर २४५।५
हस्तिमैमंतू १७०।२
हहरि ३४२।४
हहलि हहलि ३५१।२
हहे हरि २५०।६, ३३४।५
हाँक ३४२।८
हाँका ५१०।१
हाँसु=हँसली आभूषण ३८४।९
हाँसुल ४६।२
हाजी सेख १९।२
हाट ४२०।१
हाटबाट २७५।८
हाटा ३७।१
हाड़ौ ५०३।५, ५४५।४
हातिम १४५।७
हारिल २९।६, ३७१।५ ४३२।४, ५४१।५
हारू ६१५।७
हाल ६२६।९, ६२८।१, ६२८।४, ३२८।९
हिंछा १६४।९, १६५।९
हिंदुआना ५४६।३
हिंन्दुन्ह ५०१।४, ५०२।३
हिंन्दू ४९४।७, ५१५।४, ५१६।४
हिंदूनाँव ५०१।३

हिआाऊ १६६।४
हियरे ५८४।६
हियसालू ५८४।१
हिरगाइ १०५।५
हिरगे ४७५।९
हिरगैं ४९७।३
हिरमिजी ४९६।७
हिरवानी ४५०।४, ६३०।३
हिलगि १३७।६
हिलोरा ५९६।६
हिवंचल ११७।४, ३५०।४, ३५४।२
हीर १७९।६
हीर हार २९३।२
हीरामनि १५६।१ आदि
हुँति ५७५।६
हुति ५६०।३
हुमुकि ६३५।७
हुरुक=एक बाजा ५२७।६
हुलसा ६१६।६
हुलासा ४२४।२
हूक ६१६।७
हूल २१७।२
हेंगुरि=चौगान ४८३।६
हेतिम १७।२
हेम=हिमाचल ४२६।९, ४९८।८
हेराइ ३११।९
हेले ५८०।४
हेवँ ९।१
हेवँत ३४०।१, ३५९।८
होरी ५३१।४
हौसुर १७५।२

घोड़े पर चढ़ी राजकुमारी का चौगान खेलना (देखिए दो० ६२८)

जोबन तुरै चढ़ी सो रानी। चली जीति अति खेल सयानी ॥

इस प्राचीन चित्रमें चौगान का मुड़ा हुआ बल्ला, जिसे हेंगुर भी कहते थे (४८३।६), गोई या गेंद, और मैदान के दोनों छोरों पर बनी हुई दो-दो गुमटीनुमा कूरियां देखने योग्य हैं (चित्र परिचय के लिये दे० टिप्पणी, पृ० ६८४)।